한국의 불교와 사찰

한국의 불교와 사찰

황인규 지음

혜안

책머리에

불교는 타 종교나 사상에 대해 외도(外道)라고 하였지만 포용해왔다. 그것은 바로 '하나가 일체요, 일체가 곧 하나'이므로 우주 만물이 서로 원융하여 끝없는 조화를 이룬다는 사상에서 비롯된다. 유정 무정의 생물 무생물에서부터 우주적 집단에 이르기까지 일체의 제법(諸法)은 연기적(緣起的)인 정신에서 벗어난 것이 하나도 없다. 인간은 너와 나의 협력과 모든 것과의 조화 속에서 더욱 발전하고 나와 우리들의 삶을 누릴 수 있을 것이다. 그래서 붓다(Buddha)는 '중생들의 공업(共業)이 증장(增長)되면 세계가 성립하는데 공업이 없어지면 세계가 없어진다.'라고 하였다.

한국 최초의 사찰은 375년(소수림왕 5)에 고구려에 세워진 초문사와 이불란사이다. 신라의 경우 최초의 사찰은 이차돈이 순교한 천경림에 544년에 창건된 흥륜사이며, 최초의 비구니 도량은 영흥사이다.

사찰은 도심지인 읍을 중심으로 창건되어 종교뿐만 아니라 교육과 문화, 사회 복지의 중심이었다. 삼국통일기에 선종이 전래되면서 산중에도 사찰이 창건되었지만 고려말까지 도심지인 읍을 중심으로 운용되었다. 고려의 국도 개경에 10대 사찰을 비롯하여 70여 사찰이 창건되었으며, 지방 각 읍의 자복사(資福寺)를 중심으로 사찰이 운용되었다. 결국 사찰은 조선 태종대 억불 시책으로 명산(名山)에 들어서기 시작하여 이른바 산중불교시대를 거쳐 오늘에 이른다.

본서는 제1부 한국 불교와 주요 사찰 편에서는, 제1장 한국 불교와 적멸보궁, 제2장 불교와 국도 한양, 제3장 결사도량 송광사와 삼보사찰, 제2부 한국의 주요 지방 사찰 편에서는, 제1장 근기 사찰, 제2장 지방 사찰, 제3장 북한과 발해의 사찰로 나누어 살펴보고자 하였다.

무속은 원시시대 이후 현재까지 존속하고 있으며, 외래 종교인 불교와 유교, 도교는 사상 문화의 기저를 이루었다. 그 외에 이슬람교와 경교, 천주교 및 기독교 등도 중요한 사상 문화로 간주되어야 할 것이다. 특히 불교는 고대 이래 가장 주류로 작동했던 유교와 도교 등의 종교 문화를 유불일치론이나 3교융합 정신으로 포용하여 우리의 역사와 문화의 원형을 보존하였다.

불교 사찰 가운데 가장 중요한 것은 석가 진신사리를 모신 적멸보궁이다. 『삼국유사』에 의하면 '열 집 중에 여덟 아홉 집이 신자가 되었고, 머리를 깎고 승려가 되기를 원하는 자가 해마다 늘어나고 달마다 불어갔다.'라고 하여 신라의 고승 자장이 불법을 펴자 많은 사람들이 불교를 믿기 시작하였다. 저자가 조사 연구한 바에 따르면 자장의 행적과, 특히 진신사리를 봉안한 사실과 후대 통도사에 진신 사리를 이전 봉안 및 분장한 사실이 뒤섞여 있다. 그 가운데 신라의 고승 자장이 직접 봉안한 사찰의 비율은 16소로 약 50%이상이며, 통도사 분장 및 이전 봉안을 포함하면 사찰은 24소로 약 75% 정도를 차지한다. 자장의 진신사리 봉안은 불교의 외연을 확장하는 데 결정적 역할을 하였다.

그 다음으로 정치·경제·사회·문화의 중심지였던 국도에 들어선 사찰이 중요하다. 고려시대에 반도의 중심은 개경에서 한양으로 천도하여 오늘에 이르고 있는데 그에 따른 사찰이 들어섰다. 불교계 고승도 나말여초 도선 이래 고려중기 의천과 묘청, 그리고 고려말 보우와 신돈 등이 천도를 주장하였으나 여말선초 무학의 한양 전도로 귀결되었다. 오늘날 부상하고 있는 조선시대 한양 도성 및 용산의 불교와 사찰도 이에 속한다.

우리 역사는 불교의 국가 비보사찰설의 역사이자 전개였다. 한양의 진산인 북한산과 조산인 관악산의 사찰을 중심으로 불교 및 사찰 문화가 전개되었다. 불교뿐만 아니라 우리의 공동체 정신은 불교 정신에서 유래하는 결사와 향도이다. 고려중기 보조국사 지눌과 그의 문손이 송광사를 중심으로 신앙결사를 전개하면서 16국사가 탄생하였고 조선후기 승보사찰이 이루어지면서 삼보사찰이 성립되었다.

지방 근기의 사찰 가운데 고려말 재상 조인규 가문의 원당이자 조선전기 선종의 본산이었던 과천 청계사와 조선후기 정조의 어진이 있던 화녕전의 원찰인 수원 봉녕사를 검토하였다. 지방 사찰로는 고려말 이후 사대부의 폭발적인 관심을 모았던 쌍계루가 있는 장성 백양사, 수선사와 더불어 양대 결사를 일으켜 지방문화의 중심지가 되었던 강진 백련사의 역사와 문화를 살폈다.

또한 현재 남북 접경지역에 위치하면서 그 흔적만 남아 있지만 남북 행로 역할을 하였을 고성 조제암, 대구 비슬산 문화의 일부를 담당했던 가야 지방의 사찰인 창녕 용흥사의 역사 문화를 복원하고자 하였다.

지금은 외방인처럼 되어버린 북한과 발해지역을 선정하여 북한 지역의 사찰과 고구려와 발해, 발해 유민의 사찰을 중심으로 불교를 다루었다. 고구려 및 발해는 물론이고 고려의 국도인 개경을 중심으로 불교문화가 전개되었으므로, 북한의 불교 및 사찰 문화는 곧 우리의 역사와 문화이기도 하다.

이 책은 이러한 여러 사찰을 중심으로 불교가 전개된 실상을 역사적으로 조명하고자 하였다.

저자는 동국대 역사교육과 교수였다. 재직하였던 동국대는 지금부터 100년 전 근대 불교 교육을 통해 국가와 사회 문화의 정체성을 정립하기 위해 개교하였다. 동국대의 건학이념은 불교를 통해 국가와 사회 및 문화의 공동체를 아우르는 정신을 함양하는 데 있다. 모든 인간과 그 위에 펼쳐진 세상의 생물과 무생물을 널리 이롭게 한다는 홍익인간 정신이다. 불교에서 연원하는 건국이념이자 교육이념이기도 하다.

이러한 공동체의 역사와 문화를 정립시키기 위하여 전통시대의 사회와 문화를 다양하게 접근 조명하고 있다. 불교는 물론이고 도교적 심성과 유교적 문화뿐만 아니라 이슬람·인도·서역 등의 문화 요소가 종합되어 전개되었다. 개방적이고 다양하고 진취적이고 역동적인 역사와 문화의식으로 불교 및 사찰을 중심으로 전개되었던 것이다.

이 책이 나오기까지 가족과 학교 학과 친우들에게 감사드린다. 이 책을 흔쾌히 출간해 준 오일주 사장님과 김태규 님 등 도서출판 혜안 관계자에게도 고마움을 전한다.

2025. 10. 15
붓다의 연기적 우주세계 도량의 정립을 위하여
저자 두손 모음

글싣는 차례

책머리에 ··· 5

제1부 한국 불교와 주요 사찰

제1장 불교와 적멸보궁 ·· 15
  Ⅰ. 해외 종교의 전래와 불교 ··· 15
  Ⅱ. 도교의 수용과 도·불 통섭 ··· 39
  Ⅲ. 자장의 흥법과 추념 사찰 ··· 63
  Ⅳ. 자장의 진신 사리 봉안 및 분장 ··· 91

제2장 불교와 국도 한양 ·· 119
  Ⅰ. 불교계 고승과 국도 천도 ··· 119
  Ⅱ. 태고 보우와 한양 천도 ··· 141
  Ⅲ. 무학 자초와 한양 전도 ··· 160
  Ⅳ. 조선시대 한양과 용산 불교 ··· 193

제3장 결사도량 송광사와 삼보사찰 ··· 253

　Ⅰ. 고려후기 수선사와 사굴산문 ··· 253
　Ⅱ. 고려후기 송광사와 불교계 ·· 276
　Ⅲ. 조선전기 선종계 고승과 보조선 ·· 304
　Ⅳ. 조선후기 수선사 16국사의 위상과 추념 ···························· 322
　Ⅴ. 한국 불교계의 삼보사찰의 성립 ·· 347

제2부 한국의 주요 지방 사찰

제1장 근기 사찰 ··· 377

　Ⅰ. 북한산의 불교와 사찰 ·· 377
　Ⅱ. 관악산의 불교와 관악사(지) ·· 409
　Ⅲ. 과천 청계사의 역사와 전개 ··· 430
　Ⅳ. 수원 봉녕사와 화령전 원찰 ··· 461

제2장 지방 사찰 ··· 495

　Ⅰ. 장성 백양사의 역사와 고승 ··· 495
　Ⅱ. 강진 백련사의 고승과 사세 ··· 514
　Ⅲ. 고성 조제암(지)의 역사 복원 ·· 534
　Ⅳ. 창녕 용흥사(지)의 역사 복원 ·· 581

제3장 북한과 발해의 사찰 ·· 599

　Ⅰ. 북한지역 사찰의 역사 ·· 599
　Ⅱ. 고구려와 발해의 사찰 ·· 626
　Ⅲ. 발해 유민의 불교와 사찰 ·· 647

찾아보기 ··· 675
출 전 ··· 685

제1부
한국 불교와 주요 사찰

제1장

불교와 적멸보궁

I. 해외 종교의 전래와 불교

1. 들어가는 말

　세계 3대 종교는 불교(Buddhism), 이슬람(Islam), 기독교(Christianity)를 통칭하는데, 조선후기 혜강 최한기(1803~1877)는 당시 전래되고 있는 천주교(Catholic)와 더불어 불교와 천방교(이슬람교), 유교를 천하의 4대 종교로 인식하여 다음과 같이 기록한 바 있다.

　무릇 천하의 교가 넷이 있으니, 중·남·동의 인도로부터 면전(緬甸, 버마)·섬라(暹羅, 태국)와 서장(西藏)과 청해(靑海)·막남(漠南)과 북몽고는 모든 불교이고, 서인도에서 포사(包社 페르시아)와 아단(阿丹, 아라비아) 및 서쪽으로 이미아주(利未亞洲, 아프리카)와 동으로 총령(蔥嶺)의 좌우와 합살극(哈薩克) 포로특(布魯特)의 여러 유목(游牧) 지대와 천산남로의 여러 성곽은 모두 천방교(天方敎, 이슬람교)이고, 대서양의 구라파 여러 나라와 대서양 밖의 미리견(彌利堅, 아메리카)의 각국은 모두 천주교이고, 중국과 안남(安

南), 조선과 일본은 유교인데, 그 햇수를 헤아려보면 모두 3천 년을 넘지 않는다.1)

이러한 4대 종교 외에 한반도에 동방의 기독교(Eastern Christianity)인 경교(Nestorianism)도 전래된 듯하지만, 동양 문화를 대표하는 유교·불교·도교와 무속이 우리의 역사와 문화에 끼친 영향력이 가장 컸다. 바이칼호(Baikal Sea)에서 태생한 무속은 원시시대 이후 현재까지 존속하고 있고, 외래 종교인 유·불·도는 무속 신앙과 더불어 우리나라 사상 문화의 기저를 이루었다. 그렇지만 고대이래 오늘날까지 이어져 오고 있는 우리의 사상 및 종교 문화 가운데 이슬람교와 경교, 천주교 및 기독교 등의 종교 문화도 중요하게 간주되어야 한다.2)

즉, 우리의 역사와 문화 가운데 유·불·도 및 무속과 더불어 이슬람교와 경교, 천주교 등 기독교 문화 요소도 경시되어서는 안 될 것이다. 예컨대, 고려는 불교 국가이거나 조선은 유교 국가라는 식으로 단순 도식화하거나

---

1) 崔漢綺,「推師道測君道」,『氣測體義』卷5, 推己測人, '凡天下之敎有四 自中南東三印度而緬甸暹羅而西藏而靑海漠南北蒙古皆佛敎 自西印度之包社阿丹 而西之利未亞洲而東之蔥嶺左右哈薩克布魯特諸游牧而天山南路諸城郭皆天方敎 自大西洋之歐邏巴各國外大西洋之彌利堅各國皆天主敎 與中國安南朝鮮日本之儒敎 計其歷年 則總不過數三千年之久.'

2) 그동안 한반도의 고·중세 시기 해외 종교 문화에 관련 연구는 유·불·도 3대 동양 문화를 중심으로 적잖이 연구되어 왔다. 하지만 한반도에 유입된 이슬람 문화와 경교와 무속에 관련한 연구는 그리 진척되어 있지 않는 듯하다. 전자의 경우는 매우 많지만 통시대적 연구는 거의 없다. 후자의 경우 대표적인 연구를 소개하면 다음과 같다. 즉, 정수일,『고대 문명 교류사』, 사계절, 2001 ; 이희수,『한·이슬람 교류사』, 문덕사, 1991·2012 ; 이용범,「삼국사기에 보이는 이슬람 상인의 교역품」,『이홍직박사 회갑기념 한국사학논총』, 신구문화사, 1969 ; 김정위,「고려말 회골인의 귀화와 이슬람의 한반도 등장」,『백산학보』91, 2011. 그리고 고·중세 동방의 기독교인 경교 및 기독교 전래설에 관련한 연구 성과는 다음과 같다. 김호동,『동방 기독교와 동서문명』, 까치, 2002 ; 최상한,『불국사에서 만난 예수』, 돌베개, 2012 ; 정중호,「고려시대 기독교」,『신학사상』160, 2013 ; 자효허,「景敎(Nestorianism)의 동방 전파」,『동방비교문학연구』2, 2014 ; 안재원,「교황 요한 22세가 보낸 편지에 나오는 Regi Corum은 고려의 충숙왕인가?」,『교회사학』13, 2016.

특정 종교 문화를 지나치게 강조하고, 심지어 해외에서 유입된 종교를 단순히 해외의 것으로 치부하거나 신앙이나 신념이 다르다고 해서 배타적으로 대하는 것은 문화에 대한 몰이해일 뿐만 아니라 공동체 문화에 반하는 이기적·자기 중심적 행위이다.

한편, 불교는 타 종교나 사상에 대해 외도라고 하였지만 포용해왔다.[3] 그것은 바로 '하나가 일체요, 일체가 곧 하나.'[4]이므로 우주 만물이 서로 원융하여 끝없는 조화를 이룬다는 사상에서 비롯된다. 유정·무정의 생물·무생물에서부터 우주적 집단에 이르기까지 일체의 제법(諸法)은 연기적인 정신에서 벗어난 것이 하나도 없다. 그러므로 인간은 너와 나의 협력과 모든 것과의 조화 속에서 더욱 발전하고 조화로운 나와 우리들의 삶을 누릴 수 있을 것이다.[5] 그래서 붓다(Buddha)는 '중생들이 여기에서 공업(共業)이 증장되면 세계가 성립하는데 공업이 없어지면 세계가 없어진다.'[6]라고 하였던 것이다.

이처럼 한국 고·중세시기에 공존하였던 불교와 유교, 도교, 무속, 이슬람교, 그리고 갖가지 민간 신앙 등은 조선조에 이르러 성리학 위주의 시책으로 유교를 제외하고는 모두 탄압의 대상이 되었다. 이후 조선 중기에 이르러 한반도에 일본을 통해 천주교가 상륙하고 청을 통해 서학이 전래되었으나 마찬가지로 탄압되었다. 그렇지만 조선 역시 고·중세와 마찬가지로 동양 문화의 핵심을 이루고 있는 유·불·도는 물론이고 무속을 비롯한 민간 신앙과 이슬람교, 천주교 등이 공존하였다.

그중에서도 불교는 종교적인 측면에서뿐만 아니라 정치와 문화 사상

---

3) 中村元 外, 金知見 譯, 『불타의 세계』, 김영사, 1984, 426쪽.
4) 이는 신라의 義相이 668년 중국에서 화엄경을 연구하면서 그 진수를 一乘의 法界緣起로 엮어낸 『華嚴一乘法戒圖』에서도 찾아볼 수 있다. 『華嚴一乘法界圖』, '一中一切 多中一 一卽一切 多卽一 一微塵中 含十方 一切塵中 亦如是.' ; 『大方廣佛華嚴經』 8, 「菩薩十住品」, '若一卽多多卽一 義味寂滅悉平等.'
5) 동국대학교 교양교재 편찬위원회, 『불교학 개론』, 동국대 출판부, 1986, 207쪽.
6) 『大正藏』 27, 692 하 : 박경준, 『불교학의 사회화 이론과 실제』, 운주사, 2019, 56쪽.

등 전 분야에 걸쳐 오랜 시간 한반도 사람들의 삶의 양식과 정신적 근간이 되어 왔다. 본고는 한반도에 전래된 외래 종교 가운데서도 우리나라 사상 문화의 기반을 놓은 불교를 중심으로, 전근대의 여러 해외 종교 문화의 한반도 전래가 지니는 의의와 그에 대한 불교계의 대응을 살펴보고자 한다.7) 다양성(diversity)과 개방성(openness), 국제성(internationality)을 지닌 우리 역사와 문화의 정체성을 바르게 이해하는 데 일조가 되기를 바라마지 않는다.

2. 고·중세 해외 종교의 전래와 불교

1) 고대 무속과 유교·불교·도교 및 회회교·경교의 전래

인류의 역사 이래 원시 종교는 애니미즘(animism)과 토테미즘(totemism), 샤머니즘(shamanism) 그리고 천신 신앙 등으로 발전해왔다. 무속은 중국으로부터 유·불·도가 전래되기 이전에 형성되어 우리나라 사상 문화의 저변을 이루고 있었다. 유교는 기원전 3세기의 초기 국가 시기에 전래되어, 여러

---

7) 본고는 필자가 그동안 한국 중세 불교 문화를 중심으로 연구한 것을 바탕으로 기존의 선학의 연구 성과를 참조하여 전 근대 해외 사상 종교 문화의 전래와 영향을 불교를 중심으로 하여 전개하고자 하였다. 세밀한 논증이라기보다 거시적인 흐름을 대략적으로 이해하고자 하였다. 참고로 필자의 주요 저서를 소개하면 다음과 같다. 『고려후기·조선초 불교사연구』, 혜안, 2003 ; 『고려말·조선전기 불교계와 고승연구』, 혜안, 2005 ; 『고려시대 불교계와 불교문화』, 국학자료원, 2011 ; 『조선시대 불교계 고승과 비구니』, 혜안, 2011. 최근 동양문화에 대한 천착의 일련의 과정이기도 하다. 「한국 전근대 도교의 수용과 도·불 통섭-거사와 고승 관련기록을 중심으로」, 『한국사상사학』 50, 2015 ; 「조선시대 불교계의 추념과 제향」('대흥사 표충사 서산대사의 향례연구' 학술 세미나), 조계종 한국불교역사기념관 국제회의장 2층, 2019.09.21 ; 「조선전기사상문화의 탄압시책과 불교문화」, 『동양고전 연구』 77, 2019 ; 「고려를 참방한 동아시아 고승」, 『동양고전 연구』 80, 2020.

나라 가운데 고구려·백제·신라가 고대국가로 발돋움한 삼국시대에 본격 수용되었다.

불교는 3세기 후엽에 전래되어 372년(소수림왕 2)에 공인되었다.[8] 고려후기 문인 민지(1248~1326)가 쓴 기문에 의하면 기원후 4년(남해왕 1) 인도에서 조성된 53불상이 월지국[월씨국]을 거쳐 금강산에 도착하였다고 한다.[9] 인도 아유타국의 공주인 허황옥이 파사석탑을 싣고 왔으며 관련 쌍어문 등 인도 불교 흔적이 가야에 있으나,[10] 현재로서는 액면 그대로 수용하기 어렵지만 남방 해양 문화의 유입이라는 측면에서 주목된다.

고대이래 가섭불 연좌석이나 황룡사 장륙존상 그리고 칠처가람설에서 보듯이 신라인들은 불국토 의식을 지니고 살았다.[11] 또한 무속과 더불어 도교 등을 배척하지 않고 포용하여 한국의 독특한 불교 및 사찰문화를 형성해 갔다. 국조 단군이 독성님으로 간주되었던 것이나 선도성모 수희불사(仙桃聖母 隨喜佛事)[12]의 기록은 불교가 무속을 포용한 사례이다. 사찰 입구의 장승이나 돌무더기, 명부전·시왕전·산신각·칠성각 등은 무속과 도교 등을 포용한 것이다.[13] 동양의 3대 문화 요소인 유·불·도를 포용한 사례는 고운 최치원의 화랑 난랑(鸞郞)비의 서문에 '3교를 포함하고 중생을 교화한다.'[14]는 기록에 잘 나타나 있다.

---

8) 『삼국사기』 권18, 고구려 본기, 소수림왕 2년 6월, '秦王苻堅遣使及浮屠順道 送佛像經文 王遺使廻謝 以貢方物.' 한편 중국의 『梁高僧傳』에 의하면 東晉의 고승 支遁道林(314~366)이 생전에 고구려의 도인[高麗道人]에게 편지를 보냈다는 기록이 있다. 즉, 불교는 소수림왕대 공인 이전에 이미 고구려에 전래되었다. 『梁高僧傳』 권4, 竺潛·法深傳 ; 『해동고승전』 권1, 釋亡名傳.
9) 李穀, 「東遊記」, 『동문선』 권71, 記.
10) 『삼국유사』 권2, 기이, 駕洛國記 ; 『삼국유사』 권4, 塔像, 金官城婆娑石塔.
11) 『삼국유사』 권3, 탑상, 迦葉佛宴坐石 ; 『삼국유사』 권3, 塔像, 皇龍寺丈六石 ; 『삼국유사』 권3, 흥법3, 阿道基羅 ; 김두진, 「신라 진평왕대의 석가불신앙」, 『한국학논총』 10, 1988, 15~39쪽.
12) 『삼국유사』 권5, 감통7, 仙桃聖母隨喜佛事.
13) 최광식, 「2) 토착신앙과 불교와의 융화」, 국사편찬위원회, 『신편 한국사』 8, 1998, 41~46쪽.

이러한 유·불·도 외에 경교와 이슬람 문화도 유입되었으나, 우리의 역사 문화 범주에서 도외시되고 있는 듯하다. 1910년대에 이미 영국의 여류 역사학자 고든(E.A. Gordon)은 동방의 기독교 내지 동방 교회라고 불리는 경교의 한국 전래 가능성을 처음으로 주장한 바 있다.15) 그에 따르면 경주 불국사 석굴암의 11면 관음상과 나한상 12지상, 무인상의 옷 무늬와 신발과 유리 장식 등은 페르시아의 것으로 경교의 영향을 받았으며, 1917년 「대진경교유행 중국비(大秦景敎流行 中國碑)」의 모형이 금강산 장안사에서 발견되었다는 것이다.16) 발해에서도 팔련성 제2절 터에서 삼존불이 발견되었고, 러시아 연해주의 아브리코스(Abrikos) 절 터에서도 경교 십자가가 새겨진 점토판이 발견되었다.17) 그리고 심지어는 발해 영역이었던 동여진[동번]의 사라(Silas) 장군도 경교인이었을 가능성이 높다는 주장이 그것이다.18) 하지만 문명 교류학자 정수일이 제시한 바와 같이, 경교는 동방기독교의 신앙적 차원의 전래는 아니라 문물의 유입이며 불교 문화에 관계된 흔적에 불과한 것으로 보아야 할 것이다.19)

무속과 경교뿐만 아니라 이슬람 지역을 비롯해 천축의 문화도 교류하였

---

14) 『삼국사기』 권4, 신라본기 4 진흥왕 37년, '崔致遠鸞郎碑序曰 國有玄妙之道 曰風流 設敎之源 備詳仙史 實乃包含三敎 接化羣校勘生.'

15) E.A. Gordon, 『The symbols of the Way』, Tokyo, 1916 ; 『Asian Christology and the Mahayana』, Tokyo, 1921 ; 김광수, 『동방 기독교사』, 기독교문사, 1971, 207~208쪽에서 재인용.

16) 김광수, 『동방 기독교사』, 기독교문사, 1971, 207~208쪽 ; 김양선, 『한국 기독교사 연구』, 기독교문사, 1917, 27쪽 ; 정수일, 『고대 문명 교류사』, 사계절, 2001, 592~594쪽.

17) E.V. Shavkunov, 송기호 옮김, 「연해주의 발해 문화 유적」, 『백산학보』 30·31, 1985, 457쪽.

18) 『고려사』 권6, 정종세가 2년(1036) 1월 6일(을유), '東蕃懷化將軍沙羅等八十三人來朝.' ; 정중호, 「고려시대 기독교」, 『신학사상』 160, 한신대 신학사상사, 2013 참조.

19) 정수일, 앞의 책, 592~594쪽 ; 최상한, 『불국사에서 만나 예수』, 돌베개, 2012와 장효현, 「景敎(Nestorianism)의 동방 전파」, 『동방 비교문학 연구』 2, 2014와 같은 저술은 고대 이후 우리나라에 동방 기독교가 유입된 것으로 전제하면서 그 전래를 전반적으로 다루고 있다. 본문에서 서술하는 것처럼 문화 현상으로 보는 것이 옳을 것이다.

다. 예컨대, 신라의 고승 혜초(704~787)는 인도와 중앙아시아 일대인 5천축국을 여행한 후 『왕오천축국전』을 남겼으며,[20] 페르시아를 지칭하는 파사(波斯)의 직물인 구수(毬毭) 등이 사용되기도 하였다.[21] 특히 경주 원성왕릉 무인상[22]과 황남동 미추왕릉 지구의 계림로 보검, 그리고 최근에 널리 알려진 바와 같이 신라 공주와 페르시아 왕자의 결혼 이야기를 담고 있는 페르시아의 『쿠쉬나메(Kushnameh)』도 이러한 교류의 문화유산일 것이다.[23]

2) 고려시대 불교와 무속·유교·도교 및 회회교·경교의 공존

고려왕조를 건국한 태조는 훈요십조에서 '우리나라의 대업은 반드시 여러 부처의 힘을 입은 것이다.'라고 하였다.[24] 그에 따라 국가비보사상에 입각하여 국사와 왕사제를 비롯하여 궁궐내의 내원당[內佛堂]과 진전사원 제도, 승과 제도, 연등회와 팔관회의 개설 등 불교적인 사회가 전개되었다.[25]

수선사 고승 진각국사 혜심(1178~1234)이 천축국뿐만 아니라 파사, 즉 페르시아를 언급한 기록[26]에서 보듯이 한반도의 승려들은 인도뿐만 아니라

---

20) 『왕오천축국전』, '又從吐火羅國 西行一月 至波斯國.'
21) 『삼국사기』 권33, 잡지 器用, '六頭 五頭品 禁金銀及鍍金銀 又不用虎皮毬毭氍毺.' 양모를 주성분으로 한 波斯의 직물로 용도는 의자에 까는 坐具이다. 이용범, 「삼국사기에 보이는 이슬람 상인의 교역품」, 『이홍직박사 회갑기념 한국사학 논총』, 1969, 98~99쪽.
22) 최근에 이 무인상의 기원은 불교의 수호신인 金剛力士像 같은 불교 조각이며 원성왕 사후 60여년 뒤인 경문왕이 조성하였다는 견해가 발표되었다. 임영애, 「신라 왕릉 석인상」, 국립문화재연구소 편, 『조선왕릉 석물 조각사』 1, 2016.
23) 이희수·다르유시 아크바르자데, 『쿠쉬나메-페르시아 왕자와 신라 공주의 천년 사랑』, 청아출판사, 2014.
24) 『고려사』 권2, 태조세가, 26년 4월.
25) 황인규, 「고려시대 사찰과 불교문화-비보 사찰과 그 문화를 중심으로」, 『역사와 교육』 12, 2011 참조.
26) 慧諶, 「示衆」, 『眞覺國師語錄』, '道有道無俱是謗 或談或默惣非眞 近來便得曹溪信 南海波斯賣手巾要會麼.'

서역에 대한 세계관을 지니고 있었다. 혜심보다 100여 년 전에 태어난 문인 윤포(1063~1154)가 제작한 불교 세계지도 '오천축국도'는 불교적 세계관을 단적으로 표징한다.27)

성종대 최승로(927~989)의 상소문 가운데 '불교를 믿는 것은 수신의 근본이고, 유교를 행하는 것은 나라를 다스리는 근원입니다.'는 글귀28)에서 보듯이 정치는 유교 이념에 따라 시행하였지만 대부분의 정신 문화 및 생활은 불교의 가르침에 따랐다. 그러면서도 고대와 마찬가지로 유교와 도교 등을 포용하여 유불 일치론이나 3교 회통 정신을 강조하였다. 예컨대 앞서 언급한 선승 혜심은 『기세계경』을 인용하여 '노자는 가섭보살(迦葉菩薩)이며29) 공자는 유동보살(儒童菩薩)인데 유교의 근본은 불교에 있다고 하면서 방편은 다르나 실제는 같다'고 하였으며,30) 천태종 백련사 고승 진정국사 천책(1206~?)도 그러한 견해를 피력한 바 있다.31)

한편 무속도 고대에 이어 여전히 유행하였다. 예컨대 인종대 무풍(巫風)이 흥성하였으며,32) 고려후기에도 역시 성중에 무격(巫覡)이 날로 성행하여33) 무당들이 떼를 지어 국가 행사라고 하여 행하여 1년에 비용을 모두 기록할 수 없을 정도였다고 한다.34) 특히 명종 때 국가적 행사로서 굿을 설행하기

---

27) 노정식, 「한국 고세계 지도의 특색과 이에 대한 외래적 영향에 관한 연구」, 『대구교육대학문집』 18, 1982 ; 통도사 성보박물관, 『통도사 성보박물관 명품도록』, 1999.
28) 『고려사』 권93, 최승로 열전, '行釋敎者 修身之本 行儒敎者 理國之源.'
29) 『후한서』 襄楷傳에 의하면 '노자가 오랑캐의 땅에 들어가 불도가 되었다.'고 하며, 『廣弘明集』 권18에는 '공자는 지극한 효로 으뜸을 삼았으니 어짊이 사해를 덮었고, 석가는 크게 어여삐 여김으로 임무를 삼았으니 교화가 5도에 퍼졌다'라는 기록이 찾아진다.
30) 慧諶, 「答崔參政(洪胤)」, 『眞覺國師語錄』, '起世界經云 佛言 我遣二聖 往震旦行化 一者 老子 是迦葉菩薩 二者 孔子 是儒童菩薩 據此則儒道之宗 宗於佛法而權別實同者乎.'
31) 天頙, 「答芸臺亞監 閔昊書」, 『湖山錄』.
32) 『고려사』 권16, 인종세가 9년 8월 12일(병자), '近來 巫風大行 淫祀日盛 城中巫覡 淫祀日盛.'
33) 『고려사』 권33, 충선왕세가 즉위년 4월 8일(갑자), '國中設立巫堂 既爲不經 所謂別祈恩之處 又不下十餘所 四時之祭 以至無時別祭 一年糜費 不可殫記.'
34) 『고려사』 권120, 김자수 열전.

위해 국무당(國巫堂)이 설치되었으며, 원 간섭기 충렬왕 때 무속의 대국제(大國祭)가 유행하기 시작하였다.[35]

그런 한편 원 간섭기에 경교 신자인 실렬문(失烈門)과 활리길사(闊里吉思) 등이 고려에 와서 국정에 관여하였다고 한다. 황태자 책봉 시 휘정원사 실렬문을 고려에 보내 조서를 반포하였는데,[36] 그도 역시 경교 신자(Solomon)이었다고 한다. 그리고 정동행성 평장정사 활리길사는 고려에 파견되어 국정에 관여하였는데,[37] 그는 웅구트(Ongud)족 수령으로서 경교인 야리가온(也里可溫, Arkagun)교[38] 신자 기와르기스(Giwargis)였다.[39] 그는 노비 관련법을 고치려고 하다가 1년여 만에 귀국하였다.[40] 그는 노비법뿐 아니라 불교 관련 시책에도 관여하였던 듯하다. 『고려사』에 의하면 활리길사는 승려 천고(天固)가 요술을 행하였다며 핍박하였다[41]고 하는데, 관련 기록이 더 이상 찾아지지 않아 자세한 사실은 알 수 없으나 불교와 경교의 구체적인 접촉 사례가 아닐까 한다.

그리고 몽고의 왕후들 가운데 경교 신자가 적지 않았다. 원 세조(Khublai khan)의 딸이자 충렬왕의 왕비 쿠틀룩 켈미시(忽都魯揭里迷失, 제국대장

---

35) 『태종실록』 권22, 11년 7월 15일(갑술), '大國則中國北方之神 忠烈王亦請祀之.'
36) 『고려사』 권34, 충숙왕세가 6년 12월 3일(계축), '元以授冊皇太子 遣徽政院使失烈門 來 頒詔.'
37) 『고려사』 권31, 충렬왕세가 25년 10월 17일(갑자), '元遣闊里吉思 爲征東行中書省平章事 耶律希逸爲左丞 時哈散還奏 王不能服其衆 朝廷宜遣官共理 帝從之.'
38) 경교는 唐 초기에 국가의 보호를 받으며 발전했으나 당 말기에 이르러 쇠퇴하기 시작하였다. 그 후 약 400여 년 동안 거의 소멸되었다가 元(也里可溫) 시기에 일시적으로 재흥하였다. 이때 네스토리우스파는 경교라는 명칭 대신 '야리가온'이라고 불렸는데, 이는 '복음을 섬기는 자'란 뜻을 지닌 몽골어 '아르카운(Arkaun, 복음을 섬기는 자)'을 음역한 것이었다.
39) 장동익, 『고려후기 외교사 연구』, 일조각, 1994, 84~87쪽 ; 김호동, 『동방 기독교와 동서문명』, 까치, 2002, 239~240쪽.
40) 『고려사』 권31, 충렬왕세가 26년 10월, '是月 闊里吉思 欲革本國奴婢之法.'
41) 『고려사』 권31, 충렬왕세가 26년 5월 27일(신축), '有僧天固 朱書怪語于瓦龜背 埋惠宿寺石塔下 尋自堀曰 此龜甚神異 以眩惑衆人 闊里吉思執而杖之 又以東京留守羅允 不行禁理 反信妖術 囚于行省.'

공주)가 대표적이다.42) 그는 1297년 5월 고려에 온 지 얼마 안 되어 개경 현성사(賢聖寺)에서 사망하였다. 그를 따라온 겁령구(怯怜口, Ke-linkou, 私屬人)들은 외국인으로 충선왕 때 회회인(回回人) 평양부윤겸존무사(平壤府尹兼存撫使) 민보43) 등 아랍계 인물들도 포함되었다. 하지만 고대와 마찬가지로 경교가 고려의 일반 사회에 영향을 끼친 흔적은 거의 찾아지지 않는다.

한편, 고려 사회에 대식인이라고 불리운 아라비아인과 회회인이라 불린 이슬람교도인 무슬림(muslim) 종교 문화가 전래되었다.『고려사』에 의하면 현종대의 열라자(Al-Raza)44)와 하선라자(Hasan Raza) 정종대의 보나개(Barakat)45) 등의 인물 기록들을 통해 그러한 것을 엿볼 수 있다. 최근에 고려에 회교도가 있었다는 사실이 밝혀져 주목된다. 즉, 중국 광주의 회교도의 무덤인 청전셴셴 구무(淸眞先賢古墓)의 비가 발견되었는데,46) 라마단(Ramadan)의 출생이나 가계 등은 알 수 없지만 1349년 3월 23일에 죽기 전까지 다루가치(達魯花赤, Darughachin)로 있었던 고려인 이슬람 신자였다. 널리 알려진 바와 같이 쌍화점곡(雙花店曲)을 통해 이슬람인과의 교류 사실을 알 수 있는데 회교도들은 원으로부터 고려에 이주해 와서 대대로 취락을 이루고 살았다. 그들은 후술하는 바와 같이 조선초까지 집단 거주하며 이슬람 고유의 의관으로 살면서 예궁에서 성직자인 도로(都老)의 주도 아래 예배를 보기도 하였다.47) 그리고『동국여지비고』개성조에 의하면,

---

42) 정중호,「고려시대 기독교」,『신학사상』160, 한신대 신학사상사, 2013 참조.
43)『고려사』권33, 충선왕세가 2년 10월.
44)『고려사』권5, 현종세가 15년 9월, '是月 大食國悅羅慈等一百人來 獻方物(大食國在西域).'
45)『고려사』권6, 정종세가 6년 11월 15일(병인), '大食國客商保那盍等來 獻水銀龍齒占城香沒藥大蘇木等物 命有司 館待優厚 及還厚賜金帛.'
46) 비문의 관련 내용은 다음과 같다. '大都路宛平縣靑玄關住人 剌馬丹 系高麗人氏 年三十八歲 今除廣西道容州陸川縣達魯花赤. 於至正九年三月二十三歿後 八月十八日 葬於廣州城北流花橋桂花崗 井立石.'; 박현규,「최근 발굴된 중국 소장 해동 관련 금석문」;고려인 이슬람교도 剌馬丹 묘비」,『중국학논총』17, 한국 중국문화학회, 2004 참조.
47)『태종실록』권23, 12년 3월 29일 ;『태종실록』권26, 13년 7월16일 ; 김정위,「고려말

개성의 나성 서문인 오정문(五正門) 밖에 있던 신당(神堂)인 대국(大國)은 후술하는 바와 같이 회회 세자의 인물 모형이 모셔져 있었다고 한다.[48] 여기서 불교는 이슬람교조차 포용하지 않는가 한다.

이렇듯 동양 문화의 3대 요소인 유·불·도 및 무속 외에 이슬람 문화가 공존하였으며, 동방의 기독교의 일종인 경교도 유입되었으나 수용되지 못하였다.[49]

3. 조선시대 해외 종교의 탄압과 불교

1) 조선초기 무속·유교·불교·도교 및 회회교의 탄압

동양 문화의 주류를 이루고 있었던 불교와 도교, 유교는 고대 이래 우리의 사상 문화 속에 공존해 왔으며, 조선시대도 마찬가지였다. 숭유 억불(崇儒抑佛)·도(道)를 주요 기치로 내세웠던 삼봉 정도전(1342~1398) 등 신진 성리학자들은 불교의 무용과 탄압을 주창하였으나, 불교계 마지막 왕사인 무학 자초(1327~1405)의 문도 함허 기화(1376~1433)는 『현정론』이나 그의 저술로 추정되는 『유석질의론』에서 '3교의 도는 모두 마음에 근원하였다.'[50]고

회골인의 귀화와 이슬람의 한반도 등장」, 『백산학보』 91, 2011.
48) 『동국여지비고』 권1, 경도 고적 回回世子의 옛 거주지, '男山 서쪽 기슭 天堂洞에 있다. 세자의 성은 文이다. 명나라 초에 명승과 함께 우리나라로 왔다.' 당대의 정사류에 기록되지 않아 기록의 신빙성이 떨어진다고 할 수 있지만, 『고려사』나 『조선왕조실록』의 불교를 배척하였던 성리학자의 기록이라는 점을 감안한다면 다소 신뢰할 수 있지 않을까 한다.
49) 최근에 고려후기에 천주교가 전래되었다고 언론에 보도되기도 하였다. 즉, 원 간섭기 요한 22세 교황(Ioannes PP. XXII)이 1333년에 고려 충숙왕에게 보냈다는 라틴어(Latin language) 書翰이 공개되었다. 하지만 이 서한의 수신인이 충숙왕이 아닌 것으로 확인되어 사실이 아닌 것으로 밝혀졌다. 안재원, 「교황 요한 22세가 보낸 편지에 나오는 Regi Corum은 고려의 충숙왕인가?」, 『교회사학』 13, 2016.
50) 『儒釋質疑論』 上, '蓋聖人相繼 治世之大教 有儒者焉 有老者焉 有佛者焉 世之所謂三教

하였다. 불교 신자인 송헌거사 태조 이성계는 삼교를 대체로 수용하였지만, 국가 시책상 불교와 도교 그리고 민간신앙을 배척하지 않을 수 없었다. 불교 관계 제도는 전왕조의 유제라고 하여 지속하게 하였지만, 도교의 모든 초례(醮禮)를 지내는 곳을 폐지하고 경복궁의 북쪽에 도교 관청 기관인 소격전만 남기게 하였다.[51] 소격전은 세조대에 이르러 소격서로 개칭되어[52] 국가 행정의 한 관서로 전락되고 말았다. 중종대에 이르러 정암 조광조(1482~1519)를 비롯한 사림들의 혁파 주청에 따라 폐지되었다가 3년 후 부활되기도 하였지만 임진왜란 후에 완전히 폐지되었다. 이로써 한국 역사상 공식적인 도교 기관은 우리 역사무대에서 사라지고 이후 수련 도교만이 잔존한다.[53]

도교와 더불어 조선시대에도 병존했던 민간 신앙인 무속도 배척하였다. 원 간섭기 충렬왕 이후의 민간 신앙이었던 대국제(大國祭)[54]는 1411년(태종 11)에 의궤에 실리지 않았다는 이유로 혁파되었다. 그리고 도성의 국무당은 고려말 주자학의 대두로 조선이 건국되던 해인 1392년 음사라고 하여 폐지되었다가 다시 부활되었다.[55]

조선초 태종과 그의 아들 세종이 불교를 고려말의 1/10규모로 탄압하였지만, 불교는 도교 및 무속을 포용하기도 하였다. 그런 가운데에서도 불교는 도교와 더불어 국가의 의례를 맡아 설행되었다. 예컨대 무녀인 무당은

者是也 三敎之道 皆本乎心 而儒者攻乎迹 佛者契乎眞 接於其兩間而爲之膠粘者 老氏之道也.' ; 박해당, 「『현정론』과 『유석질의론』의 삼교론」, 『불교학연구』 10, 2005, 175쪽.
51) 『태조실록』 권2, 1년 11월 1일(무인), '禮曹啓 道家星宿之醮 貴於簡嚴 盡誠敬而不瀆 前朝多置醮所 瀆而不專 乞只置昭格殿一所 務要清潔 以專誠敬 其福源宮 神格殿 九曜堂 燒錢色 太清觀 清溪 拜星所等處 一皆革去 上從之.'
52) 『세조실록』 권38, 12년 1월 15일(무오), '昭格殿改稱昭格署 置令一 秩正五品.'
53) 마리산 초례는 도교에 위임하여 제천의 성격을 띠어 명종 14년 무렵까지 지냈다. 『명종실록』 권25, 14년 7월 4일(계유) ; 『명종실록』 권25, 14년(1559) 7월 5일(갑술).
54) 『태종실록』 권??, 11년 7월 15일(갑술), '大國則中國北方之神 忠烈丁亥禱祀之.'
55) 『태조실록』 권2, 1년 9월 21일(기해), '鬼神之道 福善禍淫 人不修德 瀆祭何益 … 願自今除祀典所載理合祭者外 其他淫祀 一切禁斷 以爲常典 違者痛理.'

사평부에서, 맹승은 명통사(明通寺)에서, 승도는 연복사에서 기우제를 지냈다.56) 그런데 세계 최초의 장애인 기관으로 알려진 명통사 승려는 점복이나 『영보경』 등 무속과 도교 경전을 독경하면서 길흉 판단과 치병·도액을 퇴치하는 등 포용하였던 것이다.57)

선학의 연구에 의하면, 13세기 후반부터 15세기 초에 이르는 약 150년간 이슬람인들은 고려의 국도 개경과 그 주변 지역에 집단으로 취락을 이루면서 이슬람의 풍습으로 살아왔다.58) 그들은 조선건국 후에도 이슬람 사원인 예궁(禮宮)에서 예배를 하였으며,59) 불교 승려와 함께 근정전에서 거행되는 신년 하례식이나 동지 망궐례 등에도 참여하였다.60) 위구르(Uyghur)족의 후예인 설손의 큰아들 설장수는 명에 여덟 차례나 사행하여 건국 초 조명외교에 큰 역할을 하였으며, 그의 손자 설순은 세종 때 『삼강행실도』 편찬을 주도하여 조선의 유교 문화 보급에 기여하였다.61) 하지만 1427년에 세종은 이슬람인의 이국적인 습속 및 의례를 금하는 조처를 내림으로써 이슬람 문화를 공식적으로 금지시켰다.62) 이로써 국가적 의례로서의 이슬람 의례

---

56) 『태종실록』 권4, 2년 7월 2일(계미), '命文武臣僚 各陳時政之弊 釋京外二罪以下囚 徙市 聚巫女于司平府 瞽者于明通寺 僧徒于演福寺禱雨.'
57) 『세종실록』 권101, 25년 7월 6일(기미), '禮曹啓 近日旱災可畏 請於興德藏義 僧伽 開慶 檜巖等寺 令僧徒限得雨新禱 幷於明通寺禱之 三角 白岳木覓松岳紺岳開城德積三聖等處 亦祈禱 且有旱氣各道則祀典外靈驗山川 亦令致祭 又依董仲舒民旱祀門之法 令京中各戶祀門 從之.'; 徐居正, 『筆苑雜記』 卷2, '盲瞽祈福禳災 不見於古人 不行於中國 但我國時俗相傳故事耳.'; 이능화, 『조선불교통사』, 2000, 253쪽 ; 정창권, 「제3장 세계 최초의 장애인 단체-1. 명통시」, 『역사속의 장애인은 어떻게 살았을까』, 글항아리, 2011 참조. 이처럼 맹인이 도교적 행사를 담당했던 일은 한국 도교에서만 찾아볼 수 있는 특이한 것이다.
58) 이희수, 『한·이슬람 교류사』, 문덕사, 1991, 146~147쪽.
59) 이능화, 『조선불교통사』, 신문관, 1918, 426쪽.
60) 『세종실록』 권35, 9년 1월 1일(경인), '上以冕服 率王世子及文武群臣 行望闕禮如儀 以絳紗袍 御勤政殿受朝賀 倭野人向化回回及僧人耆老皆參賀.'; 『세종실록』 권1, 즉위년 9월 27일(갑술), '僧徒及回回人等入庭祝頌訖 判通禮跪啓禮畢.'
61) 『고려사』 권112, 설손 열전 ; 『정종실록』 권2, 1년 10월 19일(을묘) ; 세종대왕 기념사업회, 「서문」, 『삼강행실도』, 1972.
62) 『세종실록』 권36, 9년 4월 4일(경인), '禮曹啓 新婦初謁舅姑之日 專務誇示 車馬僕從

는 역사에서 사라졌지만, 그 여습은 민간에 남아 있었던 듯하다. 즉, 경기도 개성 인근 흥국사에 회회세자 문해(文偕)63)가 대국 신당에 봉안되어 추념되었다.64) 이와 같이 불교는 무속뿐만 아니라 이슬람의 문화도 포용하였음을 알 수 있다.65)

2) 조선중기 천주교의 남해안 상륙과 국가 불교

조선중기에 성리학적 유교 질서가 확산 보급되어 갔지만, 불교계는 고·중세이래 유교와 도교 등과의 융합 또는 회통을 내세웠다. 즉, 허응 보우(1510~1565)는 일정론(一正論)을 주창하여 불교와 유교의 융합을 주장하였으며,66) 청허 휴정(1520~1604)의 『삼가귀감』에서 유·불·도 회통 사상을 강조하였다.67) 청허의 제자 사명 유정(1544~1610)도 어려서부터 유·불·도 3교의 전적을 섭렵하였으며, 부처를 금선(金仙)이라는 용어를 사용하는 등 3교 포용적이었다.68)

爛其盈門 盛設酒饌 戴持婢僕 多至三十餘人 夫家亦因支待 糜費甚煩 貧者至於稱貸 其弊不小 今後饋品 不過五星二部 餠二樻 三味湯水共計七盤 乳母一名 侍婢二名 奴子不過十名 又啓 回回之徒 衣冠殊異 人皆視之 以爲非我族類 羞與爲婚 旣爲我國人民 宜從我國衣冠 不爲別異 則自然爲婚矣 且回回大朝會祝頌之禮 亦宜停罷 皆從之.'

63) 『여지도서』 松都 補遺 I, '天堂洞在鼉頭下 乃回回世子所居之地也 世子姓文偕 明昇東來'.;『輿地圖書』松都 補遺 II ;『中京誌』附錄, 410쪽, '文致祥 解榜初 首擧生員卽回回世之孫.'
64) 김정위, 앞의 논문, 229쪽.
65) 위의 조선시대 서술 내용은 다음 졸고에서 이미 자세하게 언급한 바 있다. 황인규, 「조선시대 사상문화의 시책과 불교문화」,『동양고전연구』77, 2019, 12~20쪽.
66) 虛應 普雨,「一正」,『懶庵雜著』,'此人心之所以爲本正而純粹無雜者也 曰理曰心 雖有名言之有殊 其天人之理一正之義 則未嘗有異故 天卽人人卽天 一卽正正卽一 而人之體卽天地之體 人之心卽天地之心 人之氣卽天地之氣也 天地之慶雲景星光風霽月 莫非人心人氣之所出興也.';정혜정,「허응당 보우의 일정론과 그 사상적 의의」,『동양철학』23, 2005, 12~14쪽.
67) 淸虛 休靜,『三家龜鑑』,'三敎聖人從此句出 詆毀譭者惜取何千'; 허주미,「한국의 유·불·도 회통론」,『한국 도교사상 연구총서』4, 1991, 49~53쪽.
68) 사명은『四溟大師集』에 金仙이라는 용어를 사용하였다.「贈默山人」,『사명대사집』

그러한 시기에 발발한 임진왜란은 조선왕조의 최대의 국난이었다. 이 시기에 사상 종교적인 측면에서도 해외 종교가 상륙한 흔적이 찾아지며, 그것이 유교계는 물론이거니와 불교계에도 충격으로 작용하지 않았을까 한다.

이미 밝혀진 바와 같이 임진왜란시 조선을 침략한 왜장 중 천주교 신자가 적지 않았다. 불교도인 가토 기요마사[加藤淸正] 외에는 장수 고니시 유키나가[小西行長], 구로다 나가마사[黑田長政], 아리마 하루노부[有馬晴信], 오무라 요시아키[大村喜前], 고지마 준겐[五島純玄], 야마쿠사 다네모토[天草種元] 등이 천주교 신자였다.[69] 분로쿠[文祿] 2년(1593) 12월에 고니시 유키나가의 청으로 나가사키(長崎)로부터 스페인 신부 세스뻬데스(Cespedes, Gregorio de)와 일본인 수사 한칸 레온(Hankan Leon)이 1593년 12월 27일에 남해안 고문가이(熊川)에 상륙해서 1595년 6월 초순까지 1년 6개월 가량 진해 제2의 거점인 웅천 왜성에 머물렀다. 그들은 웅천 왜성과 주변성에 있던 5만 명의 천주교 병졸[70] 등을 대상으로 신앙 및 전교 활동을 폈을 듯하지만 조선인과 접촉하지 못하였다.[71] 당시 도요토미 히데요시[豊臣秀吉]가 왜장을 감시케 한 카이넨[慶念]은 불교 신자였기 때문이기도 하다.[72]

권1 ; 「證一珠禪子」, 『사명대사집』 권1 ; 「別늘大師西歸」, 『사명대사집』 권3 ; 박삼서, 「사명대사와 도교사상」, 『한국사상과 문화』, 12, 2001, 9·24~25쪽.
69) 김양선, 「임진왜란 종군신부 세스페데스의 내한활동과 그 영향」, 『사학연구』 17, 1964, 712쪽 ; 일본불교의 침략적인 면모는 니치렌종[日蓮宗]에서도 찾아진다. 군종승 일연종의 총본산 혼묘지[本妙寺] 주지였던 닛신[日眞]은 가토 기요마사[加藤淸正]의 부하로 임진란 시 참전하여 침략의 선봉에 섰다. 四溟 惟政, 「甲午四月入淸正營中探情記」, 『四溟大師亂中語錄』, 43쪽 ; 황인규, 「광해군과 봉인사」, 『역사와 실학』 38, 2009.
70) 천주교 신자 왜장 휘하의 15만 7천여 명의 군사가 참전하였다. 그 가운데 천주교 신자는 5만여 명이었다고 한다. 김양선, 앞의 논문, 712쪽.
71) 황인규, 「임진왜란 의승군의 봉기와 전란의 충격」, 『한국 불교사 연구』 2, 2013, 17쪽.
72) 카이넨에 대해서는 다음의 저서가 참고된다. 카이넨, 신용태 옮김, 『임진왜란 종군기』, 경서원, 1997.

근대기 해남 대흥사에는 청허 휴정의 황금 십자가가 소장되어 있었으며,[73] 이러한 사실은 불교계와 천주교와 접촉 개연성도 없지 않지만 현재로서는 확증하기 어렵다. 청허와 세스페데스 등의 천주교 신자와 접촉 사실은 찾아지지 않으며, 스승 청허를 대신해 의승의 주력을 담당한 사명의 경우도 일본으로 납포된 조선인 피로(被擄) 쇄환을 할 때 천주교 신자인 고니시 유키나가가 아니라 불교 신자인 가토 기요마사와 교섭하였기 때문이다.[74]

하지만 그 후 점차 천주교가 전래 및 수용되기 시작한 듯하다. 예컨대 사명의 비문을 지은 허균(1569~1618)[75]은 천주교 9게를 접했다고 하며, 유몽인(1559~1623)은 그의 저서『어우야담』에서 '그 종교가 이미 전파되어 동남쪽 여러 오랑캐들이 자못 존중하고 믿었다. 일본은 예로부터 부처를 숭상하고 섬겼는데 기리단교(伎利但教)가 일본에 들어오자 불교를 요사한 것으로 생각했다. … 지난 날 일본 장수 평행장이 이 도를 존중하였다고 하는데 오직 조선만이 알지 못하였다. 허균이 중국에 가서 그들의 지도와 게 12장(偈十二章)을 얻어가지고 왔다.[76]와 같은 기록들이 그 단적인 사례이다. 이렇듯 임란시 천주교가 한반도에 상륙하였으나 별다른 영향력은 없고, 그 후에 천주교가 한반도에 본격 유입되기 시작하였던 것이다.

이렇듯 임란시 이미 청허와 부휴 선수(1543~1615)의 문도들은 참전하면서 천주교와 접했을 개연성이 없지 않다. 불교계는 천주교가 침투되자 불교뿐만 아니라 전통적인 동양 사상인 유교를 비롯한 동양 문화를 더 강하게 내세우면서 국가비보사상을 강조하였다고 생각된다.[77] 즉, 불교계

---

73) 「순금 십자가가 …왜? 서산대사 유물속에」,『해남 우리신문』, www.hnwoori.com, 2016.04.04 ; 이병두,「52. 대흥사 황금 십자가 분실과 복원」,『법보신문』1426호, 2018.01.31.
74) 조광,「조선교회 임진왜란 기원설의 사적검토」,『누리와 말씀』, 6, 1999. 142쪽.
75) 許筠,「海印寺四溟大師石藏碑」, 조선총독부,『조선금석총람』하, 1919.
76) 柳夢寅,「西教」,『於于野談』권2, 西教, '而其教已行 東南諸夷頗有尊信之 日本自古崇事釋氏 至伎利但教入日本 擠釋氏以爲妖 伸爲釋者不得容 … 向者平行長嘗此道云 獨我國未及知 許筠到中國 得其地圖及偈十二章以來.'
77) 황인규,「서산대사의 승군활동과 조선후기 추념사업」,『불교사상과 문화』1, 중앙

는 국난의 위기를 대처하기 위해 구국을 위해 의승 활동을 전개하였다. 특히 임란시 의승장 가운데 가장 특출했던 3화상이라고 할 청허와 그의 문도 사명과 그리고 기허 영규 또는 뇌묵 처영 등을 부각시켰다.78) 그것이 바로 불교계가 유림과 합작으로 밀양 표충사를 건립하는 등 국가 사액사우 (賜額祠宇)의 건립을 통한 제향 운동이었다고 생각된다.79) 즉, 사명의 탄생지인 밀양에 표충사가 건립된 후 사명의 스승인 청허의 인연처인 해남 대흥사 수충사, 밀양 표충사와 영변 수충사를 건립하여 제향하였다.80) 그 후 금강산 백화암 수충각81)과 공주 갑사 표충원과 금산 영천암(靈泉庵)82)을 건립하였으며,83) 합천 해인사와 고성 건봉사도 사우 건립을 하고자 시도하여84)

승가대학교 불교학연구원, 2009, 234·248쪽.
78) 본고에서 청허와 문도 사명, 기허와 영규의 세 고승을 임란기 구국 3화상이라고 하였다. 세 고승에 대한 연구는 다음의 논고가 참조된다. 김상영, 「청허 휴정의 沙門像과 표충사 제향의 의의」, 『한국선학』 33, 2012. 그 외에 이 3화상에 관한 주요 연구도 고무적이다. 한상길, 「사명당, 유정의 사문상」, 『정토학연구』 28, 2017 ; 황인규, 「의승장 기허영규와 의승의 봉기-특히 일본 종군승과 의승의 실체를 중심으로」, 『동양고전연구』 66, 2017 ; 김상영, 「뇌묵처영의 생애와 불교사적 위상」, 『불교연구』 48, 2018.
79) 蓮潭 有一, 「(表忠寺)建祠事蹟碑銘」 ; 조영록, 「유, 불 합작의 밀양 표충사-유, 불 조화적 실상」, 『사명당 유정』, 사명당기념사업회, 2000 ; 이철헌, 「밀양 유림의 표충사 수호」, 『한국불교학』 47, 2007.
80) 『정조실록』 권39, 18년 3월 16일 ; 李秉模, 「酬忠祠碑」, 조선총독부, 『조선금석총람』 하, 1919 ; 이종수, 「18세기 불교계의 표충사와 수충사 건립과 국가의 사액」, 『불교학연구』 56, 2018.
81) 梵海 覺岸, 『東師列傳』 卷2, 泗溟尊者編, 「白華庵 影閣 新建記」 ; 『楡岾寺 本末寺誌』, 479쪽, '金剛山白華菴建酬忠閣 指空懶翁無學三和尙左西山右四溟五幀.' ; 李象秀, 김동주 편역, 「東行山水記」, 『금강산유람기』, 전통문화연구회, 1999, 357쪽 ; 梵海 覺岸, 「自序傳」, 『東師列傳』 卷4, '臺表訓寺 洞口有百華庵 庵前有三佛岩酬忠影閣 庵後有碑殿 立西山鞭羊楓潭虛白四碑 有銅甑曇無謁像.'
82) 應雲 空如, 「靈泉庵 影閣記」, 『應雲空如大師 遺忘錄』, '古今以來 儒釋間有忠孝德行之人 必葺墻屋 春秋享祀 其以是哉 騎虛禪師 以宣廟朝眞僧 爲國殺身盡忠 無竟禪師 以肅宗時 眞僧 化人格物立德 此兩法師眞影立祠 以奉香火 其誰曰不可 從容之祠 國家之報德 恩莫大矣 吾僧無預 石佛之化 松廣之樹塔 行莫及矣 影無奉安之處 其無眞人而然耶 道光十五年乙未夏五月 樂峰禪師 宣力建閣于靈泉之坤 乃欲春秋享祀 奉安兩法師眞影 又安其門弟子眞影 列昭穆之位.'

의승장에 대한 제향을 올렸던 것이다.[85]

이와 같이 임란시 구국 의승 활동 가운데 천주교의 상륙 소식을 접하였을 것이며, 이에 불교계는 불교계 자체적으로 또는 유림과 합작으로 표충사 등 사액사우를 건립하여 불교계 고승들을 추념하는 등 자구책을 모색하였다고 생각된다.[86]

3) 조선후기 천주교의 전래와 산중 불교

조선후기 산중 불교의 전개 속에 임란 후인 인조대에 이르러 천주교의 존재가 점차 조정에 알려지기 시작하였다. 예컨대, 동래부사 정양필은 '(덕천)가강이 일본의 관백으로 있었을 때 크리스챤(吉利施端)이라고 하는 남만인들이 일본에 와 살면서 단지 하느님에게 기도하는 것만 일삼았다.'고 조정에 보고하였다.[87] 그 이듬해인 1639년(인조 17)에 대마도주가 길전등우위문(吉田藤右衛門)을 파견하여 동래부사 및 부산첨사 앞으로 보낸 서계를 통하여 '예수의 사람들(耶蘇宗門)'의 일이 조선에 알려지고 있었다.[88]

---

83) 1738년(영조 14)에 영규가 의승 봉기를 시작한 공주 갑사에 표충원을 세우고 제향되었으며, 후대인 1835년 금산 영천암 영각 등에서도 제향이 이루어졌다. 鏡月 快守, 「公州 甲寺 騎虛大師 書院 移建文」; 應雲 空如, 「靈泉庵 影閣記」, 『應雲空如大師 遺忘錄』.

84) 『일성록』, 정조 21년 2월 3일(갑술) ; 『일성록』, 정조 23년 8월 22일(무신) ; 『일성록』, 정조 24년 3월 22일(갑술) ; 이종수, 앞의 논문, 참조.

85) 수원 화성의 華寧殿의 정조어진을 위하여 수원 봉녕사가 제향을 하였던 것도 그러한 불교계의 동향이라고 생각된다. 황인규, 「전근대 봉녕사의 역사 검토와 화령전 원찰」, 『대각사상』 20, 2013, 272~277쪽.

86) 물론 천주교의 상륙 소식을 접하자 충격 속에 사액 사우의 건립 및 제향을 하였다는 직접적인 기록은 찾아지지 않으나 정황상 그리 볼 수 있지 않을까 한다. 후술하는 바와 같이 나아가 불교계와 유림계가 표충사처럼 유림 합작으로 건립하는 데 이르는 것이다.

87) 『인조실록』 권36, 16년 3월 11일(병자), '州府使鄭良弼馳啓日 日本關白家康時 有南蠻人稱以吉利施端 來在日本 只事祝天 廢絶人事 惡生喜死 惑世誣民.'

88) 『同文彙考』別編 卷4, 「倭情 戊寅報日本吉伊施端作變及倭館動靜咨」; 신동규, 「耶蘇宗

그러한 때 황해도를 비롯한 연안에는 국적을 알 수 없는 황당선(荒唐船)이 자주 출몰하였는데 탑승한 선원 중에는 선인 61인 중 5인이 천주교인이었다고 한다. 해서 지방 연안에 황당선이 자주 출몰하자 황해도 장연의 금사사(金沙寺)의 100여 명의 승려들이 이를 대처하도록 하였다.[89] 이 황당선에 승선한 이국인 가운데 천주교인도 포함되었으므로 불교계 승려가 천주교도와 접촉했을 것으로 생각된다.

1758년(영조 34)에 황해도와 강원도 지방에서 사학(邪學)인 천주교가 생겨 집집마다 사당을 허물고 제사를 폐지하는 일이 생겨 전국에서 매우 염려하였다고 한다.[90] 이렇듯 영조대에 이미 북방지역의 천주교의 교세가 매우 확장되고 있었던 것이다. 『정조실록』에 의하면 '갑진년(정조 8년, 1784) 겨울 서울에 머무는 동안, 마침 명례동에 있는 중인 김범우의 집에 갔더니, 집에 책 두 권이 있었는데, 하나는 『천주실의』이고 하나는 『칠극』이었습니다. 그 절목에 십계와 칠극이 있었는데 매우 간략하고 준행하기 쉬워서, 그 두 책을 빌려 소매에 넣고 고향집으로 돌아와 베껴 두고는 이어 그 책을 돌려보냈습니다.'[91]라고 하였다. 1784년 명례동 집회에서 읽은 『천주실의』와 『칠극』 등의 책은 천주교가 한반도에 수용되고 있는 명확한 사실로 간주되고 있다.[92]

이미 17세기 초부터 서학서가 한역되어 유입되기 시작하다가 18세기에 이르러서 천주교와 관련된 책과 천문, 지리 역법 등을 포함한 과학기술과

門禁制를 둘러싼 朝日外交關係」, 『강원사학』 13·14, 1998 ; 손승철, 「17세기 耶蘇宗門에 대한 朝鮮의 인식과 대응」, 『사학연구』 58·59, 1999.
89) 『영조실록』 권24, 5년 9월 25일(병신) ; 『승정원일기』 694책(탈초본 38책) 英祖 5년 9월 25일(병신), '海西荒唐船之出來 無歲無之 或二三十人 或四五十人 同船爲群 去來飄忽 … 而本府長淵府金沙寺 在於長山串北邊 與登萊洲 隔以大海 而爲荒唐船來泊之初程 … 卽今居僧 不滿百數.'
90) 『정조실록』 권33, 15년 11월 6일(정축).
91) 『정조실록』 권33, 15년 11월 7일(무인).
92) 이원순, 「1-3. 천주교의 수용과 전파」, 『신편 한국사』 35, 국사편찬위원회, 2002, 484~485쪽.

관련된 책들이 널리 보급되었다. 마테오리치(Matteo Ricci)의 『천주실의』, 판토하(Pantoja)의 『칠극』, 우르시스(Ursis)의 『태서수법』, 디아스(Diaz)의 『천문약』, 알레니(Aleni)의 『서학범』과 『직방외기』, 테렌즈(Terenz)의 『기기도설』 등이다. 그 가운데 『천주실의』는 천주교 교리서이며, 『칠극』은 서양의 윤리를 소개한 책이다.[93] 1779년(정조 3)을 전후해 다산 정약용과 그의 형제 정약전과 정약종, 이벽과 이승훈 등 소장 유학자들이 폐사가 된 천진암(天眞庵)을 찾아 강학회를 열었다. 강학회는 단순히 서학을 공부하던 모임에서 벗어나 신앙생활로 발전했다고 생각된다.[94] 그 후 1785년(정조 9) 최초의 천주교 탄압 사건인 명례방 사건(乙巳秋曹)[95]부터 1880년대 개항 무렵까지 서교 및 서학에 대한 탄압은 계속되었다.[96]

그러던 와중에 1791년(정조 15) 윤지충과 권상연이 부모의 제사를 지내지 않고 위패를 불태운 사건 소위 진산 사건이 일어났다.[97] 기허 영규의 제향이 이루어지던 금산 진산(珍山)[98]에서 일어난 진산 사건과 그 일련의 일들은 그동안 조선 유교 사회에 대한 정면 도전으로 받아들여졌을 것이며, 당시 사회는 물론 불교계에 매우 큰 충격과 영향을 주었을 것이다.

필자가 이미 제시했듯이, 조선후기에 산중 불교가 전개되면서 불교계

---

93) 이원순, 「職方外紀와 愼後聃의 西洋敎育論」, 『역사교육』 11·12, 1969 ; 「조선 실학 지식인의 한역서학 지리서의 이해」, 한국문화 역사 지리학회 편, 『한국의 전통사상 지리사상』, 민음사, 1991, 205쪽 ; 서태열, 「알레니의 세계지리서 「職方外紀」의 지리 지식의 구성 및 기술」, 『한국지리학회지』 6(3), 2017, 312쪽.

94) 조광, 앞의 논문, 143쪽.

95) 『闢衛編』, 「乙巳秋曹摘發」, '西書之東來 不知自何時 而柳夢寅 於于野談 李睟 光芝峯類說 已有其說 而數百年無人學習者 至正祖癸卯冬 書狀官李東郁之子承薰 李家煥甥姪 丁若鏞妹婿 而入燕 始學邪法於天主堂 … 傳授徒薰 始知有領洗 瞻禮之法 領洗如佛家燃臂, 瞻禮卽其事 天之法 乙巳春 承薰與丁若銓丁若鏞等 說法於掌禮院前中人金範禹家 有李檗者 … 檗說法敎誨 比之吾儒師弟之禮又嚴.'

96) 강재언, 이규수 옮김, 『서양과 조선-그 이문화 격투의 역사』, 학고재, 1998, 92~93·242쪽.

97) 『정조실록』 권33, 15년 11월 7일(무인).

98) 成海應, 「錦山殉節諸臣傳」, 『硏經齋全集』 권60, 蘭室史料 3.

및 조정에서 고려와 조선의 건국에 이념을 제공하거나 중요한 역할을 한 신라의 선각국사 도선(827~898)과 조선의 최초이자 마지막 왕사 무학 자초를 추념하였다.99) 산중의 사찰들은 그들이 국가 건설에 도움이 되었다는 사실을 통해 불교계의 위상을 제고할 필요가 있었기 때문이다.100) 도선의 인연처인 도갑사에서는 도선의 추념 사업이 유불합작으로 이루어지기도 하였으며,101) 특히 무학은 도선과 짝을 이루어 추념된 사례가 적지 않았다. 무학은 도선과 비견되거나102) 개국 원훈으로 국가적 추념이 이루어짐에 따라 그의 스승 나옹 혜근(1320~1376)과 지공 선현(1300~1363)의 위상도 함께 3화상으로 그 위상이 높아졌다.103) 예컨대 연담 유일(1720~1799)104)을 비롯한 불교계는 물론이고 유림들도 지공·나옹·무학을 3화상으로 존숭하여 추념하였다.105) 그리하여 무학과 더불어 그의 스승 지공과 나옹은 조선시대 불교계의 최고의 3화상이자 증명법사로서 그 위상을 지니게 되었다.106)

---

99) 그 대표적인 기록을 소개하면 다음과 같다. 즉,「道詵國師實錄」「道詵國師實錄跋」「一行禪師傳鉢錄」은 『조선사찰사료』 권상, 202~213쪽.
100) 李宜顯,「白雲山 松川寺 先覺國師 碑銘 幷序」,『陶谷集』 권12, 碑銘.
101) 李景奭,「道岬寺 道詵守眉 兩大師碑」, 조선총독부,『조선금석총람』 하, 1919 ; 李景奭,「月出山 道岬寺 道詵國師」,『白軒集』 卷45, 文稿, 碑.
102)『영조실록』 권35, 9년 8월 6일(갑술).
103)『정조실록』 권34, 16년 윤4월 24일(임진) ;「傳令釋王寺僧統」 壬子 5월 9일 씀,『編史』 3, 국사편찬위원회, 1970 ;『승정원일기』, 정조 16년 윤4월 24일(임진) ;『일성록』, 정조 16년 윤4월 24일.
104) 蓮潭 有一,「謹題御製 釋王寺碑文後」,『蓮潭大師 林下錄』 권3,『한국불교전서』 10 ; 황인규,「조선시대 삼화상(지공·나옹·무학)의 위상과 추념」,『정토학연구』 27, 2017.
105) 李宜顯,「正方山城 在黃州」,『陶谷集』 卷1, 詩, '眞禪有指空懶翁與無學 惟妓三老師 修道曾手植.' ; 宋秉璿,「自靑川至驪州記」,『淵齋集』 卷20, 雜著 東遊記, '玩指空 懶翁 無學三禪師像.' ; 金春澤,「三大師畫像合贊」,『北軒居士集』 卷20, 蘆山錄 文 贊, '有僧以神勒寺指空 懶翁無學三大師影本改粧.' ; 申綽,「四郡山水疏」,『石泉遺稿』 권1, 疏, '南有江月軒 卽懶翁所居室 正殿有觀世音像 偏殿有三祖師眞容.' 17세기 중엽 무렵부터 청허의 문도가 태고 보우(1301~1382)의 문도를 조계종의 종조하는 법맥으로 삼은 것과 극명한 대조를 이루고 있다. 황인규,「조선시대 삼화상(지공·나옹·무학)의 위상과 추념」,『정토학연구』 27, 2017, 129쪽.
106) 황인규,「무학자초의 문도와 그 대표적 계승자」,『삼대화상연구논문집』 3, 2001 ; 황인규,「고려후기·조선초 불교사연구」, 혜안, 2003.

이렇듯 유·불·도 외에 천주교가 상륙하고 확산되는 분위기 속에 불교계는 청허와 부휴의 문도를 중심으로 산중 불교를 전개해 갔으며, 오히려 전통성이 강하게 지속되었던 유불 문화의 공존을 모색하여 갔던 것이 아닐까 한다.

4. 나가는 말

이상으로 한반도의 전 근대시기 해외 종교 문화의 전래의 실상과 불교의 대응에 대하여 살펴보았다. 흔히 동양 문화의 3대 요소는 유·불·도였으며, 한국의 경우도 마찬가지라고 간주된다. 원시시대 이후 무속을 포함한 민간 신앙뿐만 아니라 고·중세시기에 유·불·도 외에도 해외 종교 문화로서 동방의 기독교인 경교의 문화가 유입된 흔적이 찾아지며 이슬람 문화도 공유되었다. 근세인 조선중기 천주교가 한반도에 상륙하여 조선후기에 이르러 서학이 전래되었고 개항을 전후하여 기독교가 수용되기 시작하였다. 현재 한반도에는 고대 이래 해외 종교 문화와 천주교를 포함한 기독교의 종교 문화와 해외의 신진 종교도 유입되어 있다. 그러므로 한반도에는 유·불·도 3교뿐만 아니라 무속을 비롯한 민간 신앙과 동방 기독교인 경교적 요소, 이슬람 문화, 조선중기 이후의 천주교 및 기독교 문화가 공유되어 있다고 할 것이다.

한국의 고대 문화는 불교의 전래 이후 유교와 더불어 불교가 주도하였다. 불교는 신라의 고운 최치원이나 한국의 독특한 사찰 문화에서 볼 수 있듯이 삼교 융합적이면서 타 종교에 대해 포용적이었다. 심지어 불교 문화 유산 속에서도 존재하는 십자가 등의 경교 관련 흔적은 고대 불교의 포용 정신의 표출이다.

고려시대 최승로의 상소문에 제시된 것처럼 정치는 유교로 하였지만 정신생활은 불교에 의해 영위되었다. 본신 최포기 제작한 불교 세계시노인 오천축국도에서 보듯이 불교적 세계관으로 살면서도, 수선사 고승 혜심과 천태종 고승 천책처럼 유불 일치나 3교 융합을 꾀하였다.

원 간섭기 경교 신자인 휘정원사 실렬문과 정동행성 평장정사 활리길사 등이 고려에 왔다고 하지만, 고려 사회에 영향을 끼친 흔적은 전혀 찾아지지 않는다. 『고려사』에 의하면 활리길사가 불교 승려 천고를 핍박하였다는 기록에서 경교와 불교의 접촉은 있었던 것 같다. 고대에 이어 고려시대에 유입된 이슬람 문화도 고려 사회에 공존하였다. 고려의 이슬람교 신자 라마단이 있었다는 사실이 최근에 중국 광주에서 비가 발견되어 알려졌지만, 역시 이슬람이 종교로서 고려에 끼친 영향은 거의 찾아보기 힘들 정도로 미미하였다. 이렇듯 한국 고·중세시기에 불교는 무속을 비롯하여 유교와 도교 및 경교, 이슬람교 등의 종교 문화도 배타적이지 않고 포용해왔다.

그런데 원 간섭기에 주자학이 전래·수용되어, 그것을 이념으로 건국된 조선왕조 시기에는 성리학의 배타적 성격으로 인해 우리 고유의 무속뿐만 아니라 해외 종교 문화를 배척하기 시작하였다. 한반도에 유입된 해외 종교 문화 가운데 가장 세력이 컸던 불교를 탄압하기 시작하였으며, 세종대에는 이슬람 문화와의 교류를 금지케 하였다. 또한 조선초 도교 관청 소격전 외에 여러 도교적 요소들을 제거하고 중종대 이후 소격서를 폐지하였으나, 조선후기에도 수련 도교는 지속되었던 것이다.

이러한 기류 속에 불교는 탄압시책으로 인하여 도심에서 축출되어 이전의 시기보다 매우 축소되어 갔으나 전국의 명산을 중심으로 산중 불교를 전개하였다. 특히 조선시기 함허 기화와 허응 보우, 백곡 처능의 유불 일치론이나 청허 휴정의 『삼가귀감』에서 볼 수 있듯이 3교 융합을 이어 갔으며 타 종교 문화도 포용해 갔다. 예컨대, 유·불·도 3교 융합은 물론 개성 인근의 흥국사에서 회회 세자상을 봉안한 사례에서 알 수 있듯이 불교는 이슬람교조차도 포용한 듯하며, 해남 대흥사에 있었던 청허의 황금 십자가도 후술하는 한반도를 처음으로 방문한 세스뻬데스 신부 등과 관련된 것일 수 있으며 그러한 포용의 사례인 듯하다. 그 무렵 조선왕조의 최대의 국난인 임진왜란 시 천주교가 일본군 세력과 함께 한반도에 상륙하였다.

왜군의 주력 왜장이었던 고니시 유키나가가 일본에 머물고 있던 스페인 신부 세스페데스를 초빙하여 남해안 웅천 왜성에 1년 6개월 동안 전교하게 하였다. 천주교의 선교는 웅천 왜성이나 왜장과 왜군 일부에게 제한적으로 이루어졌을 듯도 하지만, 조선 사회에 끼친 영향은 나타나지 않는다.

그 후 조선 사회에 천주교와 접촉 가능성은 황해도를 비롯한 연안에 출몰했던 황당선의 승객 가운데 천주교인도 승선하였다고 하므로 천주교의 조선 사회와 접촉하였을 개연성도 없지 않다.『조선왕조실록』에 의하면 황해도 장연의 금사사의 100여 명의 승려들이 황당선의 침략을 방어를 한 기록에서 불교와 천주교의 접촉 또는 대응 가능성을 엿볼 수 있다. 동양 문화에 비해 매우 이질적인 천주교의 전래는 당시 조선 유교 사회뿐만 아니라 불교계도 자못 충격으로 작용하였을 듯하다. 당시 사회에서 천주교를 서학으로 수용하기 시작하였지만, 불교계는 고대이래 가장 주류로 작동했던 유교와 도교 등의 종교 문화를 유불 일치론나 3교 융합 정신으로 포용하였듯 대응해 나갔다고 생각된다.

향후에는 성리학과 기독교의 배타적 요소를 지양하고, 원효와 의상, 도선, 3화상, 청허 휴정 등을 비롯한 국가비보사상과 결사 및 향도의 공동체 정신, 나아가 불교의 인드라망(Indra Net)의 연기적 우주 세계관에 입각하여 인간뿐만 아니라 생물, 무생물을 포용하는 홍익정신의 공존과 융합의 종교 문화를 만들어 가야 할 것이다.

II. 도교의 수용과 도·불 통섭

1. 들어가는 말

한국의 전 근대 문화는 동양의 3대 사상이라고 할 유·불·도의 지대한 영향을 받았다. 고대 최고의 지성 최치원의 사상이나 그가 지었다는 화랑 난랑의 비 서문[1])에서도 3교의 융합 사실을 단적으로 엿볼 수 있다.

하지만 도교는 고구려 연개소문의 집권시나 고려 예종대 등 일부 시기를 제외하고는 불교와 유교처럼 국가의 정책적인 사상이 되거나 조직적인 교단 체계를 가진 적은 없었다. 불교는 신라 고·중기 불교식 왕명의 통치나 국사와 왕사, 승과 등 고려의 국가 정책에 반영되는 등 국가 지배의 이념이 작동되었다. 유교는 고대 이래 수용되어 국가 정치 이념에 포함되었다가 조선 건국의 지배적인 통치 이념으로 확정되어 조선중기 이후 유교문화가 정착되었다.

이와 같이 도교는 고대 이래 대개 정치 이념보다는 민간의 정신생활에 침투하였으며, 조선중기 성리학자의 배척으로 공적인 도교 기구인 소격서가 임란시 폐지되면서 민간에 수련 도교로서 더욱 유행하였다.

한국의 불교와 도교에 대한 교류 및 소통에 대한 연구는 그리 진척되고 있지 않은 실정이다.[2] 불교와 도교의 각 측면에서의 연구가 대부분이며,[3]

---

1) 『삼국사기』 권4, 신라본기 진흥왕 37년.
2) 이기영, 「한국 문화사상의 불교와 도교」, 『한국종교』 6, 원광대 종교문제연구소, 1981 ; 윤미길, 「삼국유사와 도교사상」, 『논문집』 17, 원광대학교, 1983 ; 양은용, 「고려시대의 도교와 불교」, 『도교와 한국사상』, 범양사, 1987 ; 김항배, 「한국에 있어서의 도교와 불교」, 『도교학연구』 7, 한국도교학회, 1991 ; 최종석, 「한국불교와 도교신앙의 교섭-산신신앙, 용왕신앙, 칠성신앙을 중심으로-」, 『한국불교학』

한국의 불교와 도교의 경우도 마찬가지이다.4) 본고는 한국 전 근대 사회와 문화를 이끌었던 거사(유자)와 고승의 도·불 관련 제기록5)을 검토하여 도·불의 역사적 맥락을 조명하고자 한다. 이를 위하여 고대 도가의 전래와 불교, 고려시대 과의 도교(科儀道敎)의 수용과 불교, 조선시대 민간 수련 도교(修練道敎)와 전 근대 불교와의 통섭 및 3교6)라는 소주제로 나누어 도교를 중심으로 3교의 수용과 전개에 대하여 살펴보고자 한다.7)

61, 2011. 하지만 이러한 연구는 대부분 철학이나 사상적 맥락에서의 검토이며, 본고에서 다루고자 하는 역사적 맥락이 도외시되어 있다.

3) 김종두, 「천태에 수용된 도교의 수행법」, 『한국선학』 25, 2010 ; 지혜경, 「도·불 수행론의 차이-태식법과 수식관을 중심으로」, 『도교문화연구』 23, 한국도교 문화학회, 2005 ; 이공훈, 「유·불·선 삼교합일사상과 도교와의 관계 및 도교교단의 사회적 역할」, 『도교학연구』 17, 한국도교학회, 2001 ; 채수한, 「도가의 무와 불교의 공」, 『도교학연구』 8, 한국도교학회, 1991 ; 김희정, 「중국 금·원대 도교와 불교 교섭의 한 형태」, 『도교문화연구』 16, 2002 ; 장애순, 「홍명집』에 보이는 유·불·도 삼교의 교섭에 대한 고찰」, 『종교교육학연구』 31, 2009. 이러한 연구는 대개 도·불사상이나 중국의 사례 연구이며 한국의 것은 아니다.

4) 이에 대한 대표적인 연구는 이능화의 선구의 업적이래 차주환, 양은용, 김철웅을 비롯하여 도교 관련 학회의 연구성과가 대부분이다. 후쿠이후미마사, 이용주 역, 「도교사상의 연구와 문제점」, 『종교학연구』 8, 서울대 종교학연구회, 1989 ; 송항룡, 「한국에서 노·장 연구와 그 전개 추이」, 『도교문화연구』 9, 1995 ; 김낙필, 「한국도교 연구의 회고와 과제」, 『한국종교연구』 1, 서강대 한국종교연구소, 1999 ; 임채우, 「한국 도교문화의 회고와 전망」, 『한국사상과 문화』 11, 2001. 대표적인 연구성과를 소개하면 다음과 같다. 차주환, 『한국의 도교사상』, 동화출판공사, 1984 ; 양은용, 「고려 도교의 역사자료」, 『한국종교』 10, 종교문제연구소, 1985 ; 김철웅, 「고려 중기 도교의 성행과 그 성격」, 『사학지』 28, 1995 ; 송항용, 「한국 도교사상의 전개 추이」, 『국사관논총』 45, 1993 ; 양은용, 「도교사상」, 『한국사』 16, 국사편찬위원회 ; 한국 도교사상 연구회, 1994 ; 김철웅, 「이규보의 도교관」, 『한국사상사학』 13, 한국사상사학회, 1999 ; 김철웅, 「조선초의 도교와 醮禮」, 『한국사상사학』 19, 2002.

5) 본고에서는 도·불 관련 거사(유자)와 승려의 기사를 검토하였음을 밝혀둔다. 관련 저술 내용을 개별 분석하면 보다 심화된 천착이 이루어질 것이다.

6) 도교를 관방 도교와 민간 도교로 나누어 이해하기도 하지만, 본고는 한국의 도교의 대체적인 흐름은 고대의 신선 도교, 고려의 의례적인 과의 도교, 조선의 수련 도교, 근 현대의 3교 합일적인 민중 도교가 주류를 이루었다는 시각을 견지하고 있다. 양은용, 「한국 도교의 근대적 변모」, 『한국종교사연구』 5, 1997, 348쪽.

7) 본고는 2014년 한국사상사학회 창립 제30주년 기념 학술대회 '한국사상사를 통해

2. 고대 도가와 불교

우리나라에 도가 사상(道家思想)이 전래된 것은 삼국시대이다. 『삼국사기』에 의하면 일찍이 도교의 경전인 『도덕경』이 수용되어 있음을 알 수 있으며,[8] 624년(고구려 영류왕 7)에 도교가 전래되었다.[9] 즉, 영류왕은 당에 사신을 보내어 5두미도(五斗米道)의 전래를 요청하자, 당은 천존상·도법(道法)과 함께 도사를 파견하여 노자의 도를 강의하게 하였다.[10] 그 이듬해인 625년에 고구려 학인들이 당으로 파견되어 불교와 도교를 배웠다. 643년(보장왕 2) 당시의 실권자인 연개소문이 3교의 필요성을 강조하면서 건의하여 당에서 숙달(叔達)을 포함한 도사 8명과 함께 『도덕경』을 보내왔다.[11] 도교를 숭상하고 불교를 경시하여 불교가 쇠퇴하자 650년(보장왕 9) 평양 반룡사의 승려 보덕은 이를 개탄하며 백제 완산주의 고대산으로 옮겨 경복사를 세웠다.[12] 불교의 수용 이후 첫 불교 탄압이며, 한국 역사상 찾아보기 힘든 도·불(道佛)간의 대립이었다.[13]

본 제 사상간의 소통과 새로운 사유의 모색'(2014.11.8)의 발표한 글을 대폭 정제한 것이다.

8) 『삼국사기』 백제본기 근구수왕 즉위년, '莫古解가 말하기를 「일찍이 도가의 말을 들으면 만족한 것을 알면 욕을 보지 않으며 그칠 줄 알면 위태하지 않다」; 『삼국사기』 을지문덕 열전, '족함을 알면 욕을 당하지 않고 위태해지지 않는다.'; 『도덕경』 42장, '老子曰 知足不辱 知止不殆.'; 『삼국사기』 김후직 열전, '말을 달려 사냥하는 즐거움은 사람의 마음을 미치게 한다.'; 『도덕경』 12장, '馳騁畋獵令人心發狂.'

9) 南梁의 도사·의사인 陶弘景이 『神農本草 集注』에서 '高麗 夫南 및 西域 등 외국에서는 그릇을 만들고 모두 鍊熟하여 먹을 수 있다.' 『經史證類大觀本草』 卷4, 金屑 信州生金 ; 정경희, 「삼국시대의 도교 연구」, 『국사관논총』 21, 1991, 129쪽.

10) 『삼국사기』 권20, 고구려본기 8 영류왕 7년(624) 2월, '蘇文告王曰三敎譬如鼎足闕一不可今儒釋並興而道敎未盛非所謂備天下之道術者也伏請遣使於唐求道敎以訓國人大王深然之奉表陳請太宗遣道士叔達等八人兼賜老子 道德經王喜取僧寺館之.'

11) 『삼국사기』 권49, 蓋蘇文 열전.
12) 『삼국사기』 권22, 고구려본기 10.
13) 보덕은 연개소문에 대항하던 불교계의 대표적인 세력이었다. 정선여, 「7세기대 고구려 불교정책의 변화와 보덕」, 『백제연구』 42, 충남대 백제연구소, 2005, 103쪽.

백제와 신라는 3교 간의 사상적 대립의 흔적을 찾아볼 수 없다. 백제의 승려 관륵이 3론을 연구하고 외학(外學)에도 통달하였다고 하며 천문·역법·둔갑·방술 등의 서적을 일본에 전하였다.14) 신라의 대세(大世)와 구칠(仇柒)은 587년(진평왕 9) 신선의 도를 배우기 위해 중국으로 유학을 갔다15)는 기록이 찾아진다. 신라의 경우 도·불 또는 유·불·도 통섭의 사례가 적지않이 찾아진다.

즉, 신라 불교를 정착시키고 대중화시켰던 고승 원광(555~638)은 도가와 유학을 섭렵하였다고 하며,16) 원효(617~686)는 도교를 수용하여 불교 교리를 서술하였다. 즉, 원효는 『대승기신론소』의 제명(題名)을 해석하는 부분에서 '10선업을 잘 깨끗이 닦는 것으로 바퀴살을 삼으며, 정공덕(淨功德) 자량(資糧)으로 속바퀴를 삼았다.'17)라는 귀절은 『도덕경』의 무(無)를 바탕해야 유(有)가 작용한다는 내용과 비슷하다. 『금강삼매경론』에서도 제명을 해석하면서 '인(因)에는 공용(資糧)이 있으나 과(果)에는 공용이 필요없으므로 덜고 덜어 무위(無爲)에까지 이를 수 있기 때문이다.'18)라는 내용 역시 금강 삼매의 경지를 『도덕경』의 무위와 견주어 서술한 것이다.19)

『삼국유사』에 의하면, 진평왕(?~632) 때 비구니 지혜는 선도산의 산신과 신모(神母)의 도움으로 새로 불전을 지었다고 한다.20) 선도 성모는 날아다니

---

14) 『본조 고승전』 卷1, 百濟國沙門觀勒 ; 『日本書紀』 권22, 豐御食炊屋姬天皇 推古天皇 10년 10월 ; 田村圓澄, 「百濟佛敎史序說」, 『百濟文化と飛鳥文化』, 吉川弘文館, 1978, 325쪽.
15) 『삼국사기』 권4, 신라본기4, 진평왕 9년.
16) 『삼국유사』 권4, 의해5, 원광서학.
17) 원효, 『起信論疏』, 『한국불교전서』 1, 734쪽, '以善淨十善業爲輻 以淨功德資糧.' 이는 『도덕경』 11장의 '三十輻共 當其無 有車之用.'과 거의 비슷한 문맥이다.
18) 『金剛三昧經論』, 『한국불교전서』, 606쪽, '因有功用 果無功用 損之又損之 以至無爲故.'
19) 이는 『도덕경』 48장의 '爲學日益 爲道日損 損之又損 以至於無爲 無爲而無不爲.'를 인용한 것이다. 한종만, 「元曉의 圓融會通사상」, 『원효학연구』 2, 1997. 원효와 의상은 후대에 도가적 인물로 그려지기도 하였다. 이규경, 「元曉義相 辨證說」, 『오주연문장전산고』 권20, 경사편 5, 논사류 2.

는 여자 선인이자, 국모신인 서술성모(西術聖母)이며 여선(女仙)으로 도·불의 습합사실을 알 수 있다.

널리 알려진 바와 같이 화랑도는 풍류도 혹은 국선도라 불리었는데, 화랑의 우두머리인 국선 혹은 국선 화랑이 있었다.[21] 화랑으로 알려진 영랑·남랑·술랑·안상 등은 4선이 되었다고 하며,[22] 낭도 가운데 호세랑(好世郞)의 진자·융천·혜숙·담수·전밀 등은 승려 낭도(郎徒)였다.[23]

김유신(595~673)은 단석산 신선사에 신선을 의미하는 미륵불을 조성해 모셨으며, 후에 국선이 되어 자신의 낭도를 용화향도로 불렀다.[24] 김유신과 더불어 삼국의 통일을 주도하였던 김춘추의 아들 김인문(629~694)은 유가와 함께 노장과 불가를 섭렵하였다.[25]

신라말 고대 도교 단학의 대표라고 하는 최치원(857~?)은 도·불뿐만 아니라 3교 통섭의 모습을 기록으로 남긴 바 있다.[26] 즉, 최치원은 우리나라의 현묘한 도가 유·불·도 3교를 포함하고 있다고 하였는데,[27] 아마도 기록상 3교 통섭에 관련한 최초의 기록이 아닐까 한다. 최치원은 승려 홍정의 승정 임명이 이루어지자 '3교가 나란히 행해지게 됨을 기뻐하였다.'고 한다.[28] 아래의 사료도 그러한 사례이다.

---

20) 『삼국유사』 권4, 감통7, 仙桃聖母隨喜佛事.
21) 『삼국사기』 권4, 신라본기, 진흥왕 37년.
22) 차주환, 「花郎道와 神仙思想」, 『도교사상의 한국적 전개』, 아세아문화사, 1989, 9~25쪽.
23) 『삼국유사』 권3, 彌勒仙花 未尸郎眞慈師 ; 김영태, 「彌勒仙花攷」, 『불교학보』 3·4, 1966, 7쪽.
24) 『삼국사기』 권41, 김유신열전 상, '公年十五歲爲花郎時人洽然服從號龍華香徒.'
25) 『삼국사기』 권44, 金仁問열전, '幼而就學多讀儒家之書 兼涉莊老浮屠之說.'
26) 최치원, 「崔孤雲 鸞郞碑序 及三國史」, 『孤雲集』 최고운 선생 사적.
27) 곽만연, 「최치원의 유·불·도 삼교관 연구」, 『불교연구』 24, 한국불교연구원, 2006, 46~47쪽.
28) 최치원, 「謝許弘鼎充 僧正狀」, 『桂苑筆耕集』 권4, 奏狀 10수, '元戎獲請 喜三敎之並行 法侶歡呼.'

사(詞)에 이르기를, 공자는 인에 의지하고 덕에 의거하였으며, 노자는 백(白)을 알면서도 능히 흑(黑)을 지키었네. 2교가 한껏 천하의 본보기라 일컬었지만, 석가는 힘 겨루는 것을 나무랐으니, 10만 리 밖에 서역의 거울이 되었고, 1천 년 뒤에 동국의 촛불이 되었네.29)

위의 인용한 글에서 보듯이 최치원은 유·불·도를 중시하면서도 불교의 우위를 주장하였다. 최승우와 더불어 신라말 3최로 알려진 최언위가 지은 선각대사 형미(864~917) 비문에 의하면, 불교를 배척하였던 최호(381~450)와 도사 구의지(寇議之)가 언급되어 있는 기록30)을 통해 도·불 관계를 알 수 있다.

3. 고려시대 과의 도교와 불교

고려를 건국한 태조 왕건은 924년(태조 7) 개성에 고려 최초의 도교기관인 구요당을 외제 석원과 신중원과 함께 건립하였다.31) 아울러 훈요십조에서 보이듯이 '연등회는 부처를 섬기는 것이며, 팔관회는 하늘의 신령과 5악·명산·대천·용신을 섬기는 것이다.'32)라고 하여 불교 의례인 연등회와 더불어 도교적인 성격을 지닌 팔관회를 매년 개최하게 하였다.

11월에 팔관회를 베풀었다. 유사(有司)가 아뢰기를, '전대의 임금이 해마다

---

29) 崔致遠, 「鳳巖寺 智證大師 寂照 塔碑」, 『조선금석총람』 상.
30) 崔彦撝, 「無爲寺 先覺大師 遍光 塔碑」, 『조선금석총람』 상, '兼被崔皓懷忬 寇謙□□.'
31) 『고려사』 권1, 태조세가 7년 ; 『신증동국여지승람』 권5, 개성부 하, 고적. 구요당을 비롯하여 福源宮·毬壇·星宿殿·淨事色·大淸觀·昭格殿 등 15개소의 도교 의례를 수행하는 기관이 설치되고 本命星宿醮·北斗醮·太一醮·星變祈禳醮·三界醮·百神醮·天星醮 등 醮祭가 시행되는 등 성황을 이루었다. 양은용, 「고려시대의 도교와 불교」, 『한국종교』 8, 원광대 종교문제연구소, 1983.
32) 『고려사』 권2, 태조세가 26년 4월 훈요 10조.

중동(仲冬)에 팔관재(八關齋)를 크게 베풀어서 복을 빌었으니 그 제도를 따르소서.' 하니, 왕이 이르기를, '짐이 덕이 없는 사람으로 왕업을 지키게 되었으니 어찌 불교에 의지하여 국가를 편안하게 하지 않으리오.' 하고, 드디어 구정(毬庭)의 한 곳에 윤등을 설치하고 향등을 곁에 벌여 놓고 밤이 새도록 땅에 가득히 불빛을 비추어 놓았다. 또 가설무대를 두 곳에 설치하였는데 각각 높이가 5장 남짓하고 모양은 연대와 같아서 바라보면 아른아른 하였다. 갖가지 유희와 노래·춤을 그 앞에서 벌였는데 사선악부(四仙樂部)의 용·봉황·코끼리·말·차·배는 모두 신라의 고사였다. 백관이 도포를 입고 홀을 들고 예를 행하였으며, 구경하는 사람이 서울을 뒤덮어 밤낮으로 즐기었다. 왕이 위봉루에 나가서 이를 관람하고 그 명칭을 '부처를 공양하고 귀신을 즐겁게 하는 모임[供佛樂神之會]'이라 하였는데, 이 뒤로부터 해마다 상례로 삼았다.[33]

위의 인용한 글에서 보듯이 팔관회는 고구려 동맹을 계승한 신라의 팔관재[34]를 계승하였으며, 불교적인 분위기에서 시행된 팔관회에 4선의 악부(樂府)인 화랑의 가무(歌舞)가 행하여졌던 것이다.[35]

그 외에도 궁궐의 구정(毬庭)과 회경전, 내정(內庭) 등에서 천지와 산천 등의 제신에게 제사지낼 때 도교의 상제나 5방(五方) 산해신군(山海神君) 및 성신(星辰)[36]을 아우르는 도·불 융합으로 치렀다. 현종(1009~1031) 때부

---

33) 『고려사절요』 권1, 태조 1년 11월.
34) 『고려도경』 권17, 祠宇, '其十月東盟之會 今則以其月望日 具素饌 謂之八關齋 禮儀極盛.'
35) 팔관회가 불교적 의례가 아니라는 설이 대두되고 있지만(도광순, 「팔관회와 풍류도」, 『도교학 연구』 13, 1994 ; 한흥섭, 「백희가무를 통해서 본 고려시대 팔관회의 실상」, 『민족문화연구』 46, 고려대 민족문화연구소, 2007, 351~356쪽 ; 이원태, 「고려 팔관회의 종교적 성격과 의미」, 『도교문화연구』 30, 2009, 29~30쪽) 불교적 분위기에서 실시된 것은 틀림없다. 안지원, 『고려의 불교의례와 문화(개정판)』, 서울대출판부, 2011, 160쪽.
36) 『고려사』 권54, 오행지 숙종 7년 6월 병술 '命宰相分祀五方山海神君於三所 又集僧二千分 爲四道巡行京城諸山諷般若經以禳松蟲 遂發卒五百捕于松岳.'

터 구정이나 회경전에서 초제 및 재초(齋醮)를 올렸으며, 그 후 선종(1083~1094) 이후 고종(1213~1259) 무렵까지 역대 왕들은 복원관(福源觀)·대청관(大淸觀)·구요당(九曜堂) 등에서 초제(醮祭)를 거행하며 청사(靑詞)를 송창하게 하였다.37) 그러나 본격적인 도교 수용은 예종대(1105~1122)에 이루어졌다.38) 즉, 송의 휘종이 고려에 도사 두 명을 보내어 도법을 전하자, 예종은 개성의 북쪽에 도관(道觀) 복원관을 세워 삼청상(三淸像)을 모시고 도사를 두었다.39) 그리하여 '예전에는 이 나라의 습속에 도교를 듣지 못했으나 이제는 사람마다 다 귀의하여 신앙할 줄 안다.'40)고 하였다. 도교의 초제는 불교와 더불어 시행되기도 하였다. 예컨대, '친히 복원궁(福源宮)에서 초제를 드리고, 안화사의 순덕왕후 영전에 거둥하여 잔을 드리고 눈물을 흘렸다.'41)고 한다. 1117년(예종 12)에 사망한 예종의 비 순덕왕후의 추선 공양 때문이었다고 추정되는데, 초제를 지낸 안화사42)는 복원궁과 더불어 왕후의 원당적 성격을 띠고 있다.

예종의 명으로 복원궁을 건립한 이중약과 교유하였던43) 동산처사 곽여(1058~1130)는 산재(山齋) 양지재에서 도교·불교·의학·약학·음양설에 관한

---

37) 靑詞는 「乾德殿 醮禮靑詞」를 비롯하여 金克己·李奎報·鄭譜·李穀·權近 등이 지은 수십 편이 『동문선』 권115에 실려 전하고 있다. 고려시대에 거행된 초제의 총 회수는 191회에 달하며 예종(1105~1122)과 의종(1146~1170) 때 가장 많이 행해졌다. 양은용, 「고려시대의 도교와 불교」, 『한국종교』 8, 원광대 종교문제연구소, 1983.
38) 徐兢, 「道敎」, 『고려도경』 권18.
39) 복원궁의 건립은 순덕왕후가 사망한 예종 12년 전후 즉 政和 말기라고 추정되고 있다. 양은용, 최삼용, 「복원궁 건립의 역사적 의의」, 『도교문화연구총서』 2, 한국도교문화학회, 1988, 488~489쪽.
40) 徐兢, 「福源觀」, 『고려도경』 권17, 祠宇, '前此國俗 未聞虛靜之敎 今則人人 咸知歸仰云.'
41) 『고려사절요』 권8, 예종 15년(1120) 5월.
42) 서긍, 「靖國安和寺」, 『고려도경』 권17, 祠宇 ; 『고려사절요』 권8, 예종 13년 4월.
43) 이인로, 『파한집』 권중, '金單工黃己 李左司中菖 郭處士輿 皆奇士 少以文章相友號神交.' ; 김철웅, 「고려 중기 이중약의 생애와 도교사상」, 『한국인물사연구』 14, 2010, 198쪽.

서적까지 두루 읽었다고 한다. 그의 모습에서 선가적(仙家的) 풍모가 느껴지며, 신라의 국선의 분위기가 지속되었던 듯하며,[44] 사학 12공도에서도 국선인 화랑의 정신이 이어져 왔다.[45] 무엇보다도 고려의 도·불 융합과 관련하여 주목되는 것은 도·불 융합의 8선 혹은 8성 숭배 사상이다.[46] 고려의 8선은 중국의 그것과는 달리 불교의 부처·보살·우바이 등을 불교에 포섭시킨 것이다.[47] 김관의의 『편년통록』에 의하면 당의 숙종이 잠저시에 머문 송악 곡령은 8선 주처의 명당 자리라고 하였다. 신라 풍수가 팔원도 송악을 8선이 머무는 땅이라고 하였으며,[48] 개성의 송악산을 8진선(八眞仙)이 머물렀던 8선궁(八仙宮)이라고 하였다.[49] 그 후 인종 때 묘청과 정지상 등은 서경에 임원궁을 짓고 송악 8선과 유사한 서경 8성을 모셔 8성당이라고 하였다.

---

44) 『고려사』 권97, 곽상열전 부 곽여 ; 김철웅, 「고려 예종대 郭輿의 활동과 도교」, 『한국인물사연구』 16, 2011, 342쪽.

45) 『고려사』 권14, 예종세가 11년 4월 경진 ; 이만규, 「제6장 고려시대의 교육」, 『조선교육사』 1, 거름, 1988, 101쪽. 또한 민적(1269~1335)에게서도 국선의 유풍이 전해지고 있었음을 알 수 있다. 민적은 충렬왕으로부터 국선이라 불렸다는 것이다. 『고려사』 권108, 민종유 열전 부 閔頔 ; 崔瀣, 「故密直宰相閔公行狀」, 『졸고천백』 권2 ; 황인규, 「고려후기 유생의 사찰독서」, 『한국불교학』 45, 2006 : 황인규, 『고려시대 불교계와 불교문화』, 국학자료원, 2011.

46) 八仙은 중국 전설상의 신선이며, 八仙公은 『淮南子』를 저술한 漢나라 淮南王 劉安의 門客으로 蘇非, 李尙, 左吳, 田由, 雷被, 毛被, 伍被, 晉昌 등 8인을 가리킨다. 魏晉 이후 『神仙傳』과 『述異記』 등 道家의 저작물에서 유안이 方技를 좋아했던 점을 들어, 이들 팔공을 마침내 신선으로 附會하였으므로 팔선공이라고 한 것이다. 唐나라 때 술을 즐겨 마시며 풍류를 만끽했던 李白, 賀知章, 李適之, 汝陽王 璡, 崔宗之, 蘇晉, 張旭, 焦遂를 가리키는데, 杜甫가 일찍이 이들을 두고 飮中八仙歌를 지었다. 『杜少陵詩集』 卷2, 飮中八仙歌 ; 『李太白集』 卷7, 草書歌行. 明朝이후 吳元泰의 『八仙出處東遊記(東遊記)』에 의하면 漢鍾離(或鍾離權), 呂洞賓, 張果老, 何仙姑, 曹國舅, 韓湘子 및 藍采和를 가리킨다. 김도영, 「팔선전설의 유래와 전파」, 『중국소설논총』 8, 1988, 162쪽.

47) 안지원, 앞의 책, 161쪽.

48) 『고려사』 서문, 고려세계, '時新羅監干八元 善風水 到扶蘇郡 郡在扶蘇山北 見山形勝而童.'

49) 『고려사』 서문, '遂至松嶽郡 登鵠嶺南望曰 此地必成都邑 從者曰 此八眞仙住處也.' 목은 이색은 '肩輿直上八仙宮.'이라는 詩가 전하고 있다. 이색, 「松山」, 『목은시고』 권20, 시.

묘청은 왕에게 권하여 임원궁성(林原宮城)을 축성하고 궁중에 8성당(八聖堂)을 설치했는데 8성이란 첫째는 호국백두악 태백선인(護國白頭嶽太白仙人)인 바 실체는 문수사리보살이요, 둘째는 용위악 6통존자(龍圍嶽六通尊者)인 바 실체는 석가불이요, 셋째는 월성악천선(月城嶽天仙)인 바 실체는 대변천신(大辨天神)이요, 넷째는 구려평양선인(駒麗平壤仙人)인 바 실체는 연등불이요, 다섯째는 구려목멱선인(駒麗木覓仙人)인 바 실체는 비바시불(毗婆尸佛)이요, 여섯째는 송악진주거사(松嶽震主居士)인 바 실체는 금강색보살(金剛索菩薩)이요, 일곱째는 증성악신인(甑城嶽神人)인 바 실체는 늑차천왕(勒叉天王)이요, 여덟째는 두악천녀(頭嶽天女)인 바 실체는 부동우바이(不動優婆夷)이며 모두 화상을 설치하였다. 이중부, 정지상 등은 이것을 성인의 법이며 국운을 연장하는 술(術)이라고 인정하면서 또 왕에게 8성에 제사를 지낼 것을 청원했으며 정지상이 축문을 지었다. … 이제 평양의 중앙에서 이 대화세(大華勢)의 땅을 선택하여 궁궐을 신축하고 음양에 순응하여 8선을 그 사이에 안치한다.50)

위에서 보듯이 8성51)은 선인과 신인, 불교의 불·보살·우바이 등이 혼용되었음을 알 수 있다. 여기서 묘청의 「태일옥장보법(太一玉帳步法)」, 백수한의 「천지인삼정사의장(天地人三庭事宜狀)」은 도교에서 차용한 것이다.

그 후 의종은 1168년(의종 22)에 서경 관풍전에서 내린 교서에서 음양이치를 받들어 순응해야 하며, 불교의 3보를 보호해야 한다고 하면서 팔관회에서 선교(仙敎)를 장려할 것을 강조하였다.52)

무신집권기 문인으로 당시에 지상선(地上仙)으로 불렸던 최당(1135

---

50) 『고려사』 권127, 묘청 열전.
51) 『신증동국여지승람』 개성부에는 八仙宮이 松岳頂에 있었다 한다. 조선초기에 존숭받던 신격은 德積, 白岳, 松岳, 木覓, 紺岳, 開城大井, 三聖, 朱雀 등의 八大王이었다. 八仙은 최치원도 이미 언급한 바 있다. 최치원, 「謝周繁秀才 以小山集見示書」, 『농문선』 권58, 書.
52) 『고려사』 권18, 의종세가 22년 3월 무자.

~1211)은 1199년(신종 2)에 치사(致仕)한 후 서재 쌍명재에서 한국 역사상 최초의 독서 클럽이라고 할 기로회(耆老會)를 조직하였다. 최당의 서재에서 아우 최선과 장자목·고영중·백광신·이준창·현덕수·이세장·조통 등 당시 고관 9명이 동참하였는데,53) 두보의 음중 8선가(飮中八仙歌)와 8선도(八仙圖)를 감상하는 등 불교와 도교의 분위기를 읽을 수 있다.54) 기로회는 당의 취음선생(醉吟先生) 백낙천(772~846)이 주도하여 최초로 만든 것이지만 우리나라에서는 처음 있는 일이다.55)

당시 승려들은 유·불·선 분위기 속에서 출가 전후에 도교 사상을 수학한 경우가 적지 않았다. 고려시대 대표적인 고승이라고 할 대각국사 의천과 보조국사 지눌, 수선사와 백련사 그리고 가지산문 고승에게서 도·불 융합 모습을 찾을 수 있다. 즉, 고려시대 선교 문제를 해결하고자 하였던 대각국사 의천과 지눌에게도 도·불 융섭의 사실이 찾아진다. 즉, 대각국사 의천은 '주공(周公)과 공자의 유도(儒道)는 인승(人乘)에 해당되고 노장의 도가는 천승(天乘)에 해당되며 불승(佛乘)과는 차원이 다르다.'56)고 하였다.

무신집권기 초 고승 보조국사 지눌 비문에 의하면 '노자는 학식보다 나를 아는 사람이 드문 것을 귀하게 여겼으며, 장자는 살아감에 있어 다른 사람보다 특별히 하려고 하지 아니하였다.'고 하였다.57) 이는 3교 회통 정신의 발현이었으며, 후술하는 바와 같이 지눌의 제자로 수선결사를 이끌

---

53) 『고려사』 권99, 최유청 열전 ; 『고려사절요』 권14, 희종 7년 9월.
54) 유생 李仁老와 崔瀣가 「雙明齋詩集 序文」과 「耆老會 序文」을 지어 남기고 있다. 李仁老, 「雙明齋 詩集序」, 『동문선』 권83, 序 ; 李仁老, 「題李佺海東耆老圖後」, 『동문선』 권102, 跋. 후에 최해가 그의 나이 34세인 1320년(충숙왕 7)에 이제현의 아버지 東庵 李瑱의 명을 받아 「海東後耆老會 序文」을 짓기도 하였다. 崔瀣, 「海東後期老序」, 『동문선』 권84, 序.
55) 서수생, 「쌍명재문학과 죽고칠현」, 『경대논문집』 14, 경북대, 1970 ; 황인규, 앞의 책, 국학자료원, 2011, 380~383쪽.
56) 의천, 「與內侍文冠書」, 『대각국사문집』 권13, '以言乎人乘 與周孔之道同歸 以言乎天乘共老莊之學一致' ; 유명종, 「한국 유·불·도 삼교 교섭의 사적 회고」, 『한국종교』 18, 원광대 종교문제연구소, 1994, 183쪽.
57) 金君綏, 「昇平府曹溪山修禪社佛日普照國師碑銘 幷序」, 『조선금석총람』 상.

었던 진각국사 혜심과, 백련결사를 주도하였던 천책에서 확연히 드러나고 있다. 즉, 혜심은 『진각국사어록』에서 '공부한 지 오래되었거나 근기가 뛰어난 사람들은 벌써 알아차렸겠지만 나이 들어 늦게 공부를 시작한 사람과 초심자들은 반드시 이 말을 비웃을 것이다.'58)라고 하였는데, 이 귀절은 『노자』 41장의 구절을 응용한 것이다.59) 그리고 '학문을 하면 나날이 더해지고, 도를 행하면 나날이 덜어진다. 더하고 또 더해서 더 이상 더할 것이 없는 데까지 이르며, 덜고 또 덜어서 더 이상 덜 것이 없는 데까지 이른다.'60)라는 귀절도 『노자』 48장에 나오는 내용이다.61) 또한 '세상에서 가장 부드러운 것이 세상에서 가장 굳센 것을 마음대로 부리는 도리를 어찌 알겠는가'.62)는 귀절 역시 마찬가지다.63) 혜심은 『노자』뿐만 아니라 『장자』도 수용하였다. 어록에 '단약(丹藥) 한 알로 쇠에 점찍으면 금이 되고, 지극한 진리의 말씀 한마디가 범부를 성인으로 바꾼다는 것이다.64) 그의 어록 「차운하여 동반들에게 보임」의 '노년의 얼굴에 잠깐 사이 이마에 서리 내리니, 화봉(華封)이라는 말은 사람의 작은 정성으로 요순을 축원하네.'에서 화봉은 『장자』 「천지」에 나오는 말로 화봉삼축(華封三祝)이라는 뜻이라고 한다.65)

한편 『무의자시집』에 의하면, 혜심은 「소요곡」에서 '대붕의 바람치는 날개는 몇 만리를 난다지만 굴뚝새의 숲속 둥지는 나뭇가지 한 가지 족하다

---

58) 『진각국사어록』 상당 27, 맛없는 밤, '舊參上士, 早已自知 ; 晩學初機, 未必不笑' ; 김영욱, 『진각국사어록 역해 1』, 가산불교문화연구원, 2004, 153쪽.
59) 『노자』 41장, '上士聞道 勤而行之 中士聞道 若存若亡 下士聞道 大笑之 不笑不足以爲道.'
60) 『진각국사어록』 상당 78, 가감이 없는 이 자리, '上堂云 爲學日益 爲道日損 益之又益之 以至於無所益 損之又損之 以至於無所損.' 김영욱, 앞의 책, 367쪽.
61) 『노자』 48, '爲學日益 爲道日損 損之又損 以至於無爲 無爲而無不爲.'
62) 『진각국사어록』 상당 113, 승부의 극치, '安知以天下之至柔 將馳騁天下之至剛.' 김영욱, 앞의 책, 520쪽.
63) 『老子』 43장, '天下之至柔 馳騁天下之至堅 無有入無間 吾是以知 無爲之有益.'
64) 『진각국사어록』 소참, '譬如還丹一粒 點鐵成金 至理一言 轉凡成聖.'
65) 『장자』 외편 제12편 「天地」, '堯觀乎華 華封人曰 噫聖人 請祝聖人.'

네'66)라고 하여 『장자』의 소요편을 인용하였다. 또한 「자비사에서 이틀을 묵으며」에서 '새벽 닭 홰치는 소리에 날이 샘을 말랐고 나 자신이 호랑나비 되었던 봄 꿈에 깨어나게 하네.'라고 하였다고 하였으며, 「혜경(惠卿)이 장자와 노자를 풀이한 책을 보고」라는 글을 남기고 있다.67)

혜심이 지은 「답최참정 홍윤(答崔參政 洪胤)」68)은 유불일치에 관련한 최초의 것으로 널리 알려져 있지만69) 유불뿐만 아니라 도교도 중요시 하였다. 즉, 혜심은 『기세계경』을 인용하여 노자는 가섭보살이며 공자는 유동보살인데 유도의 근본은 불교에 있다고 하면서 방편은 다르나 실제는 같다고 하였다.

> 『기세계경(起世界經)』을 인용하여 부처님이 말씀하시기를, '내가 두 성인을 중국에 보내 교화를 펴리라. 한 사람은 노자로, 그는 가섭보살(迦葉菩薩)이요, 또 한 사람은 공자로, 그는 유동보살(儒童菩薩)이다.'70)라고 하였다. 이것에 근거하면 유도의 근본은 불법에 있으니 방편은 다르나 실제는 같은 것입니다.71)

이렇듯 혜심에게서 도·불 통섭뿐만 아니라 유·불·도 3교의 통섭 사실을 알 수 있으며, 도·불 가운데 불교의 우세를 주창하였다. 이러한 것은 승려와

---

66) 혜심, 「信宿慈悲寺 次韻逸庵」, 『무의자시집』 권상,
67) 혜심, 「讀惠卿莊老解」, 『無衣子詩集』 권상, '莊老之書未盡玄 潛率佛昧强和硏 君看短販 無知漢 偸我燒金裹汝綿.'
68) 『진각국사어록』, 「答崔參政洪胤」, '我昔居公門下 公今入我祉中 公是佛之儒 我是儒之佛 互爲賓主 喚作師資 自古而然 非今始爾 認其名則佛儒迥異 知其實則儒佛無殊.'
69) 고려전기에 유불 일치에 관련한 기록은 성종대 최승로 시무상소(『고려사』 권93, 최승로 열전)와 현종대 유가종의 본산 현화사비(周佇, 「靈鷲山 大慈恩 玄化寺之碑 음기」, 『조선금석총람』 상)에도 찾아진다.
70) 『大正 新脩大藏經』 第48冊 : 延壽大師 講述 ; 『萬善同歸集』 卷下, '起世界經云 佛言 我遣二聖 往震旦行化 一者 老子 是迦葉菩薩 二者 孔子是儒童菩薩.'
71) 『진각국사어록』, 「答崔參政洪胤」, '起世界經云 佛言 我遣二聖 往震旦行化 一者 老子 是迦葉菩薩 二者 孔子 是儒童菩薩 據此則儒道之宗 宗於佛法而權別實同者乎.'

문인들 사이에 유행하였던 것인데, 무신집권기 대표적인 문인 이규보 (1168~1241)는 유교뿐만 아니라 불교와 도교를 학습하였으며,72) 그의 시 가운데 전주 보광사 주지 정통사(精通師)에게 보낸 시에서 '석로(釋老)를 오리와 제비로 융회한다면 우리 조상 노자를 배척하지 못하리.'73)라고 읊은 바 있다. 기러기 오리 제비라는 말은 3교 조화론의 대표적 인물인 남북조의 장융(444~497)의 말이다.74) 도·불은 자취가 일원인데 자취가 다름을, 기러기를 잘못보고 월(越)나라 사람은 오리라고 하고 초나라 사람은 제비라고 하였는데 이는 도·불 일원설(道佛一源說)이라고 한다.75) 이규보는 '스님은 전하고 나는 노자를 잇는다. 석로는 본래 하나의 부을(鳧乙) 즉, 물오리와 제비를 꼭 나누랴' 하였으며, 연사(蓮社)를 결성하여, 동진의 고승 혜원의 유풍을 이야기하면서 도·불 조화뿐만 아니라 3교 통합도 주장하였던 것이다.76)

원 간섭기 이후 불교계를 주도하였던 천태종 백련사계, 조계종의 가지산문과 수선사 고승들에게도 도·불 또는 유·불·선 3교의 융섭이 찾아진다. 즉, 천태종 백련사 고승 진정국사 천책은 유학자 민호에게 '불제자는 유가를 만나면 유교를 말하고 불가를 만나면 불교를 말하여 문답이 물 흐르듯 하여 보고 듣는 것에 발심하게 한다.'고 하였다. 당의 농서인으로 문학이 뛰어나며 글씨를 잘 썼고, 상서랑으로 자사의 지방관이었던 이주(李舟)의

---

72) 정지, 「이규보 행장」, 『東國李相國文集』 권중, 誅書, '右司諫 鄭芝가 왕명을 받들어 지었다.'

73) 이규보, 「是日宿普光寺 用故王書記儀留題詩韻 贈堂頭」, 『동국이상국집』 권10, 고율시, '若將釋老融鳧乙 莫斥吾家祖伯陽.'

74) '張融答周顒書 道佛兩殊 非鳧則一作鳧.' http://www.zdic.net/ : 『弘明集』 권6, 「張融門律」(『大正藏』 권52, 38면 하), '道也與佛 逗極無二.' 『南齊書』 권41, 張融列傳 『남사』 32 ; 나우권, 「張融의 도·불조화론-亦有亦無論을 중심으로-」, 『철학연구』 32, 고려대 철학연구소, 2006, 12~13쪽.

75) 『홍명집』 권6, 「張融門律」 ; 常般大定, 「支那に於ける佛敎と儒敎道敎」, 東京, 東洋文庫, 1930, 1980, 583쪽 ; 김철웅, 「이규보의 도교관」, 『한국사상사학』 13, 한국사상사학회, 1999, 92~94쪽.

76) 이규보, 「明日 朴還古有詩 走筆和之」, 『동국이상국집』 권8, 고율시, '師傳甘蔗氏 我繼仙李君 釋老本一鴻 鳧乙何須分 何況結蓮社 惠遠遺風存.'

말을 인용하여 '석가모니가 중국에서 태어났으면 주공과 공자처럼 가르침을 폈을 것이며, 주공과 공자가 서방에 태어났으면 석가모니처럼 가르침을 폈을 것이다.'라고 하였다.[77]

원 간섭기 조계종 가지 산문계 고승 일연도『삼국유사』에서 도교의 수용을 강조한 바 있다. 즉, 고구려 보장왕이 도교를 일으키다가 멸망하였음을 강조하였으며,[78] 불교를 억압하고 도교를 숭상케 하였던 최호와 구겸지 등의 말년 운명이 좋지 않았음을 강조하였다. 또한 수선사 사주 원감국사 충지는 '아는 것은 3교를 겸하였다.'[79]고 하여 유불 뿐만 아니라 도교의 3교를 주장하였다.

그리고 고려시대 왕실의 내원당에서는 설법, 강론, 불사 등이 이루어졌는데, 특히 관정 도량과 영보 도량이 베풀어진 것은 주목된다. 관정 도량은 임금이나 부처가 될 자의 정수리에 물을 부으면서『관정경』을 외우고 병과 재해에서 벗어나게 기원하는 도량이다. 임금의 즉위식이나 태자를 책봉할 때 개설한 사례가 찾아진다.[80] 그리고 도교 의례인 영보 도량이 내원당에서『영보경』의 독송을 주로 하는 의식으로 치러졌다. 이는 불교뿐만 아니라 도교 의례도 실시하여 왕실과 국가의 재난을 극복하기 위한 것이었다.[81]

---

77) 천책,「答芸臺亞監閔昊書」,『호산록』.
78)『삼국유사』권3, 흥법3, 寶藏奉老 普德移庵 ;『삼국유사』권3, 흥법3, 아도기라 ; 방용철,「『삼국유사』소재 道教 관련 기록과 一然의 인식」,『역사와경계』85, 부산경남사학회, 2012.
79) 釋宓菴,「冲鏡王師 祭文」,『동문선』권109, 祭文.
80)『고려사』권33, 충선왕세가 즉위년 8월 갑인, '王服紫袍 設灌頂道場于康安殿 詣景靈殿 告嗣位 遂乘輿 至壽寧宮卽位 受群臣朝賀.'
81) 이규보,「福源宮 行天變祈禳 靈寶道場 兼設醮禮文」,『동국이상국전집』권39, 醮疏 ; 이규보,「神格殿 行天變祈禳 靈寶道場 兼醮禮文」,『동국이상국집』권39, 醮疏 ; 權近,「靈寶道場 靑詞」,『동문선』권115 ; 이능화, 이종은 역,『조선도교사』, 보성문화사, 1977 ; 영보 도량에 관한 자료로는『고려사』에 11회,『동국이상국집』에 2회,『陽村集』에 1회 등 14회의 기록이 확인된다. 설행 장소는 13회 명시되어 있는데 康安殿 8회, 內願堂 1회, 內院 1회, 神格殿 2회, 복원궁 1회로 모두 대궐 내의 편전과 내원당 그리고 도관에서 행해졌다. 양은용,「고려 도교사상의 연구」,『원광대학교논문집』19, 1985.

실제로 1318년(충숙왕 5) 11월과 1344년(충목왕 즉위) 10월 왕이 내원당에 행차하여 영보 도량을 베풀었던 사실이 찾아진다. 이와같이 내원당 감주는 국사와 왕사를 대신해 궁궐내 왕실불교를 실질적으로 주관했는데 불교뿐만 아니라 도교 의례도 베풀었던 것이다.[82)

고려말 대표적인 문인들을 통해 도·불을 포함한 3교 융합 사실을 엿볼 수 있다. 즉, 운곡 원천석(1330~?)은 「3교일리병서(三敎一理幷序)」에서 3교에 대하여 다음과 주장한 바 있다. 즉, 여여거사의 말을 인용하여 '유교는 이치를 궁구라고 불교는 마음을 밝혀 본성을 보는 것이며, 도교는 참됨을 수련하여 본성을 단련하는 것.'이라고 하면서 '3교는 처음부터 하나'라고 하였다.[83) 가정 이곡은 고승에게 '3교도 귀결은 같으니 어찌 차이가 있으리오(三敎同歸豈異門).'[84)라고 하였다. 특히 이곡의 아들 목은 이색은 환암 혼수가 그의 제자 승준을 시켜『호법론』을 지었는데,[85) 북송의 장상영이 구양수의 배불설과 한유·정이천 등의 불교관을 배척하기 위하여 지은 호법론에서 유·불·도 3교의 우열을 논하였다. 여기서 '유교는 피부의 질환을 고치기 위한 것이고, 도교는 혈맥의 질환을 고치기 위한 것이며, 불교는 골수의 질환을 고치기 위한 것.'이라 하여, 불교의 우수함을 재삼 강조하였다.[86) 또한 고려말 불사이군(不事二君)의 상징 인물인 원진국사 세염은 '저는 노자와 부처님의 도를 닦는 사람입니다.'[87)라고 하여 도·불을 수용하였음을 알 수 있다.

---

82) 황인규, 「고려시대 내원당과 고승」, 『보조사상』 37, 2012.
83) 원천석, 「三敎一理幷序」, 『耘谷行錄』 卷3, 詩, '如如居士三敎一理論云 三聖人同生有周主盟正敎 儒敎敎以窮理盡性 釋敎敎以明心見性 道敎敎以修眞鍊性 … 會三歸一 三敎宗風本不差.'
84) 이곡, 「次韻題李僧統詩卷」, 『가정집』 권15, 律詩.
85) 이색, 「跋護法論」, 『목은문고』 권13, 跋.
86) 志磐, 『佛祖歷代通載』 권29.
87) 『동사열전』 권2, 원진국사, '上曰汝胡名僧曰 元積正色曰 吾乃老佛道也.'

4. 조선시대 수련 도교와 삼교

조선을 건국한 태조 이성계는 즉위 전에 태백 금성에게 제사하였다고 한다. 태조는 즉위교서88)에서 불교나 도교에 대한 언급은 하지 않았지만 불교와 도교를 숭상하였다. 이는 이성계가 광명사에서 왕사 무학 자초를 보고 소격전으로 갔다89)는 기록으로 단적으로 알 수 있다. 숭유 억불도(崇儒抑佛道)를 기치로 내세웠던 정도전 등의 신진 성리학자들의 주장에 대하여 함허 기화의 저술인 듯한 『유석질의론』에서도 그러한 일면을 엿볼 수 있다.90)

> 대체로 성인이 서로 계승하여 세상을 다스린 큰 가르침에는 유자가 있고 노자가 있고, 불자가 있는데 세상에서 말하는 3교라 하는 것이 이것이다. 3교의 도는 모두 마음에 근원하였다. 그러나 유자는 자취를 전공하였고, 불자는 참에 계합하였으며, 그 두 사이를 제접(提接)하여 교점(膠粘)한 자는 노씨의 도이다.91)

이렇듯 태조는 3교를 대체로 수용하였지만 국가 시책상 도교를 배척하지 않을 수 없었던 듯하다. 1392년(태조 1) 예조의 건의에 따라 모든 초례(醮禮) 장소를 폐지하였다. 즉, 복원관을 비롯한 여러 재초 거행 장소를 폐지하고 경복궁의 북쪽에 소격서를 한 곳만을 남겼다.92) 그 후 개성에 대청관을

---

88) 『태조실록』 권1, 1년 7월 28일(정미).
89) 『태조실록』 권4, 2년(1393) 8월 11일(갑신), '幸廣明寺 見王師自超 遂幸昭格殿.'
90) 박해당, 「『현정론』과 『유석질의론』의 삼교론」, 『불교학연구』 10, 2005, 175쪽.
91) 『유석질의론』 上, '蓋聖人相繼 治世之大敎 有儒者焉 有老者焉 有佛者焉 世之所謂三敎者是也 三敎之道 皆本乎心 而儒者攻乎迹 佛者契乎眞 接於其兩間而爲之膠粘者 老氏之道也.'
92) 『태조실록』 권2, 1년(1392) 11월 1일(무인), '禮曹啓 道家星宿之醮 貴於簡嚴 盡誠敬而不瀆 前朝多置醮所 瀆而不專 乞只置昭格殿一所 務要淸潔 以專誠敬 其福源宮 神格殿 九曜堂 燒錢色 太淸觀 淸溪 拜星所等處 一皆革去 上從之.'

세우고 한성에 천도하여 소격전을 두어 삼청(三淸)의 초재를 올렸다. 태종 때 소격전의 책임자 김첨은 태일성에 대한 숭배를 건의하기도 하고, 천황대제에 대한 초제를 시도하였으며 국신을 제사하도록 하였다.[93]

도교의 유일한 기관이었던 소격전은 세조 때에 이르러 소격서로 개칭되었는데,[94] 소격서가 국가의 행정적 한 관서로 전락되었음을 의미한다. 결국 소격서는 중종 때에 이르러 조광조를 비롯한 사림들의 혁파 주청에 의해 폐치되었다가 3년후 부활되기도 하였지만 임진왜란 이후 폐지되었다. 이로써 한국 사상 공식적인 도교 기관은 역사 무대에서 사라지게 된다.[95]

조선전기 도교에 있어서 간과할 수 없는 사실은 승도들을 모아 사찰에서 기도하고[96] 명통사에서 기우제를 지냈다는 것이다.[97] 명통사 승려는 모두 삭발했으므로 '맹승(盲僧)' 혹은 '선사'라 불리었다.[98] 그들은 한증승과 더불어 경제적 후원과 인신이 찍힌 첩자를 발급해 신분을 보장받았다.[99] 맹승들

---

93) 『태종실록』 권7, 4년(1404) 2월 20일(신묘), '瞻又上書勸上崇奉道敎 其書曰 … 國初詳定 廢福源宮 神格殿 淨事色 京城只留太淸觀 昭格殿二所 又於五次之宮艮方永興郡 立觀行醮 崇奉之禮 可謂備矣.'
94) 『세조실록』 권38, 12년(1466) 1월 15일(무오), '昭格殿改稱昭格署 置令一 秩正五品.'
95) 마리산 초례는 도교에 위임하여 제천의 성격을 띠어 명종 14년 무렵까지 지냈다. 『명종실록』 권25, 14년(1559) 7월 4일(계유) ; 『명종실록』 권25, 14년(1559) 7월 5일(갑술).
96) 『태종실록』 권4, 2년(1402) 7월 2일(계미), '聲者于明通寺 僧徒于演福寺禱雨.'
97) 『태종실록』 권36, 18년(1418) 7월 1일(기유) ; 성현, 『용재총화』 권5, '都中有明通寺 盲人所會也 朔望一會 以讀經祝壽爲事 高者入堂 卑者守門 重門施戟 人不得入.' ; 李圭景, 「明通寺 辨證說」, 『오주연문장전산고』 20, 경사편 논사류.
98) 이능화는 점복맹인들이 점복을 하는 道流의 한 유파에 속하므로 맹승을 道流僧이라 보았다. 이능화, 이종은 역, 『조선도교사』, 보성문화사, 1977, 259쪽. 손진태는 맹승들이 독경하고 삭발을 한 것으로 보아 불교의 감화를 받았으며, 고려시대부터 卜筮를 사용하여 술가(道敎)의 감화를 받은 것이라고 하였다. 손진태, 『맹격고』, 1929 ; 『조선민족문화의 연구』, 을유문화사, 1948, 343쪽 ; 김만태, 「한국 맹인 점복자의 전개양상」, 『역사민속학』 28, 2008, 254~255쪽 ; 오문선, 「서울지역의 判數와 기사풍속도」, 『충북사학』 22, 2009, 108~109쪽.
99) 『세조실록』 권49, 12년(1430) 9월 1일(기해), '禮曹啓 … 汗蒸僧及明通寺僧 則仰曹皆給印信帖字 其不留宿城中 因公事出入者勿禁 從之.'

이 모이던 집회소인 명통사에서 점복이나 『영보경』, 『옥추경』, 『용호경』 등 도교 경전을 독경하여 길흉 판단·치병·도액 등을 하였는데, 맹인이 도교적 행사를 담당했던 일은 한국 도교에만 있는 것이다.[100]

숭유억불 시책이 강화되어 시기에 벽송 지엄(1464~1534)은 『반야심경』을 토대로 유·불·도 일치를 지향한 몽산 덕이의 『직주 도덕경』의 발문을 썼으며,[101] 부용 영관(1485~1571)도 역시 '노장 사상을 섭렵하고 『중용』을 품안에 안고 『장자』를 옆구리에 끼고 다니는 사람들까지도 의문난 점들을 풀어주지 못하는 것이 없었다.'고 한다.[102] 조선중기 최고의 고승 휴정은 『삼가귀감』을 유·불·도 제종교의 화해 이론을 열기 위한 시각에서 3가의 근본 사상을 요약하여 3교의 도가 같다고 보았다.[103] 청허 휴정의 대표적인 문도 사명 유정은 어려서부터 유·불·도 3교의 전적을 섭렵하였으며, 부처를 금선이라는 용어를 사용하는 등 도가적 분위기를 찾을 수 있다.[104] 그의 동문 소요 태능과 그의 제자 해운 경열도 『장자』를 학습하였다고 한다.[105] 인조대

---

100) 서거정, 『필원잡기』 권2, '盲瞽祈福禳災 不見於古人 不行於中國 但我國時俗相傳故事耳.' 이능화, 앞의 책, 253쪽. 실록에 의하면 明通寺는 세계 최초의 장애인 단체라고 불린다고 한다. 태종 2년부터 세조 3년(1457) 9월 무렵까지의 기사가 찾아지고 있다. 『태종실록』 권4, 2년(1402) 7월 2일(계미) ; 『세조실록』 권9, 3년(1457) 9월 16일(정축). 아마도 明通寺는 조선중기 이후에 폐지된 듯하며, 임란 이후 효종대에 민간단체인 盲廳으로 부활했던 듯하다. 정창권, 「제3장 세계 최초의 장애인 단체-1. 명통시」, 『역사속의 장애인을 어떻게 살았을까』, 글항아리, 2011 참조.
101) 정병삼, 「직주 도덕경」, 『金敏榮소장 고서목록』, 동국대 출판부, 2007, 26쪽 ; 정병삼, 「몽산 저술의 간행과 16세기 조선불교」, 『불교학연구』 18, 2007, 140쪽.
102) 『동사열전』 권2, 부용조사전.
103) 淸虛 休靜(1520~1604), 『三家龜鑑』, '三敎聖人從此句出 誰是擧者惜取眉毛.' 삼가귀감은 『禪家龜鑑』·『儒家龜鑑』·『道家龜鑑』을 합본한 것이다. 은정희, 「西山 休靜의 三家龜鑑 精神」, 『동양철학』 3, 1992 ; 한종만, 「한국의 유·불·도 회통론」, 『한국도교사상연구총서』 4, 한국도교문화학회, 1991, 49~53쪽.
104) 예컨대 사명대사의 문집인 『사명대사집』에 「別별大師西歸」, 「贈默山人」, 「證一珠禪子」 등에 金仙이라는 용어를 사용하였다. 박삼서, 「사명대사와 도교사상」, 『한국사상과 문화』, 2001, 9쪽, 24~25쪽.
105) 『동사열전』 권2, 소요종사전 ; 『동사열전』 2, 海運禪師傳, '故號之曰海運 海運者 鵬從也 鵬徒者 逍遙也 逍遙之傳 非卽海運乎' ; 『장자』 내편 1 소유편, '鵬之徒於南冥也.'

한 승려가 『해동전도록』을 소지하였다는 사실도 불교계의 도·불 사상 수용의 단적인 사례이다.106)

그런데 조선초부터 성리학자들간에 주자의 참동계고이(參同契考異)가 널리 유행하였으며, 근세 단학의 대표라고 칭하는 청한자 김시습은 율곡 이이가 평했듯이 유·불·도 3교를 회통하였으며,107) 그의 저서에서 '중국에서는 위백양이 나고 인도에서는 석가가 나서 제각기 마음 얻는 것을 말하였는데 색다른 말 거듭기는 어려울 것이다.'108)고 하여 근원적 일치를 주장하였다.109) 율곡은 『노자』에 관한 주석서 『순언』을 남기기도 하였으며,110) 이보다 앞서 퇴계 이황은 명의 현주 도인(玄洲 道人) 함허자(涵虛子)의 「활인심방(活人心方)」을 연구하였다고 하는데,111) 조선 성리학자들의 노장이나 도교에 대한 이해는 한국 도교의 특징이기도 하다.112) 선조 무렵부터 유불의 도통 전수론에 대비하기 위해 도교 사서 한무외(1517~1610)의 『해동전도록』을 비롯하여 조여적의 『청학집』, 북애노인의 『규원사화』, 곽재우의 『양심요결』, 홍만종의 『해동 이적』 등의 저술이 출현하였다.113)

이러한 분위기 속에 조선시대 4대 문인이었던 계곡 장유(1587~1638)는 '노장의 현허(玄虛)한 지취(旨趣)를 좋아하는 성격이라서 3교를 연구'하기도

---

106) 李圭景,「道敎仙書道經 辨證說(附 道家雜用)」,『五洲衍文長箋散稿』, 道藏總說.
107) 율곡 이이,「김시습전」,『율곡전서』권14, 잡저 ; 배종호,「김시습의 도교관」,『동양학』15-1, 단국대 동양학연구소, 1985, 372쪽.
108) 김시습,「夜宿祭署感懷」,『梅月堂詩集』卷3, 詩 仙道, '中華出伯陽 四土生能仁 各言所得心 異說難重陳.'
109) 한종만,「조선조초기 김시습의 불교와 도교수용」,『한국종교』8, 1983, 314쪽.
110) 이이,『순언』, 조기영 역, 지만지, 2010.
111) 활인심방은 '李滉 筆蹟-先祖遺墨帖' 가운데 제18첩으로 대한민국의 보물 548-2호로 지정되어 경북 안동 한국학진흥원에 소장되어 있다.
112) 임채우,「한국 도교문화의 회고와 전망」,『한국사상과 문화』11, 2001, 302쪽.
113) 儒者의 입장에서 도교서는 다음과 같다. 이이의『순언』, 박세당의『도덕경주해』·『남하경주해』, 한원집의『장자법해』, 서명응의『道德指歸』, 홍석주의『訂老』등과 도교적 의학 서적으로 허준의『동의보감』, 서유구의『葆養志』등이 있다. 임채우, 위의 논문, 2001, 302~303쪽.

하였다.114)

조선후기에 이르러 수련 도교가 더욱 유행하였다. 즉, 내단학파(內丹學派)의 거인이자 조선의 대표적인 선가(仙家) 가문 출신이자 선불(仙佛) 사상에 심취했던115) 북창 정렴(1506~1549)은 조선의 통치 이념인 유교를 중심으로 하면서도 도교와의 회통을 하는 입장에서 유·불·도 3교의 포섭을 주장하였다.116) 『용호비결』의 저자 정렴의 참동계학(參同契學)을 계승하여 내단학의 독창적인 저술인 『참동계주해』를 지은 청하자 권극중(1585~1659)은 유·도 합일의 바탕에 선불 동원론(仙佛 同源論)을 주장하였다.117)

하지만 북창 정렴의 후손인 동명 정두경(1597~1673)은 유·불·도 3교 가운데 '우리 동방은 불씨는 숭상하면서 노씨는 숭상하지 않아 동방의 땅 수천여 리 사이에 난야와 사문이 몇만 개나 되는지는 알 수가 없으나, 도관은 하나도 없으며, 도사 역시 한 사람도 없다.'118)고 하면서 이단인 '불씨는 숭상하면서 노씨는 숭상하지 않은 탓이다.'라고 하였다.119)

정조(1752~1800)도 그의 저서에서 3교 가운데 '유자는 불가나 노자를 허여하지 않지만, 그 조예의 깊은 곳을 논한다면 모두가 최고의 경지이다.'120)라고 하여 유자는 도·불은 허용하지 않지만 모두가 도·불도 최고 경지에 있다고 하였다. 이와같이 조선말에도 유자들이 도·불 사상을 견지하고 있었던 것이다.

조선말기에 이르러 임란후 명의 요청에 의해 일기 시작한 관제신앙관우

---

114) 장유, 「海莊精舍記」, 『谿谷集』 권8, 記, 19首.
115) 宋麒壽, 「북창선생행적」, 『溫城世稿』; 정재서, 「溫城世稿를 통해 본 조선조 단학파의 이념적 성격」, 『도교문화연구』 11, 1997, 362쪽.
116) 김낙필, 「북창 정렴의 내단사상」, 『도교문화연구』 19, 2003, 75쪽; 김낙필, 「권극중 內丹學의 사상사적 의의」, 『종교연구』 5, 한국종교학회, 1989, 114~115쪽.
117) 『해동이적』 정렴전; 『홍만종전집』, 태학사 영인본, 1980, 173쪽; 김낙필, 위의 논문, 2003, 81쪽.
118) 鄭斗卿(1597~1673), 「海東 異蹟序」, 『東溟集』 卷11, 序.
119) 위와 같음.,
120) 정조(1752~1800), 『홍재전서』 권163, 日得錄 3.

신앙이 왕실과 사대부에 의해 민간에 빠르게 확산되어 있었고[121] 명·청의 민간 도교 결사 백련사의 영향을 받은 묘련사(蔰蓮社)와 그 강단(降壇) 무상단(無相壇)[122]이라는 우리나라 최초의 민간 도교 교단이 출현하였다.[123] 후자는 유·불·도 3교 합일적인 성격을 지녔으며, 1860년 수운 최제우(1824~1864)에 의해 성립된 동학으로, 전자는 1901년 증산 강일순(1817~1909)이 영도한 증산교 등으로 계승되었다.[124]

5. 나가는 말

이상으로 한국 불교계의 도교의 수용과 통섭이라는 주제로 도·불 교섭에 대하여 살펴보았다. 한국 전 근대 사회는 동아시아 문화권에서 공유하는 유·불·도의 사회였다. 비록 3교의 현실적 우열이 있었지만 그 저변에는 삼교가 공유하였다. 즉, 한국 고·중세처럼 불교 국사와 왕사제와 승과를 실시하는 등 불교가 정신세계를 전반적으로 주도하는 경우도 있었으며, 조선후기처럼 유교 문화가 주도하였으나 도교의 경우는 고구려 보장왕대나 고려 예종대 일부 시기를 제외한 시기에는 국가 정책적 지배 이념으로

---

121) 김탁, 『한국의 관제신앙』, 선학사, 2004, 50~52쪽.
122) 무상단은 고종시대 난단도교를 전파하는 전진 기지였는데 난단 도사 葆光居士 劉雲(1821~1884)은 삼교 회통 사상가 月窓居士 金大鉉(?~1870)의 문하로 1869년(고종 6) 幻空 治兆가 파주 보광사에서 결성한 염불 결사 淨願結社에 참여하였다. 1872년 妙蓮社 결사에 가입하여 불교난단 활동을 전개하였는데 1878년 최초의 민중불교 경전인 『濟衆甘露』를 편찬하였다. 황인규, 「파주 보광사의 역사와 위상」, 『대각사상』 12, 2009 ; 황인규, 『조선시대 불교계 고승과 비구니』, 혜안, 2011 ; 김윤수, 「고종시대 난단도교」, 『동양철학』 30, 2007, 80~81쪽.
123) 김윤경, 「조선후기 민간도교의 발현과 전개-조선후기 관제신앙, 선음즐교, 무상단」, 『한국철학논집』 35, 2002, 314~323쪽.
124) 김윤경, 「조선후기 민간도교의 전개와 변용-동학 증산교를 중심으로-」, 『도교문화연구』 39, 2013, 102~103쪽 ; 정재서, 「한국 도교의 고유성」, 『한국 전통사상의 특성 연구』, 한국정신문화연구원, 1995, 201쪽.

작동되지 않았다.

　고대에 유·불·선이 전래 수용되었으나 선불(仙佛)의 분위기가 짙었으며, 신라 중고기에 불교식 왕호를 사용하는 등 불교적 정치이념이 크게 작용하였다. 고구려 보장왕 때 도교가 수용되었는데, 우리나라 역사상 최초의 도·불 대립이 야기되었다. 그 후 전 근대의 시기는 도·불뿐만 아니라 유불 혹은 3교의 통섭은 우리 문화의 보편적 현상이었다.

　원광은 도가와 유학을 섭렵하였다고 하며, 비구니 지혜에게서 도·불(道佛) 습합 사실이 찾아진다. 원효의 저술 『대승기신론서』와 『금강삼매경론』에서 도·불 통섭의 모습을 찾아볼 수 있다. 화랑으로 알려진 국선과 승려낭도의 존재에서 볼 수 있듯이 도·불 융합을 엿볼 수 있으며, 신라말 고대 단학의 대표자라고 알려진 최치원은 3교 회통을 주장하였다.

　고려를 건국한 태조는 개경에 10대 사찰을 건립한 후 924년(태조 7) 최초의 도교 기관인 구요당을 건립하고 훈요십조에서 국가 최대의 행사인 불교의 연등회와 도교적인 팔관회를 매년 실시하라고 하였다. 그 후 예종대 북송의 도교를 받아들여 복원궁을 건립하는 등 국가적 차원의 교단 도교가 성립 운용되었다. 하지만 그 이후 구요당 등 외에는 국가적 정책으로 시행되지 못했으며 도교는 불교와 습합되어 행하여졌다. 그 후 인종대 묘청이 주장한 8선 사상은 우리나라 고유의 도·불 통섭의 사례라고 하겠다. 특히 도교 의례인 관정 도량과 영보 도량이 왕실의 내원당에서 불교 의례와 더불어 베풀어진 것은 주목된다. 고려전기 대표적인 도·불 지식인인 곽여와 최당 등에게도 도·불 교섭의 사실을 알 수 있다.

　대각국사 의천과 보조국사 지눌은 선교 일치를 위하여 노력하였는데, 3교 회통 정신의 발현이었다. 이는 후술하는 혜심과 천책에서 확연히 드러나고 있다. 즉, 지눌에 이어 수선사 결사를 주도하였던 진각국사 혜심과 백련사 결사를 주도하였던 진정국사 천책에게도 이러한 사실이 찾아진다. 이들은 유불 일치뿐만 아니라 도교를 포함한 3교를 수용하고 있으며, 『삼국유사』를 저술한 가지산문의 보각국존 일연도 도·불 교섭을 하면서 불교

우위를 강조하였다.

고려후기 대표적인 문인 이규보, 민적, 원천석, 이곡 등에게서 도·불 또는 유·불·선 3교의 융합의 모습이 찾아진다. 조선초 태조 이성계의 왕사 무학 자초의 제자 함허 기화와 청한자 김시습의 유·불·도 융섭은 고대이래의 전통이다.

조선시대에 숭유억불도 체제하에 도교 관서를 폐지하고 소격서만 존치시켰으며, 중종대 존폐를 거듭하다가 임란후 폐치되어 과의 도교는 공식으로 사라졌다. 조선초 명통사에서 맹인들이 승도들과 함께 도교 행사를 주관하게 하였는데 한국 유일의 것으로 특기된다. 조선중기 불교를 중흥시켰던 청허 휴정은 『삼가귀감』을 저술하여 유·불·도 회통을 주장하여 그의 문도(문손)에게 전해졌다. 조선전기 퇴율 등 성리학자에게도 유행하였으며, 조선후기 수련 도교의 유행으로 도교서의 간행 유통으로 이어졌으며, 민간에 유행하였다. 특히 도교 단학파의 거인이라 칭송받는 정렴과 김극돈, 그리고 정두경 등 선불 융합을 주장하거나 3교의 중요성을 인식하면서도 시대적인 분위기 속에 유교 우위의 경향으로 흘러갔다. 조선말 관제 신앙(關帝 信仰)의 유행과 3교 합일의 묘련사와 무상단이라는 우리나라 민간 도교 교단이 출현하였으며, 동학과 증산교 등에 영향을 끼쳤다.

Ⅲ. 자장의 홍법과 추념 사찰

1. 들어가는 말

신라의 고승 자장에 대하여 교수요목기 역사교과서인 『우리나라의 생활』에서 '승려로 유명한 사람은 고구려의 혜량·혜자·보덕, 백제의 혜총·혜현, 신라의 원광·자장 등이다.'[1]라고 하여 자장을 원광과 더불어 신라의 대표적 고승으로 간주하였다. 이후에 '자장은 율을 전하며, 황룡사 탑을 세우고, 통도사를 창건하였다.'[2]라고 하였으며, '자장의 건의로 세워진 황룡사 9층탑은 9개국을 정복하려는 신라인의 염원이 담긴 상징물이었다.'[3]라고 서술하였던 바 있다.[4]

자장은 황룡사 9층 목탑을 건립하게 하여 진신 사리를 봉안하였는데, 이는 신라 삼국통일의 원동력이 되었다. 고려를 창업한 태조 왕건도 이를 본받아 국도인 개경과 서경에 각기 7층탑과 9층탑을 세웠다.[5] 고려후기

---

1) 『고등학교 국사』(교수요목기) : http://contents.history.go.kr/
2) 『우리나라 문화사』(제1차 교육과정기) : http://contents.history.go.kr/
3) 『중학교 국사』 상(제6차 교육과정기) : http://contents.history.go.kr/
4) 자장 관련 기록에 대한 대표적인 연구 성과를 소개하면 다음과 같다. 김상현, 「삼국유사 자장 기록의 검토」, 『천태종 전운덕 총무원장 화갑기념 불교학논총』, 천태불교문화연구원, 1999 ; 김호동, 「『속고승전』과 『대당서역 구법 고승전』에 입전된 한국 고승의 행적」, 『민족문화논총』 20, 1999 ; 혜남(노재성), 「자장율사의 생애-『唐傳』과 『삼국유사』 「자장정률」을 비교하며」, 『중앙승가대학교 논문집』 10, 2003 ; 남무희, 「『속고승전』 「자장전」과 『삼국유사』 「자장정률」의 원전 내용 비교」, 『문학·사학·철학』 19, 2009 ; 남무희, 「『삼국유사』에 반영된 고려 국내 유통 「자장전」의 복원과 그 의미」, 『한국학논총』 34, 2010 ; 남무희, 『한국 계율불교의 완성자-신라 자장연구』, 서경문화사, 2012.
5) 『고려사』 권92, 최응 열전, '太祖謂凝曰 昔新羅造九層塔 遂成一統之業 今欲開京建七層塔 西京建九層塔 冀借玄功 除群醜 合三韓爲一家 卿爲我作發願疏 凝遂製進.'

진각국사 혜심(1178~1234)과 보각국사 일연(1206~1289)은 이 탑에 대한 시를 남겨 당시까지 존재하였던 사실을 알 수 있으나[6] 1232년 몽고의 침략으로 모두 불타버렸다. 해방 후 남과 북이 모두 하나가 되는 통일 복원의 노력을 하고 있지만 아직 이루지 못하고 지구상의 유일한 분단국으로 남아 있다. 고대이래 우리가 지녔던 삼한일통 의식은 현재도 적용되어야 할 것이다. 이에 따라 강원도도 비슷한 사람들이 거의 같은 크기의 남과 북으로 나뉘어 살고 있다.

자장에 관한 기록은 고려 인종대에 편찬된 『삼국사기』나 조선초의 『고려사』, 조선시대에 편찬된 『조선왕조실록』 등에는 단편적인 몇 건만 실려 있을 뿐이다.[7] 다행히도 원 간섭기 고승 일연의 『삼국유사』에서 자장 관련 전기류를 비롯하여 오대산 관련 기록 등이 실렸으며, 원 간섭기 문인 민지(1248~1326)의 『오대산사적』 등에서도 다루어졌다.

『삼국유사』의 기록처럼 한반도에서 열에 아홉이 불교를 믿게 된 것은 신라의 자장과 같은 고승 덕분이다. 자장은 삼국 중대 말에 입당하여 오대산인 청량산에서 문수보살을 뵙고 진신 사리를 가지고 귀국하여 신라의 국도 경주의 황룡사, 울산 태화사, 양산 통도사에 모셨다. 뿐만 아니라 후대의 기록에 의하면 자장은 김제 금산사와 천안 광덕사, 구미 도리사 등의 사찰에 진신 사리를 모셨다고 한다. 그런 후 북상하여 태백산과 설악산, 오대산 등 명산에 문수보살로부터 불 정골과 치아 사리 등을 모셔 반도 중부지역의 불교를 흥성시키고자 하였다.[8]

---

6) 慧諶(1178~1234), 「登黃龍塔」, 『無衣子詩集』 卷下, '一層看了一層看 步步登高望漸寬 地面坦ърр平似削 殘民破戶不堪觀'; 『삼국유사』 卷3, 塔像4, 皇龍寺九層塔, '鬼拱神扶壓 帝京 輝煌金碧動飛甍 登臨何啻九韓伏 始覺乾坤特地平.'
7) 『세종실록』 권5, 1년(1419) 9월 1일(계묘), '答以諺傳釋迦在世時 齒上所生 新羅僧慈藏 入西域見文殊 得此而還 置于慶尙道 通道寺.'
8) 필자가 조사한 바에 의하면 자장이 진신 사리를 봉안한 사찰만 15곳으로 나타나며, 고려시기, 특히 조선중기 임란시 진신 사리가 분장된 것까지 합하면 두 배가 넘는 23곳에 달한다. 이는 549년(진흥왕 10) 신라의 승려 覺德이나 양의 사신 沈湖가 진신 사리를 가져온 후 이후 32여 소와 비교할 때 자장의 진신 사리

이와 같이 자장은 흥법 및 포교를 전국적으로 펼쳤으나, 몇몇 사찰들을 제외하고 조선후기 및 근현대의 제 기문류나 설화류가 대부분이다. 따라서 이러한 기록들에 관한 정치한 검증 작업이 이루어져야 하겠지만, 사찰에의 진신 사리 봉안9)을 중심으로 한 자장의 흥법 활동은 자장 당대의 흥법뿐만 아니라 후대의 자장에 대한 추념이었다는 시각에서 이해되어야 할 것이다.

본고는 이러한 자장의 흥법이나 관련 기록들을 채집 종합하여 고대 이후 근현대에 이르기까지, 그리고 중국 등 외국의 관련 전기류 기문 및 제 기록을 종합 검토한다. 그런 후 제 기록뿐만 아니라 전승된 설화류로 전하고 있는 사찰의 창건 및 중창, 주석 등의 사실을 통하여 자장이 통도사를 비롯한 전국의 사찰에서 흥법을 편 사실을 살피고자 한다.10)

2. 자장 관련 흥법 기문류

고대의 자장 관련 기록으로 가장 중요한 것은 자장의 생애를 전반적으로

봉안이 대부분을 차지한다고 할 수 있다. 다만 자장이 진신 사리를 봉안하였다는 기문 및 기록은 자장 당대인 고대뿐만 아니라 고려시기와 임란시 통도사 분장, 진신 사리의 이전 봉안 외에도 조선후기나 근대기의 기록에 나타나는 경우도 있으므로 보다 정치하게 검토할 필요가 있다. 이에 대해서는 별고 「자장의 진신 사리 봉안 및 분장」(『불교와 사회』 13-2, 중앙승가대 불교학연구원, 2021.)에서 다루기로 한다.

9) 진신 사리에 관한 연구는 다음과 같은 저술류가 있다. 강우방, 『한국의 불교사리장엄』, 열화당, 1993 ; 신대현, 『적멸의 궁전 사리장엄』, 한길아트, 2003 ; 신대현, 『한국의 사리장엄』, 혜안, 2003 ; 자현 외, 『한국의 사리신앙연구』, 운주사, 2014. 이러한 논저에서는 자장이 봉안하거나 후대에 분장된 진신 사리에 관해 특기하지 않았다.

10) 본고는 수마노탑 국보 승격 1주년 기념 학술 세미나, "자장 율사와 정암사의 역사"(정선 하이원 팰리스호텔 대회의실, 불기 2565(2021).11.12. 13 : 00~18 : 00)에서 발제한 원고 가운데 자장 관련 전기류 및 기록과 관련 사찰 부분을 보강 및 정제한 것이다. 자장에 관한 고대부터 현대까지 전국의 관련 사료를 집성하여 논지를 전개하고자 하였다. 혹 누락된 것이나 오류 또는 미흡함이 있을 수 있으며, 후학의 보충 및 정제를 바라마지 않는다. 향후 자장 연구에 일조하기 바라마지 않는다.

다른 다음의 기문이다. 즉, 『속고승전』의 「당신라국대승통석자장전」과 「당경사보광사석법상전」, 『법원주림』의 「당사문석자장」 그리고 경주 황룡사의 「경주황룡사9층목탑금동찰주본기」 등이다.[11]

이러한 기문류 가운데 『속고승전』은 645년에, 『법원주림』은 668년에 집필된 당대적 전기류의 기록이다. 「찰주본기」의 비문은 872년경에 지어진 것으로 우리나라에서 자장 관련 기록 가운데 가장 앞선 것이며, 황룡사 9층 목탑의 건립 내력과 871년(경문왕 11)부터 872년까지의 황룡사의 중수 과정을 기록하였다.

고대의 기문류에 이어 고려시대의 자장 관련 기록으로 중요한 것은 『삼국유사』에 적잖이 실렸다. 즉, 자장의 전기류 기록이라고 할 「자장정률」을 비롯해 10여 건이 실려 있다. 즉, 『삼국유사』 권3, 흥법편에 「동경 흥륜사금당십성」, 『삼국유사』 권3, 탑상편에 「가섭불연좌석」과 「황룡사장륙」, 「황룡사구층탑」, 「전후소장사리」, 「대산오만진신」, 「명주오대산보질도태자전기」, 「대산월정사오류성중」, 『삼국유사』 권4 의해편에 「자장정률」, 『삼국유사』 권5, 신주편에 「명랑신인」 등이 실려 있다.

『삼국유사』 권3, 흥법편 「동경 흥륜사금당십성」조에 의하면 경주 흥륜사 금당에 십성으로 자장을 봉안한 사실을 다루었다.[12] 『삼국유사』 권3, 탑상편에서는 가장 많은 7건 기문을 싣고 있다. 「가섭불연좌석」에 의하면 '『옥룡집』과 『자장전』 등에 신라의 월성 동쪽 용궁 남쪽에 가섭불의 연좌석이 있다. 그 땅은 곧 전불시대의 절 터이고, 지금의 황룡사 땅은 곧 일곱 절의 하나이다.'[13]라고 하여 일연 이전의 시기에 『자장전』이 있었음을 알 수

---

11) 道宣(596~667), 「唐 新羅國 大僧統 釋慈藏傳」, 『續高僧傳』 卷24, 護法 下 ; 道宣, 「唐 京師 普光寺 釋法常傳」, 『續 高僧傳』 卷15, 意解 11 ; 道世(?-683), 「唐沙門 釋慈藏」, 『法苑珠林』 卷64 ; 朴居勿, 「慶州 皇龍寺 九層木塔 金銅刹柱本記」, 『한국금석유문(5판)』, 일지사, 1986 : http://db.history.go.kr/item/

12) 『삼국유사』 권3, 흥법3, 東京 興輪寺 金堂十聖, '東壁坐庚向泥塑 我道猒髑惠宿安含義湘 西壁坐甲向 泥塑表訓虵巴 元曉惠空慈藏'.

13) 『삼국유사』 卷3, 塔像4, 迦葉佛宴坐石, '玉龍集及慈藏傳 與諸家傳紀皆云 新羅月城東龍宮南有迦葉佛宴坐石 其地即前佛時伽藍之墟也 今皇龍寺之地即七伽藍之一也.'

있다. 특히 「황룡사9층탑」에서 '정관 10년 병신에 자장 법사가 당에 유학하여 곧 5대에서 문수보살이 불법을 주는 것을 감응하여 얻었다. 자세한 것은 본전에 보인다. ··· 사중기에는 종남산 원향선사의 거처에서 건탑의 이유를 받았다고 한다.'14)라고 기록하였다. 하지만 자장 관련 「본전」과 「사중기」가 있었다고 하지만 전하지 않고 있다.

『삼국유사』 권4, 「자장정률」조는 국내의 자장 관련 기록 가운데 가장 포괄적인 내용이다. 자장이 오대산에서 불사를 한 것은 『삼국유사』 권3, 탑상편의 「대산오만진신」과 「명주오대산보질도태자전기」, 「대산월정사오류성중」 등의 기문이 실려 있다.

『삼국유사』가 편찬된 지 20여 년 뒤인 1307년(충렬왕 33)에 문인 민지가 향찰로 전해오던 사적을 한자로 변환하여 남긴 듯하지만 『오대산사적』은 고려전기에 작성된 것으로 보인다. 그러한 기문은 「봉안사리개건사암제1사전기」와 『오대산사적』,15) 「오대산월정사개창조사전기(갑·을본)」, 「봉안사리개건사암제1조사전기(병·정본)」 등이다. 이 사적은 현재 갑·을본, 병·정본의 필사본 4종류가 전해지고 있다. 갑·을본은 『삼국유사』의 오대산 및 월정사에 관한 기록 등을 조선초기에 옮긴 것이다. 병본과 정본은 갑·을본에서 민지의 『오대산사적』 부분에 조선시대 사적인 병본과 정본을 편찬하면서 작성한 1902년의 발문으로 구성되어 있다. 그 구체적인 내용은 「봉안사리개건사암제1조사전기」와 『오대산사적』, 「오대산월정사개창조사전기」외에 「아조본산사적」, 「선원보략봉안사적」, 「산중산기」 등이 추가되어 있다.16)

---

14) 『삼국유사』 卷3, 塔像4, 皇龍寺九層塔, '新羅第二十七善德王卽位五年 貞觀十年丙申慈藏法師西學 乃於五䑓感文殊授法(詳見本傳) ··· 言已遂奉王而獻之 忽隱不現(寺中記云, 於終南山圓香禪師處, 受建塔因由).'

15) 이 본은 다음의 학술지에도 실렸다. 閔漬, 「五臺山月精寺事蹟」, 『국문학논집』 7·8, 단국대 국어국문학과, 1975, 333쪽.

16) 韓國木簡學會 編, 「五臺山事蹟」의 甲·乙·丙·丁本」, 韓國木簡學會 하계 워크샵 資料集, 平昌 : 五臺山 月精寺, 2014, 2~3쪽 ; 염중섭, 「五臺山 事蹟記의 판본과 閔漬의 慈藏傳記 자료 검토-새로 발견된 민지의 자장전기 자료를 중심으로-」, 『불교학연구』 46,

고려말에 이르러 승려 석호가 1328년에 자장과 관련 기록을 정리하였는데 후대 조선후기인 1642년(인조 20)에 증보하여 다시 기록한 것이 바로 다음과 같은 기문이다. 즉, 『통도사지』에 실린 「통도사사적약록」과 「통도사사리가사사적약록」, 「사리영이」, 「가사희기」, 「서천지공화상위사리가사계단법회기」, 「통도사창조자장행적」 등이다.

통도사의 승려였던 석호는 1326년 무렵 승선에 올라서 총림에서 명성을 드날렸다고 한다. 석호는 풍악산에 있을 때 지공이 오자 참예하여 선문답을 하다가 지공의 문도들에게 무례하다고 핀잔을 들었다고 한다.[17] 조선후기 북학파 이덕무(1741~1793)는 '우리나라 사람으로 중국을 두루 구경한 자는 마땅히 고려의 승려 호공을 첫째로 꼽아야 한다.'고 하면서 그를 중국을 유력한 고승 가운데 최고라고 칭찬하였다.[18]

석호는 그 후 원의 경사를 거쳐 양자강과 절강, 광동과 광서, 사천, 감숙, 운주와 대주 등지를 유력하였다.[19] 몇 년 후 귀국하여 정혜사에 머물렀다. 정혜사는 혜조국사 담진과 혼원, 충지, 혜송 등이 주석하였던 사굴산문계 사찰이다. 인도승 지공 선현(Dhyāna-bhadra Sūnyādina)은 1326년(충숙왕 13) 금강산 법기보살을 참배하고 통도사에 와서 금강계단 및 가사와 사리를 친견하고 사리 가사 계단 법회를 열었다.[20] 당시 부처의 후신이라고 존경받았던 지공의 위상으로 보았을 때 통도사의 사격이 그만큼 컸다는 사실을

2016.

17) 釋瑚, 「送大禪師瑚公 之定慧社詩序」, 『동문선』 卷85, 序, '公旣登僧選 騰聞叢林 卽往楓岳 精修己事 時有西域指空師若岸然 以菩提達磨自比 國人奔走 爭執弟子之禮 公亦來造焉 指空曰 我燒一炷 子便脫去 我喝一聲 子便却來 答曰 請和尙先焉 某甲提笠子相隨 其徒指目以爲不遜 欲加以非禮 公拂袖不顧而去.'

18) 李德懋(1741~1793), 「瑚公」, 『靑莊館全書』 卷60, 盎葉記 7.

19) 王性淳, 「送大禪師瑚公 之定慧社詩序」, 『麗韓十家文鈔』 卷2, 高麗 李益齋文.

20) 釋瑚, 「西天指空和尙爲舍利袈裟戒壇法會記」, 한국학문헌연구소 편, 『通度寺誌』, 아세아문화사, 1979, '定西寅事始到京城時人謂之津塵末也 上自公卿乃至庶民草不欣躍 競先瞻禮聞說戒法皆發正信盆斷薰腥師以參見本師袈裟舍利 … 西天指空和尙爲舍利袈裟戒壇法會記.'

알 수 있다. 석호는 혜감국사 만항의 제자 경호가 아닐까 하는데 확실치 않다.21) 석호는 통도사에도 주석하면서 지공의 통도사 방문과 관련 행적을 글로 남겼다. 그것이 바로 「서천지공화상위사리가사계단법회기」이다. 이 기문 외에도 석호는 1328년에 「통도사사리가사사적약록」을 찬술하였는데, 조선중기인 1642년(인조 20)에 『통도사지』에 다시 실렸다. 이에 의하면 자장을 '창조 자장율사'라고 규정짓고 고기 등 『삼국유사』에 실린 기록을 윤색한 것으로 통도사에 봉안된 불사리와 가사에 관한 사실과 통도사 계단과 창사(創寺) 내용을 소개하였다.22) 「사리영이」는 사리의 신기한 이적을 8가지로 나눠 설명하고 있으며, 「가사희기」는 고려 광종의 가사 친견에 대한 사실을 담고 있어서 주목된다. 「서천지공화상위사리가사계단법회기」는 앞서 언급한 바와 같이 석호가 선을 겨루었던 지공의 통도사 참방 관련 기록을 남긴 것이다. 「통도사창조자장행적」은 『삼국유사』 등의 내용과 대동소이하다. 그리고 『통도사지』에 실려 있는 「자장율사행적」은 고려말 대문인 목은 이색(1328~1396)이 지은 것이라고 한다.23)

그 밖에 고려시기 정사류나 문집류에 실린 자장관련 기록은 다음과 같다. 즉, 고려 인종대 편찬된 『삼국사기』에도 황룡사 등 자장에 관련 간접인 단편적인 기사가 찾아질 뿐이다.24) 그 후 무신집권기 승려 각훈이 『해동고승전』을 집필하면서 다음과 같이 자장의 위상과 황룡사 장륙상의 불사를 언급하였다.

---

21) 李齊賢(1288~1367), 「送大禪師瑚公 之定慧社詩序 釋瑚」, 『益齋亂藁』 卷5 序 ; 『동문선』 卷85 序.
22) 「通度寺 舍利 袈裟 事蹟 略錄」, 한국학 문헌연구소 편, 『通度寺誌』, 아세아문화사, 1979.
23) 고려 광종의 석가의 가사 친견과 고려말 문인 이색이 지은 기문에 대한 보다 자세한 정보와 확인이 필요하다.
24) 『삼국사기』 권5, 신라본기 5, 선덕왕 5년(636), '慈藏法師入唐求法' ; 『삼국사기』 권5, 신라본기 5, 선덕왕 12년(643) 3월, '入唐求法高僧慈藏還' ; 『삼국사기』 권5, 신라본기 5, 선덕왕 14년(645) 3월, '創造皇龍寺塔 從慈藏之請也.'

이로부터 원광과 자장 등이 서쪽으로 들어가 법을 전해 받아 돌아오니 상하가 믿고 공경하며, 내외가 받들어 행하여 앞에서 부르면 뒤에서 응하니, 불법은 날로 번성하였다.[25]

진흥왕 35년(574)에는 황룡사의 장륙상을 주조하였다. 혹 전하기를, 아육왕이 띄운 배가 황금을 싣고 사포로 들어왔으므로 그것을 가져와서 주조하였다고 하는데, 이 말은 자장전에 있다.[26]

원 간섭기의 천태종 백련사 진정국사 천책의 저술인 『호산록』의 「운대아감 민호에게 보낸 글(答芸臺亞監閔昊書)」에는 다음과 같은 기록이 전하고 있다.

오직 우리 해동 삼한은 불교가 처음 전래된 이래 현재 862년 이르렀다. 신라에서는 아도화상으로부터 전래가 시작되어 염촉이 몸을 버렸습니다. 그 후에 낭지와 원광, 혜공, 자장, 원효, 의상 등의 여러 성인이 계속되어 궤칙이 만들어졌다. 이렇게 성하면서 우거졌으니, 불교 집안의 바른 신하는 승단의 큰 인물이었다.[27]

위의 인용한 기문에 보듯이 자장은 신라의 아도 이후 낭지와 원광, 혜공, 원효, 의상 등과 더불어 성인으로 칭송되었음을 알 수 있다.

고려시기에 해당하는 자장 관련 기록으로 중국 측의 『역대편년 석씨통감』

---

25) 『해동고승전』 권1, 「流通」1-1, 論曰, '噫 微夫子吾當從何敎也自爾圓光 慈藏之徒西入傳法上下信敎 內外奉行先呼而後應 日益而月增 遂使於三韓及我聖祖葦舊鼎 尤尊佛敎凡制度多用佛敎 守文繼體之君傳而不失.'
26) 『해동고승전』 권1, 「流通」1-1, 釋法雲, '三十五年鑄黃龍寺丈六像 或傳阿育王所泛船載黃金至絲浦輸入而鑄焉 語在慈藏傳.'
27) 『萬德山 白蓮社 第四代 眞靜國師 湖山錄』 卷下, '惟我海東三韓 至今八百六十二年 新羅則自我道肇仏獸髑王身 厥後朗智圓光惠空慈藏元曉義湘 諸聖相繼而作結軌 連鏢此皆乎 佛庭之直臣 凜乎僧壇之大將.'

의 「석자장」28)과 『신수과분 6학승전(新修科分六學僧傳)』의 「당자장(唐慈藏)」29) 등의 전기류 기문도 있다. 『역대편년 석씨통감』은 남송의 승려 본각이 1070년에 찬술한 것으로, 『석씨통감』이라고 약칭하며 12권이다. 『자치통감』의 체제를 모방하였는데 석가의 탄생 시기인 서주 주소왕(周昭王) 갑인(甲寅)부터 960년까지 불서 59종과 유서 44종, 도서 3종을 참고하여 저술한 것이다. 여기서는 자장이 중국에 유력하여 승광별원과 종남산 유력사실을 매우 간략히 남기고 있다.30) 1285년에 지어진 『신수과분 6학승전』은 자장의 생애와 중국 유력, 귀국 후 분황사와 황룡사의 주석 사실 등을 다룬 간략한 내용이다.

조선시대에 이르러 자장 관련 기록은 『조선왕조실록』과 『승정원일기』 등을 비롯한 정사류에는 거의 찾아지지 않는다. 다만 실록에 자장에 관한 기록이 1건만 실려 있을 뿐이다.31) 숭유억불 시책에 따른 것으로 조선 건국 이래 불교와 도교 등을 배척하고 성리학적 유교적 질서가 정착되어가기 때문인 듯하다. 조선시대 문집 가운데 조선후기 문인 조정(1551~1629)의 『동사보유(東史補遺)』를 제외하고 『삼국유사』의 서술 내용이 거의 전승되지 않았다. 『삼국유사』 등 야사 및 설화류를 금지한 국가 시책 때문인 듯하다.32)

그러한 가운데 조선초에 이르러 『오대산사적』에 「아조본산사적(我朝本山事蹟)」과 「선원보략봉안사적(璿源寶略奉安事蹟)」, 「산중산기(山中散記)」 등의 기문이 추가되는 등 자장 관련 기록이 집성되었다.

---

28) 本覺, 「釋慈藏」, 『歷代編年釋氏通鑑』 卷7(1070年作) ; 曇噩, 「唐慈藏」, 『新修科分六學僧傳』 卷4, 慧學 傳宗科(1285年作).
29) 曇噩, 「唐慈藏」, 『新修科分六學僧傳』 卷4, 慧學 傳宗科.
30) 本覺 編集, 『歷代編年 釋氏通鑑』 卷7.
31) 『세종실록』 권5, 1년(1419) 9월 1일(계묘), '儀往興天寺 李明德 元肅等從之 儀供佛齋 僧 入舍利閣登石塔 開見舍利 親自封置乃還 儀問肅等以舍利來處 答以諺傳釋迦在世時 齒上所生 新羅僧慈藏入西域見文殊 得此而還 置于慶尙道 通道寺 歲丙子 我康獻王取置 於此 王賢亦往興天寺 拜佛而還.'
32) 『연산군일기』 권10, 1년(1495) 11월 14일(계사), '討官李寬曰 高麗有野史 至我朝始廢 今有春秋館 但記朝政 若草野善惡之迹 泯滅無傳.'

조선시기에 해당하는 중국의 명·청대에 자장 관련 전기류의 기록이 불서류에 실렸다. 명대의 학승으로 운서 염불종(雲棲 念佛宗)을 일으킨 운서 주굉(1535~1615)은 1585년 지은 그의 저서 『치문숭행록(緇門崇行錄)』에서 자장은 '나는 계율을 지키다가 죽을지언정, 파계하고 백 년을 살기를 원하지 않는다.'고 하였다.33)

청대에도 자장의 전기류의 기문이 『고승적요(高僧摘要)』와 『관음자림집(觀音慈林集)』에 실렸다. 『고승적요』는 1654년(순치 11, 효종 5)에 무의도인 효렴 서창치가 편찬한 불서이다. 서창치는 유학을 공부하다가 『능엄경』을 읽고 관직을 버리고 선문에 들어가 1628년(숭정 1) 금속사의 밀운 원오(1566~1642)와 그의 문도 석거 통승, 비은 통용(1593~1661)에게 가르침을 받았다. 그는 1638년(숭정 11) 무렵부터 천동산에 머물면서 『벽사집(闢邪集)』과 『조정지남(祖庭指南)』 2권, 『고승적요』 4권 등을 편찬하였다. 그 가운데 『고승적요』는 중국에 불교가 전래된 후 한대부터 청대 초기까지 173인의 고승의 전기류 불서이다. 『고승적요』는 『양고승전(梁高僧傳)』과 『속고승전(續高僧傳)』, 『송고승전(宋高僧傳)』, 『보속고승전(補續高僧傳)』, 『선림승보전(禪林僧寶傳)』, 『오등회원(五燈會元)』, 일본의 『만자속장(卍字續藏)』 등을 참작하여 도고승적요(道高僧摘要), 법고승적요(法高僧摘要), 품고승적요(品高僧摘要), 화고승적요(化高僧摘要)의 사과(四科)에 각기 고승 40여 명씩 실었다. 신라의 승려인 진표, 원광, 의상, 원효 등과 더불어 자장의 전기류 기문이 수록되었다.34) 즉, 『속고승전』의 내용을 인용하여 『고승적요』 권3에서 자장의 중국의 행적을 중심으로 국내 행적을 간략히 다루었다.35) 명말청초 때의 조동종 승려 홍찬(1611~1685)은 그의 저서 『관음자림집』에서 『속고승

---

33) 雲棲 袾宏(1535~1615), 『緇門崇行錄』 第8章 高尙之行, 屢徵不就, '慈藏 新羅國人 冥行顯被 物望所歸 屢徵不就 王大怒 勅往山所將加手刃 藏曰 吾寧持戒一日而死 不願一生破戒而生 使不忍殺 具以上聞 王歎服焉.'

34) 황인규, 「고승전과 고승문집의 집성-한국고승집의 집성 및 간행을 위한 시고」, 『불교학연구』 32, 2012 참조.

35) 徐昌治, 「慈藏」, 『高僧摘要』 卷3.

전』에서 서술되었던 서술 가운데 자장이 관음 신앙으로 인해 출생하게 하였다고 특기하였다.36)

18세기 초에 이르러 자장의 통도사 관련 불사 및 행적을 재정리하면서 자장의 흥법 사실을 다시 정리 집록하였다. 즉, 봉래산 사문 겸화 민오가 1705년에「자장율사행적」37)을, 부록에「자장율사행적-사바교주계단원류강(慈藏律師行蹟-娑婆敎主戒壇源流綱)」을 실었으며, 1847년에「자장조사전기」등을 재수록하였다.38)

18세기 후반에 이르러 태백산 정암사에서 자장에 대한 추념 불사를 하면서 다음과 같은 관련 기록을 집성하였다. 즉,「강원도태백산정암사사적」(1778년작, 취암 성우)과「수마노탑중수사적(水瑪瑙塔重修事蹟)(1874년작,『수마노탑중수지』),39)「수마노보탑중수지」(1874년작, 경운 이지),「종명」(1767년작),「보탑중수비(寶塔重修碑)」(1770~1771),「적멸궁법당중수기」(1858년작) 등이다. 일연의「자장정률(慈藏定律)」과 민지의「자장전기」의 중 말미에서 자장의 입적 사실 등 정암사와 관련된 간략한 사실만 알 수 있지만, 이러한 정암사 사적 기문류는 정암사의 역사에 관한 가장 종합적 기록이다.40) 앞서 언급한 바와 같이 1778년에 지어진「강원도정선군태백산정암사사적」은 1975년 학술지에 소개되기도 하였으며,41) 퇴경 권상로(1879~1965)의『한국사찰전서』권하에도 다시 실리기도 하였다.

---

36) 弘贊(1611~1685),『觀音慈林集』卷下.
37)「慈藏律師 行蹟」,『通度寺誌』, 아세아문화사, 1979, 75~78쪽.
38)「通度寺 舍利 袈裟 事蹟 略錄」(1795년 集錄)(한국학문헌연구소 편,『通度寺誌』, 아세아문화사, 1979, 3~13쪽)은「慈藏律師 行蹟」,『通度寺誌』, 75~78쪽. 자장 관련 통도사 기록은『通度寺誌』(한국학문헌연구소 편, 아세아문화사, 1979)에 집성되었으며, 2020년에 번역 보강하여 통도사 영축문화연구원에서 편찬한『(신편)통도사지 : 한국불교 근본도량 통도사 1375를 기록하다』(담앤북스, 2020)에 실렸다.
39) 현대에 이르러『태백산 정암사』(홍선·김효형 엮음. 정암사, 1995)와『水瑪瑙塔과 慈藏律師』(이종익 편저. 정암사, 1977)로 다시 편찬되었다.
40)「江原道 旌善郡 太白山 淨巖寺 事蹟」(『太白寶 塔碑』, 규장각 청구번호 奎7089).
41) 단국대 국어국문과,『국문학논집』7·8, 1975, 334~335쪽.

그 후 해남 대흥사 승려 범해 각안(1820~1896)이 그의 저서 『동사열전』에서 「자장법사전」을 실었다. 그 가운데 다음과 같은 기록은 주목된다. 즉, '대사는 귀국하여 임금을 배알하고 그간의 일을 아뢰자 왕은 스님을 국통에 임명하여 황룡사를 창건하고 탑을 세워 석가를 봉안했으며, 월정사와 태화사, 대둔사를 차례로 건립했다.'42)라는 것이다. 이처럼 대둔사에 진신 사리를 봉안하였다는 사실은 여타의 기록에서 거의 찾아지지 않는 중요한 기록이지만 현재 이를 입증할 만한 기록은 없는 듯하며 그 진위 여부를 확증하기 어렵다.

조선시대 지리지 및 읍지에도 자장 관련 기록이 찾아진다. 『신증동국여지승람』에 자장 관련 기록을 보게 되면 다음과 같다. 지월 김극기(1379~1463)는 울산 대화사와 관련하여 다음과 같은 시를 읊었다. '옛날 자장국사는 신라 사람이다. 정관 12년 무술년에 배를 타고 서쪽으로 가서 중국에 법을 구하고 17년에 동으로 돌아오다가 사포에서 쉬면서 인하여 이 땅을 잡고, 이 절을 세운 것이다.'43) 그리고 자장이 주석하였던 평안도 순안현 불우 참화사(昆華寺)와 자장과 관련된 영덕 자장사 관련 기록이 간략히 실렸다.44) 그 가운데 참화사는 평안도 중화군 순안현에 있었던 신라 때 창건된 사찰인 듯하다.45) 또한 정추(1333~1382)는 '자장이 지은 옛 절에 문수보살이 있으니, 탑 위에 천년 동안 새가 날지 못한다. 금전은 문 닫았고 향연이 싸늘한데, 늙은 승려는 동냥하러 어디로 갔나.'46)라고 읊었다. 이 시를 통해 자장이 창건한 오대산 월정사에 문수보살이 정추가 살았던 당대까지 존재하고

---

42) 梵海 覺岸(1820~1896), 「慈藏法師 傳」, 『東師列傳』 卷1.
43) 『신증동국여지승람』 卷22, 慶尙道 蔚山郡 大和寺.
44) 『신증동국여지승람』 卷23, 慶尙道 迎日縣 佛宇, '慈藏寺 在雲梯山.'; 『신증동국여지승람』 권52, 平安道 順安縣 佛宇, '在櫻遷村北 諺云慈藏法師所住昆華寺.' 참고로 참화사는 『고려사』에도 실려 있다. 『고려사』 권103, 김취려 열전, '賊至西京城外 屠安定林原驛 及昆華妙德花原等寺 官軍不能沮遏.'
45) 한국고전 용어사전 ; https://terms.naver.com/entry.
46) 『신증동국여지승람』 권44, 강원도 강릉 대도호부 佛宇, 文殊寺, '鄭樞詩 夜靜風箏響半空 丹靑古殿佛燈紅 老僧愛說于筒水 智水與之誰淡濃.'

있었다는 사실을 알 수 있다. 그리고 『여지도서』를 비롯하여 읍지류에도 자장 관련 기록이 찾아지며 종합적으로 조사될 필요가 있다.47)

조선시기 유자들의 문집에도 자장 관련 기록이 찾아진다. 예컨대 행록에 의하면48) 17세기 문인 김익희(1610~1656)와 이휘진(1680~?) 등도 자장이 오대산 월정사를 창건하였다고 하였다. 즉, 김익희는 오대산 일대를 유력하면서 월정사가 신라 왕자 자장이 창건하였다고 하였으며,49) 이휘진이 1752년에 지은 「월정사중건사적비」에 의하면 월정사가 선덕여왕 때 자장법사가 창건하였다고 적고 있다.50)

조선후기의 정사류라고 할 『동사강목』에 『삼국유사』에 실린, 자장이 입당 전 출가 시 전후 행적,51) 귀국 후 통도사 사리 봉안과 홍법52) 등의 사실을 전재하였다.

근대인 1912년에 『오대산사적』과, 1914년에 『오대산사적약록』이 편찬되었다. 앞서 언급한 바와 같이 『오대산사적』은 1912년에 원 간섭기 민지가 지은 기문을, 『오대산사적약록』은 1914년 오대산의 사적을 다시 정리한 것이다. 전체 16쪽의 한글로 쓰인 오대산 사찰연기 기록으로 「오대산사적약록」, 「중대적멸보궁원인」, 「상원사연기」, 「신효대사행적」 등이 필사되어 실려 있다. 구체적으로 오대산의 자장율사 창건 및 다섯 주불과 5만 보살이 상주한 유래 사실 등을 다시 정리하였다. 상원사의 창건유래와 신효의 신비한 행적 관련한 불교 설화와 세조의 동자 친견의 유래, 그리고 신라

---

47) 『여지도서』에 실린 기록은 후술하는 해당 사찰의 각주를 참조하기 바란다.
48) 한국고전종합DB : https://db.itkc.or.kr/
49) 金益熙(1610~1656), 「題五臺山月精寺」, 『滄洲先生遺稿』 卷5, 七言律詩, '月精寺 迺新羅慈藏王子所創成法殿 不知其幾年 左右廊 … 叢林元自化良緣 逢僧細問慈藏事 獨向禪堂借榻眠.'
50) 李彙晉(1680~?), 「江原道 江陵 五臺山 月精寺 重建 事蹟碑」, '月精寺 在山之洞口 新羅善德王時 慈藏法師所創實 唐貞觀十九年乙巳歲也 崇禎再甲申後四十九年壬申六月日.'
51) 『동사강목』 제3하, 신라 선덕여주 5년 8월.
52) 『동사강목』 제3하, 신라 선덕여주 12년 3월 ; 『동사강목』 제3하, 신라 선덕여주 14년 3월.

효소왕의 태자 신명과 효명이 상원사에 머물면서 우통수로 차를 다려 석가께 바쳤다는 내용도 들어 있다.

근대에 이르러『두타산삼화사사적』(1938년작)에서는「자장조사전기」를 싣고 있어서 주목되며,53) 1943년에 지어진『불종찰약사』는 1900년대 전기 통도사의 사적을 살피는데 매우 중요하다. 후자는 내용의 상당 부분이 기문 현판과 중복되는 내용이 있으나, 사리계단 및 전각의 창건 및 중건 사실 등을 비교적 자세히 기록하였다. 또한 근대기 언론인 위암 장지연(1864~1921)은 그의 저서『위암문고』에서「양산통도사사적서」에서 자장의 행적을 대략적으로 서술한 바 있으며,54) 근대 불교학자 상현거사 이능화(1869~1943)는 그의 저서『조선불교통사』에서 자장 관련 제 기록들을 취합하여 실었다.55)

3. 자장 관련 추념 사찰

자장이『보살계본』을 강설하자 7일 동안 하늘에서 단비가 내리고 구름과 안개가 자욱이 끼어 강당을 덮었다고 한다.56) 이에 계를 받고 부처를 받드는 이가 열집 중에 여덟·아홉집이 되었고, 머리를 깎은 승려가 해마다 늘어나고 달마다 불어갔다고 한다.57) 1642년(인조 20)에 지어진「통도사사리가사사적약록」에 의하면 '율사가 아뢴 내용을 하나하나 차례대로 절을 창건하여 나라 안팎의 산천에 비보한 것이 한 둘이 아니었다.'58)라고 한다.

---

53)「慈藏祖師 傳記」,『頭陀山 三和寺 事蹟』,『국문학논집』7, 8합집, 단국대 국어국문과, 1975, 340~341쪽.
54) 張志淵(1864~1921),「梁山 通度寺 事蹟 序」,『韋庵文稿』卷4, 內集 序.
55) 李能和,『조선불교통사』, 신문관, 1918.
56)『삼국유사』권4, 의해5, 慈藏定律.
57)「통사상목」제3하, 신라 선덕여주 12년 3월.
58)「通度寺 舍利 袈裟 事蹟 略錄」(1642년作), 한국학문헌연구소 편,『통도사지』, 아세아

본고에서는 자장 관련 사찰을 중심으로 창건 및 주석 사실을 살펴보며, 자장의 입적 이후 자장의 홍법을 계승 및 추념한 사실을 천착하고자 한다. 자장 관련 사찰은 진신 사리 봉안, 창건 및 중창, 주석, 기타로 크게 나눌 수 있다. 필자가 조사한 바에 따르면, 기록상 자장이 봉안하였다는 15곳의 진신 사리 봉안한 사찰은 다음과 같다. 즉, 경주 황룡사, 울산 태화사, 양산 통도사, 평창 상원사, 조선중기 이후의 기록에 보이는 천안 광덕사, 김제 금산사, 완주 안심사, 산청 대원사, 구미 석적사, 구미 도리사, 정선 정암사, 영월 법흥사, 인제 봉정암, 속초 신흥사, 해남 대흥사, 구례 화엄사 등이다. 그 가운데 조선후기 기록에 보이는 도량으로 가장 사료적 가치가 매우 떨어진다고 볼 수 있는 신흥사와 해남 대흥사, 구례 화엄사를 제외하면 13곳이 되는 셈이다. 향후 실증적인 사료로 입증되어야 할 과제가 남아 있으나, 자장의 홍법 정신을 계승하고자 한 진신 사리 봉안 추념 불사의 소산이 아닐까 한다. 뿐만 아니라 고려시기와 조선초에 통도사 진신 사리를 봉안하였다고 생각되는 개성 개국사, 보은 법주사, 개성 송림사, 한양 흥천사도 기록상 자장 관련 사찰로 포함되어야 할 것이다.

다음으로 자장 관련 사찰에 대하여 살펴보기로 한다. 창건 당대 뿐만 아니라 후대에 전승되고 있는 설화류에서 찾아지고 있는 자장 관련 사찰을 종합하여 도표로 제시하면 다음과 같다.

○ 자장관련 사암(寺庵)
경남 : 울산 태화사(眞, 현 관음사), 울산 간월사, 양산 통도사(眞),
　　　 울산 압유사, 산청 대원사(眞), 사천 다솔사
경북 : 경주 황룡사(眞), 경주 분황사, 경주 흥륜사, 경주 원녕사,
　　　 선산 석적사(眞), 구미 도리사(眞), 포항 오어사 및 자장암,
　　　 영덕 천곡사, 영덕 유금사(說), 영천 수도사(說), 군위 신흥사,

문화사, 1979.

> 봉화 홍제사(說), 김천 직지사(說)
> 전남 : 구례 화엄사(眞?), 해남 대흥사
> 전북 : 김제 금산사(眞), 완주 안심사(眞), 고창 문수사(說),
> 　　　 군산 선종암(說), 전주 벽송암(說)
> 충남 : 천안 광덕사(眞), 공주 마곡사, 아산 세심사(說), 금산 신안사(說)
> 충북 : 보은 법주사(眞), 제천 자장암, 단양 대흥사(說)
> 경기 : 한양 흥천사(眞), 개성 개국사(眞?), 개성 송림사(眞)
> 　　　 장단 심복사,[59] 안성 칠장사(說)
> 강원 : 평창 상원사(眞), 평창 월정사, 평창 사자암, 속초 신흥사(眞),
> 　　　 속초 계조암, 속초 내원암, 인제 백담사 및 관음암과 자장암,
> 　　　 인제 봉정암(眞), 인제 오세암(說),
> 　　　 평창 상원사(眞) 및 월정사, 강릉 낙가사(說), 강릉 법왕사(說)
> 　　　 강릉 보현사(說), 강릉 청송사(說), 강릉 방현사(說)
> 　　　 강릉 법왕사(說), 명주 용연사(說), 명주 등명낙가사(說)
> 　　　 정선 정암사(眞), 태백 망경사(說), 원주 각림사
> 　　　 영월 법흥사(眞), 삼척 삼화사, 횡성 봉복사(說)
> 평안 : 순안 참화사
> 　　　　　　　　　 ※ 眞 : 진신 사리 봉안 사찰, 說 : 설화류 사찰

우선 문헌기록에 전하고 있는 자장의 창건 및 중창 사찰은 다음과 같다. 『삼국유사』에 의하면 관련 기록이 다음과 같이 찾아진다.

> 무릇 자장이 세운 사탑이 10여 곳인데 매양 하나를 일으켜 만들 때 반드시 기이한 상서가 있었다. 따라서 우바새들이 공양하는 것이 저자거리를 가득 채우므로 며칠 지나지 않아 완성되었다. 자장의 도구·포말과 태화지

---

59) 심복사는 현재 황해북도 지역에 있었지만 해방전 8도 체제를 기준으로 경기도에 소속한 것으로 정리하였음을 밝혀둔다.

용이 바친 목압침과 석존의 가사 등은 모두 통도사에 있다. 또한 헌양현(지금의 언양이다)에 압유사가 있는데, 목압침의 오리가 일찍이 이곳에서 놀면서 이상한 일을 나타냈으므로 그렇게 이름한 것이다.[60]

위의 인용한 『삼국유사』에서 보듯이 신라 귀국 이후 자장이 창건한 절과 탑은 통도사와 압유사 등 10여 곳이라고 한다. 이러한 사찰을 『삼국유사』에 찾아보면, 자장이 창건한 사찰은 원녕사[61]와 수다사,[62] 오대산 월정사,[63] 정선 정암사 및 경내 조전,[64] 경주 분황사[65] 등이 있으며, 경주 흥륜사[66]에 주석하였다고 한다.[67]

---

60) 『삼국유사』 권4, 의해5, 慈藏定律, '凡藏之締搆寺塔十有餘所 每一興造必有異祥 故蒲塞供塡市不日而成 藏之道具·布襪幷太和龍所獻木鴨枕與釋尊由衣等合在通度寺 又巚陽縣(今彦陽)有鴨遊寺 枕鴨嘗於此現異故名之.'

61) 『삼국유사』 권4, 의해5, 慈藏定律, '又改營生緣里第元寧寺設落成會講雜花萬偈, 感五十二女現身證聽. 使門人植樹如其數以旌厥異, 因号知識樹.'; 『삼국유사』 권3, 탑상4, 臺山五萬眞身, '師以貞觀十七年來到此山欲覩眞身 三日晦陰不果而還 復住元寧寺乃見文殊云 至葛蟠處 今淨嵒寺是 亦載別傳.'

62) 『삼국유사』 권4, 의해5, 慈藏定律, '暮年謝辞京輦於江陵郡(今冥州也)創水多寺居焉.'

63) 『삼국유사』 권3, 탑상4, 臺山 五萬眞身, '後有頭陁 信義乃梵日之門人也 來尋藏師憩息之地庵而居 信義旣卒庵亦久廢 有水多寺長老有緣重創而居 今月精寺是也.'; 『삼국유사』 권3, 탑상4, 臺山月精寺五類聖衆, '按寺中所傳古記云 慈藏法師初至五臺欲覩眞身 於山麓結茅而住 七日不見而到妙梵山創淨岩寺.'

64) 『삼국유사』 권4, 의해5, 慈藏定律, '藏徃太伯山尋之見巨蟒蟠結樹下謂侍者曰 此所謂葛蟠地 乃創石南院(今淨岩寺).'; 『삼국유사』 권3, 탑상4, 臺山月精寺五類聖衆, '按寺中所傳古記云 慈藏法師初至五臺欲覩眞身 於山麓結茅而住 七日不見而到妙梵山創淨岩寺'; 「江原道旌善郡太白山淨嚴寺事蹟」, '伊後法師再住大和寺 忽有梵僧曰 再見卿於太白山云云 卽滅 遂入此山 蟒盤樹下 說戒移蟒於山下 因建下薩那 今淨嚴是也 南去十里 建上薩那 今祖殿是也.'

65) 『삼국유사』 권4, 의해5, 慈藏定律, '命住芬皇寺(唐傳作王芬)';「奉安舍利開建寺庵第一祖師傳記」, 『五臺山事蹟』, '以貞觀十七年癸卯而還 善德王封爲大國統令住芬皇寺 貞觀十九年 太和池龍之言 立皇龍寺九層塔.'

66) 『삼국유사』 권3, 흥법3, 東京興輪寺金堂十聖, '東壁坐庚向泥塑我道猒髑惠宿安含義湘 西壁坐甲向泥塑表訓蛇巴元曉惠空慈藏.'

67) 남무현, 「자장과 한국불교의 보궁신앙」, 『한국의 사리신앙 연구』, 운주사, 2014, 78~79쪽.

그 외의 기문에 자장이 창건 및 중창하였다는 사찰은 다음과 같다. 우선 경상도 지역의 영덕 천곡사, 울산 간월사, 군위 신흥사, 사천 다솔사 등의 사찰이다. 흥해군수 유생이 1689년경에 지은 「천곡사사적」에 의하면 천곡사는 선덕여왕대에 창건되었다고 한다.[68] 『언양읍지』에 의하면 울주 간월사[관월사]는 630년대 초반 자장이 당으로 유학가기 전에 창건하였다고 한다.[69] 「신흥암연혁기」에 의하면 군위 신흥사는 810년(헌덕왕 2)에 자장법사가 이 자리에 절을 창건하고 염불과 선의 절묘한 가르침을 베풀자 스님들과 도사들이 구름같이 모여드니, 사찰 이름을 신흥이라고 했다고 한다.[70] 사천 다솔새[타솔사]는 자장이 636년(선덕여왕 5)에 새로 전각을 짓고 당시 사명인 영악사라고 하였다고 한다.[71] 이러한 사실은 다솔사에 전하고 있는 기문에 전하고 있다. 예컨대 「팔상전중수기」에, '자장과 의상, 도선, 보제[지눌] 등 여러 대덕 화상이 계승하여 무릇 여섯 차례 중창하였다.'[72]라거나 문인 채팽윤(1669~1731)이 지은 「곤양지리산영악사중건비」에서 '자장법사에 이르러 두 번째 신창되어 타솔(陀率)이라고 불렸는데, 곧 당 정관 10년으로 선덕왕 병신년이었다.'[73]라고 하였다. 승려 경암 응윤(1743~1804)이 지은 「다솔사팔상전중건기」에 '우리 숙종 병인년 쯤에 이르러 자장, 의상, 도선, 보제 등 여러 대덕이 서로 이어서 무릇 6차례 중창하였기에 더욱 성행하여

---

68) 『梵宇攷』, 興海, 泉谷寺(續), '新羅善德王時 慈藏法師所刱寺 有我世祖御筆' ; 柳生, 「泉谷寺事蹟」, '肇自新羅善德王時所謂慈藏律師者而其祝釐之有驗 寶珠之攸藏奇詭有足稱者.'
69) 『彦陽邑誌』, 1759, '新羅善德王五年丙申 唐貞觀十年 慈藏禪師自終南雲際寺 先住平此瓶建此寺 再至于通度.' ; 내 고장의 전통(울산시, 1982) : 한국민족문화대백과사전 : http://encykorea.aks.ac.kr/
70) 군위군 지역포탈 군위넷 : https://www.gunwi.net/
71) 다음백과 : https://100.daum.net/encyclopedia/ ; 위키백과 : https://ko.wikipedia.org/wik
72) 鏡岩 一皓, 「八相殿重修記」, 『(증보 교정)朝鮮寺刹史料』 上, 한국문화개발원, 1972, '慈藏義湘訖首濟 諸先德相繼 凡八新.'
73) 蔡彭胤(1669~1731), 「곤양 지리산 靈嶽寺 重建碑」, 『希菴集』 卷24, 碑銘, '靈嶽再新於慈藏法師而爲陀率 卽唐貞觀之十年善德王丙申也.'

지금은 큰 사찰이 되었다는 사적을 비문에 적었다.'74)라고 하였다.

공주 마곡사는 1851년(철종 2)에 쓰인 「태화산마곡사사적입안」에 의하면, '초창은 자장이요, 재건은 보조[체징]이며, 3건은 범일이요, 4건은 도선이며, 5건은 학순이다.'75)라고 하여 자장이 마곡사를 중창하였다고 하였다. 이 기문의 내용을 보충한 「겸사입안완문(兼使立案 完文)」에 의하면 다음의 사실을 알 수 있다.

> 당 정관 17년(643), 곧 신라 선덕여왕 9년(정관 17년은 선덕여왕 12년이니 3년의 착오가 있음)에 자장율사가 중국으로 들어가 당 태종을 뵈니, 태종은 제자의 예로써 율사에게 국통의 호를 내렸다. 자장율사가 귀국하자 선덕여왕이 그 소식을 듣고 자장을 국통으로 봉하니, 이는 법과 사문을 안성후에 봉하고 불공법사(不空法師)를 숙국공(肅國公)에 봉했던 일과 마찬가지이다. 전 200결을 내리니 동쪽으로 기름재에서 서쪽으로 구재까지였다.76)

이러한 기록은 선학이 지적한 것처럼 후대의 사람들이 자장의 권위에 가탁하기 위하여 꾸민 이야기로 간주되기도 하였지만77) 추념 불사라는 시각에서 볼 필요가 있다.

호남지역의 해남 대흥사도 자장이 창건하였다고 전해지고 있다. 대흥사에 주석하였던 범해 각안은 그의 문집에서 자장이 836년(희강왕 1)에 대흥사를 세 번째로 중건하였다고 기록하고 있다.78) 즉, 앞서 인용한 바 있지만

---

74) 鏡巖 應允(1743~1804), 「多率寺 八相殿 重建記」, 『鏡巖集』 卷下, '歷唐元皇明 至我肅廟 丙申 千一百九年之間 有慈藏義湘道詵普濟靈日 諸先德相繼 凡六新而愈盛 今爲大刹 事跡在碑文.' ; 장일규, 「사천 다솔사의 역사와 사격」, 『민족문화연구』 81, 2018 참조

75) 디지털 공주 문화대전 : http://gongju.grandculture.net/gongju

76) 李源橫, 「泰華山 麻谷寺 事蹟 立案」 ; 이능화, 『조선불교 통사』, 신문관, 1918, '本寺麻谷寺之首班末寺日 甲寺 (在公州郡鷄龍山新羅慈藏律師初叛寺基慧明禪師興隆伽藍著名之靈利自古以來與麻谷寺人法融通法緣深厚).'

77) 디지털 공주 문화대전 : http://gongju.grandculture.net/gongju.

범해 각안의 『동사열전』에서 '대사는 귀국하여 왕을 배알하고 그간의 일을 아뢰자 왕은 스님을 국통에 임명하여 황룡사를 창건하고 탑을 세워 석가를 봉안했으며, 월정사와 태화사, 대둔사를 차례로 건립했다.'79)라고 하여 자장이 해남 대둔사도 중창하였다고 한다.

정암사의 사적류에 의하면 자장이 정암사를 창건하였다고 한다.

> 이 산의 서쪽에 오래된 옛 절이 있으니, 정암사가 그곳이다. 신라의 자장법사께서 당 태종 정관 19년 을사(645)년에 세존의 수마노보탑을 창건하여 비로소 48방이 놓일 수행처를 열었다. 숲과 골짜기는 해를 가리고 세속의 티끌이 아득히 끊어져서 정결하기 비할 데 없으므로, '정암'이라고 이름을 지었다.80)

위의 인용한 기록도 후대의 기문으로 자장이 645년에 정암사를 창건하였던 사실은 신뢰하기 어렵다는 견해도 있으나,81) 본고에서 언급하는 바와 사실 가까운 기록이 아닐까 하며, 당시 추념 불사라는 시각을 견지할 필요가 있지 않을까 한다. 예컨대 수다사의 경우, 『삼국유사』 권4, 의해편 자장정률에서 '말년에 자장은 서울(경주)을 하직하고 강릉군에 수다사를 세우고 그곳에 거처하고 있었다.'라고 하였다. 이러한 사실은 1983년에 평창 수항리 사지에서 '태백곡 수다사' 등의 명문 기와가 발견되어 수다사의 터였다고 밝혀진 바 있기 때문이다.82)

---

78) 梵海 覺岸(1820~1896),「大芚寺 志畧記」,『梵海禪師文集』卷1, 文, '新羅僖康王丙辰 慈藏 法師三建.'「竹迷記」에 의하면 544년(진흥왕 5) 阿度和尙의 창건설을 전하며, 慈藏과 道詵이 계속해서 중건하였다고 한다.『大芚寺誌』, 大芚寺, 1823 : 權相老,『韓國寺刹全書』, 동국대학교 출판부, 1979 ;『전통사찰총서』6(전남의 전통사찰 1), 사찰문화연구원, 1996.
79) 梵海 覺岸(1820~1896),「慈藏法師傳」,『東師列傳』卷1.
80)「江原道 旌善郡 太白山 淨巖寺 事蹟」,(『太白寶塔碑』, 규장각 청구번호 奎7089).
81) 염중섭,「『淨巖寺 事蹟』에서 확인되는 정암사 창건기록 검토Ⅰ-645년 開創說과 上·下薩那의 창건문제를 중심으로」,『동아시아 불교문화』33, 2018.

자장은 642년(선덕여왕 11) 동해 두타산 삼화사를 창건하였다고 한다. 기문에 의하면, '옛 사적에 이르기를 자장이 당에서 돌아와 오대산을 돌면서 성적을 두루 거쳐 돌아다니다가 두타산에 와서 흑련대를 창건하였는데, 이것이 지금의 삼화사라고 하였다. 신라 642년(선덕여왕 11)의 일이다.'[83]라고 한 기록이 바로 그것이다.

그리고 속초 내원암(구 능인암),[84] 인제 백담사(구 한계사)[85] 및 관음암,[86] 장단 심복사 등의 사찰도 자장이 창건하였으며,[87] 횡성 봉복사 등에도 주석하였다고 한다.

그 밖에 자장이 주석한 사찰은 평창 사자암, 포항 오어사, 평안도 참화사[88] 등이 찾아진다. 조선초에 작성된 것으로 여겨지는 『오대산사적』의 「산중산기」에 의하면, '중대의 아래에는 사자암이 있는데 자장이 당에서 석가의 사리와 정골을 얻어 돌아와 여기에 오래 머물렀기에 사자암이라 이름붙였다.'라고 하여 자장이 사자암에 머물렀다고 한다. 포항 오어사는 원효와 혜공의 일화로 유명한데, 1774년(영조 50)에 지어진 기문에 의하면, 자장은

---

82) 신종원, 「水多寺址 調査」, 『박물관신문』 148·149, 국립중앙박물관, 1983. 12·1984. 1 ; 신종원, 「水多寺址 出土 靑銅 飯子및 靑銅 燭臺」, 『강원사학』 4, 1988. 수다사는 명주군의 등명낙가사로 알려져 왔으나 최근에 들어와 같은 폐사 터에서 위두 개의 와편과 청동촛대의 역사적 사료들이 발견됨으로써 수항리 사지가 『삼국유사』 자장정률조에 기록된 자장율사의 말년 거처인 수다사라는 사실이 확인되었다.
83) 『頭陀山 三和寺 事蹟』, 『국문학논집』 7,8합집, 단국대 국어국문과, 1975, 340~341쪽.
84) 「神興寺史蹟」, 『乾鳳寺及乾鳳寺末寺事蹟』, '新羅眞德女王六年(壬子) 慈藏律師初創.' ; 『韓國寺刹全書』, 新興寺.
85) 「百潭寺事蹟」, 『乾鳳寺及乾鳳寺末寺事蹟』.
86) 『乾鳳寺及乾鳳寺末寺事蹟』, 觀音庵, '新羅善德女王十二年(癸卯) 慈藏法師初刱 名觀音庵' ; 『韓國寺刹全書』, 觀音庵.
87) 「長湍郡 江北面 月澄山 心腹寺 碑 序文」(1663年作), '古新羅學仙佛人慈藏律師探寺覆空道冠者佛師表衆禪名動華是天下名勝莫不厭見飫聞來登月澄日此地可掊龍宮洞名曰心腹心腹者人身百體之所要也.' ; 안진호, 『傳燈寺本末寺誌』, 1942 ; 권상로, 『한국사찰전서』, 동국대학교 출판부, 1979 : http://encykorea.aks.ac.kr/
88) 『신증동국여지승람』 권52, 평안도 순안현 佛宇, '岊華寺 在櫻遷村北 諺云慈藏法師所住.'

오어사 자장암에도 주석하였다고 한다.[89]

조선후기 승려 호은 유기(1707~1785)가 제시한 것처럼 '통도사 사적을 살펴보니, … 이 기록에 따르면 석적사 역시 자장율사 때 지어진 것이 아닐까.'[90] 하여 의심하였지만 아직도 그 진위 여부는 확실하게 단정을 지을 수 없다.

자장암은 사찰명으로 보아 자장 관련 사찰이라고 할 수 있는데 통도사 자장암에서 자장이 수도한 것으로 유명하다. 앞서 언급한 바와 같이 『신증동국여지승람』에도 포항에 자장사가 찾아진다. 『한국사찰전서』에도 통도사 자장암과 포항 자장사 외에도 포항 오어사 자장암과 충북 제천 자장암, 강원도 인제 백담사 자장암 등이 기록되어 있다.[91] 그런데 다음의 기록에서처럼 자장암이 더 있었던 기록이 찾아진다. 즉, 1795년 풍계거사가 지은 「연풍군 공정산 상암사 중수기」의 다음과 같은 기록이다.

> 내가 (지금은 무너진) 공정산의 백운암에서 그것을 보는도다. 암자의 창건은 이후 큰불을 여러 차례 겪어 아무런 기록도 남아 전하는 것이 없으니 그것이 어느 시대에 있었는지 알 수 없다. 하지만 나옹대니 자장암이니 하는 이름으로 그것을 징험해 본다면 아마도 신라나 고려 때일 것이다. 암자가 호서좌도 조령산의 험절한 산중턱에 있다.[92]

---

89) 「迎日 雲梯得 吾魚寺 事迹」, 『조선사찰사료』 권하, 조선총독부, 1911, '寺之北層巖上有慈藏庵.'
90) 好隱 有璣(1707~1785), 「桃李寺 石鍾記」, 『好隱集』 卷1, '按通度寺蹟 羅之慈藏 入唐求舍利百枚而還 據此則石積寺 亦藏師時所立邪 事在亂前不可攷.'
91) 권상로, 『한국사찰전서』, 동국대학교 출판부, 1979의 각 사찰 항목 참조.
92) 楓溪居士, 「延豊郡 公正山 上菴寺 重修記」(1795年作), 『조선사찰사료』 권상, 조선총독부, 1911, 147~148쪽, '余於公正山之白雲菴今廢見之矣 菴之刱劫灰屢經鳥跡 無傳不知其在於何代 而懶翁臺慈藏菴之稱 而微之則意者 其在於羅麗之時也 菴在湖左鳥嶺之絶項陟之者.'; 이근우, 「延豊郡 公正山 上菴寺 重修記 출처에 대한 연구」, 『동양예술』 41, 2018, 155~156쪽.

위의 기문에 의하면, 조령산 중턱에 있었던 인근 암자인 백운암에 나옹대93)와 더불어 자장암이 있었다고 한다. 현재 조령산인 공정산의 상암사는 조선시대 대표적인 풍속화가인 단원 김홍도(1745~1806)가 지금의 충북 괴산군 연풍현에서 현감을 지내면서 1792년(정조 16) 가뭄이 심하게 들자 기우제를 지냈던 곳으로 유명하다.94) 이러한 사찰에 자장암이 있었던 듯하다. 이와 같이 조선후기 기문에 기록된 자장 관련 사찰은 현재로서는 액면 그대로 다 수용할 수 없지만, 자장의 권위를 가탁한 것이라고 간주하기 보다 당시 자장의 흥법 정신을 계승 또는 추념한 것이 아닐까 한다. 설화류에서 전승되는 자장 관련 사찰도 마찬가지로 이런 측면에서 이해될 필요가 있다.

필자가 조사한 설화류로 전승되고 있는 자장 관련 사찰은 영덕 유금사,95) 봉화 홍제사, 영천 수도사,96) 김천 직지사,97) 고창 문수사,98) 군산 선종암,99)

---

93) 나옹의 수행처였던 나옹대는 해주 신광사, 금강산 九龍淵 洞口 懶翁願臺, 금강산 송라암, 묘향산, 양평 용문사, 신륵사, 오대산 등에 있었는데(황인규, 「나옹과 오대산 북대」, 『불교학연구』 62, 2020 참조) 괴산 공정산에도 나옹대가 있었음을 알 수 있다.

94) 楓溪居士, 「延豊郡 公正山 上菴寺重修記」(1795년작), 『조선사찰사료』 권상, 조선총독부, 1911, 147~148쪽, '壬子太守金侯弘道來莅 是覬因早禱雨 而登斯菴 曰菴之淸潔甲於城中 宜其爲致處之所也 捐俸捨施塑像之漫漶者 金碧以彰施之影幀之壞剝者 繪其素以揮灑之于斯時也.' 상암사 백운암에 대해서는 위의 이근우의 논문을 참조하길 바란다.

95) 문화재관리국, 『문화유적총람』, 1977 : http://encykorea.aks.ac.kr/

96) 권상로, 『한국사찰전서』, 동국대학교출판부, 1979 ; 『전통사찰총서』 14(대구경북의 전통사찰 1), 사찰문화연구원, 2000 ; 한국민족문화대백과사전 : http://encykorea.aks.ac.kr/

97) 『전통사찰총서』 17(경북의 전통사찰 4), 사찰문화연구원, 2001 ; 한국민족문화대백과사전 : http://encykorea.aks.ac.kr/

98) 문화재관리국, 『문화유적총람』, 1977 ; 권상로, 『한국사찰전서』, 동국대학교출판부, 1979 ; 이고운·박설산, 『명산고찰 따라』 상, 운주사, 1991 ; 『전통사찰총서』 9(전북의 전통사찰 2), 사찰문화연구원, 1997 ; 한국민족문화대백과사전 : http://encykorea. aks.ac.kr/

99) 『湖南邑誌』, 전라도, 1871 ; 이지관, 『가산불교대사림』 13(삼세평등법성.소밀), 가산불교문화연구원, 2012 ; 전라북도 문화예술과 편, 『사찰지』, 대광출판사, 1990 ; 한국민족문화대백과사전 : http://encykorea.aks.ac.kr/

전주 벽송암,[100] 금산 신안사,[101] 안성 칠장사,[102] 아산 세심사(구 신심사), 인제 오세암,[103] 강릉 낙가사,[104] 강릉 법왕사,[105] 강릉 보현사,[106] 강릉 청송사, 강릉 방현사, 명주 용연사, 태백 망경사,[107] 횡성 봉복사[108] 등 전국의 도처에 산재하여 전승되고 있다. 대부분 자장이 창건하였다고 전하고 있다.

그 가운데 자장이 창건하였다는 사찰을 예시하면 다음과 같다. 경북 영덕 유금사는 자장이 637년(선덕여왕 6)에 창건하였다고 하며,[109] 봉화 홍제사의 경우 진평왕 때 자장율사가 창건하였다는 설과 문무왕 때 원효대사가 세웠다는 설이 있다.[110]

호남지역의 고창 문수사는 자장이 창건하였다고 전해지고 있다. 문수사

---

[100] 문화재관리국,『문화유적총람』, 1977 ; 전라북도 문화예술과 편,『사찰지』, 대광출판사, 1990 ;『한국사지총람』하, 문화재청, 2010 ; 한국민족문화대백과사전 : http://encykorea.aks.ac.kr/

[101] 금산군지편찬위원회,『금산군지』, 금산군, 1969 ;『전통사찰총서』8(전북의 전통사찰 1), 사찰문화연구원, 1999 ; 한국민족문화대백과사전 : http://encykorea.aks.ac.kr/

[102]『전통사찰총서』3(경기도의 전통사찰 1), 사찰문화연구원, 1999 ; 남동신 외,『조선시대 칠장사의 역사와 문화』, 칠장사, 2012 ; 한국민족문화대백과사전 : http://encykorea.aks.ac.kr/

[103] 이고운·박설산,『명산고찰 따라』상, 운주사, 1991 ; 다음백과 : https://100.daum.net/encyclopedia/

[104] 문화재관리국,『문화유적총람』, 1977 ; 권상로,『한국사찰전서』, 동국대학교출판부, 1979 ;『전통사찰총서』1(강원도의 전통사찰 1), 사찰문화연구원, 1992 ; 한국민족문화대백과사전, http://encykorea.aks.ac.kr/

[105] 임영강릉명주지편찬위원회,『臨瀛江陵溟州誌』, 1975 ; 권상로,『한국사찰전서』, 동국대학교출판부, 1979 : 한국민족문화대백과사전 : http://encykorea.aks.ac.kr/

[106] 다음백과 : https://100.daum.net/encyclopedia/

[107] 이고운·박설산,『명산 고찰 따라』상, 운주사, 1991 ; 한국민족문화대백과사전 : http://encykorea.aks.ac.kr/

[108] 이고운·박설산,『명산 고찰 따라』상, 운주사, 1991 ; 한국민족문화대백과사전 : http://encykorea.aks.ac.kr/

[109] 문화재관리국,『문화유적총람』, 1977.

[110] 두산백과 : https://terms.naver.com/

는 선운사 말사이며, 644년(의자왕 4) 자장이 창건하였다고 전하고 있다. 사찰 연기 설화에 의하면, '자장이 당나라에서 귀국하는 길에 이곳을 지나게 되었다. 이 산이 당에서 수행하였던 청량산과 같은 느낌을 주므로, 이곳의 석굴에서 7일 동안 정성껏 기도를 드렸다. 어느날 땅 속에서 문수보살이 나오는 꿈을 꾸자 그곳을 파보니 문수석상이 나왔다. 이에 그곳에 문수전을 건립하고 절 이름을 문수사라 하였다.'라고 한다.111)

아산 세심사(구 신심사)는 사찰에 전하는 말로는 백제 때 창건하여 자장율사가 중창하였다고 하며, 그 뒤의 역사는 전래되지 않고 있다.112) 태백 망경사는 자장이 652년(진덕여왕 6)에 창건하였다고 한다. 설화류에 의하면 자장은 태백산 정암사에 문수보살 석상이 나타났다는 말을 듣고 사찰을 짓고 석상을 봉안하였다고 한다.113) 또한 자장은 강릉 일대의 보현사와 청송사, 방현사 등을 창건하였다고 전승되고 있다. 청송사의 경우, 창건의 동기가 되는 방현사 터의 철불에 대해서도 다음과 같은 설화류가 전해지고 있는 것이다. 즉, '자장이 월정사를 창건하고 폐사된 방현사의 불상을 월정사로 모시고자 하였으나, 현 청송사 앞 도로에서 조금도 움직일 수가 없었다. 하는 수 없이 자장율사는 그 자리에 연화석 받침돌을 만들어 안치한 후 그대로 돌아갔다.'라고 한다. 강릉 방현사는 신라 효소왕 때 자장이 창건하였다고 하며, 명주 칠성산 법왕사는 634년(선덕여왕 3)에 자장이 창건하였다고 한다.114)

이러한 사찰들은 자장이 창건하였다는 실증적 기록으로 입증되어야 할 것이지만, 자장의 흥법 정신을 계승하고자 한 추념 불사라는 시각에서 이해되어야 하지 않을까 한다.

---

111) 한국민족문화대백과사전 : http://encykorea.aks.ac.kr/
112) 이고운·박설산, 『명산 고찰 따라』 상, 운주사, 1991 : 한국민족문화대백과사전 : http://encykorea.aks.ac.kr/ 『신증동국여지승람』, 『梵宇攷』 등에 神心寺의 위치 정보만 간략히 기록되었을 뿐이다.
113) 이고운·박설산, 『명산 고찰 따라』 상, 운주사, 1991.
114) 디지털 강릉 문화대전 : http://gangneung.grandculture.net/

4. 나가는 말

이상으로 자장의 중요 전기류 기록들을 검토하고 조선후기 제 기록에 나타나는 자장 관련 사찰들에 대하여 살펴보았다. 『삼국유사』에 의하면 '열 집 중에 여덟 아홉 집이 되었고, 머리를 깎고 승려가 되기를 원하는 자가 해마다 늘어나고 달마다 불어갔다.'라고 하여 자장이 불법을 펴자 많은 사람들이 불교를 믿기 시작하였다는 기록처럼 자장은 불교의 흥법 및 포교에 매우 큰 역할을 하였다. 특히 자장에 앞서 진신 사리가 전래되긴 하였지만, 자장의 진신 사리 봉안은 불교의 외연을 확장하는데 결정적 역할을 하였다.

자장 관련 고대시기의 주요 기록은 『속고승전』의 「당신라국대승통석자장전」과 「당경사보광사석법상전」, 『법원주림』의 「당사문석자장」, 경주 황룡사의 「경주황룡사9층목탑금동찰주본기」 등이다. 그리고 「통도사사리가사사적약록」과 「강원도정선군태백산정암사사적」, 『두타산 삼화사 사적』 등의 기문이 중요하다고 간주된다. 특히 『삼국유사』에 기록된 자장의 전기류라고 할 「자장정률」을 비롯해 10여 건의 기문이 실려 있다. 즉, 『삼국유사』 권3, 흥법편의 「동경흥륜사금당10성」, 탑상편의 「가섭불연좌석」, 「황룡사장륙」, 「황룡사9층탑」, 「전후소장사리」, 「대산5만진신」, 「명주오대산보질도태자전기」, 「대산월정사5류성중」, 『삼국유사』 권4, 의해편의 「자장정률」, 『삼국유사』 권5, 신주편의 「명랑신인」 등이다.

고려시기에 해당하는 중국 측의 자장에 관련한 문헌도 중요하게 간주해야 할 것이다. 그것은 『역대편년 석씨통감』의 「석자장」과 『신수과분6학승전』의 「당자장」 등과 같은 전기류 기록이다.

원 간섭기에 이르러 『삼국유사』가 편찬된 지 20여 년 뒤인 1307년(충렬왕 33) 문인 민지가 향찰로 전해오던 사적을 한자로 변환하여 남긴 듯하지만, 『오대산사적』은 그의 선기에 찍성된 듯하다. 고려말에 이르러 승려 석호가 1328년(충숙왕 15)에 자장과 관련 기록을 정리하였는데 후대인 조선후기인

1642년(인조 20)에 증보되어 『통도사지』에 「통도사사적약록」과 「통도사사리가사사적약록」, 「사리영이」, 「가사희기」, 「서천지공화상위사리가사계단법회기」, 「통도사창조자장행적」 등이 실려 있다. 이러한 원 간섭기 일연의 오대산 사적 정리와 문인 민지의 재정리, 그리고 고려말 석호의 『통도사사적』의 정리 및 추념은 중요하다.

그리고 고려시대 대각국사 의천(1055~1101)의 '자장의 의복제도 기여' 강조와 천태종 진정국사 천책(1206~?)의 '자장의 위상 제고' 사실도 주목된다. 인종대에 편찬된 『삼국사기』와 무신집권기에 편찬된 각훈의 『해동고승전』 등에서도 자장 관련 기록이 몇 건 실리기도 하였다.

조선시대에 이르러 자장의 전기류 기록이 다루어진 것은 『오대산사적』의 정리와 명청대의 기문들을 들 수 있다. 후자의 경우, 명대 학승으로 운서염불종을 일으킨 운서 주굉이 1585년에 지은 『치문숭행록』에서 자장의 계율이 특기되었다. 17세기 중엽에 청의 문인 서창치의 1654년(순치 11)의 『고승적요』와 명말청초 조동종 승려 홍찬의 『관음자림집』 등에서도 자장 관련 사실을 담고 있다. 그리고 『신증동국여지승람』, 안정복의 『동사강목』, 조선시대 유자의 문집류도 자장 관련 기록을 남기고 있다. 특히 18세기의 통도사와 정암사의 자장 관련 기록의 집성, 그리고 19세기 후반 해남 대흥사의 승려 범해 각안이 찬술한 『동사열전』의 자장 전기류 기록도 주목된다. 근현대에는 월정사를 중심으로 『오대산사적』을 증보하고 『통도사지』 및 『불종찰략사』와 『건봉사사지』를 비롯한 사지류, 이능화의 『조선불교통사』, 『두타산삼화사사적』의 「자장조사전기」, 장지연의 『위암집』 등에 자장 관련 기록이 남아 있다.

이와 같이 자장 관련 기록은 중국 측의 고승전류와 더불어 국내에서는 보각국사 일연의 『삼국유사』와 원 간섭기 민지의 『오대산사적』 등이 중요하겠지만, 조선후기에 작성된 기문류의 기록들도 눈여겨보아야 할 것이다.

조선후기의 기문류 가운데 자장이 홍법하였던 도량이 전국 곳곳에 찾아지고 있다. 『삼국유사』에 의하면 자장이 귀국 이후 창건한 절과 탑은 통도사와 압유사 등 10여 곳이라고 한다. 자장은 원녕사를 창건하고 강릉 수다사와 오대산 월정사, 정선 정암사 및 경내 조전, 경주 분황사 등을 창건하였다. 그 외에도 조선후기 기문류에 의하면 영덕 천곡사, 군위 신흥사, 공주 마곡사, 장단 심복사, 속초 내원암(구 능인암), 인제 백담사(구 한계사) 및 관음암, 평창 월정사, 강릉 수다사 등을 창건하였으며, 사천 다솔새타솔사와 해남 대흥사 등을 중창하였다고 한다. 자장이 주석한 사찰은 경주 흥륜사와 평창 사자암, 포항 오어사, 평안도 참화사 등이 찾아진다.

설화류로 전승되고 있는 자장 관련 사찰은 다음과 같다. 즉, 영덕 유금사, 봉화 홍제사, 영천 수도사, 김천 직지사, 고창 문수사, 군산 선종암, 전주 벽송암, 금산 신안사, 안성 칠장사, 아산 세심사(구 신심사), 인제 오세암, 강릉 낙가사, 강릉 법왕사, 강릉 보현사, 강릉 청송사, 강릉 방현사, 명주 용연사, 태백 망경사, 횡성 봉복사 등 전국의 도처에서 찾아지고 있다. 좀 더 정치하게 조사하면 그 수는 더 증가될 것이다.

이렇듯 자장 관련 기문이나 설화류는 조선후기에 나타나는 경우가 적지 않기 때문에 액면 그대로 받아들이기 어렵지만, 자장의 위상을 계승한 추념의 일환으로 기록 또는 전승된 것이 아닐까 한다. 이러한 측면에서 향후 자장의 연구나, 이를 포함한 고대 불교 연구사에 관련 기문 및 기록들에 대하여 보다 면밀하게 검토하여 자장의 흥법 활동과 후대의 계승 및 추념이라는 시각에서 자장의 위상을 정립시키기를 바라마지 않는다.

Ⅳ. 자장의 진신 사리 봉안 및 분장

1. 들어가는 말

오늘날 한반도의 5대 적멸보궁이라 불리는 도량은 모두 자장이 진신 사리를 봉안한 곳이다. 통도사, 상원사, 정암사, 봉정암, 법흥사를 5대 적멸보궁이라 하며, 여기에 대구 용연사, 구미 도리사, 고성 건봉사를 추가하여 8대 적멸보궁이라 부르고 있다. 이러한 대표적인 적멸보궁을 인정한다고 하더라도 건봉사 등은 임진왜란시 통도사의 석가 진신 사리가 분장된 것이므로 구별하여 이해되어야 하며 학술적 천착이 필요하다.[1]

더욱이 자장이 진신 사리를 봉안하였다는 사실은 자장 생존시 당대인 고대뿐만 아니라 고려시대와 임진왜란 시 통도사에서 분장(分藏)되거나

---

[1] 진신 사리에 관한 연구는 다음과 같은 논저가 있다. 강우방, 『한국의 불교사리장엄』, 열화당, 1993 ; 신대현, 『적멸의 궁전 사리장엄』, 한길아트, 2003 ; 신대현, 『한국의 사리장엄』, 혜안, 2003. 이러한 논저에서 자장이 봉안하거나 후대에 분장된 진신 사리에 관해서 특기하지 않았다. 예컨대 『적멸의 궁전 사리 장엄』의 경우처럼 우리나라 사리 장엄 37건을 살피면서 자장이 봉안한 5건을 포함하였으나 구별하지 않고 있다. 그리고 자장의 진신 사리에 관한 연구는 다음과 같은 논고가 참조된다. 신대현, 「진신 사리의 한국 내 전파 과정에 대하여(I) : 신라의 각덕 및 자장이 전래한 진신 사리를 중심으로」, 『불교고고학』 6, 2006 ; 한정호, 「자장전래 불사리에 대한 『삼국유사』의 기록 검토」, 『문물연구』 32, 2017 ; 한상길, 「조선시대 통도사의 사리신앙」, 『한국불교학』 80, 2016 ; 염중섭, 「자장의 오대산 개창과 중대 적멸보궁」, 『한국불교학』 67, 2013 ; 장성재, 「적멸보궁의 변천과 사상」, 『한국불교학』 67, 2013 ; 이영호, 「신라 사리함기와 황룡사」, 『목간과 문자』 25, 2012 ; 남무희, 「자장과 한국불교의 불교신앙」, 『한국불교학』 67, 2013 ; 홍성익, 「부도형 불사리탑에 대한 연구」, 『전북사학』 43, 2013 ; 김혜완, 「고려후기 불사리신앙-진신과 분신사리신앙」, 『역사와 현실』, 한국역사연구회, 2014 ; 염중섭(자현), 「자장의 전기자료 연구」, 동국대 박사학위논문, 2015.

이전 봉안된 것도 있다. 하지만 조선후기나 근대기의 기록에 나타나는 경우도 적지 않으므로 보다 정치하게 천착되어야 할 것이다.

지금껏 자장이 활동한 고대시기에 국한해서 연구가 이루어지고 고려시기 이후의 기록들에 대해서는 그리 주목하지 않았다.[2] 자장에 관한 연구가 매우 시기가 떨어진 『삼국유사』 등에 의존해서 이루어지면서도 그 이후의 제 기록에 대해서는 대개 사료적 가치가 떨어진다고 간주하여 경시하거나 무시해왔던 것이다.

필자는 조선후기의 제 기록에 보이는 자장의 진신 사리 봉안이나 관련 흥법 관련 사실은 단순히 자장의 위상을 가탁하였다고 보기 보다는 자장의 흥법을 계승 또는 추념이었다는 시각에서 이해되고 연구되어야 한다고 보고 있다.[3]

이에 본고는 자장이 통도사 등 전국 사찰에 진신 사리를 봉안한 사실과 고려시대와 임진왜란 무렵에 통도사 진신 사리가 이전 봉안 및 분장된 사실에 대하여 살펴보고자 한다.[4]

2. 자장의 진신 사리 봉안

『삼국유사』에 의하면, 자장은 당의 산서성에 있는 청량산 운제사에서

---

[2] 자장 관련 연구 저서는 신종원, 『신라 최초의 고승들 : 원광 안홍 자장』, 민족사, 1998 ; 남무희, 『한국 계율불교의 완성자 신라 자장연구』, 서경문화사, 2002 ; 석묘각, 『자장 율사 : 신라의 큰 별』, 간경도감, 2012 ; 자현 외, 『한국의 사리신앙연구』, 운주사, 2014 등이 대표적이다. 자장의 주요 연구성과는 앞에서 언급한 염중섭의 박사학위논문을 참조하기 바란다.

[3] 이에 대해서는 별고 「자장의 문헌기록과 흥법 및 추념 사찰」, 정암사, 『문헌자료집-정암사의 역사와 자장 율사』, 2021)에서 다루었다.

[4] 본고는 수마노탑 국보 승격 1주년 기념 학술 세미나 "사상 불시와 생암사의 역사"(정선 하이원 펜비스호텔 내외의실, 불기 2565(2021). 11.12. 13 : 00~18 : 00)에서 발제한 원고들 가운데 자장의 진신 사리 봉안 및 분장 사실을 보강 정제한 것이다.

문수보살을 친견하고 석가의 정골 사리 치아, 가사, 패엽경 등을 가지고 643년(선덕여왕 12)에 귀국하였다. 자장이 귀국 후 진신 사리를 모셔 세운 사탑은 황룡사와 통도사, 태화사를 포함하여 10여 곳이 된다고 한다.[5] 조선후기인 18세기 기문이지만, 「통도사 사리가사사적약록」과 「사바교주 계단원류강요록」에 의하면 자장이 진신 사리를 봉안한 사찰은 황룡사와 월정사, 대화사, 통도사이며,[6] 『강원도 정선군 태백산 정암사사적』에 의하면 자장이 진신 사리를 봉안한 사찰은 황룡사와 월정사, 대화사, 법흥사, 통도사이다.[7] 그리고 「봉정암 7창사적기」에 의하면 봉정암에도 진신 사리를 봉안하였다고 한다.[8] 20세기에 지어진 「금강산 건봉사석가영아탑봉안비」에는 자장이 오대산(상원사)과 취서산(통도사), 사자산(법흥사), 갈래산(정암사)에 진신 사리를 각기 봉안하였다고 하였고, 「각황사 석가세존진신사리탑비명」에도 '오대산과 취서산(통도사), 태백산(정암사), 설악산(봉정암) 등 명산에 모셨으며, 그 후에도 종종 한 두과씩 전해진 것이 있었다.'[9]라고 한다.

이와 같이 조선후기에서 현대까지도 자장이 5대 적멸보궁으로 알려진 사찰에 진신 사리를 봉안하였다고 하지만 사료적 신빙성이 떨어지기 때문에 액면 그대로 믿기에 주저되고 있다. 5대 적멸보궁으로 알려진 법흥사와 봉정암은 『삼국유사』 등의 기록에 채록되어 있지 않았다. 후대 설화에 의하여 야기된 것으로 단정하거나, 보궁이라는 말 자체가 1960년대 이후에 고유명사로 사용된 것이며 5대 적멸보궁이 조계종단의 중요한 성지로 여겨짐에 따라 이루어진 것이라는 견해도 있는 것이다.[10] 또 다른 연구에 의하면

---

5) 『삼국유사』 권3, 탑상4, 전후소장사리.
6) 한국학 문헌연구소, 『통도사지』, 아세아문화사, 1979.
7) 불교기록문화유산 아카이브, https://kabc.dongguk.edu/
8) 李大蓮, 『乾鳳寺及乾鳳寺末寺史蹟』, 「江原道麟蹄縣雪岳鳳頂庵七創事蹟記」(1870年作). '傳言 是庵初始於唐貞觀丙申 羅代人慈藏法師入中國 奉舍利還安于此塔.'
9) 「覺皇寺 釋迦世尊 眞身 舍利塔 碑銘」(1930年作) : 대한불교조계종 불학연구소, 2000, '吾東則新羅慈藏所傳取多 五臺鷲棲太白雪岳等名山崇奉.'

'신라시대 불사리 탑을 봉안한 탑은 황룡사 9층탑을 위시하여 13기의 탑이며, 구체적으로 황룡사 9층 목탑, 태화사 탑, 오대산의 중대, 태백산 갈반사, 천안 광덕사, 구례 화엄사 탑, 지리산 노고단 아래의 법계탑, 강원도 사자산 법흥사 탑'이라고 간주하기도 하였지만11) 자장의 진신 사리 봉안 12소와 그렇지 않은 법계탑을 포함하여 이해하고 있는 것이다.

이와 같이 기존의 연구자들은 5대 적멸보궁의 사료적 가치가 떨어지므로 신뢰성의 문제를 제기하거나, 자장의 진신 사리 봉안을 후대의 이전 봉안과 별도로 구분하지 않고 있다.12)

필자가 조사한 바에 의하면, 비교적 사료적 근거가 확실시 되는 것 외에도 조선후기의 기문에 나타나는 천안 광덕사, 김제 금산사, 산청 대원사, 완주 안심사, 구미 석적사, 정선 정암사 등과, 근대 이후의 기록에 나타나는 인제 봉정암, 영월 법흥사, 속초 신흥사, 해남 대흥사, 구례 화엄사 등을 포함하면 문헌기록에 보이는 자장의 진신 사리 봉안처는 16소의 사찰에 달하고 있다.

그리고 자장의 입적 이후 후대에 진신 사리를 분장한 사찰은 고려시대의 개성 개국사, 보은 법주사이며, 이전 봉안한 사찰은 개성 송림사, 조선초의 한양 흥천사 등으로 4곳이다. 임진왜란시 묘향산 보현사, 원주 각림사, 고성 건봉사, 대구 용연사, 구미 도리사 등이며, 임시로 봉안한 각림사를 제외하면 4소의 사찰이다. 자장이 직접 진신 사리를 봉안하였거나, 이후에 분장 및 이전 봉안한 도량은 모두 24소의 사찰에 달하고 있다.

이러한 사실을 수용할 경우, 한국 역사상 처음으로 549년(진흥왕 10) 신라의 승려 각덕이나 양의 사신 심호가 진신 사리를 전래한 이후 진신 사리가 32소에 달한다는 연구 성과를 수용할 때,13) 한국의 진신 사리 봉안처

---

10) 장성재, 「적멸보궁의 변천과 사상」, 『한국불교학』 67, 2014, 175~184쪽.
11) 신대현, 앞의 궤, 175쪽.
12) 앞서 언급한 강우방이나 신대현 등의 논저도 그러한 류라서 아쉬움을 주고 있다.
13) 신대현의 『적멸의 궁전 사리장엄』, 2003에 따르면 전국의 사리 장엄을 집성하여

가운데 자장이 직접 봉안한 사찰의 비율은 약 50% 이상이며, 통도사의 분장 및 이전 봉안 사찰을 포함한다면 자장 관련 진신 사리 봉안 사찰은 24소(23소)에 달하여 약 75% 정도 차지한다고 할 수 있다. 그 가운데 현재 폐사된 사찰은 황룡사와 울산 태화사, 구미 석적사, 개성 개국사, 개성 송림사, 원주 각림사로 6소이다.

통도사의 분장 사찰은 고려시대와 조선후기 당대의 기록이므로 비교적 사료적 신빙성이 있다고 하겠다. 하지만 신라 때 자장이 직접 진신 사리를 봉안하였던 사찰에 관한 내용들도 조선후기, 심지어 근대기의 기록들에 나타나기 때문에 이 부분은 엄밀한 사료 비판을 통해 이해할 필요가 있다.

본고에서는 이러한 문헌기록에 나타나는 자장의 진신 사리 봉안 사찰에 대하여 구체적으로 검토하고자 한다. 자장의 진신 사리 봉안 및 분장 사찰을 표로 제시하면 다음과 같다.

자장의 진신 사리 봉안 및 분장(分藏)

(1) 자장의 진신 사리 봉안

① 경주 황룡사(폐), 울산 태화사(폐), 양산 통도사, 평창 상원사

② 천안 광덕사, 김제 금산사, 완주 안심사, 구미 석적사(폐), 구미 도리사, 산청 대원사, 정선 정암사, 영월 법흥사

③ 인제 봉정암, 속초 신흥사(?), 해남 대흥사(?), 구례 화엄사(?) : (12+4 =16)

(2) 고려·조선초 자장의 진신 사리 분장

④ 개성 개국사(폐), 보은 법주사, 개성 송림사(폐) : (3)

(3) 임란시 자장의 진신 사리분장

소개하고 있는데 모두 37소라고 한다. 그 가운데 자장의 진신 사리 봉안 도량을 제외하면 32소에 이른다. 『삼국유사』 권3, 탑상4, 前後所將舍利, '梁遣使與入學僧覺德 逸佛舍利 王使百官 奉迎興輪寺前路'; 『삼국사기』 권4, 신라본기4, 眞興王 10년 (549) 봄, '國史云眞興王大淸三年己巳 梁使沈湖送舍利若干粒.'

⑤ 향산 보현사, (원주 각림사(폐)), 고성 건봉사, 대구 용연사 : (3)
(4) 조선시기 자장의 진신 사리이전 봉안
⑥ 한양 흥천사(폐), 구미 도리사 : (2)

　　　　　　　　　　※ (?)는 사료적 신빙성이 적음, (폐)는 폐사.

자장이 가져온 진신 사리는 양산 통도사와 경주 황룡사, 울산 태화사에 봉안되었다.

『국사』에 전하기를, 진흥왕 태청 3년 기사년에 양나라에서 심호를 보내어 사리 몇 낱을 보내왔다. 선덕왕 때인 정관 17년 계묘년(643)에 자장법사가 가지고 온 석가의 두골과 어금니와 불사리 1백 낱과 석가가 입던 붉은 색 깁에 금점이 있는 가사 한 벌이 있었는데, 그 사리는 세 부분으로 나누어 한 부분은 황룡사 탑에 두고, 한 부분은 태화사 탑에 두고, 한 부분은 가사와 함께 통도사의 계단에 두었으며, 그 나머지는 둔 곳이 상세하지 않다.14)

위의 인용한 글에서 보듯이, 자장은 진신 사리를 셋으로 나누어 황룡사 탑, 태화사 탑, 그리고 통도사의 금강 계단에 모셨다고 한다. 이를 좀 더 구체적으로 살펴보기로 한다.

우선 「찰주본기」에 의하면, 자장은 황룡사 탑을 재건할 때 『무구정광다라니경』에 의거하여 철반 위에 작은 석탑 99기를 만들고 작은 탑마다 사리 1립과 다라니 4종을 넣어 안치하였다고 한다.15) 이 탑은 조성된 지

---

14) 『삼국유사』 권3, 탑상4, 前後所將舍利, '國史云眞興王大淸三年己巳 梁使沈湖送舍利若干粒 善德王代貞觀十七年癸卯 慈藏法師所將佛頭骨佛牙佛舍利百粒 佛所著緋羅金點袈裟一領 其舍利分爲三 一分在皇龍塔 一分在太和塔 一分幷袈裟在通度寺戒壇 其餘未詳所在.'
15) 「皇龍寺 九層 木塔 刹柱本記」 : 한국고대사회연구소 편, 『역주 한국고대금석문』Ⅲ. 가락국사적개발연구원, 1992.

50년이 지난 698년(효소왕 7)에 벼락을 맞고 불탄 이래 다섯 차례의 중수를 거듭하였으나, 1238년(고종 25)에 몽고의 침략으로 사찰이 화재로 불타버리면서16) 진신 사리도 소실된 듯하다.

그리고 자장은 태화지에서 만났던 신인을 위하여 울산에 태화사를 창건하고 탑에 진신 사리를 봉안하였다고 하지만 그 후의 역사는 거의 알려진 바 없다. 조선초 문인 권근(1352~1409)의 「태화루 기」와 이원(1368~1429)의 「태화루 시」17)의 기록으로 보아 태화사가 조선초 무렵까지 존속되다가 폐사되기까지 진신 사리가 봉안되어 있던 듯하다. 이렇듯 자장이 진신 사리를 봉안했던 황룡사와 태화사는 폐사되었고, 통도사의 진신 사리는 현재까지 그 일부가 전해오고 있다.18)

『삼국유사』권4, 의해편 「자장정률」에 의하면 자장은 만년에 북상하여 강릉에 수다사를 짓고, 태백산에 석남원(정암사) 등을 세웠으며 그곳에서 입적하였다. 그 사이에 오대산에 월정사를 세우는 등 오대산 불교의 기초를 이루었다는 사실이 널리 알려져 있다. 자장의 대표적 흥법 및 포교처라 할 수 있는 사찰은 5대 적멸보궁이라고 알려진 평창 상원사와 정선 정암사, 영월 법흥사 그리고 통도사의 진신 사리의 분장 사찰인 고성 건봉사 등이며, 통도사를 제외한 진신 사리가 모두 강원도에 소재하고 있다.

평창 상원사의 진신 사리는 643년(선덕여왕 12)에 봉안되었다고 한다. 고려 원 간섭기 문인 민지(1248~1326)가 기록한 『오대산사적』에 다음과 같은 내용을 적기하고 있다.

---

16) 『고려사』 권23, 고종세가 25년(1238) 윤4월, '蒙兵至東京 燒黃龍寺塔.'
17) 李原, 『容軒集』卷2, 「次蔚州太和樓詩」, 詩, '官解初尋寺 僧閑不閉門 山光水色映晴軒 詩景自成繁 古調聞瑤瑟 高吟倒綠尊 歸來長笛月明昏 前路曲通村'; 李原, 「次太和樓詩」, 『容軒集』卷2, 詩, '公餘隨意上高樓 地暖冬天却似秋 山聳奇峯分萬點 江交巨海自東流 梅花初發雪晴岸 草色遙看雨後洲 待得春來增景槩 會將詩酒此重遊.'
18) 月峯 雙式, 『乾鳳寺 本末寺誌』, 「釋迦如來齒相立塔碑銘幷序」, '慈藏法師躬入西國而得釋迦如來頂骨齒牙舍利及金點袈裟若干藏之於梁山.'

후에 명주(지금의 강릉이다) 오대산에 찾아가 지로봉에 올라 부처님의 두뇌 및 정골사리를 봉안하고 가라허에 비석을 세웠다. 비석은 땅속에 묻혀 보이지 않는다. 여기에 그 사적을 기록하고 이어 월정사를 창건하고 13층석탑을 세워 사리 37매를 탑심에 봉안하였다.[19)]

조선후기의『강원도 정선군 태백산 정암사 사적』에서도 그러한 사실을 적고 있다. 즉, 자장은 왕에게 아뢰어 황룡사에 9층탑을 세우고 그 안에 사리를 안치하였으며, 이어서 월정사에 13층탑을 세우고 사리를 안치한 다음에 중대를 개창하여 부처님의 두골을 봉안하였다는 것이다.[20)] 이렇듯 자장은 평창 상원사와 더불어 정선 정암사에도 진신 사리를 봉안하였다.

18세기의 정암사 승려 경운 이지가 지은「정암사 수마노탑지 제3석」에서 자장의 진신 사리 봉안에 대하여 다음과 같이 서술하고 있다.

우리 부처님 세존께서 열반에 드실 때 불두 골, 치아, 손가락 뼈, 사리, 염주, 가사, 패엽경 등 탑묘에 관한 일을 문수보살에게 부촉하시니, 문수보살은 (중국의) 오대산에서 선정에 들어 시절 인연을 기다렸다. 천여 년 뒤 우리나라의 자장스님이 법을 구해 서쪽 중국으로 가서 문수보살이 간직했던 위와 같은 여러 보배를 받아 돌아와 공양을 올리고 청 … 의 오대산, 취서산 통도사, 그리고 이 천기봉 아래의 삼갈반지에 봉안하였다.[21)]

---

19) 閔漬(1248~1326),『五臺山 事蹟』,「奉安 舍利 開建 寺庵 第一祖師 傳記」,'後往溟州今江陵也五臺山 登地爐峰 奉安佛腦及頂骨 立碑於伽羅墟碑則隱而不現 以紀其蹟 因創月精寺 建十三層塔 奉安舍利三十七枚於塔心今傳優婆掬多之舍利塔者誤也 已上出元曉所撰傳 一云師旣還國 以梵僧所授佛衣佛鉢菩提腦骨等 入安皇龍寺 仍留其寺而供養.爲欲面見文殊 尋往溟州五臺山 到今月精寺地 假立草庵 留至三日 于時是山陰沉不開 未審其形而去後又復來創八尺房而住者凡七日云云已上出臺山本傳記.';『五臺山事蹟』 (1914),「山中散記」,'臺之下有獅子菴 慈藏法師在唐土 淂獅子馱舍利頂骨而還 久住於此因名獅子菴.'

20)『江原道 旌善郡 太白山 淨巖寺 事蹟』,'師以梵僧之說龍土之囑 其聞書德土土欣然 入內殿與群僚禮拜供養拜 師爲國統一如師奏建皇龍寺九級塔 而藏舍利次堅月精十三層塔 而藏舍利因開中台 而安佛顱.'

정암사의 경우도 조선후기의 기문에 의한 것이지만 자장이 진신 사리를 봉안하였음을 알 수 있다. 조선후기 정선 군수를 지냈던 오횡묵은 1887년 무렵 「정선 갈래사고목기」와 「태백산 정암사사적」을 남겼다. 여기서 자장이 갈래사에 머물면서 '당 태종 정관 19년 을사에 세존 수마류 보탑을 창건하였다.'[22)]라고 하여 역시 이러한 사실을 방증하고 있다.

그리고 5대 적멸보궁 가운데 하나로 알려진 영월 법흥사에도 자장이 진신 사리를 봉안하였다고 한다. 1778년 정암사의 승려 취암 성우의 『강원도 정선군 태백산 정암사 사적』에 의하면, 자장이 진신 사리를 봉안한 사찰은 황룡사와 월정사, 대화사, 사자산(법흥사), 통도사라고 하였다.[23)] 다른 기문에서도 '당 정관 12년 무술년(638년)에 신라의 승려 자장율사가 당 청량산에 들어가서 석가모니 부처님의 정골 사리 가사 수주(염주)를 받들고 돌아와 오대산 월정사, 축서산 통도사, 사자산 법흥사, 갈래산 정암사 등 4산에 소장하였다.'[24)]라고 한다. 「법흥사 사적비」에 의하면 '사자산 법흥사는 신라의 고승 자장율사가 나라의 흥륭과 백성의 평안을 위해 643년(선덕여왕 12)에 사자산 연화봉에 부처님의 진신 사리를 봉안, 창건하고 흥녕사라고 이름하였다.'라고 하여 이러한 사실을 뒷받침해주고 있다.

이렇듯 조선중기 이후의 기문이지만 자장이 진신 사리를 봉안하였다는 사찰이 전국의 제 사찰에서 등장한다. 앞서 언급한 정선 정암사와 영월 법흥사를 비롯해 천안 광덕사, 김제 금산사, 완주 안심사, 구미 석적사, 산청 대원사 등이다.

---

21) 「정암사 수마노탑지 제3석」(1874년작), '吾佛世尊示入涅槃以佛頭骨齒牙指節舍利念珠袈裟貝葉等塔廟事付囑文 殊文殊入定五臺以待時緣千有餘年東國慈藏律師求法西遊受文殊所傳如 上數寶歸供養而奉安於淸□之五坮鷲棲之通度 及其天倚峯下三葛盤之地.'

22) 吳宖默, 『叢瑣錄』 13, 「旋善 葛來寺 枯木記」, '葛來寺 新羅時有慈藏法師者 自小白山從葛蔓來至于此'; 吳宖默, 『原道旌善郡叢鎖錄』, 「太白山淨巖寺事蹟」, '唐太宗貞觀十九年乙巳 刱建世尊水瑪瑠寶塔.'

23) 불교기록 문화유산 아카이브, https://kabc.dongguk.edu/

24) 尹容善(1829~?), 「金剛山 乾鳳寺 釋迦如來 靈牙塔 奉安碑」, '唐貞觀十二年[戊戌] 戌新羅僧慈藏入唐淸涼山奉 釋迦頂骨舍利牙齒袈裟數珠而還藏于五臺鷲棲獅子葛來四山.'

광덕사는 신라의 자장이 당에서 수행을 마치고 634년에 귀국할 때 진신 사리 10과, 법의,『화엄경』, 불치 등 많은 불구를 가지고 와 광덕사의 진산법사가 나누어 분장하였다고 한다. 조선후기 문인 안명로(1620~?)의 「광덕사사적기」에 다음과 같은 기록이 찾아진다.

> 옛날 신라의 법사 자장(은) … 당의 문종 태화 연간에 법사는 지팡이를 날려 서역에 들어가서 정례를 올리고 문수보살에게서 직접 주처의 교지를 받들고 석가의 진골 어금니와 진신 사리 100여 매와 가사 및 불주 및 3천불을 수놓아 그린 비단 화폭 세 틀과 패엽에 쓴 경전과 금은으로 쓴 화엄경, 법화경, 범망경, 유마경, 은중경 등 수백 상자를 백마에 싣고 돌아와서 본국의 명산을 가려서 이를 보관 소장하였는데 오대산 중의 암자나 취서산 서쪽의 통도사, 무악산 금산사, 조계산 송광사 등은 모두 법사가 창건한 사찰이다.
> 해가 바뀌어 태화 6년 임자(832) 봄에 법사는 석가의 어금니 1매와 사리 10매와 승려 가사 한 벌과 불주 한 자루를 손수 진산에 주었고 금과 은으로 쓴 화엄경, 법화경, 은중경 등 각 2부를 주었으니, 화산에 와서 복된 터전을 잡고 도량을 창건하여 열었는데 종루가 여덟이요, 금당이 아홉, 범각이 2층, 법전이 3층이었다. 산의 동남방 기슭 푸른 벽상에는 천불전이 세워졌는데 석가의 진신 사리와 세 폭의 불상 그림 화폭을 받들어 모셨으니, 이것이 진산화상의 원불(願佛)하는 법당이 되었다.[25]

---

25) 『增補 校正 朝鮮寺刹史料』, 「廣德寺 事蹟記」, '在昔新羅法師慈藏 … 唐文宗太和年間法師飛一錫入西域頂禮文殊躬受佛旨奉釋迦眞骨牙齒及眞舍利百餘枚及伽梨拂塵三千佛織錦三畫幀及貝葉圓詮金銀字華嚴法華長壽梵網維摩恩重等經數百餘函白馬載輸東還本國擇名山以藏之若五臺之中菴鷲西之通度母岳之金山祖鷄之松廣皆法師卜建之刹也 讀太和六年壬春法師以釋迦牙齒 一枚舍利十枚及僧服 袈裟廣一柄拂塵金山又與金銀字華嚴法華恩重經各二部來卜華山創開道場鍾樓八金堂九梵閣二層法殿三層巽麓之蒼壁上建千佛殿奉眞舍利及三畫幀是爲珍山願佛之也.'

위의 인용한 기문에 의하면 832년 봄에 자장이 석가의 어금니 1매와 사리 10매, 승가사 한 벌, 불주 한 자루를 광덕사의 승려 진산에 주었고 금과 은으로 쓴 『화엄경』과 『법화경』, 『은중경』 등 각 2부를 주어 태화산에 광덕사를 창건하였다고 한다. 하지만 진산(?~844)보다 180여년 전에 이미 입적한 자장이 후대의 승려인 진산에게 석가의 어금니 사리 등을 전해주었다고 하여 시기상 모순된다. 이 기문에 의하면 오대산의 암자나 취서산 서쪽의 통도사, 무악산 금산사, 조계산 송광사 등은 자장이 창건한 사찰이라고 하여 순천 송광사도 자장이 창건하였다고 한다.26) 그리고 같은 해 가을에 조선후기 문인 유응운이 지은 「화산 광덕사사실비문 병서」에도 '자장법사가 돌아와 도를 열었고 진산화상이 남쪽으로 와서 개산하였다.'라고 하였다. 앞서 언급한 두 기문 보다 앞선 시기인 1463년 10월에 세조의 광덕사 참방과 진신 사리 이적을 문인 한계희(1423~1482)가 짓고 정난종이 글을 쓴 「화산 광덕사사리각기명」 등 비교적 사료적 신빙성이 있다고 할 수 있는 기문 등으로 미루어 보아 자장이 실제 광덕사에 진신 사리를 봉안하지 않았을까 하지만 사료적 뒷받침이 더 필요하다.

김제 금산사에도 자장이 진신 사리를 봉안하였던 듯하다. 1971년 11월에 금산사 5층석탑을 해체 수리할 때에 사리와 함께 기문 등이 발견되어 실물이 등장하였기 때문이다. 1492년에 지어진 「모악산 금산사 5층석탑중창기」의 다음과 같은 내용은 이러한 실제의 가능성을 더욱 짙게 하고 있다.

> 5층석탑은 979년에 조성하기 시작해 982년 완공된 탑으로 옛날에 있었던 석가여래 사리 5과와 정광여래 사리 2과, 사리 1과가 분신하여 총 3매를 놋쇠로 만든 사리함 장치를 열어 만인이 사리에 공경을 다했다.27)

---

26) 자장이 금산사와 송광사를 창건하였다는 사실은 기문의 신뢰성을 떨어뜨리고 있는 것이지만 전체적인 내용까지 모두 부정되는 것은 바람직하지 않다고 생각된다.
27) 「母岳山 金山寺 五層石塔 重創記」, '石(右)塔昔(者)書載錄 大平興國四年起始 大平興國七年壬午歲畢造 焉諸惱流社長化主施主記于後列.' ; 이분희, 「금산사 오층석탑 사리장엄구 고찰」, 『동악미술사학』 15, 2013, 139쪽.

위의 기문이 소재하였던 금산사의 5층석탑은 979년에 조성하기 시작해 982년에 완공되었는데 중창기의 후미에 '옛날의 기록을 다시 베껴 썼다.'라고 하여 그 이전의 기록을 다시 전재하였다고 하여 기록의 신빙성이 증가하고 있다.[28] 또한 다른 기문에 의하면 신라 승려 진표가 금산사의 3층 미륵전과 장륙삼존을 조성하였다고 한다. 그러면 석가여래 사리는 자장이 봉안한 것이며 언제 봉안된 것일까 하는 의문이 든다. 이는 조선중기 승려 무경자수(1664~1737)가 지은 기문에서 자장이 귀국 후 용황사(황룡사의 오류)와 금산사에 진신 사리를 봉안했다고 하였다.[29] 그리고 조선후기 승려 송담성유가 1783년(정조 7)에 지은 「호남 금구현 동 모악산금산사대법당중수기」에도 '옛날 자장법사가 중국에 들어가 운제사에서 불 두골과 사리 100매를 얻어 귀국하여 양산 통도사에 두골을 봉안하고 사리를 사방 명산에 분장하였는데 금산사도 그 가운데 하나이다.'[30]라고 하였다. 그리고 조선후기 문인 김재찬(1764~1827)도 그의 저서 『해석유고』에서 금산사의 '여래 사리'를 언급한 바 있다.[31] 이러한 사실 때문인지 조선후기에 금산사가 삼보사찰로 불렸다. 즉, 1828년(순조 28)에 호남 12군현을 유람하고 쓴 저자 미상의 기행록인 『속남유록』에서 '우리나라 사찰에 3보가 있다. 금산사에는 장륙불이 있으므로 불보이며, 해인사에는 대장경이 있으므로 법보는 이 사찰을 이른다. 승보는 보조 이하 16국사가 나왔다.'[32]라고 하였다. 이렇듯 금산사

---

28) 이분희, 위의 논문, 118~119쪽.
29) 『無竟集』 卷2, 「金溝縣 母岳山 金山寺 事蹟 詞引」, '至新羅善德仁平三年 酒皇唐太宗貞觀十載 爰有法師慈藏 自愧匏繫東隅 迺奮杯渡西笑 跡之占 須訪謁曼殊聖像於淸凉 僧之眞 必祭拜香圓國師於雲際 受佛法頌世之冥識 奉山川鎭脉之祕言 師乃剙化鵬溟 刀折鰈海 建貧婆奉伽梨者 一曰鷲栖之通度 脩伽藍安舍利者 二曰龍皇與金山 趨成.'
30) 「湖南 金溝縣 東母岳山 金山寺 大法堂 重修記」, '昔慈藏法師入中國雲際寺 得佛頭骨與舍利百枚 而還安其頭骨 於梁山通度寺 分藏舍利於四處名山 金山卽其一也.'
31) 『海石遺藁』 卷2, 「金山寺(金溝)」, 詩, '巍巍丈六立金身 劉帝銅仙是後身 知爾三千東海路 今來應伴白衣神.'
32) 『續南遊錄』, '車國寺刹有三寶 金山寺有丈六佛 故曰佛寶 海印寺有龍藏 故曰法寶 此寺謂之 僧寶以出普照以下十六國師也.' 『續南遊錄』은 1828년(순조 28)에 호남 12군현을 유람하고 쓴 기행록으로, 1책 14장의 필사본이다.(규장각 古4790-20 1책 14장.

는 법보사찰인 해인사와 승보사찰인 송광사와 더불어 불보사찰이라고 하였다.33) 금산사는 자장에 의해 진신 사리가 모셔지고 진표가 가람을 대중창하여 장륙불상을 모시게 되면서 불보사찰로 불리게 된 것이며, 고려시대 문헌에도 '금산 불우(金山佛宇)'라고 하였다.34) 이렇듯 금산사는 삼보사찰 가운데 불보사찰로 간주되기도 하였음을 알 수 있으며, 금산사도 자장이 진신 사리를 봉안한 사찰로 간주될 수 있지 않을까 한다.

자장은 완주 안심사에도 진신 사리를 봉안하였다고 한다. 조선후기인 1759년에 김석주가 지은 「안심사사적비문」의 관련 내용은 다음과 같다.

> 옛 기록에는 절을 창건한 사람이 자장대사로 당 정관 연간의 일이며 … 절에 오래 전부터 불가에서 존숭하는 치아와 사리가 각 1개, 10습(襲)이 보물로 소장되어 있는데 몇 천백 년 되는 것인지는 알 수 없다. 지금 남방의 노승 사운 굉혜가 창의하여 부도를 세우고 안치하였다.35)

위의 인용한 기문에 의하면 638년(선덕여왕 7) 자장이 안심사를 세우고 부처의 사리 10과와 치아 사리 1과를 이 사찰에 봉안하였다고 한다. 경내 전각을 건립할 때 세조가 직접 글씨를 써서 보냈는데, 이 기문을 보관하기

판본 필사본) : http://e-kyujanggak.snu.ac.kr

33) 현재 삼보사찰이라 불린 기록은 조선후기 淵泉 洪奭周(1774~1842)가 1832년(순조 32)에 지은, 아래와 같은 「淵泉翁遊山錄」의 기록이 가장 빠른 것인 듯하다. 洪奭周(1774~1842), 『淵泉翁集』, 「淵泉翁遊山錄」; 황인규, 「한국 불교계의 3보 사찰의 성립과 지정」, 『보조사상』 41, 2014, 272쪽.

34) 『고려사절요』 권1, 태조 18년(935) 3월, '春三月甄萱子神劍 幽其父於金山佛宇 殺其弟 金剛'; 李齊賢(1287~1367), 『益齋亂藁』 卷9上, '有元贈敦信明義保節貞亮濟美翊順功臣 太師開府儀同三司尙書右丞相上柱國忠憲王 世家', 世家 19年 1月, '百濟王甄萱 爲其子神劍幽於金山佛寺 逃奔錦城.'

35) 전북역사문화학회, 『전라북도 금석문 대계』, 2007, 232~244쪽, '舊記以爲寺初荊慈莊大師在唐貞觀幾年 … 又有舊有佛世尊齒牙舍利 各一箇十襲珍藏 不知幾千百年 今老釋 運宏慧倡儀設浮屠而安 … 崇禎三己巳四月 日 鐫'; 船月 竺什, 「安心寺事蹟碑 陰記」, '寺之初創慈藏法師 貞觀十二年戊戌二刱.'

위한 어서각도 함께 건립되었다. 조선후기인 1759년 이를 기념하기 위하여 사리 부도비를 건립하였고, 이 사실을 『동사열전』에서도 언급하고 있다. 즉, 자장은 귀국하여 황룡사·월정사·태화사·통도사에 봉안하고 대둔사에 정골 사리 1매를 봉안하였다는 것이다.36) 이렇듯 안심사에도 자장이 진신 사리를 봉안하였다는 사실은 실제의 사실로 간주될 수 있지 않을까 한다.

자장은 구미 석적사에 진신 사리를 봉안하였으며, 1743년 무렵 구미 도리사에도 진신 사리를 이전 봉안하였다고 한다.

> 통도사 사적을 살펴보니, 신라 자장율사가 당에 들어가 사리 100매를 구하여 돌아왔다고 하는데, 이 기록에 따르면 석적사 역시 자장율사 때 지어진 것이 아닐까.37)

이러한 조선후기 승려 호은 유기(1707~1785)의 『호은집』에 의하면 자장이 석적사에 진신 사리를 봉안하였다는 사실을 알 수 있다. 다음의 인용한 기문에서 보듯이 이 진신 사리는 석적사가 폐사되자 1743년 무렵에 도리사로 이전 봉안되었다.

> 『해봉집』에 수록된 도리사 석종기에 이르렀다. '냉산 기슭에 석적사의 옛터가 있다. (그곳의) 불사리 탑이 마을에 사는 김계장에게 현몽하여 계장이 (사리탑에서) 사리 1과를 얻었는데 크기가 율무 만하고 그 색이 백옥 같았으며 빛을 발하였다. 이에 도리사의 체안이 널리 시주의 인연을 구하여 이 석종탑을 만들어 봉안하였다.'38)

---

36) 『동사열전』 권1, 자장법사전.
37) 好隱 有璣(1707~1785), 『好隱集』 卷1, 「桃李寺 石鍾記」, '善州冷山麓 有石積寺古址 又有石塔 蓂塵土微露頂 而或間年或間月 發瑞光 樵夫金界丈者 感異夢 獲奉金函舍利一枚於塔下 則白玉色菩苡 大函之方面 刻諸八金剛四菩薩 以此次如釋象六舍利 劂下桃李寺者 殆三十餘載 … 在我東桃李寺爲初 按通度寺蹟 羅之慈藏 入唐求舍利百枚而還 據此則石積寺 亦藏師時所立邪.'

1977년 4월에 세존사리탑(국보 제208호)을 해체하여 복원하다가 금동 6각탑 형태를 띤 사리구와 석가모니 진신 사리 1과가 발견되었는데 8세기 중엽의 것으로 보고 있다.39) 경내 6각탑은 사리함으로 생각되며, 그 안에 봉안된 사리 1과를 도리사로 옮겨 와서 현재의 석종형 세존사리탑을 건립한 것이다.40) 따라서 사리탑이 현존하고 있으며, 후대의 기록이기는 하지만 이러한 사실을 뒷받침해주고 있다. 따라서 도리사의 진신 사리도 자장이 석적사에 봉안한 것이라고 생각된다.

조선후기 기문에 의하면 자장은 산청 대원사에도 진신 사리를 봉안하였다고 한다. 즉, 자장이 646년(선덕여왕 15) 중국에서 이운해 온 진신 사리탑을 세우고 봉안하였는데,41) 1724년(경종 4)에 태흠이, 그리고 1784년(정조 8)에 옥인이 각기 수리하면서 사리 72과를 얻었다고 한다. 1989년 경내 석탑의 각 부재가 어긋나 해체하여 복원하였는데, 사리 58과와 함께 파손된 사리 장엄구가 발견되었다. 경내 석탑 앞에 있는 배례석의 옆면에 '석가불사리탑 건륭 갑진 중건'이라는 글귀로 보아 1784년(정조 8)에 석탑이 다시 건립되었음을 알 수 있다. 이러한 사실로 미루어 보아 자장이 산청 대원사에

---

38) 「桃李寺 事蹟記」, '海峰集桃李寺石甕記云 冷山之麓有石積寺古址 佛舍利塔 現夢於洞居 金界丈 丈得舍利一介 大如艾薏 其色如白玉 現放光矣 桃李居釋體眼大士 廣求施緣 造此石甕塔奉安.'
39) 1977년 사리함에서 나온 사리는 무색 투명하고 둥근 콩알 만한 크기이다. 우리나라에서 발견된 사리 중 가장 가치가 있다고 평가되고 있다. 이 사리구는 현재 직지사 성보박물관에 보관되어 있으며, 사리 1과를 봉안하기 위해 1987년 석가여래사리탑을 세웠다. 장충식, 「도리사 사리탑의 조사」, 『고고미술』 135, 1977, 2~7쪽.
40) 장충식의 논고에 의하면 사리공을 조사할 당시에 사리기 외에 17세기 백자편만을 조사하였다. 장충식, 위의 논문, 3~4쪽. 필자는 석옹기를 지은 홍명원의 생몰연대와 일치하는 것으로 볼 때 세존사리탑은 17세기 이후에 조성되어 8세기경에 제작된 사리함를 봉안하였다는 견해에 동의하는 바이다. 홍성익, 「부도형 불사리탑에 대한 연구」, 『전북사학』 43. 2013, 68~70쪽.
41) 대원사에는 자장율사가 조성하였다는 다층석탑이 보물 제1112호로 지정되어 있다(문화재청 국가문화유산포털). 하지만 탑의 양식과 수법으로 보아 조선전기로 추정되고 있다. 고유섭, 「한국 탑파의 연구」. 을유문화사. 1954 ; 정영호, 「한국의 석조미술」, 『한국의 탐구』, 서울대출판부. 1998 ; 고유섭, 앞의 논문, 1954 ; 정영호, 앞의 논문, 1998.

도 진신 사리를 봉안하였을 듯하다.

특히 해남 대흥사에도 자장이 진신 사리를 봉안하였다는 기록도 찾아진다. 조선후기 대흥사 승려 범해 각안의 『동사열전』의 「자장법사전」에 나오는 다음과 같은 기록이다.

> 「대둔사 입문방 상량문」에 이르기를 '자장법사가 당나라에서 돌아와 새금 백방포에 배를 대어 놓고 정골 사리를 모시고 대둔사에 들어갔는데, 그때 먼저 임정기를 경유하였으므로 임정당을 세우고 탑을 쌓아 사리 1매를 봉안하였으며, 99개는 이미 황룡사·월정사·태화사·통도사에 봉안하였기 때문에 배를 대었던 항구의 이름을 백방포라고 한 것이고, 절에 들어갔던 곳을 입문방이라고 한 것이다. 독룡을 내몰고 주문을 외웠으므로 정진당이라고 하였고 우물을 파고 집을 지었으므로 임정당이라고 하였으며, 우물이 변하고 귀신들이 없어졌기 때문에 학선료라고 한 것이다. 포구 이름과 절의 이름에 모두 자장법사의 옛 자취가 어려 있다'고 하였다.[42]

위의 인용한 바에 따르면 「대둔사 입문방 상량문」을 인용하여 정골사리를 모시고 대둔사에 들어갔는데, 그때 먼저 임정기를 경유하였으므로 임정당을 세우고 탑을 쌓아 사리 1매를 봉안하였다고 하지만 관련 여타의 기록으로 입증되지 않고 있어서 신뢰하기 쉽지 않다.

그 밖에 근대 이후의 기록에 자장이 진신 사리를 봉안하였다는 사찰들도 더 찾아진다. 즉, 5대 적멸보궁으로 잘 알려진 인제 봉정암과 속초 신흥사, 구례 화엄사 등이 바로 그러한 사찰이다.

『백담사사적기』(1923년작)에 수록된 「봉정암중수기」(1781년작)에 따르

---

42) 『東師列傳』卷1, 「慈藏法師傳」, '大芚寺入門房上梁文曰 慈藏法師 自唐來 泊舟於塞琴百舫浦 頂金利入大芚時 先由臨井基 建臨井堂 立塔安舍利一枚 九十九介 安黃龍月精太和通度 故泊舟浦名百舫 入寺處 名入門房 逐龍誦呪 故名精進堂 抱井建堂 故臨井堂 井變無靈 故鶴仙寮 浦名寺名 皆慈藏法師之古跡.'

면 자장율사가 당에서 얻은 석가불의 사리 7과가 봉정암 탑에 봉안되었다고 한다(「백담사사적기」, 「봉정암중수기」 : 『건봉사 급건봉사 본말사적』). 그리고 또한 설악산 신흥사의 기문에 '자장은 652년(진덕여왕 6)에 속초 향성사[신흥사]를 창건하고 9층탑을 조성하여 불사리를 봉안하였으며, 인근에 계조암과 능인암을 창건하였다고 전한다.'고 한다. 또한 구례 화엄사도 사적기에 의하면 자장율사가 진신 사리 73과를 사리 석탑에 모셨다고 한다. 하지만 이처럼 조선후기의 기록에 나타나는 대흥사와 근대기의 기록에 나타나는 봉정암, 신흥사, 화엄사 등의 도량에 자장이 정말로 진신 사리를 봉안했을까 하는 의구심이 매우 크게 들고 있다.

이와 같이 자장이 봉안하였다는 16곳의 진신 사리 봉안 사찰 가운데 해남 대흥사와 속초 신흥사와 구례 화엄사 등은 조선후기 이후의 기록에 등장하기에 사료적 가치가 매우 떨어지고 있다. 아마 자장의 홍법 정신을 계승하고자 한 진신 사리 봉안 추념 불사일 듯하지만, 향후 좀 더 실증적인 사료가 보강되어 입증되어야 할 듯하다.

3. 통도사의 진신 사리 분장

조선 숙종대 8도 도총섭으로 북한산성을 쌓았던 승려 계파 성능은 1750년(영조 26) 통도사 계단탑을 증축하고 「석가여래 영골사리탑비」를 세우면서 통도사의 진신 사리는 '만세의 영원한 동국의 큰 보배'라고 하였다.[43] 조선후기에 편찬된 『여지도서』와 같은 읍지류에서도 통도사가 전국 8도 가운데 종찰이라고 하거나[44] 조선말기의 승려 응운 공여(1794~?, 『유망록』, 「통도

---

43) 「통도사 석가여래 영골사리 부도비」(1706년작).
44) 『輿地圖書』補遺篇 慶尙道 梁山郡邑誌 佛宇, '通度寺 在鷲棲山 中唐貞觀十七年 新羅善德王時 創建也 事蹟具在牧隱 李穡記文中 而佛殿不設金像殿 後鍊石爲壇中 有石龕 僧傳釋迦如來眞身頂骨舍利四放一片牙齒指節所藏云 是以八道諸刹推稱宗刹.'

사기」)45)와 문신 이승영(1837~1907,『일사집략』지(地), 윤 7월 8일)46) 등의 기문에서 통도사가 '불교의 종가'가 된다고 하는 등 자장이 봉안한 통도사가 진신 사리의 종찰이었음을 표징하였다. 조선후기의 대흥사 승려 범해 각안(1820~1896)도 '축서산 아래에 독한 용신이 살고 있는 못으로 가서 법을 설하여 용을 조복받고 그 못을 메우고는 거기에 단을 쌓고 사리와 가사를 봉안하고 그 절의 이름을 통도사라고 하였다. 이는 곧 불가의 종가인 셈이다.'47)라고 하여 통도사가 불보종찰이라는 사실을 강조하였다. 앞서 언급한 바와 같이 김제 금산사가 불보사찰로 인식되기는 하였으나 금산사보다 통도사의 진신 사리는 숭유억불 시책을 폈던 조선시대에도 더욱 중요하게 간주되었던 듯하다. 불가의 종가였던 통도사의 진신 사리는 조선 불교를 중흥하였던 청허 휴정이나 계파 성능이 규정한 것처럼 '동국의 보배'였는데 홍건적이나 왜구의 침탈로부터 수호하기 위하여 보다 안전한 사찰로 이전하여 분장하였다.

고려후기 문인 익재 이제현(1287~1367)이 지은 기문에 의하면, 태조 왕건의 후삼국 통합기에 창건된 개성의 개국사는 개국 율사로 불리었으며 계율종의 중심 사찰이었다. 태조의 아들 정종은 개국사에 불사리를 봉안하였다고 한다.48)

> 왕이 의장을 갖추고, 불사리를 받들고 걸어서 10리 떨어진 개국사에 이르러 봉안하였다.49)

---

45) 應雲 空如(1794~?),「通度寺記」,『應雲空如大師 遺忘錄』, '自慈藏以後 至今一千二百餘 年之間 名僧巨釋 出入常住 爲國之光 化生之事 不可勝記.'
46) 李鑪永(1677~?),『日槎集略』地, 7월 8일(무술), '法堂中無佛像 只設卓床 法堂後有石鍾 塔 四面圍以石欄粉墻 而是乃釋迦如來舍利百枚及頭骨指節所藏處也 故是爲佛之宗家 云 而更不以佛像設儀 若供佛時 則輒開法堂後門 以通石塔之路云矣.'
47)『동사열전』권1, 자장법사전.
48)『동문선』권69,「重修 開國律寺記」, 記, '清泰十八年 太祖用術家之言 作寺其間 以處方 袍之學律乘者 名之曰開國寺.'
49)『고려사』권2, 정종세가 원년(946) 1월, '王備儀仗 奉佛舍利 步至十里所開國寺 安之.';

개국사는 통도사와 더불어 남산종의 본산으로 고려 정종대 봉안한 진신 사리는 자장이 봉안한 진신 사리의 분신으로 추정된다. 태조의 손자 현종은 개국사의 탑을 수리하고 계단을 설치하여 3,200여 명을 득도시키는 등[50] 남산종의 본산과 같은 역할을 하였기 때문이다. 원 간섭기인 1323년(충숙왕 10)에 남산종사 목헌 구공을 중심으로 한 승려들이 통도사를 중창하기 시작하여 1325년(충숙왕 12)에 완공하였다.[51]

> 홍무 12년(1379, 우왕 5)인 기미년 가을 8월 24일에, 남산종 통도사 주지인 원통 무애 변지대사 사문 신 월송이, 그 사찰에서 대대로 소장해 온 바, 자장율사가 중국에 들어가서 얻어 온 석가여래의 정골 하나와 사리 넷, 비라 석굴의 금박 가사 하나와 보리수 잎사귀에 쓴 약간의 불경 등을 받들어 모시고 서울에 왔다.[52]

위의 인용한 글에서 보듯이 아마도 개국사도 통도사와 같은 남산종이므로 불사리는 통도사와 관련이 있을 듯하며, 자장이 가져온 사리가 아닐까 하는 것이다. 『통도사지』에 의하면 정종의 아우인 광종이 통도사의 석가 가사를 친견하였다고 하는데 향후 사료적 입증 작업이 필요하다.

고려말 보은 속리산 법주사에도 자장이 봉안한 진신 사리가 분장되었던 듯하다. 1650년(효종 1)에 건립된 「세존사리비」에 의하면 법주사의 사리탑

『松京廣攷』卷8, 佛宇 1, 開國寺.
50) 『고려사』 권4, 현종세가 9년(1018) 윤4월, '是月 修開國寺塔 安舍利 設戒壇 度僧三千二百餘人'; 『고려사』 권4, 현종세가 12년(1021) 5월 14일, '命尙書左丞 李可道 往取慶州 高僊寺金羅袈裟佛頂骨 昌林寺佛牙 並置內殿.'
51) 李齊賢(1287~1367), 『익재난고』 권9 하, 「重修 開國律寺記」; 『동문선』 권69, 記, '故我南山宗師木軒丘公 以辨才義解 賜號定慧妙圓妓行大師 … 自至理癸亥 迄泰定乙丑 三秋而畢功 作慶會以落厥成 見聞者 莫不嘆賞焉 於是 其徒之來圖所以不朽.'
52) 李穡(1328-1396), 『牧隱文藁』 卷3, 「梁州 通度寺 釋迦如來 舍利之記」, 記, '洪武十二年 己未秋八月卄又四日 南山宗通度寺住持圓通無礙辯智大師沙門臣月松 奉其寺歷代所藏慈藏入中國所得釋迦如來頂骨一 舍利四 毗羅金點袈裟一 菩提樹葉若干 至京.'

이 1362년(공민왕 11)에 세워졌다고 한다.53)

    이 산의 사리 한 알이 절 안에 있은 지가 멀리 천년 전의 일인데도 어제처럼 완연하니 석가의 힘이 진중하심을 알 수 있다. 그러나 유가와 불가에서 대대로 전해오며 소중히 하던 때와 혹 경시하고 업수히 여기던 폐단이 있게 된 지도 여러 해가 되었다. 대략 말하기를 신라 중엽에 석존사리가 동방에 들어와 명산에 풀어졌는데 모두 일찍이 탑을 세웠으니, 이 산인 즉 사리 1과가 절 안에 있은 지가 멀리 천년 전의 일인데도 어제처럼 완연하다. 신도 백귀선이 집과 재물을 내어 절의 백호의 가에 탑을 세우고 비를 세웠다. 기록하여 이렇게 일렀다.54)

  위의 인용한 기문에 의하면, 경내에 전해오던 사리 1과는 공민왕이 홍건적의 침입으로 상주를 거쳐 보은 법주사로 몽진하였을 때 통도사에 봉안되었던 사리이다. 조선후기까지 사리전에 봉안하였다가 1710년에 백귀선 등 3인이 모연하여 탑을 건립했다는 것이다. 이 세존사리탑은 공민왕이 홍건적을 물리치고 지금의 안동인 복주에서 개경으로 환도하는 길에 속리산 법주사에 행차하여 통도사에 봉안되어 있던 석가의 사리 3개 중 1개를 옮겨온 것이라고 한다. 조선후기 문인 이하곤(1677~1724)도 승려의 말을 인용하여 법주사 장륙불상은 신라 자장이 건립하였다고 하였다.55)

---

53) 『고려사』 권40, 공민왕세가 11년(1362) 8월 15일, '幸俗離寺 取觀通度寺所藏佛骨設利袈裟.'

54) 汝寂 慶秀, 『朝鮮寺利史料』上, 「報恩郡 俗離山 法住寺 世尊 舍利塔 碑銘 幷序」, '略云 新羅中葉 釋尊舍利來入東方施於名山 皆曾建塔而 此山 則舍利一顆奉安於寺中閱千載 而完然如昨 信士白貴善捨家賞 堅塔於寺之白虎邊 因立碑 記之云爾 崇禎紀元後七十五年四月日(康熙四十九年) 肅宗三十六年庚寅.' ; 충청북도, 『寺誌』, 1982 ; 한국불교연구원, 『법주사(한국의사찰 5)』, 1975 참조.

55) 『頭陀草』 冊17, 雜著, 「南游錄」, '身是俗離山法住寺 亦有丈六佛 其高下下四丈 其意者造像者務極壯大 而不復以丈六爲準也 僧曰新羅慈藏禪師所建 輿地勝覽云甄萱剏是寺 未詳孰是.'

한편, 고려말 왜구의 침탈로 통도사의 진신 사리의 일부는 개경 송림사에 봉안되었다.

> 정사년(1375, 우왕 3) 4월에 왜적이 이곳에 쳐들어왔는데, 그 목적이 사리를 얻는 데 있었다. … 봉안할 곳이 없기에, 마침내 받들어 모시고 이렇게 오게 되었습니다. … 송림사에 봉안하도록 하였다.[56]

1375년(우왕 3) 무렵 통도사가 왜구의 침탈을 받자 1379년에 남산종 통도사 주지인 원통 무애 변지대사 월송이 석가여래의 정골 하나와 사리 넷, 비라 석굴의 금박 가사 하나와 보리수 잎사귀에 쓴 약간의 불경 등을 받들어 모시고자 하였다. 개경에 오자 태후와 우왕의 왕비인 근비 이씨가 예배를 하고 개경 용수산의 성안 송림사 사리탑에 봉안하도록 하였다.[57]

그 후 개성 송림사에 봉안되었던 통도사의 진신 사리는 조선초 한양의 흥천사에 봉안되었다. 즉, 통도사의 진신 사리는 고려말 월송의 노력으로 한양으로 옮겨졌고, 여기서 60여 매로 분신하였다가, 그 중 일부가 개성 송림사에 봉안되었다. 다시 송림사의 사리 일부를 흥천사 사리각에 봉안한 것이다.[58] 세종대에 진신 사리를 궁궐 안에 봉안하였는데 유자들의 반대가 거셌다.[59] 이에 1438년(세종 20) 7월에 불골과 사리를 흥천사 사리각에

---

56) 이색, 「梁州 通度寺 釋迦如來 舍利之記」, 『동문선』 권73, 記, '歲丁巳四月 倭賊來 其意欲得舍利也 … 无所安厝 遂奉以來 … 奉安于松林寺.'

57) 『신증동국여지승람』 권4, 개성부 상 佛宇 松林寺, '在龍首山城內'; 李穡(1328~1396), 「… 又踰西嶺 則松林寺在焉 入拜舍利 下山則唐寺泉洞也 ….」, 『牧隱詩稿』 卷26, 詩; 李穡(1328-1396), 「梁州通度寺釋迦如來舍利之記」, 『牧隱文藁』 권3, 記:『동문선』 卷73, 記; 李穡(1328-1396), 「書通度舍利記後」, 『牧隱詩藁』 卷24, 詩. 참고로 544년(진흥왕 5) 陳에서 귀국한 明觀이 가지고 온 佛舍利를 봉안하기 위하여 창건한 칠곡 松林寺와는 전혀 별개의 사찰이다.

58) 『태조실록』 권9, 5년(1396) 2월 22일, '佛頭骨捨利 菩提樹葉經 舊在通度寺 因倭寇移置 留後司松林寺 遣人取來.'

59) 『세종실록』 권82, 20년(1438) 7월 7일, '命安平大君 瑢, 藏佛骨于興天寺舍利閣 佛骨本在此閣 嘗取入禁中 外人莫之知, 至是還之';『세종실록』 권81, 20년(1438) 6월 26일(무

다시 봉안하였던 것이다.[60] 진신 사리는 연산군대 사리각이 화재로 전소되기까지[61] 흥천사에 봉안되어 있었다. 이러한 사실은 숭유억불 시책이 강화되고 있었던 국도 한양의 불교에서 주목되는 사실로 간주된다.

자장이 봉안한 진신 사리는 임진왜란을 계기로 여러 사찰에 분장된다. 즉, 조선중기 임란시 통도사 금강계단이 왜구의 침탈을 받게 되자 향산 보현사, 대구 달성 용연사, 고성 건봉사 등에 보관되었다.[62] 조선중기 불교계를 주도하였던 사명 유정은 스승 청허 휴정의 승인하에 통도사의 불사리를 전국에 분장하였다. 휴정은 통도사의 불사리가 '천 사람의 집이 선에 들게 하였고 또한 한 나라가 인(仁)을 일으키게 하였으니 세상의 존귀한 보배라고 할 만하다.'[63]라고 하였다. 이에 휴정은 보현사에 금골 사리부도를 1603년에 건립하고 탑비의 글을 직접 짓고 써서 건립하였다.

> 만력 20년(1592)에 일본 수군이 우리나라 남쪽에 들어와 불태우고 쓸어버려 억조 창생이 어육이 될 때 그 화가 부도에까지 미쳐 보배를 장차 잃을 뻔하여 고민에 싸여 있을 때 마침 의승대장 유정이 군사 수천을 거느리고 성심을 다해 수호하여 완전하게 되었다. 유정은 후환이 없을 수 없다 하여 금골 사리 두 함을 금강산에 은밀히 두는 것이 좋겠다고

인) ;『세종실록』권81, 20년(1438) 6월 28일(경진) ;『세종실록』권81, 20년(1438) 6월 30일(임오) ;『세종실록』권82, 20년(1438) 7월 6일(무자).
60) 『세종실록』권82, 20년(1438) 7월 11일, '命還佛骨舍利及佛象 於興天寺.'
61) 『중종실록』권10, 5년(1510) 3월 28일, '是夜貞陵寺 (寺名興天 我太祖葬神德王后于貞陵 建寺其東 其後陵移他處 寺仍舊焉) 五層舍利閣災.'
62) 淸虛 休靜(1520-1604),「普賢寺 釋迦如來 舍利碑」,『淸虛堂集』, 補遺 篇 ; 權瑎,「龍淵寺 釋伽如來 浮屠碑」, 조선총독부,『조선금석총람』하 ; 月峯 雙式,「乾鳳寺釋迦齒相立塔碑」, 조선총독부,『조선금석총람』하. 또한 경주 북쪽 비학산 법광사의 승려 明玉과 曉軒 등이 진평왕의 願堂이었던 법광사 탑을 중건시 발견된 석가불사리를 1747년에 탑에 봉안하였다고 한다. 이 불사리도 아마 통도사 불사리인 듯하다. 申維翰, 「法廣寺釋迦佛舍利塔重修碑」,『青泉集』 下.
63) 『淸虛堂集』,「娑婆敎主 釋迦尊 金骨舍利 浮圖碑」(1603年作), 補遺 篇, '令一國興仁可謂 世之尊寶也.'

하고 이 병든 노인 휴정에게 봉안하도록 하였다. 병든 이 노인이 감격하여 받아가지고 봉안하려다 이 병든 노인이 가만히 생각해 보니 금강산은 물길(해로)에 가까워 뒤에 반드시 환난이 있을 것이므로 금강산에 봉안하는 것은 장구한 계획이 못되는 일이며, 전에 수군들이 부도를 파헤친 것은 전적으로 금은 보배에 있는 것이지 사리에 있는 것이 아니므로 보배를 가져간 후에는 사리는 흙처럼 여겼으니 차라리 옛터를 보수하여 봉안하는 것만 못하다고 생각하였다. 곧 한 함을 다시 유정에게 주니 유정은 그 생각이 그럴듯하다고 하여 함을 받아서 옛터에 돌아가 석종에 봉안하였다. 또 한 함은 병든 노인 휴정이 스스로 가지고 삼가 태백산에 들어가 부도를 세우고자 하였으나 나 휴정의 혼자 힘으로는 어찌 할 수가 없어 문인 지정과 법란의 등에게 그 일을 주선하여 석종에 봉안하게 하였다.[64]

이러한 내용은 그의 저서 『청허집 보유』(무본·기본·경본·신본)과 1600년 (선조 28)에 휴정 등이 지은 『영골비명』에도 실려 있다.[65] 이에 의하면, 보현사에 봉안된 금골 사리는 휴정의 제자인 유정이 임진왜란으로 통도사 금강계단이 왜군에 의해 훼손되고 사리가 절취될 상황이 이르게 되자 휴정을 찾아가 금강산에 봉안할 것을 제안하였다. 휴정은 금강산 역시 바다와 가까이에 있으므로 안전하지 않고 왜군은 사리에 관심이 없으므로, 하나의 함은 통도사로 다시 보내 안치하고, 다른 하나의 함은 휴정의 주석처

---

64) 「普賢寺 釋迦如來 舍利碑」, 『조선금석총람』 하, '至萬曆二十年 日本海兵入國之南 焚之蕩之 億兆爲魚肉 禍及浮圖 其寶將爲散失 悶鬱之際 適義僧大將惟政 領兵數千盡心 守 護得完全 然政不無後慮 故以金骨舍利二函 密似乎金剛 使病老安焉 病老感受欲安之 然病老竊念 金剛近水路後 必有此患安金剛 非長久計也 向海兵之撥浮圖 全在金寶不在 舍利也 取寶後視舍利如土也 然則不若寧修古基 而安焉云 卽以一函還付于政政 然其計 受函 卽還古基而安鍾焉 其一函則病老 自受持謹入太白山欲建浮圖 靜獨力無何 命門人 智正法蘭之輩 幹其事使安鍾.'
65) 『靈骨碑銘』은 휴정의 친필로 작성된 「娑婆敎主 釋迦世尊 靈骨舍利 浮圖碑」와 「慈藏律師 行蹟」이며 통도사 성보박물관에 소장되어 있다.

인 보현사로 옮겨 1603년 금골 사리 부도를 건립하고 봉안하였다.

그런데 유정은 정유재란이 발발하자 통도사로 보내려던 하나의 사리함을 치악산 각림사에 임시 보관하고, 정유재란이 끝나자 대구 용연사로 이운하여 스승의 지시가 있던 통도사와 용연사로 각기 분장하였다.

> 만력 임진의 난리에 … 송운대사가 받들어 금강산에 가서 서산대사 휴정에게 물으니 … 한 함은 문인 선화 등에게 주어 태백산의 보현사에 봉안하게 하고 또 하나의 함은 송운대사에게 주어 통도사에 돌아가 탑을 개수하여 봉안하게 하였으니, 대개 그 근본을 잊지 않은 것이다. 그때 영남에 새롭게 들불이 일어나 모두 새나 쥐들이 쪼고 쓰는 바가 되어 공사를 일으킬 틈이 없었다. 그런데 송운대사가 일본에 어명을 받아 갈 일이 생겨 이에 원불을 받들어 돌아가게 되자 송운대사는 그 함을 치악산 각림사에 두도록 했다. 그 제자인 청진이 비슬산의 용연사에 옮겨 봉안하니 후에 대중들이 서로 의논하여 탑을 만들어 안장하기로 하였다. 또 두 대사의 남긴 뜻에 어그러짐이 있을까 두려워하여, 1과를 받들어 통도사에 돌아가 봉안하고 1과는 남겨 용연사 북쪽 기슭에 봉안하도록 하니, 때는 계축년(1673년) 5월 5일에 탑이 이루어졌고 높이가 5자 5치였다.[66]

위의 인용한 글에 의하면, 통도사의 진신 사리는 한 함은 보현사에 봉안하고 한 함은 통도사로 보내고자 하였다. 1604년 유정이 일본에 피로 쇄환 탐적사로 가게 되자 횡성군 강림면 강림리의 각림사로 보내졌다. 후에

---

[66] 權瑎(1648-1723), 「龍淵寺 釋迦如來 浮屠碑」(1676年作), 『朝鮮金石總覽』下, '萬曆壬辰之難 … 松雲奉詣金剛 問於西山大師休靜 … 以其一函授門人禪和等 安於太白之普賢寺 又以一函付松雲 還之通度 令改塔以安之 盖不忘本也 時嶺南新中燹衆 皆鳥鼠竄 未暇興工役 而松雲有日域銜命之行 仍奉以爲願佛比還 而松雲化其函留在雉岳覺林寺 其徒淸振移奉於毘瑟山之龍淵寺 後大衆相與謀設塔藏之 又思其有懟乎兩師之遺意 奉一顆還安於通度 留一顆安于龍淵之北麓 歲爲癸丑五月五日塔成 高五尺五寸.' 이러한 내용은 梵海 覺岸(1820-1896)의 『東師列傳』,「慈藏法師傳」과 李能和의 『朝鮮佛敎通史』,「達城郡 毘瑟山 龍淵寺 浮圖 奉安 世尊 舍利」에도 실려 있다.

그 제자인 청진이 1673년 5월 5일 비슬산의 용연사 북쪽 기슭에 탑을 조성하여 봉안하였다. 그런데 원주 각림사는 임진왜란 시 소실되었으므로[67] 당시 유정이 제자 탄옥 등에게 중창하여 봉안하였다고 생각된다.[68] 뿐만 아니라 건봉사에도 통도사의 진신 사리가 분장되었다.

들건대, 먼 옛날 자장법사께서 몸소 서방 인도에 가서 석가여래의 정골 및 치아의 사리 그리고 금박을 입힌 가사 몇 벌을 얻어와 양산의 통도사에 간직해 두었다고 하는데, 그렇게 전해 내려온 지가 몇 천 년의 유래인지 알지 못한다. 중간에 왜적이 탈취해 감으로 온 나라 사람이 실망에 빠져있었는데, 사명대선사 유정께서 일본국에 사신으로 가서 치아 12매를 도로 봉환해 와서 건봉사의 낙서암에 간직해 두었으니 사람들이 모두 보배롭게 여긴 지가 또한 여러 해 되었다.[69]

건봉사의 사리는 선조의 명으로 1604년(선조 37) 유정이 일본에 탐적사로 파견되어 귀국할 때 부처의 치아 진신 사리 12과를 환수하여 봉안하였다.

---

(67) 李墍, 『大東野乘』, 『松窩雜說』. '壬辰倭賊之亂 寺盡焚蕩.'
(68) 任守幹, 「琵瑟山 龍淵寺 重修碑」(1722年作), '壬辰兵燹 松雲適到惜其廢 使坦玉草刱 其制不及古復 令印岑拓舊址增舊制.' 권해가 지은 「석가여래비」에는 1673년에 사리 부도탑을 완성하였다고 하였으나 용연사 중창 시 봉안하였다가 이때에 부도탑에 봉안한 것이라고 생각된다.
(69) 月峯 雙式, 「釋迦如來 齒相立塔 碑銘 幷序」, '聞夫於過去世 慈藏法師躬入西國 而得釋迦如來頂骨齒牙舍利 及金點袈裟若干 藏之於梁山通度寺 未知其幾千年之流來矣 中間倭來取去 擧國失望我國 泗溟大禪師惟政 奉使于日本 還取齒相一十二枚 藏之於乾鳳之樂西庵 而人皆珍玩者 亦閱年禩矣.'; 南公轍(1760-1840), 「乾鳳禪院泗溟大師紀績碑銘」, 『金陵集』 卷16, 碑銘, '先是新羅慈藏法師入西竺 得如來牙十枚 後爲倭所掠去 師乃懇辭乞還 以藏于寺 卽石塔是也.'; 尹容善(1829-?), 「金剛山乾鳳寺釋迦如來靈牙塔奉安碑」 (1906年作), '禪居號以樂西菴 道在慈藏奉仙函 衣鉢槿花花影裏 孰能經旨味菰甘'; 松桂懶湜(1684-1765), 『松桂集』, 「樂西庵」 卷1, '唐貞觀十二年[戊戌] 戌新羅僧慈藏入唐淸涼山奉 釋迦頂骨舍利牙齒袈裟數珠而還藏于五臺鷲棲獅子來四山本朝壬辰之難日本人以爲寶持去其後甲辰僧泗溟啣 命入日本徧尋而奉還分藏于諸寺而靈牙十二枚藏杆城之乾鳳寺 … 大韓 光武十年丙午 立.'

4. 나가는 말

이상으로 자장의 진신 사리 봉안과 분장에 대하여 검토하여 보았다. 자장은 귀국 후 통도사를 비롯하여 진신 사리를 전국의 곳곳에 봉안하였다고 하는데 그동안 구체적으로 밝혀진 바 없다. 필자가 조사한 바에 따르면, 기록에 보이고 있는 자장이 진신 사리를 봉안하였다는 사찰은 16소에 이르고 있다. 5대 적멸보궁으로 양산 통도사, 평창 상원사, 인제 봉정암, 영월 법흥사, 정선 정암사와, 이에 더하여 대구 용연사, 고성 건봉사, 구미 도리사가 8대 적멸보궁으로 알려져 있다. 그 외에도 『삼국유사』에 의하면 자장이 진신 사리를 봉안하였다는 경주 황룡사와 울산 태화사가 있었으며, 조선중기 이후의 기문에 보이는 천안 광덕사, 김제 금산사, 산청 대원사, 완주 안심사, 구미 석적사, 속초 신흥사, 해남 대흥사, 구례 화엄사 등에도 자장이 진신 사리를 봉안하였다고 한다. 이러한 이해는 자장이 진신 사리를 봉안한 사실과 후대 자장이 봉안하였던 통도사 진신 사리가 이전 봉안 및 분장된 사실이 뒤섞여 있다. 고려초에 개국사, 고려말에 보은 법주사와 개성 송림사에 분장되었다가 조선초 한양의 조계종의 본산인 흥천사에 이전되어 봉안하였다. 그리고 임진왜란시 향산 보현사와 (원주 각림사), 고성 건봉사, 대구 용연사, 구미 석적사에 통도사 진신 사리가 분장 및 이전 봉안되었다. 대개 통도사의 사리가 분장된 것은 홍건적과 왜구의 침탈을 막기 위한 불교 수호의 차원이었다.

『삼국유사』에 기록되어 있듯이 자장이 귀국하여 황룡사와 통도사, 태화사, 평창 상원사 등에 진신 사리를 봉안하였다고 하였지만, 필자가 조사한 결과 자장이 진신 사리를 봉안한 사찰만 16곳으로 나타나며, 고려시대와 특히 조선중기 임진왜란시 진신 사리 분장 사찰 6소, 이전 봉안 사찰 2소까지 합하면 24곳에 달한다. 그 가운데 현재 폐사된 사찰은 황룡사와 태화사, 송지사, 개국사, 송림사, 각림사 등 6소이다.

549년(진흥왕 10) 신라의 승려 각덕이나 양의 사신 심호가 진신 사리를 가져온 이후 진신 사리가 32소에 봉안되었다고 보았을 때, 자장이 직접 봉안한 사찰의 비율은 16소로 약 50% 이상이며 통도사 분장 및 이전 봉안을 포함하면 진신 사리 봉안 사찰은 24소(23소)로 약 75% 정도를 차지한다. 자장의 진신 사리 봉안은 불교의 외연을 확장하는 데 결정적 역할을 하였다.

하지만 자장이 봉안하였다는 속초 신흥사와 해남 대흥사, 구례 화엄사 등의 경우 사료적 가치가 떨어진다고 할 수 있는 조선후기의 기록이기 때문에 액면 그대로 믿기에는 주저된다.

자장은 경주 일대뿐만 아니라 북방의 태백산과 오대산, 설악산 일대에서 흥법 및 포교를 펼쳤다. 이러한 자장의 원력이 후대의 불교계에 계승 및 추념된 것이라고 하겠다. 한국 불교사 연구에서 자장의 불교계 위상은 자장 당대뿐만 아니라 불교사에서 제대로 정립되기를 바라마지 않는다.

제2장
불교와 국도 한양

Ⅰ. 불교계 고승과 국도 천도

1. 들어가는 말

4세기 중엽 불교의 국가 공인 이후 불교계가 전도(奠都)에 관여한 것은 고려왕조의 건국과 조선왕조의 건국시라고 할 수 있다. 도읍을 옮기는 천도(遷都)는 풍수도참 사상으로 볼 때 왕조의 멸망을 의미하므로 국가의 중대 사항이었다.[1]

---

[1] 전도나 천도에 대한 연구는 국도라는 위상 때문에 적잖이 연구되어 왔다. 특히 서울 600주년을 기념하거나 최근 세종시 건설과 관련해 특집으로 다루어졌으나 불교계나 고승의 측면에 이루어진 것은 거의 없다. 이병도, 「음양지리설과 고려 역대에 있어서의 천도론」, 『조선사학』 2, 조선사학동고회, 1926 ; 이병도, 「묘청의 천도운동에 관한 일고찰」, 『사학잡지』 37-9, 동경 : 동경제국대학 문학부 사학회, 1927 ; 원영환, 「한양천도와 수도 건설고-태종대를 중심으로-」, 『향토서울』 45, 서울특별시사편찬위원회, 1987 ; 이태진, 「한양 천도와 풍수설의 패퇴」, 『한국사시민강좌』 14, 1994 ; 박경자, 「고려시대 연천천도설에 대하여」, 『한국사의 구조와 전개-하현강교수 정년기념논총』, 하현강교수 정년기념논총간행위원회, 2000 ; 나각순, 「고려말 남경복치와 한양천도」, 『강원사학』 16, 17, 강원대 사학회, 2002 ; 이정우, 「고려 우왕대의 천도론과 정치세력」, 『한국학보』 113, 일지사, 2003 ; 김기덕,

우리나라의 역사가 시작되는 옛(고) 조선이 건국된 이후 역사상 처음으로 하나의 원형을 이룬 것은 신라에 의한 삼국통일이었다. 그 후에도 옛 국도 경주를 여전히 국도로 삼았으며, 고려왕조에 가서 한반도 중심에 위치하고 있는 개성이 국도가 되어 500여 년간 유지되었다. 고려의 국도 개성의 선정은 태조 왕건의 정신적 스승이라고 할 수 있는 선각국사 도선의 가르침에 의한 것이었다. 문종대 도선의 비기에 의하여 남경(한양) 설치후 1097년(숙종 1) 김위제가 남경 천도를 주장했는데 대각국사 의천도 이를 지지한 듯하다. 하지만 문벌 귀족의 보수화와 신흥국 금의 사대화에 반발하여 묘청이 서경 평양으로의 천도를 주장한 바 있다.

그 후 몽고 침략기에 이르러 한양의 중요성을 강조하는 아사달 신앙이 유행하였다. 공민왕대 이후 고려말에 한양 천도 주장이 왕사 태고 보우에 의해 제기되었으며, 신돈도 평양과 충주의 천도를 주장하기도 하였다. 고려후기 이래 다시 부각된 한양은 도선의 3소 가운데 하나로 부상하였으며, 결국 조선초 무학 자초의 한양 전도로 귀결된다고 할 수 있다. 도선과 무학의 경우는 왕조의 국도를 정하는 전도라고 할 수 있고 의천이나 묘청, 신돈의 경우는 천도라고 하겠다. 이러한 고승들과 풍수도참으로 인한 전도나 천도는 민중을 제도하고자 하였던 방편이었다. 때문에 '술승'이나 '권승'으로 치부되기도 하고, 불교계 고승의 국도선정 사실이 이어져 묻혀진 것이 아닌가 한다.[2)]

본고에서는 신라말의 도선과 고려중기 묘청, 고려말 태고 보우와 신돈,

「고려시대 개경과 서경의 풍수지리와 천도론」,『한국사연구』127, 한국사연구회, 2004 ; 김기덕,「고려 중후기 천도논의와 풍수도참설」,『역사민속학』20, 한국역사민속학회, 2005 ; 박경자,「고려말 한양천도론의 실상」,『향토서울』66, 서울특별시 사편찬위원회, 2005 ; 이형우,「고려 공양왕대의 천도론」,『역사와 담론』57, 호서사학회, 2010.

2) 필자는 무학대사에 관련된 일련의 연구를 진척하면서 한양 전도에 대한 논고를 발표한 바 있다. 황인규,「무학자초와 한양전도」,『역사와 교육』4, 1996 ; 황인규,「제1장 불교계의 국도 서경 ; 2) 규궐과 도선의 지점」,『무학대사연구』, 혜안, 1999 ; 황인규,『무학대사연구-여말선초 불교계의 혁신과 대응』, 혜안, 1999 ; 황인규,『마지막 왕사 무학대사』, 밀알출판사, 2000.

조선 건국초의 무학 자초를 중심으로 불교계 고승의 전도와 천도[3])의 의의와 고승들의 위상을 정립하고자 한다.

2. 도선과 개경의 전도 지정

삼국 가운데 가장 늦게 고대국가로 출발한 신라는 불교의 수용도 법흥왕대에 이르러서야 이루어졌다. 신라 사람들은 전 국토가 옛날부터 불국토의 땅이라고 생각하였으며, 황룡사 탑을 세워 삼국통일에 대한 열망을 실현시켰다. 통일후 불국사와 석불사를 창건하여 불국토의 이상을 삼한의 땅에 실현하고자 하였다.

신라는 국가의 출발시부터 국도인 경주가 동남방에 치우쳐 있어서 국도로서의 위치는 그리 좋은 편이 아니었으며, 이를 보완하기 위해 주요 지방에 작은 서울인 5소경제를 설치 운영하였다. 신라 하대에 이르러 왕권이 위축되고 6두품 출신과 촌주층을 중심으로 호족이 등장하였다. 이들을 중심으로 지방 문화가 대두되게 되었는데 그 일익을 담보한 것이 선종승이었다.

교학 불교가 중국의 이방인에 의하여 전래된 것과는 달리 선종은 우리나라 사람들이 직접 중국에 가서 수입해왔으며, 그만큼 주체적이었다. 선종은 당시 등장하고 있던 지방세력인 호족들의 정신적 후원세력이 되면서 지방의 새로운 문화의 중심지로서, 이른바 9산문이 성립되었다.

그 가운데 동리산문 출신의 혜철의 문하에서 수학한 도선은 옥룡산파의 개창자라고 불릴 만큼 독자적인 세력을 이루었다. 즉 그는 35년간 희양현 백계산 옥룡사에서 주석하며 사세를 떨쳤다.[4]) 그는 선사로서 뿐만 아니라

---

3) 奠都는 왕조의 국도를 새롭게 정하는 것이며, 遷都는 국도를 옮기는 것이다. 예컨대 고려나 조선왕조의 국도를 정하는 것은 奠都이나 왕조 내의 국도를 옮기는 것은 遷都이다. 양자를 구분해서 사용하는 것이 맞으나 혼용하거나 함께 사용하는 경우도 흔히 볼 수 있으나 잘못이다.
4) 최유청, 「玉龍寺 先覺國師碑」, 『조선금석총람』 상.

우리나라 풍수도참 사상의 비조로서도 널리 알려져 있다. 도선은 개경을 국도로 지목하였다. 다음과 같은 기록으로 알 수 있다.

> 드디어 함께 곡령에 올라가 산수의 맥을 살펴보고 위로 천문을 바라보며 아래로 운수를 자세히 살펴보고서 말하기를, '이 지맥은 임방(壬方)의 백두산에서 수모 목간(水母 木幹)으로 와서 마두 명당(馬頭 明堂)까지 떨어지고 있소. 그대는 또한 수명(水命)이니 마땅히 수(水)의 대수(大數)를 따라 집을 육육(六六)으로 지어 36구(區)로 만들면 천지의 대수와 맞아 떨어져 내년에는 반드시 성스러운 아들을 낳을 것이니, 마땅히 이름을 왕건(王建)이라 지으시오.'라고 하였다. 그리고 봉투를 만들어 그 겉에 기록하기를, '백 번 절하고 미래에 삼한을 통합할 임금이신 대원 군자(大原 君子) 족하(足下)께 삼가 글월을 바칩니다.'라고 하였다. 그때가 당 희종(僖宗) 건부(乾符) 3년(876) 4월이었다. 세조가 그의 말을 따라 집을 짓고 살았는데 이 달 위숙왕후(威肅王后)가 임신하여 태조를 낳았다.[5]

이러한 내용은 원 간섭기 문인 민지가 저술하였다는 『편년강목』[6] 등에도 실려 있으며, 『고려사』의 세계편에 특기되었다. 도선(827~898)은 왕건(877~943)이 태어나기 1년 전에 삼한을 통합할 것이라고 예언을 하였으며, 왕건이 17세 때인 894년에 군사와 지리 등 가르침을 친히 베풀었다고 한다. 이러한 내용은 왕조의 창업 후 국가 운영의 가장 큰 지침이 되었다.

(제1조) 우리나라의 대업은 반드시 여러 부처의 힘을 입은 것이다. 그러므

---

5) 『고려사』 서문 고려세계, '至鵠嶺 見世祖新構第曰 種穄之地 何種麻耶 言訖而去 夫人聞而以告 世祖倒屣追之 及見 如舊識 遂與登鵠嶺 究山水之脉 上觀天文 下察時數曰 此地脉 自壬方白頭山水母木幹來 落馬頭明堂 君又水命 宜從水之大數 作六六 爲三十六區 則符廡天地之大數 明年必生聖子 宜名曰王建 因作實封 題其外云 謹奉書 百拜獻書于未來統合三韓之主大原君子足下.'
6) 『고려사』 서문 「고려세계」 ; 이익, 「道詵」, 『성호사설』 권11, 人事門.

로 선교(禪敎) 사원을 창건하고 주지를 차견(差遣)하여 분수(焚修)하게 하고 각각 그 종파[業]를 다스리도록 하여라.[7]

(제2조) 모든 사원은 다 도선이 산수의 순역을 추점하여 개창한 것이다. 도선이 말하였다. '내가 정한 곳 외에 함부로 더 창건하면 지덕을 손상케 하여 조업(祚業)이 길지 못할 것이다.'[8]

위의 인용한 글은 널리 알려진 태조의 훈요십조이다. 태조는 고려왕조의 창업이 여러 부처의 힘을 입어 창업되었음을 밝히고 도선의 설에 따라 산수의 순역을 추점하여 개창하였다고 한다.[9] 후자가 바로 도선[10]의 비보사탑설이다. 비보사탑설은 풍수도참설에 그 근거를 두고 산천의 순역을 살펴서 지덕의 쇠처나 역처에 사원·탑·불상을 세워 비보케 하는 것이다. 이러한 비보사찰설은 고려왕조 500여 년간 대체로 지켜지게 된다.[11] 비보사찰은 개경뿐만 아니라 「상주보기(常住寶記)」에 '무릇 사원이라는 것은 나라 조정

---

7) 『고려사』 권2, 태조세가, 26년 4월, '我國家大業 必資諸佛護衛之力 故創禪敎寺院 差遣住持焚修 使各治其業.'
8) 『고려사』 권2, 태조세가, 26년 4월, '諸寺院 皆道詵推占山水順逆 以開創 道詵云 吾所占定外 妄加創造則損薄也 德祚業不永.'
9) 『성종실록』 권52, 6년 2월 8일(정해).
10) 도선과 풍수지리 사상에 관한 주요 논고는 다음의 것들이 참고된다. 이병도, 『고려시대의 연구』, 아세아문화사, 1980 ; 이용범, 「풍수지리설」, 『한국사』 6, 서울 : 국사편찬위원회, 1975, 272쪽 ; 최병헌, 「도선의 생애와 라말여초의 풍수지리설」, 『한국사연구』 11, 1975 ; 최창조, 「한국 풍수사상의 역사와 지리학」, 『정신문화연구』 42, 한국정신문화연구원, 1991 ; 최창조, 『한국의 풍수사상』, 민음사, 1984 ; 영암군, 『선각국사 도선의 신연구』, 1988.
11) 『고려사』 권18, 의종세가, 22년 3월 무자, '崇重佛事 時當末季 佛法漸衰 凡朝宗時開創 裨補寺社 及高麗定行法席寺院 與別祈恩寺社 如有殘斃 主掌官 隨即修茸.' ; 『고려사』 권129, 최충헌 열전, '在祖聖代 必以山川順逆 創浮圖祠 隨地以安 後代 長相群臣 無賴僧尼等 無問山川吉凶 營立寺宇 名爲願堂 損傷地脉 灾變屢作 惟陛下 使陰陽官檢討 凡裨補外 輒削去勿留 無爲後人觀望.' ; 『고려사』 권38, 공양왕세가, 1년 2월 병자, '祖王代 創置禪敎寺院 所以裨補之地德 以利國家 今多頹圮 只有遺基 其有土田者 收其租 有藏獲者 收其庸 以備重修 又遵太祖信書 諸人 毋得擅起寺舍.'

과 주현의 비보로 설치되지 않은 것이 없다.'12)라고 하였듯이 전국적으로 지정 운용되었으며, 천태종 등 불교계에 확산되었던 듯하다.13)

이렇듯 도선(827~898)은 고려왕조를 개창한 태조 왕건에게 정신적 이념을 제공한 고승이지만 풍수도참술의 비조로 알려져 있듯이 '술승' '신승' '권승'으로 치부되고 있다. 도선이 저술하였다는 『도선비기』・『송악명당기』 등의 풍수도참류 서적이 『편년통록』・『용비어천가』・『고려사』・『조선왕조실록』 등에 그 이름이 전해지고 있다.14) 현재 전해지고 있는 도선 관련 기록과 서적에는 도선이 당에 가서 수행승이자 풍수도참승인 일행(687~727)선사에게 가르침을 받고 돌아왔다고 기록되어 있다. 하지만 도선은 당에 간 적이 없으며 고승 일행보다 100여 년 뒤의 인물이다.

도선이 국도 개경을 전도한 것은 풍수도참 사상적인 행위이지만 국토개발 재배치안이었다.15) 고려는 그의 비보사탑설에 의하여 전국의 사찰과 탑, 불상을 창건 또는 지정하였다. 신라 국도 경주에서 신국도인 개성을 중심으로 하는 고려왕조의 사찰의 재배치이자 불교계의 재편성이었다. 도선의 비보사탑설에 의한 사찰의 운용은 고려시대는 물론이고 조선초까지 국가의 불교계 운용의 큰 틀이었다. 예컨대 무신집권기 초인 1234년(고종 21) 9산 문도가 대안사 총림에서 거란의 침략을 물리치고자 도선의 제자 여철을 부각시키고 도선의 축문을 지어 추념하였다.16) 수선사의 사주 진각국사 혜심(1178~1234)・원오국사 천영(1215~1286)・원감국사 충지 등 수선사 고

---

12) 慧諶, 「常住寶記」, 『무의자시집』 권하, '凡寺院者 無非爲國朝及州縣 裨補所置也.'
13) 朴全之, 「靈鳳山 龍岩寺 重創記」, 『동문선』 권68 ; 眞淨國師 天頙, 『湖山錄』, 答芸壹亞監 閔昊書 ; 허흥식, 『진정국사와 호산록』, 민족사, 1995, 310쪽, '何者 昔聖祖初刱之際 行營福田能兢 親傳道侁訣 聖訣 以三乘會一乘 三觀在一心 甚深妙法 合我會之三之國 上奏天聰故.'
14) 도선에 대한 종합적인 자료는 최근에 다음의 저서에 집성되었다. 김상영・황인규, 『도선연구』, 영암군 월출산 도갑사 도선연구소, 2007.
15) 이용범, 「풍수지리설」, 『한국사』 6, 서울 : 국사편찬위원회, 1975・이용범, 「도선의 지리설과 당승 일행선사」, 『선각국사 도선의 신연구』, 영암군, 1988.
16) 이규보, 「廣濟寺 安宅法席䟽」, 『東國李相國全集』 권41, 釋道䟽.

승들과[17] 고려말 나옹 혜근의 문도인 굉연과 무학 자초, 무학의 제자 혜징과 함허 기화에게도 도선의 종풍이 계승되었다.[18]

도선은 본래 전라도 영암 출신으로, 15세에 출가하여 846년(문성왕 8)에 전남 곡성 동리산 태안사에서 동리산문을 개창한 혜철(785~861)에게 가르침을 받았다. 그 후 15년간 운수 행각을 벌이며 두타행을 하였고 37세에 광양 백계산 옥룡사에서 72세로 입적할 때까지 35년간 머물면서 선법을 크게 펼쳐서 옥룡산파의 산문을 개창하였다.[19] 인종대 원효와 의상[20]에 이어 봉작을 내리게 되었으며, 특히 도선은 선각국사에 추증되어 대성인이 되었다.[21] 고려 태조 왕건이 도선을 스승으로 삼아서 개국한 것 같이 조선 태조 이성계도 무학을 얻어 나라를 창업하였다.[22] 조선 개국 이후 도선은 국가가 위기에 처했을 때마다 무학과 더불어 국가의 정신적 지도자로 부각되었다.

3. 의천과 묘청의 천도 주창

도선의 국가비보사상은 그의 제자 여철(如哲)과 천태종 고승 능긍(能兢)

---

17) 冲止, 「圓鑑國師 歌頌」: 『한국불교전서』 6, '鷲山之頂 有坐禪巖 行道石 盖先覺眞覺 兩國老宴坐修道之遺跡也 近者社內名德盧公 卜地於坐禪巖下 化榛莽爲蘭若而居之其 地之絶奇勝 固不可形容也 遂乃請名于晦堂和尙 和尙以 禪石名之.' ; 『신증동국여지승람』 권40, 구례현, 산천, '鷲山 在縣南十五里 山頂有一岩 岩有空隙深不可測俗傳 僧道詵 嘗住此山畵天下地理.' ; 『신증동국여지승람』 권39, 남원도호부, 산천.
18) 이에 대한 자세한 사실은 다음의 논고를 참조하기 바란다. 황인규, 「고려 전기 사굴산문계 고승과 선종계」, 『한국선학』 17, 2007.
19) 황인규, 「10. 도선국사와 풍수도참」, 『다시보는 한국의 고승』, 민창, 2005 ; 황인규, 「선각국사 도선의 종풍계승 및 전개」, 『한국선학』 20, 2008.
20) 『고려사』 권11, 숙종세가 6년(1101) 8월 계사.
21) 『고려사』 권15, 인종세가 6년(1128) 4월 을묘.
22) 『영조실록』 권35, 9년 8월 6일(갑술) ; 『영조실록』 권35, 9년 8월 26일 ; 中觀 海眼 (1567~?), 「畜都體府捴戎使書」, 『中觀大師遺稿』 文 : 『한국불교전서』 8책, 218쪽, 上-中.

등에 의해 계승 확산되었는데, 특히 여철은 한양의 진산 삼각산 승가굴을 중심으로 남경 일대에서 활동하였으며,23) 의천(1055~1101)도 역시 남경에 가서 지세를 살피며 삼각산 불교를 중흥시켰다.

(선종 7년, 1090) 겨울 10월 병오일에 왕이 왕태후를 모시고 삼각산에 갔다. 경술일에는 승가굴에 들렀다가 곧 장의사로 갔으며, 계축일에는 인수사에 가서 분향을 하였다. 무오일에 왕이 신혈사에 가서 오백나한을 위한 재를 올렸다.24)

의천은 선종과 왕비·맏아들·양부(兩府) 관료 등과 함께 삼각산에 갔는데, 의천이 남경 천도에 관여하기 위함이었던 듯하다. 의천은 주전론을 주장하였는바, 이는 별무반 설치와 남경 천도를 재정적으로 뒷받침하기 위한 것이었다.25) 이미 김위제가 숙종이 즉위하자 도선의 밀기를 인용해 남경, 즉 한양 천도를 주장한 바 있다.26)

김위제가 도선의 술법을 공부하여 남경으로 천도하자고 요청하는 상서를 올리며 말하기를, '도선기에 이르기를, "고려의 땅에는 3경이 있으니, 송악이 중경이 되고, 목멱양(木覓壤)이 남경이 되며, 평양이 서경이 된다. 11월·12월·정월·2월에는 중경에 거주하고, 3월·4월·5월·6월에는 남경에 거주

---

23) 황인규, 「고려 전기 사굴산문계 고승과 선종계」, 『한국선학』 17, 2007 ; 황인규, 『고려시대 불교계와 불교문화』, 국학자료원, 2011.
24) 『고려사』 권10, 선종세가 7년(1090) 10월, '丙午 王奉太后 幸三角山 庚戌 幸僧伽窟 遂幸藏義寺 癸丑 幸仁壽寺 行香 戊午 幸神穴寺 設五百羅漢齋.'
25) 주전론과 남경 천도에 대해서는 다음의 논고를 참조바란다. 김삼수, 「고려시대의 경제사상」, 『숙명여자대학교 논문집』 13, 1973 ; 정연모, 「의천의 주전론」, 『불교사상』 13, 불교사상사, 1984 ; 정수아, 「제1절 의천의 '주전론'에 보이는 혁신적 개혁사상」, 『고려 중기 개혁정치와 북송 신법의 수용』, 서강대 박사학위논문, 2000 ; 이병희, 「대각국사 의천의 주전론」, 『천태학연구』 4, 2002.
26) 『고려사』 권122 김위제 열전.

하며, 7월·8월·9월·10월에는 서경에 거주하면 36개 나라가 와서 조공을 바칠 것이다."라고 하였으며, 또 이르기를 "개국하고 160여 년 뒤에 목멱양에 도읍을 정한다."라고 하였으니, 신은 지금이 바로 새 도읍을 돌아보시고 거기에 거주하실 때라고 생각합니다'.27)

앞서 잠시 언급한 바와 같이 김위제는 도선의 설에 따라 남경으로의 천도를 주창하였던 것인데, 의천도 삼각산 일대에 왕실과 함께 동행하였던 것이다. 의천은 승가굴을 비롯한 인수사·취령사·식암·사나방 등 북한산 일대의 사찰에 머물면서 북한산 불교를 부각시킨 듯하다.28) 인수사에서는 문수상에 예불을 하였다고 하며, 특히 신혈사를 방문하여 사굴산문 고승 구산사의 주지인 선사 영현을 신혈사에 머무르게 하면서 승가굴을 중수하게 하였다.29)

이는 의천이 문벌귀족 인주 이씨가 지원하는 유가종에 대항하기 위한 것이었으며, 남경 천도와 더불어 남경인 한양의 진산인 북한산(삼각산)에서 불교의 교세를 확장시키고자 하였던 것이다.30)

---

27) 『고려사』 권122, 김위제 열전, '謂碑學其術 上書請遷都南京曰 道詵記云 高麗之地 有三京 松嶽爲中京 木覓壤爲南京 平壤爲西京. 十一十二正二月 住中京 三四五六月 住南京 七八九十月 住西京 則三十六國朝天 又云 開國後百六十餘年 都木覓壤 臣謂今時 正是巡駐新京之期.'

28) 의천, 「仁壽寺 禮文殊 聖像」, 『대각국사문집』 권19, 詩, '五臺現化非徒爾 三角分身豈偶然 唐帝九廻鳴鳳輦 吾君累此早留篇有唐九帝尋凡三朝自德王而下 代代文王有詩一首.'; 의천, 「留題鷲嶺寺」, 『대각국사문집』 권19, 詩, '鷲峰泉石稱閑情 尋到方思隱姓名 只爲敎門弘護急余管敎門流通之事 弘宣護持以爲己任未遑遷止樂平生.'; 의천, 「留題三角山息庵」, 『대각국사문집』 권19, 詩, '講(徹香林訪息庵香林講天台)十不二門崎嶇松迳撥煙嵐 當年龍井攀高論 見景思人恨不堪予於元豊元祐之間 訪道江南曾到餘杭龍井寺 與辨才大師淨公終日攀高論蓋天台宗 彼有訥庵與此略同不覺思舊也.'; 의천, 「贈三角山舍那房」, 『대각국사문집』 권19, '獨宿孤峯度幾春 物華榮謝悟空新 麻衣水食生涯在 沒齒甘爲自樂人.'

29) 李預, 「三角山 重修 僧伽窟記」, 『동문선』 권64, 記.

30) 重興寺 鈑子(호암미술관 소장)에 의하면 삼각산 중흥사는 1103년(숙종 8) 이전에 있었음을 알 수 있다. 황수영, 「重興寺 鈑子」, 『한국금석유문』(제5판), 일지사, 1994, 382~393쪽, '三角山重興寺鈑子入重十五棟梁僧承統 乾統三年癸未二月 日造大

이렇듯 의천의 천태종 개창이나 주전론과 더불어 남경 천도 주창은 고승으로서 불교계뿐만 아니라 국가 운용의 가르침의 한 방편이었다.

법상종(유가종) 혜덕왕사 소현도 의천의 어머니인 인예태후의 동생이었지만 의천은 문벌귀족 인주 이씨 가문의 견제를 받았던 듯하다. 예컨대 의천은 1094년(선종 11) 5월 합천 해인사로 퇴거했는데, 이는 조카인 헌종의 귀경 요청을 받아들이지 않다가 1095년 10월 셋째 형인 숙종의 요청으로 개경 흥왕사에 돌아왔던 것이다. 당시 최대의 문벌귀족인 인주 이씨의 세력 때문이었다. 인종대 문벌귀족 이자겸은 인종을 능가하는 위세를 부리며 떠오르는 금에 대한 사대 정책을 폈다. 서경파는 이에 대하여 개혁을 요구하며 서경 천도를 주창하였는데 묘청(妙淸, ?~1135)이 그 중심에 있었다.31) 묘청은 도선이 고려의 수도를 개성으로 지목했던 것처럼 서경(평양)을 새로운 국도로 삼을 것을 주창하였다.

> 이에 근신 내시 낭중 김안과 함께 도모하며 말하기를, '우리들이 주상을 모시고 서도로 이어(移御)하여 상경으로 삼는다면 마땅히 중흥 공신이 될 것이니, (우리의) 일신이 부귀하게 될 뿐 아니라 또한 자손도 무궁한 복을 누릴 것이다.'라고 하였다. 마침내 입이 닳도록 서로 함께 떠벌렸다. … 이에 묘청(妙淸) 등이 말하기를, '신등이 보건대 서경 임원역의 지세는 음양가들이 말하는 대화세(大華勢)에 해당합니다. 만약 궁궐을 세워 그곳으로 이어하신다면 가히 천하를 아우르게 되니 금이 예물을 가지고 스스로 항복하여 올 것이며 36국이 모두 신하가 될 것입니다.'라고 하였다.32)

匠盧珍謹記.' 중흥사가 크게 부각되는 것은, 고려말 태고 보우가 주석하면서부터이다.

31) 묘청에 대한 대표적 연구는 다음과 같다. 이병도, 「묘청의 천도운동에 관한 일고찰」, 『사학잡지』 37-9, 동경 : 동경제국대학 문학부 사학회, 1927 ; 김상기, 「묘청의 천도운동과 칭제건원론에 대하여」, 『국사상의 제문제』 6, 국사편찬위원회, 1960 ; 강성원, 「묘청의 재검토」, 『국사관논총』 13, 1990 ; 송진활, 「묘청의 풍수지리사상과 불교관에 대한 연구」, 『교남사학』 7, 영남대학교 국사학회, 1996 ; 강옥엽, 「묘청난의 연구동향과 새로운 인식모색」, 『백산학보』 49, 백산학회, 1997.

도선의 풍수도참 사상을 계승한 묘청은 평양(임원역)을 대화세의 명당이라고 서경 천도를 주장하였다. 그곳 임원 궁성 곁에 8성당을 지었다. 이 8성당에 여러 부처의 본지(本體)로 하고 모든 선인(仙人)을 수적(妙用)으로 하여 국내의 선인을 각기 배당하였다.33) 이것이 바로 고유의 산악숭배 사상과 외래의 선불 사상을 혼합한 본지수적설(本地垂迹說)이다.34) 백성의 복리와 왕조의 기업을 연장하여 정토 구현의 발현이다.35)

묘청은 풍수도참술을 부리는 술승으로 난을 일으킨 인물로 알려져 있다.36) 묘청에 대하여 긍정적으로 본 것은 단재 신채호가 처음이다. 묘청의 난을 '조선역사상 일천년래 제일대사건('朝鮮歷史上 一千年來 第一大事件')'이라고 하여 고려 이후 천년의 우리의 역사 가운데 가장 큰 역사적 사건이었다37)고 보았을 뿐이며, 고승으로서 주목한 것은 아니다.38) 묘청은 인종의 총애를 받았으며 조정의 근신에게 존경을 받았다. 당대 문인 정지상이 추종하였으며, 민중들에게 추앙을 받았다. 묘청은 왕실과 밀착된 화엄종과, 이자겸 등 문벌귀족과 연계된 유가종의 보수적인 성향과 금나라의 사대

---

32) 『고려사』 권127, 묘청 열전, '乃與近臣內侍郞中金安謀曰 吾等若奉主上 移御西都爲上京 當爲中興功臣 非獨富貴一身 亦爲子孫無窮之福 遂騰口交譽 … 於是 妙淸等上言 臣等觀西京林原驛地 是陰陽家所謂大華勢 若立宮闕御之 則可幷天下 金國執贄自降 三十六國 皆爲臣妾.'
33) 『고려사』 권127, 묘청 열전.
34) 정천구, 「본지수적설과 불국토사상의 비교-『불조통기』, 『삼국유사』, 『원형석서』를 중심으로-」, 『정신문화연구』 110, 성남 : 한국학중앙연구원, 2008.
35) 『고려사』 권127, 묘청 열전.
36) 묘청은 불교승려로서 궁예나 신돈과 더불어 당대의 기록뿐만 아니라 지금까지 가장 정당하게 평가받지 못하고 있다.
37) 신채호, 「朝鮮歷史上 一千年來 第一大事件」, 『조선사연구초』 : 『한국사연구초』, 을유문화사, 1969, 2003.
38) 묘청에 대한 기록은 난을 진압한 김부식에 의해서 철저히 누락 또는 왜곡되었고 『고려사』의 열전에는 반역전에 분류되어 있으므로 조선초 성리학자들도 기본적으로 그의 사관을 그대로 따랐다. 현재 우리가 묘청에 대하여 알 수 있는 기록은 『고려사』의 열전과 그에 실린 단편적인 기록뿐이다. 황인규, 「4. 묘청스님과 팔성당」, 『다시보는 한국의 고승』, 민창, 2005.

요구에 맞서 불교와 나라에 혁신을 추진하고자 하였다.

4. 보우와 신돈의 천도 주창

 앞서 언급한 바와 같이, 한양이 국도로서 부각된 것은 고려 문종대 이었지만, 불교도들 사이에서 고종대에 양주(한양)가 국도로서 떠오르고 있었다.39) 그리고 한양은 본래 양주의 남쪽 부분으로서 우왕대 3소(三蘇) 중에 좌소가 회암이라는 설이 제기되는 등 중요한 곳이었다.40) 이에 공민왕대에 이르러 불교계를 대표했던 태고 보우도 한양 천도를 주창하였던 것이다.41) 보우는 나이 37세인 1337년(충숙왕 복위 6) 북한산 전단원42)에서 무자 화두를 참구하던 중, 1338년 1월 크게 깨달았다. 보우는 1341년(충혜왕 복위 2) 중흥사에서 후학들을 지도하면서, 그 동쪽에 태고암을 창건하여 5년 동안 머물 때「태고암가」 1편을 지었다.43) 그 후 보우는 원에 가서 1347년 7월 호주 천호암에서 석옥에게 도를 인정받고,「태고암가」의 발문과 가사를 받았다. 1348년 귀국하여 중흥사에 주석하였다.44) 이러한 것도

---

39) 안계현,『한국 불교사 연구』, 동화출판공사, 1982, 58쪽.
40)『고려사』권134, 신우 열전 신우 5년 11월.
41) 황인규,『무학대사연구-여말선초 불교계의 혁신과 대응』, 혜안, 1999 ; 황인규,『마지막 왕사 무학대사』, 밀알출판사, 2000.
42) 당시 권문세족이었던 蔡洪哲은 불교를 매우 좋아하여 스스로를 中峯居士라 칭하고 1331년(충혜왕 1) 자기집 북쪽 인근인 현재의 경국사에 梅檀園을 지어 항상 승려들을 후원하였다.『고려사』권108, 채홍철 열전 ;「249. 蔡洪哲 묘지명」,『고려묘지명집성』;『태고화상어록』,『한국불교전서』 6, 116쪽.
43) 李穡,「太古寺圓證國師塔碑」,『조선금석총람』상 ;『태고화상어록』,『한국불교전서』, 131쪽, '後至元丁丑 師年三十七 冬寓梅檀園 參無字話 明年正月初七日五更 豁然大悟 作頌八句 打破牢關後 清風吹太古其結句也三月 還楊根草堂 侍親也 師嘗看千七百則 至巖頭密啓處 過不得良久 忽然捉敗 冷笑一聲云 巖頭雖善射 不覺露濕衣 辛巳春 住漢陽 三角山重興寺 卓庵於東峰 扁曰太古傚永嘉體 作歌一篇.'
44) 보우의 상수제자 木菴 粲英(1328~1390)이 보우를 스승으로 출가한지 5년만에 탁연히 깨쳤던 곳이다. 박의중,「충주 억정사 대지국사비」,『조선금석총람』하.

한양의 중요성을 갈파한 것이라고 생각되며, 다음같이 한양 천도에 대한 주장을 공민왕에게 피력한 바 있다.

> 혹은 말하기를 이 서울은 삼양의 땅이므로 선은 한 근본이 되며 양의 덕에 배합하면, 9가 3양(三陽)의 수가 되기 때문에 9조의 도로써 도울 수 있다. 9산의 참학들이 각각 대열을 만들어 규칙으로 모여 복을 넓히는 명당 자리에 모두 모여 규모를 널리 펴면 하늘에서 상서가 내리고 땅에서 복이 생긴다 하였는데 그 뒤에 그 말처럼 번성해졌습니다. … 왕기가 이 도읍에 있기는 하지마는 처음 전성하던 때로 돌아가기는 어려울 것입니다. 만일 남쪽 한양으로 옮기어 앞에서 말씀드린 대로 행하면 자연히 교화는 육합에 빛나고 은혜는 만영에 입혀질 것입니다.[45]

이와 같이 태고 보우는 한양 천도를 주장하였다. 1356년(공민왕 6) '한양에 도읍하면 36국이 내조할 것이다.'[46]라면서 한양 천도를 주장하였던 것이다.[47] 천도 후 36국이 조공을 받을 것이라는 것은 신라의 황룡사 9층 목탑 건립 때와 묘청 이후의 전통적 주장이었다.

『고려사』에 의하면, 1375년 1월 봉은사에 가서 태조 진전에 참배하고 한양에 천도할 것을 점을 쳤으며, 남경 터를 살피고 그곳에 궁궐을 영조하였

찬영은 스승에 이어 1383년(우왕 9)에 왕사에 책봉되었으며, 보우가 입적하자 1384년 중흥사에 「태고비」를 세워 스승의 덕행을 추앙하였다. 이엽(1729~1788), 「北漢 道峰山 遊記」, 『農隱集』. 중흥사뿐만 아니라 보우의 비는 태고사 등에도 세워졌다.

45) 維昌, 「太古 行狀」, 『太古和尙語錄』, 『한국불교전서』 6, '日本京是三陽之地 禪爲一本 配陽之德而 九爲三21)陽數故 以九祖之道 可以禪之 若夫九山雜學 各作其隊 規會演福 明堂之地 敷暢厥猷 則天祥降 地蚳生矣 你後如其言尙矣 … 然而甞觀王氣在此都 以復古 初全盛之時 難矣哉 若南遷漢陽 行向所陳之言 自然化孚六合 澤被萬靈矣.'
46) 『고려사』 권106, 윤해 열전 부 윤택. 이는 이러한 한양 천도는 후술하는 바와 같이 무학 자초에 의해 실현되기에 이른다.
47) 황인규, 「북한산(삼각산)의 사찰과 불교의 전개-고·중세 사찰의 존재양상과 그 의의를 중심으로」, 『전법학연구』 2, 불광학술연구원, 2012.

다.48) 이에 대하여 윤택과 같은 신진 사류는 묘청의 사례를 들으며 반대하기도 하였다.49) 이렇듯 고려말에 이르러서도 불교계의 중흥조인 보우에 의해 한양 천도가 제기되는 등 한양이 부각되었다. 이는 보우가 원융부라는 승정 기구를 두고 9산문을 통합하고자 하였고 백장청규로서 불교계를 쇄신하고자 하여 정치사회와 불교 문화의 혁신의 주장이었다. 하지만 화엄종승인 신돈의 등장과 반대 세력으로 인하여 그 뜻을 이루지 못하였다.

신돈(?~1371)도 공민왕 16년 『도선비기』에 기록된 송도의 운기가 쇠진된다는 지기쇠왕설(地氣衰旺說)에 의거하여 왕에게 천도를 주장하였다.

신돈이 『도선비기』의 송도의 기가 쇠하였다는 설을 가지고 왕에게 천도할 것을 권하자, 왕이 신돈에게 평양에 가서 땅을 살펴보라고 명하였다.50)

신돈은 평양에 가서 지맥을 살펴보았으며,51) 이어 충주로 국도를 옮길 것을 주청하였으나 공민왕의 반대로 실현되지 못하였다.52)

신돈은 왕과 재상을 능가하는 지위에 올라 정계와 불교계를 주도하였다. 권문세족의 부패를 척결하고자 전민변정도감이라는 관청을 설치하여 토지와 노비를 본래의 주인에게 돌려주는 등 당시 민중들에게는 성인이라는 찬사를 받았다.53)

---

48) 『고려사』 권106, 윤해 열전 부 윤택.
49) 『고려사』 권132, 신돈 열전, '旽以道詵祕記松都氣衰之說 勸王遷都 王命旽往平壤相地.'
50) 『고려사절요』 권28, 공민왕 16년(1367) 4월.
51) 『고려사』 권132, 신돈 열전 ; 『고려사절요』 권28, 공민왕 16년(1367) 4월.
52) 『고려사』 권132, 신돈 열전, '旽密令春富 請移都忠州 王怒 旽托言 松京濱海 海寇可畏, 以解之 王乃下令 將巡駐三蘇 發民除道 又於平壤 忠州.'
53) 신돈에 대한 가장 확실한 기록이라고 할 『고려사』 열전에 그를 늙은 '여우의 요정'이라 하면서 승려로서 온갖 악행을 일삼은 인물로 묘사되어 전해지고 있다. 『고려사』 자체가 불교를 배척하고자 했던 성리학자들의 악의적인 기록에 지나지 않으며, 그는 화엄세계를 실현하고자 하였던 고승이었다. 황인규, 「12 신돈과 화엄세계」, 『다시보는 한국의 고승』, 민창, 2005 ; 황인규, 「편조신돈의 불교계 행적과 활동」, 『만해학보』 6, 2003 ; 황인규, 「고려말·조선전기 불교계와 고승연구」,

신돈은 그의 법명에서 보듯이 화엄종승으로, 원에 유학을 갔다온 설산 천희를 진각국사로, 선현을 왕사로 책봉하면서 그가 꿈꾸었던 화엄 세계를 전개하고자 하였다. 현세 구원적 화엄 신앙을 펼쳤던 체원의 영향을 받은 것으로 보이며,54) 신라 의상의 실천적 신앙을 펼친 것이다. 하지만 신돈은 신비주의적 성향으로 빠져 너무 급진적인 개혁을 단행하다가 권문세족과 개혁파인 성리학자들에게 제동이 걸려 죽임을 당하게 된다. 당시 신돈의 이러한 서경이나 평양으로의 천도 보다는 유력한 국도 천도의 후보지는 한양이었다.

내시 이백전을 시켜 어의를 남경 임시 대궐에 가져다 두게 하였다. 이때에 어떤 승려가 도참에 근거하여 말하기를 '부소산에서 갈려 나온 것이 좌소로서 아사달이라고 하는바 이는 옛날 양주 땅입니다. 만일 거기에 궁궐을 짓고 왕이 계신다면 나라의 운명이 8백 년 더 연장될 수 있습니다.'라고 하였다. 때문에 이러한 명령이 있었던 것이다.55)

몽고 침략기인 고종 때 불교도 간에는 양주 땅인 아사달에 새로운 궁을 짓게 되면 나라의 운명을 800년 더 연장시킬 수 있다는 아사달(阿思達) 신앙이 감돌고 있었으며,56) 고려말까지 계속되었다.

정당문학 권중화와 판서운관사 장보지를 협계에 보내어 궁궐터를 보았다. 이때에 전 총랑 민중리가 아뢰었다. 『도선밀기』에 실려 있는 북소·기달이

혜안, 2005.
54) 채상식, 「체원의 저술과 화엄사상-14세기 화엄사상의 단면-」, 『규장각』 6, 서울대학교도서관, 1982 ; 『고려후기 불교사연구』, 일조각, 1991.
55) 『고려사』 권23, 고종세가, 21년(1234) 7월 갑자, '遣内侍李白全 奉安御衣于南京假闕 有僧據讖云 自扶踈山 分爲左蘇 曰阿思達 是古楊州之地 若於此地 營宮闕而御之 則國祚可延八百年 故有是命.'
56) 안계현, 「제3절 한국의 신화와 불교」, 『한국불교사연구』, 동화출판사, 1982. 58쪽.

란 것이 바로 협계인데, 도읍을 옮길 만합니다.'하고 중화가 돌아와 말하기를, '북소의 옛 궁궐터 1백 80칸을 발견하였다.' 조정의 의논이, 협계가 궁벽하게 산골짜기에 있어서 선박의 조운이 통하지 않는다고 하였다. 의논이 드디어 중지되었다.[57]

당시의 공론과 국사에는 '좌소에 백악산·우소에 백마산·북소 기달산 등 3개소에 궁궐을 창건한다'라는 기록에 의거하여 수도를 이전하고자 하여 좌소조성도감을 설치하였다.[58] 공양왕 때 서운관에서 올린 상소에서도 『도선밀기』에 지리 쇠왕의 설이 있으니 서울을 한양으로 옮기어 송도의 지덕을 쉬게 하십시오.'[59]라고 하였다. 한양은 본래 양주의 남쪽부분으로서 우왕대 3소 중에 좌소가 회암사 터라는 설이 제기되기도 하였다.

　　3사 좌사 권중화와 문하평리 조민수가 회암(檜巖)에 가서 도읍 터를 잡았다. 이것은 서운관에서 도선의 말한 좌소가 바로 이곳이라고 말하였기 때문이다.[60]

한양의 도성 밖은 주로 양주에 속하였는데, 양주의 회암사가 3화상의 도량이 된 것 자체가 한양 전도와 무관치 않다. 즉 지공이 삼산 양수의 땅인 양주 회암사를 불교 본산의 터로 지점하고 그의 문도인 나옹과 무학이 불교를 흥성시키고자 하였으나 그 결실을 맺게 된 것은 조선 건국 후 한양 전도와 더불어서였다.[61]

---

57) 『고려사절요』 권30, 신우 4년(1378) 11월, '遣政堂文學 權仲和 判書雲觀事 張補之相宅 于峽溪 時 前摠郎 閔中理上言 道詵密記所載北蘇箕達者 卽峽溪 可以遷都 仲和還曰 得北蘇宮闕舊基凡百八十間 朝議 以峽溪僻在山谷 漕舶不通 議遂寢.'
58) 『고려사』 권133, 신우 열전, 우왕 4년 12월 병오.
59) 『고려사절요』 권34, 공양왕 2년(1390) 7월.
60) 『고려사』 권134, 우왕 5년 10월 무자, '三司左便權仲和 門下評理曺敏修相七于檜巖 以書雲觀言 道詵所謂左蘇卽此地故也.'

5. 무학과 한양의 전도 지정

조선 건국 이후 시급한 중대사 가운데 하나는 천도하는 일이었다. 개경은 왕실과 권문세족 등 고려 왕실의 세력의 집거지였으며, 민심 수습의 차원에서 조속히 이루어져야 하였기 때문이다.

태조는 1392년 8월 13일 도평의사사에 한양 천도를 명하고[62] 궁실을 고쳐 짓도록 하여[63] 최초의 국도 후보지를 한양으로 선정하였다.[64] 한양 외에 국도의 후보지는 10여 곳으로 떠올랐지만 그 가운데 가장 유력했던 곳은 계룡산·무악·한성(한양)이었다. 왕사 무학은 이성계와 회암사에서 만나 계룡산으로 가서 도읍 터를 둘러보고 궁궐 공사를 진행케 하였지만 경기도 관찰사 하륜 등의 반대로 무산되었다.[65]

한양이 국도의 후보지로 다시 부상하면서 무악과 백악산 일대가 도읍터 후보지로 거론되었다. 결국 국도는 태조가 한양으로 도읍을 옮기라고 한 지 2년만인 1394년 8월 24일에 한양으로 결정되었다. 그리하여 1394년(태조 3) 9월 1일 태조는 신도 궁궐조성도감을 두었고[66] 그로부터 2달 뒤인 10월 25일 한양을 새로운 도읍 터로 정하였다.[67] 아울러 3일 뒤인 10월 28일 태조가 한양에 옮김으로써 한양 전도가 성사되었다. 1394년(태조 3) 8월

---

61) 이상의 내용은 다음의 논고를 참조하기 바란다. 황인규, 「제1장 불교계의 국도 선정 : 2) 궁궐과 도성의 지정」, 『무학대사연구』, 혜안, 1999 ; 황인규, 「무학자초의 홍법활동과 회암사」, 『삼대화상연구논문집』 2, 1999 ; 황인규, 『고려말·조선전기 불교계와 고승연구』, 혜안, 2005.
62) 『태조실록』 권1, 1년 8월 13일(임술).
63) 『태조실록』 권1, 1년 8월 15일(갑자).
64) 이병도의 지적과 같이 세상에서는 흔히 공주의 계룡산이 그 최초의 후보지이었던 것 같이 믿어 왔지만, 이는 야사에서 전하는 바이요, 정사에는 계룡산보다 한양이 국도 후보지로 먼저 되어 있던 것이다. 이병도, 「태조조의 건도 문제」, 『고려시대의 연구』, 을유문화사, 1980, 363쪽.
65) 『태조실록』 권5, 3년(1394) 2월 23일(계사).
66) 『태조실록』 권6, 3년 9월 1일(무술).
67) 『태조실록』 권6, 3년 10월 25일(신묘).

24일 도평의사사가 한양이 도읍 터로서 적당함을 건의하고 태조가 이를 수용하여 한양이 도읍으로 결정되었던 것이다.[68] 하지만 국도의 주산과 좌향(坐向)을 어떻게 할 것인가 하는 문제가 남아 있었다.[69] 도읍터는 한양으로 정해졌지만 도읍의 중심지인 궁궐과 도성의 터를 잡아야 했다. 무학은 왕기를 품은 땅인 인왕산을 주산으로 정하고자 주장했으나 정도전의 주장대로 오늘날 청와대 뒷산인 백악산을 주산으로 하여 궁궐이 들어서게 된다.[70] 이러한 사실 때문에 무학은 태조 이성계의 왕사로서 신왕조의 창업을 도와서 한양을 국도로 정하는 결정적인 역할을 한 권승으로 알려진 바 크다. 무학은 원나라 북경의 법원사에 머물고 있던 지공과 나옹에게 법을 사사받음으로써 3화상의 인연을 맺었으며, 귀국시 지공의 삼산 양수기를 받고 그의 스승 나옹과 더불어 회암사를 불교의 본산으로 중흥하고자 하였다.[71] 유생의 반대로 회암사 중창 불사는 중단되고 나옹은 순교하였다.[72] 무학은 스승 지공과 나옹의 추념불사를 벌이면서 새로운 시대를

---

68) 도평의사사의 좌정승 趙浚·우정승 金士衡 등이 태조에게 올린 글에서 '한양이 지리적으로 뛰어난 데다가 도로 및 수로의 교통 사정이 좋으므로 도읍 터로서 가하여 하늘과 백성의 뜻에 부합된다'고 하였다. 『태조실록』 권6, 3년 8월 24일 24일(신묘). 결국 국도 선정은 태조가 한양으로 도읍을 옮기라고 한지 2년만인 1394년 8월 24일에 한양으로 결정되었다.

69) 야사에 의하면, 무학은 궁궐터를 정할 때 북한산으로 향하여 碑峰에 올랐는데 길을 잘못 들었다는 비문의 글을 보고 다시 길을 돌렸다고 한다. 북한산 비봉에 있었던 비는 종래 도선국사비 또는 무학대사관계비라 알려져 있었으나 추사 김정희(1786~1856)가 발견하여 고증한 바와 같이 '요승 무학이 枉尋에서 여기에 왔을 때의 碑'(혹은 「道詵國師碑」)가 아니라 신라 「眞興王巡狩碑」인 것이다. 김정희, 「眞興二碑攷」, 『완당선생전집』 권1, 攷, 17쪽 ; 『완당선생전집』 권상, 신성문화사, 1972 ; 최남선, 「신라 진흥왕의 재래 三碑와 신출현의 마운령비」, 『청구학총』 2, 1930 ; 『육당 최남선전집』 권2, 현암사, 1973. 534쪽 ; 황인규, 『무학대사연구』, 혜안, 1999.

70) 이는 광해군대 고승 성지에 의해 인왕산의 터가 중요함을 주장하여 인경궁이 건설되기에 이른다. 황인규, 「인왕산사와 무학대사」, 『한국선학』 22, 한국선학회, 2009 ; 황인규, 「광해군과 봉인사」, 『역사와 실학』 38, 역사실학회, 2009.

71) 황인규, 「나옹혜근과 그 대표적인 계승자 무학자초」, 『역사와 교육』 5, 1997.

72) 황인규, 「조선전기 불교계의 고승탄압과 순교승」, 『불교사연구』 4·5합, 중앙승가대 불교사학연구소, 2004.

갈망하다가 안변 석왕사 토굴에서 이성계와 조우하여 혁명을 종용하였다. 이는 성리학계를 대표한 정도전 보다 앞선 것이다.[73)]

조선 건국 직후 무학은 천태종의 조구와 더불어 마지막 왕사와 국사에 책봉되어 고려말이래 신진 사류들의 억불 운동의 도화선이 되었던 연복사 5층탑의 낙성식을 주관하였으며,[74)] 개성 광명사에 머무르며 법회를 주관하였다. 무학은 회암사에 머물며 조파를 확정하여 『조파도』를 지었고 자신을 포함한 3화상의 부도가 회암사에 세워졌다.[75)] 이로써 회암사는 그의 스승 지공과 나옹과 더불어 한국 최고의 3화상 도량이 되게 하였으며, 이를 바탕으로 불교계를 재편하고자 하였다.

이렇듯 무학은 국가의 도읍 터뿐만 아니라 왕실의 능침의 터를 선정한 것은 궁극적으로 중생을 제도하기 위한 방편일 뿐이었다. 무학은 나라에서 존숭함이 상대가 없었을 정도로 위상이 높아서 '선각(나옹)의 적통이요, 태조의 스승'[76)]이었던 것이다. 조선후기 제2의 건국 운동이라고 할 '국가재조'가 활발히 진행될 때 태조와 더불어 무학의 위상이 다시 드높아졌다.[77)] 그래서 조선초 이래 지금까지 사찰의식에 지공·나옹·무학을 가장 존경하여 받들고 있는 한국 최고의 3화상으로 존숭되고 있다.[78)]

---

73) 황인규, 「고려말 이성계의 불교계 세력기반」, 『한국불교학』 28, 2001.
74) 황인규, 「여말선초 연복사 탑의 중영과 낙성」, 『역사와 교육』 7·8, 1999.
75) 황인규, 「무학자초의 흥법활동과 회암사」, 『삼대화상연구논문집』 2, 1999.
76) 변계량, 「묘엄존자탑명」, 『조선금석총람』 하 ; 『春亭集』 續集 卷1, 銘.
77) 황인규, 「무학자초의 흥법활동과 회암사」, 『삼대화상연구논문집』, 2, 1999 ; 「제3장 1절 2) 3화상 도량과 불교계의 재편」, 『무학대사연구-여말선초 불교계의 혁신과 대응』, 혜안, 1999 ; 황인규, 「한국 최고의 3화상 도량 회암사」, 『회암사지박물관』, 회암사지 박물관, 2012.
78) 이상의 논의는 다음의 논저에 의하여 축약하여 논지를 전개하였다. 황인규, 『무학대사연구-여말선초 불교계의 혁신과 대응』, 혜안, 1999 ; 황인규, 『마지막 왕사 무학대사』, 밀알출판사, 2000 ; 황인규, 『고려후기·조선초 불교사연구』, 혜안, 2003 ; 황인규, 『고려말·조선전기 불교계와 고승연구』, 혜안, 2005.

6. 나가는 말

　고승의 국도 천도 주장 또는 참여는 불교의 국가비보사상의 발현이다. 나라의 심장부인 국도 전도나 국가적 위기 속에 행하여진 국도 천도는 불교 국가의 주요 대사 가운데 하나였으며, 불교 고승으로서 민중을 제도하기 위한 방편이었다. 그러한 고승들에 대한 시각은 당시에도 그리 곱지 않아서 도술을 부리는 술승이나 심지어 신승으로 치부되거나 권력에 아첨하는 권승으로 간주되기도 하였다.

　풍수지리와 도참 사상의 비조로 알려진 도선은 동리산문의 개조 혜철의 제자로 영암 옥룡사에서 35년간이나 주석하면서 수행과 교화를 하여 옥룡산파 산문을 개창한 고승이었다. 도선은 삼한을 통일할 왕건이 태어날 것을 예언하고 개성을 국도로 지목하였다. 그의 가르침을 받은 왕건은 불교의 가르침 대로 국가를 운용하였으며, 구체적으로 사찰을 창건 또는 지정하였다. 이것이 그 유명한 태조의 훈요10조이며, 고려왕조 내내 준수되어 운용되었다. 도선은 고려중엽 원효와 의상 그리고 진표와 함께 4대 성인으로 추념되었다. 도선의 제자 여철과 천태종 능긍에게 계승 확산되었다. 특히 여철은 남경 일대에서 활동하면서 오늘날 서울인 한양의 중요성을 강조하였다.

　문종의 넷째 아들 의천도 당시 보수화된 정치와 불교계에 혁신을 일으키기 위하여 천태종을 개창하고 주전론을 주창하면서 남경 천도 주장에 참여한 듯하다. 의천은 승가굴 등 사찰에서 불사를 하면서 태조의 재궁을 모셨던 삼각산(북한산) 일대를 유력하였다. 하지만 해인사에 퇴거했던 것에서 알 수 있는 것처럼 인주 이씨를 비롯한 문벌귀족과 그와 연계된 불교계 세력은 만만치 않았다. 인주 이씨 가문의 이자겸은 왕을 능가하는 위치에서 위세를 떨쳤으며, 난을 일으키고 새롭게 흥기하는 금나라의 사대 요구에 굴복하였다. 나라 보다 자신의 권력을 지키기 위한 소아적인 문벌귀족의 행태였다. 이러한 상황을 맞서 분연히 일어난 인물이 불교 고승 묘청이었다. 묘청은 사대가 아닌 사불(事佛), 즉 진리를 섬겼기 때문에 지기가 쇠했던 개경에서 고구려의 오랜 수도였던 평양으로 천도할 것을 주장했다. 그리하면 주변의 36개국이 조공을 바치는 황제의 나라가 될 것이라고 하였다. 3국을 통합하게 하였던 황룡사 9층 목탑의 건립시의 전통이 계승된 것이며, 고려말 태고 보우의 한양 천도 때에도 이어지게 된다.

이러한 것을 제대로 갈파한 것은 일제강점기 단재 신채호였다. 단재는 이를 두고 조선 1천년 역사 가운데 가장 큰 사건이었다고 매우 높게 평가하였지만 묘청을 고승이라는 위상을 부각한 것은 아니다.

그 후 몽고 침략기에도 한양으로 국도를 삼게 되면 나라의 수명이 800년 연장될 것이라는 아사달 신앙이 유행하였다. 몽고의 간섭에서 벗어난 공민왕의 왕사 태고 보우는 원에서 귀국후 삼각산 중흥사와 태고암에 머물면서 한양의 중요성을 강조하였다. 바로 한양 천도이다. 원융부라는 승정 기구를 두어 9산문을 통합하는 등 불교계의 개혁을 시도하면서 한편으로는 한양 천도를 주창하였던 것이다. 보우의 이러한 시도는 화엄종계 신돈이 등장하면서 물거품이 되었다. 신돈은 원 간섭기 이래 추진되었던 국정 개혁인 전민변정사업을 하면서 근본적인 방도인 서경과 충주 천도를 주장하여 민중으로부터는 성인이라는 칭호를 받았다. 하지만 당시 숭유억불 분위기가 고조되는 가운데 유생들에게는 개 돼지 보다 못한 존재로 손가락질 받다가 결국 축출되어 죽임을 당하였다.

보우에 이어 왕사에 오른 나옹과 그의 상수 제자 무학은 그들의 스승 인도승 지공의 유훈을 받아 양주 회암사를 인도에 있었던 최고의 대학 날란다사처럼 불교의 본산으로 만들고자 하였다. 하지만 유생들의 반대로 불사는 멈추게 되었으며 나옹은 순교하였다. 무학은 두 스승 지공과 나옹의 추념 불사를 전하면서 안변 석왕사에서 유생 정도전 보다 먼저 당시의 떠오르는 별 이성계에게 신왕조 창업을 종용하였다. 조선 건국 직후 무학은 이성계의 생일날 왕사로 책봉되어 한양 전도에 큰 역할을 하였다. 한성을 비보하는 4대 사찰을 비롯하여 불교계의 재편 사업을 전개하면서 불교계를 주도하였다. 그런 한편 3소 가운데 한 곳인 회암사에 자신과 두 스승의 비와 부도가 세워지게 함으로써 3화상 도량이 되었다. 조선시대 이래 지금까지 사찰의 최고의 증명 법사가 되어 한국의 최고의 3화상으로 존숭받고 있다.

Ⅱ. 태고 보우와 한양 천도

1. 들어가는 말

한국의 역사에서 불교계가 전도에 관여한 것은 고려왕조의 건국과 조선왕조의 건국시라고 할 수 있다. 신라말 고승 선각국사 도선이 고려의 국도를 지정하고 고려중엽에 승려 묘청이 서경 천도를, 그리고 공민왕대 신돈과 승려 태고 보우도 각기 충주 천도와 한양 천도를 각기 주장한 바 있다.

선각국사 도선과 무학 자초(1327~1405)의 천도 제안은 왕조의 국도를 정하는 전도라고 할 수 있으며, 그 외의 승려의 주장은 천도라고 하겠다. 전도이든 천도이든 국도를 선정하는 것은 국가의 중대 사안이었다.

그동안 한국의 역사에서 남경에 대한 연구는 나름대로 진척되었지만[1] 불교계 측면에서 이루어진 것은 거의 없다.[2] 본고에서 다루고자 하는

---

1) 대표적인 남경에 관한 연구성과를 소개하면 다음과 같다. 李丙燾,「高麗南京建置에 就いて」,『靑丘學叢』2, 靑丘學會, 1930 ; 권순형,「고려 중기 남경에 대한 일고찰 : 문종-인종대를 중심으로」,『향토서울』49, 서울특별시 사편찬위원회, 1990 ; 최혜숙,「고려시대의 남경천도」,『죽당 이현희교수 화갑기념 한국사학논총』, 논총간행위원회, 1997 ; 최혜숙,「고려시대 남경 설치배경에 대한 재검토」,『사학연구』58·59, 한국사학회, 1999 ; 김갑동,「고려시대의 南京」,『서울학연구』18, 서울시립대 서울학연구소, 2002 ; 나각순,「고려말 남경복치와 한양천도」,『강원사학』17·18, 강원대학교 사학회, 2002 ; 이익주,「고려시대 남경 연구의 현황과 과제」,『도시 역사문화』3, 서울역사박물관, 2005 ; 박종기,「고려 중기 남경 건설의 배경과 경영」,『향토서울』68, 2006 ; 김창현,『고려의 남경 한양』, 신서원, 2006 ; 서울특별시 시사편찬위원회,『서울 2천년사 8-고려시대 정치와 남경』, 서울책방, 2014 ; 서울특별시 시사편찬위원회,『서울 2천년사 9-고려시대 사회 경제와 남경』, 서울책방, 2014 ; 서울특별시 시사편찬위원회,『서울 2천년사 10-고려시대 사상 문화와 남경』, 서울책방, 2014 ; 정은정,『고려 개경·경기 연구』, 혜안, 2018 ; 최혜숙,『고려시대 남경연구』, 경인문화사, 2004.

공민왕 초반의 태고 보우(1301~1382)의 남경(한양)천도 주장은 고려초 이래 불교계 고승의 국가비보사상의 흐름 속에서 전개되었다고 할 수 있다.3) 국가비보사상은 고려초 도선의 비보사상에서 연원하며,4) 고려초의 승려 여철과 능긍, 고려중기의 승려 의천과 묘청의 천도 주장으로 계승되었다고 생각한다. 보우의 한양 천도 주장은 당시 개혁 정치와 맞물려 추진되었다. 보우는 왕사로 책봉되어 원융부를 설치 운용하며 불교 개혁을 단행하면서, 그 일환으로 한양 천도를 제안하였다.5) 본고는 보우의 한양 천도 배경으로서 고려 국초 이래 국가비보사상의 전개와 남경과 관련된 사실을 살펴본 후 공민왕대 보우의 한양 천도 주장과 그 의의를 밝히고자 한다.6)

2) 황인규, 「무학자초와 한양 전도」, 『역사와교육』 4, 1996 ; 황인규, 『고려후기·조선초 불교사연구』, 혜안, 2003 ; 황인규, 「제1정 불교계의 국도 선정」, 『무학대사연구』 혜안, 1999 ; 황인규, 「불교계 고승과 국도 천도-고려 및 조선의 국도를 중심으로」, 『대각사상』 18, 2012.

3) 본고는 그동안 필자의 졸고 가운데 천도와 국가비보사상 관련 연구 성과를 바탕으로 살펴 본 것이다. 황인규, 「고려 비보 사찰의 설정과 사장 운영」, 『역사와교육』 6, 1998 ; 황인규, 「고려 전기 사굴 산문계 고승과 선종계」, 『한국선학』 17, 2007 ; 황인규, 「선각국사 도선과 비보 사찰」, 『선각국사 도선』, 영암군 월출산 도갑사 도선국사연구소, 2007 ; 황인규, 「불교계의 국가비보 사찰설」, 원각불교사상연구원, 『수행과 깨달음의 세계』, 대한불교천태종 출판부, 2010 ; 황인규, 「고려시대 사찰과 불교문화-비보 사찰와 그 문화를 중심으로」, 『역사와교육』 12, 2011 ; 황인규, 「불교계 고승과 국도 천도-고려 및 조선의 국도를 중심으로」, 『대각사상』 18, 2012 ; 황인규, 「태고보우와 용문산 불교」, 『한국불교학』 69, 2019.

4) 불교계의 국가비보사상에 대해서는 위에서 언급한 필자의 졸고 외에 다음의 논고가 대표적이다. 최원석, 「비보의 개념과 원리」, 『민족문화연구』 34, 고려대 민족문화연구원, 2002 ; 한기문, 「고려시대의 비보 사찰의 성립과 운용」, 『한국중세사연구』 21, 2006.

5) 태고 보우는 여말삼사로서, 현 불교계의 최대 종단인 조계종의 중흥조라는 위상 때문인지 관련 연구는 매우 많다. 본고와 관련한 대표적인 연구를 소개하면 다음과 같다. 최병헌, 「태고보우의 불교사적 위치」, 『한국문화』 7, 1986 ; 유형숙, 「원증국사 보우와 공민왕의 개혁정치」, 『한국사론』 20, 국사편찬위원회, 1990 ; 이상선, 「공민왕과 보우」, 『한국사학논총』 7, 1990 ; 황인규, 「태고보우와 14세기 불교계」, 『미주현대불교』 137·138, 2001.12·2002.1 ; 황인규, 『고려말·조선전기 불교계와 고승연구』, 2005 ; 황인규, 「태고보우와 용문산 불교」, 『한국불교학』 69, 2019, 245~247쪽.

6) 본고는 서울역사편찬원, 한국중세사학회가 공동 주최한 학술대회 '고려말 정치운

2. 국가비보사상의 전개와 남경

국가비보사상은 국가를 위하여 비보하는 불교계의 사상이며, 구체적으로 풍수도참 사상과 결부되어 비보사탑설로 표출되었다.[7] 이는 태조 왕건이 남겼다는 훈요십조에서 단적으로 알 수 있다. 즉, '우리나라의 대업은 반드시 여러 부처의 힘을 입은 것이다. 그러므로 선교 사원을 창건하고 주지를 차견하여 분수하게 하고 각기 종파[業]를 다스리도록 하여라.'[8]고 하였다. 그리고 '모든 사원은 다 도선이 산수의 순역을 추점하여 개창한 것이므로 도선이 정한 곳 외에 함부로 더 창건하면 지덕을 손상케 하여 조업이 길지 못할 것이다.'[9]라고 하였다. 이렇듯 국가비보사상은 도선이 제시한 것이며, 선종과 천태종, 밀교[10] 등 불교계에서도 수용·전개되었다.

이러한 도선의 국가비보사상은 국가 통치의 기본 이념으로 작동되었을 뿐만 아니라 조선초 사찰 혁거시에도 준거가 되었으며,[11] 조선시대 불교계의 수호와 탄압의 중요한 근거로서 적용되기도 하였다.[12]

영과 한양 천도론'(2020.7.3.)에서 발표한 원고를 정제한 것이다.
7) 그간 국가비보사상 및 비보사탑설은 전근대의 불합리한 구시대적인 것으로 치부하는 경우가 없지 않다. 국가비보사상은 불교학의 범주에서 볼 때 외도적인 것으로 간주될 수 있으나, 한국 불교의 수용과 전개속에 잉태된 사상이자 문화이므로 적극 수용하여 이해할 필요가 있다. 양은용, 「도선국사 비보사탑설 연구」, 『선각국사 도선의 신연구』, 영암군, 1988, 184~185쪽.
8) 『고려사』권2, 태조세가 26년 4월, '其一曰 我國家大業 必資諸佛護衛之力 故創禪敎寺院 差遣住持焚修 使各治其業.'
9) 『고려사』권2, 태조세가 26년 4월, '二曰 諸寺院 皆道詵推占山水順逆 以開創 道詵云 吾所占定外 妄加創造則損薄也 德祚業不永.'
10) 서윤길, 「도선국사의 생애와 사상」, 『한국불교학』1, 1975 ; 김지견 외, 『도선연구』, 민족사, 1999, 35쪽.
11) 『태종실록』권10, 5년 11월 21일(계축), '至于前朝 又增營構 稱爲裨補 今國家以一國之土田人物 支亡國四代君臣之願堂 亦有裨補稱名而不得廢者.' ;『성종실록』권52, 6년 2월 8일(정해).
12) 『태종실록』권11, 6년 3월 27일(정사), '議政府請定禪敎各宗 合留寺社 啓曰 本府曾受敎 前朝密記付裨補寺社及外方各官踏山記付寺社內 新舊都五敎兩宗各一寺 外方牧府禪敎各一寺 郡縣禪敎中一寺量留.'

개경은 『고려도경』에 의하면 '음양가들이 말하는 청룡과 백호에 위치하였다.'[13]고 개경의 지세가 찬양되었던 곳이지만 풍수지리상으로 불순조한 수덕을 진압하고, 그 전체의 지덕(地德)을 비보하기 위해서는 수덕(水德)이 미흡한 땅에 사탑(寺塔)을 세워 신비한 부처의 힘으로 국가를 비보해야 한다는 것이다.[14] 그리하여 개국초인 919년(태조 2)에 10대 사찰[15]을 포함하여 70여 소 이상의 사찰이 개경에 창건되었다.[16] 태조 이후 역대 왕들도 개경이나 그 주변에 왕실의 진전사원 또는 비보사찰을 건립하였다.[17]

태조는 신라의 고도 경주의 황룡사 9층 목탑을 중수하고 탑 건립의 정신을 계승하기 위해 개경에 7층탑을 세우고 서경에도 9층탑[18]을 세워 삼한일통(三韓一統)을 발원하였다.

---

13) 徐兢, 「形勢」, 『고려도경』 卷3, 成邑, '高麗素知書 明道理 拘忌陰陽之說 故其建國 必相其形勢 可爲長久計者 然後宅之 … 唐末復國 當是今所都地 蓋嘗爲開州 今尙置開成 其城北據崧山 其勢自乾亥來 至山之脊 稍分爲兩岐 更相環抱 陰陽家謂之龍虎臂.'

14) 도선은 밀교승으로 密敎思想의 법용에 따라서 전체 국토를 하나의 曼陀羅(mandala)로 보고 위치나 방위 또는 산천의 지세에 따라 알맞은 곳을 택하여 寺·塔·佛·浮圖를 세우고 그곳에서 여러 보살에게 기원함으로써 本地佛인 大日如來와 그 밖의 여러 보살의 보살핌을 얻고자 하였다. 이와 같이 불교학자 서윤길이 제시한 것처럼 이를 密敎 擇地法 등 불교학 차원에서 접근될 필요가 있다. 서윤길, 『고려 밀교사상사 연구』, 불광출판부, 1993, 41~57쪽.

15) 『삼국유사』 왕력에 의하면 10대 사찰은 法王寺·王輪寺·慈雲寺·內帝釋院·舍那寺·普濟寺·新興寺·地藏寺·文殊寺·□通寺이다. 이들 사찰 가운데 법왕사·왕륜사·보제사 등은 비보 사찰로 알려져 있다. 이병도, 『고려시대의 연구(개정판)』, 아세아문화사, 1980, 97쪽. 조선후기 유자들도 이러한 사실을 언급한 기록을 찾을 수 있다. 姜再恒(1689~1756), 「高麗」, 『立齋先生遺稿』 卷9, 雜著, '太祖初立 卽設八關會 明年 遷都松嶽 先創十寺 兩都塔廟肖像之缺者 幷令修葺.'

16) 『송사』에서는 70여 소 사찰이 있었으며 『宋史』 卷487, 外國列傳 246 高麗, '王城有佛 寺七十區'; 『靑莊館全書』 卷22, 編書雜稿2, 宋史筌高麗列傳, '王城有佛寺七十區.' 『五山說林草稿』(『대동야승』 권5)에 의하면 고려말 개경에만 300여 소의 사찰이 있었다고 한다.

17) 『고려사』, 병지 宿衛軍 ; 허흥식, 『고려불교사연구』, 일조각, 1986, 75쪽.

18) 『고려사』 권18, 의종세가 8년 9월 '創西京 重興寺.' 중흥사는 1590년에 편찬된 『평양지』에서는 고구려 광개토대왕(391~412)때 세웠다고 전하고 있으나, 우리나라 학자들은 고려 사찰로 추정하고 있다. 조성시기에 대한 정밀한 연구가 필요하다. 황인규, 「북한지역 고구려와 발해의 사찰」, 『불교연구』 51, 2019, 146쪽.

훗날 태조가 최응에게 말하였다. '옛날 신라가 9층탑을 만들어 마침내 일통의 위업을 이루었다. 지금 개경에 7층탑을 세우고 서경에 9층탑을 세워서, 현공을 빌려 사악한 무리들을 없애고 삼한을 합하여 한 집안으로 만들고자 하니[合三韓爲一家] 경이 나를 위해 발원하는 글을 지어주기 바란다.' 최응이 마침내 지어서 바쳤다.[19]

이와 같이 개경뿐만 아니라 고구려의 국도였던 서경도 중시하였다. 훈요 십조에 서경이 '수세가 거칠지 않고 순하며 우리나라 지맥의 근본이어서 왕통이 만대까지 이어 나갈 곳'[20]이라고 하였다. 실제 태조는 서경 북진을 순수[21]하는 등 서경을 중요하게 간주하였다.

태조는 신라의 마지막 왕 김부를 사심으로 임명한 바 있는데,[22] 경주는 987년 동경으로 개칭되었다. 술사 예방이 『삼한회토기』에 '고려에 3경이 있다.'는 기록에 의하여 경주는 1030년에 동경으로 다시 승격되었다.[23]

『고려사』에 의하면 문종의 탄신일인 성평절을 맞이하여 개경과 동서 양경을 중시하였던 것을 알 수 있다.

백관이 건덕전에 나아가 성평절을 축하하여 재추와 급사중승 이상의 시신을 선정전에서 향연하였다. 성평절은 왕의 생일이다. 매번 이 절을 맞이하면 외제석원에서 기상영복도량(祈祥迎福道場)을 베풀고 문무 백료는 홍국

---

19) 『고려사』 권92, 최응 열전, '太祖謂凝曰 昔新羅造九層塔 遂成一統之業 今欲開京建七層塔 西京建九層塔 冀借玄功 除群醜 合三韓爲一家 卿爲我作發願疏 凝遂製進.'
20) 『고려사』 권2, 태조세가 26년 4월, '其五曰 朕賴三韓山川陰佑 以成大業 西京水德調順 爲我國地脈之根本 大業萬代之地 宜當四仲巡駐 留過百日 以致安寧.'
21) 『고려사』 권57, 태조세가 12년 4월 6일(을사), '幸西京 歷巡州鎭.' ; 『고려사』 권1, 태조세가 17년 1월, '幸西京 歷巡北鎭.'
22) 『고려사』 권75, 선거지 銓注 事審官, '太祖十八年 新羅王金傅來降 除新羅國爲慶州 使傅爲本州事審.'
23) 『고려사』 권57, 지리지 경상도 동경 유수관 경주, '東京留守官慶州本新羅古都 … 成宗六年 改爲東京留守 … (顯宗) 二十一年 復爲東京留守 時銳方所上三韓會土記 有高麗三京之文 故復置之.' ; 이병도, 앞의 책, 120쪽.

사에서 동서 양경 4도호 8목은 해당 사찰에서 행하는 것을 항식으로 삼았다.[24]

즉, 개경의 10대 사찰인 외제석원과 흥국사, 동경과 서경 및 4도호 8목의 사찰에서 도량이 개설되었으며, 3경 및 대읍뿐 만 아니라 지방의 읍까지 불교 행사가 개최되는 등[25] 개경과 동서 양경을 중심으로 불교의 국가비보사상에 의해 지방 통치체제가 운용되었다.[26]

이와 더불어 문종은 1067년(문종 21) 남경을 설치하였으며, 이어 숙종대 1096년(숙종 1) 김위제가 다음과 같이 상서하여 남경이 더욱 부각되기 시작하였다.

고려의 땅에 3경이 있으니 송악은 중경이 되고 목멱양(木覓壤)은 남경이 되고 평양은 서경이 되니, 11월 12월 정월 2월은 중경에 머무르고, 3월 4월 5월 6월은 남경에 머무르고, 7월 8월 9월 10월은 서경에 머무르면 36국이 조공을 바칠 것이다.[27]

남경 삼각산의 남쪽 목멱산 북쪽에 남경 도성을 건립하고 순주(巡駐)해야 된다는 것이며, 이에 따라 남경 경영이 본격적으로 이루어지게 된다.[28]

---

24) 『고려사』 권7, 문종세가 즉위년 11월 1일(병오), '百官詣乾德殿 賀成平節 宴宰樞給舍中丞以上侍臣于宣政殿 成平節 王生日也 每週節日 國家設祈祥迎福道場於外帝釋院七日 文武百寮 於興國寺 東西兩京四都護八牧 各於所在佛寺行之 以爲恒式.'
25) 『고려사』 권7, 문종세가 1년 1월 22일(정유), '諸州府郡縣 遂年盛設輪經會.'
26) 황인규, 「고려 비보 사찰의 설정과 사장 운영」, 『역사와교육』 6, 1998 ; 황인규, 『고려후기·조선초 불교사연구』, 혜안, 2003, 64쪽 ; 황인규, 「선각국사 도선과 비보사찰」, 『선각국사 도선』, 영암군 월출산 도갑사 도선국사연구소, 2007 ; 황인규, 「고려시대 사찰과 불교문화-비보 사찰와 그 문화를 중심으로」, 『역사와 교육』 12, 역사와 교육학회, 2011, 146쪽.
27) 『고려사』 권123, 김위제 열전, '謂碑學其術 上書請遷都南京曰 道詵記云 高麗之地 有三京 松嶽爲中京 木覓壤爲南京 平壤爲西京 十一·十二正二月 住中京 三四五六月 住南京 七八九十月 住西京 則三十六國朝天.'

그런데 이와 같은 남경의 부각 과정에는 불교계 고승의 국가비보사상이 적지 않은 기여를 하였다는 사실을 주목해야 할 것이다. 앞서 언급한 바와 같이 태조의 국도 개경과 서경 및 동경의 운영은 도선의 국가비보사상에 의한 것이었으며, 그의 국가비보사상은 여철에게 전해져[29] 남경이 더욱 부각되게 된다. 필자가 이미 제시했듯이 그 후 여철의 선사상을 계승한 승려 진관 석초가 개경의 구산사 주지로 재임하였고, 석초에 이어 구산사 주지였던 승려 영현이 삼각산 신혈사에 머무르면서 승가굴을 중수하였다.[30] 최승로의 상소문에 의하면 여철은 982년(성종 1) 무렵 사굴산문 승려로 궁중에 초빙되어 왕실 불교를 주도하였던 사실을 알 수 있다.[31] 여철은 개경뿐만 아니라 남경의 승가굴과 인근의 신혈사 일대에서 활동하였다.[32] 이러한 사실을 통하여 불교계의 승려 영현과 여철 등이 개경뿐만 아니라 남경을 중요하게 간주한 것을 알 수 있으며, 숙종대 왕자 출신 의천도 남경을 중요하게 간주하였다. 의천이 1099년(숙종 4)에 숙종과 태후, 태자 및 양부의 관료들과 남경의 진산인 삼각산에 갔다는 기록도 그러한 사례이다.[33] 『고려사』에 의하면 선종은 의천보다 앞선 시기인 1090

---

28) 남경 설치에 관한 보다 자세한 사실은 앞에서 제시한 이병도 및 권순형, 최혜숙 등의 논저를 참조하기 바람.
29) 李奎報, 「大安寺 同前牓」, 『동국이상국집』 卷25, 牓文, '我太祖大王 因哲師秘要 崇信宗門 乃關五百禪宇 闡揚心法.'; 李奎報, 「龍潭寺叢林會牓」, 『東國李相國集』 卷25, 牓文, '我太祖肇基王業 篤崇禪法 於是 創五百禪宇於中外 以處衲于 間歲設談禪大會京師 所以鎭北兵也.'
30) 李顗, 「三角山 重修 僧伽崛記」, 『동문선』 卷64, 記. '特命龜山寺住持禪師領賢 權住神穴寺 專掌重修之務.'; 황인규, 「고려 전기 사굴 산문계 고승과 선종계」, 『한국선학』 17, 2007 ; 황인규, 『고려시대 불교계와 불교문화』, 국학자료원, 2011, 70~74쪽.
31) 『고려사』 卷93, 崔承老列傳, '伏見 聖上遣使 迎屈山僧如哲入內 臣愚以爲 哲果能福人者 其所居水土 亦是聖上之有 朝夕飮食 亦是聖上之賜 必有圖報之心 每以祝釐爲事何煩迎致 然後敢施福耶 曩者 有善會者 規避徭役 出家居山 光宗致敬盡禮 卒之善會 暴死道傍 曝露其尸 如彼凡僧 身且取禍 何眼福人 請放哲還山 免致善會之譏.'
32) 이난영 편, 「僧伽寺 石像」, 『한국금석문추보』, 아세아문화사, 1979 ; 李弘稙, 「僧伽寺 雜考」, 『향토서울』 6, 서울특별시 사편찬위원회, 1959, 17쪽 ; 남동신, 「북한산 僧伽大師像과 僧伽信仰」, 『서울학연구』 14, 서울시립대 부설 서울학연구소, 2000, 26~27쪽.

년(선종 7) 10월에 태후와 함께 남경에 가서 삼각산 승가굴과 장의사[34]를 거쳐 신혈사에서 나한재를 베풀기도 하였다.[35] 『대각국사문집』에 의하면 의천은 승가굴을 비롯한 인수사, 취영사, 식암, 사나방 등 삼각산의 사찰에 머물렀으며,[36] 특히 인수사에서는 문수상에 예불을 올렸다.[37] 이러한 사실로 미루어 의천이 남경의 사찰에서 신행을 펼친 것은 남경을 중심으로 한 불교의 교세를 확장시키고자 한 것이며,[38] 한편으로는 문벌 인주 이씨가 지원하는 유가종[법상종]에 대항하기 위한 것이기도 하다. 나아가 의천은 남경 천도를 제안한 것이라고 생각되며, 이를 위한 경제적 기반을 마련하고자 주전론을 주장한 것이다.[39]

의천의 남경 천도 주장은 비록 실현되지 않았으나, 얼마 후 이른바 서경파에 의하여 서경 천도 운동이 제기되었다. 이자겸의 난으로 개경의 궁궐이 불타고 금에 굴욕적인 사대를 하자 서경이 부상하게 된다. 묘청은 평양 임원역을 대화세의 명당으로 간주하여 국도 터로 지정함으로써 백성의 복리와 왕조의 운명을 연장시키고자 하였다.[40]

---

33) 李顗, 「三角山 重修 僧伽崛記」, 『동문선』 卷64, 記, '我主上命有司 備車駕與王妃太子及祐世僧統併主上命有司 備車駕與王妃太子及祐世僧統併兩府群僚 千從萬騎 雲委霧合 匝地盈山 行幸到窟設齋.' ; 『고려사』 권11, 숙종세가 4년(1099년) 9월 28일(정묘), '王率王妃 元子 兩府群僚及祐世僧統 幸三角山.'
34) 『고려사』 권10, 선종세가 7년(1090) 10월 15일(병오), '王奉太后 幸三角山' ; 『고려사』 권10, 선종세가 7년(1090) 10월 19일(경술), '幸僧伽窟 遂幸藏義寺.'
35) 『고려사』 권10, 선종세가 7년(1090) 10월 22일(계축), '幸仁壽寺 行香' ; 『고려사』 권10, 선종세가 7년(1090) 10월 27일(무오), '幸神穴寺, 設五百羅漢齋.'
36) 義天, 「仁壽寺 禮文殊 聖像」, 『大覺國師 文集』 卷19, 詩, '五臺現化非徒爾 三角分身豈偶然 唐帝九廻鳴鳳輦 吾君累此早留篇.'
37) 義天, 「留題鷲嶺寺」, 『大覺國師 文集』 卷19, 詩 ; 義天, 「留題三角山息庵」, 『大覺國師 文集』 卷19, 詩 ; 義天, 「贈三角山舍那房」, 『大覺國師 文集』 卷19.
38) 황인규, 「북한산(삼각산)의 사찰과 불교의 전개-고·중세 사찰의 존재양상과 그 의의를 중심으로」, 『전법학연구』 2, 불광학술연구원, 2011, 164~167쪽.
39) 주전론과 남경천도에 대해서는 다음의 논고를 참조바란다. 서성호, 「숙종대 정국의 추이와 정치세력」, 『역사와현실』 9, 1993, 24쪽 ; 이병희, 「대각국사 의천의 주전론」, 『천태학연구』 4, 2002, 187쪽.
40) 묘청의 서경천도운동에 대한 대표적인 연구는 다음과 같다. 이병도, 「묘청의

무신정변 직후인 1173년(명종 3) 무렵 김보당의 난[계사의 난]과 서경 유수 조위총의 난이 발발하자 개경 부근 세 지역에 3소를 두고 연기궁을 지어 순주케 하였다. 그 이듬해인 1174년(명종 4) 5월 3소 조성도감을 두어 세 지역에 연기 궁궐 조성관을 축조하였다.[41] 이때 국가의 기업을 연장시키기 위하여 지정된 3소는 개경 주변에 좌소 백악산, 우소 백마산, 북소 기달산을 두었으며, 왕들은 사중에 순주하였다.[42]

그런데 최씨 정권은 몽골의 침입에 항쟁하고자 강화도를 국도로 삼아 천도하면서 개경의 비보로 설정된 3소제는 파기하고 강화도에 개경과 유사한 국도를 건설하기에 이른다. 천도 2년 뒤인 1234년(고종 21) 태조의 진전사원인 봉은사의 창건을 시작으로 법왕사, 보제사(별원), 왕륜사 등 개경의 중요 비보사찰을 국도인 강화도에 창건하였으며,[43] 특히 선원사를 창건하여 수선사의 분원으로 삼았다.[44] 그 무렵 고려후기 불교계를 주도하게 되는 선종계 9산문의 고승들이 대안사에서 회합하여 총림을 개최하여 도선을 추념하면서 여철의 위상을 부각시키는 등 국가비보사상을 강조하였다.[45] 특히 그 무렵 불교계에서는 아사달 신앙이 부각되고 있었다.

천도운동에 관한 일고찰」, 『사학잡지』 37-9, 동경 : 동경제국대학 문학부 사학회, 1927 ; 송진환, 「묘청의 풍수지리사상과 불교관에 대한 연구」, 『교남사학』 7, 영남대학교 국사학회, 1996.

41) 『고려사』 권77, 백관지 三蘇造成都監, '(明宗四年 制左蘇白岳山 右蘇白馬山 北蘇箕達山 置延基宮闕造成官 辛禑四年 議欲遷都 以國史有三蘇創建宮闕之文 置三蘇造成都監.).'

42) 『고려사』 권2, 태조세가 26년 4월, '其五日 朕賴三韓山川陰佑 以成大業 西京水德調順, 爲我國地脈之根本 大業萬代之地 宜當四仲巡駐 留過百日 以致安寧.'; 『고려사』 권41, 공민왕세가 18년 7월 12일(갑진), '幸佛恩寺 又幸興國法王二寺 下敎曰 昔我太祖 每當四仲之年 巡駐三蘇 予亦將幸平壤 巡金剛山 駐駕忠州.'

43) 황인규, 「고려후기 선원사의 창건과 고승들」, 『경주사학』 21, 2002 ; 『고려후기·조선초 불교사 연구』, 혜안, 2003, 206~207쪽.

44) 황인규, 앞의 책, 2005, 207~211쪽.

45) 李奎報, 「甲午年 談禪日齋䟽」, 『동국이상국집』 卷41, '昔達磨得師子比丘之默傳 耀佛燈 於中土 我藝祖因如哲大士之密諗 軺禪軌於三韓 有國綿遠而式克至今 以予忖度則靡不 由此 洪延後代 盍暢眞風 … 肆傾私帑 寔藏薰科 彼九山濟濟之衲流 皆五葉承承之的嗣

(고종 21년) 가을 7월에 내시 이백전을 보내어 왕의 옷을 남경의 가궐에 봉안하였다. 어떤 승려가 도참에 의거하여 말하기를, '부소산에서 갈려 나온 것이 좌소로서 그것을 아사달이라 하였으니 옛날의 양주 땅입니다. 만약 이 땅에 궁궐을 짓고 거처하면 나라의 운세가 8백 년까지 연장될 것입니다.'[46]

이렇듯 부소산에서 갈려 나온 좌소인 양주 땅이 아사달에 부각되었으며, 여기에 새로운 궁을 짓게 되면 나라의 운세를 800년까지 더 연장시킬 수 있으리라는 것이다. 아사달은 단군이 도읍한 곳[47]으로 아사달은 평양이었으나,[48] 이 시기에 양주, 즉 남경이 부각된 것이다. 실제로 그 다음해인 1235년(고종 22) 2월에 태조의 신위를 남경 신궐로 옮겼으며,[49] 이 승려의 설에 따라 남경에 새로 궁궐까지 조성한 듯하다.[50]

그런 한편 백마산이 부상되거나 개경 환도가 이루어졌다. 즉, 1250년(고종 37) 고종은 대장군 이세재와 장군 신집평 등을 보내어 승천부의 임해원 옛터에 비로소 궁궐을 짓는 등[51] 우소인 백마산이 부각되기도 하였다. 그리고 무신 집권이 끝나면서 왕정 복구와 더불어 1270년 개경 환도가

交騰槌棒互辨風幡.' 도선의 가르침을 계승한 여철의 祕要에 따라 종문을 높이 받들어 5백 선우를 크게 열어 심법을 찬양하였다고 하였던 것이다. 『儒釋質疑論』 下 ; 동국대 불교문화연구소, 『한국불교전서』 7, 동국대출판부, 1986. 277~278쪽, '粵有前朝王氏之統合也 幸承聖母道詵之遺囑 甘受洞中 如哲之指揮 假以佛法爲艾 … 裨補之設 至於三千 禪院之作 盈於五百.'

46) 『고려사』 권23, 고종세가 21년(1234) 7월 27일(갑자), '遣內侍李白全 奉安御衣于南京假闕 有僧據讖云 自扶踈山 分爲左蘇 曰阿思達 是古楊州之地 若於此地 營宮闕而御之則國祚可延八百年 故有是命.'
47) 『삼국유사』 권1, 기이, 고조선, '魏書云 乃徃二千載有壇君王儉立都阿斯達.'
48) 안계현, 『한국불교사상사연구』, 동국대 출판부, 1990, 58쪽.
49) 『고려사』 권23, 고종세가 22년 2월 19일(임오), '奉太祖神御, 移安于南京新闕.'
50) 국사편찬위원회, 『한국사』 6(고려 귀족사회의 문화), 「(5) 高麗中期의 地理圖讖說」 : http://db.history.go.kr.
51) 『고려사』 권23, 고종세가 37년(1250) 1월 27일(계사), '遣大將軍李世材, 將軍愼執平 等, 始營宮闕于昇天府臨海院舊基.'

이루어졌다. 원 간섭기의 고승 백련사계 무외국통 정오[52]와 진정국사 천책[53]은 도선과 능긍의 국가비보사상을 강조하였다. 특히 정오는 의천의 국가비보사상을 계승 강조하면서도 남경이 아닌, 개경을 수호하여야 한다는 인식을 지니고 있었던 듯하지만 천도를 제기하지는 않았다.

3. 보우의 한양 천도 주장

공민왕대 불교계를 주도하였던 고승은 여말 삼사인 선종계의 고승 태고 보우와 백운 경한, 나옹 혜근이다.[54] 그들 가운데 보우와 화엄종계 신돈은 천도를 주장하였다. 하지만 당시 각진국사 복구와 그의 문도 죽간 굉연[55]은 국가비보사상을 강조였으나 천도를 주장하지는 않았다.[56] 그 가운데 복구는 진각국사 혜심 등의 수선사 국가비보사상을 계승했다고 할 수 있다. 그의 비문에 의하면 불교계는 훈요십조 첫째 조항을 더욱 적극적으로 해석하여 3보를 존경하고 신앙하라고 했으며, 왕사와 국사 제도를 운영하라고 강조하였다.[57] 복구는 수선사 제13세 사주로서 왕사로 책봉되었으나

---

52) 眞淨國師 天頙,『湖山錄』, 答芸壹亞監 閔昊書 ; 허흥식,『진정국사와 호산록』, 민족사, 1995. 310쪽, '何者 昔聖祖初邢之際 行營福田能兢 親傳道侁訣 聖訣 以三乘會一乘 三觀在一心 甚深妙法 合我會之三之國 上奏天聰故.'
53) 眞淨國師 天頙,『湖山錄』, 答芸壹亞監 閔昊書 ; 허흥식,『진정국사와 호산록』, 민족사, 1995. 310쪽 : 천책,「答芸臺亞監 閔昊書」,『湖山錄』卷下, '何者 昔聖祖草邧之際 行營福田 能兢親傳 道侁訣 以三乘會一乘 三觀在一心 甚深妙法 合我會三之國 上奏天聰故 至宣王三年 大覺國師 入宋求傳此土 奉此會三歸一之宗 福此會三合一之基 其來尙矣 然此秘要之藏 如來現在 猶多寃嫉 況滅度後 佛語分明 比及後世 運鍾百六之會 或爲頓廢故 有識者 皆盡然傷心 幸今聖主賢臣 翹誠外護 發願中興 豈一大事無靈驗耶 夫會三風土相合之旨 非但道侁始說 昔天台第九祖荊溪禪師 於法花記中 曾已解釋.'
54) 황인규,「고려후기 사굴 산문 수선사 고승과 중국불교계-제기록 검토와 그 실상을 중심으로」,『불교학보』47. 2007 : 황인규, 앞의 책, 국학자료원, 2011, 151쪽.
55) 宏演,「道侁傳」,『조선사찰사료』상.
56) 황인규,「불교계 고승과 국도 천도-고려 및 조선의 국도를 중심으로」,『대각사상』18. 2012, 269쪽.

지방의 하산소인 영광 불갑사와 장성 백양사, 순천 수선사에 주로 머물렀을 뿐이며 불교계 전면에 나서지 않고 전장법회 등을 개최하면서 홍법에 치중하였다.58) 하지만 복구의 문도이자 나옹의 문도이기도 한 굉연은 국가 비보사상을 더욱 강조하였다.59) 굉연은 1358년(공민왕 7)경 선원사 주지로 재임한 바 있으며60) 『도선전』을 지어 산천의 순역을 사람의 병에 비유하여 사탑에 의한 침과 뜸(鍼炙)으로 고치는 것을 비보라고 하여 국가비보사상을 강조하였으나 천도를 주장하지는 않았다.

국가비보사상이 강조되던 그 무렵 보우는 한양 천도를 주장하였다. 이미 연구된 바와 같이 보우는 원에서 공민왕의 귀의를 받았으며, 귀국후 '나의 불교 중흥의 뜻을 유보치 않도록 힘이 되어 달라.'61)고 청한 공민왕의 제의를 받아들여 공민왕의 정신적 지주가 되었다.62) 1369년 명 건국후 명 태조가 고려의 국가 정치를 물었을 때 고려 사신은 '오직 불교를 숭상하고 믿을 뿐 다른 데에는 겨를이 없다.'63)고 했듯이 당시 불교계의 개혁은

---

57) 李達衷,「大禪師 覺儼尊者 贈諡覺眞國師 碑銘 幷序」,『霽亭集』卷3, 墓誌銘 ;『동문선』卷118, 碑銘, '昔我太祖肇造邦家 凡可以贊毗王化 保佑民生者 靡所不爲 謂佛氏其化仁 於吾東方政教爲允迪 遂廣置仁祠 以居其徒 粤禪若教 各以其福于國 禪視教爲尤盛 主道場者 非其人 不敢處焉 其所以尊崇之意 既已炤然 尙慮後之或怠 爲信誓十條而詔之 其一日 敬信三寶 自是厥後必舉其徒之德尊者 禮事而爲之師 代有成規 禮義浸備.'
58) 李達衷,「覺儼尊者 贈諡覺眞國師碑銘 幷序」,『동문선』卷118, 碑銘 ; 황인규,「고려후기 조선초 장성 백양사의 역사와 고승」,『한국사상사학』65, 2020, 139~145쪽.
59) 「高麗國師 道詵傳」,『조선사찰사료』하, 377쪽, '行扣筆 向三韓山水圖 中擇三千八百區 件件落點曰 人若有病急 卽尋血脈 或針或炙卽病愈 山川之病亦然 今我落 點處 或建寺立 佛立塔立浮圖 卽如之鑑炙 名曰裨補也.' ; 李圭景(1788~?),「釋教·梵書·佛經에 대한 辨證說 附 釋氏雜事」,『五洲衍文長箋散稿』經史篇 3-釋典類 1, 釋典總說, 寺刹, '高麗僧 宏演 撰道詵傳曰 初道詵入唐 學於一行 行覽三韓山水圖曰 人若有病 尋血脈 或針或炙則 愈 山川之病亦然 或建寺立佛立塔 則如人之針炙 名爲裨補云 後道詵建裨補五百刹 今之 石佛浮圖 處處有之 蓋亦其時 所立也 計今寺刹 八道海澨山陬 無處不存 大略大小菴 無慮千餘所矣.'
60) 宏演 無說,「登雙溪樓」, '上房鍾鼓晝依俙 門外橋樓面翠微 雲吐奇巖明紵練 溪涵落木動 清暉 世情靜與遊魚逝 詩思長逐夕鳥飛 讀破三峯木翁記 靑山因感昔人非,'
61) 李穡,「양주 태고사 원증국사 탑비문」,『조선금석총람』상, '師不留我倍道矣.'
62) 李穡,「양주 태고사 원증국사 탑비문」,『조선금석총람』상, '歸而遇知 王者之師.'

국가 최대의 사안 가운데 하나였다.

보우는 공민왕의 전폭적인 지지를 받아 '왕이 사제의 예를 행하였는데, 그 의장과 경호가 왕의 행렬[鹵簿]과 비슷하였다.'[64]고 하였다.

> 현릉은 물었다. '나라를 다스리는 일은 어떻소.' 하니, 스님이 아뢰었다. '다만 그 거룩하고 인자한 마음이 모든 교화의 근본이요, 다스림의 근원이니, 빛을 돌이켜 마음을 비추어 보소서. 그리고 더울 때의 폐단과 운수의 변화를 살피지 않아서는 안 될 것입니다. 옛날 조성이 삼국을 통일하여 한 나라를 만들어[會三歸一] 후손을 복되게 한 것은 진실로 불법의 힘이었던 것입니다. 그러므로 5백 선찰을 지어 조도를 넓히고 드날리매, 용천이 그것을 도왔고 불조가 그것을 보호하였습니다.'[65]

보우는 국가의 치도에 대해 질의한 공민왕에게 성조인 태조 왕건의 삼한통합과 고려왕조의 치세는 불교의 힘이라고 하며 도선의 국가비보사상을 강조하였다.

보우는 1356년(공민왕 5) 공민왕의 왕사로 책봉되어 불교계를 재정비하고자 하였다. 그 대표적인 것이 보우에 의한 9산선문의 통합과 백장청규를 통한 불교의 쇄신이었다.

> 보허가 궁궐에 도착하니 왕이 내전으로 맞아들여 불법에 대해 물었는데 보허가 말하기를, '군주의 도는 스스로 밝도록 수양하고 백성을 교화시키는

---

63) 『명사』 朝鮮列傳, '東海波臣 惟知崇信釋氏, 他未遑也.' : 『중국정사 조선전』(http://db.history.go.kr).
64) 『고려사』 권39, 공민왕세가 5년(1356) 4월 28일(무인), '王邀普愚于延慶宮 行師弟禮 其儀衛 擬於鹵簿.'
65) 維昌, 「太古 行狀」, 『太古和尙 語錄』, '玄陵曰 爲國何如 師曰只這睿聖 仁慈之心 是萬化之本 出治之原 請廻光一鑑 而又時之蔽數之變 尤不可不察 昔祖聖 會三歸一 垂裕後昆者 賴佛法之力也 是故開半千禪利 弘揚祖道 龍天祐之 祖佛加之.'

데 있을 뿐이요, 반드시 부처를 믿어야 하는 것은 아닙니다. 만약 국가를 제대로 다스리지 못한다면 비록 부처에게 정성을 다한들 무슨 공덕이 있겠습니까? 꼭 불사를 그칠 것이 아니라면 단지 태조께서 설치하셨던 사원만을 수리하시고 새로 창건하는 일을 삼가소서.'라고 하였다.[66]

1356년(공민왕 5) 무렵부터 공민왕은 반원 자주 개혁을 단행하기 시작하였고 복구가 입적하자 보우를 왕사로 책봉하고 원융부를 두어 불교계를 개혁하고자 하였다.[67] 그러면서 보우는 국가비보사상의 실천적인 과제로 한양 천도를 주장하였다.

서울[경]은 삼양의 땅이므로 선은 한 근본이 되며 양의 덕에 배합하면, 9가 삼양의 수가 되기 때문에 9조의 도로써 도울 수 있다. 9산 참학들이 각각 대열을 만들어 규칙으로 모여 복을 넓히는 명당에 모두 모여 규모를 널리 펴면 하늘[천]에서 상서가 내리고 땅[지]에서 복이 생긴다고 하였는데 그 뒤에 그 말처럼 번성해졌습니다. … 그리고 일찍이 관찰해보니, 왕기가 이 도읍에 있기는 하지마는 처음 전성하던 때로 돌아가기는 어려울 것입니다. 만약 한양으로 남쪽으로 도읍을 옮기어 앞에서 말씀드린 대로 행하면 자연히 교화는 육합에 빛나고 은혜는 만령에 입혀질 것입니다.[68]

---

66) 『고려사』 권38, 공민왕세가 1년 5월 17일(기축), '王引入內 問法 虛日 爲君之道 在修明敎化 不必信佛 若不能理國家 雖致勤於佛 有何功德 無已 則但修太祖所置寺社 愼勿新創.'
67) 『고려사』 권39, 공민왕세가 5년(1356) 4월 23일(계유), '封普愚爲王師 立府曰圓融 置官屬左右司尹 丞舍人注簿左右寶馬陪指諭行首.' ; 李穡, 「양주 태고사 원증국사 탑비문」, 『조선금석총람』 상, '四月 二十四日 封爲」王師 立府曰圓融 置僚屬長官正三品 尊崇之至也.'
68) 維昌, 「太古 行狀」, 『太古和尙語錄』, '或曰本京是三陽之地 禪爲一本 配陽之德而 九爲三陽數故 以九祖之道 可以神之 若夫九山叅學 各作其隊 規 會演福明堂之地 軟暢厥獻 則天祥降 地祇生矣 你後如其言尙矣 … 然 而嘗觀王氣 在此都 以復古初全盛之時 難矣哉 若南遷漢陽 行向所陳之言 自然化孚六合 澤被萬靈矣.'

보우가 말하기를 남경은 삼양의 땅이므로 선은 한 근본이 된다고 하였다. 삼양은 『주역』에서 양효(陽爻)가 셋인 태괘를 가리키는 것이며, 하늘과 땅의 기운이 서로 통해 조화를 이루는 것을 말한다. 풍수에서는 삼양은 명당의 땅인 내명당 내양, 중명당 중양, 대명당 외양을 가리킨다. 삼양을 따지는 것은 그 안에 형성되는 혈이 진혈인가 가혈인가를 구분하기 위해서 이다.[69] 훗날 조선 세조때 풍수학인 최연원이 남경에 대하여 다음같이 말한 사실에서 그 정황을 알 수 있다.

> 백악산의 명당은 배임향병이며 궁궐은 자좌오향입니다. …『혈법비요』에 이르기를, '삼양이 촉박하지 않아야 한다.(명당이 내양이 되고 안산이 중양이 되고, 뒷산이 외양이 되니, 이것을 삼양이라고 한다.)'고 하였으니, 이제 이 명당은 삼각산이 북쪽으로부터 남쪽으로 향하여 내려와서 조종이 된다.[70]

보우는 개경에 대하여 '왕기가 이 도읍에 있기는 하지만 처음 전성하던 때로 돌아가기는 어려울 것.'이라고 하면서 '한양으로 도읍을 옮기어 앞에서 말씀드린 대로 행하면 자연히 교화는 천지에 빛나고 모든 중생에게 혜택이 갈 것'이라고 하였다. 보우가 1341년(충혜왕 복위 2) 삼각산 중흥사에서 수학하면서 인근 동쪽에 태고암을 창건하여 5년 동안 머문 것[71]도 한양을 중시하였기 때문이 아닌가 한다.

당시 신진사류 윤택(1289~1370)은 보우가 묘청의 서경 천도 운동을 계승하여 도참설로 왕에게 '한양에 도읍하면 36국이 조공할 것.'이라고 부추겼

---

69) 梁湘潤 編集, 『堪輿辭典』, 台北, 民國 85年 참조.
70) 『세조실록』 권34, 10년 9월 7일(정사), '風水學訓導崔演元等上言曰 白岳明堂背壬向丙, 而宮闕則子坐午向 … 穴法秘要曰 三陽不促 (明堂爲內陽 山爲中陽 案後山爲外陽 是爲三陽) 今此明堂三角山自北向南而來爲祖宗.'
71) 이색, 「양주 태고사 원증국사 탑비문」, 『조선금석총람』 상, '辛巳春 住漢陽三角山重興寺 卓庵於東峯 扁曰太古.' ; 『신증동국여지승람』 권3, 한성부 불우.

다⁷²⁾고 하면서 한양 천도를 반대하였다.

공민왕은 1357년 1월에 태조의 진전 사찰인 봉은사에서 천도 여부를 점치게 하였다.⁷³⁾ 이어 같은 달 29일(갑진)에 '남경에 궁궐을 영조하므로 하여 양광도의 금년 둔전을 그만두라 하였다.'⁷⁴⁾ 그리고 같은 해 2월에 이제현을 한양에 보내 궁궐터를 살피고 궁궐을 축조하게 하는 등 천도 계획을 구체화시켰다.⁷⁵⁾

공민왕은 '그 의견이 매우 웅대하다.'하고 좌우에 명령하여 그대로 행하게 하였다⁷⁶⁾고 하면서 한양의 성곽과 백악산에 궁궐을 수축하였는데 사람들이 새 도읍[신경]이라 불렀다.⁷⁷⁾

하지만 공민왕대에 3소가 평양과 충주 그리고 금강산으로 바뀌고, 이들 지역이 길지로 여겨져 다음의 인용한 기록에서 보듯이 순주 또는 천도의 대상이 되었다.

> (왕이) 불은사에 행차하였고, 또 흥국사·법왕사에 행차하여 하교하였다. '옛날 우리 태조께서는 사중(四仲)의 해가 될 때마다 3소를 돌아보고 머무르셨다. 나도 또한 장차 평양에 행차하고, 금강산을 돌아본 뒤, 충주에 가서 머무르려고 한다.'⁷⁸⁾

---

72) 『고려사』권106, 윤택 열전, '僧普愚 以讖說王曰 都漢陽 則三十六國朝 王惑其說 大築漢陽宮闕 澤又言 釋妙淸惑仁.'
73) 『고려사』권39, 공민왕세가 6년(1357) 1월 17일(임진), '王如奉恩寺 謁太祖眞殿 卜遷都漢陽 王探环 得靜字.'
74) 『고려사』권39, 공민왕세가 6년(1357) 1월, '以營南京宮闕 除楊廣道今年屯田.'
75) 『고려사』권39, 6년(1357) 2월 4일(기유), '命李齊賢 相宅于漢陽 築宮闕.'
76) 維昌,「太古 行狀」,『太古和尙 語錄』, '玄陵曰 大哉言乎 勅戒左右 從而行之 不幸論誠間作 師之志未滿 唯緇林鬱鬱耳 其扶宗敎贊王化 之名之實如是.'
77) 『고려사』권39, 공민왕세가 9년(1360) 1월 28일(병진) '卜遷都于太廟 不吉 時修漢陽 城闕 人多凍死.' ;『고려사』권39, 공민왕세가 9년(1360) 7월 17일(신미), '始營白岳宮 闕 先是 欲遷都南京 遣前漢陽尹李安 修其城闕 民甚苦之 卜于太廟 不吉 又興是役 時人謂之新京.'
78) 『고려사』권41, 공민왕세가 18년(1369) 7월 12일(갑진), '幸佛恩寺 又幸興國法王二寺

그런데 보우는 신돈이 집권한 1365년 이후 불교계에 이렇다고 할 시책을 펴지 못하였다.[79] 따라서 보우의 9산선문 통합의 노력은 불교계 전체나 사상계 전체의 흐름 속에서 한계에 부딪칠 수밖에 없었다. 게다가 신돈이 이춘부를 시켜 충주로 천도할 것을 제기하고 이어 보우가 지방으로 축출되면서 무산되고 말았다.[80]

하지만 보우의 한양 천도 주장은 공민왕이 앞서 언급한 바와 같이 웅대한 것이었다.

> 현릉은 '그 의견이 매우 웅대하다.'하고 좌우에 명령하여 그대로 행하게 하였으나 불행히 간사한 말의 방해로 스승의 뜻은 이루어지지 않았으므로 치림은 그저 답답해할 뿐이었다. 그 종교를 붙들고 왕화(王化)를 도운 것은 명실이 다 같이 이러하였다.[81]

이렇듯 태조이래 불교계의 국가비보사상에 의해 도선과 능긍, 여철 등 불교계 고승들은 개경과 더불어 남경을 중시하였다. 특히 여철은 남경의 진산인 삼각산을 중시하였다. 특히 대각국사 의천은 왕실 관료들과 한양 천도를 위하여 삼각산을 방문하여 지세를 살폈으며, 불사를 하였다. 무신집권기 고종대 불교계의 아사달 신앙이 부상되어 양주가 부각되었으며, 그러한 상황의 전개하에 보우의 한양 천도가 제기되었던 것이다. 즉, 보우는 한양의 근기 지방인 양평 용문산 일대에서 그 지역의 불교를 기반으로 하고, 중앙 불교계의 개혁과 그 일환으로 3소 가운데 하나인 백악산을

　　下敎曰 昔我太祖 每當四仲之年 巡駐三蘇 予亦將幸平壤 巡金剛山 駐駕忠州.'
79) 황인규, 「편조신돈의 불교계 행적과 활동」, 『만해학보』6, 2003 : 황인규, 앞의 책, 2005, 385~386쪽.
80) 『고려사』권132, 신돈 열전, '吨密令春富 請移都忠州 王怒 吨托言 松京濱海 海寇可畏 以解之.'
81) 維昌, 「太古 行狀」, 『太古和尙語錄』, '玄陵曰 大哉言乎 勅戒左右 從而行之 不幸諛詖間作 師之志未滿 唯緇林鬱鬱耳 其扶宗敎贊王化 之名之實如是.'

중심으로 하는 한양 천도를 주장하였던 것이다.82) 결국 보우에 의해 주장된 한양 천도는 우왕대를 거쳐 공양왕대에 각기 짧은 기간에 머물고 말았지만 조선 건국 직후 왕조 창업의 최우선 사업으로 한양 천도가 이루어지게 된다.83)

4. 나가는 말

본고는 공민왕대 태고 보우의 한양 천도 주장을 살펴봄에 있어서 그 배경으로서 고려초부터 고려말 보우 시기까지 불교계 고승의 국가비보사상의 전개를 중심으로 공민왕대 보우의 한양 천도 주장을 고찰하였는데, 이를 요약하면 다음과 같다.

태조대 개경에 전도한 이후 서경과 동경, 남경의 삼경제의 운용과 더불어 항몽 시책으로 단행된 강화 국도 및 개경 환도가 이루어졌다. 기존에 알려진 바와 같이 오늘의 서울인 남경의 부각은, 숙종대 김위제의 제안과 더불어 불교계 고승들의 국가비보사상에 의하여 힘입은 바 크다.

도선의 국가비보사상은 여철과 능긍과 같은 불교계 고승에게 계승되었다. 여철 등은 삼각산 일대의 사찰에 포교하면서 남경의 중요성을 강조하였으며, 특히 대각국사 의천은 불교 및 경제의 개혁과 더불어 남경 천도를 제기하였다. 그 후 개경파와 서경파의 대립이 전개되는 가운데 묘청의 서경 천도 운동이 전개되었지만 실패로 그쳤다.

무신집권기 초 몽고의 침략에 대응하기 위해 강화가 국도가 되면서 다시 도선과 그의 사상을 계승한 여철 등의 국가비보사상이 강조되었다.

---

82) 황인규, 「태고보우와 용문산 불교」, 『한국불교학』 69, 2019, 249~250쪽.
83) 황인규, 「무학자초와 한양 전도」, 『역사와교육』 4, 1996 ; 황인규, 「제1장 불교계의 국도 선정 : 2) 궁궐과 도성의 지정」, 『무학대사연구』, 혜안, 1999 ; 황인규, 「무학자초의 홍법활동과 회암사」, 『삼대화상연구논문집』 2, 1999 ; 황인규, 앞의 책, 2003, 549~550쪽.

그런 한편 개경의 위상을 강조하는 3소제가 제기되었으나 불교계를 중심으로 아사달 신앙을 바탕으로 한 남경이 부상되었다. 3소의 지역은 개경 주위의 읍에서 좌소인 남경이 더욱 중요하게 부각되었다.

원 간섭기 이후 개경이 다시 국도가 되었지만 반도 남단의 결사 운동이 펼쳐졌던 순천의 수선사계 고승들과 강진의 백련사계 고승들은 국가비보사상을 제기하였다. 특히 백련사계 무외국통 정오와 진정국사 천책은 도선의 국가비보사상을 계승한 능긍의 회삼 귀일의 정신을 강조하면서 불교의 국가비보사상 운용을 강조하였지만 천도까지 주장하지 않았다.

원 간섭기말 수선사의 고승 각진국사 복구는 불교의 국가비보사상을 통치 이념으로 할 것을 제기하였으며, 그의 문도인 죽간 굉연은 도선의 전기를 짓는 등 국가비보사상을 계승시키고자 하였으나 역시 천도를 주장하지는 않았다.

태고 보우는 왕사로 책봉되자 원융부를 설치하여 9산 선문을 통합하는 등 불교 개혁을 펼치고자 하였다. 그러면서 한양의 진산인 삼각산과 근기지방인 양평 용문사를 흥법 터전을 삼아 한양 천도를 주장하였지만 화엄종계 신돈의 충주 천도설이 제기되고 보우가 지방으로 축출되면서 저지되었다. 이러한 보우의 천도 주장은 얼마 지나지 않아 조선 건국 직후 왕사 무학 자초에 의해 한양은 조선왕조의 국도로 전도가 되었다.

III. 무학 자초와 한양 전도

1. 들어가는 말

무학 자초는 이성계의 조선 건국초 국도를 선정하는 데 참여하였다고 널리 알려져 있다. 당시 정도전을 비롯한 신진 사류들이 조선초 왕조의 창업을 주도하면서 숭유억불 운동을 전개하고 있는 상황이었다. 때문에 무학의 한양 전도(漢陽奠都)에서의 역할은 거의 부정되거나 매우 소극적으로 이해되고 있다.

이미 밝혀졌듯이 고려왕조에서 조선왕조로 교체되었다고 해서 불교와 유교가 교체된 것은 아니다. 조선중기까지는 고려 불교의 잔영이 적지 않게 남아 있었다. 그러기에 조선왕조는 성리학을 국시로 건국하였음에도 승려인 무학(1326~1405)이 마지막 왕사로 책봉되었으며 한양 전도 등의 국도 건설에 참여하게 된 것이다. 무학이 국도 건설에 참여한 것은 무학이 풍수 및 도참에 정통하였기 때문이기도 하겠지만 불교계의 국가비보사상의 발현이라는 시각을 견지할 필요가 있다.[1]

그동안 한양 전도는 건국의 기틀을 정하는 대업 중의 하나였기 때문에 일찍부터 관심을 가져왔으나[2] 무학의 한양 전도 참여 문제는 자료상의

---

1) 대표적인 사례가 '조선을 건국한 이성계는 풍수지리에 정통한 무학대사로 하여금 새로운 수도를 물색케 했다.'는 것이다.
2) 한양 전도에 관한 주요 논문으로는 다음과 같다. 김용국, 「서울 전도의 동기와 전말」, 『향토서울』 1, 1957 ; 이원명, 「한양 천도의 배경에 관한 연구」, 『향토서울』 42, 1984 ; 임덕순, 「한양이 조선 수도로 선정된 이유」, 『충북대 논문집』 27, 1984 ; 이상태, 「조선초기 풍수지리」, 『사학연구』 39, 1987 ; 이병도, 「이조 초기의 건도 문제」, 『진단학보』 9, 1938 ; 『고려시대의 연구』, 아세아문화사, 1980 ; 촌산지순, 「제3장 서울의 풍수전도의 논의, 천도의 동기」, 『조선의 풍수』, 조선총독부, 1931 ;

미흡 때문인지 관련 논고는 몇 편에 지나지 않으며, 그것도 풍수도참 사상 측면에서 다루어지거나[3] 정치사 측면에서 다루어진 것이 대부분이며[4] 학술사적 천착은 졸고 외에는 거의 찾아보기 어렵다.[5]

무학은 이성계에게 왕조 창업을 종용한 후 건국 직후 불교계의 왕사로 책봉되면서 국도 건설인 한양 전도에 참여하게 된 것은 단지 이성계와의 친밀한 인연 때문이라기보다 고려말 스승 나옹과 더불어 흥법을 계승하기 위한 것이었으며, 한양을 중심으로 한 불교계의 재편을 위한 것이었다.[6]

최창조, 「제4장 국도 풍수해석」, 『한국의 풍수사상』, 민음사, 1984 ; 최창조, 「1-2 우리 풍수사상의 역사적 전개」, 『땅의 논리 인간의 논리』, 민음사, 1992 ; 이태진, 「한양 천도와 풍수설의 패퇴」, 『한국사시민강좌』 14, 1994 ; 나각순, 「고려말 남경복치와 한양천도」, 『강원사학』 16·17, 춘천 : 강원대 사학회, 2002 ; 장지연, 「여말선초 천도논의에 대하여」, 『한국사론』 43, 서울대학교 인문대학 국사학과, 2000.

3) 이병도, 앞의 글 ; 최창조, 앞의 글 ; 촌산지순, 앞의 글.
4) 이원명, 앞의 글.
5) 1996년 당시 무학에 관한 학술 저술류는 한 편도 없는 실정이다. 학술 논문류로서는 허흥식 교수가 나옹과 그의 계승자를 다루면서 부분적으로 무학에 대하여 언급한 것이 처음이다. 뿐만 아니라 무학에 관한 글도 십여 편 이상되지만 모두 교양지에 실린 정도에 지나지 않는 실정이다. 참고로 그 가운데 중요 글을 소개하면 다음과 같다. 이능화, 『조선불교통사』, 신문관, 1918 ; 고교형, 「태조의 명승-왕사무학」, 『이조불교』, 동경 보문관, 1929, 71~82쪽 ; 홀활곡쾌천, 「무학무학의 행실」, 「태조의 양위와 무학의 관계」, 『조선선교사』, 동경 춘추사, 1930, 307~309쪽 ; 우정상, 「무학 이조건국의 왕사」, 『한국의 인간상』 3, 신구문화사, 1967, 180~189쪽 ; 서울시, 「무학대사 한양정도의 공로자」, 『서울의 전통문화』, 98~102쪽 ; 김영두, 「무학대사의 생애」, 『금강』 2월호, 1986, 33~37쪽 ; 최창조, 「서울 천도 논의의 주역들과 무학대사」, 『다보』 1994년 여름호, 26~44쪽 ; 허흥식, 「나옹과 그 계승자(하)」, 『한국학보』 59, 1990, 71~74쪽.
6) 『무학대사 연구』(1999) 이후 무학 관련 논고를 소개하면 다음과 같다. 「무학자초의 문도와 그 대표적 계승자」, 『삼대화상연구 논문집』 3, 2001 ; 황인규, 「한국 최고의 3화상 도량 회암사」, 『회암사지 박물관』 회암사지 박물관, 2012 ; 「송광사 16국사 고봉 법장과 18주지 무학 자초」, 『보조사상』 43, 2015 ; 「무학대사의 조선건국 참여와 불교계 수호」, 『역사와교육』 25, 2017 ; 「여말선초 3화상(지공·나옹·무학)의 선사상」, 『정토학연구』 27, 2017. 본고는 세 편(「무학자초와 漢陽 奠都」, 『역사와교육』 4, 1996 ; 「제1장 불교계의 국도 선정 : 2) 궁궐과 도성의 지정」, 『무학대사 연구』, 혜안, 1999) ; 「불교계 고승과 국도 천도-고려 및 조선의 국도를 중심으로」, 『대각사상』 18. 2012 ; 「무학대사의 조선건국 참여와 불교계 수호」, 『역사와교육』 25, 2017 ; 「태고보우와 한양천도」, 『서울과 역사』 106, 2020. 『고려후기·조선초

이에 본고는 그동안 필자가 제기한 여러 논저를 재검토하면서 한양 전도라는 시각에서 조선 건국초 왕사 무학의 국도 건설 사업에 참여한 사실을 보다 구체적이고 실증적인 측면에서 검토하고자 한다.

2. 고려말 불교계와 한양

1) 회암사 중창과 한양

태조 이래 불교계의 국가비보사상에 의해 도선과 능긍, 여철 등 불교계 고승들은 개경과 더불어 남경을 중시하였다. 특히 여철은 남경의 진산인 삼각산을 중시하였으며, 그 후 불교계도 그것을 계승하였다. 대각국사 의천은 왕실 관료들과 함께 한양 천도(遷都)를 위하여 삼각산을 방문하여 지세를 살피면서 삼각산 사찰에서 불사하였다. 무신집권기 강화로 천도하였지만 고종대 불교계의 일각에서는 아사달 신앙이 부상되어 양주가 부각되기 시작하였다.[7]

공민왕대 왕사 보우는 한양의 근기 지방인 양평 용문산 일대에서 그 지역의 불교를 기반으로 하여 중앙 불교계의 개혁과 그 일환으로 한양 천도를 주장하였다. 즉, 보우는 고려중엽부터 부각된 3소(三蘇) 가운데 하나인 백악산을 중심으로 하는 한양 천도를 제기한 것이다.[8]

이러한 조계종 가지산문계 보우의 한양 천도 주장이 제기되는 가운데 보우와 더불어 당시 불교계를 주도하였던 사굴산문계 나옹 혜근은 스승 지공의 유훈을 받들어 양주 회암사를 홍법의 중심지로 삼아 불교 중흥을

『불교사연구』(혜안, 2003)와 『고려말·조선전기 불교계와 고승연구』(혜안, 2005) 등의 연구성과를 망라하여 재검토한 것이다.
7) 황인규, 「태고 보우와 한양 천도」, 『서울과 역사』 106, 2020.
8) 황인규, 「태고 보우와 용문산 불교」, 『한국불교학』 69, 2019, 249~250쪽.

꾀하고자 하였다. 양주 회암사 터는 인도의 날란다사(Nālandā, 나란타사) 터와 같은 삼산 양수의 땅이라는 것이다.9) 삼산 양수란 양주 천보산과 양수리 일대를 말한다.10) 나옹은 지공에게 수기를 받은 지 4년 후인 1374년 (공민왕 23)부터 2년간 회암사를 중창하고 1376년 4월 문수회를 베풀었다가 추방되어 신륵사에서 죽음을 맞게 된다.11)

그런데 여기서 주목할 것은, 나옹과 더불어 당시 유교계를 대표하였던 신진 사류 목은 이색도 이러한 상황을 시로 남겼다.

천보산 앞의 땅을 오지라 부르거니와	天寶山前號奧區
사람들은 이 땅이 다 옥토라고 하는데	人言此地儘膏腴
두 강물은 합류하여 풍기가 저장되고	兩江襟抱儲風氣
뭇 산들은 빙 둘러서 국도를 호위하네	列嶽盤旋護國都

9) 李穡,「普濟尊者 諡禪覺塔銘 幷序」,『牧隱文藁』卷14, 碑銘, '壬子秋 偶念指空三山兩水 之記 欲移錫檜巖 會以召赴是寺法會 得請居焉 師曰 先師指空蓋嘗指畫重營 而燬于兵 敢不繼其志 迺謀於衆 增廣殿宇 工旣告畢.';卞季良,「朝鮮國王師妙嚴尊者塔銘」,『春亭 集 續集』卷1, 銘, '懶翁亦以指空三山兩水授記 還國';李穡,「天寶山 檜巖寺 修造記」, 『동문선』卷73, 記, '指空量地於後 其山水之形 宛同西竺蘭陁之寺 又指空之所自言也 其爲福地 蓋甚明矣.';황인규,「한국 최고의 3화상 도량 회암사」,『회암사지박물관』, 회암사지 박물관, 2012 참조.
10) 나옹의 행장에는 회암사 가까이에 삼각산이 있으며 그 남쪽에 한강, 북쪽에 장단이 있다(覺宏,「나옹화상 행장」,『나옹화상어록』, '玆寺近對三角山 南有漢江北有長湍 三山兩水之記昭然可見')고 하였다. 조선후기 고승 東溪 敬一(1636~1695)은 삼산은 삼각산, 이수는 양화와 모진 두 줄기라고 하였다(東溪 敬一,「大谷寺 創建前後 事蹟記」,『東溪集』卷3, '我國懶翁和尙 入元求道 承指空之玄旨 東還之日 求其演化之地 則指點三山二水之間 盖今之楊州檜岩寺是也 三山以三角之山 在其南二水 卽楊花毛津 兩水 在其北也 懶翁後得其地 欲建大伽藍.'). 하지만 권상로가 지적한 대로 삼산은 삼각산, 양수는 양수리로 보아야 할 것이다. 최성봉,「회암사의 연혁과 그 사지 조사」,『불교학보』9. 1972, 4쪽. 石顚沙門(朴漢永)은 三山을 더 구체적으로 三角山의 白雲峰·仁壽峰·露積峰이라고 하였다. 石顚沙門,「楊州天寶山遊記」,『朝鮮佛敎總報』 13, 1918, 132쪽.
11) 李穡,「天寶山 檜巖寺 修造記」,『동문선』권73 ;『고려사』권133, 신우 열전 우왕 2년 4월, '懶翁設文殊會于楊州檜巖寺 中外士女 無貴賤 齎布帛果餌施與 恐不及 寺門嗔 咽 憲府遣吏 禁斥婦女 都堂又令閉關 尙不能禁 放于慶尙道密城郡 行至驪興.'

예부터 비서가 있어 육록이라 하는데	自古有書名六錄
지금 그 어드메가 분명히 3소일는지	在今何處之三蘇
본디 세대교체는 하늘이 내리는 법이니	由來運世皆神授
단청 가져다 억지로 그림 그리지 마세나	莫把丹靑强作圖[12]

  이색은 양주 회암사가 위치한 천보산의 앞 땅이 두 강(二水)이 합류하여 풍수적으로 좋으며 주위의 산들이 국도를 호위하고 있다고 하였다. 그러면서 도선의 도참서인 6록에 3소에 대하여 언급한 사실을 강조하였다. 이색은 다른 시문에서도 '6록의 편 속에는 땅의 기세가 펼쳐있네, 절로 늙은 용이 있어 몇 번이나 변화했던고, 상서로운 봉황은 3소에서 부르려 하누나.'[13]라고 하였다. 이러한 시문을 통하여 회암사가 3소로 부각되었음을 알 수 있다.

  나옹이 입적한 이듬해인 1377년(우왕 3) 철원과 연주(연천)가 국도 후보지로 제기되었으며 1378년(우왕 4) 국사에 '3소에 궁궐을 창건해야 한다.'라는 글귀가 있었으므로 백악산(장단 백학산)을 좌소로, 백마산(개풍군 대성군)을 우소, 기달산(황해 신계군)을 북소로 삼으면서 각기 3소에 궁궐을 창건하기 위해 좌소에 조성도감을 설치하여[14] 좌소로 천도하였으며, 그 이듬해인

---

12) 李穡,「東門合坐 錢曹五宰 權左使 相視檜岩山水」,『牧隱詩藁』卷20, 詩, '天寶山前號奧區 人言此地儘膏腴 兩江襟抱儲風氣 列嶽盤旋護國都 自古有書名六錄 在今何處之三蘇 由來運世皆神授 莫把丹靑强作圖.'

13) 李穡,「觀書席上」,『牧隱詩藁』卷10, 詩, '六錄篇中氣勢鋪 自有老龍知幾變 欲招祥鳳在三蘇.'

14) 『고려사』권133, 신우 열전, 4년 12월, '置左蘇造成都監 時議欲遷都 國史有 左蘇白岳山 右蘇白馬山 北蘇箕達山等三所 創建宮闕 之文故 有是役.' ;『고려사』卷77, 百官志 諸寺都監各色 三蘇造成都監 沿革. '辛禑四年 議欲遷都 以國史有三蘇創建宮闕之文 置三蘇造成都監.' ;『高麗史節要』卷30, 우왕 4년(1378) 12월, '置左蘇造成都監 時議欲遷都 國史有左蘇白岳山 右蘇白馬山 北蘇箕達山等 三所創建宮闕之文 故有是役.' 이는 명종대 이 3소에 延基宮闕造成官을 둔 비 있다.『고려사절요』권12, 명종 4년(1174) 5월, '制 左蘇白岳山 右蘇白馬山 北蘇箕達山 置延基宮闕造成官 三司左使權仲和 門下評理曹敏修相宅于檜嚴 以書雲觀言 道詵所謂左蘇卽此地故也.'

1379년(우왕 5) 2월 흉년으로 연등회를 정지하고 좌소로 국도를 옮기는 일을 중지하였다.15) 하지만 그 해 회암사에 가서 궁궐 터를 살피게 하였다.

> 삼사좌사 권중화와 문하평리 조민수가 회암에 가서 궁궐 터를 살펴보았는데, 서운관이 도선이 말한 좌소가 바로 이곳이라고 말했기 때문이었다.16)

앞서 서운관이 도선이 말한 좌소가 회암사를 지칭하였던 것인데 1379년(우왕 5) 10월에 삼사좌사 권중화와 문하평리 조민수가 직접 회암사의 지세를 살피게 하였던 것이다.17)

2년 후 1381년(우왕 7) 8월 서운관에서 국도를 옮기자는 청을 하자 한양으로 천도할 것을 논의하였다.18) 같은 달에 간관이 한양 천도의 중지를 청했으나 듣지 않고 한양 천도를 단행하였다.19) 우왕은 1382년(우왕 8) 9월부터 1383년 2월까지 순주하였다.

2) 신륵사 대장각 건립시 회합

이러한 움직임이 가시화되자 불교계는 1383년 신륵사 대장각 건립에 회합하였다. 비 기문에 의하면 신륵사의 대장각 건립은 남산종 총공20)이

---

15) 『고려사』 권134, 우왕 열전 5년 2월, '以年荒 停燃燈 罷移都左蘇.'
16) 『고려사』 권134, 우왕 열전 5년 10월, '三司左使權仲和 門下評理曺敏修相宅于檜巖, 以書雲觀言 道詵所謂左蘇卽此地故也.'
17) 위와 같음.
18) 『고려사』 권134, 우왕 열전 7년 8월, '書雲觀請移都 於是 議徙漢陽.'
19) 『고려사』 권134, 우왕 열전 8년 8월, '議定遷都漢陽 諫官上疏止之不聽.'
20) 그 후 이색 부자에게 대장경 인성을 권한 聰公은 태고의 문도 혜암 상총이 아니라 南山宗 聰公이다. 총공은 남산종 一上人이라고 추정된다. 이색은 남산종 일상인은 공민왕의 추념을 위해 『대장경』을 사경하였다고 하였기 때문이다. 이색, 「一上人爲僕淨書 亂道間被選書大藏 追福玄陵也 僕欲請於提調諸公 得一上人 以畢吾稿 而旣自念 曰 追福玄陵 稿日夜望之者也 不能助之 而反擾之 非稿之志也 書員出於各宗 一上人不出 則南山無人矣 書僕稿 雖勞而無所報 書大藏則國家必錄其功 此雖上人之所不以爲意

가정 이곡(1298~1351)에게 『대장경』의 간행을 권유하였으나 뜻을 이루지 못하였는데 1379년(우왕 5)에 남산종 총공이 이색에게 다시 『대장경』의 간행을 권유하여 이루어지게 되었다. 이 불사는 나옹의 문도의 협조를 받아 이색의 선대의 조상과 공민왕을 추념하였다. 1379년 세워진 「신륵사 보제존자 사리 석종비」와 1383년에 새워진 「영변 안심사 지공 나옹비」는 나옹의 문도가 주도하였으며, 1395년에 세워진 「태고사 원증국사 비」는 보우의 문도가 주도하였음에 비하여 1383년 신륵사의 대장각의 건립에는 아래의 비 음기에서 보듯이 불교계의 각 종파가 참여하였다.

> 비구 국사·왕사·내원당 각운·판천태□ … □승 도승통 혜징 도승통 종림 봉국군 신조 대선사 소원 대선사 상총 대선사□□청계사 자초 청계사□□선사 굉여 부석사 경남 원흥사 희장선사 계능 달성선□□□□□□□□ 각연 징원 명해 일행 각뢰 대행 혜징 덕소 해봉.[21]

국사와 왕사의 경우 대개 참여 명단에 오르지만 구체적으로 이름이 적시되어 있지 않아 국사와 왕사는 참여하지 않은 듯하다. 당시 국사와 왕사는 환암과 찬영이었다. 환암은 1384년 4월 1일에 국사로 책봉되었으며, 그 이전 달인 3월 22일에 찬영이 왕사로 책봉되었으나 국사와 왕사의 이름이 기록되어 있지 않았기 때문이다. 실제 당시 환암은 충주 개천사에 머물렀다.[22]

대장각 건립에는 나옹의 문도만이 아니라 각 주요 종파의 고승이 참여하였

然在僕則亦不可徑情而直行也 於是 不敢發一言於提調所 但勸上人加工書大藏 以副國家追福玄陵之意 吟成一首以誌」,『목은시고』 권22, 시, '南山戒壇具威儀 筆蹟傑出當今 稀 上人不出繼者無 所以勗公無退歸.'

21) 李崇仁, 「神勒寺 大藏閣記」, 『한국금석전문』 중세 하, 1217쪽, '比丘 國師王師·內願堂 覺雲·判天台□ … □僧 都僧統 惠澄 都僧統 宗林 奉國君 神照 大禪師 紹元 大禪師 尙聰 大禪師□□淸溪寺 自超 淸溪寺□□禪師 宏如 浮石寺 敬南 圓興寺 禧臟禪師 戒能 達成善□□□□□□□ 覺然 澄原 明海 一行 覺雷 大行 惠澄 德昭 海峯.'

22) 찬영과 환암의 비문 참조.

음을 알 수 있다. 나옹의 문도인 대선사□□청계사 자초, 혜징, 청계사□□선사 굉여, 각뢰, 계능, 각연, 징원 등이 참여하였다. 그리고 내원당 각운과 대선사 상총 등 가지 산문계 조계종 고승과, 천태종의 봉국군 신조와 희암으로 추정되는 판천태□ …,23) 화엄종의 부석사 경남과 해봉,24) 유가종의 도승통 종림 등 당시 고려 불교계를 주도하였던 4대 종파의 영수급 고승이 참여하였다.25)

당시 무학의 주도로 나옹의 추념 사업이 전국적으로 전개되었는데, 특히 신륵사에서 나옹의 사리 석종이 세워진 진지 4년 후에 불교계를 주도하였던 4대 종파를 중심으로 거국적으로 참여한 것이다. 이는 나옹의 공부선 주관 이후 최대 행사였으며,26) 후술하는 바와 같이 1383년 신왕조의 창업 종용과 관련하여 모종의 대응을 하기 위한 회합이었다고 생각된다. 이 화합에서 가장 중요한 승려는 역시 무학이다. 무학은 비 음기에 서열이 높지 않았지만 나옹의 가장 대표적인 제자로서 스승 지공의 유지를 받들어 회암사를 중창하였을 뿐만 아니라 지공과 나옹의 추념 사업을 이끌었으며, 향후 조선왕조를 창업하는 이성계와 뜻을 함께 하며 한양 전도에 참여하게 된다.

3) 석왕사 혁명 종용과 한양

무학은 앞서 언급한 바와 같이 신륵사 대장각의 건립에 나옹의 대표적 제자로서 나옹의 문도와 함께 대장각의 건립을 주도한 후 이성계의 지역적 기반이었던 안변 석왕사에서 혁명을 종용하였다. 이러한 사실은 조선중기 불교를 중흥했던 청허 휴정이 남긴 「석왕사기」에 소개되어 있다. 그 주요

---

23) 이숭인, 「熙菴公之判天台宗也 …」, 『도은집』 권2, 시.
24) 閔思平, 「陪盆齋過 興王海峯都僧統方丈 敬賡高韻」, 『급압시집』 권2, 율시.
25) 황인규, 「여말선초 화엄종승의 동향」, 『불교학연구』 1, 2000.
26) 李崇仁, 「驪州 神勒寺 大藏閣記碑」, 『조선금석총람』 상.

내용은 무학이 1384년(우왕 10) 무렵 그의 얼굴에 임금의 기상이 가득하다. 그리고 1년 안에 그 자리에 석왕사라는 절을 세우고 3년을 기한으로 5백 성재를 베풀고 은근히 기도하면 반드시 왕업을 도울 것이라 하였다. 이러한 사실은 조선후기 『정조실록』에서도 다음과 같은 기록이 찾아진다.

> 태조가 왕업을 일으킬 조짐이 있는 꿈을 꾸고 토굴 속에 있는 신승 무학에게 가서 그 뜻을 풀어 보게 하였다. 즉위한 뒤에 토굴이 있던 곳에 절을 세우고 이름을 석왕이라 했다.[27]

정조 이전에 1708년(숙종 34) 숙종도 '이는 성조께서 8살 때에 지으신 것인데, 기상이 어찌 장하시지 아니한가? 「어제 석왕사 비문 추기」를 도백으로 하여금 돌에 새겨서 (능의) 왼쪽에 세우게 하라.'[28]고 하였다. 그래서 '석왕사는 왕업이 일어난 곳.'[29]이라고 인식되었으며 조선후기의 유자와 승려의 문집에 적잖이 이러한 내용이 찾아진다. 그 대표적인 사례를 들어보면 다음과 같다. 조선중기 명재상이자 개혁가인 잠곡 김육(1580~1658)도 '석왕사 절에는 기이한 자취 많아 서까래 세 개 유사 역사책에 실렸으니 성조께서 이곳에서 신승을 만났다네.'[30]고 하였으며, 충남 서산 최고의

---

[27] 『정조실록』 권32, 15년 4월 17일(신유), '寺在安邊雪峰山 太祖夢興王之徵 就神僧無學 於土窟中釋其義 及卽位 建寺土窟之址 名曰釋王.'

[28] 『영조실록』 권91, 34년(1758) 4월 17일(임신), '上誦太祖大王御製 早晚當爲沛澤龍 之句曰 此聖祖八歲時所作也 氣像豈不壯哉 御製釋王寺碑文追記 令道臣刻石豎左 仍製陵殿誌序.'; 『정조실록』 권31, 14년(1790) 8월 21일(기사), '命建碑釋王寺 敎曰 釋王寺 古蹟 載於國乘 而國初御筆鏤板奉安 肅廟朝 先朝 皆有御製御筆碑文 仁穆大妃戊申 仁元大妃戊申 王大妃戊申 重修本寺 向於齋宿日 聞於曾經道伯人 果然 以予追逑古事之意 欲撰記堅碑 碑文當親撰 建閣立碑 依先朝近例 令該道措備 而待文字下送 卽爲始役 凡係貽民弊之端 各別嚴飭 力役皆以公穀會減.'

[29] 『정조실록』 권32, 15년(1791) 5월 6일(경진), '又敎曰 釋王寺 興王之地 所重自別 曾聞國初 有賜與田民 而厥數皆過五百 寺以富盛 의 鐵券漫漶之後 尙稽一結一口之推給 寺樣不加昔元 今若田限幾結 奴婢限幾口移劃 則可以便當耶 卿其商確事情於地方守令 指一啓聞.'

[30] 金堉(1580~1658), 「鶴城行 送金道源之任」, 『潛谷先生遺稿』 卷1, 詩 七言古詩 '釋王金利

문헌인 『호산록』(1619년 작)에 의하면, '조선왕조는 무학이 창업하는데 큰 도움을 주었다.'31)고 한다.

또한 불교계도 역시 이러한 사실을 기록을 남기고 있다. 즉, 조선 명종대 조선 불교를 중흥시킨 나암 보우(1509~1565)32)나 청허 휴정의 6세 법손인 함월 해원(1691~1770)과 영허 선영(1792~1880)33) 등의 고승들도 석왕사에 머무르면서 그러한 사실을 강조하였다.

대체로 석왕사의 창건 시기는 함월 해원의 「석왕사 관음전 중창기」에도 '이 절은 홍무 17년(1384, 우왕 10) 태조 대왕이 용잠으로 계실 때 창건하였다.'34)라고 남겼듯이 1384년으로 널리 알려져 있다.

하지만 1377년(우왕 3)에 건립된 「석왕사 장경비」에 의하면, 1377년(우왕 3) 이전에 석왕사가 창건되었다는 기록이 있어서 석왕사의 창건은 그 이전의 시기로 소급되어야 할 것이다. 즉, 이성계가 지금의 북청인 청주를 지나다가 지금의 길주인 해양에 위치하고 있는 광적사의 『대장경』 일부와 불상, 법기 등을 석왕사에 봉안하였으며,35) 석왕사를 창건할 때 16나한을 봉안하

多奇蹟 三椽遺事載往牒 聖祖於此逢神釋.'
31) 朴允默(1771~1849), 「三吉山 海月菴 僧袈裟 勸善文」, 『存齋集』卷25, 雜著, '至若無學之佐朝鮮 能推開刱之運.'
32) 虛應 普雨(1507 또는 1509?~1565), 「題釋王寺祖殿韻二首」, 『虛應堂集』; 普雨, 「遊淸平寺詩 二十二韻幷序」, 『虛應堂集』.
33) 映虛 善影(1792~1880), 「雪峰山 釋王寺 四時景 序」, 『櫟山集』, '山中有寺 玆有釋王之寶刹 所謂雪峯之靈塸 此寺也 乃太祖康獻大王 解夢龍飛之舊澤 是無學妙嚴尊者明心虎伏之神基 故名釋王 特 賜祠院 此所謂山擇地寺.'; 善影, 「題釋王祠」; 「釋王寺」; 「題釋王寺」; 「題釋王內院庵懸板讚栗庵師」, 『櫟山集』卷下, 『韓國佛教全書』10; 善影, 「釋王寺逢苡石沈御史膺泰唱和」; 「釋王寺逢舊交大宗伯金公輔根奉和」; 「釋王寺逢御史沈公累日唱和」; 「釋王寺與曺參判徽林酬唱」, 『櫟山集』卷下, 『韓國佛教全書』10.
34) 涵月 海原, 「釋王寺 觀音殿 重創記」, 『天鏡集』卷中, 文1, '則此寺洪武十七 太祖大王龍潛時創建也.'
35) 「釋王寺 藏經碑」, 『한국금석전문』중세 하, 1194~1195쪽, '東北面都元帥完山府院君李成桂 上元帥判密直司事姜筮 副元帥唐城君洪徵 助戰元帥前簽書 密直司事商議柳源 前知密直司事商議鄭夢周 前密直副使李和 等等於 洪武十年夏受命 而來次于 淸州聞大藏一部 及佛像法器 在海陽廣積寺兵火之餘 僧亡寺毁 大寶幾於盡失心 實側然遺中郞將金南連舟載以來補其所失 若干函軸以成全部置于 安邊府雪峯山釋王寺 永爲壽 君福國

여 나한사를 창건하였다.36) 이러한 사실에서 석왕이란 이름은 부처님의 성에 의해 붙여진 것이며 이성계가 왕이 될 꿈풀이로 붙여진 이름이 아니라고 보는 편이 더 타당하다. 하지만 무학이 이성계의 꿈을 해몽한 때인 1384년(우왕 10) 무렵으로 보아야 할 것이며, 그로부터 9년 전인 1375년(우왕 1) 즈음에 무학은 왕조의 창업을 위한 준비를 하지 않았을까 추정된다. 그런데 나옹과 무학이 회암사 중창을 하여 낙성식을 1376년에 하였으며, 나옹의 입적후 나옹과 지공의 추념 사업을 전개하였다. 따라서 그 무렵 이후 전국의 사찰에서 기도하였는데 그 대표적인 곳이 안변 석왕사 토굴인 것이었다고 생각되는 것이다. 따라서 삼봉 정도전보다 앞서 이성계에게 혁명을 종용하였다고 할 수 있다.37)

앞서 언급했듯이 무학은 1383년 무렵까지 과천 청계사 주지에 재임하였으며, 1384년 신륵사 대장각 건립에 참여하였다.38) 이러한 사실로 미루어 보면 무학은 이성계에게 혁명을 종용하고 한양의 근기 지방에 머물렀다고 하겠다. 무학뿐만 아니라 고려후기 불교계를 주도하였던 불교계의 4대 종파에서 남경의 근기 지방에서 불법을 펴며 한양을 중요하게 간주하였다. 이미 필자가 언급했듯이 다시 약술하면 다음과 같다.

화엄종계 마지막 국사 설산 진각국사 천희(1307~1382)는 부석사를 중창하여 화엄종의 총본산으로 삼았다가 수원 창성사에 와서 주석하였다. 1376년(우왕 2) 영주 부석사의 교세를 빌어서 근기지방인 수원 창성사를 흥법의 본산으로 삼고자 한 것이 아닐까 한다.39)

之資云.'

36) 『北靑郡誌』, 북청군지 편찬위원회, 1970.
37) 황인규, 「고려말 이성계의 불교계 세력기반」, 『한국불교학』 28, 2001 : 황인규, 「무학대사의 조선건국 참여와 불교계 수호-제 연구성과의 종합 검토와 재론 및 강조를 중심으로-」, 『역사와교육』 25, 2017, 218~219쪽.
38) 李崇仁, 「神勒寺 大藏閣記碑」, 『조선금석총람』 상, 음기, '淸溪寺 自超 淸溪寺 祖禪.'이색, 「安心寺 指空懶翁碑」, 『조선금석총람』 상, 음기, '前淸溪寺住持 普覺圓明無爲眞靜廣濟大禪師 無學自超 前淸溪寺住持 鐵虎祖禪.'
39) 이색, 「彰聖寺 眞覺國師 大覺圓照 塔碑」, 『조선금석총람』 상 ; 황인규, 「수원의 고승

유가종을 대표한 종림과 그의 제자 혜겸은 구 무장세력의 대표적인 최영의 후원을 받으며 안양사에서 활동하였다. 최영은 1388년 이성계의 위화도 회군과 한양 천도를 반대하다가 이성계 일파에게 제거되었다.

천태종의 부암 운묵도 시흥에서 20여 년간 주석하며 결사 정신을 폈으며,[40] 후술하는 신조도 수원 만의사에 머물면서 왕조 창업을 기원하였다.

불교계의 이러한 일련의 한양 중시 조처는 조정에 영향을 끼쳤을 것이다.[41] 그리하여 1387년 11월 한양에 축성한 산성의 지세를 살피게 하였으며[42] 1388년 2월에 우왕과 최영이 요동을 공격할 것을 논하고 한양의 중성을 수리하게 하였다.[43] 그리고 한 달 후인 3월에 우왕의 세자 창 및 정비, 근비 이하 여러 왕비들을 한양 산성으로 옮겼다가 같은 해 5월에 개성으로 복귀시키기도 하였다.[44]

4) 위화도 회군 후 불교계와 한양

우왕은 1382년(우왕 8) 9월부터 1383년 2월까지 5개월간 한양으로 천도하

진각국사 천희와 고려말 불교계」, 『수원학연구』 3. 2006 ; 황인규, 『고려시대 불교계와 불교문화』, 국학자료원, 2011 ; 황인규, 「고려후기 조선초 화엄종계와 고승」, 『한국불교학』 77, 한국불교학회, 2016 참조.

40) 浮庵 雲默, 「豈跋」, 『석가여래 행적송』, '竟到始興山 卓一庵而捿 遲以誦蓮經 念彌陀畫 佛書經 爲日用者 垂二十年矣' ; 황인규, 「고려후기 백련사결사 정신의 계승과 변질」, 『백련불교논집』 10, 2000 ; 황인규, 「여말선초 천태종승의 동향」, 『천태학연구』 11, 대한불교천태종 총무원 원각불교사상연구원, 2008 참조.

41) 우왕대를 비롯한 고려말기 한양천도에 대해서는 이형우, 「고려 공양왕대의 천도론」, 『역사와 담론』 57, 2010 참조.

42) 『고려사』 권136, 신우 열전 우왕 13년(1387) 11월, '耆老會議築漢陽山城 修戰艦 遣門下評理商議禹仁烈 判密直洪徵于漢陽府 審視重興山城形勢.'

43) 『고려사』 권137, 신우 열전 14년 2월, '禑與崔瑩 密議攻遼 發京城坊里軍 修漢陽重興城.'

44) 『고려사』 권137, 신우 열전 14년 3월, '禑徙世子昌及定妃·謹妃以下諸妃于漢陽山城.' ; 『고려사』 권137, 신우 열전 14년 5월, '以倭寇寢盛 遣元帥金立堅于漢陽 以衛世子及諸妃.' ; 『고려사』 권137, 신우 열전 14년 5월 '令諸妃在漢陽者, 皆還開城.'

는 상황이 전개되었다. 이에 불교계는 1383년 신륵사 대장각 건립시 회합하여 대책을 논의하였던 듯하다. 당시 무학은 한양의 근기 지방인 과천 청계사를 중심으로 활동하였다.

불교계 주도 세력과 더불어 참여한 후 이성계의 지역 기반인 동북면 안변 석왕사에서 신 왕조 창업을 종용하고 신국도로 부각되었던 청계사는 조준과 조박 등 조인규 가문의 원당이었으며 그들과 행보를 함께하는 이성계와도 연계되었다.

이성계와 행보를 함께 한 천태종의 고승 봉국군 신조는 이성계의 해주전장과, 특히 1388년(우왕 14) 위화도 회군의 군사 핵심 참모로 참여하였다.

> 홍무 무진년(1388년)에 병화가 일어나서 국가의 안위가 급박하여졌다. 그때 신조 스님은 완산 이 시중의 막하에 있으면서 능히 장상들과 더불어 국가 대책을 정하여 의병을 일으키고 회군하여 종묘와 사직을 편안하게 하여 오늘의 국가의 중흥의 왕업을 일으키게 하였다.[45]

천태종의 신조는 천태종 세력을 대표하면서 왕실의 측근 세력을 이루다가 공민왕대 이후 이성계의 세력과 제휴했던 듯하다.[46] 무학도 신진 사류와 가까운 세족 출신들과 결연하였던 듯하다. 무학은 조인규(1227~1308) 가문의 원당인 천태종계 청계사 주지에 재임하였는데[47] 조선왕조 건국의 핵심 인물인 조준(?~1405)과 조박이 조인규 가문 인물이기 때문이다.[48] 천태종계 대표적인 고승 신조와 조구 등은 천태종 세력과

---

45) 權近,「水原 萬義寺 祝上華嚴法華 法會 衆目記」,『양촌집』권12 ;『동문선』卷78, 記.
46) 權近,「水原 萬義寺 祝上華嚴法華會 衆目記」,『양촌집』권12, 기, '洪武戊辰 師旅方興 國家安危 變在呼吸 時照公在完山李侍中麾下 能與將相共定大策 舉義回軍 以安宗社 以開今日中興之業.' ; 황인규,「고려말 이성계의 불교계 세력기반」,『한국불교학』 28, 2001.
47) 황인규, 앞의 책, 2003, 481쪽.
48) 趙仁規 家門과 佛敎勢力과의 관계에 대해서는 다음과 같은 논고가 참고된다. 고익

무학을 중심으로 조계종과 제휴하였으며,[49] 조선 건국 직후 왕사와 국사에 조계종의 무학과 조구가 각기 책봉되기에 이른 것이다.

이러한 상황의 전개 속에 1388년 6월 위화도 회군 후 이성계 세력은 한양 천도 등을 주장[50]하였던 구 무장세력인 최영을 제거하였다.[51]

신창이 왕으로 되자 다시 최영을 잡아다가 순군에 가두고 왕안덕, 정지, 유만수, 정몽주, 성석린, 조준에게 명령해 최영 및 내원당 승려 현린 등을 신문케 하였다. 현린은 시초에 최영과 공모해 승병을 징발하였고 회군하자 최영과 함께 항거해 싸운 자이다. 마침내 최영을 충주로 귀양보냈다.[52]

최영과 연계된 참모 내원당 승려 현린[53] 등이 제거되었는데 왕조 창업의 분위기가 성립되어 가던 시기에 실질적인 세력으로 등장한 이성계의 세력을 확장해가는 중요 사례라고 생각된다.

공양왕대에도 천도 논의가 제기되어 실행되었다. 1390년(공양왕 2) 7월 서운관에서 올린 상소에서도 '『도선밀기』에 지리 쇠왕설이 있으니 서울을 한양으로 옮기어 송도의 지덕을 쉬게 하십시오.'[54]라고 하였다. 이에 대하여

진, 「백련사의 사상전통과 天頙의 저술문제」, 『불교학보』 16, 1979 ; 韓基斗, 앞의 논문 ; 황인규, 「조인규가문과 수원만의사」, 『수원문화사연구』 2 1998.
49) 허흥식, 「천태종의 형성과정과 소속사원」, 『고려불교사연구』, 일조각, 1986, 282쪽.
50) 『고려사』 권113, 최영 열전, 時議遷都漢陽 瑩曰 讖書所載 往事皆驗 不可不信 當速移都 人皆重遷 議遂寢 城門都監發五部丁夫 修都城 未幾頹壞 瑩怒曰 都監員多 不能監檢 若此耶 遂劾尹順等 罷遣丁夫.'
51) 『고려사』 권137, 신우 열전 14년 6월 1일(계묘), '諸軍來屯近郊 爲書授金完 以啓曰 我玄陵 至誠事大 天子未嘗有加兵於我之志 今瑩爲冢宰 不念祖宗以來事大之意 先擧大兵 將犯上國 盛夏動衆 三韓失農 倭奴乘虛 深入爲寇 殺我人民 燔我府庫 加以遷都漢陽 中外騷然 今不去瑩 必覆宗社.'
52) 『고려사』 권113, 최영 열전.
53) 현린은 태고 보우의 비문(「태고사 원증국사비」) 음기에 보이는 '都大禪師廣化君 玄隣'과 동일인물일 수 있으나 확실하지 않다.
54) 『고려사절요』 권34, 공양왕 2년(1390) 7월 ; 『고려사』 권112, '書雲觀上疏曰 道詵密記 有地理衰旺之說 宜幸漢陽 以休松都地德.'

이실과 박의중, 김사형 등은 천도에 대한 부정적인 의견을 제시하였지만 공양왕은 듣지 않았으며,[55] 같은 달에 평리 배극렴을 양광도 찰리사로 삼아 한양 궁궐을 수리하게 하였다.[56] 두 달 뒤인 9월 17일에 한양으로 천도하고 개경에 분사를 설치하였다.[57] 며칠 뒤인 9월 21일[58]부터 1391년 2월 4일[59]까지 5개월 간 한양으로 천도하였다. 1390년 12월 17일 개경 환도를 주장하는 견해가 제기되기도 하였으며,[60] 이듬해인 1391년 2월 10일 개경으로 환도하였는데,[61] 환도하기 전에 남경을 떠나 회암사를 들러 왔다.

---

55) 『고려사』 권45, 공양왕세가 2년 7월 23일(계축), '左獻納李室上疏曰 殿下信讖緯之說 欲遷漢陽 旣爲不可 況今秋成未穫 而人馬踐踐 必召民怨 王詰之曰 秘錄云 苟不遷 廢君臣 爾何獨執不可耶.';『고려사』 권120, 박의중 열전, '書雲觀上疏曰 道詵密記 有地理衰旺 之說 宜幸漢陽, 以休松都地德 王謂宜中曰 卿以遷都爲何如 對曰 古昔人君 以讖緯術數 保其國家 臣未之聞 況今下民多疑 有書來自上國 則曰必有事 西北界有報牒急騎 則曰天 兵將至 禁宮門闌入 則曰 是必有以也 民心旣如是 又動衆以遷 則下民尤惑矣 供億之費 搔擾之弊 不可勝言 書曰 匹夫匹婦 不獲自盡 人主罔與成厥功 願殿下察焉 王曰 吾非不知 其弊 陰陽之說 豈盡誣也 不聽.';『고려사』 권104, 김방경 열전 부 김사형, '後知門下府 事兼司憲府大司憲 王將遷都漢陽 與同僚上疏曰 … 乃因書雲觀奏 欲遷漢陽 臣等伏見 楊廣諸州之民 困於土木 秋耕失時 漢陽人家 皆被奪占 老幼飢寒 寄寓山野 流離顚死 侍衛諸司及諸道軍官 各領衛卒 旅寓辛艱 朝不及夕 將有凍餒之患 殿下深信讖緯 不恤民 勞 於皇天譴告何 古昔聖王 以誠小民 爲祈天永命之本 願停之以固邦本 王不納.'
56) 『고려사』 권45, 공양왕세가 2년 7월 15일(을사), '以評理裴克廉爲楊廣道察理使, 監修漢陽宮闕.'
57) 『고려사』 권45, 공양왕세가 2년(1390) 9월 17일(병오), '遷都于漢陽 命判三司事安宗 源 門下評理尹虎 留守松京 且令百官分司.'
58) 『고려사』 권45, 공양왕세가 2년 9월 21일(경술), '駕至漢陽 楊廣道都觀察使柳玽結彩 棚 陳百戱以迎 王先遣人罷之 乃入.'
59) 『고려사』 권46, 공양왕세가 3년 2월 2일(기미), '王發南京.'
60) 『고려사』 권45, 공양왕세가 2년(1390) 12월 17일(을해), '刑曹判書安瑗等上書曰 … 頃者 遷幸之初 術士論曰 天災屢見於上 地怪每興於下 此皆地德之衰 巡幸南京 則禍可 弭也 今駐驛未久 獸多損傷人物 人或潛謀不軌 變怪亦云不息, 術士之論地德之說 寧可信 乎 若曰 識有其數 須當避禳 則與其任術數 而邀遐福 孰若修德政 而祗天戒乎 願殿下 上察天時 下稽人事 旋還京闕 則侍從有得所之樂 民庶無失所之嘆 惟殿下裁之 王令都堂 擬議.'
61) 『고려사』 권46, 공양왕세가 3년 2월 10일(정묘), '至自南京 都人結綵棚以迎之.'

회암사에 행차하여 불사를 크게 벌였는데, 사치가 극에 달하였다. 1,000여 명에게 반승하고, 영관에게 향악·당악을 연주하게 하였다. 왕이 손수 향로를 들고 동서의 승당을 두루 돌며 밥을 먹을 것을 권하였으며, 순비도 왕을 따랐다. 또 순비와 세자와 함께 밤새도록 예불을 드렸다.[62]

공양왕은 남경을 방문하였다가 회암사에 들려 자신의 생일을 맞이하여 예불을 올리고 승려들에게 음식을 반승하였던 것이다. 이에 정도전은 이를 비판하였다.[63]

무학은 이성계가 위화도 회군에 정치 실세가 되어 가던 공양왕대에 개경에 머물렀던 것 같다. 조선 건국 두달 전 왕과 순비가 승려 무학을 개경의 해온정에 불러 접견하였다.[64]

3. 조선초 무학 자초와 한양 전도

1) 연복사 탑 중영과 왕사 책봉

연복사 탑은 공민왕이 5층탑을 다시 세우려 하였다가 공양왕이 1391년(공양왕 3)에 명을 내려 천규 등이 공장을 모집하고 공사를 시작하였다. 공사가 거의 끝나갈 무렵 중창 경비가 엄청나고 민간에 폐해가 됨을 주장한 억불론자 정도전·김자수·유정현 등 신진 사류는 연복사 탑의 중영을 빌미로 하여

---

62) 『고려사』 권46, 공양왕세가 3년(1391) 2월 4일(신유), '次檜巖寺 大張佛事 窮極奢侈 飯僧千餘 使伶官奏鄕唐樂. 王手執香爐 巡東西僧堂 以侑食 順妃亦隨之 又與妃及世子 禮佛徹夜.'
63) 『고려사』 권119, 정도전 열전, '王自南京還都 次檜巖寺 以誕辰 禮佛飯僧 道傳曰 誕辰飯僧 雖非古典 但出於臣子 則可矣 未聞人君自祈福利 不聽 王欲營演福寺塔殿 令京畿 楊廣民 輸木五千株 牛盡斃 民甚怨之 道傳極言其害 尋以病乞退 不允.'
64) 『고려사』 권46, 공양왕세가 4년 5월 22일(임인), '王與順妃, 引見僧自超于解慍亭.'

불교계에 대하여 집중 공격하였다.[65]

왕이 연복사 탑전을 지으려고 경기와 양광도의 민을 시켜 나무 5,000그루를 실어 오게 하니 〈실어 나르는〉 소가 모두 죽어 민들이 매우 원망하였다. 정도전이 그 피해를 극언한 후 곧이어 병을 구실로 사직을 청하였으나 〈왕은〉 윤허하지 않았다.[66]

정도전은 공양왕이 남경에 순주했을 무렵 회암사에 행차하여 불사를 베푼 사실을 지적하였던 바 있는데 연복사 탑 중영의 폐해를 비판하였다.[67]

〈윤회종은〉 형조 총랑으로 옮기자 다시 상소하여 말하기를, '국가의 운이 장구하게 되는 것은 임금이 인덕을 쌓아 나라의 근본을 기르는 데 달려있을 뿐이니, 어찌 도성에 있는 지세의 왕성한 기운을 믿겠습니까? … 가짜 임금인 신우가 사악한 신하의 말에 혹하여 한양으로 거처를 옮겼지만 탐학한 무리들이 마음대로 가렴주구하여 온 양광도가 시끄럽게 되었습니다. … 또한 승려 법예의 말에 현혹되어 연복사를 중수하며 부근 인가를 모두 헐어버리셨는데 저는 전하를 위해 좋지 않다고 생각합니다. 바라옵건대 도읍의 이전을 중지하시고 법예를 쫓아내어 〈사람들의〉 여망에 부응하소서.'라고 하였다.[68]

---

65) 송창한, 「金子粹의 척불론에 대하여」, 『역사교육논집』 13·14, 1990, 472쪽 ; 송창한, 「朴礎의 척불론에 대하여」, 『대구사학』 29, 1986, 56쪽.
66) 『고려사』 권119, 정도전 열전, '此皆地德之衰 巡幸南京 則禍可弛也 今駐驆未久 獸多損傷人物 人或潛謀不軌 變怪亦云不息 術士之論地德之說 寧可信乎 若曰 讖有其數 須當避禳 則與其任術數 而邀遐福 孰若修德政 而祇天戒乎 願殿下.'
67) 『고려사』 권119, 정도전 열전.
68) 『고려사』 권120, 윤소종 열전 부 윤희종, '轉刑曹摠郞 又上疏曰 國家運祚之長 在乎人君 積德累仁 培養邦本而已 夫豈恃都城地勢之旺氣哉 盤庚之去耿 以有河決之害 大王之去邠 以有狄人之侵 平王之東遷 以有犬戎之亂 今無此數事 而欲遷都漢陽 物議驚駭 胥動訛言 是殿下以江水赤沸 太白書見 乃信讖緯不經之言 欲移蹕以避之 殿下如欲弭災惟當避殿減膳 兢業小心 下罪己之令 以求直言 明其政刑 愛養黎元而已 偽禍惑邪臣之言

즉, 윤택의 손자이자 윤소종의 아우인 윤회종은 '법예의 설에 혹하여 연복사(보제사)를 수리하면서 사방에 있는 민가를 모두 허물어 집을 잃은 자가 많으므로 천도하는 일을 중지하고 이와 관련이 깊은 법예를 내쫓으라'고 하여[69] 국가비보사상을 부정하며 한양 천도를 적극 반대하였다. 법예는 나옹의 문도 굉연과 무학 등과 더불어 국가비보사상을 강조하였다. 법예가 건의한 연복사 탑의 중수를 계기로 하여 억불론자인 성리학자들의 상소가 빗발치기 시작하였던 것이다.[70] 강희백도 연복사 탑의 중창에 대한 비판을 하면서 '어찌 지기의 성쇠가 있다고 국조의 성쇠가 있다고 할 수 있습니까? 개국 이래 400여 년에 어떻게 일찍이 3경에 차례로 거주하면서 36개 나라로부터 조공을 받을 수 있었겠습니까? 신우가 도참을 믿고 남경으로 수도를 옮겼지만, 어떤 나라가 한강에 와서 조공한 일이 있었는지 아는 바 없지 않습니까?'라고 하여 한양 천도를 비판하였다.[71]

그리하여 1391년(공양왕 3) 4월에 연복사 탑의 중수를 그만두었으나[72] 다시 연복사 탑을 중수하였다.[73] 마침내 <u>1392년(공양왕 4) 5월 13일에</u>

徙居漢陽 貪殘之徒 恣意誅求 楊廣一道 爲之騷然 今若移幸 則修宮室 備供儲 將家抽戶斂 侍從百司 宿衛臣庶 將傾城以赴之 朝夕餱糧之不繼 風霜雨露之無庇 辛勤旅次 可勝言乎 況今禾穀被野 萬騎所至 踐踩且盡 漢陽吏民 失其家室 奔竄山谷 披荊棘 刈蓬藋 春耕秋收 又失其時 臣恐民之受患 甚於禍時也 又惑浮屠法猊之說 重修演福寺 盡壞旁近人戶 臣爲 殿下不取 願罷移都 黜法猊 以副輿望 昔晋惠帝時 雨血太白晝見 太子與皇后見殺 自是 宗室相殘 天下大亂 懷愍二帝 終爲劉聰所虜 夷狄亂華者數百年 唐高祖時 太白晝見經天 秦王殺太子及齊王元吉 太宗季年 太白屢晝見 而則天廢中宗自立 革唐稱周 大殺唐之宗 室 社稷幾亡 天之垂戒 豈偶然哉 今春夏之交 太白屢晝見 今又晝見經天者月餘 天之所以 戒殿下者至矣 殿下列花卉於宮中 而日翫之 又欲遊幸漢陽 臣恐祗懼之心 有未至也 願以 堯舜三王之心爲心 以周公孔子之道爲道 不爲邪議之所惑 務於實德 則天意可回 而邦本 可固矣.'

69) 『고려사절요』 권34, 공양왕 2년(1390) 8월 ; 『고려사』 권120, 윤소종 열전 附 尹會宗, '又惑浮屠法猊之說 重修演福寺 盡壞旁近人戶 臣爲殿下不取 願罷移都 黜法猊 以副輿望.'
70) 『고려사』 권33, 김자수 열전 ; 황인규, 「여말선초 연복사 탑의 중영과 낙성」, 『역사와 교육』 7·8, 1999 ; 황인규, 앞의 책, 2003, 520~521쪽.
71) 『고려사』 권117, 강희백 열전.
72) 『고려사』 권45, 공양왕세가, 공양왕 3년 4월.

연복사 탑이 완성되었으나,74) 낙성을 보게 된 것은 조선 건국 직후인 1393년 (태조 2)에 가서 이루어지게 된다.

> 연복사의 5층탑이 이루어졌으므로 문수 법회를 베풀게 하고 임금이 친히 거동하여 자초의 선법(禪法) 강설을 들었다.75)

연복사 탑이 1393년(태조 2) 3월 28일에 완성되자 무학은 연복사에 가서 5층탑의 건축을 기념하는 문수 법회를 베풀고 선법을 강연하였다. 그보다 7개월 뒤인 10월 17일 탑의 낙성식이 개설되었다. 이렇듯 왕사 무학이 문수 법회 등 기념 불사를 주관하는 등76) 태조대 불교계를 주도하였다.77)

이렇듯 무학은 건국 직후 왕사로 책봉되어 개경의 연복사 탑의 낙성을 주관하면서 국도인 한양을 중심으로 한 불교계의 중심지로서 회암사를 지공·나옹·무학으로 이어지는 3화상의 도량으로 만들어 불교계를 재편하고자 하였던 것이다.78) 이를 위하여 한양 전도에 참여하게 된다.

2) 국도 후보지 논의와 한양 전도

무학은 왕사로 책봉된 직후 회암사에 머물고 있었는데, 태조와 신료가 회암사로 가서 왕사 무학을 청하여 같이 갔다.79)

---

73) 위와 같음.
74) 『고려사』 권46, 공양왕세가, 공양왕 4년 5월 13일(계사), '演福寺.'
75) 『태조실록』 권3, 2년 3월 28일(계유).
76) 연복사에 관한 조선초의 기록은 무학과 관련해서 거의 나타나고 있으며 연복사 탑의 낙성식과 관련된 사실들이다.
77) 무학의 연복사 불사에 대해서는 황인규, 「3. 불사주관과 그 의의」, 『무학자초연구』, 동국대 박사학위논문, 1998을 참고하기 바람. 따라서 세세한 각주를 생략하였음을 밝혀 둔다.
78) 황인규, 「4. 국도선정 참여와 왕실기틀 조성」, 『무학자초연구』, 동국대 박사학위논문, 1998.

Ⅲ. 무학 자초와 한양 전도   179

계유년(1393년) 태조가 지리를 살펴 수도를 세우고자 하여 사(무학)에게 수가를 명하였다. 사(무학)가 사양하니 태조가 사(무학)에게 말하였다. '지금이나 예전이나 서로 만난다는 것은 반드시 인연이 있는 것이다. 세상 사람의 터 잡는 것이 어찌 도사의 눈만 하겠는가.' 계룡산과 지금의 신도를 순행할 때, 사(무학)가 항상 호종하였다.[80]

태조는 이를 계기로 1393년 1월 19일 여러 신료들과 함께 개경을 출발하여 계룡산으로 향하였다.[81] 태조는 회암사에 들러 무학과 동행하였다.[82] 무학은 태조 및 여러 신료들과 함께 1393년(태조 2) 2월 8일 계룡산 아래에 도착하였다.[83] 그리고 다음날 계룡산에 올라서 그 일대의 도읍의 터를 살폈다.[84] 그 후 2월 11일 신도 중앙의 언덕에 다시 올라갔다.

어가가 새 도읍의 중심인 높은 언덕에 올라가서 지세를 두루 관람하고 왕사 무학에게 물으니, 무학은 대답하였다. '능히 알 수 없습니다.'[85]

이처럼 그는 한달 남짓 태조와 동행하면서 계룡산 등을 비롯한 국도 후보지에 대하여 자문을 받았다. 그럼에도 불구하고 계룡산의 지세에 대하여 알 수 없다고 한 것은 계룡산이 국도로서 부적당한 것을 말한 것이라 생각된다. 무학은 처음부터 계룡산이 국도로서 적합하지 못하다는 것을 이미 알고 있었던 듯하다.

---

79) 『태조실록』 권3, 2년 1월 21일(정묘).
80) 변계량, 「묘엄존자 탑명」, 『조선금석총람』 하. '歲癸酉 太祖欲相土建都 命師隨駕 師辭 太祖謂師曰 古今相遇 必有記緣 世人所卜 豈若道眼 巡幸鷄龍山及新都 師皆扈從.'
81) 『태조실록』 권2, 2년 1월 19일(을축).
82) 『태조실록』 권3, 2년 1월 21일(정묘).
83) 『태조실록』 권3, 2년 2월 8일(계미).
84) 『태조실록』 권3, 2년 2월 9일(병신).
85) 『태조실록』 권3, 2년 2월 11일(병술), '駕登新都中心高阜 周覽形勢問 王師自超以不能知對.'

계룡산 신도안이 국도로서 선정되어 그해 3월 1일부터 12월 11일까지 신도의 공사가 진행되었으나 경기도 관찰사 하륜(1347~1416)이 계룡산 일대가 도읍 터로서 적당치 않다고 주장하자 계룡산의 궁궐 공사는 그치고 말았다.86) 계룡산은 중앙에서 벗어나 남방에 치우쳤다는 것과 풍수지리상의 결함 때문에 국도로서 부적당하다는 의견이 제기되었기 때문이다.87)

다음 해인 1394년(태조 3) 2월 18일 하륜은 좌시중 조준과 영삼사사 권중화·서운관 관원 등과 함께 『지리비록촬요』를 가지고 가서 무악 땅을 살폈다.88) 며칠 후인 2월 23일 권중화와 조준 등이 무악에서 돌아와 무악의 남쪽은 땅이 좁아서 도읍을 옮길 수 없다고 하였으나, 하륜만이 무악의 땅을 국도 후보지로 주장하였다.89) 그 후 불일사 터와 선고개(선점)90) 등 10여 곳이 수도 후보지로 물망에 오르게 되는 등 의견이 분분하였다. 태조는 도평의사사의 계청(啓請)에 의하여 음양 산정 도감이라는 임시 관청을 설치하고 제 신료들에게 신중하게 국도의 터를 선택하라고 하였다.91) 그러면서 그 해 8월 8일 태조가 신료들과 무악 일대를 직접 답사하였다.92) 3일 후인 8월 11일 태조가 무악에 이르러 도읍을 정할만한 땅을 물색하였는데 판서운관사 윤신달과 서운부정 유한우 등이 도읍으로서 부적당하다고 하면서 '우리나라에서는 부소(개경)의 명당이 첫째요, 남경이 그 다음이다.'93)라고 하였다. 무학은 무악에도 동행하였다. 무악을 둘러싼 의견이 제기되자 태조는 그를 초빙하여 자문을 구하였다.

---

86) 河崙은 계룡산 일대가 한반도 남쪽에 치우쳐 있고 동서북이 서로 떨어져 있으며 풍수에서 가장 안 좋은 지세 중의 하나인 '水破長生 衰敗立至.'의 땅이라고 하였다.' 『태조실록』 권3, 2년 12월 11일(임오).
87) 『태조실록』 권4, 2년 12월 11일(임오) ; 이병도, 앞의 책, 37쪽.
88) 『태조실록』 권5, 3년 2월 23일(계사).
89) 『태조실록』 권5, 3년 2월 23일(계사).
90) 『태조실록』 권6, 3년 7월 2일(기해).
91) 『태조실록』 권6, 3년 7월 12일(기유),
92) 『태조실록』 권6, 3년 8월 8일(을해).
93) 『태조실록』 권6, 3년 8월 11일(무인), '國之內扶蘇明堂爲上 南京次之.'

Ⅲ. 무학 자초와 한양 전도   181

임금이 왕사 무학을 장막 안으로 불러들여 밥을 먹이었다. 처음에 임금이 여기에 와서 터를 잡으려 할 때 먼저 사람을 보내어 맞아 온 것이다.[94]

1393년 12월 11일에 계룡산 전도가 무산되고 무악이 새로운 국도의 후보지로 오른 것은 1394년 2월 18일이다. 즉 태조가 조준·권중화 등과 서운관원을 보내 무악의 지세를 살피게 하면서 본격적으로 시작되었다. 그런데 바로 그 전날인 2월 17일에는 다음과 같은 기록이 찾아진다.

임금이 연복사에 거동하여 문수법회를 구경하였다. 왕사 자초가 죄수를 상면하기를 청하니, 그대로 따랐다.[95]

무악의 지세를 살피기 위해 관원들을 보냈던 바로 전날 이렇게 둘이 만났다면 무악 전도에 대한 이야기를 당연히 나누었을 것이다. 무악에 대한 신료들의 견해가 워낙 분분하게 되자 앞서 인용한 기록에서 보는 것처럼 무학에게 자문을 요청했다. 따라서 무악의 지세에 대해서 신료들과 풍수 학인들의 이견이 분분할 때 태조가 무학을 초빙하여 장막 안에서 공양하고 지세에 대하여 자문을 구하였을 것이다. 이때 무학이 무악에 대하여 어떠한 말을 하였는지 알 수 없으나 태조가 재상들의 무악에 대한 의견에 따르도록 종용하지 않았을까 하며, 태조를 한양으로 유도하게 하였을 것이다. 이는 다음날 남경 옛 궁궐 터 즉 한양에서 그러한 이야기를 한 것으로 미루어 짐작된다.

그런데 무악이 국도 후보지로서 부적당한 것으로 판명되자 무학은 태조와 함께 다음 날 여러 신하들과 함께 서운관원의 의견대로 남경(남경 궁궐 터, 경복궁 신무문 밖)의 지세를 살피러 갔다. 태조는 서운관원에게 남경의 지세를 물었으며,[96] 이어 무학에게 다음과 같이 남경의 지세를 물었다.

---

94) 『태조실록』 권6, 3년 8월 12일(기묘), '上飯王師自超於帳殿 初上欲相宅 先遣人邀之.'
95) 『태조실록』 권5, 3년 2월 17일(정해).

임금이 또 왕사 자초에게 물었다. '어떠냐' 자초가 대답하였다. '여기는 사면이 높고 수려하여 중앙이 평평하니, 성을 쌓아 도읍을 정할만 합니다. 그러나 여러 사람의 의견을 따라 결정하십시오.'97)

무학은 계룡산과 무악에서와는 달리 한양이 도읍이 될 만하다고 하면서도 여러 사람의 의견을 따라 결정하라고 하였다. 무학의 말이 끝나자 태조는 여러 재상들에게 논의하게 하였는데 하륜을 제외하고 모두 도읍 터로서 좋다고 하였다. 태조는 무악의 지세를 살피고 돌아가는 길에 계족산98)·임진현·고려 때 신경 터99) 그리고 도라산 등을 둘러보고 개경으로 돌아갔다.100) 같은 해 8월 24일 도평의사사가 한양이 도읍 터로서 적절함을 건의하고 태조가 받아들임으로써, 한양이 국도로 결정되었다.101) 결국 국도 선정은 2년만인 1394년 8월 24일에 이루어졌다. 그리하여 1394년(태조 5) 9월 1일 태조는 신도 궁궐조성도감을 두었으며102), 그로부터 2달 뒤인 10월 25일 한양을 새로운 도읍 터로 정하였다.103) 아울러 3일 뒤인 3월 28일 태조가 한양에 도착하였다.

이상에서 살펴본 바와같이 국도 선정에는 태조와 무학뿐만 아니라 신진 사류들도 동행하였다.104) 실록에 의하면 무학은 계룡산과 무악에서와는

---

96) 『태조실록』 권6, 3년 8월 13일(경진), '我國境內 松京爲上 此地爲次所可恨者 乾方低下 水泉枯涸而已.'
97) 『태조실록』 권6, 3년 8월 13일(경신), '上問王師自超 此地如何 超對曰 此地四面高秀 中央平衍 宜爲城邑 然從衆議乃定.'
98) 『태조실록』 권6, 3년 8월 16일(계미).
99) 『태조실록』 권6, 3년 8월 17일(갑신).
100) 『태조실록』 권6, 3년 8월 18일(을유).
101) 『태조실록』 권6, 3년 8월 24일(신묘).
102) 『태조실록』 권6, 3년 9월 1일(무술).
103) 『태조실록』 권6, 3년 10월 25일(신묘).
104) 한양 접도의 과정도 계룡산에 이어 무악에서 국도의 지세를 살폈으며 불화사에 올랐다는 사실은 나타나지 않고 있으며, 그들은 직접 남경의 옛터에 와서 자세를 살폈다. 그러나 지세를 전체적으로 조망하기 위해서는 북한산에 직접 올랐을

달리 한양이 도읍이 될 만하다고 하면서도 여러 사람의 의견을 따라 결정하도록 하였다.105) 이능화가 이미 지적했듯이 한양에 도읍을 정하고 궁궐을 신축하였는데, 왕사 무학이 이를 도왔던 것이다.106)

3) 불교계 재편과 국도 한양

무학이 한양 전도에 참여하게 된 것은 한양을 중심으로 하는 불교계 재편을 위한 것이기도 하다. 무학은 태조의 부름을 받고 개경에 머물면서 태조에게 지공과 나옹의 괘진·탑명·조파를 주청하여 이를 허락받고107) 1393년 9월 9일 광명사에서 나옹의 괘진 불사를 하여 지공과 나옹의 대표적인 계승자임을 천명하였다.108) 무학은 또한 비문에 이색이 평을 했듯이 '스님의 도의 우뚝히 높으심이요 보통 생각할 바가 아니다. 선각의 적통이요 태조의 스승이었다.'109)

무학은 태조의 양위후 이성계의 청으로 회암사에 다시 9개월 정도 머물렀다. 그 기간 동안 이성계가 회암사를 중창하였는데110), 이는 무학의 뜻에 따른 것이다. 회암사가 그의 스승인 지공과 나옹의 도량이었기 때문이었다.111) 얼마 후에 무학의 부도가 지공과 나옹의 부도와 함께 회암사 북봉에 세워지게 되었으며 무학의 비도 회암사에 세워졌다. 그리하여 회암사는

것이다. 지금의 국도의 터를 잡으려면 무학이 한양의 진산인 북한산(삼각산)을 올랐을 것이다.
105) 『태조실록』 권6, 3년 8월 13일(경신), '上問王師自超 此地如何 超對曰 此地四面高秀 中央平衍 宜爲城邑 然從衆議乃定.'
106) 이능화, 『조선불교통사』 상, '(甲戌 3年) 定都于漢陽 建宮闕 王師無學相之也.'
107) 獅巖 采永, 『海東 佛祖原流』, 『한국불교전서』 10.
108) 변계량, 「묘엄존자 탑명」, 『조선금석총람』 하.
109) 위와 같음.
110) 『태종실록』 권3, 2년 6월 9일(신유), '太上王自逍遙山幸檜巖寺 太上欲重修檜巖寺 且營宮室而留居 上重違其意 遣隊副一百五十名赴役 有一人亡命 太上命捕而殺之.'
111) 「妙嚴尊者 塔銘」에 '師의 스승 指空이 浮屠가 있는 곳이다'라는 기록이 보인다.

지공·나옹·무학의 3화상의 요람이 되었다. 지공과 나옹은 부처의 화신 또는 생불로서 추앙받았고[112] 무학이 왕사로서 당시 불교계를 대표하는 위치에 있었으므로 3화상의 위상이 확립되었다. 이로써 회암사는 지공·나옹·무학의 3화상의 요람이 되었다.[113] 원에서 3화상의 연이 시작된 지 50년 만이다. 따라서 조선시기에 회암사는 도있는 승려가 모이는 곳이라 인식되어 특별 대우를 받았던 것이다.[114]

뿐만 아니라 무학은 그 해 6월 25일 조파를 확정하고 『불조종파지도』를 중간하였다. 그가 조선후기 고승 사암 채영이 지은 『해동불조원류』 발문에 의하면 무학이 조사의 계보가 없음을 심히 부끄럽게 여겨서 당시 지공과 나옹를 잇는 불교의 법맥을 세웠다.[115] 이처럼 무학은 나옹의 법맥을 이음으로써 지공, 나옹에 이은 3화상으로서 위치를 점하게 된 것이다.

무학의 한양 전도와 불교계 재편의 사상적 배경은 고려시대 이래 불교와 사찰 운용의 기본 원리가 되었던 국가비보사상이며, 그의 문도에게 계승되었다. 즉, 무학의 제자인 함허 기화(1376~1433)와 철호 조선과 조생에게 전하여졌다. 『유석질의론』에 의하면, 태조 왕건이 삼한을 통합할 때 성모와 도선의 부탁을 받고 여철의 가르침을 받아 불법으로 전국에 비보사찰을 설치한 곳이 3천에 이르렀으며, 선원을 만든 것이 5백에 달하였다고 한다.[116] 이처럼 불교계에서는 『현정론』이나 『유석질의론』으로 대응하고자 하고 불교의 국가 역할론을 강조하였다. 이에 무학과 그의 문도 철호 조선 등은 선각국사 도선이 정한 좌소[117]인 회암사에 머물면서 비보사찰을 지정하는

---

112) 無名氏, 「闢佛疏」, 『동문선』 권56.
113) 「妙嚴尊者 塔銘」에 '師의 스승 指空이 浮屠가 있는 곳이다'라는 기록이 보인다.
114) 『태종실록』 권15, 8년 1월 4일(계축), '上召持平金庚曰 檜巖寺乃有志僧徒居棲之.'
115) 채영, 『해동불조원류』, 『한국불교전서』 10.
116) 『儒釋質疑論』 卷下, '粤有前朝王氏之統合也 幸承聖母道詵之遺囑 甘受洞中如哲之指揮 假以佛法爲艾 而醫之於山川痛痒之地 缺者補之 過者抑之走者止之 背者招之 賊者防之 爭者禁之 善者樹之 吉者揭之 神補之設至於三千 禪院之作 盈於五百 而山川病咎 無不潛伏 神補者 療病之謂也.'
117) 『고려사』 권134, 우왕 5년 10월 무자.

데 참여하였던 것이다. 태고 보우의 문도이자 태조대 흥천사 감주였던 상총도 '선도(禪道)는 국운을 연장시키고, 『지론(智論)』은 이웃나라의 병란을 진압한다.'118)는 수선사 제2세 사주 진각국사 혜심의 말을 인용하여 불교계의 국가 비보설을 강조하였던 것이다.119)

이에 반하여 신진 사류와 태종은 불교계 교단을 대대적으로 탄압 정리하면서 그동안 지켜왔던 국가비보사상의 원리를 무너뜨리기 시작하였다. 바로 그러한 때 무학은 양주 회암사를 중심으로 도성의 사찰들을 재배치하여 한성을 중심으로 하는 불교계 세력을 재편하고자 하였던 것이다.120)

조선중기에 무학의 국가비보사상을 계승한 조선중기 고승 성지나,121) 조선전기 유자 서거정(1420~1488)이나 조선후기 문신 이유원(1814~1888) 등에 의해서 확증되게 이른다.122)

이와 같이 무학을 비롯한 고려말 불교계 고승들은 보우의 양평 용문사에 이어 남양주 회암사, 수원 만의사, 안양 안양사, 과천 청계사에서 한양천도를 기원하며 대비하였던 듯하다. 조선 건국 직후 고려후기 이래 불교계를 주도하였던 조계종과 천태종에서 무학이 왕사, 조구가 국사로 각기 책봉되기에 이르는 것이다.123)

---

118) 『태조실록』 권14, 7년, 5월 13일(기미), '祖師眞覺有言曰 禪道延國祚, 智論鎭隣兵.' ; 權近, 「興天社造成記」, 『陽村集』 卷12 ; 『동문선』 권78 ; 황인규, 「조선전기 천태고승 행호와 불교계」, 『한국불교학』 35, 2003 : 황인규, 앞의 책, 2005.
119) 慧諶, 「常住寶記」, 『진각국사어록』, 『한국불교전서』 6.
120) 황인규, 「고려 비보 사찰의 설정과 寺莊 운영」, 『역사와 교육』 6, 1998 ; 「도선국사와 비보 사찰」, 『도선국사자료집』, 도갑사, 2007 ; 「선각국사 도선과 비보 사찰」, 『선각국사 도선』, 영암군 월출산 도갑사 도선국사연구소, 2007 ; 황인규, 「선각국사 도선의 종풍계승 및 전개」, 『한국선학』 20, 2008 ; 황인규, 「여말선초 천태종승의 동향」, 『천태학연구』 11, 대한불교천태종 총무원 원각불교사상연구원, 2008 ; 황인규, 「인왕산사와 무학대사」, 『한국선학』 22, 한국선학회, 2009.
121) 『광해군일기』 권101, 8년(1616) 3월 24일(갑오) ; 황인규, 「광해군과 봉인사」, 『역사와 실학』 38, 2009.
122) 徐居正(1420~1488), 『筆苑雜記』 권2 ; 李裕元(1814~1888), 「仁王洞의 丹書」, 『林下筆記』 권13.
123) 무학의 조선 건국 참여에 관한 보다 깊은 것은 다음 논고를 참조하기 바람.

결국 보우에 의해 주장된 한양 천도는 당대에 이루어지지 못하였지만 우왕대를 거쳐 공양왕대에 한양 천도가 시도되고 궁궐 공사와 성곽 수축을 하는 등 국도 건설이 이루어졌다가 조선 건국 직후 왕조 창업의 최우선 사업으로 천도가 단행되었던 것이다.124)

4) 한양 중심 비보사찰 지정

무학은 근기 지방 양주 회암사를 불교계 재편의 중심지를 삼아 국도선정 직후 한성[한양]을 지키는 4대 사찰을 지정하였다. 무학은 고려말 이성계와 함께 전국의 여러 사찰에서 조선왕조를 창업하기 위하여 기도하였을 뿐 아니라125) 조선 건국 후에도 이성계를 도와 도읍 터를 정하고 그것을 전후하여 국도 한양을 지키는 절을 창건(또는 중창)하여 지정하였다.

무학은 1394년(태조 3) 한양을 국도로 정할 때 관악산 삼막사에서 국운을 위해 기도하였다고 한다.

> 그때에 무학이라는 이가 있었으니, 그는 나옹의 제자로서 지리의 학문에 정통하였는데, 우리 태조께서 그의 소문을 듣고 불러들여 국도를 정하게

황인규, 「고려말 이성계의 불교계 세력기반」, 『한국불교학』 28, 2001 ; 황인규, 「여말선초 화엄종승의 동향」, 『불교학연구』 1, 2000 ; 황인규, 「여말선초 천태종승의 동향」, 『천태학연구』 11, 대한불교천태종 총무원 원각불교사상연구원, 2008 ; 황인규, 「불교계 고승과 국도 천도-고려 및 조선의 국도를 중심으로」, 『대각사상』 18. 2012.

124) 황인규, 「무학자초와 한양 전도」, 『역사와교육』 4, 1996 ; 황인규, 「제1장 불교계의 국도 선정 : 2) 궁궐과 도성의 지정」, 『무학대사연구』, 혜안, 1999 ; 황인규, 「無學自超의 興法활동과 檜巖寺」, 『三大和尙論文集』 2, 1999 ; 황인규, 앞의 책, 2003, 549~550쪽.

125) 이성계의 창업과 관련한 寺刹은 지역적으로 이성계와 그 조상의 본래 고향이었던 전라도 전주일대와 本貫地 그 조상이 생활무대였던 함경도 咸興 주변에 나타나고 있다. 즉 무주 北固寺, 순창 萬日寺, 임실 上耳庵, 완주 威鳳寺와 경기도 의정부 回龍寺 그리고 함경도 안변 釋王寺 등이 그러한 사찰이다.

하니, 외백호가 세력이 급하고 형상이 위대하여 날뛰는 기운이 있다고 하여 그 위에 절을 세워 호압이라 이름하여 억누르고, 그 앞에 암자를 세워 사자라 이름하여 위협하고, 그 곁에 개를 묻어 사우견(四隅犬)이라 이름하여 유진하였다. 또 사방에 절을 지어 서울을 진압하니, 동쪽에 있는 것을 청련이라 하고, 서쪽에 있는 것을 백련이라 하고, 남쪽에 있는 것을 삼막이라 하고 북쪽에 있는 것을 승가라 하였으니, 이 같은 내용이 여지에 실려 있다. 이곳에 말한 백호가 바로 이 산이요, 삼막이 이 절이다. 따라서 옛 사람들은 절을 세워 산천의 기맥을 진압하여 나라의 번영을 기원했음을 더욱 분명히 알 수 있다. … 대체로 이 절은 신라 때 창건되고, 고려 때 중수되고, 조선초에 융성하였으니, 원효·의상·윤필·도선·지공·나옹·무학 등이 머물렀다. … 도선이 기맥을 진압하고 무학이 형세를 제어하여 우리나라의 영원한 터전을 보전하였다.[126]

무학은 풍수지리에 정통하여 태조를 도와 국도 선정에 참여하였으며, 지세가 드센 곳(관악산)에 호압사와 사자암을 창건하였다. 그리고 그 곁에 석견을 묻어 이를 진압하였고 한양을 지키는 절을 한성의 동서남북 사방에 절을 지어 진압하였다. 그것이 삼막사·청련사·백련사·승가사이다. 또한 이러한 내용이 『여지』에 실려 있다는 것이며, 조선후기의 사찰 기문류이지만 여지, 즉 『신증동국여지승람』에도 실려 있다.

금천(지금의 시흥)의 동쪽에 있는 산의 우뚝한 형세가 범이 걸어가는

---

[126] 雪庵 門人, 「三聖山 三藐寺 事蹟」, 1771년(영조 47), 『봉은본말사지』 관악산의 사찰 삼막사 편. '時有無學者 懶翁之弟子 尤先地理之學 我太祖聞而致之 以定國都 以外白虎 勢急形威 多有犇動之氣 乃立寺其上 曰虎壓以鎭之 創庵其前 曰獅子以威之 埋犬其傍 曰四犬以留之 又創寺四隅 以鎭京都 在東者靑蓮 在西者白蓮 在南者曰三藐 在北者曰僧伽 載之輿地云 所謂外白虎則此山也 所謂三藐卽此寺也 然則古人之所建剎以鎭山川氣脈 而使之祝釐邦家者 尤曉然明白矣 … 盖是寺 創於新羅 修於高麗 盛於朝我之初 而元曉義湘潤筆道詵指空懶翁無學之徒居焉 … 況道詵之鎭脉 無學制勢 有以保我國家無疆之基.'

것 같고, 그런 중에 험하고 위태한 바위가 있는 까닭에 범바위(호암)라 부른다. 술사가 이를 보고 바위 북쪽에다 절을 세워 호갑이라 하였다. 거기에서 다시 북쪽으로 7리쯤 되는 곳에 궁교라 하고 또 북쪽으로 10리쯤에는 사자암이 있다. 모두 범이 달려가는 듯한 형세를 누르려는 것이었다.[127]

호갑사(호압사)와 사자암의 창건이 풍수지리 즉, 국가비보사상적 견지에서 이루어졌다는 것이다. 호암산은 관악산에서 뻗어내려 삼성산으로 이어지며 삼성산은 다시 검지산으로 이어지는데, 호암산은 바로 그 직전에 있다. 호암산은 호랑이 모양과 같은 바위가 있으므로 이름붙여졌으며, 이 호랑이의 기세를 누르기 위해 호랑이산(호암산)의 꼬리에 절을 세워 호압사라고 한 것이다.[128] 그리고 사자암을 창건한 것도 사자로써 호랑이를 대적하게 하여 호랑이의 기세를 누르기 위해서였다.[129] 아울러 무학은 관악산의 지세를 누르기 위하여 삼막사·사자암·호압사 등을 창건(또는 중창)하였던 것이다.

무학은 관악산뿐만 아니라 한양을 지키는 4대 사찰을 지정하였다. 근현대의 기록이지만 시사하는 바 적지 않다.

무학이 한양에 불교의 호국적 특색으로, 또는 밀교적 만다라에서 사찰을 건립하였다고 이해될 수 있는 것이다. 동청련·서백련·남삼막·북승가가 바로 그것이다. 이것이 모두 창사 보국(創寺補國)·진사압기(鎭邪壓氣) 등

---

127) 『신증동국여지승람』 권10, 금천현 산천 호암산. '尹滋說衿之東有山峙焉 勢北馳 如行虎有石巉 巖世號爲虎巖 術家相之 立寺於巖之北隅曰虎岬 去其北七里 有橋曰弓橋 又其北十里有巖曰獅子 皆所以壓 其行虎之勢也.'
128) 최원석, 「서울지역 寺刹立地의 견해」, 『다보』, 1994 여름호. 67쪽 ; 『한국의 전설』 11, 1972 ; 최정희, 『한국불교전설』 99, 우리출판사, 1986. 43~46쪽.
129) 術士가 서울 도성에 호랑이의 피해를 막고자 三聖山의 다른 이름인 虎巖山을 虎壓山이라 하였다고 하나, 이는 1841년에 쓰여진 듯한 『前巒左消 始與 三聖山 法堂 重建記』나 일제 강점기에 쓰여진 『봉은본말사지』나 이들을 인용한 『한국사찰전서』의 무비판적인 답습 때문이 아닌가 한다.

밀교적 전형인 것이니, 도선의 비보설도 이와 마찬가지이다. 산천과 국토를 하나의 영적 활동체로 보아 인신의 맥세를 따라서 침과 뜸 등을 응용하는 활수단(活手段)을 쓴다는 것이 고려 이후의 창사 비보의 비결이었던 것이다. 고려초 도선국사의 비보설이 한 번 나오매 고려 500년의 불교는 순전히 진호기우적(鎭護祈祐的)이었으며, 조선초에도 그것은 조금도 변화하지 아니하였다.

위의 글에 의하면 무학이 불교의 호국적 특색이나 밀교적 만다라에서 한양의 동쪽에 청련사·서쪽에 백련사·남쪽에 삼막사·북쪽에 승가사를 비보사찰로 지정하였다는 것이다.130) 그리고 한양을 지키는 내사산인 북악산·인왕산·남산·낙타산을 다시 그 둘레에서 지키는 형세를 하고 있다.

이렇듯 무학은 한양의 도성을 지키는 4대 비보사찰을 지정하였을 뿐아니라131) 자운암·개운사·인왕사·일선사 등의 사찰도 비보사찰로 지정하였다. 『봉은본말사지』에도 도성 안에 태조가 세운 흥천사·흥덕사·흥복사·지천사·인왕사 등과 세조가 세운 복세암·원각사 등이 모두 대표적인 비보사찰이었다. 그 밖에 안일사·자수사·인수사 등의 내원당과 성안의 정업원도 역시 비보사찰이었다고 하였다.132) 그 가운데 인왕사와 정업원이 비보사찰이었음은 『성종실록』에서도 제시하고 있다.

---

130) 『봉은본말사지』 경산의 사찰 서문. 漢陽을 지키는 4대 寺刹 가운데 청련사 대신에 양주 佛巖寺를 드는 경우가 있다.(『奉恩本末寺誌』 경산의 사찰 靑蓮寺誌) 불암사는 경기도 남양주시 불암산에 자리하고 있는 절로 기록에 의하면 조선초에 무학이 도읍을 정할 때 머무르고 중창하였다고 한다.(佛巖寺,「樓閣 重建記」.)
131) 무학은 그외에도 국도가 정해진 후 漢陽의 3개 사찰에 불상을 봉안하였다는 사실이 전하고 있다. 즉 '太祖時 定都後 王師 無學이 藥師·彌陀·觀音의 三尊像을 조성하여 藥師는 동북의 藥師寺에, 彌陀는 북의 僧伽寺에, 觀音은 서북의 小林窟에 봉안하였다는 것이다. 이는 방위에 따라 護國 安民을 기원하고자 함이었다.'라고 하여 그가 漢陽의 3개 寺刹에 불상을 봉안하였음을 알 수 있다.
132) 『봉은본말사지』 경산의 사찰편.

1470년(성종 1) 9월 26일 예조에서 건의하였다. … '건국초 도읍을 세울 때에 산수 향배를 살펴 사사를 건립하여 국가를 비보하고 재변을 예방하였는 바, 사찰로는 복세암·안암사·정일암·향실암·수정암·망성암·은암·일출암·대소고산사·입암사·도장동사·정업원 등이 있고 사당으로는 소격서 등이 있으니, 지맥이 휴손하여 심히 편치 아니합니다. 청컨대 헐어버리거나 아니면 다른 곳으로 옮겨 지으면 어떻겠습니까? 하여 재가하였다고 하였으니, 위에 열거한 진호 사찰들은 이때에 헐어버렸거나 아니면 이건하였을 것이다.[133]

조선 건국초 도읍을 정할 때 산수 향배를 살펴 복세암·안암사·정일암·향실암·수정암·망성암·은암·일출암·대소고산사·입암사·도장동사·정업원 등의 사찰을 건립하여 국가를 비보하고 재변을 예방하였다는 것이다.[134] 이상에서 살펴본 바와 같이 한양의 도성 안에 태조가 세운 비보사찰은 왕사인 무학의 지점에 의한 것이다. 그런데 무학은 양주 회암사를 중심으로 도성의 사찰을 배열하였던 것이라고 하겠다. 아울러 한양 전도는 한양을 중심으로 하는 불교계 세력의 재편과 무관하지 않다. 한양은 본래 양주의 남쪽 부분으로서 앞서 언급한 것처럼 우왕대 3소 중에 좌소가 회암이라는 설이 제기될 정도로 중요한 곳이었다.[135] 따라서 무학은 스승 지공의 유훈을 받들어 나옹과 함께 양주의 회암사를 3화상의 도량으로 삼아서 한양 전도를

---

133) 『성종실록』 권7, 1년 9월 26일(신축). '禮曹巡審都城內外禁耕植木等項 便宜以啓 … 一國初建都時 審山水向背建寺社 以爲裨補鎭禳災變 邇來寺刹 如福世嚴安嚴寺淨逸庵香室庵首頂庵望城庵隱庵日出庵大小高山寺立嚴寺道藏洞洞寺淨業院社堂如昭格置洞內瞻寺洞長生殿洞廣興倉洞鑄字洞長興庫洞溫寧君家洞梨峴 皆有之 因此主山來脉 龍虎案山地脉 虧損甚未便 請令撤去 其有不得已當存者 卜地移造何如 傳曰可 但官創社 移造他處.'
134) 한양에 창건된 사찰은 1470년(성종 1)에 거의 폐사되었고 대부분 그 실체조차 알 수 없다. 다만 『신증동국여지승람』에 福世庵과 淨業院이 보일 뿐이며 그외 『한국사찰전서』에 그 소재지와 폐사 시기만을 전할 뿐이다.
135) 『고려사』 권134, 신우 열전 5년 11월.

하였으며, 이어 한양의 도성을 비보하는 사찰을 지정하였던 것이다.

4. 나가는 말

무학은 태조 왕건에게 왕조 창업을 제시했던 선각국사 도선과 비견되며, 조선 건국초에 있어서 불교계를 대표한다고 할 왕사로 책봉되어 한국 불교 역사상 마지막 왕사였다.

무학은 한양을 중심으로 한 불교계의 재편을 위하여 고려말에 보우가 근기지방 양평 용문사를 중심으로 하여 불교계 개혁을 하면서 한양 천도 주장을 한 후, 무학의 스승 나옹과 함께 근기 지방인 양주 회암사를 중심으로 흥법 운동을 전개하였으나 실패로 그치고 말았다. 무학은 그 이후 지공과 나옹의 추념 불사를 전개하면서 안변 석왕사에서 이성계에게 왕조 창업을 종용하였다. 무학은 삼봉 정도전 보다 먼저 이성계에게 조선건국의 혁명을 종용하였다. 무학은 지공의 유지를 받들어 스승 나옹과 더불어 회암사에서 불교계의 중흥을 꾀하다가 실패로 끝나고 나옹은 순교하였다. 1383년 신륵사 대장각 건립을 계기로 불교계를 주도하였던 4대 종파의 영수급 고승들이 회합을 하였다. 그 후 고려후기 불교계를 주도하였던 불교계의 4대 종파에서 남경의 근기 지방에서 불법을 펴며 한양을 중요하게 간주하였다.

조선왕조가 건국되자 불교계를 대표하는 왕사로 책봉되어 국도 선정에 참여하였을 뿐만 아니라 왕실 능침 지정과 왕실 화합(함흥차사) 등 국가사업에 참여하였다. 무학은 한양을 중심으로 불교계의 재편을 꾀하면서 한양을 중심으로 하는 국가비보사찰을 정립하였던 것이다. 한양은 스승 지공과 나옹과 함께 이루고자 하였던 삼산 양수의 땅 회암사와 관련이 있는 3소로서 태고 보우도 천도해야 한다는 불교계의 바람이기도 하였다.

무학의 전도에 관련된 기록은 정사류 보다 야사나 설화류에서 더 구체적으로 언급되고 있다. 정사류인 『조선왕조실록』에 무학의 전도 관련기는 소수에 지나지 않으며, 그것도 무학에 대하여 비판적인 시각에서 서술된 것이다.

무학은 왕사로 책봉되어 태조의 권유로 2년여 동안 단행된 한양 전도에 참여하였다. 한양 전도는 계룡산, 무악, 한양이 가장 유력한 국도 후보지로 물망에 올랐으며 무학도 동행하였다. 실록에 의하면 야사나 설화에서 볼 수 있는 것처럼 무학은 한양 전도에 자발적이며 주도적인 역할을 하지는 않았다고 하였으나 태조에게 자문을 받는 등 태조에게 영향력을 끼침으로써 한양을 전도하는 데 큰 도움을 주었다.

무학은 계룡산과 무악과 한양 전도에 참여하는 1년여 동안 개경에 머물면서 연복사·광명사 및 궁궐에서 법회 및 불사를 하였을 뿐만 아니라 3화상의 땅이라고 할 회암사에 머물면서 스승인 지공과 나옹의 부도·탑명·조파 등을 태조에게 건의하여 이를 확정하였다.

무학은 왕사 책봉후 2년여 기간 동안 걸쳐 진행된 한양 전도에 참여하면서 불교계 재편을 꾀하고자 하였다. 한양을 중심으로 사찰을 재정비 재편하고자 하였던 것은 선각국사 도선의 사상을 잇는 국가비보사상이다. 한양과 도성을 지키는 4대 비보사찰과 한양의 외사산이자 백악산의 조산인 관악산 일대 사찰을 지정 정비하였다. 관악산의 지류이자 불교계의 삼성이 주석하였던 삼성산의 호압사와 사자암의 지정도 그러한 일환의 대표적 사례이다. 이러한 무학의 불교계 재편을 통한 불교계 수호는 그의 입적과 더불어 불교 역사상 불교계는 최대의 탄압을 당하게 되지만 무학의 한양 전도와 더불어 추진된 불교계 재편의 틀은 향후 조선 불교뿐만 아니라 한국 국도 한양인 서울의 기본적인 큰 틀이 되었다.

Ⅳ. 조선시대 한양과 용산 불교

1. 들어가는 말

일제 강점기 용산에 창건된 일본 사찰은 진종과 조동종, 정토종, 법화종, 천태종, 화엄종 등의 종파에서 무려 40여 사를 건립하였다.[1] 『민족문화대백과사전』에 의하면 '용산에서 불교는 크게 발달하지 못하였는데, 조계종의 묘법사·유림사·보덕사·원효법당이 있고, 태고종의 관음사·만수사·용화사·금강암 등이 있다.'[2]고 하였다.

2001년 용산구청 문화체육과 종교시설 현황에 의하면, 용산구에 소재하고 있는 불교 사찰과 불교계 신종교 및 선원으로 보광사, 관음심인당,[3] 대원정사, 묘법사, 성불사, 고불사, 국방부 원광사, 선재선원, 초의 명상선원, 재가불교 한국입정교성회, 진여원이 있다.[4] 2021년 증보 간행된 『용산구지』에 의하면 이전에 있었던 유림불원, 아미타정사, 승도사, 관음사, 원효사, 대덕사, 낙명사, 심원정사는 찾아볼 수 없다.[5]

기록에 의하면 현재 용산구 지역의 사찰은 보광사와 국방부 원광사 등이 있다. 보광사는 현대에 재창건된 사찰이며, 국방부 원광사는 국방부와

---

[1] 川端源太郞, 『京城と內地人』, 日韓書房, 1910, 98쪽 ; 서울시사 편찬위원회 역, 『국역 경성발달사』, 2010, 445~459쪽 ; 靑柳網太郞, 앞의 책, 1925, 99쪽 ; 문혜진, 「일제식민지기 경성부 일본 불교계의 침투양상 : 조동종 박문사와 약초관음당을 중심으로」, 『서울과 역사』 96, 2017, 240~241쪽.
[2] 『한국민족문화대백과사전』, 용산구 ; https://encykorea.aks.ac.kr/
[3] 일제의 용광사는 국방부 담벼락 쪽으로 원불교가 불하받아 지은 1967년에 원불교 서울교당 관음심인당이 되었다.
[4] 용산구, 『용산 향토사료 편람』 4, 2001, 121~122쪽.
[5] 용산구, 『용산구지』, 2001, 180~183쪽.

합참 등 국방부에 근무하고 있는 군인 가족을 위한 군법당이다. 그리고 초의명상선원(두텁바위로 대원정사 빌딩)과 선재선원(후암로) 등 명상선원 및 선원이 있다. 대원불교문화원에서 주관하는 대원정사[6]와 진각종의 관음신당과 일본 신종교인 재가불교한국입정교성회, 진여원[7]이 존재하고 있다. 이렇듯 용산 지역에는 근현대 사찰이 대부분이지만, 조선후기 이전의 사찰이나 승려를 비롯한 불교 유산의 흔적은 얼마 되지 않는다.

이에 본고에서는 선학의 연구와 필자의 논고들을 바탕으로[8] 조선시대 용산 지역의 불교의 성립과 전개에 대하여 살펴보고자 한다. 용산 불교는 불교 전래 이래 나름대로 발전하였겠지만 그 실상을 정확히 알 수 없다. 현재로서는 남경 천도 이후 부각된 용산 지역이 조선의 수도 한양의 도성과 인근 성저십리(城底十里)로 발전하면서, 불교도 그러한 맥락 속에서 전개되었을 것이다. 한국 고중세 용산지역의 불교의 시작은 어떠하였는가, 그리고 고려 문종대 남경이 부각되면서 고려후기 한양 불교가 부각되는 모습과 조선시대 용산 불교의 성립과 전개를 살펴보고자 한다.

---

6) 남산 후암 1동 지역에 있었다는 두텁사가 있었다고 전승되고 있는데 향후 관련 사료의 발굴이 진행되어야 할 것이다.

7) 황인규·이원범, 「불교계 일본신종교의 국내유입과 동향」, 『한국종교사연구』 12, 2004 ; 황인규, 「법화계 일본불교의 국내수용과 변용」, 『승가』 17, 중앙승가대, 2005.

8) 본 발제를 작성하는데 주요 참조한 논저는 다음과 같다. 황인규, 『무학대사연구 - 여말선초 불교계의 혁신과 대응』, 혜안, 1999 ; 황인규, 「여말선초 유가종의 동향」, 『동국사학』 39, 2003 ; 황인규, 「고려 전기 사굴 산문계 고승과 선종계」, 『한국선학』 17, 2007 ; 황인규, 「불교계 고승과 국도 천도-고려 및 조선의 국도를 중심으로」, 『대각사상』 18. 2012 ; 황인규, 「북한산(삼각산)의 사찰과 불교의 전개-고·중세 사찰의 존재양상과 그 의의를 중심으로」, 『전법학연구』 2, 불광학술연구원, 2011 ; 황인규, 「조선후기 의승군과 북한산성 승영사찰」, 『북한산성연구논문집』, 경기문화재단 경기학연구센터, 2013 ; 황인규, 『고려후기·조선초 불교사연구』, 혜안, 2003 ; 황인규, 『고려말·조선전기 불교계와 고승연구』, 혜안, 2005 ; 황인규, 『고려시대 불교계와 불교문화』, 국학자료원, 2011 ; 황인규, 『조선시대 불교계 고승과 비구니』, 혜안, 2011.

2. 한국 고중세 양주 남경 불교

한반도에 불교가 전래된 것은 4세기 중엽이다. 한양의 진산인 북한산에 불교가 언제 유입되었는지 확실한 것은 알 수 없으나 백제시대 초기라고 생각된다. 즉 동진의 고승 마라난타가 불교를 전래한 이듬해인 385년(침류왕 2) 한산에 절을 짓고 10인을 득도케 하였다[9]고 한다. 이에 경기도 옛 읍과 남한산성 일대인 한산뿐만 아니라 한양의 진산인 북한산에도 당연히 불교가 전래 수용되었을 것이다.

한산은 온조왕 14년 백제의 두 번째 도읍지였던, 지금의 경기도 광주의 옛 읍과 남한산성을 지칭한다. 암사는 지금의 서울시 강동구 암사동 선사주거지 옆 강가 바위산에 있었으므로 '바윗절'이라고도 불렸으며, 백중사 또는 암회사라고도 하였다. 『신증동국여지승람』 경기 광주목조에 보면 백중사는 '암사이며 하진점 동쪽에 있다.'고 했으므로 백제시대 백중사였음을 알 수 있다.[10] 바윗절은 어느 때 훼손되었는지는 알 수 없으나, 그 터에 1667년(현종 8)에 구암서원이 세워졌다.[11]

북한산 불교의 첫 흔적은 북한산 순수비[12]에 있는 북한산 도인이 석굴에 거주하고 있었다는 기록일 것이다. 또한 황초령비와 마운령비에 의하면

---

9) 『삼국사기』 권24, 백제본기2, 枕流王 2年 2月, '創佛寺於 漢山 度僧十人.'
10) 『신증동국여지승람』 권6, 경기 광주목 불우. 伯仲寺에 대하여 徐居正이 지은 시가 『신증동국여지승람』에 전해지고 있다. 徐居正, 「再遊廣津伯仲寺 次柳太初韻」, 『四佳集』 卷30-18, 詩類.
11) 구암서원은 1871년 고종 때 전국의 서원 철폐와 함께 사라지고, 1898년 이를 기념하기 위한 유허비가 남아있을 뿐이다. 암사동(巖寺洞)이라는 이름은 산 23번지 일대에 신라시대 절이 9개나 있어 구암사(九巖寺), 속칭 '바위절'이라고도 하였는데, 암사리(巖寺里)라는 지명도 여기서 유래했다고 한다.
12) 진흥왕은 백제의 성왕과 합세하여 한강 유역을 확보하고 新州를 설치하였다가 557년 北漢山州로 바꾸었으며, 568년경 북한산 碑峰에 巡狩碑가 세워졌다. 북한산 순수비는 조선후기까지 '妖僧無學枉尋到此之碑'로 알려져 왔는데 김정희 등이 순수비라는 사실을 밝혀냈다. 김정희(1786~1856), 『완당전집』 권2, 書牘 ; 李裕元(1814~1888), 『임하필기』 旬一編, 황인규, 『무학대사연구-여말선초 불교계의 혁신과 대응』, 혜안, 1999 ; 황인규, 『마지막 왕사 무학대사』, 밀알출판사, 2000 참조.

사문도인 법장과 혜인 등이 북한산 지역 등을 순수하였다고 한다.13) 그 후 661년 봄 고구려와 말갈 연합군의 북한산성 공격 시 김유신 장군이 기도하였다는 불사도 북한산의 사찰일 것이다.14) 현재 북한산에서 처음으로 사명이 확인되는 사찰은 창의문 밖에 있었던 장의사이다. 장의사는 660년(태종무열왕 7) 신라와 백제군의 황산벌 전투에서 전사한 장춘랑과 파랑을 위하여 창건되어 조선중기 폐사될 때까지 북한산의 중요사찰이었다.15)

한편 용산 지역에는 보광사와 보광대사에 관한 이야기들이 전승되고 있다.

> 신라 진흥왕 때(540~576) 보광국사가 창건한 사찰이 있어 그 일대를 보광동이라고 불렀다고 한다.16)

위의 내용은 아쉽게도 구술로만 전해지고 있으며 문헌기록이나 관련 유적·유물은 없다.17) 현재 보광사가 자리하고 있는 보광동 산 4번지 일대가 기우제를 올리던 우사단 자리이다. 둔지미에서 이주해올 때18) 그들이 마을

---

13) 「黃草嶺 新羅 眞興王 巡守碑」, 『역주 한국고대금석문』 II, 1992 ; 「磨雲嶺 新羅 眞興王 巡守碑」 碑 陰面 部分, 『역주 한국고대금석문』 II, 1992, '이때 수레를 따른 자로 沙門 道人은 法藏과 慧忍이다.'
14) 『삼국사기』 권42, 김유신열전 중.
15) 『삼국유사』 권1, 기이1, 장춘랑 파랑 ; 『삼국사기』 권5, 신라본기5, 태종무열왕 6년 10월.
16) 보광사는 그 후 한말까지 존속하였는데 기우제와 국운을 비는 제사를 봄가을로 거행하였다고 한다, 그런데 조선후기인 16~18세기에 보광사가 있던 지역은 한강방 소속이었던 것으로 보인다. 이 시기에 작성된 「修善全圖」나 「대동여지도」와 같은 지리 자료에는 이 지역을 보강리라고 적고 있다. 일제 때 고양군 보광리로 되었고 해방후 1946년 보광동으로 바뀌어 지금에 이르렀다. 현재의 보광사는 용산구 장문로 15나길 6에 1906~1908년 창건된 것이다. 『용산구지』 ; 『동명 연혁고』-용산구편.
17) 서울역사박물관, 서울특별시 뉴타운 민속지 보광동 사람들, 보광동, 2002,1 20쪽.
18) 보광동에는 용산 둔지미(오늘날 국방부 청사 뒤 서쪽)에서 살던 사람들이 일제때 병영시설로 인해 이곳으로 이주해 마을을 이루니 웃보광이(새동네)이다.

신으로 모시던 제갈공명을 함께 모셔와 안치시킨 것이 웃당 또는 부군당으로 무후묘가 세워졌다. 무후묘는 둔지묘에 살던 김해 김씨 충순위 공파의 사당으로 1919년 보광동으로 이전되었다.19) 무후묘 주위에 좋지 않은 일들이 많이 일어나서, 이 기를 누르기 위해 사당 옆에 보광사라는 절을 지었으며 무후묘도 보광사에서 관리하고 있다.20) 이렇듯 용산에는 보광사가 고대부터 지금까지 존재하고 있으나 이를 뒷받침해 줄만한 사료적 뒷받침이 이루어지지 않아 아쉽기 그지 없다.

북한산 사찰은 고려중엽 남경 운영 이후 더욱 부각되었다.21) 도선은 북한산에 일선사와 도선사 등의 사찰을 창건하였다. 『삼각산 화계사 약지』에 의하면, 969년(광종 20) 무렵 화엄종 고승 탄문(900~975)은 왕사에 책봉되어 부허동에 화계사 전신인 보덕암을 창건하는 등22) 북한산 일대에서 화엄종의 교세가 떨쳤다.23) 그 후 도선의 문도인 사굴산문 여철은 982년(성종 1) 무렵 궁중에 초빙되어24) 개경에서 남경 일대 승가굴에 주석하였으며, 인근에 신혈사를 창건하였다.25) 얼마 후 정부에 의해서 남경이 부각되기

---

19) 오문선, 「근현대시기 용산 둔지미와 둔지미 부군당의 추이」, 『민속학연구』 37, 2015 참조.
20) 용산구, 「3.불교의 역사와 현황」, 『용산구지』, 180쪽.
21) 『증보 문헌비고』 권19, 여지고 7 산천 1 산 1 삼각산, '서울[京師]의 鎭山이 된다.'
22) 權鍾植, 「三角山 華溪寺 重修 緣起文」(1619년 3월, 釋道月 誌), 『三角山 華溪寺 畧誌』, 三角山華溪寺宗務所, 昭和 13년, 2쪽, '華溪寺 高麗光宗朝坦文法印大師 刱普德庵於三角山浮虛洞 朝鮮中宗十七年(壬午) 信月長老與西平君李公協議 移建於華溪洞 改稱華溪寺.'; 權鍾植, 「三角山 華溪寺 略誌」, 三角山 華溪寺, 1938 ; 안진호, 『奉恩本末寺誌』, 1927, 1쪽, '漢陽之東十里 有浮虛洞 洞裡有寺 日 普德庵 世傳 麗初坦文大師所開刱云.'
23) 法印國師 坦文(900~975)은 921년(신덕왕 3) 최초의 승과라고 할 海會를 설치하여 승려를 선발하였다. 金廷彦, 「普願寺 法印國師 寶乘塔碑」, 『교감 역주 역대고승비문』 고려편2, 1995. 『봉선사본말사약지』에 의하면, 慧炬가 1066년(문종 20) 望月寺를 중창하고 1070년(문종 24) 回龍寺를 각각 중창하였다고 한다.
24) 『고려사』 권93, 최승로 열전 ; 『고려사절요』 권2, 성종 1년 6월 최승로 상소문.
25) 李顗, 「三角山 重修 僧伽崛記」, 『동문선』 권64 記 ; 이난영 편, 「僧伽寺 石像」, 『한국금석문 추보』, 아세아문화사 ; 이홍직, 「승가사잡고」, 『향토서울』 6, 서울특별시시사편찬위원회, 1959, 17쪽 ; 남동신, 「북한산 승가대사상과 승가신앙」, 『서울학연구』 14, 서울시립대 부설 서울학연구소, 2000 ; 황인규, 「고려 전기 사굴산문계 고승과

시작한다.26) 1095년(숙종 1) 위위승 동정 김위제는 도선의 비기인 『도선기』·『도선답산가』·『삼각산 명당기』 등을 근거로 북악산인 면악의 터에 남경을 설치하고 왕이 순주하면 국가가 번영한다고 주장하였다. 그리하여 1101년 (숙종 6) 남경개창도감이 설치되어 남경의 후보지를 물색하였다.

> 최사추 등이 돌아와서 아뢰었다. '신 등이 노원역과 해촌, 용산 등에 가서 산수를 살펴보았는데, 도읍을 세우기에는 적당하지 않았으며 오직 삼각산 면악의 남쪽이 산의 모양과 물의 형세가 옛 문헌에 부합합니다. 주간의 중심인 대맥에서 임좌병향하여 형세를 따라 도읍을 건설하기를 청합니다.' 왕이 허락하였다.27)

> 중서문하성에서 아뢰었다. '새로 짓는 남경은 반드시 땅을 넓게 차지하게 되어 민전을 많이 빼앗게 될 것입니다. 경위령이 말한 것에 의거하여 산을 따라 지세를 취하거나 물을 따라 지형을 표시하도록 하되, 먼저 안으로는 산과 물의 형세를 따라 동쪽으로 대봉에 이르고 남쪽으로 사리에 이르며, 서쪽으로 기봉(岐峰)에 이르고 북쪽으로 면악에 이르러 경계로 삼도록 청하소서.' 왕이 좋다고 하였다.28)

이렇듯 양주의 노원, 해남, 용산, 삼각산 면악의 남방 등 남경의 후보지를 찾았다. 남경의 범위는 동쪽을 대봉, 서쪽을 기봉, 북쪽을 면악[북악산],

---

선종계」, 『한국선학』 17, 2007 참조.
26) 남경은 755년(경덕왕 14) 한양으로, 고려초기에는 楊州로 개칭되었으며, 1067년(문종 21) 남경이 설치되었다.
27) 『고려사』 권11, 숙종세가 6년 10월 8일(을미), '崔思諏等還奏云 臣等就盧原驛 海村 龍山等處 審視山水 不合建都 唯三角山面嶽之南 山形水勢 符合古文 請於主幹中心大脉 壬坐丙向 隨形建都 制可.'
28) 『고려사』 권11, 숙종세가 7년 3월 25일(경진), '中書門下奏 新作南京 度地必廣 多奪民田 請據京緯令所說 或依山取勢 或約水表形 先以內從山水形勢 東至大峰 南至沙里 西至岐峰 北至面嶽爲界 制可.'

남쪽을 사리로 삼았다. 사리는 '모래 마을'이라는 이름으로 볼 때, 구용산 일대의 한강 백사장, 즉 사평진이다. 사평진에서 그리 멀지 않은 용산 지역에 불교가 수용되었다. 바로 용산 지역의 대표적인 사찰이었을 용산사이다.

> 숙종 6년(1101)에 최사추 등이 상주하였다. '신들이 노원역, 해촌, 용산사 등에 가서 산수를 자세히 살펴보았더니, 도읍을 세우기에 합당치 않았습니다. 오직 삼각산 면악의 남쪽이 산수의 형세가 고문에 부합합니다. 주간(主幹)의 중심 대맥에 임좌병향으로 터를 잡아 형세를 따라 도읍을 세우십시오.' 왕이 따랐다.29)

1101년(숙종 6) 최사추 등이 남경의 지세를 살필 때 용산사에 들렸다는 것이다. 따라서 용산사는 적어도 고려 숙종 이전에 있었던 것이다.

이와 더불어 왕실과 불교계에서도 이에 대처하여 1036년(정종 2)30)과 1090년(선종 7)에도 북한산에 행차하여 승가굴과 장의사, 인수사, 신혈사 등의 사찰을 돌아보기도 하였는데,31) 특히 대각국사 의천은 남경 천도에 관여한 듯하다.32) 의천은 사굴산문 고승 구산사의 주지인 선사 영현을 신혈사에 머물게 하여 승가굴을 중수하게 하였다.

북한산에서는 화엄종과 선종, 천태종, 유가종 등 고려 주요 4대 종파에서 부상하였지만 유가종은 특히 북한산의 홍법에 적극적이었다. 즉, 법경은 삼천사의 주지로 있다가 현화사 초대 주지로 갔으며,33) 유가종의 본산인 현화사를 중심으로 불교계를 주도하였다.34) 그리고 혜소국사 정현(972~

---

29) 『성호전집』 권7, 海東樂府 面嶽引(肅宗元年 崔思諏等奏 臣等就盧原驛海村龍山寺等處 審視山水 不合建都 惟三角山面嶽之南 山形水勢 符合古文 請於主幹中心大脈壬坐.).
30) 『고려사』 권6, 정종세가 2년(1036) 3월 무자.
31) 『고려사』 권10, 선종세가 7년(1090) 병오·경술·계축·무오.
32) 『고려사』 권10, 선종세가 7년(1090) 10월.
33) 周佇, 「玄化寺碑」, 『조선금석총람』 상.

1054)은 1045년(정종 11)에 삼각산 사현사를 창건하였다. 그 후 원 간섭기인 충렬왕대 유가종계 미수가 이어서 남경 장의사에서 활동하였다.35) 미수는 1308년(충렬왕 34) 4월 장의사의 주지를 재임하면서 5교 도승통에 올랐으며 국녕사와 청암사(경국사) 등 교세를 확산시켰다. 그리고 1330년(충혜왕 즉위) 천태종 고승 운묵 무기가 청암사 법주로 주석하며 천태종의 교세를 떨치기도 하였다.36)

태고 보우는 1341년(충혜왕 복위 2) 중흥사에서 후학들을 지도하면서, 그 동쪽에 태고암을 창건하여 5년 동안 주석하였다.37) 1348년 원에서 귀국하여 삼각산 중흥사에 있다가, 미원의 소설산에서 4년 동안 머물렀다. 보우는 1356년(공민왕 6) '한양에 도읍하면 36국이 내조할 것이다.'38)라면서 한양 천도를 주장하였다.39) 한양을 중심으로 임제 선풍의 불교 문화를 전개시키고자 한 것이며, 고려후기 불교계 동향과 함께 한 것이다. 즉, 한양이

---

34) 『고려사』 권4, 현종세가 11년 10월 기축 ; 최병헌, 「고려 중기 현화사의 창건과 법상종의 융성」, 『한우근박사 정년기념사학논총』, 지식산업사, 1981, 112~114쪽. 당시 조성된 三川寺址 磨崖如來立像(보물 제657호)이 남아 있으며, 법경이 입적하자 大智國師碑가 세워졌는데 문종이 친히 글씨를 쓰는 등 왕실의 보호를 받았다. 『신증동국여지승람』 권3, 漢城府 불우, '三川寺 삼각산에 있다. 고려조의 李靈幹이 지은 碑銘이 있다' ; 『동국여지비고』 2 한성부, '三川寺 삼각산에 있었는데, 지금은 없어졌다. 李靈幹이 지은 大智國師碑銘이 있다' ; 崔淳雨, 「三角山 三川寺 大智國師碑」, 『미술자료』 10, 1965 ; 정명호, 「三川寺址 入口 磨崖如來像」, 『고고미술』 2-5(통권 10호) 1961.5, 108~109쪽.
35) 원나라 간섭기에 이르러 북한산에는 문인 李藏用(1201~1272)이 문수사에 머물렀고 閔漬(1248~1326)가 머물러 閔漬巖이 있었다고 한다. 李藏用(1201~1272), 「三角山文殊寺」, 『동문선』 권18, 七言排律 ; 허목(1595~1682), 「高陽山水」, 『미수기언』 ; 성해응(1760~1839), 「山水記」, 『硏經齋集』.
36) 「京畿道 三角山 靑巖寺 事蹟記」, '沙門 雲默 而法主大楊妙道 又誦習蓮經爲業也' ; 趙素昻(1887~1958?), 「靑岩寺誌」, 『素昻先生文集』 上, 387쪽, '沙門雲默通三藏大場佛法.'
37) 「北漢道峰山遊記」에 의하면 고려국사 寶輝가 태고사를 창건하였다. 이엽(1729~1788), 「北漢道峰山遊記」, 『農隱集』.
38) 『고려사』 권106, 윤해 열전 부 윤택.
39) 1381년(우왕 8) 白州守 洪順이 '南京이 鎭山인 三角山은 그 형세가 五行 중 火體의 산인 까닭에 木姓(동방)의 國으로 여기에 도읍하는 것은 마땅치 않다.' 『고려사』 권134, 우왕열전 우왕 8년 9월.

국도로서 부각된 것은 문종대였지만, 불교도들 사이에서 고종대에 양주(한양)가 국도로서 떠오르고 있었다.[40] 한양은 본래 양주의 남쪽 부분으로서 우왕대 3소 중에 좌소가 회암이라는 설이 제기되었다.[41] 이에 보우도 '한양으로 남쪽으로 도읍을 옮기면 교화는 천지에 빛나고 중생에게 혜택이 갈 것이다.'[42]라고 하면서 한양 천도를 주장하였다. 보우는 용문산 불교를 기반으로 삼각산 중흥사 일대에서 불교를 중흥하면서 한양 천도를 주장하였으나 뜻을 이루지 못하였다. 그 후 화엄종의 신돈은 정계와 불교계를 장악하여 화엄종계 국사 설산 천희를 책봉하여 화엄 세계를 이루고자 하였던 듯하다.[43] 천희는 영주 부석사의 사세를 몰아 근기 지방인 수원을 중심으로 홍법하고자 하였다. 나옹과 문도 무학은 지공에게 삼산 양수기를 받아와서[44] 양주 회암사를 홍법의 터를 삼아 불교를 중흥하고자 하였다. 삼산은 천보산을 안산으로 삼고 있는 삼각산을, 양수는 임진강, 한강을 지칭한다. 한양의 도성 밖 양주의 회암사가 지공과 나옹, 무학의 3화상의 도량이 된 것 자체가 한양 천도와 관련이 있다.[45] 무학과 그의 문도 철호 조선은 근기 지방 조인규(1237~1308) 가문의 원당인 과천 청계사[46]의 주지였다.[47] 또한 천태종의 운묵은 과천의 인근 시흥 탁일암에서『법화경』을 매일 독송하는 등 참신한 불교 쇄신 운동을 전개하였다.[48] 그리고「경기도 삼각산

---

40) 안계현,『한국불교사연구』, 동화출판공사, 1982, 58쪽.
41)『고려사』권134, 신우열전 신우 5년 11월.
42) 維昌,「太古 行狀」,『太古和尙 語錄』, '或曰本京是三陽之地 禪爲一本 配陽之德而 九爲三陽數故 以九祖之道 可以神之 若宗九山叅學 各作其隊 規 會演福明堂之地 敷暢厥猷 則天祥降 地煆生矣 你後如其言尙矣 … 然 而嘗觀王氣 在此都 以復古初全盛之時 難矣哉 若南遷漢陽 行向所陳之言 自然化孚六合 澤被萬靈矣.'
43) 황인규,「편조신돈의 불교계 행적과 활동」,『만해학보』6, 2003 참조.
44) 卞季良,「朝鮮國 王師 妙嚴尊者 塔銘」,『春亭集 續集』卷1, 銘, '懶翁亦以指空三山兩水授記 還國.'
45) 황인규,「무학자초의 홍법활동과 회암사」,『삼대화상연구논문집』2, 1999 참조.
46) 황인규,「조인규가문과 수원 만의사」,『수원문화사연구』2, 1998 참조.
47) 李穡,「安心寺 指空懶翁 舍利 石鐘碑」,『한국금석전문』중세 하, 1226쪽. 祖禪은 무학이 1402년(태종 2)에 회암사 監主로 임명될 때 주지로 임명되었다.

청암사 사적기』에 의하면 운묵은 1330년(충혜왕 즉위) 무렵 한양 삼각산 청암사에서 흥법을 꾀하기도 하였다고 한다.49) 천태종의 천태 도대선사 요원은 『법화영험전』을 찬술하였으며, 조선 건국의 제일 공신 조준의 동생인 묘혜와 함께 『법화삼매참조선강의』도 수원 만의사에서 간행하였다. 이러한 고려말 4대 종파의 불교계가 한양의 근기 지방에서의 흥법운동을 전개한 것이다.

비구 : 국사, 왕사, 내원당 각운, 판천태□ … □승, 도승통 혜징, 도승통 종림, 봉국군 신조, 대선사 소원, 대선사 상총, 대선사□□, 청계사 자초, 청계사□□, 선사 굉여, 부석사 경남.50)

안양사가 낙성된 지 2년 후인 1383년 문인 목은 이색이 주도한 여주 신륵사 대장각의 건립 불사에는 당시 불교계 각 종파의 영수급 고승들이 참여하였다. 즉 국사 환암과 왕사 찬영은 물론이고 내원당의 각운, 대선사 소원, 대선사 상총, 대선사 굉여, 청계사 무학과 그의 문도 도승통 혜징, 그리고 천태종의 봉국군 신조, 화엄종의 부석사 경남 등과 더불어 도승통 종림이 참여하였다.51) 이는 1383년 신 왕조의 창업 종용과 관련하여 모종의 대응을 하기 위한 것이었다고 생각된다. 무학은 고려말에 이성계와 함께 전국의 여러 사찰에서 조선왕조를 창업하기 위하여 기도하였을 뿐 아니라, 조선 건국 후에도 이성계를 도와 도읍 터를 정하고 그것을 전후하여 국도 한양을 지키는 절을 창건 또는 중창하였다.

---

48) 채상식, 「無寄와 『석가여래행적송』」, 『고려후기불교사연구』, 일조각, 1991 참조.
49) 「京畿道 三角山 靑巖寺 事蹟記」; 趙素昻, 「靑岩寺誌」, 『素昻先生文集』 卷上, 387쪽, '沙門雲默通三藏大場佛法.'
50) 李崇仁, 「神勒寺大藏閣記」, 『한국금석전문』 중세 하, 1217쪽 ; 『도은집』 권4, 문, '比丘 國師王師 內願堂 覺雲 判天台□ … □僧 都僧統 惠澄 都僧統 宗林 奉國君 神照 大禪師 紹元 大禪師 尙聰 大禪師□□淸溪寺 自超 淸溪寺□□禪師 宏如 浮石寺 敬南.'
51) 황인규, 「여말선초 화엄종승의 동향」, 『불교학연구』 1, 2000 참조.

이렇게 한양 불교가 전개되는 가운데 용산 불교도 역사 무대에 등장하기 시작하였다. 용산강은 남호(南湖)로서 용산 앞을 흐르는 한강의 일부분을 가리키는 것으로, 인왕산 줄기가 약현과 만리현을 이루고 다시 효창공원의 아담한 등성이를 만든 다음 나지막한 언덕이 여러 번 구부러져 노량진과 동작진의 강류를 감싸돌아서 용산강 연안 곳곳에 승경을 이루고 있다.

사실 용산이 역사 무대에 부각되기 시작한 것은 원 간섭기 충숙왕 왕자인 용산 원자가 태어나면서부터이다. 충숙왕은 왕후인 조국공주와 함께 이곳 강 언덕에 행궁을 설치하고 3개월이나 머물렀다.

> 용산 원자는 사서에 그 이름이 전하지 않는데, 충숙왕과 조국공주가 한양 부원의 용산에 행차하였을 때 낳았으므로 용산 원자라고 불렀다. 원에서 죽자 시신을 (고려로) 돌려보내 장사지냈는데, 나이는 17세였다.[52]

조국공주는 충숙왕의 왕자인 용산 원자를 낳다가 죽었다. 관련하여 다음과 같은 기록도 찾아진다

> 왕삼석은 본래 남만사람으로, 성격이 교활하고 경박스러웠으며, 재주와 기술도 없었다. 일찍이 상선을 타고 연경에 이르러 타인에게 의지해 간신히 생계를 해결하였다. 충숙왕이 원에 있을 때 왕삼석은 행신을 통해 왕을 알현했는데, 왕이 마음에 들어 해서 드디어 왕을 따라 우리나라로 들어왔다. 의술로써 왕에게 아첨하여 왕의 가까이에서 총애를 받았으며, 총애와 신임이 비할 데 없어 사부로까지 불렸다. (왕삼석은) 어진 이와 능력 있는 사람을 질투하고 뇌물을 받아 관직을 팔고 옥사를 처리하였으며, 심지어 조정에서 대관을 욕보였지만 왕은 알아차리지 못하였다. 왕삼석이 음양과 환술로써 왕에게 권하여 한양·부원·용산에 행차해 오랫동안 머무

---

52) 『고려사』 권91, 종실 열전 충숙왕 왕자 용산원자, '龍山元子 史失其名 忠肅王與曹國公主 幸漢陽富原龍山生 故稱龍山元子 卒于元 返葬, 年十七.'

르게 하였다. 조국장공주가 용산에 있다가 원자를 낳고 홍서하였는데, 당시 비서에 이르렀다. '선사 조륜(祖倫)과 사부 왕삼석이 왕을 유혹하여 용산이라는 바닷가 저습한 땅에 오랫동안 머물게 하여, 조국장공주가 전막안에서 아이를 낳을 수밖에 없었고 병이 들어도 치료할 수 없었다. 만약 (원) 황제의 귀에 이것이 들어간다면 두 사람의 죄는 용서받지 못할 것이다.'[53]

선사 조륜은 최안도와 김지경, 신시용 등과 더불어 권력을 마음대로 전횡하고 매관매직을 일삼아 하지 못하는 짓이 없었던 승려로 묘사되어 있다.[54] 승려 조륜은 원을 왕래하던 부원 세력으로 추정된다.

또한 고려후기 시승으로 알려진 선탄이 용산의 한강에서 다음과 같은 시를 남겼다.

혼자 강루에 오르니 조망도 좋아,
모래 터에서 배 기다리는데 저녁 만조 돌아 오누나.
외로운 돛대 지나는 밖에 청산이 끝나고,
한 쌍의 새 돌아가는 가에 흰 빗발이 오누나.[55]

고려말 최고의 불자 성리학자인 목은 이색 또한 용산의 8경을 읊은 바 있다. 8경 중 흑석귀승(흑석동의 돌아오는 스님)이라고 하여 당시 한강을 오가는 스님의 모습을 떠올리게 하고 있다.

---

53) 『고려사』 권124, 왕삼석 열전, '王三錫 本南蠻人 性狙詐輕踝 無才術 嘗隨商舶至燕 糊口於人 忠肅在元 三錫因幸臣求見 王悅之 遂從王東還 以醫術媚王 得近幸 寵眷無比 稱爲師傅 妬賢嫉能 賣官鬻獄 至於庭辱臺官 王不悟 三錫以陰陽幻術 勸王幸漢陽富原龍山久留 公主在龍山 生元子而薨 時有飛書云 禪師祖倫師傅王三錫 誘王久留龍山濱海下濕之地 使公主免身氈幕 遘疾不救 若達帝聰 二人之罪 在所不赦,'
54) 『고려사』 권124, 최안도 열전 ; 백문보, 「史傳搜輯」, 『淡庵逸集』 부록 권2.
55) 『신증동국여지승람』 권3, 한성부 한강.

3. 조선시대 한양 도성 불교

그러면 조선시대 숭유억불의 한양 궁궐도성의 불교 사찰 건립 내지 지정은 어떠하였을까? 근대에 이르러 편찬된 『봉은본말사지』의 「제2편 경산 각 사지 제3장 경성과 사원」에서 한양인 경성의 사원에 대하여 '신라의 삼각산 승가사, 장의사 등은 거의 삼각산 중심이 되었다.'56)라고 본 것은 타당한 견해라고 할만하다. 조선시대 국도 한양은 도성과 성저(城底)로 나누어 볼 수 있다.57) 본고에서 도성은 경읍, 성저는 경산 즉 서울 근교에 있는 내사산 혹은 외사산이라고 편의상 구분해 볼 수 있을 것 같다.

실록에 의하면 조선초 한양의 사찰은 무착사와 나암사58)와 복세암, 안암사, 정일암, 향실암, 수정암, 망성암, 은암, 일출암, 대고산사, 소고산사, 입암사, 도장동사, 정업원 등이 기록되어 있다.59) 그리고 문집류에 의하면 두모포(현 성동구 옥수동)60)의 월송암에 성종대 승려 홍담이 있었고, 성종 동대문 밖에는 향실암 불당이 있었다.61) 이러한 사찰들은 도성 내외에 있었지만, 억불 시책에 따라 대부분 성종에서 중종대에 폐사된 듯하다.

조선중기에 지어진 『신증동국여지승람』 불우 및 고적조62)와 『동국여지

---

56) 이철규 편, 제3편: 三角山의 사찰, 봉은본말사지 3, 『多寶』 12호 1994.12.
57) 김경록, 「제1장 조선시대 한성부 성저십리 인식과 정책」, 『조선시대 다스림으로 본 성저십리(서울역사 중점연구 05)』, 서울역사편찬원, 2019.
58) 『정종실록』 권4, 2년(1400) 6월 19일(임자), '大雨震電 震男山石 三角山大石崩 壓無著 寺'; 『세종실록』 권39, 10년 2월 18일(경오), '檢討官偰循曰 叔和中生員之後 就學於羅 巖寺僧'; 『세종실록』 권61, 15년(1433) 7월 9일(경신), '則自三角西南 回作大一枝 環至羅巖寺之南極.'
59) 『성종실록』 권7, 1년(1470) 9월 26일(신축).
60) 『중종실록』 권10, 5년(1510) 1월 19일(병자), '弘文館校理洪彦弼 將大提學意啓曰 賜暇讀書人員 寓居淨業院 似不合 龍山古基 傾頹不可改構 豆毛浦 月松庵近地平衍 有可構處 木石之輸亦便近 限日起構 使之讀書何如 傳曰可.'
61) 『성종실록』 권171, 15년 10월 13일(정묘), '司憲府掌令愼守勤來啓曰 前者東大門外香 室庵佛堂 令隣居人 守之不可 請撤去 傳曰可.'
62) 『신증동국여지승람』 권3, 한성부 불우, '興天寺, 興德寺, 內佛堂, 圓覺寺, 仁王寺, 金剛窟, 福世菴, 藏義寺, 演窟, 香林寺, 石積寺, 淸涼寺, 重興寺, 僧伽寺, 三川寺, 文殊寺,

비고』⁶³⁾에 기록된 한양 사찰을 경읍과 경산으로 나누어 보면 다음과 같다.⁶⁴⁾

    경읍 : 흥천사, 흥덕사, 원각사, 내불당, 금륜사, 연굴, 원통사, 지천사, 묵사,
         명통사, 자수원, 인수원, 정업원.
    경산(성저 10리)
      인왕산 : (내불당), 인왕사, 금강굴, 복세암, 나한당
      삼각산 : 장의사, 향림사, 적석사, 승가사, 삼천사, 중흥사, 문수사, 진관사,
         신혈사, 도성암, 환성암, 석적사, 청량사, 무착사, 나암사.
      남산 : 남산사, 국사당.
      타락산 : 없음.

위의 이러한 도성 안팎의 사찰 외에도 궁중 불당도 있었다. 궁중 불당은 실록에 임금이 화불(畫佛)⁶⁵⁾을 그려서 새 궁궐에 안치하였는데⁶⁶⁾ 덕수궁 불당,⁶⁷⁾ 태조 진전 불당,⁶⁸⁾ 경복궁 내원당, 경복궁 인소전 불당,⁶⁹⁾ 문소전 불당⁷⁰⁾ 등이었다.

한양 불교는 도성과 성저 10리, 즉 경읍과 경산(4대산) 불교를 중심으로 나누어 볼 수 있다.⁷¹⁾ 한양 도성 내의 사찰은 양종인 흥천사와 흥덕사,

---

    津寬寺, 道成菴, 神穴寺.'
63) 『동국여지비고』 2편 한성부 불우, '金輪寺, 慈壽院, 仁壽院, 淨業院, 鎭國寺, 扶旺寺, 國寧寺, 普光寺, 圓覺寺, 龍巖寺, 祥雲寺, 西巖寺, 奉聖菴, 元曉菴.'
64) 『광해군일기』[중초본] 권87, 7년(1615) 2월 25일(임인).
65) 오늘날 '佛畫'라고 하는데 '畫佛'이라는 기록이 나오고 있다. 즉, 『고려사절요』 권25, 충숙왕 8년(1339) 4월, '前王 遣三司右尹金永煦如元獻畫佛'; 『세종실록』 권36, 9년(1427) 4월 24일(임오), '白彦 … 畫佛三軸, 中宮.' 등등이다. 일상화된 용어인 불화를 사용해야 할 것인지 생각해 볼 문제이다.
66) 『태조실록』 권9, 5년(1405) 1월 24일(계미), '上命工畫佛 安于新宮 作佛事.'
67) 『태종실록』 권5, 3년(1403) 3월 8일(을유).
68) 『세종실록』 권3, 1년(1419) 4월 22일(병신).
69) 『태종실록』 권14, 7년(1407) 12월 29일(무신).
70) 『세종실록』 권21, 5년(1423) 9월 21일(기해).

원각사 그리고 내불당과 정업원 등이다. 경산 사찰은 삼각산의 진관사와 장의사, 중흥사, 문수사, 향림사, 청량사 등과 인왕산의 인왕사, 복세암, 비구니 도량 등일 것이다.[72] 한양의 사찰은 조선 건국 초 한양 전도 시 비보사찰설에 따라 창건 또는 지정되었다.

> 건국 초에 국도를 세울 때에 산수의 향배를 살펴서 사사를 건립하여 지세의 미흡함을 도와서 재난이나 변이를 물리쳤다. 그 후 복세암, 안암사, 정일암, 향실암, 수정암, 망성암, 은암, 일출암, 대고산사, 소고산사, 입암사, 도장동사, 정업원 등의 사찰이 세워졌다.[73]

즉, 한양 도성에 국가비보사상에 의하여 복세암과 안암사, 정업원 등의 사찰이 세워졌다는 것이다. 하지만 무학을 비롯한 불교계의 의도와는 달리 한양의 중심인 궁궐은 삼각산을 중심으로 정립되기 시작하였다. 불교계는 이에 대응하여 한양 4대 사찰과 한양의 외곽에서 한양을 비보하는 사찰을 건립 또는 지정하였을 것이다. 그것이 바로 후대의 기록이나 야사류에서 무학이 한양을 수호하는 4대 사찰과 관악산 사찰을 지정 또는 중수하였다고 전하고 있다. 즉, 무학은 양주 회암사를 불교계 재편의 중심지로 삼아 국도 선정 직후 한성[한양]을 지키는 4대 사찰을 지정하였고 1394년(태조 3) 한양을 국도로 정할 때 관악산 삼막사에서 국운을 위해 기도하였으며,[74]

---

71) 이러한 것은 조선후기 다음의 지리지에서도 그 원형이 유지되었다. 『東國輿地備攷』 卷1, 京都 寺刹(三角山), '藏義寺 香林寺 重興寺 僧伽寺 津寬寺 積石寺 三川寺 文殊寺 道成菴 淸涼寺';『東國輿地備攷』 卷1, 京都 古蹟, '神穴寺 興天寺 興德寺 圓覺寺.'
72) 현재 서울지역에 창건된 포교당과 자그마한 사찰이 대부분이지만 유구한 역사와 문화재를 간직한 전통 사찰도 53소나 된다. 이 가운데 서울지역을 대표할 만한 사찰은 강남의 봉은사, 도봉의 도선사와 화계사, 성북의 개운사와 홍천사·경국사, 신촌의 봉원사, 은평의 수국사와 진관사, 종로의 승가사와 조계사 등이다.
73) 『성종실록』 권7, 1년(1470) 9월 26일(신축), '國初建都時 審山水向背 建寺社, 以爲裨補 鎭禳災變 邇來 寺刹 如福世庵 安巖寺 淨逸庵 香室庵 首頂庵 望城庵 隱庵 日出庵 大小高山寺 立巖寺 道藏洞寺 淨業院.'
74) 雪庵 門人, 「三聖山 三藐寺 事蹟」, 1771년(영조 47), 『奉恩本末 寺誌』 관악산의 사찰

지세가 드세다는 관악산에 호압사와 사자암을 창건하였다. 중종대에 편찬된 『신증동국여지승람』에 이와 관련된 사실이 다음과 같이 실려 있다.

> 금천의 동쪽 산의 우뚝한 형세가 호랑이가 걸어가는 것 같고, 그런 가운데에 위험한 바위가 있으므로 호랑이 바위[호암]라 부른다. 술사가 이를 보고 바위 북쪽에다 절을 세워 호갑이라 하였다. 거기에서 다시 북쪽으로 7리쯤 되는 곳에 궁교가 있으며, 북쪽으로 10리쯤에는 사자암이 자리하고 있다. 모두 호랑이가 달려가는 듯한 지세를 누르고자 한 것이다.[75]

위의 『신증동국여지승람』 기록에 따르면 호갑사(또는 호압사)와 사자암의 창건은 풍수지리적인 견지에서 이루어졌다는 것이다. 비록 후대의 전승 기록으로 사료적 입증이 필요한 것이지만 타당한 지적이 아닐까 한다.

조선초 실록에는 북한산 일대의 사찰로 무착사 등이 찾아지지만,[76] 보다 중요한 사찰은 진관사, 장의사, 문수사, 중흥사, 향림사,[77] 청량사 등일 것이다. 도성 내에 태조가 창건한 흥천사, 흥덕사, 흥복사, 지천사, 인왕사 등과 세조가 창건한 복세암, 원각사 등이 그 대표적이다. 이렇듯 태조가 세운 흥천사와 흥덕사, 흥복사, 인왕사 등이 한성의 중심 사찰이 되었던 것이다. 예컨대 흥천사는 1천 명의 승려를 모아 법회를 개최하기도 하는 기원정사와 같은 국찰이었다.[78]

三藐寺編.

75) 『신증동국여지승람』 권10, 금천현 산천 虎巖山, '尹滋說衿之東有山峙焉 勢北馳 如行虎有石塊 巖世號爲虎巖 術家相之 立寺於巖之北隅曰虎岬 去其北七里 有橋曰弓橋 又其北十里有巖曰獅子 皆所以壓 其行虎之勢也.'

76) 『정종실록』 권4, 2년 6월 19일(임자) ; 『세종실록』 권61, 15년 7월 9일(경신) ; 『신증동국여지승람』 권11, 고양군 불우. 羅巖寺에는 신숙화가 生員에 합격한 뒤에 羅巖寺 승려에게 나아가서 배웠다고 한다. 『세종실록』 권39, 10년 2월 18일(경오).

77) 1427년(세종 9) 태조의 從弟인 영의정 李枝가 돌아간 부모의 기일재를 香林寺에서 지냈다고 한다. 『세종실록』 권35, 9년(1427) 1월 3일(임진).

78) 卞季良, 「興天寺 祈雨跪」, 『동문선』 권113, 疎, '今集毳衲之千指 仰投玉毫以一心' ; 成

그런데 성리학계 위정자들은 불교계 교단을 대대적으로 탄압하면서 그동안 지켜왔던 불교계의 국가비보사상 및 원리를 부정 또는 축소하기 시작하였다.

> 의정부에서 지난해 사사를 혁거할 때 삼한시대 이래 대가람이 혁거된 사례가 있으니, 삼한시대 이래의 명산대찰이나 산수 승처의 대가람을 택하여 교체하여 자복사로 삼으라.79)

위의 시책에서 보듯이 조선초 사찰 배치의 원리는 더 이상 비보사찰이 기준이 되지 못하였다. 산중의 명산 대찰이나 명산 승처에 사찰이 건립되면서, 조선후기 이후 산중 불교시대가 되는 것이다. 이전의 왕조인 고려시대의 읍의 치소인 읍사와 관련한 사찰이 산중사찰 불교시대로 전환된 것이다. 결국 1424년(세종 6) 4월 선교 양종의 각 18사로 정리되게 되며 36사 외에도 조선조에 와서 새로 세워진 흥천사와 흥덕사, 한양 인근의 개경사 등의 한양 불교도량이 중심이 되었다.80) 이러한 사찰과 더불어 내원당과, 정업원 및 비구니 도량은 한양 불교에 있어서 중요한 역할을 하였다.

조선초 1409년 태종의 한양 재천도 후인 1409년 개성의 내원당을 한양 창덕궁 안의 문소전 옆으로 옮겨 창건되었다.81) 1439년 세종은 불골 사리와 금옥불을 봉안하였으며, 집현전 학사들의 완강한 반대에도 불구하고 그해 12월에 불당을 낙성하고 경찬회를 열었다. 당시의 규모는 불전·승당·선실을

倪,「送義根禪宗還山」,『속동문선』권5, 칠언고시, '興天大刹如祗園 設利傑閣粧瑛璠.'
79) 『태종실록』권14, 7년(1407) 12월 2일(신사), '議政府請以名刹 代諸州資福 從之 啓曰 去年寺社革去之時 自三韓以來大伽藍 反在汰去之例 亡廢寺社 差下住持者 容或有之 僧徒豈無怨咨之心 若擇山水勝處大伽藍 以代亡廢寺院 則庶使僧徒得居止之處 於是 諸州資福寺 皆代以名刹.'
80) 태조와 태종과 관련이 깊은 안변 석왕사와 원주 각림사, 개성의 崇孝寺, 연복사, 觀音窟, 광명사, 新巖寺, 甘露寺, 영통사 등이 혁거 대상에서 제외되었다.
81) 『세종실록』권81, 20년(1438) 6월 26일(무인), '上曰 前此內願堂在昌德宮城內文昭殿 之傍 金玉佛像置于此堂 及移文昭殿于景福宮 徙置佛像于興天寺.'

포함하여 26칸이었다. 1434년(세종 16) 이전까지 내원당은 5교 양종을 거느리고 하전을 받들며 조회에 참여하며 궁궐 불교를 주도하였다.[82]

그리고 정업원과 비구니 도량은 한양 불교나 조선 불교에 있어서 불교 수호의 역할을 하였다. 실록에 의하면 '니승이 거처하는 곳은 성안에는 정업원이 있고 성 밖의 동남쪽에도 많이 있다.'[83] 이렇듯 국초 이래 도성에 정업원과 23소 비구니 도량이 있었으나 성종대에 이르러 대부분 철거된다. 정업원은 도성 내외의 비구니 도량과 지방의 사찰과 소통하는 통로가 되었으며, 한양 불교의 마지막 보루였던 것이다.

안암사는 고대에 창건된 것으로 알려져 있으며 정업원과 복세암은 조선초에 세워진 것이다. 그 나머지 실록에 등장하는 사찰인 정일암과 향실암, 수정암, 망성암, 은암, 일출암, 대고산사, 소고산사, 입암사, 도장동사의 존재가 확인된다.

다음으로 한양의 경읍 및 경산에 소속된 사찰은, 성저의 경읍에 있었던 금륜사, 연굴, 지천사, 원통사 등이며, 경산에 인왕산에 있었던 인왕사와 금강굴, 복세암 그리고 남산에 있었던 남산사와 묵사, 국사당[84] 등이다.

금륜사와 연굴사는 도성 안에 있었던 사찰이다. 금륜사는 도성 안에 있었는데 흥인문 밖 집에 있었던 유관(1346~1433)이 절안에 사국(춘추관)을 개설하였다.[85] 『연려실기술』에 의하면 '원통사는 1464년(세조 10)에 도성

---

82) 『세종실록』 권66, 16년(1434) 10월 30일(계유), '前此內願堂率五敎兩宗 奉箋參朝稱賀 今除參朝故也.'
83) 『성종실록』 권164, 15년(1484) 3월 13일(경자), '尼僧所居之地 內則有淨業院 城外東南亦多有之.'
84) 조선시대에 4대산의 하나이자 한양의 랜드마크였던 남산에 국사당을 두고, 둔지산 넘어 용산기지가 끝나는 어느 지점에 남단을 두었다. 그렇지만 일제에 의하여 국사당은 인왕산으로 옮겨지게 된다. 황인규, 앞의 논저, 1999 ; 이신철, 「용산기지 내 안산신사와 추모시설의 식민성과 그 탈식민주의적 재구성 방안 연구」, 미공개보고서, 12~13쪽 참조.
85) 五世朝(1796~1806), 『燃藜室記述』 卷9, 世宗朝故事本末 ; 柳僖(1406~1433), 『東國輿地備考』 第2篇 漢城府. 유관은 1409년 예문관대제학으로 知春秋館事를 겸했으며, 이듬해 『태조실록』 편찬을 주관하였다.

안에 창건하였다.'86)라는 기록이 찾아진다. 연굴사(암)는 소격서동에 있다고 하였다.87) 조선초 문인 성현이 1490년(성종 21) 국일재 노공필(1445~1516)과 이 절에서 노닐다가 남긴 시가 전하고 있다.88) 연굴암은 양종(흥천사와 흥덕사), 원각사, 내불당, 정업원, 복세암, 인왕암 등의 도성 안팎 사찰과 더불어 내수사에서 봉양하는 사찰이었다.89) 유생 이열 등 6명이 불상을 꺼내어 땅에 던져 부수기도 하였다. 결국 연산군에 의해 1503년(연산군 9)에 철거되었다.90)

그 다음 인왕산에 있었던 인왕사와 금강굴, 복세암 등이 있었다. 실록에 의하면 인왕산에는 내원당, 인왕사, 금강굴, 복세암, 니사, 나한당 등의 사찰들도 있었다고 한다.91)

복세암은 『신증동국여지승람』이나 『동국여지비고』에 의하면 세조조에 창건되었음을 알 수 있다.92)

　　하교하였다. '지금 이후로는 봉선사·회암사·용문사·정인사·수종사·개경사·상원사·낙산사, 그리고 정업원·복세암·연굴암 등의 사찰은 내수사로 하여금 맡아서 검찰하게 하라.'93)

---

86) 李肯翊(1736~1806), 『燃藜室記述』別集 卷13, 政教典故, '甲申 創建圓通寺于都城內. 建福世庵于仁王山.'
87) 『신증동국여지승람』卷3, 漢城府 ; 『東國輿地備考』第2篇 漢城府. 삼청동은 소격서의 동쪽에 있다. 鷄林第로부터 북쪽에 어지럽게 서 있는 소나무 사이에는 맑은 샘물이 쏟아져 나온다. … 그 위로 두어걸음 올라가면 演窟이다. 李肯翊, 『燃藜室記述』別集 卷16, 地理典故, 山川, 形勝.
88) 成俔(1439~1504), 「與希亮遊演窟 庚戌」, 『虛白堂 補集』卷1, 詩, '寺在三淸洞 林深境界寒 石泉懸絶磴 檀樹蔭平壇 佛靜僧鳴磬 堂閒客勸餐 親朋携手話 不怕道路難.'
89) 『성종실록』권130, 12년(1481) 6월 30일(계유) ; 『성종실록』권173, 15년(1484) 12월 17일(경오) ; 『성종실록』권199, 18년(1487) 1월 23일(갑자) ; 『성종실록』권259, 22년(1491) 11월 22일(갑오).
90) 『연산군일기』권51, 9년(1503) 11월 10일(계유).
91) 위와 같음.
92) 『東國輿地備考』第2篇 漢城府 ; 『세조실록』권11, 4년(1458) 2월 13일(임인) ; 成俔(1439~1504), 『慵齋叢話』卷1.

이와 같이 복세암은 봉선사와 회암사, 용문사, 정인사 등의 사찰들과 더불어 예조가 아닌 내수사에서 검찰하도록 하는 등 왕실녀들의 보호를 받았다. 이들 사찰은 오래가지 못하였다. 즉 복세암은 도성의 서악 꼭대기에 있었고94) 그 밑에 위치한 인왕사,95) 금강굴 등의 사찰들과 함께 궁궐을 내려다보는 위치에 있다는 이유로 인하여 철거케 하였다.96)

또한 인왕동에는 나한당이 있었다고 한다. 즉 실록에 의하면 '경성 안의 인왕동 나한당은 귀천을 가릴 것 없이 잇달아 왕래하여, 오히려 뒤떨어질세라 다투어서 나아가되, 금하고 막는 자가 없다.'97)는 기록이 있다. 인왕산 나한동에는 신행 활동이 매우 융성하였던 것 같으나 1436년(세종 18)에 철거되고 말았다.98)

금강굴은 인왕산 인왕사 서쪽에 있었는데99) 1503년(연산군 9)에 복세암과 인왕사와 함께 경복궁이 내려다 보인다 하여 철거되었다고100) 하지만 조선후기 18세기에 있다가 없어졌다.101) 청류암은 인왕산에 조수삼과 박윤묵이 관련 시를 남긴 바 있다.102)

---

93) 『성종실록』 권173, 15년(1484) 12월 17일(경오).
94) 이긍익(1736~1806), 『연려실기술』 별집 권16, 지리전고 산천 形勝.
95) 『성종실록』 권204, 18년(1487) 6월 2일(경오).
96) 『연산군일기』 권51, 9년(1503) 11월 9일(임신).
97) 『세종실록』 권72, 18년(1436) 6월 10일(을사).
98) 위와 같음.
99) 『동국여지비고』 2편, 한성부.
100) 『연산군일기』 권51, 9년(1503) 11월 9일(임신).
101) 朴允默(1771~1849), 「仁旺山詩 五十韻」, 『存齋集』卷4, 詩, '猗歟定鼎初 王氣三角始 華嶽爲主峯 特立天半起 仁旺作屛翰 屹然鎭右趾 鳳鷟互飛騫 欲奮復如 大轄方高駕 長靷前旖旎 形如大轄前有長靷 … 形局俱可喜 名區各擅勝 迭出無相似 兩菴傳舊基 層崖老獸跪 清幽菴金剛窟在巖石間 年代何渺茫.'
102) 趙秀三(1762~1849), 「清幽庵」, 『秋齋集』卷3, 詩, '山下好田地 被人先占 我行不自止 辛苦入雲去 安知峭絶外 得此清幽處 危湍送鳴吹 列樹分翔羲 翠石颭已秋 丹谷常含曙 天風 振蕩 炎熱尢掃除 舉千干下子 脉脉不能語'; 朴允默, 「清幽庵石窟」, 『存齋集』 卷7, 詩, '崔嵬何太陵 古窟截層峯 壁挽橫奔石 床因倒掛松 孤高千丈出 空洞十人容 更有雲相掩 誰能躡我蹤.'

복세암은 인왕산에 있었는데 세조대에 창건되었으며,103) 『용재총화』에 다음과 같이 기술되어 있다.

> 인왕동은 인왕산 아래의 구불구불하고 깊은 골짜기가 복세암을 에워 두른 곳인데, 골짜기의 물은 합류하여 시내를 이루고 있다. 서울 사람들이 다투어 와서 활쏘기를 한다.104)
>
> 인왕동은 인왕산 밑에 있는데, 굽이쳐 도는 깊은 골짜기가 있다. 복세암은 골짜기 물이 합쳐서 시내를 이루는 곳이며, 서울 사람들이 다투어 와서 활쏘기를 한다.105)

문인 성현이 역병을 피해 권건(1458~1501)의 집으로 거처를 옮긴 과정에 그 존재가 확인되며,106) 20세기에 없어진 듯하다.107)

내불당과 복세암 등의 사찰에는 조두장 2명을 두고 승려를 두고 있으며,108) 오직 원각사와 내불당과 복세암의 분수승만은 예전대로 감축하지 아니하여 세 곳의 승려들이 앉아서 나라의 곡식을 허비하는 자가 무려 수십 명이다.109)

남산 일대에 있었던 사찰로 남산사와 묵사 등이 있었다. 남산사는 조선시대에 창건된 사찰로, 현 서울특별시 중구 필동로 6길 17의 남산 기슭에

---

103) 『신증동국여지승람』 권3, 한성부.
104) 이긍익(1736~1806), 『연려실기술』 별집 권16, 지리전고 산천 形勝.
105) 성현(1439~1504), 『용재총화』 권1.
106) 成俔(1439~1504), 「避病移寓叔强家家在社稷洞」, 『虛白堂補集』 卷1, 詩, '山前華屋間晴嵐 步上岡頭引客談 巖嶂紫櫻花蔌蔌 對頭黃鳥羽毿毿 連村松暗句龍社 出岫雲開福世庵 咫尺春曹途不遠 朝朝來往不勞驂.'
107) 『東國輿地備考』 第2篇 漢城府, '福世菴 : 인왕산에 있었으며 세조조에 세웠는데, 지금은 없어졌다' ; 『성종실록』 권95, 9년(1478) 8월 4일(계사) ; 『성종실록』 권91, 9년(1478) 4월 5일(병신).
108) 『성종실록』 권95, 9년(1478) 8월 4일(계사) ; 『성종실록』 권91, 9년(1478) 4월 5일(병신).
109) 『성종실록』 권181, 16년(1485) 7월 8일(병진).

소재하고 있었다. 남산사 터는 서울 시내에 남아있는 몇 안되는 절 터 가운데 하나이다. 창건 후 흔적조차 찾기 힘들게 된 남산사와 각념 선사가 중건한 각심사 조차도 그 흔적만 겨우 찾아볼 수 있을 따름이다.[110]

묵사는 먹절골(현재 묵정동 일대)에 있었던 고려시대의 사찰이다.[111] 동평관이 충무로 4가 일대에 있었으므로 남쪽인 남산 방면으로 얼마 떨어지지 않은 지점에 묵사가 있어 왜의 일부 사신들이 이곳에 여장을 풀고 머무르며 서로 내왕하는 불편을 겪었던 것으로 보인다.[112] 이와는 달리 묵사에 대하여 다른 설명이 있다. 북저동은 도성의 동소문인 혜화문 밖 북쪽, 응봉 아래의 골짜기로, 동리 안에 복사꽃이 좋아서 봄철이면 상춘객으

---

110) 현재 남산사 터에는 입구에 표지석이 세워져 있고, 우측 축대 사이로 난 계단 길로 오르면 바로 위쪽에 일제 강점기에 대리석으로 만든 六角柱石이 보인다. 그 주변 7,590㎡ 정도가 사찰의 부지였다고 한다. 서울 중구 역사 문화자원 남산사 터 https://www.junggu.seoul.kr/

111) 墨寺가 있다. 묵사는 감정 우물골에 깊은 우물이 있어 우물이 검게 보인다는 데서 명칭이 연유한다. 승려들이 먹을 만들어 시전에 내다 팔아 먹절 혹은 묵사라고 부르던 절이 있던 데서 마을 이름이 유래되었다. 먹적골·먹제골·묵절골이라고도 하였으며, 한자명으로 묵사동 줄여서 묵동이라고도 하였다. 서울역사편찬원, 『서울지명사전』, 2009.2.13. 먹절골.

112) 李陸, 『靑坡劇談』에서 龜亭 南在(1351~1419)가 1416년 영의정에 임명되었다가 사면했을 때 이야기다. '정승 南在가 재상을 그만두고 한가로이 墨寺洞 본집에서 정양하고 있었다. 날마다 바둑을 일삼았는데, 墨寺의 한 스님이 자주 나왔다. 서로 바둑을 놓다가 스님이 거짓으로 지는 척 하노라면 공은 대단히 기뻐했다. 옷 벗기기 내기를 하여 갓을 벗긴 다음, 또 옷을 벗기고 속옷을 벗기에 이르자 스님은 감히 벗질 못하고 재삼 애원한 뒤에야 면하였다. 날이 저물어 스님이 절에 돌아오면 공은 종 서너 명을 시켜 쌀과 콩과 음식을 가져다주니, 이로 말미암아 스님은 어느 날이나 옷을 벗기지 않는 날이 없었지만, 소득은 날로 늘어만 갔다. 그러나 공은 알지 못하였다. 한 조관 민씨가 공을 찾아뵈었는데, 공이 또 대국하였다. 민이 바둑판에서 길을 다투다가 물러서지 않다가 손으로 공의 이마를 치기에 이르렀다. 공이 기분이 나빠 말하기를, "이 손님은 기상이 호걸스러우나 성공하면 성공하겠고, 성공을 못하게 되면 성공을 못한 것이다." 하였다.'(南政丞在 罷相養閑於墨寺洞本第 日以棋局爲事 有墨寺長老屢造焉 相與圍棋而長老佯不勝 公大喜 旣脫其冠 又脫其衣 至於中裙 則長老不敢脫 哀懇再三然後免日暮而長老還寺 則公使婢子二三人持米豆饌物以遺之 由是長老無日不脫衣 而所得日增 公亦不知也 有閔姓朝官謁焉 公亦與之對棋 閔臨局爭道不遜 至以手犯其頂 公不悅曰 此客氣豪 然得志則得志 不得志則不得志也.)

로 붐볐기 때문에 도화동으로도 불렸다. 북사동·묵사동으로도 불렸으며 지금의 서울 성북구 성북동에 해당한다.113)

> 북저동 혜화문 밖 북쪽에 있는데, 동 가운데 복숭아나무를 벌여 심어서 봄철에 복사꽃이 한창 피면, 도성 사람들이 다투어 나가서 놀며 구경한다. 민간에서는 도화동이라 부르며, 어영청의 성북둔(城北屯)이 있다. 북사동이라고도 하며 옛날에 묵사가 있었기 때문에 묵사동이라고도 한다. 맑은 시내의 언덕을 따라 주민들이 복숭아 나무를 심어서 생활을 한다. 늦은 봄철마다 노는 사람들과 수레와 말이 가득 찬다.114)

> 의정부에서 예조의 정문에 의거하여 상신하였다. '지금 묵사의 승려가 병자의 한증(汗蒸)하고 목욕하는 기구를 수리할 것을 청하였으나, 동서 활인원이 이미 설치되어 질병을 다스리고, 묵사는 여염(閭閻, 민간)에 끼어 있어 승려들이 살기에 적당하지 아니하고, 또 한증과 목욕이 본래 특이한 효험이 없습니다. 청하건대 묵사를 헐어버리고 한증과 목욕하는 기구 및 입보한 미포는 동서 활인원의 노비에게 나누어주고, 형조로 하여금 재목과 기와를 조처하여 왜관을 수리하게 하소서.' 그대로 따랐다.115)

1422년(세종 4)에 일본 국왕 사신 본 국왕의 사신 규주와 범령, 도선주 구준 등 135인이 상경하였을 때, 동·서평관 이외에 묵사라는 절을 객사로 이용하기도 하였다. 상경한 왜인이나 유구인들이 머무르던 숙소인 동평관116)이 비좁아 일부 사람들은 동평관 남쪽에 자리잡고 있던 묵사에 머무르

---

113) 『신증동국여지승람』 권3, 한성부.
114) 『東國輿地備考』 2篇, 漢城府.
115) 『세종실록』 권110, 27년(1445) 11월 8일(정축), '議政府據禮曹呈申 今墨寺僧請修病人 汗蒸沐浴之具 然東西活人院 旣已設置 以治疾病 墨寺間在閭閻 不宜僧居 且其汗蒸沐浴 本無異効 請壞墨寺 其汗蒸沐浴之器及立寶米布 分與東西活人院 奴婢 令刑曹區處 材瓦 修葺倭館 從之.'

고 있었다.117) 1434년(세종 16)에 관의 남쪽에 두 채를 더 지었으며, 1445년(세종 27)에는 묵사를 해체하여 왜관을 수리하도록 하였다.

도성 내외의 여염 사이에 니승(尼僧, 여승)이 암사를 많이 만들어 범인과 섞여서 거처하였다.118) 도성 밖 인왕산 인왕동에는 나사(尼社, 尼舍)들은 세조가 창건하도록 한 것인데119) 유생들의 철거 요구에도 불구하고 '반석방의 두 곳 여승의 집산을 의지해 깊숙하고 궁벽하여 민가에 멀리 있어서 여러 여승이 거처할 만하고, 인왕동의 한 곳 여승의 집은 세조 때에 창건한 이유' 때문에 철거를 면할 수 있었으나,120) 그 후 언제까지 존재했는지 알 수 없다. 그 후 중종 때 승려가 인왕산에 초막을 지었다는 기록이 있는데,121) 인왕산에는 사찰에 대한 철폐령에도 불구하고 산사의 치폐가 거듭되었던 것 같다.

도성 밖인 남대문 밖 종약산(약봉, 지금의 서울역 뒤 큰 언덕) 남쪽에 비구니 사찰이 10소가 있었다.122) 이균이 '근래에 휴가를 받아 글을 읽느라고 남대문 밖 산방으로 갔었는데, 곁에 니사가 있어 부녀들이 점등한다고 칭탁하면서 가마와 말을 탄 것이 서로 잇달아 갔으며, 또 들건대 정업원도 이와 같다.'고 하였다.123) 동대문 밖 민간 사이에 사삿집을 짓고 살았다.124)

---

116) 동평관의 위치에 관해서는 여러 기록이 있다. 『통문관지』·『신증동국여지승람』·『궁궐지』·『문헌비고』·『동국여지비고』에는 모두 남부 樂善坊에 동평관이 있었다고 기록되어 있으며, 유독 『한경지략』에만 남부 薰陶坊에 있었다고 적혀있다. 따라서 오늘날 중구 인현동 2가 192번지 일대가 옛 동평관 자리였음을 알 수 있다.

117) 『세종실록』 권22, 5년(1423) 12월 20일(정묘), '墨寺는 仁順府에서 맡게 하였다' ; 『세종실록』 권23, 6년(1424) 1월 21일(무술) ; 『세종실록』 권64, 16년(1434) 6월 24일(기사), '예조에서 아뢰기를, 성상의 하교를 받자와 倭館의 禁防條件을 상고하오니 『육전』에 갖추 실려 있사오매, 謄錄을 거듭 밝혀 거행하겠나이다. 東平館·西平館 및 墨寺에 나누어 들은 客人이 무시로 서로 찾고 서로 왕래하옵니다.'

118) 『성종실록』 권56, 6년(1475) 6월 12일(기축).

119) 『성종실록』 권55, 6년(1475) 5월 27일(을해).

120) 『성종실록』 권56, 6년(1475) 6월 12일(기축) ; 『성종실록』 권57, 6년(1475) 7월 19일(병인).

121) 『중종실록』 권83, 32년(1537) 2월 20일(기사).

122) 成俔(1439~1504), 『慵齋叢話』 卷8.

최숙생은 1457년(세조 3)과 1458년 사이에 대사헌이 되어 도성 안의 무당을 모두 내쫓아 동서 활인서에 모으고, 성남에 있는 비구니 도량을 철거하고 불상을 헐어 승려들이 도성에 발을 붙이지 못하도록 하였다고 진언하였다.125) 그러나 승니는 도성 안에 거처하기를 허락하지 않아서 성 밖의 동남쪽에도 많이 있었다.126)

당시 근년에 니사를 철거하여 성 밖으로 내보내도록 명하였습니다만, 그러나 분명한 금법으로써 그 폐단을 막지 못하였습니다.127)

도성 밖에 있었던 장의사를 비롯한 삼각산의 폐한 사찰들은 재목을 헐어버리는 등 폐치되어 갔다.128) 장의사는 1505년(연산군 11) 폐사되었는데 이때 도봉산 영국사도 폐사되었으며, 그 터에 도봉서원이 건립되었다.129) 참고로 백제의 초기 사찰로 알려진 암사도 그 무렵 폐사되어 구암서원이 세워졌다.130)

---

123) 『성종실록』 권200, 18년(1487) 2월 3일(계유), '御書講 侍讀官李均啓曰 臣近日以受假讀書 歸南大門外山房 傍有尼社 婦人等託點燈 乘轎騎馬者相繼而往 且聞淨業院亦如是.'
124) 『연산군일기』 권10, 1년(1495) 11월 12일(신묘), '持平柳軒曰 法有禁僧 而無禁尼 今東大門外閭閻間 尼僧作私舍以居 請撤去 使不得雜處閭閻 王曰可.'
125) 『연려실기술』 권8, 중종조 고사본말 崔淑生.
126) 『성종실록』 권164, 15년(1484) 3월 13일(경자).
127) 『성종실록』 권98, 9년(1478) 11월 30일(정해), '殿下於近年命撤尼社 驅出城外 然未有明禁 以杜其弊 故處女寡婦剃髮者相繼不絶 或憑勸善 或托遊山 邀朋結隊 與僧雜處 未免有淫穢之行 敗亂其家俗也.'
128) 『중종실록』 권12, 5년(1510) 12월 26일(무신).
129) 李珥,「道峯書院記」,『栗谷全書』 卷13, 記, '楊州治南三十里 有山名曰道峯山 有洞曰寧國 舊有寧國寺 寺廢而洞仍其名 先生少日酷愛洞中泉石 往來棲息 其立朝也.';趙光祖,「道峯書院記」,『靜菴集』 附錄 卷4;「靜菴先生年譜」,『靜菴集』 附錄 卷5, 年譜, '院之西麓 舊有臺 庚戌 監司朴承宗 名以天日 仍著記 神宗萬曆元年癸酉建道峯書院於楊州卽道峯山寧國寺舊基.'
130) 徐居正,「再遊廣津伯仲寺 次柳太初韻」,『四佳集』 卷30-18, 詩類.

전교하였다. '장의사의 불상은 승려들을 시켜 8월 15일 전에 모조리 다른 곳으로 옮기게 하고, 정업원과 안암사의 니승은 다 한치형의 집으로 옮겨 살게 하고, 내불당은 흥천사로 옮기고, 향림사의 부처는 회암사로 옮기라.'131)

장의사의 불상을 양종 승려들을 시켜 삼각산 안팎의 사찰로 옮기게 하고 승려들을 모두 축출하였다.132) 장의사 일대에 대나무를 심게 하였으며, 장의사를 철거하여 넓게 화단을 쌓고 각종 화초를 심게 하고, 동구에 땅을 골라 이궁(離宮)을 짓고 화단을 쌓았다.133)

특히 한양 도성 밖 성저십리 경산에 있었던 비구니 도량들도 있었다. 불교에 대한 탄압이 심해지는 조선중기 이후에도 여전히 도성 안의 비구니들은 왕실 불교를 주도하면서 도성 밖의 사찰과도 소통하면서 불교계 수호의 일익을 담당하였다. 현종대 한양 궁궐내의 자수원 및 인수원과 도성 안의 비구니 도량은 폐치되어 갔다.134) 이에 백곡 처능(1619~1680)은 「간폐석교소」라는 상소를 올렸다. 이 상소문으로 양주 봉선사와 광주 봉은사는 철폐를 면할 수 있었고 도성 내의 마지막 남은 도량들로 지켜질 수 있었다.135)

---

131) 『연산군일기』 권54, 10년(1504) 7월 29일(정사), '傳曰藏義寺佛 令僧徒八月十五日前盡移他處 淨業院安庵寺尼僧皆移接于韓致亨家 內佛堂移于興天寺 香林寺佛移于檜巖寺.'
132) 『연산군일기』 권54, 10년(1504) 7월 17일(을사).
133) 『연산군일기』 권58, 11년(1505) 5월 2일(병술) ; 『연산군일기』 권61, 12년(1506) 2월 30일(경진). 그러한 가운데 왕실 원찰인 경국사와 화계사가 중창되었다. 즉 1522년(중종 17) 西平君 李協議와 信月이 보덕암을 중창하고 화계사라고 개칭하고, 1618년(광해군 10)경 덕흥대원군 가문의 후원으로 道月이 화계사를 중창하였다.(權鐘植, 「三角山華溪寺重修緣起文」(1619년 3월, 釋道月 誌), 『三角山華溪寺畧誌』, 三角山華溪寺宗務所, 昭和 13년, 2쪽.) 1546년 문정왕후가 경국사를 중건하고 왕실에서 1535년(인종 1) 다시 중건하였다. 趙素昻(1887~1958?), 「靑岩寺誌」, 『素昻先生文集』 上, 387쪽, '至李朝中宗丁卯二年 寺域積壞 至四十餘年 明宗己酉四年 修寺院 至庚戌五年 文定王后攝政時 重信佛法 大事重修 賜寺名曰慶國 大事布法 至文定王后昇遐後 設齋燃燈 奉崇三寶.' 북한산의 사찰루 주계사(『명종실록』 권20, 11년 2월 21일(경술))와 雲巖寺(폐사)(『선조실록』 권73, 29년 3월 3일(경오)) 등이 있었다.
134) 南九萬, 「顯宗大王行狀」, 『藥泉集』 卷14, 應製錄.

그러나 조선후기 도성과 성저십리에는 온수동, 탑동, 흥인문 밖 등 4, 5소의 비구니 도량 정도만이 건재할 수 있었다.[136] 온수동과 탑동의 비구니 도량의 경우, 각기 연령군방과 창의궁에 소속시켜 그 일대를 제한구역으로 삼았다.[137] 실록에 '창의문 밖에서 수륙회를 크게 베푸는데 도성의 남녀들이 철시하고 달려간다.'[138] 도성 밖인 동교의 비구니 도량은 계속 건립되었다.[139] 1697년(숙종 23) 무렵 도성 밖에 높은 누각을 지었는데 금벽이 영롱하였다고 한다.[140] 유생들은 '근년 이래로 니도(尼道)가 다시 치성하여 10명이나 백 명씩 떼를 지어 동교의 멀지 않은 곳에 큰 집을 지으니, 금벽이 빛나고, 10리 안에 여섯 군데는 서로 바라본다.'[141]고 하였다. 유생 임상덕은 비구니가 사람을 현혹시키는 것이 담배처럼 매우 심하다고 하면서 비구니 도량의 철거를 주장했으나[142] 새로 지은 비구니 도량만 철거하게

---

135) 白谷 處能, 「諫廢釋敎疏」, 『大覺 登階集』 卷1 : 『韓國佛敎全書』 8 ; 김용조, 「白谷處能의 諫廢釋敎疏에 관한 연구」, 『한국불교학』 4, 1979 ; 황인규, 「白谷處能의 生涯와 護法活動」, 『불교와 사회』 10-4, 2018 참조.
136) 『숙종실록』 권47, 35년(1709) 8월 14일(임자), '去夜 上命還入尼舍事擧行條 上敎中添入不必一倂撤毀 郭外尼舍中 十一字改下 仍敎曰 頃觀林象德疏本 甲申臺論停止後 有新結尼舍云 只撤此一處 從今申飭 毋得加構.'
137) 『경종실록』 권6, 2년(1722) 3월 26일(신해).
138) 『선조실록』 권200, 39년(1606) 6월 2일(기해).
139) 李肯翊(1736~1806), 『燃藜室記述』 別集 卷13 政敎典故, 「僧敎」.
140) 『숙종실록』 권31, 23년(1697) 1월 12일(갑자), '臣又聞 內司及各宮下輩 頗修佛事 往來此山 歲以爲常 至有紅袖同往之說 香茶 惟幡等物 皆自內降云 且聞尼徒 留接城外 新起高閣 金碧玲瓏 誇以壽進宮所建 至於聖妃忌辰 大設醮事 略無畏憚 豈不寒心哉 亦願亟撤新建尼宇 且治任事之人 嚴飭內司各宮 切禁設醮之事 俾祛弊習.'
141) 『숙종실록』 권40, 30년(1704) 10월 28일(을미), '諫院啓曰 國ınan以來 禁絶僧尼之出入都城者 所以懲淫慝正民俗也 曾在先朝 特命毁撤諸尼之廬舍者 意有所在 近年來尼道復熾 什百爲群 東郊不遠之地 構成大廈 金碧照曜 十里之內 六處相望 遠近閭閻之婦女 叛夫叛主 失行早孀之類 奔波輻輳 萃爲淵藪 行淫作慝 幻惑雜亂之狀 不一而足 請令京兆 毁其廬舍 各歸其所 人其人而革其弊 … 竝不允.'
142) 『숙종실록』 권47, 35년(1709) 7월 13일(임오) ; 林象德(1683~1719), 「論尼舍疏 己丑」, 『老村集』 卷2, 疏箚 ; 서신혜, 「임상덕의 「談姑傳」에 나타난 사유」, 『어문연구』 34-1, 2006 ; 이향주, 「2장 (3) 고전소설과 비구니의 서사적 기능-「담바고전」, 『비구니와 한국문학』, 예문서원, 2008 참조.

하고, 앞으로는 더 짓지 못하도록 하였다.143) 그리하여 동교의 비구니 도량은 경종대와 영조대에도 있었으나,144) 흥인문 밖의 비구니 도량들은 1746년(영조 22) 무렵에 까지 존속했던 듯하다.145) 특히 비구니 매화당은 1786년(정조 10) 북악산의 후록에 있는 비구니 도량 환성암에서 주석하였다.146) 순조대 영의정 해석 김재찬(1746~1827)이 지적한 바와 같이 당시 비구와 비구니들이 몰래 도성에 들어가 불사를 흥성시키고 있었다.147)

4. 조선시대 성저십리 용산 불교

그러면 한양 도성의 외곽인 성저십리, 특히 용산148)의 불교는 어떠하였을

---

143) 『숙종실록』 권47, 35년(1709) 8월 14일(임자).
144) 『경종실록』 권15, 4년(1724) 7월 8일(기유), '上旣從諫院尼舍撤毁之啓 復下敎曰 久遠寺刹 撤毁爲難 仍存宜矣 政院對以諫院請毁 本非舊刹 乃是新創 東郊昨已撤毁 勿毁之敎 不能奉行 上答以知道.'; 『영조실록』 권89, 33년(1757) 4월 5일(병인), '盜入東郊尼舍 擧火燒屋數十間 延及民家 偸取財物甚夥 命捕廳譏捕.'
145) 『영조실록』 권63, 22년(1746) 윤3월 2일(무술), '正言安杙上疏 請 鞫獄諸賊 更令嚴訊 北漢山城 令摠戎使專管 興仁門外尼舍 皆撤毁以防意外奸宄 大同察訪柳萬樞肥己招怨 宜罷職 批曰 首陳事 已下敎 尼舍毁撤事 昔年靳允深遠矣 柳萬樞事 依施.'
146) 徐有榘(1764~1845), 「喚醒庵 舍利 塔銘 幷序」, 『楓石鼓篋集』 卷5, 洌上徐有榘準平塔銘.
147) 『순조실록』 권18, 15년(1815) 1월 15일(신축). 조선왕조의 마지막 황제인 순종의 비인 純貞孝皇后 尹氏는 1926년 순종이 승하하자 樂善齋에서 출가하여 법명을 大地月(1884~1966)이라고 하였는데, 이는 바로 정업원이나 인수원과 자수원의 전통을 따른 것이라고 하겠다. 양만우, 「이조 비빈 숭불 소고」, 『논문집』 12, 전주교육대학, 1967, 99쪽.
148) 본고에서는 용산을 마포 지역을 제외한 오늘날 행정구역상 구용산을 포함한 신용산지역을 그 연구 대상으로 한다. 마포 일대를 포함한 용산 일대에 백운암과 원효사 등이 있었다고 한다. 대한불교조계종 白雲庵은 현재 석불사로 마포 나루터에 있었다. 백운암은 숙종(1674~1720) 때 喚惺 志安(1664~1729)가 마포항 인근 지금의 석불사 터에 창건하였다. 백운암은 한강을 진호하고 상인과 선원들의 무사 항해와 상업 번창을 기원하는 호국사찰이었다. 절 터에는 한강변 여덟 정자 중 하나인 風月亭이 세워졌다. 200여 년 전 김해 김씨 無盡居士가 청룡 한 마리가 한강변에서 승천하는 꿈을 꾸고 그곳에 달려가 살펴보다 석불과 백운암

까? 이에 대해 살펴보기로 한다.

무학은 이성계의 탄신일에 왕사로 책봉되고 그 이듬해인 1394년 한 달 남짓한 기간 동안 한양 천도에 참여하였다. 무학은 한양 도성 밖의 양주의 회암사를 지공과 나옹, 무학의 3화상의 도량으로 삼은 후 한양 전도 사업을 주도하였다. 『여지도서』에 의하면 한양 전도 사업이 펼쳐지던 해인 1394년(태조 3)에 무학이 왕조 창업을 종용했던 안변 석왕사가 중창되는데, 조계종과 더불어 천태종의 고승인 신조, 화엄종의 고승 설오에 의해 이루어졌다고 기록되어 주목된다. 공민왕대 공부선 실시 이후 3개 종파 영수가 다시 화합한 것이기 때문이다.

홍무 27년 갑술년(1394, 태조 3)은 우리 태조가 임금에 오른 뒤 세 해째 되는 해이다. 비로소 커다란 사찰을 세웠다. 봉리군 신조대사가 왕의 뜻을 공손히 받들어 비로소 보광전을 세웠다. 승통 설오가 심일당을 세웠으

이라는 扁額을 발견하고 이곳이 절 터임을 알고 중창하여 石佛庵으로 개칭, 중건한 후 딸 日光華와 月光華 자매로 하여금 불공토록 하였다. 1950년 한국전쟁 때 삼성각을 제외한 모든 건물이 소실되었으나 월광화의 딸로 童眞 출가한 天日스님(1912~1977)이 중창하였다. 1990년부터 2010년까지 장장 20년에 걸쳐 대웅전, 극락전, 삼성각, 설법전, 요사채 등을 새롭게 불사하였고 2010년 음력 8월 7일 새로 모신 미륵부처님 봉불식과 중창불사 회향식을 올린 비구니 사찰이다. 원효사는 서울시 용산구 원효로에 있었는데 언제 창건되었는지 알 수 없다. 원효사는 대한불교 조동종 소속 사찰이었다. 해방 후인 1947년 대한민국 임시정부 주석이었던 金九가 귀국한 뒤 국가 건설에 따른 인재의 필요성을 느껴 원효사에 그 본부를 설립하였다. 1949년 8월 23일 건국 실천원 양성소는 해체되고 원효사는 1949년 9월 홍익대학교에 인수되었다. 「建實(건실)」解散(해산), 1949.08.25, 『경향신문』. 참고로 1946년 서울시 가로명 제정위원회에서 해원 황의돈이 원효를 추념하기 위하여 원효로라는 이름을 지었다. 『조선일보』 1975.1.25 광복 30년 世情散策 4 청계천 낭만도 고층에 묻히고 ; 황인규, 『역사와 선을 접목한 사학자 황의돈』, 동국대학교 출판문화원, 2023 참조.
그리고 본고에서는 오늘날 성동구 옥수동 豆毛浦 일대도 제외하였다. 참고로 두모포의 月松庵에 성종대 승려 洪淡이 있었으며, 비구니 도량도 있었다고 한다. 태평관 근처에 있었던 지천사의 경우도 마찬가지이다. 지천사는 대장경판을 잠시 보관했던 사찰로, 이성계와 친밀하였던 고승 雪悟와 관련이 있으므로 본고에서 다루었음을 밝혀둔다.

며 개국 법주 계근이 민적당을 세웠다. 달공화상이 범종루를 세웠으며 (석왕사의) 주지 성호가 대장전을 세웠다.[149]

위의 인용한 사료에서 개국 법주 계근과 석왕사의 주지 성호에 대해서는 알려진 사실이 없으나, 달공이 범종루를 세웠다고 하는데 달공은 무학과 뜻을 함께 한 조계종승이므로[150] 계근과 성오는 조계종 고승이라고 추정된다. 화엄종 승통 설오가 심일당을 세우고 1394년 무학이 왕조 창업을 종용했던 석왕사의 중창에 참여하였다. 조선 건국 후 설오는 화엄종 도승통으로[151] 고려 태조가 창건한 10대 사찰 가운데 하나인 법왕사에 기거하면서 금강산과 석왕사에서 보살재를 올렸다.[152] 이성계를 환궁하는 데 참여했으며, 1399년 석왕사 주지에 재임하였다. 특히 개성과 한양 사이에 있는 파주에 광탄원을 건립하고[153] 1407년(태종 7)에는 태조가 지은 건덕전을 흥덕사로 창건하자 주지로 재임하였다.[154]

천태종의 고승 신조는 위화도 회군에 참여하고 수원 만의사에서 천태종 승려들과 회합하여 조선왕조의 창업을 희구한 바 있었는데[155] 조선 건국

---

149) 『여지도서』 하, 함경도(關北邑誌) 함경남도 안변 도호부 사찰, 釋王寺, '洪武二十七年甲戌(1394)卽我太祖登極後三年始創大利奉利君神照大師敬奉 聖旨始成普光殿 僧統雪悟建尋釖堂 開國法主戒根建泯迹堂 達空和尙建泛鐘樓 住持性浩建大藏殿.'
150) 권근, 「達空首座 問答法語」, 『양촌집』 권17, 서류, '山門之老有曰達空 號本寂 初事指空 後參諸方 道高行峻 操止益堅 … 與無學超公並稱 盖超妙達而師篤踐者也.'
151) 『태조실록』 권13, 7년 1월 22일(경오).
152) 『정종실록』 권6, 2년 10월 26일(정사), '遣法王都僧統雪悟於新都.'
153) 權近, 「廣灘院記」, 『陽村集』 卷13, '廣灘院在兩京間 道里適均 行旅多憩宿 頹垣破礎 無所於寓 判華嚴公惻然欲新之 爲捨囊鉢之儲 重新營構 仍起樓于前 下臨長途 俯瞰平郊 登臨眺望 洒然可滌塵勞之熱.'
154) 『태종실록』 권13, 7년 1월 14일(기묘). 찬영의 문도인 興福寺의 승려 斯近이 술을 마신 일이 발각되어 사헌부에 의하여 비판을 받은 일이 있었다. 『태조실록』 권14, 7년 6월 3일(정미).
155) 權近, 「水原 萬義寺 祝」華嚴法會 疏日記」, 『陽村集』 卷12, 記類, '手中一日又開法會 衣服座具帶襪咸備 嘉羞異膳供具豊潔 啓聞于上 受押佛疏 邀請大天台宗師國一都大禪師玄見等韻釋三百三十指 皆一時天台碩德也 外護前洪濟寺住持大禪師明一等一百九

초에 이성계가 왕이 된다는 연기를 지닌 석왕사 보광전 중창에 참여한 것이다.

유가종계의 고승 종림은 석왕사의 중창에 참여하지 않았지만 조선 건국 사업에 참여하였던 사실이 찾아진다. 고려말 근기 지방에서 새바람을 일으 켰던 시흥의 운묵 무기나 청계사와 만의사계의 조인규 가문의 천태종 고승들을 연상케 하여[156] 유가종계의 안양사파의 등장이라 할만한데, 이의 대표적인 인물은 바로 종림과 그의 제자 혜겸이었다. 종림은 양가 도승통의 승직에 올라 유가종단을 주도하였다.[157] 이미 원 간섭기인 1320년(충숙왕 7) 무렵 근기 지방인 안양사를 중심으로 운우가 주석하였고[158] 혜겸도 고려말 안양사 주지에 재임하고 조선초에 대선 선묵이 주지로 있었다.[159] 당시 유가종승을 대표하는 종림과 그의 제자가 구무장 세력의 대표적인 최영 장군의 후원을 받았다. 예컨대 1381년 최영 장군이 안양사 낙성식을 후원하였는데, 1383년 정도전에 앞서 무학이 함흥의 이성계에게 왕조 창업을 종용[160]하기 2년 전의 일이다. 앞서 언급한 바와 같이 1383년 문인 목은 이색이 주도한 여주 신륵사 대장각의 건립에는 고려말 불교계 각 종파의 영수급 고승들이 참여하였다.[161] 1383년 신왕조의 창업 종용과

十指 諸執事監院禪師覺恒等一百九十指.'
156) 황인규,「조인규가문과 수원만의사」,『수원문화사연구』2 1998 ; 황인규,「고려말 백련결사 정신의 변질과 그 계승」,『백련불교논집』10, 2000 참조
157) 이색,「昨蒙慈恩都僧統祐世君 來賀種德新拜密直 …」,『목은시고』권28, 시.
158) 홍윤식,『한국불화 화기집』, 가람사연구소, 1995, '延祐七年五月日 安養寺住持大師 山人雲友.'
159)「『妙法蓮華經』(上院寺 藏) 卷末 跋」,『동산문화재지정보고서 84-85』, 지정편 문화공 보부 문화재관리국 1989, 187~188쪽 ; 천혜봉,「조선전기 佛書版本」,『서지학보』5, 1991, 9쪽.
160) 황인규,「무학자초의 생와 활동 재검토」,『한국불교학』23, 1997 ; 황인규,『무학대 사연구-여말선초 불교계의 혁신과 대응』, 혜안, 1999 ; 황인규,「고려말 이성계의 불교계 세력기반」,『한국불교학』23, 2001 참조.
161) 李崇仁,「神勒寺 大藏閣記」,『한국금석전문』중세 하, 1217쪽 ;『도은집』; 황인규, 「여말선초 화엄종승의 동향」,『불교학연구』1, 2000 참조.

관련하여 모종의 대응을 위한 움직임이라 생각된다.

그 가운데 유가종 고승 종림은 1396년 전 판사 윤안정과 함께 판교원을,[162] 1398년 무렵 조운흘과 더불어 판교원과 사평원을 중창하였다.[163] 정이오(1347~1434)의 기문에 의하면 종림은 1406년(태종 6)에 자은종 도승통에 올라 용산강가에 관곽소를 설치하는 일을 주관하는 등[164] 조선초 대민 사업을 펼쳤다.

이렇듯 조선 건국 초 한양 도성 남부 성저십리인 용산 일대에 질병을 관장하는 활인서와 벽돌과 기와의 제조를 맡은 와서, 관곽을 제조하는 등 장례에 관한 일을 맡은 귀후소 등이 설치되었다.[165] 성저십리에는 귀후소뿐만 아니라 주자소의 각자승과 한증소와 별요에 승려들이 관여하고 있었다.[166]

> 한성부에서 아뢰었다. '승려의 무리들이 도성 안팎에서 물건을 판매하며 횡행하면서 군역을 면하려고 하니, 지금부터는 선종·교종과 귀후소에서 매골하는 승려와 서책을 장정하고 주자소에서 각자하는 승려와 한증소와 별요의 승려 이외의 임무가 없는 승려는 모두 논죄하고 군대에 충당하소서.' 그대로 따랐다.[167]

---

162) 『태조실록』 권9, 5년 3월 4일(신유), '慈恩都僧統宗林與前判事尹安鼎 嘗作板橋院 及築城人往還有疾病者 請醫診脈 劑藥救療 且供飮食 疾愈者 給糧遣之.'

163) 『태종실록』 권8, 4년 12월 5일(임신), '辛酉 退居廣州 古垣江村 與慈恩僧宗林爲方外交 重創板橋 沙平兩院 自稱院主 敝衣草屨 與役徒同其勞 過者不知其爲達官也.' ; 『신증동국여지승람』 권28, 상주목 우거 고려 趙云仡, '與慈恩寺僧宗林爲方外交.'

164) 『신증동국여지승람』 卷2, 京都 下 歸厚署, '鄭以吾記 永樂四年秋七月 … 使設棺槨所于 龍山之滸, 以慈恩宗都僧統臣宗林主其事.'

165) 『신증동국여지승람』 권2, 경도 하 문직공서.

166) 한희숙, 「조선전기 장례문화와 歸厚署」, 『조선시대사학보』 31, 2004 ; 김성순, 「세종대의 불교정책과 汗蒸僧」, 『종교연구』 74, 2014 ; 이종우, 「조선시대 埋骨僧의 불교문화적 위치 재조명」, 『종교연구』 80, 2020 ; 이병희, 「朝鮮前期 別瓦窯의 기와생산과 僧侶」, 『청람사학』 23, 2014 ; 전영준, 「조선전기 別瓦窯의 설치와 재정 운영」, 『잡가가』 31, 2014 ; 박서경, 「조선초 승려 참여기구의 운영변화」, 『국학연구』 47, 2020 ; 이병희, 「조선초기 불교계의 寶 운영과 그 의미」, 『동국사학』 61, 2016 참조.

『용재총화』에 의하면 도성 밖에 보제원과 홍제원, 이태원, 전관원 등 4대원이 있는데[168] '세조가 재간 있는 승려에게 명하여 4대원을 수축하게 하였다.'[169]고 한다. 뿐만 아니라 군자고 등을 건축할 때 승군을 동원하기도 하였다.

> 다시 행랑의 역사를 시작하였다. 경복궁의 남쪽부터 종묘 앞까지 좌우 행랑이 모두 8백 81간이고, 또 종묘의 남로에 층루 5간을 세웠다. 또 청운교의 서종루 2층 5간을 순금사의 남쪽, 광통교의 북쪽에 옮기고, 또 용산강에 새로 군자고를 지으며, 서강에 새로 저창을 지으니, 역정이 2천 1백 41명, 승군이 5백 명이었다.[170]

군자고를 용산강에 짓고 서강에 풍저창을 지을 때 역정과 승군 500명이 동원되었다. 세종 15년 태평관을 지을 때 각 도 승군 1천 명을 징발하기도 하였다.[171] 이렇듯 승려 또는 승군은 억불책이 강화되는 데도 불구하고 조선시대에 그 역할을 다하였던 것이다.

조선 건국 후 한양의 내사산이자 안산인 남산에 국사당을 두고, 둔지산 넘어 용산기지가 끝나는 어느 지점에 남단을 두었다. 남산에서 용산 일대로 이어지는 곳에 군자감 경감[172]과 서빙고, 전생서, 와서, 귀후서 등을 두었다.

---

167) 『세종실록』 권57, 14년(1432) 8월 16일(임인), '漢城府啓 僧徒等於都城內外 興販橫行 竊免軍役 自今除禪敎宗歸厚所埋骨書冊粧䌙 鑄字所刻字 汗蒸別窯僧外 無所任僧 竝論 罪充軍 從之.'
168) 『신증동국여지승람』 권3, 한성부.
169) 『용재총화』 권9, '世祖命僧之有才幹者修之.'
170) 『태종실록』 권25, 13년 2월 6일(을묘), '復始行廊之役 自景福宮之南至宗廟前 左右行 廊凡八百八十一間 又於宗廟南路 建層樓五間 又移靑雲橋西鍾樓二層五間於巡禁司之 南 廣通橋之北 又於龍山江 新作軍資庫 西江新作豐儲倉 役丁二千一百四十一名 僧軍五 百名.'
171) 『세종실록』 권9, 15년 2월 15일(기해), '徵諸道僧軍一千 赴太平館之役 日給三時料.'
172) 軍資監 江監址는 현재 체신 공무원 교육원 등이 위치한 용산구 원효로 3가 1번지에 있었다.

군자감은 군수물자 저장을 관장하며 서빙고는 얼음을 어주에 진공하고 백관들에게 나누어 주었다. 전생서는 희생을 기르는 일을 관장하였다. 이상의 관서는 일반 관서로, 둔지방에는 빙고, 서고, 전생서, 와서 등이 들어섰고 두모방에는 빙고, 동고, 독서당 등이 들어섰다.

용산 지역에서 불교와 관련이 있는 관서는 벽돌과 기와의 제조를 맡은 와서, 관곽을 제조하는 등 장례에 관한 일을 맡은 귀후소, 이태원, 사평원 등이다. 『신증동국여지승람』 권2, 경도 하에는 다음과 같은 기록이 찾아진다.

○ 와서 : 용산 동쪽에 있으며, 벽돌과 기와의 제조를 관장한다. 별제가 3명이고, 또 별서가 있는데, 기와를 구워 파는 일을 관장한다. 별제 2명이 있다.
○ 귀후서 : 용산강에 있으며, 관곽 제조를 관장한다. 분서가 남부 호현방에 있는데, 장례에 관한 여러 가지 일을 관장한다. 별제가 6명이다.[173]

와서는 벽돌과 기와의 제조를 관장한다. 궁궐 등을 조성하는 데 소용되는 기와와 벽돌을 공급하기 위해 설치한 관서이다. 각도에 동원된 승군 500명을 동원해 기와를 굽는 경우도 있었지만[174] 와서는 용산 동쪽에 있으며, 벽돌과 기와의 제조를 관장하였다.[175] 청암동 산등성이에는 목재가 대량으로 양륙 집산된 곳으로 곽계라는 마을이름이 남아 있다. 마을 주변이 관곽을 만들어 염가로 일반에게 팔고 장례에 관한 일을 담당하던 관아가 있었다. 한성부 남부의 용산 동쪽 둔지방 와서계(용산구 용산동 4-6가)가 있었다. 마포동과

---

173) 『신증동국여지승람』 권2, 경도 하 文職公署, '瓦署 在龍山東 掌造塼瓦 別提三人 又有別署 掌燔瓦和賣 別提二人 歸厚署 在龍山江 掌造棺槨 分署在南部好賢坊 掌禮葬諸事 別提六人.'
174) 『문종실록』 권1, 즉위년 3월 3일(정미), '傳旨禮曹 津寬寺水陸社 蓋瓦燔造 加定僧軍 慶尙金羅道 各一百五十名 京畿黃海道各五十名 開城府 百名 各其道司 催會上役 依前例 役二月相遞 且催督之際 不無騷擾 僧之造佛宇 非他役比 曲盡開諭 勿令侵迫.'
175) 『신증동국여지승람』 권2, 경도 하.

용산 청암동 사이 한강변 산등성이에는 조선초기의 이름난 정자 담담정이 있었다.

귀후소는 용산강에 그 분서가 남부 호현방에 있어 장례에 관한 여러 일을 관장하였다. 고려후기에 관곽색으로 조선 건국 후 4도감과 12색을 설치하였다. 1406년(태종 6) 좌정승 하륜의 건의로 용산 한강변에 관곽소를 설치했다. 1414년에는 관곽소를 시혜소라고 하였다가 다시 귀후소로 이름을 바꾸었다.176)

> 조간이 또 아뢰었다. '세종조에는 귀후서가 없었으므로, 한 승려가 용산강 가에 절을 세우고, 관곽을 사사로이 장만하여 팔았는데, 장사 지내는 자들이 그것에 의지하였습니다. 그 승려는 이미 죽고, 지금 그곳에 사는 승려들이 여염에 섞여 거처하여 추잡한 소문까지 있고, 옥송이 바야흐로 일어나니, 그 절을 헐도록 하소서.' 임금이 좌우에게 물었다.
> 홍응이 대답하였다. '그 말이 참으로 옳습니다. 태종조에 신계라는 승려가 있어 관곽을 사사로이 장만하여 무역하였는데, 국가에서 그 승려를 시켜 간사하여 여러 고을의 공물을 대납하게 하여서 그 재목을 풍족하게 하였습니다. 그 후에 귀후서를 설치하고, 관원을 두어 공무역을 맡게 하고, 간사승이 사무역을 맡게 하였으며, 또 와서를 설치하여 그 승려의 무리가 또한 간사하게 하였는데, 이것이 그 절이 세워진 까닭입니다. 지금은 무뢰한 승려가 이 절에 왕래하며 여염의 여인과 몰래 간통하여 자식까지 낳으니, 철거하는 것이 매우 좋겠습니다.' 임금이 말하였다. '철거하도록 하라.'177)

---

176) 『신증동국여지승람』 권2, 경도 하. 귀후서, '歸厚라고 이름지은 이유는 백성의 덕이 후덕하게 된다는 民德歸厚의 뜻을 취한 것이다.'

177) 『성종실록』 권130, 12년 6월 19일(임술), '啓曰 世宗朝 未有歸厚署 有一僧人 創寺龍山江上 私備棺槨以賣 送終者賴之 其僧已死 而今居僧等 混處閭閻 致有醜聲 獄訟方作 請撤其寺 上顧問左右 應對曰 此言誠然 太宗朝有僧名信戒者 私備棺槨以貿易焉 國家令其僧爲幹事 代納諸邑貢物 以贍其材 厥後設歸厚署 置官員 掌公貿易 令幹事僧 幹私貿易 又設瓦署 使其僧之徒 亦爲幹事 此寺之所由作也 今則無賴之僧 來住此寺 潛奸閭閻之女 至於生子 撤去甚便 上曰撤去可也.'

조계종의 선승 신계가 관곽의 제작 업무를 담당하였다. 태종은 고려말의 12색 중의 하나인 관곽색을 관곽소로 바꾸고 이전부터 장례 의식을 담당해 오던 승려들을 관 만드는 일에 동참시켰다. 사찰을 세우고 관곽을 판다고 하는데 그 승려가 신계라고 하였다. 이에 정부는 신계에게 공물을 대납하게 하여 재목을 풍족하게 하도록 하였다. 신계[178]는 왕사 무학 자초의 문도들인 청풍헌 적봉 신원과 죽계헌 신회,[179] 신총(信聰, 信摠),[180] 신당과 신우[181]와 도반이었다고 추정된다.

앞서 언급한 유가종[자은종]의 고승 종림에게 1406년(태종 6) 용산에 귀후서를 주관하게 하여 재목을 사서 널을 만들고 싼 값으로 팔아서 백성들이 상례를 치를 수 있게 하였다. 종림의 입적 후 그의 제자 해선이 그 일을 맡았다. 1406년 별와요가 설치되어 종림의 제자 해선을 화주 도대사로 삼아 전국의 각 도에서 와장을 모아 역에 나갔다.[182] 앞서 언급했듯이 종림이 1396년 전 판서 윤안정과 판교원,[183] 1398년 무렵 조운흘과 더불어 사평원을 중창하였다.[184] 1339년(정종 1) 해린이 계환해 여각 소자본 『법화경』을 입수하여 널리 펴고자 하여 전 안양사 주지 대선 선묵, 도인 각진 등이 발원하여 번각본 『묘법연화경』을 중침하였다.[185] 그리고 종림에 이어

---

178) 다음 문집에 나오는 신계는 동명이인인 듯하다. 盧守愼(1515~1591), 「韻贈信戒 庚寅」, 『소재집』 권1, 詩.
179) 元天錫, 「送信圓禪者 遊江南詩 幷序」, 『耘谷行錄』 卷4 ; 元天錫, 「送竹溪軒信迴禪者 江遊詞 幷序」, 『耘谷行錄』 卷5, 信圓은 志林·粲如·志玉·覺鋒과 더불어 나옹의 畵像을 金剛山 潤筆菴에 봉안하고 조석으로 향화하였다는 信元과 동일인물일 가능성이 있으나 확실하지 않다. 李穡, 「金剛山潤筆菴記」, 『牧隱文藁』 卷2, 記.
180) 動産 指定文化財 指定 報告書」, 「1984~1985年 指定編」, 189쪽 ; 천혜봉, 「조선전기 불서판본」, 『서지학보』 5, 1991, 10쪽. '國王千秋 於此法華經乃至一句 受持讀誦 爲人解說者 幷見聞道 喜尊卑 四衆及 興法界一切有精 速得圓萬果報 同生極樂耳 永樂二年甲申十月誌 龍潭大禪師惠居 戒菴 禪悟 信愡 復元.'
181) 『태종실록』 권10, 5년, 9월 20일(임자).
182) 『태종실록』 권11, 6년 1월 28일(기미) ; 『세종실록』 권26, 6년 12월 7일(무신)
183) 『태조실록』 권9, 5년 3월 4일(신유).
184) 『태종실록』 권8, 4년 12월 5일(임신) ; 『신증동국여지승람』 권28, 상주목 우거.
185) 그 외 유가종승에 대한 기록은 이색의 『목은시집』에 다음과 같이 더 찾아지고

그의 제자 해선이 귀후서를 맡았다.186)

별와요를 처음으로 설치하였다. 참지 의정부사 이응을 제조로, 전 전서 이사영과 김광보를 부제조로 삼고, 승려 해선을 화주로 삼았다. 해선이 일찍이 나라에 말하였다. '신도의 대소 인가가 모두 띠[茅]로 집을 덮어서, 중국 사신이 왕래할 때에 보기가 아름답지 못하고 또 화재가 두렵습니다. 만약 별요를 설치하고, 나에게 기와 굽는 일을 맡게 하여, 사람마다 값을 내고 이를 사가도록 허락한다면, 10년이 차지 아니하여, 성안의 여염이 모두 기와집이 될 것입니다.' 나라에서 그렇게 여겨, 여러 도에서 승장을 차등 있게 징발해서 그 역에 나아가도록 하였는데, 충청도·강원도에서 각각 승려 50명과 와장 6명이요, 경상도에서 중 80명과 와장 10명이요, 경기도·풍해도에서 각각 중 30명과 와장 5명이요, 전라도에서 승려 30명과 와장 8명이었다.187)

1406년(태종 6) 6월에는 승려 해선이 서울에 초가집이 많아 미관상 좋지 않고 화재의 위험성이 있으니, 대량으로 기와를 굽는 관아를 설치하여 사람들이 값싸게 쓸 수 있게 하면 10년이 채 못되어 모든 집이 기와집으로 바뀔 것이라고 건의하였다. 별와요가 생겨 한성부의 민가를 모두 기와로

있다. 「訪慈恩都堂于藏宜寺用前韻」, 『牧隱詩藁』 卷23 ; 「卽事」, 『牧隱詩藁』 卷12 ; 「謝慈恩送師法泉長老以滿花方席見遺」, 『牧隱詩藁』 卷24 ; 「天場房慈恩首座」, 『牧隱詩藁』 卷17 ; 「述懷」, 『牧隱詩藁』 卷12 ; 「海安首座來過」, 『牧隱詩藁』 卷23 ; 「慈恩寺讀王龍書有感」, 『牧隱詩藁』 卷5 ; 「益齋二二首督勉强寒責」, 『牧隱詩藁』 卷5 ; 「走筆奉寄法泉僧統」, 『牧隱詩藁』 卷18

186) 『신증동국여지승람』 권2, 경도 하 귀후서.
187) 『태종실록』 권11, 6년 1월 28일(기미), '始置別瓦窯 以參知議政府事李膺爲提調 前典書李士穎金光寶爲副提調 僧海宣爲化主 海宣嘗言於國曰 新都大小人家 皆蓋以茨 於上國使臣往來 瞻視不美 且火災可畏 若置別窯 使予掌以燔瓦 許人人納價買之 則不滿十年 城中閭閻 盡爲瓦屋矣 國家然之 發諸道僧匠有差 使赴其役 忠淸江原道各僧五十名 瓦匠六名 慶尙道僧八十名 瓦匠十名 京畿豊海道各僧三十名 瓦匠五名 全羅道僧三十名 瓦匠八名.'

하고자 하였는데, 이때 와장은 전국에서 40명이 동원되었고 승려들이 참여하였다.[188] 귀후서를 설치하여 관원을 두어 공무역을 맡게 하고, 간사승이 사무역을 맡게 하였다. 와서를 설치하여 승려들이 주관하게 하였다.

별요의 화주 도대사 해선이 호조에 글을 올려 말하였다. '승려 해선은 보건대 태종 5년에 태종 대왕이 이곳(서울)에 환도하여 아직 (도시를) 영건한 지 오래지 않아서 민호가 지붕을 덮지 못할 것을 염려하여, 별요를 설치하고 기와를 구워 매매하게 하였더니, 수년도 지나지 아니하여 기와집이 반을 넘었습니다. 어찌 화재만 면할 뿐이겠습니까. … 태종 16년에 임금께 신청하여 다시 별요를 설치하고, 도성 안이 모두 기와집이 되어 (해마다) 지붕을 이는 노고를 없애고 화재 연소의 걱정을 없애고자 고심분주한 지 지금까지 9년입니다. … 이 일을 위한 장구한 계획을 생각하니, 보를 세우는 것이 제일이겠습니다.'[189]

정이오(1347~1434)가 쓴 「경기귀후서기」에서도 귀후서의 건치 연혁을 살필 수 있다.

유사에게 명하여 쌀 30섬과 오종포 백 필을 내주어 관곽소를 용산강 가에 설치하고서, 자은종 도승통 신 종림에게 그 일을 주관하게 하니, … 종림이 명에 따라 일하기를 즐거워하여 재목을 사서 널을 만들고, 싼 값으로 팔아서 죽은 자를 전송하는 자들에게 유감이 없게 하였다. 뒤에 종림이 죽고, 그의 제자 해선이 그 뜻을 이어받아 그 사업에 더욱

---

188) 『태종실록』 권11, 6년 1월 28일(기미).
189) 『세종실록』 권26, 6년 12월 7일(무신), '別窯化主都大師海宜呈書于戶曹 其辭曰 僧海宜伏觀 歲在乙酉 太宗大王還都于此 念營建之未久 慮民戶之未葺 命設別窯陶瓦 許人買賣 不數年而瓦屋成者過半 豈惟免於火災 … 於丙申年申聞 而復建別窯 欲令一城之內皆爲瓦家 俾無修葺之勞 亦無延燒之患 苦心奔走 于今九年 事巨力微 … 聖澤之未廣 思所以久長之計 無如立寶 夫燔瓦之功.'

힘썼다.190)

1463년(세조 9)에는 별좌 4명을 두되 이전에 별좌에 승려를 임명하여 사고파는 것을 돕도록 했던 것을 혁파하고 모두 관원으로 임명하게 하였다. 1463년(세조 9)에는 별좌 4명을 두되 이전에 별좌에 승려를 임명하여 사고파는 것을 돕도록 했던 것을 혁파하고 모두 관원으로 임명하게 하였다. 승려가 와장으로 동원되고 일반 노동력도 주로 승려가 담당했지만 성종대 이후부터는 승려는 기와 생산에는 배제되었다.191) 결국 1580년(선조 13)에 이르러 별와서는 혁파되었다. 귀후서는 결국 실제 업무에 비하여 관원 수가 많고 공인들의 농간으로 공물의 허비가 많다는 지적에 따라 1777년(정조 1) 9월에 혁파되었다. 이후 귀후서의 업무는 선공감의 예장관이 겸하게 되었다.192)

고려시대 관곽색에는 매골승이 소속되어 있었는데 조선에 이르러서도 계승되었다. 1427년(세종 9) 예조와 한성부는 다음과 같은 내용이 포함된 '매골승 권여 사목' 즉 매골승 권장 규칙을 제정해 임금의 허락하에 시행했다.

예조에서 한성부와 함께 의논하여 매골승을 권여하는 사목을 계하였다.
1. 전에 정한 중 10명의 수효가 적으니 지금 6명을 더 정하여 동서활인원에 각기 8인씩 소속시켜, 오부와 성밑의 10리를 나누어 맡게 하고, 월료와 소금·장을 주고, 봄·가을 두 차례로 하여 각기 면포 1필씩을 줄 것이다.

---

190) 鄭以吾, 「京畿 歸厚署記」, 『郊隱集』 下, 유호선 역, 『국역 교은선생문집』, 한국인물사연구소, 2009 ; 『신증동국여지승람』 권2, 경도 하 귀후서, '命有司出米三十苫 五綜布百匹 設棺槨所于龍山之滸 慈恩宗都僧統臣宗林主其事 大小臣僚各出米布而從者頗多 蓋良心之發不可遏也 林榮於趣命 買材而板之 輕價而賣之 使送終者無憾 及林之歿 其徒海宣繼志.' ; 유권종, 「교은 정이오의 학문과 사상」, 『한국인물사연구』 12, 2009, 25~26쪽.
191) 『성종실록』 권168, 15년 7월 13일(정유), '傳曰 僧徒不可幹事' ; 이병희, 「조선전기 별와요의 기와 생산과 승려」, 『조선전기 사원경제연구』, 경인문화사, 2023, 161쪽.
192) 한희숙, 「조선전기 장례문화와 귀후서」, 『조선시대사학보』 31, 2004 참조

1. 활인원의 관원으로 하여금 그 근실하고 태만한 것을 상고하여 그 중에 매장을 가장 많이 한 사람은 매년 1인에게 관직을 줄 것이다. 1. 매장한 것의 근실하고 태만한 것과 활인원 관원의 검거함이 잘하고 잘못한 것을 사헌부와 한성부로 하여금 검사하여 사실을 밝히게 할 것입니다. 그대로 따랐다.[193]

『조선왕조실록』에서 매골승이 언급된 최초의 기사이지만 이미 이전에도 국가 행정력에 의한 매골승의 선발이 있었다. 선발된 매골승들이 소속된 곳은 한양 내 동서 활인원(활인서)이었다. 활인서는 사람들의 질병을 구원하는 일을 관장하는데 동부 연희방과 서부 용산방에 설치되었다.[194]

고려말 조선초 불교계 고승들이 부각되면서 유가종의 종림과 그의 제자 해선, 화엄종의 탄선 등이 병든 사람을 치유하는 구류소와 활인원 등에서 활동하였다. 탄선은 국초에 도성 축성 시 군사를 구휼하는데 최선을 다하였고[195] 도성 축성이 끝난 후에는 태종이 도성의 동과 서에 구료소 네 곳을 설치하였다.

비로소 도성을 수축하였다. 태상왕은 도총제 권희달을 보내고, 임금은 총제 원민생을 보내어 술을 내리어 제조를 태평관에서 위로하였다. 숙정문과 창의문 두 문을 열어 군인들의 출입하는 길을 통하게 하고, 도성의 동쪽 서쪽에 구료소 네 곳을 설치하고, 혜민국 제조 한상덕에게는 의원 60명을 거느리고, 대사 탄선에게는 승려 3백 명을 거느리고 군인들의 병들고 다친 사람을 구료하도록 명하였다. 또 전 유후 여칭과 검교 참찬

---

[193] 『세종실록』 권37, 9년 9월 1일(병술), '禮曹與漢城府同議啓埋骨僧勸勵事目 ― 前定僧十名數少 今加定六名 屬東西活人院各八名 分掌五部及城底十里 給朔料鹽醬 春秋兩等 各給綿布一匹 ― 令活人院官 考其勤慢 其中掩埋最多者 每年一人授職 ― 掩埋勤慢及院官檢擧能否 令司憲府漢城府檢覈 從之'
[194] 『신증동국여지승람』 권2, 경도 하.
[195] 『세종실록』 권14, 3년(1421) 12월 21일(경술).

허도에게 이를 감독하도록 명하였다.196)

대사 탄선에게는 승려 3백 명을 거느리고 군인들의 병들고 다친 사람을 구료하도록 명하였다. 1422년 세종이 구료소를 흥복사에 설치하여 탄선에게 주간하게 하였다.197)

> 사헌부에서 아뢰었다. '도승통 혜진과 흥천사 주지 종안과 대사 중연·신영·해영·내운·인근·탄선·성운과 대덕 인제·성해·신봉과 대선 성봉·혜생과 무직승으로 있는 상경 등이 금주하는 이때에 술과 유밀과를 사용하여 금령을 범하였다.'198)

탄선은 1423년(세종 6) 무학 자초의 문도인 옥봉 혜진과 그의 문도 흥천사 주지 종안, 종안의 문도인 상강 등이 음주하였다고 탄압을 받았다. 혜진은 『양촌집』에 보이는 무학의 문도인 회월헌 진졸재(옥봉혜진)이었으며,199) 그의 제자는 흥천사 주지 종안이었다. 1423년 불교계를 선교 양종 36사 체제로 축소하고 선교 양종을 흥천사와 흥덕사를 도회소로 삼아 통할케 하였다.

용산에 폐지한 절이 강 북쪽 언덕에 있었는데, 성종조에 고쳐 짓고 집을 만들어서 홍문관의 연소한 학자들의 글 읽는 곳을 만들었다. 이 독서당을 호당이라 하였고, 서울의 남쪽에 있다고 하여 남호 독서당이라 불렀다. 그러나 연산군 때에 혁파하고 독서당은 궁인들이 차지하게 되었다. 1515년

---

196) 『세종실록』 권15, 4년(1422) 1월 15일(계유), '始修築都城 太上王遣都摠制權希達 上遣摠制元閔生 奉宣醞 勞提調于太平館 開肅淸彰義二門 以通軍人出入之路 置救療所 四處于都城東西 命惠民局提調韓尚德率醫六十人 大師坦宣率僧徒三百名 救療軍人之疾病傷折者 又命前留後呂稱檢校參贊許衛監之.'
197) 『세종실록』 권17, 4년(1422) 9월 10일(갑자).
198) 『세종실록』 권23, 6년(1424) 2월 14일(경신).
199) 權近, 「淮月軒記」, 『陽村集』 卷11, 記 ; 『동문선』 권78, 記 ; 采永, 「海東 佛祖原流」, 『한국불교전서』 10.

(중종 10)에 다시 독서당을 옛날 정업원에 설치하였는데, 여염집 사이어서 공부하기에 적합하지 않다고 하여 다시 좋은 자리인 두모포 남쪽 언덕 월송암 서쪽 산기슭을 선택하여 창건하였으며, 호당이라고 이름하였다.

대제학 신용개가 변방 일로 용비 절약을 위하여 임시로 독서당을 파하기를 청하니, 임금이 그대로 따랐다. 사신은 논한다. 세종이 나이 젊고 글 잘하는 선비를 뽑아 휴가를 주어 글을 읽게 하였고, 성종이 또 명하여 용산의 폐사를 독서당으로 삼았으며, 금상 초년에 정업원으로 옮기었다가 동호에 옮기었다. 선발된 인원이 십수 인에 불과하여 그 비용이 많지 않은데 신용개가 갑자기 왜변을 인연하여 파하기를 청하니, 당시 의논이 좀스럽게 여기었다.[200]

성묘조에 이르러 유신이, 승려들과 섞이어 지내서는 안 된다고 하여 용산에 있는 황폐한 절을 글 읽는 곳으로 삼았으며, 홍치 임자년(1492년, 성종 23)에 조위의 건의에 의해 그 절을 수리하도록 명하고 이어 독서당이란 편액을 내렸습니다. 연산조에 이르러서는 이 선당을 없애 마침내 궁인들이 차지하였고, 중묘가 중흥하자 맨 먼저 옛 법규들을 회복시키면서 정업원 자리를 독서당 터로 삼았고, 을해년에는 독서당이 조정과 저자에 바싹 붙어 있어서 글을 읽는 아늑한 장소로 적합하지 못하다고 하여 동호에 서당을 마련했습니다. 이것이 사가에 대한 대강의 연혁입니다.[201]

---

200) 『중종실록』 권11, 5년 5월 1일(을묘), '大提學申用漑 因邊事省冗費 請權罷讀書堂 上從之.(史臣曰 世宗選年少能文之士 賜暇讀書 成宗又命以龍山廢佛寺 爲讀書堂 今上初年 移于淨業院 又移于東湖 所選之員 不過十數 其費不多 而用漑遽因倭變請罷 時議少之.'

201) 『광해군일기』[중초본] 권10, 즉위년 11월 21일(갑진), '厥後至成廟朝 以儒臣不宜與緇徒混處 乃以龍山廢佛寺爲讀書之所 弘治壬子吏曺偉建白 命該寺繕修 仍賜扁'讀書堂' 逮燕山朝廢是選堂 遂爲宮人所占 中廟中興 首復舊規 就淨業院爲其所 歲乙亥以堂迫近朝市 不合靜處 設書堂于東湖 此其賜暇沿革之大略也.'

독서당이 되기 전 용산사를 20칸 정도로 확장하였으나 1481년(성종 12)에 철폐되었다.202) 이 독서당에서 1495년(연산군 1)부터 1498년까지 매년 5~6명의 선비들이 독서하였으나, 1504년 갑자사화로 폐쇄되었다가 1510년 (중종 5) 5월 없어졌다.

성종이 다시 홍문관을 설치하였으니, 채기지·허헌지·조태허(조위)·권숙강·양사행·유극기 등이 명을 받아 장의사에서 독서하였다. 옛날 승사가 남호 귀후서 뒤 언덕에 있는데, 세상에서 16나한이 영험이 있다 하여 향화가 끊이지 않았다. 승려 상운이 그 집에 거처할 때 장가를 들어 아들을 낳았는데, 사헌부가 중에게 죄를 신문하여 처벌하고 속인으로 돌아가게 하였으며, 불상은 흥천사로 옮겼다.203)

또 다시 임진년의 병란으로 인하여 폐지되었는데, 광해군 무신년에 고쳐 한강 별영을 독서소로 삼았다. 옛날에 절간승사이 남문 밖 귀후서 뒷산 기슭에 있었는데, 세상에서들 말하기를, '16나한이 영험이 있다.'고 해서, 불공[향화]이 끊기지 않았다. 승려 상운이 그 집에 살면서 아내를 얻어 아들을 낳으니, 사헌부에서 탄핵하여 승려를 처벌해서 속인이 되게 하고, 불상을 흥천사로 옮겼다. 드디어 그 집을 홍문관에 주어서 번갈아 가서 글을 읽게 하고, 이름을 독서당이라고 하였다.204)

귀후소 뒷산 기슭에 사찰이 있었다고 한다. 즉, 옛날에 사찰[승사이 남문 밖 귀후서 뒷산 기슭에 있었는데, 세상에서 말하기를, '16나한이 영험이 있다.'고 해서, 불공이 끊이지 않았다. 승려 상진이 그 집에 살면서 아내를

---

202) 曺偉,「讀書堂記」,『속동문선』 권14, 記.
203) 『용재총화』 권9, '舊有僧舍在南湖歸厚署之後岡 世稱十六羅漢有靈驗 香火不絶 有僧尙雲居其舍 聚妻生子 憲府鞠之 罰僧還俗 移佛像于興天.'
204) 『동국여지비고』 2편, 한성부.

얻어 아들을 낳으니, 사헌부에서 탄핵하여 승려를 처벌해서 속인이 되게 하고, 불상을 흥천사로 옮겼다는 것이다. 용산사는 귀후소가 설치되기 전부터 16나한이 영험이 있는 사찰로 유명했는데 승려 상운이 주석하고 있었던 것이다. 용산사는 이미 고려 숙종 이전에 창건되어 조선초까지 존재하였다.205) 남호 독서당은 폐사된 사찰을 신축하여 만든 것이었다.

> 독서당 : 예전 폐기된 용산사로, 강 북쪽 언덕에 있다. 강정왕(성종)이 개축하여 당을 만들어서 홍문관 유신들이 사가독서하는 장소로 삼았다. 공희왕[중종] 10년(1515)에 두모포 남쪽 언덕 위로 옮겨 지었다.206)

1492년 성종은 서거정의 주청을 받아들여 현재의 용산지역에 남호독서당을 개설하였다. 그 장소는 지금의 마포 한강변에 있던 폐사 용산사를 수리하여 1476년(성종 7)에 만든 것이었다.

> 김종직(1431~1492), 「용산사에 이 교리 의무·이 교리 승건·허 저작집을 찾아갔다가 드디어 최 교리 부와 함께 귀후서 별좌 김상균의 집으로 가 편주를 타고 고기를 잡았다. 그때 두 이와 허가 휴가를 받아 그 절에서 글을 읽었다.龍山寺訪李校理 宜茂 李校理 承健 許著作 輯 遂與崔校理 溥 歸厚署別坐金 尙鈞 乘扁舟觀魚時兩李泊許賜暇讀書于是寺」,『속동문선』권3, 오언고시.
> 용산과 시내까지 거리는 구불구불 십여 리나 되는데
> 말을 타고 숭례문을 나서니 문득 바람에 소매를 나부끼네
> 옛 절이 나무 끝에 있는데 그 아래는 어부의 집이 있는데

---

205) 『중종실록』권11, 5년 5월 1일(을묘), '大提學申用漑 因邊事省冗費 請權罷讀書堂 上從之(史臣日 世宗選年少能文之士 賜暇讀書 成宗又命以龍山廢佛寺 爲讀書堂 今上初年 移于淨業院 又移于東湖 所選之員 不過十數 其費不多 而用漑邊因倭變請罷 時議少之'

206) 『동국여지지』권1, 京都 漢城府 讀書堂,'龍山廢寺 江北岸 靖王改構爲堂 爲弘文館儒臣賜暇讀書之所 恭僖王十年移構 在豆毛浦南岸上.'

세 사람은 서적들을 완상하느라 궁중의 비서가 어지러이 펼쳐있네.207)

위의 사료에 의하면 김종직이 용산사에 머물고 있는 이의무와 이승건 등과 더불어 배를 타고 고기를 잡고 그 용산사에서 사찰독서를 하였다는 것이다. 점필재 김종직이 지은 시에는 동료들을 찾아갔다가 귀후서 별좌 김상균의 집을 방문하여 배를 타고 고기를 잡았다는 내용이 들어있다. 용산 강변에 있던 귀후서 뒤쪽 언덕에 사찰이 있었다고 하며, 독서당 서쪽 백여 보 거리에 담담정(淡淡亭)이 있었다.208) 담담정은 세종대왕의 셋째 아들이자 명필가인 안평대군이 집현전 문인들과 어울려 시를 주고받던 곳이다. 계유정난 후 정난공신에 오른 신숙주의 별장이 됐다. 서울 마포구 마포동과 용산구 청암동 사이 한강가 산등성이에 있었다.

4대원에 대해서는 다음과 같은 사료가 찾아진다.

성 밖 3면에 4대원이 있는데, 세조가 재간 있는 승려에게 명하여 이를 수축하게 하였다. 보제원 … 홍제원 … 사평원은 한강의 남사(南沙) 교외에 있는데 지세가 낮아 오직 날이 저물어서 강을 건너지 못하는 행인만이 자고 가는 곳이다. … 어떤 승려가 전곶교를 구축할 때 많은 돌을 채벌하여 대천을 건너는 다리를 만들었는데, 다리가 3백여 보를 넘고 안전하기가 집 안에 있는 것과 같아서 행인이 평지를 밟는 것과 같았다. 그리하여 성종이 그 승려를 유능하다고 여겨 구축하도록 명하였다. 관력을 번거롭게 하지 않으려고 미포를 많이 급여하였는데, 그는 낭비만 하고 수 년이 되어도 성과가 없이 겨우 동우만을 세워 성종이 끝내 올라가 보지 못하였으므로 백관이 슬퍼하였다. 그뒤에 천사 왕헌신이 올 때 조정에서는 수축을

---

207) 金宗直,「龍山寺 訪李校理宜茂李校理承健許著作輯遂與崔校理溥 歸厚署別坐金尙健乘 扁舟觀魚時兩李泊許賜假讀書于是寺」,『佔畢齋集』詩集 卷20, 詩, '龍山距闠闠 邐迤十里 餘 跨馬出崇禮 便覺風飄裾 古寺在樹杪 下有漁人廬 三子玩竹素 紛披中秘書.'
208) 申用漑,「烏石岡晩眺」,『二樂亭集』권6, 讀書堂錄.

마치고 단청을 가하였다. 그 뒤에 전교에 큰 다리를 만들어 제반교라 하였다.[209]

4대원은 전관원, 홍제원, 보제원, 이태원이었다. 이태원을 포함한 용산은 과거 한강의 물길이 닿는 교통의 요지이었다. 교통의 요지에는 공무 수행의 편의용 숙소를 제공했다. 공민왕은 개경에서 안동으로 몽진할 때 파주 분수리를 거쳐 양주 영서역(현 은평구 대조동)을 지나 사평도로 한강을 도강했는데, 이때 이태원을 지났다.[210] 한양 천도와 더불어 기존의 개경-교주(회양)간 교통로 대신 새로이 한양-회양 간 교통로가 개발되었다. 고려중기 이래 남경의 중시와 더불어 개경과 남경을 직접 연결하는 '임진도로'가 중시되기 시작하였다.[211] 한양과 영남 지역을 이어주는 영남로의 출발지로써 한양 도성에서 숭례문으로 나와 남단 고개(지금의 해방촌)를 넘기 전에 이태원에서 묵거나 말을 갈아타고 남단 고개를 넘고 녹사평을 지나 동작나루나 한강진으로 통했다. 한양에서 영남 지방으로 가기 위한 사신들이 첫

---

209) 『용재총화』 권9, '世宗揀集賢殿儒臣申高靈等數人賜暇讀書于津寬寺其後洪益城徐達城李明憲等數人讀書于藏義寺 祖革集賢殿擇儒臣有名者謂之兼藝文 無其司而只令詣闕 或論治道 或議政事 由是多有擢拔之者 成宗復設弘文館 蔡耆之許獻之曹太虛權叔强楊斯行兪克己等 受命讀書于藏義寺 舊有僧舍在南湖歸厚署之後岡 世稱十六羅漢有靈驗 香火不絶 有僧尙雲居其舍 聚妻生子 憲府鞫之 罰僧還俗 移佛像于興天 遂以其舍給弘文館 分番讀書 名曰讀書堂 朝士遊覽者 多持酒往訪 上亦屢賜酒食 設宴慰之 至今不替 城外三面有四大院 世祖命僧之有才幹者修之 普濟院在東大門外 三月上巳九月重陽 賜耆老宰樞宴於樓上 洪濟院在沙峴北郊 郊中有高丘 蒼松滿其上 上有小亭 天使入京之日 留連改服於其亭 其後亭毁 今則天使止院矣 濟川亭在漢江北岡上 風景絶勝 天使遊觀者 先上此樓 縉紳迎送客者 日日坌集 沙平院在漢江之南沙郊 地勢汙下 惟行人之因暮不能渡江者止宿 楊花渡北岸有喜雨亭 是爲孝寧大君之第 而後爲月山大君所有 成宗每歲觀稼及聚稅艦習水戰之時 親臨幸焉 改名曰望遠亭 御製詩數首 命朝臣有文名者皆次之 籠板環挿亭上 自大君卒後 成宗不復幸亭 而屢幸濟川亭 以亭狹隘 命改營之 有僧曾搆箭串橋 伐萬石越大川作橋 橋跨三百餘步 安如屋宇 行人如履平地 而成宗以爲能 其搆之 欲不煩官力 而多給米布僧費而而數歲無功 縱立棟宇 而成宗竟未登御 百寮悲痛 其後天使王獻臣來 朝廷畢修而加丹艧焉 其後箭郊作大橋 名濟盤橋 又搆東大門外往尋坪大橋 名曰永渡橋 御筆所定也.'
210) 『고려사』 권39, 공민왕세가 10년 11월.
211) 정요근, 「高麗·朝鮮初의 驛路網과 驛制 硏究」, 서울대 박사학위논문, 2008 참조.

번째로 묵는 숙소가 되었으며, 이후 서빙고, 한강나루, 사평진, 양재, 판교, 용인의 용인로를 거쳐 영남로가 이어진다. 『신증동국여지승람』에서 이태원이 목멱산 남쪽으로 있다고 하였고, 『연려실기술』과 『용재총화』에서는 '이태원에 고산사가 있어 그 동쪽에 샘물이 솟아나고 큰 소나무가 골짜기에 가득 심어져 있다'212)고 하였다. 조선시대에 있었다는 이태원의 터는 지금 이태원동에 있지 않고 용산동2가 용산고등학교 터에 있었다. 또한 이 원에서는 도성 인근의 기민을 진휼하는 일에 원의 승려들이 종사했다.213)

보제원은 홍인문 밖 3리 지점에 있다. 누대가 있는데 기로들이 여기서 모여 술 마셨으며, 조말생이 서문을 지었다. 홍제원은 사현 북쪽에 있다. 누대가 있는데, 중국 사신이 옷을 고쳐 입던 곳이다. 이태원은 목멱산에 있다. 전곶원은 살곶이 다리 서북쪽에 있다.214)

> 한성부에 교지를 내렸다. '서울 성 안과 성 밑에 사는 굶주리는 백성들을 모두 활인원에 보내어 진제하게 하였더니, 염병을 두려워하여 도망한 사람이 있고, 그저 떠돌아다니는 사람도 매우 많으므로, 가옥이 장차 용납할 수 없게 되리니, 보제원·이태원 두 원에 별도로 진제장을 세우고 한성부에서 5부의 관리와 함께 검찰하게 하라.'215)

조선초부터 상설 진제장에 준하는 것으로 서대문 밖의 홍제원·동대문 밖의 보제원·남대문 밖의 이태원 등 3곳이 설치되어 있었다. 그런데 이들

---

212) 『용재총화』 권1 ; 『연려실기술』 권16, 지리전고 산천의 형승.
213) 이병희, 「조선초기 승려의 공물 활동」, 『조선전기 사원경제연구』, 경인문화사, 2023, 112쪽
214) 『신증동국여지승람』 권3, 한성부 역원, '普濟院 在興仁門外三里 有樓 耆老嘗會飮于此 趙末生有序 洪濟院 在沙峴北 有樓 中朝使臣更衣之地 利泰院 在木覓山南 箭串院 在箭串橋西北.'
215) 『세종실록』 권74, 18년 8월 5일(무진), '傳旨漢城府 京中及城底飢民 皆送活人院賑濟 然畏染病逃散者有之 且流移人甚多 屋舍將不能容 於普濟 利泰兩院 別立賑濟場 府與五部官吏同加檢察.'

진제장은 기민이 발생해야 비로소 활동을 전개하게 되었다. 한성부에서는 그 밖에도 임시 진제장을 사원이나 다른 곳에 설치해서 그때의 상황에 따른 대책을 세워 나갔다. 그리고 이들 진제장의 운영은 주로 한성부 낭청과 5부의 관원이 맡아 보았다. 또 각 지방에도 이와 같은 임시 진제장이 설치 운영되었다. 성종대부터는 속인들이 전담하였다.[216]

이태원 운종사는 이태원의 황학동 비구니 도량이었으나 임진왜란 시 화마를 입었다고 한다.[217] 이태원은 전관원과 홍제원, 보제원과 더불어 4대원이었다.

> 우리나라의 남문 밖에 또한 이태원이 있는데, 임진년(1592) 뒤에 왜인들을 이곳에 옮겨 두고 인하여 이름을 삼았으나, 지금은 상고할 수가 없다.[218]

> 천일정으로 가는 길이 이태원을 경유한다. 임진왜란 뒤에 왜인들을 살게 해 준 곳이다. 그 풍속이 지금도 사납고 독하니 왜인의 종자가 남아 있어서 일 듯한데, 습속은 그 유래가 있는 것이다.[219]

선조는 한양 도성을 버리고 의주로 파천하였고 고니시 유키나가(小西行長)

---

216) 이병희, 앞의 책, 112쪽.
217) 倭將 가등청정은 부하들을 거느리고 이 雲鐘寺에 들어가서 그 절의 여승을 탈취하여 그곳에서 얼마동안 머물러 지내다가 떠나갈 때는 그 절을 불태웠다고 한다. 그때 왜병들에게 겁탈당한 여승들은 그 후 갈 곳이 없어, 하는 수 없이 隆景山 府君堂밑에 土幕을 짓고 살았다고 한다. 문화공보부, 『한국민속종합조사보고서-서울편』, 1979, 31~32쪽. http://seoul600.visitseoul.net.
218) 이유원, 「고려촌」, 『임하필기』 권25, 春明逸史, '我國南門外 亦有異胎院 壬辰後徙置倭種 因以爲名 今無稽之' ; 『동국여지비고』 권2, 한성부 역원, '이태원(梨泰院) 목멱산 남쪽에 있다. 세상에서 전하기를, 임진란 뒤에 왜인의 귀순한 자를 숭례문 밖 남산 아래에 살게 하여 자연히 한 마을을 이룬 까닭에 이타인(異他人)이라고 일컬었으므로 드디어 이름이 되었는데, 뒤에 이름을 고쳤다.'
219) 이유원, 「薛荔新志」, 『임하필기』 권35, '天一亭去路 由異胎院 壬辰後 倭種之徒 置處也 其俗尙今悍毒 豈倭種之有遺 而俗習則有自也.'

와 가토 기요마사[加藤淸正] 부대는 경쟁적으로 진격하여 가토 부대는 남대문으로, 고니시 부대는 동대문으로 입성하였다.220) 한양에 들어온 가토는 이태원 황학동221)(현 이태원 시장 일대)에 이르렀다.222) '비구니 사찰인 운종사를 발견하게 되고 그곳에서 왜군들은 여승들을 겁탈한다. 그 후 왜군들은 떠나면서 절에 불을 질러버렸고, 이에 갈 곳 없게 된 여승들은 결국 융경산(현재 부군당)밑에 토막을 짓고 모여 살았는데, 시간이 지나면서 여승들의 배가 차오르고 아이를 낳게 되자 주변 사람들은 여승들이 낳은 아이가 왜군 즉 타국인의 아이라 하여 그들의 집을 이태원이라 불렀다고 한다.'223)

조선초기에 한양뿐만 아니라 물론 성저십리 가운데 용산 지역에도 사찰이 다수 존재하였다. 그 대표적인 사찰이 앞서 언급한 용산사와 지천사와 고산사 등이다.

한강변에 있었던 지천사의 창건 시기는 알 수 없으나 남대문 밖에다 못을 파고 문안에 있었던224) 서울 부근의 이름난 절이었고 승려도 무려 5백 명에 달하는 사찰이었다. 화엄종 고승 설오는 1398년 법왕사 도승통으로서 금강산에서 지천사로 와서 태조와 지우하였다.225) 이처럼 설오는 이성계

---

220) 조선총독부는 남대문과 동대문을 조선고적 1, 2호로 지정하였다. 결국 이 문들은 오늘날 대한민국 국보 1호와 보물 1호가 되었다.
221) 현 이태원 시장 일대를 '黃鶴洞'이라 표시하고 있는데, 오늘날 종로구 황학동이 아니라 지금은 그 지명이 사라진 용산구 황학동을 일컫는다.
222) 가등청정의 부대는 죽산·용인을 경유하여 한성에 이르게 되는데『국조보감』선조 25년 기록에 따르면 왜군이 한강 남쪽에 이르자 도원수 김명원이 군사 1천여명을 이끌고 濟川亭에 주둔하였다가 적의 공격을 받고 후퇴하였다는 기록이 있는 것으로 보아 가등청정의 부대는 영남로를 따라 용인에서 사평리를 거쳐 제천정으로 상륙한 것으로 생각된다.『이태원 : 공간과 삶』, 서울역사박물관, 2010, 25~26쪽
223) 이유원,「고려촌」,『임하필기』권25, 춘명일사. 임진왜란시 항복한 왜인들인 降倭의 거주처였다는 기록도 있다.『신증동국여지승람』권3. 서울역사박물관,『이태원 공간과 삶』 2010. 26쪽 ;『동아일보』1932년 7월 17일 雲鍾寺와 加藤淸正, 원앙꿈 깨트리든 녹슨 종소리 「梨泰院」은 元「異胎院」(梨泰院 咸德俊)[傳說].
224)『세종실록』권61, 15년(1433) 7월 21일(임신).
225)『태조실록』권13, 7년 1월 22일(정오).

와 꽤 친밀했던 모양이다.[226] 1398년 금강산과 안변 석왕사에 보살재를 베풀었고[227] 특히 1399년 석왕사의 주지로 임명되었고[228] 태상왕의 환궁을 위해 참여하였다.[229] 설오는 천희의 문도인 경남과 같은 계열의 고승으로 추정되며, 조선 건국에 직·간접적으로 참여하였다. 이성계가 희사하여 창건한 절인 1407년 흥덕사의 주지를 맡았을 뿐만 아니라[230] 1408년 1월 덕방사에서 태상왕의 치유를 위해 수륙재를 베풀고[231] 같은 해 8월 이성계의 빈전에서 화엄삼매참법석을 베풀었다.[232] 설오는 흥천사 사리전에서 사근과 더불어 정근법석을 베풀었고,[233] 1398년 무렵 고려 태조가 창건한 10대 사찰 가운데 하나인 법왕사 도승통이었는데 1403년 무렵에 의침이 법왕사에서 주석하는 것을 볼 때 동문인 듯하다.

조선초 문인 강석덕(1395~1459)은 어렸을 때 지천사에서 학업을 닦았다. 그 당시 설악 성현이 주석하고 있었다.[234] 지천사를 외국 사신의 수행원 숙박 처소로 삼기도 하였다.[235] 지천사에서는 기양하는 법석을 베풀기도 하였는데 대장과 대부(隊副) 2천 명으로 하여금 『대장경』의 목판을 지천사로 운반하게 하였다.[236] 해인사의 8만대장경은 고려 고종 때에 강화에서 판각한 것이며, 1398년에 강화도 선원사에 있던 것을 지천사로 옮겼다가 이듬해 해인사로 옮겨 왔다.[237] 그러나 지천사는 1408년(태종 8) 중국 사신의

---

226) 『태조실록』 권13, 7년 1월 22일(정오).
227) 『정종실록』 권6, 2년 10월 26일(정사).
228) 權近, 「廣灘院記」, 『양촌집』 권13. 설악 성현은 설오와 동문인 듯하다.
229) 『정종실록』 권6, 2년 10월 26일(정사) ; 『태종실록』 권4, 2년 11월 5일(갑오) ; 『태종실록』 권4, 2년 11월 24일(계묘) ; 『태종실록』 권4, 2년 12월 2일(신해).
230) 『태종실록』 권13, 7년 1월 24일(기묘).
231) 『태종실록』 권15, 8년 1월 28일(정축).
232) 『태종실록』 권16, 8년 8월 17일(임진).
233) 『태종실록』 권30, 15년 7월 23일(무오).
234) 姜碩德(1395~1459), 「送玄無悟南歸序」, 『동문선』 권94, 序 ; 『세종실록』 권23, 6년 (1424) 3월 27일(계묘) ; 『세종실록』 권23, 6년(1424) 3월 27일(계묘).
235) 『태종실록』 권16, 8년(1408) 10월 21일(을미).
236) 『태조실록』 권14, 7년(1398) 5월 12일(무오), '令隊長隊副二千人 輸經板于支天寺.'

숙소인 태평관과 인접해 있다는 이유로 폐사되었다.

이어서 용산의 사찰로 알려진 고산사에 관하여 살펴보자.

> 예조에서 도성의 안팎을 순행하여 살피고, 경작을 금지하고 나무를 심는 등의 편의한 조목을 만들어 아뢰기를, … 국초에 도읍을 세울 때에 산과 물의 향배를 살펴서 사사를 건립하여 산수의 부족함을 도와서 재변을 진압하고 물리쳤는데, 그 후 사찰로서 복세암·안암사·정일암·향실암·수정암·망성암·은암·일출암·대고산사·소고산사·입암사·도장동사·정업원과 같은 것이 세워졌다.[238]

고선사는 대고산사와 소고산사 2개로 이루어졌는데 어찌된 일인지 고산사로 불렸다.

高山寺 僧의 시권에 차운하여 쓰다
蔥籠蒼翠接終南　　울창한 푸른산 빛은 종남산과 접하였고
漢水葡萄綠政酣　　한강 물은 흡사 포돗빛처럼 한껏 파란데
一上寺樓淸似水　　한 번 절집에 오르니 청쾌하기가 물 같아
剩拚終日軟僧談　　하루 종일 승려와 온화한 담론 나누었네[239]

高山寺에 이르러 재차 현상인의 시권에 題하다 (4수)
溫溫初日照窓南　　따스한 아침 햇살이 남쪽 창에 비칠 제

---

237) 한상길, 「고려대장경의 해인사 이운 시기와 경로」, 『불교학연구』 30, 2011 참조.
238) 『성종실록』 권7, 1년(1470) 9월 26일(신축), '禮曹巡審都城內外 禁耕植木等項 便宜以啓 … 國初建都時 審山水向背 建寺社 以爲裨補 鎭禳災變 邇來 寺刹 如福世庵 安巖寺 淨逸庵 香室庵 首頂庵 望城庵 隱庵 日出庵 大小高山寺 立巖寺 道藏洞寺 淨業院 社堂 如昭格署洞 內贍寺洞 長生殿洞 廣興倉洞 鑄字洞 長興庫洞 溫寧君家洞 梨峴皆有之 因此主山來脈龍虎 案山地脈觕損 甚未便 請令撤去 其有不得已當存者 卜地移造 何如 傳曰可 但官創寺社 移造他處.'
239) 서거정, 「次韻書高山寺僧詩卷」, 『四佳詩集』 卷14-12, 詩類.

穩坐蒲團一味酣	포단에 편히 앉았으니 흥미가 진진해라
醒得十年塵土夢	십 년 동안의 속세에 찌든 꿈을 깨어나서
焚香終日飽禪談	향 사르고 온종일 참선 얘기 실컷 듣네

少年山寺遍東南	소년 시절 동서남북 산사를 두루 유람할 땐
勝地名區趣政酣	명승지 가는 곳마다 흥취가 진진했지만
最愛高山獨清絶	유독 청정했던 고산을 가장 좋아했기에
逢師依舊十年談	스님 만나자 예전처럼 지난 일을 담론하네

서거정(1420~1488)은 고산사의 승려 현상인과 향 사르고 온종일 참선과 담론을 하는 등 교유하였는데, 특히 고산사를 가장 좋아했다고 한다.

목멱산 남쪽 이태원의 들에는 고산사의 동쪽에 솟아나는 샘물이 있으며 큰 소나무가 골에 가득 차 빨래하는 성중 부녀자들은 많이 이곳으로 간다. 우리 백씨 집 뒤뜰 높은 언덕은 종약산이라고 하는데, 북쪽으로는 도성 안의 많은 부락을 바라보고, 서쪽으로는 큰 강을 바라다볼 수 있어 안계가 넓으나 물과 골짜기가 없는 것이 한이다. 서쪽의 진관·중흥·서산 등의 골짜기와 북쪽의 청량·속개 등의 골짜기와, 동쪽 풍양과 남쪽의 안양사와 같은 곳은 모두 높은 산과 큰 시내이므로 놀 만한 곳이 한두 곳이 아니나, 서울에서 거리가 가깝지 않아 놀러 가는 사람이 드물다.[240]

서거정은 고산사가 세상사를 잊을 만큼 매우 한적한 곳이라고 칭송하였다. 예종 1년에는 고산사 등에 선전관을 나누어 보내어 도적을 체포한

---

240) 성현, 『용재총화』 권1, '木覓山之南李泰院之坪 有泉瀉出于高山寺之東長松滿洞 城中婦女澣衣者多住焉 我伯氏後園高岡曰種藥山 北望城都萬落 西望長江 眼界敞豁 然無澗介 可恨也. 如西有津寬中興西山等洞 北有清涼俗開等洞 東有豐壤 南有安養寺等處 皆崇山鉅溪 可遊憩者非一 然去京都不邇 遊人罕有至者矣.' ; 『신증동국여지승람』 권3, 산천의 形勝.

일도 있었다.241) 신숙주의 문집에 의하면 그의 아들과 손자가 도성 남쪽에 위치한 고산사에서 공부를 한 사실이 있었다.242)

> 신숙주,「고산사 시에 차운함」,『보한재집』권7, 칠언소시, 고산사 시에 차운함
> 아들 형(신숙주의 7남)과 손자 종흡(신숙주의 장남 신주의 아들)이 성남(도성 남쪽)의 고산사에서 글을 읽는데, 하루는 시축 하나를 가지고 와서 아뢰었다. '하동의 정상공께서 사찰에 두 번이나 오셨는데 모두 시를 남기셨고, 또한 거기에 창화한 작품들도 있습니다. 사찰의 승려인 학추가 그것을 시축으로 만들어 창화해 주십사고 부탁하였습니다.' 하동은 나의 스승님의 고향인지라 시축을 보니 느꺼워서 절구 네 수를 지어 돌려보낸다.243)

선비의 사찰 독서는 신라의 최치원이 합천 해인사 독서당에서 공부한 이래244) 고려와 조선시대까지 지속되었다. 신숙주는 고산사의 승려 학추와 시를 나누었다고 한다. 역시 고대이래 조선시대까지 유행하였던 승려와 유자의 흔한 모습이다.

『보한재집』권7, '차고산사시운(次高山寺詩韻)'에는 고산사가 '도성 남쪽'에 있다고 기록되어 있다. 성현의『용재총화』에는 고산사는 목멱산 남쪽 이태원의 들에 있었으며, 물이 풍부하다고 하였다. 성종조에 이르면 고산사를 비롯한 도읍 내 사찰들이 지맥 손상을 일으킨다고 하여 폐지되거나 이전되었다. 1504년(연산군 10)에 고산사가 다시 설치되었으나 성균관 오락 장소로 삼았다.245) 그 후 고산사에 대한 기록은 나타나지 않고, 고산사 터 동네를

---

241)『예종실록』권7, 1년 8월 27일(무인).
242) 申叔舟,「次高山寺詩韻」,『保閑齋集』권7, 七言小詩.
243) 신숙주,「次高山寺詩韻」,『保閑齋集』권7, 七言小詩, '子洞 孫從洽 讀書城南高山寺 一日持一軸來謁曰 河東鄭相公再遊於寺 皆有詩 亦有和者 寺僧學追爲之軸乞和 河東我 恩府也 見軸有感爲和四絶還之.'
244) 崔致遠,「題伽倻山 讀書堂」,『동문선』권19, 칠언절구 ;『신증동국여지승람』권30, 慶尙道, 陝川郡, 고적 ; 황인규,「고려후기 유생의 사찰독서」,『한국불교학』45, 2006, 231쪽.

뜻하는 '고산사 기동(高山寺 基洞)'이라는 지명이 남아 있다.

> 고산사·일출암·한강·청파역에 선전관을 나누어 보내어 적당 28명과 계집 4구를 수색하여 잡아서 남소·서소·북소에 나누어 가두고, 다 군사를 지켜 단속하여 지키게 하고서, 병조에 교지를 내렸다. '궁성의 수문장은 모두 문밖에서 숙직하라.'246)

『만기요람』에는 외남산(外南山)은 4패(四牌)로 나누어져 관리되었는데, 고산사는 '외1패' 구역에 속해 있다. 영조대에 전 경기감사 윤양래에 따르면 사릉 서쪽 산릉에 고산사로 가는 길이 있었다고 한다.247) 외남산 1패 구역을 세세히 돌아본 기록이 있는데, 고산사터 주변과 고산사가 이태원과 가까웠음을 알 수 있다. 1811년(순조 11)에 외남산 일패(一牌)에 관한 또 다른 기록이 있다.

> 일패 청학정, 냉정동, 남단의 좌우 및 고산사 고기 등에 소나무가 가장 무성하였사옵니다. 이패 중 수부현과 사패 중의 신촌 뒤 봉우리는 충해를 많이 입어서 보기에 누렇게 시들었사옵니다. 응봉에 심은 소나무는 이미 뿌리가 내렸지만 땅이 기름지지 않아 바쁘고 번다한 것을 면치 못하고 있었습니다.248)

---

245) 『춘관통고』 권34, 吉禮 성균관 관원연혁.
246) 『예종실록』 권7, 1년(1469) 8월 27일(무인), '分遣宣傳官于高山寺 日出庵漢江靑坡驛 搜捕賊黨二十八名 女四口 分囚於南西北所 皆令軍士押直 傳旨兵曹曰 宮城守門將 竝直宿于門外.'
247) 『비변사등록』 영조 9년 6월 20일.
248) 『승정원일기』 2057책(탈초본 107책), 순조 15년 4월 2일(정사), '宣傳官趙煕錫書啓 臣於本月初一日辰時量 伏奉聖敎 馳往外南山 自一牌之靑鶴亭冷井洞壇後長登瀛湔川 等處諸麓 大中小松 枝葉茂密 筍榦茁秀 蔚乎蒼蒼 小腰上 則小松太密 自生之稚松 或不無因緣萎黃之慮是白乎旀 梨峴瀜隱洞雨洞之如平植㮧 鱗次參差是白遣 二牌之加音巖洞冷井高晴洞馬石橋內外負兒峴水珀峴諸洞 鬱密落落 無異於一牌是乎旀 三牌之化景峴水鐵里讀書堂峴大峴南伐阿峙諸處 無論松雜木 比諸一二牌 稍爲不及 而鷹峰伏

위의 기록에 의하면 고산사는 외남산 1패에 속하였고 그 주변에 청학정과 냉정동, 남단, 전생서 그리고 이태원 등이 있었다. 『경성부사』에 의하면 육군용산병원(경성 육군 위수병원) 동쪽으로 흐르다가 서쪽으로 꺾어 한강통을 가로지르는 작은 시냇물이 남아 있었다.249) 남산 쪽에서 물이 내려오다가 서쪽으로 흘러 만초천과 합류하였던250) 곳이 바로 위수병원 근처인 듯하다.

5. 나가는 말

이상으로 조선시대 한양 도성 및 용산의 불교라는 주제 하에 용산 불교의 성립과 전개에 대하여 살펴보았다. 용산 지역은 한양의 성저십리였기 때문에, 이와 관련하여 용산 불교도 전개되었다고 생각된다. 오늘날 용산은 구용산과 신용산으로 크게 나뉘는데 용산이라 지칭되는 곳은 신용산 지역이다. 용산 지역은 일제 강점기 일본 주차군(駐車軍)이 주둔하고 해방 직후 미군 부대가 주둔하였다. 최근에 대통령실이 청와대에서 용산으로 옮겨지면서 그 어느 때보다 주목받고 있다.

역사 속의 용산은 고려중기 이후에 남경에 소속되면서 부각되었고 조선의 수도로 한양이 선정되면서 한양 불교가 정립되어 갔다. 한양 불교가 정립된 것은 조선 국도로 선정되면서부터라고 할 수 있지만 역사 속의 한양은

兵峴之山脊脫沙處 間多枯損是白遣 四牌之水鐵店案山安靜寺洞明太洞舞鶴洞兔只去里都將洞阿只堂洞等諸麓之松 或有昂藏叢雜之處 而翁鬱成林 到底一般是乎旀南壇雩祀壇龍壇 旣是所經之地 故一體奉審是乎則 俱爲無頉是白齊 傳曰 知道.'

249) 서울시, 『국역 경성부사』 3, 휴먼컬쳐아리랑, 2015, 901쪽.
250) 서울역사박물관, 『이태원-공간과 삶』, 2010, 17~18쪽. 여기에서는 용산고등학교 부지 혹은 부근으로 추정하였다. 만초천은 반석방과 반송방 일대를 지나 용산방과 둔지방 경계를 따라 흘렀을 것이다. 고동환, 「조선후기 서울의 공간구성과 공간인식」, 『서울학연구』 26, 2006, 18쪽 ; 김영환, 「서울 만초천과 주변시가지 변천 특성에 관한 연구」, 서울대 환경대학원 석사학위논문, 2019, 19쪽.

그 전부터이다. 한양 지역에 불교가 시작된 흔적은 385년(침류왕 2) 한산에 절을 짓고 10인을 득도케 하였다는 것이다. 선사 문화가 시작된 암사동이라는 이름은 9암사 속칭 바윗절이라 불렸다. 한양의 진산인 북한산 도인이 석굴에 거주하고 있었다는 기록이 한양의 초기 불교 관련 기록일 것이다. 그 후 장의사가 세워져 조선중기까지 북한산의 주요 사찰이었다. 이처럼 한양이 우리의 역사에 등장하는 것은 백제시대부터지만 고려중엽 남경 운영 이후 더욱 부각되었다. 고려의 국도인 개경과 전국의 불교 배치는 불교계 고승 도선의 가르침을 따랐지만 남경 건설을 계기로 남경 불교도 부상하기 시작한다. 이때 용산 일대가 남경의 범주에 들어오게 되는데 구 용산 일대의 한강 백사장인 사리진 등이 포함된다. 이미 무후묘에 보광사가 있었다고 전하고 있다.

한양의 진산인 북한산에는 고려초부터 화엄종과 선종, 천태종 등 고려시대 4대 종파가 자리잡기 시작한다. 특히 고려후기 유가종의 고승 미수가 장의사를 중심으로 하여 한양 불교를 폈고, 고려말 조계종의 태고 보우가 북한산 중흥사와 태고암 등에 머물며 한양 천도를 주장하기도 하였다. 사실 4대 종파의 선각자들이 과천과 시흥, 양평, 양주, 여주, 수원 등 근기 지방에서 흥법 운동을 폈다. 특히 무학은 조선 건국 직후 이성계의 생일날 왕사로 책봉되어 한양 전도에 관여하고 한양을 중심으로 하는 4대 사찰을 지정하고 관악산에 비보사찰을 운영케 하였다. 한양의 불교는 도성 불교와 도성 밖 성저십리의 불교로 크게 나누어 볼 수 있다.

한양 도성 내의 사찰은 태조가 세운 흥천사와 흥덕사, 흥복사, 인왕사 등이 한성의 중심 사찰이 되었다. 양종인 흥천사와 흥덕사, 원각사 그리고 내불당과 정업원 등이다. 경산 사찰은 삼각산의 진관사와 장의사, 중흥사, 문수사, 향림사, 청량사 등과 인왕산의 인왕사, 복세암, 비구니 도량 등일 것이다. 1424년(세종 6) 4월 선교 양종의 각 18사로 정리되게 되며 36사 때에도 그런그새 세비 새로 세비신 흥간사 흥복사, 한양 인근의 개경사 등의 한양 불교 도량이 중심이 되고 있었다. 이러한 사찰과 더불어 내원당과,

정업원 및 비구니 도량은 한양 불교에 있어서 중요한 역할을 하였다. 성저의 경읍에 있었던 금륜사와 연굴, 지천사, 원통사 등이며, 경산에 인왕산에 있었던 인왕사와 금강굴, 복세암 그리고 남산에 있었던 남산사와 묵사, 국사당과 실록에 '복세암·안암사·정일암·향실암·수정암·망성암·은암·일출암·대고산사·소고산사·입암사·도장동사·정업원' 등이 있었다고 한다.

『여지도서』에 의하면 한양 전도사업이 펼쳐지던 해인 1394년(태조 3)에 무학이 왕조 창업을 종용했던 안변 석왕사가 중창되는데, 조계종과 더불어 천태종의 고승인 신조, 화엄종의 고승 설오에 의해 이루어졌다. 유가종계의 고승 종림은 조선 건국사업에 참여하여 유가종단을 주도하였다. 고려말 근기 지방에서 새 바람을 일으켰던 시흥의 운묵 무기나 청계사와 만의사계의 조인규 가문의 천태종 고승들을 연상케 한다. 유가종계의 안양사파의 등장이라 할 만한데, 이의 대표적인 인물은 바로 종림과 그의 제자 혜겸이었다. 이미 원 간섭기인 1320년(충숙왕 7) 무렵 근기 지방인 안양사를 중심으로 운우가 주석하였고 혜겸도 고려말 안양사 주지에 재임하였다. 조선초에 대선 선묵이 주지로 있었다. 유가종승을 대표할 만하다고 할 종림과 그의 제자가 1381년 안양사 낙성식에 대표적인 구무장 세력인 최영 장군의 후원을 받았다. 1383년 정도전에 앞서 무학이 함흥의 이성계에게 왕조 창업을 종용하기 2년 전의 일이다. 안양사가 낙성된 지 2년 후인 1383년 대문인 목은 이색이 주도한 여주 신륵사 대장각의 건립에 고려말 불교계 각 종파의 영수급 고승들이 참여하였다. 1383년 신왕조의 창업 종용과 관련하여 모종의 대응을 위한 움직임이라고 생각된다. 즉, 국사 환암과 왕사 찬영은 물론이고 내원당의 각운과 대선사 소원, 대선사 상총, 대선사 굉여, 청계사 무학과 그의 문도 도승통 혜징, 그리고 천태종의 봉국군 신조, 화엄종의 부석사 경남 등과 더불어 도승통 종림이 참여하였다.

종림은 1396년 전 판사 윤안정과 함께 판교원을, 1398년 무렵 조운흘과 더불어 사평원을 중창하였다. 정이오(1347~1434)의 기문에 의하면 종림은 1406년(태종 6)에 자은종 도승통에 올라 용산강가에 관곽소를 설치하는 일을 주관하는 등 조선초 대민 사업을 펼쳤다. 조선 건국초 통치체제를 정비하면서 한양 도성 남부 성저십리에 군자감 경감과 서빙고, 전생서, 와서, 귀후서 등을 두었다. 군자감은 군수물자 저장을 관장하며 서빙고는 얼음을 어주에 진공하고 백관들에게 나누어주었다. 전생서는 희생을 기르는 일을 관장하였다. 이상의 관서는 일반 관서로 둔지방에는 빙고, 서고, 전생서 와서 등이 들어섰고 두모방에는 빙고, 동고, 독서당 등이 들어선 것과 궤를 같이한다. 불교와 관련 있는 관서로 질병을 관장하는 활인서와 벽돌과 기와의 제조를 맡은 와서, 관곽을 제조하는 등 장례에 관한 일을 맡은 귀후소 등이 들어섰다. 이러한 귀후소뿐만 아니라 주자소의 각자승과 한증소와 별요에는 승려들이 관여하였다. 『용재총화』에 의하면 도성 밖에 보제원과 홍제원, 이태원, 전관원 등 4대원이 있는데 '세조가 재간 있는 승려에게 명하여 이를 수축하게 하였다.'고 한다. 뿐만 아니라 군자고 등을 건축할 때 승군을 동원하기도 하였다. 군자고를 용산강에 짓고 서강에 풍저창을 지을 때 역정과 승군 500명이 동원되었다. 1433년(세종 15) 태평관을 지을 때 각도 승군 1천 명을 징발하기도 하였다. 이와 같이 억불시책이 강화되는 상황속에서도 조선시대에 내내 용산 지역뿐만 아니라 전국에 승려의 역할과 위상은 지속되었다.

  고려중기 남경의 중시와 더불어 개경과 남경을 직접 연결하는 '임진도로'가 중시되기 시작하였다. 한양과 영남 지역을 이어주는 영남로의 출발지로써 한양 도성에서 숭례문으로 나와 남단 고개(지금의 해방촌)를 넘기 전에 이곳에서 묵거나 말을 갈아타고 남단 고개를 넘고 녹사평을 지나 동작나루나 한강진으로 통했다. 그 가운데 용산 일대의 전관원과 사평원은 불교와 관련이 있다. 결국 용산 지역에서 불교와 관련이 있는 관서로 벽돌과 기와의 제조를 맡은 와서, 관곽을 제조하는 등 장례에 관한 일을 맡은 귀후소, 이태원, 사평원 등이다.

  용산 불교의 시삭이라 할 수 있는 보팡사가 신라 진흥왕내 보광대사에 의해 창건되어 조선말까지 존재했다는 이야기가 전하고 있지만 이를 뒷받침해 줄 만한 문헌 사료나 문화 유산은 없는 실정이다. 용산의 한 이미지가 된 이태원에 비구니 도량 운종사가 왜군의 능욕 등으로 인하여 사라져버렸다는 사실도 마찬가지이다.

현재 용산 불교는 원 간섭기 충숙왕의 비인 조국 공주가 용산 지역에 와서 낳은 용산 원자가 사서에 기록된 것이 가장 믿을 만하다. 이와 관련하여 조륜 선사가 당시 최안도 김지경 등 권문세족과 연관된 주목할 만한 승려였음은 틀림없지만 그 이상 알 수 없어서 아쉽다. 그 무렵 시승 선탄이 용산강에 와서 작시한 시가 남아 전하고 있을 뿐이다. 고려 숙종대 남경 터의 지세를 살필 때 용산의 남호 독서당 터인 용산사가 존재했다는 기록이 있다. 이것으로 미루어 보아 고려 숙종 이전부터 존재하여 조선 성종 초년까지 용산사가 용산 지역을 대표하는 사찰이었을 것이다. 용산사에는 조선초기 승려 상운이 주석하고 있었던 사실도 찾아진다.

한양 도성의 성저십리인 용산 지역의 불교는 한양 도성 불교와 관련지어 이해할 수밖에 없다. 사실 한양은 불교도 사이에서는 고종대 무렵부터 아사달 신앙이 유포되었다고 한다. 고려후기에 이르러 불교를 주도하였던 4대 종파 선각자들이 한양을 둘러싼 지역인 근기 지방에서 나름대로 불교를 진작시켰고 조선 건국 이후에도 마찬가지였다. 점차 억불시책을 강화하여 성종대를 기점으로 많은 사찰들이 폐사된 듯하다.

특히 용산 지역을 염두에 둔다면 과천과 시흥, 안양, 여주, 수원, 양평, 양주 일대에서 불교를 중흥시킨 움직임이 있게 된다. 대표적으로 고려말 조선초 불교계 고승들이 부각되면서 화엄종의 탄선과 유가종의 종림과 그의 제자 해선 등이 병든 사람을 치유하는 구호소와 활인원 등에서 활동하였다. 하지만 숭유억불의 시책이 본격화되는 성종대에서 중종대에 한양과 성저십리의 사찰들이 폐치되게 이른다. 한강가에 있었던 지천사는 고려말에 한양 부근의 유명 사찰로 500명의 승려가 주석하였고 해인사 대장경을 보관했던 사찰이지만 태종조에 폐사된다. 조선초 지천사에는 승려 설오와 설악 성현이 주석하고 있었다.

실록에 도성과 여염 사이, 즉, 도성과 도성 밖 성저십리에 있었던 귀후소에서 매골하는 승려, 서책을 장정하고 주자소에서 각자하는 승려와 한증소와 별요의 승려들이 있었다. 용산강가에 귀후서와 와서 터에 사찰이 있었던 것이다. 귀후소 근처에 사찰을 세웠는대 태종조에 승려 신계가 그 일을 맡았는데 무학의 문도로 추정되고 있다.

국초에 도읍을 세울 때인 1394년(태조 3) 무렵에 창건된 고산사가 연산군대 무렵에 폐사되며 고려 숙종 이전에 창건된 용산사가 성종대 폐사되었다. 고산사는 학추와 현상인을 비롯한 승려들이 주석하였다. 담담정이 있던 곳에 용산사가, 이태원 부근 육군용산병원 자리에 고산사 등이 있었다. 특히 근대 일본 사찰이 용산 지역에 40사 이상 들어섰고 현대에 이르러 군법당 원광사와 초의명상선원과 선재선원 등을 중심으로 용산 지역에도 불교 문화가 나름대로 꽃피웠다고 하겠다.

제3장
결사도량 송광사와 삼보사찰

Ⅰ. 고려후기 수선사와 사굴산문

1. 들어가는 말

 선종은 나말여초에 이르러 9산문을 중심으로 전개되었으나 고려초 이후 침체를 거듭하였다. 고려중기 중흥기를 거쳐 무신집권기 초기 지방의 남단인 순천의 수선사에서 결사 운동을 전개하면서 여말선초까지 16국사를 배출하였다. 고려후기 사굴산문은 수선사를 중심으로 전개되었다.
 그간 필자는 고려후기 수선사의 고승들을 중심으로 고려후기 조선전기 불교사를 해명하기 위해 연구해왔다.[1] 보조국사 지눌의 선풍이 수선사 16국사를 비롯한 고려후기 선승들에게 어떠한 영향을 끼쳤는가 논의해 보았지만[2]

---

 1) 황인규,『무학대사연구·여말선초 불교계의 혁신과 대응』, 혜안, 1999 ; 황인규, 『마지막 왕사 무학대사』, 밀알, 2000 ; 황인규,『고려후기·조선초 불교사연구』, 혜안, 2003 ; 황인규,『고려말·조선전기 불교계와 고승연구』, 혜안, 2005 ; 황인규, 『다시보는 한국의 고승』 1, 민창, 2005.
 2) 이에 대한 기존의 연구성과를 소개하면 다음과 같다. 황인규,「목우자 지눌과 고려후기·조선초 불교계 고승」,『보조사상』19, 보조사상연구원, 2003 ; 황인규,

한국 선종사 연구의 중요과제 중의 하나인 산문에 대한 천착은 하지 못했다.

현재 사굴산문의 개창자인 범일3)과 나말여초 사굴산문에 대한 연구는 상당수에 이르나4) 고려후기의 사굴산문에 대한 연구는 거의 없다.5)

따라서 본고는 고려후기 사굴산문의 사세에 대해서 살펴보되 선종계의 주류가 되었던 수선사 16국사를 중심으로 검토하고자 하였다. 이는 수선사가 외형적으로 하나의 산문으로 독립하여 여말선초까지 16국사를 배출하여 사굴산문뿐만 아니라 불교계를 주도하였다고 보기 때문이다. 선학 제현의 아낌없는 질정을 바라마지 않는다.6)

「고려후기 선원사의 창건과 고승들」, 『경주사학』 21, 2002 ; 황인규, 「고려후기 선종산문과 원나라 선풍」, 『중앙사론』 23, 한국중앙사학회, 2006 ; 황인규, 「고려후기 백련사결사정신의 계승과 변질」, 『백련불교논집』 10, 2000.

3) 그동안 사굴산문의 개창자 梵日에 대한 연구성과를 소개하면 다음과 같다. 김영태, 「범일의 선과 화엄」, 『불교사상사론』, 민족사, 1992 ; 방동인, 「사굴산사와 범일에 대한 재조명」, 『임영문화』 24, 강릉문화원, 2000 ; 이법산, 「범일국사 : 사굴산문 개창한 선법의 정초자」, 『한국불교인물사상사』, 불교신문사·민족사, 1990 ; 정동락, 「통요 범일(810~889)의 생애에 대한 재검토」, 『민족문화논집』 24, 영남대 민족문화연구소, 2001 ; 정동락, 「범일(810~889)의 선사상」, 『대구사학』 68, 대구사학회, 2002.

4) 사굴산문에 대한 연구는 김두진이래 김흥삼 등이 종합적인 연구를 하였는데 이를 소개하면 다음과 같다. 김두진, 「신라 하대 사굴산문의 형성과 그 사상」, 『성곡논총』 17, 1986 ; 김흥삼, 「나말여초 사굴산문 개칭과 정치세력」, 『한국중세사연구』 15, 2003 ; 김흥삼, 「나말여초 사굴산문의 선사상」, 『백산학보』 66, 2003 ; 김흥삼, 「나말여초 사굴산문 연구」, 강원대 사학과 박사학위논문, 2002 ; 이경복, 「궁예와 사굴산문」, 『백산학보』 66, 백산학회, 2003 ; 신천식, 「한국 불교사 상에서 본 범일의 위치와 사굴산사의 역사성 검토」, 『영동문화』 1, 강릉 : 관동대 영동문화연구소, 1980. 12 ; 이규대, 「사굴산사 관련 자료의 소개와 연구과제의 설정」, 『사굴산사지 부도 학술조사보고서』, 강릉대박물관, 1999 ; 황인규, 「고려전기 사굴산문의 전개」, 한국선학회 춘계학술발표회, 2007.5.17.

5) 고려후기 사굴산문에 대한 본격적인 연구는 거의 없으며, 사굴산문계 수선사에 대한 다음과 같은 논고가 참고된다. 이지관, 『조계종사』, 동국역경원, 1976 ; 황인규, 「목우자 지눌과 고려후기 조선초 불교계 고승」, 『보조사상』 19, 보조사상연구원, 2003. 참고로 고려후기 산문에 대한 연구를 소개하면 다음과 같은 논고들에 지나지 않는다. 김방룡, 「여말선초 사굴산문과 가지산문에 관한 연구」, 『한국종교사연구』 0, 한국종교사학회, 2001 ; 김상영, 「고려 중·후기 선종계의 산문 인식」, 『한국선학』 9, 한국선학회, 2004 ; 황인규, 「고려후기 조선초 가지산문계 고승의 동향」, 『구산논집』 8, 구산장학회, 2003.

2. 사굴산문계 수선사의 등장

신라말 범일에 의해 개창된 사굴산문은 고려초까지 흥성했다. 고려중기 혜조국사 담진과 그의 제자 대감국사 탄연대에 이르러 부흥했으나 그 후의 사세에 대해서 알려진 바 없다. 즉 고려중기 이후 사굴산문 고승의 활동은 수선사를 제외하고 찾기 힘들다.[7] 현재 기록으로 찾아지는 고려후기 사굴산문계 선승은 종휘, 종헌, 원정국사 경지, 묘경, 혜식, 환암 혼수 등이다.[8]

종휘는 지눌의 득도사로서 품일의 운손, 즉 8대손이라 했다.[9] 종헌은 진명국사 혼원의 외삼촌이자 김열보(1132~1181)의 2자였고 품일의 운손, 즉 먼 후손으로서 혼원의 출가사였다.[10] 그리고 원정국사 경지는 1271년(원종 12) 무렵에 교지를 받고 사굴산문으로 적을 옮기고 품일의 법손이 되어 단속사에 주석하였다.[11]

고려말 대문인 이색과 교류했던 월남 장로의 문도인 묘경은 굴산의 사선에 으뜸으로 합격하였고,[12] 1372년(공민왕 21) 내원당 구곡 각운이

---

6) 본고는 2007. 5. 19(토) 14:00에 강릉단오문화관에서 개최된 '강릉단오제 정체성 확립을 위한 범일국사 세미나'에서 발표한 원고를 수정 보완한 것이다. 본고에서는 고려후기 사굴산문에 대한 연구가 전무하고, 이와 관련된 산문에 대한 기록이 거의 나타나지 않기 때문에 수선사 16국사를 중심으로 살펴볼 수밖에 없다. 따라서 산문의 구조나 특성, 사상 내지 타 산문과의 관계 등에 대해서는 다루지 않는다. 이에 대해서는 후고에서 다루고자 한다.
7) 수선사가 사굴산문인가 아니면 독립 산문으로 보아야 할 것인지는 좀 더 심층적인 논의가 필요하다. 본고에서는 후술하는 바와 같이 수선사가 외향적으로 독립된 산문이었지만 사굴산문계 산문의 범주로 보았다.
8) 그 외 앞서 언급한 사굴산문계 사찰의 선승들도 포함할 것이나 여기서는 필요한 경우 외에는 더 이상 다루지 않는다.
9) 김군수, 「순천 송광사 불일 보조국사비」, 『조선금석총람』 하 ; 『동문선』 권117.
10) 김구, 「와룡산 자운사 증시 진명국사 비명」, 『동문선』 권117 ; 張自牧, 「金閱甫墓誌銘」, 김용선 편, 『고려묘지명집성』 상, 한림대 아시아문화연구소, 2001(3판). 종헌과 종휘가 品日의 雲孫이라고 하여 도반일 가능성이 있다는 일부 견해는 명백한 오류이다.
11) 김구, 「와룡산 자운사 증시 진명국사 비명」, 『동문선』 권117.
12) 鄭誧, 「贈妙瓊上人 詩序」, 『雪谷集』 下, 序 ; 『동문선』 권85, 서. 이 굴산사가 강릉

『전등록』을 간행할 때 참여한 혜식은 굴산사 주지였다.13) 그리고 환암 혼수는 공부선에 참가하여 공민왕으로부터 합격증을 받고 이 사실을 적은 문건이 (사굴산문) 종문에 보관되었다고 한다.14)

그 외에 지눌은 범일의 운손에게 출가하였고 그가 개창한 수선사 역대 사주들도 역시 사굴산문으로 간주할 수 있다. 설암 문인「일암기(日菴記)」에 의하면, 이장용(1201~1272)이 지은 『선가종파도』에 신라말 범일이래 지눌에 이르기까지 사굴산문을 다음과 같은 고승들이 계승하고 있다고 한다.15)

굴산 범일(崛山 梵日)→ 보현 개청(普賢 開淸)→ 오대 신경(五臺 神鏡)→
대은 도장(大隱 道藏)→ 사자 지휴(獅子 智休)→ 청학 도잠(靑鶴 道潛)→
두타 응진(頭陀 應眞)→ 단속 지현(斷俗 智玄)→ 장수 담진(長壽 曇眞)→
천축 능인(天竺 能仁)→ 신광 종휘(神光 宗暉)→ 보조 지눌(普照 知訥)

위의 승려들 가운데 개청과 신경, 담진, 종휘와 지눌 외에는 기록에서조차 찾아지지 않는다.16) 지눌이 종휘에게 사법한 것은 비문에서 확인되므로, 지눌은 사굴산문계 선승이 확실하다. 더욱이 그는 고려중기 사굴산문의 중흥조라고 할 혜조국사 담진과 그의 제자 대감국사 탄연 이후 사굴산문을 대표할 만한 선승이다.

굴산사인지는 확실치 않다.
13) 이색,「傳燈錄序」,『목은문고』권7 序 ;『동문선』권86.
14) 권근,「청용사 보각국사 환암 정혜 원융 탑비」,『조선금석총람』하. 찬영의 비문에 그는 '崛山의 2座'라고 기록되어 있지만『조선금석총람』하권에 나오는 박의중의「충주 억정사 대지국사비」를 보면 그는 명백히 태고 보우의 문도였기 때문에 그를 사굴산문 고승으로 볼 수 없다.
15) 이종익,「대한불교 조계종 중흥론」, 보련각, 1976, 93~94쪽. 이러한 사실은 이종익이 이장용의『선가 종파도』를 보고 그의 책에 남겼다고 하였으나 사실 여부를 확인할 수 없어서 무척이나 아쉽다. 그만큼 현재 고려후기 사굴산문에 대해서 알려진 바 없다는 것을 방증하고 있는 것이다.
16) 斷俗 智玄은 아마도 斷俗寺 智玄이라는 뜻인 듯하고 曇眞이 長壽寺에 주석한 사실은 기록으로 확인되지 않고 있다.

그리고 지눌 이후 수선사 주지들이 기존의 사굴산문계 사찰인 단속사·정혜사·쌍봉사 등의 사찰을 두루 거치거나, 담진과 탄연의 선교 융화적 선풍을 띠고 있다. 특히 수선사 사주 청진국사 몽여, 진명국사 혼원, 원감국사 충지(1226~1291)의 경우도 지눌의 선풍보다는 계족산의 정혜사 사문이라고 자처하여 기존의 사굴산문의 전통을 주창하였다. 때문에 수선사는 사굴산문의 범주에 있다고 보아야 할 것이다.

그러나 수선사는 사굴산문계 지눌이 개창한 것이지만 기존의 산문과 좀 다른 면모가 찾아진다.

> 8살 때 조계종의 운손인 종휘 선사를 은사로 하여 삭발하고 스님이 되었다. 이에 구족계를 받은 다음 불교를 수학하되 일정한 스승을 두지 않고 오직 도덕이 높은 스님이면 곧 찾아가서 배웠다. … 이때부터 마음은 명리를 싫어하여 항상 깊은 산중에 숨어 각고 정진하면서 도를 닦되 창졸간 위급한 경우에도 구도의 정신을 버리지 않았다.17)

지눌(1158~1210)은 승과에 합격하고 개경의 중요 승려들이 회합하는 모임인 담선 법회에 참여하였으나 보수화된 당시 불교계의 분위기에 크게 실망하였다. 때문에 그는 원 간섭기 무렵부터 사법사를 스승으로 모셨던 전통18)이 있었지만 일정한 스승을 두지 않았다. 그러면서도 한편으로는 육조 혜능을 계승하고 양기파 원오 극근(1063~1135)의 제자인 대혜 종고(1089~1163)를 벗으로 삼았다고 한다.19)

따라서 지눌은 1162년(의종 16) 무렵에 활동한 종휘가 범일 이후 그

---

17) 김군수, 「순천 송광사 불일 보조국사비」, 『조선금석총람』 하 : 『동문선』 권117, '年甫八歲 投曹溪雲孫宗暉禪師 祝髮受具戒 學無常師 惟道之從 志操超邁 軒軒如也 … 自是心厭名利 每欲捿遁林壑 艱恬以求其道 造次必於是.'
18) 김영수, 「오교양종에 대하여」, 『진단학보』 8, 1937.
19) 이색, 「彰聖寺 眞覺國師 大覺圓照 塔碑」, 『조선금석총람』 상. '臣이 들으니 普照國師 知訥은 六祖 大鑑禪師를 스승으로 하였고 大慧 宗杲를 벗으로 삼았다.'

당대까지 사굴산문 전통을 이었을 것이나 종휘의 제자 지눌은 정혜결사 운동을 전개하면서 새로운 산문을 성립시켰다.

> 임금께서 사저에 있을 때부터 본래 그 명망을 중히 여겼고, 왕위에 나아가서는 송광산을 조계산이라 고치고, 길상사를 수선사로 고치게 하고, 친필로 현판을 썼다. … 뒷날 결사를 함께 만들면 반드시 정혜사라고 이름하자고 했다. 거조사에 있을 때에 과연 정혜사를 만들고, 『권수 정혜결사문』을 지어 당초에 마음먹었던 뜻을 이루었다. 사를 송광산으로 옮긴 다음에도 역시 그 이름을 썼는데, 뒤에 가까운 곳에 꼭 같은 이름이 있어 조정 처분을 받아 바꾸었다. 이른바 수선사였다.[20]

지눌은 1205년(희종 1) 교지를 받아 송광산 길상사를 조계산 수선사로 고쳤고 송광산에서 조계산으로 산명을 바꾸면서 지눌 이후 불교는 외형상 산문으로서의 위상을 갖추게 되었다.[21] 나아가 '수선정사(修禪精舍)는 보소정사(普炤精舍)로부터 창립되었으며, 이는 소방(小邦)의 선불장(選佛場)으로 선류(禪流)가 수천 명에서도 줄어들지 않습니다.'라 하여 수선사에서 독립된 승과를 시행하였을 가능성이 많다.[22] 그리고 『선문조사예참문』에 보이듯이

---

20) 김군수, 「순천 송광사 불일 보조국사비」, 『조선금석총람』 하 ; 『동문선』 권117, 비명, '皆師所作而往來修禪者也 上自潛邸 素重其名 及卽位 命改號松廣山爲曹溪山 吉祥寺爲 修禪社 親書題榜 … 他日結同社 必號定慧 及在居祖寺 果立定慧社 仍述勸修定慧結社文 償初志也 至移社松廣 亦循其名 後以隣有寺同稱者 因受朝旨易焉 所謂修禪社也.'
21) 이종익, 「한국불교 제종파 성립의 역사적 고찰」, 『한국 조계종의 성립사연구』, 민족사, 1989, 242쪽 ; 「조계종명의 연원에 대한 고찰」, 『한국선학』 7, 170~171쪽 ; 김상영, 「고려 중·후기 선종계의 선문인식」, 『한국선학』 9, 155쪽.
22) 『해동조계복암화상잡저』, 表, 上大元皇帝表. 충지와 관련된 『圓鑑國師 歌頌』, 『宓庵 和尙雜著』는 진성규 선생이 편집 번역한 『원감국사집』, 아세아문화사, 1988을 기본 저본으로 사용했음을 밝혀둔다.
이재열은 1214년 9산 선문을 통칭한 九山 禪選과 曹溪 禪選으로 구분되어 승과가 실시될 정도 수선사가 하나의 산문이었음을 밝히려는 뜻이라고 주장하였던 바 있다. 이재열, 「오교양종과 조계종통에 관한 고찰」, 『불교사상』 1·2·3·4·5·6, 1973.11~ ; 『한국조계종의 성립사연구』, 민족사, 1989, 242쪽. 이는 이능화가 9산문

9산문의 개산조와 더불어 지눌이 독립 설정되기에 이른다.[23)]

이상에서 살펴본 바와 같이 지눌은 사굴산문에 머무르지 않고 수선사에서 결사 운동을 전개하면서 새로운 선풍을 일구고자 하였다. 그러한 자신의 의도와는 달리 그가 개창한 수선사도 또 하나의 산문이 되었다.[24)]

이러한 수선사의 선풍은 그의 수제자 진각국사 혜심(1178~1244)[25)]대에 이르러 기존의 사굴산문과는 다른 차별성과 독립성을 더 갖게 된 듯하다. 혜심은 사굴산문의 정신이라고 할 선교합일 보다는 선 우위의 사상과 간화선 일문의 입장을 견지하였는데,[26)] 사굴산문의 전통과는 다른 면모이다. 이는 '품일선사가 처음 창도하고 개보대사(開寶大師)가 열쇠를 감추었다. 혜조국사·대감국사·진각국사가 잇달아 크게 드러내었다'[27)]는 기록에서 단적으로 알 수 있다.[28)] 그리하여 수선사만이 지닌 선풍을 정립시켰고, 향후 우리나라에 간화선 수행이 주류를 이루게 하였다. 이것이 바로 수선사가 기존의 사굴산문의 선풍과는 다른 것이며, 수선사만이 지닌 독특한 선풍을 지닌 산문으로서의 역할을 하였다.

　　을 선적종으로, 보조 지눌의 수선사 산문을 조계종으로 본 견해가 인정될 때 가능한 설명이다. 이능화, 『五敎兩宗 祈禱平賊』; 「普照後始設 曹溪宗」, 『조선불교통사』 481, 336쪽. 앞으로 이에 대하여 정치한 연구를 기대하고자 한다.
23) 허흥식, 「선종 구산파설의 비판」, 『고려불교사연구』, 일조각, 1986.
24) 지눌 자신은 보수화된 불교계에 실망하여 결사 운동을 전개하였으므로 산문의 개창을 원하지는 않았을 것이다.
25) 김군수, 「순천 송광사 불일보조국사비」, 『조선금석총람』 하 ;『동문선』 권117.
26) 권기종, 「혜심의 선사상연구-지눌의 선사상과 비교하면서」, 『불교학보』 19, 1982. 12쪽.
27) 인용한 비문의 말미의 원문은 달리 해석될 소지도 있다. 즉 본 글에서는 '品日倡演 開寶藏建 惟炤鑑覺 相繼大闡.'를 '품일선사가 처음 창도하고 開寶대사가 열쇠를 감추었다. 혜조국사, 대감국사, 진각국사가 잇달아 크게 드러냈다고 하였다.' 여기에서 '炤鑑覺'를 각기 혜조국사 담진, 대감국사 탄연, 진각국사로 보았다. 이렇게 본다면 천영은 지눌 뿐만 아니라 지눌에게 영향을 끼쳤던 대감국사 탄연과 혜조국사 담진까지도 숭앙하고 있고 그들 선풍을 이었다고 볼 수 있다. 황인규, 「목우자 지눌과 고려후기 조선초 불교계 고승」, 『보조사상』 19, 보조사상연구원, 2003.
28) 김구, 「와룡산 자운사증시 진명국사비명」, 『동문선』 권117.

3. 수선사의 사굴산문 전통 표방

수선사는 혜심대 이후 복고적으로 돌아서게 된다. 즉 수선사 3세 사주 청진국사 몽여대 이후 진명국사 혼원, 원감국사 충지 등은 수선사의 선풍보다 계족산의 정혜사 사문이라고 자처하는 등 사굴산문의 전통을 표방하기도 하였기 때문이다. 이러한 사실을 좀 더 구체적으로 살펴보기로 한다.

청진국사 몽여(?~1252)에 대해서는 비문이 남아 있지 않아 자세한 사실은 알 수 없으나 수선사 제6세 충지가 남긴 다음과 같은 글을 통해 그가 사굴산문 전통을 표방한 사실을 짐작할 수 있다.

> 청진(淸眞)의 세상에 이르러 크게 선풍을 드날리고 충경(冲鏡)의 시대로부터 조사의 도를 계속 일으켰다.[29]

> 옛날 보소 고불(普炤古佛)이 그 청승(淸勝)을 너무 아껴서 조계의 동안거 두 결제이후 그곳에 가서 살았습니다. 진각, 청진 두 국사가 서로 이어 왕래하며 안선(安禪)하고 한가히 거처할 장소로 생각했습니다.[30]

수선사 제6세 원감국사 충지는 청진국사 몽여대에 이르러 선풍이 크게 진작되었다는 사실을 지적하고 그것이 자신에게 계승되었다고 하면서 지눌이 세운 사찰인 규봉암에서 지눌·혜심·몽여가 법을 이은 사실을 특기했다. 충지가 '충경(혼원)의 시대로부터 조사의 도를 몽여에 이어 계속 일으켰다'는 것은 후술하는 바와 같이 사굴산문 혜조국사 담진의 도풍을 의미하는 것이다. 즉 수선사를 개창한 지눌의 선풍은 그의 문도 혜심에게 계승되었으

---

29) 冲止,「定慧入院 祝法壽疏」,『海東 曹溪宓庵和尚 雜著』,'降及淸眞之世 大振禪風 洎于冲鏡之時 繼興祖道.'

30) 冲止,「圭峰庵甲戌年 冬安居願文」,『海東曹溪宓庵和尚雜著』,'昔普炤古佛 酷愛其淸勝 曹溪 冬夏二制之餘 輒往而居焉 眞覺淸眞兩國老 亦相繼往來 以爲安禪閒燕之所.'

나 몽여대에 이르러서는 사굴산문의 전통을 강조하였던 듯하다.31)

이러한 사굴산문의 전통은 다음의 인용한 글에서 보듯이 수선사 제4세인 진명국사 혼원에게서 더욱 두드러진다.32)

> 나이 13세에 외삼촌 품일 운손사 종헌에게 나아가 머리를 깎고 구족계를 받았다. 총명과 지혜가 남보다 뛰어나 학문이 내외에 통하여 드디어 사굴산 승도들의 우두머리가 되었다. … 처음 쌍봉사의 변 청우(辯靑牛)를 찾아뵙고 수 년을 섬기어 그의 깊은 공부를 다 배우고 다음 조계의 무의대사의 문하에 나아가 크게 칭찬을 받았다.
>
> 또 일찍이 청진국사를 스승으로 삼았고 이르는 곳마다 의심나는 것을 질문하여 그 깊은 뜻을 얻었으므로 옛사람들의 공안을 통달하여 현관을 유인하고 낙설변재(樂說辯才)를 얻었다. 주국 진양공 사의 동행을 흠모하고 위에 아뢰어 삼중대사의 승직에 올랐고 정혜사의 주지가 되게 하였다. … 임자년 8월이 되어 청진선사가 죽을 때 원문의 뒷일을 대사에게 부탁하였다. 왕이 이에 조계종 제4세 대선사가 되게 하였다. 12월에 원에 들어가 다시 목우의 선풍을 불러일으켰다.
>
> 병진년 가을에 선원사 법주 단공(天英)으로서 자기를 대신하게 하고 자기는 산수간에 살기를 청하였으나 … 기미년 5월 11일 왕사로 책봉하였다. … 명하기를 … 서역에서 중국을 거쳐 바다 동쪽으로 들어오니 품일선사가 처음 창도하고 개보대사가 열쇠를 감추었다. 혜조국사 대감국사 진각국사가 잇달아 크게 드러내었다.33)

---

31) 冲止, 「定慧入院 祝法壽疏」, 『海東 曹溪 宏庵和尙 雜著』.
32) 지눌과 혜심대를 거친 이후 수선사에서는 다시 사굴산문과의 연계 의식이 부각되기 시작하였다. 이에 대한 자세한 설명은 다음의 논고에서 논하고 있다. 김상영, 「고려 중·후기 선종계의 산문인식」, 『한국선학』 9, 156~162쪽. 필자도 이러한 주장에 공감하면서 논지를 전개하고자 한다.
33) 김구, 「와룡산 자운사증시 진명국사 비명」, 『동문선』 권117, '年甫十三 投舅氏品日雲孫禪師宗軒 披剃受具 聰慧絶人 學通內外 遂爲崛山藜席之首 … 初謁雙峯辯靑牛 服勤數載 因得其閫奧 次詣曹溪無衣堂下 大爲器許 又嘗師事淸眞國師 所至相從 禀受曲折

군은 수사공 좌복야 윤언식 공의 딸과 결혼하여 자녀로 아들은 □명을 낳았다. 장남 헌은 지금 음성 현위로 있고, 다음은 종헌과 유원인데 모두 출가하여 승려가 되었다.34)

자운종파(慈雲宗派)의 도량은 충경국사의 음덕으로 된 곳입니다. 그 경계가 거처하기에 훌륭하며 9산 학자가 귀의한 곳으로 이름과 품격이 높았으며 반드시 한 세대의 거장의 선객이 뒤에 머무를 곳입니다.35)

진명국사 혼원(1190~1271)은 사굴산문의 개조 품일(梵日)의 운손 종헌에게 출가하였고36) 혜조국사 담진이 창건한 정혜사의 주지로 취임하였다. 그리고 그가 주석하였던 진주 와룡산 자운사는 자운종파의 도량이라고 불릴만큼 독립적이었고37) 그곳을 9산문의 고승들이 귀의하는 곳이라고 했다.

그는 1252년 몽여에 이어 수선사 제4세 사주가 되어 새로 창건된 강화도 선원사의 사주가 되었으며, 목우자의 선풍을 불러일으켰다. 하지만 그는

盡得其骨髓 故於古人公案 洞曉其指歸 游刃玄關 得樂說辯才 柱國晉陽公 嚫師道行 奏加三重太師 又奏請住定慧社 … 至壬子八月 淸眞臨滅 以院門事屬б 上於是命住曹溪 爲第四世 仍命中使 陪住曹溪 以冬十二月入院 再扇牧牛之風 丙辰秋請禪源法主 且公自 代 得便雲水 … 己未五月十一日 冊爲王師.'

34) 張自牧,「金閱甫 墓誌銘」, 김용선 편,『고려묘지명집성』상, 한림대 아시아문화연구소, 2001(3판). '君娶守司空左僕射尹公諱彦植之女 生子□ 長曰軒今授陰城縣尉 次曰宗軒惟元皆出家.'
35) 冲止,「又 臥龍入院英禪師行」,『海東曹溪第六世 圓鑑國師歌頌』, '惟慈雲宗派之道場 乃冲鏡師賓之蔭地 境將居勝 是九山學者之攸歸 名與品高 必一代巨禪而後住.'
36) 고려 무신집권기 수원 김씨가 배출한 승려는 영소와 金閱甫의 두 아들인 宗軒과 惟元이 있었다. 즉 종헌은 혼원의 외삼촌이 된다고 하였으므로, 수원 김씨 金閱甫 (1132~1181)의 2子이다. 이에 대해서는 다음 논고를 참조바람. 황인규,「수원 최씨·김씨 가문과 고려중기 불교계」,『수원문화사연구』4, 2001. 그런데 종헌이 지눌의 출가사인 종휘와 도반이라는 견해가 있어 왔다. 본고에서 살펴보는 바와 같이 종헌은 종휘보다 후대의 인물이다.
37) 자운종파란 자운사의 도량을 강조한 것이며, 자운사가 사굴산문의 신풍이 깅하였던 것을 의미한다고 생각한다.

1259년부터 1271년까지 왕사로 책봉되어 불교계를 주도하였던 사굴산문의 우두머리였다. 그 때문에 다른 산문 승려가 사굴산문으로 적을 옮기는 일이 있기도 하였다. 즉 원정국사 경지는 왕의 교지를 받아 산문을 사굴산문으로 옮겨 단속사의 주지가 되어 혼원을 섬겼다.

그 후 혼원의 법을 받은 수선사 제5세 사주 원오국사 천영(1215~1286)은 15세 때 조계산 수선사 제2세인 진각국사 혜심을 찾아가 출가하였으나 몽여와 혼원의 법을 계승했으므로 사굴산문의 전통을 잇고 있다고 볼 수 있다.

천영은 1251년(고종 38) 당시 실권자 최항이 보제사 별원을 짓고 9산선문의 선사를 초청하였을 때 주맹하였다. 이처럼 천영은 9산문이 모이게 하는 등 당시의 불교계를 주도하였으므로, 사굴산문의 전통이 더욱 부상하게 되었을 것이다. 그의 도반 탁연을 통해 중국의 불서를 수용하여 천태종 고승 천책에게 전하는 등 백련사와도 교유하는 등 사세를 진작시켰다.[38]

그러나 수선사는 최씨 정권이 몰락한 1258년(고종 45) 이후인 천영 (1215~1286) 말년부터 시작하여 퇴락하여 갔다.[39] 이러한 때 원감국사 충지(1216~1293)가 수선사의 선풍을 진작시키고자 노력하였다.

> 당시에 원오국사가 선원사에서 불법을 주재하고 있었으므로, 곧장 당하에 나아가서 삭발하고 구족계를 받았다. … 국사가 주지가 되면서부터 숙덕(宿德)이 바람처럼 달려오고 후진이 구름처럼 모여들었다. 병술년(1286년) 충렬왕 12년 2월에 원오국사가 세상을 떠나자, 대중이 국사를 천거하여 그 자리를 잇도록 위에 글을 올리니, 임금이 원외랑 김호담에게 명하여 국사의 입원을 청하게 하였다. 이에 국사가 이 해 4월 16일에 입원하여

---

38) 이익배,「승주 불대사 자진 원오국사 정조 탑비」,『조선금석총람』상 ; 許興植, 『眞靜國師와 湖山錄』, 민족사, 1995), 214쪽.
39) 채상식,「일연의 생애와 단월의 성격」,『고려후기불교사연구』, 일조각, 1991, 39~47쪽.

개당하고 원오 국사의 뒤를 이어 제6세가 되었다. 7년 동안 수선사에 주석하면서 보조 국사의 유궤를 다시 빛내었다. … 목우의 정통 적자가 되었나니 여러 총림에 머물 때마다 모두 상객이 되었다네.40)

원감국사 충지(1227~1314)는 선원사 법주로 있던 원오국사 천영에게 출가하였다. 그는 1286년(충렬왕 12)에 천영이 입적하자 수선사 6세가 되어 지눌의 선풍을 진작시킨 듯 하나41) 혜조국사 담진이 주석하였던 정혜사에 머물렀던 사실이 주목된다. 그와 관련된 다음의 기록을 보기로 한다.

제자는 조계의 적자요 품일의 후손으로 나와서 독립의 문인이 되고 다시 사굴산의 참선하는 무리에 참여하였습니다.42)

그윽이 생각해보니 혜소성사(慧炤聖師)께서는 다행히 예종같은 명왕을 만나, 10년간 성황의 시끄러움을 싫어하고 머나먼 맑고 그윽한 숲속만을 생각하여, 맹서코 이 계족봉에 돌아가 늙으려고 드디어 이 사찰을 창건했습니다. 청진의 세상에 이르러 크게 선풍을 드날리고, 충경의 시대로부터는 조사의 도를 계속 일으켰으니, 이 경지에 살려면 반드시 그럴만한 사람을 기다려야 하겠거늘 어찌 말품(末品)의 용렬한 자질로써 외람되이 앞서

---

40) 김환, 「순천 송광사 원감국사 보명 탑비」, 『조선금석총람』 하, 『한국불교전서』 6, '時圓悟國師 主法於禪源社 師直造堂 卽零染受具 … 自師入院 宿德風馳 後進雲集 丙戌二月 圓悟順世 大衆擧師 次繼席狀 聞于上 命員外郞金浩淡 請師入院 師於是年四月 十六日 入院開堂而嗣圓悟 爲第六世 住院七年 更光普照之遺軌 … 牧牛正嫡 住諸叢林 俱爲上客.'

41) 『원감국사 가송』, 아세아문화사, 1988, 85~87쪽 ; 眞岡, 『원감국사집』 跋 ; 몽암 명우, 「조계원감국사어록 서」; 「신묘년(1291) 초여름에 난을 피해 佛臺寺에 이르러 先國師가 남긴 寶偈를 보고 감격을 참을 수 없어 삼가 재배하고 답함」, 『圓鑑國師 歌頌』, 아세아문화사, 1988, 156쪽.

42) 冲止, 「祝聖疏龍他禪師」, 『海東 曹溪 宓庵和尙 雜著』; 「又」, 『동문선』 권11, 疏, '伏念弟子 曹溪嫡子 品日來孫 出爲獨立之門人 再亞崛山之禪侶.'

수행한 높은 이의 발자취를 밟겠습니까?43)

충지는 자신이 조계의 적자이면서 범일의 후손으로 독립된 문인이 되었다가 사굴산문의 참선하는 무리에 참여하였다는 것이다. 그러면서 특히 혜조국사 담진을 추모하였다.

> 어느 해 어느 날 계족산 정혜사 사문은 삼가 향과 차와 온갖 가지 제물로 이 사찰을 개창한 시조 혜소국사의 영전에 제사를 올립니다. (중략) 배를 타고 서쪽으로 가서 정인의 진수를 얻고, 동토로 되돌아오니 교화가 한 시대에 두루 미쳤습니다. 천자는 북면하여 한 나라의 스승으로 삼으시니, 사중은 의지하고 연작이 대하에 기뻐하는 것 같았습니다. 덧없는 영화를 초개같이 보고 숲속을 간절히 생각하셔서 이 사찰을 세우고 장차 돌아가 늙으려 했으나 그 뜻을 이루지 못하고 너무 일찍 세상을 떠나셨습니다. 제자들이 뒤를 잇고 이어 큰 도량을 이루었습니다.44)

원감국사 충지는 혜조국사 담진을 성사로 지칭하면서 계족봉에 정혜사를 창건하였다는 사실을 강조하였다. 청진국사 몽여가 사세를 크게 진작시키고 진명국사 혼원이 송나라 임제종 선풍을 수용한 담진의 도를 계승하였던 곳이라고 하면서 자신이 이를 본받겠다고 하였다. 그리고 자신이 사굴산문계 사찰인 정혜사의 승려라는 것을 명시하고 그의 문도들이 큰 도량을

---

43) 沖止, 「定慧入院 祝法壽疏」, 『海東 曹溪第六世 圓鑑國師 歌頌』, '緬惟慧炤聖師 幸際睿宗明主 十年厭城隍之紛擾 千里思林 壑之淸幽 誓將歸老於此峰 遂乃刱開於妓寺 降及淸眞之世 大振禪風 洎于冲鏡之時 繼興祖道 凡居是境 必待其人 何緣末品之庸資 濫躡前修之高躅 此蓋縱未投針於龍猛盂底.'

44) 沖止, 「慧炤國師 祭文」, 『海東 曹溪宓庵和尙 雜著』, '維年月日 雞足山定慧社沙門 謹以香茶庶羞之奠 敬祭于當山開創始祖慧 炤國師之靈 伏以法不自弘 弘之由器 器不世出 千載一致 惟我國師 願力示生 天資穎悟 慧解精明 夙夜孜孜 惟道是履 航海西邁 得淨因髓 洎還東土 化洽于時 天子北面 爲一國師 四衆歸依 大廈鷟雀 芥視浮榮 痛思林壑 刱妓寶坊 將以歸老 厥志未遂 貪程大早 子孫繼繼 成大道場.'

이루었다고 하면서 그를 추념하였다.

4. 수선사 사주와 산문의 변화

그 후 수선사의 사세가 다시 회복된 것은 혜감국사 만항(1249~1319)대와 수선사계 선원사 승려였던 원명국사 충감(1274~1338)을 거쳐 각진국사 복구(1270~1356)대이다. 이들은 모두 원오국사 천영의 문도였다.

> 그의 스승인 조계 원오화상도 또한 그렇게 하라고 타일러서 드디어 삼장사로 갔다. 그 뒤 낭월사·운흥사·선원사 등의 산사를 두루 주재하였다. … 중국 오나라의 덕이 몽산이 그의 글과 게를 보고 칭찬을 마지아니하여 몇 편을 화답하였다. 이어 편지로 고담이라는 아호를 지어 주었다. … 명에 이르기를 … 그가 조계종을 맡으니 보조국사의 열쇠를 잡고 원오국사의 목탁을 울렸고 몽산의 흙벽을 뚫었도다.[45]

만항은 1263년 원오국사에게 출가한 후 수선사 제10세로 취임하였으며, 비문에서와 같이 그의 선풍은 '보조국사의 열쇠를 잡고 원오국사의 목탁을 울리고 몽산 덕이의 흙벽을 뚫었다.'고 하여 수선사 선풍만을 견지한 것 같지만 몽산 선풍도 받아들였다. 이는 앞서 언급한 바와 같이 혜조국사 담진이 송의 임제종 선풍을 받아들인 사굴산문의 전통에서 연유한다고 생각된다.

이러한 면모는 만항보다 25년 뒤에 태어난 원명국사 설봉 충감에게서도

---

45) 이제현, 「별전종주 중속조등 묘명존자 혜감국사 비명」, 『익재난고』 권7 ; 『동문선』 권118, 비명, '其師曹溪圓悟和尙 亦諭之乃仕 後歷上朗月 雲興 禪源等社 凡經悟憹 若贖而聆 若醌而醒 弟子至七百 士大夫攝衣入社者 不可勝計 中吳異蒙山 見其文偈 歎賞不已 賡和十數 仍貽書致古潭之號 … 銘曰 … 振圓悟之鐸 斲蒙異之堊.'

찾아볼 수 있다. 그는 선원사에서 출가하여 원오국사 천영에게 사사받은 후 원에 들어가 임제종 고승 몽산 덕이의 제자 철산 소경을 초빙하여 함께 귀국했다.46) 수선사계 고승들은 그만큼 몽산 선풍을 받아들이는 데 적극적이었다.47)

만항이 사굴산문의 전통을 지녔다는 것은 그의 문도들을 통해 짐작할 수 있다.48) 그의 문도 경호는 석호가 아닐까 하는데 그도 사굴산문인 정혜사에서 머물렀다.49) 이러한 사실을 통해 정혜사 등 사굴산문의 사세를 짐작할 수 있다.

그 후 원오국사의 문도로 추정되는 수선사 제11세 자원국사와 제12세 혜각국사가 수선사주를 계승했다고 하나 다시 사세가 기울기 시작했다. 사굴산문뿐만 아니라 수선사의 사세조차 미약했다. 그러나 각진국사 복구

---

46) 위소, 「보광사 중창기」, 『한국금석전문』 중세 하 ; 『신증동국여지승람』 권17, 임천군, 불우, 보광사.
47) 만항의 문도 가운데 頂音은 '曹溪 慧鑑國師'의 문도가 되어 大禪師가 되었다. 즉 頂音은 조계종 惠鑑國師의 문하에 출가하여 대선사가 되었다는 기록이 찾아진다, 정음은 安珦(1243~1306)의 아들인 安于器의 장남이었고, 혜감국사 만항이 머물렀던 수선사를 曹溪라고 지칭했다. 安軸, 「安于器墓誌銘」, 김용선 편, 『고려묘지명집성』, 한림대 아시아문화연구소, 2001(3판). 이를 통해 수선사가 선종산문을 대표하는 曹溪라고 불렸다고 생각된다. 이러한 것은 진명국사 혼원과 그의 문도 천영의 제자 神化와 神定이 받은 官誥 가운데 '조계종'이라는 명칭을 사용한데서도 방증되고 있다. 崔滋, 「曹溪宗禪師 混元爲大禪 師敎書」, 『동문선』 권27, 制誥 ; 「官誥」, 『동문선』 권27, 制誥 ; 「曹溪宗 三重神化爲禪師 官誥」, 『동문선』 권27, 制誥 ; 「曹溪宗三重神定爲禪師官誥」, 『동문선』 권27, 制誥. 만항의 제자 小止는 고려말의 고승 무학 자초의 출가사였는데 무학도 수선사계로 볼 수 있다. 그의 스승 나옹 혜근과 더불어 송광사 18주지에 포함되었으므로 나옹도 역시 수선사계였다고 할 수 있다.
48) 변계량, 「묘엄존자 탑명」, 『조선금석총람』 하.
49) 釋胡는 僧選에 올라서 叢林에 드날리고 楓岳山에서 수행하고 있었는데 마침 부처의 후신이라는 지공이 고려를 방문하자 그를 만나 선문답에 당당하게 대적하고 중국을 유력하는 등 그의 명성이 왕에게 알려지자 定慧社에 머물게 하였다. 이제현, 「送大禪師瑚公之定慧社詩序 釋瑚」, 『익재난고』 권5, 서 ; 『동문선』 권85, 서. 조선후기 북학파 李德懋(1741~1793)는 '우리나라 사람으로 중국을 두루 구경한 자는 마땅히 고려의 승려 瑚公을 첫째로 꼽아야 한다.'고 하면서 그를 중국 유력승 가운데 최고라고 하였다. 이덕무, 「瑚公」, 『靑莊館全書』 卷60, 盎葉記 7.

대에 이르러 수선사의 사세가 다시 크게 진작되고 사굴산문을 주도하였다.

> 나이 겨우 10세 때 조계종의 원오국사에게 가서 머리를 깎고 구족계를 받았다. 얼마 안되어 원오국사가 입적할 때 그의 유촉으로 대선사 도영에게 추종하여 쉬지 않고 부지런히 배웠다. 10년만에 배움이 이루어지니 총림에서 여러 사람의 우두머리로 추앙되었다. … 자각국사는 사의 제2의 스승이었다. 사를 지극히 예로써 대우하였다. … 월남사·송광사의 대도량에 머문 것이 전후 40여 년이 되었다. … 그의 조술(祖述)하는 종파는 보조로부터 국사에 이르기까지 모두 13대이며, 그의 문인으로서 뛰어난 자는 선원사의 백화, 가지사의 마곡 등에 1천여 명이 된다.50)

각진국사 복구는 1279년 10세 때 천영에게 출가하고51) 1320년 수선사 제13세 주지로 취임하여 1350년까지 재임하였다. 그는 수선사계 출신으로 혼원에 이어 생존시 왕사에 책봉될 정도로 명망이 높았다.52) 그의 비문에 '그가 조술하는 종파는 보조로부터 국사에 이르기까지 13대였다'는 기록으로 미루어 보아 그도 지눌의 선풍을 간직하고 있는듯하나 '차남 정행은 수선사의 제5세인 원오국사에게 나아가 머리를 깎고 조계종 굴산에서 부도가 되었다.'53)는 기록에서 보듯이 사굴산문 전통은 견지되고 있었다.

---

50) 이달충, 「각엄존자 각진국사 비명」, 『제정집』 권3, 묘지명 ; 『동문선』 권118, 비명, '年甫十歲 就曹溪圓悟國師 剃落受具 未幾圓悟順寂 以遺囑從大禪師道英 孜孜請益 十年而學通 叢林推爲衆首 … 慈覺國師 師之二師也 待之甚禮 嘗以學徒委諸師 … 其祖派則繼普照至師 凡十三世 門人之秀者 禪源 白華 迦智 麻谷 而下等千有餘人.'
51) 이러한 사실은 '그때 장남이 闕廷에 들어가 宿衛로 들어가 있고 차남은 새로 晦堂에게 나아가 머리를 깎았다.' 『동문선』 권14의 「寄曹溪 晦堂和尙」의 기록에 의해서도 확인되고 있다.
52) 이에 대한 자세한 사실은 다음 논고를 참조하기 바람. 황인규, 「목우자 지눌과 고려후기·조선초 불교계 고승」, 『보조사상』 19, 보조사상연구원, 2003 ; 『고려후기 조선초 불교사연구』, 혜안, 2003.
53) 「李尊庇墓誌銘」, 김용선 편, 『고려묘지명집성』하, 한림대 아시아문화연구소, 2001 (3판).

복구는 충지와 친한 인물이었던 재상 이존비의 차남이었는데, 조계종 사굴산문의 승려가 되었다. 그는 1341년·1348년·1353년 세 차례에 걸쳐 백암산 정토사에서 전장법회를 개최하였다.[54] 이 전장법회는 바로 결사를 연상케 하는데, 사굴산문인 정혜사처럼 백암사를 사굴산문의 사찰로서 중요하게 간주한 것이 아닌가 한다. 여기에 참여한 인물들 가운데 정송과 계송은 몽산 덕이로부터 이름을 받은 10송 가운데 인물들이다.[55] 정송은 사굴산문 정혜사 사주였고 계송은 환암의 스승인 계송과 동일 인물이라고 생각된다.[56] 이와 관련하여 다음의 글을 보기로 한다.

---

54) 月出山人 拙巖演溫, 「白巖山 淨土寺 轉藏 第3回榜」, 『조선사찰사료』 상, 164~171쪽.
55) 황인규, 「환암혼수의 생애와 불교사적 위치」, 『경주사학』 18. 1999. 환암에 대해서는 이전에 가지산문으로 보았지만 최근에 사굴산문승으로 보았다. 황인규, 「충주의 고승 환암혼수와 목암찬영」, 『충주의 인물(V) 충주의 큰 스님-법경대사, 홍법국사, 대지국사』, 충주 : 예성문화연구회, 2006.
56) 蒙山이 지어준 10松과 고려말 淨土寺 轉藏法會에 나오는 定松 등의 인물들이 시대적 간극이 너무 커서 동일인물이 아니고 후대의 인물일 가능성도 많다. 이에 대해서는 보다 정치한 천착이 필요한 실정이다.
그리고 중국의 자료에 의하면 환암도 중국에 유력했다고 하나(김동욱, 「한·중 중세지식인 소통에 관한 연구」, 『중국문학연구』 23, 한국중문학회, 2001, 507~514쪽. 그러나 幻上人을 환암 혼수와 동일 인물이라면 맞지만 아닌 경우도 있다. 예컨대 幻翁이나 幻老는 禪坦이나 坦如를 지칭하는 경우도 있다. 문제의 기록은 傅若金(1303~1342), 「送幻上 人高麗」, 『傅與礪詩集』 7, 五言長律의 詩題인데 이는 『해동역사』에도 '幻上人元詩選傅若金 送幻上人高麗詩 一首'라고 되어 있다. 한치윤, 『해동역사』 권32, 석지, 명승. 이에 대하여 장동익은 1337년(충숙왕 복위 6년)경이라고 추정하였다. 『傅與礪 詩集』에는 환암에게 지어준 송별시가 실려 있는데 蘇天爵은 1337년 禮部侍郎으로 淮東道肅政廉訪使로 파견될 때 써 준 것이기 때문이라는 것이다. 장동익, 『元代 麗史資料集』, 서울대출판부, 1997, 228쪽.
부약금이 교류한 환상인은 환암 혼수(1320~1392)가 12세 때 繼松의 문하로 출가한 이후 22세인 1341년 禪科에 급제할 때까지 10년간 행적이 찾아지지 않는다. 아마도 그 때 원나라에 다녀온 것이 아닌가 추정하기도 하였다. 장동익, 「한중 중세지식의 유통」, 『중국문학연구』 23, 한중문학회, 2001, 512~513쪽.
그러나 幻翁이나 幻老는 禪坦이나 坦如를 지칭하는 경우도 있으므로 주의를 요한다. 우선 이름이 了幻, 자가 而誰, 호가 竹齋인 환상인은 시대가 앞서기 때문에 선대 인물이다. 이규보, 「幻上人의 竹齋에 대한 記」, 『동국이상국집』 권11, 기. 그리고 坦如는 迎日 鄭氏로 丁巳年(1377년) 대선에 올랐으며, 演福寺주지였던 竹庵璨軫의 제자였기 때문에 엄연히 후대의 다른 인물이다. 이색, 「贈幻翁上人序」, 『牧隱文藁』

선원사 식영감 화상을 찾아가 능엄경을 수학하여 그 골수를 얻었다. …
그리하여 공민왕이 유사에 명하여 합격증을 주고 이 사실을 적은 문건을
(사굴 산문) 종문에 보관토록 하였다. … 을축년(우왕 1, 1375, 가을 송광사로
이주하였으며 병진년(우왕 2, 1376) 3월에 왕에게 편지를 올려 사임하고
서운사로 돌아갔다. … 명하여 가로되 … 탁월하신 명성은 사굴 제일이었다.[57]

이처럼 환암은 나옹이 개최한 공부선에서 유일하게 합격하였고 그의 합격증이 사굴산문에 보관되기도 하였다. 그는 나옹에 이어 송광사 주지에 취임하기도 하였다.[58] 다음의 시[59]는 환암이 사굴산문계였다는 사실을 알 수 있게 해주고 있다.

生死悠悠是幻身　　생사가 걱정스러운 것은 육신이 덧이 없기 때문,
幻菴寄在一微塵　　환암은 한낱 미세한 티끌에 몸을 부쳤네.
松風江月常圍繞　　송풍헌 강월헌이 늘 둘러싸고 있는,
絶學無爲閑道人　　배움을 끊고 무위를 실천하는 한가한 도인일세.

卷9, 序. 그리고 坦如는 迎日 鄭氏로 丁巳年(1377년)에 大選에 올랐으며 演福寺의 주지였던 竹菴旋軫의 제자였다. 李穡, 「贈幻翁上人序」, 『牧隱文藁』 卷9, 序. 아마도 다음의 시에서 보듯이 환상인은 선탄을 지칭할 것이다. 禪坦은 疎菴禪師라고 불리웠으며 益齋 李齊賢과 교류하였던 인물이다. 姜碩德, 「海東 釋釋禪坦 詩集序」, 『동문선』 卷94 ; 황인규, 「환암혼수의 생애와 불교사적 위치」, 『경주사학』 18. 1999. 다음의 시도 그러한 사실을 입증해주고 있다. 즉 '楊柳飛綿草似茵. 靑郊立馬淚霑巾. 春風無限相思意. 說與江南坦上人. 僧禪坦能詩.' 이제현, 「送完山李牢刺」, 『益齋亂稿』 卷3, 詩. 이에 대해서는 좀 더 정치한 연구가 요망된다.

57) 권근, 「청용사 보각국사 환암 정혜원융 탑비」, 『양촌집』 권37, 비명류 : 『조선금석총람』 하, '謁息影鑑和尙于禪源. 學楞嚴深得其髓 … 上勑攸司制入格文 留宗門 … 乙卯秋 移住松廣社. 丙辰三月 上書辭院 歸瑞雲寺 … 銘曰 … 吾師之德 展也大成 慧悟出衆 早卓有聲.'

58) 이에 대해서는 다음의 논고를 참조바람. 황인규, 「환암혼수의 생애와 불교사적 위치」, 『경주사학』 18, 1999.

59) 한수, 「幻菴」, 『柳巷詩集』 詩.

위의 시에서 환암은 사굴산문계 선승 송풍헌과 강월헌의 가르침을 받았다는 사실을 알 수 있다. 송풍헌은 강월헌 나옹의 고제이다. 송풍헌은 절간 익륜으로 나옹이 회암사 중창을 끝내지 못하고 입적하자 그를 이어 중창을 마무리한 고승이다.[60] 그런데 회암사는 무학이 홍법의 도량으로 삼았던 곳이다.[61] 앞서 언급했듯이 무학은 만항의 제자 소지선사에게 출가하였고 환암에 이어 송광사 주지에 취임한 바 있다. 따라서 환암은 이들과 매우 밀접한 관련을 가진 사굴산문계 선승이라고 볼 수 있다.

또한 환암의 스승 식영암은 식영감으로 알려져 있으며, 선원사를 중수하였고 졸암 연온의 외숙인 각엄국사 복구의 문도이며 구곡 각운이 그의 제자였다.[62] 식영암은 다음의 두 글에서 보듯이 사굴산문승이었다.

석 식영암의 기문에, '… 지난번 사굴산 품일조사가 그곳에 가서 절을 세우고 또한 3공(三公)이라는 현판을 걸었다.'[63]

내가 젊은 시절에 남원에 노닐면서 그 고을의 수재 양대학(梁大學)을 보았다. 그때 내가 비록 그와 만나 인사하고자 하지는 않았으나 속으로 그 사람됨을 기뻐하였더니, 그 후 월남 장로 연감을 알게 되고 또 그 아우 운사와 더불어 종유하였는데, 이는 양의 백씨요, 숙씨인지라 더욱 기재(奇才)들이 한 집안에 모인 것에 감탄하였다.

조계에 묘경 상인(妙瓊上人)이 있으니 바로 대학의 아들로 월남에게 수학한 자다. 지금 사선(四選) 굴산 아래서 선발되어 엄연히 그 수석을 차지하였다.[64]

---

60) 이색,「長城縣 雙溪樓記」,『목은문고』권3 ; 정도전,「白巖山淨土寺記」,『삼봉집』권13, 기.
61) 이에 대해서는 다음의 논고를 참조하기 바람. 황인규,「無學自超의 興法활동과 檜巖寺」,『삼대화상연구논문집』2, 1999.
62) 이재열,「오교양종과 조계종통에 관한 고찰」,『불교사상』1·2·3·4, (1973~) ;『한국 조계종의 성립사연구』, 민족사, 260~262쪽.
63)『신증동국여지승람』권44, 강원도, 삼척도호부 불우 三和寺, '頃有闍崛山品日祖師遂 往, 卽其所建佛祠, 亦以三公揭榜.'

식영암은 기문을 지어 사굴산문의 개조 범일이 삼화사의 전신인 삼공사를 지은 사실을 특기했고, 한 때 월남사에 머물러 월남 장로라고 불려지기도 하였다. 그의 문도 묘경이 굴산문 승려이었다. 이런 사실로 미루어 보아 그가 사굴산문계 고승이었음을 알 수 있다.

묘경은 남원의 수재로 알려진 양대학[65]의 아들로 월남 장로 연감, 즉 환암의 스승인 식영 연감에게 출가하고 '사선 굴산 아래서 선발되어 엄연히 그 수석을 차지하였다.'고 하여 그가 사굴산문승이었다는 것을 알 수 있다.[66]

그런데 앞서 살펴본 바와 같이 환암은 태고 보우와 나옹 혜근의 법을 사사받았고 그의 스승인 식영 연감은 사굴산문 묘경과 가지산문 구곡 각운의 스승이기도 하였다. 이러한 사실은 당시 선종계에 있어서 가장 중요한 사찰인 송광사의 주지직을 맡은 선승들에게서 찾아진다. 예컨대 고려말에 이르러 송광사 주지는 수선사 제15세로 비정된 홍진국사 이후 사굴산문계 나옹과 그의 문도인 무학와 고봉 법장, 환암 혼수가, 가지산문계 태고 보우의 문도인 부목·석굉·상총이 서로 계승했다.[67] 때문에 1398년(태조 7) 송광사 주지였던 상총이 지눌의 유제에 따라 송광사의 선풍을 쇄신해야 한다고 주장하기도 하였던 것이다.[68]

---

64) 鄭誧, 「贈妙瓊上人 詩序」, 『雪谷集』下, 序;『동문선』 권85, 序, '予少日游南原 見其郡之秀梁大學 時予雖不欲接 竊喜其爲人也 後參月南長老淵鑑 又與其弟雲師遊 皆梁之伯叔也 益歎奇才萃於一門也 有曹溪妙瓊上人 乃大學之子 學於月南者 今四選於崛山下 衺然居其首 凡世之僧名者 以此選魁爲重.'

65) 梁大學은 大提學을 지낸 楊以時라고 추정된다. 왜냐하면 이색과 교유한 남원 양씨 가운데 한 인물로 나오기 때문이다. 이색, 「南原府 新置濟用財記」, 『동문선』 권72, 記;『신증동국여지승람』 권39, 남원도호부 名宦. 참고로 고려 공민왕과 무왕 때의 梁以時와 梁首生 부자가 과거에 급제하여 받은 紅牌(南原楊氏宗中文書)가 보물 725호로 지정되어 국립전주박물관에 보관되어 있다.

66) 1372년(공민왕 21) 內願堂 龜谷 覺雲이 『傳燈錄』을 간행할 때 참여한 惠湜은 굴산사 주지였다. 이색, 「傳燈錄序」, 『牧隱文藁』 권7, 서;『동문선』 권86. 더 이상 자세한 사실은 알 수 없다.

67) 이에 대한 자세한 사실은 다음 논제를 참고하기 바람. 황인규, 「무학자 지눌과 고려후기·조선초 불교계 고승」, 『보조사상』 19, 보조사상연구원, 2003;『고려후기 조선초 불교사연구』, 혜안, 2003.

결국 고려중기 이래 수선사가 기존의 사굴산문을 표방하기도 하였지만 고려말에 이르면서 수선사 선풍을 만들어가면서 사굴산문과 가지산문 두 산문의 경계마저 통합된 것이 아닌가 한다. 이는 수선사계 혜감국사 만항과 원명국사 충감에 의해 받아들여진 종사 인가(宗師印可)의 몽산 선풍 영향이라 하겠으며, 이제 산문 중심으로 이루어졌던 산문적 전통은 문도 중심으로 그 사법 관계가 바뀌게 되는 것이다.[68]

이렇듯 고려말에 이르기까지 사굴산문의 사세가 지속된 사실을 알 수 있지만 고려말에 이르면서 기존의 산문적 전통은 달라져 가고 있었던 것이다. 이와 관련하여 다음의 기록을 보기로 한다.

> 천태 숭산사 장로는 전의 이씨의 우수한 인물이다. 벼슬하던 씨족으로서 이를 버리고 불도를 배워 조계에 들어가 사선을 우두머리로 했으나, 또 이를 버리고 산중에 들어가 직접 불교의 골수를 마음자리에서 탐색하려 했다. 이를 마치기 전에 그 아버지가 강요하여 승선에 응시하여, 마침내 천태에 뽑혀 상상품에 탁발되어 무량의 경지에 삼매를 얻었다.[70]

전의 이씨의 속성을 가진 한 고승은 조계종의 승과에 우두머리로 합격하였

---

68) 위와 같음.
69) 이러한 인식은 필자가 이미 1999년 주장한 이래 후속 논고에서도 확대 심화하여 발표한 바 있다. 황인규, 「환암혼수의 생애와 불교사적 위치」, 『경주사학』 18, 1999 ; 「목우자 지눌과 고려후기·조선초 불교계 고승」, 『보조사상』 19, 보조사상연구원, 2003 ; 『고려후기 조선초 불교사연구』, 혜안, 2003 ; 「고려후기 선종산문과 원나라 선풍」, 『중앙사론』 23, 한국중앙사학회, 2006. 2005년 10월 20일 개최된 한국선학회에서 현각스님은 「조선 선법의 특징」이라는 논문에서 門中槪念과 人物中心의 선법을 논하였다. 최현각, 「조선시대의 선법」, 『한국선학』 12, 2005. 필자의 '산문 중심에서 문도 중심으로 변화'하였다는 주장과 내용상 맥락이 닿아 공감하는 바 크다.
70) 이색, 「無隱菴記」, 『牧隱文藁』 卷5 ; 『동문선』 권75, 記, '天台嵩山寺長老 全義李氏之良也 仕族也而棄之 學浮屠游曹溪 首四選矣 又棄之入山中 直探佛髓 于心地未竟 其父强之 試僧選 乃選於天台 擢上上品 而無量義處得三昧矣.'

으나 아버지의 권유로 천태종의 승선(僧選)에서 상상품에 발탁되어 천태종 숭산사 장로가 되었다는 것이다. 이와 같이 고려말에 이르러 사굴산문의 사세가 미미해지기 시작했던 것 같고, 사굴산문을 포함하여 산문간의 융합현상이 일고 있었다고 생각된다. 결국 이러한 상황의 변화는 조선 세종대 종파 통합의 빌미를 주었다고 생각된다.

5. 나가는 말

이상으로 고려후기 사굴산문의 사세를 수선사 16국사를 중심으로 살펴보되 수선사의 사굴산문에서의 위치라는 측면에서 재검토하였다. 이를 요약하면 다음과 같다.

사굴산문은 고려초이래 왕실과 밀접한 관련을 가지면서 중앙의 불교계를 주도하였다. 이러한 사굴산문승들의 지속적인 활동이 있었기 때문에 고려중기 혜조국사 담진과 그의 제자 대감국사 탄연이 왕실과 밀접한 연관을 가지게 되었던 것이다. 이어 왕사나 국사에 책봉되면서 사굴산문을 중흥시키며, 당시 선종계를 주도하게 되었던 듯하다.

사굴산문은 탄연의 제자 효돈(단속사)과 손제자 조응(예천 용문사) 이후 무신집권기에 들어서면서 쇠락해 갔다. 그 후 종휘를 득도사로 출가한 보조국사 지눌과 그의 제자 진각국사 혜심이 사굴산문 정혜사 근처 송광사에서 결사 운동을 전개하였다. 본시 지눌은 사굴산문에 소속되기 보다는 산문을 초월해 조계산 수선사를 중심으로 활동하였으나 그의 의도와는 달리 수선사도 한 산문이 되었다.

수선사 제3세 사주 청진국사 몽여대부터 수선사 제4세 사주 진명국사 혼원, 수선사 제6세 사주 원감국사 충지에 이르기까지 혜조국사 담진을 추념하는 등 기존의 사굴산문의 정신을 되살리려는 진동이 일기 시작하였다. 무신집권기 초 지눌이 산문의 영역이나 한계를 넘고자 조계산 수선사를 중심으로 활동하였으나 그로부터 1세기 정도가 지난 후 몽여를 비롯한 혼원과 충지 등 그의 문손들에 의해 기존의 사굴산문이 표방되기도 하였다.

수선사 제10세 사주 만항도 제2의 선원사를 통해 몽산 선풍을 수용하면서 혜조국사 담진과 그의 제자 대감국사 탄연이 그랬던 것처럼 중국의 선풍을 받아들이는 등 사굴 산문의 전통을 잊지 않았다.

수선사 제13세 사주인 각진국사 복구도 수선사를 나온 후 백암산 정토사에서 전장법회를 베풀면서 사굴산문의 전통을 재창조하려고 하였다. 여기에 참여한 인물들 가운데 계송은 환암 혼수의 스승 계송과 동일 인물이었다고 생각된다. 환암의 스승 식영 연감의 제자 가운데 굴산문 사선에서 수석으로 합격한 묘경을 찾을 수 있었다. 또한 환암도 사굴산문계의 고승으로 활동하여 나옹 혜근의 법을 사사하게 된 것이라고 생각된다.

이제 송광사 외의 곳에서도 사굴산문승이 나타나는 등 사굴산문이 불교계에 다시 등장하고 수선사의 송광사 주지직에는 사굴산문계 나옹 혜근과 그의 문도들은 물론이거니와 가지산문의 태고 보우의 문도들까지 취임하기에 이른다. 이에 송광사 주지였던 보우의 제자 상총은 송광사가 보조국사 지눌의 유제에 따라 선풍을 쇄신해야 한다고 주장하기에 이르는 것이다.

고려말에 이르러 송광사의 역대 주지의 사례에서 보듯이 사굴산문을 포함한 산문의 소속 전통은 희미해지고 사상 내지 선풍은 동일성을 띠게 된다. 특히 사상적으로도 수선사계 선승인 혜감국사 만항이나 원명국사 충감이 받아들인 종사 인가를 중시하는 몽산 선풍의 영향으로 산문 중심에서 문도 중심의 사법으로 바뀌게 된다. 결국 고려말에 이르러 사굴산문의 사세는 미약해지기 시작하였고 산문간의 융합 현상이 일게 되었고, 이는 조선 세종대 종파간 통폐합의 빌미를 주었다고 생각된다.

Ⅱ. 고려후기 송광사와 불교계

1. 들어가는 말

송광사는 우리나라를 대표하는 3보 도량의 종찰인 승보사찰로 널리 알려져 있다. 송광사가 불교계에 부각되기 시작한 것은 고려중기 무신집권기 초 보조국사 지눌(1158~1210)이 수선사 결사 운동을 전개하면서, 같은 시기에 천태종의 원묘국사 요세(1163~1245)가 강진 만덕사에서 전개한 백련사 결사 운동과 더불어 고려후기 불교계를 주도하였던 때부터라고 생각된다.[1]

송광사가 승보사찰로서 양산 통도사(불보)·합천 해인사(법보)와 함께 3보 종찰로 간주된 것은 지눌 이후 15국사가 배출되었기 때문이지만, 정작 승보사찰로 추념된 것은 조선중기 이후이다.[2] 조선후기에는 조선의 처음이

---

[1] 수선사에 대한 주요 연구를 대략적으로 소개하면 다음과 같다. 지관, 「지눌의 정혜결사와 그 계승」, 『한국선사상연구』, 동국대 불교문화연구소, 1984 ; 김당택, 「고려 최씨 무인정권과 수선사」, 『역사학연구』 10, 1981 ; 진성규, 「고려후기 수선사의 결사운동」, 『한국학보』 36, 일지사, 1984 ; 김상영, 「고려중기의 선승 혜조국사와 수선사」, 『불교와 역사·이기영박사 고희기념논총』, 한국불교연구원, 1991 ; 진성규, 「고려후기 불교사에 있어서 수선사의 위치」, 『가산 이지관스님 화갑기념논총』, 1992 ; 채상식, 「수선사간『선문삼가염송집』의 사상적 경향-기림사 비로사나불복장 고려전적의 일례」, 『박물관연구논집』 1, 1992 ; 최창식, 「보조 정혜결사와 수선사 정규」, 『보조사상』 5·6, 1992 ; 이병희, 「고려 무인집권기 수선사의 농장경영」, 『전농사학』 1, 1995 ; 박영제, 「수선사의 성립과 전개」, 『한국사 21-고려후기의 사상과 문화』, 국사편찬위원회, 1996 ; 조명제, 「13세기 수선사의 현실 대응과 간화선」, 『한국선학』 1, 2000 ; 조명제,『고려후기 간화선 연구』, 혜안, 2004 ; 황인규, 「고려후기 수선사와 사굴산문 고승의 존재양상과 그 동향을 중심으로」, 『보조사상』 28, 2007 ; 보경, 『수선사 연구』, 불일출판사, 2015.

[2] 황인규, 「수선사 16국사의 위상과 추념 : 송광사의 승보종찰 설정과 관련하여

자 마지막 왕사인 무학 자초(1327~1405)가 국가적으로 추념되면서 그의 스승 나옹 혜근(1320~1375)과 더불어 송광사 18주지에 포함되어 송광사의 위상이 한껏 제고되었다.3)

1371년(공민왕 20) 나옹이 왕사로 책봉되고 동방제일 도량 송광사에 머물도록 했다. 그리고 수선사 제15세 사주 홍진국사 선현부터 마지막 제16세 사주 고봉국사 법장까지 27여 년간, 16국사 외의 전술하였던 사굴산문계 나옹과 그의 제자 무학, 환암 혼수(1320~1392)가 송광사 주지에 재임했다. 특히 가지산문계 태고 보우(1301~1382)의 문도로 알려진 남전 부목(1320~1398)과 석굉(1320~1399), 혜암 상총(1300?~1410?)도 주지에 재임했다는 사실은 송광사뿐만 아니라 고려말 불교사의 이해에서 중요한 관건 중 하나이다. 상총은 조선불교 종단 중 선종 종단의 도회소인 흥천사의 첫 사주가 되어 수선사 개창조 지눌과 제2세 진각국사 혜심(1178~1234)의 선풍을 포함한 '송광사 유제'를 강조하여 주목된다.

본고는 필자가 그동안 송광사에 관련하여 집적해 온 논고4)를 바탕으로 선학의 연구를 참작하여 고려말 송광사의 사세와 불교계의 위상을 천착하였다. 고려후기 송광사의 역대 사주가 강진 월남사, 진주 단속사, 장성 백양사, 남원 승련사 등 호남권역의 여러 사찰과 제2의 수선사 강화도 선원사에 주석하며 송광사를 지방 불교의 중심으로 그 외연을 확장하였고, 고려말에

試攷함」,『보조사상』34, 2010 ; 황인규,『조선시대 불교계 고승과 비구니』, 혜안, 2011 ; 황인규,「한국 불교계의 3보 사찰의 성립과 지정」,『보조사상』41, 2014.
3) 황인규,「송광사 16국사 고봉법장과 18주지 무학자초」,『보조사상』43, 2015.
4) 황인규,「목우자 지눌과 고려후기 조선초 불교계의 고승들」,『보조사상』19, 2003 ; 「조선전기 불교계 고승과 목우자 선풍」,『보조사상』21, 2004 ; 「고려후기 수선사와 사굴산문-고승의 존재양상과 그 동향을 중심으로」,『보조사상』28, 2007 ; 「고려후기 사굴산문 수선사 고승과 중국불교계-제기록 검토와 그 실상을 중심으로」,『불교학보』47, 2007 ; 황인규,『고려시대 불교계와 불교문화』, 국학자료원, 2011 ; 황인규,「수선사 16국사의 위상과 추념 : 송광사의 승보종찰 설정과 관련하여 試攷함」,『보조사상』34, 2010 ; 황인규,「송광사 16국사 고봉법장과 18주지 무학자초」,『보조사상』43, 2015 ; 황인규,『고려말 조선초 불교사연구』, 혜안, 2003 ; 황인규,『고려말 조선전기 불교계와 고승연구』, 혜안, 2005.

나옹이 송광사에 주석한 이래 중앙 불교계를 주도하였던 나옹의 문도들, 그리고 보우의 문도들이 송광사 주지에 재임하면서 중앙 불교계에 버금가는 위상을 확보하지 않았는가 한다.

2. 수선사 사주와 지방 불교계

송광사는 『승평속지』에 의하면 신라말에 혜린이 길상사를 창건했으며, 고려시대 1125년(인종 3) 승려 석조가 절을 일신하고자 중창하려다가 입적한 후 거의 폐허화되었다.[5] 이후 무신집권기 초인 1190년(명종 20) 지눌이 경상도 영천 팔공산 거조사에서 「권수정혜결사문」을 짓고 정혜결사를 전개하였다. 그 규모가 확대되어 1200년(신종 3)에 길상사로 옮겨 정혜사로 정하였다가, 1197년(명종 27)부터 1205년(희종 1)까지 중창 불사를 하고 수선사로 사액받았다.[6] 그 후 송광사에서 15국사가 배출되면서 승보 도량의 틀이 갖추어졌고 조선중기에 3보 종찰로 지정되었다.[7]

송광사는 고려시대에 수선사(修禪社 및 修禪寺)로 불리기도 하였다.[8] 예컨대 혜심의 중창 이후 절 이름이 송광사로 불리기도 하였고,[9] 고려말

---

5) 林錫珍, 『大乘禪宗 曹溪山 松廣寺誌』, 松廣寺, 1965, 9~10쪽.
6) 金君綏, 「曹溪山 修禪社 佛日 普炤國師 碑銘」, 『동문선』 권117, 비명, '五年庚申 移居松廣山吉祥寺 領徒作法十有一年 … 及卽位 命改號松廣山爲曹溪山 吉祥寺爲修禪社 親書題榜.'
7) 황인규, 「수선사 16국사의 위상과 추념 : 송광사의 승보종찰 설정과 관련하여 試攷함」, 『보조사상』 34, 2010 참조.
8) 『蒙山和尙 普說』(북경도서관본, 『보조사상』 19 부록), '元貞二年丙申四月旦日 高麗國 全羅道修禪寺了庵明長老 請祝贊駙馬高麗國王 丙申上甲普說.'
9) 光州 紫雲寺 木造 阿彌陀 如來 坐像 및 腹藏 遺物(보물 제1507호) 注金剛般若波羅蜜經 (1215년)의 刊記 '予得此本於松廣社□□□衣大和尙109募工 重雕印施無窮 … 聖筭無疆 邦 … 屬皆得解脫三世冤讎 … 無餘涅槃耳 時貞祐三年乙亥九月二日 淸州牧司錄兼掌書記 慕 南成袾'; 이규보, 「松廣社主 大禪師夢如 遣侍者二人求得丁而宅墨竹二軸 仍缺了爲 贊云」, 『동국이상국집』 권11, 찬 ; 이규보, 「故華藏寺住持 王師定印大禪師 追封 靜覺 國師 碑銘」, 『동국이상국집』 권15, 비명, '囑國王及今相國晉陽公高僧松廣社主'; 성석

문인 이색(1328~1396)이 시제에 '송광화상'이라고 하면서 '높고 높은 수선사 멀리 송광산에 있네. 현판을 대길상이라 썼는데 용이 대들보 사이에 기어다니는 듯하다.'10)라고 하였다. 『고려사』나 『조선왕조실록』 등의 정사류에서는 '송광사'라고 통칭한 듯하다.11) 조선시대에는 승평선사라고도 불리기도 하였다.

송광사 사명의 변천은 이름 변경 이상의 의미를 지닌다. 사격인 불교계의 위상과도 관련이 깊기 때문이다.12) 송광사는 처음에 화엄 도량으로 창건되었지만 지눌이 중창한 이후 수선사 명칭에서 알 수 있듯이 선종계 사찰이 되면서 지눌의 선교일치 선풍을 유지하고 있다. 1965년 송광사에서 편찬한 사지 책제에도 『대승선종 조계산 송광사지』(2001년 개정본 간행)이나, 송광사 일주문인 조계문 편액에 '대승선종 조계산 송광사'와 '승보종찰 조계총림'이라고 하였다.

송광사는 가람 규모나 사세에 있어서 동방제일 도량으로 불리기도 하였다.13) 우리나라에는 송광사의 위상에 걸맞는 대도량이 적지 않았다. 예컨대,

---

린, 「次浩亭韻 送惠祥禪師遊松廣社」, 『독곡집』 권상 ; 권근, 「有明 朝鮮國 普覺國師 碑銘 幷序」, 『양촌집』 권37, 비명류, '後松廣社無右子.' ; 李涵, 「東國李相國集 年譜」, '受勅作松廣社主法眞覺國師碑銘.'

10) 이색, 「奉答松廣和尙 惠茶及扇」, 『牧隱詩稿』 권11, 시, '巍巍修禪社 遠在松廣山 額曰大吉祥.' ; 『신증동국여지승람』 권40, 전라도 순천도호부.
11) 『고려사』 권34, 충숙왕세가 즉위년 15일(경오), '召松廣寺僧 萬恒赴會 及還.' ; 『고려사』 권41, 공민왕세가 15년 8월 17일, '髡李龜壽 置于松廣寺.' ; 『고려사』 권134, 신우 열전 6년 3월, '倭寇順天松廣寺.' ; 『태조실록』 권14, 7년 5월 13일(기미), '松廣之制.' ; 『세종실록』 권26, 6년 10월 25일(병인), '全羅道 順天 松廣寺.'
12) 송광사의 초명인 '吉祥'은 좋은 일이나 상서로운 조짐이라는 뜻도 있지만 '문수사리(Manjushri)'의 譯語이므로 화엄종 계통의 사찰이었을 것이며, 실제로 가람배치가 신라의 화엄종 고승 義相(625~702)의 「華嚴一乘法界圖」나 「國師殿重創上梁銘幷序」와 「海淸堂重修記」에 법계도의 모양에 따라 건물을 배치하려고 했다는 기록과 요사채의 명칭을 법계도의 내용과 관련지어 정했다는 기록이 전해지고 있다. 「建物部」, 『曹溪山松廣寺史庫』. 조선초에도 '고봉스님의 법손이 법계도의 형상에 따라 사찰을 확장하였다.'는 기록이 있다. 「松廣寺國師殿重創上樑銘幷序」, 1919년 작, '高峯末孫 宏刱寺宇法界之體形.'
13) 조선후기 문인 洪奭周(1774~1842)가 남긴 기문에 '사찰의 전각 2천여 칸이 매우

고려전기 대도량이었던 개경 흥왕사에 대해 이곡(1298~1351)은 '실로 문왕이 창건한 사찰로서 동방의 거찰이다.'라고 하였고,14) 고려후기의 문신 최해(1287~1340)는 반용정사가 동방화엄 대도량이라고 한 바 있다.15) 특히 제2의 수선사라는 강화도 선원사도 동방 승려가 노니는 도량[東方釋士之游場]16)이라고 하였다.

그러면 송광사의 사격은 무엇으로 규정해야 하는가. 앞서 언급한 바와 같이 송광사는 고려시대 15국사를 배출한 승보종찰이라고 불렸는데, 고려말에 동방제일 도량이라고 불렸다.17) 조선 중기에도 '조계산 송광사는 동방제일의 도량이니 인도의 쌍림과 중국의 여산과 같다.'18)라고 하였으며, 이러한 인식은 현재에도 계속되어 동방제일 대가람이며 해동의 승보종찰이라고 자부하고 있다.19) 송광사가 언제부터 동방제일 도량이었는지 확실하게 알 수는 없지만, 지눌이 수선사 결사 운동을 전개하여 호남을 중심으로

복잡하여 진락대에 올라가 이를 바라보니 지붕이 서로 연접하여 종횡이 그물과 같고 각각 경계가 지어 있어 씨줄과 같았다.'라고 되어 있다. 洪奭周,「曹溪山 松廣寺 遊山錄」,『曹溪山松廣寺史庫』, 297~301쪽.

14) 李穀,「興王寺 重修 興教院 落成會記」,『稼亭集』卷2, 記, '有寺曰興王寺 之內有院曰興教 實文王之所創 而東方之巨刹也.'

15) 崔瀣. 「送盤龍如大師序」,『拙藁千百』卷1, 序:『동문선』卷84, 序. 의성 고운사는 해동제일 지장도량이라 불리운다. 선종계 도량인 문경 봉암사는 동방제일의 수행도량, 김천 직지사는 東國第一伽藍 黃嶽山門, 부산 범어사는 禪刹大本山이라 하며 범어사의 수사찰인 부산 안적사는 南方修禪第一道場이라고 한다. 그리고 예산 수덕사는 한국 근대 선불교 중흥도량 등으로 각기 표방하고 있다. 특히 고려후기 불교계를 주도하였던 강진 백련사도 고려시대 8국사와 조선시대 8대사를 배출하여 동방제일의 普賢道場이었다고 한다. 이에 대한 전거를 포함해 실증적 차원에서 검토가 요구되며 향후 천착하기로 한다.

16) 釋 息影菴,「復禪源寺疏」,『동문선』卷111, 疏, '爲東方釋士之游場.'
17) 李穡,「普濟尊者 諡禪覺塔銘 幷序」,『牧隱文藁』卷14, 碑銘, '謂松廣寺東方第一道場.'
18) 趙宗著,「昇平曹溪山松廣寺嗣院事蹟碑」, 조선총독부,『조선금석총람』하, 1919.
19) 曹溪山人 玄鋒,「曹溪 山門 上樑記」(2015년 3월 27일 작), '보조국사는 九山禪門을 融和하고 禪敎兩宗을 會通하여 해동불교의 宗門인 曹溪山門을 열었다. 그 후 16國師를 비롯한 수많은 善知識을 배출하니 東方第一 大伽藍이며 海東의 僧寶宗刹이라는 令譽를 드날리게 되었다.'

강화도 선원사와 진주 단속사 등 지방 불교뿐만 아니라 수선사 사주로서 왕사 및 국사를 3명 이상 배출하는 등 중앙 불교계를 주도하였기 때문일 것이다. 수선사 사주가 주지를 하거나 주석하였던 사찰도 수선사의 사세의 범주 안에 있었다고 할 것이다.

고려후기 수선사 중요 사주 관련 사찰
무신집권기 초
    1세 지눌 : 창평 청원사·예천 하가산 보문사·공산 거조암·지리산 상무주암·길상사·광양 억보산(백운산) 백운정사(백운암)·적취암과 광주 무등산(서석산)의 주봉난야·조월암, 구례 오산 사성암
    2세 혜심 : 단속사 주지(碑)·월등사·지리산 금대암·월남사(碑)
강화 천도기
    4세 왕사 혼원 : 쌍봉사, 정혜사 주지·선원사 사주, 단속사 도감 주지, 자운사(碑)
    5세 왕사 천영 : 정혜사, 단속사 주석·창복사 주맹·선원사 사주, 보제사 별원(9산 선문 주맹), 보성 대원사와 고흥 불대사 중창(비?)
원 간섭기
    6세 충지 : 김해 감로사 주지, 청주 화정사·현암사·진각사, 연산 개태사, 함양 상무주암, 고흥 불대사
    10세 만항 : 진주 삼장사 주석(碑), 낭월사·운흥사·선원사 사주
    12세 혜각묘구 : 선산 주륵사(碑)
    13세 왕사 복구 : 백암사·월남사·불갑사(碑)

송광사의 역대 사주가 주석하였던 사찰들은 대부분 수선사가 자리하고 있는 호남권역이며, 그 외에 경기의 강화도 선원사와 영남의 진주 단속사 등이 있었다.

지눌에 의해 시작된 수선사 선풍을 확립한 수선사 제2세 사주 혜심은

진주 단속사에서 주지를 하였고, 강진 월남사에도 머물렀다. 수선사 제4세 사주 진명국사 혼원(1191~1271)과 제5세 사주 원오국사 천영(1215~1286)은 단속사에도 주석하였지만 수선사의 별원인 선원사의 주지에 각각 제1세 (1245~1252), 제2세(1252~1256) 사주로 재임하였다. 천영과 제6세 사주 원감국사 충지(1226~1292)가 주석하였던 고흥 불대사도 주목된다.[20] 제13세 사주 각진국사 복구(1270~1355)와 제14세 사주 정혜국사 복암은 강진 월남사에도 주석하였고 장성 백양사에서 전장법회를 개최하였다. 한편, 강화 선원사는 강화 천도 이후 원명국사 충감(1275~1339), 식영 연감, 죽간 굉연 등이 주지로 있으면서, 수선사의 외연 사원인 장성 백양사나 남원 승련사에서 사세를 폈다. 고려말에 이르러 송광사의 경우처럼 가지산문의 목암 찬영(1328~1390)이 월남사에 머문다거나 백양사 전장법회에 참여한 졸암 연온(?~1358)과 구곡 각운이 남원 승련사에서 주석하는 등 송광사의 외연이 확대되었다.

앞서 언급한 바와 같이 송광사는 무신집권기 초 지눌과 그의 제자 혜심이 수선사 결사 운동을 전개하면서 선종계를 주도하였으며, 천태종의 요세와 그 문도들이 강진 백련사에서 전개한 결사와 더불어 고려중기 지방 불교의 중심이 되었다. 그 가운데 송광사의 사세가 컸던 때는 지눌과 그의 제자 혜심의 수선사 결사 운동이 활발한 시기였으며, 그 후 제4세 혼원대 (1252~1256)와 제5세 천영대(1256~1286)의 35년 간은 수선사의 최고 전성기였다. 특히 천영은 9산선문의 맹주가 되어 1251년(고종 38) 강화도 보제사의 별원에서 9산 문도회를 개최하였다.[21] 여기서 13세기 수선사의 외연을 제시하면 다음과 같다.

13세기 수선사의 외연(혜심1210~충지1293)

---

20) 佛臺寺의 고려시기 역사는 잘 알려지지 않았다. 후술하는 바와 같이 백양사의 전장법회에 불대사 승려들이 참여한 사실이 주목된다.
21) 李益培, 「佛臺寺 慈眞 圓悟國師碑」, 조선총독부, 『조선금석총람』 상, 1919.

순천 송광사 : 2혜심→ 4혼원→ 5천영→ 6충지→ 10만항
강진 월남사 : 혜심→   → 충지
진주 단속사 : 혜심→ 혼원→ 천영
강화 선원사 :   혼원→ 천영→ (충지)

대몽항쟁기 강화도 천도 후 부처의 힘으로 몽골의 침입을 극복하려는 목적의 『대장경』 재조 사업이 1236년부터 1251년까지 15년에 걸쳐 국가적인 대불사로 진행되었다. 선원사는 1245년(고종 32)에 대몽 항쟁 과정에서 최우(1166~1249)의 원찰이자, 판각 사업을 관리하고 대장경판을 소장할 사찰로 창건되었다. 수선사 사주 제4세 사주(1252~1256) 혼원은 사주로 재임하기 이전에 선원사 제1세 사주(1245~1252)로 초청되었고, 혼연 이후로 수선사의 고승들이 선원사의 주지 자리를 이어 가면서 선원사는 제2의 수선사로 자리매김하였다. 한편, 수선사도 선원사에 보관되고 있던 『대장경』을 수선사로 옮겨 사세를 강화하기도 하였다. 예컨대, '선원사에 있을 때부터 이 경을 수선할 성의를 내었고, 송광사(송사)로 옮긴 뒤에는 더욱 수선하여 완전하게 만들려고 힘썼다.'[22]라고 한 바 있다.

14세기 초 이후 선원사에서는 남송 말부터 불교계를 주도하였던 임제종 양기파에 속한 몽산 덕이(1232~1298?)의 선풍을 수용하였다.[23] 특히 선원사 제4세 사주 원명국사 충감(1274~1338)은 1304년 몽산의 제자인 철산 소경을 원에 가서 직접 초빙하였다. 선원사는 고려의 몽산 선풍의 출구가 되었으며, 이어 수선사에서 몽산 선풍을 직접 수용하기도 하였다.[24] 그리하여 송광사와 선원사는 '학'과 '용'으로 비유되기도 하였다.[25]

---

22) 釋 宓菴, 「丹本 大藏 慶讚疏」, 『동문선』 권112, 소, '弟子竊聞修舊實倍圖新 自寓禪源 始發誠於修緝 洎移松社 終竭力於繕完 函卷之脫則印之使全 字行之缺則書而令具.'
23) 황인규, 「고려후기 선원사의 창건과 고승들」, 『경주사학』 21, 2002 : 황인규, 앞의 책, 2003 참조.
24) 『蒙山和尙 普說』(북경도서관본, 『보조사상』 19 부록), '元貞二年丙申四月旦日 高麗國 全羅道修禪寺了庵明長老 請祝贊駙馬高麗國王 丙申上甲普說.'

하지만 천영의 선원사 2세 사주 재임 이후 선원사의 주지는 충지·복구·충감·식영·굉연뿐만 아니라 가지산문의 보각국사 일연(1206~1289)과 그의 제자 보감국사 혼구(1251~1322)[26] 등도 선원사의 주지로 주석하였는데 수선사와 가지산문의 외연 확장으로 풀이될 수 있지 않을까 한다.[27] 그리고 고려말 식영과 굉연은 수선사 권역에서 활동하여 선원사와 수선사의 교류뿐만 아니라 수선사의 사세 확장에 기여하였다고 생각된다.

수선사는 선원사뿐만 아니라 혜심대 중창 이후 혜심이 주석하였던 진주 단속사와 강진 월남사 등으로 사세를 확장해 갔다. 단속사는 의종대 왕사를 지낸 대감국사 탄연(1070~1159)의 하산소이며, 1158년(의종 13) 단속사 탄연의 비명에 '고려국 조계종 굴산하 단속사 대감국사비'라고 했듯이 단속사가 조계종의 사굴산문임을 천명하였다.[28] 이는 단속사가 사굴산문을 중심 도량으로 조계종을 아우르는 조처였다. 혼원의 비문에 수선사 사주였던 혼원이 사굴산문의 혜조국사 담진과 탄연, 혜심을 계승했다는 기록에서 보듯이 사굴산문의 계승의식이 강조되었던 것이다.[29]

실제로 혜심은 1220년(고종 8) 단속사 주지로 재임하면서 최우의 첫째 아들 만종을 문하에 두었으며, 그 동생인 만전(최항)은 화순 쌍봉사에 주석하였다. 이러한 조처는 최씨 무인정권의 집권 강화를 위한 것만이 아니라고 생각된다.[30] 단속사를 거점으로 수선사와 유대를 강화하려 한

---

25) 崔滋,「制誥」,『동문선』卷27, 官誥, '鶴棲遲松社舊窠 空把自家之明月 龍蹴踢花山新刹 普霑法界之甘霖.'
26) 崔元中,「尹珤妻朴氏 墓誌銘」, 김용선 편,『고려묘지명집성』(3판), 한림대 아시아문화연구소, 2001, 439쪽.
27) 황인규,「목우자 지눌의 선풍과 고려후기 조선초 불교계의 고승들」,『보조사상』19, 2003 ; 황인규, 앞의 책, 2003 참조.
28) 김상영,「고려중기의 선승 혜조국사와 수선사」,『불교와 역사·이기영박사 고희기념 논총』, 한국불교연구원, 1991 ; 김상영,「고려 중·후기 선종계의 선문 인식」,『한국선학』9, 2004 참조.
29) 兪升旦,「臥龍山慈雲寺 王師 贈諡 眞明國師 碑銘」,『동문선』권117, 비명, '品日倡演 開寶藏鍵 惟炤鑑覺 相繼大闡 絳茜靑藍 我師丕顯.'
30) 김광식의 연구 이후 대체적으로 정치세력과 사원과의 연구에서 이러한 시각을

것으로 이해되는 한편,31) 수선사가 단속사와 후술하는 월남사 등으로도 사세를 확장한 것이라고 할 수 있다. 그 후 1248년(고종 35) 수선사 제5세 사주 천영과 제6세 사주 혼원은 선원사와 마찬가지로 단속사 주지에 재임하는 등, 선원사가 제2의 수선사라고 한다면 단속사는 제3의 수선사라고 칭할 만하다.

이처럼 수선사는 진주 단속사뿐만 아니라, 강진 월남사도 수선사의 외연 도량으로 삼고자 하였다. 『신증동국여지승람』에 의하면 혜심은 월남사를 조영하였다고 하는데,32) 천태종계였던 월남사를 중영하여 수선사계 사찰로 외연을 확장한 것이다.33) 충지도 혜심이 주석하였던 월남사에도 머물렀던 사실34)이 확인되지만 그 후의 사정은 현재로서는 알 수 없다. 후술하는 바와 같이, 수선사 제13세 사주 복구가 월남사 주지에 재임하는 등 고려말까지 사세를 유지한 것으로 보인다.

그런데 수선사 사주 제6세 충지 이후 제7세 자정국사 일린·제8세 자각국사 도영·제9세 담당국사에 이르기까지 수선사의 사세가 침체했던 듯하다. 그 후 수선사의 사세가 회복되는 것은 수선사 제10세 사주 혜감국사 만항 (1249~1319)대이며, 수선사계 선원사 승려였던 충감을 거쳐 수선사 제13세 사주 복구대에 이르러 수선사의 사세는 기존의 제2의 수선사였던 강진 월남사, 장성 백양사 그리고 남원 승련사 등 호남 불교를 중흥시켜 나갔다. 같은 호남권의 강진 백련사는 원 간섭기 후반인 1284년(충렬왕 10)에 창건된

견지하고 있다. 김광식,『고려 무인 정권과 불교계』, 민족사, 1995 ; 송희준,「단속사의 창건이후 역사와 폐사 과정」,『남명학연구』9, 1999 ; 김재원,「단속사의 존재 양상과 가람배치」,『동아시아 불교문화』12, 2012.
31) 김아네스,「고려중기의 大鑑國師 坦然과 지리산 단속사」,『남도문화연구』23, 2012, 102~103쪽.
32) 『신증동국여지승람』권37, 全羅道 康津縣 佛宇, '高麗僧眞覺所創.'
33) 배종민,「월남사와 최씨무인정권」,『호남문화연구』46, 2009 ; 이병희,「고려-조선초기 월남사의 위상과 그 변화」,『한국중세사연구』44, 2016, 68쪽.
34) 冲止,「又」,『圓鑑國師 歌頌』, '有月南之精藍 在檀那之勝境 重新廢址 欲設會以落成 三請老僧 俾主盟而演道 由致辭之誠切 乃率衆而肯來.'

개성 묘련사로 그 중심이 이전되었으므로,35) 14세기 후반의 호남 불교는 수선사가 중심을 이루었다고 생각된다.36)

14세기 전후반 송광사 외연(1322~1371)
순천 수선사 : 복구→ 복암→ 홍진
장성 백양사 : 복구→ 청수→ 절간
강진 월남사 : 복구→ 식영→ 찬영
남원 승련사 : 중긍→ 졸암→ 구곡
강화 선원사 : 충감→ 식영→ 광연

이러한 사실을 좀 더 구체적으로 살펴보기로 한다.

1) 순천 수선사 : 복구→ 복암→ 홍진

복구는 1320년 수선사 제13세 사주로 취임하여 1350년까지 30년간 재임하였다.37) 복구는 충정왕대에 왕사로 책봉되었고, 공민왕대인 1352년에 다시 왕사로 책봉되었으나, 장성 백양사나 영광 불갑사 등에 주로 머물고 중앙 불교계 보다는 호남 불교의 흥법에 치중하였다.

복구는 본래 1279년 10세 때 수선사 제5세 사주 천영의 문하로 출가하고,38)

---

35) 변동명, 「고려 충렬왕의 묘련사 창건과 법화신앙」, 『한국사연구』 104, 1999 ; 황인규, 「고려후기 백련결사의 계승과 전개」, 『불교연구』 38, 2013 ; 황인규, 「고려후기 조선초 강진 백련사의 고승과 사세」, 『한국사상사학』 46, 2014 참조.
36) 고려시대 호남불교의 사세에 대해서는 다음의 논고를 참조하기 바란다. 이계표, 「호남 불교의 역사와 사상」 2, 『향토문화』 15, 1996.
37) 구전에 의하면 복구는 송광사 산내 암자인 隱寂庵을 창건하였다고 한다. 배상현, 「송광사 산내 암자의 창건과 변천」, 『불교연구』 49, 2018, 153쪽.
38) 李穡, 「寄曹溪晦室和尙(時長男信衛闕庭 次男新投晦室剃度)」, 『농분선』 卷14, 七言律詩 ; 冲止, 『圓鑑國師歌頌』, '國隴西公尊庀 有二千金之嗣 其一充宿衛之選 弱冠入朝 其一詣曹溪之空 十齡被剃.'

수선사 제12세 사주 혜각국사 묘구를 좇아 공부하였던 수선사계 고승이다. 1300년 무렵부터는 장성 백양사에서 10여 년간 참구한 후 강진 월남사와 송광사의 대도량에 40여 년간 주석하였다.[39] 복구는 장성 백양사와 강진 월남사 등을 중심으로 수선사의 사세 확장에 노력하였다. 이후 정혜국사 복암이 복구에 이어 수선사 제14세 사주로 1350년부터 1362년경까지 재임하였다고 추정된다. 복암의 수선사에서의 활동은 기록에 전하는 바가 없어 알 수 없다. 혹 홍혜국사 중긍을 정혜국사로 보는 견해[40]도 있으나 확증하기 어렵다. 다만, 복구에 이어 백양사 제3차 전장법회 개최 시 '조계 14대 화상'이라는 글귀를 통해 수선사가 조계종을 대표하는 위상을 지녔다고 생각된다.[41] 한편, 가지산문계 찬영이 복암에게 가르침을 받고, 스승 보우를 좇아 강진 월남사에서도 주석한 것은 수선사의 사세가 컸기 때문이다.

다음으로 수선사 제15세 사주 홍진국사가 1362년경부터 1371년경까지 재임하였다. 홍진국사는 공민왕대 신돈(1323~1371) 집권 시 화엄종승 진각국사 천희(1307~1382)가 국사로 책봉될 때 같이 왕사로 책봉된 선현일 가능성이 있다.[42] 선현은 부목과 친밀했던 사이였으므로,[43] 혹 부목과 같이 복구의 문도이면서 보우의 문도였다고 추정되며 중앙 불교계에 진출하기 시작했던 것으로 보인다. 이러한 추정이 가능하다면 복구에 이어 수선사 사주가 왕사로 책봉되어 수선사가 중앙 불교계의 위상을 지녔다고 할 수 있다.

---

39) 李達衷,「大禪師 覺儼尊者 贈諡 覺眞國師 碑銘 幷序」,『霽亭集』卷3, 墓誌銘 ;『동문선』卷118, 碑銘, '遂往白嚴寺 與同志如干人 晝夜參究十又餘年 住月南松廣大道場 前後四十餘年.'
40) 李政 편,『한국불교 사찰사전』, 불교시대사, 1996, 374~375쪽.
41) 이숭인이 지은 시에 복암이 일본에 구법하러 간 인물과 같은 인물일 가능성이 있으나 확실하지 않다. 李崇仁,「送復菴游 日東求法」,『陶隱集』卷2, 詩, '方外復菴子 奇鋒誰敢當 家風繼臨濟 木道向扶桑 一隻江湖眼 三生定慧香 逢場須作戱 此去莫徊徨.'
42) 이재열,「오교양종과 조계종통에 관한 고찰」,『한국조계종의 성립사연구』, 민족사, 1986, 266쪽.
43)『고려사』권41, 공민왕세가 16년 8월.

2) 장성 백양사 : 복구→ 청수→ 절간

　복구는 수선사 사주로 재임하면서 1341년과 1348년에 장성 백양사에서 제1·2차 전장법회를 개최하였다. 복구가 주석한 백양사 쌍계루는 고려말 불교계뿐만 아니라 많은 신진 사류의 큰 주목을 받아 승려와 선비가 교류·화합하였던 곳이기도 하다.[44] 1차 전장법회에 송광사 인근 정혜사를 비롯하여 일월사, 무상사, 불대사, 쌍계사, 만연사, 만일사, 실상사 등 호남의 30여 주요 사찰 153명의 승려들이 참여하였다. 그 가운데 가지산문계의 감로사 사주 졸암과 무무 전서 등도 참여하였다. 특히 무무는 1362년 9산의 영수가 되어 인각사에 무무당을 짓고서 낙성식을 겸해 총림법회를 개최하였다.[45]

　복구에 이어 복암이 1353년에 제3차 전장법회를 장로 1,000여 명을 초청하여 100일 동안 개최하였는데, 낮에는 삼장을 읽고 밤에는 조도를 위해 참선과 강경을 하였다.[46] 이는 지눌의 결사 운동을 계승한 것으로 생각되며,[47] 수선사의 사세를 빌은 백양사가 호남 불교를 주도한 대표적인 사례로 간주된다. 이때 참여한 승려는 호남의 37소의 사찰의 지식 46명과 도자 52명으로 모두 98명이었다. 백양사 전 사주 심백을 비롯하여 정혜사 장로 상연, 앞서 언급한 월남사 장로 연온과 제자 구곡, 가지산문 고승 부목, 불대사 장로 종숙과 사주 소충, 정림사 사주 혜송, 만일사 장로 선해와 사주 원목,

---

44) 이에 대해서는 다음의 논고에서 자세하게 서술하였다. 황인규, 「고려말 조선전기 장성 백양사의 역사와 고승」, 『한국사상사학』 65, 2020.

45) 李穡, 「麟角寺 無無堂記」, 『목은문고』 권1, 기 : 『동문선』 권72, 記 ; 황인규, 「고려후기·조선초 가지 산문계 고승의 동향」, 『구산논집』 8, 2003 : 황인규, 앞의 책, 혜안, 2005, 참조.

46) 演昷, 「轉藏經 第三會榜」, 조선총독부, 『조선사찰사료』 상, 1911, '今上卽祚仍冊爲 王師幷下 國書繪綵等物益加欽敬師每日老僧何德累蒙上恩思報罔極敬 備種種供具肆展第三會屈曹溪大和尙爲主盟招致諸山長老千餘 指丁癸巳 三月十一日爲始約十日張皇佛事書則轉三藏夜 則談祖敎 或禪或講六時修法 以答上恩 厥誠厥美 不可喑哩粗書始末昭示于后.'

47) 황인규, 「고려후기·조선초 가지 산문계 고승의 동향」, 『구산논집』 8, 2003 : 황인규, 앞의 책, 2005 참조.

소래사 장로 현숙, 쌍계사 사주 간의, 서상사 장로 각호 등이 참여하였다.

복구를 이어 그의 조카인 청수 조징이 백양사를 크게 중창하였고 백양사 전장법회를 주관하기도 하였다. 청수는 운암 또는 운암대사라고 불렸고, 후에 삼중대광 복리군으로 책봉되었으며,[48] 무열 유지(죽간 굉연)의 제자 조명과 도반일 개연성이 높다.[49] 충감의 제자이면서 나옹의 고제인 굉연은 1358년(공민왕 7)경 선원사 주지였다.[50] 그가 바로 백양사 쌍계루의 기문을 청할 때 청수와 함께 하였던 무열 유지였다. 청수의 현액 기문 요청을 받은 절간 익륜은 환암에게 의뢰하였는데, 자신은 글씨 쓰는 것을 담당하고 글은 이색이 짓도록 하였다.[51] 이처럼 환암도 백양사에 머물렀던 듯하며,[52] 절간은 나옹의 문도로서[53] 환암이 주관한 법회에 참여하거나 환암이 주석한 청용사에서 글을 받기도 하였다.[54] 강화 천도기 선원사가 제2의 수선사라고 불렸던 것처럼, 고려말 백양사는 수선사 13·14세 사주 복구와 복암대에

---

48) 청수는 이우의 3남이자 杏村 李嵒(1297~1364)의 막내동생인 梅村 李澄이다. 鄭道傳, 「白巖山 淨土寺 橋樓記」, 조선총독부, 『조선사찰사료』 상, 1911, '洪武丁巳二月二十三日訪淸叟證公于淨土寺無說道.'

49) 李穡, 「長城縣 白巖寺 雙溪樓記」, 『동문선』 권74, 기, '三重匡□□君雲菴澄公淸叟 因絶磵倫公名其樓 且以三峯鄭氏記相示三重匡.'

50) 『신증동국여지승람』 卷17, 충청도 임천군 불우 普光寺.

51) 徐居正, 「雙溪樓說」, 『東人詩話』 卷上, '僧幻庵 書法妙絶得晉體 一時求書者坌集 然所書 必觀詩文 心肯然後始下筆 雲庵澄公淸叟 重修長城府白庵寺樓 請名於三峯鄭先生 三峯 名以克復而記之 使其徒絶潤倫庵 受楷於幻庵 庵曰此非吾所書也 牧老在世 而敢爲長文 大作歟 卽令沙彌偕絶潤 往牧老請名若記 牧老訊絶潤 潤曰寺在二水間 而水合于寺之源 東西分流 又合于樓前爲淵然後出山 牧老曰然則可名雙溪樓 操筆記之 文無加點 其末有 云 予老矣 明月滿樓 無由宿其中 恨不少年爲客耳 幻菴受而書之.'

52) 환암의 시자 문인 甘露社 長老 慶觀이 남긴 '中谷慶觀禪師 題詠詩'가 백양사에 전하고 있다. 황인규, 「고려말 조선전기 장성 백양사의 역사와 고승」, 『한국사상사학』 65, 2020 참조.

53) 조선초에 절간은 환암의 비문 건립에 참여하였으며, 법왕사 華嚴宗都僧統 雪悟와 함께 무학과 더불어 태종대 함흥에 머물고 있는 이성계를 환궁하게 하였다. 『태종실록』 권1, 1년 4월 28일(병술); 『태종실록』 권4, 2년 11월 15일(갑오); 『태종실록』 권4, 2년 12월 2일(신해).

54) 李穡, 「絶磵南赴 幻菴法會 過門告別」, 『牧隱詩藁』 卷31, 詩; 李穡, 「絶磵倫公游靑龍回 以瓠蘆盛蕈菜相遺 又以幻菴書來投 喜甚 吟成一首」, 『牧隱詩藁』 권31, 詩.

제2의 수선사라고 칭할 만하지 않을까 한다.

3) 강진 월남사 : 복구→ 식영→ 찬영

복구는 수선사 사주 제2세 혜심이 주석하였던 강진 월남사에서 1310년(충선왕 2)경부터 12년 정도 주석한 듯하다. 이는 혜심 이후 수선사계 도량이었음을 말해주고 있다.[55] 앞서 언급한 바와 같이 혜심이 천태종계 월남사를 중창하여[56] 수선사계 사찰로 삼은 이후,[57] 수선사 제6세 사주 충지도 월남사를 중건하고 낙성 법회에 참여 후 50일 동안 머물렀다.[58]

한편, 백련결사를 전개한 원묘국사 요세(1163~1245)의 제자 정명국사 천인(1205~1248)은 수선사의 혜심으로부터 조계선의 요령을 습득하는 등 월남사와 백련사의 교류 및 사세를 추정할 수 있다. 천인은 백련사 제2세 사주가 된 지 얼마 안 되어, 백련사 제3세 사주 원환에게 법을 전한 뒤에 물러났는데, 원환에게 「차운 환상인 산중작(次韻晥上人山中作)」에서 월남사에 관한 시를 남기는 등 월남사와 교류하지 않았는가 한다.[59] 그 후 선원사 주지였던 식영이 월남사에 주석하였으며 사굴산문 묘경이 수학하였다.[60]

---

55) 成海應,「高麗碑」,『硏經齋全集』外集 卷61, 筆記類 蘭室譚叢 月南寺碑, '在康津月出山南 高麗僧眞覺刱寺 李奎報撰此碑焉.'

56)『신증동국여지승람』권37, 전라도 강진현 佛宇, '高麗僧眞覺所創.'

57) 이병희,「고려-조선초기 월남사」,『한국중세사 연구』44, 68쪽 ; 황인규,「고려말 조선전기 장성 백양사의 역사와 고승」,『한국사상사학』65, 2020 참조.

58) 冲止,「又,『圓鑑國師 歌頌』, '性本疎慵 年其衰邁 但安貧而守窟 徒養拙以過時 有月南之精藍 在檀那之勝境 重新廢址 欲設會以落成 三請老僧 俾主盟而演道 由致辭之誠切 乃率衆而前來 尋常葵向之心 有身奚極 晨夕山呼之懇 易地皆然 期止五旬 功逾三月 更竭十分之丹悃 別羞一日之紺筵 或念或禮兮 雷震山崩 或問或酬兮 雲興餠瀉 眞功所締 妙應卽周 伏願云.';釋 宓菴,「祝聖疏」,『동문선』권112, 疏.

59) 釋天因,「次韻晥上人 山中作」,『동문선』卷4, 五言古詩, '初經月南洞 千嶂洗秋雨 樓臺出其下 金碧照巖宇.'

60) 鄭誧,「贈妙瓊上人 辞幷」,『동문선』권6, 서, '少山卽南原 兒其郡士秀梁人學 時丁難 不欲接 竊喜其爲人也 後參月南長老 淵鑑 又與其弟雲師遊 皆梁之伯叔也 益歎奇才萃於一門也 有曹溪妙瓊上人 乃大學之子 學於月南者 今四選於崛山下 裒然居其首.';『雪谷

주목되는 사실은 가지산문의 찬영도 공민왕대 중엽에 월남사에 머물렀는데,[61] 그의 스승 보우 역시 월남사에 주석하였기 때문인 듯하다.[62] 그리고 후술하는 바와 같이 1352년 복암이 주맹한 제3차 전장법회에 월남사 승려 졸암이 참여하였다. 이처럼 수선사의 외연 도량인 월남사도 사굴산문계 고승뿐만 아니라 가지산문계 고승이 주지에 재임하는 등 사세를 확장하였던 것으로 보인다. 다음에 살펴볼 승련사에서 가지산문 고승들이 주석하는 것도 가지산문의 사세 확장이 아니라, 사굴산문 수선사의 외연 확대로 간주되는 것이다.

4) 남원 승련사 : 중긍→ 졸암→ 구곡

전술하였듯이 1352년 복구의 문도인 수선사 제14세 사주 복암이 주맹한 제3차 전장법회에 월남사 승려 졸암이 참여하였다.[63] 졸암은 남원 승련사에 주석하였는데 그의 조카인 구곡도 주석하였으며, 수선사계인 백양사의 사세권에 남원 승련사도 포함되었다고 하겠다. 승련사에는 본래 가지산문계 중긍이 내원당에 있다가 이곳에 머물면서, 중창을 시작한 1325년(충숙왕 12)[64] 직전에 입적하였다.[65] 그 후 그의 제자 졸암이 승련사를 중창하다가

集』卷下 序.
61) 朴宜中, 「億政寺 大智國師碑」, 『조선금석총람』 권하 ; 『曹溪高僧傳』, 曹溪宗大智慧月國師傳, '諱粲英 字古樆 號木菴 … 命住石南月南神光雲門等刹.'
62) 普愚, 「癸卯秋偶遊 月南精舍 作此偈示古」, 『태고화상어록』 권하, '偶然相會淸時節 共臥靑山碧溪月 難得良辰可虛過 碧琅玕裏水嗚咽 碧琅玕鳴咽水 縱有千金難買取 請君虛心聽我言 春風秋月豈待公之班鬢駐.'
63) 연온은 1341년(충혜왕 복위 2) 개최된 제1차 전장법회의 甘露社主였다.
64) 이색의 기문에 의하면 승련사의 중창은 을축년(1325)에 시작하여 신축년(1361)에 공사를 마쳤다고 하므로 공사기간이 무려 36년이나 걸린 셈이다.(李穡, 「勝蓮寺記」, 『牧隱文藁』 卷1, 記) 필자는 중창년도가 을축년이 아니라 기축년(1349년, 충정왕 1)이 맞다고 생각한다. 이에 따라 홍혜국사의 입적 시기가 뒤로 내려와 할 것이다.
65) 이때는 혼구의 제자 충탄이 선원사에 머물 때이므로 혼구와 동시대 인물이라 볼 수 있으나 더 이상 자세한 사실은 알 수 없다. 李穡, 「勝蓮寺記」, 『목은문고』

1358년(공민왕 7)에 입적하고, 이를 구곡이 맡아 1361년에 중창 불사를 끝냈다. 구곡은 1368년 왕명으로 내원당에 입원하여 1년 동안 『전등록』을 강설하고 이듬해인 1369년 '대조계종사 선교총섭 숭신진승 근수지도 도대선사(大曹溪宗師 禪敎總 攝崇信眞乘勤修至道 都大禪師)'라는 호를 받았다. 1382년(우왕 8)에 다시 내원당 감주로 임명되었으며, 1383년(우왕 9) 국사 책봉을 제의받는 등[66] 중앙 불교계에 진출하여 불교계를 주도하였다. 수선사의 사세가 가지 산문계 도량인 승련사 등에 외연을 확장한 사례로 고려말 불교계에서 중요한 사실로 간주된다.

5) 강화 선원사 : 충감→ 식영→ 굉연

선원사에는 일연이 사주로 있은 후(1261~1264), 충지가 수선사 사주로 임명되기 이전에 선원사 사주로 있었던 것 같다. 그 후 1300년 무렵에는 수선사 사주 10세 만항이, 1324년 무렵에는 일연의 제자 혼구가, 그리고 복구가 주지직에 있다가 1325년 충감이 재임하였다.[67] 선원사는 향후 수선사 사주가 되는 혼원과 천영 등의 고승이 사주에 재임하여 제2의 수선사라고 불렸지만, 가지산문 일연과 그의 문도 혼구도 선원사 주지에 재임하였을 만큼 사세가 컸다. 특히 수선사와 선원사의 사주로 재임하였던 만항과 선원사 주지 충감 그리고 가지산문 혼구에 의해 수용된 몽산 선풍은 수선사에 전해져 사세에 기여하였으며 수선사 제13세 사주 복구와 그의 문도들에 의해 전해졌다.[68]

그런데 선원사에 주석하였던 식영[69]은 선원사를 중창했던 각암 자인과

　　　권1 ; 『동문선』 권72, 기 ; 『신증동국여지승람』 권39, 전라도 남원도호부 불우.
　(66) 이재열, 「오교양종과 조계종통에 관한 고찰」, 『한국조계종의 성립사적 연구』, 민족사, 1986, 263~269쪽.
　(67) 危素, 「普光寺 重創記」, 허흥식, 『한국금석전문』 중세 하, 아세아문화사, 1987 ; 『신증동국여지승람』 권17, 임천군 불우 普光寺.
　(68) 황인규, 「선원사의 창건과 고승들」, 『경주사학』 21, 2002 참조.

도반이고, 졸암의 외숙인 복구의 문도였으며,70) 구곡과 환암이 바로 그의 제자다. 그리고 장성 백양사에 주석하였던 굉연71)은 충감의 제자이며 나옹의 고제로 1358년(공민왕 7)경 선원사 주지였다.72) 이러한 사실로 미루어 보아 고려말 수선사는 강화 선원사와 장성 백양사 등과 연계되어 사세를 더욱 확장하였다고 생각된다.

3. 송광사 주지와 중앙 불교계

복구와 복암 이후 나옹이 송광사에 주석하면서 송광사는 중앙 불교계를 주도하였던 나옹의 문도들, 그리고 보우의 문도들에 의해 주도되었다. 이러한 고승들이 고려말에 송광사 주지에 재임하였다. 즉, 나옹과 그 문도 무학이 주지를 하였을 뿐만 아니라, 수선사나 사굴산문계가 아닌 가지산문계 보우의 문도인 부목과 석굉, 상총이 주지에 재임한다.73)

먼저 나옹과 문도인 무학, 그리고 환암이 송광사에서 주지를 하였던 사실을 살펴보기로 한다.

1) 14세기 송광사 주지(1) : 나옹과 문도

16. 나옹 혜근(1320~1376) 1371년(공민왕 20)~1373년 봄

---

69) 식영은 1340년 『妙法蓮華經』 7권을 寫經했다. 권희경, 『고려사경연구』, 미진사, 1986, 425~426쪽.
70) 이재열, 「오교양종과 조계종통에 관한 고찰」, 『한국조계종의 성립사 연구』, 민족사, 1986, 260~262쪽.
71) 宏演, 「高麗 國師 道詵傳」, 조선총독부, 『조선사찰사료』 하, 1911, 377쪽.
72) 李穡, 「報法寺記」, 『목은문고』 권6, 기.
73) 황인규, 「목우자 지눌과 고려후기 조선초 불교계 고승」, 『보조사상』 19, 2003 ; 황인규, 「조선전기 불교계 고승과 목우자 선풍」, 『보조사상』 21, 2004 ; 황인규, 앞의 책, 2005 참조.

17. 무학 자초(1327~1405) 1373년 봄~1375년 가을
18. 환암 혼수(1320~1392) 1375년(우왕 1)~1376년

나옹과 그의 문도가 송광사 주지를 한 것은 다음의 기록에서 보이듯 나옹이 왕사로 책봉되어 송광사에 주석하면서부터이다.

신해년(1371, 공민왕 20) 8월 26일에 공부상서 장자온을 보내 교서와 함께 직인을 내리고 법복과 발우 일체를 갖추게 하였으며, '王師 大曹溪宗師 禪敎都摠攝 勤修本智 重興祖風福國祐 世普濟尊者'에 봉하였다. 그리고 송광사가 동방의 제일 도량이라 하여, 스님을 그곳에 머물도록 명하였다.[74]

1371년 나옹이 왕사로 책봉되어 동방제일 도량인 송광사에 주석케 하였다는 것이다. 나옹은 사굴산문계 승려로 간주되지만 수선사계와는 인연이 없었는데, 1358년(공민왕 7) 귀국해 신돈의 실각 이후 1371년 왕사로 책봉되면서 송광사와 인연을 맺었다. 이러한 사실을 『신증동국여지승람』에도 '나옹 역시 이 절에 있었고 의발을 무학에게 전했다.'라는 사실을 특기하였다.[75]

나옹이 송광사에 주석한 기간은 1371년부터 1373년 봄까지 2년여에 불과하다. 다음의 인용한 기문처럼, 나옹은 송광사보다 그의 스승 지공이 날란다(Nālandā) 대학과 같다고 터를 잡은 양주 회암사에 더 관심이 많았기 때문이다.

이에 스님은 '이 땅은 내가 처음으로 불도에 들어간 곳이요, 또 우리 스승의

---

74) 李穡, 「普濟尊者 諡禪覺塔銘 幷序」, 『牧隱文藁』 卷14, 碑銘, '辛亥八月二十六日 遣工部尙書張子溫賫書降印 法服鉢盂皆具 封爲王師大曹溪宗師禪敎都摠攝勤修本智重興祖風福國祐世普濟尊者 謂松廣寺東方第一道場 迺命居之.'; 「普濟尊者諡禪覺懶翁和尙行狀」, 『懶翁和尙語錄』, '辛亥八月二十六日 遣工部尙書張子溫 賫書降印幷賜金襴袈裟內外法服鉢盂 封爲王師大曹溪宗師禪敎都摠攝勤修本智重興祖風福國祐世普濟尊者 太后亦獻金襴袈裟 謂松廣寺 爲東方第一道場乃命居之.'
75) 『신증동국여지승람』 권40, 전라도 순천 도호부.

영골을 모신 땅입니다. 더구나 우리 스승께서 내게 수기하셨으니, 어찌 무심할 수 있겠는가.' 하고 곧 대중을 시켜 전각을 다시 세우기로 하였다.[76]

나옹은 왕사로 책봉되기 직전 스승 지공의 유골이 개경에 도착하여 공민왕과 불교계의 주목을 받아 회암사에 지공의 유골을 봉안하고 비를 세웠다. 그리고 불교계를 중흥하라는 지공의 삼산 양수기를 받아서 회암사를 중창하여 불교의 메카로 삼고자 하였다. 결국 나옹은 지공의 부도를 세운 지 4년 후 회암사를 중창하고자 하였다.

그렇지만 나옹은 고려후기 불교계를 주도하면서 전국의 불교계를 망라한 선종과 교종의 통합 승과이자 초고위 승과였던 공부선을 주관한 후, 곧 왕사로 책봉되어 그의 뜻과는 다르게 송광사 주지에 취임하였다. 그리하여 다음 비문에서 보듯이 나옹은 자신보다 송광사와 친근했던 제자 무학에게 송광사를 맡기고 회암사를 중창하는 데 주력하려고 하였던 듯하다.

> 사가 고달산 탁암에 들어가 도를 닦고 있었는데, 신해년 겨울에 전조의 공민왕이 나옹을 봉하여 왕사로 하고, 나옹이 송광사에 머무르면서 의발을 사에게 전하니 사가 게를 지어 사례하였다.[77]

나옹이 왕사로 책봉되어 무학에게 의발을 전하였다는 것이다. 나옹과 무학의 조우는 지공이 머물렀던 북경 법원사에서 이루어져, 3화상의 연이 시작되었으며 북경 곡적산 등에서 조우하였다. 귀국후 무학은 나옹이 머문 원효암에서 불자를 받는 등 추종하였는데, 송광사에서 다시 의발을 받음으로써 대표적인 제자가 되었다.

무학뿐만 아니라 그의 도반이면서 나옹의 문도인 설악 상인이 송광사에

---

76) 覺宏,「懶翁和尙 行狀」,『懶翁和尙語錄』,『한국불교전서』 6.
77) 卞季良,「妙嚴尊者 塔銘」,『동문선』 권121, 비명, '師入高達山卓菴養道 辛亥冬 前朝恭愍王封懶翁爲師 翁住松廣 以衣鉢付師 師以偈謝.'

머문 기록도 찾아진다.

> 설악 상인은 나옹의 제자이다. 스승의 석장의 신광이 원적·노골·청평·5대로 옮겨 송광에 머무르고, 송광으로부터 회암, 회암에서 서운 길상 등 여러 산을 거친 뒤에 다시 회암에 머물렀었다. 상인이 모두 따라가서 조석으로 감화받아 자못 얻은 바 있었으니, 그것이 일숙각(현각 647~713)과는 비록 격조가 다르다고 하겠지만, 날로 쓰면서도 알지 못하는 자가 감히 바라볼 바는 아니다. 나에게 그 집을 이름해 주기를 구한다.[78]

이러한 기록은 나옹이 송광사에 주석함으로써, 나옹의 대표적 수제자인 무학과 설악 등 문도들이 송광사에 머물렀던 사실을 짐작케 한다.

조선후기에 이르러 나옹과 무학은 16국사와 더불어 송광사 18주지로 추념된다. 조종저(1637~1693)가 1678년 10월에 지은 「승평조계산송광사사원사적비」에 다음과 같은 기록이 있다.

> 대개 왕사로 명명된 이는 반드시 이 절에 머물렀다. 그러므로 나옹에서 무학 또한 전수의 자취를 남겼으니 그 당시 이 절을 중시하였음을 볼 수 있는데 다른 산사는 감히 이를 바랄 수 없었다. 목로(牧老)의 선각명(禪覺銘)과 여러 승지에서 이를 확인할 수 있다. … 또한 나옹과 무학이 이 절에 기대어 탑을 세운 것과 같다.[79]

---

[78] 李穡, 「負暄堂記」, 『동문선』 권75, 기, '雪嶽上人 懶翁弟子也 師之卓錫神光 移于圓寂于露骨于淸平于五臺 而住松廣 自松廣而檜巖 由檜巖而瑞雲吉祥諸山 然後復住檜巖也 上人皆從之 朝夕薰炙 頗有所得 其與一宿覺 雖曰異調 然非日用而不知者所敢望也 求予名其堂.'

[79] 趙宗著, 「昇平曹溪山松廣寺寺院事蹟碑」, 『조선금석총람』, 『조선금석총람』 하, 1919, '凡號 爲王者師者 必住是寺 故自懶翁無學亦留傳授之迹 則其重此社 可見而他山寺 莫敢望焉 牧老禪覺銘 及諸僧誌 可徵也始 … 如懶翁無學之寄塔 於此舍焉.'

조선후기 승려 경암 응윤(1743~1894)은 이러한 사실을 특기하였는데,[80] 나옹과 무학이 수선사 16국사와 더불어 송광사 18주지에 추념되기에 앞서 고려말에 이미 그 위상을 확보하였던 것이라고 보아야 할 것이다.

수선사 제13세 사주 복구와 그 문도인 제14세 사주 복암은 호남 불교를 중심으로 활동하였는데, 복구와 복암 이후 나옹이 왕사로 책봉되어 송광사에 주석하면서 송광사를 중앙 불교계의 위상으로 끌어 올렸다. 이러한 과정에서 1375년 가을부터 1376년 3월까지 환암도 송광사에 머물면서 주지를 하였다.[81] 환암 역시 사굴산문 수선사계와는 별로 인연이 없는 듯한데, 송광사 주지에 취임한 것은 나옹이 주관한 공부선에서 유일하게 인가받아 나옹과 불교계의 주목을 받았기 때문일 것이다. 하지만 환암은 송광사에 주석하면서 뚜렷한 역할을 하지 않았고, 회암사 중창 불사에 참여하지 않았으며 하산소인 충주 개천사에 주석하는 동안 충주 일대 불교를 중흥하는 데 그치고 말았다.[82]

2) 14세기 송광사 주지(2)-태고 보우의 문도

19. 남전 부목(南田 夫目, 1320~1398) 1376년~1380년(우왕 6) 3월 선원사 주지
20. 석굉(釋宏, 1320~1399) 1380년(우왕 6) 3월~1384년(우왕 10년)경
21. 혜암 상총(慧庵 尙聰, 1330?~1410?)

---

80) 應允,「曺溪山 松廣寺記」,『鏡巖集』卷下, '十六祖師影殿 額曰慈蔭堂 以普照爲主壁 而眞覺淸眞眞明慈靜慈覺湛堂慧鑑慈照慧覺覺圓淨慧覺眞高峰十五祖師 配享 昭穆 並懶翁無學 爲十八住持.'
81) 權近,「靑龍寺 普覺國師 定慧圓融 塔碑」, 조선총독부,『조선금석총람』하, 1919, 718~725쪽.
82) 황인규,「환암 혼수의 생애와 불교사적 위치」,『경주사학』18, 1999 ; 황인규,「충주의 고승 환암혼수와 목암찬영」,『충주의 인물(V) 충주의 큰 스님-법경대사 홍법국사 대지국사』, 예성문화연구회, 충주시, 2006 ;「환암 혼수의 불교계 활동 재검토」,『불교학보』91, 2020 참조.

1384년(우왕 10)경~1398?
1397년 5월 13일 흥천사 감주

    수선사 제15세 사주 홍진국사 이후 제16세 사주 법장이 취임하는 22년간 나옹계 외에 보우계 승려들인 부목과 석굉, 상총이 송광사 주지에 취임하였다. 이렇게 된 사정은 무엇일까? 앞서 수선사 권역 도량인 월남사와 선원사의 사례에서 살펴보았듯이, 사굴산문계 고승뿐만 아니라 가지산문계 고승이 주지에 재임하는 등 사세를 확장하였는데 이 경우도 마찬가지다.

    한편, 나옹과 무학이 지공의 뜻을 받든 지 15년 만에 삼산 양수의 땅인 회암사를 불법의 터전으로 흥법하려던 나옹의 시도는 실패로 끝났다. 나옹이 입적한 후 3년 사이에 나옹과 지공의 부도 및 비가 회암사와 입적처인 여강 신륵사에 세워졌다.83) 이색은 나옹의 비문을 지으면서 '회암사는 기원정사와 같고 신륵사는 사라쌍수와 같다'고 하였다.84) 이색은 앞서 언급하였듯 송광사는 동방제일 도량이라고 하였다.85)

    무학은 나옹의 입적을 계기로 지공과 나옹의 추모불사에 전념하고 절간과 고암 일승 등에게 미완의 회암사 중창을 맡겼다. 그들은 1376년부터 1383년경까지 회암사의 주지를 맡으면서 불사를 하였다.86) 그런데 절간은 전술하였듯 송광사계인 백양사 쌍계루 중창에 동참하고 회암사를 중창하였다. 굉연도 선원사에 주석하다가 백양사 쌍계루 중창에 참여하였다.

---

83) 李穡,「檜巖寺 禪覺王師碑」, 조선총독부,『조선금석총람』하, 1919.
84) 覺宏,「懶翁和尚 行狀」,『懶翁和尚 語錄』,『한국불교전서』6 ; 李穡,「神勒寺 舍利石鐘碑」, 허흥식,『한국금석전문』중세 하, 아세아문화사, 1987.
85) 李穡,「普濟尊者 諡禪覺塔銘 幷序」,『동문선』권119, 비명, '幻菴脩禪師後至 師歷問三句 三門會罷 還檜巖 辛亥八月二十六日 遣工部尙書張子溫 賫書降印法服鉢盂皆具 封爲王師 大曹溪宗師 禪教都揚攝勤修本智重興祖風福國祐世普濟尊者 謂松廣寺東方第一道場 迺命居之 壬子秋 偶念指空三山雨水之記 欲移錫檜巖 會以召赴是寺法會 得請居焉 師曰 先師指空 蓋嘗指書重營而煩于氏 敢不繼其志 迺謀於衆 增廣殿宇 工旣告畢 丙辰四月 大設落成之會.';『목은문고』권14, 碑銘.
86) 李穡,「天寶山 檜巖寺修造記」,『동문선』卷73, 記.

이러한 가운데 송광사의 주지에 보우의 문도인 부목과 석굉, 상총이 나옹의 입적 시기인 1376년부터 조선초인 1397년까지 재임하였다. 환암에 이어 송광사 주지를 한 부목은 여말선초기 문신 윤소종(1345~1393)의 족친이었다. 위의 기록에 의하면 신돈의 집권시 이에 반대를 하다가 축출된 듯하다. 그는 본래 수선사 제13세 사주 복구의 문도였으며 신돈의 집권 아래 왕사였던 선현과 친한 사이였던 것 같다. 그리고 다음과 같이 문집류에도 그에 관한 기록을 더 찾을 수 있으나,[87] 더 이상 자세한 것은 알 수 없다. 부목에 이어 송광사 주지를 한 승려는 석굉인데, 그는 보우의 비석을 세운 사실[88]외에는 더 알려진 바 없다.

그 다음으로 취임한 인물은 『조선왕조실록』에도 특기된 상총이다. 그는 『태고화상어록』에 '혜암 송광 총장로(慧庵松廣聰長老)'로 나오고 태고의 비문에 문도로 나오고 있지만,[89] 보우의 문도인 환암의 비문 음기에 그 문도로도 나오고 있다. 상총은 장성 백양사 전장법회에도 참여하였으며,[90] 남원 실상사 장로로 있었는데 1380년(우왕 6) 진주 청곡사 대웅전을 중건하였다. 상총은 조선 태조 이성계의 비 신덕왕후가 승하한 뒤 왕후의 능인 정릉의 원찰인 흥천사(興天祀, 興天寺)를 조성할 때 감독을 맡았으며,[91] 신덕왕후의 명복을 빌고 왕생극락을 기원하기 위해 태조의 명을 받들어 1397년(태조 6)에 '청동은입사청곡사명향완'을 제작하였다.[92] 그런 후 조선불교 개혁의

---

87) 夫牧에 대해서는 다음과 같은 기록에서 찾아진다. 『고려사』 卷41, 恭愍王世家 16년 8월 ; 李穡, 「送南田禪師夫牧」, 『牧隱詩藁』 권4 ; 「奉謝松廣和尙避倭靈臺寺寄茶」, 『牧隱詩藁』 卷17 ; 「奉答夫牧大和尙」, 『牧隱詩藁』 卷31.
88) 이색, 「원증국사태고비」, 조선총독부, 『조선금석총람』, 1919.
89) 그 외에 상총에 관한 기록이 『조선사찰사료』와 실록에 한 건씩 더 보이고 있다. 「白巖寺 轉藏法會 堂司榜」, 조선총독부, 『조선사찰사료』 상, 1911, 175쪽 ; 『세종실록』 권50, 12년 윤12월 17일(계축).
90) 「白巖寺 轉藏法會 堂司榜」, 조선총독부, 『조선사찰사료』 상, 1911, 175쪽.
91) 靑銅銀 象嵌 香爐, '大明洪武三十年丁丑朝鮮國開國 祖聖朝 中宮神德王后本鄕晉陽大都護府裨補禪利靑谷社普光殿香垸敬造 靑谷重刱比丘尙聰全爲百分常住僧堂所大藏印成 常轉法輪廣度衆生 同願篤洛府院君金師幸贊成事金湊 入絲金信剛 靑銅夫金.'
92) 「公州 東鶴寺 木造 釋迦如來 三佛 坐像 腹藏 典籍」에 의하면 1424년(세종 6) 6월

일환에서 새로운 불교계의 종단인 흥천사 초대 사주가 되었다. 특히 '송광사 유제'를 언급하며 수선사를 창시한 지눌과 그의 제자 혜심을 언급한 것은 매우 주목되는 사실이다. 당시 불교의 동향으로 볼 때 상총이 송광사와 지눌과 수선사 선풍을 회복할 것을 상소한 것은 송광사를 모범으로 불교계를 정비하자는 것이기 때문이다.

4. 나가는 말

이상으로 고려후기 수선사 사주 및 고려말 송광사의 역대 주지를 중심으로 고려말 송광사의 사세와 불교계에 대하여 살펴보았는데 이를 정리하면서 다음과 같은 제언을 하고자 한다.

오늘날 송광사는 3보 종찰로서 승보종찰이 된 것은 수선사 결사 운동을 전개한 지눌과 그 문도 및 문손들이 16사주로 추념되었기 때문이다. 그런데 제16세 사주인 고봉 법장을 포함하고 있으므로 16사주의 위상 확보는 조선초에 이르러서였고, 16사주가 모두 추념된 것은 조선중기 이후이다.

송광사는 화엄 도량으로 창건된 후 지눌이 중창한 이후 수선사 사명에서 알 수 있듯 선종계 사찰이 되었으나 지눌 이후 선교회통의 선풍을 지니고 있다. 송광사가 언제부터 동방제일 도량이었는지 확실하게 알 수 없지만, 그 위상을 확보한 것은 지눌이 수선사 결사 운동을 전개하면서, 백련사 사주 원묘국사 요세·정명국사 천인 등이 백련결사를 전개한 만덕사와 더불어 고려후기 불교계를 주도하였기 때문일 것이다.

수선사는 그런 한편 호남권 도량 등에 사세를 확장하며 불교를 주도하였다. 즉, 송광사는 고려후기 호남을 중심으로 외연을 확장하되, 강화도 선원사와 진주 단속사 등 지방 불교뿐만 아니라 수선사 사주로서 왕사 및 국사를

전라도 安心寺에서 刻手 尙聰이 『誡初心學人文』을 판각하여 펴냈다고 한다.

3명 이상을 배출하는 등 중앙 불교계와 연계하기도 하였다.

　수선사 제4세 사주 혼원과 제5세 사주 천영은 진주 단속사에도 주석하였지만 수선사의 별원인 선원사의 사주(주지)에도 각각 제1세, 제2세 사주로 재임하였다. 그리고 수선사의 제5세 사주 천영과 제6세 사주 충지가 주석하였던 고흥 불대사 등이 중요한 듯하지만 관련 기록 미비로 잘 알 수 없다.

　고려말에 이르러 수선사 제13세 사주 복구와 제14세 사주 복암이 수선사 사주로 재임하면서, 강진 월남사에도 주석하였고, 특히 장성 백양사에서 전장법회를 개최하였다. 강화 선원사는 강화 천도 이후 충감과 식영, 굉연 등이 주지로 있으면서 수선사의 외연 사원인 장성 백양사나 남원 승련사에서 사세를 폈다.

　고려말 송광사에서 주목되는 것은 다음과 같은 사실이다. 수선사 제15세 사주 홍진국사 이후 제16세 사주 고봉 법장이 사주로 추념될 때까지 30여 년간 수선사계 사주와는 관련이 없는 사굴산문 나옹계와, 심지어 송광사와 거의 관련이 없는 가지산문 태고계 고승들이 주지에 취임하였다는 것이다.

　그 계기는 석가의 큰 삼촌의 108대 후손인 지공의 대표적 제자인 나옹이 왕사로 책봉되어 송광사 주지가 되면서부터 시작되었다. 나옹은 그를 추종하였던 대표적 제자 무학에게 다시 의발을 전하면서 송광사 주지를 맡기고 양주 회암사로 이주하여 중창 불사를 하였다. 얼마 후 이 중창 불사에는 나옹과 더불어 지공의 수기를 공유했던 무학을 회암사로 불러 함께 불사하였다. 나옹과 무학은 고려후기 불교계를 주도하였던 동방제일 도량인 송광사의 사세를 빌어 양주 회암사를 흥법의 메카로 삼고자 하였다. 그러므로 나옹과 무학이 송광사 18주지로 추념된 것은 조선후기에 이르러 개국원훈으로 더욱 추념된 무학의 위상에 힘입은 바 크지만, 고려말에 이미 15국사와 더불어 18주지의 반열에 포함되었다고 보아야 할 것이다. 나옹계 환암은 나옹과 무학이 회암사 중창에 참여하게 되자 송광사 주지에 취임하였다가 충주 개천사를 중심으로 『호법론』을 간행하는 등 불교 홍포에 힘썼을 뿐, 송광사와 회암사 불사에 별다른 기여를 한 바 없다.

그 후 회암사 중창불사 1차 낙성식으로 중창이 중지되고 나옹이 여강 신륵사에서 입적[순교]하자, 그의 대표적 계승자 무학을 비롯한 나옹의 문도들은 회암사와 신륵사를 중심으로 지공과 나옹의 추념 불사에 전념하였다. 당시 문인 이색은 나옹과 무학이 중창한 회암사는 기원정사와 같고 나옹의 입적처인 신륵사는 사라쌍수와 같다고 하였다. 송광사는 「송광사사원사적비」에 제시되었듯이, '동방제일 도량'으로 '인도의 쌍림과 중국의 여산'과 같은 도량이었다.

나옹과 문도들의 송광사 주지 재임 후 태고의 문도 부목과 석굉, 상총이 주지에 취임했다. 이러한 사굴산문계 나옹계의 고승의 주지 재임과 가지산문계 태고의 문도들의 송광사 주지 재임 등은 송광사의 호남지방 불교뿐만 아니라 중앙 불교계와 연계·확장한 것으로 역시 송광사의 위상이 컸음을 방증하는 것이다. 즉, 가지산문의 찬영이 강진 월남사에 머문다거나 장성 백양사 전장법회에 참여한 졸암과 구곡이 남원 승련사에서 주석하는 등 송광사는 호남 불교의 중심 도량으로서 그 외연을 중앙 불교계로 확대해 나갔다. 특히 가지산문계 고승 상총은 송광사 주지에서 조선 불교 종단의 중심인 흥천사 주지에 오르면서, 수선결사 운동을 개창·전개하였던 보조국사 지눌과 그의 제자 진각국사 혜심을 비롯한 송광사의 선풍을 불교계의 모범으로 삼자고 제안한 것은 그러한 단적인 사례이다.

이상에서 살펴보았듯이, 오늘의 송광사인 수선사는 고려말에 동방제일 도량이라고 불릴 만큼 그 위상이 컸기 때문에 인근 호남의 주요 도량인 강진 월남사와 장성 백양사 등을 외연 도량으로 확장하였다. 특히 고려말에 송광사는 15사주 이후 당시 불교계를 주도하였던 나옹과 문도들이 주지에 재임하면서, 그리고 태고의 문도들이 주지에 재임하는 등 호남 불교에서 중앙 불교계로 외연을 확장하였던 것이다. 특히 나옹과 무학이 고려말에 송광사 주지에 재임하면서 중앙 불교계의 위상을 확보하였으며, 이와 더불어 나옹과 무학은 이미 고려말에 수선사 16사주와 송광사 18주지의 위상을 지니게 된 것으로 간주해야 할 것이다.

마지막으로 고려말 송광사를 비롯하여 불교계에서 간과할 수 없는 중요한 것은 불교계 산문 운용과 관련 사실이다. 고려말 사굴산문계 송광사 주지는 사굴산문 나옹과 문도들에 이어 가지산문 태고의 문도들이 취임하였다. 이는 산문의 원칙이 지켜지지 않은 것으로 볼 수 있지만, 필자가 이미 제시했듯이 산문의 융합 현상으로 보아야 할 것이다. 이 문제는 향후 좀 더 면밀한 고찰이 필요한 사항이기는 하지만, 고려말 산문 중심의 불교가 조선시대 문도 중심으로 바뀌면서 산문 중심의 국가 공공적 불교 운용이 사적인 방식으로 변화한 것이다. 나아가 조선중기 이후 불교계는 청허 휴정(1520~1604)을 전후로 하는 문도 중심의 법통설을 정립하기에 이른다. 이는 산중 불교의 자구책으로 이루어진 것으로 간주되기도 하지만, 고려말 이래 조선전기 불교계를 나옹과 문도들이 주도하였던 사실과는 다르다. 조선초 교단을 주도하였던 무학 등 나옹계 주류들이 배제된 이러한 인식은 문제가 아닐 수 없으며, 한국 불교의 발전을 위해 진지하게 되돌아보아야 할 것이다.

Ⅲ. 조선전기 선종계 고승과 보조선

1. 들어가는 말

우리는 현재 서양의 문명권에 살아가고 있지만 동양 사상은 매우 오래전부터 우리의 정신문화의 기저를 이루고 있다. 일반적으로 동양 사상의 대표적인 사상이 유·불·선이며, 그 가운데 가장 영향력을 끼쳤던 사상이자 종교가 바로 불교이다.[1] 불교는 순수한 종교적 역할뿐만 아니라 국가적 정치 이념으로서 국가 불교적 성격을 띠기도 하였으며, 공동체 문화의 원리로서 중요한 역할을 하였다. 후자의 경우 그 대표적인 사례가 결사이다. 신앙적인 결사는 물론이고 마을 결사인 향도는 적어도 성리학이 정신 문화의 기저를 이루기 전까지 공동체 정신의 가장 중요 요소로서 사회와 문화를 이루기도 하였다. 신앙결사는 고대 이래 성립되어 전개되어 왔지만, 가장 전형적인 것은 고려중기 무신집권기 초에 전개된 송광사의 수선결사와 백련사의 백련결사이다. 양대 결사는 고려후기에 불교 사상계를 주도하였다.

본고에서 살펴보고자 하는 보조국사 지눌의 선사상인 보조선은 고려말까지 수선사에서 16국사를 배출하면서 계승되었다. 성리학이 본격 수용되어 억불 운동이 전개되고, 그들에 의해 신 왕조가 건국된 후 숭유억불 시책이 전개되었다. 한국 역사상 최대의 법난으로 기록될 1406년(태종 6)부터 1424년(세종 6)까지 20여 년 동안 집중적으로 자행되었던 바, 고려말 불교의 1/10 규모로 축소시켰다. 이러한 국가의 작위적인 종단의 통폐합은 불교사

---

[1] 조선후기 선승들 가운데 二敎에 논한 사례를 대표적으로 소개하면 다음과 같다. 鏡巖 應允(1743~1804),「論三敎同異」,『鏡巖集』,『한국불교전서』10 ; 정조(1752~1800),『弘齋全書』권163, 日得錄 3.

상마저 단순화 또는 축소되는 계기가 되었으며, 연산군대 이후 도심 중심에서 산중 중심의 불교로 전환되어 가고 있었다. 이러한 상황의 전개됨에 따라 불교계에 관련된 사실조차 제대로 기록되지 못하게 되어 실록과 일부 문집 등에 기록된 사실에 의존할 수밖에 없는 실정이다.[2)]

본고는 그간의 연구 성과를 재검토하면서[3)] 고려후기에서 조선시대에 이르기까지 보조선의 계승과 전개를 간략히 살펴보고, 조선전기 숭유억불기 불교계 선종의 고승과 관련해서 나타나는 보조 지눌(1158~1210)의 선사상을 천착하고자 한다.[4)]

2. 나옹계 고승과 보조선

조선초 나옹의 상수 제자인 고봉 법장(1351~1428)도 송광사 주지에 있으

---

2) 참고로 조계종단에 지눌의 문집류를 정선해서 한문본과 더불어 영문판을 간행하였으며,(한국전통사상서 간행위원회,『한국전통사상총서 불교편 2 정선 지눌』, 2011) 중앙승가대 승가학연구소에서『고승법어집 2(지눌)』를 편찬하였다. 후자의 경우 교감 작업은 물론 지눌 관련 자료를 총합하여 소개하였다.
3) 그간의 수선사(송광사)와 보조국사 지눌에 관련한 졸고를 발표 시기순으로 소개하면 다음과 같다. 황인규,「목우자 지눌과 고려후기 조선초 불교계 고승」,『보조사상』19, 2003 ; 황인규,「조선전기 불교계 고승과 목우자 선풍」,『보조사상』21, 2004 ; 황인규,「고려후기 수선사와 사굴산문-고승의 존재양상과 그 동향을 중심으로」,『보조사상』28, 보조사상연구원, 2007 ; 황인규,「고려후기 사굴산문 수선사 고승과 중국불교계-제기록 검토와 그 실상을 중심으로」,『불교학보』47. 2007 ; 황인규,「고려 전기 사굴산문계 고승과 선종계」,『한국선학』17, 2007 ; 황인규,「수선사 16국사의 위상과 추념 : 송광사의 승보종찰 설정과 관련하여 試攷함」,『보조사상』34, 2010 ; 황인규,「한국 불교의 3보 사찰의 성립과 지정」,『보조사상』41, 2014.
4) 그간 보조선에 대한 연구는 보조사상연구원을 중심으로 적지않이 이루어졌다. 그 가운데 조선전기 관련 주요 논고를 소개하면 다음과 같다. 김방룡,「여말선초 보조 선사상의 영향」,『보조사상』19, 2003 ; 한기두,「보조와 보우의 사상적 비교」,『보조사상』8, 1994 ; 황인규,「목우자 지눌과 고려후기 조선초 불교계 고승」,『보조사상』19, 2003 ; 김영태,「조선조 불교와 목우자사상」,『보조사상』3, 1989 ; 종범,「강원교육에 끼친 보조사상」,『보조사상』3, 1989 ; 황인규,「조선전기 불교계 고승과 목우자 선풍」,『보조사상』21, 2004.

면서 사찰을 중수하였으며, 조선중기 이후 수선사 제16국사로 선정되었다. 고봉은 법형인 무학이 스승 나옹과 함께 양주 회암사를 불교계의 중심센터로 중흥하고자 한 것과는 달리 고려말 동방제일 도량이라 불렸던 순천 송광사를 중창하고자 하였다.5) 고봉의 행장에 의하면 지눌의 선사상의 영향을 받은 사실을 다음과 같은 사실을 통해 알 수 있다.

건문 기묘년(정종 1, 1399)에 대권에 들어가 여쭈었다. '신승(臣僧) 지숭(志崇)은 원컨대 선사인 보조와 보제 등 여러 조사들이 (계셨던 곳에) 대도량을 중창하고자 합니다.'6)

고봉은 송광사의 중창을 스승 나옹과 보조국사 지눌의 도량을 중창한다고 하였으며, 특히 울산 불광산 대원암에서 「보제존자 삼종가」를 증보하였다.7) 그 무렵 삼봉 정도전(1342~1398)은 「불씨잡변」 등을 지어 숭유억불 이론서를 찬술하였는데,8) 그 가운데 지눌의 선풍을 인용한 대목이 주목된다.

또 말하기를, '마음과 성의 이름이 다른 것은 안과 목의 명칭이 다른 것과 같다.' 하였다. 『능엄경』에 말하기를, '원묘(圓妙)는 명심(明心)이요, 명묘(明妙)는 원성(圓性)이다.'(「안(按)」, 『능엄경』에 '너희들은 본묘(本妙)

---

5) 황인규, 「송광사 16국사 고봉법장과 18주지 무학자초」, 『보조사상』 43, 2015.
6) 조명제 외, 『역주 조계산송광사사고 인물부』, 혜안, 2007, 224~225쪽.
7) 覺宏, 「普濟尊者 三種歌」, 『나옹화상어록』, 『한국불교전서』 6 ; 허흥식, 「제7장 중세조계종의 기원과 법통」, 『한국중세불교사연구』, 일조각, 1994, 391쪽 ; 「普濟尊者三種歌」는 목판본 1권 1책으로 「百衲歌」, 「枯髏歌」, 「翫珠歌」 등 3수로 되어 있는데, 이를 '懶翁三歌'라고도 한다. 牧隱李穡(1328~1396)은 三種歌에 대한 글 「書懶翁三歌」를 남긴 바 있다. 李穡(1328~1396), 「書懶翁三歌」, 『牧隱文藁』 卷13, 跋 ; 「동문선」 권102, 발 ; 김영태, 「조선조불교와 목우자사상」, 『보조사상』 3, 1989 ; 황인규, 「송광사 16국사 고봉법장과 18주지 무학자초」, 『보조사상』 43, 2015.
8) 정도전의 불교 비판에 관련한 연구는 다음 논고를 참조하기 바람. 이종익, 「정도전의 벽불론 비판」, 『불교학보』 8, 1971 ; 안재호, 「『불씨잡변』에 드러난 정도전의 불교비판 분석-주자학에 대한 이해를 기초로」, 『동서철학연구』 53, 2009.

를 잃어버렸도다. 원묘는 명심이요, 보명은 묘성이니라. 깨달음을 얻은 경지에서는 말이 필요하지 않으니, 마음은 묘로부터 명을 일으키는지라, 그 원융하게 비춤이 거울의 광명과 같으므로 원묘는 명심이라 하고, 성품은 그 자체가 곧 명하며 묘한지라, 엉기어 고요하고도 맑음이 거울의 본체와 같으므로 보명은 묘성이라 한다.'고 하였다 하니, 이는 명과 원을 나누어서 말한 것이다.

<u>보조는 말하였다. '마음 밖에 부처[佛]가 없으며 성 밖에 법이 없다.' 하였으</u>니, 이는 또한 불과 법을 나누어 말한 것이다. 이는 통찰[見]한 바가 있는 것처럼 보이지만, 그러나 모두가 방불한 가운데 상(象)으로 얻은 것이요, 활연히 진실되게 본 것이 없어, 그 설에 헛된 말이 많아 일정한 논이 없으니 그 실정을 알 수 있다. 우리 유가의 설에 말하기를, '마음을 다하면 성(性)을 안다.' 이것은 마음을 근본으로 하여 이치를 궁구하는 것이다.[9]

이렇듯 정도전이 억불 논리를 세울 때 지눌의 선을 인용할 만큼 보조선이 당시 대표적인 선이었음을 방증한다고 생각된다. 이에 무학 자초도 태조의 생일날 왕사로 책봉되어 태조에게 '유교에서는 인이라고 말하고, 불교에서는 자비라고 말하지만, 그 쓰임은 한가지입니다.'[10]라고 하였다. 무학의 제자 함허 기화(1376~1433)는 『현정론』을 찬술하여 숭유억불에 대하여 대응하였으며, 태종의 불교계 탄압이 심해지자 무학과 그의 도반인 지천의 문도 해선과 계월 등은 명의 불교계의 도움을 받는 등 대응하였다.[11]

---

9) 鄭道傳(1342~1398), 「佛氏心性之辨」, 『三峰集』 권5, '又曰 心性之異名 猶眼目之殊稱 至楞嚴曰圓妙明心 明妙圓性 按楞嚴經曰 汝等遺失本妙 圓妙明心 寶明妙性 認悟中迷 言心則從妙起明 圓融照了 如鏡之光 故曰 圓明妙心 性則卽明而妙 凝然寂湛 如鏡之體 故曰寶明妙性 以明與圓 分而言之 普照曰 心外無佛 性外無法 又以佛與法分而言之 似略有所見矣 然皆得於想象髣髴之中 而無豁然眞實之見 其說多爲遊辭而無一定之論 其情可得矣 是則以一心見此一心 心安有二乎哉 彼亦自知其說之窮.'
10) 卞季良(1369~1430), 「妙嚴尊者 塔銘」, 『동문선』 121, 비명, '復於上曰儒曰仁釋曰慈 其用一也.'
11) 『태종실록』 권11, 6년 5월 23일(임자) ; 『태종실록』 권11, 6년 6월 14일(임신) ; 『세종

이러한 나옹 혜근의 문도계인 무학의 문도 함허 기화는 송광사에서 주석한 바 있으며, 지눌이 머물렀던 현등사에서 보조 선풍을 다음과 같이 흠모하였다.

숲을 뚫고 들에 부딪치는 잔잔한 물소리요, 달을 이고 하늘을 버티는 우뚝한 산모양이다.
그 가운데 천고의 현등사가 있으니, <u>보조의 옛날 자취가 어렴풋하다.</u>
시냇물 소리와 멧부리 빛 둘 다 기절한데 아침저녁 맑은 연기는 흰 구름을 물들인다.
<u>보조의 맑은 풍토가 옛부터 전해오나니,</u> 지금도 주방에는 붉은 음식이 끊어졌네.
탑은 우뚝히 산 그림자 속에 섰고 종소리는 멀리 물소리 가운데 흔들린다.
때때로 거닐다가 한가히 머리를 돌려, <u>그때의 보조 풍도를 자주자주 생각하네.</u>
고요히 들으면 시냇물 소리는 깊은 골짜기에 울리는데, 돌아보면 밝은 달은 서쪽 산봉우리에 걸려 있다.
이런 때는 한없는 좋은 소식 있건마는, 도리어 내 곁에 통할 사람 없음을 한탄하네.[12]

실록』 권7, 2년 2월 25일(계해).
12) 涵虛 己和(1376~1433),「住懸燈 因不煮炙 感普照淸風」,『涵虛堂得通和尙語錄』,『한국불교전서』 권7, 248하-249상, '穿林激石潺溪嶠 載月撐天峽屼容 裏有懸燈千古殺 依俙普照昔年蹤 又 溪聲岳色兩奇絶 旦暮淸烟染白雲 普照淸風傳自古 至今廚絶赤鹽君 又 塔立亭亭山影裏 鍾搖落落水聲中 有時散策閑回首 頻憶當年普照風 又 靜聽溪流嚮幽谷 回看明月掛西峯 時中無限好消息 却恨傍無可與通.' ; 金允植,「飮泉」,『운양집』 권1, 詩 雲嶽 飮泉集 기사년(1869, 고종6) 4월, '옛날에 전하기를, 普照國師 지눌이 운악산을 〔지나〕다가 밖에 불빛을 보고 자취를 따라갔다가 廢寺의 옛터를 찾아냈다고 한다. 탑 위에 등불 하나가 매달려 있었는데, 국사는 그것을 기이하게 여겨 이 절을 중건하고 그 절 이름을 懸燈이라 하였다.'

이렇듯 기화는 보조선의 선양을 하였다. 기화의 제자 홍준(弘濬, 洪俊)이 연희와 신미의 제자 학열 등과 함께 불경을 간행하는데 참여했는데, 수미와 함께 『유석질의론』을 간행하기도 하였다.13) 특히 기화의 문손인 듯한 신미는 1467년(세조 13)에 간경도감에서 『목우자 수심결』을 언해하였으며,14) 1500년(연산군 6)에 경상도 합천 봉서사에서 복각되기도 하였다.15) 훗날 충허 지책은 양산 통도사에 노닐며 '훌륭한 석덕들이 목우와 함허를 잇게 하셨다.'라고 하여 지눌의 선풍이 기화에게 전해진 사실을 특기한 바 있다.16) 보조의 저술을 언해하는데 관계하였던 혜각존자 신미의 아우인 식우 김수온(1410~1481)은 '보조 태고 양 국사가 기이하게 관람하여 가는 곳마다 머물렀다.'고 한다.17)

그리고 설잠 김시습(1435~1493)도 지눌의 선풍의 영향을 받았다는 사실을 다음의 기록에서 알 수 있다.

… 내가 임신년 여름에 상가를 마쳤을 때 (준상인은) 조계에 머물러 있었다. 마침내 함께 상사대에 머물면서 보니 과연 평소에 듣던 그대로였다. 준상인

---

13) 『유석질의론』 권상, 『한국불교전서』 7-264 ; 황인규, 「무학자초의 문도와 그 대표적 계승자」, 『삼대화상연구논문집』 3, 2001 ; 황인규, 『고려말·조선전기 불교계와 고승연구』, 혜안, 2005.
14) 동국대 불교문화연구소, 『한국불교찬술문헌총록』, 동국대 출판부, 1976, 249~250쪽.
15) 卷末의 刊記에 '成化三年丁亥歲 朝鮮刊經都監 奉敎雕造 … 安惠柳晥朴耕書.'라는 내용으로 1467년 간경도감에서 간행되었음을 알 수 있다. 이 복사본은 규장각에 소장되어 있다. 규장각 古1730-46 : http://e-kyujanggak.snu.ac.kr
16) 冲虛 旨冊(1721~1809), 「遊曦陽山記贈人」, 『冲虛大師 遺集』 卷1, 『한국불교전서』 10, 333중-334상 ; 牧牛涵虛之靈蹟昭然 ; 冲虛 旨冊(1721~1809), 「陽山靈山殿上樑文」, 『冲虛大師 遺集』 卷1, 『한국불교전서』 10, 336중-337상, '伏願上樑之後 敎海漫天 禪林織地 思皇碩德 胤牧牛若涵虛 有斐賢良 繼道憲與克讚' ; 蒙庵 箕穎, 「在上無住偶吟」, 『蒙庵集』 卷上, 『한국불교전서』 10, 361상 ; 鏡巖 應允(1743~1804), 「無住庵記」, 『鏡巖集』 卷下, 『한국불교전서』 10, 439상-중 ; 應允, 「佛日庵記」, 『鏡巖集』 卷下, 『한국불교전서』 10, 440중.
17) 金守溫(1410~1481), 「妙寂寺 重創記」, 『拭疣集』 卷2, '普照大古兩國師 奇覽所在 常住錫' ; 황인규, 「세조대의 3화상고-신미와 두 제자 학열과 학조」, 『한국불교학』 26, 2004 ; 황인규, 『고려말·조선전기 불교계와 고승연구』, 혜안, 2005.

은 도리를 흠모하여 세속을 초탈하려는 마음이 언사의 바깥에 뚜렷이 드러났다. 그리하여 매일 같이 선도의 오묘한 관문을 여쭈었는데 말씀이 낭랑하였다.[18]

김시습은 임신년(1452년, 문종 2) 여름에 어머니의 3년 상을 마쳤을 때 조계산 송광사에 준상인이 머물러 있었는데, 그는 이미 준상인의 명성을 들어왔었고 상(喪)이 끝나자 송광사에 머물고 있던 설준[19]을 찾아가 뵙고 얼마 동안 매일 선도(禪道)의 관문을 여쭈면서 불법을 배웠던 것이다. 이미 선학의 연구에서 밝혀진 바와 같이, 설잠 김시습은 지눌이 경전이나 교가의 문헌을 포용하고자 했으며, 특히 그의 저술 『능엄경 발』과, 『연경별찬』, 『화엄석제』 등에서 선과 교를 중요시하였다.[20] 아울러 설준도 송광사에

---

18) 金時習(1435~1493), 「贈峻上人」, 『매월당집』 권3 釋老, '僕於壬申夏 制服錫曹溪 遂同住上社臺 果如素聞 其慕道超脫之心 著於語辭之表 每日扣問禪關 語琅琅然.' ; 설준은 18세였던 설잠에게 불법을 가르쳤으며, 그로부터 10년 후인 1462년에 설잠은 다시 만나 설준에게 시 20수를 바쳤다. 判敎宗師로서 正因寺 住持였던 雪峻은 다음과 같은 기문에서 찾아진다. 崔恒(1409~1474), 「贈峻上人 三首」, 『太虛亭集』 詩集 卷1 ; 金守溫(1410~1481), 「正因寺重創記」, 『拭疣集』 卷2 ; 金守溫, 「次河東府院君韻贈正因寺雪峻長老」, 『拭疣集』 卷4 ; 申叔舟(1417~1475), 「題正因寺住持雪峻詩卷」, 『保閑齋集』 卷9 ; 徐居正(1420~1488), 「送峻上人遊妙香山序」, 『四佳文集』 卷5 ; 南孝溫(1454~1492), 「宿正因寺上雪峻和尙 二首」, 『秋江集』 권3 ; 『성종실록』 권24, 3년 11월 2일(을미). 그는 신미와 함께 『유석질의론』을 간행하는데 참여한 바 있는데, 신미의 도반인 듯하다. 황인규, 「청한설잠의 승려로서의 불교계 활동과 교유인물」, 『한국불교학』 40, 한국불교학회, 2005 ; 황인규, 『고려말·조선전기 불교계와 고승연구』, 혜안, 2005.

19) 松廣寺의 峻上人은 설잠 김시습에게 불교를 알게 하였는데, 준상인은 涵虛 己和(1376~1433)의 문도인 弘濬(弘俊)이라고 비정하였다. 이능화, 『조선불교통사』, 통문관, 1918, 395쪽. 그러나 정인사 주지였던 판교종사 雪峻이라고 생각한다. 김지견, 「매월당」, 『매월당 학술논총-문학과 사상-』, 강원대 인문과학연구소, 1988 ; 심경호, 『김시습평전』, 돌베개, 2003, 102~103쪽.

20) 김지견, 「설잠의 화엄과 선의 세계」, 『도원 유승국박사 화갑기념 동방사상논고』 1982 ; 한종만, 「설잠 김시습의 화엄·선사상」, 『한국불교사상의 전개』 민족사, 1990 ; 吉津宜英, 「華嚴禪」首照禪」, 『보고서상』 4, 1990 ; 최기묵, 「金時習의 楞嚴經跋 고찰」, 『문학치료연구』 19, 한국문학 치료학회, 2011 ; 이창안, 「雪岑 金時習의 『華嚴釋題』와 華嚴禪」, 『동서철학연구』 74, 2014. 따라서 보조선의 영향을 받았다고

머물렀던 사실로 보아 지눌의 유풍을 간직하였다고 보여진다.[21]

3. 태고계 고승과 보조선

나옹 혜근의 문도뿐만 아니라 태고 보우의 문도들도 억불에 대응하였는데 상부, 성민, 상총 등이 그 대표적이다. 즉, 상부는 조계종 양가 도승통으로서 1397년(태조 6) 4월 승려의 비행을 미끼로 불교계를 탄압하자 이에 대처를 하였으며,[22] 태종대 사찰의 수를 줄이고 토지와 노비를 삭감하자 목암 찬영(1328~1390)의 문도 성민은 수백 명의 승려를 이끌고 신문고를 쳐서 저항하였다.[23] 특히 상총은 다음과 같이 송광사와 지눌의 수선사 선풍을 내세우면서 상소를 올려 적극적으로 대응을 하였다.

홍천사의 감주 상총이 글을 올렸다. '선은 부처의 마음이요, 교는 부처의

할 수 있으나 법화를 선으로 회통하였다. 이에 관련 연구는 다음과 같다. 차차석, 「설잠의 蓮經別讚에 나타난 법화천태사상 고찰」, 『한국불교학』 21, 1996 ; 이기운, 「『蓮經別讚』을 통해 본 설잠(김시습)의 문학과 사상」, 『동서비교문학』 6, 한국동서비교문학회, 2002.

21) 雪峻(雪俊)은 설준은 성종 4년(1473) 정인사가 중창된 후 주지를 하였고 己和의 제자이며 연경사 주지였던 弘濬·曉雲·전 대자암 주지 智海·判敎宗都大師 絶菴海超·慧覺尊者 信眉와 두제자 學悅과 學祖 등과 함께 『釋譜詳節』 간행 불사에 참여하였던 바 있다. 천혜봉, 「조선전기 불화판본」, 『서지학보』 5, 1991. 설준에 대해서는 다음의 논고를 참조하기 바란다. 황인규, 「조선전기 불교계의 고승탄압과 순교승」, 『불교사연구』 4·5합, 중앙승가대 불교사학연구소, 2004 ; 황인규, 『고려말·조선전기 불교계와 고승연구』, 혜안, 2005.

22) 『태조실록』 권13, 7년 4월 11일(정해), '兩街都僧統 尙孚上請 禁僧飮酒 上令憲司痛禁 犯者 長髮充軍.'

23) 불교계의 요구가 받아들이지 않자 항거하였으며, 불교 탄압의 원흉이었던 재상 河崙(1347~1416) 등을 제거하려고 하였다. 『태종실록』 권11, 6년 2월 26일(정해) ; 『태종실록』 권11, 6년 6월 19일(정축) ; 황인규, 「조선전기 불교계의 고승탄압과 순교승」, 『불교사연구』 4·5합, 중앙승가대 불교사학연구소, 2004 ; 황인규, 『고려말·조선전기 불교계와 고승연구』, 혜안, 2005.

말씀이라, 그것이 임금을 장수하게 하며, 나라를 복되게 하고, 백성을 편안하게 하는 점에서는 같습니다. … 고려왕조의 말기에는 선종과 교종이 이익과 명예만을 탐내어 유명한 사찰을 다투어 차지하여 그 선을 닦고 교를 넓히는 곳은 겨우 한두 개만이 남아 있었으니, 어찌 국가에서 비보사찰을 창건한 본래의 뜻이겠습니까? <u>조사 진각이 말씀하시기를, '선도는 국운을 연장시키고, 『지론』은 이웃나라의 병란을 진압한다.'</u> 하였는데, 대체 어찌 증거가 없이 우리를 속이겠습니까?

원컨대, 전하께서는 지금부터 선종과 교종 중에서 도덕과 재행이 영수가 될 만한 사람을 가려서 서울과 지방의 유명한 사찰을 주관하게 하되, 선을 맡은 사람에게는 선을 설명하면서 불자를 잡게 하고, 교를 주관한 사람에게는 경을 강하고 율을 설명하게 하여 그 후진들로 하여금 <u>선종은 『전등록』과 『염송』을</u>, 교종은 경률의 논소를 절을 따라 강습시켜, 세월이 오래가면 뛰어난 인물과 덕망이 높은 인물이 어느 절에도 없는 데가 없을 것입니다. 비록 그러나 이미 본사라 일컬었으므로 그 서울과 지방의 유명한 사찰도 마땅히 송광사의 제도를 모방하여 모두 본사의 소속으로 삼아서 서로 규찰하게 한다면, 그 법을 만들어 복을 기도하는 일에 있어서 비록 점점 쇠퇴하고자 하더라도 되지 않을 것입니다. 그런데 근래에는 법을 만드는 규정이 모두 중국 승려를 받들어 본받고 그 단독의 결정을 얻지 못하게 되므로 이른바 '범을 그리려다가 되지 않으매 도리어 강아지를 그리게 된다.'는 것입니다. 신이 삼가 살펴보건대, <u>송광사의 조사인 보조의 남긴 제도를 강하고, 이를 시행하고 기록하여 일정한 법으로 삼고, 또한 승려의 무리들로 하여금 조석으로 감화 수련하게 한다면</u>, 위로는 전하께서 불도를 세상에 널리 펴게 한 은혜를 보답할 것이오니, 삼가 바라옵건대, 중앙과 지방에 반포하여 영구한 세대에 전하게 한다면 어찌 대단히 국가에 이롭지 않겠습니까?' 임금이 그대로 따랐다.[24]

---

24) 『태조실록』 권14, 7년 5월 13일(기미).

이와 같이 태고 보우의 문도 상총은 불교계의 중흥을 하려면 송광사 조사인 보조 지눌의 유제를 받들어 실행해야 한다는 것이다. 또한 지눌의 수제자 진각국사의 '선도는 국운을 연장시키고, 『지론』은 이웃 나라의 병란을 진압한다'고 하였다.25) 이러한 지눌의 제자 혜심이 지은 『선문염송』은 조선초 승과의 선종 시험의 과목이기도 하였는데26) 문인 양촌 권근(1352~1409)이 지눌의 수선사 선풍이 홍행되고 있음을 다음과 같이 전하고 있다.

> 불씨의 글이 많아 수천 권에 이르고 있으나, 그 말에, '… 고려 <u>진각국사가 또한 학자들이 허망한데 빠질까 염려하여 역대 제 조사가 문답한 말 1천20여 조항을 수집하여 30권의 책으로 만들어 이를 선문염송이라 하였다. 이로부터 우리나라 사람으로 조계를 배우는 자가 이글에 마음을 쏟지 않는 자가 없었다.</u> … 지금 조계 무영 형공이 염송 몇 부를 간행하여 널리 산포하고 멀리 전하려 하면서, 나에게 발을 청하였다.'27)

위의 글에 의하면 지눌의 제자 진각국사 혜심은 학자들이 허망한데 빠질까 염려하여 지은 『선문염송』을 배우자 관심을 갖지 않는 조계종 승려가 없었다는 것이다.28) 그만큼 조선초 보조선의 유풍을 알 수 있는

---

25) 김영태, 「조선조 불교와 목우자사상」, 『보조사상』 3, 1989, 55~58쪽 ; 황인규, 「여말선초 선승과 불교계의 동향」, 『백련불교논집』 9, 1999 ; 황인규, 『고려후기·조선초 불교사연구』, 혜안, 2003. 다카하시 도루는 고려말에 보우와 나옹 등이 중국에서 임제종의 성풍을 들여왔으나 상총의 상소로 인해 조계종 작법에 들어가게 되었다고 한다. 다카하시 도루(高橋亨), 『李朝佛敎』, 보문관, 1929, 52쪽.
26) 『경국대전』 권3, 禮典, '度僧條禪敎兩宗 每三年選試 禪宗則傳燈拈頌 敎宗則華嚴經十地論 各取三十人.' : 『용재총화』 9.
27) 權近(1352~1409), 「曹溪拈頌 跋」, 『양촌집』 권22, 跋語類, '佛氏之書 多至數千卷 然其言曰 … 高麗眞覺國師又恐學者流於幻妄 乃集歷代諸祖問答說話凡一千二十餘條 合三十卷 名之曰禪門拈頌 自是海東學曹溪者 莫不究心於是書 盖佛書之多 … 今曹溪無影形公印拈頌若干部 欲廣施而遠傳 求予跋 予曰 磨塼不得鏡 攢紙不得出 以此書自求道 殆類此矣 又以望於人 無乃益遼乎 然公非不知此者而必爲之.'

대목이다.

　한편 필자가 이미 밝힌 바와 같이,[29] 청허 휴정과 그의 문도들에 의하여 정립된 조계종 법통상에 나타나는 고승들에게서도 역시 지눌의 선풍의 영향을 받은 사실을 다음과 같이 엿볼 수 있다. 벽계 정심은 선을 벽송 지엄에게, 교를 정련 법준에게 전하였으며,[30] 이를 통해 정심은 교와 선을 두루 섭렵했는데 선교융합을 주창했던 지눌의 선풍의 영향이다. 그의 문도 벽송 지엄(1464~1534)은 '초학들을 인도할 때에는 먼저 『선원집(도서)』과 『별행록(절요사기)』으로 지견을 세우고, 다음에는 『선요』, 『어록(대혜 서장)』으로 지혜의 병을 소제하여 활로를 보였다.'고 한다. 즉, 『선원집』과 『별행록』으로 지견을 얻은 뒤 『선요』와 『서장』으로 지혜를 떨쳐 버렸다고 한다.[31] 따라서 지엄의 오도 과정이나 초학 제접의 방법[32]에는 교와 선을 중심하는 지눌의 선사상이 짙게 깔려 있으며,[33] 특히 그는 1512년(중종 7) 진각국사 혜심의 제자 각운의 『염송설화』 30권에서 고칙에 대한 설 부분만을 차례로 절요하였다. 그 이후 강원의 기초 과목에 지눌의 저서가 채택되어 조선후기를 거쳐 오늘에 이르고 있다. 즉 사미과에 『계초심학인문(誡初心學人文)』이, 사집과에 『법집별행록절요 병입사기』가, 그리고 혜심의 저술 『선문염송』이 포함되었다.[34]

---

28) 훗날 無用 秀演(1651~1719)이 『禪門拈頌 說話』를 중간한 사실도 보조의 遺風이 전해진 대표적인 사례 가운데 하나이다. 無用 秀演, 「重刊 禪門拈頌 說話序」, 『無用堂遺稿』 卷下, 『한국불교전서』 9, 355하, '是以散聖牧牛翁之嗣法 舞衣子諶公 哀其禪門諸傑之或拈或頌 或代或別 於本師所說 及自迦葉以下所示者 散在語錄底 編錄爲三道卷文目之曰拈頌 代別略也.'

29) 황인규, 「조선전기 불교계 고승과 목우자 선풍」, 『보조사상』 21, 2004.

30) 『해동 불조원류』 龜谷雲法師, 제3세 벽계정심, '깨달은 후 장차 手足에게 계시하여 碧松에게 禪을, 敎를 淨蓮에게 전하였다.'

31) 청허 휴정(1520~1604), 「벽송당행적」, 『청허당집』 권3, 三老行蹟.

32) 智儼 著, 休靜 撰, 「제5부 碧松堂埜老集」, 『訓蒙要抄』(高麗國光明寺大法住寺 開刊), 『한국불교전서』 7, 385~387쪽, '碧松禪師 見訓蒙則 必先於此 其導人不倦等也切也.'

33) 고익진, 「祖源通錄 撮要의 출현과 그 사료가치」, 『불교학보』 21, 1984 ; 『한국찬술불서의 연구』, 민족사, 1987, 345쪽.

또한 벽계 정심의 제자 묘각왕사 수미35)는 지엄의 교학사인 연희와 더불어 대표적인 호불 논서인 『유석질의론』 간행36)에 참여하였던 사실로 미루어 보아 수미도 지눌의 선교융화의 선풍을 지니고 있었을 것이다. 또한 지엄과 그의 문도 부용 영관(1485~1571)과 경성 일선(1488~1568)의 선풍은 모두 조사 선풍과 공안 참구를 중시하면서 선교를 두루 수용하여 수행하였다. 즉, 영관은 유·불·선 3교와 천문 의술까지도 해통하여 폭넓은 교화를 펼치면서 선을 중심으로 하면서도 선교를 두루 펼쳤다.37) 일선도 선지를 중요시하면서 교를 선양하였던 것이다.38) 얼마 후 그들의 청허 휴정은 벽송 지엄과 그의 문도 경성 일선과 부용 영관을 두류산의 조부, 풍악산의 엄부, 묘향산의 숙부라 하여 3로(三老), 즉 3화상으로 존숭하면서 지눌의 선풍을 계승하게 하여 조선후기 산중 불교를 이끌어가는 단초를

---

34) 강원의 履歷과정에서 보조국사 지눌의 『법집별행록 절요사기』는 규봉 종밀의 『법집별행록』을 줄이고 거기에 주석을 붙인 것이므로, 이는 규봉의 선사상과 긴밀한 관련이 있다고 할 수 있고, 따라서 규봉의 선종 관련 저술인 『도서』도 보조 사상의 영향으로 인해서 강원 이력 과정의 하나인 四集에 들어갔다. 종범, 「강원교육에 끼친 보조사상」, 『보조사상』 3, 1989, 86~87쪽. 후에 사지집류가 유행한 것은 晦庵 定慧(1685~1741), 捌關, 蓮潭 有一 등의 고승 문집류를 통해 단적으로 알 수 있다. 晦庵 定慧, 「修正晦解都 序別行錄 序」, 『禪源集都序 科記』 권상, 『한국불교전서』 9, 528중-하 ; 晦庵 定慧, 「重刊 都序節要科解 序」, 『禪源集都序科記』 卷上, 『한국불교전서』 9, 529상-중 ; 晦庵 定慧, 「註都序節要 序」, 『禪源集都序科記』 卷上, 『한국불교전서』 9, 529하 ; 晦庵 定慧, 「法集別行錄節要私記解」, 『한국불교전서』 9, 547상 ; 捌關, 「圓頓成佛論」, 『三門直指』, 「二圓頓門」, 『한국불교전서』 10, 154상-157하 ; 捌關, 「看話決疑論」, 『三門直指』 三徑截門, 『한국불교전서』 10, 158중-161중 ; 蓮潭 有一, 『都序科目幷入私記』, 『한국불교전서』 10, 190중-하 ; 蓮潭 有一, 『法集別行錄 節要科目 幷入私記』, 『한국불교전서』 10, 196상.
35) 황인규, 「세조대의 3화상 신미와 묘각왕사 수미」, 『한국 불교학 결집대회 논집』 Vol 2 No 1, 2004.5.
36) 『유석질의론』 권상, 『한국불교전서』 7, 264.
37) 芙蓉 靈觀(1485~1572)은 무학 자초의 문도인 신총과 그의 도반인 정지국사 지천의 제자인 玄默軒 祖遇에게 사사받았다는 사실로 미루어 보아 수선사 선풍의 영향을 받았을 것이다. 金安國(1478~1543), 「贈龍門山 祖禪上人 兼寄祖遇長老」, 『慕齋集』 卷8 ; 金安國, 「贈龍門山 祖禪上人兼寄祖遇長老」, 『慕齋集』 卷8.
38) 蘇世讓(1486~1562), 「頭流山人 性熙來住上院寺 於其還也 詩以贈之」, 『陽谷集』 권7.

열게 되는 것이다.

　이상으로 나옹 혜근계와 태고 보우계 고승들이 지눌의 선풍을 지니고 있음을 살펴보았는데 그 외에 판사급 고승들이 세종 이후 조선전기 선교 양종시대 불교계를 이끌어갔다. 필자가 이미 연구한 바와 같이,[39] 현재 기록상으로 선종의 본산의 판사로 나타나고 있는 고승은 세종대의 중호[40]·중연[41]·행호[42]·만우[43]·송은 학몽[44]·소언[45]·탄주[46] 등이며, 세조대는 신미[47]·일암 학전[48]·인윤, 문종대의 수미[49], 성종대의 내호[50], 연산군대의 보문[51] 등이다. 그 가운데 혜각존자 신미와 묘각왕사 수미는 선교 양종을 통할하는 위치에 있었으며, 중호·중연·송은 학몽·소언·탄주·학전·내호·보문 등이 이었다. 그들이 바로 태고 보우의 문손(만우·수미·탄주)과 나옹 혜근의 문손(행호·송은학몽·일암 학전·신미)이며,[52] 그들 가운데 행호·학전·내호 등은 순교하였다. 그들의 선사상을 알 수 있는 단초조차 찾기 쉽지 않지만 다만 일암 학전을 만나고자 했던 문인 이승소(1422~1484)는 세조대 불교에 대하여 다음과 같이 기록을 남기고 있다.

---

39) 황인규, 「조선전기 선교양종의 본산과 판사」, 『한국선학』 12, 한국선학회, 2005.
40) 『세종실록』 권37, 7년 1월 23일(병신).
41) 『세종실록』 권62, 15년 11월 19일(무술).
42) 『세종실록』 권85, 21년 5월 12일(기미).
43) 『세종실록』 권101, 25년 4월 27일(임자).
44) 徐居正(1420~1488), 「送道庵上人 還白奄寺」, 『四佳詩集』 卷45, 21 詩類.
45) 「現行西方經 跋文」, 개교 59주년기념 제4회 韓國大藏會, 『이조전기 불서 전관목록』, 동국대 불교문화연구소, 동국대 도서관, 1965, 41쪽.
46) 金守溫(1410~1481), 「舍利 靈應記」, 『식우집』 권2 기류.
47) 『문종실록』 권2, 즉위년 7월 16일(무오).
48) 李承召(1422~1484), 「訪興天住持一菴 旣叙 書懷呈似」, 『三灘集』 권7, 시.
49) 『세조실록』 권10, 10년 4월 13일(을미).
50) 『성종실록』 권140, 13년 4월 13일(신해).
51) 『연산군일기』 권14, 2년 4월 4일(신축).
52) 조선전기 불교계는 혀 了계종의 비투'팅이 가늠는바'는 나옹 계신미 문손들이 주도하였다. 황인규, 「조선전기 선교양종의 본산과 판사」, 『한국선학』 12, 한국선학회, 2005 ; 황인규, 『조선시대 불교계 고승과 비구니』, 혜안, 2011.

선종 교종 갈렸으나 도는 아니 갈렸거니, 교종 역시 선문으로 도로 다시 합해지네, 일암께서 선가의 일 주관하고 있지마는 양쪽에서 모두 불가의 존장으로 떠받드네.53)

세조대 선종과 교종으로 분파되었으나 도는 같으며, 선종 우위의 불교계를 지적하였는데, 여기서 지눌의 선교융합적인 모습을 엿볼 수 있지 않을까 한다.

그리고 판사급 선승들 외에 지눌의 선풍이 가장 잘 계승되었을 승려는 조선전기 송광사 주지나 관련 고승일 것이다. 문집류 기문에 의하면 수이,54) 인상인,55) 중인,56) 홍의,57) 능인58) 등이 송광사에 주석했던 사실만이 찾아지고 있을 뿐이다.59) 다만 조선후기 고승들이 남긴 지눌60)이나 송광사61)의

---

53) 李承召(1422~1484), 「訪興天住持一菴 旣敀 書懷呈似」, 『三灘集』卷7, 詩, '禪敎雖分道不分 敎宗還是合禪門 一菴今判禪家事 兩足皆推釋苑尊.'
54) 徐居正(1420~1488), 「送守伊上 人住松廣寺卽席走書贈 7首」, 『四佳集』권45, 제21. 守伊는 함허 기화(1376~1433)와 다른 후대의 인물이다. 四街亭 서거정이 교유한 고승 道菴의 제자이다. 서거정, 「贈守伊上人序」, 『사가문집』권4, 序, '至今相從者 道菴成上人 菴之徒曰守伊 予甚嗜愛之.'
55) 徐居正(1420~1488), 「次韻送印上人之曹溪山 松廣寺」, 『四佳詩集』卷20-13, 詩類 ; 서거정, 「送印上人詩序」, 『四佳文集』卷4, 序.
56) 『세종실록』권49, 12년(1430) 7월 22일(경신).
57) 1448년(세종 30)에 간행된 「現行 西方經」 跋文에 의하면 '前海印寺住持 大師 允正과 더불어 '前松廣寺住持 大禪 弘義 性悟.'라는 기록이 찾아진다. 「現行西方經 跋文」, 개교 59주년기념 제4회 韓國大藏會 『이조전기 불서 전관목록』, 동국대 불교문화연구소, 동국대 도서관, 1965, 41쪽.
58) 蘇世讓(1486~1562), 「送松廣寺 住持能印」, 『陽谷集』卷5, 詩, '曹溪鎭南紀 松廣住中峯 水激碓聲響 山深嵐氣重 龍蟠晨呪鉢 鯨吼夜聞鍾 未結遠公社 空懷雲外蹤.' 참고로 소세양은 송광사에 관련한 다음의 기록을 남기고 있다. 蘇世讓(1486~1562), 「八詠」, 『陽谷集』卷1, 詩, '曹溪山曹溪山水名南國 萬壑千巖鎖翠煙 清淨身兼廣長舌 箇中那結俗人緣 松廣寺禪僧結構稱龍象 照眼金人殿宇開 十五前遊賞地 白頭孤客試重來 眞樂臺四松三被風摧折 獨幹亭木薩一臺 着脚試憑高處望 蜂房蟻垤細縈廻 水碓水舂雲碓千山響 搗玉揚珠夜復長 釋子從今閑更甚 晚來唯有拾枯薪 莧泉阿誰剖竹偸靈派 架壑緣崖百折流 半夜寒聲驚客夢 惧疑風雨在床頭 冬柏葉厚花深柯削鐵 嚴霜朔雪鎭長春 平生半世披圖畫.'

자취가 서린 기문, 예컨대 조계산 묘적암,(62) 양산 통도사,(63) 화순 만연사(64) 등의 사찰에도 보조의 유풍이 찾아지고 있다.

그런데 성리학의 태두인 퇴계 이황(1501~1570)은 그의 문집에서 다음과 같은 기문을 남긴 바 있다.

> 상가타암이었다. 그 동쪽은 동가타암이 있는데, 종수가 말하기를, '희선장로가 처음으로 여기에 살았고, 그 뒤에 보조국사가 여기에서 좌선 수도하여 9년 동안을 밖에 나가지 않고, 스스로 호를 목우자라 하였습니다. 시집이 있는데 제가 일찍이 가지고 있던 것을 다른 사람이 빌려갔습니다.' 하며,

---

59) 법장 이후 조선전기 송광사 주지는 중인, 운곡, 석정 등이 찾아지고 있지만 그 이후 조선중엽까지 주지직에 재임하였던 고승에 대하여 잘 알려져 있지 않다. 『송광사지』에 의하면 雲谷이후 조선전기 주지직에 있었던 고승은 1477년(성종 8) 무렵의 六正, 1490년(성종 21) 무렵의 釋精, 1574년(선조 7) 무렵의 省仝이 찾아지고 있으나 구체적인 정보는 알려지지 않고 있다.

60) 翠微 守初, 「牧牛子」, 『翠微大師 詩集』, 『한국불교전서』 8, 297하, '把鼻順摩捋 淹留養一牛 潙山書字日 王老示牽秋 放去休攔遏 收來撥索頭 稼苗終不犯 任與臥荒丘.'; 虛白 明照, 「松廣寺 感牧牛子」, 『虛白集』, 『한국불교전서』 8, 384중, '緬思當日事 風化四方垂 香樹同生死 浮雲共去留 休光千載重 明德万年優 眞相今何在 曹溪咽不流.'; 雪巖 秋鵬, 順天府靈就山興國寺普照國師樹塔建碑勸文 『雪巖雜著』 卷2, 『한국불교전서』 9, 278중-하, '普照國師 吾東方叢林大覺士也.'

61) 中觀 海眼(1567~?), 「次天印師 松廣寺韻」, 『中觀大師 遺稿』, 『한국불교전서』 8, 204상-중 ; 無竟 子秀, 「全州 終南山 松廣寺 事蹟 詞序」, 『無竟集』 卷2, 『한국불교전서』 9, 399상-400상 ; 無用 秀演, 「松廣寺 普光殿 丹雘改新募」, 『無用堂遺稿』 卷上, 『한국불교전서』 9, 344하 ; 無用 秀演, 「夏日再遊曹溪」, 『無用堂遺稿』 卷上, 『한국불교전서』 9, 347상 ; 鏡巖 應允, 「曺溪山 松廣寺記」, 『鏡巖集』 卷下, 『한국불교전서』 10, 441상-중 ; 三峯 知濯, 「贈別華峯宇晟大師 之湖南松廣寺 幷小序」, 『三峯集』, 『한국불교전서』 10, 461하-462상 ; 白坡 亘璇(1767~1852), 「二引示體中玄正當今時」, 『修禪結社 文科釋』, 『한국불교전서』 10, 531하.

62) 詠月 淸學(1570~1654) 「曹溪山 妙寂庵 重創記」, 『詠月集』, 『한국불교전서』 8, 227하-228상.

63) 冲虛 旨冊(1721~1809). 「遊曦陽山 記贈人」, 『冲虛大師遺集』 卷1, 『한국불교전서』 10, 333중-334상.

64) 蓮潭 有一(1720~1799), 「萬淵寺 兩國師影子 重修記」, 『蓮潭大師林下錄』 卷3, 『한국불교전서』 10, 259상.

몇 구절을 외우는데 모두 정신이 번쩍 들게 하니, 사람으로 하여금 오곡이 익지 못한 탄식을 자아내게 하였다. 그 서북쪽의 금강대와 화엄대는 옛 이름을 그대로 두었는데, 고승의 자취를 표시하기 위해서였다.[65]

즉, 퇴계 이황은 1549년(명종 4) 5월 묘봉암[66] 승려 종수,[67] 응기 등과 소백산 일대를 산행하였는데 동가타암이 보조국사가 9년동안 좌선하였던 곳이라고 하면서『목우자시집』을 승려 종수가 빌려갔다고 한다.[68] 이황이

---

65) 退溪 李滉(1501~1570),「遊小白山錄」,『退溪集』卷41, 雜著, '卽上伽陁也 其東偏有東伽 陁 宗粹云 希善長老初住此 後普照國師於此坐禪修道 九年不出 自號牧牛子 有詩集 粹曾得 之 爲人借去 誦其數句 皆警策 令人有五穀不熟之歎也 其西北 金剛 華嚴二臺仍舊名者 所以識高僧之迹也.'
66) 權好文(1532~1587),「退陶先生 妙峯庵題 戲呈豐基太守裴汝友」,『松巖集』續集 卷4, 詩.
67) 승려 粹上人 관련한 기문을 소개하면 다음과 같다. 退溪 李滉(1501~1570),「贈宗粹上 人」,『退溪集』外集 卷1, 詩, '萬事終歸一指薪 勞生何用敝神精 三杯飮酒猶通道 五斗呑葱 不耐辛 黃卷舊聞天外樂 白雲今見意中人 妙峯宴坐觀空處 眞覺人間一聚塵.'; 退溪 李滉 (1501~1570),「妙峯庵八景(庚戌)」,『退溪集』續集 卷2, 詩, 鍾磬響空 '上方鍾磬戞雲空 塵界人人揔若聾 響空臯禽淸夜唳 風吹同入廣寒宮(宗粹上人結庵於小白山高處 名曰妙 峯 求題八景 聊書此贈之 以擬他日尋遊之面目云 庚戌長至後有日 退溪病叟書.'; 黃俊良 (1517~1563),「次退溪韻 贈妙峯菴宗粹上人」,『錦溪集』卷1, 詩, '春靜溪頭無俗物 神交 方外有宗師 應知關戶驚敲日 正是梅窓讀易時 霧戶雲扃關不開 妙峯高臥覺神安 看他索 食爭名輩 僧俗勞勞兩未閒.'; 黃俊良(1517~1563),「妙峯八景 次退溪贈宗粹上人」,『錦 溪集』卷1, 外集 詩, '無窮境界寄孤僧 八景名中盡盡稱 風度磵松淸籟合 月籯軒竹碧雲凝 窓明雪嶺千層玉 巖淨茶泉六月氷 直待霜秋楓錦爛 高憑快閣見崖稜 八景補遺戲贈之.'; 黃俊良(1517~1563),「次退溪 贈宗粹上人 師住妙峯 不出山」,『錦溪集』卷1, 外集 詩, '楓染琴山一半濃 欣逢碧眼照秋空 澄神靜慮功相似 博律談玄道不同 方外已專無價寶 雲間新住弗根蹤 來過風雨霑霞袂 門外慙無放鶴童 冒雨來訪 適我出遊 翌日復來故云.'; 黃俊良(1517~1563),「次退溪韻 贈妙峯菴粹上人」,『錦溪集』卷2, 外集 詩, '師是曹溪 第一流 解裝詩既響精珍 憑風試喚溪翁道 已洗塵蹤可自由 溪翁 有欲洗拏蹤不自由之句 而今已高臥林泉 故云 哀切彈琴患採薪 欣逢碧眼暫怡神 連篇華藻驚三絶 滿把新蔬感五 辛 結社未成靈運計 留衣還媿退之人 落花啼鳥煙霞路 擬做天遊一漚塵.'; 金富倫 (1531~1598),「敬次先生韻 贈宗粹上人」,『雪月堂集』卷1, 詩, '爲僧要識三乘道 作士當 從百世師 堪笑此身空伎倆 惺惺羨爾問翁時 萬事於心了不關 一節留處四肢安 只今已懶 遊山計 便覺禪身老更閒 邂逅靑春欲暮天 龍眉瘦骨似神仙 閒慇戱問空空法 笑說心傳口 不傳.'; 鄭士誠(1545~1607),「簡尾書示宗粹上人」,『芝軒集』卷1, 詩, '不因風捲浮雲散 那見長空萬里天 釋氏此言誰解道 沈吟終日對鑪煙.'

죽자 성균관을 대표하여 장례에 참여하였던 일송 심희수(1548~1622)[69]를 비롯한 신민일(1576~1650),[70] 초암 신혼(1624~1656)[71] 등의 문인들이 기록을 남기고 있다.

4. 나가는 말

이상으로 '조선전기 선종계 고승과 보조선'의 주제하에 보조국사 자눌의 선풍이 조선시대 선종계 고승에 어떠한 영향을 끼쳤는가에 대하여 살펴보았다. 조선불교는 흔히 무종단 산중불교라고 하여 침체성만 강조되어 온 경향이 크지만, 적어도 조선중기 이전인 조선전기에는 아직 숭유억불 시책으로 선교 양종 18사 시대에 이어 과천 청계사 중심의 선종 1종의 시대가 전개되고 16년간 선교 양종의 복립의 시기를 거쳤다. 역사상 전무하다고 할 불교 탄압의 분위기 속에 나옹 혜근과 태고 보우의 문도가 불교계를 이끌어가는 시대가 전개되어 갔다. 고려시대 산문 중심의 불교가 문도

68) 퇴계의 불교 관련 대표적인 연구는 다음과 같다. 정혜정, 「불교적 조명에 의한 퇴계와 율곡의 공부론 비교」, 『종교교육학연구』 16, 2003 ; 김종명, 「퇴계의 불교관」, 『종교연구』 41, 2005 ; 이조원, 「퇴계사상 체계에서의 敬과 禪에 관한 연구」, 『한국선학』 21, 2008.

69) 沈喜壽(1548~1622), 「次五峯韻 贈德敏上人」, 『一松集』 卷1, 詩 五言律詩, '昨夜三峯夢 重興寺裏遊 香燈新佛殿 花雨舊鍾樓 遯野客無事 求詩僧有愁 閑忙相對坐 江漢水西流' ; 沈喜壽, 「次五峯韻 贈德敏上人」, 『一松集』 卷1, 詩 五言律詩, '昨夜三峯夢 重興寺裏遊 香燈新佛殿 花雨舊鍾樓 遯野客無事 求詩僧有愁 閑忙相對坐 江漢水西流.'

70) 申敏一(1576~1650), 「題千佛菴德敏 詩軸」, 『化堂先生集』 卷2, 詩 七言絶句, '苦對疲氓白首低 空敎魂夢訪雲棲 淸秋歸去重興洞 一笑相携過虎溪 偶然昨夢到巖扉 松檜蒼蒼石路微 邂逅老禪談絶境 秋風携手可同歸.' ; 申敏一, 「題德敏上人詩軸」, 『化堂先生集』 卷之二, 詩 五言律詩, '甚矣吾衰也 如今辦臥遊 溪山靜散地 風月梵鍾樓 蠟屐誰相理 銅章坐自愁 何當賦歸去 濯足玉虹流.'

71) 文名이 높았고 그림에도 뛰어났던 문인 初庵(草庵) 申混이 다음과 같은 기문을 남기고 있다. 申混(1624~1656), 「德敏詩卷 用五峯韻 送歸楓嶽」, 『初菴集』 卷2, 高靈申混元澤著 蘭臺雜詠, '皆骨知名寺 經年作夢遊 春山望飛錫 明月憶登樓 到院松應長 開經鶴不愁 向來塵外想 終愧付緇流.'

중심의 불교로 전환되다가 조선중기 청허 휴정과 부휴 선수의 문도들이 이끌어가는 문도 중심의 산중불교가 전개되어 '3문(三門)의 불교'시대를 거쳐 오늘에 이르고 있는 것이다.

고려중기 무신집권기 초 보조국사 지눌과 그의 수제자 진각국사 혜심이후 13국사가 배출되어 지눌의 선풍이라고 할 보조선이 계승되었으며, 조선전기에 태고 보우, 특히 나옹 혜근의 문도들이 조선전기 불교계를 주도하였다. 특히 지눌의 선풍은 조선초 나옹의 상수 제자이자 무학 자초의 동문인 고봉 법장이 송광사를 중창하면서 지눌과 보조의 선풍을 선양하였으며, 무학의 상수 제자 함허는 『현정론』을 지어 정도전의 억불 논리에 대응하였는데 정도전의 『불씨잡변』 가운데 지눌의 선풍을 인용한 것으로 보아 조선초 지눌의 선풍이 선종계를 대표한 것이 아니었는가 한다. 함허의 손제자인 듯한 혜각존자 신미도 지눌의 수심결을 언해하는 등 지눌의 선풍의 영향을 받았다. 설잠 김시습도 화엄선(華嚴禪)을 주창하여 지눌의 영향을 받았으며, 그와 교유한 순교승 설준도 송광사에서 머무는 등 지눌의 유풍을 엿볼 수 있다.

한편 청허 휴정과 그의 문도들에 의해 확립된 조계종 법통상의 고승들은 태고 보우의 문도계라고 할 수 있다. 태고 보우의 제자 상총은 송광사 보조의 유제를 강조한 바 있으며, 벽계 정심과 그의 제자 벽송 지엄의 경우 강원의 이력 과정에 지눌의 저서를 포함시켰다. 지엄의 문도들인 부용 영관과 경성 일선도 지눌의 선풍인 선교 융합적 요소를 강조하였다. 당시 퇴계 이황의 문집에 의하면 소백산 일대에서 활동한 승려 종수는 『목우자시집』을 가지고 공부한 내용이 나오고 있다.

이렇듯 조선전기 선종계 고승뿐만 아니라 그들과 교유했던 유자들의 경우에도 고려시대처럼 지눌의 선풍의 영향을 받은 사례가 찾아지고 있어서 선종계에 지눌의 선풍의 영향이 적지 않았음을 알 수 있다.

Ⅳ. 조선후기 수선사 16국사의 위상과 추념

1. 들어가는 말

송광사는 승보종찰로서 불보종찰인 양산 통도사와 법보종찰인 합천 해인사와 더불어 3보 종찰로 불려지고 있다. 흔히 송광사는 고려중기 수선사 결사 운동을 전개하였던 보조국사 지눌을 포함하여 16국사를 배출하였기 때문에 승보종찰이 된 것으로 널리 알려져 있다. 이렇듯 송광사 16국사의 위상으로 인하여 송광사가 승보종찰로 설정된 듯하지만 언제부터 어떤 사정으로 설정되었는가에 대해서는 제대로 알려진 바 없다.[1]

수선사 16국사의 책봉은 당대에 이루어진 것이 아닐 뿐만 아니라 그 가운데에는 대략적인 사실조차 알 수 없는 인물들도 있다. 따라서 16국사 당대의 불교계의 역할과 위상을 검토할 필요가 있으며, 언제부터 16사주가 국사로 추념되었는가 하는 사실들이 밝혀져야 송광사의 승보종찰로서의 자격 내지 그 위상을 정립할 수 있을 것이다.

그동안 송광사에 대한 연구는 송광사가 있게 한 지눌과 간화선 및 수선사 결사를 중심으로 이루어져 왔다. 그만큼 한국불교 사상사에 있어서 중요한 영향을 끼쳤기 때문이다.[2] 이에 논자도 그러한 측면에서 지눌과 수선사의

---

1) 송광사 16국사에 대해서는 다음의 논고가 참조된다. 菅野銀八,「高麗 曹溪宗十六國師の繼承に就いて」,『靑丘學叢』9, 1932 ; 이지관,「지눌의 정혜결사와 그 계승」,『한국선사상연구』, 동국대 불교문화연구소, 1984.
2) 송광사에 관련된 기본사서와 연구성과를 대략적으로 소개하면 다음과 같다. 한국문헌연구소,『曹溪山 松廣寺 史庫』, 1977 ; 임석진,『(大乘禪宗 曹溪山) 松廣寺誌』, 1965 ; 한국불교연구원,『송광사』, 일지사, 1975 ; 조명제 외,『역주 조계산송광사고-인물부』, 혜안, 2007 ; 조명제 외,『역주 조계산송광사고-산림부』, 혜안, 2009 ; 조명제, 정용범,「송광사사고의 편찬과정과 자료 가치」,『지역과 역사』19, 부경역사연구소,

사상 또는 정신이 후대에 어떻게 계승되었는지 살펴본 적이 있다.[3] 하지만 수선사 16국사의 위상이나 승보종찰로서의 송광사에 대한 정치한 천착은 이루어지지 않은 듯하다.

이에 본고는 송광사가 3보 종찰이 된 것은 고려후기 수선사 15사주의 위상 때문이라고 보고 당대 불교계 위상이 어떠하였는가를 살펴보고자 한다. 아울러 송광사의 16국사 및 18주지로 설정되어 3보 종찰로서의 위상이 부각된 시기나 그 상황을 검토해 볼 필요가 있는 것이다. 선학 제현의 질정을 바라마지 않는다.

2. 수선사 16사주의 위상

근대 이전의 송광사의 사세와 관련된 가장 중요한 고승은 고려중기 보조국사 지눌과 진각국사 혜심, 고려말 나옹 혜근과 무학 자초 및 조선초 고봉 법장과 중인, 조선중기 부휴 선수와 벽암 각성일 것이다. 지눌은 당시 중앙의 보수화한 불교계를 비판하면서 지방에 내려와 신앙결사를 전개하였고 이를 계승한 혜심은 간화선을 주창하였다. 그 후 14사주로 계승되면서 고려후기 불교계를 대체로 주도하였다. 그리고 나옹과 무학은 고려말 숭유억불 운동기의 송광사 주지를 하면서 불교계를 수호하고자 하였고 조선초 고봉은 퇴락한 송광사를 중창하였다. 조선중기 부휴와 벽암은 양란으로 침체된 송광사를 중창하였고 그들의 문도들이 조선후기 불교를 전개하였다.[4]

2006 ; 조명제, 「조선후기 송광사의 전적 간행과 사상적 경향」, 『보조사상』 32, 2009.
3) 황인규, 「목우자 지눌과 고려후기 조선초 불교계 고승」, 『보조사상』 19, 2003 ; 황인규, 『고려후기·조선초 불교사연구』, 혜안, 2003 ; 황인규, 「조선전기 불교계 고승과 목우자 선풍」, 『보조사상』 21, 2004 ; 황인규, 『고려말·조선전기 불교계와 고승연구』, 혜안, 2005 ; 황인규, 「고려후기 수선사와 사굴산문-고승의 존재양상과 그 동향을 중심으로」, 『보조사상』 28, 2007 ; 황인규, 「고려후기 사굴산문 수선사 고승과 중국불교계-제기록 검토와 그 실상을 중심으로」, 『불교학보』 47. 2007.
4) 최근에 조선후기 송광사에 대한 연구는 서지학 문학 미술 등 다양하게 전개되어

송광사의 역사 가운데 가장 비중이 있는 시기는 고려후기일 것이다. 수선사 15사주는 대체로 고려후기 불교계를 주도하였고 그 선풍이 조선 불교나 근현대 불교계에 끼친 영향은 매우 크기 때문이다. 송광사 16사주를 소개하면 다음과 같다.[5]

통효 품일(通曉 品日)~종휘(宗暉)
(1) 보조 지눌－(2) 진각 혜심－(3) 청진 몽여－(4) 진명 혼원－
　　　－(5) 원오 천영－(6) 원감 충지
(10) 혜감 만항－□□ 소지－(18) 무학 자초
(11) 자원 □□
(7) 자정 일인
(8) 자각 도영－(13) 각진 복구－(14) 복암 정혜
(9) 담당 □□－(12) 혜각 묘구－(15) 홍진 □□
　　　　　　－(17) 나옹 혜근－(16) 고봉 법장

매우 고무적이다. 이러한 중요 연구성과를 소개하면 다음과 같다. 송일기, 「순천 송광사 간행 불서고-조선조 유간기불서를 중심으로」, 『서지학연구』 10, 1994 ; 노기춘, 「순천 송광사 개판불사에 관한 연구 1·2-임진왜란이전 有刊記 불서를 중심으로-」, 『서지학연구』 25·26, 인천 : 서지학회, 2003 ; 박명희, 「순천 송광사 간행 고승문집 연구」, 『동방한문학』 24, 동방한문학회, 2003 ; 신대현, 「『연천옹유산록』현판을 통해 본 송광사 역사의 일면」, 『불교고고학』 1, 위덕대, 2004 ; 최병헌, 「조선후기 부휴선수계와 송광사」, 『동대사학』 1, 동덕여대 인문대학 국사학과, 1995 ; 김용태, 「금명 보정의 부휴계 정통론과 조계종 제창」, 『한국문화』 37, 서울대 규장각 한국학연구원, 2006 ; 김용태, 「'부휴계'의 계파인식과 보조유풍」, 『보조사상』 25, 2006 ; 김방룡, 「부휴 선수의 사상과 그의 법통관」, 『한국선학』 22, 2009 ; 김방룡, 「효봉, 수선사 가풍의 계승 및 근대 간화선의 확립자」, 『불교학연구』 12, 2005 ; 임상설, 『효봉과 송광사』, 『상산문화』 8, 상산고적회, 2002. 그 외 국문학, 건축 등 제분야에 대한 연구성과는 생략한다.

5) 본고와 관련된 수선사에 대한 중요 연구를 소개하면 다음과 같다. 김당택, 「고려 최씨 무인정권과 수선사」, 『역사학연구』 X, 전남대학교 사학회, 1981 ; 진성규, 「고려후기 수선사의 결사운동」, 『한국사론』 36, 일지사, 1984 ; 김상영, 「고려중기의 선승 혜조국사와 수선사」, 『이기영박사 고희기념논총 불교와 역사』, 1991 ; 박영제, 「수선사의 성립과 전개」, 『한국사 21』, 국사편찬위원회, 1996.

이렇듯 고려후기 송광사에는 불교계를 대표할 만한 고승이 주석하였고 지눌대 희종으로부터 '조계산 수선사'라는 이름을 하사받았다. 현재 송광사는 우리나라 불교계의 최대 종단인 조계종을 지칭한다고 할 만하다. 사실 지눌이 결사 운동을 전개할 때 사명이 조계산 정혜사 혹은 조계산 수선사라고 불리었고 이를 '송광산에 있는 정혜사 또는 수선사'를 줄여 송광사라고 하였고 후에 송광사라는 사명으로 불리고 있다.[6]

이와 같이 고려후기 송광사는 수선사 결사도량이었다. 이미 널리 알려진 바와 같이 결사는 중국 동진의 고승 혜원의 백련결사에서 시작된 신앙결사에서 유래한다. 고승을 중심으로 관료·지식인·보통 사람들이 참여한 신앙적인 측면뿐만 아니라 마을 결사라고 할 향도로 발전하여 조선후기 두레로 변모하였고, 이것이 바로 전통시대 가장 아름다운 공동체 정신의 표상인 것이다.[7]

수선사는 개창조 지눌과 그의 제자 혜심과, 그의 문도 몽여로 계승되었고 충지의 말처럼 몽여대 선풍은 크게 떨쳤고 혼원에 이르러 조사의 도를 계속 일으켰던 것이다.[8] 그 이후 수선사는 혼원과 천영의 제자들에 의해 계승되었다. 즉 혼원의 문도로서 천영, 수선사 제7세 자정 일인, 수선사 제8세 자각 도영·탁연·원정국사 경지 등이 있었고 천영의 문도로 수선사

---

6) 노기춘, 「새로 발견된 『주금강반야바라밀경』과 송광사 사명에 관한 연구」, 『서지학연구』 29, 2004.
7) 불교 신앙결사는 신앙결사와 향도로 전개되다가 고려후기에 이르러 다양화되었다. 16세기 이후 지방 土族들이 성리학적 사회질서를 재편성해 나가면서 향도는 공동 노동 조직으로서의 기능을 두레가 담당하게 됨에 따라 喪葬의 일만을 수행하여 상두꾼으로 잔존하게 되었다. 김필동, 「삼국-고려시대의 향도와 계의 기원」, 『한국전통사회의 구조와 변동』, 1986 ; 채웅석, 「고려시대 향도의 사회적 성격과 변화」, 『국사관논총』 2, 1989 ; 이태진, 「예천 개심사석탑기의 분석」, 『역사학보』 53·54, 1972 ; 이태진, 「17·18세기 향도조직의 분화와 두레 발생」, 『진단학보』 67, 1989. 이렇듯 송광사는 공동체 정신의 성과에서 출발된 것이다. 따라서 송광사를 비롯한 모든 사찰은 누구나 와서 즐기고 나눔을 함께 하는 생활 공동체의 장이 되어야 할 것이다.
8) 충지, 「定慧入院 祝法壽疏」, 『원감국사집』 疏篇.

제6세 충지·신화·신정, 수선사 제10세 혜감국사 만항·자원, 수선사 제13세 각진국사 복구, 원명국사 충감 등이 있었다.9)

복구의 비문에 의하면 지눌에서 복구대에 이르기까지 13대 조파(祖派)가 이루어졌다고 한다.10) 그 이후 제14세 정혜국사로 계승되어 수선사 사주가 거의 대부분 사자상승(師資相承)이 되어 수선사의 전통이 확립되었음을 알 수 있다.

이들 수선사 16사주의 생존시 당대의 위상을 좀 더 살펴보면 다음과 같다. 지눌은 1200년(신종 3) 수선사에서 11년간 대중을 거느리고 불법을 펼쳤다. 오로지 계율로서 두타행을 하였는데 사방의 승려와 속인이 소문을 듣고 몰려들어 성황을 이루었다고 한다. 명리와 벼슬 처자를 버리고 승려가 된 사람도 있었고 왕공과 선비와 서민들 가운데 수선사에 들어온 자도 수백 명에 이르렀다고 한다.11) 이렇듯 그가 주도한 신앙결사는 큰 호응을 얻었음을 알 수 있다. 그는 '소의 걸음에 범의 눈빛의 위엄[牧牛虎視]'을 가지고 몸가짐에 해이함이 없었고 항상 대중을 앞서서 실천하였다. 희종은 그의 명성을 듣고 송광산을 조계산으로, 길상사를 수선사로 고쳐 사액을 내리는 등 왕실의 공경과 외호를 받았다. 후에 가지산문계 선승 일연이 지눌을 원사(遠嗣)하였다고 한 것12)도 지눌과 수선사의 위상을 대변하는 것이다. 그는 입적 후 '불일 보조국사'로 추증되었고 '감로'라는 탑호를 하사받았다.13)

지눌의 입적 후 그의 법을 이은 혜심은 왕명으로 승과를 거치지 않고 대선사를 제수받았고 수선사 사주가 되어 신앙결사 운동을 전개하였다.

---

9) 황인규, 「목우자 지눌과 고려후기 조선초 불교계 고승」, 『보조사상』 19, 2003 ; 황인규, 『고려말·조선전기 불교계와 고승연구』, 혜안, 2005.
10) 이달충, 「각엄존자 각진국사비」, 『동문선』 권118.
11) 김군수, 「순천 송광사 불일 보조국사비」, 『조선금석총람』 하 ; 『동문선』 권117, 『주서불교통사』 하,
12) 민지, 「군위 인각사 보각국존 정조탑 비문」, 『조선금석총람』 상.
13) 그 후 수선사 16사주의 입적후 대체로 탑호를 하사했으나 본고에서는 생략하였다.

그 규모가 커지자 강종의 지원으로 도량을 증축했다. 그의 도를 흠모하여 가르침을 받고자 하는 사람들이 매우 많이 몰려들었다. 그가 이끈 승려만해도 1천여 명에 달했다고 한다.[14] 당시 실권자 최우도 그의 도풍을 듣고 개경으로 모시고자 했으며, 그의 두 아들 만종과 만전을 맡기기도 하였고[15] 그의 과거시험의 출제를 관장하였던 재상 최홍윤은 그의 제자가 되고자 하였을 정도였다.[16] 비문에 '국가가 3백여 년 이래로 대화상을 추존하여 국사로 삼은 것은 오직 대각[의천], 무애지[계응], 보조[지눌]과 더불어 진각[혜심] 등의 대덕이었다'[17]는 기록도 그의 위상을 단적으로 보여주고 있는 대목이다. 입적후 '조계산 제2세 진각국사'로 추증되었다. 비문 찬자는 '그가 선문의 정안(正眼)이며 육신보살의 화현이라 할 만하다'고 숭앙하였다.[18]

혜심의 법을 이은 수선사 사주 몽여는 고종이 특별히 비준하여 대선사가 되었다. 앞서 언급한 바와 같이 '몽여대에 이르러 선풍을 크게 떨치게 되었다'고 하였다.[19] 그는 동국의 재상으로 해동의 공자라고 자부하였던 이규보와 서신을 교유했다.[20] 「원오국사 비문」과 「진명국사 비문」에 '청진국사'라고 지칭하였으므로 입적 직후 국사로 추증된 듯하다.

---

14) 최자, 『보한집』 ; 『신증동국여지승람』 권17, 충청도, 공주목, 역원, 유구역.
15) 『고려사』 권121, 왕해전 ; 김달진, 『진각국사어록』(마음글방 17), 세계사, 1993 ; 『한글대장경』 ; 『한국불교전서』 5.
16) 慧諶(1178~1234), 「答崔叅政洪胤」, 『曹溪眞覺國師書答』, 『진각국사어록』 ; 김달진, 『진각국사어록』(마음글방 17), 세계사, 1993 ; 『한글대장경』 ; 『한국불교전서』 5.
17) 민인균, 「만덕산 백련사주 요세증시 원묘국사 교서」, 『동문선』 권27.
18) 이규보, 「曹溪山 第二世故 斷俗寺住持 修禪社主 贈諡眞覺國 師碑銘 幷序」, 『동국이상국집』 권35, 비명 ; 『조선금석총람』 상, '眞可謂禪門正眼, 肉身菩薩者歟.'
19) 충지, 「定慧入院 祝法壽疏」, 『원감국사집』 疏篇.
20) 이규보, 「송광사주 대선사 몽여가 시자 두 명을 보내어 丁而安의 묵죽 두 그루를 얻고 따라서 나를 맞이하여 찬을 짓게 하다.」, 『동국이상국후집』 권11 ; 이규보, 「송광사주 선사 몽여에게 부치는 편지」, 『동국이상국후집』 권12 ; 이규보, 「이지식에 답하는 편지」, 『동국이상국후집』 권12 ; 이규보, 「송광사주에게 답하는 편지」, 『동국이상국후집』 권12.

몽여 다음의 수선사 사주가 된 혼원은 사굴산문의 개조인 품일[범일]의 법계 후손인 종헌에 출가하였다고 밝히면서 사굴산문의 정통 조사였음을 자부하면서도[21] 몽여에게 법을 사사받았다고 하였다. 1245년(고종 32) 강화 국도에 제2의 선원사가 창건되자 다음 해인 1246년 승려 3천여 명이 참가한 가운데 개최된 낙성회를 주맹하였다. 그 후 수선사의 사주가 되기 전에 모두 선원사의 사주가 되었다. 몽여가 입적하자 혼원이 수선사 사주가 되어 지눌의 선풍을 불러일으켰다. 고종은 혼원의 덕을 흠모하여 신하의 예로 섬기는 것을 바라지 않았다. 혼원은 1259년(고종 46) 왕사로 책봉되어 당시의 불교계를 주도하였는데, 예컨대 국도에서 2천여 명의 뛰어난 고승을 거느린 법회를 주관하기도 하였다.[22] 이렇듯 지방의 남단의 수선사의 사주가 강화 국도의 선원사 사주와 왕사를 맡는 등 불교계를 주도하였던 것이다. 원종의 외숙인 대선사 경지는 원진국사 승향에게 출가하였지만 산문을 옮겨 사굴산문의 혼원을 섬겼다. 수선사 사주 혼원의 높은 위상 때문이었다.[23]

혼원은 입적 후 '조계산 제5세 진명국사'로 추증되었다. 비문의 찬자는 비명에서 '품일[범일]이 개창하고 오로지 혜소[혜조담진]와 대감[탄연]에 이어 진각[혜심]이 서로 잇달아 크게 드러내니 꼭두서니에서 나온 붉은색과 쪽에서 나온 청색처럼 우리 대사가 더욱 빛났네'[24]라고 특기하였다.

혼원 다음으로 수선사 사주가 된 천영은 혜심에게 출가하여 1250년 선원사 주지로 재임하였다. 1251년 3대 선우인 보제사 별원이 강화 국도에 건립되자 9산문의 선승들이 참가한 가운데 법회를 주관하였는데 이는 당시 선종계를 주도하였음을 의미한다. 그는 스승 혼원에 이어 수선사와 선원사의 사주가 되어 고종의 존경을 받았다. 원종대에도 궁중에서 제국대장공주

---

21) 황인규, 「고려후기 수선사와 사굴산문-고승의 존재양상과 그 동향을 중심으로」, 『보조사상』 28, 2007.
22) 김구, 「악룡산 자유사 증시진명국사 비명」, 『동문선』 권117.
23) 위와 같음.
24) 위와 같음.

의 존경을 받는 등 종실과 경대부뿐만 아니라 다른 종파의 숭앙을 받았다. 그는 수선사에서 30년간 머물면서 지눌의 선풍을 진작시켰고 입적후 '조계산 제5세 자진 원오국사'로 추증되었다.25)

천영에 이어 수선사 사주가 된 충지는 7년간 주석하며 지눌의 유지를 빛나게 하였다. 충지는 혜소[혜조]국사를 성사로 지칭하고 혜소가 계족산에 정혜사를 창건하였다는 사실을 강조하였다.26) 원의 세조에게 수선사의 토지를 보국하는 상소를 올려 절의 재정을 보강케 하였고,27) 이를 계기로 원 황제의 초청으로 원나라의 수도 대도에 가서 스승의 대접을 받았다. 입적후 '조계산 수선사 제6세 원감국사'로 추증되었다.

그 후 수선사 사주는 자정 일인, 자각 정열, 담당국사로 이어지는데 그들에 대한 사실은 알 수 없다. 당시 수선사의 사세가 침체된 듯하다. 다만 자각 정열은 「자각국사비」에 '자각국사'라는 칭호가 사용되었으므로 입적 후 국사로 추증된 듯하다.

수선사 사주 제10세 만항은 중국의 임제종 고승 몽산 덕이와 서신을 교유하며 고담이라는 호를 받았다. 침체된 수선사의 사세를 진작시키기 위해서 몽산 선풍을 수용했던 것이다.28) 그래서 그는 비명에서 '보조[지눌]의 열쇠를 잡고 원오[천영]의 목탁을 올렸고 몽산 덕이의 흙벽을 뚫었다'는 평을 받았다.29) 그는 1313년 개경으로 가서 선종과 교종의 고승들을 모아 불법을 강론하여 왕으로부터 '묘명존자'라고 존경을 받았다.30) 충선왕과

---

25) 이익배, 「승주 불대사 자진 원오국사 정조 탑비」, 『조선금석총람』 상.
26) 沖止, 「慧炤國師 祭文」, 『원감국사집』 祭文. 수선사와 사굴 산문과의 관계에 대해서는 다음의 논고를 참조하기 바란다. 황인규, 「고려후기 사굴산문 수선사 고승과 중국불교계-제기록 검토와 그 실상을 중심으로」, 『불교학보』 47. 2007.
27) 충지, 「上大元皇帝表」, 『원감국사집』 표 ; 『동문선』 권40.
28) 황인규, 「고려후기 사굴 산문 수선사 고승과 중국불교계-제기록 검토와 그 실상을 중심으로」, 『불교학보』 47. 2007.
29) 위와 같음.
30) 이제현, 「별전 종주중속 조등 묘명존자 혜감국사 비명」, 『익재난고』 권7 ; 『동문선』 권118.

충숙왕의 존경을 받아 개경에서 만승회를 주관하기도 하였다. 입적 후 '조계산 수선사 제10세 묘명존자 혜감국사'로 추증되었다.

그 후 제11세 사주 자원국사는 묘엄존자 '자원국사'라는 시호를 받았고 혜각국사 묘구가 그 뒤를 이어 수선사 사주가 되었다.[31] 그 후 수선사 제13세 사주가 된 복구는 천영에게 출가하였고 대선사 자각 도영에게 가서 수행하여 총림의 우두머리가 되었다. 자각국사는 복구의 제2의 스승이었다. 송광사에서 20여 년간 머물렀는데 1350년(충정왕 2) 왕사로 책봉되어 당시 불교계를 주도하였고 입적하자 '조계산 수선사 제13세 각엄존자 각진국사'로 추증되었다. 비문의 찬자는 '조파는 보조[지눌]로부터 국사에 이르기까지 모두 13대'라고 하여 수선사 사주가 면면히 계승되었음을 강조하였다. 당대 문인 이제현은 복구의 진영에 찬문을 남기고 있다.[32] 「백암산 정토사 사적」에 의하면 재상 홍수가 발원하여 그의 문인이 송나라에 가서 『대장경』을 구해 와서 전장법회를 개최하였다. 수선사 제14세 사주 복암 정혜는 모든 산문의 장로 1천여 명이 참여하여 개최된 3회 전장법회를 주관하였다.[33] 당시 수선사가 불교계를 주도하는 모습을 엿볼 수 있다. 이는 태고 보우의 상수 제자이자 가지산문의 제2좌가 되었다는 목암 찬영을 사사하였던 점에서도 단적으로 알 수 있다.[34] 그만큼 수선사의 사세가 그만큼 컸기 때문이다. 하지만 그 후 수선사 제15세 사주인 홍진이 계승하였으나 그에 대해 알려진 바 없을 정도로 사세가 퇴락한 듯하다.[35]

---

31) 이처럼 수선사의 사세는 사주에 대한 기본적인 정보도 알 수 없을 정도로 침체가 된 적도 있었으나 대체로 고려후기 불교계를 주도하였다고 할 수 있다.

32) 이달충, 「각엄존자 각진국사비」, 『霽亭集』 卷3, 墓誌銘 ; 『동문선』 권118.

33) 월출산인 졸암 연온, 「백암산 정토사 전장 제 회방」, 『조선사찰사료』 상, 164~171쪽 ; 한국문헌연구소, 『曹溪山 松廣寺 史庫』, 1977 ; 임석진, 『(大乘禪宗曹溪山) 松廣寺誌』, 1965 ; 조명제 외, 『역주 조계산송광사고-인물부』, 혜안, 2007.

34) 박의중, 「충주 억정사 대지국사비」, 『조선금석총람』 하.

35) 수선사 사주 가운데 가장 인물에 대한 정보가 불확실하게 전하고 있는 것은 담당국사와 홍진국사이다. 담당이 국외 출신의 승려라거나 왕신의 유사동생이니 하는 것이다. 앞으로 이들을 비롯한 다소 불확실하게 전하고 있는 수선사 사주에

이상에서 살펴본 바와 같이 16국사 가운데 생존시 왕사로 책봉된 인물은 혼원과 복구 2인이고 대체로 입적후 국사로 추증되었다. 현재 비명에 나타난 국사의 추증 사실을 열거하면 다음과 같다.

제1세 불일보조국사, 제2세 진각국사, 제3세 청진국사(「원오국사비」, 「진명국사비」), 제4세 진명국사, 제5세 자진원오국사, 6세 원감국사, 제8세 자각도영 '자각국사'(「각진국사비」), 제10세 혜감국사 '묘명존자', 제11세 자원국사 '묘엄존자', 제13세 각진국사비 각엄존자, 제14세 '정혜국사'(「대지국사비」)[제14세 화상 복암정혜(「제3회 전장법회」)].36)

위의 인용한 글에서 보듯이 비명의 제목이나 내용에서 국사로 추증된 사주는 제1세 지눌, 제2세 혜심, 제4세 혼원, 제5세 천영, 제6세 충지, 제10세 만항, 제13세 복구이다. 그리고 비명이 남아 있지 않지만 비문 내용 가운데 국사로 추증된 사주로 확인되는 경우는 제3세 몽여, 제8세 자각 도영, 제14세 복암 정혜이다. 그 외 제7세 자정 일인, 제9세 담당, 제12세 혜각 묘구, 제15세 홍진은 국사로 추증되었는지 알 수 없고 제16세 고봉 법장의 경우는 조선시대에 가서야 추념되었다. 이렇듯 16국사 전체로 볼 때 생존시 국사로 책봉된 적이 없고 왕사로 책봉된 고승은 2인에 지나지 않는다. 더욱이 고려말 송광사는 수선사계가 아닌 사굴산문계나 가지산문계 고승이 주지를 하였고 조선초에 수선사 주지가 된 고봉은 국사로 추증된 적이 없다.37) 이와 같이 수선사 16사주의 위상은 당대에 대체로 불교계를

대한 천착이 이루어져야 할 것이다. 후술하는 16국사의 설정과 관련이 있기 때문에 더욱 그러하다.
36) 朴宜中, 「億政寺 大智國師碑」, 『조선금석총람』 하. 그 외 수선사 사주의 각 비문의 전거는 생략한다. 이에 대해서는 다음의 논고를 참조하기 바란다. 황인규, 「목우자 지눌과 고려후기 조선초 불교계 고승」, 『보조사상』 19, 2003 ; 황인규, 『고려후기·조선초 불교사연구』, 혜안, 2003.
37) 수선사 사주 가운데 혼원과 충지의 경우와 같이 사굴 산문의 개조 범일이나 그의 문도 종휘과 법계 후손 종헌이나 고려중기 선종을 부흥한 혜조국사 담진과

주도하였으나 입적 후 국사로 추증된 것이다.[38]

3. 송광사 16국사의 추념

그러면 송광사 16사주는 언제 16국사로 모두 추념된 것일까? 이에 대한 뚜렷한 기록은 찾아지지 않고 있지만 송광사에서 16국사를 모시기 시작한 것은 벽암 각성의 동문인 대가 희옥이 1621년 쓴 「16국사 진영기」[39]부터인 것 같다. 이는 조선시대 4대 문장가 중 한 인물인 계곡 장유(1587~1638)의 시제와 시문에 다음과 같은 기록이 찾아지기 때문이다.

「사진승 사순에게 주다[贈寫眞僧思舜] 절에 목우파 계열에 속하는 16조사의 초상화가 있었는데, 세월이 오래 흐르면서 퇴색되어 잘 보이지 않았다. 이에 스님이 새로 초상화를 만들어 봉안하면서 나를 위해서도 그려주고 싶다고 하였다.」

16조사 서방 정토 떠나간 뒤에 / 세상사람 아무도 진면목을 몰랐는데, 스님은 붓끝에 천안통을 이뤘는가. / 한 번 그려내자 방에 신광이 그득하네.

　　대감국사 탄연을 강조한 것은 수선사가 사굴 산문을 대표한다는 의식 내지 자부심의 발로였다. 나아가 고려말에 타 산문인 가지 산문의 고승들이 송광사의 주지를 하게 된 것도 송광사의 사세가 그만큼 컸음을 반증하는 것이다. 즉 여말선초 송광사 주지는 수선사계 사주와는 달리 당시 불교계를 주도하였던 나옹 혜근과 그의 문도들과, 그리고 태고 보우의 문도들이 취임하였다는 사실이다. 이에 대해서는 다음의 논고를 참조하기 바란다. 황인규, 「고려후기 수선사와 사굴 산문-고승의 존재양상과 그 동향을 중심으로」, 『보조사상』 28, 2007 ; 황인규, 「목우자 지눌과 고려후기 조선초 불교계 고승」, 『보조사상』 19, 2003.
38) 수선사 16사주의 불교계의 활동에 대해서는 다음의 논고에서 언급하였으므로 여기서는 생략한다. 황인규, 「목우자 지눌과 고려후기 조선초 불교계 고승」, 『보조사상』 19, 2003 ; 황인규, 『고려후기·조선초 불교사연구』, 혜안, 2003.
39) 한국문헌연구소, 『曹溪山 松廣寺 史庫』, 1977 ; 임석진, 『(大乘禪宗 曹溪山) 松廣寺誌』, 1965.

스님 전생은 아무래도 고호도(顧虎頭)로서 / 와관각에 묵은 빚을 남겼던 게지.
훗날 방장실로 날 보러 오면 / 청련이 금속(金粟)이라는 것을 믿게 되리라.[40]

위의 시제에서 보듯이 목우파 계열에 속하는 16조사의 초상화가 있었는데, 세월이 오래 흐르면서 퇴색되어 잘 보이지 않았다고 하였다.[41] 고려말 문인 이제현이 수선사 제13세 복구의 진영 찬문을 지은 사실로[42] 미루어 보아 16조사의 진영은 입적후 각기 조성된 것 같다. 장유가 16조사의 진영이 오래되었다고 하였으므로, 아마도 조선초 1429년(세종 11) 고봉의 입적 이후부터 장유가 보았던 조선중기 이전에 조성되었을 것으로 생각된다. 하지만 그 시기는 송광사의 사세가 침체된 때였기 때문에 16조사가 국사로 묶여 추념되었는지 의문이 든다. 따라서 16국사가 설정된 시기는 임란 직후 송광사 중창시 16조사를 다시 봉안하고 대가 희옥이 16국사 진영기를 작성한 무렵이 아니었을까 한다. 이는 다음과 같은 당시 송광사의 사세의 전개와 관련이 있을 것이다. 즉 당시 불교계에서 부각되고 있었던 부휴 선수와 그의 제자 벽암 각성과 함께 송광사 주지의 청으로 송광사의 중창에 참여하였다.[43] 그리고 부휴 선수와 깊은 관계에 있었던 자운 삼혜 등 송광사

---

40) 張維(1587~1638), 「贈寫眞僧思舜 寺有牧牛派下十六祖師影子 歲久損晦 師爲新之 且欲爲余寫眞云」, 『谿谷集』 卷26, 七言古詩, 四十七首. '十六祖師歸西天 世人不識眞面目 闍梨筆端天眼通 一掃神光滿殿屋 前身定是顧虎頭 宿債曾留瓦棺閣 他時訪我丈室來 須信靑蓮是金粟.'
41) 참고로 현재 남아 있는 송광사 16조사 진영은 1780년 작품이다.
42) 이제현, 「松廣 李國師 眞贊」, 『익재난고』 권9.
43) 한국문헌연구소, 『曹溪山 松廣寺 史庫』, 1977 ; 임석진, 『(大乘禪宗曹溪山)松廣寺誌』, 1965. 부휴 선수의 불교계에서의 부각과 송광사의 사세는 중요하게 간주되어야 할 것이다. 특히 광해군 11년(1619) 중국에서 진신 사리를 이안하고 그 이듬해인 1620년 광해군의 어머니 恭嬪 金氏의 능침 사찰인 봉인사 부도암에 봉안한 바 있다. 『광해군일기』 권138, 11년(1619), 3월 11일(갑오) ; 천마산 봉인사지 편찬위원회, 「사리탑 중수비」, 『奉印寺』, 남양주 : 동 위원회, 2005. 이에 대한 자세한 연구는 다음의 논고를 참조하기 바란다. 황인규, 「광해군과 봉인사」, 『역사와 실학』 38, 역사실학회, 2009.

출신 고승들은 이순신 장군의 휘하에 의승 수군 대장으로 활동하여 불교계와 정부의 주목을 받았다. 그 무렵 16국사 진영기를 작성한 대가 희옥은 바로 삼혜의 친동생이자 부휴의 제자였고 송광사 주지를 역임하거나 주석하게 되는 비승과 급암도 역시 삼혜의 친동생이었다. 따라서 임란기에 즈음하여 송광사의 사세가 불교계에 부각되는 가운데 16국사의 설정이 이루어졌을 것이라고 생각된다.[44]

그 후 송광사에서 주석한 바 있었던 무용 수연(1651~1719)은 16국사를 16성으로 추념하였고[45] 1678년(숙종 4)에 세워진「승평조계산송광사사원사적비」에도 송광사는 동방제일 도량으로 인도의 쌍림과 중국의 여산과 같다고 하면서 16국사와 그 외의 명승들이 모두 이 사찰에 머물렀다고 하였다.[46] 그러면서 16국사에 대해서 다음과 같이 말하고 있다.

　　보조가 입적한 후 진각, 청진, 진명, 회당, 자정, 원감, 담당, 묘명, 자원,

---

44) 三惠는 순천 송광사 출신으로 전라좌수영 산하 의승 수군 팔도도총섭 승대장이었던 慈雲 三惠였다. 『이충무공전서』에 의하면 이순신 장군휘하에 시호 별도장으로 順天寺를 중심으로 활동했던 義僧 水軍이었다. 『李忠武公全書』上, 卷3, 分送義僧把守要害狀, 1593. 1.26 ; 한국문헌연구소, 『松廣寺史庫』, 인물부, 1977. 563쪽. 참고로 三惠는 豹虎別都將으로 순천을, 고흥에서 산 좌수영(本營)의 義能은 遊擊別都將으로 본영을 수호하였다. 性輝는 右突擊將으로 光陽지역을, 信海는 석주에서, 智元은 팔양재(南原) 등 전장에서 큰 전과를 올렸다. 양은용, 「임진난과 호남의 불교의승군」, 『한국종교』 19, 원광대 종교문화연구소, 1994 ; 양은용, 「임진왜란이후 불교의승군의 동향」, 『인문학연구』 4, 원광대 인문학연구소, 2003. 이에 대한 정밀한 연구는 조선 중후기 불교사 연구가 심화된 이후에 가능할 것이다. 이에 대해서는 후고로 미루기로 한다.
45) 無用 秀演(1651~1719),「조계산 송광사 함청각 모연설」, 『무용집』권하 :『한글대장경』157쪽. '송광사는 해동의 하나의 명찰로서 온 나라 사람이 귀천이 없이 이것을 한 번 못 보는 것을 일생의 한으로 삼는다. 그것은 오직 16聖의 옛 자취가 아직 보존되어 있다는 것이다.'
46) 趙宗著(1631~1690),「昇平曹溪山松廣寺嗣院事蹟碑」, 『조선금석총람』하, 일한인쇄소, 1919. '호남의 사찰 중에 크고 아름답다고 칭해지는 것은 이루 다 손꼽을 수 없으나 曹溪山 松廣寺는 동빙세일노냥이니 인노(恩嶺)의 雙林과 숭허(震朝)의 廬阜廬山과 같다. 16國師를 굳이 말하지 않더라도 이 절에 머물지 않고 명승이 된 자는 있지 않다.'

혜각, 각엄, 정혜, 홍진, 고봉, 홍진에게 전해지니 이상은 모두 국사였다. 무릇 16대가 법을 계승하고 사원을 이어받아 끊이지 않았으니 이는 실로 총림의 드물고도 우연한 성대한 자취이다.[47]

이렇듯 1678년(숙종 4)에 세워진 「승평조계산송광사사원사적비」에서 송광사 16국사에 대한 설정 및 정리가 대체적으로 이루어진 듯하다. 그리고 조선후기의 고승 경암 응윤(1743~1804)[48]과 화악 지탁(1750~1839)도 그의 저서에서 송광사가 보조국사 지눌의 도량이라고 하면서 16국사를 역시 언급하였다.[49] 그런데 경암의 경우처럼 16국사가 보조, 진각, 청진, 진명, 자진, 원감, 자정, 자각, 담당, 혜감, 자조, 혜각, 각원, 정혜, 각진, 고봉이라고 망라되었지만 누락되거나 순서가 바뀌는 등 좀 성글다.[50] 후의 사암 채영의 『서역중화 해동불조원류』(1764년 간행)의 조계산 16조사 편에 가서야 바로잡을 수 있다.[51]

그러면 고봉 법장(1351~1428)은 언제 국사로 추증되었는가가 중요하다.

---

47) 위와 같음.
48) 鏡巖 應允(1743~1804), 「松廣山 松廣寺記」, 『경암집』, 『한국불교전서』 10, 99~101쪽. '十六祖師影殿額曰慈蔭堂 以普照爲主壁 而眞覺淸眞眞明慈眞圓鑑慈靜慈覺湛堂慧鑑 慈照慧覺覺圓淨慧覺眞高峰十五祖師配享昭穆 竝懶翁無學 爲十八住持至如臨鏡堂凌 虛閣水石亭 特風流之最 不與此錄云爾.'
49) 華嶽 知濯(1750~1839), 「贈別華峰宇晟大師之湖南 松廣寺 竝小序」, 『三峰集』, 『한국불교전서』 10. '曾聞曹溪山聖僧牧牛子道場 至今寂光凝仁者 所以住也 往已爲我入定 觀十六國師 燒香頂禮恨別難爲忍 傷心不自持 世間各可晦 天外路徧知逆旅違千里 涯生問幾時 湖南歸去後 誰能古人思 有問外典來者 余曰外典不識也 其人猶疑余知 不知 乃擧不明之端 以視不相謀之意. 道尙分岐百任論 春風何擇入千門 人無秉燭那堪照 鏡有埋塵易惹痕 老竹猶寒多苦節 幽蘭方發帶和溫 欲知古聖分明意 月在靑天水在盆 有求內典文字 欲以聞屬文 余曰文章不在文字.'
50) 이에 대해서는 다음의 논저를 참조하기 바란다. 菅野銀八, 「고려 조계산 송광사 십육국사의 계승에 관하여」, 『청구학총』 9, 경성 : 청구학회, 1932 ; 한국불교연구원, 『송광사』, 일지사, 1975, 78~79쪽.
51) 사암 채영, 「曹溪山 十六祖師」, 『西域中華海東佛祖源流』(1764년 刊), '佛日普照名知訥 號牧牛子 應化大聖 元順帝國師 眞覺 淸眞 沖鏡眞明 晦堂慈眞 慈靜 圓鑑 慈覺 湛堂 妙明慧鑑 妙嚴慈圓 慧覺 覺嚴 復庵淨慧 弘眞 高峰和尙 散聖終.'

이에 대한 확실한 기록은 찾아지지 않는다. 아마도 고봉이 수선사 16국사로 추증된 것은 퇴락한 송광사의 당우를 중창하였기 때문이라고 생각된다.52) 고봉이 활동한 조선초 불교계는 무학과 그의 문도들이 주도하면서 나옹 혜근의 문도이며 무학 자초의 도반인 고봉 법장이 부각되는 계기가 되었던 듯하다. 그리고 조선후기에 이르러 나옹과 무학이 크게 부상함에 따라 16국사에 버금가는 인물들로 부상하였다.53) 앞서 언급한 『경암집』에서 보듯이 고려말 송광사 주지였던 나옹과 무학을 포함하여 18주지의 반열에 오르게 된 것이다.54) 비록 나옹과 무학이 국사의 범주에 들지 못했지만 환암 혼수 등 태고 보우의 문도와는 달리 18주지에 포함되었던 것이다. 이는 나옹과 무학의 위상이 그만큼 컸기 때문이다. 고려말 두 고승의 영향력을 비교해 보면 나옹의 그것이 더 컸다. 이러한 나옹의 영향력은 조선 건국 후에도 지속되었고55)『동국승니록』,56)『월저집』발,57)『3화상 교서』58)『조상경』59)등의 기록에서 보듯이 조선후기에도 계속되었다.60)

---

52) 고봉은 1395년(태조 4)부터 1420년(세종 2) 무렵까지 주지로 있었다. 1395년(태조 4) 송광사 옛터를 찾아보고 선찰을 중건하였다. 1399년(정종 1) 궁궐로 들어가 송광사의 중창을 허락받고 수륙사를 개최하였다. 그 이듬해 7월 고봉은 왕의 교지를 받들고 大木·雲庇·尙濟 등 30여 명을 고용해 중창을 시작하였고 거의 완성될 무렵 사퇴하였다. 「고봉화상행장」,『조계산송광사고』; 조명제 외,『역주 조계산송광사고』, 혜안. 2007. 223~233쪽.

53) 趙宗著(1631~1690),「昇平曹溪山松廣寺嗣院事蹟碑」,『조선금석총람』하, 일한인쇄소, 1919 ; 大圓鏡,「昇平曹溪山松廣寺嗣院事蹟」,『해동불보』3, 해동불보사, 1941.

54) 鏡巖 應允(1743~1804),「松廣山松廣寺記」,『경암집』,『한국불교전서』10,'十六祖師影殿額曰慈蔭堂 以普照爲主壁 而眞覺淸眞眞明慈眞圓鑑慈靜慈覺湛堂慧鑑慈照慧覺覺圓淨慧覺眞覺高峰十五祖師配享昭穆 竝懶翁無學 爲十八住持至如臨鏡堂凌虛閣水石亭 特風流之最 不與此錄云爾.'

55)『세종실록』권85, 21년 4월 18일(을미) ; 金淑子,『江湖先生實記』卷1 ; 丁克仁,『不愚軒集』에 같은 내용이 보이고 있다. 서종범,「나옹선풍과 조선불교」,『韓國佛敎文化思想史』上, 가산불교문화원, 1992. 1147쪽.

56)『東國僧尼錄』,『續藏經』150.

57) 월저 도안,「月渚集」跋,『한국불교전서』9.

58) 雙荷子,「敎諭書(釋王寺寄本)」,『朝鮮佛敎月報』通卷 17號 2~6, 1913.6.25.

59) 華嶽 知濯,『造像經』, 金剛山 楡岾寺, 1824.

이와 같이 조선후기 송광사는 16국사와 더불어 나옹과 무학을 18주지에 올리고 추념하였다. 즉 당시 금강산과 묘향산 등 산중불교를 이끌었던 많은 사찰 가운데 송광사와 대적할 만한 사찰이 없다는 것이다. 그러면서 보조[지눌]가 송광사의 기반을 만들었고 불도징이나 구마라즙과 같이 스승이 없이 수행한 대표적 고승이라고 하였다.[61] 보조[지눌]를 비롯한 16조사는 동림의 18현에 비견될 만하다고 높이 받들었다는 것이다.[62] 근대기 송광사에 머물렀던 용악 혜견(1830~1908)이나 금명 보정(1861~1930)도 송광사가 18국사의 도량이라는 사실을 강조하는 것을 볼 수 있다.[63]

---

60) 18세기에 지어진 불교 의식집에도 이 같은 인식은 마찬가지 내용이 보이고 있는데, 1709년본의 『梵音集』, 1713년본의 『新刊刪 梵音集』, 1724년본의 『仔夔珊文』, 1724년본의 『仔夔珊文』 그리고 1730년본의 『珊補梵音集』 등이 이에 해당된다. 또한 1869년에 지어진 불교 의식집인 『日用作法集(日用集)』에서도 그가 三和尙으로서 추앙되고 있다. 그리고 1824년본의 『造像經』에도 무학은 지공, 나옹과 더불어 證明 法師로서 숭앙되고 있는 것을 볼 수 있다. 더욱이 오늘날 불교 의식에서도 사용되고 있는 『釋門儀範』에서도 3화상으로서의 위상이 돋보인다. 황인규, 『무학대사연구-여말선초 불교계의 혁신과 대응』, 혜안, 1999.

61) 이는 사적인 문도를 중요하게 간주하기보다는 산문을 중시하였다는 것을 의미한다. 산문적인 경계가 허물어지고 통합되어가는 것은 바로 지눌의 산문 종파를 뛰어넘는 선풍의 영향이며 사굴산문의 수선사계가 선종계 내지 불교계를 주도하면서 그리고 양 산문이 몽산 선풍이나 고봉 선풍의 수용으로 宗師 印可의 선풍이 생기면서 문도 중심의 사법 관계의 전통을 만들게 되기에 이른 것이 아닌가 한다. 이에 대한 자세한 사실은 다음의 논고를 참조하기 바란다. 황인규, 「목우자 지눌과 고려후기 조선초 불교계 고승」, 『보조사상』 19, 2003 ; 황인규, 『고려말·조선전기 불교계와 고승연구』, 혜안, 2005.

62) 趙宗著(1631~1690), 「昇平曹溪山松廣寺嗣院事蹟碑」, 『조선금석총람』하, 일한인쇄소, 1919 ; 大圓鏡, 「昇平曹溪山松廣寺嗣院事蹟碑」, 『해동불보』 3, 해동불보사, 1941. 조선 중기 이후 부휴 선수, 벽암 각성, 취미 수초 등 송광사 승려들은 보조[지눌] 당시 보다 더 흥성했다고 자부하였으나 종법은 당시 유행하는 임제종의 정맥을 이은 석옥 청공의 법사 태고 보우에게 연결시켰다.

63) 龍岳 慧堅(1830~1908), 「登說法殿 十八國師道場」, 『龍岳堂私藁集』. 『한국불교전서』 11, '紫陌塵緣終不得 淩淩佛像古如今 眞如門入世情薄 吉樂臺登道味深 楓葉赤誇飄石壁 菊葩香吐透高林 故鄕千里未歸客 三日菴中又浪唫.' ; 錦溟 寶鼎(1861~1930), 『質疑錄』, 『한국불교전서』 12. '然則金石史筆 不泯於磨崖 窣堵金身 常住於層塚 且復眞覺以下 十五國師 相次繼席 奉勅辭院 奉勅住院 小無差忒 如是莫重之寶坊 如何私自遊方 隨意退席 況示滅之地 寂然無聞 猶如尋常凡僧之化去也哉.'

그렇다면 언제부터 송광사가 승보종찰로 불린 것일까? 송광사는 우리나라를 대표하는 불보·법보·승보 등 3보를 모신 대표적인 사찰 세 곳 가운데 하나인 승보종찰로 널리 알려져 있다. 통도사가 석가모니 부처님의 진신 사리를 모시고 있는 불보종찰이고, 해인사는 고려대장경 판본을 봉안하고 있는 법보종찰이다. 「원감국사어록 중간서」에 의하면 수선사 사주를 지냈던 충지의 어록을 중간하면서 우리나라 3보 종찰의 유래를 밝힌 바 있다.64)

통도사는 부처님 진신 사리와 가사를 모시고 있으므로 불보종찰이라고 한다.65) 즉 자장은 부처의 머리뼈와 부처의 어금니와 부처의 사리 1백 알을 가져와 통도사 계단, 황룡사 탑, 태화사 탑 등에 봉안하였다.66) 그 가운데 통도사가 가장 대표적인 불보종찰이다. 우리나라에는 불사리를 모신 곳이 많지만 그 중 대표적인 적멸보궁은 자장이 직접 봉안한 것이다. 즉 경상남도 양산시 영축산 통도사의 적멸보궁, 강원도 평창군 오대산 중대에 있는 적멸보궁, 강원도 인제군 설악산 봉정암, 강원도 영월군 사자산 법흥사 등이다. 임진란시 사명이 왜적의 노략질을 피해서 통도사의 것을 나누어 강원도 정선군 태백산 정암사과 비슬산 용연사에 모셨다.67) 흔히 비슬산 용연사를 제외한 적멸보궁이 5대 적멸보궁이라고 한다. 5대 적멸보궁 가운데 가장 으뜸인 사찰은 통도사이고 그 이후 불보종찰이 되었을 것이다.68)

---

64) 이능화, 『圓鑑國師 歌頌』, 「圓鑑國師語錄 重刊序」, 『한국불교전서』 6.
65) 『삼국유사』 권3, 탑상4, 前後所藏舍利. 無衣子 遺詩는 7언절구만 기록되었으나 1978년 통도사 범종루 현판 조사에서 앞의 2수를 지닌 '題通度絲戒壇 又 袈裟' 등 수 편을 확인할 수 있었다. 장충식, 「고려 진각국사의 제시의 발견」, 『동대신문』 제720호, 1978.9.26 ; 『한국의 불교미술』, 민족사, 1997, 222쪽 ; 김상현 외, 『역주 삼국유사』, 한국정신문화연구원, 186쪽, 각주 16.
66) 『삼국유사』 권3, 탑상4, 皇龍寺 九層塔의 영험.
67) 休靜, 「普賢寺 釋迦如來 舍利碑」 ; 조선총독부, 『조선금석총람』하, 일한인쇄소, 1919.
68) 한국불교연구원, 『한국의 사찰-通度寺-』, 일지사, 1974 ; 한국불교연구원, 『한국의 사찰-月精寺-』, 일지사, 1977 ; 『한국민족문화대백과사전』, http://gate.dbmedia.co.kr

그리고 해인사는 재조대장경판이 봉안되면서부터다.69) 1398년 5월 선원사의 대장경판을 한양의 지천사에 이송했다가 해인사로 옮겨 보관하였다.70) 지천사에는 이성계와 가까웠던 도승통 설오가 거주하고 있었고71) 이성계와 뜻을 함께 하였던 화엄종 고승 경남도 해인사 주지로 있었고 태조의 탄신일에 왕사로 책봉된 무학의 고향도 해인사가 자리하고 있는 합천이었다.72) 이러한 인연으로 대장경을 해인사에서 봉안하게 된 것이 아닌가 한다. 하지만 그보다 해인사에 장경판을 보관하게 된 것은 다음과 같은 사고로서의 전통이 있었기 때문이다. 즉 고려후기 고종 때에 이르러 『고려실록』을 보관하는 사고였고, 지방 최초의 외사고가 설치된 곳이 바로 해인사였다.73) 그 후 선원사에『고려실록』을 보관하였지만74) 왜구로 인해 해인사의 실록을 선주 득익사, 충주 개천사, 죽주 칠장사 등의 사찰에 보관하였다.75) 조선시대 실록의 보관처인 사고를 사찰에 두게 된 것은 우연이 아니다. 해인사는 이러한 국가 실록을 보관했던 전통성을 지니고 있었던 점도 참작이 되었을 것이고, 조선초 태조 이성계가 사재를 털어 해인사에서 대장경을 인출하기도 하였다.76) 본래 초조 대장경판이 대구

---

69) 임금이 龍山江에 거둥하였다.『大藏經』의 木版을 江華의 禪源寺로부터 운반하였다. 『태조실록』권14, 7년(1398) 5월 10일(병진) ; 隊長과 隊副 2천 명으로 하여금『대장경』의 목판을 支天寺로 운반하게 하였다.『태조실록』권14, 7년(1398) 5월 12일(무오).
70) 都堂에서 大藏都監을 폐지하기를 청하였던 기사는 다음의 실록에서 찾아진다. 『태조실록』권1, 1년(1392) 8월 2일(신해).
71) 임금이 支天寺에 거둥하니 都僧統 雪悟가 金剛山에서 왔다.『태조실록』권13, 7년(1398) 1월 22일(경오).
72) 황인규,「여말선초 화엄종승의 동향」,『불교학연구』1, 2000 ; 황인규,「고려말 이성계의 불교계 세력기반」,『한국불교학』28, 2001 ; 황인규,『고려말·조선전기 불교계와 고승연구』, 혜안, 2005.
73)『고려사』권22, 고종세가 14년(1227) 9월 경진.
74)『고려사』권30, 충렬왕세가 18년(1292) 1월 정사.
75)『고려사』권134, 신우 열전 2년 9월 ;『고려사』권134, 신우 열전 7년 7월 ;『고려사』권135, 신우 열전 9년 6월 ;『신증동국여지승람』권8, 경기 죽산현.
76)『정종실록』권1, 1년(1399) 1월 9일(경진). '경상도 감사에게 명하여 불경을 인쇄하

팔공산 부인사에 봉안되었으나 몽고 제3차 침입시 불타버리고 다시 조성된 것이 해인사 대장경판이다. 그 후 신륵사와 광덕사 등에서 대장경판이 조성되었으나 규모나 정교성 등에 비추어 볼 때 해인사 대장경판이 으뜸이라고 할 수 있다.

따라서 통도사와 해인사는 3보 종찰로서의 자격이 생긴 셈이지만 송광사가 승보종찰로서의 자격이 갖추어진 것은 빨라야 조선중기 무렵일 것이다.

왜냐하면 제16국사로 갖추어지기 시작한 때가 고봉 법장(1395~1420)의 입적 이후라고 할 수 있기 때문이다. 이와 관련한 「원감국사어록 중간서」를 인용한다.

> 조계종은 옛날 승평부(지금의 승주군)의 송광사에서 창립되었다. 그 절에는 수선사가 있는데 수선사의 사주는 마음과 마음으로 인가하여 수십 대를 전하여 국사로 불리는 사람이 16명이고 조사로 불려지는 사람이 또 16명이었다. 예로부터 이름난 스님들이 송광사에 주석하시어 번영하였으므로 송광사만이 오로지 승보종찰이란 훌륭한 이름을 얻었다.(통도사는 부처님의 진신 사리와 가사 등을 모시고 있으므로 불보종찰이라 하고, 해인사는 고려대장경 판본을 모시고 있으므로 법보종찰이라고 한다. 여기에 승보종찰인 송광사를 합하면 조선의 3보 종찰이 된다.) 그렇다면 송광사가 귀중한 것은 승보에 있고 승보가 귀중한 것은 위대한 자취에 있다.[77]

위의 기록은 이능화(1869~1943)가 1919년 12월 8일에 쓴 것이다.[78] 이능

는 僧徒에게 海印寺에서 供饋하게 하였다. 太上王이 私財로『大藏經』을 인쇄하여 만들고자 하니, 東北面에 저축한 콩과 조 5백40석을 端州·吉州 두 고을 창고에 납입하게 하고, 海印寺 근방 여러 고을의 米豆와 그 수량대로 바꾸게 하였다.'

77) 이능화,『圓鑑國師 歌頌』「圓鑑國師語錄 重刊序」,『한국불교전서』6, '自古名僧 以住是寺爲榮 故松廣 獨得僧寶宗刹之美名焉 通度寺 以藏佛骨袈裟故 號佛寶宗刹 海印寺 以藏高麗藏經板本故 號法寶宗刹 合僧寶宗刹松廣寺 卽爲朝鮮三寶宗刹」然則 松廣之 見重在乎僧寶 僧寶之見重 在乎偉蹟.'

78) 李能和(1869~1943),「普照後始設 曹溪宗」,『조선불교 통사』권하, 374~375쪽. '尙玄

화보다 앞서 개화기 중도우파의 인물로 알려진 운양 김윤식(1835~1922)도 다음과 같은 기록을 남기고 있다.79)

　해동의 세 개 보찰 가운데 송광사가 유독 기이하다 이름났네.
　(통도사·해인사·송광사가 삼보사찰이다.)
　두 조사가 의발을 남긴 곳, 나옹이 절에서 주석하고 의발을 무학에게 주었다.80)

그런데 1863년(철종 14)에 설두 유형이 저술한 『산사약초』에 의하면 '고려 보조선사를 비롯해 16조사를 배출, 중생을 제도해 승보사찰로 받들어졌다.'라고 하였다.81) 또한 1828년(순조 28)에 호남 12군현을 유람하고

　　　曰 朝鮮今稱三寶寺刹 一曰佛寶大本山通度寺是也 以新羅時 慈藏律師 入唐得佛骨及佛袈裟 還安于本寺故 二曰法寶大本山海印寺是也 以高麗大藏經板本 藏于本寺故 三曰僧寶大本山松廣寺是也 以高麗普照國師以後 眞覺 淸眞 冲鏡 眞明 晦堂 慈眞 慈靜 圓鑑 慈覺 湛堂 妙明慧鑑 妙嚴慈圓 慧覺 覺儼 復菴 淨慧 弘眞 高峯和尙以上諸人海東佛祖源流 作十六國師曹溪寶林也. 燈燈相續 懶翁王師 幻菴國師 無學王師 亦住本寺 故松廣 在我海東 實爲靈山道場 亦爲.'

79) 『雲養集』은 16권 8책으로 초간본은 1914년 문인 黃炳郁 등이 편집, 간행하였다. 중간본은 1917년 李承斌·金載聲·金溶律 등이 15권의 연활자로 간행하였다. 초간본에는 저자의 자서가 있고, 중간본에는 呂圭亨의 중간서와 鄭萬朝·金澤榮의 중간발이 있다. 권1~6에 시는 저자의 활동에 따라 지은 것을 모았고, 각 시 앞에 저작 연대를 밝혀놓았다. 저자인 운양 김윤식은 潛谷 金堉의 후예이며 韓末의 經世家이자 文章家로, 高宗을 중심으로 추진한 穩健 開化 政策을 주장하였고, 정치적 상황에 따라 많은 부침을 겪으며 관직 생활을 하기도 하고 귀양살이를 하기도 했다. 또한 韓日合邦 뒤에 일본의 爵位를 받았으나 3·1운동 때는 독립 승인을 요구하는 對日本長書를 총독부와 일본 정부에 전달하여 징역형을 선고받고 爵位를 삭탈당하기도 하였다. 『雲養集』 해제」; http://db.itkc.or.kr

80) 金允植(1835~1922), 「松廣寺」, 『雲養集』 卷1, 詩 昇平舘集, '海東三寶刹 松廣獨擅奇(通度海印及松廣爲三寶刹) 二祖鉢衣地 懶翁住是寺 以衣鉢付無學.'

81) 雪竇 有炯(1824~1889), 『山史畧抄』 『한국불교전서』 10, '曹溪山松廣寺 高麗普照禪師所剏 以十六祖師次第而出 普利群品故 推爲僧寶寺刹.'; 김남윤, 「조선후기 불교사서 산사약초」, 『同大史學』 1, 1995; 이종수, 「19세기 『山史略抄』의 불교사 서술」, 『동국사학』 45, 동국사학회, 2008.

쓴 저자 미상의 기행록인 『속남유록』[82]에서 우리나라의 삼보사찰에 대하여 다른 견해를 보이기도 하였다. 즉 '우리나라의 삼보사찰이 있는데 금산사에 정육불이 있기 때문에 불보사찰이라고 하며 해인사는 대장경이 있기 때문에 법보사찰이라고 한다. 이 사찰은 승보사찰이라고 하는데 이 사찰은 보조국사 이후 16국사가 배출되었기 때문이다.'[83]라고 하여 금산사는 불보, 해인사는 법보, 송광사는 승보사찰이라고 하였다.[84]

필자가 아는 한, 3보 종찰에 관한 가장 앞선 기록은 조선후기의 문신으로 성리학에 정통한 10대 문장가로 꼽혔던 연천 홍석주가 1832년(순조 32)에 지은 「연천옹유산록」이 아닐까 한다.[85]

불가에서 말하기를 동국사찰에는 3보가 있으니 통도사에는 불두골이 있어

---

82) 『續南遊錄』은 1828년(순조 28)에 湖南 12郡縣을 유람하고 쓴 紀行錄으로, 1冊 14張의 筆寫本이다. 규장각 古4790-20 1책 14장. 판본 필사본 사이즈 37.1×24.2cm. 학계에 소개된 바 없기 때문에 비교적 상술하여 소개하면 다음과 같다. 호남지역을 여행하고 쓴 기행문으로 저자나 편찬 연대는 정확히 알 수 없으나 내용 중 자신의 族大兄이 영조대에 유배되었다는 내용이 있는 것으로 보아 정조대 이후에 지어진 것으로 보인다. 본서의 내용을 보면 9월 2일에 출발하여 華城·成歡·參禮院다.을 거쳐 전주에 도착하였고 그 후 金溝·泰仁·長城·興德·玉果·淳昌을 여행하였다. 그리고 松廣寺에 가서 이 절이 僧寶寺刹임을 말하면서 普照庵·羽化閣·三淸閣 등 건물들의 모습과 보조국사 지눌의 행적과 일화 등 송광사와 관련된 역사적 사실들을 기록하였다. 이어 순창의 萬絲亭 등을 돌아보고 다시 장성·흥덕·금강 등 왔던 길을 거쳐서 서울로 돌아온 여정을 기록하였다. 강문식, 규장각 한국학연구원 해제 ; http://e-kyujanggak.snu.ac.kr
83) 『續南遊錄』, '東國寺刹有三寶 金山寺有丈六佛 故曰佛寶 海印寺有龍藏 故曰法寶 此寺謂之 僧寶以出普照以下十六國師也.'
84) 금산사가 불보사찰이라고 본 것은 특이한 사실이지만 3보 종찰의 설정에 대하여 전반적인 검토의 필요성을 제기하게 한다. 앞으로 이 문제에 대한 정치한 연구가 요청된다.
85) 하지만 임석진은 3보 종찰로 불린 것은 조선초기부터라고 했다. 임석진, 「제4편 잡부」, 『송광사지』, 161쪽. 조선초기부터라는 설(정병조, 「송광사」, 『한국민족문화대백과사전』), 조선중기설도 있으므로 앞으로 천착이 필요하다. 본고에서는 16국사와 3보 종찰의 설정의 시기에 대하여 잠정적으로 이렇게 본 것에 불과하다. 앞으로 적극적인 자료의 발굴 및 해석 등 이에 대한 본격적인 검토가 요망된다.

불보이고 해인사에 있어서 용장이 있어 법보다. 또한 이 절을 승보라 하는데 이곳에서 보조이래 16국사가 나왔기 때문이라고 한다.[86]

한국 불교 역사상 수많은 고승들이 있었고 그 가운데 원효·의상·도선·진표 등과 같이 국가적으로 추념을 받은 고승[87]이 거주했던 사찰이나 3대 화상이 주석했던 사찰 등이 있었다. 무엇보다도 수선사와 같은 시대에 신앙결사를 전개했던 강진 백련사에서도 8국사가, 숭유억불 산중불교 시대에도 해남 대흥사에서 13종사 13강백이 배출되었다. 백련사와 대흥사를 비교했을 때에도 16국사 및 16조사[88]를 배출한 송광사가 단연 돋보인다고 하겠다.

4. 나가는 말

이상으로 수선사 16사주의 위상과 추념을 통해 송광사가 승보종찰로 설정된 사실에 대해서 살펴보았다. 이를 정리하여 보면 다음과 같다.

송광사는 고려중기 보조국사 지눌과 그의 제자 진각국사 혜심이 신앙결사를 전개하면서 공동체의 모임의 뜻을 지닌 수선사로서 거듭났다. 지눌의 선풍, 특히 혜심의 간화선풍은 한국 불교뿐만 아니라 불교를 대표하는

---

86) 洪奭周(1774~1842), 「淵泉翁 遊山錄」; 임석진, 『조계산 송광사고』, 「건물부」, '佛氏言 東國寺利 有三寶 通度寺有佛頭骨故曰僧寶 海印寺有龍藏故曰法寶 此寺謂之僧寶以出普照以下十六國師也.' 이 내용은 송광사 우화각 현판에 새겨져 있다. 신대현, 「淵泉翁遊山錄懸板을 통해 본 송광사 역사의 일면」, 『불교고고학』 1, 위덕대, 2004.
87) 『고려사』 권11, 숙종세가 6년(1101) 8월 계사. '다음과 같은 조서를 내렸다. "元曉와 義湘은 우리나라의 성인이다. 그런데 비문도 시호도 없어서 그 덕이 알려지지 않고 있으므로 나는 심히 유감으로 생각한다. 원효는 大聖和靜國師로, 의상은 大聖圓敎國師로 추증한다. 해당 관청에서는 그들의 살던 곳에 비를 세워 공덕을 새겨 영원히 기념하게 하라."'
88) 이능화, 『圓鑑國師 歌頌』「圓鑑國師 語錄 重刊序」, 『한국불교전서』 6.

선풍이 되고 있다. 지눌 이후 수선사에서만 고려말까지 15국사가 탄생하여 당시 불교계를 주도하였을 뿐만 아니라 조선중기 부휴 선수와 그의 제자 벽암 각성이 머물면서 서산계의 해남 대흥사와 더불어 조선후기 무종단 산중불교계를 이끌었다.

　이러한 인재를 가장 많이 배출한 승보종찰인 송광사와 불보종찰인 양산 통도사와 법보종찰인 합천 해인사는 3보 종찰로서 우리나라를 대표하는 사찰이라고 할 수 있다.

　우리나라 3보 종찰인 송광사·통도사·해인사는 수덕사와 백양사와 더불어 현재 최대 종단인 조계종의 5대 총림이다. 송광사가 승보종찰이 된 것은 조선중기 부휴 선수와 그의 문도들이 송광사의 사세를 진작시키면서 보조국사 지눌 이후 15국사를 받들었기 때문인 듯하다.

　통도사와 해인사는 송광사에 비해 비교적 빠른 시기에 3보 종찰로서의 자격이 생긴 셈이다. 하지만 송광사가 승보종찰로서의 자격이 갖추어진 것은 빨라야 조선중기 무렵일 것이다. 왜냐하면 제16국사가 갖추어진 때가 고봉 법장(1395~1420)의 입적이후라고 할 수 있기 때문이다.

　기록에 의하면 필자가 아는 한, 16국사의 설정은 벽암 각성의 동문인 대가 희옥이 1621년 쓴 「16국사 진영기」(『조계산 송광사고』 소재)부터이다. 무용 수연(1651~1719)은 '송광사는 해동의 하나의 명찰로서 온 나라 사람이 귀천이 없이 이것을 한 번 못 보는 것을 일생의 한으로 삼는다. 그것은 오직 16성의 옛 자취가 아직 보존되어 있다는 것이다.'라고 하였다. 그 무렵 경암 응윤(1743~1804)이 지은 「송광산 송광사기」에 의하면 진영에 대한 기문을 남기고 있다. 즉 16국사 진영의 전액의 기록에 의하면 보조, 진각, 청진, 진명, 자진, 원감, 자정, 자각, 담당, 혜감, 자조, 혜각, 각원, 정혜, 각진, 고봉을 들고 있다. 이보다 앞선 시기인 1678년(숙종 4)에 세워진 「승평조계산송광사사원사적비」에 의하면 송광사는 동방제일 도량으로 인도의 빙림과 중국의 혜산과 같다고 하면서 16국사 명승이 모두 이 사찰에 머물렀다는 것이다. 그리고 1764년에 간행된 　사암 채영의 『서역중화해동불조원류』의 조계산 16조사에도 언급되고 있다.

그런데 나옹과 무학도 16국사와 버금가는 고승으로 설정하였다. 이러한 기록은 『경암집』에서도 다시 찾아볼 수 있다. 조선중기 이후 나옹 혜근과 무학 자초가 추가되면서 송광사 18주지의 반열에 올랐다. 환암 혼수 등 태고 보우의 문도와는 달리 18주지에 포함된 것은 나옹과 무학의 위상이 그만큼 컸기 때문이다. 이는 송광사의 정체성을 찾고자 한 조종저의 「승평조계산송광사사원사적비」에서 찾아볼 수 있다. 당시 금강산과 묘향산 등 산중불교를 이끌었던 많은 사찰 가운데 송광사와 대적할 만한 사찰이 없다는 것이다. 그러면서 보조[지눌]가 송광사의 기반을 만들었고 불도징이나 구마라즙과 같이 스승 없이 수행한 대표적 고승이라는 것이다. 사적인 문도를 중시하기보다 산문을 중시하였다는 것을 의미한다. 보조[지눌]를 비롯한 16조사는 동림의 18현에 비견될 만하다고 높이 받들었다는 사실이 주목된다.

송광사가 승보종찰로 설정된 기록으로 널리 알려진 것은 「원감국사어록중간서」에 '예로부터 이름난 스님들이 송광사에 주석하시어 번영하였으므로 송광사만이 오로지 승보종찰이란 훌륭한 이름을 얻었다. 통도사는 부처님의 진신 사리와 가사 등을 모시고 있으므로 불보종찰이라 하고, 해인사는 고려대장경 판본을 모시고 있으므로 법보종찰이라고 한다. 여기에 승보종찰인 송광사를 합하면 조선의 3보 종찰이 된다.'는 기문이다. 이 기록은 이능화가 1919년 12월 8일에 쓴 것이다.

이능화보다 이전의 시기에 개화기 중도 우파의 인물로 알려진 운양 김윤식도 해동 삼보사찰을 언급했다. 그런데 1863년(철종 14)에 유형이 저술한 『산사약초』에서 삼보사찰을 언급하였다. 1828년(순조 28)에 호남 12군현을 유람하고 쓴 저자 미상의 기행록인 『속남유록』에서 우리나라의 삼보사찰에 대하여 다른 견해를 보이기도 하였다. 즉 '우리나라 사찰에 3보가 있다. 금산사에는 장륙불이 있으므로 불보이며 해인사에는 대장경이 있으므로 법보는 이 사찰을 이른다. 승보는 보조 이하 16국사가 나왔다.'라고 하여 금산사는 불보사찰, 해인사는 법보사찰, 송광사는 승보사찰이라고 하였다.

현재 필자가 아는 한, 송광사를 포함한 3보 종찰로서 가장 앞선 기록은 조선후기의 문신으로 성리학에 정통한 10대 문장가로 꼽혔던 연천 홍석주가 1832년(순조 32)에 지은 「연천옹유산록」이다. 즉 '불가에서 말하기를 동국 사찰에는 3보가 있으니 통도사에는 불두골이 있어 불보이고 해인사에는 용장이 있어 법보다. 또한 이 절을 승보라 하는데 이곳에서 보조이래 16국사가 나왔기 때문'이라고 한 것이 바로 그것이다.

승보종찰의 시원을 열었던 보조국사 지눌은 생존 시 국사라는 칭호를 받은 적은 없고 그 누구도 스승으로 모신 적이 없다. 아마도 산문 중심의 불교를 강조한 것이라고 생각되며, 공동체의 도량인 결사 운동의 장으로서 수선사를 개창하였던 뜻을 모두가 유념해야 할 것이다.

V. 한국 불교계의 삼보사찰의 성립

1. 들어가는 말

삼보사찰로 알려진 통도사와 해인사, 송광사는 신라시대에 창건되었다. 삼보사찰은 현행 일부 중등교과서에서도 실려 소개되는 등 일반화된 상식이다.[1] 삼보사찰의 성립은 우리가 아는 바와 같이 그리 오래된 일이 아니라 조선말 이후에야 성립된 것이다. 통도사는 신라 자장에 의해 불사리가 봉안되면서 불보사찰로서의 위상을 지녀왔으며, 해인사는 조선초 법보인 8만 대장경판이 안치되면서부터이다. 송광사는 보조국사 지눌이 수선사 결사 운동을 전개하면서 그의 문도들이 16국사[2]가 배출된 이후이다. 송광사가 승보사찰로서의 위상이 확립된 것은 빨라야 제16국사로 추념된 고봉 법장의 입적 이후지만 16국사로 묶여 승보사찰로 지정된 것은 그 이후이다.[3]

그동안 삼보사찰에 대한 연구는 학술적 천착이 이루어진 적이 없다. 필자는 송광사 16국사의 위상이나 승보종찰로서의 송광사를 중심으로 논의한 바 있으며,[4] 본고에서는 송광사와 통도사와 해인사를 포함해 삼보사찰이

---

1) 정재정 외, 『중학교 역사』 상, 지학사, 2011, 147쪽.
2) 송광사 16국사에 대해서는 菅野銀八과 이지관이 정리한 바 있다. 菅野銀八, 「高麗曹溪宗十六國師の繼承に就いて」, 『靑丘學叢』 9, 1932 ; 이지관, 「지눌의 정혜결사와 그 계승」, 『한국선사상연구』, 동국대 불교문화연구소, 1984.
3) 송광사에 관련된 연구성과 가운데 승보사찰과 관련된 논저를 소개하면 다음과 같다. 참고로 최근 송광사에 대한 종합 검토가 고영섭, 김방룡 교수 등에 의하여 이루어져 『보조사상』 39집에 게재된 바 있다. 송광사에 대한 연구 성과는 위의 책을 참조하기 바란다.
4) 황인규, 「수선사 16국사의 위상과 추념 : 송광사의 승보 종찰 설정과 관련하여 試攷함」, 『보조사상』 34, 2010.

성립되는 과정과, 특히 가장 늦게 승보사찰로 확립된 송광사 16국사의 추념과 18주지에 대하여 살펴본 후 삼보사찰로 지정된 사실에 대하여 천착하고자 한다.

2. 고·중세 불보사찰과 법보사찰의 성립

1) 신라 통도사의 불사리 봉안과 불보사찰

통도사가 불보사찰의 위상을 지니게 된 것은 신라 고승 자장이 불사리를 봉안하게 되면서부터이다. 『삼국유사』에 의하면 통도사에 불사리를 봉안한 사실을 다음과 같이 적고 있다.

> 『국사』에 이런 기사가 있다. 진흥왕 때인 태청 기사(549)에 양나라에서 심호를 시켜 사리 몇 알을 보내왔다. 선덕여왕 때인 정관 17년 계묘(643)에 자장법사가 당나라에서 부처의 머리뼈와 부처의 어금니와 부처의 사리 1백 알과 부처가 입던 붉은 깁에 금점이 있는 가사 한 벌을 가지고 왔다. 그 사리는 세 부분으로 나누어 한 부분은 황룡사 탑에 두고, 한 부분은 태화사 탑에 두고, 한 부분은 가사와 함께 통도사 계단에 두었다. 그 나머지는 어디에 두었는지 알 수 없다.[5]

위의 인용문에 의하면 549년(진흥왕 10)에 남조 양나라에서 심호를 시켜 사리 몇 알을 보내왔다.[6] 『삼국사기』에 '진흥왕 10년 봄에 양나라에서

---

5) 『삼국유사』 권3, 탑상4, 前後所藏舍利.
6) 조선말 독립운동가이자 義兵軍帥 許蔿의 아우 舫山 許薰(1836~1907)이 지은 대구 동화사 「금당탑기」에 의하면 '중국에서 들어온 사리는 신라 진평왕 4년(582) 대구 동화사에 1천200과가 안치됐고, 863년(경문왕 3)에 경문왕이 민애왕의 명복을 빌기 위해 사리 7과를 봉안하여 석탑을 세웠는데, 875년(헌강왕 1)에 삼강대사가

사신과 신라의 유학승 각덕을 시켜 불사리를 보내니, 왕이 백관으로 하여금 흥륜사 앞길에서 이를 맞아들이게 하였다.'7)고 좀 더 상세하게 나오고 있다. 이것이 불사리가 우리나라에 전래된 최초의 일이다. 진흥왕은 이를 계기로 출가하여 법운이라는 법호를 받았다. 통도사에 불사리를 봉안한 것보다 61년이 앞선 일이다. 그 후 진지왕 1년(576) 신라 최고 지성 가운데 한 사람으로 꼽혔던 안홍이 수나라에 들어가서 법을 구하고 서역승 비마라 등과 함께 귀국할 때『능가경』,『승만경』등의 경전과 불사리를 가지고 귀국하였다.8)

636년(선덕왕 5)에 당에 들어간 자장은 오대산 태화지 가에서 문수보살로부터 불 정골과 치아 사리 등을 받아서 645년(선덕왕 14)에 귀국하였다. 자장이 가져온 사리는 통도사 외에 황룡사 탑, 태화사 탑 등지에 봉안하였다.

자장은 황룡사에 탑을 건립하게 하여 목탑의 청동 8각 사리소탑에 불사리를 봉안하였다. 「찰주본기」에는 이 탑을 재건할 때『무구정광다라니경』에 의거하여 철반 위에 작은 석탑 99기를 만들고 작은 탑마다 사리 1립과 다라니 4종을 넣어 안치했다고 한다.9) 이 탑은 조성된 지 50년이 지난 698년(효소왕 7)에 벼락을 맞고 불탄 이래 다섯 차례의 중수를 거듭하였으나, 1238년(고종 25) 몽고 침입시 화재로 불타버렸다.10)

그리고 자장은 태화지에서 만났던 신인을 위하여 울산 태화사를 창건하고

　　탑을 이곳으로 옮겼다고 석탑을 세워 다시 봉안했다. 이어 이 탑은 876년 지금의 동화사 금당선원 앞으로 옮겨졌다.' 경문왕이 봉안한 불사리를 담았던 사리구가 1958년에 발견돼 '민애대왕 사리호'로 불리고 있다.
7)『삼국사기』권4, 신라본기4 진흥왕 10년 봄, '梁 遣使與入學僧 覺德 逸佛舍利 王使百官 奉迎興輪寺前路.'
8)『삼국사기』권4, 신라본기4 진흥왕 37년(576), '安弘 法師入 隋 求法與胡僧毗摩羅 等二僧廻上 稜伽勝經 及 佛舍利.'
9)「皇龍寺九層木塔利柱本記」,『역주 한국고대금석문』Ⅲ, 1992 ; 박순교,「황룡사 9층 탑의 역사적 허실」,『청계사학』16·17, 청계사학회, 2002.
10) 최근(2006년) 경주 황룡사 진신사리 5과와 사리를 담았던 팔각 모양의 사리 그릇(사리 갖춤)을 공개된 바 있다.

세운 태화탑에 불사리를 봉안하였다. 하지만 그 후의 역사는 거의 알려진 바 없다.[11] 다만 고려 명종 때 김극기가 지은 「태화루시」[12]와 충숙왕 때 울주에 있었던 정포(1309~1345)의 「태화루시」,[13] 그리고 권근(1352~1409)의 「태화루기」와 이원(1368~1429)의 「태화루시」[14] 등의 기록으로 태화사가 존속되다가 폐사되었음을 알 수 있다.[15] 따라서 자장이 가져온 불사리는 황룡사 탑과 태화사 탑에 봉안되었는데 황룡사 탑은 몽골침략기에, 태화사 탑은 조선초에 폐사되었던 것이다.

이에 반하여 통도사의 불사리는 자장이 봉안한 이후 현재까지 그 일부가 전해오고 있다. 즉, 자장은 황룡사 탑에 불사리를 봉안한 이듬해인 646년 통도사를 창건하고 계단을 수축하여 불사리를 장치하였다.[16] 자장이 보살계본을 강설하자 7일 동안 하늘에서 단비가 내리고 구름과 안개가 자욱이 끼어 강당을 덮었다.[17] 이에 계를 받고 부처를 받드는 이가 열 집 중에 여덟아홉

---

11) 성종이 16년(997) 9월에 경주에 내려왔다가 9월에 울산의 태화루에서 신하들과 더불어 잔치를 베풀었다. 『고려사』 권3, 성종세가 16년 9월, '遂幸興禮府, 御太和樓, 宴群臣. 捕大魚於海中'; 최자, 『보한집』 권상.
12) 『신증동국여지승람』 권22, 울산군 樓亭.
13) 鄭誧, 「太和樓 送海峯」, 『雪谷集』 下, 詩, '尊酒相逢地 秋風欲盡頭 江山淸似畫 光景疾如流 吾意何由滿 君行不少留 斜陽照執袂 共倚大和樓.'
14) 李原, 「次蔚州 太和樓詩」, 『容軒集』 卷2, 詩, '官解初尋寺 僧閑不閉門 山光水色映晴軒 詩景自成繁 古調聞瑤瑟 高吟倒綠尊 歸來長笛月明昏 前路曲通村'; 李原, 「次太和樓詩」, 『容軒集』 卷2, 詩, '公餘隨意上高樓 地暖冬天却似秋 山聳奇峯分萬點 江交巨海自東流 梅花初發雪晴岸 草色遙看雨後洲 待得春來增景槩 會將詩酒此重遊.'
15) 태화사는 신라 선덕여왕 12년(643)에 자장율사가 창건한 사찰로, 태화사지 12지상 부도(보물 441호)는 태화사 터에 묻혀 있던 것을 1962년에 발굴하여 일시적으로 부산으로 옮겼다가, 다시 울산박물관으로 옮겨와 보존하고 있다. 고려말 왜구의 침입이 극심하던 시기에 없어졌을 것으로 보고 있으며, 남아 있는 유물로는 이 부도가 유일하다. 신라시대 사찰 태화사의 부속 건물로 태화강변에 太和樓라는 큰 누각이 있었다. 태화루는 조선시대 영남의 3대 누각(진주 촉석루, 밀양 영남루, 태화루)으로 임진왜란 때 불타 없어지고 말았는데 불에 타고 남은 누각의 골격은 일제시대(1940) 때 완전히 철거하였다고 한다. 김성진, 「울산 태화루와 그 제영시문에 대하여」, 『한국민족문화』 5, 부산대학교 한국민족문화연구소, 1992.
16) 『삼국유사』 권3, 황룡사 9층탑.
17) 『삼국유사』 권4, 의해5, 자장정률.

집이 되었고, 머리를 깎은 승려가 해마다 늘어나고 달마다 불어갔다고 한다.18)

그 이후 신라의 대표적인 국찰은 황룡사 탑과 더불어 신라 3보 중에서 2보인 장륙존불이 있었던 황룡사였으나 중대 이후 성전사원으로 등장한 사천왕사와 봉덕사로 인해 그 사격이 낮아졌다. 중대말 이후 황룡사의 사세가 부각되기 시작하였지만 용신 신앙을 상징하는 황룡사보다 상위에 있었던 불사리 신앙의 중심을 이루었던 통도사의 위상이 더 높았다.19)

이렇듯 통도사는 자장 이후 불사리를 봉안한 대표적인 계율종의 중심 사원이었지만 고려 국초 이후 그 사격이 전보다 축소되었다. 국도인 개경의 개국사가 계율종의 중심이 되었기 때문이다. 이제현이 지은 기문에 의하면, 후삼국 통합기에 창건된 개성의 개국사가 개국율사로 불리었으며, 계율종의 중심 사찰이었다. 태조의 아들 정종은 개국사에 불사리를 봉안하였으며,20) 태조의 손자 현종은 개국사 탑을 수리하고 계단을 설치하여 3200여 명이 득도하였다.21)

고려중기 이후 다시 통도사가 계율종과 불사리 신앙의 중심지가 되고 있다. 1085년(선종 2) 통도사 극락전 앞에 배례석22)과 호부에서 공문을 내려 사역 주변에 국장생표23)가 설치되는 등 통도사에 대한 국가적인

---

18) 『동사강목』 제3하, 계묘년 신라 선덕여주 12년, 고구려 왕 장 2년, 백제 의자왕 3년(당 태종 정관 17, 643) 3월.
19) 채상식, 「신라사에 있어서 황룡사의 위상과 추이」, 『신라문화제 학술발표 논문집』 22, 2001.
20) 『고려사』 권2, 정종세가 12年(946) 1월, '王備儀仗 奉佛舍利 步至十里所開國寺 安之 又以穀七萬石 納諸大寺院 各置佛名經寶 及廣學寶 以勸學法者.'
21) 『고려사』 권4, 현종세가 9년(1018) 윤4월, '是月 修開國寺塔 安舍利 設戒壇 度僧三千二百餘人' ; 『고려사』 권4, 현종세가 12년 5월 14일, '命尙書左丞 李可道 住取慶州 高僊寺 金羅袈裟佛頂骨 昌林寺佛牙 並置內殿.'
22) 통도사 극락전 앞에 설치된 拜禮石은 1085년(선종 2)에 조성되었고, 명문에 '太康十一年乙丑二月日造.'라는 끝씨가 새겨져 있다. 黃壽永, 『금석유문』 ; 許興植, 한국금석전문 중세 상 ; 장충식, 「太康11年銘 通度寺拜禮石考」, 『미술사학연구』 151, 한국미술사학회, 1981.
23) 『한국금석전문』 중세 하, '通度寺 孫仍川 國長生一坐段 寺所報 尙書戶部 乙丑五月日牒 前判兒如改立令 是於爲了等以立 安元年乙丑十二月日記.'

시책이 전개되었다. 1235년(고종 22) 상장군 김이생과 시랑 유석이 왕명으로 불사리를 예배하였던 사실[24]에서 통도사 불사리 신앙이 널리 퍼져 있었다고 하겠다. 1264년 원의 사신이 다투어 불사리에 예배하고 사방의 행각승들이 몰려와서 참례하였다.[25] 특히 인도 승 지공은 1326년(충숙왕 13) 금강산 법기보살을 참배하고 통도사에 가서 금강계단을 참배하고 석가의 가사와 사리를 친견하고 사리 가사 계단법회를 열었다.[26] 이는 당시 부처의 후신이라고 존경받았던 지공의 위상으로 보았을 때 통도사의 사격이 그만큼 컸다는 사실을 알 수 있다. 원 간섭기에 정혜묘원 자행대사 목헌 구공이 통도사를 중수한 바 있으며,[27] 특히 공민왕은 속리사에서 통도사의 부처의 뼈와 사리를 구경하기도 하였다.[28] 공민왕의 추념시 필적이 뛰어났던 일상인이 남산종을 대표해서 대장경을 쓰는 서원으로 참가하였다.[29]

하지만 고려말 왜구의 침탈로 통도사 불사리의 일부는 처음으로 개경에 봉안되기도 하였다. 1377년(우왕 3) 무렵 통도사가 왜구의 침탈을 받자 1379년에 남산종 통도사 주지인 원통무애 변지대사 월송이 석가여래의

---

24) 『삼국유사』 권3, 탑상4, 前後所藏舍利.
25) 위와 같음.
26) 『통도사지』, '泰定丙寅春始到京城時人謂之達磨來也 上自公侯乃至庶民莫不欣躍競先 瞻禮聞說戒法皆發正信益斷薰腥師以參見本師袈裟舍利 … 西天指空和尙爲舍利袈裟戒 壇法會記.'
27) 이제현, 「開國律寺 重修記」, 『익재난고』 권6, 기 ; 『동문선』 권69 ; 『신증동국여지승람』 권5, 개성부 하 고적.
28) 『고려사』 권40, 공민왕세가 11년(1362) 8월 정해, '幸俗離寺 取觀通度寺所藏佛骨 設利 袈裟.' ; 『고려사』 권41, 공민왕세가 15년(1366) 4월 무인, '王率百官, 幸王輪寺, 觀舍利, 施黃金·綵帛, 賜僧布八百匹.'
29) 이색, 「一上人爲僕淨書 亂道間被選書大藏 追福玄陵也 僕欲請於提調諸公 得一上人 以畢吾稿 而旣自念曰 追福玄陵 稿日夜望之者也 不能助之 而反擾之 非稿之志也 書員出 於各宗 一上人不出 則南山無人矣 書僕稿 雖勞而無所報 書大藏則國家必錄其功 此雖上 人之所不以爲意 然在僕則亦不可徑情而直行也 於是 不敢發一言於提調所 但勸上人加 工書大藏 以副國家追福玄陵之意 叩成 首以誌」, 『목은시고』 권22, 시, '南山戒壇具威 儀 筆蹟傑出當今稀.' ; 서윤길, 「高麗 瑜伽·律·神印 等 諸宗의 性格과 그 展開」, 『한국사론』 20, 1990.

정골 하나와 사리 넷, 비라 석굴의 금박 가사 하나와 보리수 잎사귀에 쓴 약간의 불경 등을 받들어 모시고 개경에 오자 태후와 우왕의 비 근비 이씨가 예배를 하고 개경 용수산 성안 송림사 사리탑에 봉안하도록 하였다.30)

조선 건국 직후인 1396년(태조 5) 태조는 송림사에 있었던 부처의 두골 사리 등을 가져오게 하여 흥천사에 석탑을 세우고 안치하였다.31) 태종은 부왕 이성계가 죽자 궁 북쪽에 영당과 불당에 석가여래 치아사리를 이전 봉안하였다.32) 1463년(세종 9) 통도사 주지 덕관은 분신한 사리를 세종에게 바쳤다.33) 이렇듯 여말선초 숭유억불기에 고려의 국도인 개경과 조선의 국도인 한양에 통도사의 불사리가 봉안되기도 하였다.

특히 조선중기 임란시 통도사 금강계단이 왜구의 침탈을 받게 되자 태백산 정암사, 달성 용연사, 금강산 건봉사 등에 보관되었다.34) 조선중기 불교계를 주도하였던 사명 유정이 스승 청허 휴정의 승인하에 통도사의 불사리를 전국에 분산했던 것이다. 청허 휴정은 통도사의 불사리가 '천 사람의

---

30) 『신증동국여지승람』 권4, 개성부 상 불우, '松林寺 龍首山 성안에 있다' ; 이색, 「松林寺가 있으므로, 들어가서 舍利塔에 예배하고 산을 내려가니, 그곳이 唐寺泉洞이었다. …」, 『목은시고』 권26, 詩 ; 이색, 「梁州 通度寺 釋迦如來舍利之記」, 『牧隱文藁』 권3, 記 ; 『동문선』 권73, 記 ; 이색, 「書通度舍利記後」, 『목은시고』 권24, 詩. 참고로 544년(진흥왕 5) 陳나라에서 귀국한 明觀이 가지고 온 佛舍利를 봉안하기 위하여 창건한 칠곡 松林寺와는 전혀 별개의 사찰이다.
31) 『태조실록』 권9, 5년(1396) 2월 22일(경술), '佛頭骨捨利 菩提樹葉經 舊在通度寺 因倭寇移置留後司松林寺 遣人取來.' ; 『세종실록』 권5, 1년(1419) 9월 1일(계묘).
32) 『세종실록』 권5, 1년(1419) 9월 2일(갑진). 통도사는 1407년(태종 7) 자복사로 지정되었다.
33) 『세조실록』 권30, 9년(1463) 6월 15일(계유), '慶尙道梁山郡通度寺住持德寬與郡事羅裕善進分身舍利 議政府上箋稱賀 下敎 赦强竊盜外罪.'
34) 청허 휴정, 「普賢寺 釋迦如來 舍利碑」, 『청허집』 보유편 ; 조선총독부, 『조선금석총람』 하. 權瑎, 「龍淵寺 釋伽如來 浮屠碑」, 『조선금석총람』 하 ; 月峯 雙式, 「乾鳳寺釋迦齒相立塔碑」, 『조선금석총람』 하. 또한 경주 북쪽 비학산 법광사 고승 明玉과 曉軒 등이 진평왕의 원당이었던 법광사 탑을 중건시 발견된 석가불사리를 1747년에 탑에 봉안하였다고 한다. 이 불사리도 아마 통도사 불사리인 듯하다. 申維翰, 「法廣寺 釋迦 佛舍利塔 重修碑」, 『靑泉集』 하 ; 조동원, 『한국금석문대계』 3, 원광대학교 출판국, 1982.

집이 선에 들게 하였고 또한 한 나라가 인을 일으키게 하였으니, 세상의 존귀한 보배라고 할 만하다.'35)고 하여 국가의 법보였다고 인식하였다.

그 후 숙종대 고승 계파 성능이 통도사의 불사리탑을 보수하면서 통도사의 불사리는 '만세의 영원한 동국의 큰 보배'였다고 하였으며,36) 조선말기의 고승 응운 공여(1794~?)와 문신 이승영(1837~1907)도 통도사가 불교의 종가가 된다고 하였다.37) 이미 『여지도서』에서도 통도사가 전국 8도 가운데 종찰이라고 하여 통도사의 법보 전통을 조선후기 대표적인 읍지에서도 언급하고 있었던 것이다.38) 따라서 통도사는 후술하는 바와 같이 조선말에 이르러 삼보사찰로 지정되기에 이르는 것이다.

2) 조선초 해인사의 대장경판 봉안과 법보사찰

해인사는 신라 애장왕 때 의상의 10대 문도 신림의 제자 순응이 802년(애장왕 3) 창건을 시작하여 이정이 완성하였다. 신라 애장왕 때 당에서 수입한 8만 대장경을 장경각에 보관하고 있다는 사실이 유포되기도 하였으나,39) 실학자 이덕무가 지적했듯이 사리에 맞지 않는 일이지만40) 오래 전부터 해인사의 법보사찰의 연기사실이 강조된 것이라고 하겠다.

해인사는 신라말 북악파의 대표적인 사찰로서, 앞서 언급한 신림과 이정

---

35) 청허 휴정, 「普賢寺 釋迦如來 舍利碑」, 조선총독부, 『조선금석총람』하.
36) 위와 같음
37) 應雲 空如(1794~?), 「通度寺記」, 『遺忘錄』; 이헌영(1837~1910), 『日槎集略』(1881년 작) 地 윤 7월 8일(무술).
38) 『여지도서』補遺篇 (慶尙道) 梁山郡邑誌 佛宇, '通度寺 在鷲捿山 中唐貞觀十七年 新羅善德王時 創建也 事蹟具在牧隱 李穡記文中 而佛殿不設金像殿 後鍊石爲壇中 有石龕 僧傳釋迦如來眞身頂骨舍利四放一片牙齒指節所藏云 是以八道諸利推稱宗刹.'
39) 李裕元(1814~1888), 「伽倻山」, 『林下筆記』권13, 文獻指掌編. 李德懋, 「海印寺 八萬大藏經事蹟記」, 『靑莊館全書』권3, 記.
40) 이규경, 「우리나라 佛法에 대한 변증설」, 『오주연문장전산고』 경사편 3, 서전류 2 釋典雜說 ; 이덕무, 「海印寺의 藏經」, 『靑莊館全書』 권55, 盎葉記 2 ; 이규경, 「釋敎·梵書·佛經에 대한 辨證說 附 釋氏雜事」, 『五洲衍文長箋散稿』 釋典總說 八萬大藏經.

과 더불어 3사[41]로 존경받았던 희랑이 고려의 공산 전투를 승리로 이끌게 하여 전 500결을 헌납을 받는 등 국찰로서의 위상을 지녔다. 따라서 해인사는 고려시대에도 대장경판과 역대의 실록을 보관하였던 국가 사고로 지정되었다.[42]

고려중기에 왕자 출신 대각국사 의천이 해인사에 우거한 바 있으며, 인종 때 의천의 자취가 서려 있는 지리산에서 유가종의 수정사 결사가 전개되었을 때 해인사 주지 익승도 참여하였다.[43] 무신집권기인 고종대 대장경 불사에 해인사 주지 천기는 개태사 승통 수기와 함께 재조대장경 교열에 참여한 바 있으며, 균여(923~973)의 『일승법계도 원통기』를 상정하여 대장도감에서 3권으로 간행하기도 하였다.[44]

원 간섭기 후반 이후 화엄종 고승 체원과 그의 문도인 인원과 성지 등이 해인사를 중심으로 화엄종승들이 현세구원적 신앙을 전개하였는데,[45] 체원의 문도 천희(1307~1382)[46]의 제자 경남은 스승 천희에 이어 1383년 무렵 부석사의 주지에 재임하였다.[47] 그 무렵 1381년(우왕 7)에 여주 신륵사 대장각 건립 낙성식시[48] 불교계의 고승이 거국적으로 참여하였는데 화엄종은 부석사의 고승 경남이 동참하였으며, 그 후 해인사의 주지로 임명되었다. 따라서 체원의 영향을 받은 천희와 경남이 해인사 주지로서 화엄종을

---

41) 조위, 「해인사 중창기」, 『梅溪集』 卷4, 記.
42) 『신증동국여지승람』 권30, 경상도 합천군 불우.
43) 權適, 「智異山水精社記」, 『동문선』 권64, 記 ; 『대각국사문집』 권19, '奉先寺翼乘大師 好學不倦.'
44) 『一乘法界圖 圓通記』 卷下 跋文.
45) 채상식, 「체원의 저술과 화엄사상 - 14세기 화엄사상의 단면」, 『한국 화엄사상 연구』, 동국대 불교문화연구소, 1982 ; 『고려후기 불교사 연구』, 일조각, 1991.
46) 李穡, 「彰聖寺 眞覺國師 大覺圓照塔碑」, 『조선금석총람』상, 529~533쪽.
47) 李智冠, 「伽倻山 海印寺事 蹟碑文」, 『海印寺誌』, 690쪽. 경남은 1383년(우왕 9)에 건립된 「신륵사 대장각기」 음기에 浮石寺 고승으로 나타나고 있다. 李崇仁, 「神勒寺 大藏閣記」, 『陶隱集』 부록.
48) 이때 睡庵長老가 해인사의 대장경을 인출한데 대한 헌정시가 이숭인의 문집에 남아 있다. 李崇仁, 「睡庵長老印 藏經于海印寺獻呈」, 『陶隱集』.

주도하면서[49] 대장경 불사들이 이루어졌다. 문인 이숭인이 '수암문 장로가 해인사에서 장경을 찍었다기에 우스개 시를 지어 증정하였다.'거나 '청량 장로가 수암의 글을 전하기에.' 이색이 문집에 '대장경을 인출하러 해인사로 떠나는 나옹의 제자를 보내면서.', '유상인은 보제의 문도로서, 대장경을 출간할 때에도 참여하였고, 대장경을 전독할 때에도 참여하였다'는 등등의 기록이 그것이다.[50] 이는 재조대장경판이 아니라 세계기록유산으로 지정된 제경판인 듯하다. 앞서 언급한 바 있듯이, 해인사 주지 경남이 재임하였으므로 대장경 인경 불사도 해인사 주지이면서 선교 도총섭 통판 승록사사 해인사 주지 국일 도대사였던 경남의 주관하에 이루어졌을 것이다.[51]

이러한 해인사의 법보 불사의 전통은 해인사에 재조대장경을 보관되기에 이르게 되는 것이다. 잘 알려져있듯이 재조대장경은 1243년(고종 30)부터 판각 사업을 시작하였으며, 1251년(고종 38) 9월에 강화도 대장경 판당에서 봉안되었다.[52] 『고려실록』과 대장경이 왜구의 침탈로 이어지자 재조대장경판도 해인사로 이전되게 된다. 해인사 주지 경남과 이성계와 각별했던 화엄종 도승통 설오가 고려시대 국가 사고였던 합천 해인사로 이안하게 되었다. 즉, 1398년 5월 선원사의 대장경판을 도승통 설오가 머물고 있던 한양 지천사[53]에 옮겼다가 해인사로 이운하였던 것이다.[54] 조선 건국 직후

---

49) 권적, 「智異山 水精社記」, 『동문선』 권64. 신총이 해인사 주지였다는 사실은 『首楞嚴經』寫經 尾書에 '功德花嚴海印寺住持大師信聰.'이라는 글로써 알 수 있다(권희경, 앞의 책, 435쪽.). 그리고 신총에 대하여 지은 다음의 시가 전하고 있다. 黃瑾, 「將起沃州漢江船上 用華嚴信聰師韻」, 『동문선』 권21.

50) 이숭인, 「睡菴文長老 印藏經于海印寺戲呈」, 『도은집』 권3, 詩 ; 이숭인, 「清涼長老傳睡菴書」, 『도은집』 권2, 시, '忽見然禪者 云從海印來 袖中書札出 世上笑談開 宴坐翻經子 良緣閱劫灰 相違僅咫尺 問法日千回' ; 이색, 「送懶翁弟子 印大藏海印寺」, 『목은시고』 권28, 詩 ; 이색, 「雪牛說」, 『목은문고』 권10, 說. 雪牛에 대한 설.

51) 이능화, 『조선불교통사』 상, 252쪽.

52) 이규보, 「大藏刻板 君臣祈告文(丁酉年行)」, 『동국이상국전집』 권25, 잡저.

53) 임금이 支天寺에 거동하시니 都僧統 雪悟가 金剛山에서 왔다. 『태조실록』 권13, 7년(1398) 1월 22일(경오).

54) 『태조실록』 권14, 7년(1398) 5월 10일(병진), '임금이 龍山江에 거동하였다. 大藏經

태조 이성계가 잠저시 해인사에서 건국을 위해 기도를 하고,55) 1393년 해인사의 고탑을 수리하여 대장경을 안치하였으며, 「원성대장어제문」을 친히 지었다.56) '우리 태조대왕 2년에 세자 및 7대군이 함께 원을 세워 금탑을 중수하고 대장경을 인경하여 법전에 안치하였는데, 특별히 경남에게 명을 내려 큰 불사를 하게 하였다.'고 하여 해인사 고승 경남이 불사의 책임을 맡았음을 알 수 있다.57) 이렇듯 해인사 주지 경남은 화엄종을 대표하여 조계종의 무학 자초와 천태종의 신조 등과 더불어 조선왕조의 건국사업에 참여한 것이다.58)

그 후 1399년(정종 1) 1월 초9일에 태조의 명으로 재조대장경을 인출하였는데 아마도 해인사의 재조대장경의 첫 인경이 아니었나 한다.59) 특히

의 木版을 江華의 禪源寺로부터 운반하였다' ; 『태조실록』 권14, 7년(1398) 5월 12일(무오), '隊長과 隊副 2천 명으로 하여금 대장경의 목판을 支天寺로 운반하게 하였다.' 여기에는 왕사로 책봉된 무학의 고향이 합천이어서 아마 해인사가 대장경 보관장소로 부각되었을 것이다. 해인사 대장경 이안시기에 대해서는 조선초로 보고 있지만(강순애, 「고려 팔만대장경의 판각, 봉안 및 판가구성에 관한 연구」, 『서지학연구』 46, 2010 ; 한상길, 「고려대장경의 해인사 이운 시기와 경로」, 『불교학연구』 30, 2011 ; 최연주, 「조선시대 『고려대장경』의 인경(印經)과 해인사(海印寺)」, 『동아시아불교문화』 10, 동아시아불교문화학회, 2012.) 최근에 고려말 설도 대두되고 있는 실정이다. 임득균, 「고려대장경」의 해인사 봉안과 사원의 위상」, 『석당논총』 54, 2012.

55) 이러한 사실은 1483년 仁壽大妃와 仁惠大妃가 明禮宮(현 덕수궁)에서 11조의 完文을 해인사의 승려에 내린 기록에서 알 수 있다. 「啓下完文節目」, 『海印寺誌』 75쪽 '曁我太祖大王 龍潛時親設百日禱佛 卽登寶位 宜此爲宗願利 潛心大乘 印經十件 劃標內耕 結卑爲香供之資.'
56) 이능화, 『조선불교통사』 상, 348쪽.
57) 楓溪 明察, 「伽倻山 海印寺 大藏經印出文」, 『海印寺誌』, 1992, 293쪽, '入我朝太祖大王 卽位二年 與世子及七大君 同發大願重修金塔印大藏經用安于法殿 命特持僧敬南 大作佛事.'
58) 황인규, 『무학대사연구-여말선초 불교계의 혁신과 대응』; 황인규, 「중등 국사교과서에 나타난 고려후기 불교사 서술과 문제점」, 『역사와 교육』 9, 역사와 교육학회, 2000 ; 황인규, 「여말선초 화엄종승의 동향」, 『불교학연구』 1, 2000 ; 황인규, 「고려말 이성계의 불교계 세력기반」, 『한국불교학』 28, 2001.
59) 세종 6년 선교 양종 체제시 해인사는 敎宗 18개 사찰로 지정받아 전답 200결과 승려 100명을 지정받았다.

세조대에는 세조의 3화상 혜각존자 신미와 해인사 주지 죽헌 등이 재조대장경 50부를 인경 대불사를 하였다.[60] 해인사를 비롯하여 삼보사찰인 통도사와 송광사 등 당시 주요 50여 사찰에 분산 봉안하였는데 당시 불교계를 주도하였던 묘각왕사 수미와 해인사 주지 죽헌이 주도하였다.[61] 뿐만 아니라 세조는 장경각을 확장하고 개수하고자 하였으며, 세조의 비 정희왕후가 1483년(성종 14) 해인사를 중건하고자 하였다가 인수대비와 인혜왕비 등의 후원으로 죽헌에 이어 해인사 주지의 재임을 맡은 세조의 3화상 혜각존자 신미의 제자 학조 등이 1488년 대장경 판당을 중건하였다. 조선후기에도 해인사 대장경판은 해인사의 여러 차례의 화재에도 장경각에 안전하게 보관되었다.[62] 후술하듯이 해인사는 조선말 삼보사찰로 지정되기에 이르며, 현재 장경판전과 그 안에 봉안된 재조대장경판은 세계가 인정하는 문화유산이다.

3. 조선후기 승보사찰과 삼보사찰의 지정

1) 조선후기 승보사찰의 성립과 송광사

송광사에 16국사로 추념된 시기는 빨라야 고봉 법장(1351~1428)이 입적한 1428년(세종 10) 이후인 듯하다.[63] 고봉은 1395년(태조 4)부터 1420년(세종 2) 무렵까지 주지로 있으면서[64] 송광사를 중건하였다. 즉, 고봉은 1399년

---

60) 『東閣雜記』 上, 本朝璿源寶錄 ;『燃藜室記述』 별집 제13권 政敎典故 僧敎.
61) 이규경,「釋敎·梵書·佛經에 대한 辨證說 附 釋氏雜事」,『五洲衍文長箋散稿』 釋典總說.
62) 『湛軒書』 내집 권2, 桂坊日記 8월 26일.
63) 覺宏「普濟尊者 三種歌」,『나옹화상어록』,『한국불교전서』 6 ; 동국대 불교문화연구소,『한국불교문헌찬술총록』, 동국대 출판부, 1976, 153쪽 ; 허흥식,「제7장 중세 조계종의 기원과 법통」,『한국중세불교사연구』, 일조각, 1994, 391쪽 ; 한성욱,「順天 曹溪山 松廣寺 慈靜國師·高俸和尙 舍利器」,『佛敎考古學』 5, 위덕대, 2005.
64) 송광사를 수륙사로 지정한 것이 정종이라고 하였으나(『세종실록』 권26, 6년(1424)

(정종 1) 궁궐로 들어가 송광사의 중창을 허락받고 수륙사를 개최하였다. 그 이듬해 7월 고봉은 왕의 교지를 받들고 대목 운비 상제 등 30여 명을 고용해 중창하였다. 고봉이 수선사 16국사로 추증된 것은 퇴락한 송광사 당우를 중창하였기 때문이다. 태조의 왕사인 무학이 용문사로 퇴거하여 있을 때였지만 나옹의 추념 사업을 전개했던 무학의 동문으로서 중창 불사에 인식을 같이 하여 후원을 모색했던 듯하다.[65] 이 후원에는 태고 보우의 문도로서 송광사 주지를 역임했던 상총도 불교계를 대표하여 나섰다.[66]

하지만 태종대에 가서 불교 탄압 시책은 나옹과 무학의 문도들이 주석하였던 송광사의 사세에도 적지않이 영향을 끼쳤던 것 같다. 즉, 고려말 동방제일도량[67]이었던 송광사의 사세를 빌어 회암사를 본산으로 삼아 불교를 중흥시키려 했던 나옹과 무학은 태종에게는 불교계의 대대적인 탄압 개혁 시책에 걸림돌이 되었을 것이다. 1407년(태종 7) 88자복사 설정시 송광사가 제외되었던 것도 이러한 사정에 기인하는 듯하다.[68]

세종대 초반인 1420년(세종 2) 무렵 송광사 주지에 고봉의 제자인 대선사 중인이 취임하여 1427년(세종 9)까지 재임하였다. 도량을 확장하고자 고봉의 제자 홍수와 상제 등 10여 인과 자신의 문도인 상우 등 10여 인이 참여한 가운데 1420년(세종 2)부터 1428년(세종 10)까지 이루어졌으며, 그 기간에 송광사는 선종 18사에 포함되었다.[69] 당시 선종계는 고봉의 문도인 판사종사 도대선사 운곡이 주도하고 있었으며,[70] 아마도 운곡이

10월 25일(병인)) 상왕인 이성계라고 보는 것이 옳을 것이다.
65) 覺宏「普濟尊者 三種歌」,『나옹화상어록』,『한국불교전서』6 ; 동국대 불교문화연구소,『한국불교문헌찬술총록』, 동국대 출판부, 1976, 153쪽 ; 허흥식,「제7장 중세 조계종의 기원과 법통」,『한국중세불교사연구』, 일조각, 1994, 391쪽.
66)『태조실록』권14, 7년(1398) 5월 13일(기미) ; 황인규,「여말선초 선승과 불교계의 동향」,『백련불교논총』9, 1999 ; 황인규,『고려후기·조선초 불교사연구』, 혜안, 2003.
67) 이색,「普濟尊者 諡禪覺塔銘 幷序」,『牧隱文藁』권14, 비명 ;『동문선』권119, 비명.
68)『태종실록』권14, 7년(1407) 12월 2일(신사).
69)『세종실록』권26, 6년(1424) 10월 25일(병인).

고봉 법장을 16국사로 추념한 듯하지만 승보사찰로서의 위상이 정립된 것은 후대의 일이다.

송광사는 정유재란으로 침입한 왜군이 절에 불을 질러 도량은 일시에 잿더미로 변하게 되었다. 이에 당시 주지였던 응선이 지리산에 머물렀던 부휴를 초빙하여 중창하였다. 응선은 1608년(선조 41)부터 1618년(광해군 10)까지 만 10년 동안 송광사 주지에 재임하였는데『송광사지』에 의하면 1601년부터 수각을, 1604년에 천자암을, 그리고 1606년에 보조암을, 1608년에 임경당 등을 중건하여 1609년 6월에 준공되었다.[71] 부휴 선수는 문도 400여 명을 거느리고 송광사에 들어와 불사를 마무리 하였다.[72] 1619년(광해군 11) 중국에서 진신 사리를 이안하고 그 이듬해인 1620년 봉인사 부도암에 봉안한 바 있다.[73] 특히 1622년(광해군 14) 과천 청계사에서 재를 설하였을 때, 그의 문도인 고한 희언과 벽암 각성이 증명사로 참여했다.[74] 연산군 이후 명종대 허응 보우가 선교 양종이 복립될 때까지 본산의 역할을 하였던 청계사 불사[75]를 주도하였던 부휴와 문도들이 송광사 중창으로 전각을

---

70) 『송광사지』에 의하면 '1431년(세종 13) 송광사 住持 前 判事宗事 都大禪師 雲谷, 1448년(세종 30)'前松廣寺住持 大禪 弘義 性悟'라는 사실을 알 수 있다.
71) 임석진, 『大乘禪宗 曹溪山 松廣寺誌』, 17~18쪽.
72) 임란 이후 송광사는 부휴 선수계가 장악하게 된다. 이에 대해서는 다음 논문을 참고. 최병헌, 「조선후기 浮休善修系와 松廣寺」, 『同大史學』 1, 동덕여대 국사학과, 1995 ; 김용태, 「조선후기 華嚴寺의 역사와 浮休系 전통」, 『지방사와 지방문화』 12-1, 역사문화학회, 2009.
73) 『광해군일기』 권138, 1년(1619), 3월, 11일(갑오).
74) 「孤閑大師行狀」, 『대각등계집』 권하, 『한글대장경-대각등계집』, 270쪽 ; 「賜報恩闡教圓照國一都大禪師行狀」, 『대각등계집』 권하, 『한글대장경-대각등계집』 262~263쪽. 청계사는 고려말 無學 自超와 그의 문도 鐵虎 祖禪이 머물렀던 趙仁規 家門의 원찰이었고 이는 조선시대에도 계속되었다. 황인규, 「趙仁規家門과 水原 萬義寺」, 『수원문화사연구』 2, 1998 ; 황인규, 『고려후기·조선초 불교사연구』, 혜안, 2003.
75) 『연려실기술』 권7, 中宗朝 故事本末, 중(僧)이 유생들의 옥사를 속여 꾸미다 경오년(1510) ; 『연려실기술』 별집 권13, 政教典故, 僧教 ; 「陰崖日記」 『漢山李籽』, '연산조 이후로 서울에 있는 사찰들을 모두 폐하여 관청으로 사용했기 때문에 兩宗이 헛이름만 淸溪寺에 의탁하여 이름을 禪宗이라 하였다.' ; 황인규, 「조선전기 선교양종의 本山과 判事」, 『한국선학』 12, 한국선학회, 2005.

다시 일으켰던 것이다. 1621년(광해군 13) 9월 당시 송광사 주지 성은이 호법을 위해 사순 등에게 16국사의 진영을 바로 세우고자 하였다.[76] 이러한 사실은 조선시대 4대 문장가였던 계곡 장유(1587~1638)가 기문으로 남기고 있다. 즉, '절에 목우파 계열에 속하는 16조사의 초상화가 있었는데, 세월이 오래 흐르면서 퇴색되어 잘 보이지 않았다. 이에 스님이 새로 초상화를 만들어 봉안하면서 나를 위해서도 그려주고 싶다고 하였다.'는 것이다.[77]

송광사 부휴 선수의 제자 벽암 각성의 문도인 취미 수초(1590~1668)는 '지눌은 동방의 대성인이고 송광사는 동방의 대도량'이라고 하면서 지눌이 도로써 사격을 높이고 그에 의지하여 당시의 기강과 도덕이 빛났다고 하였다.[78] 취미 수초의 제자인 백암 성총(1631~1700)이 문인 조종저에게 시켜 지은 「승평조계산송광사사원사적비」에는 송광사의 위상을 다음과 같이 적고 있다.

> 호남의 사찰 중에 크고 아름답다고 칭해지는 것은 이루 다 손꼽을 수 없으나 조계산 송광사는 동방제일 도량이니, 인도의 쌍림과 중국의 여산과 같다. 16국사를 굳이 말하지 않더라도 이 절에 머물지 않고 명승이 된 자는 있지 않다. 고려 때에 산의 이름을 빌려 조계, 시흥을 세움에 이르러 두 종에 한 나라의 이름난 사찰을 나누어 속하게 하고 본사로 하였다. 대개 왕사로 명명된 이는 반드시 이 절에 머물렀다.[79]

송광사는 동방제일 도량으로 인도의 쌍림과 중국의 여산과 같고 조계종의

---

76) 待價, 「十六國師 眞影記」, 『송광사지』.
77) 張維(1587~1638), 「贈寫眞僧思舜 寺有牧牛派下十六祖師影子 歲久損晦 師爲新之 且欲 爲余寫眞云」, 『谿谷集』 卷26, 七言古詩, 47首, '十六祖師歸西天 世人不識眞面目 闍梨筆端天眼通 一掃神光滿殿屋 前身定是顧虎頭 宿債曾留瓦棺閣. 他時訪我丈室來 須信靑蓮是金粟.' 현재 남아 있는 송광사 16조사 진영은 1780년 작품이다.
78) 김군수, 「순천송광사불일보조국사비」, 『조선금석총람』 하, 음기.
79) 趙宗著(1631~1690), 「昇平曹溪山松廣寺嗣院事蹟碑」, 『조선금석총람』 하, 1919 ; 大圓鏡, 「昇平曹溪山松廣寺嗣院事蹟碑」, 『해동불보』 3, 해동불보사, 1941.

본산이 되었다고 하였다. 백암 성총의 제자였던 무용 수연(1651~1719)은 '송광사는 해동의 하나의 명찰로서 온 나라 사람이 귀천이 없이 이것을 한 번 못 보는 것을 일생의 한으로 삼는다. 그것은 오직 16성의 옛 자취가 아직 보존되어 있다는 것이다.'[80]라고 하였다. 이렇듯 송광사를 중흥시켰던 부휴 선수의 문도들은 송광사의 16국사에 대해 다음과 같이 열거하였다.

> 보조가 입적한 후 진각, 청진, 진명, 회당, 자정, 원감, 담당, 묘명, 자원, 혜각, 각엄, 정혜, 홍진, 고봉, 홍진에게 전해지니, 이상은 모두 국사였다. 무릇 16대가 법을 계승하고 사원을 이어받아 끊이지 않았으니 이는 실로 총림의 드물고도 우연한 성대한 자취이다.[81]

위의 인용한 내용은 백암 성총이 부탁하여 조종저가 기술한 내용이다. 여기에서는 16국사 중 제8세 자각이 빠져있고 제6세 자정과 제7세 원감이 바뀌었다.[82] 부휴 선수의 제자 벽암 각성의 5세손인 경암 응윤(1743~1804)이 지은 「송광산 송광사기」에 의하면, 16국사를 보조 진각 청진 진명 자진 원감 자정 자각 담당 혜감 자조 혜각 각원 정혜 각진 고봉을 들고 있다.[83] 이렇듯 부휴 선수의 문손들뿐만 아니라 청허 휴정의 문손인 사암 채영과 화악 지탁 등도 16국사에 대하여 추념하였다. 즉 사암 채영이 1764년 간행한 『서역중화해동불조원류』에 의하면 조계산 16조사를 '불일보조 지눌 목우자 응화 대성, 원 순제 국사 진각, 청진, 충경, 진명, 회당자진, 자정, 원감,

---

80) 無用 秀演(1651~1719), 「조계산 송광사 함청각 모연설」, 『무용집』 권하, 『한글대장경』, 157쪽.
81) 위와 같음.
82) 菅野銀八, 「고려 조계산 송광사 십육국사의 계승에 관하여」, 『청구학총』 9, 경성 : 청구학회, 1932 ; 한국불교연구원, 『송광사』, 일지사, 1975. 78~79쪽.
83) 鏡巖 應允(1743~1804), 「松廣山 松廣寺記」, 『경암집』, 99~101쪽, '十六祖師影殿額曰慈蔭堂 以首照爲土壁 而眞覺淸眞眞明慈圓鑑慈靜慈覺湛堂慧鑑慈照慧覺圓淨慧覺眞高峰十五祖師配享昭穆 竝懶翁無學 爲十八住持至如臨鏡堂凌虛閣水石亭 特風流之最 不與此錄云爾.'

자각, 담당, 묘명혜감, 묘엄자원, 혜각, 복암정혜, 홍진, 고봉화상.'84)이라 하였다. 삼봉 화악 지탁(1750~1839)도 그의 저서에서 송광사가 보조국사 지눌의 도량이라고 하면서 16국사를 추념하였다.85) 이렇듯 불교계가 송광사 16국사를 추념하면서 나옹과 그의 문도 무학을 송광사 18주지로 추념하여 송광사가 승보사찰로서의 위상을 더욱 공고히 하였다. 사실 조선초 불교계는 무학과 그의 문도들이 주도하게 되면서 나옹의 문도이자 무학의 도반인 고봉이 다시 송광사 주지에 재임하게 된다. 이는 무학의 문도였던 함허 기화가 보조의 유풍을 강조한 사실에서도 단적으로 알 수 있으며,86) 송광사가 중창되어 수륙사로 지정되었다. 무엇보다도 나옹과 무학이 16국사의 범주에 오르지 못했지만 태고 보우의 문도와는 달리 18주지에 포함된 것은 나옹과 무학의 위상이 그만큼 컸기 때문이다. 이미 나옹은 생전에 생불로 추앙된 고려 불교계의 거목으로, 조선 건국 후에도 그의 위상은 드높았다.87) 이는 17세기 중엽부터 청허 휴정과 그의 문도가 보우와 그의 문도를 조계종의 종조와 종맥으로 삼은 것과 뚜렷한 대조를 이루고 있다.

조선후기 제2의 건국 운동이라고 할 '국가 재조'가 활발히 진행될 때

---

84) 사암 채영, 「曹溪山 十六祖師」, 『西域中華海東佛祖源流』(1764년刊), 191쪽, '佛日普照 名 知訥 號牧牛子 應化大聖 元順帝 國師 眞覺 淸眞 沖鏡 眞明 晦堂慈眞 慈靜 圓鑑 慈覺 湛堂 妙明慧鑑 妙嚴慈圓 慧覺 覺嚴 復庵淨慧 弘眞 高峰和尙.'

85) 華嶽 知濯(1750~1839), 「贈別華峰宇晟大師之 湖南松廣寺竝 小序」, 『三峰集』, 『한국불교전서』 10, 31쪽, '曾聞曹溪山聖僧牧牛子道場 至今寂光凝仁者 所以往也 往已爲我入定 觀十六國師 燒香頂禮恨別難爲忍 傷心不自持.'

86) 己和, 「住懸燈 因不煮炙 感普照淸風(懸燈寺에서 밥을 굶으면서 普照의 淸風을 느끼다.)」, 『涵虛堂得通和尙語錄』, 『한국불교전서』 권7, 248하-249상, '穿林激石潺湲嚮 載月撑天峽峽容 裏有懸燈千古殺 依俙普照昔年蹤 又 溪聲岳色兩奇絶 旦暮淸烟染白雲 普照淸風傳古古 至今廚絶赤鹽君 又 塔立亭亭山影裏 鍾搖落落水聲中 有時散策閑回首 頻憶當年普照風 又 靜聽溪流嚮幽谷 回看明月掛西峯 時中無限好消息 却恨傍無可與通.'

87) 『세종실록』 권85, 21년 4월 18일(을미) ; 金淑子, 『江湖先生實記』 卷1 ; 丁克仁, 『不憂軒集』에 같은 내용이 보이고 있다. 徐宗梵, 「懶翁禪風과 朝鮮佛教」, 『한국불교문화사상사』 상, 가산불교문화원, 1992. 1147쪽 ; 황인규, 「나옹혜근과 그 대표적인 계승자 무학자초」, 『역사와 교육』 5, 1997 ; 황인규, 『고려후기·조선초 불교사연구』, 혜안, 2003.

태조와 더불어 무학의 위상이 다시 드높아졌다. 국가나 전국의 사찰 의식에서는 여말선초 3화상이 가장 신통한 영험을 보이는 증명법사로 간주되면서 현재까지 한국 불교계의 3화상으로 존경을 받고 있다. 조선후기에 간행된 불교 의식집에 나타난 바와 같이 지공, 나옹, 무학으로 이어지는 3화상이 불교계에 두각을 나타내고 있었다.88) 즉,『동국승니록』89)『월저집』발,90)『선문조사예참문』,『범음집』,『조상경』91) 등이나, 오늘날 불교 의식의 전범으로 사용되고 있는『석문의범』에도 3화상의 위상이 돋보인다. 특히 정조 때에는 3화상에게 3화상 교서가 내려져 국가적인 추념이 이루어졌다.92) 이러한 가운데 송광사에서는 법맥을 초월하여 송광사 16국사 외에 나옹과 무학을 송광사 18주지에 포함하여 추념하였다. 이미 앞서 언급한 백암 성총에 의해 남겨지게 된 조종저의「송광사사원사적비」나 경암 응윤의 기문에도 이러한 인식이 반영되어 있다.

    근세에 부휴 선수가 있어 이 절에 이어서 주석하였고 벽암 각성, 취미 수초에게 법을 전하였다. 세 선사는 모두 도법을 밝히고 드날렸으며 절의 건물을 늘리고 꾸몄으니 보조국사 때에 비해 더욱 성대하였다. 하지만 종파는 달랐으니 임제의 18대 전법 제자는 석옥 청공으로 고려조 태고 보우가 청공의 법을 전해 받았다. 또 6대를 전해진 것이 부휴였으니 이것이 여래의 정안이며 보조(목우)의 법이 전수된 것은 아니다. 또한 나옹과 무학이 이 절에 기대어 탑을 세운 것과 같다. 취미의 적전은 백암 성총이었는데 사원을 다스리는 일을 이어 전수받았다. 본성을 깨닫고 문자를 이해함에 근래의 조사에게 훈습을 받고 멀리는 보조의 기풍을 접하였다.93)

---

88) 황인규,「제3절 불교계에서의 위상」,『무학대사연구-여말선초 불교계의 혁신과 대응』, 혜안, 1999.
89)『東國僧尼錄』,『續藏經』150.
90) 월저도안,『月渚集』跋,『韓國佛敎全書』9, 121쪽.
91) 華嶽 知濯,『造像經』, 金剛山 楡岾寺, 1824.
92) 雙荷子,「敎諭書(釋王寺寄本)」,『朝鮮佛敎月報』通卷17號 第2卷 6號, 1913.6.25.

16조사의 영전 편액은 자음당인데 보조를 주벽으로 하여 진각·청진·진명·자진·원감·자정·자각·담당·혜감·자조·혜각·각원·정혜·각진·고봉 등 15조사가 소목(위패의 차례)에 따라 배향되어 나옹·무학과 합쳐 18주지가 된다.94)

조선중기 이후 부휴 선수와 벽암 각성, 취미 수초 등 송광사의 고승들은 보조국사 지눌 당시보다 더 흥성했다고 자부하면서 임제종의 정맥을 이은 석옥 청공의 법사 태고 보우에게 법통을 연결시키면서95) 한편으로는 나옹과 무학도 16국사와 버금가는 고승으로 추념하였다. 그 후 용악 혜견(1830~1908)은 1899년에 해인사의 대장경 4부를 인출하여 삼보사찰에 각기 1부씩 모시고 1부는 전국의 유명한 사찰에 나누어 모셨던 바 있었는데, 송광사가 설법전의 18국사 도량96)이라는 사실을 특기하였다. 이와 같이 송광사는 조선초 이래 고봉 법장을 제16국사로 추념하였을 뿐만 아니라 임란 직후 송광사를 중창하면서 16국사를 승보로 받들었으며, 조선후기 나옹과 그의 상수 제자 무학을 송광사 18주지에 포함시킴으로써 송광사가 18국사의 승보도량으로서의 위상을 정립해 나갔던 것이다.

2) 조선말 불교계의 삼보사찰의 지정

앞서 언급했던 바 통도사와 해인사에 이어 송광사가 삼보사찰의 위상을

---

93) 趙宗著(1631~1690), 「昇平曹溪山松廣寺嗣院事蹟碑」, 『조선금석총람』 하, 1919 ; 大圓鏡, 「昇平曹溪山松廣寺嗣院事蹟碑」, 『해동불보』 3, 해동불보사, 1941.
94) 鏡巖 應允(1743~1804), 「松廣山 松廣寺記」, 『경암집』 권하, 99~101쪽, '師影殿額 曰慈蔭堂 以普照爲主壁 而眞覺 淸眞 眞明 慈眞圓鑑 慈靜慈覺 湛堂 慧鑑 慈照 慧覺 覺圓 淨慧 覺眞 高峰十五祖師 配享昭穆 竝懶翁無學 爲十八住持.'
95) 황인규, 「수선사 16국사의 위상과 추념 : 송광사의 승보종찰 설정과 관련하여 試攷함」, 『보조사상』 34, 2010.
96) 龍岳 蕙堅(1830~1908), 「登說法殿 十八國師道場」, 『龍岳堂 私藁集』, 『한국불교전서』 11, 119쪽.

확립해 가고 있었지만 19세기 전반에도 삼보사찰에 대한 지정에 이견이 있었던 듯하다. 김제 금산사가 불보사찰이라고 밝힌 기록이 찾아지기 때문이다. 즉, 1828년(순조 28)에 호남 12군현을 유람하고 쓴 저자 미상의 기행록인 『속남유록』97)에서 다음과 같은 기록을 남기고 있다. 즉, '우리나라 사찰에 3보가 있다. 금산사에는 장륙불이 있으므로 불보이며 해인사에는 대장경이 있으므로 법보는 이 사찰을 이른다. 승보는 보조 이하 16국사가 나왔다.'라는 기록이 바로 그것이다.

금산사는 불보, 해인사는 법보, 송광사는 승보사찰이라 하여 우리나라의 삼보사찰에 대하여 다른 견해를 보이기도 하였다. 금산사가 대찰의 면모를 갖추게 된 시기는 진표가 중창을 이룩한 경덕왕대 이후다. 762년(경덕왕 21)에 시작하여 766년(혜공왕 2)에 중창되고 미륵장륙상을 조성하여 주불로 모셨고, 금당의 남쪽 벽에는 미륵보살이 도솔천에서 내려와서 그에게 계법을 주던 모습을 그렸다.

> 진표는 교법을 받기를 마치자 금산사를 창건하고자 산에서 내려왔다. 대연진에 이르자 갑자기 용왕이 나타나 옥으로 된 가사를 바치고 8만 권속을 이끌고 시위하며 금산수로 갔다. 사방에서 사람들이 와서 며칠 지나지 않아 완성되었다. 다시 미륵보살이 도솔천으로부터 감응하여 구름을 타고 내려와 진표에게 계법을 주었는데 구시주에게 권하여 미륵장륙상을 조성하게 하였다. 또 금당의 남쪽 벽에 내려와서 계법을 주는 위의의 모습을 그리게 하였다. 갑진년 6월 9일에 조성되어 병오년(766년) 5월 1일에 금당에 안치되었으니 이해는 대력 원년이다.98)

---

97) 『續南遊錄』, '東國 寺刹有三寶 金山寺有丈六佛 故曰佛寶 海印寺有龍藏 故曰法寶 此寺謂之 僧寶以出普照以下十六國師也.' ; http://e-kyujanggak.snu.ac.kr

98) 『삼국유사』 권4, 의해5, 關東楓岳鉢淵藪石記, '師 受教法已欲創金山寺下山而來至 大淵津 忽有龍王出獻玉袈裟 率八萬眷屬侍往 金山藪 四方子來不日成大 伽藍藝氏像感率駕雲而下與 師 受戒法師勸檀緣鑄成弥勒丈六像復畫下降受戒威儀之相於金堂南壁 □於甲辰六月九日鑄成丙午五月一日安置金堂是歲大曆元年也.'

미륵보살이 도솔천에서 내려와 진표에게 계법을 주자 이에 미륵장륙상을 조성하였고 그림을 그려 모셨다는 것이다. 금산사는 미륵장륙상을 주불로 모시면서 유가종(법상종)의 중심 도량이 되었다.99) 이처럼 금산사를 불보사찰로 간주하여 주목되는데 그 외에 삼보사찰로 간주한 사례는 더 이상 찾아지지 않는다.

현재 삼보사찰이라 불린 기록은 조선후기 성리학에 정통한 10대 문장가로 꼽혔던 연천 홍석주(1774~1842)가 1832년에 지은, 「연천옹유산록」의 기록이 가장 빠른 듯하다.

> 불가에서 말하기를 동국 사찰에는 3보가 있으니 통도사에는 불두골이 있어 불보이고 해인사에 있어서 용장이 있어 법보다. 또한 이 절을 승보라 하는데 이곳에서 보조이래 16국사가 나왔기 때문이라고 한다.100)

그 후 1863년(철종 14)에 설두 유형(1824~1889)이 간행한 『산사약초』에 의하면, 자장은 중국에서 석가 사리를 중국에서 모시고 와 통도사 등지에 봉안하였다. 문수보살이 그려준 대로 통도사에 전각을 짓고 계단을 만들었는데 후세 사람들이 불보사찰로 추숭한다고 하였으며, 해인사는 팔만대장경을 간행 이안하여 소장하고 있기 때문에 법보사찰이라고 하였다. 송광사는 보조국사 이래 16국사가 배출되어 중생을 제도하였으므로 승보사찰로 추숭한다는 것이다.101)

---

99) 그 후 왕사 慧德이 1079년(문종 33) 금산사 주지로 부임하여, 퇴락한 절을 보수하고 새로운 법당을 증축하여 대찰의 면모를 갖추었다. 그는 절의 남쪽에 廣敎院을 설립하여 看經·法席 등을 주관하였다. 당시 금산사는 창건 이후 가장 규모가 큰 대도량이 되었다.
100) 洪奭周(1774~1842), 「淵泉翁遊山錄」; 임석진, 『조계산송광사고』「건물부」, '佛氏言 東國寺刹 有三寶 通度寺有佛頭骨故曰僧寶 海印寺有龍藏故曰法寶 此寺謂之僧寶以出 普照以下十六國師也.' 이 내용은 송광사 우화각 현판에 새겨져 있다.
101) 雪竇 有炯(1824~1889), 『山史略抄』, '曹溪山松廣寺 高麗普照禪師所刱 以 十六祖師次第 而出 普利群品故 推 爲僧寶寺刹' 一依文殊指畫 建寺築壇 名曰通度 後人推爲佛寶寺刹

그 후 개화기 중도우파의 인물로 알려진 운양 김윤식(1835~1922)은 '해동의 세 개 보찰 가운데 송광사가 유독 기이하다 이름났네.(통도사·해인사·송광사가 삼보사찰이다) 두 조사가 의발을 남긴 곳(나옹이 이 절에서 주석하고 의발을 무학에게 주었다)'102)이라고 해동 3보찰이라는 이름을 사용하였다.

당대 석왕사 제일의 선지식으로 소문난 용악 혜견(1830~1908)은 1899년 도총섭의 직책으로 7백여 명의 스님들을 지휘하여 해인사 경판으로 대장경 세 부를 인출하고, 이를 해인사와 송광사 그리고 통도사에 차례로 봉안하며 삼보사찰이라는 명칭을 사용하였다.103) 그리고 용악의 제자이자 동국대 전신인 불교중앙학림 교장과 통도사 주지를 지내는 구하 천보(1872~1965)도 1901년에 『용악당사고집』 서문을 쓰면서 역시 삼보사찰을 언급한 바 있다.104) 송광사 주지 금명 보정(1861~1930)도 1902년에 쓴 해인사 금강계단 계첩서에서 해인사를 대법보종찰이라 부르고, 통도사를 불보종찰이라고 하였다.105) 통도사 강주였던 해담 치익(1862~1942)은 1915년에 '무릇 불종찰로서 조선의 으뜸이다(불종찰은 통도사, 법 종찰은 해인, 승 종찰은

高麗顯宗 刊八萬藏經於巨濟島 移鎭于此寺 是爲法寶寺刹(曹溪山松廣寺 高麗普照禪師 所瓶 以十六祖師次第而出 普利群品 故 推爲僧寶寺刹).'

102) 金允植(1835~1922), 「松廣寺」, 『雲養集』 卷1, 詩 昇平舘集, '海東三寶刹 松廣獨擅奇(通度海印及松廣爲三寶刹) 二祖鉢衣地(懶翁住是寺 以衣鉢付無學).'
103) 龍岳 慧堅, 「大藏經 各邑地境遞罷信地 奉安記錄」, 『龍岳堂私藁集』, 『한국불교전서』 11, '三月初七日 點淸齋 發印經之時 余關北太祖王祠院 都摠攝之官佩印 率彼此僧徒 又接諸山碩德 合七百餘員 忘夜精進供佛 印出二萬卷 奉安三寶寺刹 先奉安海印寺 次全羅道順天松廣寺 … 奉安于本寺藏經閣.'
104) 九河 天輔, 「龍岳堂 私藁集序」, 『龍岳堂 私藁集』, 『한국불교전서』 11, '日若吾師 關北釋王寺 思拔群伍 智出寂情 誦金剛經 日用鍊業 一僧寶也 … 亦接于諸山碩德 參禮監役 合二萬卷印出 三寶寺刹奉安.'
105) 錦溟 寶鼎, 「해인사 금강계단 계첩서」, 『다송문고』 권1, 『한국불교전서』 12, '就靈鷲山 佛宗刹金剛戒壇 請萬化和尙 欽受三壇大戒 晦名塵外 藏光壺中 今於勸建大法寶宗刹金剛戒壇 七衆辦埴 三壇圓備 依律結界 開演寶戒.' 그는 범해 각안의 행장에서 '彷參曹溪 伽耶鷲嶺之宗刹.'이라 하여 세 사찰이 종찰이라고 하였다. 참고로 송광사의 근대 고승인 九山 秀蓮(1909~1983)은 通度寺 金剛戒壇에서 海曇 致益을 戒師로 具足戒를 受持하였다. 그리고 만해 한용운도 「山松廣寺蹟」에서 佛法僧三寶之宗家라는 표현으로 삼보사찰을 소개하였다.

송광사이다).'106)라고 하여 삼보사찰을 언급하였다. 만해 한용운(1879~1944)도 '양산의 통도사, 합천의 해인사, 승평의 송광사는 불 법 승 3보의 종가이다. 통도사는 석가여래의 정골사리를 모셨기 때문에 불보종찰이라 한다. 해인사는 팔만경판을 소장하였기 때문에 법보종찰이라고 한다. 송광사는 16국사가 배출되어 불법을 폈기 때문에 승보종찰이라고 한다.'라고 삼보사찰에 대하여 정의를 내린 바 있다.107) 특히 이능화(1869~1943)는 1919년에 쓴 『원감국사어록』 「원감국사어록 중간서」에서 다음과 같이 삼보사찰을 정립하였다.

> 조계종은 옛날 승평부(지금의 승주군)의 송광사에서 창립되었다. 그 절에는 수선사가 있는데 수선사의 사주는 마음과 마음으로 인가하여 수 십대를 전하여 국사로 불리는 사람이 16명이고 조사로 불려지는 사람이 또 16명이었다. 예로부터 이름난 고승들이 송광사에 주석하여 번영하였으므로 송광사만이 오로지 승보종찰이란 훌륭한 이름을 얻었다.(통도사는 부처님의 진신 사리와 가사 등을 모시고 있으므로 불보종찰이라 하고, 해인사는 고려대장경 판본을 모시고 있으므로 법보종찰이라고 한다. 여기에 승보종찰인 송광사를 합하면 조선의 3보종찰이 된다.) 그렇다면 송광사가 귀중한 것은 승보에 있고 승보가 귀중한 것은 위대한 자취에 있다.108)

---

106) 『통도사지』, 「寶相庵 律部 新設引」, '曰夫佛宗刹 朝鮮之一也(佛宗刹通度 法宗刹海印 僧宗刹松廣寺).'
107) 만해 한용운(1879~1944), 「제2부 松廣寺 事蹟」, 『曹溪山松廣寺史庫』, 아세아문화사, 1977, 44~45쪽, '梁山之通度 陜川之海印 昇平之松廣 爲佛法僧三寶之宗家 而通度卽釋迦如來之頂骨舍利安塔 故曰佛寶 海印卽八萬經板之所藏 故曰法寶 松廣卽十八國師繼出廣布佛法 故曰僧寶也.'
108) 이능화, 『圓鑑國師歌頌』 「圓鑑國師語錄重刊序」, 『한국불교전서』 6, '自古名僧 以住是寺爲榮 故松廣 獨得僧寶宗刹之美名焉'通度寺 以藏佛骨袈裟故 號佛寶宗刹 海印寺 以藏高麗藏經板本故 號法寶宗刹 合僧寶宗刹松廣寺 共爲朝鮮三寶宗刹.' 이러한 내용은 그의 저술인 『조선불교통사』에도 남기고 있다. 李能和(1869~1943), 「普照 後始設曹溪宗」, 『조선불교통사』 권하, 374~375쪽, '尙玄曰 朝鮮今稱三寶寺刹 一曰佛寶大本山通度寺是也 以新羅時 慈藏律師 入唐得佛骨及佛袈裟 還安于本寺故 二曰法寶大本山

이렇듯 20세기 불교학의 개척자인 이능화가 삼보사찰에 대하여 정의한 사실이 널리 알려지고 있다.[109]

4. 나가는 말

불교가 이 땅에 수용된 이후 수많은 사찰이 창건되어 불교 가르침의 근본 도량으로서 국가 운용의 도량이 되었다. 백성들의 사회와 문화의 중심으로서 사찰 도량은 시대의 흐름에 따라 성쇠를 달리하였으나 고대 이래 창건되어 오늘에 이르는 사찰도 적지 않다. 그 대표적인 사찰이 바로 삼보사찰 혹은 3보 종찰이라고 불리는 통도사, 해인사, 송광사이다. 통도사는 신라 자장에 의해 불사리가 모셔져 불보사찰이라 불리고 해인사는 고려대장경판이 모셔져 불보사찰이라고 불린다. 송광사는 고려후기 이래의 16국사가 배출되어 승보사찰이라고 하지만, 이 세 사찰을 묶어 삼보사찰로 부르기 시작한 시기는 우리가 생각하는 만큼 그리 오래된 것은 아니다.

통도사는 신라 자장에 의해 불사리를 봉안한 대표적인 사찰이었다. 자장

海印寺是也 以高麗大藏經板本 藏于本寺故 三曰僧寶大本山松廣寺是也 以高麗普照國師以後 眞覺 淸眞 冲鏡 眞明 晦堂 慈眞 慈靜 圓鑑 慈覺 湛堂 妙明慧鑑 妙嚴慈圓 慧覺 覺儼 復菴 淨慧 弘眞 高峯和尙以上諸人海東佛祖源流作十六國師曹溪寶林也 燈燈相續 懶翁王師 幻菴國師 無學王師 亦住本寺 故松廣 在我海東 實爲靈山道場 亦爲.'

109) 조선말 삼보사찰의 지정은 성리학의 보수화와 서양 문화의 유입에 따른 불교계의 위기의식의 동향과 관련이 있을 것이다. 이미 임진왜란시 참상은 말로 형언할 수 없을 정도였으며 문화적 충격도 컸다. 예컨대 일본 침략군의 주력을 이룬 장수 고니시 유키나가(小西行長)는 천주교 신자 아우구스티누스(Augustinus)로서 최초로 한국의 땅을 밟은 스페인 세스뻬데스(Gregorio de Céspedes) 신부를 대동하였다. 가토 기요마사(加藤淸正)는 불교 신자로 일본승려 겐소(玄蘇)를 휘하에 두었다. 겐소는 제국주의적 불교적 성향의 인물이었으며, 승려 닛신(日眞)도 역시 제국주의적 교리를 담고 있는 法華宗系 日蓮宗 승려였다. 그리고 전란중의 흑인의 동강이 '광귀'라고 기록되어 있듯이, 조선후기 사회에 적지 않은 영향을 끼쳤을 것이다. 황인규, 「임진왜란 의승군의 봉기와 전란의 충격」, 『한국불교사연구』 2, 2013.

에 의해 봉안된 불사리는 황룡사 탑, 태화사 탑 등 사찰에 봉안되었으나 고려중기 혹은 조선초에 폐사되었다. 황룡사가 대표적인 국찰이었으나 용신 신앙을 대표하는 위상보다 상위인 불사리 신앙과 계율종의 중심인 통도사가 불보적 전통을 지녔다. 고려전기 개경의 개국사가 계율종의 중심사찰이 되면서 다소 그 위상이 축소되었으나 중기 이후 배례석과 장생표가 설치 운용되면서 불보사찰로서의 위상이 상승되었다. 여말선초 왜구의 침탈로 인해 통도사의 불사리의 일부가 개경 송림사에 봉안되었으며, 조선 건국 후 한성 흥천사에 이안되기도 하였다. 조선중기 임진왜란시 사명 유정이 스승 청허 휴정의 승인하에 태백산 정암사, 경북 달성 용연사, 금강산 건봉사 등에 다시 분산 보관하였지만 그 일부가 다시 통도사에 봉안되면서 조선후기 불사리 신앙의 중심으로 이루면서 불가의 종찰로서 위상을 유지하면서 조선말 삼보사찰로 지정되었다.

해인사는 신라시 창건되어 신라말 화엄종 북악파의 본산이었으며, 창건자 이정과 순응과 더불어 3사로 존경받았던 희랑이 태조 왕건의 후삼국 통합에 참여하면서 고려시대 국찰로서 실록과 대장경이 봉안되었다. 왕자 출신 대각국사 의천이 잠시 주석하였으며, 인종대 지리산 수정사 결사와 무신집권기 해인사 주지 천기는 개태사 승통 수기와 함께 재조대장경 교열에 참여하였다.

원 간섭기 후반 체원이 해인사를 중심으로 화엄종을 주도하였는데 공민왕대 한국의 마지막 화엄종 국사로 책봉되는 설산 천희도 그의 제자였다. 천희의 제자 경남도 해인사 주지에 재임하였는데 당시 대장경판이 인경되기도 하였다. 이 경판은 해인사 경판으로 추정되며, 강화도에 봉안되었던 재조대장경판이 태조 이성계에 의하여 한성 지천사를 거쳐 해인사로 이안되었다. 화엄종 고승 설오와, 특히 경남의 주도로 이루어진 듯한데, 합천은 마지막 왕사로 책봉되는 무학 자초의 고향이기도 하다. 조계종의 무학 자초와, 천태종의 신조와 조구, 화엄종의 경남 등이 조선 건국사업에 참여하면서 합천 해인사로 이안되기에 이르는 것이다. 해인사에 보안된 재조대장경은 태조 이성계에 의해 인경되어 조선초 불교계를 주도하였으며, 세조의

3화상 혜각존자 신미와 묘각왕사 수미, 해인사 주지 죽헌과 학조 등에 의해 인경 불사가 이루어져 전국의 대표적인 50여 사찰에 봉안되었다. 세조의 비 정희왕후 등 왕실의 지원하 조선시대에도 법보사찰로서의 위상이 지속되었으며, 조선말 삼보사찰로 지정되었다.

송광사는 고려후기 수선사 결사를 전개했던 보조국사 지눌 이후 15국사가 하나로 묶여 추념된 이후에야 비로소 승보사찰로서의 위상이 정립되게 된다. 송광사 제16국사인 고봉 법장이 입적한 세종 10년 이후 조선중기 국사로 추중이 된 듯하며, 그를 포함한 16국사로 추념되었을 것이다. 그 시기는 임란후 송광사를 재건하면서 비롯된 듯하다. 그러면서 이전의 시기에 확립된 불보사찰 통도사와 법보사찰 해인사와 더불어 한국 사찰을 명실공히 대표하는 삼보사찰로서의 위상이 정립되었다. 조선후기 송광사는 승보사찰의 확립이 이루어지고 있으므로 한국불교사의 전개에 있어서 중요한 의의를 지닌다고 할 수 있다. 조선후기 불교계에서는 송광사 16국사의 추념에 이어 나옹과 그 제자 무학이 16국사와 더불어 송광사 18주지로 추념되었다. 잘 알려져있듯이 나옹과 무학은 인도승 지공 선현과 더불어 여말선초 3화상일 뿐만 아니라 조선시대 최고의 증명법사였다. 이렇듯 송광사는 조선시대 이후 사세의 부침이 있었지만 18주지의 추념을 통해 승보의 전통을 계승하였다.

삼보사찰로 정립된 시기는 현재로서는 조선후기 문신 연천 홍석주의 문집에서 처음 보이고 있다. 개화기 문인 김윤식도 그러한 사실을 언급한 사실이 찾아지고 있으나, 『속남유록』 등과 같은 저술에서는 금산사가 불보사찰이라고 특기한 바 있다. 조선 중종 때 간행된 『신증동국여지승람』은 물론 영조 연간에 간행된 읍지류 『여지도서』에도 삼보사찰이라는 용어조차 보이지 않는다. 아마도 그 무렵까지 삼보사찰이 지정되어 가고 있었던 것이 아닐까 한다.

그러던 가운데 백양사 제6대 선사이므로 쇼훈난 8아 제6대 그의 제자 구하 천보, 특히 송광사의 위상을 정립하고자 노력한 송광사 주지

금명 보정, 통도사 강주였던 해담 치익과 만해 한용운 등이 삼보사찰의 지정을 특기하였다. 특히 한국 불교를 집대성한 이능화가 이 사실을 그의 저술을 통해 널리 알려 오늘에 이르고 있다.

　조선후기 이후 불교계의 중흥을 위하여 삼보사찰을 지정하여 정립하여 유포된 듯하다. 즉, 조선말 삼보사찰의 지정은 성리학의 보수화와 서양 문화의 유입에 따른 불교계의 위기의식에서 나온 동향과 관련이 있을 것이다. 조선말 삼보사찰의 지정 배경과 그 의의에 대해서는 별고에서 정밀하게 다루어져야 할 것이다.

제2부

한국의 주요 지방 사찰

제1장

근기 사찰

Ⅰ. 북한산의 불교와 사찰

1. 들어가는 말

북한산은 수도 서울을 진호하는 진산이다. 북한산이 우리의 역사에 등장하는 것은 백제시대부터지만 본격적으로 부각되는 것은 조선왕조의 서울 한양(한성)이 국도로 선정되어 북한산이 그 진산이 되면서부터일 것이다.[1] 이에 따라 북한산에도 많은 사찰이 건립되었으며, 양난 이후 북한산성이 국방상의 주요 거점으로 설정되면서 북한산의 중흥사 등이 호국의 국가사찰로 지정 운용되었다. 숭유억불이 본격화되었던 조선후기에는 북한산성의 축성과 더불어 산성을 진호하는 사찰이 건립되었다. 특히 숙종은 1711년(숙종 37) 북한산성 축성을 화엄사의 고승 계파 성능에게 위임하고 8도 도총섭의 직위를 내렸는데, 성능은 9개월 만에 축성을 완료하였다. 그는 지리산 화엄사에 있다가 북한산성을 쌓을 때 8도 도총섭의 직책을 맡아

---

[1] 『증보문헌비고』 권19, 여지고 7 산천 1 산 1 삼각산, '서울[京師]의 鎭山이 된다.'

중흥사에 머무르며 370여 명의 승려들과 함께 약 30년 간 산성을 지켰고, 그 후 화엄사로 돌아와 『북한지』를 집필하였다. 『북한지』는 도리·연혁·산계·성지·사실·관원·장교·궁전·사찰·누관·교량·창름(倉廩)·정계(定界)·고적 등으로 되어 있다. 그 가운데 북한산성의 사찰 11사 2암에 대하여 서술하고 있어서 당시 북한산의 사찰의 모습을 엿볼 수 있다. 그 이후 성능의 『북한지』에 등장하는 조선후기 불교가 북한산의 불교를 대변하듯 알려진 느낌이 크다. 하지만 조선후기 불교는 숭유억불의 침체된 산중불교 시대였으므로, 그 이전의 고·중세시대의 불교의 모습은 아니다. 이에 본고는 정사류, 문집류, 금석문 등 제기록을 취합하여[2] 북한산성 축조 이전의 북한산 지역의 사찰을 중심으로 고·중세 북한산의 불교를 복원하고자 한다.[3]

---

2) 그동안 잘 알려지지 않은 일제강점기 사지류를 찾아 소개한다. 權鐘植, 『三角山華溪寺畧誌』, 三角山華溪寺宗務所, 昭和 13년(1938) 국회도서관(MONO1197030591, 청구기호 294.5191 ㄱ455ㅅ ; 32쪽 사진, 지도 ; 19㎝) 이 사지는 1938년 관광용 소책자(新鉛 活字本)로 만들어진 것이다. 한동민, 「일제강점기 사지편찬과 한용운의 『건봉사 사적』」, 『정토학연구』 14, 2010, 334쪽. 그리고 趙素昻(1887~1958?), 「靑岩寺誌」, 『素昻先生文集』 上, 387~388쪽. 「청암사지」는 조소앙이 친필로 쓴 글을 그의 후손들이 보관하고 있다가 문집 간행시에 탈초하여 문집에 수록한 글이다. 친필본을 영인한 것은 국학진흥사업추진위원회 편, 『한국독립운동사 자료집-조소앙편 2』, 한국정신문화연구원, 1996, 475~481쪽에 수록되어 있다. 청암사지에 대해서는 순천향대 김기승 교수의 교시에 의한 것이다. 김교수님께 이 자리를 빌어 감사드린다.
3) 북한산에 대한 자료집이 간행되어 북한산에 대한 연구에 적지 않은 도움을 주고 있다. 김운우, 『북한산 역사지리』, 범우사, 1995 ; 민경길, 『북한산』 1(역사지잡고)·2(북한실록)·3(시문집), 집문당, 2004 ; 경기문화재단, 『북한산 조사연구 자료집』, 2011. 그리고 북한산 사찰에 관련해서는 대한불교 조계종 총무원 불교문화개발굴조사단, 『북한산의 불교유적-북한산 불교유적 지표조사보고서』, 1999 ; 이병두, 『북한산성과 팔도사찰』, 대한불교진흥원, 2010 등이 있다.

2. 고대 북한산 사찰과 화엄종

1) 북한산 최초의 사찰 석굴과 장의사

북한산에 불교가 언제 유입되었는지 확실한 것은 알 수 없으나 백제시대 초기라고 생각된다. 즉 동진의 고승 마라난타가 불교를 전래한 이듬해 385년(침류왕 2) 한산에 절을 짓고 10인을 득도케 하였다[4]고 한다. 이에 경기도 옛 읍과 남한산성 일대인 한산[5]뿐만 아니라 북한산에도 당연히 불교가 전래 수용되었을 것이다.

북한산 불교의 첫 흔적은 북한산순수비[6]에 나타나고 있는 북한산 도인이 석굴에 거주하고 있었다는 기록일 것이다.[7] 또한 황초령비와 마운령비에 의하면 사문 도인 법장과 혜인 등이 북한산 지역 등을 순수하였다고 한다.[8]

이와 같이 북한산에 불교는 전래 초기에 유입되었음을 알 수 있다. 그 후 661년 봄 고구려와 말갈 연합군의 북한산성 공격시 김유신 장군이 기도하였다는 불사도 북한산의 사찰일 것이다.[9]

---

4) 『삼국사기』 권24, 백제본기2, 침류왕 2년 2월, '創佛寺於 漢山 度僧十人.'
5) 한산은 온조왕 14(5)년 백제의 두 번째 도읍지였던, 지금의 경기도 광주의 옛 읍과 남한산성을 지칭한다. 岩寺洞이라는 이름은 산 23번지 일대에 신라시대 절이 9개나 있어 九岩寺, 속칭 '바위절'이라고도 하였는데, 그 한자 이름으로 암사리라고 한 데서 유래했다고 한다.
6) 진흥왕은 백제의 성왕과 합세하여 한강 유역을 확보하고 新州를 설치하였다가 557년 北漢山州로 바꾸었으며, 568년경 북한산 碑峰에 巡狩碑가 세워졌다. 북한산 순수비는 조선후기까지 '妖僧無學枉尋到此之碑'로 알려져 왔는데 김정희 등이 순수비라는 사실을 밝혀냈다. 김정희(1786~1856), 『완당전집』 권2, 書牘 ; 李裕元 (1814~1888), 『임하필기』 旬一編 ; 황인규, 『무학대사연구-여말선초 불교계의 혁신과 대응』, 혜안, 1999 ; 황인규, 『마지막 왕사 무학대사』, 밀알출판사, 2000.
7) 「北漢山新羅眞興王巡狩碑」, 『역주 한국고대금석문』II, 1992.
8) 「黃草嶺新羅眞興王巡守碑」, 『역주 한국고대금석문』II, 1992 ; 「磨雲嶺新羅眞興王巡守碑」 碑陰面部分, 『역주 한국고대금석문』II, 1992, '이때 수레를 따른 자로 沙門 道人은 法藏과 慧忍이다.'
9) 『삼국사기』 권42, 김유신열전 중.

북한산에서 처음으로 사명이 확인되는 사찰은 창의문 밖에 있었던 장의사이다. 660년(태종 무열왕 7) 신라와 백제군의 황산벌 전투에서 장춘랑과 파랑이 전사하였는데, 두 혼령을 위하여 하룻동안 모산정에서 불경을 설하고 장의사를 세워 그들의 명복을 빌게 하였다는 것이다.[10] 장의사는 그 후 숭유억불 시책으로 조선중기 폐사될 때까지 북한산의 중요 사찰 가운데 하나였다.

2) 신라 중대 원효와 의상의 청담사

주지하다시피 신라의 불교는 원효와 의상에 의해 대중화되었는데 북한산에서도 그 자취를 찾을 수 있다. 즉, 북한산성 동측 정상봉의 원효봉(505m)과 서측의 의상봉(503m)이 바로 그것이다. 원효는 상운사[11]와 삼천사,[12] 승가사 등을 창건하였다. 그리고 원효가 머물렀다는 원효대가 있으며, 그는 여기서 수행하다가 고양 흥국사의 전신인 흥단암을 창건하였다고 한다.[13] 그리고 의상이 머물렀다는 의상대가 있는데,[14] 최근에 북한산 자락인

---

10) 『삼국유사』 권1, 기이1, 장춘랑 파랑 ; 『삼국사기』 권5, 신라본기5, 태종무열왕 6년 10월.
11) 전하는 바에 따르면, 詳雲寺는 원효가 당나라 유학을 포기하고 다시 돌아오는 길에 북한산에서 잠시 수행을 할 때 창건되었다고 한다. 그러나 이러한 사실을 뒷받침할 만한 자료가 없어서 아쉽기 그지없다.
12) 『北漢誌』에 의하면, 원효가 삼천사를 창건하였다고 한다. 桂坡 性能, 『北漢誌』 사찰.
13) 1758년(영조 34) 작성된 「흥국사 彌陀殿 阿彌陀佛 腹臟 年紀文」에 의하면, 흥국사의 창건에 대하여 다음과 같이 설명하고 있다. 즉, 원효는 원효대에서 수행하던 중 북서쪽에서 상서로운 기운이 일어나는 것을 보고 찾아갔는데 거기서 약사여래불이 발광하는 것을 발견했다. 그곳에 약사전을 짓고 성인이 많이 출현하게 될 것이라고 하면서 興國寺의 전신인 興端庵을 창건하였다고 한다 ; 「漢美山 興國寺 萬日會 碑記」, '전해 오기를 신라 문무왕 원년(661) 해동 華嚴 初祖인 원효대사께서 梁州 千聖山으로부터 와서 북한산에 머물며 몇 곳의 사찰을 지었다고 한다. 북한산성 서쪽에 있는 元曉臺가 그 첫째요, 노고산 홍서암이 그 다음이며 약사불 석상도 또한 같은 시기에 조각한 것으로 천 백년이 지난 지금도 엄연히 존재하고 있다.' 흥국사는 고양군내에 최초로 건립된 사찰이다.
14) 『봉선사 본말사 약지』에 의하면, 681년(신문왕 1) 義相은 화동사의 전신인 法性寺를 창건하였다고 한다.

응봉(해발 235.1m) 능선 하단부 구릉지 대형 건물터의 기와에서 '삼각산 청담사 3보초(三角山 靑潭寺三寶草)'라는 명문이 발견되었다.15) 최치원의 「법장화상전」에 보이는 의상의 화엄십찰 가운데 하나인 청담사인 듯하다.16) 이와 같이 삼국통일기 북한산에 화엄종이 진작되었음을 알 수 있다.

3) 신라말 장의사와 화엄종승 찬유와 탄문

그 후 북한산 불교에서 주목되는 것은 후삼국 통일기 장의사이다. 900년 전후로 한 시기에 원종대사 찬유(869~958)와 법인국사 탄문(900~975)이 머물렀다. 즉, 찬유가 22세 되던 해인 890년(진성여왕 4) 장의사에서 구족계를 받았다.17) 찬유는 도봉원, 희양원과 함께 대대로 주지를 상속해온 3대 사원 가운데 하나인 고달원을 개설한 고승이다.18) 도봉원(도봉사)은 북한산에서 그리 멀지 않은 곳에 있는데, 혜거국사가 주석하였다. 혜거는 중국 법안 문익에게 수학한 뒤 귀국하여 도봉산을 중심으로 법안종을 널리 유포하였다.19) 즉, 혜거는 947년(정종 2) 왕사로, 968년(광종 19) 국사로 책봉되어 활동하였다. 현재 부도가 망월사에 있으며, 도봉사의 후신인 영국사

---

15) 2007년 12월부터 SH공사 의뢰로 진관내동 429번지 일대 3-A공구를 정밀 발굴조사하는 과정에서 북한산 자락인 鷹峰(해발 235.1m) 능선 하단부 구릉지의 고려시대 대형 건물터에서 '淸潭寺'라는 글자가 적힌 銘文의 평기와 5점을 발굴했다. 이 기와들에서는 '三角山 靑潭寺 三寶草'와 같은 문구가 확인됐다. 한강문화재연구원, 「은평뉴타운 3-A 공구 고려시대 출토 명문기와 현황」, 2008.3 ; 최성은, 「慈氏閣 불상과 화엄십찰 靑潭寺」, 『강좌 미술사』 32, 한국불교미술사학회, 2009. 이곳이 최치원이 말한 신라 화엄종 10찰 중 '漢州負兒山靑潭寺'일 가능성이 많다.
16) 崔致遠, 「法藏和尙傳」, 『한국불교전서』 3, 775c 131쪽, '海東華嚴大學之所有十山焉 … 更有如漢州負兒山靑潭寺也 此十餘所.'
17) 金廷彦, 「高達寺元宗大師慧眞塔碑」, 『교감 역주 역대고승 비문』 고려편2, 1995.
18) 위와 같음 ; 허흥식, 「선종 9산파설의 비판」, 『고려불교사 연구』, 일조각, 1986, 163쪽.
19) 『景德傳燈錄』卷25, 高麗 道峰慧炬國師, '高麗道峯山慧炬國師 始發機於淨慧之室 本國主思慕遣使來請 遂迴故地 國主受心 訣禮待彌厚 一日請入王府上堂 師指威鳳 示衆曰 威鳳樓爲諸上座擧揚了 諸上座還會麼 儻若會且作麼生會 若道不會威鳳 樓作麼生不會 珍重 師之言敎未被中華 亦莫知所終.'

에 비가 남아 있다.20) 혜거의 가르침은 지종·적연국사 영준21)과 진관선사 석초 등에게 계승되어 고려전기 선종의 교세를 확산시키게 된다.22)

한편 법인국사 탄문도 신라말 장의사에서 머물고 있던 신엄 대덕의 제자가 되었으며, 15세 때인 914년 장의사에서 구족계를 받았다. 탄문은 태조가 별화상이라 부르며 존경하였던 화엄종 고승이다.23)

이와 같이 900년을 전후하여 화엄종승 원종대사 찬유(869~958)와 법인국사 탄문(900~975)이 장의사에 머물면서 북한산 불교를 진작시켰다. 특히 탄문은 고려초 화엄종을 주도하게 된다.24)

3. 고려전기 북한산의 사찰과 3대 종파

1) 고려초 북한산 불교와 도선 문도 여철과 탄문

주지하는 바와 같이 태조 왕건은 앞서 언급한 탄문 등 불교계 고승의

---

20) 「양주 寧國寺 혜거국사비문」, 『교감 역주 역대고승비문』 고려편 2, 1995 ; 權尙夏(1641~1721), 「昭曠亭記」, 『寒水齋集』 卷22, 記, '道峯은 옛날 寧國寺 遺址가 있던 곳이다.' ; 李珥, 「道峯書院記」, 『靜菴集』 附錄 卷4, 記, '도봉사는 폐사되어 1573년 趙光祖의 학문과 덕행을 추모하기 위해 道峯書院이 창건되어 위패를 봉안하였다. 창건 때 '道峯'이라는 賜額을 받았고, 1696년에는 宋時烈을 배향하였다.' ; 『동사강목』 제6하, 경술년 현종 원년(1010) 12월 28일(임신), '道峯寺(道峯山)은 지금의 楊州府 남쪽 30리 지점에 있다.'

21) 金猛, 「寂然國師 慈光之塔碑銘」, 『교감 역주 역대고승비문』 고려편2, 1995.

22) 허흥식, 「선종 9산파설의 비판」, 『고려불교사연구』, 일조각, 1986, 164쪽. 開淸系 고승인 眞觀 釋超(912~964)와 그의 문도들의 활동을 찾아볼 수 있다. 석초는 康州 智谷寺를 중심으로 활동하다가 말년에 개경 龜山寺와 普濟寺에서 활동하다가 964년(광종 15) 입적하였다. 황인규, 「고려 전기 사굴산문계 고승과 선종계」, 『한국선학』 17, 2007 ; 황인규, 『고려시대 불교계와 불교문화』, 국학자료원, 2011.

23) 金廷彦, 「普願寺 法印國師 寶乘塔碑」, 『교감 역주 역대고승비문』 고려편 2, 1995.

24) 신라말 선종이 산문을 중심으로 형성되었는데 북한산 일대에 어떻게 전래되었는 지 확실한 것은 알 수 없으나, 후술하는 바와 같이 도선 등에 의해 포교되었을 것이다.

가르침을 따랐는데, 대표적인 고승은 왕건에게 국가 불교의 운용 시책을 제시하였던 도선일 것이다. 도선은 훈요10조에서 서경을 중시하고[25] 남경에 대한 언급을 하지 않았으나, 문종대 이후 그의 가르침대로 남경도 중시되었다. 그러므로 건국초부터 남경의 진산인 북한산도 중요시되었을 것이다. 도선은 북한산에 일선사, 도선사[26] 등의 사찰을 창건하였다고 한다.[27] 그런데 도선의 가르침은 그의 문도인 사굴산문 여철에 의해 북한산 일대에서 전개되기에 이른다.[28] 최승로의 상소문 제8조에 의하면, 982년(성종 1) 무렵 사굴산문승인 여철은 궁중에 초빙되어 왕실과 밀접한 관계를 유지하면서 불교계를 주도하였다.[29] 여철은 개경뿐만 아니라 남경의 승가굴에서 머물렀으며, 인근의 신혈사를 창건하였다.[30]

『삼각산 화계사 약지』에 의하면, 969년(광종 20) 무렵 법인국사 탄문은 도봉사에서 그리 멀지 않은 곳에 위치한 현재의 화계사 인근인 부허동에 화계사 전신 보덕암을 창건하였다.[31] 탄문은 북한산뿐만 아니라 보덕암

---

25) 『고려사』 권2, 태조세가 26년 4월.
26) 「道詵寺 大房 重刱記」, 『奉恩本末寺誌』 ; 권상로, 『한국사찰전서』 상, 동국대출판부, 1979 ; 한국학문헌연구소, 「道詵庵誌」, 『傳燈 本末寺誌』, 아세아문화사, 1978. 도선사가 실제 도선에 의해 창건되었는지 확실치 않다. 왜냐하면 후술하는 바와 같이 도선사의 전신이 道成庵이라고 생각되기 때문이다. 후에 다시 정밀하게 천착하기로 한다.
27) 일선사는 보현보살의 기도처로, 북한산 제일의 산신기도도량으로 알려진 비구니 수행도량이다.
28) 『봉선사 본말사 약지』에 의하면, 도선의 제자 慶甫 洞眞(868~947)이 930년(경순왕 3) 회룡사의 전신인 法性寺를 중창하였다고 한다.
29) 『고려사』 권93, 최승로 열전 ; 『고려사절요』 권2, 성종 1년 6월 최승로 상소문.
30) 李䫨, 「三角山 重修 僧伽崛記」, 『동문선』 권64, 記 ; 이난영 편, 「僧伽寺 石像」, 『한국금석문추보』 아세아문화사 ; 이홍직, 「승가사잡고」, 『향토서울』 6, 서울특별시시사편찬위원회, 1959, 17쪽 「석상 광배명」. 승가굴에 대해서는 다음의 논문이 참조된다. 남동신, 「북한산 승가대사상과 승가신앙」, 『서울학연구』 14, 서울시립대 부설 서울학연구소, 2000 ; 황인규, 「고려 전기 사굴산문계 고승과 선종계」, 『한국선학』 17, 2007 ; 황인규, 앞의 책.
31) 權鐘植, 「三角山 華溪寺 重修緣 起文」(1619년 3월, 釋道月 誌), 『三角山華溪寺畧誌』, 三角山華溪寺宗務所, 昭和 13년, 2쪽, '華溪寺 高麗光宗朝坦文法印大師 刱普德庵於三

창건 당시 양주 봉선사의 전신인 운악사도 함께 창건하였다고 한다.32) 탄문은 이미 921년(신덕왕 3) 최초의 승과라고 할 해회를 설치하여 승려를 선발하였으며,33) 968년(광종 19) 왕사에 책봉되어 당시 불교계를 주도하였다. 탄문은 화엄종승으로서 법안종 사상과 마찬가지로 성상 융회 사상과 선종 사상을 융회하면서 북한산 일대에서 화엄종의 교세를 떨쳤다.34)

2) 현종대 신혈사·향림사·삼천사와 유가종승 법경

그 후 북한산에서는 장의사, 신혈사, 승가사, 향림사, 삼천사 등의 사찰이 부각되었다. 그 가운데 장의사는 신라 이래의 사찰이었으며, 신혈사, 승가사, 향림사는 왕실 관련 사찰이고, 삼천사는 유가종계 대사찰이었다.

북한산의 사찰이 왕실에 의해 부각되기 시작한 것은 현종이 잠저시 북한산 신혈사에 머물면서부터이다.

당시 현종은 대량원군으로 있었는데 태후가 그를 꺼리어 억지로 승려로 만들어 삼각산 신혈사에 나가 있게 하였다. 그래서 당시 사람들이 '신혈 소군'이라고 불렀는데 태후는 누차 사람을 보내 그를 죽이려고 하였다.35)

角山浮虛洞 朝鮮中宗十七年(壬午) 信月長老與西平君李公協議 移建於華溪洞 改稱華溪寺.' ; 權鍾植,「三角山華溪寺略誌」, 三角山 華溪寺, 1938 ; 안진호,『奉恩本末寺誌』, 1927, 1쪽, '漢陽之東十里 有浮虛洞 洞裡有寺 曰 普德庵 世傳 麗初坦文大師所開刱云.'
32) 月城 敬義,「奉先寺重修記」, '高麗光宗二十年 法印國師 建而名曰雲岳寺.'
33) 金廷彦,「普願寺法印國師寶乘塔碑」,『교감역주 역대고승비문』고려편2, 1995.
34) 김두진,「고려 광종대 법안종의 등장과 성격」,『한국사학』 4, 한국정신문화연구원, 1983 ;『고려 전기 교종과 선종의 교섭사상사 연구』, 일조각, 2006.『봉선사본말사약지』에 의하면, 慧炬가 1066년(문종 20) 望月寺를 중창하고 1070년(문종 24) 回龍寺를 가서 중창하였다고 한다.
35)『고려사』권88, 후비 열전 헌애 왕태후 황보씨 ;『고려사』권4, 현종세가 ;『고려사』권93, 채충순 열전.

목종대 태조 왕건의 유일한 현손인 현종이 잠저시 신혈사에 가 있다가 왕위에 올랐다.36) 신혈사는 도선의 문도인 사굴산문 고승 여철이 창건하였으며, 그 후 대각국사 의천의 명을 받은 구산사 주지 영현이 중창하였다.37)

현종은 거란의 침입으로 두 차례나 개경을 떠나 남쪽으로 피신하였는데, 그때마다 태조의 재궁을 향림사에 옮겼다가 다시 개경으로 모셔갔다.38) 이렇듯 향림사는 녹번현39)에 있었던 태조의 재궁이었다.

그런데 그 무렵 북한산의 삼천사와 장의사 등의 사찰은 경제적 확대를 꾀하고 있었던 듯하다.40) 삼천사가 자리하고 있었던 나한봉 아래에 절터가 있는데, 3천 명의 승려가 거처하였으므로 '3천 승동'41)이라고 하였다고 한다.42) 현종대 삼천사의 주지는 법경이었다. 법경은 삼천사의 주지로 있다가 현종이 부모의 명복을 빌기 위해 1011년(현종 2) 창건한 현화사 초대 주지로 갔다.43) 이는 현종이 천추 태후와 김치양의 박해를 피해 머물렀던 삼각산에서 특별한 인연을 가졌기 때문일 것이다. 법경은 1020년(현종 11) 왕사에,44) 1032년(덕종 1) 대지국사에 책봉되었다.45) 그 후 현화사에는

---

36) 『고려사』 권94, 황보유의 열전.
37) 李預, 「三角山重修僧伽崛記」, 『동문선』 권64, 기 ; 황인규, 「고려 전기 사굴산문계 고승과 선종계」, 『한국선학』 17, 2007 ; 황인규, 『고려시대 불교계와 불교문화』, 국학자료원, 2011.
38) 『고려사』 권4 현종세가 7년(1016) 1월 27일(임신), '奉太祖梓宮 復葬顯陵 庚戌之亂 移安梓宮于負兒山 香林寺 至是還葬.' ; 『고려사』 권4, 현종세가 9년(1018) 12월 23일(신해), '奉太祖梓宮 移安于負兒山 香林寺.'
39) 녹번현은 은평구 녹번동 산1번지 일대이다. 『세종실록』 권37, 9년(1427) 7월 9일(을미) ; 『동국여지비고』 산천.
40) 『고려사』에 의하면 1027년(현종 18) 三川寺, 장의사, 청연사에서 불법인 양조사업을 하여 문제가 되었다고 한다. 『고려사』 권5, 현종세가 18년 6월.
41) 삼천사는 『고려사』와 『신증동국여지승람』· 『동국여지비고』에 三川寺로, 『북한지』에 三千寺로 표기되어 있다. 지금은 후자의 표기를 따르고 있다. 三川寺는 개천 세 개가 만나는 곳에 있다 하여 지은 것이며, 三千寺는 한 때 이 절에 3,000여 명의 스님이 수도하였다고 하여 붙여진 것이다.
42) 李德懋(1741~1793), 「記遊北漢」, 『청장관전서』 권3.
43) 周佇, 「玄化寺碑」, 『조선금석총람』 상.
44) 『고려사』 권4, 현종세가 11년(1020) 10월 기축.

학도들이 몰려와 1년이 못되어 1,000명이 넘는 대사찰이 되어 현화사를 중심으로 유가종은 불교계에서 가장 융성한 교단으로 발전해 갔다.[46] 당시 조성된 삼천사지 마애여래입상(보물 제657호)이 남아 있으며,[47] 법경이 입적하자 대지국사비가 세워졌는데[48] 문종이 친히 글씨를 쓰는 등 왕실의 보호를 받았다. 이와 같이 현종대 이후 한동안 북한산의 신혈사와 승가사, 향림사 등의 사찰은 왕실의 원당이 되었고, 삼천사는 유가종계 대사찰이 되어 북한산에 유가종의 교세가 확산되었다.

3) 고려중기 유가종승 혜소 정현과 천태종승 의천

고려중기에는 남경이 부각되고 있었다. 즉, 남경은 755년(경덕왕 14) 한양으로, 고려초기에는 양주로 개칭되었으며, 1067년(문종 21) 남경이 설치되었다. 특히 1095년(숙종 1) 위위승동정 김위제는 도선의 비기인 『도선기』·『도선 답산가』·『삼각산 명당기』 등을 근거로 하여 남경 건도를 주장하였다. 면악의 터에 남경을 건치하고 왕이 순주하면 국가의 사직이 크게 융성할 것이라 하였다. 이에 따라 1101년(숙종 6) 남경 개창도감이

---

45) 『고려사』 권5, 덕종세가 1년 8월 무오 ; 허흥식, 「유가종의 계승과 소속사원」, 『고려불교사연구』, 일조각, 1986, 216쪽.
46) 『고려사』 권4, 현종세가 11년 10월 기축 ; 최병헌, 「고려중기 현화사의 창건과 법상종의 융성」, 『한우근박사 정년기념사학논총』, 지식산업사, 1981, 112~114쪽.
47) 『신증동국여지승람』 권3, 한성부 불우, '三川寺 삼각산에 있다. 고려조의 李靈幹이 지은 碑銘이 있다.' ; 『동국여지비고』 2 한성부, '三川寺 삼각산에 있었는데, 지금은 없어졌다. 李靈幹이 지은 大智國師碑銘이 있다.' ; 崔淳雨, 「三角山 三川寺 大智國師碑」, 『美術資料』 10, 1965 ; 鄭良謨, 「三川寺골發見 靑銅梵鍾 及 一括遺物」, 『考古美術』 9-1(통권90호), 1968.1, 362~372쪽 ; 정명호, 「三川寺址 入口 磨崖如來像」, 『고고미술』 2-5(통권10호) 1961.5, 108~109쪽 ; 정지희, 「북한산 三川寺址 大智國師碑 龜趺 연구」, 『강좌미술사』 32, 2009.
48) 大智國師碑는 숙종조 서화가 郎善君 李俁가 편저한 『大東金石書』와 1831년 청의 고증학자 劉喜海가 편집한 『海東金石苑』에 비문 일부가 실려 있으나, 대부분의 글자가 마멸된 상태이다. 이 비편에서 '三川寺', '三川民舍' 등 삼천사와 관련된 銘文과 간지명이 확인된 바 있다.

I. 북한산의 불교와 사찰 387

설치되어 상지관이 양주에 파견되어 노원·해촌·용산·삼각산 면악의 남방 등 남경의 후보지를 물색하게 하였다.49)

왕실에서도 이미 1036년(정종 2) 북한산에 다녀왔으며,50) 1090년(선종 7)에도 북한산에 행차하여 승가굴과 장의사, 인수사, 신혈사 등의 사찰을 돌아보고 개경으로 돌아갔다.51)

한편 왕실의 최대 외척인 인주 이씨 가문의 유가종 고승 혜소 정현은 북한산에서 교세를 펼쳤다.

> 을유 세 삼각산에 사현사를 창건하고 이어 큰 가람을 이룩하였는데, 부근에는 호랑이가 살고 있었으며, 도적 떼가 우글거려서 흉악하고 잔악한 무리들이 황지보다 심하고 포도들이 모인 것은 마치 연수와 같이 많았다. 자(自) (결락) 이곳은 실로 여러 갈래의 길로 갈라지는 요충 지대이며, 손에는 책 보따리를 들고 어깨에는 배낭을 메고 지나가나, 왕래에 경색함이 많음을 어찌할 수가 없다. (결락) 장차 이러한 험난함을 구하고자 하여 석로(鳥鹵)의 밭을 평지로 만들어 범우를 창건하고, 오유만이 다닐 수 있는 가파른 길을 매축하여 거려를 지었다. 건물의 표와는 날아가고자 하고, 겹겹으로 된 중인은 양쪽 문짝이 활짝 열렸다. 법당에는 우두 전단향을 항상 사루어 도량의 안팎 수 리까지 향기가 진동하였고, 국사를 찾아오는 사대부들의 상마(象馬)가 서로 먼지를 날리면서 왕래하였다. 그리하여 법당 밑으로는 백중의 보사(寶肆)가 나열하였으므로 녹림과 청독이 민가에 가서 물건을 겁탈하는 좀도둑들의 구과(鉤瓜)와 거아(鋸牙)가 감히 포효하면서 도둑질

---

49) 『고려사』 권11, 숙종세가 6년 10월 을미일. 그 밖에도 한양에 대한 풍수지리설로서는 고려중엽에 '尹瓘으로 하여금 백악산 남쪽에 터를 정하여 오얏나무를 심고 무성하게 되면 곧 베어버려서 道詵의 『留記』에 나오는 白岳山下의 李氏(오얏)王朝 도읍의 地氣를 눌렀다.'는 속설이 있었다.
50) 『고려사』 권6, 정종세가 2년(1036) 3월 무자 ; 『고려사』 권55, 지9 오행 3 정종 1년 7월 경인, '삼각산 積石頂에 운석이 떨어져 있었다.'
51) 『고려사』 권10, 선종세가 7년(1090) 병오·경술·계축·무오.

을 할 수 없게 되었다.52)

1049년(문종 3) 왕사, 1054년(문종 3) 국사로 책봉되는 혜소국사 정현(972~1054)이 1045년(정종 11)에 삼각산 사현사53)를 창건하였다고 한다.54) 이와 같이 정현은 법경에 이어 삼각산에서 유가종을 펼쳤던 것이다.

그리고 다음의 기록에서 보이는 바와 같이 선종은 왕비, 맏아들, 양부 관료들 및 우세승통 의천 등과 함께 삼각산에 갔는데, 이를 통해 의천이 남경 천도에 관여한 것을 알 수 있다.

(선종 7년, 1090) 겨울 10월 병오일에 왕이 왕태후를 모시고 삼각산에 갔다. 경술일에는 승가굴에 들렀다가 곧 장의사로 갔으며, 계축일에는 인수사에 가서 분향을 하였다. 갑인일에 왕의 일행이 산길에 들어섰을 때 100세 노인 1명과 80세 노인 3명이 길가에서 왕에게 현신하였다. 각각 물품을 주어 그들을 위로하였다. 무오일에 왕이 신혈사에 가서 오백나한을 위한 재를 올렸다.55)

의천은 주전론을 주장하였는바, 이는 별무반 설치와 남경 천도를 재정적으로 뒷받침하기 위한 것이었다.56)

---

52) 金顯,「七長寺 慧炤國師碑」, 이지관,『교감 역주 역대고승비문』고려편 2, 가산문고, 1995.
53) 사현사는 홍제동에 있었는데 시가지 확장 공사로 인왕산 현대아파트 101동에 있다가 다시 은평구 진관외동으로 옮겨졌다고 한다.
54) 이 절에 있었던 5층 석탑과 석불좌상이 남아 전해지고 있다. 즉, 홍제동 사현사지 5층 석탑(보물 제166호)은 현재 국립중앙박물관에 소장되어 있으며, 사현사 석불좌상(서울시 유형문화재 제133호)은 은평구 진관외동 479-3에 봉안되어 있다. 황수영,「弘濟洞 沙峴寺址 5층 석탑」,『향토서울』11, 서울특별시 시사편찬위원회, 1916.
55)『고려사』, 권10, 선종세가 7년(1090) 10월.
56) 鑄錢論과 남경 천도에 대해서는 다음의 논고를 참조바람. 김삼수,「고려시대의 경제사상」,『숙명여자대학교 논문집』13, 1973 ; 정연모,「의천의 주전론」,『불교사

의천은 승가굴을 비롯한 북한산 일대의 사찰에 머물면서 북한산 불교를 부각시킨 듯하다. 즉, 의천은 인수사, 취령사, 식암, 사나방 등의 사찰에서 불사를 하였다.57) 인수사에서는 문수상에 예불을 하였다고 하며, 특히 신혈사를 방문하여 승가굴을 중수하게 하였다.

수창 5년(숙종 4, 1099) 가을 우리 임금께서 사무 담당관에게 명하여 거가를 준비하고 왕비·태자 및 우세승통과 양부의 여러 관료를 데리고 천여 명의 수행자, 1만 필의 기마가 구름이 모인 듯, 안개가 어울리듯 땅에 가득하여 산이 채웠다. 굴에 도착하여 재를 베풀고 백은으로 만든 향그릇과 손에 드는 향로 한 벌씩과 금강석, 수정으로 만든 염주 한 벌씩과 순금제인 띠 한 벌을 금화과·수번·차·향·의복·비단 등과 함께 바치시어 귀의하시며 공경을 드리는 예의를 표하였다. 그리하여 선사 영현을 보내어 공사 전체를 감독하여 그 일을 완성하게 하였다. 영현 선사는 바로 신라 때 이 굴의 주지였던 선사 여철이 창건한 신혈사의 처음 조사이며, 왕사인 자응(子膺)의 법윤(法胤)이다.58)

의천은 사굴산문 고승 구산사의 주지인 선사 영현을 신혈사에 머무르게

상』13, 불교사상사, 1984 ; 정수아, 「제1절 의천의 「주전론」에 보이는 혁신적 개혁사상 」, 『고려중기 개혁정치와 북송 신법의 수용』 서강대 박사학위논문, 2000 ; 이병희, 「대각국사 의천의 주전론」, 『천태학연구』 4, 2002 ; 박용진, 『의천, 그의 생애와 사상』, 혜안, 2011 ; 최혜숙, 『고려시대 남경연구』, 경인문화사, 2004.
57) 의천, 「仁壽寺 禮文殊 聖像」, 『대각국사 문집』 권19, 詩, '五臺現化非徒爾 三角分身豈偶然 唐帝九廻鳴鳳輦 吾君累此早留篇有唐九帝尋凡三朝自德王而下 代代文王有詩一首.' ; 의천, 「留題鷲嶺寺」, 『대각국사 문집』 권19, 詩, '鷲峰泉石稱閑情 尋到方思隱姓名 只爲敎門弘護急余管敎門流通之事 弘宣護持以爲己任未遑遷止樂平生.' ; 의천, 「留題三角山息庵」, 『대각국사문집』 권19, 詩, '講(徹香林訪息庵香林講天台)十不二門崎嶇松逕撥煙嵐 當年龍井攀高論 見景思人恨不堪于於元豊元祐之間 訪道江南曾到餘杭龍井寺 與辨才大師淨公終日攀高論蓋天台宗 彼有訥庵與此略同不覺思舊也.' ; 의천, 「贈三角山 舍那房」, 『대각국사문집』 권19, '獨宿孤峯度幾春 物華榮謝悟空新 麻衣水食生涯在 沒齒甘爲自樂人.'
58) 李預, 「三角山 重修 僧伽窟記」, 『동문선』 권64, 記.

하면서 승가굴을 중수하게 하였다. 이는 의천이 문벌귀족 인주 이씨가 지원하는 유가종에 대항하기 위한 것이었으며, 남경 천도와 더불어 남경인 한양의 진산인 북한산에서 불교의 교세를 확장시키고자 하였던 듯하다.59)

승가굴 중수가 완료된 후인 1106년(예종 1) 비가 세워졌는데 글씨는 대감국사 탄연이 썼다.60) 따라서 당시 승가굴이나 신혈사는 사굴산문계 사찰이었다고 생각된다.61) 탄연은 문수사에 머물면서62) 나한도량을 베풀고 도선이 창건하였다는 일선사를 중창하였다. 이렇듯 사굴산문 고승들도 도선의 종풍의 영향을 많이 받았던 것 같다. 한편 1117년(예종 12) 이자현(1061~1125)도 삼각산 청량사63)에서 머물렀다.64) 이자현은 인주 이씨 문벌

---

59) 현재 호암미술관에 소장되어 있는 重興寺 鈑子에 의하면 삼각산의 중흥사는 1103년(숙종 8) 이전에 있었음을 알 수 있다. 황수영,「重興寺 鈑子」,『한국금석유문』(제5판), 일지사, 382~393쪽, '三角山重興寺鈑子入重十五棟梁僧承銃 乾統三年癸未二月日造大匠盧珎謹記.' 중흥사가 크게 부각되는 것은, 후술하다시피 고려말 태고보우가 주석하면서부터이다.

60) 사굴산문의 고려전기 상황은 다음 논문을 참고바람. 황인규,「고려 전기 사굴산문계 고승과 선종계」,『한국선학』17, 2007 ; 황인규, 앞의 책.

61) 의종대 운암사 주지 志文 등 도선의 문도들이 추념사업을 전개했을 때 보현사 주지 機俊이 도선비문과 탄연비문의 글씨를 썼다. 황인규, 앞의 논저 참조.

62) 釋坦然,「文殊寺」,『동문선』권4, 오언고시, '一室何寥廓 萬緣俱寂寞 路穿石鏬通 泉透雲根落 皓月掛簷楹 涼風動林壑 誰從彼上人 淸坐學眞樂.'

63) 청량사는 신라말에 창건되었다고 한다.『신증동국여지승람』과『고려사』에는 이 절이 삼각산에 위치한다고 기록되어 있는데, 현재의 洪陵 永徽園이 옛 절 터 자리라고 한다. 1897년 명성왕후가 홍릉을 만들면서 현재의 자리로 옮겼다.

64)『고려사』권95, 이자연 열전 부 이자현, '왕이 南京에 갔을 때 그의 아우이며 상서 벼슬에 있는 李資德을 보내 그가 왕을 방문하도록 타이르게 하고 왕이 시를 지어 친히 써서 그 편에 보냈더니 이자현이 왕의 부름에 응하여 찾아왔다. 이때 왕은 그에게 '내가 이 늙은이를 사모한 지 오랜지라 신하를 접견하는 예로써 볼 수는 없다.'고 하고 殿上에 오르게 하여 자리를 권하고 이어 조용히 이야기하였으며 그를 三角山 淸涼寺로 가서 살게 하였다. 그 후에 왕이 다시 그를 찾아 보고 사람의 천성을 養性하는 요결을 물었더니 그는 '탐욕을 버리는 것보다 더 좋은 방법은 없습니다'라고 대답하고 心要라는 책을 저술하여 왕에게 바치니 왕이 보고 감탄하며 그를 극진하게 대접하였다. 그러다가 이자현이 기어코 산중으로 돌아갈 것을 요청하므로 왕이 차탕관(茶湯)과 道服을 선물로 주고 그의 앞날을 축복하여 주었다.'

귀족 출신이었지만, 춘천 청평산에 머물면서 거사로서 선종을 부흥시켰다.[65]

그리고 무신정변 이듬해인 1171년(명종 1) 정각국사 지겸(1145~1229)은 선과에 합격한 후 삼각산과 도봉사에 머물렀다.[66] 이렇듯 무신집권기 초 북한산 일대의 불교의 사세가 진작된 모습을 엿볼 수 있다.

4. 고려후기 북한산 사찰과 유가종·선종

1) 원 간섭기 장의사·청암사와 미수의 유가종 중흥

원 간섭기 북한산 불교에서 중요한 것은 유가종의 미수가 활동하였다는 것이다.[67] 이에 대해서 좀 더 자세하게 살펴보기로 한다.

자정국존 미수(1240~1327)는 북한산 일대에 머물면서 유가종을 진작시켰다.

---

[65] 이자현의 거사불교와 대감국사 탄연의 선종의 부흥에 대해서는 다음의 논고가 참고된다. 최병헌, 「고려중기 이자현의 선과 거사불교의 성격」, 『김철준박사 화갑기념사학논총』, 지식산업사, 1983 ; 허흥식, 「고려중기 선종의 부흥과 간화선의 전개」, 『규장각』 6, 서울대 규장각, 1982 ; 김상영, 「고려 예종대 선종의 부흥과 불교계의 변화」, 『청계사학』 5, 1988.

[66] 이규보, 「故華藏寺住持 王師定印大禪師追封 靜覺國師碑銘 奉宣 述」, 『동국이상국전집』 권35, 碑銘 : 『동문선』 권118, 비명, '明宗 즉위 원년에, 처음으로 禪僧의 과거를 거행하였다. … 이 해 삼각산에서 노닐다가 道峰寺에서 자는데, 꿈에 山神이 말하기를, '和尙의 이름은 志謙인데, 왜 지금 이름을 쓰는가.'고 하므로, 드디어 지겸으로 고쳤다.' 참고로 지겸에 관한 기문을 소개하면 다음과 같다. 林椿, 「送志謙上人赴中原廣修院法會序」, 『서하집』 권5, 서 ; 『동문선』 권83, 서.

[67] 원 간섭기에 이르러 북한산에는 문인 李藏用(1201~1272)이 문수사에 머물렀고 閔漬(1248~1326)가 머물러 閔漬巖이 있었다고 한다. 李藏用, 「三角山 文殊寺」, 『동문선』 권18, 七言排律 ; 허목(1595~1682), 「高陽山水」, 『미수기언』 ; 성해응(1760~1839), 「山水記」, 『硏經齋集』.

19살 때(1248년) 선불장에 응시하여 상품과에 합격하고 양주 국녕사에 주석하였다. 29살 때에는 삼중대사의 법계를 받고, 주로 유식론 종지를 강설하였다. 기사와 석덕들이 모두 스님 앞에 경을 펴고 배웠으므로, 희대의 뛰어난 학자라고 칭탄하지 않는 사람이 없었다. 약령의 나이에 이미 박학다식하여 종승을 어깨에 짊어져서 당대의 표준이 되었다. 삼중대사로서 주법한 적이 이전에는 없었는데 스님이 바로 그렇게 되신 분이다. … 세 번째로 장의사에 주석하면서는 또 승통을 받았다. … 일곱 번째로 다시 장의사로 이주하였다. 무신년(충렬왕 34, 1308) 4월 비서를 내려 대자은종사 개내삼학도단주 대장의사주지 오교도승통 광지묘변불각 보명 대사(大慈恩宗師 開內三學都壇主 大莊義寺住持 五教都僧統 廣智妙辯佛覺 普明大師)로 이름을 올렸다.[68]

미수는 19살 때인 1248년 선불장(選佛場)에 응시하여 상품과에 합격하고 북한산 국녕사[69]에 주석하였다.[70] 그 후 장의사에 주석하면서 승통을 받았다. 그 후 다시 장의사로 이주하였으며, 1308년(충렬왕 34) 4월 대자은종사장의사 주지로 재임하였다.

미수는 국녕사, 장의사 등에 유가종의 교세를 확산시켰다.[71] 이와 같이

---

68) 李叔琪,「法住寺 慈淨國尊碑」,『한국금석전문』중세하, 아세아문화사, 1984, '十九 登選佛場 上品科得 住國寧寺 二十九 拜三重大師 主講唯識論宗 □ 耆師碩德 咸執經座下 共歎稀代之彦 弱齡博學 荷擔宗乘 爲一時標準 以三重主法 前古未曾有 而師爲之 … 三住莊義寺 又加僧統 … 七復住莊義寺 戊申四月 下批爲大慈恩宗師開內三學都壇主大莊義寺住持五教都僧統廣智妙辯佛覺普明大師.'
69) 여기의 국녕사는 북한산성 의상봉 아래의 국녕사였다고 생각된다.
70) 자정국존 미수가 20여년 머물렀던 사찰은 개경의 중흥사라고 생각된다. 서경의 개경사라고 비정한다면, 불교사의 전개상 부합되지 않는다. 특히 당시 서경은 고려 북방에 위치해 유가종을 주도하기에는 적합지 않았을 것이다. 즉, 미수는 당시 참회부를 설치 운용하면서 후대의 신돈의 경우처럼 6년간 불교계를 주도하였기 때문이다. 이에 대한 자세한 사실은 다음의 논저를 참조하기 바란다. 황인규,「여말선초 유가종승과 불교계의 동향」,『동국사학』39, 2003 ; 황인규,『고려후기 조선초 불교사연구』, 혜안, 2003.
71) 미수의 유가종 활동에 대해서는 위의 논저를 참고바람.

원 간섭기 장의사는 북한산 불교의 중심지였다. 대지국사 법경 이후 북한산에 유가종이 다시 부흥하게 된 것이다. 그리고 미수는 1325년(충숙왕 12) 경국사 전신인 청암사를 창건하였다고 한다. 즉, 후대의 기록이기는 하지만 1870년(고종 9)에 지어진 「경기도 삼각산 청암사 사적기」에 의하면, '1325년(충숙왕 12) 미수가 창건하여 청암사라 하였는데, 절이 청봉 아래에 있어 청암사라 이름붙인 것이다.'라고 하였다.72) 삼균주의를 주장한 독립운동가 조소앙(1887~1958?)도 이러한 사실을 『청암사지』에 다시 기록으로 남긴 바 있다.73)

그리고 정조의 문체반정에 유일하게 맞선 18세기 문인 이옥(1760~1815)의 「중흥유기」에 의하면 '산성 동남쪽 아래에 청암사가 있는데 일명 호운암이라고 하는데, 그 문은 진암이라고 한다.'고 했다.74) 이를 통해 청암사가 일명 호운암이라고 불렸던 것을 알 수 있다.

「경기도 삼각산 청암사 사적기」에 의하면, 1330년(충혜왕 즉위) 천태종 고승 부암 운묵이 이곳에서 법주로 머물며 천태종 경전을 늘 외우는 등 교세를 크게 떨치기도 하였다고 한다.75) 만약 이러한 것을 사실로 받아들일 수 있다면 북한산 청암사에서 천태종 고승 운묵 무기가 천태종의 교세를 확장시켰다는 사실로서 매우 주목된다.76)

---

72) 「京畿道 三角山 靑巖寺 事蹟記」, 『봉은사 본말사지』, '前朝忠肅王 十二年乙丑 此三角山東麓中 始建伽藍 主創者誰也 慈淨禪師 名 子安 戒德節倫 慧鮮超萃 受於天恩 東西四方 列建精舍 晃若梵宮 而賜額何謂也 三角靑峰層巖之下 建築故也 當年田結附屬 僧侶雲集 仍以落成 爲君祝誠 唱唄萬歲 弘楊宗乘.'
73) 趙素昻(1887~1958?), 「靑岩寺誌」, 『素昻先生文集』上, 387쪽, '慈淨禪師名子安 戒德節倫 慧解超群 創建精舍 寺額靑岩者 後有三角山靑峰也 僧與財具足.'
74) 李鈺(1760~1813), 「重興遊記」, 『李鈺全集』 1 ; 실시학사 고전문학 연구회 옮김, 『완역 이옥전집』 1~5, 휴머니스트, 2009.
75) 「京畿道 三角山 靑巖寺 事蹟記」, '沙門雲默 而法主大楊妙道 又誦習蓮經爲業也.' ; 趙素昻(1887~1958?), 「靑岩寺誌」, 『素昻先生文集』上, 387쪽, '沙門雲默通三藏大場佛法.'
76) 하지만 아쉽게도 이러한 사실은 현재 찾아지지 않고 있다. 앞으로 믿을 만한 관련 기록이 찾아지기를 간절히 기대하는 바이다.

3) 고려말 중흥사·태고사와 태고 보우의 선종 중흥

고려말 북한산에는 여말 3사 태고 보우(1301~1382)가 머물게 되면서 사세가 계속되었다.

후 지원 정축년(1337년, 충숙왕 복위) 스님의 나이 37세 되던 해 겨울에 전단원에서 안거하는 동안 조주의 무자 화두를 참구하였다. 이듬해 1월 7일 5경에 활연 대오하고 팔구의 송을 지었으니 '굳은 조사관을 타파하고나니, 청풍이 태고에서 불어오더라.'는 것이 그 결구이다.
신사년(1341년, 충혜왕 복위 2) 봄에 한양 삼각산 중흥사에 주석하게 되었는데, 동봉에 자그마한 암자를 짓고는 편액을 태고암이라 하고, 그곳에서 영가스님의 증도가를 본받아 「태고암가」 한 편을 지었다.77)

보우는 나이 37세인 1337년(충숙왕 복위 6) 북한산 전단원에서 무자 화두를 참구하던 중, 1338년 1월 크게 깨달았다. 당시 권문세족이었던 채홍철은 불교를 매우 좋아하여 스스로를 중봉거사라 칭하고 1331년(충혜왕 1) 자기집 북쪽 인근인 현재의 경국사에 전단원을 지어 항상 승려들을 후원하였다.78) 충선왕도 일찍이 이곳에 행차하여 백금 30근을 시사하여

---

77) 李穡,「太古寺 圓證國師 塔碑」,『조선금석총람』상 ;『태고화상어록』,『한국불교전서』131쪽, '後至元丁丑 師年三十七 冬寓栴檀園 參無字話 明年正月初七日五更 豁然大悟 作頌八句 打破牢關後 清風吹太古其結句也三月 還楊根草堂 侍親也 師嘗看千七百則 至巖頭密啓處 過不得良久 忽然捉敗 冷笑一聲云 巖頭雖善射 不覺露濕衣 辛巳春 住漢陽三角山重興寺 卓庵於東峰 扁曰太古倣永嘉體 作歌一篇.'
78)『고려사』권108, 채홍철 열전 ; 「249. 蔡洪哲 묘지명」,『고려묘지명집성』;『태고화상어록』,『한국불교전서』6, 116쪽, '(丁丑秋) 冬十月 蔡中菴以第北栴檀園 爲儲靈蓄異可以助道之地 請結冬 師於是 到瘖寐一如之境 尚猶無字上 破疑不得 如大死人焉 至戊寅正月七日五更 豁然大悟 當下有頌 打破牢關後 清風吹太古 其結句也趙州古佛老 坐斷千聖路 吹毛覿面提 通身無孔竅 狐兎絶蹤跡 翻身師子露 打破牢關後 清風吹太古與中菴相見 下數語 菴泣謝曰 佛法驗矣 菴問 向甚處見趙州 師云 波前水後 中之以偈曰 古澗寒泉水 一口飲卽吐 却流波波上趙州眉目露 是後 咨詢不已 卒然問曰 雪山牧牛事如何 師接聲

그의 의료 사업을 격려하였다.79)

보우는 1341년(충혜왕 복위 2) 중흥사에서 후학들을 지도하면서, 그 동쪽에 태고암을 창건하여 5년 동안 머물 때「태고암가」1편을 지었다.80) 그 후 보우는 원에 가서 1347년 7월 호주 천호암에서 석옥에게 도를 인정받고, 「태고암가」의 발문과 가사를 받았다. 1348년 귀국하여 중흥사에 있다가, 미원의 소설산에서 4년 동안 깨달은 뒤 수행하였다. 그리고 이곳은 보우의 상수제자 목암 찬영(1328~1390)이 보우를 스승으로 출가한 지 5년만에 탁연히 깨쳤던 곳이다.81) 찬영은 스승에 이어 1383년(우왕 9)에 왕사에 책봉되었으며, 보우가 입적하자 1384년 중흥사에「태고비」를 세워 스승의 덕행을 추앙하였다.82) 중흥사뿐만 아니라 보우의 비는 태고사 등에도 세워졌다. 즉, 이색이 찬하고 권주가 쓴「태고사 태고원증국사비」와 이색이 찬하고 정도전이 쓴「중흥사 태고원증국사비」가 있다.83)

그런데 보우는 1356년(공민왕 6) '한양에 도읍하면 36국이 내조할 것이다.'84)라면서 한양 천도를 주장하였다.85)

答八句 拾得笑呵呵 寒山張大口 其落句也肥膩葉葉軟 一嚼辨甘苦 盛夏雪猶凝 寒冬春不老 要傾則便傾 要倒則便倒 拾得笑呵呵 寒山張大口相與話別 長揖而去 任緣山水間 有雲山靑春二吟 三月還楊根草堂 侍親也 嘗看千七百則公.'

79)『고려사』권108, 열전 21, 蔡洪哲.
80)「北漢道峰山遊記」에 의하면 고려국사 寶輝가 태고사를 창건하였다. 이엽(1729~1788),「北漢 道峰山遊記」,『農隱集』보휘가 보우의 오자가 아닐까 한다.
81) 박의중,「충주 억정사 대지국사비」,『조선금석총람』하.
82) 이엽(1729~1788),「北漢道峰山遊記」,『農隱集』.
83) 權近,「迷源縣 小雪山菴 圓證國師 舍利 塔銘」,『陽村集』권37, 碑銘類, '王師圓應尊者馳書於予曰 吾先師大古國師 大有異德 及示寂 舍利甚多 上心敬重 命有司諡曰圓證 塔曰寶月昇空 樹于重興寺東峯 牧隱相國奉敎以銘 礱石作鍾 藏舍利非一所 曰陽山 舍那 靑松 大古菴是已 又於迷源小雪菴 樹塔以藏 小雪 師之所始終焉者也.'
84)『고려사』권106, 윤해열전 부 윤택.
85)『고려사』권134, 신우열전 8년 9월, '배주(白州) 수령 홍순(洪順)이 글을 올려 말하기를, "남경의 진산인 삼각산은 화산(火山)으로서 목성(木性)을 가진 나라의 수도가 될 땅이니, 〈그곳을〉 수도로 삼는 것은 적당하지 않습니다."라고 하였으나, 우왕이 받아들이지 않았다.' 白州守 洪順이 풍수지리적 견지에서 한양으로의 천도를 반대한 적이 있었다.

현릉은 물었다. '나라를 다스리는 일은 어떻소.' '다만 그 거룩하고 인자한 마음이 모든 교화의 근본이요, 다스림의 근원이니, 빛을 돌이켜 마음을 비추어 보소서. 그리고 더울 때의 폐단과 운수의 변화를 살피지 않아서는 안 될 것입니다. 옛날 조성이 삼국을 통일하여 한 나라를 만들어 후손을 복되게 한 것은 진실로 불법의 힘이었던 것입니다. 그러므로 5백의 선찰을 지어 조도를 넓히고 드날렸는데, 용천이 돕고 불조가 보호하였습니다. 혹은 말하기를 이 한양은 삼양의 땅이므로 선은 한 근본이 되며 양의 덕에 배합하면, 9가 삼양의 수가 되기 때문에 9조의 도로써 도울 수 있다. 9산의 참학들이 각각 대열을 만들어 규칙으로 모여 복을 넓히는 명당자리에 모두 모여 규모를 널리 펴면 하늘에서 상서가 내리고 땅에서 복이 생긴다 하였는데 그 뒤에 그 말처럼 번성해졌습니다.… 그리고 일찍이 관찰하니 왕기가 이 도읍에 있기는 하지만 처음 전성하던 때로 돌아가기는 어려울 것입니다. 만일 남쪽 한양으로 옮기어 앞에서 말씀드린 대로 행하면 자연히 교화는 6합에 빛나고 은혜는 만영에 입혀질 것입니다.'[86]

이와 같이 태고 보우는 한양 천도를 주장하였다. 보우가 한양을 중심으로 임제 선풍의 불교 문화를 전개시키고자 한 것이다. 앞서 언급한 바와 같이, 한양이 국도로서 부각된 것은 고려 문종대였지만, 불교도들 사이에서 고려 고종대에 양주(한양)가 국도로서 떠오르고 있었다.[87] 그리고 한양은 본래

---

86) 維昌, 「太古 行狀」, 『太古和尙語錄』, 『한국불교전서』 6, '玄陵曰 爲國何如 師曰只這睿聖仁慈之心 是萬化之本 出治之原 請廻光一鑑 而又時之蔽數之變 尤不可不察 昔祖聖會三歸一 垂裕後昆者 賴佛法之力也 是故開半千禪刹 弘揚祖道 龍天祐之 祖佛加之 或曰本京是三陽之地 禪爲一本 配陽之德而 九爲三)陽數故 以九祖之道 可以禪之 若夫九山衆學 各作其隊 規會演福明堂之地 敷暢厥猷 則天祥降 地祇生矣 你後如其言尙矣 雖然今也 九山禪流 各負其門 以爲彼劣我優 鬪鬨滋甚 近者益之以道門 持矛楯作藩籬 繇是傷和敗正 噫 禪是一門 而人自鬪多門 烏在其本師平等無我之道 列祖格外淸欵之風 先王護法安邦之意也 此時之蔽也 而九爲老陽 一爲初陽 老而衰也 理之常而又立都之時 九山之來旣久 不如反其初 爲新陽之爲愈也 此數之變也 當是時也 … 然而嘗觀王氣在此都 以復古初全盛之時 難矣哉 若南遷漢陽 行向所陳之言 自然化孚六合 澤被萬靈矣.'
87) 안계현, 『한국불교사연구』, 동화출판공사, 1982, 58쪽.

양주의 남쪽 부분으로서 우왕대 3소 중에 좌소가 회암이라는 설이 제기되는 등 중요한 곳이었다.[88] 이에 공민왕대에 이르러 불교계를 대표했던 보우도 한양 천도를 주창하였던 것이다.[89] 이러한 한양 천도는 후술하는 바와 같이 무학 자초에 의해 실현되었다.

5. 조선전기 북한산의 사찰과 산성 불교

1) 조선초기 선종 본사 승가사·진관사와 교종 본사 장의사

무학 자초는 고려말에 이성계와 함께 전국의 여러 사찰에서 조선을 창업하기 위하여 기도하였을 뿐 아니라, 조선 건국 후에도 이성계를 도와 도읍 터를 정하고 그것을 전후하여 국도 한양을 지키는 절을 창건 또는 중창하여 지정하였다.

무학 자초는 회암사를 불교계 재편의 중심지로 삼아 국도 선정 직후 한성(한양)을 지키는 4대 사찰을 지정하였다. 즉 1394년(태조 3) 한양을 국도로 정할 때 관악산 삼막사에서 국운을 위해 기도하였으며,[90] 지세가 드세다는 관악산에 호압사와 사자암을 창건하였다. 그리고 그 곁에 석견을 묻어 이를 진압하였고 한양을 지키는 절을 한성의 동서남북 사방에 지어 진압하였

---

88) 『고려사』 권134, 신우 열전 5년 11월.
89) 무학 자초는 楊州의 檜巖寺를 三和尙의 도량으로 삼아서 漢陽 奠都를 하였고 漢陽의 都城을 裨補하는 寺刹을 地點하였다. 한양의 도성 밖은 양주에 속하였는데, 양주의 회암사가 3화상의 도량이 된 것 자체가 한양전도와 무관치 않다. 즉 지공이 三山 兩水의 땅인 양주 회암사를 흥법의 터전으로 지점하고 그의 문도인 나옹과 무학이 흥법을 일으키고자 하였으나, 그 결실을 맺게 된 것은 조선왕조 건국직후 漢陽 奠都가 실현되면서부터이다. 황인규, 『무학대사연구-여말선초 불교계의 혁신과 대응』, 혜안, 1999 ; 황인규, 『마지막 왕사 무학대사』, 밀알출판사, 2000.
90) 雪庵門人, 「三聖山 三藐寺事蹟」, 1771년(영조 47), 『奉恩本末寺誌』 관악산의 사찰 三藐寺編.

다. 그것이 삼막사·청련사·백련사·승가사 또는 진관사라는 것이다.[91]

무학이 한양에 불교의 호국적 특색으로, 또는 밀교적 만다라에서 사찰을 건립하였다고 이해될 수 있는 것이다. 동청련·서백련·남삼막·북승가가 바로 그것이다. 이것이 모두 창사보국·진사압기 등 밀교적 전형인 것이니, 도선의 비보설도 이와 마찬가지이다.[92]

무학 자초는 불교의 호국적 특색이나 밀교적 만다라에서 한양의 동쪽에 청련사[93] 또는 불암사, 서쪽에 백련사,[94] 남쪽에 삼막사, 북쪽에 승가사[95] 또는 진관사[96]를 비보사찰로 지정하였다는 것이다. 이는 한양을 지키는

---

[91] 이러한 기록은 조선후기의 사찰 기문류이지만, 輿地 즉 『신증동국여지승람』에도 실려 있어서 신빙성을 더해 주고 있다. 『신증동국여지승람』 권10, 금천현 산천 호암산.

[92] 『奉恩本末寺誌』 京山의 사찰 서문.

[93] 金仁根, 「洛陽 終南山 靑蓮寺 重創 上樑文」, 『봉은본말사지』, 1849. 『봉은본말사지』에 의하면, 靑蓮寺가 이 절의 옛 法殿 상량문에 서울을 정한 후 무학왕사가 지정한 소위 護國 曼多羅 중에 東靑蓮·西白蓮·南佛庵·北僧伽의 하나로 창건하였다고 하였다.

[94] 白蓮寺는 서울시 서대문구 홍은동 白蓮山에 있는 절이다. 白蓮山은 북한산의 맥이 서쪽으로 뻗은 가지인 案山 서쪽에 있는 土山이다. 무학 자초의 지휘를 받아 그의 문인 涵虛 得通(1376~1433)이 1399년(정종 1)에 절을 중창하였다. 竹下, 「白蓮寺 事蹟」, 『봉은본말사지』, 1909.

[95] 僧伽寺에는 忠肅王 때 自超의 사승인 指空이 금강산 법기도량에 이어 僧伽窟에서 戒를 설했다고 한다. 참고로 仁王山 일대에도 그와 관련되어 나타나고 있다. 태조가 서울을 도읍지로 정한 뒤 궁궐에 있던 內院堂을 祖生을 주지로 삼아 인왕산 호국도량으로 창건하였다. 仁王寺 부근에 두 개의 큰 돌을 선바위(禪庵 또는 立庵)라고 부르는 바위가 있다. 바위가 장삼을 입고 서 있는 것 같다 해서 禪字를 따 그렇게 부른다고 하며, 이 태조와 무학 자초의 像이라는 전설이 있다.(혹은 이 태조와 왕비의 像이라고도 한다.) 이러한 것과 관련해서 앞서 인용한 『東國輿地備考』 : 『擇里志』 八道總論-京畿에는 그가 도성을 쌓는 이야기가 실려 있어 참고된다.

[96] 한양을 지키는 4대 사찰 가운데 청련사 대신에 양주 佛巖寺를 드는 경우가 있다.(『봉은본말사지』 京山의 사찰, 靑蓮寺誌) 불암사는 경기도 남양주시 불암산에 자리하고 있는 절로 기록에 의하면 조선초에 무학 자초가 노흡을 성알 때 내부르면서 중창하였다고 한다. 佛巖寺, 「樓閣重建記」, 『봉은본말사지』, 경산의 사찰 ; 李德壽, 「佛岩寺 事蹟記」, 『西堂私載』 卷4, 記.

내사산인 북악산·인왕산·남산·낙타산을 다시 그 둘레에서 지키는 형세를 하고 있다. 이렇듯 무학 자초는 한양 도성을 지키는 4대 비보사찰을 지정하였을 뿐 아니라 자운암·개운사·인왕사·일선사97) 등의 사찰도 비보사찰로 지점하였다.98) 무학 자초는 도선이 비보사찰을 지점한 것과 마찬가지로 한양의 터를 잡는데 결정적인 영향을 주었을 뿐 아니라 한양을 지키는 절을 지정하여 왕조의 기틀을 세웠던 것이다.99)

무학 자초의 문도 함허 기화(1376~1433)는 출가 전인 1396년 봄 승가사에 주석하였다. 승가사에는 1399년(정종 1) 승려 신생 등이 머물렀던 기록을 찾을 수 있으며,100) 1407년(태종 7) 노비를 다시 분급하는 등 왕실의 배려가 이어졌다.101) 특히 1422년(세종 4) 흥천사, 개경사와 함께 설행된 불사시 승가사에서도 약사 정근 법회를 설행하였다.102) 그 무렵까지 진관사와 더불어 승가사에서 왕실의 기신재를 올리게 하였는데,103) 특히 세종의 축수재를 설행하였다.104) 그 후 승가사는 1424년(세종 6) 선교 양종의 본산제 실시시 대자암, 회암사와 더불어 근기 지역 선종의 본사가 되었다.105)

그리고 진관사는 승가사와 더불어 한양을 수호하는 비보사찰이었다.

---

97) 一禪寺는 종로구 평창동 북한산에 자리한 절이다. 무학 자초가 1394년 한양 천도 후 중창하고 왕래하며 정진하였다고 한다.
98) 무학 자초는 이외에도 국도가 정해진 후 한양의 3개 사찰에 불상을 봉안하였다고 한다. 즉 '太祖時 定都後 王師 無學이 藥師·彌陀·觀音의 三尊像을 조성하여 藥師는 동북의 藥師寺에, 彌陀는 북의 僧伽寺에, 觀音은 서북의 小林窟에 봉안하였다는 것이다. 이는 방위에 따라 호국안민을 기원하고자 함이었다.'라고 하여 무학 자초가 한양의 3개 사찰에 불상을 봉안하였음을 알 수 있다.
99) 이상의 사실은 다음 논저에서 밝힌 바 있다. 황인규, 『무학대사연구-여말선초 불교계의 혁신과 대응』, 혜안, 1999 ; 황인규, 『마지막 왕사 무학대사』, 밀알출판사, 2000.
100) 『정종실록』 권1, 1년(1399) 3월 1일(임신).
101) 『태종실록』 권13, 7년(1407) 3월 5일(기미).
102) 『세종실록』 권16, 4년(1422) 5월 4일(경신).
103) 『세종실록』 권17, 4년(1422) 8월 8일(임진).
104) 『세종실록』 권20, 5년(1423) 4월 10일(경신).
105) 『세종실록』 권24, 6년(1424) 4월 5일(경술).

특히 1406년(태종 6) 정월 무렵 무학의 문도 조선은 왕의 명을 받고 수륙도량을 지정하였다. 즉, 승려 지상 등과 함께 삼각산과 도봉산의 사찰 가운데 진관사를 수륙도량으로 삼아 대선사 덕혜·지상 등이 공사를 마무리하였다.106) 진관사는 1421년(세종 3)부터는 선왕인 태종 비의 기재가 설행되는 등 왕실 사찰로서의 면모를 유지하다가107) 3년후 1424년 선종의 본사로 선정되었다.108) 문종대 진관사가 다시 조성되었으며,109) 1470년(성종 1) 벽운이 다시 중건하는 등 사세가 계속 유지되었다.

장의사는 왕실 도량이었다. 예컨대 1398년(태조 7) 왕실을 위한 12인연 법석과110) 신의왕후의 기재 등이 설행되었다.111) 특히 1421년(세종 3)부터는 선왕인 태종의 기재가 설행되다가112) 3년 후인 1424년(세종 6) 선교 양종 본산제 실시시 장의사는 근기 지역 유일의 교종의 본산이 되었다.113) 승도를 모아 장의사에서 비를 기원하게 하였다. 세조대 충훈부가 장의사에서 축수재를 설행하였다.114) 특히 장의사의 암자인 옥천암115)은 삼각산의 맥이

---

106) 권근(1352~1409), 「진관사 수륙사 조성기」, 『양촌집』 권12, 기류 ; 『동문선』 권78.
107) 『세종실록』 권11, 3년(1421) 1월 19일(임오) ; 『세종실록』 권6, 1년(1419) 11월 1일(신축) ; 『세종실록』 권16, 4년(1422) 5월 15일(신미).
108) 진관사의 수륙도량은 세종 31년 도봉산 영국사로 이관되었다. 영국사는 조선초 무학 자초가 조선의 안녕과 평화를 상징하는 의미로 중창하였다고 한다. 『세종실록』 권124, 31년(1449) 4월 21일(경오) ; 『세종실록』 권124, 31년(1449) 4월 30일(기묘) ; 『신증동국여지승람』 권11, 경기 양주목 불우.
109) 『문종실록』 권12, 2년 3월 14일(정미).
110) 『태조실록』 권13, 7년(1398) 2월 14일(신묘).
111) 『태종실록』 권15, 8년(1408) 6월 9일(병술) ; 『태조실록』 권15, 7년(1398) 9월 22일(갑오) ; 『세종실록』 권6, 1년(1419) 11월 1일(신축)
112) 『세종실록』 권11, 3년(1421) 1월 19일(임오) ; 『세종실록』 권6, 1년(1419) 11월 1일(신축) ; 『세종실록』 권16, 4년(1422) 5월 15일(신미).
113) 『세종실록』 권24, 6년(1424) 4월 5일(경술).
114) 충익사에서는 공신을 위한 祝壽齋를 영국사에서 설행하였다. 『세조실록』 권9, 3년(1457) 9월 23일(갑신) ; 김수온, 「道峯山 靈國寺에서」, 『사가시집』 권5, 詩類.
117) 이옥, 「重興遊記」, 실시학사 고전문학연구회 편, 『완역 이옥전집』 1, 휴머니스트, 2009, 385쪽, '산성 서남쪽에는 地藏菴과 玉泉菴 등이 있는데 僧伽寺가 거느린 암자들이다.'

비봉과 향로봉을 거쳐 인왕산으로 이어지기 직전 삼각산이 끝나는 지점에 자리하고 있으며, 고려말 조선초의 마애불로 추정되고 있는 보도각 백불에 이성계가 기도하였다고 한다. 『용재총화』에는 불암이라고 기록되어 있다.[116] 이 마애관음보살좌상으로 인해 옥천암은 동해의 낙산 홍련암, 서해의 강화도 보문사, 남해의 보리암과 함께 4대 관음 기도도량으로 알려져 있다. 참고로 조선초 실록에는 북한산 일대의 사찰로 무착사 등이 찾아지지만,[117] 중요한 것은 진관사, 장의사, 문수사, 중흥사, 향림사,[118] 청량사 등일 것이다.

2) 조선중기 왕실 원찰 도성암과 정의공주

세종의 딸 정의공주(1415~1477)와 사위 연창위 안맹담(1415~1462)은 도선사의 전신인 도성암을 중창하여 원찰로 삼았다.[119] 도성암은 법행선사가 도를 이룬 곳이므로 '도성'이라고 부르게 되었다고 한다.[120] 문집에 의하면, 안직재 형제와 도성암에서 독서를 했다고 하며, 칠보산 출신의 승려 학준이 보수하였다고 한다.[121] 특히 정의공주와 부군 안맹담은 1451년(문종 1) 문수사를 중창하기도 하였다.[122]

---

116) 成俔, 『용재총화』 권1, '물줄기를 따라 몇 리를 내려가면 佛岩이 있는데, 바위에 불상을 새겼고, 시냇물이 꺾여 돌아 북쪽으로 가다가 또 곧장 서쪽으로 흐른다.'
117) 『정종실록』 권4, 2년 6월 19일(임자) ; 『세종실록』 권61, 15년 7월 9일(경신) ; 『신증동국여지승람』 권11, 고양군 불우 羅巖寺에는 신숙화가 生員에 합격한 뒤에 羅巖寺 승려에게 나아가서 배웠다고 한다. 『세종실록』 권39, 10년(1428) 2월 18일(경오).
118) 세종 9년 태조의 從弟인 영의정 李枝는 돌아간 부모의 기일재를 香林寺에서 지냈다고 한다. 『세종실록』 권35, 9년(1427) 1월 3일(임진).
119) 김수온(1410~1481), 「道成庵記」, 『拭疣集』 卷2, 記類.
120) 鄭佶(1566~1619), 「遊三角山記」, 『蘭谷遺稿』.
121) 『신증동국여지승람』에는 도선사는 道成菴으로 기재되어 있다. 그리고 도선사 마애석불(높이 20m 암벽에 석불 높이 8.43m)이 있는데, 862년(경덕왕 2) 도선이 조성한 것으로 전해지고 있다. 하지만 그 형태로 보아서 고려시대에 유행했던 마애불계통을 이어받은 조선중기의 작품으로 추정된다.
122) 『문종실록』 권7, 1년(1451) 5월 5일(임인).

조선전기 북한산 불교에 있어서 주목되는 것은 중흥사가 중창되었다는 사실이다.

> 나라의 비보가 되는 오래된 절이 하나 있는데 이 절이 바로 중흥사이다. … 모든 3보 명산 가운데 삼각산이 으뜸이고 다른 모든 절들보다 중흥사가 으뜸인 것이다. 그러나 신해년(1491) 한 노승이 실화하여 승당과 관음실과 종각이 모두 차가운 재로 변하였고, 오로지 불당과 선당만이 남아 옛 큰 절의 모습은 볼 수 없게 되었다. 당시 지정 스님은 이 절의 주지로 있으면서 … 임자년(1492) 중창 공사를 시작하여 무오년(1498)에 공사를 끝냈다.[123]

1492년(성종 23)부터 1498년(연산군 4) 주지 지정이 중흥사를 중창하고 지정의 제자 영통사의 고승 경호와 속리사 주지 성륜이 여기에 참여했다.[124] 이와 같이 조선중기 북한사찰로 도성암과 중흥사가 부각되었는데, 특히 중흥사는 고려말 이후 조선전기까지 북한산을 대표하는 사찰로서 조선 숙종대 북한산성 수호 총섭 사찰이 되었다.

3) 조선후기 북한산 불교의 위기와 산중불교의 재편

하지만 조선시대 북한산 불교는 숭유억불 시책으로 인하여 위기에 처해지

---

123) 洪裕孫(1431~1529),「中興寺重創記」,『篠叢遺稿』上, 文.
124) 위의 기문. 설잠 김시습은 1455년(세조 1) 삼각산 重興寺에서 공부하던 중 세조의 왕위 찬탈 소식을 듣고 하던 공부를 접고 거짓으로 미친 체(佯狂)(宋慶元(1419~1512),「遯壑實記」,「遯壑集」; 김시습,「諸家雜記」,『매월당집』부록 권1.)하면서 출가의 길을 선택하였다. 李珥,「김시습전」;『매월당집』부록 권2;『栗谷集』雜著. 그 후 1485년(성종 16) 봄 진부를 거쳐 동해로 향하였다가 1486년 무렵 양양 설악산에 머물렀다. 1491년 봄 서울 삼각산 중흥사를 다시 찾아 머물렀다가 야성하였다. 황인규,「청한 설잠의 승려로서의 불교계 활동과 교유인물」,『한국불교학』40, 한국불교학회, 2005 ; 황인규,『고려말·조선전기 불교계와 고승연구』, 혜안, 2005. 이러한 사실로 미루어보아 조선전기 중흥사의 사세를 엿볼 수 있다.

고 있었다. 예컨대 실록에 의하면, 1442년(세종 24) 성균관 유생들이 북한산 덕방암에 놀러갔다가 승려들과 싸우고 옥에 구속되는 일이 있었다.[125] 그리고 1467년(세조 13) 학선[126]이 '함길도에 정벌하러 간 군사들이 회군하여 입성할 때, 4대문을 닫아서 지키고 들어가지 못하게 한다면, 삼각산의 승려들을 다 죽일 것이 틀림없다.'고 한 것이나,[127] '나라에서 원각사 및 삼각산 사찰의 승려들을 모두 죽이고, 외방의 승도들도 장차 차례로 미칠 것이다.'[128]라고 한 기록들이 그 대표적인 사례다. 특히 예종대에는 도성 내외의 소나무의 금벌 조항을 정하면서 삼각산의 사찰에도 마찬가지로 시행하게 하였다.[129]

그 후 연산군대 척불시책은 북한산 불교를 더욱 퇴락하게 하였다. 장의사의 불상을 양종 승려들을 시켜 삼각산 안팎의 절로 옮기게 하고 승려들을 모두 축출하였다.[130] 장의사뿐만 아니라 북한산 다른 사찰도 그러하였다.

> 전교하였다. '장의사의 불상은 승려들을 시켜 8월 15일 전에 모조리 다른 곳으로 옮기게 하고, 정업원·안암사의 비구니 승려는 다 한치형의 집으로 옮겨 살게 하고, 내불당은 흥천사로 옮기고, 향림사의 부처는 회암사로 옮기라.'[131]

그리하여 장의사 일대에 대나무를 심게 하였으며, 장의사를 철거하여

---

125) 『세종실록』 권97, 24년(1442) 7월 21일(기묘).
126) 학선에 대해서는 다음의 기사에서도 찾아진다. 『성종실록』 권38, 5년(1474) 1월 27일(계축) ; 『성종실록』 권163, 15년(1484) 2월 12일(기사).
127) 『세조실록』 권43, 13년(1467) 8월 2일(을미).
128) 『예종실록』 권4, 1년(1469) 3월 18일(임인). 이와 관련된 승려는 一山 明嬪의 代身僧 一山과 제자 覺頓이었다. 성종 2년에도 淸涼寺의 僧 性沼도 권문서를 도용했다고 하여 문제가 되었다. 『성종실록』 권10, 2년(1471) 4월 7일(기유).
129) 『예종실록』 권4, 1년(1469) 3월 6일(경인).
130) 『연산군일기』 권54, 10년 7월 17일(을사).
131) 『연산군일기』 권54, 10년(1504 7월 29일(정사).

넓게 화단을 쌓고 각종 화초를 심게하고, 동구에 땅을 골라 이궁을 짓고 화단을 쌓았다.132) 그 후 '삼각산 폐사의 재목을 헐어서 가져갔다.'는 기록이 찾아진다.133) 이렇듯 장의사는 1505년(연산군 11) 폐사되었는데 이때 도봉산 영국사도 폐사되었으며, 그 터에 도봉서원이 건립되었다.134) 참고로 백제의 초기 사찰로 알려진 암사(巖寺)도 그 무렵 폐사되어 구암서원이 세워졌다.135)

그러한 가운데 왕실 원찰인 경국사와 화계사가 중창되었다. 즉 1522년(중종 17) 서평군 이협의와 신월이 보덕암을 중창, 화계사라고 개칭하고,136) 1618년(광해군 10)경 덕흥대원군 가문의 후원으로 도월이 화계사를 중창하였다.137) 1546년 문정왕후가 경국사를 중건하고 왕실에서 다시 중건하였다.138)

---

132) 『연산군일기』 권58, 11년(1505) 5월 2일(병술) ; 『연산군일기』 권61, 12년(1506) 2월 30일(경진).
133) 『중종실록』 권12, 5년(1510) 12월 26일(무신).
134) 李珥, 「道峯書院記」, 『栗谷全書』 卷13, 記, '楊州治南三十里 有山名曰道峯山 有洞曰寧國 舊有寧國寺 寺廢而洞仍其名 先生少日酷愛洞中泉石 往來棲息 其立朝也.' ; 趙光祖, 「道峯書院記」, 『靜菴集』 附錄 卷4 ; 『靜菴先生年譜』, 『靜菴集』 附錄 卷5, 年譜, '院之西麓 舊有臺 庚戌 監司朴承宗 名以天日 仍著記 神宗萬曆元年癸酉建道峯書院於楊州卽道峯山寧國寺舊基.'
135) 巖寺는 지금의 서울시 강동구 암사동 선사 주거지 옆 강가 바위절산에 있던 절이다. 伯仲寺 또는 巖回寺라고도 한다. 이 절이 강변 바위에 위치했으므로 '바윗절'이라고도 불렀는데 조선초에 편찬된 『신증동국여지승람』 권6, 경기 광주목 불우에 보면 '伯仲寺는 下津站 동쪽에 있다'고 했으므로 백제시대 백중사였음을 알 수 있다. 바윗절은 어느 때 훼손되었는지는 알 수 없으나 조선시대에 龜巖書院이 세워졌다. 伯仲寺에 대하여 徐居正이 지은 시가 『신증동국여지승람』에 전해지고 있다. 徐居正, 「再遊廣津伯仲寺 次柳太初韻」, 『四佳集』 권30-18, 詩類.
136) 權鐘植, 「三角山華溪寺重修緣起文」(1619년 3월, 釋道月 誌), 『三角山華溪寺畧誌』, 三角山華溪寺宗務所, 昭和 13년, 2쪽.
137) 위와 같음.
138) 趙素昻(1887~1958?), 「靑岩寺誌」, 『素昻先生文集』 上, 387쪽, '至李朝中宗丁卯二年 寺域頹廢 至四十餘年 明宗丙寅四年 修寺院 至庚戌五年 文定工后謙政時 重信佛法 大事重修 賜寺名曰慶國 大事布法 至文定王后昇遐後 設齋燃燈 奉崇三寶.' 북한산의 사찰로 조계사(『명종실록』 권20, 11년 2월 21일(경술))와 雲巖寺(폐사)(『선조실록』

당시 북한산 불교는 중종대 편찬된 『신증동국여지승람』에 의해 그 모습을 엿볼 수 있다. 즉, 북한산에는 장의사, 향림사, 석적사,139) 청량사, 중흥사, 승가사, 삼천사, 문수사, 진관사, 도성암 등이 있었고, 고적조에는 신혈사가 기록되어 있다.140)

북한산성 축성후 산성내 사찰이 중심이 되어 갔는데, 그 사찰은 바로 중흥사와 11사 2암이다. 즉, 11사 2암은 문수사, 용암사, 보국사, 보광사, 부왕사, 원각사, 국녕사, 상운사, 서암사, 태고사, 진국사, 봉성암, 원효암 등이다. 그 가운데 성능이 창건한 사찰은 용암사, 서암사, 진국사, 봉성암, 원효암이며, 중창한 사찰은 태고사이다. 그리고 북한산성 밖의 사찰로는 향림사, 승가사, 문수사, 진관사, 신혈사, 삼천사, 청량사, 적석사 등이 있었다. 또한 1865년에서 1883년 사이에 편찬된 것으로 추정되는 『동국여지비고』에는 장의사, 향림사, 적석사, 청량사, 삼천사가 폐사되고 승가사, 진관사, 도성암, 중흥사, 태고사 등이 찾아지고 있다. 성능은 원효암, 중흥사, 태고사 등을 창건 또는 중창하여 불교계의 고승 가운데 원효, 미수, 태고 보우 등을 부각시켰다고 볼 수 있다.141)

6. 나가는 말

북한산의 불교를 바로 아는 것은 수도 서울의 역사와 문화를 이해하는

권73, 29년 3월 3일(경오)) 등이 더 찾아진다.
139) 『신증동국여지승람』 권3, 양주목 불우조 ; 李胄(1468~1504), 「積石寺」, 『忘軒遺稿』 五言絶句 4首, '仄笠穿松櫟 江溪過石橋 晩煙生積雪 斜日轉山腰.'
140) 『신증동국여지승람』에 기재된 북한산의 사찰 가운데 태고사 등의 사찰이 누락되었다.
141) 현재 북한산성 축성시 창건된 輔國寺, 鎭國寺, 扶旺寺, 國寧寺, 普光寺, 圓覺寺, 龍巖寺, 祥雲寺, 西巖寺(閔漬巖의 터), 奉聖菴, 元曉菴, 文殊菴 등의 사찰이 있다. 참고로 1999년 9월 전통사찰보존법에 의해 등록된 북한산의 전통사찰은 현재 僧伽寺, 文殊寺, 奉國寺, 道詵寺, 普光寺, 津寬寺, 三千寺, 仙雲寺 등이다.

데 매우 중요하다. 하지만 이에 대해 설명하고 입증해 줄만한 저서는 조선후기 산중불교 시대 고승 성능의 『북한지』가 유일하다. 그러므로 그 밖의 제 문헌의 단편적인 기록에 의존해야 할 형편이며, 설화에 머문 경우도 적지 않다.

북한산의 불교가 시작된 것은 백제 초기이나 사찰명이 확인되는 것은 삼국통일기 장의사가 처음이다. 그 후 불교를 대중화시켰던 원효와 의상은 북한산에서도 교세를 확장시켰다. 특히 최근에 발굴 확인된 청담사는 의상의 화엄10찰 가운데 하나였던 듯하다.

장의사는 신라말 900년을 전후한 시기에 원종대사 찬유와 법인국사 탄문이 구족계를 받았던 화엄종계 사찰이었으며, 고려시대와 조선중기까지 북한산의 중요 사찰이었다.

고려 건국시 불교계 운용의 틀을 제시했던 선각국사 도선의 문도인 사굴산문 여철은 개경과 남경 신혈사 등 북한산에서 선종의 교세를 펼쳤다. 그런 한편 광종대 법인국사 탄문은 선교 일치 내지 융합을 꾀하면서 지금의 화계사 전신인 보덕암을 창건하여 화엄종의 교세를 떨쳤다.

북한산 불교가 크게 부각된 것은 현종을 비롯한 왕실의 주목을 받게 되면서부터이다. 현종은 잠저시 신혈사 일대에 머물렀으며, 왕으로 즉위후 거란의 침입시 향림사를 태조 왕건의 재궁으로 삼았다. 특히 3천여 명의 승도가 머물렀다는 삼천사에는 법경대사가 머물다가 개경의 현화사 초대 주지에 부임하였다. 현화사와 더불어 삼천사는 유가종의 총본산으로, 법경대사가 왕실의 후원을 입어 유가종이 문벌귀족이 후원하는 화엄종과 함께 고려전기 불교계를 주도하였던 듯하다. 정종대에 이르러 유가종 고승 혜소 정현은 사현사를 창건하는 등 북한산 일대에서 교세를 떨쳤다.

그리고 선종대 무렵에 이르러 대각국사 의천은 화엄종승으로 유가종과의 대립과 교선의 대립을 융화시키기 위해 천태종을 창종하고 남경 설치에 관여한 듯하다. 이미 남경의 부각은 문종대 이후 숙종대 세기되어 왕실에서 북한산을 방문하고 북한산사에서 불사를 해오던 터였다. 의천도 이에 동참하였으며, 특히 개경의 구산사 주지 영현으로 하여금 승가사를 중수하게 하였다.

한편 승가사중수비의 글씨는 북한산 문수사에 머물던 대감국사 탄연이 썼으며, 청량사에는 거사 불교를 일으킨 청평거사 이자현이 머물기도 하였다. 이를 통해 남경에도 탄연과 이자현이 머물면서 선종을 부흥케 하였던 것이 아닌가 한다. 예컨대 무신정변 직후 정각국사 지겸이 북한산과 도봉산 일대에 머물렀던 것이 그 대표적인 사례이다.

고려후기 북한산 불교에서 주목되는 것은 원 간섭기 유가종 고승 자정국존 미수와 고려말 선종승 태고 보우가 머물면서 교세를 펼쳤다는 사실이다. 미수는 1248년 북한산 국녕사와 장의사에 머물렀으며, 경국사의 전신인 청암사를 창건하는 등 유가종의 교세를 떨쳤다.

그런데 경국사에 설치되었던 전단원은 고려말 권문세족 중암거사 채홍철이 만든 것인데, 태고 보우가 머물면서 깨달음을 얻었다. 태고 보우는 북한산의 사찰이었던 중흥사에 머물다가 인근에 태고암을 창건하고 「태고암가」를 지었다. 중흥사는 그의 상수 제자 목암 찬영이 보우에게서 도를 깨친 곳이기도 하다. 보우가 이렇듯 북한산 중흥사에 머무르며 태고사를 창건한 것은 한양 천도를 주장했기 때문이 아닌가 한다. 보우는 원나라에서 귀국후 왕사로 책봉되어 9산문을 통합하고자 하였으며, 나아가 한양 천도를 통해 불교계를 재편하고자 하였다고 생각된다.

보우의 이러한 시도는 이후 무학 자초가 이성계에게 최초로 왕조 창업을 제의하고 한양 천도를 주장하며 조선 건국 직후 왕사로 책봉되어 국도 한양을 수호하는 사찰을 건립하는 등 양주 회암사를 중심으로 불교계를 재편하게 되는 바탕이 되었다.

한양을 수호하는 4대 사찰 가운데 승가사 혹은 진관사는 세종대 선교 양종 본산제 실시시 선종의 본사가 되었으며, 신라 이래의 사찰인 장의사는 교종의 본사가 되어 북한산의 불교를 주도하였으며, 왕실의 원당과 국가 수륙 도량이 되었다.

그리고 도선사의 전신인 도성암은 세종의 딸 정의공주의 원당으로 중창되었으며, 특히 중흥사 주지 지정과 문도, 영통사의 주지 강호와 속리사(법주사)의 주지 성륜 등에 의해 중창되는 등 이를 통해 조선전기 숭유억불 시대 북한산 불교의 모습을 엿볼 수 있다.

그러나 북한산의 사찰은 숭유억불 시책에 의해 도성 인근에 위치한 인왕산의 사찰과 더불어 탄압을 받았으며, 결국 장의사, 신혈사, 삼천사 등의 사찰이 폐사되어 갔다. 그러한 가운데 문정왕후와 덕흥대원군의 가문 등 왕실의 후원으로 경국사와 화계사가 중창되는 등 숭유억불 시대에도 왕실과 여성의 불교 신행은 계속되었다.

하지만 중종대 편찬된 『신증동국여지승람』에 나타나 있듯이, 조선중기에는 북한산의 사찰 장의사, 신혈사, 삼천사 등이 폐사되었고, 중흥사, 승가사, 진관사, 향림사, 도성암, 문수사, 청량사, 석적사 등의 사찰만이 국가적으로 공인되어 있었을 뿐이다.

조선후기 숙종대 산성이 축조되었으며, 그 산성을 중심으로 사찰이 건립되면서 북한산의 불교는 산중불교 시대가 되기에 이른다. 북한산성의 총섭인 성능은 용암사, 서암사, 진국사, 봉성암을 창건하고 원효암, 중흥사, 태고사를 중창하였다. 그는 불교계의 중요 사찰을 건립하여 원효와 태고보우를 부각시켰으며, 고려말 북한산 사찰로 부각되었던 중흥사를 북한산성 불교의 중심으로 삼았던 것이 아닌가 한다.

Ⅱ. 관악산의 불교와 관악사(지)

1. 들어가는 말

현재 한국 불교 사찰은 명산을 중심으로 그 사세가 성립되어 있다. 한국의 땅 모양이 우리의 조상들이 살기 시작한 신석기 이후 70% 이상이 산악으로 형성되어 있기 때문만이 아니다. 사찰은 불교가 전래된 이후 사람들이 모여사는 도심지인 읍을 중심으로 창건되어 종교뿐만 아니라 교육과 문화, 사회 복지 등의 중심이 되었었다.

신라 하대 선종이 수용되면서 산중에도 사찰이 창건되었지만 고려말까지 도심지인 읍을 중심으로 운용되었다. 고려의 국도 개경에 10대사를 비롯하여 70여 사찰이 창건되었으며,[1] 지방 군현의 각 읍의 자복사를 중심으로 사찰이 운용되었다.[2] 조선 태종대 억불 시책으로 자복사와 명산사찰로 재조정되었으며, 그 후 억불 시책이 강화됨에 따라 산중을 중심으로 사찰이 운용되어 이른바 '산중불교'시대가 전개되었다. 관악산은 조선 건국 직후 한양이 국도로 전도되면서 한양을 둘러싼 외사산으로, 한양의 주산인 백악산에 대응하고 있는 조산으로, 조선시대에 주목을 받았다. 예컨대 조선초의 문인 변계량은 '산은 관악으로 이어져 평야를 둘렀고, 물은 청계로 내려가 큰 하수로 들어간다.'[3]고 하여 산은 관악으로 이어지고 물은 청계로 흘러간

---

1) 『宋史』卷487, 外國列傳246 高麗 '王城有佛寺七十區';『靑莊館全書』卷22, 編書雜稿2, 宋史筌高麗列傳, '王城有佛寺七十區'; 황인규,「북한지역 사찰의 불교사적 의의」, 『대각사상』17, 2012 ; 황인규,「고려시대 사찰과 불교문화-비보 사찰과 그 문화를 중심으로」,『역사와 교육』12, 역사와교육학회, 2011.
2) 한기문,「고려시대 자복사의 성립과 존재 양상」,『민족문화논총』49, 영남대학교 민족문화연구소, 2011.

다고 하였다.4)

필자는 서울의 명산인 북한산과 인왕산, 그리고 오대산 불교를 천착한 바 있다.5) 북한산과 인왕산은 한양의 내사산이며, 오대산은 한양의 객수인 한강의 발원이기 때문에 숭유억불기인 조선시대에도 적지 않은 관심을 받았으며, 그 산중의 사찰도 그러하였다.6)

본고에서는 서울을 둘러싼 외사산 가운데 하나인 관악산에 관련된 자료를 가능한 수집 검토하여 관악산의 불교를 복원 시도하고, 연주암과 관련이 깊은 관악사(지)에 대하여 살펴보고자 한다.7)

2. 관악산 불교의 전개

1) 고대 관악산 불교의 초석

관악산(629m)은 서울시 관악구와 경기도 안양, 과천시에 걸쳐 있는 산으로 그 꼭대기가 마치 큰 바위기둥을 세워 놓은 모습인 '갓 모습의 산'이란 뜻의 '갓뫼(간뫼)' 또는 '관악'이라고 했다.8) 관악산은 빼어난 수십 개의 봉우리와 바위들이 많고, 오래된 나무와 온갖 풍의 바위가 어울려서 철따라

---

3) 변계량, 「果州村舍」, 『춘정집』 권1, 시, '山連冠岳圍平野 水下淸溪入大河.'
4) 『과천읍지』 형승.
5) 황인규, 「인왕산사와 무학대사」, 『한국선학』 22, 한국선학회, 2009 ; 황인규, 「북한산(삼각산)의 사찰과 불교의 전개-고·중세 사찰의 존재양상과 그 의의를 중심으로」, 『전법학연구』 2, 불광학술연구원, 2011.
6) 황인규, 「여말선초 나옹문도의 오대산 중흥불사」, 『불교연구』 36, 2012 ; 황인규, 「조선 중기 월정사와 상원사·적멸보궁」, 『역사와 교육』 14, 2012.
7) 관악산 불교와 관악사에 대하여 고고학적 분야에서 발굴조사만 이루어졌을 뿐, 문헌적 학술연구는 본고가 처음이다.
8) 한국역사 지명사전 편찬위원회, 『한국역사 지명사전』 관악산(冠岳山, 冠嶽山, 鶴岳山), 여강출판사, 2008.

변하는 모습이 마치 금강산과 같다 하여 '소금강9)' 또는 서쪽에 있는 금강산이라 하여 '서금강10)'이라고도 하였다. 예로부터 개성의 송악산, 파주의 감악산, 포천의 운악산, 가평의 화악산과 더불어 경기 5악에 속했던 산이다. 『동국여지지』 산천조에 의하면, 관악산은 빼어난 봉우리와 바위들이 많은데, 가장 높은 봉우리는 연주대 혹은 연주봉이고, 삼성산·호압산 등이 주변에 있다고 하였다.11)

관악산에는 불교 수용 이후 불교의 대중화가 시작되는 삼국통일기에 이르러 불교의 자취가 나타나기 시작한다. 백제 한성의 암사 등에 불교가 전래된 흔적은 찾을 수 있으나 관악산에 불교가 전래되었던 기록은 찾아지지 않는다. 백제 초기 동진의 고승 마라난타가 불교를 전래한 이듬해인 385년(침류왕 2) 한산에 절을 짓고 10인을 득도케 하였다고 한다.12) 이에 경기도 옛 읍과 남한산성 일대인 한산주에도 불교가 전래 수용되었을 것이다.13) 관악산의 불교의 시작은 삼국통일기 불교의 대중화에 앞장선 원효와 의상의 포교로부터 찾아야 할 듯하다. 삼막사(원효와 의상), 망해암(원효), 연주암(의상), 불성사(의상) 등이 바로 그러한 사찰이다.

원효와 의상 등이 일막·이막·삼막 등의 암자를 짓고 이 산에서 수도하였다고 하며, 이 세 암자 중 현재 삼막사만이 현존하고 있다.14) 원효는 망해암을 창건하였다고 전하며, 의상은 관악산 의상봉과 의상대를 중심으로 활동하며,15) 연주암과 불성사를 창건하였다고 한다. 「연주암 중건기」 등에 의하면,

---

9) 『과천군읍지』(1899) 산천, '冠岳山在縣後一名小金剛.'
10) 김일우, 「西金剛 念佛紀文」, 安震湖, 編纂 李哲敎 增補, 「서울 및 近郊 寺刹誌=奉恩本末寺誌」, 제4편 : 冠嶽山의 사찰, 『多寶』 13호, 대한불교진흥원, 1995.3, 後 1~46쪽.
11) 『동국여지지』 산천.
12) 『삼국사기』 권24, 백제본기2, 침류왕 2년 2월, '創佛寺於 漢山 度僧十人.'
13) 황인규, 「북한산(삼각산)의 사찰과 불교의 전개」, 『전법학연구』 2, 불광학술연구원, 2011.
14) 설암, 「삼성산 삼막사 사적」, 1771 ; 朝鮮總督府 內務部地方局, 『朝鮮寺刹史料』 上 ; 李裕元, 「三幕」, 『임하필기』 권31, 旬一編 ; 관악산인, 「관악산 佛成寺 略誌」, 『봉은본말사지』, 1937.

의상이 관악산에 의상대를 세우고 수행하였으며, 677년에 그 아래에 관악사를 창건하였다고 전하고 있다. 염불암 역시 삼성인 원효·의상·윤필이 창건한 것이라고 전하고 있다.16) 이와 같이 신라의 원효와 의상, 윤필이 의상봉과 삼성산 일대를 중심으로 관악산 불교를 전개해 나갔던 것이다.

신라 중대 이후 전래된 선종이 관악산에 수용된 사실은 거의 전해지는 바 없다. 다만 조선후기에 간행된 『여지도서』에 의하면 '보조국사비가 절 안에 있는데 신라 김부식이 찬하였고 이원불이 글을 썼다.'는 사실이 찾아진다.17) 아마도 체징이 840년(문성왕 1) 당에서 귀국후 관악산 일대에 선종을 전하였던 듯하나 확실하지 않다.18)

그 후 신라말 선종승 선각국사 도선이 관악산에 선종을 전래한 흔적을 찾을 수 있다. 즉, 도선은 관음사를 창건하였는데, 후에 그의 문도들이 삼막사라고 불렀다고 한다.19) 삼막사는 비보사찰로 지정되었던 듯한데, 산내의 관음사도 895년(진성여왕 9)에 비보사찰로 창건되었다고 전하고 있다.20)

2) 고려시대 관악산 불교의 정립

관악산의 고려시대 사찰은 산내 오성봉의 성주암과 삼성산의 안양사·염불사·삼막사 등과, 고려말의 문집에 선각암과 신방암 등이 찾아진다. 후삼국

---

15) 李瀷,「遊冠岳山記」,『星湖全集』卷53, 記, '義上峯에 이르렀는데, 옛날 의상이 살았던 곳이다' ; 관악산인,「관악산 佛成寺 略誌」, 1937,『봉은본말사지』, '의상조사가 청정 심법을 전수하였으나 깨닫지 못한 까닭에 마침내 한양의 남쪽 관악산 중에 머물면서 숲속에서 머물고 높은 바위동굴에 거하며 수도하니, 곧 지금의 의상대이다.'
16) 崔鳳燮,「염불암 중수기」, 1927,『봉은본말사지』.
17)『여지도서』 衿川, 古蹟 碑, '普照國師碑在 山內 新羅 金富軾撰 李元弗書.'
18) 다 아시다시피 김부식(1075~1151)은 보조국사 지눌(1158~1210) 보다 선대의 인물이므로 보조국사는 9산선문의 가운데 가지산문의 개산 3조인 普照 體澄(804~880)을 지칭하는 것 같다.
19) 여기의 관음사는 삼막사의 전신인 관음사와는 다른 별개의 사찰이다.
20)『奉恩寺本末寺誌』, 삼막사, 1943.

통합기에 충남 연산에 개태사를 창건하였듯이[21] 관악산 일대에서도 유사한 사실이 찾아진다. 즉, 삼성산의 염불사는 '왕건이 후삼국 통합시 고승 능정과 뜻을 함께하여 삼성산에 절을 창건하여 안흥사라고 하였다'고 한다.[22] 염불사의 전신인 안흥사는 태조 왕건의 후삼국 통합을 기원하기 위하여 세운 사찰이었던 듯하다. 이 절의 고승인 능정에 대해서는 알려진 바 없으나[23] 왕건의 행군 법사였던 고승 능긍과 도반이거나 같은 부류의 인물로 추정되며, 천태 지자의 일심삼관에 의하여 삼한을 한 나라로 합하였다는 내용과 유사하기 때문이다.[24] 대각국사 의천이 안양사 고승 능정을 추념하였으며,[25] 김부식이 1131년(인종 9) 안양사에 태조 왕건이 세웠던 7층 전탑의 비문을 짓는 등 고려중기에도 국가의 관심을 받았던 듯하다. 그 후 원 간섭기 후반 수선사를 중흥하였던 각진국사 복구가 1321년(충숙왕 8) 성주암을 창건하였다고 전하고 있다.[26]

관악산 일대에서 주목할 만한 사실은 여말선초 3화상인 나옹과 그의 문도들이 주석하며 활동하였다는 것이다. 즉, 삼성산 삼막사에는 나옹과 그의 스승 지공과, 그의 문도 무학이 머물렀다. '고려말 지공·나옹·무학이 이 산에서 머물다가 이 절을 창건하였다.'[27]는 것이 그것이다. 관악산 삼성산

---

21) 『고려사절요』 권1, 2년 3월 ; 『고려사절요』 권1, 태조 23년 12월 ; 『보한집』 상, '개태사 창건 발원문' ; 『신증동국여지승람』 권18, 연산 불우 開泰寺.
22) 『봉은본말사지』, 염불암 ; 李崇仁, 「衿州 安養寺塔 重新記」, 『陶隱集』 卷4, 文 ; 『동문선』 권76, 記 ; 『신증동국여지승람』 권10, 경기 금천현 佛宇, '昔太祖將征不庭 行過此 望山頭雲 成五采 異之 使人往視 果得老浮屠雲下 名能正 與之 言稱旨.' ; 박경식, 「안양 안양사의 칠층 전탑과 귀부」, 『문화사학』 11·12·13, 한국문화사학회, 1999.
23) 능정은 대각국사 의천이 추념을 하였던 고승이었던 듯하다. 의천, 「安養寺 禮能淨僧統影」, 『大覺國師文集』 卷17, 詩.
24) 이러한 사실은 원 간섭기 백련사의 고승 天頙이 지은 『湖山錄』에서 찾아진다. 閔漬, 「國淸寺 金堂主佛 釋迦如來舍利 靈異記」, 『동문선』 권68.
25) 의천, 「安養寺 禮能淨僧統影」, 『大覺國師文集』 卷17, 詩.
26) 성주암의 경우, 수선사 14사주 각진국사 복구가 중창한 사실은 사중에만 전해지고 여타의 문헌에서는 확인되지 않고 있다.
27) 『梵宇攷』, 衿川 三藐寺.

에는 고대 삼성에 이어 고려말 삼성이 머물렀음을 알 수 있다.[28] 그 후 조선초 나옹의 문도들이 관악산 일대에 머물렀다. 즉, 목은 이색의 문집에 의하면, 나옹의 문도 징천 철 수좌와, 무급 각신의 도반이 각기 관악산 선각암과 신방사에 머물렀다.[29] 신방사의 주지는 무급의 도반이었는데, 무급은 도반 수봉과 더불어 나옹의 순교후 1381년(우왕 7) 무렵 나옹의 추념사업을 적극 주도하였다.[30] 그리고 유가종 고승 종림과 그의 제자 혜겸이 최영 장군의 후원으로 안양사 탑을 중수하였던 사실도 관악산 불교에서 특기할 만한 사실이다.[31]

3) 조선시대 관악산 불교의 전개

조선전기 관악산의 사찰로 찾아지는 것은 호압사와 사자암, 불성사, 삼막사, 연주암, 망해암, 망일사 등이다. 조선 국초 한양이 국도로 선정되면서 창건 또는 지정된 사찰과, 조선초 세조의 3화상 중 혜각존자 신미가

---

28) 雪庵 門人, 「삼성산 삼막사 사적기」, 「삼막사」, 『봉은본말사지』.
29) 이색은 공양왕 3년(1391) 4월 오늘날 시흥인 금주로 유배되어 같은 해 6월 여흥(여주)으로 가기 전에 관악산에 올랐던 듯하다. 선각암의 철 수좌에게 장아찌와 석이버섯石茸을 받을 정도로 친하였다. 이색은 무급과 시를 나누고 奉先寺 消災殿에 머물 때 병 문안을 가는 등 친한 사이였다. 이색, 「冠嶽山 禪覺菴澈首座 惠草佐飯石茸」, 『목은시고』 권35, 衿州吟 ; 이색, 「冠嶽新房菴主 無及之同行也 由朔方廻居是菴 與老宿某某 携食來餉」, 『목은시고』 권35, 衿州吟 ; 李穡, 「澄泉軒記」, 『목은문고』 권3, 기 ; 『동문선』 권74, 기 ; 이색, 「信無及이 병 때문에 奉先寺의 消災殿에 우거하고 있었으므로, 내가 問病하러 가보니, 병은 이미 나은 뒤였다. 소재전 동쪽에 위치한 두 칸은 벽이 허술해서 삼면으로 바람을 받아 약간 썰렁하므로, 겨울에 거처하기는 마땅치 않으나, …」, 『목은시고』 권26, 詩 ; 이색, 「無及 등 여러 大德에게 부쳐 보내면서 아울러 廉六宰와 成夏城 두 집에도 소식을 전하다.」, 『목은시고』 권29, 시.
30) 이숭인, 「驪興郡 神勒寺 大藏閣記」, 『도은집』 권4, 문 ; 『동문선』 권76, 기 ; 황인규, 「한국불교사의 순교승」, 『불교평론』 34, 만해사상실천선양회, 2008년 봄호 ; 황인규, 「나옹혜근의 불교계 행적과 유물 유적」, 『대각사상』 11, 대각사상연구원, 2008 ; 황인규, 『그 시대 불교계 고승과 비구니』, 혜안, 2011.
31) 황인규, 「여말선초 유가종승과 불교계의 동향」, 『동국사학』 39, 2003 ; 황인규, 『고려후기·조선초 불교사연구』, 혜안, 2003.

창건 또는 중창하였다는 사찰들이 있다.32) 바로 관악산의 망일사와 그 연맥인 삼성산의 삼막사와 염불사, 망해사 등이다.

관악산 및 그 산내 삼성산의 불교에서 특히 주목되는 사실은 무학 자초의 불사이다. 무학은 1394년(태조 3) 한양을 국도로 정할 때 관악산 삼막사에서 국운을 위해 기도하였다고 한다. 즉, 무학은 태조를 도와 국도 선정에 참여하였으며 지세가 드센 관악산에 호압사와 사자암을 창건하였다. 그 곁에 석견을 묻어 이를 진압하게 하였고 한양을 지키는 삼막사와 청련사·백련사·승가사를 한성의 동서남북 사방에 지어 진압하게 하였다.33) 근대판 사지류인『봉은본말사지』에도 무학이 불교의 밀교적 만다라라는 측면에서 한양의 동쪽에 청련사,34) 서쪽에 백련사,35) 남쪽에 삼막사, 북쪽에 승가사를 비보사찰로 지점하였다는 지적은 참고할 만하다.36) 그 외에 문인 변계량37)의 문집에 보이고 있는 백화사는 잣나무가 절 주위에 있었던 선종계 사찰이었으며, 고승 각상인이 머물렀다.38) 그 무렵인 1396년(태조 5) 무학 자초의 상수 제자인 함허 기화가 관악산 불성사로 추정되는 의상암에 출가하였다39)

---

32) 황인규,「세조대의 3화상고-신미와 두 제자 학열과 학조」,『한국불교학』26, 2004.
33) 雪庵門人,「三聖山 三藐寺 事蹟」, 1771년(영조 47),『奉恩本末 寺誌』관악산의 사찰 三藐寺編 ;『신증동국여지승람』권10, 衿川縣 山川 虎巖山, '尹滋說衿之東有山峙焉 勢北馳 如行虎有石巘 巖世號爲虎巖 術家相之 立寺於巖之北隅曰虎岬 去其北七里 有橋曰弓橋 又其北十里有巖曰獅子 皆所以壓 其行虎之勢也.'
34) 金仁根,「洛陽 終南山 靑蓮寺 重創上樑文」,「靑蓮寺」,『奉恩本末寺誌』.
35) 竹下,「白蓮寺 事蹟」,『奉恩本末寺誌』, 1909.
36)『奉恩本末寺誌』, 京山의 寺刹 序文.
37) 변계량은 목은 이색의 문하로, 과천에서 村舍를 짓고 살았다.『춘정집』卷2,「果州村舍」. 그 외에 과천과 관련된 시로「寄淸溪山 萬行上人」,「登冠岳寺」,「題淸溪山行上人院」,「題百華寺」,「在百華寺望京都」,「寄冠岳山百華寺覺上人」,「寄題淸溪山觀音寺」,「寄淸溪山惠上人」등이 있으며, 이들 시에서 관악사와 백화사, 관음사에 대하여 언급하고 있다.
38) 卞季良(1369~1430),「寄冠岳山 百華寺 覺上人」,『춘정집』卷1 ; 卞季良,「題百華寺」,『春亭集』卷1, 詩 ; 卞季良,「在百華寺望京都」,『春亭集』卷1, 詩. 백화사는 지리지에 청계산에 위치하고 있다고 하였으나(『신증동국여지승람』권8, 경기 과천현 불우) 관악산에 있었다.
39) 기화,「행장」,『함허당어록』,『한국불교전서』7 ; 기화,「冠嶽寺」,『험허당어록』,

는 사실도 주목된다.

안양사는 조선초인 세종대 중창되어 상왕인 정종이 머물렀으며,40) 수원부사 및 과천과 금천의 현감이 회합하는 등 양평 용문사와 비견되는 사찰이었다.41) 이러한 왕실의 후원을 받았던 혜각존자 신미는 관악산의 지맥인 삼성산 망월암에 망일사를 창건하여 사액을 받았다고 한다.42)

지리지류에 의하면 과천현의 경우, 『신증동국여지승람』(1530)에 관악사와 관음사가, 『동국여지지』(1650)에 관악사·관음사·불성사가, 『과천읍지』(1699)에 관음사·불성사·원각사·만수암이, 『여지도서』(1760년대)에 관음사·불성사·자운사·망해암·연대암 등이, 『경기지 과천읍지』(1842~3)에 관음사·불성사·연대암·자운암·망해암·원각사(지)·만수암 등의 사찰이 있었다. 금천현의 경우, 『신증동국여지승람』(1530)에 안양사·안흥사·삼막사·망일사·성주사·사자암이, 『여지도서』(1760년대)에 호암사·망월사·삼막사·염불암·성주암이, 『시흥군 읍지』에 삼막사·사자암·안양사·호압사 등의 사찰이,43) 문집류에 묘덕사44)·사막사45) 상불사46)·만경암47)·삼일사48)·영주

『한국불교전서』7. '古寺攀蘿蔦 秋風灑面淸 嵐蒸深殿古 風鼓小樓傾 井井皆無水 松松盡有聲 幽奇探未了 童子促還程.'

40) 『태종실록』권22, 11년(1411) 9월 12일(경오) ; 『세종실록』권121, 30년(1448) 7월 21일(을사) ; 『문종실록』권4, 즉위년(1450) 10월 19일(기축).

41) 『태종실록』권33, 17년(1417) 윤5월 4일(기미).

42) 『봉은본말사지』, 망월암.

43) 『시흥군 읍지』山水, '衿州 山東北三里有漢井 三聖山東十里 與果川冠岳連紆石勢 巉岩有香爐峯 南北紫霞洞 三藐寺山之北有獅子峯 峯下有桃花洞獅子庵 山之南古有安養寺 寺之南有高麗太祖所建(孤山花山)七層甎塔 虎岩山在衿州山東南 虎岬寺禿山北五里 歸龍山西十五里阿王.'

44) 崔岦(1539~1612),「還朝錄」,『簡易集』卷8, '題閔師卷二首 上人來求詩 李秀才先容焉 以吾與秀才相信 知其取之不妄也 爲與就之 上人住冠岳之妙德寺 意其有樂乎此 不必乎幽遠也 因亦有所寓感云/ 莫逆逢僧爲愛山 僧來却苦要詩還 不知我亦何從取 詩在白雲空翠間 冠岳名藍孰解登 枉從千里費行滕 文章白首依京輩 寂寞甘同妙德僧.'

45) 李敏叙(1633~1688),「宿冠岳 沙幕寺」,『西河集』5, 七言律詩, '日望靑山在座隅 興來携策度崎嶇 谷深寒澗涓涓淨 寺陋殘燈炯炯孤 月下幽禽啼一箇 樓前古木立雙株 山行造次皆眞境 此樂誰知與衆殊.'

46) 金炳球(1782~?),「冠岳山遊記」,『醉竹遺稿』卷4.

암 등과, 실록에서 만수암[49]이 더 찾아진다. 그런데 1786년(정조 10) 관아에서 별단으로 거론된 불성사(11)·자운암(6)·화장사(11)·삼막사(4) 등의 사찰은 당시 중요 사찰이었다.[50] 숭유억불기인 조선시대에도 허목, 이익, 채제공, 김정희 등 유생들은 관악산에 오르거나 머물렀다. 그들이 남긴 시문 가운데 성호 이익(1681~1763)은 다음과 같은 시문을 남기고 있다.

> 이해 2월 아무 날에 삼각산에서 방향을 돌려 관악산에 들어갔다. 관동 두서너 명과 함께 동강을 넘어서 불성암에 이르러 노승과 이야기하였는데, 산승이 말하기를, '관악산은 영주대가 실로 가장 높은 봉우리인데 산의 승경이 이보다 뛰어난 곳이 없습니다. …' 상봉에 이르렀는데, 옛날 의상이 살았던 곳이다. 관악사와 원각사 두 절을 지나서 영주대 아래에 이르러 영주암 터에서 쉬고, 마침내 대에 올랐다.[51]

성호 이익은 1707년(숙종 33) 중춘에 삼각산을 유람하고 이어 관악산에 올랐으며,[52] 관악산에 불성암·관악사·원각사·영주암 터가 있었음을 기록

---

47) 李廷龜(1564~1635),「書洪君瑞齋宮萬景庵僧軸」,『月沙集』卷17, 倦應錄中, '纂老松楸北 新開萬景庵 經營憑老釋 形勝作名藍 門對滄洲月 窓棲冠岳嵐 何當一登眺 秋葉正紅酣.'
48) 李應禧(1579~1651),「謝玄上人來贈笠鞋 三首, 名祖玄時住冠岳山三逸寺」,『玉潭遺稿』.
49)『숙종실록』권28, 21년(1695) 6월30일(경신), '京畿道 果川縣의 萬壽菴 石佛이 땀을 흘렸다.'
50)『일성록』정조 10년(7861), 윤7월 12일(계미), '묘소도감이 浮莎軍과 補土軍의 별단으로 아뢰었다. 해당 도감이 아뢰기를, 별단은 다음과 같다. … 佛聖寺 승려 11명, 觀音寺 승려 6명, 紫雲菴 승려 6명, 華藏寺 승려 11명,-이상은 果川縣이다.-望海菴 승려 11명, 三幕寺 승려 42명,-이상은 衿川縣이다.'
51) 李瀷(1681~1763),「遊冠岳山記」,『星湖全集』卷53, 記. 義上과 義上峰은 義湘峰과 義湘의 오기라고 생각된다.
52) 李瀷(1681~1763),「遊三角山記」,『星湖全集』卷53, 記, '내가 정해년(1707, 숙종33) 仲春에 유람하려고 할 때 따라가기를 원하는 사람이 하나 있어 드디어 그와 함께 17일 경자일에 집에서 출발하여 18일 신축일에 東小門을 거쳐서'; 李瀷, 「遊冠岳山記」,『星湖全集』卷53, 記, '이해 2월 아무 날에 삼각산에서 방향을 돌려

하였다. 특히 유생들의 원찰 혹은 분암인 홍군서의 망경암, 신위의 자운암과 사자암, 자운암의 암자 서상암53) 등도 관악산 불교에서 주목되는 사찰이다.54) 이러한 유생들의 분암뿐만 아니라 사찰 독서의 모습을 다음과 같이 관악산에서도 찾아볼 수 있다. 즉, 유성룡은 19세 때인 1560년(명종 15) 겨울에 관악산의 무너진 암자에 들어가 깨끗이 소제한 후 두어 달 동안 독서를 하였던 사례가 대표적인 경우이다.55)

특히 관악산의 불교와 관련되어 주목되는 사실은 관악산의 인근 청계산 청계사에 불교계의 주요 고승들이 주석하였다는 것이다.56) 괴애 김수온의 「원통암 중창기」 기문에 의하면 청계사는 산내암자인 원통사(암)와 더불어 조선초 왕실의 주목을 받았으며,57) 연산군 이후 명종대 허응 보우가 선교양종을 복립할 때까지 선종의 본산이었다. 허응 보우가 청계사에 머무르면서 '관악산'이라는 시를 남긴 사실로 미루어 관악산 일대에서도 활동하였던 듯하며, 그에 의해 승과에서 배출된 청허 휴정58)은 관악산 불성사를 중창하

관악산에 들어갔다.'
53) 자운암의 승려는 서상암을 창건하였다. 申緯(1769~1847),『警修堂全藁』冊17, 北禪院續稿— 辛卯二月 至五月, '紫雲菴長老得天 新置茅菴於半道 名曰瑞相菴.'
54) 관악산 불교에도 조선시대 나타나고 있는 유생들의 원찰이나 墳庵이 운용되고 있었다. 예컨대 홍군서의 망경암이나 신위의 자운암과 사자암 등이 원찰이었다. 분암은 齋宮, 齋庵, 陵庵, 齋舍 등으로도 불렸는데 왕실에서는 조선중기 이후까지도 왕릉과 관련한 願堂과 願刹을 세우고 불교적 제의가 성행하였으며, 사대부나 관료들의 집안과 문중에서도 墳庵을 세우거나 불교식 상장례를 행하는 일이 일반적이었다. 이해준, 「광산김씨 墳庵 '永思菴' 자료의 성격-충남 논산지역 광산김씨 사례-」,『고문서연구』25, 한국고문서학회, 2004 ; 권효숙, 「朝鮮時代 墳庵研究 : 坡州지역 墳庵을 중심으로」, 한성대학교 석사학위논문, 2010. 조선시대 유불 구조를 이해하기 위한 방도의 하나로, 분암에 대한 천착도 이루어져야 할 것이다.
55) 柳成龍(1542~1607),「寄諸兒」,『西厓集』卷12, 書.
56) 즉, 원 간섭기 조인규 가문 출신의 천태종계 승려들이 활동하였을 뿐만 아니라 여말선초에 무학 자초와 그의 제자 철호 조선이 주지로 재임하였다. 때문에 청계사는 조선초 과천의 資福寺로서 지정되었으며, 圓通菴은 산내 암자였다.
57) 황인규,「이암시 청계사의 역사의 위상」,『보조사상』39, 2013.
58) 황인규,「나암보우의 불교계 활동과 문도」,『동국사학』40, 2004 ; 황인규,「나암보우와 조선불교계의 고승」,『보조사상』24, 2005 ; 황인규,『고려말·조선전기 불교계

였다고 한다.

관악산 연맥 갈궁산 남쪽에 자리하고 있는 갈궁사(화장사, 현 호국지장사)는 1577년(선조 10) 선조가 자신의 조모이자 중종의 비빈인 창빈의 묘 부근에 세운 창빈의 갈궁사였다고 한다.59) 관악산의 불교를 주도하였을 고승으로는 관악사의 의근·계은·청악 등과, 관악산사의 고승으로 축상인60)·성호61)·혜묵62)·조현63)·천인64) 등이 찾아진다. 그 가운데 천인은 허잠의 손자로 최유원의 외삼촌이며, 문도 삼혜 등이 있었다.65)

3. 관악사(지)의 역사 검토

1) 관악산사의 문헌 검토

관악산의 정상 부근에 위치하여 연주암과 더불어 관악산의 상징적인 사찰이었을 관악사에 대하여 살펴보기로 한다. 관악사에 대한 기록은 정사류인 실록에 명종대 승려 계은이 승정원에 호피66)를 바쳤다67)는 사실

와 고승연구』, 혜안, 2005.
59) 『범우고』果川, '華藏寺在縣北二十里 亦稱葛宮寺' 寺中記에 '寺內昌嬪墓所造泡菴 亦是宣祖大王願堂之寺云云.'이라고 되어 있으나 여타의 문헌에서 확인되지 않아 아쉽다. 『大東地志』 묘소, '昌嬪墓 上北面에 있다. 中宗朝 때 昌嬪 安氏의 묘인데, 德興大院君을 낳았다.' 南九萬, 「昌嬪墓誌銘」, 『藥泉集』 卷14, 應製錄.
60) 崔岦(1539~1612), 「還朝錄」, 『簡易集』 卷8. 冠岳山 妙德寺.
61) 沈守慶(1516~1599), 「遊冠岳山佛聖寺 次性湖上人軸中頤庵韻」, 『聽天堂詩集』 七言絶句.
62) 沈守慶(1516~1599), 「遊冠岳山佛聖寺 贈同丙長老惠默」, 『聽天堂詩集』 五言律詩.
63) 李應禧(1579~1651), 「謝玄上人來贈笠鞋 三首, 名祖玄時住冠岳山三逸寺」, 『玉潭遺稿』.
64) 李安訥(1571~1637), 「冠岳山天印上人 爲來索詩 書以贈之」, 『東岳集』 卷6, 端州錄 불성사 ; 李安訥, 「次卷上韻 送印上人還冠岳山」, 『東岳集』 卷6, 端州錄.
65) 『광해군일기』 권52, 4년(1612) 4월 5일(기사).
66) 虎皮는 고대로부터 사용된 우리나라의 특산품으로 국내외 예물로 사용되었다. 『해동역사』 권26, 物産志 1, 總論 ; 平木實, 「朝鮮時代初期における'虎'をめぐって」, 『朝鮮

외에는 찾아지지 않는다. 문집류에는 유생들이 관악산에 올랐다가 관악사에 관한 시문을 남기거나 관악사 고승과 교유한 사실이 10여 건 게재되어 있다.68) 불교 문집류에는 관악산에 관련된 것이거나 사찰에 관련된 내용이 실려 있으며,69) 지리지류인『신증동국여지승람』과『동국여지비고』에는 절 이름 정도만 기재되어 있다.70) 사찰 사지류 및 기문류에는 정조대 편찬된『범우고』에 관악사의 존재가 확인되며, 권상로가 편집한『한국사찰사료』에도 기존의 자료를 몇 건 간략히 언급했을 뿐이다.71) 1959년 승려 혜각이 간행하여 연주암에 소장되어 전하고 있는『관악연주암지』는 1950년대 후반 당시 연주암에 관련된 당시 자료를 모아서 기록한 것으로 학계에 알려지지 않은 자료이다. 여기에 의상이 연주대를 창건하였다는 사실과 관악사의 3차 중창 당시에 효령대군이 주도하여 40간의 규모로 가람을 만들어 현재의 위치로 옮겼다'는 사실을 기록으로 남기고 있다. 그리고「서울 및 근교 사찰지=봉은본말사지」에는 관악사편은 설정되어 있지 않고 연주암편에 단편적인 기록이 찾아지고 있다. 그 밖에 고고학적 연구서로, 과천시와 단국대학교 매장문화재연구소 등이 관악사지에 대한 발굴조사보고서가 있으며,72) 양주 소놀이굿 중에서 마부가 하는 절 타령(양주군 민용 9)

學報』186, 朝鮮學會, 2003.
67)『명종실록』권10, 5년(1550) 10월 17일(정축), '冠嶽寺僧戒聞 詣闕獻虎皮 命賞之.'
68) 卞季良(1369~1430),「登冠岳寺」,『春亭詩集』卷1 ; 成侃(1427~1456),「遊冠岳寺北巖記」,『眞逸遺稿』卷4, 文 ;『동문선』卷82, 記 ; 成俔(1439~1504),「送義根禪宗還山」,『虛白堂補集』卷5, 詩 ;『속동문선』卷5, 七言古詩 ; 成俔,(1439~1504)「眞逸遺稿序」,『眞逸遺稿』; 趙絅(1586~1669),「冠岳寺古銅鑪跋」,『龍洲先生遺稿』卷之十二 跋 ; 李瀷(1681~1763),「遊冠岳山記」,『성호전집』卷53, 記 ; 金允植(1835~1922),『續陰晴史』卷10, 光武5年 2月 19日 ; 李敦榮,「淸權輯遺」, 淸權祠, 1929 ; http://www.hyor.or.kr ; 김일우,「관악산 유산록」, 1929,『석문의범』; 임기중,『한국역대가사문학집성』, 2005 ; http://www.krpia.co.kr
69) 기화,「행장」,『함허당어록』,『한국불교전서』7 ; 허응 보우,「冠嶽寺」,『虛應堂集』下, 詩 ; 취여,「관악산」,『괄허집』.
70)『신증동국여지승람』(1530) 과천현 분우·관악사, 관음사 ;『동국여지지』(1650) 과천현 사찰 : 관악사, 관음사, 佛聖寺.
71)『범우고』금천 불우 ;『조선사찰사료』상 ; 취여,『괄허집』관악사.

가운데 관악사가 언급되어 있다.73)

 이상에서 살펴본 바와 같이 관악사와 관련된 자료는 영성하기 그지 없으며, 관악사의 창건을 비롯한 주요 연혁은 알려진 바 없다. 현재 관악사와 관련된 가장 오래된 기록은 1616년(광해군 8)에 문인 용주 조경(1586~1669)이 지은 「관악사 옛 구리 향로에 대한 발문」이라는 기문의 다음과 같은 기사이다. 즉, '하루는 나를 끌고 불전으로 들어가서 절 안의 옛 기물을 보였는데 그 기능은 부처 앞의 향로였다. … 드디어 나에게 그 밑에 새긴 연도를 보였는데 승국 지정이었다.'74) 그 향로는 본래 관악사에 있었는데 임진왜란시 도적에게 넘어가 불성사의 소유가 되었던 것이다. 향로의 제작 연도는 원의 지정(1341~1367) 연간이었으므로, 그 당시 이미 관악사가 존재해 있었음을 알 수 있다. 그 후 조선초 문인 변계량과, 성간과 성현 형제, 실록에 의해 관악사의 존재가 확인되며, 특히 명종대 고승 계은은 승정원에 호피를 바쳤다고 특기되어 있다. 그 후 성호 이익이 1707년(숙종 33) 2월 무렵에 관악산 기행문과 정조대 편찬된 『범우고』에 관악사가 실려 있다. 조선중기 이후의 지리지류인 『신증동국여지승람』(1530) 과천현 불우조와 『동국여지지』(1650) 과천현 사찰조에도 관악사가 실려 있으나 『과천읍지』(1699)와 『여지도서』(1760년대), 『경기지 과천읍지』(1842~3) 불우조에는 게재되지 않았다.

 하지만 중도우파 개화파인 운양 김윤식의 제주도 유배 일기인 『속음청사』에도 '과천 관악사 승 청악'이 제주도에서 활동하였다는 기록을 남기고 있다.75) 1932년 김일우가 지은 가사인 「관악산 유산록」에도 '연주대 나한법

---

72) 단국대학교 문과대학 사학과·과천시, 『과천현 관아지 및 관악산일원 문화유적지 지표조사보고서』, 1994.
73) 절타령(양주군 민용 9) http://yoksa.aks.ac.kr, 절타령 '동소문 밖으로 영도사절 무네미 뒤로 화계사, 도봉 망월에 천축사요 백운대 넘어 통도사절, 경성 시내로 각황사요 수락산으론 성암사절, 과천에 관악사절이요 합천하구도 해인사절, 강원도 금강산 유점사절, 고령으로는 보광사절, 양주구읍에 백화암 절인데 어떤 절을 찾으시오.'
74) 趙絅(1586~1669), 「冠岳寺 古銅鑪跋」, 『龍洲遺稿』 卷12, 跋.

당 반중천에 아득하고 관악사 옛 절 터에 지금 형적 완연하다'라는 내용과, 1936년 신문기사에도 관악사의 존재를 확인할 수 있다.[76]

따라서 관악사가 1700년대 이후 폐사된 듯하지만, 개화기 이후 일제강점기에 존재하고 있었음을 알 수 있다. 따라서 앞서 잠시 언급한 고고학적 연구에 의하면 '관악사는 15세기경에 창건되어 18세기까지 법등이 이어졌던 것으로 추정된다.'[77]고 하였으며, 이는 15세기경으로 편년되는 분청사기 조각과 18세기로 편년되는 백자까지 확인되었기 때문이다. 그리고 늦어도 15세기 후반까지 현재 사지의 형태가 이미 갖추어졌던 것으로 보인다는 것이다.[78] 하지만 현존하는 3층석탑은 고려후기에 속하는 양식을 지니고 있으며, 문헌에는 20세기에도 관악사의 존재가 확인되므로 재검토가 필요한 실정이다. 이와 관련하여 연주암과 관악사의 존재를 살펴보기로 한다.

---

75) 金允植, 『續陰晴史』; 『한국사료총서』 권11, 국사편찬위원회, 1960 ; http://db.history.go.kr ; 김윤식, 이익수 역, 『속음청사』, 제주문화원, 1996 ; http://jejucc.cafe24.com

76) 「每日申報」 1936. 09. 01. 7면 '중과 무당에게 속는 사람들', '부내 新設町 七三 高萬源 방 李榮壽 (二八)라는 젊은 승려는 지난 十一일 오후 二시 新堂町 三八五의 一三 鄭貴英의 처 洪順伊(三二)를 차저 보고 나는 果川 冠嶽寺에서 왓노라고 자칭하고 그의 남편과 아들의 장래를 위하야 기도한다는 바람에 시가 二十원이 넘는 금반지를 쌔앗것다.'

77) 과천시편찬위원회, 『과천시지』 권2, 1편 2장 2절, 72쪽.

78) 冠岳寺址는 관악산 정상부의 봉우리에서 과천 방향으로 뻗어 형성된 주계곡부 최상단에 조성된 사지이다. 이곳에서 북서쪽으로 기상대와 연주대가 있으며, 남서쪽 봉우리에 한국방송공사 관악산 송신소가 있다. 관악사지는 1994년 단국대학교 사학과에서 실시한 지표 조사를 통해서 처음 학술적 차원의 기본 구조가 파악되었다. 또한 1999년 7월 6일부터 11월 10일까지 단국대학교 매장문화재연구소에 의해 정비를 위한 발굴조사가 진행되었다. 2000년에 세종대학교 박물관에 의해 광역 지표 조사가 실시되면서 여러 개의 사지가 추가로 확인되었으며, 그중 관악사지와 관악산 유뱍 일명사지가 발굴 조사를 거쳐 정비되었다. 그 후 2004년부터 석축과 배수로를 중심으로 현재 모습으로 정비되었다. 2003년 4월 21일에 경기도기념물 제190호로 지정되었다. 앞의 발굴보고서.

2) 연주암과 관악사(지)

연주암은 경기도 관악산 연주봉 남쪽에 자리하여 기암절벽 정상(해발 629m)에 위치한 연주대와 함께 관악산의 명소로 손꼽힌다. 이러한 사실은 현존하는 유물이라든가 의상 관련 문헌 등에서도 입증할 만한 어떠한 자료도 찾아지지 않으며, 관련 기록은 근대 이후 현대에 작성된 사지류이다. 연주암에 대한 역사를 잘 담고 있는 『관악 연주암지』는 1959년 연주암의 고승 혜각이 연주암과 관련된 당시 자료를 모아서 기록한 것이다. 이 책에 의하면 '관악사의 3차 중창 당시에 효령대군이 주도하여 40간의 규모로 가람을 만들어 현재의 위치로 옮겼다.'고 한다. 또한 「서울 및 근교 사찰지=봉은본말사지」[79])에는 「관악산 연주대 나한법당 중수여하법당 신건 병기지」,[80]) 「연주암 중건기」,[81]) 「연주대 상량문」,[82]) 「연주 상량문」,[83]) 「관악사 불성사약지」(1937.10.2.)를 전재하고 있다.[84]) 연주암에서 소장하고 있는 기록으로 불화의 화기는 전 근대의 연주암 역사를 아는데 거의 도움이 되지 않고 있으나,[85]) 다음의 불교문집 및 사지류,[86]) 유교문집[87]) 및 지리지류[88])에

---

79) 安震湖 編纂, 李哲敎 增補, 「서울 및 近郊 寺刹誌=奉恩本末寺誌」 제4편 : 冠嶽山의 사찰, 『多寶』 13호, 대한불교진흥원, 1995.3, 後 1~46쪽 ; 경기도, 『기내사원지』, 1988 ; 경기도. 『경기도 불적자료집』, 1999 ; 과천시, 『과천시지』.
80) 1886년 작, 『조선사찰사료』 상.
81) 1934년 작, 栗峰 門人 靜山 安淸音(통고 일우 사기에 의함).
82) 송만공 作, 1936. 5.
83) 위와 같음.
84) 연주암이 소장하고 있는 기록으로 불화의 화기는 掛佛圖(1929년 작)를 비롯하여 10여 건에 이르고 있다. 문화재청, 불교문화재연구소의 『한국사찰문화재』 1, 2012 ; http://www.buddhaculture.co.kr.
85) 현재 연주암에 소장되어 있는 석물은 佛坐像(本尊) 등 20여 건에 이르고 있다. 위와 같음.
86) 불교문집 및 사지류를 소개하면 다음과 같다. 함허 기화, 「행장」, 『함허당어록』, 『한국불교전서』 7 ; 허응 보우, 「冠嶽寺」, 『虛應堂集』 下, 詩, 『한국불교전서』 8 ; 괄허 취여, 「관악산」, 『괄허집』, 『한국불교전서』 10 ; 『범우고』 금천 ; 『가람고』 금천 ; 김일우, 「관악산유산록」, 1929, 『석문의범』 ; 釋慧覺, 『冠岳戀主庵誌』, 1959 ; 安震湖

관련 사실이 나타나고 있을 뿐이다. 연주암과 관련된 기록 가운데 주목할 만한 사실은 다음과 같다. 즉, 조선후기 문인들은 연주대는 연주(連珠)·염주·영주(影炷)·영주(靈珠)·영조라고 불렀는데, 조선후기 문인 서유구(1764~1845)의 「부용강집승시서」에는 '부용강 원근의 빼어난 곳 여덟을 선정하면서 그 가운데 첫 번째를 천주 타운'이라고 하였으며, 관악의 최고봉인 연주대를 천주봉이라 하였다.[89] 실학자 성호 이익(1681~1763)이 지은 관악산 기행문에는 의상봉과 영주대와 관악사·원각사·영주암 터가 찾아지고 있으며, 정조대 명재상이었던 번암 채제공(1720~1799)은 연주대가 양녕대군과 관련되었다는 사실을 기록으로 남기고 있다.

연주암은 신라 의상이 창건하였다고 하나, 고려시대 이후의 역사가 널리 알려져 있다.[90] 이와는 달리 연주암은 고려말의 충신이었던 강득룡·서견·남

編纂, 李哲敎 增補,「서울 및 近郊 寺刹誌=奉恩本末寺誌」제4편: 冠嶽山의 사찰,『多寶』13호, 대한불교진흥원, 1995.

87) 成俔(1439~1504),「登冠岳山到靈珠菴」,『虛白堂詩集』卷1, 詩 ; 柳成龍(1542~1607),「寄諸兒」,『西厓集』卷12, 書 ; 李應禧(1579~1651),「上冠岳山靈珠墓」,『玉潭遺稿』; 許穆(1595~1682),「與權左相時會」,『記言』別集 卷6, 書牘 2 ; 許穆,「戊午記行」,『記言』別集 卷15, 記行 ; 李瀷(1681~1763),「遊冠岳山記」,『星湖全集』卷53, 記 ; 蔡濟恭(1720~1799),「遊冠岳山記」,『樊巖集』卷35, 記 ; 括虛取如(1720~1789),「冠岳山靈珠臺」,『括虛集』; 徐有榘(1764~1845),「芙蓉江集勝詩序」,『楓石鼓篋集』卷1, 洌上徐有榘準平 序 ; 朴允默(1771~1849),「戀主臺」,『存齋集』卷5, 詩 ; 金炳球(1782~?),「冠岳山遊記」,『醉竹遺稿』卷4 ; 成近默(1784~1852),「登冠岳念主臺(二首 本名) 戀主臺(以有孝寧大君舊蹟云)」,『果齋集』卷一, 詩 ; 朴文鎬(1846~1918),「遊冠岳山記」,『壺山集』; 池圭植,「荷齋日記」7, 신축년(1901) 12월 12일 ; 효령대군,『淸權輯遺』.

88) 『신증동국여지승람』(1530) 과천현 불우 ; 『동국여지지』(1650) 과천현 사찰 ; 과천시 편찬위원회, 『과천시지』 1~7, 과천시 과천문화원, 2007.

89) 徐有榘(1764~1845),「芙蓉江集勝 詩序」,『楓石鼓篋集』卷1, 洌上徐有榘準平 序, '集芙蓉江遠近之勝 指計有八 其一天柱朶雲 其二黔丹紋霞 其三栗嶼魚罾 其四蔓川蟹燈 其五烏灘疊槔 其六鷺梁遙艇 其七榭園錦穀 其八麥坪玉屑 直江東南數十百武 剝峁詭秀而山者曰冠岳 最高而峯者曰天柱 晨起凭眺 一朶白雲 濛濛起峯頂 已而芬郁簇擁 繞帀薈蔚 自山腰以上隱而不見 已而英英飛盡則獨見峯巒砑砑倚天屹立 故曰天柱朶雲 自冠岳西馳㠝㠝.'

90) 현재의 연주암과 연주대는 19세기 후반 이후 몇 차례의 중창 불사로 이루어진 것이다. 『전통사찰총서 5-인천 경기도의 전통사찰』 2, 사찰문화연구원, 1995.

을진 등이 고려가 멸망하자 관악산 의상대에 숨어 살았으며, 여기서 멀리 개성을 바라보며 고려왕조를 그리워했으므로, 연주대라 부르게 되었다는 것이다.[91] 따라서 연주암이란 명칭은 조선초기에 붙여진 것이며, 중창 불사를 가리키는 것으로 생각된다.[92]

그런데 연주암과 연주대의 역사에서 주목되는 점은 관악사와 결부되어 나타난다는 점이다. 즉, 「연주암 중건기」 등의 기록에 의하면, 의상이 관악산에 의상대를 세우고 수행하였으며, 그 아래에 관악사를 창건하였다는 것이다. 그 후 1411년(태종 11) 양녕대군과 효령대군이 충녕대군에게 세자위를 전위한 후 관악산에 올라 전위에 따른 심정을 달랬다고 하는데, 효령대군은 이곳에서 2년간 수양을 하며 관악사를 고지로부터 현 위치로 이축하면서 40칸의 가람을 건설하였다고 전하고 있다. 그 후 사람들이 두 대군의 심정을 기리는 뜻에서 의상대를 연주대로, 관악사를 연주암으로 각각 부르게 되었다는 것이다. 즉, 연주암은 관악사의 3차 중창 때 효령대군이 현재의 위치로 옮겨 40칸의 가람을 건설한 것이 지금에 이르렀다고 한다.

하지만 고려시대에 조성한 것으로 추정되는 연주암의 마애약사여래입상이 존재하고 있어 사명의 기원이 일치하지 않으며, 『신증동국여지승람』이 편찬될 당시까지도 관악사라는 사찰명이 존속되고 있다. 따라서 연주암과

---

91) 安寅植, 「安靖康公 墓碣銘 并序」; 『과천시지』 6(자료집), 제2편 금석문과 고전문학, 72~75쪽, '고려말의 충신 康得龍의 묘비인 「安靖公墓碑」에도 '관악산에 기거하면서 매일 義湘臺에 등임하여 松京을 요망하고 통곡하며 故主를 연모하다가 그 몸을 마치니 연주암 연주대의 명칭이 공으로부터 시작되었다.' 洪直弼(1776~1852)의 『매산집』에는 '名其臺曰戀主 後人取禪家語 改三幕以三藐 改戀主以影炷.'라고 하면서 연주대의 유래를 고려말 충신 3현과 관련되었음을 기록하면서 戀主가 影炷로 바뀌었다고 한다.
92) 조선 태조가 서울을 도읍으로 정하면서 환난에 대비하기 위한 호국 도량으로 삼았다고도 한다. 즉, 「冠岳山 戀主臺 羅漢法堂 重修 與下法堂 新建竝記誌」에는 조선 태조가 친히 이곳에 축대를 쌓고, 500척의 祈福을 올린 후 圓覺寺와 戀主菴을 새로 짓고 친필로 연주대라고 이름하였으며, 세조 역시 선조의 행적을 따라 이곳에서 200일간 기도했다고 한 점으로 미루어 조선초기에 연주암이 완성되었고, 그 이름을 연주대라 한 것으로 보인다.

관악사는 별개의 사찰이었다고 보아야 할 것이다.

3) 관악사(지)의 불교사적 의의

관악사의 창건 시기는 알 수 없지만 조선후기 문인 조경(1586~1669)의 문집에 의하면 불성사에 보관되어 있었던 관악사의 향로가 '지정' 연간에 제작되었다는 기록이 찾아지므로 원 간섭기 후반에 존재했던 사실을 알 수 있다. 조선초 문인 변계량과, 성간과 성현 형제의 기문에도 관악사의 존재가 확인되며, 사세가 유지되고 있었음을 알 수 있다. 특히 관악사 고승 의근이 당대 문인과 교류하였으며, 『명종실록』에는 관악사의 고승 '계은이 승정원에 들어가 호피를 바쳤다'는 기록이 실려 있다. 그 후 개항기 문인 운양 김윤식의 유배 일기인 『속음청사』에는 '과천 관악사 승 청악'이 김윤식과 교유하였던 기록이 찾아진다. 이러한 사실로 미루어 관악사는 고려후기 이래 근대까지 사세를 유지하였던 듯하다.[93]

관악사의 역사 가운데 주목되는 기록은 후술하는 바와 같이 명종대 고승 허응 보우의 문도 계은이 승정원에 출입하여 호피를 바쳤다는 사실이다. 허응 보우의 선종 복립과 관련이 있는 사실로 매우 주목된다.

관악사는 늦어도 고려후기에 창건되어 근대까지 존재하였던 관악산의 대표적인 사찰이었다. 관악산의 정상에 있는 연주봉은 한강 주산인 경복궁의 조산이자 외사산으로서 한강 남쪽에 위치하여 조정과 문인의 관심을 받아왔다. 고려말 '불사 2군(不事二君)'의 충신의 절개가 있어서 주목을 받아 온 터였다. 예컨대 태조의 처남인 강득룡이 머물렀던 곳으로 태조가 친히 연주대 석축을 쌓았다고 하며, 태조의 손자이자 태종의 아들인 두 왕자 양녕대군과 효령대군의 자취가 서려 있는 곳이었다. 특히 조선시대 최고

---

93) 발굴조사보고서에 의하면, 민악사기 15세기 이후 18세기까지 존재하였으며, 관악사에는 적어도 6동 이상의 건물터가 확인되며 18세기에 폐사된 것으로 보고 있다. 이는 문헌 기록을 검토하지 않은 오류이다.

호불 대군인 효령대군이 연주암에서 불사를 하거나 관악사를 이전 중창하였다고 전하고 있는 사실도 그러한 맥락에서 이해된다.

16세기 초 관악사에는 고승 의근이 활동하였으며, 중엽인 명종대 관악사 고승 계은이 왕실 불교와 소통하면서 관악산 불교를 전개하고자 하였던 듯하다. 인근 청계산 청계사는 세종의 정비 소현왕후와 8자 영응대군의 원찰로 원통암이 중창된 바 있으며, 연산군 이후 명종대 무렵까지 선종의 본산 역할을 했으며, 관악사의 고승 계은은 승정원을 출입하였으며, 허응 보우가 선종 복립을 준비하였던 듯하다. 1575년(선조 8)에 간행된 『금강반야바라밀경』[94) 복각 간기에 의하면, 계은은 불서를 교정하였는데 조계종 대선사 회암사 주지였으며, 지헌과 희준 등의 승려와 행사도 도근연 조계종 대선사 보은 광제원 주지로 참여하였다.[95) 계은은 회암사 주지에 재임하기 전에 관악사에 머물면서 스승 허응 보우의 선종 복립에 참여하였던 것이다. 이렇듯 관악사는 조선 무종단 산중불교의 전개시기에 선종을 부흥시키는데 중요한 기여를 하였던 것이다.

4. 나가는 말

이상으로 한성(한양)의 외사산이며, 경기 5악 가운데 하나인 관악산의 불교에 대하여 조명하고 산 정상의 연주암과 더불어 관악산의 불교를 대표하였던 관악사(지)에 대하여 살펴보았다. 관련된 자료를 가능한 수집

---

94) 『금강반야바라밀경』은 본래 세조가 구결하고 한계희가 번역한 것을 효령대군 보와 海超 등이 교정한 것이다. 1464년(세조 9)에 간경도감에서 간행되었고 후에 1575(선조 8)에 다시 간행되었다. 「31 금강바라밀경」, 동국대 불교문화연구소, 『이조전기 국역 불서전관목록』, 1964, 62쪽.

95) 황인규, 「나암보우와 조선 불교계의 고승」,『보조사상』24, 2005 ; 황인규, 『고려말·조선전기 불교계와 고승연구』, 혜안, 2005 ; 황인규, 「나암보우의 불교계 활동과 문도」,『동국사학』40, 2004 ;『조선시대 고승과 비구니』, 혜안, 2011).

종합하고 검토하여 관악산의 불교를 복원 시도하였다.

관악산의 불교는 수용 이후 삼국통일기에 이르러 불교의 흔적이 나타나기 시작한다. 삼국통일기 불교의 대중화에 앞장선 원효와 의상이 의상봉과 삼성산 일대를 중심으로 관악산 불교를 전개해 나갔다. 원효는 망해암을 창건하였다고 전하며, 의상은 관악산 의상봉과 의상대를 중심으로 활동하며, 연주암과 불성사를 창건하였다고 한다. 신라 하대 9산문 가운데 체징이 입당후 840년(문성왕 1) 귀국하여 관악산 일대에 선종을 전하였던 듯하나 확실하지 않다. 신라말 도선은 잡초만 무성하던 빈터에 사찰을 중건하고 관음사라고 하였다가, 후에 그의 문도들이 삼막사라고 바꾸어 불렀다고 한다.

고려초 태조 왕건이 인근 안양사에 7층탑을 세우면서 염불암을 창건한 듯하며, 원 간섭기 각진국사 복구가 성주암을 중창하였다고 전하고 있으나 고증할 문헌은 찾아지지 않는다. 관악산 불교에서 주목할 만한 사실은 여말선초 나옹과 그의 문도들이 주석하면서 불교를 전개하였다는 것이다. 나옹과 문도들이 삼막사에 주석하며 그의 문도들, 특히 무학 자초가 국도 한양의 비보사찰로 지정하였다. 이색의 문집에 의하면, 나옹의 문도 징천 철수좌와 무급 각신의 도반이 각기 관악산 선각암과 신방사에 머물렀다. 무급은 도반 수봉과 더불어 나옹의 순교후 1381년 무렵 나옹의 추념 사업을 적극 주도하였다. 고려말 유가종 고승 종림과 그의 제자 혜겸이 최영 장군의 후원으로 안양사 탑을 중수하였던 사실도 관악산 불교에서 간과할 수 없는 사실이다.

조선초 관악산 및 그 산내 삼성산의 불교에서 특히 주목되는 사실은 무학 자초의 불사이다. 무학은 1394년(태조 3) 한양을 국도로 정할 때 지세가 드센 관악산에 호압사와 사자암을 창건하였으며, 그 가운데 삼막사는 한양을 수호하는 4대 사찰 가운데 하나로 알려져 있다. 무학 자초의 상수제자인 함허 기화는 1396년(태조 5) 불성사로 추정되는 의상암에 머물면서 관악사에도 머물렀던 듯하며, 신종께 백회시에는 각상인이 머물면서 활동하였다.

세종대 관악산 일대에 주목할 만한 사실은 유생들의 반대에도 불구하고 안양사 터에 큰 절을 중창하여 경기도 관리의 회합 장소가 되었으며, 관악산의 망일사와 그 연맥인 삼성산의 삼막사·염불사·망해사 등이 있었다. 또 관악산의 지맥인 삼성산 망월암에 혜각존자 신미가 왕명을 받들어 망일사를 창건하고 사액을 받았다고 한다.

조선중기 선조의 조모 창빈 안씨의 재궁인 갈궁사(화장사)가 창건되었으며, 청허 휴정이 불성사와 성주암 등을 중창하였다. 조선 중후기 지리지류에 의하면, 관악산에 관악사·관음사·불성사·원각사·만수암·자운사·망해암·연대암·안양사·삼막사·망일사·성주사(암)·사자암·호암사·망월사·염불암 등의 사찰들이 있었음을 알 수 있다. 문집에 의하면, 묘덕사·사막사·상불사·만경암·삼일사·영주암(연주암) 등의 사찰이, 실록에 만수암 등의 사찰이 더 찾아지고 있다.

관악산의 고승으로는 허응 보우·의근·계은·청악·축상인·성호·혜묵·조현·천인 등이 찾아지고 있다. 그 가운데 허응 보우는 조선중기 선종의 본산 역할을 한 청계사에 머물면서 문도 계은이 승정원과 소통하면서 명종대 선교 양종을 복립하게 하였다. 계은이 머물렀던 관악사는 원 간섭기 이후 조선후기까지 존재하였던 사찰이었다. 그 위에 있었던 연주암은 신라 의상이 창건하고 조선초 효령대군에 의하여 중창되는 등 왕실의 주목을 받았던 대표적인 관악산 사찰이었다.

1786년(정조 10) 관아에서 별단으로 거론된 사찰인 불성사와 자운암, 화장사, 삼막사 등은 당시의 중요 사찰이었다. 이러한 관악산 사찰에 조선의 대표적인 문인인 허목, 이익, 채제공, 김정희 등이 찾아 머물기도 하였다. 특히 유림들의 원찰인 홍군서의 망경암, 신위의 자운암과 사자암, 자운암의 암자 서상암 등이 있었는데, 망경암과 자운암 등은 조선시대 유불의 융합의 상징이라 할 수 있는 분암이었다.

III. 과천 청계사의 역사와 전개

1. 들어가는 말

청계사는 의왕시 청계산의 명찰이다. 조선초 이후 문인 묵객들의 명소로 널리 알려져 있으며,[1] 현재도 근기 지방의 명찰 명소이다.[2] 청계사는 신라시대에 창건되었다고 알려져 있으나 이에 대한 사실을 뒷받침해 줄 만한 확실한 기록이 없다. 고려시대에도 청계사의 역사에 관하여 알려주는 바 없다. 고려 원 간섭기에 이르러 역관 출신의 재상 조인규 가문이 원당화하면서 사세가 부각되기 시작하며,[3] 그 후 조선후기까지 청계사는 조인규의 후손들에 의해 후원이 이루어져 원당은 500여 년 지속되었다. 그러한 가운데 조선초 광주 과천현을 지키는 자복사로 지정되는 등 사세가 자못 컸으며, 특히 조선전기 선종뿐만 아니라 불교계의 본산이 되었으며, 왕실의 주목을 받았다.[4] 임진왜란의 피해를 입었으나 곧 복구되어 광해군의 원당이 되었으

---

1) 『신증동국여지승람』 권8, 京畿 果川縣 佛宇 淸溪寺 ; 『重訂南漢志』 佛宇, '淸溪寺在淸溪山高麗李穀作趙仁規祠堂記稱此 寺有景致多古蹟三經云.'

2) 청계사의 역사에 대해서는 『한국민족문화대백과대사전』(1992)에 서술된 청계사와 사찰문화연구원에서 편찬한 『전통사찰총서』 3(경기도의 전통사찰 1), 2008. 그리고 의왕시·의왕문화원에서 편찬한 『의왕시』 2(2007)에서 「제3절 2. 조인규 가문과 청계사」(양정석 집필)와 「제5절 일제시대 의왕의 종교 2, 불교」(한동민 집필)에서 비교적 잘 서술된 바 있다.

3) 趙仁規 가문과 불교세력과의 관계에 대해서는 다음과 같은 논고가 참고된다. 민현구, 「조인규와 그의 가문」 상·중, 『진단학보』 42·43, 1976·1977 ; 황인규, 「趙仁規家門과 水原 萬義寺」, 『수원문화사연구』 2, 1998 ; 황인규, 『고려후기·조선초 불교사연구』, 혜안, 2003.

4) 청계사뿐만 아니라 신내 임지인 원통사도 왕실의 원당으로 왕실의 주목을 받아 후원을 크게 받았다. 이러한 사실은 최근 의왕문화원 세미나 개최에서 밝혀진 중요 성과이기도 하다. 의왕문화원 향토문화연구소 학술대회 '원통사지 학술대회'

며, 조선후기 정조에 의해 왕실의 원당이 되었다. 본고는 이러한 고려원 간섭기 이후 조선후기에 이르는 청계사의 역사와 위상을 살펴보고자 한다.

2. 고려후기 조인규 가문의 원당

청계사는 경기도 의왕시 청계동 청계산의 남쪽 태봉 기슭 산 11번지5)에 자리하고 있는 대한불교 조계종 제2교구 본사 용주사의 말사이다. 근대에 이르러 편찬된 『봉은본말지』에 의하면, 청계사는 신라 때 창건되었다고 하나,6) 타 문헌기록에서는 찾아지지 않는다. 사찰 경내에 전해지고 있다는 석등과 부도 편으로 미루어 짐작할 뿐이다. 청계사의 대략적인 역사는 정사인 『고려사』에는 한 건도 전하는 바 없으며, 『조선왕조실록』이나 『승정원일기』 등에 10여 건의 단편적인 기록이 남아 있다. 그리고 『가정집』 등과 같은 문집류에 몇 건 전하며, 『가람고』· 『범우고』· 『신증동국여지승람』· 『여지도서』 등 불서 및 지리지에 몇 건의 기록이 있을 뿐이다.

청계사의 역사를 아는데 가장 중요한 문헌기록은 1689년 건립된 「청계사사적비」와 1881년 작성된 「경기좌도 광주군 청룡산 청계사중건기」이다. 그 외에 「청계사 중건법당대공덕기」·「청계사 대법당삼존개금중수기」·「삼귀

2012. 12. 6(목) 14 : 00 의왕문화원 2층 문화관람실. 불교의 역사문화 뿐만 아니라 지방문화의 발전을 위한 매우 고무적인 일이라 아니 할 수 없다. 본고는 최근 의왕문화원에서 발표한 원고를 정제한 것이다.
5) 이와 관련하여 청계사가 일제 강점기에 군내 일왕면에서 언주군 청담리 산 9-1로 이전하려고 하였다가 무슨 사정이지 모르지만 옮기지 않았다. 총독부 관보에 의하면 1945년 1월 26일, 제5390호(142권, 293면) 사찰 이전 허가, '경기도 수원군 일왕면 소재 청계사(淸溪寺)를 동도(同道) 광주군 언주면 청담리 산 9-1로 이전하는 건을 신청함으로 1945년 1월 22일에 허가함.'
6) 東溟, 「京畿左道 廣州郡 靑龍山 淸溪寺 重建記」, 『서울 및 근교 사찰지』 제8편 근기의 사찰, 『다보』 불교진흥원, 불기 2539년 가을, '歲辛巳春正月 余自湖南 來住此寺 寺主隱谷謂余曰 本寺刱在新羅.'

서사기」·「용동궁 완문」 등이 전하고 있으며,7) 조선중기 문인 허엽 (1517~1580)이 지은「청계사 영당중수기」가 있었다고 하나 소실되었다.8) 이러한 내용은『봉은본말지』에 1879년까지의 간략한 연혁으로 정리되어 있다. 이러한 제 문헌의 기록을 종합하여 청계사의 주요 연혁을 열거하면 다음과 같다.

청계사의 주요연혁

신라 때 창건되다(『봉은본말지』, 관련 석등과 부도 등이 전해지고 있다고 한다.)

1284년(충렬왕 10) 조인규가 재산을 들여 크게 중창하고 원찰로 삼다.

1383년(우왕 9) 이전, 무학과 제자 철호 조선이 주지를 하다.

1407년(태종 7) 국가에서 자복사로 지정되면서 천태종 소속 사찰로 소속되다.

1425년(세종 7)~1428년(세종 10) 산내 암자 원통암이 중창되다.

1431년(세종 13) 조인규의 영당이 중건되다.

1445년(세종 27) 삼한국대부인 안씨·광평대군·평원대군을 위하여 독경을 하다.

1448년(세종 30) 조인규의 6대손 조현 등이 영당을 중건하고『대장경』을 인출하여 봉안하다.

14449년(세종 31)경 진관사 주지 각돈이 주지로 재임하다.

1450년(문종 즉위) 신미의 제자 설정과 도명이 거주하며 왕실의 보호를 받다.

1453년(단종 1) 경정공주와 효령대군 등이 주지 각돈과 함께『화엄경』1,470 판으로 인출하여 잡화전을 짓고 봉안하다.

---

7) 청계사의 산내 암자인 원통암의 중수기문도 이에 포함될 수 있다. 金守溫,「圓通菴 重創記」,『拭疣集』卷2, 記類.

8) 趙㻏,「淸溪寺 事蹟碑」,『경기금석대관』5, 경기도, 1992. '공의 8대 외손 草堂 許曄이 淸溪寺 影堂 重修記를 짓고, 礪城君 宋寅이 이를 썼으니, 萬曆 임진년(1592년) 에 이르러 여러 영당이 전부 병화로 인하여 소실되었다(公之外雲孫 許草堂曄作淸溪 寺影堂重修記 礪城君宋寅書其記 至萬曆壬辰諸影堂 悉爲兵燹所失).'

1462년(세조 8) 영응대군이 원통암을 중창하다.

1504년(연산군 10) 선교 양종의 본산 사찰이 되다.

1592년(선조 25) 왜란으로 전각이 병화를 입었으며,「청계사 영당중수기」가 소실되다.

광해군 때 세자가 절을 차지하고 전장노비는 관가에 편입되다.

1622년(광해군 14) 세자를 위한 재를 개설하여 고승 고한 희언과 벽암 박성이 증명사로 참여하다.

주지 묘암과 희운 등이『법화경』을 개판하다.

1623년(인조 1)『사집』및『팔양경』·『지반문』·『무수문』·『수륙문』·『초발심자경문』등 경전을 개판하다.

1689년(숙종 15) 화재가 발생하여 사찰 전체가 소실되자 조지겸이「청계사 신창 권선문」을 지어 모연을 하여 승려 성희가 중건하다. 조신과 조운이「청계사사적비」를 세우다.

1701년(숙종 27) 화주 사당 신찬 등이 700근의 동종 조성하다.

1761년(영조 37) 정조가 잠저시 원당을 설치하고, 밤나무 3,000주를 심어 관리하게 하다.

1776년(영조 52) 영조가 승하하자 100재를 베풀다.

1789년(정조 13) 사내에 현융원의 제각을 세우고 매년 두 차례 제사를 드리다.

1798년(정조 22) 조심태가 시주하여 주지 행겸, 승려 풍책과 태성 등이 중창하다.

1844년(헌종 10) 후불탱과 신중탱을 봉안하다.

1853년(철종 4) 화주 의종이 지장탱을 조성하다.

1857년(철종 8) 주지 한성 하영과 승려 설암 성각이 권화하여 존불을 개금하다. 경허 성우가 입산 출가하다.

1862년(철종 13) 괘불을 봉안하다.

1876년(고종 13) 화재로 수십 칸에 이르는 건물이 소실되다.

1879년(고종 16) 주지 은곡대사가 전각을 중건하다.

1881년(고종 18) 은곡대사의 청으로 조계산인 동명이 「청계사중건기」를 짓다.

1900년(고종 37) 극락보전을 건립하다.

1910년 경암 도정이 은곡대사의 전위답 7백평을 헌납하다.

1911년 일제가 30본사 제도를 제정할 때 봉은사 말사가 되다.

1955년 비구니 아연이 주지로 취임하고 중창. 이후 승려 월덕·탄성·월탄 등이 계속 중건하다.

1965년 용주사 말사가 되다.

1968년 극락보전 단청불사를 하다.

1973년 극락보전을 보수하다.

1991년 요사를 신축하고 지장보살상을 봉안하다.

위의 청계사의 연혁 가운데 중요한 것은 다음과 같은 사실이다. 청계사는 고려 원 간섭기 조인규 가문의 원당이 된 이래 1798년(정조 22) 조인규 후손인 무의공[9] 조심태에 의하여 중창되는 등 500여 년간 조인규 가문의 원찰이었다.[10] 조인규와 후손들이 지속적으로 사찰 지원에 관심을 보이고 자신의 가문 영당을 관리해왔다.[11] 매우 내용이 길지만 이해를 돕기 위해 소개하면 다음과 같다.

공이 졸한 뒤에 자손들이 공과 흥양군 부인 조씨의 초상을 그려 별장

---

9) 『정조실록』 권52, 23년(1799) 11월 17일(신미).

10) 東溟, 「京畿左道 廣州郡 靑龍山 淸溪寺 重建記」, '歲辛巳春正月 余自湖南 來住此寺 寺主隱谷謂余日 本寺刱在新羅 至高麗末 爲忠肅公別墅 而其間五六百年之來.'; 『증보문헌비고』 권49, 제계고 10 부록 씨족 4 조씨 평양 조씨, '조견의 7세손 趙廷翼(吏曹判書에 추증되었다. 시호가 忠肅公이다.) 조정익의 증손 趙儐(무과 출신으로 벼슬이 摠戎使였다.) 조빈의 아들 趙東漸(무과 출신으로 벼슬이 御營大將이었다.) 조동점의 현손 趙義復(무과 출신으로 벼슬이 御營大將이었다.) 趙廷翼의 현손 趙心泰(무과 출신으로 벼슬이 訓鍊大將이었다. 시호가 武毅公이다.)'

11) 趙橒, 「淸溪寺事蹟記碑」, 『경기금석대관』 5, 경기도, 1992.

소당에 간직하고 뜰에 비석을 세워 그 공덕을 새겼으며 전답과 노비를 두어 제사를 받들게 하였다. 그 후 공의 장남 장민공 휘 서와 부인 상당 한씨, 차남 충숙공 휘 연과 상낙군 부인 김씨, 충숙공의 아들 문정공 휘 덕유와 변한국부인 오씨, 문정공의 아들 문충공 휘 준과 부인 고성 이씨의 초상도 아울러 소장하였다. 공의 아들 가운데 또한 벼슬이 참의에 이르렀으나 출가하여 승려가 된 분이 있었는데, 바로 호가 현오 대선사인 삼중대광 자은군이다. 그가 일찍이 별장에서 살았는데, 그의 초상 역시 여기에 있다. 세월이 흘러 관리가 소홀하여 장민공과 그 부인의 영정은 자못 결손되고 더러워졌으므로 정통 정묘년(1447년)에 6대손 첨지 인득과 외현손 상국 남지가 여러 자손들과 더불어 초상을 다시 그렸다. 가정 병인년(1566년) 겨울에는 공의 10대손 만종과 문충공의 6대손 현령 현, 현손 현감 창훈, 공의 외운손 상국 이준경, 상국 □□ 등이 함께 중수하였다. 융경 정묘년(1567년)에 현과 판서 이부 등이 영당에 제사하고 장차 역사를 일으키려 하였는데 마침 국상이 있어 즉시 행하지 못하고 무진년(1568) 봄에 이르렀다. 이에 내외의 제손 1200여 명을 동원하여 역사하였는데, 상국 권철, 상국 홍섬이 돈을 내고, 이상 오겸과 이상 이탁 이하 50여 명이 유사(有司)가 되고, 판서 원혼, 판서 조수언, 판서 홍담, 판사 정종영 등 모두가 이에 참여하였다. 기사년(1569) 봄에 현이 우·창훈·순빈·철명·희생·경복·응량 등과 함께 공인을 모아 역사를 일으켜, 무릇 영정의 결손되고 더럽혀진 곳을 깨끗이 고치고 기울어지고 허물어진 사우를 고쳤다. 또한 보관소 하나를 짓고 여섯 칸의 함을 만들어 정숙공 이하의 영정을 비단으로 싸서 함속에 안장하고 당우의 동쪽 따뜻한 방에 봉안하였다. 일이 있을 때에는 이를 받들어 당중에 내어 걸어 예를 올리고, 예가 끝나면 다시 함속에 봉안하여 자물쇠로 잠궈두었으며 사사로이 열고 닫지 못하게 하였다.[12]

---

12) 위와 같음.

조선초의 국가의 자복사, 조선중기의 불교계의 본산이었으며, 조선후기의 광해군과 정조의 왕실 원당이었다. 이러한 청계사의 사격이 유지된 계기는 앞서 언급했지만 재상 조인규 가문의 원당이 크게 작용하였다고 생각된다.13) 이러한 사실을 중심으로 좀 더 자세하게 살펴보기로 한다.

조인규는 불교 신행이 돈독하여 청계사를 중창하고 임금을 위하여 복을 축원하였다. 이러한 내용은 다음 글에서 알 수 있다.

> 공(조인규)은 자질이 명민하고 기우가 웅위하였으며, 과묵하고 풍채가 아름다웠다. 사람을 관대하게 대하고 일을 강직하게 처리하면서 4대에 걸쳐 임금을 보필하여 우뚝 국가의 원신이 되었다. 공은 성품이 선을 좋아하고 베풀기를 좋아하였다. 특히 석교를 독실하게 믿어 청계 불사를 창건하고, 임금을 위해 복을 축원하였다. 이와 함께 묘전(묘법연화경)을 황금으로 쓰고 해장(대장경)을 먹으로 찍어냈으며, 범상을 회화하고 소조하였다. 이러한 일들이 이루 헤아릴 수 없이 많았다.14)

조인규는 별서(별장)을 짓고 머물다가 1284년(충렬왕 10)에 청계사를 중창하고 원당을 삼았다.

> 공은 일찍이 청계산에서 별장을 짓고 또 소당을 지어 그곳에서 시를 읊었다. 또 청계사를 창건하여 왕을 위하여 축원하였다.15)

---

13) 『증보문헌비고』 권49, 제계고 10 부록 씨족 4 조씨 평양 조씨, '趙浚의 아들 趙大臨 太宗祖의 駙馬로서 平壤府院君에 봉해졌다. 시호가 康安公이다. 趙德裕의 5세손 趙孝山 定宗朝의 駙馬로서, 벼슬이 司直이었다.'
14) 이곡, 「趙貞肅公 祠堂記」, 『稼亭集』 卷3, 記 ; 『동문선』 권70, 기, '公資明敏器雄偉 寡言語美風儀 接物寬和 執事剛方 阿克四世 蔚爲元臣 忄生又好善言施 尤篤於釋歉 刱淸溪 佛寺 爲上祝釐 金書妙典 墨印海藏 繪塐梵像 不可勝紀.'
15) 趙橒, 「淸溪寺 事蹟記碑」, 『경기금석대관』 5, 경기도, 1992.

위의 인용한 글에서 보듯이 조인규가 청계산의 별장에 머물렀던 때는, 그가 정치적 출세를 이루어 고려뿐만 아니라 원에서도 고위 관직을 받고 막강한 정치적 행세를 할 때였다.16) 청계사에는 조인규의 형인 혼기와 아들인 삼장법사 순암 의선이 활동하였다.17) 특히 의선은 다음의 기록에서 보는 바와 같이 어려서 묘련사에 출가하였고 청계사에서 득도하였다.

> (조인규의 아들 가운데) 벼슬이 참의에 이르렀으나 출가하여 승려가 된 분이 있었는데, 이는 호가 현오대선사인 삼중대광 자은군이다. 일찍이 이 별장에서 살았는데, 진영도 여기에 봉안되어 있다.18)

> 조 국사가 도를 깨달은 사찰이다.19)

의선뿐만 아니라 삼촌인 승려 혼기도 여기서 머물렀을 것으로 추정된다. 청계사를 중창하던 1284년(충렬왕 10)에 개성의 묘련사가 창건되었다. 의선은 천태종의 중앙 무대인 묘련사를 주장하면서 천태종의 본사인 백련사의 별원이 되게 하였다. 따라서 조인규 가문이 천태종계를 주도하였다고 하겠다. 이와 같이 조인규 가문은 청계사를 원당화하고, 이어 수원 만의사를 원당화면서 근기지방 일대의 불교를 주도하였다.20)

---

16) 황인규, 「조인규 가문과 수원 만의사」, 『수원문화사연구』 2, 1998 ; 황인규, 『고려후기·조선초 불교사연구』, 혜안, 2003.

17) 우리나라 불교계에서 三藏法師 칭호를 수여받은 고승은 의선이 유일하다시피 하다.

18) 趙標, 「淸溪寺 事蹟記」(1689년 작), 『경기금석대관』 5, 경기도, 1992. 의선의 眞影은 이곡이 지었다. 이곡, 「順菴眞讚」, 『가정집』 권7, 銘讚, '又有官至參議 而出家者 號玄悟大禪師三重大匡慈恩君 嘗住茲墅 亦留眞焉.'

19) 「淸溪寺 重建 法堂 大功德主記」, '趙國師 悟道之刹也,' 1798년(정조 22) 작. 『서울 및 근교 사찰지』 제8편 근기의 사찰, 『다보』, 불교진흥원, 불기 2539년 가을. 趙國師는 순암 의선을 지칭한다. 의선이 국사로 추증된 것은 없으나 세간에서 그렇듯 불리기도 한 듯하다.

20) 황인규, 「趙仁規家門과 水原 萬義寺」, 『水原文化史硏究』 2, 1998 ; 황인규, 「여말선초

최근에 작성된『서울 및 근교 사찰지』근기편에 의하면, 청계사와 인근 지역에「삼귀서사지」,「조씨 별서지」,「망경대」등이 있었다고 한다.

1. 구돈대 : 도량에 9층 축대가 있으나 전하기를 8도 감사가 각각 1대씩을 쌓고 대단에서 1계를 쌓아 합계 9층대가 되었다고 함.
2. 삼귀서사지 : 오늘날 불명이나 요컨대 조씨 별서지인 듯함.
3. 조씨 별서지 : 절 앞 오른편 50m쯤에 있으니, 이 태조가 조송산을 상방하던 곳이라 한다.
4. 망경대 : 절 뒤 주봉이니, 고려말 조송산 견이 이에 올라 송경을 바라보던 곳이므로 관악산 연주대와 마찬가지임.

위의 인용한 내용 가운데 삼귀서사지는 조인규 가문의 별서지인 듯하다고 했으나 조견·정송산·원판사 등 3인이 머물던 곳이다. 후에 세 가문의 후예가 그 터에 3칸의 집을 짓고 삼귀서사라고 하였으며, 세 인물의 후예인 정광준과 원병상 등이 사당을 세우고 비를 세웠다고 한다.[21] 그리고 청계사 앞 오른편 50m쯤에 있는 조씨 별서지는 태조가 조송산을 서로 방문하던 곳이라 하며, 망경대는 청계사 뒤의 주봉으로 조견이 이에 올라 송경을 바라보던 곳이며, 관악산 연주대를 지칭한다고 하였다. 조준은 아우 조견 때문에 자신에게 화가 미칠까봐 조견을 영남안찰사로 내려보냈다. 이러한 내용 가운데 가장 중요한 사실은 조견과 관련된 것이다. 즉, 조견은 임기를 채우고 돌아오는 길에 고려가 망하였다는 소식을 듣고 두류산으로 들어갔다. 태조가 조견에게 수차례 벼슬을 내렸으나 받지 않았으며, '개처럼 따른다.'는 뜻을 따서

천태종승의 동향」,『천태학연구』11, 대한불교천태종 총무원 원각불교사상연구원, 2008 ; 황인규,『고려시대 불교계와 불교문화』, 국학자료원, 2011.

21) 宋煥箕,「三歸書社記」(1798年 作),『서울 및 근교 사찰지』제8편 근기의 사찰,『다보』 불교간행회, 불기 2539년 겨울, '松山之二歸村 卽 麗手之趙松山 鄭松堅 元判司 三公隱 之舊洞也 … 三家後裔之世居其中 … 營建三間屋子於舊址 扁以三歸書社 而三家之人 實皆主管 … 鄭光浚 元秉上 建祠立碑.'

종견이라 하였다. 두류산에서 청계산으로 가서 날마다 높은 봉우리에 올라가 개경을 바라보며 통곡하였다. 이때부터 사람들은 이 봉우리를 망경봉 즉, 개경을 바라보는 봉우리인 지금의 청계산이라고 불렀다는 것이다.[22] 이러한 내용은 사실과 다르다. 실록에 실린 조견의 졸기에 의하면 청년시절에 출가하였다.

> 젊어서 승려가 되어 여러 사원의 주지를 역임하였다가, 나이 30이 지나서야 머리를 기르고 승직으로 인하여 처음에 좌윤에 임명되었다. 전일에 승려가 되었던 것을 부끄럽게 여기어, 남들의 말이 조금이라도 거기에 미치면 바로 노하였다.[23]

조견은 젊어서 출가하여 여러 사원의 주지를 역임하다가 30세가 넘어 환속하였다는 것이다. 조견은 좌윤과 안렴사 등을 거쳐 조선 건국후 1392년(태조 1) 상장군으로 이성계 추대에 참여하고[24] 개국공신 2등에 책록되었

---

22) 『연려실기술』 권1, 太祖朝 故事本末 조견 ; 洪良浩, 「高麗遺臣三先生傳」, 『耳溪集』 卷18, 傳, '… 松山趙先生初諱胤 高麗貞肅公仁規四世孫 本朝開國元勳浚之弟也 少勤學問 與圃隱鄭公友善 及長 鄭公薦入經幄 官至知申事 麗季政衰 知兄浚有翊戴我朝志 泣謂曰 我家國之喬木 當與國存亡 達可國之柱石 不可與之貳 浚知公不可動 乃遣按廉嶺南 三年不召 未還而國革 公痛哭入山 改名曰狷 字曰從犬 蓋自貶其身 而謂犬有戀主之誠也 太祖高其志 擢拜戶曹典書 公附奏曰 願採首陽薇 不爲聖人氓 移居淸溪 蓋有貞肅公影堂也 時或臨流登高 西望痛哭 土人名之曰望京臺.' ; 『松南雜識』 16, 室屋類 望京臺, '고려말에 趙松隱이 果川의 淸溪山에 은거하였는데 매양 이곳에 올라 송도를 바라보았기 때문에 '望京臺'라는 이름이 붙었다. … 그 옆에는 또 念主臺가 있다. '또한 1392년(태조 1)에는 李成桂가 의상대를 중건하고 그의 처남인 康得龍이 연주대라고 불렀다. 강득룡·徐甄·南乙珍 등이 이곳에서 松都를 바라보며 고려왕조를 연모하면서 통곡하였기 때문에 연주대라는 이름이 붙었다고도 한다.
23) 『세종실록』 권28, 7년(1425) 5월 3일(임신).
24) 『세종실록』 권28, 7년(1425) 5월 8일(정축), '죽은 平城府院君 趙狷에게 제사를 하사하니, 그 제문에 말하기를, "… 오직 경은 타고난 바탕이 맑고 순박하며, 잡은 마음이 곧고 너그러워 점잖은 집안의 후손으로 높은 벼슬에 오르매, 시속을 바로잡고 백성을 잘살게 하기를 마음먹었으며, 기회의 돌아감을 보는데 밝았도다. 마침내 우리 태조를 만나서 낮이나 밤이나 정성스럽게 섬겼도다."'

다.25) 이와 같이 조견과 관련하여 청계사와 인근의 유적에 대하여 잘못 알려져 왔던 것이다.

한편 고려말 청계사의 사세와 관련해 주목되는 것은 여말선초 불교계를 주도하였던 무학이 주지에 재임하였다는 것이다.

청계사 자초, 청계사 조선26)
전 청계사 주지 보각원명무위진정 광제대선사 무학 자초
전 청계사 주지 철호 조선27)

무학은 원에서 귀국후 스승 지공의 유훈인 삼산 양수기를 받들어 스승 나옹과 양주 회암사를 중창하여 불교계의 대본산으로 삼고자 하였다.28) 나옹은 1차 중창 낙성식에 전국에서 신도들이 모이자 이를 염려한 정부의 명으로 밀양 영원사로 가다가 신륵사에서 순교하였다.29) 그 후 무학은 지공과 나옹의 추념 불사를 전국에서 전개하였다. 무학은 1383년 이전부터 광주 과천의 청계사 주지를 하면서 1383년 무렵 안변 석왕사에서 정도전보다 앞서 이성계에게 혁명을 종용하였다.30) 청계사는 조인규(1227~1308) 가문

---

25) 洪良浩,「高麗遺臣 三先生傳」,『耳溪集』卷18, 傳, '… 趙狷志操堅如金石 不可奪也 遂揮鞭而起 環封其山以賜狷 命築石室 以表其節 今圓通里 尙有遺址 公不肯居 移住楊州 松山 因自號松山.'
26) 李崇仁,「神勒寺 大藏閣記碑」,『조선금석총람』상, '淸溪寺 自超 淸溪寺 祖禪.'
27) 이색,「安心寺 指空懶翁碑」,『조선금석총람』상, '前淸溪寺住持 普覺圓明無爲眞靜 廣濟大禪師 無學自超 前淸溪寺住持 鐵虎祖禪.'
28) 황인규,「無學自超의 興法활동과 檜巖寺」,『삼대화상연구논문집』2, 1999 ; 황인규, 『고려후기·조선초 불교사연구』, 혜안, 2003.
29) 황인규,「나옹혜근의 불교계 행적과 유물 유적」,『대각사상』11, 대각사상연구원, 2008 ; 황인규,「조선전기 불교계의 고승탄압과 순교승」,『불교사연구』4·5합, 중앙 승가대 불교사학연구소, 2004 ; 황인규,「고려말·조선전기 불교계와 고승연구」, 혜안, 2005.
30) 황인규,「고려말 이성계의 불교계 세력기반」,『한국불교학』28, 2001 ; 황인규, 『고려후기·조선초 불교사연구』, 혜안, 2003.

의 조견과 동생 조준(?~1405)·조박(1356~1408) 등과, 정도전(?~1398)과 같은 신진 사류와 더불어 왕조 창업에 참여하였던 것이다. 청계사는 천태종계 사찰이었지만 무학을 비롯한 조계종과 천태종이 제휴하였다고 볼 수 있다. 고려말에 이르러 교리상 천태종과 임제종이 서로 접근하고 있었으며,[31] 이미 무신집권기 백련사와 수선사에서 결사 운동을 일으킨 참신한 기풍으로 불교계에 새바람을 진작시킨 경험을 되살리고자 한 것이다.[32]

이상에서 살펴보았듯이 무학은 1383년 정도전보다 앞서 이성계에게 혁명을 종용하였으며, 무학과 제자 조선은 1384년 여주 신륵사 대장각의 건립을 기념하여 전국의 종단의 대표 고승들이 회합을 하였을 때 함께 하였으며, 4년 후 1388년 위화도 회군시 신조를 비롯한 천태종 세력과 제휴하여 동참하였던 것이다. 조선 건국후 태종이 불교계를 탄압할 때에도 무학과 제자 철호 조선은 고려말 불교계의 흥법의 메카로 삼고자 하였던 회암사에 머물렀다.[33] 이렇듯 무학은 청계사에 머물면서 이성계에게 혁명을 종용하였던 것이며, 조선전기 청계사가 왕실의 주목을 받아 자복사로 지정되거나 본산이 되게 하였다.

3. 조선전기 자복사와 선종 본산

청계사는 조선초 천태종계 광주 과천현의 자복사로 지정되었으며, 연산군 이후 명종대 무렵까지 불교계를 대표하는 선종의 본산이었다. 1407년(태종

---

31) 고익진, 「白蓮社의 사상전통과 天頙의 저술문제」, 『불교학보』 16, 1979.
32) 황인규, 「고려후기 백련사결사정신의 계승과 변질」, 『백련불교논집』 10, 2000 ; 황인규, 『고려후기·조선초 불교사연구』, 혜안, 2003.
33) 祖禪에 대해서는 실록에 2건, 『양촌집』에 1건의 기사가 보이고 있다. 『태종실록』 권4, 태종 2년 7월 13일(갑오) ; 『태종실록』 권4, 2년 8월 2일(계축) ; 권근, 「津寬寺水陸造成記」, 『양촌집』 권12 ; 이색, 「영변 安心寺指空懶翁舍利石鐘碑」, 『한국금석전문』 중세 하, 음기 ; 황인규, 「조인규가문과 수원 만의사」, 『수원문화사연구』 2, 1998 ; 황인규, 『고려후기·조선초 불교사연구』, 혜안, 2005.

7) 명산대찰이나 산수 승처의 대찰로 각 읍의 자복사로 삼았다.34) 경기도의 자복사로 지정된 사찰은 전국의 88 자복사 가운데 14사이었다.(조계 3, 천태 3, 화엄 1, 자은 5, 총남 1, 시흥 1소)

여주목 신이사(자은종), 양근군 백암사(자은종), 지평현 보제사(조계종), 과천현 청계사(천태종), 수원도호부 창성사(자은종), 남양도호부 흥법사(조계종), 안성군 석남사(조계종), 용인현 서봉사(천태종), 양주목 신혈사(자은종), 영평현 백운사(천태종), 장단도호부 창화사(총남종), 강화도호부 단향사(화엄종), 삭녕군 관음사(자은종), 연천현 오봉사(시흥종)

과천현의 진산은 관악산이었지만35) 관악산의 사찰이 아닌 청계사가 자복사로 지정된 것은 조인규 가문의 원당으로서 고려말이래 근기지방의 불교계를 주도했기 때문이었다. 특히 태종의 사위 조대림은 조선 건국의 경제 분야 기획자라고 할 수 있는 조준36)의 아들이라는 사실도 한 몫을 하였을 것이다.

그 후 청계사는 세종대 선교 양종 본산제 지정시 본사에 들지 못하였지만 왕실의 주목을 받는, 세종을 비롯한 왕실의 후원을 받은 원당이었다. 특히 청계사의 산내 암자인 원통암도 왕실의 원당이었다.37)

---

34) 『세종실록』 권7, 2년, 1월, 26일(을축) : 한기문, 「고려시대 자복사의 성립과 존재 양상」, 『민족문화논총』 권49, 영남대학교 민족문화연구소, 2011.

35) 『신증동국여지승람』 권8, 京畿 果川縣 산천, 같은 책 불우조에서 '淸溪寺 청계산에 있는데, 李穀이 지은 平壤府院君 趙仁規의 祠堂記가 있다. 冠岳寺 관악산에 있다.'라고 하여 청계사를 특기한 점에서 알 수 있다.

36) 조선 건국의 정치 기획 설계자가 정도전이었으며, 경제 기획 설계자는 조준이었다고 할 수 있다.

37) 최근의 발굴조사보서에 의하면, 원통사는 통일신라부터 고려시대 사이에 창건하여 고려말에서 조선초에 폐사하였다고 한다. 건물지 주변에서는 기와조각과 경질도 기류, 자기류 등이 채집되었으며, 절 터 동쪽으로 100m 정도 떨어진 곳에 蓮華臺石이 남아 있다고 한다. 구릉 사면에 석축을 쌓고 건물지 6동, 우물지 등을 조성하였으며, 일부 건물지에는 기단석축이 축조되어 사찰의 규모가 현재보

청계사의 서쪽으로 1~2리가 되지 않은 깊고 큰 골짜기의 그윽함이 이었고 우물물의 차가운 곳이 있는데 원통암이 실로 그 사이에 있으나 암자의 사승이 없고 또 비와 탑도 없어서 그 창건한 연대의 멀고 가까움을 상고할 수 없었다.[38]

위의 인용한 기문은 괴애 김수온(1410~1481)의 「원통암중창기」 기문 가운데 일부이다. 이에 의하면 원통암은 청계사 서쪽 1~2리가 되지 않은 골짜기와 우물 사이에 원통암이 있었다고 한다. 최근에 작성된 『서울 및 근교 사찰지』 근기편에 '원통사지 : 절 서북쪽 10정쯤에 있다.'[39]고 한 사실과 대체적으로 부합되는 것이 아닌가 한다.[40] 그런데 다음의 기록에 의하면 '우리 태조가 아름답고 절명한 청계 일면을 견봉(狷封)으로 삼아 그 사이에 석실을 쌓았고 이것으로 표를 삼았는데 오늘날 원통동이 즉 그 터이다.'[41]라고 하여 아마도 태조대에 원통동에 있었던 원통암은 폐사 지경이었던

다 컸다고 한다. 「원통사지정밀조사보고서」, 564쪽 ; 의왕시·의왕문화원, 『의왕시사』 권2, 2007, 220쪽.

[38] 金守溫, 「圓通菴 重創記」, 『拭疣集』 卷2, 記類, '名曰淸溪 蓋因山之號而異一溪也 由淸溪而西 未一二里 有洞壑之幽焉 有泉水之洌焉 而圓通菴實間其中 菴無史乘 又無碑塔 其所創始 無以考年代之遠近.'

[39] 최근에 작성된 『서울 및 근교 사찰지』 근기편에 의하면, 청계사와 인근 지역에 「三歸書社址」, 「趙氏別墅址」, 「望鏡臺」 등이 있었다고 한다. 청계사 인근에 있었던 암자 圓通寺, 北庵, 井金寺, 十王窟, □□寺 등이 있다고 하여 주목된다. '6. 圓通寺址 : 절 서북쪽 10町쯤에 있음. 7. 北庵址 : 절 북쪽 10정쯤에 있음. 8. 井金寺址 : 절 동쪽 10리쯤에 있음. 9. 十王窟址 : 절 동쪽 12정쯤에 있음. 10. □□寺址 : 절 동쪽 3정쯤에 있음.' 원통암이 청계사의 산내 암자인 것은 앞서 언급한 다음의 기록에 의하여 알 수 있다. 金守溫, 「圓通菴 重創記」, 『拭疣集』 卷2, 記類, '名曰靑龍 山之中有巨刹 名曰淸溪 蓋因山之號而異一溪也 由淸溪而西 未一二里 有洞壑之幽焉 有泉水之洌焉 而圓通菴實間其中.' 그리고 산내 암자였을 北庵, 井金寺, 十王窟, □□寺 등에 대한 천착이 이루어지기를 기대해 마지 않는다.

[40] 1町은 360자(1자=10/33m)로서 1정=360×10/33m≒109m이므로 10정은 1090m이므로 1~2리에 있었던 기록과 다소 차이가 난다. 이는 후대의 기록이며 거리측정의 차이에 불과한 것이라고 생각된다.

[41] 『梵宇攷』 사찰 광주 청계사, '我太祖其絶命 淸溪一面 爲狷封 石築室於其間 以表之 今圓通洞卽其址.'

듯하다. 「원통암 중창기문」에 의하면 세종대 무렵에도 원통암의 역사를 알 수 없었다고 한 사실이 그것을 뒷받침해준다. 그런 원통암은 1425년(세종 7)부터 1462년(세조 8) 무렵까지 중창된다.

> 홍희 을사년(1425, 세종 7)에 도인 아무개가 중건하고자 하여 선인을 모집하려고 한양으로 와서 사대부를 물색하였는데 이 일이 내전에 들리어 우리 소헌왕후께서 왕의 장수 만세의 축원을 위하여 내탕고의 진기한 보물을 특별히 내주시고 내수사에게 명하여 일을 주관할 사람을 다시 선택하게 하니 신승 해당이 으뜸으로 뽑혔다. 해당이 왕후의 의지를 받들고 사중에게 권면하여 쌀과 베를 폐백으로 가지고 와서 돕게 하였다. 그 후 4년이 지난 무신년(1428, 세종 10)에 공사를 마쳤다. 불전 3칸이 남향하여 나는 듯이 서 있고 선승 양당이 동서로 섰으며, 주방과 헛간과 창고와 승려들이 빨래하고 목욕하는 곳과 우마를 기르는 곳에 이르기까지 다 넉넉하고 새롭게 갖추어져 있어서 드디어 경기우도 여러 산의 절 가운데 뛰어났다.[42]

1425년(세종 7) 고승 해당[43]이 원통암을 중창하고자 하였는데 소헌왕후의 시주를 받아 1428년(세종 10) 불전 3칸과 선승 양당과 주방 헛간 요사채, 외양간 등을 갖추어 중창하였다. 세종의 비 소헌왕후(1395~1446)의 원당[44]이 되어 경기우도의 뛰어난 사찰이 되었던 것이다.[45] 그 이듬해 가을에

---

42) 金守溫,「圓通菴 重創記」,『拭疣集』卷2, 記類, '去洪熙乙巳 有道人某將欲重建 募善來京 奔走士大夫之宅 事聞于內 我昭憲王后爲上壽萬歲之願 特出內帑之珍 命內需 更揀幹辦之人 而臣僧海幢首其選 幢奉王后之旨 勸於四衆 爭賚米若布以助 越四年戊戌而告功訖 佛殿三間 南向翼然 禪僧兩堂 東西相峙 以至廚廠庫閣與夫緇素湢濯之處 牛馬喂養之所 悉瞻悉新 無不具備 遂爲畿右諸山蘭若之勝.'
43) 海幢은 청계사의 승려인 듯하다. 이에 대한 좀 더 깊은 천착이 필요하다.
44) 위의 기문, '玆蕃乃兩聖同御之日 密爲上壽 別願所建 蓋其祝聖壽 庇本支 歸依三寶之誠 出於至性.'
45) 위의 기문, '無不具備 遂爲畿右諸山蘭若之勝.'

왕후의 16나한의 현몽으로 인하여 원통암 곁에 전각을 짓고 28성문상을 봉안하였다. 그 후 왕후의 8남 영응대군(1434~1467)이 전 용문사 주지 계안과 문도들로 하여금 9년간 주재하여 보수 중창하였다.[46] 그리하여 1462년(세조 8) 9월 영응대군이 낙성식 법회를 3일간 크게 설하였던 영응대군의 원당이기도 하였다.[47] 그 후 원통암의 사세에 대해서 알려진 바 없으며 중종대 편찬된 『신증동국여지승람』이나 1779년(정조 3)에 편찬된 『범우고』에도 원통사가 보이지 않으므로 중종대 무렵에 폐사된 듯하다.

이렇듯 원통암은 세종의 비인 소헌왕후와 8남 영응대군의 원당이었으며, 인근의 원통암의 본사였을 청계사에도 세종대 왕실의 불사와 후원이 이루어졌다. 즉, 영응대군의 형인 5남 광평대군(1425~1444)과 7남 평원대군(1427~1445), 그리고 세종의 형인 효령대군, 세종의 장모인 삼한국대부인 안씨,[48] 세종의 신료인 판중추 성달생, 제정 신효창과 그의 아들 신자근 등이 바로 그들이다. 특히 세종 말년부터 단종대에 이루어진 청계사 불사는 매우 주목된다.

우리 동방의 청량 소판은 고려의 대각국사가 서방의 조송을 유람할 때에 얻은 것이었다. 이제 이미 일본으로 돌아갔으므로 학자들이 다시 얻어 볼 길이 없었다. 이에 선사 신호가 드디어 판을 새길 뜻을 세우고 이를 제정 신효창에게 고한 바 제정이 그의 아들 신자근과 더불어 판재를 변통하여 얻고, 각공을 모집하여 겨우 2백 45판을 새기고 나서 제정이 이미 세상을 버렸던 것이다.

이에 삼한국대부인 안씨가 이 거대한 사업이 초창기에서 좌절됨을 심히 개탄하고, 분연히 대단문을 위하여 다시 그 사업을 계속하여 양궁(임금과

---

46) 金守溫, 「圓通菴 重創記」, 『拭疣集』 권2. 戒眼은 1465년(세조 11) 무렵 용문사 주지 대선사 戒安과 동일인물로 추정된다. 황인규, 「나암보우와 조선불교계의 고승」, 『보조사상』 24, 2005 ; 황인규, 『조선시대 불교계 고승과 비구니』, 혜안, 2011.
47) 金守溫, 「圓通菴 重創記」, 『拭疣集』 卷2, 記類.
48) 『태종실록』 권36, 18년(1418) 8월 10일(정해).

왕비)의 만세와 금지(왕의 자녀)의 영원한 무성을 기원였다. 이에 경정공주와 효령대군과 그의 부인 정씨가 성의를 다하여 붙들고 도와서, 큰 불사를 마치게 하였다. 또 판중추 성달생이 뒤를 따라 찬조하였으며, 그 밖에도 희사에 따른 자를 헤아릴 수도 없었다. 아름답고 좋은 인연을 맺도록 주간한 자는 승려 각돈이었다. 전후하여 새긴 바가 모두 1천 4백 70판으로 이를 광주의 서쪽 청룡산 청계선사에 전각을 짓고 수장하고 편액하기를, 잡화라 하여 무궁하게 전포하도록 한 것이다.[49]

고려 문종의 셋째 아들 대각국사 의천이 수입한 청량 소판인『화엄경소초』가 일본으로 흘러가고 그 이후 당시인 세종대까지 구해볼 수 없었는데 이를 개판하고자 하였다는 것이다. 본래『화엄경소초』는 당나라 고승 청량이 저술하여 신라와 발해, 일본으로 유행하다가 당 무종의 폐불이후 없어졌는데, 고려의 의천이 다시 유포하게 되었던 것이다.[50] 이러한『화엄경소초』가 바로 청계사에서 개판되었던 것이다. 즉, 청계사의 선사 신호가 제정 신효창에게 권유하여 신효창과 그의 아들 신자근이 판재를 구하고 각공을 모아 개판 불사를 전개하였으나 2백 45판을 제작하고 중단되었다. 이에 세종의 장모인 삼한국대부인 안씨가 다시 원력을 세우자 태종의 차녀 경정공주와 효령대군과 그의 부인 정씨, 판중추 성달생 등의 후원으로 개판을 완성하였다.[51] 청계사 내에 전각을 짓고 잡화전이라 이름하고 여기에 개판된 경전을 봉안하였다.

이 경전 개판 불사를 적극적으로 후원하였던 경정공주(?~1455)[52]는 태종

---

49) 姜碩德(1395~1459),「華嚴經跋」,『동문선』권103, 跋.
50) 노혜남,「淸涼『華嚴經疏鈔』의 流傳」,『修多羅』7, 1992.
51) 황인규,「조선전기 왕실녀의 가계와 비구니 출가왕자군의 부인과 공주를 중심으로 한 제기록의 검토」,『한국불교학』57, 2010 ; 황인규,『조선시대 불교계 고승과 비구니』, 혜안, 2011.
52) 1430년(세종 12) 경정공주의 남편 그대림이 머니하였고 1455년(단종 3)에 공주가 죽어 단종이 쌀·콩 50석과 종이 1백 권을 부조하였다. 경정공주의 궁이 있던 곳은 작은 공주골, 한자로 소공주동이라 불렸고 여기에서 지금의 소공동이라는

2년로 앞서 언급하였던 영의정 부사 조준의 아들 조대림의 처였다.53) 앞서 언급한 바와 같이 조준과 조대림은 조인규의 증·고손으로 조준의 가형이 묘혜였다.54) 「청계사사적비」에 1448년(세종 30)에 『대장경』을 인출하였다고 한 사실도 이를 지칭하는 듯하다. 당시 조인규의 6세손인 조현과 외왼손 재상 이준경 등이 조상의 영당을 중건하고 진영을 보수하였다.55) 이러한 불사에는 성종대 순교를 당하는 각돈도 수륙사인 진관사의 주지56)를 하면서 동참하였다.57) 그리고 세종대뿐만 아니라 문종대에도 보호와 존경을 받았던 혜각존자 신미의 제자 설정과 도명이 한 때 청계사에 거주하며 왕실의 보호를 받았다.58) 이와 같이 당시 청계사는 국가와 왕실의 주목이나 후원을 받았던 사찰이었던 것이다.

그런데 세종대 이미 도성의 본산인 양종이 유생들에 철폐를 요구받으면서 오히려 청계사가 본산 후보로 부각되고 있었다. 본산체제가 시행된 지 불과 1년도 안된 1425년(세종 7)에 유생들의 양종의 혁파 주장이 제기되었다.59) 1436년(세종 18)에 사헌부에서 선·교 양종을 1종으로 하여 성 밖으로

명칭이 유래하였다.
53) 묘혜는 靈嵓寺 주지로 있으면서 조인규가문의 고승으로 判天台宗師 龍巖寺住持 忍演妙普濟大禪師 了圓으로 추정되는 普解와 더불어 宗旨를 널리 선양하며 조인규 가문의 안녕과, 특히 아버지 趙德裕의 극락왕생을 기원하기 위해 『법화영험전』과 『法華三昧慘助宣講義』를 간행하였던 바 있다.
54) 남권희, 「13세기 천태종 관련 고려불경 3종의 서지적 고찰」, 『서지학보』 19, 1997 ; 황인규, 「고려후기 백련사결사정신의 계승과 변질」, 『백련불교논집』 10, 2000.
55) 趙穆, 「淸溪寺 事蹟碑」, 경기도, 『경기금석대관』 5, 경기도, 1992.
56) 『단종실록』 권6, 1년(1453) 6월 24일(기유), '승려 覺頓을 獄에 가두었다. 각돈이 貪忍하고 凶暴하여 간사하게 속이고 꾀가 많았다. 처음에 勸緣을 業으로 삼다가 일찍이 淸溪寺 菴主가 되었는데, 토목 역사를 감독하여 다스리는 데 능하였다.'
57) 황인규, 「조선전기 불교계의 고승탄압과 순교승」, 『불교사연구』 4·5합, 중앙승가대 불교사학연구소, 2004 ; 황인규, 『고려말·조선전기 불교계와 고승연구』, 혜안, 2005.
58) 『문종실록』 권1, 즉위년(1450) 4월 5일 무인 ; 『문종실록』 권1, 즉위년(1450) 4월 6일 기묘 ; 『문종실록』 권1, 즉위년(1450) 4월 9일(임오).
59) 『세종실록』 권37, 7년(1425) 1월 23일(병신).

내쫓을 것을 주장하였다.60) 구체적으로 본산 사찰을 도성 밖의 진관사로 정하라고 주장하기도 하였다.61)

이렇듯 선교 양종 체제가 위기에 처한 가운데 연산군대에 이르러 본산(도회소)인 흥덕사가 원각사로 이전되고 흥천사가 화재로 인하여 건물 자체가 소실되어 본산이 제 역할을 할 수 없었다. 실록에 '흥천사에 불이 났다. 전년에 불난 흥덕사와 흥천사가 모두 도성 안에 있어 양종이라 칭하였는데, 1년이 못되어 모두 불탔다.'62)는 것에서 알 수 있듯이 양종의 본산 사찰이 폐기되고 있었다.63) 그리하여 양종의 본산(도회소)은 갑자사화를 거치고 난 1504년(연산군 10) 4월 이후 조정의 의논이나 절차나 특별한 명분도 없이 돌연히 철폐되었다.64) 그 후 유생들의 합법적인 철폐 운동은 계속되었으며,65) 다음의 글에서 보듯이 불교계는 자체적으로 과천 청계사를 본산으로 삼았던 것이다.

---

60) 『세종실록』 권73, 18년(1436) 6월 1일(을축).
61) 『세종실록』 권72, 18년(1436) 6월 18일(계축). 대사헌 李叔時는 선교양종의 본사인 興德寺와 興天寺가 서울 도성 안에 있어서 승려들이 민가에 출입하는 등 도성이 깨끗하지 못하므로 본산 두 사찰을 없애고 1종으로 만들어 도성 밖의 진관사로 본산을 삼으라고 하였다. 그리고 그 나머지 지방의 사찰들의 전토도 없애라고 하였다. 『세종실록』 권72, 18년(1436) 6월 18일(계축). 그 후 세종 22년 양종의 사사수가 너무 많다고 하여 京中은 禪·敎 각각 2寺로 하고, 개성부와 각 도에는 선·교 각각 1寺, 평안·함길도에는 선·교 중에 1寺로 하고, 그 외에는 革除하여 그 전지를 의창에 속하게 하고, 매 1寺에 住持·副住持·立住持 각각 1명, 都事 4명을 각기 직품으로 임명하자고 하기도 하였다. 『세종실록』 권88, 22년(1440) 3월 23일(을축).
62) 『연산군일기』 권56, 10년(1504) 12월 9일(을축).
63) 즉, 흥덕사는 그보다 몇 달 전인 연산군 10년 7월 원각사에 옮겨졌는데 그 5개월 후인 같은 해 12월에 승려들이 원각사에서 축출되었다. 『연산군일기』 권56, 10년(1504) 12월 26일(임오). 그리고 그 이듬해 2월 기녀들을 교육시키는 장악원으로 변했다. 『연산군일기』 권57, 11년(1505) 2월 11일(정묘). 본산 흥천사도 그 이듬해 5월에는 이미 궁중의 말을 기르는 驥廐가 되어버렸다. 『연산군일기』 권58, 11년(1505) 5월 29일(계축).
64) 이봉춘, 「연산조의 배불책과 그 추이의 성격」, 『불교학보』 권29, 1992.
65) 『중종실록』 권6, 3년(1508) 5월 8일(을사).

폐조(연산군)로부터 도성안의 사찰을 모두 폐해서 관청[公府]를 만들어서
양종은 이름만 밖에 의탁해서 청계사를 선종이라 했다.[66]

위의 인용한 기록에서 보듯이 연산군대부터 도성내의 사찰은 폐치되어 양종은 이름만 있고 청계사만이 선종의 본산이 되었다는 것이다. 이렇듯 본산 체제하의 본산에 분속된 사찰들이 치폐를 거듭하다가 1504년(연산군 10) 무렵 도성내 본산은 없어지게 되었지만 왕실의 후원을 입었던 근기지방의 과천 청계사가 본산이 되었던 것이다.[67]

하지만 중종대에 이르러 양종이 법적으로 폐지되고 청계사도 유생들의 침탈의 대상이 되는 등[68] 교단의 본산(도회소)의 역할을 제대로 하기 힘들었던 듯하다. 당시 유생들은 청계사 승려 일정이 내수사의 종을 시켜서 유생이 절 물건을 많이 가져갔다고 하였으나 무고한 일로 몰아붙이기도 하였다.[69] 명종대 고승 허응 보우는 선교 양종이 복립된 후 청계사에 와서 『전등록』을 배우는 승려들을 격려하였으며,[70] 당시의 불교계를 다음과 같이 회고한

---

66) 『陰崖日記』, 「漢山 李耔」, 『해동야언』 권3, 「중종 상」 ; 『연려실기술』 권7, 「중종 고사본말조」.
67) 황인규, 『조선전기 선교양종의 本山과 判事』, 『한국선학』 12, 한국선학회, 2005 ; 황인규, 『조선시대 불교계 고승과 비구니』, 혜안, 2011.
68) 『중종실록』 권10, 4년 12월 6일(계사) ; 『중종실록』 권10, 4년 12월 19일(병오) ; 『陰崖日記』, 「漢山 李耔」, 『해동야언』 권3, 「중종 상」 ; 『연려실기술』 권7, 「중종 고사본말조」.
69) 『연려실기술』 권7, 中宗朝 故事本末, 「승려가 유생들의 옥사를 속여 꾸미다 경오년(1510)」, '연산군 4년 기사(1509) 겨울 12월에 지각없는 유생 몇 사람이 절에 가서 경책[經帖]을 가지고 온 일이 있었다. 이때 그 절의 승려가 하인을 시켜 그 종적을 찾아 거짓으로, 절에서 쓰는 鑄器 일곱 바리馱를 가져갔다 하고 포도청에 와서 고발하니 포도대장이 들어가 아뢰고 그 유생의 집을 수색하니, 다만 불경 몇 권이 있을 뿐이므로 모두 사실대로 보고했다. 이에 유생을 정원에 불러들여 꾸짖고 타일러서 내보내고 그 불경은 절에 돌려보냈다. 유생으로서 불경을 훔친 것이 비록 行檢은 없으나 본래 괴이한 일은 아니며, 승려 무리들이 거짓말을 지어내어 남을 죄로 얽어서 임금을 번거롭게 하기에 이르렀으니 그 죄를 용서할 수 없다 하여, 대간과 시종들이 그 誣罔한 죄를 바로잡으려고 했으나 상의 뜻이 결단을 내리지 않으니 末流의 폐단을 식자들이 근심하였다. 『음애일기』.'

바 있다. 즉, '연산군과 중종대의 폐불시책으로 인하여 모든 나라 안의 사찰이 나날이 없어지고 나날이 훼손되어 산에는 사찰이 없고 사찰에는 승려들이 없어 요행히 총림아래 머리를 깎고 물든 옷 입은 사람도 관리가 침범하고 속인들이 재앙을 일으킨다.'고 할 정도였다는 것이다.[71] 하지만 이러한 가운데 청계사는 양종을 대표하는 본산의 역할을 하며 불교계를 주도하였다.

4. 조선후기 조인규 가문과 왕실의 원당

앞서 언급했듯이 허응 보우에 의해 선교 양종이 복립되어 봉은사와 봉선사가 본산이 되었다. 따라서 청계사는 그만큼 그 위상이 다소 축소될 수밖에 없었다. 더욱이 임진왜란시 청계사도 병화를 입었다. 전각이 불타고 「영당중수기문」도 소실되었다. 더욱이 광해군대 청계사는 어떤 연유에서인지 모르겠으나 세자 이질(1598~1623)[72]이 청계사를 점유하고 전장 노비는 관가에 편입되었다고 한다.

광해군 때 청계사는 폐세자가 점유하고 있었고 또한 전답과 노비는 궁가나 토호들이 탈취하였다. 그리고 그 비석의 비문을 갈아버렸는데 이는 대개

---

70) 허응 보우, 「청계사에 이르러 전등록을 배우는 사람들에게 보임」, 『허응당집』 권하.
71) 허응 보우, 「선종판사 계명록」, 『허응당집』 권하 ; 황인규, 「나암보우의 불교계 활동과 문도」, 『동국사학』 40, 2004 ; 황인규, 「나암보우와 조선 불교계의 고승」, 『보조사상』 24, 2005 ; 황인규, 『조선시대 불교계 고승과 비구니』, 혜안, 2011.
72) 광해군 아들 李𩛿은 인조반정으로 폐세자로 강등되어, 이 해 3월 23일 아버지 광해군과 가족들이 江華에 위리안치되고, 같은 해 5월 22일 위리안치된 상황에서 땅굴을 파고 도망치다 붙잡히고, 사흘 후 폐세자빈 박씨는 자결하였다. 같은 해 6월 25일 참석하여 폐세자의 처형을 청하여 기결을 꺼내어 6월 25일 목을 매어 죽였다. 『인조실록』 권2, 1년(1623) 5월 22일(신해) ; 『인조실록』 권2, 1년(1623) 6월 25일(갑신).

그 전답과 노비를 비에 새겼기 때문이다.73)

위의 인용한 글은 1689년(숙종 15) 6월에 조인규의 11대손인 조운이 지은 「청계사사적기비」이다. 왕실의 원당이 된 사실을 조인규 가문의 입장에서 그렇게 기록한 것이라고 생각된다. 청계사는 광해군의 후원을 받은 왕실의 원당이 되어 재가 설해지기도 하였다.

그 이듬해(1619, 광해군 11) 다시 오대산에 들어가 상원암에서 동안거하였다. 그때 광해군은 청계 난야에 재를 베풀고 궁사를 보내어 화상을 불러 설법을 하게 하였다. 그리고는 금란가사와 벽수장삼을 주었다.74)

만력 임술년(1622년, 광해군 14) 대사의 나이 60여 세 때 나라에서는 청계사에 재를 베풀고 대사를 증명사로 청하고 금란가사를 주었더니 재가 끝나자 대사는 그 가사를 벗어 두고 몰래 가버렸다.75)

위의 인용문에 의하면, 1622년 무렵 부휴 선수의 문도인 벽암 각성(1574~1659)과 고한 희언(1561~1647)은 세자의 원찰인 청계사에서 재를 크게 베풀었다. 부휴 선수와 그의 문도 벽암 각성은 이러한 공으로 1622년(광해군 14)에 법호를 추가 또는 하사받았다.76) 벽암 각성과 고한 희언은

---

73) 경기도, 『경기금석대관』 5, 경기도, 1992, '光海時淸溪寺 爲廢世子所占田庄奴婢 又爲宮家及豪民所奪 而磨其碑 盖其田庄奴婢 刻于碑故也.'
74) 백곡 처능, 「賜報恩闡教圓照 國一都大禪師 行狀」, 『대각등계집』 권2, '維時光海 設齋於淸溪蘭若 遣宮使 迓師說法 授金襴袈裟碧繡長衫.'
75) 백곡 처능, 「孤閑大師行狀」, 『대각등계집』 권2, '萬曆壬戌 師年六十餘 國家設齋於淸溪寺 請師爲證 授以金襴袈裟 齋畢 師釋袈遁去.'
76) 지리산 華嚴寺에 소장되어 있는 禮曹職牒에 의하면 광해군 14년(1622) 3월 善修에게 法號를 追加하였고 같은 해 9월 覺性에게 法號를 下賜했다. 그 법호는 다음과 같다. '浮休堂 扶宗樹教轉智無礙 追加弘覺大禪師善修 登階者.' '扶宗樹教行解圓妙悲智雙運辯才無礙大禪師覺性.'이다. 이능화, 『조선불교통사』 상, 1918, 487쪽.

스승 부휴 선수와 광해군의 능침 사찰 남양주 봉인사에서 중국에서 모셔진 석가 진신 사리를 봉안하는데 주관하였으며,77) 특히 벽암 각성은 오대산 월정사 적멸보궁 수호에도 관여한 바 있었다.78) 이렇듯 광해군대 청계사는 남양주 봉인사와 더불어 왕실의 원당으로 중요사찰이었던 것이다. 당시 청계사 주지 묘암과 희운 등이 『묘법연화경』,79) 1년 후 『법집별행록절요병입사기』와 『고봉화상선요』를 개판하였다.80)

그 후 청계사의 역사에서 중요한 사실은 숙종대 중창과 정조의 원당화이다. 청계사는 1689년(숙종 15) 3월 화재로 '5백년 고찰이 흔적 없이 재가 되고 말았다'고 한다. 이에 청계사 승려 성희가 조인규의 11대손 조신과 조운 등의 후원으로 중창하였다. 특히 광주 지역 출신의 조지겸(1639~1685)은 「청계사 신창 권선문」을 지어 모연을 장려하였다.81) 그리고 1701년(숙종 27) 화주 사당 신찬 등이 700근의 동종을 조성하였다. 고려말 이후 청계사는 조인규 가문의 원당으로 다시 부각되었으나, 얼마 후 왕실의 원당으로 부상하였다. 즉, 정조뿐만 아니라 문신들에 의해 조인규 가문의 조견이 충신으로 부각되면서 청계사는, 특히 정조에 의해 더욱 주목되었다.

---

77) 황인규, 「광해군과 봉인사」, 『역사와 실학』 38, 역사실학회, 2009.
78) 황인규, 「조선 중기 월정사와 상원사·적멸보궁」, 『역사와 교육』 14, 2012.
79) 이 『妙法蓮華經』은 1622년(광해군 14) 3월에 청계사에서 開板한 것으로 첫 장에 變相圖가 있고 사주 단변에 반 곽의 크기는 가로 13.7cm, 세로 20cm이며 모두 211판이다.
80) 임진왜란 이전에 제작된 판으로 추정되는 五大眞言, 임란후에 개판되었을 法界聖凡水陸勝會修齊儀軌, 誡初心學人文·發心修行章·自警序·蒙山和尙法語略錄, 大慧普覺禪師書 등이 있다.
81) 趙持謙(1639~1685), 「淸溪寺 新創 勸善文」, 『汪齋集』 卷6, 勸善文, '粤以淸溪山裏 萬景臺前 寔漢南之名區 爲海東之靈岳 臨溪流之淨潔 日夕忘歸 入洞府之窈深 塵喧不到 於焉創宇 聊以棲禪 疊石而成階 緣雲而拓圃 瑤林乍拂 香逕已開 靈籟時傳 淸磬自響 天慳幾歲 韜寶界於霞岡 神佑今朝 起道場於霧壑 燒香薦福 載欣禮佛之徒 提笈携朋 寧厭攻苦之輩 霜筠雪竹 將倣鍾寺之規模 澗水山雲 自呈天竺之物色 落花深院 宜住揮塵之高僧 明月禪窓 堪留詠桂之仙客 然微東助 曷光我功 昌相刺史焉遠公而立東林之房 白少傅與如滿而結香山之社 凡諸富貴君子 亦淸勝名流 無愛金錢 以相斤斧 三生冥報 有大界之光明 百世芳聲 與玆菴而終始.'

경기 유생 조항 등이 상소하였다. '신 등이 삼가 듣건대 고려조 때 온전히 절개를 지킨 신하들 가운데 월등히 뛰어나다고 칭송할 만한 사람은 오직 남을진과 조견뿐이라고 합니다.'[82]

경기의 유생 정동우 등이 상소하였다. '… 청계산 일면을 봉해 주고 석실을 쌓아 정절을 표시하도록 명하였다. 그러나 조견은 지금의 임금이 〈석실을〉 쌓도록 명한 것이니, 구국의 신하가 거처하기에 적합하지 않다고 하여, 즉시 양주로 옮겨 머물면서 스스로 호를 송산이라 하였습니다.'[83]

위의 인용한 글에서 보듯이 정조는 '여조의 김방경·조견이 다 이곳에서 났으니, 광주 한 부는 인재의 부고라 할 수 있을 만하다.'[84]고 하면서 청계사를 주목하였다. 이미 화성 용주사 보다 앞서 청계사로 와서 매년 불공을 드리는 등 원당으로 삼았다.[85]

1795년(정조 19) 세저가 탄생하여 왕비가 이 사찰을 매년 불공을 설행하는 원당으로 삼았다.[86]

을묘년 이후 (세자가) 탄생하여 불공을 매년 설행하는 곳으로 삼았다. 왕비가 명령을 내려 원당으로 삼아 거주하였다.[87]

---

82) 『정조실록』 권7, 3년(1779) 2월 29일(갑신) ; 『정조실록』 권17, 8년(1784) 윤3월 1일(병진).
83) 『정조실록』 권17, 8년(1784) 윤3월 1일(병진).
84) 『정조실록』 권8, 3년(1779) 8월 7일(무오).
85) 탁효정, 「조선후기 왕실원당의 사회적 기능」, 『청계사학』 19, 2004, 167쪽. 정조의 첫째 아들은 문효세자(1782~1786)로 5세로 요절한다. 아들이 없던 정조는 아들의 탄생을 소원하였으며, 그가 두 살 때 바로 왕세자로 책봉했던 것이다.
86) 宋煥箕,「三歸書社記」(1798년 作),『서울 및 근교 사찰지』 제8편 근기의 사찰,『다보』, 불교진흥원, 불기 2539년 가을, '1795년(정조 19) 東宮誕生行 自內殿以此寺 爲每年佛供 設行之所 仍以願堂定置.'

특히 1761년(영조 37) 아들 사도세자가 죽자 영조는 잠저시 청계사에 행차하여 원당으로 삼아 제각을 설치하였다.[88] 영조는 의례를 깨면서까지 친어머니를 추숭하였고, 친히 육상궁에 행차를 매우 많이 하였으며, 여기에는 전례에 없던 손자 정조를 데리고 다녔다.[89] 영조의 효심을 손자 정조도 본받아 아버지 사도세자에게도 궁원제를 적용하였다. 그런 정조는 즉위하자 '아! 과인은 사도세자의 아들이다.'[90]라고 천명하고 1789년(정조 13) 아버지 사도세자의 능침을 화성으로 옮기고 용주사를 창건하였다.[91] 이는 이미 영조의 어머니 숙빈 최씨 묘인 소령원의 능침 사찰인 파주 보광사의 전례를 따른 것이었다.[92]

1789년(정조 13) 정조는 아버지 사도세자의 묘 현륭원의 제각을 세우고 매년 탄일인 1월 12일과 기일인 윤5월 21일 두 차례 제사를 드렸다.[93] 아울러 정조는 청계사 인근에 밤나무 3,000주를 심어 원감을 두고 청계촌 김춘세로 하여금 관리하여 그 비용을 삼게 하였으며,[94] 인근 과천읍의

---

[87] 「龍洞宮 完文」,『서울 및 근교 사찰지』제8편 근기의 사찰,『다보』, 불교진흥원, 불기 2539년 가을, '乙卯以後 誕日佛供 每年設行之所矣 今因內令願堂定置爲居也.'

[88] 漢星河映,「清溪寺 大法堂 三尊改金 重修記」,『서울 및 근교 사찰지』제8편 근기의 사찰,『다보』, 불교진흥원, 불기 2539년 가을, '清溪寺 卽顯隆園 駐蹕 親定願堂 而祭閣 奉安之所也.'

[89] 『승정원일기』정조 11년 8월 16일(신해). '丁未八月十六日卯時, 上詣昭寧園擧動入侍時.' 연구에 의하면 영조는 숙빈 최씨를 국모에 준하는 반열에 올리면서 육상궁과 묘소인 소령원에 대한 행행을 매우 많이 거행하였다. 더욱이 왕세손인 정조까지 동행하였다는 것도 또한 파격적인 것이었고 정조가 사도세자의 능과 용주사의 행행에 영향을 끼쳤다고 한다. 이왕무,「영조의 私親宮·院 조성과 行幸」,『규장각』15, 2006.

[90] 『정조실록』권1, 즉위년(1776) 3월 10일(신사) ;『홍재전서』권26, 綸音 1, 卽阼日綸音 (즉위하는 날 내린 윤음) 병신년(1776).

[91] 『정조실록』권28, 13년(1789) 10월 16일(무진). 용주사에 대한 대략적인 서술은 다음의 저서를 참고. 김상영 외,『효심의 사찰 용주사』, 사찰문화연구원, 1993.

[92] 황인규,『파주 보광사의 역사와 위상』,『대각사상』12. 2009 ; 황인규,『조선시대 불교계 고승과 비구니』, 혜안, 2011.

[93] 『봉은사본말사지』청계사, '정조 13년 기유 현륭원을 설치하고 매년 두 차례 제향하였다.'

토지 5결을 시납하게 하였다.[95]

정조는 1790년(정조 14) 이후 화성이 축성되고 능침 사찰 용주사가 창건된 이후 행차시 청계사에 들러 제사를 지내는 등 원당으로 삼았다.[96] 특히

---

94) 정조는 세자 때는 물론이고 즉위후에도 청계사를 원당으로 삼고 불사 및 후원을 하였는데 이러한 대표적 사실을 소개하면 다음과 같다. 『봉은본말사지』 청계사, '영종 37년(1861) 신사 정종이 동궁으로 있을 때 친히 가서 원당으로 설립하고 밤나무 3천 그루를 심고 원감을 두었다.(英宗三十七年 辛巳 正宗在東宮時 親臨設願堂 在栗木三千株置園監).' 내탕고 1천 냥을 현륭원 나무심는 비용에 대게 하였다. 『정조실록』 권29, 14년(1790) 2월 1일(임자), '內帑庫의 돈 1천 냥을 내려보내, 顯隆園의 나무심는 비용에 대게 하였다. ; 『龍洞宮 完文』, 淸溪寺 近來 旣至空虛之境 矣 己酉年 十月分 自朝家爲顯隆園 設立祭閣 而兩次祭奉設行 是自置 庚戌 八月分 啓下內 果川邑地卜戶五結 以本寺 特給是置敎是 亦傳敎內辭意 奉審施行 爲乎彌兩次祭 亨 心奉行爲百齋 標內樹木 各別禁端 俾無生梗之地事.' ; 『서울 및 근교 사찰지』 제8편 근기의 사찰, 『다보』, 불교진흥원, 불기 2539년 가을 ; 『봉은본말사지』 청계사, '정종 13년(1789) 기유 현륭원을 설치하고 매년 2차례 제향했다.(正宗十三年(己酉) 命設顯隆園祭閣 每年兩次亨祭).'

95) 『龍洞宮 完文』, 『서울 및 근교 사찰지』 제8편 근기의 사찰, 『다보』, 불교진흥원, 불기 2539년 가을 ; 宋煥箕, 「三歸書社記」, 『性潭集』 卷14, 記, '春宮殿下 駐蹕于本寺 敎是時 招諸僧徒 詢問寺中古蹟 … 親覽 … 爲我設願堂 種栗木于山下 以標 差定栗園直爲 可 僧徒擇薦 淸溪村居敏 金春世 爲栗園直 同月 十七日 自龍洞宮 特賜金春世 金一百兩 以爲種栗之資 仍以董興祭器 奉安于寺中 金春世裁栗木 三千餘株 着實守護.' ; 『승정원일기』 정조 12년 7월 8일(무진), '南鶴聞 以刑曹啓曰 昨日動駕時 南部居良人金昌元 擊錚於衛外 故取考其原情 則以爲 渠父春世 世居廣州靑龍山 而其山有靑溪寺矣 歲在乙卯 自龍洞宮設佛供 仍成節目 踏圖署揭壁 辛巳 又有龍洞宮設願堂種木時 渠父得差栗 園直 賜百金植栗木 至於九年 逐歲進上於龍洞宮矣.' 청계사의 원당에 대한 혁파 기사 는 다음에서 찾아볼 수 있다. 『승정원일기』 정조 12년 7월 9일(기사) ; 『승정원일기』 정조 12년 9월 15일(계유).

96) 이러한 사실은 다음 실록의 기록에서 유추할 수 있을 듯하다. 『정조실록』 권29, 14년(1790) 1월 1일(임오), '하교하였다. 遷奉을 한 뒤에 처음으로 新正을 맞게 되니, 어린애나 다름없는 그리움이 더욱 깊어진다. 19일에 出宮하여 生辰에 맞춰 顯隆園에 나아가 제사를 지내고, 돌아오다가 수원의 새 고을에 머무는 날에 수원 등 세 邑의 유생과 무사들에게 과거를 설행하여 시취하겠다. 이로부터 해마다 빠짐없이 園幸을 할 것이다. 갖가지 폐단을 덜어주는 일에 대해서는 이미 강구하여 정한 규정이 있으니, 그대로 거행하여 털끝만큼이라도 폐단을 끼치지 않도록 京外에 단단히 타일러서 경계하라.' 이와 같이 실록에서는 정조가 園幸시 청계사에 들렀다는 직접적인 사실은 찾아지지 않지만 청계사에 들러 제사를 봉행하였다고 생각된다.

1798년(정조 22) 조인규 가문의 후손으로 수원 화성 축성을 감독한 조심태[97]가 시주하여 주지 행겸, 승려 풍책과 태성 등이 청계사를 중창하게 하였다.[98] 즉, 의선의 14세손인 무의공 조심태가 행진주병사 조민·행봉산군수 조기·행오위 장군 조화석 등 가문 인물들과, 오위 장군 신모가 승려 풍책과 태성 등과 주지 행겸·수승 최연·장무 종인 등과 함께 하였다.[99] 이러한 원당에 정조가 행차하여 아버지 사도세자의 현륭원 제각을 설치하고 할아버지 영조의 제사를 지냈다. 예컨대 1776년(영조 52) 영조가 승하하자 100재를 베풀기도 하였던 것이 대표적인 사례이다.[100] 이와 같이 청계사는 화성 용주사가 창건되기 전 1790년(정조 14) 당시 사도세자의 능침인 현륭원의 능침 사찰로 지정되었던 것이다.[101] 화성 용주사가 능침 사찰로 창건된 지 2년 후인 1792년(정조 16) 전라도 장흥 보주사나,[102] 영암 도갑사와 금강산 신계사도 정조에 의해 능침 사찰로 지정되었다.[103]

---

97) 『정조실록』 권42, 19년(1795) 윤2월 13일(을미).
98) 『봉은본말사지』 청계사, '정종 22년(1798) 무오 조무의의 출자로 풍책 태성 동역을 시켰다.(二十二年(戊午) 趙武毅公沁太 出資使豊策太性董役 重刱).' 그 후 탱화를 봉안하거나 불상을 개금하기도 하였다. 1844년(헌종 10) 후불탱과 신중탱을 봉안 하였으며, 1853년(철종 4) 화주 義宗이 지장탱을 조성하였다. 그리고 1857년(철종 8) 설암성각이 권화하여 尊佛을 개금하였으며, 1862년(철종 13) 掛佛을 봉안하였다.
99) 「청계사 重建法堂 大功德主記」, 『서울 및 근교 사찰지』 제8편 근기의 사찰, 『다보』, 불교진흥원, 불기 2539년 가을.
100) 宋煥箕,「三歸書社記」(1798년 作), 『서울 및 근교 사찰지』 제8편 근기의 사찰, 『다보』, 불교진흥원, 불기 2539년 가을, '國恤 內殿榮行 百日齋 … 錢米劃給 此寺定行.'
101) 정조의 불교관이나 시책에 대해서는 다음의 논문이 참고된다. 김준혁, 「조선후기 정조의 불교인시과 정책」, 『중앙사론』 12·13, 1999 ; 김준혁, 「정조의 불교인식의 변화」, 『중앙사론』 16, 2002. 하지만 청계사와 관련해서는 언급되어 있지 않다.
102) 『廟殿宮陵園 造泡寺調』(한국학중앙연구원 장서각 소장) : 탁효정, 「『廟殿宮陵園墓 造泡寺調』를 통해 본 조선후기 능침사의 실태」, 『조선시대사학보』 권61, 2012.
103) 『楡岾寺 本末寺誌』, 「金剛山神溪寺事蹟」, 233~236쪽 ; 박병선, 「朝鮮後期 願堂考」, 『백련불교논집』 5·6, 1996 ; 탁효정, 「조선시대 왕실원당 연구」, 한국학중앙연구원 대학원 박사학위논문, 2012, 89~90쪽. 참고로 추사 김정희가 청계사 승려와 교유한 듯하다. 즉, 추사는 생부 金魯敬(1766~1837)의 묘를 청계사 인근의 청계사 玉女峰 중턱 검단에 모시고, 생부의 별장인 과천 瓜地 草堂에서 만년을 보내면서 청계사 승려와 교유하였다. 이는 그가 남긴 다음의 시 귀를 통해 미루어 알 수 있다.

그 후 1857년(철종 8) 청계사의 고승 설암 성각이 발원하여 주지 한성 하영이 증명사 인성 선기와 인성 두찰 등 승려를 모시고 극락보전의 삼존불상 개금불사를 하였다.[104] 그 무렵 주목되는 사실은, 그 해 경허 성우가 어머니를 따라 서울로 올라와서 경기도 과천 청계사에서 계허대사를 은사로 출가하였다는 것이다.[105] 근대 불교를 중흥하는 고승인 경허가 바로 청계사에서 출가하였던 것이다. 또한 1862년(철종 13) 상궁 차씨가 왕명을 받들어

'문을 나니 가을이 정히 좋은데 승려를 끌어 다시금 어여쁘다네(出門秋正好 携衲更堪憐)' ; 김정희, 「秋日重到瓜地草堂」, 『완당전집』 권9, 詩. 특히 김정희는 1852년 北靑 유배지에서 풀려난 뒤 瓜地草堂과 청계사에 머물면서 奉恩寺를 왕래하면서 서예와 선학에 몰두하다가 1856년 별세하였다. 봉은사에는 金正喜書板殿懸板(서울특별시유형문화재 제83호)이 남아 있다. 이에 대한 정밀한 천착은 후고로 미룬다.

104) 漢星河映, 「淸溪寺 大法堂 三尊改金 重修記」, 『서울 및 근교 사찰지』 제8편 근기의 사찰, 『다보』 불교진흥원, 불기 2539년 가을, '極樂寶殿 卓上 有三尊佛像 卽 彌陀觀音勢至也 造成改金 雪岩堂性寬大師 心慨發願 鳩財募緣.'

105) 「청계산경허화상비문」, '九歲時 隨母上京 投廣州郡 淸溪寺 依桂虛大師 祝髮受戒雲水蕭然 衣鉢一空 嘗以負薪汲水 供佛奉師爲' ; 방한암, 「경허화상행장」, 『불교』 95, 불교사, 1932 ; 경허선사법어집간행회, 『경허법어』, 인물연구소, 1981, 736쪽. 경허가 청계사에 있을 때 스승 계허가 黨聚僧의 두목이었다(金泰治(1899~1989), 「인간 경허-경허대사 일대평전」, 『批判』 1~7, 1938.6~1939.1.)고 하여 청계사가 당취의 본거지로 보는 견해도 본고에서는 취하지 않는다. 사실 조선시대 黨聚는 수행승이 아닌 승도 부류로 이해되어야 한다. 고려시대 隨院僧徒나 在家和尙이나 조선왕조실록에 등장하는 道衆 혹은 社長이라는 부류들이다. 그들은 불교의 도량인 사찰뿐만 아니라 마을에서 在家를 이루고 살았다. 특히 조선후기 척불의 분위기속에 마을 공동체나 놀이 공동체를 이루기도 하였지만 때로는 조선 정부의 위협적인 존재인 黨聚, 즉 '땡추'가 되기도 하였다고 생각된다.(황인규, 「한국불교사에 있어서 度牒制의 시행과 그 의미」, 『보조사상』 22. 2004 ; 대한불교조계종 불교교육원 불교사연구위원회 워크숖 발표자료집, 「한국의 승니와 현대 불교정화」, 불교역사기념관, 2007.8.31(금)-9.1(토)) 참고로 社長에 대해서는 세종 30년에 처음 보이며(『세종실록』 권122, 30년 12월 5일(정사)) 이능화가 조선전기의 사장이 조선후기에 이르러 사당(捨堂·社堂·寺堂)이라 규정한 이래(『朝鮮解語花史』) 사당패(남사당패)의 무리라고 보는 설이 우세하나(송석하, 「社堂考」, 『한국민속고』, 일신사, 1960 ; 전경욱, 「才僧 계통의 연희자」, 『민속학연구』 11, 2002 ; 박은용, 「사당패들의 활동정형」, 『고고민속』 4, 1964 ; 전신재, 「거사고」, 『한국인의 생활의식과 민중예술』, 성균관대 대동문화연구원, 1983 ; 진나라, 「조선전기 사장의 성격과 기능」, 『한국사상사학』 22, 2004) 당취(땡추)와 청계사, 그리고 그 관련사실에 대한 좀더 깊은 천착은 후고로 미루기로 한다.

왕과 왕비의 만수무강을 발원하여 청계사에 삼신불 괘불정106)을 봉안하였는데, 청계사가 왕실의 원당으로서 사세가 지속된 한 사례이다. 그 후 청계사는 고종대에 이르러 화재로 소실되자 중창하였다. 즉, 1876년(고종 13) 화재로 수십 칸에 이르는 전각이 소실되자 1879년(고종 16) 봄 2월부터 4월까지 청계사 주지 은곡이 중건하여107) 일제 강점기에 이른다.108)

이상에서 살펴보았듯이 청계사는 현재 용주사 말사이지만 용주사가 사도세자의 능침 사찰이 되기 전까지 조선후기에도 조인규 가문이나 정조의 원당으로서 근기 지방을 대표하는 사찰이었던 것이다.

5. 나가는 말

본고에서 살펴본 청계사의 역사와 그 위상을 정리해 보면 다음과 같다. 즉, 의왕시 청계산 청계사는 신라 이래의 사찰이라 전해지나 사세가 커진 것은 고려 원 간섭기 역관 출신 조인규 가문의 원당이 되면서부터이다.

조인규 가문 출신의 천태종계 승려들은 과천 청계사와 수원 만의사 일대에서 활동하였을 뿐만 아니라 여말선초 불교계를 주도하게 되는 무학 자초와 그의 제자 철호 조선이 주지에 재임하였다. 조선초 태종대에 이르러 조인규 가문의 원당인 청계사가 과천의 자복사로서 지정되었다. 청계사 인근에 있었던 원통사·북암·정금사·십왕굴·□□사 등의 사찰은 청계사

---

106) 金魚比丘인 化南堂摠舍와 潤益이 淸溪寺三身佛掛佛幀을 그렸다. 그리고 순조대 불설천지팔양신주경(1831, 순조 31)·대장경목록(1834, 순조 34)·수영대명왕대다라니(1902) 등의 경전이 개판되었다.
107) 이러한 사실은 1881년(고종 18) 은곡대사의 청으로 曹溪山人 東溟이 지은 「청계사중건기」에 실려 있다. 東溟, 「京畿左道 廣州郡 靑龍山 淸溪寺 重建記」, '去丙子三月二十六日火 數十間梵宇 入於鬱攸之中 延及草屋 緇徒棲屑無處 又遭無前之歉 人不敢遽重建矣 越四年己卯春 余先心鳩財 并借衆力 繩墨始自二月 凡四易月而工告訖.'
108) 일제 강점기 청계사에 대해서는 한동민의 다음의 글을 참조하기 바란다. 의왕시·의왕문화원, 「제5절 일제시대 의왕의 종교 2, 불교」, 『의왕시』 2, 2007.

산내 암자인 듯하다. 특히 원통사(암)는 조견과 관련해 나타나며, 태조 이성계가 청계 1면에 석실을 쌓았다는 원통동에 있었던 사찰로 그 존재가 확인되었다. 괴애 김수온(1410~1481)의「원통암 중창기」기문에 의하면 원통암은 세종대 무렵까지 그 역사를 알 수 없었다고 하는데 1425년(세종 7)부터 1462년(세조 8)까지 중창된 사실을 알 수 있다. 즉, 1425년(세종 7) 승려 해당이 원통암을 중창하고자 하였는데, 세종의 비 소헌왕후의 시주를 받아 1428년(세종 10) 불전 3칸과 선승 2당과 주방 헛간 요사채, 외양간 등을 갖추어 중창하였다. 그리하여 세종의 비 소헌왕후(1395~1446)의 원당이 되어 경기우도의 뛰어난 사찰이 되었던 것이다. 그 후 왕후의 8남 영응대군(1434~1467)이 전 용문사 주지 계안과 문도들로 하여금 9년간 주재하여 보수 중창하여 1462년(세조 8) 9월 영응대군이 낙성식 법회를 3일간 크게 개설하였다.

이렇듯 청계산의 산내 암자인 원통암은 세종의 비 소헌왕후와 8남 영응대군의 원당이었으며, 소헌왕후의 5남 광평대군과 7남 평원대군을 비롯하여 1445년(세종 27) 4월 삼한국대부인 안씨 등과 함께 청계사에 머물며 독경하는 등 왕실의 관심이 컸다. 고려 대각국사 의천이 가져온 『화엄경소초』가 그 이후 세종대 당시까지 유실되어 찾아볼 수 없었는데, 이를 바로 청계사에서 개판하였던 것이다. 즉, 1453년(단종 1) 6월 태종의 2녀 경정공주와 태종 2남 효령대군이 주지 각돈과 함께『화엄경』1,470판으로 인출하여 잡화전을 짓고 봉안하였다. 이렇듯 청계사는 산내암자 원통사(암)과 더불어 조선초 왕실의 주목을 받은 원당이었던 것이다.

청계사는 연산군대에 이르러서도 선교 양종의 본산이 폐지되자 명종대 허응 보우가 선교 양종을 복립할 때까지 선교 양종을 아우르는 선종의 본산이었다. 광해군대 세자의 원당이 되었으며, 고승 벽암 각성과 고한 희언이 주석하며 재를 올리는 등 왕실의 주목을 크게 받았다.

그런 한편 조인규 가문에서도 청계사의 사적비를 짓는 등 조선후기에도 원당으로서의 위상을 지녔으며, 왕실에서도 관심과 배려가 계속되었다.

즉, 정조는 잠저시 인근의 화성 용주사에 앞서 청계사를 원당으로 삼았다. 밤나무 3,000주를 심어 원감을 두고 관리하게 하고 인근 과천의 토지를 시납받기도 하였다. 1789년(정조 13) 아버지 사도세자의 능침인 현륭원에 행차시 청계사에 들려 현륭원 제각을 세우고 매년 두 차례 제사를 드렸다. 따라서 화성 용주사뿐만 아니라 청계사도 사도세자의 능침 사찰이었던 것이다. 철종대 근대 불교를 중흥하게 되는 경허 선사의 출가처가 바로 청계사였다. 이와 같이 청계사는 현재 용주사 말사이지만, 용주사가 사도세자의 능침 사찰이 되기 전까지 조선후기에도 조인규 가문이나 정조의 원당으로서 근기 지방을 대표하는 사찰 가운데 하나였던 것이다.

Ⅳ. 수원 봉녕사와 화령전 원찰

1. 들어가는 말

 수원 광교산 봉녕사는 현대 비구니 도량으로 널리 알려져 있으나 그 이전의 전근대 역사의 실체에 대해서는 제대로 검증된 바 없다. 이는 관련 자료의 영성함 때문이기도 하지만 본격적인 조명이 이루어지지 않은 바 크다.[1] 봉녕사의 작업을 진행하면서도 별다른 진척을 보지 못하다가 봉녕사 사중에 전해오는 두 건의 상량문의 기록이 등장하여 봉녕사의 역사를 밝히는데 적지 않은 실마리를 던져주고 있다.[2]
 그간의 전근대 봉녕사의 역사에서 가장 큰 문제 가운데 하나는 '창성사가 봉녕사의 전신인가'이다. 이러한 사실을 뒷받침해 줄만한 여타의 기록이나 설화류의 사실조차 찾아지지 않고 있어서 아쉬움이 매우 크다. 『한국사찰전서』나 『기내사원지』 등 현대판 사지류에서는 별개의 사찰로 간주하고 있다. 하지만 봉녕사는 창성사 혹은 성창사로 창건되었다고 널리 알려져 있으나 현 창성사 터와 봉녕사와의 거리가 멀리 떨어져 있으며, 창성사와 봉녕사에

---

1) 최근에 봉녕사 승가대학에 대한 학술적 접근을 한 다음의 논고가 있을 뿐이다. 요경, 「비구니 교육 도량 봉녕사승가대학에 대한 고찰」, 대한불교조계종 교육원 불학연구소 편, 『비구니 승가대학의 역사와 문화』, 조계종출판사, 2009.
2) 이 두 건의 상량문은 봉녕사 사중에 소재하고 있다. 후술하는 바와 같이 1860년(철종 11) 10월 4일에 화주승 禪聾(聾醒) 敬義에 의하여 崇政大夫 行水原府留守 兼摠理使 金炳喬와 그의 아들 通政大夫 行龍驤衛 副護軍 金永均의 시주로 법당을 건축했을 당시 쓰여진 두 건의 상량문이다. 즉, 尹建和, 「奉寧寺 新建法宇 上樑文」(行訓練院 僉正 嚴錫祺 書)와 「時庚申十月 初四日甲子記」이다. 금번에 처음으로 소개되는 기록으로 봉녕사가 奉德庵 혹은 鳳德庵이었으며, 순조대 초년에 정조의 진전 화령전의 원찰로 사액되어 봉녕사로 불렸다는 내용을 알 수 있다.

관련 사실이 입증되지 않고 있어서 창성사가 봉녕사의 전신인지 아닌지 확실하게 언급하기 곤란한 실정이다.

하지만 대개의 불교나 사찰의 역사에 관련한 기록이 그러하듯이 관련 자료가 영성하지만 거짓이나 사실을 왜곡한 사례는 거의 찾아보기 힘들다는 점에서 현재 널리 알려진 봉녕사의 역사도 대체로 사실로 간주해야 될 듯하다.3) 본고에서는 이러한 점에 유의하면서 앞서 언급한 상량문의 기록 내용을 참조하여 전 근대 봉녕사의 역사를 복원 시도하고자 한다.4)

2. 고·중세 봉녕사의 역사

1) 봉녕사의 주요 연혁 검토와 창성사

(1) 봉녕사의 주요 연혁 검토

현재 봉녕사 사중에서 전하는 사적비에는 알려진 바와는 달리5) 다음과 같이 일부 내용이 더 추가되어 있다.

---

3) 봉녕사의 역사에 대한 입증해 줄만한 전거가 없다고 해서 부정하는 것도 반드시 옳지 않다. 부정할 만한 사실이 나오기까지는 사실로 받아들여야 할 것이다.
4) 본고는 대한불교조계종 수원 광교산 봉녕사 제1회 학술세미나(佛紀 2557(2013). 9. 2(월) 소요삼장 10:00~)에서 발표한 발제지를 정제한 것이다.
5) 알려진 봉녕사에 대한 주요 연혁은 다음과 같다. 1208년(희종 4)에 圓覺國師가 창건하고 彰聖寺(聖彰寺)라 하였다. 그 뒤 1400년대 초기에 奉德寺라 개칭하였으며, 1469년(예종 1)에 慧覺이 중수하고 봉녕사라 고쳐 부르게 되었다. 1971년에는 비구니 妙典이 좁은 도량을 확장하여 별당과 요사채를 신축하고 선원을 개원하였으며, 절 앞쪽으로 佛糧畓 2,000여 평을 구입하였다. 1979년에는 妙嚴이 주지로 부임하여 승가학원을 열었고, 종각의 신축과 함께 人蓮을 무초하였으며, 2층의 대강당을 신축하여 현재까지 도제 양성의 중심 도량이 되고 있다. 『한국민족문화대백과사전』 봉녕사.

고려 희종 4년(1208)에 원각국사가 처음 창건하여 사명을 성창사(聖彰寺)라 하였고 조선 정종 2년(1400) 봉덕사로 개칭하여 오다가 조선 예종 원년(1469) 혜각국사가 중수하였다.

<u>1860년 조선 철종 11년 10월 4일에 화주승 선농 경의에 의하여 숭록대부 김병교와 통정대부 김영균의 시주로 법당을 건축하였다.</u>

<u>1962년 10월 1일 광덕 스님이 주지로 부임 당시 등록된 재산은 풍운을 피할 정도의 전각에 1158년 평전과 수전 1360평 임야 6정보였다.</u>

<u>1965년 8월 21일 법룡스님 주지시 청신녀 보현행이 자신의 사유지 1213평과 전 69평을 제 위답으로 증정하였다.</u>

1970년 1월 도광스님이 주지에 취임하였다.

1971년 4월 1일부터 1979년까지 묘전스님이 주지로 재임하는 동안 봉녕사가 새로운 전기를 맞게 되어 대웅전 27평 약사보전 10평 강당 26평 요사 30평 종각 2평 요사 17평 사무실 목욕실 등을 신축하였고 제 전각과 범종과 후불탱화를 조성하였다.

1971년 4월 비구니 강원을 개설하여 묘엄스님이 강주로 취임하였다.6)

위의 밑줄친 내용이 더 추가된 사실이다. 이러한 내용을 바탕으로 봉녕사의 역사는 고려중엽 창건 이후 성창사, 조선초 1400년부터 70여 년간의 봉덕사, 1469년 이후 현재까지 봉녕사 시기로 크게 나누어 볼 수 있다.

하지만 고려중엽 성창사로 창건되었다는 사실은 사중의 사적비 외에는 찾아볼 수 없다. 봉녕사는 고려중엽 성창사로 창건되어 조선초 봉덕사, 19세기초 이후의 봉녕사의 시기(비구 도량과 비구니 도량)로 크게 나누어 볼 수 있다. 이러한 사실을 포함하여 봉녕사의 주요 연혁을 열거하면 다음과 같다.

---

6) 「광교산 봉녕사 사적비문」, 봉녕사 경내 소재.

1) 고려 중엽 이후 조선초 성창사

    (1) 1208년(희종 4)에 원각국사가 창건하고 성창사라고 하다.

2) 조선초 70여 년 봉덕사

    (2) 1400년(정종 2) 봉덕사라고 개칭되다.

3) 조선초 봉녕사

    (3) 1469년(예종 1)에 혜각이 중수하고 봉녕사(?)라 고쳐 부르다.

    (4) 1860년(고종 15) 봉녕사 각 법당에 탱화를 봉안하다.

4) 일제 강점기 봉녕사

    (5) 일제 강점기 고승들이 주지를 하다.

5) 해방 후 봉녕사 비구 도량

    (6) 1962년 10월 1일 광덕스님이 주지로 부임하여 사세를 점검하다.

    (7) 1965년 8월 21일 법룡스님 주지로 취임하여 봉녕사에서 입적하다.

    (8) 1970년 1월 도광스님 주지에 취임하다.

6) 1970년대 이후 봉녕사 비구니 도량 시기

    (9) 1971년 무렵 묘전스님이 주지에 취임하다.

    (10) 1971년 4월 1일부터 1979년까지 묘엄스님이 주지로 재임하며 사세를 크게 진작시키다.

위의 연혁 가운데 성창사의 시기 '(1)'과 봉덕사 시기 '(2)', 봉녕사의 시기 '(3)-(10)'이다. 현재의 입장에서 보면, 묘엄스님과 그의 사형 묘전스님의 봉녕사 비구니 도량 사세 진작 시기와 그 이전의 시기로 크게 나누어 이해될 수 있다. 그런 한편 내용적으로는 성창사, 봉덕사, 봉녕사의 세 시기로 크게 나누어 볼 수 있다. 그런데 봉녕사 법당 상량문[7]에 의하면, 다음의 사실이 정정 추가될 수 있다.

---

[7] 두 상량문은 尹建和, 「奉寧寺 新建法宇 上樑文」(行訓練院僉正 嚴錫祺 書)와 「時庚申十月初四月甲子記」(봉녕사 사중 소재)이다.

조선초(?) 봉덕산 봉덕암(奉德庵)이라 불렸다.
1801년(순조 1) 직후 정조의 진전인 화령전의 원찰로 삼기 위해 봉녕사라고 사액을 하사하였다.
1860년(철종 11) 10월 4일에 선농 경의가 발원하고 김병교의 시주로 법당을 건축하였다.

위의 사실은 금번에 처음 밝혀진 내용이다. 상량문의 내용에 의하면 봉녕사의 창건이 언제 이루어졌는지 알 수 없으나 봉덕산 봉덕암(鳳德庵 혹은 奉德庵)이라 불리다가 순조 즉위초에 정조의 진전인 화령전(華寧殿)이 건립되면서 화령전의 원찰이 되어 봉녕사라고 불렸다. 그리고 봉녕사의 고승이라 생각되는 선농 경의와 수원유수 김병교가 주도하여 법당을 중수하였다는 것이다. 이러한 사실은 봉녕사의 역사 사실 가운데 매우 중요한 사실로 간주된다. 하지만 조선초인 1400년 봉덕사라고 하였다가 1469년(예종 1) 혜각대사가 봉녕사라고 한 개칭 시기 등 기존의 사실과 다소 맞지 않는다. 후술하는 바와 같이 아마도 조선초 봉덕사가 아닌 봉덕암이라 불리다가 조선후기 순조대 초 봉녕사로 개명되어 오늘에 이르고 있는 것이다.

(2) 창성사의 역사와 봉녕사

앞서 언급한 바와 같이 봉녕사의 역사를 이해할 때 가장 어려운 문제 가운데 하나는 관련 기록의 영성함이다. 봉녕사는 성창사로 창건된 듯하지만 창성사라고 알려지기도 하였다. 창성사가 봉녕사의 전신인가 하는 문제부터 짚고 넘어가기로 한다. 창성사의 관련 사실을 뒷받침해 줄만한 기록은 목은 이색이 쓴 진각국사 천희 비문(1386년), 『둔촌잡영』(1410년), 『태종실록』(1431년), 『신증동국여지승람』(1530년) 등에서 찾아볼 수 있고, 이후 『수원부읍지』(1793년)와 『범우고』(1799년) 등에서 다시 창성사의 존재를 확인할 수 있다.8) 이러한 사실을 좀 더 구체적으로 살펴보기로 한다. 창성사에 대한 기록 가운데 가장 중요한 것은 화엄종 마지막 국사 천희가 주석하였다는 사실이다.9)

천희는 근기 지방인 수원 창성사에 와서 홍법의 메카로 만들려다가 입적하였다. 수원과 시흥 등 근기 지방을 중심으로 불교계 일각에서 전개된 홍법운동은 화엄종계에서도 마찬가지였다고 생각되며, 천희도 근기 지방인 수원 창성사를 화엄종의 메카로 삼으려다가 입적하였다.10) 그 무렵 문집에 창성사 관련 기록을 다음과 같이 찾을 수 있다. 즉, 둔촌 이집(1327~1387)이 창성사를 방문하여 규헌 권주(?~1394)와 만나지 못하였다는 내용이다.11) 이집은 우왕 13년(?) 무렵 성을 떠난 뒤 나흘 만에 청계산에 왔다가 창성사에 들렀다고 한다. 이집은 동년인 권주의 집에 왕래하면서 교유하였다.12)

이집은 소년시절인 1340년대 창성사에 와서 시를 읊었는데, 그 시 가운데 '절간이 말끔히 수리되었지(當時此院正新修)'라고 하여 창성사의 보수가 있었음을 알 수 있다. 그리고 '불당 은행나무(鴨脚) 옛날 그대로 있는데 '당전 압각 의연 재(堂前鴨脚依然在)'라 하여 불당 앞의 은행나무는 그대로 있었다는

---

8) 이에 대한 전거는 후술할 것이다.
9) 천희에 대한 논고는 다음과 같다. 유영숙, 「진각국사 천희의 생애와 사상」, 『가산 지관스님 화갑기념논총 한국불교문화사상사』, 2000 ; 황인규, 「수원의 고승 진각국사 천희와 고려말 불교계」, 『수원학연구』 3, 2006 ; 황인규, 『고려시대 불교계와 불교문화』, 국학자료원, 2011. 최근에 문화사학회에서 김상현, 최연식, 엄기표의 창성사와 진각국사 천희에 대한 조명이 이루어진 바 있다. 여기도 창성사와 봉녕사의 관련 사실에 대한 언급은 없다. 이색, 「彰聖社 眞覺國師 大覺圓照 塔碑銘」, 『한국금석전문』 중세 하 ; 이지관 역주, 『교감역주 역대고승비문』 고려4, 가산불교문화연구원, 1997 ; 『신증동국여지승람』 권9, 경기 수원도호부.
10) 황인규, 「수원의 고승 진각국사 천희와 고려말 불교계」, 『수원학연구』 3, 2006.
11) 李集, 「訪葵軒於彰聖寺不遇(權鑄)」, 『遁村雜詠』 七言絶句, '出城四日到淸溪 不是泥塗惜馬蹄 並轡笑談殊未足 更尋彰聖路多迷 宿雨初晴日在西 獨行尋寺路高低 僧愡不作同年會 自酌村醪醉似泥 憶昔少年爲客日 當時此院正新修 堂前鴨脚依然在 白愧書生白了頭.'
12) 고혜령, 「둔촌 이집의 생애와 교유」, 『사학연구』 88, 2007, 536쪽.

사실을 알 수 있다.13) 이러한 사실로 보아 창성사는 고려 원 간섭기 유생들의 사찰 독서의 공간이었으며, 동년회 모임의 장소이기도 하였다.

다음 조선 건국 직후 창성사에 대한 기록으로 자복사로 지정되었다는 사실이 찾아진다.14) 1407년(태종 7)에 전국적으로 지정된 자복사는 읍내 명찰이었는데15) 창성사는 수원의 자복사로 자은종에 소속되었다. 또한 문집에 의하면 '병인년(1446, 세종 28) 겨울에 관찰사 김겸광(1419~1490) 등 몇 명의 군자들과 같이 광교산 창성사에서 글을 읽고 있었다.'16)라는 관련 기록이 찾아진다. 즉, 1446년(세종 28) 겨울에 관찰사 김겸광 등 몇 명의 군자들과 같이 광교산 창성사에서 글을 읽고 있었음을 알 수 있다. 알려진 창성사(彰聖寺)와는 달리 창성사(昌盛寺)라고 표기되어 있지만 동일 사찰이라고 생각된다.

강희맹(1424~1483)은 12세인 1435년(세종 17) 승려 성상에게 수학한 바 있으며, 21세인 1444년(세종 26) 조리 등과 함께 황산 사나사에서 독서한 바 있다. 23세인 1446년(세종 28) 한계희 등과 함께 삼각산에서 독서하였으며, 같은 해 김겸광 등과 함께 수원 광교산 창성사에서 독서하였다. 즉, 창성사는 세종대 유생들의 사찰 독서의 도량이기도 하였던 것이다.17)

그런데 사중에 전하는 바에 의하면, 창성사(혹은 성창사)는 조선초 봉덕사

---

13) 이와는 달리 봉녕사 경내에 800여 년이나 되었다는 나무는 향나무이다.
14) 『태종실록』 권14, 7년(1407) 12월 2일(신사).
15) 한기문, 「고려시대 자복사의 성립과 존재 양상」, 『민족문화논총』 49, 영남대 민족문화연구소, 2011.
16) 姜希孟(1424~1483), 『私淑齋集』 卷之九 說 訓子五說 幷序 溺桶說(소변 통에 대한 설), '丙寅冬 與金觀察謙光輩數君子 書於光敎山昌盛寺 家使久絶 蟣蝨滿褌 癢痛難堪 張火烘之 猶不能止 旣久 家使至 換新褌 手自封疊送還 夫人取來不忍看 令侍婢用禿帚掃 之 沸湯沃之 浣滌旣畢 蟣甲猶粼粼 模糊縫際 夫人藏之 待余釋褐示之 且欲示子孫 汝等所 目擊也 今當紈綺被體 未嘗不思此苦也.'
17) 김광겸은 이훈 등과 사찰에서 고승 一庵學專과 교유하였다. 『사가시집』 권31, 詩類, '訪一庵專上人 金光城 謙光 李韓城 塤 亦至 終日圍棋 抵暮乃還(一庵專上人을 방문했더니, 金光城 謙光과 李韓城 塤이 또한 왔으므로 온종일 바둑을 두다가 저물어서야 돌아오다.)'

로 불렸고 1469년(예종 1) 혜각이 중수하여 봉녕사라고 하였다고 한다. 하지만 봉덕사라 불리었다는 기록은 후술하는 바와 같이 어디에서도 찾아지지 않고 있다. 봉녕사라는 사명은 지금도 불리고 있는 이름이다. 혜각존자 신미가 봉녕사에 머물거나 중수하였다는 관련 기록이나 설화조차 찾아지지 않고 있어서 아쉬움을 더해주고 있다.18)

그 후 중종대 편찬된 『신증동국여지승람』 수원도호부 불우조에는 '창성사는 광교산에 있다. 이색이 지은 고려 승려 천희의 비명이 있다. 반룡사 객사 남쪽에 있다.'19)라고 하여 만의사와 반룡사와 더불어 창성사가 기록되어 있다. 창성사지 부도 재(현 법성사 소재)라고 전하고 있는 1652년(효종 3)에 조성된 승탑 명문에는 '천계 5년 을축 3월 일 문인 법연□□□ 문○대사□□□(天啓 五年 乙丑 三月日 門人 法然□□□ 門○大師□□□).'라는 명문이 찾아진다.

조선후기인 18~19세기 지리지류나 지도에 창성사가 건재함을 볼 수 있으며 창선사라고도 불렸던 듯하다.20) 이렇듯 창성사가 봉녕사의 전신인지 전혀 알 수 없다. 현재로서는 『한국사찰전서』에서처럼 별개의 사찰로 보아야 할 것이다.21)

이상에서 살펴본 바와 같이 봉녕사의 근대 이전의 역사에 대하여 확실히 입증해 줄 만한 근거는 찾아지지 않고 있다. 가장 중요한 사실 가운데 하나는 '봉녕사의 전신이 창성사인가'이다. 지리적으로 보아도 현 창성사 터에서 봉녕사와는 도보로 30분 이상의 거리에 있으며, 봉녕사가 창성사의 후신이라고 보기 힘들다.

---

18) 이에 대해서는 상세히 후술할 것이다.
19) 『신증동국여지승람』 권9, 경기 수원도호부 불우.
20) 창성사가 창선사로 불리게 된 경위에 대해서 현재로서는 알 수 없다.
21) 『한국사찰전서』에는 창성사와 봉녕사를 별개의 사찰로 보고 있다. 즉, 彰聖寺 在京畿道 水原郡 光敎山 有李穡撰高麗僧千熙碑銘(東國輿地勝覽 九卷 三九0項) ; 奉寧寺 在京畿道 水原郡 台章面 光敎山 大本山龍珠寺末寺(太古寺法).

2) 봉녕사의 전신 성창사와 봉덕암

(1) 고려중엽 성창사의 창건과 원각국사

성창사는 1208년 원각국사가 창건하였다고 하는데, 이러한 사실은 여타의 문헌기록에서 찾아지지 않는다. 창성사를 창건하였다는 원각국사는 천태종 원각국사 덕소(1119, 예종 14~1174, 명종 4)라고 비정되고 있는 듯하다. 덕소는 대각국사 의천의 제자 교웅이 천태종의 본산 국청사에 주석시 제자가 되었으며, 1170년 왕사로 책봉되었다.[22] 덕소의 행장이 남아 있는 비문에는 성창사(혹은 창성사)가 찾아지지 않으며, 성창사가 창건된 1208년은 덕소의 입적 이후의 시기이므로 덕소가 성창사를 창건하였다면 생존 시기인 1174년 이전일 것이다.

그런데 비문에 의하면 '스님의 휘는 덕소요, 자는 혜약이며, 어릴 때의 이름은 자미요, 속성은 전씨이다.'라고 하였다. 덕소의 자인 혜약은 유가종 혜덕왕사 소현의 제자인 진억과 함께 지리산에서 수정사 결사를 전개한 고승 혜약과 같은 인물이 아닐까 한다. 권적이 지은 기문에 의하면, 진억은 동문승 혜약 등과 더불어 지방으로 가서 결사 운동을 전개하고자 하였다.[23] 결사를 주관한 진억은 11세에 현화사의 혜덕왕사 소현(1038~1074)의 제자로 26세에 승과 대선(大選)에 우수한 성적으로 합격한 후 동문 승려 혜약과 더불어 지방으로 가서 결사를 전개하고자 물색하던 중 대각국사 의천이 지정한 바 있던 지리산의 5대사에서 결사 운동을 전개하였다고 한다. 그때가

---

22) 『고려사』 권19, 명종세가 1년(1171) 9월 12(계미), '九月 癸未 以僧德素爲王師.'
23) 權適(1094~1147), 「智異山 水精社記」, 『동문선』 권64, 記, '일찍이 함께 동문승 慧約 등과 더불어 한탄하기를, '그 出家한 사람은 한번 해탈하는 것을 목표로 할 뿐이다. 만일 이것을 빙자하여 높은 명예나 후한 이익을 바란다면 어찌 본심이라고 할 수 있겠는가.' 하였다. 이로부터 아주 떠날 생각을 가졌다. 마침내 名山에 들어가서 깨끗한 社를 꾸며 옛날 東湖와 西湖의 영향을 받으려 하였으나 적당한 장소가 문제였는데, 智異山에 五臺라는 허물어진 절이 있다는 말을 들었다.' ; 최성렬, 「고려중기 수정결사와 유가종」, 『한국불교학』 12, 1987.

1123년(인종 1) 무렵이다. 여기서 혜약은 원각국사로 추증되는 덕소가 아닐까 추정된다.24) 하지만 원각국사 덕소의 비문에 의하면 이러한 사실은 찾아지지 않는다.25) 만약 혜약 즉, 덕소가 수정사 결사에 참여하였다면 20세 무렵이다. 이러한 결사를 주장한 유가종 진억을 비롯해 천태종의 덕소, 화엄종의 해인사 주지 승통 익승과 공배사의 주지 승록 형석 등이 참여하였다. 하지만 덕소가 수원 성창사를 창건하였다는 결정적인 기록은 찾아지지 않고 있어서 아쉽기 그지없다.26)

(2) 조선초 봉덕암과 혜각존자

사중에 전하는 바에 의하면, 1469년(예종 1)에 혜각존자 신미가 중수하고 봉녕사라 고쳐 불렀다고 한다. 즉, 성창사에서 봉덕사로 개명되었다가 조선초기에는 봉덕사로 불렸고 1469년 신미가 중수하여 봉녕사라고 하였다

---

24) 옛날에는 이름을 소중히 여겨 함부로 부르지 않았던 관습이 있어서 흔히 冠禮 뒤에 본이름을 대신하여 字로 불렀다. 원각국사의 字가 慧約인데 지리산 수정사 결사에 津億과 함께 주도한 慧約과 동일 인물로 간주하였다. 물론 이러한 비정은 다소 무리가 있을 수 있을 수 있다. 이러한 시도도 봉녕사의 역사 검토를 진행시키고자 하는 노력 가운데 하나임을 밝혀둔다.

25) 韓文俊,「台宗 贈諡圓覺國師 碑銘 幷序」,『校勘 譯註 歷代高僧碑文』(高麗篇3), 1996, '戊申年(인종 6, 1128) (결락) 법계 고시장을 열고 大選 시험을 보기 전에 이미 子美가 당선된 것으로 알고 있었는데, 다음날 과연 합격되었으니, 스님은 단지 一世 동안에만 불교에 선근을 심었을 뿐 아니라, 少時의 이름이 또한 夙世의 이름이었다. 仁宗이 踐祚한 지 11년째인 壬子(1132, 인종 10)에 인종 임금이 國淸寺에 幸行하여 (결략) 師. 癸亥年(1143, 인종 21) 봄에 스님께서 문도들을 흩어 보내고 諸方으로 遊歷하면서 尋師訪道하다가, 蔚州 靈鷲山에 이르러 住錫하였다. 智者들이 여러 곳에서 모여들어 이보다 더할 것이 없었고, 사방의 學者들이 법을 청함이 날로 많아졌다. 또 들으니 (결락) 돌아오는 길에 배를 타고 바다를 건너는 중, 갑자기 폭풍이 일어나 성난 파도가 산과 같이 높이 솟았다. 배에 탄 사람들이 어찌할 바를 몰라 두려움에 싸여 우왕좌왕하였다. 이때 스님께서 태연히 普門品을 독송하기 시작하니, 순식간에 풍랑이 저절로 가라앉아 무사히 건너갔다. 庚午(1150, 의종 9)歲에 손수 글발으로 사경하였다.'

26) 현재로서는 성창사의 창건을 전혀 부정할 만한 전거도 없는 실정이므로 본고에서는 사실로 간주하고자 한다.

는 것이다. 기록에 의하면 봉녕사는 봉덕암(奉德庵이나 鳳德庵)이라고 불렸던 듯하다.[27] 여기서 봉덕암이라 불린 연유에 대하여 추론해 보기로 한다. 고대이래 많은 사찰이 건립되었지만 봉○암(奉○庵(寺))라는 사찰을 시기별로 열거해 보기로 한다.

고대

진평왕, 봉영사(奉永寺) : 경기 남양주 589년(진평왕 11) 창건하여 봉인암(奉仁庵)이라고 함.

신문왕, 봉덕사(奉德寺) : 경남 의창 688년(신문왕 8) 위웅(爲雄)대사가 창건하여 봉덕사라 함, 임란후 중창하여 의림사(義林寺)라 함.

성덕왕, 봉덕사(奉德寺) : 경북 경주 성덕왕이 태종 무열왕을 위해 창건하여 봉덕사라고 함.

고려

태조, 봉성사(奉聖寺) : 태조 왕건이 보양(寶壤)을 기리기 위해 창건하여 봉성사라고 함.

광종, 봉은사(奉恩寺) : 951년(광종 2) 광종이 개성에 태조의 원당을 창건함.

현종, 봉선홍경사(奉先弘慶寺) : 현종이 부왕의 유지를 받들어 충남 성환에 사찰에 봉선홍경사라고 사액을 내림.

고려중엽, 봉업사(奉業寺) : 경기 죽산 소재하며 현재 폐사됨.

조선

태조, 봉국사(奉國寺) : 1395년(태조 4) 무학이 조선의 발전을 위해 서울시 정릉에 약사사(藥師寺) 창건, 그 후 봉국사라고 함.

예종, 봉선사(奉先寺) : 경기 남양주 신라 운악사(雲岳寺)로 창건, 1469년(예종

---

27) 사중에 전해오는 奉寧寺 新建法宇 上樑文에 다음과 같은 글귀가 전해져 오기 때문이다. '此寺 初稱奉德庵爲 供泡○○華寧殿仍 成嘉號 耀禪龕.'

1) 정희왕후가 세조의 능침 사찰로 봉선사라고 함.

예종, 봉덕사(奉德寺) : 1208년(희종 4) 원각이 수원에 창건, 1469년(예종 1) 혜각이 봉녕사라고 함. 정조의 화령전의 원찰로 봉녕사라고 함.

광해군, 봉인암(奉印庵) : 1620년(광해군 12) 남양주에 광해군의 어머니 공빈의 능침 사찰로 중창.

인조, 봉릉사(奉陵寺) : 1627년(인조 5) 김포에 원종과 비의 능침인 장릉(章陵)의 능침 사찰로 창건함.

숙종, 봉영사(奉永寺) : 589년(진평왕 11) 남양주에 창건하여 봉인암, 1738년 선조의 후궁 인빈(仁嬪)의 순강원(順康園)의 원찰로 봉영사라고 함.

현종, 봉국사(奉國寺) : 1674년(현종 15) 현종이 경기 성남에 명혜공주와 명선공주의 능침 사찰로 지정함.

숙종, 봉성암(奉聖庵) : 성능(聖能)이 1713년(숙종 39) 북한산성 수호사찰로 창건함.

영조, 봉원사(奉元寺) : 889년(진성여왕 3) 도선이 서울시 봉원동에 반야사로 창건, 영조가 봉원사 현판을 내림.[28]

위의 인용한 사찰 가운데 봉○사의 이름을 지닌 사찰은 국가 수호와 관련이 깊거나 왕실의 능침 사찰 등 국가 왕실과 관련이 깊은 사찰이다. 그 가운데 가장 앞서는 사찰인 봉영사(경기 남양주 소재)는 589년(진평왕 11) 창건되어 봉인암이라고 하고 1738년 선조의 후궁인 인빈 등의 묘가 순강원으로 승격되면서[29] 인빈의 원찰로 삼고 신실을 짓고 봉영사라고

---

28) 위의 사찰의 연혁은 『한국민족문화대백과사전』을 참조하여 작성하였다.
29) 『국조보감』 권64, 영조조 8, 31년(을해, 1755) 6월, '仁嬪 金氏에게 시호 '敬惠'를 追上하고, 祠版을 元廟의 옛 저택에 봉안하도록 하였다. 松峴 本宮의 궁은 '儲慶宮' 墓는 '順康園'이라 하였다.' 참고로 인빈의 본관은 수원 김씨였다. 『연려실기술』 권22, 元宗故事本末, 仁嬪, '敬惠仁嬪 김씨는 監察 漢佑의 딸이며 본관은 水原이다. 을묘년에 태어나서 계축년에 세상을 떠났는데 나이가 59세였다. 국구 친호는 儲慶이고, 어머니는 이씨인데 忠義衛 孝性의 딸이다. 무덤은 順康園이다. 楊州 豐壤里에 있는데 子坐午向이다.'

하였다. 당시 토지 10결을 내려 설과 추석에 제향하게 하고 1877년(고종 14) 고종의 백부이자 재상 이최응(1815~1882)이 내탕전 4000관을 희사하여 중수되었다.30)

> 원묘는 능침 다음으로 소중한 것으로, 우리나라에서 원을 봉한 제도는 인묘 때 흥경원, 육경원에서 시작되었는데 곧 장릉으로 이름을 바꾸었다. 선왕이 소령원과 순강원을 봉하고 내가 자리를 이어받은 후 수길원을 봉했는데, 수원의 화산은 바로 천 년 가야 한 번 만나는 때이고, 천 리나 가야 한 번 만날 수 있는 곳으로서 용주와 앵석이 그 땅의 상서로움을 말해 주고 있다. 인묘가 김포군으로 자리를 옮기고 그 자리에 장릉을 옮겨 모셨던 것처럼 나도 수원부를 팔달산 아래로 옮기고 그 자리에다 이장한 다음 현륭원으로 봉했는데, 그 일이 이 소자의 하늘에 사무친 슬픔에 조금이나마 위안이 될 것인지. 또 백세가 앞에 있고 천세가 뒤에 있지만, 그 누가 나의 이 원통하고 억울한 심정을 함께 이해하고 괴로워할 것인가. 하늘과 땅을 우러러보고 내려다보며 내 어떻게 마음을 잡을까.31)

위의 정조가 남긴 글에 의하면, 영조의 비빈인 순강원, 인조와 비의 능인 장릉의 원찰로 각기 봉영사와 봉릉사가 되었으며, 특히 영조의 친모인 숙빈 최씨의 능침인 소령원과 그 원찰인 보광사에는 정조가 세자시 할아버지 영조와 함께 참배하여 아버지 사도세자의 융릉의 원찰 용주사를 짓게 하였다.32)

현재 남아있는 기록으로 볼 때 고·중세의 시기보다 숭유억불기인 조선시대의 사찰이 대부분이며, 대부분 왕실의 능침 사찰이다.33) 이러한 사실로

---

30) 봉선사, 『奉先寺本末寺略誌』, 봉선사, 1977 ; 『고종실록』 ; 『매천야록』.
31) 정조, 「翼靖公 奏藁典禮類叙」, 『홍재전서』 권11, 序引 4, 園墓引.
32) 황인규, 「파주 보광사의 역사와 위상」, 『대각사상』 12. 2009 ; 황인규, 『조선시대 불교계 고승과 비구니』, 혜안, 2011.

미루어 볼 때 봉녕사도 왕실의 능침 사찰이거나 왕실과 관련이 깊은 사찰이 었을 것이다. 후술하는 바와 같이 수원 봉녕사가 '봉녕사'라는 이름을 지닌 때는 예종대가 아니라 조선말 순조대 초일 것이다. 사중의 상량문에 의하면, 그 이전에는 봉덕사라고 불렸는데, 언제부터 봉덕사(奉德寺나 鳳德寺)라고 불렸을까?

봉덕사라는 사찰 이름을 가진 사찰은 신문왕대 창건된 경남 의창의 의림사와 성덕왕이 창건한 경주 봉덕사가 대표적인 사례이다. 의림사는 경남 의창 688년(신문왕 8) 승려 위웅이 창건하여 봉덕사라고 하였으며,34) 경주 봉덕사는 성덕왕이 증조인 태종 무열왕을 위해 창건하여 붙인 사찰이 다. 의창의 봉덕사의 사명 연유에 대해서는 잘 알 수 없으나 임진왜란시 절 터에 의병들이 숲처럼 몰려들었다고 하여 의림사라고 하였다는 사실로 미루어보아 국가 수호와 관련이 있을 듯하다.

한편 경주 봉덕사는 성덕왕이 증조인 태종 무열왕의 추복을 위하여 건립하여 인왕도량을 개설하였다.35) 그 후 효성왕이 성덕왕의 추복을 위하 여 738년(효성왕 2)에 봉덕사의 관리를 맡는 관청인 봉덕사 성전을 완성하였 다.36) 그리고 혜공왕 때 주조한 성덕대왕 신종을 봉안37)하는 등 왕실의

---

33) 洪直弼(1776~1852),「上仲舅(丁丑十月二十五日)」,『梅山集』卷8, 書, '有王者作 則必多 取法 而有兩件事可羞者 卽諸寺刹之有列聖願堂及陵寢祀享之用素也 以姪所見 光陵之 奉先寺 宣靖兩陵之奉恩寺 水原之龍珠寺 金剛之表訓神溪兩寺 咸奉列聖神位 以體貌則 儼然一宗廟.' 조선후기 원당에 대해서는 다음의 논고를 참조하기 바람. 박병선, 「조선후기 원당 연구」, 영남대 박사학위논문, 2002 ; 박병선, 「조선후기 원당의 설립 절차 및 구조」, 『경주사학』 29, 2009.

34) 사중에서 전하는 이야기에 따르면, 義林寺는 삼국통일 이후 빈번해진 왜구의 약탈 행위를 부처님의 크신 원력으로 물리치고자 창건되었으며, 절 이름 또한 나라를 받든다는 뜻의 '奉國寺'였다고 한다. 임진왜란 당시에는 사명 유정이 의승을 이끌고 이곳에 머물자 인근 각처에서 의병들이 숲처럼 많이 모여들었다고 해서 '義林寺'로 이름을 바꾸었으며 1500명이나 되는 거대한 승군을 훈련시켜 동래성, 진주성 등으로 파견한 호국도량 성지로 기능을 다했음을 전하고 있다. http://www.koreatemple.net/korea_temple

35) 『삼국유사』 권2, 기이2, 聖德王, '太宗大王 刱 奉德寺 設仁王道場七日.'

36) 『삼국사기』 권38, 雜志7 職官上, '奉德寺 成典 景德王 十八年改爲 修營 奉德寺 使院

원찰이었다.38) 이러한 사례로 볼 때 봉녕사의 전신인 봉덕사도 왕실 사원이었을 것으로 추정된다.

봉녕사 사중의 기록에 의하면 혜각이 봉녕사를 중수하였다고 하는데, 고승 혜각은 누구일까? 여말선초의 고승 혜각은 고려말 수선사 12세 사주와 주륵사에서 입적한 혜각국존, 그리고 세조대 3화상 혜각존자 신미가 찾아진다.

혜각국사는 수선사 12세 사주로39) 조문발(?~1360)이 지은 기문에40) 나오는 송광사 사주의 묘구라고 보는 견해가 있으나41) 수선사 13세 사주 각엄국사 복구의 제2의 스승 도영이라고 생각된다.42) 수선사 12세 사주였던 혜각국사가 봉녕사에 머물렀던 기록은 전혀 찾아지지 않는다.

그리고 고려말 혜각국존에 대해서는 '주륵사 냉산 서쪽에 있다. 고려 안진이 지은 승려 혜각의 비명이 있다.'43)는 기록이 유일하다시피하다. 혜각 비의 비문을 지은 안진은 1313년(충선왕 5) 과거에 급제하고 1318년에 원의 과거인 제과에 급제한 인물로, 비문을 찬한 시기는 적어도 1313년 이후이다. 체원은 1280년대 초반에 출생한 것으로 추정되므로 혜각은 1290년대 초반에 사거한 인물로 추정된다. 혜각의 제자로 화엄종 보응대사

後復故.'
37) 『삼국유사』 권3, 탑상4, 皇龍寺鍾 芬皇寺藥師 奉德寺鍾.
38) 이영호, 「신라 중대 왕실 사원의 관사적 기능」, 『한국사연구』 43, 1983 ; 채상식, 「신라통일기 성전사원의 구조와 기능」, 『부산사학』 8, 1984.
39) 趙宗著(1631~1690), 「昇平曹溪山松廣寺嗣院事蹟碑」, 『조선금석총람』 하, 일한인쇄소, 1919.
40) 趙文拔, 「福川寺 夏安居 圓覺法會疏」, 『동문선』 권11.
41) 이지관, 「지눌의 정혜결사와 그 계승」, 『한국선사상연구』, 동국대학교 불교문화연구원, 1984, 153쪽.
42) 황인규, 「목우자 지눌과 고려후기 조선초 불교계 고승」, 『보조사상』 19, 2003 ; 황인규, 『고려후기·조선초 불교사연구』, 혜안, 2003.
43) 『신증동국여지승람』 권29, 경상도 선산도호부 불우, '朱勒寺, 在冷山西, 有高麗安震所撰 僧慧覺碑銘'; 趙根(1631~1690), 「楓溪漫錄」, 『損菴集』 권7, 잡록, '善山冷山朱勒寺 有慧覺碑 高麗安震撰.'

인원이 있었다. 화엄종 고승 체원이 뽑아 정리한 『화엄경 관음지식품』[44] 후지에 의하면, 혜각은 화엄종 승려였음을 알 수 있다. 그의 제자 보응대사(월광대사) 인원이 목암 체원의 사형이며 체원은 1280년대 초반에 출생한 것으로 추정되므로 혜각은 1290년대 초반에 사거한 인물로 추정된다.[45] 하지만 주륵사 혜각이 창성사와 관련이 있는지 알 수 없을 뿐만 아니라 봉녕사와 전혀 관련되어 나타나지 않는다.

따라서 봉녕사 사중에서 전하는 바대로 세조의 3화상 혜각존자 신미일 것이다. 같은 해 수원 봉녕사도 혜각존자 신미가 중창하였다. 아마도 세조의 추복 사찰로 중창하여 봉덕사라고 개명하였을 것으로 추정된다. 물론 혜각이 세조의 3화상 혜각존자 신미가 봉녕사에 머물거나 중수하였다는 관련 기록이나 설화조차 찾아지지 않고 있다.

신미(1405?~1480?)는 세종 28년 무렵 세종과 조우하여 여러 대군의 총애를 받았으며, 판선교종직을 제수받았고 국가적인 행사였던 수륙사를 관할하였다. 그는 문종대에 이르러서도 '선교종 도총섭 밀전정법비지 쌍운우국리 세원융무애 혜각존자'라는 승직을 제수받아 선교 양종을 통솔하는 위치에 올랐다.[46] 그러면서 세조대 불경 간경을 주도하였다. 그는 세조로부터 존경을 받아 그의 두 제자 학열 및 학조와 더불어 3화상이라 불렸고 예종대에도 왕실 법회를 주관하면서 당시 불교계를 주도하였다.[47]

신미가 봉녕사에 주석하였다고 한다면, 당시는 예종 원년 6월 무렵으로

---

44) 참고로 『華嚴經觀音 知識品』은 體元이 月光의 청을 받아 『화엄경』 권16, 觀音知識品의 疏科를 冠註의 형태로 집필한 책으로 1권이나 그 후반부만 남아 있다. 권말에는 월광의 誌와 저자의 발문이 있다. 원판은 1331년(충혜왕 1)에 개판되었으며, 해인사 寺刊 藏經 안에 입장되어 있고, 후쇄판본은 국립중앙도서관에 소장되어 있다. 『한국민족문화대백과사전』 華嚴經觀音 知識品.
45) 『白花道場 發願文 略釋』卷1, '我家兄普應大師源公 一生偏信觀音大聖 勸誦花嚴觀音法門 三十餘人倩我注夾其經 以淸涼疏箋於經下彙集略解 因成二卷.'
46) 『문종실록』 권2, 즉위년(1450) 7월 6일(무신).
47) 신미에 대해서는 다음의 논고를 참조하여 서술한 것이다. 황인규, 「세조대의 3화상고-신미와 두 제자 학열과 학조」, 『한국불교학』 26, 2004 ; 황인규, 『고려말·조선전기 불교계와 고승연구』, 혜안, 2005.

승려에게 『금강경』・『법화경』을 시경(試經)하려고 하자 언문으로 부당하다고 상소를 올렸을 무렵이다. 아마도 예종대 봉녕사가 세조의 원찰이 되면서 봉덕사가 되지 않았을까 한다. 경기 남양주 봉선사가 세조의 원찰로 지정되면서 봉녕사도 원찰로 지정되지 않았을까 한다. 봉선사는 1469년(예종 1) 세조의 비 정희왕후 윤씨(1418~1483)가 세조의 능침 사찰로 중창되었다.48) 「봉선사 중수기」에 의하면 '광릉을 봉안하는 날에 운악의 옛터에 중창하여 선왕의 능침을 받들어 보호하게 하였으므로, 이름을 바꾸어 봉선사라 하였다.'고 한다.49) 그 이전에 '사찰의 동쪽에 영전을 세워 숭은전이라 이름하고, 참봉 2인을 두어 아침저녁으로 배알하게 하였으며, 초하루와 보름에는 반드시 헌관을 보내어 능실과 같은 예로 하게 하였다.'50) 여기에는 세조의 3화상인 신미와 두 제자 학열과 학조의 노력이 매우 컸다고 생각되며, 같은 해 신미가 수원 봉덕사를 중수하여 세조의 원찰로 삼지 않았을까 한다.51)

---

48) 봉선사는 969년(광종 20) 法印국사 坦文이 雲岳寺로 창건하였다가 조선초 세종대 선교통합시 혁파되었다. 月城 敬義, 「奉先寺 重修記」(1749作), 『奉先寺本末寺誌』, '更考古籍云 高麗光宗二十年 法印國師 建而名曰雲岳寺 東有聖寂庵 西有妙寂庵 北有成佛 聖住等庵 蔚爲巨刹故 在諸資福之列 物換星移 鞠爲草萊而獨妙寂庵 依舊存在者 近二百載矣 及奉安光陵之日 重創於雲岳之舊原 以爲奉護先王之陵故 易名奉先寺者也.' ; 震湖 錫淵, 「奉先寺 法堂 重修 上樑文」; 『奉先寺本末寺誌』.

49) 月城 敬義, 「奉先寺 重修記」(1749 作), 『奉先寺 本末寺誌』, '及奉安光陵之日 重創於雲岳之舊原 以爲奉護先王之陵故 易名奉先寺者也.'

50) 金守溫, 「奉先寺記」, 『拭疣集』卷2, 記類, '大設薦世祖以落成 懿旨又以爲寺則既立 然距 陵寢岡巒相隔 宜 眞殿于寺側 使 大行在天之靈 亦得遂歸依之敬 以利樂冥遊 乃立影殿于寺東 名曰崇恩殿 設 奉二員 以備晨昏之謁 朔望必遣獻官 與陵室同禮 於是 提調臣鄭顯祖等 還奉事畢 睿宗大王 賜額奉先寺.'

51) 봉덕사가 세조의 원찰이라는 사실은 아직 가설에 불과하다. 앞으로 이에 대한 검증 보완 작업이 필요하다. 다만 세조가 신미가 머물렀던 속리산 복천사에 갔다가 온양온천을 방문하였으므로 아마도 그 무렵 수원 봉녕사를 들렀을 가능성이 있으나 정밀한 검토가 필요하다. 『신증동국여지승람』 권19, 충청도 온양군 산천 ; 『세조실록』 권32, 10년(1464) 2월 27일(경술) ; 『성종실록』 권29, 4년(1473) 4월 15일(을해).

3. 조선말 화령전의 원찰

1) 정조의 진전 화령전과 봉녕사 사액

(1) 정조의 화령 진전 건립과 수원유수

정조는 1789년 현륭원을 조성한 후 1792년 현륭원의 재실에 어진 봉안각을 설치하고 자신의 어진을 걸어두게 하였다. 정조 재위 후반기에 현륭원을 조성하고 연이어 '화성 성역'을 진행하면서 수원을 '풍패의 땅(豊沛之鄕)'에 비유하는 등 화성에 집착하였다.[52]

정조가 1800년에 훙서한 뒤 현륭원 재실 옆에 건릉을 조성하게 되면서 정조의 어진은 화성행궁으로 옮겨졌다.[53] 1801년 1월 6일 화령전의 이름을 화령·화성·화목 가운데 화령전으로 정하였다.[54] 순조가 1810년 화성에 행차하면서 같은 해 8월 28일 화령전에 행차하여 작헌례를 올렸다.[55] 특히 순조는 정조가 회갑이 되던 1812년 화령전에 행차하고자 했으나 그와 어머니 혜경궁의 병환으로 인하여 정조의 부마인 영명위 홍현주(1793~1865)를 보내 건릉과 현륭원을 봉심 관리를 하게 하였다.[56] 그리고 신풍루 앞에서 백성을 모아놓고 쌀을 나누어 주었으며,[57] 특별 과거인 별시를 열게 하였다.

---

52) 『정조실록』 권40, 22년 10월 기유.
53) 『순조실록』 권2, 1년 1월 병오 ; 『순조실록』 권2, 1년 4월 을해.
54) 『국조보감』 권76, 순조 1년(신유, 1801) 1월, '正宗의 御眞을 처음에는 현륭원 齋室에 봉안했었는데, 이때 이르러 전각을 세우고서 행궁의 왼쪽으로 옮겨 봉안하고, 칭호를 華寧殿으로 정하였다.'
55) 『승정원일기』 ; 『일성록』 화령전의 건립에 대해서는 다음의 논고를 참조하였다. 정해득, 「화령전의 건립과 제향」, 『조선시대사학보』 59, 2011 ; 김지영, 「19세기 진전 및 어진봉안처 운영에 대한 연구」, 『장서각』 26, 2011.
56) 『국조보감』 권78, 순조조 3, 2년(임신, 1812) 1월.
57) 『국조보감』 권77, 순조조 2, 10년(경오, 1810) 8월, 健陵과 顯隆園에 나아가 직접 제사지내고, 이어 華寧殿에 나아가 酌獻禮를 행하였으며, 新豊樓에 나아가 굶주린 백성에게 쌀을 하사하였다.

또한 순조는 1817년 6월 18일 혜경궁의 탄신일을 맞아 광은부위 김기성 (1752~1811)의 아들인 김재창(1770~1849)에게 현륭원 원소에서 다례를 올리고 건릉과 화령전을 함께 봉심할 것을 명하였다. 같은 해 9월 5일에도 영명위 홍현주에게 다시 다례를 올리게 하였다. 화령전은 수원 유수부에서 5일 간격으로 관리하게 하고 매달 1일과 15일에 분향을 하였으며, 철마다 정하여 관리되었다. 매년 정조의 탄신일과 12월 납일에 정기적인 제향을 지냈다.[58)]

그리고 정순왕후의 지시에 의하여 화령전을 관리할 전관을 수원유수와 판관이 겸하게 하였다.[59)] 1793년(정조 17)에 수원부가 화성으로 개칭되고 유수부로 승격되는 동시에 채제공(1720~1799)이 초대 유수로 재임하였다.[60)] 그는 같은 해인 1793년 5개월간 재임하였지만 화성유수 자리를 떠난

---

58) 연구에 의하면, 정조의 어진은 수직 관원이 5일마다 봉심하고 비나 눈이 오는 날은 恒式에 구애받지 말고 세세하게 봉심하였다. 수원부사는 매달 朔望간에 1차 봉심하고, 경기감사와 각신은 춘추에 각 1차례 봉심하는데, 모두 어진을 펴서 살펴보는 것으로 하였다. 화성유수가 有故상태일 때는 날짜를 어길 수 없기 때문에 2품 이상의 다른 正卿을 차정하여 지내고, 수원판관이 유고일 때에는 속5읍의 수령 가운데서 1명을 전사관 겸대축으로 차정하였다. 봉심은 1달에 6차례, 1년에 72차례(윤년에는 78차례)가 진행된다. 그 가운데 24회의 朔望에는 焚香禮가 올려졌다. 조선후기에 건립되어 현재까지 유일하게 남아 있는 영전으로서 조선시대에 국왕의 死後 영전을 건립하고 탄신일에 제향을 지낸 곳은 화령전이 유일하다. 정해득, 앞의 논문 참조.
59) 『日省錄』 순조 1년 1월 6일 ; 『日省錄』 순조 1년 1월 10일 ; 『순조실록』 권2, 순조 1년 1월 정해. 역대 수원유수는 화령전을 관리하였을 뿐만 아니라 화령전의 원찰도 관리하였을 것이다. 따라서 역대 수원유수에 대한 정보를 상세히 검토할 필요가 있다. 역대 수원유수에 대해서는 수원시, 「제5절 역대 목민관」, 『수원시사』 1986에 잘 정리되어 있다. 채제공 이후 李命植, 趙心泰, 徐有隣, 李晩秀, 徐鼎修, 金文淳, 金履翼, 徐榮輔, 金䔲根, 金履喬, 金相休, 金道根, 朴周壽, 朴綺壽, 徐俊輔, 徐有榘, 金左根, 金炳學, 金炳喬, 金泳根, 李裕元, 趙得林, 趙獻永, 李景夏, 李載元, 閔升鎬, 閔致庠, 朴珪壽, 金炳地, 金弘集, 閔泳商, 閔泳奎, 趙秉稷 등 당시 김조순의 아들 金道根과 金左根 등 안동김씨 세도 실력자들이 수원유수를 역임하였다. 봉녕사를 중수하는 김병교도 안동김씨 세도가 출신으로 수원 봉녕사를 중수 후원하였듯이 수원유수를 재임 또는 후에 봉녕사를 후원하였을 것이다. 이에 대한 심층적인 고찰은 뒤로 미루기로 한다.
60) 『정조실록』 권37, 17년(1793) 1월 12일(병오). 수원시, 「제5절 역대 목민관」, 『수원시

뒤에도 1794년 2월 화성 축조의 최고 책임자로 있었다. 그리고 훈련대장이던 조심태가 제3대 화성유수 겸 화성 축조의 감동 당상에 임명되는 등[61] 두 인물이 화성 건설에 있어서 매우 중요한 역할을 하였다.

그런데 수원유수 가운데 이만수와 서영보 같은 인물의 경우에는 화령전과 관련된 사실이 찾아진다. 즉, 이만수(1752~1820)는 1800년(정조 24)부터 1801년(순조 1)까지 화령전을 완성하고 상량문을 지었으며,[62] 그 공으로 숭정대부에 승진되었다. 그 후 서영보(1759~1816)는 1815년(순조 15)부터 1816년(순조 16)에 수원부 유수로 재임하였으며, 수원 지지대 비문을 짓고 화령전에 대한 시를 남기고 있다.[63] 그들은 아마도 화령전뿐만 아니라 그 원찰에 대한 관리도 겸하였을 것이다. 그 대표적인 인물로 철종대 유수 김병교의 경우에서 확연히 찾아볼 수 있다. 김병교(1801~1876)는 안동 김씨의 세도정치의 중심인물이었던 김교근의 아들로 1860년(철종 11) 2월 수원부 유수로 부임하였다가[64] 그 이듬해인 1861년(철종 12) 예조판서에 승진되었다. 그는 부임하던 해에 화령전의 관리뿐만 아니라 봉녕사의 중창 후원에 앞장을 섰다.

사』, 1986. 채제공은 용주사 상량문을 지었다. 蔡濟恭, 「花山龍珠寺上樑文」, 『樊巖集』 권58, 상량문. 채제공이 불교에 경도되었음은 女大師 定有와의 교유를 통해 단적으로 알 수 있다. 채제공은 춘성당에 머물면서 그와 모자의 인연을 맺었던 쾌호와 수행생활을 하다가 장단 화장암에서 律菴 食活을 계사로 출가하였던 비구니 定有와 친밀하였다. 비구니 정유가 입적하자 女大師라고 불리었는데 고려시대 성효대사 이후 처음 있는 일이다. 「139. 영변 보현사 비구니 정유여대사비문」, 이지관, 『한국고승비문총집-조선조·근현대』, 가산불교문화연구원, 2000, 554~555쪽 ; 허흥식, 「조선의 定有와 고려의 眞慧두 시대 여대사의 비교-」, 『정신문화연구』 가을호 27-4(통권 97), 한국정신문화연구원, 2004 ; 황인규, 『조선시대 불교계 고승과 비구니』, 혜안, 2011.

61) 『정조실록』 권39, 18년(1794) 2월 26일(갑신).
62) 李晩秀, 「華寧殿上樑文(壬戌○華留時)」, 『屐園遺稿』 卷6, 賜笏集, 上樑文.
63) 徐榮輔(1759~1816), 「六月二十六日 奉命宿華城 翌日奉審華寧殿, 健陵, 顯隆園 謹用庚申春北苑齋夜御詩韻」, 『竹石館遺集』 冊二, 詩, '眞殿星辰近 喬陵歲月深 泝柏爲此日 身在屢摧心 惆悵荷陂曉 依遲檜涇陰 分司徵制禮 簜實薦來禽.'
64) 『철종실록』 권12, 11년(1860) 2월 10일(을사).

그에 앞서 조선후기 문인 박윤묵(1771~1849)[65]이 62세 때인 1832년(순조 32) 화성을 중수하는 데 감동하면서 봉녕사에 와서 시를 남기고 있다.[66] 이러한 사실로 미루어 보아 화성의 감독을 담당한 관원도 봉녕사를 관리하였던 듯하다.

(2) 순조의 봉녕사 사액과 봉녕사 시

봉녕사 관련 기록은 조선후기 18세기 무렵부터 나타나고 있다. 따라서 1800년 무렵까지 봉덕암으로 불리다가 그 후 봉녕사로 불린 듯하다.[67] 하지만 봉녕사 상량문이나 사적비에 의하면 '1860년(철종 11) 10월 4일에 화주승 경의에 의하여 숭정대부 김병교와 통정대부 김영균의 시주로 법당을 건축했다고 한다.

惟玆華城新府	이곳 화성이라는 새로운 도시는
寔我正廟遺基	진실로 우리 정조대왕이 남기신 곳으로
寓宸慕於二陵 地因舊邑	성상께서 두 왕릉에 사모의 뜻을 담아서 옛 읍소(邑所)와 연접했고,
壯宏規於八達 樓號新豊	웅장하고 크게 사통팔달의 도로를 갖추어 문루의 이름을 신풍루(新豊樓)라 하였다네.
所以	까닭에
龍珠寺爲發願之堂	용주사는 왕실 발원의 전당이 되었지만,

---

[65] 『임하필기』 권26, 春明逸史 存齋, '故 閣屬 朴允默이라는 자는 正廟朝께서 친근히 여겨 일을 맡긴 심부름꾼이었다.'
[66] 참고로 시와 글씨로 이름난 閭巷 詩人으로 이름이 높았던 박윤묵은 49세 때인 순조 19년(1819) 북한산 太古寺에 보관 중인 사서삼경의 판본을 중수하는 일에 참여하였다.
[67] 大板 陀羅尼의 명문에는 '壬戌閏五月日 光敎山奉寧寺'(『기내사원지』 59쪽). 여기서의 임술년은 1922년(혹은 명종 16년)이 아닐까 한다. 앞으로 고증이 필요하다.

鳳德庵稱造泡之刹	봉덕암은 두부나 만드는 절이라 불리었네.
接珠邱而屹立 彼則擅壯麗之名	능침을 연접하여 우뚝 서있어 저곳은(용주사) 웅장하고 화려한 이름을 자랑했지만,
自紙所而移來 此未免蕭條之歎	종이 뜨는 곳이 옮겨온 이래로 곳은(봉덕암) 쓸쓸한 탄식을 피할 수 없었네.
矧又有奉寧之華額	하물며 '편안히 모신다'는 사액(賜額)까지 있는데,
豈可無妥佛之琳宮	부처님을 모실 임궁(紺宇)이 없을 수 있겠는가?
迺兹化主禪 聾醒堂敬義	이에 화주(化主) 선승인 농성당(聾醒堂) 경의(敬義)가
會法侶而興嗟 誠切刱建之計	도반들을 모아서 공분(公憤)을 일으키고 성심으로 불당 창건의 계획에 간절하니,
訴留相而得旨 成給勸善之文	수원부 유수 상공께 호소하여 동의를 받아 불사를 권선하는 모연문을 발급하였네.
先出捐百金 重敎子侄婿孫之助	솔선하여 백금의 의연금을 내시고 자질과 서손들에게도 도울 것을 거듭 말씀하시곤
繼使行五邑 優得守宰士民之財	이어서 관리를 다섯 읍에 파견하여 각 고을 원님과 사민들의 재물을 충분히 얻었으니,
遂於是年冬十月初四日甲子未時	드디어 이 해 겨울 10월 4일 갑자일 미시에
旣具木石之治	이미 재목과 석재를 다듬어 갖추고는,
爰始柱樑之役	이에 기둥과 들보 올리는 작업을 시작하니
經營積費	경영하는 기간과 소요되는 비용이
幾歲所爲	몇 년이나 걸려야 되는 일이건만,
有志者竟成事業	뜻이 있으면 사업은 이루어진다 했던가!
傳及千秋 不可無文	천추의 후대에 전하려 하면 글이 없어서는 안 되는 법
而助擧	이에 거사를 돕나니.(68)

위의 상량문에 의하면 화성부에 정조의 유적이 서린 곳에 능침을 만들었으며 규모가 크고 아름다운 팔달루를 세웠는데, 신풍루라고도 하였다. 때문에 용주사를 원당으로 삼았다. 인근의 봉덕암을 조포(造泡)의 사찰로 삼았는데 장엄하고 아름다웠다. 그리고 지소(紙所)를 여기에 옮기고[69] '봉녕'이라는 화액을 하사하였다는 것이다. 이러한 사실은 다른 상량문 '수원부의 동쪽 마을에 봉덕산 봉녕사가 있는데, 곧 나의 정조 화령전 진전 원당이다(隋州府東里 許 有鳳德山奉寧寺 寺乃我正廟華寧眞殿 願堂)'[70]라는 기록에 의해 알 수 있다.

다 아시다시피 정조는 사도세자의 묘를 양주 배봉산에서 화산으로 옮겨 현륭원이라 하고, 고승 보경 사일(寶鏡 獅馹)을 8도 도화주로 삼아 갈양사터에 전국에서 5713냥을 시주하여 현륭원의 원찰로 용주사를 1790년(정조 14) 창건하였다.[71] 정조는 세자시 할아버지 영조를 따라 숙빈 최씨의 능묘를 참배하고 원찰 파주 보광사에 머물기도 하였다. 즉, 정조는 세자시 이미 능침 사찰인 용주사 건립에 대한 경험을 한 바 있으며,[72] 용주사가 창건되자 봉불식에 게송을 친히 지은 바 있다.[73] 용주사 창건 비용을 걷는 책임을

---

68) 「봉녕사 상량문」 1, 『時庚申十月初四月甲子記』(봉녕사 사중 소재).
69) 수원의 종이는 대부분 서울의 종이전에서 사들였으나 1795년(정조 19) 광교동 입구(연무동)에 紙所를 설치하고 종이제조 기술이 있는 승려를 모아 제작했다. 연무동 수원여객 버스 종점 부근을 지금도 지소, 지쇄라고 하는 것은 이 때문이다. 이에 대해서는 다음의 논저가 참조된다. 이달호, 『18세기 상품화폐경제의 발달과 화성 건설』, 혜안, 2008 ; 최종현, 「華城 城役 物資 調達方法에 관한 연구」, 『國土計劃』 44-2, 대한국토도시계획학회, 2009.
70) 여기서 隋州는 수원의 옛 지명인 듯하다. 왜냐하면 고려 성종시 제정한 隋城이 隋州로 불린 듯하다. 『고려사』 卷56, 志 卷10 地理1 양광도 수원, '本高句麗買忽郡, 新羅景德王, 改爲水城郡. 太祖南征, 郡人金七·崔承珪等二百餘人, 歸順效力, 以功, 陞爲 水州. … 別號漢南 成廟所定, 又號隋城. 그리고 鳳德山이 광교산의 아래에 있는 현 봉녕사의 뒷산이라 생각된다. 이에 대해서는 앞으로 좀 더 깊은 천착이 필요하다.
71) 朴允默, 「敬書大明高皇帝御筆眞墨後」, 『存齋集』 卷21, 跋, '卽皇明高皇帝眞墨三十六字 而紙末安御章刻朱御諱印四字者也 先人得之於雪峯大師希安 而寶藏于春秋亭 戒以永 傳 垂及不肖 不肖放浪山水 髮已星星矣 恐風燭奄及 未知寶緘流落於何處溝壑 去年以是 告于華城留相 襲以珍函繡櫝 奉安于龍珠寺 寺卽顯隆園薦福道場也.'
72) 황인규, 「파주 보광사의 역사와 위상」, 『대각사상』 12. 2009 ; 황인규, 『조선시대 불교계 고승과 비구니』, 혜안, 2011.

맡은 총책임자인 도화주 승려는 사일이었다.74) 사일은 전남 장흥군 보림사에 있으면서, 정조에게 『불설대보부모은중경』을 지어 바쳐, 정조로 하여금 불교에 귀의하도록 했다고 한다. 1790년(정조 14) 용주사를 지을 때 남한산성 도총섭으로서, 그 역사를 감독하고 8도 도화주가 되어, 8도의 승려들에게서 기부를 받아들인 후,75) 용주사는 창건되어 광릉의 봉선사와 선정릉의 봉은사 등과 더불어 조선왕실의 대표적인 능침 사찰 가운데 하나였을 뿐만 아니라 창건시부터 규정소가 두어졌고, 8로 도승원(八路 都僧院)을 두어 전국의 사찰을 통제했다. 그 뒤 왕의 신임을 받고 전국 교단을 통솔하는 위치에 있었다.

이러한 용주사와 관련이 깊은 정조의 진전인 화령전은 1800년 6월 28일 정조 서거 이후 이듬해 1월 수원 화성의 곁에 영전을 건립하기로 결정한 지 4개월 만에 완공된 것으로 터의 간심으로부터 완공까지는 정확하게 3개월, 실제 공역은 2개월 7일 정도의 기간이 소요되었다. 화령전의 영건은 수원 유수부가 전적으로 주관하였으며, 당시 수원유수는 이만수였다.76)

---

73) 정조, 「花山 龍珠寺 奉佛式에 복을 기원하는 게송 10首에 해석을 병기함 ○ 을묘년 (1795)」, 『홍재전서』 권55, 雜著 2.
74) 참고로 여기에 참여한 승도 명단 看役策應裨將校吏匠手僧徒秩을 보게 되면 다음과 같다. 證明僧 宇平 등 5명, 誦經僧 震環 등 7명, 造像邊手僧 戒初, 畵幀邊手僧 尙謙, 都看役僧 嘉善哲學, 都化主僧 獅馹, 錢米次知僧 尋策·愼行, 書記僧 道濟, 錢物次知僧 通政 勝悟, 雜物次知僧 弘尙, 募軍次知僧 通政 月信. 木手都邊首僧 萬謙: 각각 2월19일-9월29일, 도합 實役 216일. 副邊首僧 快性: 2월19일-9월29일, 도합 실역(實役) 216일. 畵員邊首 僧 旻官: 8월12일-9월29일, 도합 실역 45일.
75) 城月 哲學(1740~1801)은 용주사 창건 시 護宗演敎 普慧正覺 嚴淨毘尼 圓融法戒 摠持諸方 大法師 兼八路都僧統 京畿道水原府 花山龍珠寺 都摠攝이었다. 印錫龜, 「승가사 성월당 철학대사비」, 『한국 고승비문 총집』, '正宗大王在位之十三年 遷 顯隆園于水原也 建龍珠寺 命釋哲學領其衆 敎旨曰護宗演敎 普慧正覺 嚴淨毘尼 圓融法 戒 摠持諸方 大法師 兼八路都僧統 京畿道水原府 花山龍珠寺 都摠攝者 嗚呼 盛矣哉'; 김상영·이병욱·최태선·황인규, 「조선불교금석문 역주-서울경기편」, 『중앙승가대 논문집』 10, 2003.
76) 1908년 정조어진을 화령전에서 덕수궁 璿源殿으로 移安하였다. 「조선총독부관보」 (1910.9.9.)에 의하면 水原郡 北部面 舊華寧殿 인에 官立慈惠醫院을 신설하고 이번 5日부터 개원한다.'고 하여 화령전 안에 병원을 개원하였음을 알 수 있다. 해방후 1949년 수원 주민들이 화령전을 보수하였다. 「동아일보」, 1949년 12월 11일.

수원부의 동쪽 마을 어귀에 봉덕산 봉녕사(奉寧寺)가 있으니, 이 절은 돌아가신 우리 정조 임금님의 화령 진전(華寧 眞殿)으로, 원당은 지난 을묘년(1855) 봄에 수원 만의사에서 출가한 승려 경의(敬義)가 관가에 고하고 대중들과 의논하여 기금을 모으고 장인들을 뽑아 이곳으로 옮겨왔다. 이곳이 원래 옛 절 터이긴 했지만, 다만 불당이 없어, 그저 큰 방에다 모셔두었으니, 접때의 도모한 힘이 미치지 못했기 때문이었다. 승려로 이곳을 거쳐간 자들과 동네 사람들로 놀러와 머문 자들이 차 마시는 곳이나 술자리를 갖는 장소로 사용하여 기생들의 노랫소리 가야금 소리로 날마다 떠들썩하니, 부처님께 외람되고 열성(列聖)을 봉안함에 매우 부족하였으니, 견식을 갖춘 자들이 속으로 탄식하지 않을 수 있었겠는가! 5년이 경과한 경신년(1860)에 경의선사가 다시금 수원부 유수 김병교 상공에게 글을 올렸으니, 계획은 법당을 신축하고 불상을 옮겨 뫼시는 것이었다. 다행히 김상공께서 모연문대로 관할 다섯 개 읍에 공문을 보내고, 솔선하여 백금이나 되는 돈을 시주하였으니, 이보다 큰 은혜가 어디 있으리오! 이해 9월 아무날에 절의 위쪽 땅 즈음에 비로소 터를 잡고, 시월의 첫 길일인 신유일(10월 1일)에 주추를 세웠으며, 이로부터 사흘 뒤 갑자일(10월 4일)에 상량을 하게 되었으니, 대저 이곳 절에 법당이 있은 이래로, 몇 천 백년을 내려오면서 이처럼 수월하기는 처음 있는 일이니, 어찌 김상공께서 잘 지도해주시고 계획해주셨기 때문이 아니겠는가! 이에 법당의 설치에 대한 대략을 기록하여 들보 위에 남겨두는 바이다.[77]

---

77) 「봉녕사 상량문」, 2, 「時庚申十月初四日甲子記」, '時庚申(1860)十月初四日甲子記 隋州府東里許 有鳳德山奉寧寺 寺乃我正廟華寧眞殿 願堂 過年乙卯(1855)春 萬儀出家僧敬義 告于官 謀于衆 鳩財選工 移建于此 此乃寺之舊址 但欠佛座 設於大房 自昔力未及故耳 緇衲過去者 州人游衍者 茶筵酒席 妓嬉絃歌 日來呼譁者 殆涉慢狎 大捐崇奉 則其非識見人所窃歎哉 越五載庚申春 義師重呈 本府留侯 金公炳喬 計在新建法宇 移奉佛像者 誦幸矣 金公依募緣 發關屬府五邑 先以百金施之 惠孰大焉 是年九月日 始基于寺之上武許 以十月初吉辛酉堅柱 越三日甲子上樑 盖此寺之有法宇 歷幾千百歲 初經略是 豈非金公善指畫耶 玆記其設作大略 藏留樑上云.'(봉녕사 사중 소재).

조선후기 문인 박윤묵(1771~1849)이 62세 때인 1832년(순조 32) 화성을 중수하는 데 감동되어 지은 시인 듯하다.[78] 그는 시문에도 뛰어났으며 왕희지·조맹부의 필법을 이어받았던 박윤묵은 어느날 봉녕사에서 오후에 쉬면서 시를 남긴 바 있다.[79]

이 시문에 의하면 봉녕사의 처마 기와와 담장 주변의 모습을 그리고 있다. 그리고 추사 김정희가 봉녕사 고승 요선에게 써 보인 시에 의하면 봉녕사를 들에 있는 절이라고 하였다.[80]

요선은 전근대 봉녕사의 고승으로 실제 확인되는 인물이다.[81] 이와 같이

---

78) 박윤묵은 용주사에서 묵으면서 시를 남기고 있다. 朴允默(1771~1849), 「贈龍珠寺寓僧妙華 二首」, 『存齋集』 卷9, (密城朴允默士執著); 「夜宿龍珠寺 二首」, 『存齋集』 권9, 시. 참고로 박윤묵은 시와 글씨로 이름난 閭巷 詩人으로 이름이 높았는데, 49세 때인 순조 19년(1819) 북한산 太古寺에 보관 중인 四書 三經의 板本을 중수하는 일에 참여하였다.

79) 朴允默(1771~1849), 「午憩奉寧寺(在華城東五里許)」, 『存齋集』 卷9, (密城朴允默士執著) 詩, '白雨蒼山裡 孤菴太寂然 擔(檐)低瓦衣合 地濕樹鷄圓 墻外惟樵徑 堂前卽菜田 同庚有寒衲 片語亦淸緣.' 당시 봉녕사 앞에 菜田(채소밭)이 있었음을 알 수 있다.

80) 金正喜(1786~1856), 「奉寧寺題示堯仙(봉녕사에서 요선에게 써 보이다)」, 『완당전집』 권10, 詩. '野寺平圓別一區 遙山都是佛頭無 虎兒筆力飛來遠 淸曉圖成失舊樵(寺中山眺甚異 似米虎楚山淸曉圖).'

81) 金正喜(1786~1856), 「示堯仙」, 『완당전집』 권9, 詩. '病眞病假證毗耶 爛漫公然日漸加 犁外雨膏隨處處 篷中春意盡家家 工愁千丈白髭髮 弄豔一枝紅杏花 好景忽忽勾住否 雙柑斗酒夢天涯'; 金正喜, 「次堯仙」, 二首○並序(堯仙有中紅亭感興二絶句 詩思有沈鬱處 有淸妙處 有幻現玲瓏處 雖精華三昧 無以多於此北地開荒 自尹侍中始 雖紅抹繡帕 奇技神藝 項背相望 未聞有詩思文情朗出天外者 此乾坤淸氣 無分於南北 特人無鴛鴦繡 罷金針度與耳 漫書其二詩 並轉要寄於其大人杞溪門庭 忽此文星來曜者 是何祥也 此地人若知有此一境開悟 門大路如靑天) '如此好詩方寸內 遇興觸發更無加 尋常格式還村氣 天韻流通便大 乾坤淸氣人皆得 南北何曾有減加 只是紛紛門外客 摠迷針線不知家.'; 김정희, 「和堯仙東井韻」, 『완당전집』 권10, 詩, '玉川七椀試泉廻 浣盡城東屐底苔 老子寥寥屋中坐 銅甁只管水符來 淸心七字綺思廻 快洗三家硯上苔 賞捧君家消不得 前催進蘀錢來 堯仙日日往東井 飮七大椀 仍作水課 有東井七椀淸心之句甚佳 誦與其大人 使之出蘀錢具酒食 以餉同人 備村學魁禮故事 其大人喜而滿臉堆笑 伴若不信 可謂莫知其苗之碩也 余之戱作 繼和前韻.' 김정희는 제주도 유배 생활 5년이 되던 1844년 제자인 李尙迪(1004 1065)에게 세한도를 그려주었던 바 있다. 恩誦堂 李尙迪이 남긴 시에도 堯仙에 관련한 시가 보이나(『恩誦堂 續集』 문 권1·권2·권4) 여기의 인물은 중국 유생이다. 따라서 앞서 언급한 추사 김정희가 수원 봉녕사에 와서 시를

순조대 초 이후 봉녕사는 정조의 진전 화령전의 원찰이 되면서 수원부 유수를 비롯하여 문인들의 관심을 받는 도량이었던 것이다.

2) 철종·고종대 봉녕사 중창

(1) 철종대 법당 중수

철종대 봉녕사 법당이 중수되었던 사실은 다음의 상량문을 통해 알 수 있다.

逎玆化主禪 聾醒堂敬義	이에 화주 선승 농성당(聾醒堂) 경의(敬義)가
會法侶而興嗟 誠切刱建之計	도반들을 모아서 공분(公憤)을 일으키고 성심으로 불당 창건의 계획에 간절하니
訴留相而得旨 成給勸善之文	수원부 유수 상공께 호소하여 동의를 받아 불사를 권선하는 모연문을 발급하였네
先出捐百金 重敎子侄婿孫之助	솔선하여 백금의 의연금을 내시고 자질과 서손들에게도 도울 것을 거듭 말씀하시곤
繼使行五邑 優得守宰士民之財	이어서 관리를 다섯 읍에 파견하여 각 고을 원님과 사민들의 재물을 충분히 얻었으니
遂於是年冬十月初四日甲子未時	드디어 이 해 겨울 10월 4일 갑자일 미시에
旣具木石之治	이미 재목과 석재를 다듬어 갖추고는
爰始柱樑之役	이에 기둥과 들보 올리는 작업을 시작하니
經營積費	경영하는 기간과 소요되는 비용이
幾歲所爲	몇 년이나 걸려야 되는 일이건만
有志者竟成事業	뜻이 있으면 사업은 이루어진다 했던가!

남긴 기록에 대한 정밀한 검토를 요한다.

| 傳及千秋不可無文 | 천추의 후대에 전하려 하면 글이 없어서는 안 되는 법 |
| 而助擧 | 이에 거사를 돕나니82) |

봉녕사의 고승이었을 선농 경의(禪聾 敬義)가 승려를 모아 중창하고자 하여 재상에게 상소를 올려 교지를 받아 권선문을 돌려 중수비를 마련하였다. 가족 친족의 도움뿐만 아니라 수원부 소속 5읍에서 모연하여 중창하였다. 이러한 사실은 다음의 상량문을 통해서도 확인된다.

수원부의 동쪽 마을 어귀에 봉덕산(鳳德山) 봉녕사(奉寧寺)가 있으니, 이 절은 돌아가신 우리 정조 임금님의 화령 진전(華寧眞殿)으로, 원당(願堂)은 지난 을묘년(1855) 봄에 수원(水原) 만의사(萬儀寺)에서 출가한 승려 경의(敬義)가 관가에 고하고 대중들과 의논하여 기금을 모으고 장인들을 뽑아 이곳으로 옮겨왔다. 이곳이 원래 옛 절 터이긴 했지만, 다만 불당이 없어, 그저 큰 방에다 모셔두었으니, 접때의 도모한 힘이 미치지 못했기 때문이다. 승려로 이곳을 거쳐간 자들과 동네사람들로 놀러와 머문 자들이 차 마시는 곳이나 술자리를 갖는 장소로 사용하여 기생들의 노랫소리 가야금 소리로 날마다 떠들썩하니, 부처님께 외람되고 열성(列聖)을 봉안함에 매우 부족하였으니, 견식을 갖춘 자들이 속으로 탄식하지 않을 수 있었겠는가! 5년이 경과한 경신년(1860)에 경의선사가 다시금 수원부 유수 김병교 상공에게 글을 올렸으니, 계획은 법당을 신축하고 불상을 옮겨 뫼시는 것이었다. 다행히 김상공께서 모연문(募緣文)대로 관할 다섯 개 읍에 공문을 보내고, 솔선하여 백금(百金)이나 되는 돈을 시주하였으니, 이보다 큰 은혜가 어디 있으리오! 이해 9월 아무날에 절의 위쪽 땅 즈음에 비로소 터를 잡고, 시월의 첫 길일인 신유일(10월 1일)에 주추를 세웠으며, 이로부

---

82) 「봉녕사 상량문」 1, 「時庚申十月初四月甲子記」(봉녕사 사중 소재).

터 사흘 뒤 갑자일(10월 4일)에 상량을 하게 되었으니, 대저 이곳 절에 법당이 있은 이래로, 몇 천 백년을 내려오면서 이처럼 수월하기는 처음 있는 일이니, 어찌 김상공께서 잘 지도해주시고 계획해주셨기 때문이 아니겠는가! 이에 법당의 설치에 대한 대략을 기록하여 들보 위에 남겨두는 바이다.[83]

화주승 경의는 관에 고하여 모연하여 이 절 봉녕사의 옛 터에 법당을 이건하였는데 과거에는 마을 사람들의 유락 장소였다고 한다. 이에 1860년 경의의 요청으로 수원부 유수 김병교가 수원부 5읍의 모연을 하여 법당을 짓고 불상을 옮겨 봉안하였다는 것이다. 중수는 그 해 9월부터 10월초에 이루어졌다고 한다.

그런데 법당 가운데 '몇 천백년'이나 되는 오래된 것이 있었으며, 사찰은 처음에 봉덕암이라 하였는데 화령전의 조포의 사지찰이 되었다는 것이다.[84] 이러한 사실로 보아 화령전의 관리를 맡았던 수원유수가 화령전의 원찰인 봉녕사의 제향에도 관여한 듯하다.

(2) 고종대 탱화 봉안

봉녕사는 1878년(고종 15) 4곳의 법당에 탱화가 봉안되었다. 즉, 약사전의 영산회상도, 칠성 불화, 칠성도와 1881년(고종 28)에 약사전의 칠성 불화가

---

83) 「봉녕사 상량문」 2, 「時庚申十月初四日甲子記」, '時庚申(1860)十月初四日甲子記 隋州府東里許 有鳳德山奉寧寺 寺乃我正廟華寧眞殿 願堂 過乙卯(1855)春 萬儀出家僧敬義 告于官 謀于衆 鳩財選工 移建于此 此乃寺之舊址 但欠佛座 設於大房 自昔力末及故耳 緇衲過去者 州人游衍者 茶筵酒席 妓嬉絃歌 日來呼譁者 殆涉慢狎 大捐崇奉 則其非識見人所窃歎哉 越五載庚申春 義師重呈 本府留侯 金公炳喬 計在新建法宇 移奉佛像者 誦幸矣 金公依募緣 發關屬府五邑 先以百金施之 惠孰大焉 是年九月日 始基于寺之上武許 以十月初吉辛酉堅柱 越三日甲子上樑 盖此寺之有法宇 歷幾千百歲 初經略是 豈非金公善指畫耶 妓記其設作大略 藏留樑上云.'(봉녕사 사중 소재).

84) 봉녕사 사중에 전해오는 奉寧寺 新建法宇 上樑文 '此寺 初稱**奉德庵**爲 供泡○○ 華寧殿仍 成嘉號 **耀禪龕**'이라는 기록이다.

그려져 봉안되었다.[85] 1878년의 탱화 화기에는 고종과 민비 그리고 그들의 둘째아들 순종의 수복과 강녕을 기원하고 있다.[86] 아마도 순종의 탄생과 세자 책봉을 기원한 것이 아닌가 한다. 순조대 정조의 진전 화령전의 원찰로 지정된 후 봉녕사는 왕실의 원찰로서의 위상을 지닌 듯하다.[87]

아쉽게도 봉녕사의 고승이었을 그들에 대해서 알려진 바 없다.[88] 다만 중요 단월은 박신규의 가문이었으며,[89] 1878년(고종 15)에 제작되어 약사전

---

85) 불교문화재연구소, 『한국의 사찰문화재』(인천광역시, 경기도) 자료편 수원시 봉녕사, 219~220쪽.
86) 1878년의 탱화 화기에는 '主上殿下 壬子生 李氏壽萬歲, 王妃殿下 辛亥生 閔氏壽濟年, 世子邸下 甲戌生 李氏 壽千秋.'라고 되어 있다.
87) 봉녕사 「약사전 영산회상도 緣化秩」, 1878년 작(봉녕사 소재), '證明 中菴忠禧 瑞巖性玩 大淵萬雨, 誦呪 布明性曄, 金魚比丘 : 天基 若效 永雲 完善 能浩, 持殿比丘 : 永教, 秉法比丘 : 奉悅, 供司比丘 : 法添 義法, 造餠 比丘 : 慧眞 比丘 : 應□, 淨桶信士 : 蓮月, 種痘比丘 : 永植, 都監 : 桂奉瑞長, 別座比丘 : 錫眞, 化主比丘 : 智賢, 乾董比丘 : 慧印, 火臺 : 金龍吉.'
88) 大淵 萬雨는 고승 涵弘 致能(1805~1878)의 문집인 『涵弘堂集』에 나오고 있는 大淵堂과 동일 인물인지 잘 알 수 없으며(「陪八峯和尙 呼韻以呈」, 『涵弘堂集』, '月入雲霄流皓影 風穿霜葉放寒聲 下句缺 鶴山歸路卽事(大淵和尙傳誦)'; 「與大淵堂」, 『涵弘堂集』, 萬愚尙景(1855~1924)(『鏡虛集』, 「靑岩寺 祖室 與萬愚堂話別」)와는 시기상 다른 인물이다. 그리고 瑞巖 性玩은 華嶽 智濯의 『三峰集』의 문도에 보이고 있는 瑞巖 性允과 시기상 다른 인물이다.
89) 탱화의 시주기에는 乾命 壬午生 朴信圭 坤命 申巳生 羅氏 亡子 丁未生 洪錫 孫 丙寅生 周泳 坤命 丁巳生 車氏 乾命 丁酉生 朴? 坤命 庚子生 嚴氏 信女 戊寅生 姜氏 坤命 庚辰生 姜氏 乾命 庚寅生 金性萬 乾命 己巳生 車孝順 등의 명단이 기록되어 있다. 봉녕사를 후원했던 朴信圭는 숙종대 문신 朴信圭(1631~1687)와 동명이인의 후대 인물이다. 동시대인 인물 靑陽前縣監과 사간원 대사간, 성균관 대사성, 吏曹參議에 재임하였던 朴臣圭과도 전혀 다른 인물인 듯하다. 『헌종실록』권14, 13년(1847) 10월 11일(정사) ; 『철종실록』권9, 8년(1857) 2월 20일(임인) ; 『철종실록』권10, 9년(1858) 4월 15일(경신) ; 『철종실록』권11, 10년(1859) 10월 12일(무신) ; 『철종실록』권14, 13년(1862) 4월 1일(계축) ; 『철종실록』권15, 14년(1863) 8월 13일(정해) ; 『고종실록』권2, 2년(1865) 2월 19일(을유). 더욱이 朴臣圭의 아내가 李氏였으며,(『고종실록』권7, 7년(1870) 2월 30일(병인), '次對를 행하였다. 領議政 金炳學이 아뢰기를, … 故 吏曹參議 朴臣圭의 아내 李氏는 일상생활에서 행실이 이러디있으므로 일고, 이 들의 칭찬을 받았고 남편이 죽고 장사를 지낸 뒤에 家事를 처리하고 의연히 자결하였습니다. 이러한 효성과 정절에 대해 모두 공론이 있은 지 오래입니다. 특별히 旌閭하는 법을 시행하여 풍속을 장려하소서.') 봉녕사

에 봉안된 칠성도(사중 수장고 소재)도 역시 마찬가지다. 이렇듯 봉녕사는 철종대에 이어 고종과 비 민비, 그의 아들 순종 등의 후원으로 약사전의 탱화가 봉안되는 등 왕실의 원찰로서의 사세를 이어갔던 것이다.

4. 나가는 말

이상으로 봉녕사의 주요 연혁을 중심으로 역사를 검토하여 보았다. 대개의 사찰이나 불교의 역사를 입증해 줄만한 전거가 매우 미흡하듯이 봉녕사의 경우도 마찬가지다. 특히 전근대의 역사를 입증해 줄만한 관련 기록이 거의 없어서 아쉽기 그지없다. 최근에 사중에 전해오는 철종대 두 건의 상량문 기록이 그나마 봉녕사의 역사를 복원하는데 일조를 하여서 다행스럽기까지 하다.

봉녕사의 전 근대 역사 가운데 가장 중요한 문제는 '성창사 혹은 창성사가 봉녕사의 전신인가'이다. 현존하고 있는 창성사 터와 현재 봉녕사의 터가 너무 멀리 떨어져 있을 뿐만 아니라, 이를 뒷받침해 줄만한 관련 기록이나 야사 및 설화조차 전하고 있지 않기 때문이다. 혹 결단코 후대에 봉녕사의 역사를 소급하기 위해 창성사의 역사를 빌어 온 것이 아닌 듯하며, 창성사의 고승이 산 아래에 있는 봉녕사를 창건 혹은 중창했을 개연성도 없지 않다. 예컨대 고·중세 사찰의 역사에서 원효성사나 의상대사, 선각국사 도선 등 유명 고승이 창건 또는 주석하였다고 하는 사찰이 적지 않다. 이를 사실로 보기도 쉽지 않으나 완전히 부정하는 것도 올바른 자세가 아닐 것이다. 본고에서 다루었던 봉녕사의 창건이나 중창에 관련한 사실도 다소 문제가 있을 수밖에 없지만 전혀 근거가 없다고 치부하는 것도 옳지 않다.

이러한 점에서 현재로서는 봉녕사의 창건과 중창 등 주요 연혁은 봉녕사의

를 후원한 朴信圭의 아내는 羅氏였다. 봉녕사에 시주한 朴信圭는 壬午生으로 1822년 생으로 생각된다. 박신규와 그의 가문에 대한 천착이 필요하다.

역사로 받아들여야 할 것이며, 이러한 역사가 언제부터 누구에 의해서 정립되었는가가 밝혀져야 할 것이다.

　무엇보다 창성사가 봉덕사의 전신인가에 대해선, 봉덕사는 후술하는 바와 같이 1800년 초 순조가 사액을 내린 이후의 이름이며, 실제 봉녕사라는 이름이 찾아지고 있으나 현재로서는 창성사가 봉덕사의 전신인지 전혀 알 수 없는 실정이다. 다만 창성사가 언제 창건되었는지 알 수 없으나 고려말 마지막 화엄종 국사인 진각국사 천희가 머물면서 화엄종의 사세를 진작시키려 하였으며, 여말선초 문집류에도 창성사(彰聖寺) 혹은 창성사(昌盛寺)로 나오고 있을 뿐만 아니라 태종대 자복사 지정시 자은종(유가종) 소속 사찰이었다. 그 후『신증동국여지승람』이나 1800년의 수원부 읍지류에 나타나다가 그 이후 폐사된 듯하다. 그리고 1800년대 이후 봉덕사의 후신인 봉녕사라는 사찰 이름과 그 존재가 문집류나 화기 등에 찾아지고 있다. 고려시대나 조선시대의 창성사와 봉덕사가 동일 사찰일 개연성은 거의 없어 보인다, 따라서 창성사는 봉녕사의 전신인 봉덕사와 별개의 사찰이라고 생각되며, 봉녕사는 사중에서 간주하는 성창사(聖彰寺)일 듯하다.

　고려 희종대 창성사를 창건한 원각국사 덕소가 유가종의 고승 진억과 함께 지리산 수정사 결사에 참여한 혜약과 동일 인물이 아닐까 추정해 보았다. 이러한 사실이 받아들여질 경우 원각국사 덕소가 결사 정신으로 봉녕사의 전신인 성창사를 창건한 것으로 볼 수 있다.

　이러한 성창사는 조선초에 중수되면서 봉덕사로 개칭된 듯하다. 기존에 알려진 바와 같이 조선초에 봉덕사로 불리다가 1469년(예종 1) 혜각대사가 봉녕사로 개칭한 것이 아니다. 앞서 언급한 바와 같이 봉덕사로 불리다가 순조 초년인 1800년초에 정조의 진전인 화령전의 원찰로 지정되면서 봉녕사 사액이 내려져 불린 이름이다. 따라서 성창사는 조선초 1469년에 혜각존자 신미에 의하여 중수되어 봉덕사(奉德寺)로 불린 것이라고 보는 것이 타당하시 않을까 한다. 봉넉사는 봉녁산 봉녁사라고노 불렸으며, 내부분, 특히 조선시대의 '봉○사(奉○寺)'라는 사찰의 사례에서 보듯이 왕실과 관련이 깊은 사찰이었던 듯하다. 봉녕사가 중수되던 해인 1469년에 남양주 운악사가 세조의 비인 정희왕후에 의해 세조의 능침 사찰로 지정되면서 봉선사라고 하였는데, 당시 봉선사는 세조의 3화상인 혜각존자 신미가 주석 또는 주관하였다. 아마도 봉덕사도 혜각존자 신미가 중수하였다면 세조의 원찰이었을 개연성이 없지 않다. 참고로 고려말 혜각국존이 있었으나 냉산 주륵사에 주석하였던 고승으로 봉덕사와는 관련 사실이 나타나지 않는다,

그 후 봉덕사가 역사의 전면에 크게 부각되는 것은 1800년대 초 순조대 이후이다. 봉녕사의 사중에 전하고 있는 상량문에 의하면, 순조가 아버지 정조의 효심을 기리기 위해 어진을 봉안할 화령전을 짓고 그 원찰로 중창하고 '봉녕(奉寧)'이라는 사액을 내림으로써 봉녕사라고 불리게 되었다. 화령전의 관리는 수원부 유수가 담당하게 하였는데 화령전의 원찰인 봉녕사도 관리 또는 후원하였을 것이다. 이는 수원유수였던 김병교가 봉녕사의 중수를 후원하였던 사실이나 화성을 감독하였던 박윤묵이 봉녕사 시를 남긴데서 알 수 있다.

순조가 자주 화령전에 제향을 올렸으므로 그때마다 원찰인 봉녕사에서도 역시 정조에 대한 추념 불사가 있었을 것이다. 그 후 봉녕사의 탱화에서 볼 수 있듯이 봉녕사는 고종과 민비, 그의 아들 순종을 추복하는 등 왕실 원찰이었다.

제2장

지방 사찰

I. 장성 백양사의 역사와 고승

1. 들어가는 말

　장성 백양사는 남국의 명산1)이라는 백암산에 위치하고 있는 호남 불교의 대표적 사찰 가운데 하나이다. 고려중기 창건이래 수선사 제14세 사주 각진국사 복구의 고성 이씨 가문과 그 출신의 고승들에 의해 여말선초에 크게 부상하였으며,2) 특히 경내의 쌍계루가 중창되어 목은 이색, 포은 정몽주, 삼봉 정도전 등 유자들의 관련 시가 조선시기에 회자되었다.3)

---

1) 宋秉璿(1836~1905),『淵齋集』卷21, 雜著,「白巖山記」,'白巖 在長城府西北 奇麗幽壯 爲南國名山.'
2) 徐居正(1420~1488),『四佳詩集』卷45, 詩類,「送道庵上人 還白奄寺」,'白奄寺 高麗侍中 杏村李文貞公願利也.'
3) 邊時淵,『白羊寺와 雙溪樓』, 장성군, 1987 ; 한국고문연구회편,『雙溪樓誌』, 장성군 : 한국고문연구회, 1987 ; 호남학연구원 편,『(국역) 쌍계루(詩·書)』, 역자 박미향 이대연, 내장산 국립공원 백암사무소, 2017. 백양사 관련 연구는 문학 분야와 건축, 미술을 비롯한 문화사적 측면에서 이루어졌다. 이에 대해서 다음의 졸고를 참조하기 바람. 황인규,「Ⅲ. 장성 백양사의 역사와 산내암자」,『정밀지표조사

백양사의 역사에서 가장 중요한 문헌은 일제 강점기 총독부가 취합한 기문류들이 아닐까한다. 즉, 일제가 간행한 『조선사찰사료』에 무려 27쪽에 걸쳐 중세 백양사 관련 기문을 싣고 있으며,[4] 기문에 실린 이두에 주목하여 분석이 이루어졌다.[5] 백양사에는 학계에 널리 소개되지 않은 기문들이 있으나 거의 분석이 이루어지지 않고 있다.[6] 그 후 각진국사 복구와 고성 이씨 가문을 중심으로 한 연구가 이루지고[7] 백양사의 여말선초기 역사가 대략 밝혀졌다.[8]

본고는 앞서 언급한 제 문헌의 기록을 종합하여 그간 거의 활용되지 않은 백양사의 중세에 해당하는 고려후기 조선초 백양사 관련 고승들을

및 학술 조사 보고서 장성 백양사 물외암지』, 대한불교조계종 제8 교구본사 백암산 백양사, 불교문화재연구소, 2020. 본고는 이 보고서의 글 가운데 고려후기 조선초 부분을 정제 수정한 것이다.

4) 『조선사찰사료』에는 다음과 같은 백양사 관련 기문을 싣고 있다. 「白巖山 淨土寺事蹟序」, 「極樂殿佛糧稧序」, 「白巖山 淨土寺事蹟」, 「白巖寺 淨土寺橋樓記」, 「白巖寺 轉藏法會堂司榜」, 「宣德年間 貼傳書」, 「祈禳厲氣 祭禮文」, 조선총독부, 『조선사찰사료』 상, 1911.

5) 貼具房之進, 『吏讀集成』, 「雜攷」 六, 下 ; 「俗字攷·俗文攷·借字攷」, 國書刊行會, 1972, 620~622쪽 ; 조선총독부 편, 『이두집성』 부록, 1937, 18~20쪽 ; 洪起文, 『리두연구』 과학원출판사, 1957, 337~343쪽 ; 이철수, 「長城 白巖寺貼文의 吏讀에 대하여」, 『한국학연구』 8, 인하대, 1997 ; 허흥식, 「14·5세기 淨土寺의 고문서」, 『한국의 고문서』, 민음사, 1988 ; 허흥식, 『고려불교사연구』, 일조각, 1986.

6) 백양사에 소장된 문헌이 필사본 형태로 전하고 있다. 이러한 기문들은 백양사 소장 문헌으로 필사체로 제작되었으며, 몇 건을 제외하고 『조선사찰사료』에 실린 것과 다르며, 책들 간에 중복 기록된 것도 적지 않다. 백양사 소장 문헌 가운데 仁獻王后具氏以此最勝功德, 白嵓寺傳帳受 白羊寺 四明 日奉祝 國魂記, 白羊寺 四明日 薦靈 戰亡錄, 白羊寺 殿閣列錄 白羊山 雲門庵 流傳錄, 고종 철종대 완문류, 白巖山 道巖堂大師 行略 등은 적극 활용되어야 할 것이다. 그 가운데 일부 기문이 다음의 논고에 소개된 바 있다. 김문경, 「조선후기 백양사의 僧役에 대한 고찰」, 『선문화연구』 2, 한국불교 선리연구원, 2007.

7) 김창숙, 「각진복구와 이암일가에 관한 고찰」, 『한국문화의 전통과 불교』, 논총간행위원회, 2000, 259~380쪽 ; 김창숙, 「14세기 각진복구와 정토사에 관한 고찰」, 『한국불교학』 29, 2001 ; 윤기엽, 「각진국사 복구와 불교계 동향」, 『보조사상』 42, 2014 ; 박홍갑, 「제2장 고려후기 불교세화 고성이씨」, 『한국중세사 전개와 고성이씨』, 경인문화사, 2019.

8) 이병희, 「고려말 조선초 백양사의 중창과 경제문제」, 『한국사연구』 99·100, 1997.

중심으로 백양사의 역사를 좀 더 정밀하게 조명하고자 한다. 특히 고려후기 사굴산문계 수선사와의 교류, 숭유억불기인 여말선초 각진국사 복구와 문도(손)들의 백양사의 중창과 전장법회의 개최와 쌍계루의 중창, 조선초 백양사 고승들과 중앙 불교계와의 관계 등을 중심으로 백양사의 고려후기 조선초 불교사적 의의를 밝히고자 한다.

2. 중연의 백양사 중창과 수선사

백양사는 전라남도 북쪽 끝에 있는 장성군 북하면에 소재하고 있다. 정도전이 1377년에 지은 「백암산 정토사 교루기」에 의하면 '신라 때 어떤 이승(異僧)이 처음으로 절을 짓고 살면서 이름을 백암사라고 하였다.'[9] 조선후기 문신 홍종응(1783~?)이 1859년에 지은 백양사의 「극락전 불량계서」에 의하면 '백양사는 632년에 창건되었다.'[10]고 한다. 이렇듯 백양사는 호남의 가장 오래된 사찰 가운데 하나이며 백암사, 정토사(또는 정토선원), 백양사로 불리고 있다.[11]

「백양사 역대 주지 방함록」[12]에 의하면 백양사의 초기 역대 주지는 1세 여환, 2세 혜오, 3세 지정, 4세 경조, 5세 지관, 6세 범우, 7세 의소, 8세 중연이라고 한다. 여환과 중연 외에는 여타의 기록에 나타나지 않고 있어서 그 실체를 알 수 없다.

그 후 백양사는 중연이 85칸에 이르는 전각을 중창하였다.[13] 「장성감무관

---

9) 鄭道傳, 「白巖山 淨土寺 橋樓記」; 조선총독부, 『조선사찰사료』 상, 1911.
10) 洪鍾應, 「極樂殿 佛糧稧序」, 『조선사찰사료』 상, '㸑於貞觀之七年.'
11) 본고에서는 사명을 백양사로 통칭하기로 한다.
12) 安震湖, 「白羊年과 白羊寺」, 『佛敎』 79, 佛敎社, 1931.
13) 鄭道傳, 「白巖山淨土寺橋樓記」, 『조선사찰사료』 상, '至宋景平間易淨土禪院其徒禪師 中延繼此更作殿堂門廡丈室賓寮凡八十餘楹.'; 「宣德六年 辛亥 八月 十日 監務官貼傳書」: 『조선사찰사료』 상.

첩」에 의하면 중연은 1188년(명종 18) 7월경 명종을 위해 관음상을 조성하여[14] 축성 법석과 만일도량을 베풀었다.[15] 만일도량이 백양사에서 실제 개최되었다면 1215년(고종 2) 무렵까지 계속되었을 것이다. 1174년(명종 4)에 개경의 승려 2,000여 명이 무신 정권을 타도하려다 실패하였고[16] 1203년 경상도 승려들도 반란을 일으켰다가 진압되는 등[17] 교종 계통의 불교계의 세력은 약화되고 있었다. 이러한 때 백양사에서 명종을 위한 축성 법회를 개최하고 만일도량을 베푼 것은 매우 주목되는 사실이다.

「장성감무관첩」에 의하면 중연은 백양사를 중창할 때 사비를 사주로 삼았으며 1198년(신종 1) 3월 중연의 법손으로 공인하는 첩이 발행되었다. 즉, 중연이 올린 소지가 있어서 왕께서 판부하였다[18]는 것이다. 중연은 호가 성조이며 성주사 주지로 재임하다가 백양사를 중창하였다. 중연에 의하여 백양사 중창시 사주가 되었던 사비는 보조국사 지눌의 문도 진각국사 혜심(1178~1234)이 상당 법문을 한 동화사 비장로와 동일 인물인 듯하며 백양사에서 수선사의 혜심과 교유하면서[19] 수선결사 운동에도 함께 하였을 것이다. 사비는 지눌과 결사를 맹세하였던 공산 거조사 득재가 지눌의 문도인 수우와 수선사의 각순과 천진 등과 함께 수선사를 9년간 중창하였다.[20] 그 가운데 성부는 '평생 재장(梓匠)으로 업을 삼았는데 법을 듣고 발심하여 염불을 일삼았던 바, 이 절은 그의 손으로 이루어진 것이다.'[21]라는

---

14) 「宣德六年 辛亥 八月 十日 監務官貼傳書」, 『조선사찰사료』 상, '祝聖觀音尊像願成.'
15) 노명호 외, 「長城監務關」, 2000, 369~370쪽. 백양사의 만일도량 개최에 관련 기록이 없기 때문에 더 자세한 사실은 알 수 없다.
16) 『고려사절요』 권12, 명종 4년 1월.
17) 『고려사절요』 권14, 신종 5년 10월 및 6년 9월.
18) 노명호 외, 「長城監務官貼」, 2000, '聖住寺住持 性照禪師中延 所志內乙仍于判付.'
19) 『眞覺國師 語錄』 上堂, 「爲桐華備長老」; 『眞覺國師 語錄』 法語, 「示白嵓 備長老」.
20) 崔詵, 「大乘禪宗 曹溪宗 修禪社 重創記」, 『조선사찰사료』 상, 274~279쪽 ; 허흥식, 1993, 「修禪社重創記의 자료가치」, 『고문서연구』 4, 한국 고문서학회, 4/쪽.
21) 崔詵, 「大乘 禪宗 曹溪宗 修禪社 重創記」, 『조선사찰사료』 상, 279쪽, '長城縣白巖寺僧 曰性富者 平生 以梓匠爲業 聞法發心 以念佛爲事 至於此寺 皆其手所成.'

평을 받고 있다. 이와 같이 백양사의 승려 사비와 더불어 성부가 수선사의 중창을 주도하였다. 성부는 백양사 제8세 주지 성조 중연과 동문인 듯하며 「백양사 역대 주지 방함록」에 의하면 백양사 제10세 주지였다. 수선사 제13세 사주 복구 때와 같이 백양사와 수선사 간에 교류가 깊었다.

「장성감무관첩」에 의하면 백양사는 중연의 법손 사비에 의해 계승 주도되었으며 복구의 스승인 백양사의 일린에 계승되었다. 즉, '중연의 문도들이 차례로 전하여 지켜오다가 일린이 절을 맡게 되니 처음의 법도를 떨어뜨리지 않았다.'22)는 것이다. 일린은 수선사 제7세 사주로 비정되고 있는 자정국사 일린으로 추정된다.23) 일린은 '조계의 상족으로서 총림의 우두머리가 되어 불도와 문재가 뛰어났다.'24)고 하기 때문이다. 일린은 난송으로도 불렸으며 지눌이 창건한 무등산(서석산)에 위치한 조월암과 규봉사, 지눌과 그의 문도 혜심이 주석하였던 월남사에도 머물렀다.25) 이와 같이 일린은 수선사 사주시 산내 암자인 자정암을 창건하였다고 하며,26) 백양사에 주석하며

---

22) 鄭道傳, 「白巖山 淨土寺 橋樓記」, 『조선사찰사료』 상, '延之徒以甲乙傳 次一麟主其寺 不墜其初.'
23) 林錫珍은 慈靜國師는 승려 臥月 敎萍(1750~1822)이 蒐集 書寫한 기록을 인용하여 「松廣寺 事蹟」에 제5세 慈眞 圓悟國師의 법을 사사한 一印이라는 설(임석진, 『송광사지』, 1965, 99쪽)과 錦溟寶鼎(1861~1930)이 지은 『조계고승전』에 印一이라는 설이 있다. 『조계산송광사고』, 제3편 雜部 石物 「慈靜國師 塔毀壞記」. 필자는 임석진이 비정했던 바와 같이 一麟은 一印이며(이지관, 「지눌의 정혜결사와 그 계승」, 『한국선사상 연구』, 동국대 불교문화연구원, 1984, 149~150쪽), 후술하는 바와 같이 『원감국사 가송』에 나오는 印公이라고 생각된다.
24) 沖止, 「圭峯庵甲戌年冬安居願文」, 『海東曹溪宓庵和尙雜著』, '惟印公禪伯 乃曹溪之上足 而叢林之麟角也 食不過中 脇不霑席 道韻文才 冠絶.'
25) 『원감국사 가송』에 印公으로 나타나고 있는 기록을 열거하면 다음과 같다. 「夏日懷 圭峯印禪伯」 ; 「次韻答圭峯印禪伯」 ; 「次韻答蘭松禪師印公」 ; 「次圭峯印贈月軒康博士時韻四首」 ; 「有懷圭峯印禪伯」 ; 「齋餘偶作戲語一篇寄示印禪伯」 ; 「復次圭峯印公贈月軒康博士詩韻」 ; 「奇新月南印公 公白圭峯祖月庵 出世寶月山之月南」 ; 「偶用雪堂韻 示印默二禪人 此下三首在曹溪作」 ; 「用前韻答印禪伯」 ; 「圭峯庵甲戌年冬安居願文」 : https://kabc.dongguk.edu/ ; 임석진, 1965, 『松廣寺誌』, 99쪽.
26) 『松廣寺 史庫』 第3篇 雜部, 「慈靜國師 塔毀壞記」 ; 배상현, 「송광사 산내 암자의 창건과 변천」, 『불교연구』 49, 한국불교연구원, 2018, 145~146쪽.

복구를 가르치는 등 백양사와 수선사와의 관계는 깊었다. 이렇듯 백양사는 당시 불교계를 주도하였던 수선사와 연계하면서 사세를 진작시켰다.

3. 복구의 백양사 중창과 수선사

그 후 백양사는 원 간섭기 말 이후 조선초까지 각진국사 복구(1270~1355)와 그의 문도들에 의하여 주도되었다. 복구는 1279년 10세 때 수선사 제5세 사주 원오국사 천영(1215~1286)에게 출가하였다.[27] 복구는 천영에게 사사하기 전인 8세에 백양사 일린에게 사사받았다.[28] 그 후 복구는 천영에게 가르침을 받고 1286년(충렬왕 12) 무렵에 천영이 유촉한 도영에게 수학하여 10여 년만인 1290년(충렬왕 16) 무렵에 '배움이 이루어져 총림의 우두머리로 추앙되었다.'[29]고 한다. 도영은 제자인 복구를 지극한 예로써 대우하였다고 한다.[30]

이렇듯 복구는 백양사에서 출가하였지만 그의 스승들은 수선사 사주였으며, 그러한 백양사와 수선사와의 관계는 복구와 그의 문도 복암 정혜에 이르러 더욱 긴밀해진다. 후술하듯이 정혜는 스승 복구의 초빙으로 1353년 백양사 제3차 전장법회를 주관하였다.[31]

복구는 1320년경 수선사 13세 사주로 취임하여 1350년까지 28여 년간

---

27) 李尊庇, 「寄曹溪 晦堂和尙(時長男宿衛闕庭 次男新投晦堂剃度)」, 『동문선』 卷14, 七言律詩 ; 『圓鑑國師 歌頌』, '國隴西公尊庇 有二千金之嗣 其一充宿衛之選 弱冠入朝 其一詣曹溪之空 十齡被剃.'
28) 鄭道傳, 「白巖山 淨土寺 橋樓記」, 『조선사찰사료』 상, '一麟主其寺 不墜其初 及我王師覺儼尊者 年甫八歲從麟公 尻後投松廣寺圓悟國師叅究.'
29) 李達衷, 「大禪師 覺儼尊者 贈諡 覺眞國師 碑銘 幷序」, 『霽亭集』 권3, 묘지명 ; 『동문선』 권118, 비명, '未幾圓悟順寂 以遺囑從大禪師道英 孜孜請益 十年而學通 叢林推爲衆首.'
30) 李達衷, 「大禪師 覺儼尊者 贈諡 覺眞國師 碑銘 幷序」, 『霽亭集』 권3, 묘지명 ; 『동문선』 권118, 비명, '覺國師 師之二師也 待之甚禮.'
31) 月生山人 演昷, 「轉藏經 第三會榜」, 『조선사찰사료』 상, '主法 曹溪十四代和尙復庵淨慧 … 禪院中德 覺雲 遠之 眞熙 夫牧.'

재임하였다.32) 복구는 21세인 1290년(충렬왕 16) 이후 1300년 무렵부터 백양사에서 동학 몇 명과 10여 년간 참구하였다. 그런 후 월남사와 송광사에 40여 년간 주석하였다.33) 복구가 수선사 사주로 재임한 시기는 1322년(충숙왕 9) 무렵부터 1350년까지 28년간이었으므로 수선사 사주 혜심이 주석하였던 월남사에서 1310년(충선왕 2) 경부터 12년 정도 주석한 듯하다. 수선사 사주로 재임하면서 1341년, 1348년 백양사에서 전장법회를 개최하였다.

복구는 1350년(충정왕 2) 충정왕의 왕사가 되어 각엄존자라는 책호를 받았다. 1352년(공민왕 1)에는 왕사로 책봉되었다.34) 복구는 당시 왕명으로 전라도 영광 불갑사에 머무르고 있었는데, 왕은 고령의 나이와 건강을 염려하여 그의 진영을 그려서35) 예를 거행하였다. 복구는 수선사 사주로서는 제4세 사주 진명국사 혼원에 이어 생존시 왕사로 책봉되었다.

복구는 수선사 사주가 되기 전에 가르침을 받았던 백양사를 중흥시켰다. 정도전의 기문에 의하면 '(존자는) 일린공의 뜻을 잊지 않고 옛 것을 철거하고 다시 새롭게 하였다.'36) 당시 백양사의 중창은 복구를 비롯해 그의 문도들37)과 복구의 조카 행촌 이암(1297~1364)의 사재로 이루어져38) 전각의 화려함이 컸다.'39)고 한다. 그리하여 백양사는 불교를 널리 퍼뜨려 왕실을 위해

---

32) 구전에 의하면 복구는 송광사 산내 암자인 隱寂庵을 창건하였다고 한다. 배상현, 앞 논문, 153쪽.
33) 李達衷,「大禪師 覺儼尊者 贈諡覺眞國師 碑銘 幷序」,『霽亭集』권3, 묘지명 ;『동문선』권118, 비명, '遂往白巖寺 與同志如干人 蚤夜參究十又餘年 住月南松廣大道場 前後四十餘年.'
34) 李達衷,「大禪師 覺儼尊者 贈諡覺眞國師 碑銘 幷序」,『동문선』卷118, 碑銘.
35) 李齊賢,「松廣 李國師 眞贊」,『益齋亂藁』권9, 하 진찬 ;『동문선』권51, 찬, '師乾乾有德與年 王命寫像 載瞻載虔.'
36) 鄭道傳,「白巖山 淨土寺 橋樓記」,『조선사찰사료』상, '忘麟公之志 悉撤舊 而更新之其貴 皆出鉢囊之貲 門人又多助之者及成大.'
37) 이병희, 앞 논문, 200~201쪽.
38)「宣德七年壬子四月初八日 議政府關字傳書」,『조선사찰사료』상.
39) 法冡,「白巖山 淨土寺 事蹟」,『조선사찰사료』상, '不數年間 開寶利建佛殿 金壁之晃耀 [狂-豫] 設鍾鼓之嚴麗 僧房客宇之靜深 三門廚庫之雄 垣墻垣階砌之姸精泊 床敷器皿茵褥之用 莫不備焉.'

축원하는 곳이 되었다.[40]

　복구는 1350년 백양사 중창시 산내 암자인 운문암, 청류암, 천진암을, 이듬해에 산내 누정인 쌍계루를 짓고 물외암, 영천암을 창건하였다. 쌍계루는 목은 이색의 기문과 포은 정몽주의 시가 현액되면서 명성을 크게 얻었고, 그 후 조선시대 210여 명의 문인들이 남긴 제영 시는 240여 수에 달하고 있다.[41] 「백양사 운문암 창수사적」에 의하면 '벽송선사가 항상 (이곳을) 삼남 제일의 조도처(助道處)로 여기고 자주 주석하며 도를 행하였다.'[42]고 하며 백양사의 운문암은 '북 마하연 남 운문암'이라고 불리듯이 선풍을 크게 진작시키게 된다.

4. 복구와 복암의 백양사 전장법회

　백양사는 중창되어 불보는 갖추었지만 법보의 사찰이 되기 위해 『대장경』을 구입하였다. 비문에 의하면 복구가 태조의 훈요십조를 중요하게 간주하여 3보를 공경하라고 한 데서도 알 수 있다. 그리하여 복구의 문인 심백과 지부 등을 1340년 원에 보내 『대장경』을 수입하였다.[43] 복구의 스승 수선사 제5세 사주 천영도 『거란본 대장경』을 지키기 위해 보를 운영하였고[44] 수선사 제6세 사주 충지도 「거란본 대장경 경찬소」를 올린 바 있다.[45]

---

40) 鄭道傳, 「白巖山 淨土寺 橋樓記」, 『조선사찰사료』 상, '此寺 可以弘揚佛敎 爲祝釐之所.'
41) 『쌍계루 제영시 번역집』(내장산국립공원백암사무소, 2016)은 120여 수를 실어 소개하고 있다. 최원종, 「쌍계루 제영시의 문화사적 의의」, 『호남학』 60, 전남대학교 호남학연구원, 2016 참조.
42) 「白羊山 雲門庵 流傳錄」, 「白羊山 雲門庵 刱修 事蹟 第1重刱記」; 이철헌·조규헌, 『갑사 표충원』, 대한불교조계종 불교사회연구소, 2015, 158쪽.
43) 法冢, 「白巖山 淨土寺 事蹟」, 『조선사찰사료』 상, 1911, '與令相國洪公綏 同心共願 各捨淨賄俾 門人心白智孚等 航海入宋 辦大藏 不期年 向海藏 成髹藏 瑯函香囊紗幅 諸莊嚴具皆備焉.'
44) 「修禪社 乃老宣傳消息」, 노명호 외, 앞 책, 18~21쪽.

복구는 이러한 것을 전범으로 삼아 1341년 낙성을 기념하여 전장법회를 개최하였던 듯하다. 『대장경』을 수입한 심백과 지부는 전장법회의 주요 직임을 맡았다. 백양사에서 전장법회는 여말선초 숭유억불기에 네 차례에 걸쳐 개최되어 흥법 운동의 표상으로 간주될 만하다. 제1·2차 전장법회는 복구가 주맹하였다. 제1차 전장법회는 1341년(충혜왕 복위 2) 백양사 중창을 기념하여 여러 곳의 고승을 초빙하여 개최되었다. 비문의 서술처럼 '왕사 각엄존자가 조계의 태양으로 있으면서.' 재상 홍수와 함께 원을 세워 재원을 마련하였다.[46] 복구는 이를 위해 3칸 규모의 대장전을 조성하여 봉안토록 한 듯하다.[47] 경찬회 때 물건을 베풀며, 약 10일간 수행하였다. 여기에 참여한 승려는 호남권 일대의 사찰 승려 지식 83명, 도자 170명으로 모두 253명이 함께 하였다.

제2차 전장법회도 1348년(충목왕 4) 복구가 주도하여 설하였다. 보시한 물건이 많이 모여 문인 목 등에게 명하여 인연이 있는 대중들을 널리 교화하고 여러 곳의 고승들을 맞아들여 다시 전장법회를 거행하였다.[48] 이때의 참여 인원이나 규모는 기록이 없어서 알 수 없지만 제1차 때와 비슷했을 것이다.

제3차 전장법회는 1352년 복구의 문도 수선사 제14세 사주 복암이 주맹하였다. 여기서 심백이 '전 백암사주'로 나타나고 있어서 백양사 주지에 재임한 듯하지만 「백양사 역대 주지 방함록」에는 찾아지지 않는다. 공민왕이 즉위하여 복구를 다시 왕사로 책봉하자 이에 대한 은혜에 보답하고자 전장법회를 다시 개최하였다.[49] 1353년 3월에 시작하여 전장법회를 크게 열었는데,

---

45) 沖止,「丹本大 藏經讚疏」,『海東曹溪宓庵和尙雜著』疏扁.
46) 「轉藏經 第三回榜」,『조선사찰사료』상, '繁我王師覺儼尊者 駐錫曹溪之日 與江寧君洪公綏 同發願 許各捨帑儲.'
47) 2006년 백양사박물관에서 실시한 지표조사에서 확인되었다고 한다. 김문경, 앞 논문, 90쪽 각주 22).
48) 「轉藏經 第三會榜」,『조선사찰사료』상, '戊子春 傾倒檀施之物 命門人之牧等 廣化重緣 迎集諸山芝荔 再轉一遍.'

이때 참여한 승려는 호남의 37소 사찰의 지식 46명과 도자 52명으로 모두 98명이었다. 복구는 복암 정혜를 회주로 하여 여러 곳의 장로 1000여 명을 초청하여 100일 동안 대법회를 거행하였다. 낮에는 삼장을 읽고 밤에는 조도(祖道)를 거행하며 참선 또는 강경을 하였는데,[50] 이는 바로 지눌의 결사를 연상케 한다.

복구의 입적 직후인 1357년 복구의 문도들과 관계 없는 선사 약운이 주지로 임명되어 그의 문도들이 백양사의 운영권을 장악하자 복구의 문도와 후손인 우부 승선 이강 등이 1357년(공민왕 6)에 이를 저지시켜[51] 그 후 조선초까지 고성 이씨 가문 출신 승려들이 백양사를 이끌게 된다.

비문에 의하면 복구의 문도는 선원사·백화사·가지사·마곡사 등 승려 1000여 인이 있었다고 한다.[52] 선원사는 제2의 수선사로서 후술하는 무열 죽간 굉연과 각운 등이 머물렀던 사찰이며, 그 나머지 백화사·가지사·마곡사와 관련한 복구의 문도는 직접적으로 나타나지 않는다.[53] 그런데 복구의 문인으로 알려진 승려는 「1357년 7월 승록사에 의하여 더 찾아진다. 즉,

---

49) 演㽵,「轉藏經 第三會榜」,『조선사찰사료』상, '今上卽祚仍冊爲 王師幷下 國書繪綵等 物益加欽敬師每日老僧何德累蒙上恩思報罔極敬 備種種供具肆展第三會.'

50) 演㽵,「轉藏經 第三會榜」,『조선사찰사료』상, '備種種供具肆展第三會屈曹溪大和尙爲 主盟招致諸山長老千餘 指丁癸巳 三月十一日爲始約十日張皇佛事書則轉三藏夜 則談 祖敎 或禪或講六時修法 以答上恩. 厥誠厥美 不可喑哩粗書 始未昭示于后.'

51)「宣德五年 四月日 僧錄司 貼傳書」,『조선사찰사료』상 ; 노명호 외, 앞의 책, 414~418쪽.

52) 李達衷,「大禪師 覺儼尊者 贈諡 覺眞國師 碑銘 幷序」,『霽亭集』권3, 묘지명 ;『동문선』권118, 비명, '門人之秀者 禪源 白華 迦智 㕭谷 而下等千有餘人.' 이 부분을 '그의 문인으로서 뛰어난 자는 禪源·白華·迦智·㕭谷 이하 1천여 명이 된다'(http://db.itkc.or.kr/dir/)고 해석한 것은 오류라고 생각한다.

53) 선학의 연구에 의하면 복구의 嗣法 沙門을 拙菴 衍溫, 㕭谷寺主 廣福君 宗頂, 禪源寺主 息影 淵鑑, 조계 제15세 弘眞國師 禪顯, 麟角寺主 無無 全諝, 白巖寺主 雲巖尊者 淸叟 祖澄, 대선사 須彌, 內願堂國一都大禪師 元珪, 조계 제18세 대선사 南田 夫牧, 제19세 대선사 松廣寺 釋宏, 竹菴 旋軫 등으로 간주한 바 있다. 이재열,「오교양종과 그 계통에 관한 고찰」,『불교사학』 1·2·3·4, 1973 ; 불교사학회 편,『한국 조계종의 성립사 연구』, 민족사, 1986, 260쪽. 하지만 대선사 須彌와 南田 夫牧, 제19세 대선사 松廣寺 釋宏, 竹菴 旋軫 등이 복구의 문도인지 향후 정밀한 검증이 요구된다.

'대선사 수미, 선사 조□, 선사 각호, 중덕 백개, 중덕 각돈, 대선 급심, 대선 계빙.'54) 등이다. 제1차 전장법회에 참여한 승려 가운데 감로사주 연온, 전서, 조징 등이, 제3차 전장법회에 월남사 연온, 서상사 각호, 선원사 각운, 부목, 익륜 등이 참여하였다. 이들 가운데 복구의 문도는 연온, 전서, 익륜 등이며, 각호와 후술하는 죽간 굉연과 절간 익륜은 나옹의 문도이다. 부목은 태고 보우의 문도 남전 부목이다.55) 특히 태고 보우의 문도 구곡 각운이 선원사 주지였다는 사실은 매우 주목된다.

이와 같이 백양사의 전장법회에는 태고의 문도와 사굴산문 수선사계 나옹의 문도 등 당대의 고승들이 동참하였다. 필자가 이미 제시한 것처럼 고려말 송광사 역대 주지에 사굴산문계 나옹과 문도들과, 태고의 문도들이 재임한 사실과 비견되고 있다.56) 그만큼 고려후기 선종계를 주도하였던 고승들이 백양사의 불사에 동참하는 등 고려말 백양사의 사세가 컸음을 표징하고 있는 것이 아닌가 한다.

5. 청수의 쌍계루 중창과 불교 고승

복구를 이어 백양사는 그의 조카이자 문도인 청수가 계승하게 된다.57) 청수는 이우의 3남이자 행촌 이암(1297~1364)의 막내동생인 매촌 이징이

---

54) 「宣德五年 7月 僧錄司貼傳書」, 『조선사찰사료』 상 ; 노명호 외, 『한국 고대중세 고문서 연구』 상, 서울대학교 출판부, 2000, 414~418쪽.
55) 李穡, 「送南田禪師夫牧」, 『牧隱詩藁』 卷4 ; 李穡, 「奉答夫牧大和尙」, 『牧隱詩藁』 卷31.
56) 황인규, 「목우자 지눌의 선풍과 고려후기 조선초 불교계의 고승들」, 『보조사상』 19, 2003 ; 황인규, 『고려후기·조선초 불교사 연구』, 2003, 182쪽.
57) 「白羊寺 歷代住持 芳啣錄」에 의하면, 백양사의 고려말 조선전기 주지는 13세 一麟, 14세 覺儼, 15세 淸叟, 16세 絶潤, 17세 幻庵, 18세 龜谷, 19세 彦休, 20세 惠宣, 21세 碧松, 22세 敏訔, 23세 知白, 24세 震默, 25세 喚羊으로 기록되어 있다. 이에 의하면 각진국사 복구 이후 淸叟, 絶潤, 幻庵, 龜谷이 백양사 고려말 주지에 재임하고 있다고 하여 주목되고 있으나 정확한 사실은 알 수 없다.

다.58) 이징은 초명이 군보였으며 성정이 청수하다고 하였으며, 이에 호가 청수라고 불린 게 아닌가 한다. 이징은 조맹부의 송설체에 능하였으며 밀직의 관직에 올라 호를 매촌이라고 하였다. 출가후 선승 운암, 매당, 또는 운암이라 불렸으며 법명이 조징이며 후에 삼중대광 복리군에 책봉되었다.59) 청수 조징은 앞서 언급한 무열의 제자 조명과 도반일 개연성이 높으며, 후술하는 각원이 그의 제자였다.60)

청수는 그의 스승이자 삼촌인 복구가 '절을 부탁하여 뒷일을 맡게 하였다.'고 하여 그의 뜻을 충실히 따르고자 하였다. 그리하여 '보살 천인의 형상이나 경패와 종경의 선양과 곳집의 수입과 같은 것이 옛날에 비해 배나 증가하였다.'61)고 한다. 쌍계루는 본래 청수의 스승 복구가 지은 것인데 1370년 여름 폭우로 계곡에 물이 넘쳐 쌍계루가 무너져 버리자 다시 지었다.62)

청수가 누정의 이름을 정도전에게 지어 줄 것을 청하자 '극복'이라 이름을 짓고 청수의 문도 절간(絶澗, 絶磵)에게, 기문은 환암에게 받으라고 하여 절간이 사미승과 함께 환암을 찾아가서63) 글을 받게 하였다.64) 하지만 환암 혼수는 이색에게 기문을 짓도록 유도하고 자신은 글씨를 썼다, 환암의 시자였던 경관이 관련 시를 남겼는데,65) 경관은 법호가 '중곡'이었다. 경관은

---

58) 鄭道傳,「白巖山 淨土寺 橋樓記」,『조선사찰사료』상, '洪武丁巳二月二十三日訪淸叟證公于淨土寺無說道.'
59) 李穡,「奉謝雲巖尊者 送茶走筆」,『牧隱詩稿』권29, 시.『固城李氏族譜』181쪽(이석환 편: http://lib.dongguk.edu에 따르면 '李澄 初名君保 性淸秀善松雪體 官至密直 號 梅村 出家號雲庵大禪 一云 梅堂和尙 恭愍朝人也.'라는 기록이 찾아진다.
60) 『西域 中華 海東佛祖源流』, 高麗祖師, '雲巖澄禪師號淸叟 嗣覺圓國師.'
61) 鄭道傳,「白巖山 淨土寺 橋樓記」,『조선사찰사료』상, '若佛菩薩天人之像 經唄鐘磬之宣 帑庾之入 比舊增倍.'
62) 李穡,「長城縣 白巖寺 雙溪樓記」,『牧隱文藁』권3, 기;『동문선』권74, 기.
63) 李穡,「絶磵倫公游靑龍回 以瓠蘆盛蕈菜相遺 又以幻菴書來投 喜甚 吟成一首」,『牧隱詩稿』권31, 시.
64) 徐居正,『雙溪樓說』;『東人詩話』卷上, '三峯名以克復而記之 使其徒絶澗倫師 受楷於幻庵.';鄭道傳,「白巖山 淨土寺記」(件),『三峯集』卷7, 拾遺 記.
65) 「中谷慶觀禪師 題詠詩」, '爲橋爲閣兩依俙 多謝新修用意微 入座金風長細細 當空火日正暉暉 閑看依檻彤眉睡 靜愛穿林翠羽飛 詩罷臨岐獨悲咤 轉頭四十九年非.';『曹溪高僧

환암의 비문에 담원, 소안, 만우 등과 함께 등장하며, 환암이 국사 책봉을 꺼리자 수용하게 한 승려였다.66)

청수가 백양사 쌍계루를 중창할 무렵에는 가지산문 태고 보우의 문도들보다 사굴산문 수선사계 나옹 혜근의 문도들이 주도한 듯하다. 앞서 언급한 절간 익륜은 나옹의 문도 가운데 '간자를 쓴 대표적인 인물이다. 송풍헌이란 당호로 불렸으며,67) 천마산 지족암에 머물기도 하였다.68) 절간은 1376년부터 일승 고암이 주지를 맡기까지 회암사의 주지로 재임하였으며, 이색에게 「회암사 수조기」 기문을 청한 바 있다.69) 이색이 그 기문을 지을 때인 1379년(우왕 5) 무렵에 주지 절간과 문도 각전70)이 나옹이 주도한 회암사 중창 불사를 이어 공역을 마무리하였다.71) 절간은 환암이 주관한 법회에 참여하였으며,72) 충주 청룡사에 가서 환암에게 글을 받기도 하였다.73) 그리고 조선초에 이르러 환암의 비문 건립에도 참여하였고, 화엄종 도승통 설오와 함께 태종대 함흥에 머물고 있는 이성계를 환궁하게 하였다.74)

절간뿐만 아니라 그의 도반인 죽간 굉연도 쌍계루 중창시 함께 하였다. 이는 죽간은 쌍계루에 올라75) 시를 읊었던 사실에서 알 수 있다. 죽간

傳』'曹溪宗慶觀禪師傳幻庵嗣.' : 호남학연구원 편, 앞의 책 참조.
66) 權近,「普覺國師幻庵 定慧圓融 塔碑」,『조선금석총람』하.
67) 權近,「絶磵(二首 松風軒盆倫)」,『陽村集』卷7, 詩類.
68) 李穡,「奉題絶磵所 寓天磨知足菴」,『牧隱詩稿』권29, 시.
69) 황인규, 앞의 책, 2003, 336~337쪽.
70) 李穡,「天寶山 檜巖寺 修造記」,『동문선』권73, 기.
71) 金守溫,「檜庵寺 重創記」,『拭疣集』卷2, 記類, '功未及半 而王師亦逝矣 其徒倫絶磵等 念王師未究之志.' ;『신증동국여지승람』권11, 경기 양주목 불우 회암사.
72) 李穡,「絶磵南赴幻菴法會過門告別」,『牧隱詩稿』卷31, 詩.
73) 李穡,「絶磵倫公游青龍回 以瓠蘆盛蕘菜相遺 又以幻菴書來投 喜甚 吟成一首」,『牧隱詩稿』卷31, 詩.
74) 『태종실록』권1, 1년 4월 28일(병술) ;『태종실록』권4, 2년 11월 15일(갑오) ;『태종실록』권4, 2년 12월 2일(신해) ; 황인규, 앞의 책, 2003, 266~267쪽.
75) 竹磵 宏演,「登雙溪樓」,『국역 쌍계루 詩·書』, 76~77쪽, '上房鍾鼓晝依俙 門外橋樓面翠微 雲吐奇巖明絺練 溪涵落木動清暉 世情靜與遊魚逝 詩思長逐夕鳥飛 讀破三峯木翁記 青山因感昔人非.'

굉연은 무열이라고도 하였는데,[76] 설봉 충감의 제자이기도 하며, 충감의 기문을 써달라고 위소에게 요청하였던 선원사 주지였다.[77] 그는 나주 진원산 가상사에 그의 제자 조명과 함께 머물기도 하였으며,[78] 「나주 용진산 용진사 극복루기」를 짓는 등[79] 『동문선』에만 십 수편이 전하고 있고[80] 그에 관련한 기록들도 전하고 있다.[81] 그는 구양현·위소 두 학사가 서문을 지은 『죽간집』[82]과 저서 『도선전』이 있었다고 하지만 전하지 않는다.[83]

무열 죽간 굉연은 정도전(?~1398)이 지은 기문에 발문인 「극복루기후설」을 지었으며,[84] 이색 등 신진 사류들과 교유하였다.[85] 그런데 '예전에 북으로

---

[76] 李穡, 「壽安方丈 演無說 聶伯敬在坐」, 『목은시고』 권3, 시. '壽安方丈無纖塵 下馬登堂怡我神 丹丘先生筆法妙 竹磵老禪詩語新 茶瓜留客自離俗 圖畵照人殊逼眞 只恨斜陽出門去 宦途嶮巇迷路津.'; 『태고화상어록』 권하, 「演西堂 以自號無說二字 敬奉御筆求讚」.

[77] 『신증동국여지승람』 권17, 충청도 임천군 불우 普光寺.

[78] 鄭道傳, 「贈祖明上人詩序」, 『삼봉집』 권3, 서.

[79] 鄭道傳, 「登湧珍寺克復樓 按寺在羅州湧珍山 無說上人作樓記」, 『三峯集』 卷2, 五言律詩 ; 『동문선』 卷89, 序 ; 鄭道傳, 「無說山人克復樓記後說 以下五首錦南雜題」, 『三峯集』 卷4, 說 ; 『동문선』 卷97, 說.

[80] 釋宏演, 「分題得九曲溪送友」, 『동문선』 권5, 오언고시 ; 分題得種柳橋送友省親」, 『동문선』 권5, 五言古詩 ; 「奉和思謙題西亏鍊師山水圖」, 『동문선』 권8, 칠언고시 ; 「題聰馬飮水圖」, 『동문선』 권8, 칠언고시 ; 「題飮馬圖」, 『동문선』 권8, 칠언고시 ; 「秋夜宿蔣山寺」, 『동문선』 권8, 칠언고시 ; 「題劉仙巖」, 『동문선』 권17, 칠언율시 ; 「送人之臨江」, 『동문선』 권17, 칠언율시 ; 「遊紫淸宮」, 『동문선』 권17, 칠언율시.

[81] 李穡, 「諸公見和壺字韻 復作數首答之」, 『목은시고』 권3, 시 ; 李穡, 「答竹磵禪師」, 『동문선』 권5, 오언고시 ; 李穡, 「正月下澣 得南來書 因憶諸公」, 『목은시고』 권7, 시 ; 李穡, 「因憶無說」, 『牧隱詩稿』 권14, 시 ; 李穡, 「得燕谷住持印牛書送茶 且托玉龍瑞龍田稅事 又得無說書 亦如之」, 『牧隱詩稿』 권26 ; 李穡, 「代書奉答 無說長老」, 『牧隱詩稿』 권27, 시 ; 李穡, 「得無說書」, 『牧隱詩稿』 권30, 시 ; 金九容, 「寄無說長老子野先生」, 『惕若齋先生學吟集』 권하, 시.

[82] 『慵齋叢話』 卷8 ; 『燃藜室記述』 別集, 卷14, 文藝典故, 文集.

[83] 李圭景, 「釋敎·梵書·佛經에 대한 辨證說」, 『五洲衍文長箋散稿』 經史篇 3-釋典類 1, 釋典總說.

[84] 鄭道傳, 「無說山人 克復樓記後說」, 『三峯集』 卷4, 說 ; 『신증동국여지승람』 권35, 나주목 분우, '湧珍寺在湧珍山 寺有克復樓無說山人有記' 鄭道傳記俊', '梵字數' 羅州牧, '湧珍寺在湧珍山 有克復樓僧無說爲記.'

[85] 李穡, 「正月下澣 得南來書 因憶諸公」, 『牧隱詩稿』 권7, 詩 ; 李穡, 「因憶無說」, 『牧隱詩稿』

연도에서 놀고 남으로 강절을 떠돌며 사천에 이르기까지 천하의 명산 거찰이라는 곳은 거의 다 실컷 보았다.'86)라는 기문 내용에서처럼 무열 죽간은 언제인가 모르지만 원에 유력하였던 사실을 알 수 있다. 필자가 이미 언급한 바와 같이 죽간은 나옹의 고제로 유곡 각굉, 무급 각신, 야운 각우, 중영 각웅 등과 같이 원에 유력하였다.87) 이와 같이 고려말 백양사 쌍계루 중창 불사에 사굴산문 수선사계 나옹의 문도인 절간, 죽간 등 고승들이 백양사에 동참하면서 사세를 진작시켰던 것이다.

6. 억불기 전장법회와 불교계 고승

조선 건국 후 백양사의 사세는 고려말 복구와 그의 문도 청수의 중흥으로 여전히 사세가 유지되는 듯하였지만 억불 시책으로 흔들리는 듯하였다. 1393년(태조 2)에 작성된 백양사 소장의 『백암사 전장수』88)에 의하면 각진 국사 복구와 조카인 문정공 이암(1297~1364)이 발원하여 사재를 들여 『대장경』을 봉안하고 가족의 장년보와 대장보, 기일보 등에 300석의 비용으로

卷14, 詩 ; 李穡, 「得燕谷住持印牛書送茶 且托玉龍瑞龍田稅事 又得無說書 亦如之」, 『牧隱詩稿』卷26, 詩 ; 李穡, 「代書奉答無說長老」, 『牧隱詩稿』卷27, 詩 ; 李穡, 「得無說書」, 『牧隱詩稿』卷30, 詩 ; 鄭道傳, 「登湧珍寺克復樓」, 『三峯集』卷2, 五言律詩, '按寺在羅州湧珍山 無說上人作樓記 曾讀山人記 思登克復樓 試尋苔逕細 來入洞門幽 古木千章秀 深溪八月秋 灑然滌煩慮 聊可此淹留.' ; 鄭道傳, 「贈祖明上人詩序」, 『三峯集』卷3, 序 ; 鄭道傳, 「無說山人克復樓記後說 以下五首錦南雜題」, 『三峯集』卷4, 說.

86) 鄭道傳, 「白嚴山 淨土寺 橋樓記」, 『조선사찰사료』상.
87) 황인규, 『고려시대 불교계와 불교문화』, 국학자료원, 2011, 173~175쪽. 혹 중국의 문집에 의하면 무열(無悅)이 원에 유력하였다고 하는데 동일 인물이거나 도반일 가능성도 있으나 확실하지 않다. 吳當(1207~1361), 「送無悅上人 歸高句麗」, 『學言稿』 2, 五言古詩.
88) 백양사에 灯油寶·靜庵和尙忌日寶·大藏寶·長年寶·長灯寶 등의 기록에 의하면 1407년 무렵에 寺院寶가 운영되고 있었음을 알 수 있다.「白嵒寺傳帳受」에 의하면 고려말 조선초 心白이 백양사 주지였던 듯하다.「白嵒寺傳帳受」, '長城戶長李芬父忌租二十石 社主心白忌布七.'

운용되었다.[89] 하지만 1407년 무렵 백양사의 경영권이 자은종의 승려 중덕 계천[90] 등에 의해 넘어가는 상황이 오게 되자 고성 이씨 가문 출신 고승 중호 등이 나서서 장성감무에 이를 철회해 달라고 요청하였다.[91] 중호는 호가 회당[92]으로 백양사 주지로 있다가 1426년(세종 8) 무렵 천태종 각림사 주지[93]에 재임하면서 판선종사사에 재임하였다. 백양사는 1407년 (태종 7) 12월 2일 전국의 여러 읍의 자복사 지정[94]에는 포함되지 않았지만 유가종 계에서 자복사로 지정하여 침탈하고자 하였을 때 고성 이씨 가문 가족과 출신 고승들이 저지하였다.

뿐만 아니라 백양사는 고려말에 이어 1409년 제4차 전장법회를 개최하여 중흥하고자 하였다. 주법 전 흥천사주 진응존자 희엄의 주도로, 청수의 문도 각원 등이 전장법회의 실무를 맡았다.[95] 청수의 문도 각원이 기록한 「백암사 전장법회 당사방」에 의하면 백양사 당두 전 양가도승록대사 회극 등이 왕실과 민을 위한 서원을 세워 추진된 것이다. 이와 같이 백양사는 조선 건국 후 억불숭유 시책이 단행되는 분위기 하에서도 불교의 사세를 진작시켰다. 그 후에도 고성 이씨 가문의 고승들이 백양사의 사세를 위해 노력하였다.

1445년(세종 27) 무렵 선종 판사였던 송은 학몽은 고려말 시중 이암의 외종손이었으며, 이암의 외현손이자 제자 도암이 백양사에 주석하였다. 중호 이후 선종 판사로 재직한 고승은 중연(세종 15년 무렵), 행호(세종

---

89) 「宣德七年壬子 四月 初八日 議政府關字傳書」, 『조선사찰사료』 상 : 이병희, 앞 논문, 217쪽.
90) 朴宜中, 「億政寺 大智國師 智鑑圓明 塔碑」, 『조선금석총람』 상. 음기에 戒天이 나오고 있으나 자은종 승려가 아니므로 동명이인인 듯하다.
91) 조선총독부, 『조선사찰사료』 상, 179~181쪽.
92) 호남학연구원 편, 앞 책, 「晦堂中皓禪師 題詠詩」, '武陵異境的依俙 谷密雲深石徑微 突兀山光常聳碧 澄淸溪影畵涵暉 前賢妙跡如烟散 代謝遷移若鳥飛 繼席於焉心有感 如今萬事盡皆非 朱墨少閒日 名山晚始遊.'
93) 『세종실록』 권31, 8년 5월 9일(세묘).
94) 『태종실록』 권14, 7년 12월 2일(신사).
95) 「白巖寺 轉藏法會 堂司榜」, 앞의 책 참조.

20년 무렵), 만우(세종 25년 무렵) 이후 학몽이었다.[96] 행촌 이암의 외손인 송은이 다시 선종 판사에 올랐던 것이다.[97] 학몽은 당대의 문인 사가정 서거정의 족질이기도 하였는데 학몽의 수제자인 도암도 고성 이씨 가문 출신이면서 도암의 문도가 바로 수이다.[98] 도암은 서거정(1420~1488) 보다 다섯 살 아래이므로 1425년 출생하였으며, 수이는 함허 기화(1376~1433)와는 다른 인물이다. 그 무렵 백양사의 주지는 성만덕[99]이었는데 다음의 주지는 도암이 재임하였다.[100] 이와 같이 조선초 숭유억불기임에도 불구하고 복구 이후 고성 이씨 가문의 승려들이 백양사를 이끌면서 사세를 진작시켰던 것이다.

7. 나가는 말

이상으로 장성 백양사의 고려후기 조선초기의 역사와 고승이라는 논제로 살펴보았다. 본고에서는 지금까지 거의 다루어지지 않은 여러 기록들을 활용하였다. 예컨대 무신집권기의 백양사의 승려 성조 중연의 중창시 함께 하였던 사비와 고려말 백양사의 청수 조징의 제자 각원, 무열 죽간 굉연, 환암의 시자 중곡 경관, 조선초 불교계를 이끌었던 백양사의 승려 회당 중호와, 송은 학몽과 그의 문도 도암 등의 제 기록들을 포함하여 백양사의 고려후기 조선초 역사를 조명하고자 하였다. 이를 요약하면 다음과 같다.

---

96) 황인규, 「조선전기 선교양종의 本山과 判事」, 『한국선학』 12, 2005 ; 황인규, 앞의 책, 2011, 58~60쪽.
97) 『세종실록』 권117, 29년 7월 9일(기해), '今令全羅道 長城 白巖寺僧學蒙入住 其令安接.'
98) 徐居正, 「贈守伊上人序」, 『四佳文集』 권4, 서, '自從浮屠遊 不三四十年 零落如星 至今相從者 道菴成上人 菴之徒曰守伊 予甚嗜愛之.'
99) 徐居正, 「雨中 寄一菴 萬德兩上人」, 『四佳詩集』 卷20, 詩類.
100) 徐居正, 「送成上人還白巖寺 七首」, 『四佳詩集』 卷52, 詩類, '杏村積德鐵城門 今我三人亦外孫 願利主僧成萬德也 宜珍重護深恩(白巖 杏村願堂也).' ; 徐居正, 「謝成上人惠杖」, 『四佳詩集』 卷51, 詩類 ; 金宗直, 「道庵詩卷次韻」, 『佔畢齋集』 卷11, 詩.

백양사는 7세기 창건주인 여환 이후 무신집권기 초반 명종대 성주사 주지 성조 중연이 백양사를 중창하였으며, 명종을 위해 관음상을 조성하여 축성 법석과 만일 도량을 베풀었다. 중연이 백양사 중창시 사주로 삼았던 그의 법손 사비는 진각국사 혜심이 상당 법문을 한 동화사 비장로와 동일 인물로 여겨지며, 수선사 주지 성부와 각순과 더불어 수선사 중창과 결사 운동에도 동참하였던 듯하다. 그 후 백양사는 사비에 이어 복구의 스승인 일린이 주도하였는데 수선사 제7세 사주가 되는 자정국사 일린이 아닐까 한다. 일린은 복구를 사사하는 등 수선사와 연계하면서 사세를 진작시켰다.

그 후 백양사는 조선초까지 각진국사 복구와 그의 문도(손)들에 주도되었다. 복구는 21세인 1290년(충렬왕 16) 이후 1300년 무렵까지 백양사에서 동학 몇 명과 10여 년간 참구하였다. 복구는 1320년경 수선사 제13세 사주로 취임하여 1350년까지 28년 여간 재임하였다. 복구는 수선사 사주로 재임하면서 1341년과 1348년에 백양사에서 전장법회를 개최하였다. 복구는 충정왕대와 공민왕대 두 차례 왕사로 책봉되었다. 수선사 사주로서는 제4세 사주 진명국사 혼원에 이어 생존시 왕사로 책봉된 것이다. 복구는 중앙 불교계에 나가지 않고 수선사와 관련 사찰인 월남사와 불갑사 등에 머물면서 호남 일대 사찰과 연계하여 백양사를 중창하며 전장법회를 개최하였으며, 문인 수선사 제14세 사주 복암 정혜가 계승하였다. 이러한 전장법회는 호남 일대의 100여 명을 비롯한 1000여 명을 초청하여 100일 동안 개최되었다. 낮에는 삼장을 읽고 밤에는 조사의 가르침을 배우며 참선 또는 강경을 하는 등 수선결사를 연상케 한다.

그 후 조선초까지 고성 이씨 가문 출신 승려들이 백양사를 이끌게 된다. 비문에 의하면 선원사·백화사·가지사·마곡사 등 1000여 인이 있었다고 한다. 백양사 전장법회에 참여한 승려들 가운데 청수 조징, 졸암 연온 등은 복구의 문도이다. 그 밖에 전장법회와 쌍계루 중창시에 참여한 승려들도 백양사 중흥 불사에 기여하였다. 그 가운데 각호와 죽간 굉연과 절간 익륜은 나옹 혜근의 문도이며 남전 부목과 구곡 각운은 태고 보우의 문도이다. 이와 같이 고려말 백양사에는 복구의 문도뿐만 아니라 보우와 나옹의 문도도 함께 하였다. 고려말 송광사 역대 주지에 나옹과 그의 문도들뿐만 아니라 보우의 문도들이 재임한 사실과 비견되며, 그만큼 백양사의 사세가 컸던 것이다.

　복구 이후 백양사를 이끈 승려는 바로 복구의 조카이자 문도 청수였다. 청수는 복구의 뜻을 받들어 쌍계루를 중창하였다. 쌍계루 중창시 여말선초 대표적인 신진 사류인 이색과 정도전, 정몽주 등과 청수의 문도인 절간 익륜과 무열, 각원 등이 함께 하였다. 특히 무열은 죽간 굉연이며 절간과 더불어 원에 유력한 나옹의 대표적인 문도이다. 나옹의 문도인 듯한 환암 혼수와 그의 시자 중곡 경관 등 나옹의 문도들이 백양사 쌍계루 중창시 직·간접적으로 관여하여 백양사의 사세를 진작시켰으며, 그 후 조선시대의 대표적인 누정으로 명성이 드높았다.

　그러한 가운데 백양사는 다른 계통의 선사 약운이나 자은종의 중덕 계천 등의 침탈을 받는 어려움에 처했지만 복구의 가문인 고성 이씨 가문 출신 조선초 판선종사사 회당 중호 등에 의해 수성되면서 사세를 진작시켰다. 태종대에 복구가 개최하였던 전장법회가 다시 개최되어 백양사의 사세를 다시 진작시켰다. 당시 백양사 주지 전 양가 도승록 대사 회극 등이 전 흥천사주 진응존자 희엄의 주법 하에 청수의 문도 각원 등이 실무를 맡았다.

　이렇듯 백양사는 조선 건국 후 억불숭유 시책이 단행되는 분위기에서도 불교의 사세를 진작시켰던 것이다. 그 후 백양사에는 1445년(세종 27) 무렵 고려말 시중 이암의 외종손이자 당대의 문인 사가정 서거정의 족질이며 선종판사였던 송은 학몽과 그의 수제자 이암의 외현손이자 문도인 도암이 백양사 주지직에 재임하였으며, 도암의 문도 수이 등이 주석하면서 백양사의 사세를 이어갔다. 중호 이후 학몽 등이 선종 판사에 재임하는 등 억불기인 조선초 백양사의 고승들이 불교 본산인 흥천사 등 중앙 불교계에 진출하면서 백양사의 사세를 진작시켰던 것이다. 이와 같이 백양사는 숭유억불기에도 동방제일 도량 송광사와 관계하면서 중창과 중흥으로 사세를 진작시켜 주목되고 있다.

Ⅱ. 강진 백련사의 고승과 사세

1. 들어가는 말

중국 동진 혜원의 동림사(백련사) 결사 정신이 수용되어 전개된 것이 결사의 시초이며, 이것이 신앙결사와 마을 결사인 향도로 분화되었다. 향도야말로 우리나라 공동체 정신 가운데 가장 대표적인 결사이며, 사원보도 불교 금융공동체 결사이다.[1] 신앙결사 운동을 전개하였던 수선사와 백련사계 고승들이 고려후기 불교계를 주도하였으며, 결사 도량을 중심으로 고려후기 지방 문화의 발전에 크게 기여하였다.

현행 중학교 역사교과서인 『역사』 상과 1에서는 백련사의 결사 운동에 대하여 서술하지 않고 있다.[2] 그만큼 백련사 결사에 대한 관심이 적다는 반증이며, 다소 유감스러운 일이다. 널리 알려져 있듯이 백련결사와 수선결사 운동을 전개하였던 천태종과 조계종이 고려후기 불교계를 주도하여

---

1) 황인규, 「한국의 공동체 결사와 향도」, 『불교의 새로운 지평』, 원각불교사상연구원 편, 대한불교천태종 출판부, 2011.
2) 필자는 『고등 국사』에 백련사 결사의 내용이 실려야 한다고 제언을 한 바 있으며,(황인규, 「중등 국사교과서에 나타난 고려후기 불교사의 서술과 문제점」, 『역사와 교육』 9, 2000.) 제7차 교육과정에 반영된 바 있으나 최근의 교육 과정의 교과서에 실리지 않은 경우가 대부분이다. 우리나라 대표적인 양대 결사 운동인 수선결사 운동과 백련결사 운동을 서술하였으나(조한욱 외, 『중학교 역사』 상, 비상, 2011, '불교계의 변화와 성리학의 전래, 결사운동의 전개') 조한욱 외, 『중학교 역사』 1, 비상, 2013, '불교의 발달'. 『중학교 역사』 1에서는 개혁 운동과 선교일치 사실만을 간략히 서술하였다. 『중학교 역사』 상에서 '결사 운동의 전개'라는 두 주제로 고려전기와 후기의 불교의 주요 사실을 대체로 잘 설명하고 있다. 하지만 『중학교 역사』 1에서는 '불교의 발달'이라는 단일 주제로 통합하여 그 내용을 대폭 축소 서술되었다. 황인규, 「중학교 『역사』(한국사) 교과서에 나타난 불교사 서술 체재와 내용-제7차 교육과정에서 현행 교육과정까지」, 『전법학연구』 4, 2013.

사상 문화계에서 차지하는 위상이 적지 않기 때문이다.

  그동안 백련결사에 대한 연구 성과는 적지않이 이루어졌으나3) 정작 결사 도량의 본산이라고 할 강진 백련사의 역사나 사세에 관련한 천착은 본격적으로 검토된 바 없다. 백련사가 불교계의 무대에 크게 부각된 계기는 요세가 그의 제자 천인, 그리고 천책과 함께 백련결사 운동을 전개하면서부터이다. 그 후 상주 동백련사나 완도와 제주 등의 지역으로 결사가 확대되었으며, 원 간섭기에 원 황실의 원찰 묘련사가 건립되면서 백련사계 고승들이 개경에 진출하였다. 이에 따라 강진 백련사의 사세는 상대적으로 축소되었으며, 특히 여말선초 왜구의 침탈로 사세는 매우 침체되었다. 이에 본고는 이러한 사실에 유의하면서 고려후기 조선초 강진 백련사의 고승의 활동을 중심으로 강진 백련사의 역사의 전개와 사세의 변화에 대하여 살펴보고자 한다.4)

2. 고려후기 백련사 사주와 결사

  강진 백련사의 사세가 크게 진작된 것은 요세가 결사 운동을 전개하면서부터다. 백련사는 신라 때 창건되었으나 요세가 백련사에 주석하기 이전의 역사에 관해서는 알려진 사실이 거의 없다. 9산문의 선승 무염이 백련사를

---

3) 백련결사 운동에 관련한 주요 연구 성과는 다음과 같다. 고익진, 「백련사의 사상전통과 천책의 저술문제」, 『불교학보』 6, 1979 ; 「원묘국사 요세의 백련결사」, 『한국천태사상연구』, 불교문화연구원, 동국대, 1983 ; 채상식, 「고려후기 천태종의 백련사결사」, 『한국사론』 5, 서울대 국사학과, 1979 ; 「백련사의 성립과 전개」, 『한국사』 21, 국사편찬위원회, 1966 ; 황인규, 「고려후기 백련사 결사의 계승과 전개-백련사 결사의 전개 재시고」, 『불교연구』 38, 2013 ; 황인규, 「여말선초 천태종승의 동향」, 『천태학연구』 11, 대한불교천태종 총무원 원각불교사상연구원, 2008 ; 황인규, 『고려시대 불교계와 불교문화』, 국학자료원, 2011.
4) 본고는 제3회 백련결사 학술세미나-고려후기 백련결사의 전개(2013.11. 22, 강진 아트홀)에서 발표한 원고를 정제한 것이다.

창건하였다거나 신품사현으로 알려진 김생이 백련사의 현판에 글씨를 썼다는 이야기들은 백련사의 사세를 엿볼 수 있지만, 후세에 가탁된 사실에 불과하다.[5]

조선초기 이전 특히, 고려후기 백련사의 사세를 크게 진작시켰던 고승은 국사로 추봉된 백련사 8국사일 것이다. 원묘국사, 정명국사, 원환국사, 진정국사, 원조국사, 원혜국사, 진감국사, 목암국사가 바로 그들이다. 하지만 원환국사와 원조국사, 목암국사는 그 실체조차 알 수 없는 실정이다.[6] 8국사는 대부분 입적후에 국사로 추증된 경우이며, 생존에 책봉된 고승은 원혜국통 경의와 무외국통 정오에 불과하다.

조선초 이전까지 백련사의 사세를 진작시킨 고승은 고려의 원묘국사와 무외국사, 조선초 행호를 들 수 있다. 조선초 문인 윤회의 기문에 의하면 백련사는 신라시대에 창건되어 고려시대에 이르러 원묘국사가 중수하였으며, 제11세 무외국사까지 사세가 계승된 법화도량으로 동방의 명찰이었다고 한다.[7] 『신증동국여지승람』에는 신라 때에 창건되어 고려 승려 원묘가 중수하였으며, 조선 세종 때에 승려 행호가 다시 중수하였다[8]고 하여 요세와 행호를 백련사의 대표 고승으로 꼽았다.

요세(1163~1245)는 1211년(희종 7) 전라남도 강진군 만덕사 옛 터에 80여 칸의 가람을 지었다. 그 당시의 가람 배치나 구조에 대해서 잘 알 수 없으나 『백련사지』에 의하여 그 대강의 모습을 엿볼 수 있다. 요세는

---

5) 무염의 비문이나 기록에 만덕사와 관련 사실은 찾아지지 않고 있다. 그리고 김생이 쓴 글씨는 이미 조선의 문인이 지적한 바 있다. 정약용, 「山行雜謳」, 『茶山詩文集』 권5, 詩, '門帖金生筆 樓懸道甫書 世遙疑有贗'; 洪良浩, '送趙學士寬甫 之任康津序」, 『耳溪集』 卷11, 序 ; 金鎭商, '次萬德山白蓮寺林石川韻 幷小序」, 『退漁堂遺稿』 卷3, 詩, '寺有金生書萬德寺白蓮社六大字 以爲額板 而筆法雄健奇古.'

6) 예컨대 강진 백련사 결사를 이끌어간 社主가 8國師라고 추념되고 있으나, 이에 대하여 논의가 되었을 뿐 그 실체가 정확히 밝혀진 바 없다. 고익진, 앞의 논문 ; 채상식, 앞의 논문 ; 허흥식, 「천태종의 형성과정과 소속사원」, 『고려불교사연구』, 1986, 280쪽.

7) 尹淮, 「萬德山 白蓮社 重創記」, 『동문선』 卷81, 記.

8) 『신증동국여지승람』 권37, 전라도 강진현 白蓮社.

강진 탐진현의 토호층 최표·최홍·이인천 등 지방민의 후원뿐만 아니라 왕실과 최씨 정권의 후원을 받았다. 1232년(고종 19) 보현도량을 설하였으며, 1236년에 그의 제자이자 백련사의 제4세 사주가 되는 천책이 「백련결사문」을 찬술하였다.9) 고종은 1237년 요세에게 선사의 법계와 세찬을 내렸으며,10) 강종의 서녀이며 최충헌의 부인인 정화옹주는 백련사에 무량수 불상을 조성하여 봉안하고 『금자법화경』도 함께 사경하도록 하였다.11) 그리고 1240년에 『계환해 묘법연화경』을 개판하여 널리 보급하였는데, 최이가 발문을 썼다.12) 조문발(?~1227)의 기문에 의하면, 요세는 '하늘을 덮고 대지를 덮을 만한 도'를 가진 인물로 '승려와 속인이 다투어 따랐다.'고 한다.13)

이렇듯 요세는 1245년 입적시까지 강진 백련사에서 신앙결사 운동을 전개하면서 사세를 진작시켰다.14) 요세가 입적하자 제자 천인이 부도와 비를 세웠으며,15) 수선사 개창조 지눌과 제자 혜심 이후의 최고 고승으로 추념되었다.16) 조선후기에도 요세를 추념하였던 사실이 찾아지고 있어서

---

9) 崔滋, 「萬德山 白蓮社 圓妙國師 碑銘 幷序」, 『동문선』 권117, 비명.
10) 위의 비문. 요세도 임금의 祝聖齋를 올렸다. 釋天因, 「初入院祝聖壽齋疏文」, 『동문선』 권111, 疏 ; 釋天因, 「初入院祝令壽齋疏文」, 『동문선』 권111, 疏.
11) 요원, 『법화영험전』 권상, 天帝邊經而入藏 ; 김영미, 「靜和宅主 王氏의 삶과 불교신앙」, 『이화사학연구』 37, 2008.
12) 동국대 불교문화연구소, 『高麗佛典目錄』, 1963, 14쪽, 『法華展觀 目錄』 24쪽, '蓮經大義 會三歸一 合於東土 統三之應 其在歸崇之意 孰能如此 今者芝葯四一 達得宋本戒環解義 其文旨簡宏 宜當演揚於普賢道場 以廣其傳 予聞而悅之 遂令彫板以報環師淸淨慧眼之遠囑焉 時上章困敦胖月下旬 謹誌 金紫光祿大夫宋大師中書令上柱國上將軍監修國史 判御史臺事 晉陽公 崔怡.'
13) 趙文拔(?~1227), 「萬德寺 請說禪文」, 『동문선』 권114, 道場文.
14) 1221년 帶方太守 卜章漢의 요청에 따라 전라도 남원에 제2의 백련사를 개설하였을 뿐이다. 남원의 결사에 대해서도 좀 더 천착될 필요가 있다.
15) 釋天因, 「立浮圖安骨祭文」, 『동문선』 권109, 祭文 ; 釋天因, 「立碑後諱旦祭文」, 『동문선』 권109, 祭文 ; 釋天因, 「祭先師 圓妙國師文」, 『동문선』 권109, 祭文.
16) 閔仁鈞, 「萬德山 白蓮社 主了世贈諡 圓妙國師 敎書」, 『동문선』 권27, 制誥, '국가가 3백여 년 이래로 大和尙을 추숭하여 국사를 삼은 것은 오직 大覺·無碍智·普照·眞覺 등의 大德뿐이었다. 그 뒤로는 비상한 덕이 있어서 앞 시대 사람으로 하여금

주목된다.[17] 예컨대 조선후기 문신 조병현(1791~1849)은 장흥군의 부용산의 원묘사에 관한 시를 지으면서 요세를 비롯한 8국사를 추념한 바 있다.[18] 조선후기 백련사의 고승 아암 혜장(1772~1811)은 이러한 요세에 대한 기록조차 없음을 아쉬워하였다.[19]

요세의 상수 제자인 천인은 1245년부터 강진 백련사 제2세 사주에 재임하였다. 잘 알려진 바와 같이 천인은 과거 응시후 허적과, 전 진사 신극정(천책)과 함께 만덕산의 요세를 참방하였다. 그 후 수선사 제2세 사주 혜심을 찾아가 조계의 선법을 터득하고, 다시 요세에게 돌아와서 보현도량 결사에 참여하였다.[20] 천인은 당시의 국왕과 진양공 최우를 위한 재를 베풀었던 점을 보아[21] 요세 이후 국가의 백련사 후원은 계속된 듯하다. 하지만 천인은 강진 백련사 보다 부속 암자인 용혈암에 오랫동안 주석하였다. 즉, 천인은 1247년(고종 34) 몽골의 침입으로 완도 법화사에서 머물렀는데, 1248년 7월에 제자 원환에게 완도 법화사의 사주를 물려주고 만덕산 남쪽 용혈암에서 불경을 사경하다가 입적하였다.[22] 용혈암은 그 후 백련사 사주 천책과 정오 등이 머물렀던 수도원이 되었다. 천인은 백련사 사주로 재임하면서

아름다움을 독차지하지 못하게 한 사람은 바로 우리 대사이다.'
17) 『장흥군지』에 의하면 부용산의 芙蓉寺는 고려중기 때 세워진 사찰이라고 한다. 부용사가 원묘사인 듯하지만 확실치 않다. 참고로 한국독립운동사 관련 자료에 의하면 부용사에 대한 다음과 같은 기록을 찾을 수 있다. 참고로 1909년 무렵의 부용사에 관련 기록이 국사편찬위원회, 「八. 隆熙 三年(一九〇九·明治 四二) (二)五月」, 『한국독립운동사』 자료 14(의병편 VII), 1993에서 찾아진다.
18) 趙秉鉉(1791~1849), 「題八國師閣」, 『成齋集』 卷5, 詩, '芙蓉山下數椽祠 湯餠今春奠老師 初祖遠徵崔子筆 外孫無色趙公碑 雲中客踏前生石 雨後花開舊種枝 省識千秋圓妙社 六時鐘磬未曾衰.'
19) 강진문헌연구회, 『백련사지』(강진문헌 제6집), 1998, 205쪽, 「兒菴和尙惠藏詩」, '누각 고친 원묘는 기록조차 없다.'
20) 林桂一, 「萬德山 白蓮社 靜明國 師詩集序」, 『동문선』 권83.
21) 釋天因, 「初入院祝聖壽齋疏文」, 『동문선』 권111, 疏 ; 釋天因, 「初入院祝令壽齋疏文」, 『동문선』 권111, 疏, '여러 승려를 모아 여름 安居를 맺고 낮에는 교리를 연설하고 밤에는 참선을 합니다.'
22) 林桂一, 「萬德山 白蓮社 靜明國師 詩集序」, 『동문선』 권83.

사선암[23]과 천관산 등에 노닐었으며, 특히 천관산(지제산)에서 천태종의 부흥을 모색하였다.[24]

그 후 천인의 제자 원완은 1248년 7월부터 백련사 제3세 사주로 재임하였는데,[25] 스승 천인에 이어 완도 법화사(법화암) 사주를 계승하였다.[26] 완도 법화사는 이영이 완도에 유배를 왔던 곳인데 그의 삼촌인 승려 혜일이 1244년 무렵에 중창하여 사주로 재임하였다. 천인 이후 동 백련사 사주는 대개의 경우 재임 말년에 완도 법화사 사주가 되고 있었다. 따라서 강진 백련사의 가장 중요한 분원은 상주 동 백련사가 되고 있지만 이에 앞서 완도의 법화사도 수선사의 제2의 분원 선원사처럼 분원이었던 듯하다. 이영은 천책과 교유하면서 그의 영향을 받았던 듯하며,[27] 삼촌이 되는 혜일도 백련사 결사의 정신적 영향을 받았을 것이다.[28] 혜일은 백련사 사주 원완이 입적한 후 백련사에 주석하였던 듯하다.[29] 이렇듯 혜일은

---

23) 釋天因, 「遊四仙嵒有作」, 『동문선』 권4, 五言古詩.
24) 『동사열전』 自序傳, '入支提山天冠寺放光界 謁阿育王塔長興.' 天因의 「天冠山記」에 의하면, 전라도 장흥 정안의 천관산에는 89암자가 있었으며, 아육왕탑으로 인하여 불렸던 塔山寺가 이들 암자들을 거느렸다고 한다. 釋天因, 「天冠山記」, 『동문선』 권68, 記 ; 『석가여래 행적송』, 『한국불교전서』 6.
25) 釋天因, 「次韻曉上人山中作」, 『동문선』 권4, 五言古詩.
26) 『東國輿地志』 전라도 권5 상, 강진현 고적, '法華菴 在莞島中 寺之洞 有金石溪 天然臺 像王峰 高麗李穎 謫莞島 其叔父 僧慧日 隨而訪之 仍入島創寺 以居.' ; 『輿地圖書』 전라도 강진현 고적, '高麗正言 李穎 謫莞島 其叔僧慧日 訪入 創寺以居洞中 有全石溪 天然臺.'
27) 천책, 「次韻答李尙書入社長句」, 『호산록』 권3, '多君入社寄佳篇' ; 강진문헌연구회, 『백련사지』(강진문헌 제6집), 1998에는 '自注云李公以正言竄流南島'라는 小註가 부기되어 있다.
28) 천책, 「答林溪― 幷序」, 『호산록』 권3, '옛날 少卿 李穎이 象王山에 숨어 지낼 때 같이 대화를 나누다가 王元之의 백련결사시를 떠 올리고 두세 수 차운하여 산중소식을 간단하게 알렸는데 벌써 17년이 지났습니다.'
29) 『신증동국여지승람』 권37, 전라도 강진현 산천 ; 金允植, 『續陰晴史』 卷6, 고종 29년 6월 6일, '白蓮遺跡慧禪侍(白蓮社在萬德山 新羅時建 世稱絶境 祖師十一代相傳爲 東方名刹 麗僧慧日居住, 有五律一首).' 원환의 입적후 강진 백련사 사주는 천책이라 알려 있으나 혜일이라고 보아야 할 것이다. 이영이 眞靜에게 제자라고 칭하니, 그의 숙부 혜일은 진정과 당연히 同輩인데 그 시대 사람이 다만 국사로 책봉하지

강진 백련사에 머물다가 완도 상왕산 법화사로 가서30) 사주로 재임하였다가 제주 묘련사로 가서 결사를 전개하였다.31)

그 후 강진 백련사 제4세 사주는 천책이었다. 앞서 언급했듯이 천책은 강진 백련사의 요세에게 출가하여32) 1232년 요세가 보현도량을 개설할 때 「임진년 보현도량 기시소」를 짓고,33) 1236년에는 스승 요세의 지시에 따라 「백련결사문」을 짓는 등 백련사 결사에 참여하였던 바 있다.34) 1241년 (고종 28)에 영흥산 보현사에서 안거하다가 1244년 8월 상주목사 최자가 창건한 상주 동 백련사의 초대 사주가 되어35) 다보서탑도를 봉안하는 등36) 사세를 진작시켰다.37) 1247년(고종 34) 몽고의 침탈이 있자 완도의

않았을 뿐이다. 이제 추측하건대 혜일의 序次는 진정의 다음에 있어야 할 것 같다. 『만덕사 사지』(강진문헌 제6집), 76쪽.

30) 『輿地圖書』古跡, 養子巖, '高麗 正言 李穎(謫莞島 其叔僧慧日訪入 創寺以居洞中 有全石溪天然臺 射峴在莞島諺稱).'

31) 『신증동국여지승람』卷38, 濟州牧 佛宇 ; 李元鎭, 『耽羅志』1冊(1653년간) 濟州牧 佛宇, '妙蓮寺在州西二十里 僧慧日詩 南荒天氣喜頻陰 此夕新晴洗客心 一夢人生榮與悴 中秋月色古猶今 逈臨渺渺煙汀闊 斜影沈沈竹屋深 賞到夜闌淸入思 不禁頭側動微吟.' 제주 묘련사에서는 고려 충렬왕 22년(1296)에 『金光明經文句』가 간행되었다. 『金光明經文句』卷下, '金光明經文句卷下元貞二年丙寅歲高麗國濟州妙蓮社奉宣重彫.' 현재 妙蓮寺址로 알려진 곳은 제주시 애월읍 광령리 774번지에 있는 大覺寺이다. 좀 더 자세한 사실은 다음의 논고를 참조하기 바람. 윤봉택, 「13세기 濟州妙蓮社板 『金光明經文句』의 事實照明-順天松廣寺藏高麗板天順板佛典을 중심으로-」, 『탐라문화』 29, 제주대 탐라문화연구소, 2006.

32) 林桂一, 「萬德山 白蓮社 靜明國師 詩集序」, 『동문선』 권83.

33) 천책, 「壬辰年普賢道場 起始疏」, 『호산록』 권4.

34) 한기문, 「고려후기 尙州 공덕산 동백련사의 성립」, 『상주문화연구』 3, 상주문화연구소, 1993 ; 한기문, 「상주 공덕사 백련사지의 연혁과 현황」, 『상주문화연구』 9, 상주문화연구소, 1999.

35) 이 때 이규보도 시문을 남기고 있다. 李奎報(1168~1241), 「또 白蓮社 石臺에 題한 시를 보내다 普光禪師가 백련사를 功德山에 지었는데 앞에 석대가 있다.」, 『동국이상국전집』 권8, 古律詩 ; 李奎報(1168~1241), 「通師의 古笛에 題하다 幷序」, 『동국이상국전집』 권8, 고율시.

36) 天頙, 「甲辰年 多寶塔慶讚疏 景 幼共等行」, 『湖山錄』 권4 ; 이흥익, 「진정국사의 화 호산록」, 민족사, 1995, 152~254쪽. 이 탑의 그림이 바로 일본 경도 진언종 본산인 東寺에서 소장하고 있는 法華 書塔圖이다. 『東寺 國寶展』, 朝日新聞社, 1995, 219~220

법화사와 용혈암에 머물렀다가[38] 만덕산에 돌아와서 백련사 사주로 재임하면서 백련결사 운동을 전개하였다. 판본에 의하면 고종 42년(1255)『법화문구 병기절요(法華文句 並記節要)』권제1~5 목판을,[39] 원종 3년(1262) 전주목 각판에서 만덕사 승려 심수가『과문법화경』을 인출하였다.[40] 대각국사 의천이 입송(入宋) 구법하여 장소, 즉 교장[41]을 수집하여 간행한 원 각판이

쪽 ; 권희경,『고려 사경의 연구』, 미진사, 1986, 381~383쪽.

37) 천책,「遊四佛山記」,『호산록』하. 천인은 동백련에서 다음과 같은 시를 남기고 있다. 釋天因,「海月樓看月」,『동문선』권6, 七言古詩 ; 釋天因,「冷泉亭」,『동문선』권20, 七言絶句 ; 釋天因,「說法臺」,『동문선』권20, 七言絶句.

38)「林桂一,「萬德山 白蓮社 靜明國師 詩集序」,『동문선』권83,'丁未冬 避胡 寇入象王山法華社 示微疾 … 但就棄地茶毗耳 是日退寓山南龍穴庵 掩關絶事淡如也 … 言訖而逝.' 천책은 용혈암에 있을 때 다음과 같은 시를 남기고 있다. 釋天因,「誓上人在龍穴寫經 有詩見贈次韻奉答」,『동문선』권4, 五言古詩. 천책은 만년에는 龍穴庵에 거주하였으므로 '龍穴尊宿'이라 불렸다.「梵海覺岸(1820~1896),「眞靜國師傳」,『東師列傳』,'晩年 襲爲國師白蓮社移住龍穴庵 人稱龍穴大尊宿.' 저서로는『禪門寶藏錄』1권과『法華海東傳弘錄』1권,『湖山錄』2권 등이 있다.

39)『法華文句並 記節要』권1~5(木板) '乙卯 印出 萬德藏本' ; 천혜봉,『고려 대장경과 교장의 연구』, 범우, 2012, 252~253쪽.

40)『科文法華經』(木板) '辛丑 全州牧 開板 壬戌 萬德寺 心秀引施.'『법화문구』는 만덕사에서 간직해온 경판 중에서 逸失된 것과 刓缺이 심한 것만을 가려 조선초 세조연간에 간경도감에서 간행된 것으로 여겨진다. 천혜봉, 위의 책, 252~253, 573~257쪽 ; 보물 제1468호 ; 강순애 외,『송광사 사천왕상 발굴자료의 종합적 연구』, 아세아문화사, 2006, 81~94쪽.

41) 의천의 敎藏이 續藏으로 불리게 된 것은 20세기 초 일본 학자들에 의해서였다. 즉, 1911년에 오노겐묘(小野玄妙)의「高麗祐世僧統義天의 大藏經板雕造의 事蹟」에서 '4천 권의 諸宗章疏를 續大藏經이라 칭할 수밖에 없다'는 사실과, 1923년에 이케우찌 히로시(池內 宏)가 쓴「高麗朝의 大藏經」에서 '의천의 속장'이란 명칭을 사용한 데서 비롯한 것이다. 1937년 大屋德城이『高麗續藏雕造攷』라는 단행본을 간행하여 續藏이라는 이름으로 불리게 되었던 것이다. 大屋德城,『高麗續藏雕造攷』, 東京, 便利堂, 1937) 최근까지 국내학자들도 아무런 비판 없이 그대로 따랐다. 김영태,「대각국사의 고려 교장」,『한국불교사 정론』, 불지사, 1997, 532~534쪽 ; 박상국,「의천의 교장」,『보조사상』11, 보조사상연구원, 1998, 84~85쪽. 중등 역사 교과서에서도 '속장경'이라 하였다가 최근에 '교장'으로 바로 고쳐 서술하게 된 것은 그나마 대행이다. 이문기 외,『중학교 역사』상, 두산동아, 2011, '또한 송 요 일본 등지에서 불교 경전을 모아 '속장경'을 간행하여 불교의 교리를 정리하였다' ; 이문기 외,『중학교 역사』1, 두산동아, 2013, '또한 송 요 일본 등지에서 불교 경전을 모아 교장을 펴냈다.'

지방 백련사에서 중각(重刻)되었던 것이다.42) 그리고 천책은 1264년(원종 5)에 『법화경 수품찬』을, 1268년(원종 9)에 『해동법화전홍록』을 지었다.43) 이미 1237년(고종 24) 요세가 백련사에서 『삼대부절요』를 간행하였던 바 있는데44) 천책이 교장과 『법화경 수품찬』 등의 천태종의 전적을 지은 것은 백련사의 사세를 드높이고자 한 것이다. 그 후 말년인 1268년 무렵에 천인이 머물다가 입적하였던 강진 백련사의 부속 암자인 용혈암에 머물렀다. 용혈암에는 인근의 진도 현령 우면과 낭주 태수 김서,45) 수선사 고승이자 진도 용장사 주지였던 탁연46)과 사굴 산문 단속사 대사 돈원과 도한,47) 금장사의 대선사48) 등과 개경의 문인 이장용,49) 임계일·유경·김구·김녹연 등이 방문하여50) 천책을 용혈 대존숙이라고 높이 받들었다.51)

---

42) 이는 의천과 백련사의 관계를 엿볼 수 있는 사실로 매우 주목된다. 김상호, 「妙法蓮華經玄義·法華文句記의 刻手 연구」, 『송광사 사천왕상 발굴자료의 종합적 연구』, 송광사, 2006, 84쪽 ; 천혜봉, 『고려대장경과 교장의 연구』, 범우, 2012, 251쪽.
43) 『선문보장록』에 의하면, '海東沙門 內願堂 眞靜大禪師 天頙 蒙旦가 칙명을 받아 서문을 쓰다. 至元 30년 계사년(1293년, 충렬왕 19) 11월.'
44) 崔滋, 「萬德山 白蓮寺 圓妙國師碑銘」, 『동문선』 권117 ; 『三大部節要』 木板 '丁酉 萬德山開板' ; 천혜봉, 위의 책, 252~253쪽.
45) 「次韻奇呈龍穴大尊宿丈室」, 「寄呈龍穴大尊宿丈下 俗弟子 郎州守金㥠」 ; 허흥식, 『역주 호산록』 175, 177쪽.
46) 천책, 「次韻寄龍藏寺主 卓然公 幷序」, 『호산록』 권3.
47) 천책, 「金字華嚴法華慶讚疏 斷俗寺禪師 門人大師敦元 請社內道人 自收書寫繕畢 元師物故 同行大師道閑 設慶讚安居法會」, 『호산록』 권4.
48) 천책, 「寄金藏大禪師」, 『호산록』 권3 ; 冲止, 「謝金藏大禪師惠新茶」, 『圓鑑錄』, 아세아문화사, 105쪽.
49) 『고려사절요』 권19, 원종 13년 1월.
50) 천책, 허흥식 역주, 「遊四佛山記」, 『역주 호산록』 권3, 157~171쪽. 이들의 교류사실에 대해서는 다음의 논문을 참조하기 바람. 허흥식, 「1. 생애와 시대배경」, 『진정국사와 호산록』, 민족사, 1995 ; 李藏用, 「林拾遺來示蓮社詩因成一首寄呈大尊宿丈下」, 『동문선』 권14, 七言律詩, 林桂一, 「復次李相國詩韻奉呈大尊宿丈下」, 『동문선』 권14, 七言律詩 ; 柳璥(1211~1289), 「林拾遺來示參社詩因書以呈」, 『동문선』 권14, 七言律詩 ; 李藏用, 「林拾遺來示蓮社詩因成一首呈大尊宿丈下」, 『동문선』 권14, 七言律詩 ; 林桂一, 「復次李相國詩韻奉呈大尊宿丈下」, 『동문선』 권14, 七言律詩 ; 柳璥(1211~1289), 「林拾遺來示參社詩因書以呈」, 『동문선』 권14, 七言律詩 ; 田得良, 「哭杏村李侍中喦」, 『동문선』 권15, 七言律詩 ; 釋眞靜, 「次韻答朗州太守金㥠所奇」, 『동문

이와 같이 강진 백련사의 사세는 완도의 법화사와 상주 동 백련사, 제주의 묘련사와 법화사로 확대되었으며, 개경의 보암사에서 법화사 결사가 결성되는 등 외연적 확대를 꾀하였다. 하지만 강진 백련사 본사에는 요세가 30여 년 주석하며 사세를 드높였으나, 그의 제자 천인이 2년, 천책과 해일이 몇 년 머물렀다. 이는 백련사 결사 운동이 그만큼 컸기 때문이었다. 하지만 원 간섭이 시작된 지 얼마 안 된 1284년(충렬왕 10)에 충선왕과 원 세조의 딸인 제국대장 공주의 원찰로 개경에 묘련사가 건립되어 백련사 출신의 승려들이 진출하게 되면서 강진 백련사의 사세는 상대적으로 퇴조하게 되었다.52) 그 무렵 개경의 묘련사 사주에는 백련사 고승 원혜국사 경의와 무외국사 정오가 재임하였다. 원혜는 1295년에 국사가 된 경의(景宜)이며,53) 무외는 1307년에 왕사로 책봉되는 정오인 듯하다.54) 백련사 제5세 사주로 추념된 원조국사와 제6세 사주 원혜국사가 강진 백련사에 주석하였다고 생각되지만 이에 관련하여 알려진 바 없다. 하지만 무외국사 정오 때까지 묘련사에 백련사의 정신이 지속되었다. 그러한 사실은 다음의 기록으로 미루어 알 수 있다.

> 생각하건대, 제자는 계덕이 원래 모자라고 쇠병이 함께 겹치므로 지난 무인년(1278년, 충렬왕 4) 봄에 다시 연당에 머물다가 을미(1295년, 충렬왕 21) 삭에 와서 처음 나상을 알게 되었습니다. 그 인연이 가장 두텁고 은혜가 실로 많았습니다. 그때에 나상(羅相)은 승려 3만 명의 재를 위하여

선」권14, 七言律詩 ;『동사강목』권11 하, 원종 13년 1월 ; 허흥식,『역주 호산록』 13-2-21, 민족사, 1995, 158쪽.
51) 강진문헌연구회,『백련사지』(강진문헌 제6집), 1998, 170쪽, '天因은 龍穴庵에서 示寂하고 天頙은 繼居하였던 곳임을 알게 되었다. 당시 공경·학사·수령 모두가 속제자라 칭하고 龍穴大尊宿에게 시를 바쳤다. 두 스님이 휴식(偃息)하던 곳이다.'
52) 李齊賢,「妙蓮寺 重興碑」,『益齋亂藁』卷6.
53) 圓慧는 1295년에 국존이 된 景宜임이 확실하다.『고려사』권31, 충렬왕 21년 5월 신사 ; 채상식,『고려후기 불교사 연구』, 일조각, 1991, 188쪽, 각주) 29.
54)『고려사』권31, 충렬왕세가 21년 5월 신사.

해마다 쌀 50석을 바쳤고, 다시 불전을 중수하여 그 단장을 새롭게 하며, 법문을 오랫 동안 보호하여 견고한 성(金湯)처럼 공고히 하려 하였습니다. 어찌하여 향년(享年)이 오래지 않아 갑자기 옷을 벗고 길이 가셨습니까, 원우는 쓸쓸하여 마치 아비와 어미를 여읜 것처럼 다시 의지할 곳 없으며 조정은 한숨만으로 팔다리를 잃은 것처럼 지탱할 수 없습니다. 일 만 사람을 슬프게 하고 있습니다. 그 누가 두 줄기의 눈물을 흘리지 않겠습니까.55)

정오는 1278년부터 1295년 무렵까지 강진 백련사의 부속 암자인 용혈암에 머물면서 당대 재상의 도움을 받아 강진 백련사에서 3만 반승을 하고 해마다 50석의 후원을 받았으며, 특히 상주 동 백련사의 최대의 후원자로 알려진 최자(1188~1260)와 그의 아들 최유엄(1239~1331)의 강진 백련사 본사의 지원도 매우 컸다.56) 이러한 후원속에 백련사의 동안거시 보현도량이 개최되는 등 원묘국사 요세의 결사 정신이 계승되었던 모습을 엿볼 수 있다.57) 그런데 정오는 용혈암뿐만 아니라 인근의 괘탑암에 무려 13년간이나 머물렀다.

---

55) 釋無畏,「薦羅宰臣疏」,『동문선』권111, 疏.
56) 석무외,「祝 萬德寺 施主 都指揮使 崔有渰宰臣疏」,『동문선』권111, '생각하건대 우리 淸河相公은 실로 白蓮寺의 시주로서 그 할아버지가『연화경』을 외워 법을 보호하는 願을 발했고, 또 그 아버지는 훌륭한 문장으로 創祠의 碑를 지었으니 이같이 그 祖考의 인연이 이 법에 두터웠기에 자손의 신앙도 다른 사람보다 몇 배가 많거늘, 하물며 이제 상공의 행동은 마침 어려운 때에 있어서 한 지방의 雷雨를 일으켜 은혜와 위엄이 하늘을 대신하고, 별도로 조그마한 사원의 金湯을 만들어 의지할 곳이 있사오며, 온 叢林이 다 기뻐하고 洞壑에 광명이 빛났다.'
57) 止浦 金坵(1211~1278),「萬德社 開設冬安居 法會疏」,『동문선』권111, 疏, '이 萬德社는 보현보살의 道場으로 높은 곳입니다. 마침 겨울[玄律] 安居를 시작하기에 청정한 스님들의 服襲을 마련합니다. 멀리 큰 법회[海會]를 우러러보니, 모든 부처님의 몸이 장엄한 듯하고, 다시 化城을 생각하니 衆商의 눈이 막히지 않습니다. 90일 간의 정진을 모두 성현께서 증명하소서, 티끌의 뿌리를 말쑥이 씻고, 업장의 때를 녹여 없앤 뒤에, 菩提의 面目을 치장하여서 옛 粧臺와 같게 뇌고, 調御의 衣冠을 바느질하여 새로운 補處를 더하게 하여지이다.'

지난 무인년(1278년, 충렬왕 4) 봄에 내가 오산현 용혈암에 살기 시작하여 경진년(1280년, 충렬왕 6) 여름에 상주로 옮겼고, 또 경인년(1290, 충렬왕 16) 봄에는 다시 괘탑암에 왔으니, 이것은 모두 나의 종조가 중창한 것이다. 서편에 있는 3칸이 허물어져서 곧 땅에 쓰러지려 하므로 갑오년(1294, 충렬왕 20) 가을에 다시 짓고, 을미년(1295, 충렬왕 21) 4월에 남쪽 봉우리에 가시덤불을 베고 높은 대를 쌓아 능허대라 이름을 붙였다. … 또 정유년(1297, 충렬왕 23) 봄에 대숲을 베어버리고 돌을 쌓아 터를 만들고 작은 정자를 동쪽 언덕 시냇가 옆에 세우고 초은정이라고 이름지었다. … 또 내가 평생동안 산 곳이 3년 넘도록 머문 적이 없었는데, 이 암자에 산 지도 이제 13년이나 되었으니 아마 이 수토(水土)와 인연이 깊은가 보다. 그러나 영원히 머무르고 옮기지 않는 자는 없으므로, 이제 보월산 백운암을 택하여 옮기게 되니, 연대와 달을 뒤에 기록하였다가 다음에 보는 것으로 삼겠노라.58)

위의 기문에서 보듯이 정오는 상주에 잠시 머문 후 1290년(충렬왕 16) 봄부터 괘탑암을 중건하고 13년 동안 머물면서 그 인근에 능허대과 초은정을 지었다고 한다. 그 후 일월산의 백운암으로 가서 머물다가 1307년에 충렬왕의 부름을 받아 묘련사의 주지 겸 왕사가 되었다.59)

정오는 1309년에 천태종의 본산인 국청사에 주석하면서 천태종 6 본산의 승려 3000여 명을 초청하여 교세를 과시하였다.60) 그 후 1313년(충숙왕

---

58) 釋無畏,「庵居日月記」,『동문선』권68, 기 ; 강진문헌연구회,『백련사지』(강진문헌 제6집), 1998, 170쪽, '정오도 처음에는 용혈에서 거처하다가 나중에는 掛塔菴에서 거처하니 괘탑암은 上寺라 부른다. 그 남봉에 대가 있는데 정오가 축조하여 凌虛臺라 부르고 그 東涯에도 小臺가 있었는데 그곳도 정오가 축조하여 招隱亭이라 하다. 능허대는 원정 을미(1295 충렬왕 21)에 완성하고 초은정은 대적 정유(1297)에 완성하다. 지금에 이르기까지는 500여 년밖에 지나지 않았는데 그 蕪沒이 이와 같다.'
59)『고려사』권34, 충숙왕세가 즉위년 11월 무자.
60) 정오의 생애와 활동에 대해서는 다음의 논고들을 참조하기 바란다. 허흥식,「무외

즉위년) 영원사의 주지로 국통이 되어 용암사와 금장사 등 천태종의 주요사찰을 장악하면서 불교계를 주도하였다. 특히 장흥 용두산 금장사의 주불을 새로이 조성하고 낙성회 시 만덕사 승려를 초빙하여 낙성회를 개최하였다.

> 지대 원년 무신년에 이르러 주청사로 옮기고, 제자인 선사 굉지로 하여금 뒤를 이어 이 절에 머물게 하고 개금하는 일을 부탁하였다. … 다음 해 2월에 회화의 일이 끝나자, <u>만덕사 도려들을 청하여 맞아서 점안법회를 열어서 낙성하였다</u>.[61]

위의 글처럼 왕사 정오의 하산소인 금장사의 불사에 만덕사 승려들이 초빙되어 낙성 법회가 개최되었다. 금장사는 이미 천책이 교유했던 사찰로 백련사와 긴밀한 사찰이었던 듯한데, 정오가 백련사 승려들을 초빙하여 금장사의 불사[62]를 주최할 만큼 백련사의 사세가 컸다고 볼 수 있다. 조선초 문인 윤회가 기문을 남긴 바와 같이, 강진 백련사는 원묘국사가 중수하고 무외국사에 이르기까지 법화도량으로 동방의 명찰이었던 것이다. 하지만 그 이후 고려말에 이르면서 백련사의 사세는 점차 퇴락해 갔던 듯하다.

3. 여말선초 백련사의 사세와 중흥

앞서 언급한 바와 같이 고려말에 이르러 강진 백련사의 사세는 다소

국사 정오의 사업과 계승」, 『대련 이영자박사회갑기념 천태사상과 동양문화』, 1997 ; 채상식, 「무외국통 정오의 활동상과 사상적 경향」, 『부대사학』 23, 1999.

61) 李憕, 「龍頭山 金藏寺 金堂主彌勒三尊改金記」, 『동문선』 권68, 記. 장흥 금장사의 불사는 다음의 기문에도 언급되어 있다. 朴全之, 「靈鳳山 龍岩寺 重創記」, 『동문선』 권68, 記.

62) 천책, 「寄金藏大禪師」, 『호산록』 권3 ; 冲止, 「謝金藏大禪師惠新茶」, 『圓鑑錄』, 아세아문화사, 105쪽.

지난 무인년(1278년, 충렬왕 4) 봄에 내가 오산현 용혈암에 살기 시작하여 경진년(1280년, 충렬왕 6) 여름에 상주로 옮겼고, 또 경인년(1290, 충렬왕 16) 봄에는 다시 괘탑암에 왔으니, 이것은 모두 나의 종조가 중창한 것이다. 서편에 있는 3칸이 허물어져서 곧 땅에 쓰러지려 하므로 갑오년(1294, 충렬왕 20) 가을에 다시 짓고, 을미년(1295, 충렬왕 21) 4월에 남쪽 봉우리에 가시덤불을 베고 높은 대를 쌓아 능허대라 이름을 붙였다. … 또 정유년(1297, 충렬왕 23) 봄에 대숲을 베어버리고 돌을 쌓아 터를 만들고 작은 정자를 동쪽 언덕 시냇가 옆에 세우고 초은정이라고 이름지었다. … 또 내가 평생동안 산 곳이 3년 넘도록 머문 적이 없었는데, 이 암자에 산 지도 이제 13년이나 되었으니 아마 이 수토(水土)와 인연이 깊은가 보다. 그러나 영원히 머무르고 옮기지 않는 자는 없으므로, 이제 보월산 백운암을 택하여 옮기게 되니, 연대와 달을 뒤에 기록하였다가 다음에 보는 것으로 삼겠노라.58)

위의 기문에서 보듯이 정오는 상주에 잠시 머문 후 1290년(충렬왕 16) 봄부터 괘탑암을 중건하고 13년 동안 머물면서 그 인근에 능허대과 초은정을 지었다고 한다. 그 후 일월산의 백운암으로 가서 머물다가 1307년에 충렬왕의 부름을 받아 묘련사의 주지 겸 왕사가 되었다.59)

정오는 1309년에 천태종의 본산인 국청사에 주석하면서 천태종 6 본산의 승려 3000여 명을 초청하여 교세를 과시하였다.60) 그 후 1313년(충숙왕

---

58) 釋無畏,「庵居日月記」,『동문선』권68, 기 ; 강진문헌연구회,『백련사지』(강진문헌 제6집), 1998, 170쪽, '정오도 처음에는 용혈에서 거처하다가 나중에는 掛塔菴에서 거처하니 괘탑암은 上寺라 부른다. 그 남봉에 대가 있는데 정오가 축조하여 凌虛臺라 부르고 그 東涯에도 小臺가 있었는데 그곳도 정오가 축조하여 招隱亭이라 하다. 능허대는 원정 을미(1295 충렬왕 21)에 완성하고 초은정은 대적 정유(1297)에 완성하다. 지금에 이르기까지는 500여 년밖에 지나지 않았는데 그 蕪沒이 이와 같다.'
59)『고려사』권34, 충숙왕세가 즉위년 11월 무자.
60) 정오의 생애와 활동에 대해서는 다음의 논고들을 참조하기 바란다. 허흥식,「무외

즉위년) 영원사의 주지로 국통이 되어 용암사와 금장사 등 천태종의 주요사찰을 장악하면서 불교계를 주도하였다. 특히 장흥 용두산 금장사의 주불을 새로이 조성하고 낙성회 시 만덕사 승려를 초빙하여 낙성회를 개최하였다.

> 지대 원년 무신년에 이르러 주청사로 옮기고, 제자인 선사 굉지로 하여금 뒤를 이어 이 절에 머물게 하고 개금하는 일을 부탁하였다. … 다음 해 2월에 회화의 일이 끝나자, <u>만덕사 도려들을 청하여 맞아서 점안법회를 열어서 낙성하였다</u>.[61]

위의 글처럼 왕사 정오의 하산소인 금장사의 불사에 만덕사 승려들이 초빙되어 낙성 법회가 개최되었다. 금장사는 이미 천책이 교유했던 사찰로 백련사와 긴밀한 사찰이었던 듯한데, 정오가 백련사 승려들을 초빙하여 금장사의 불사[62]를 주최할 만큼 백련사의 사세가 컸다고 볼 수 있다. 조선초 문인 윤회가 기문을 남긴 바와 같이, 강진 백련사는 원묘국사가 중수하고 무외국사에 이르기까지 법화도량으로 동방의 명찰이었던 것이다. 하지만 그 이후 고려말에 이르면서 백련사의 사세는 점차 퇴락해 갔던 듯하다.

3. 여말선초 백련사의 사세와 중흥

앞서 언급한 바와 같이 고려말에 이르러 강진 백련사의 사세는 다소

국사 정오의 사업과 계승」, 『대련 이영자박사회갑기념 천태사상과 동양문화』, 1997 ; 채상식, 「무외국통 정오의 활동상과 사상적 경향」, 『부대사학』 23, 1999.
61) 李穡, 「龍頭山 金藏寺 金堂主彌勒三尊改金記」, 『동문선』 권68, 記. 장흥 금장사의 불사는 다음의 기문에도 언급되어 있다, 朴宜中, 「霽鳳山 龍岩寺 重創記」, 『동문선』 권68, 記.
62) 천책, 「寄金藏大禪師」, 『호산록』 권3 ; 冲止, 「謝金藏大禪師惠新茶」, 『圓鑑錄』, 아세아문화사, 105쪽.

침체된 듯하지만 사중 고승 등 사세의 전모에 관하여 알려진 바 없다. 다만 충혜왕의 서자 출신 승려 석기가 머물렀다는 사실이 찾아질 뿐이다.[63] 후술하는 바와 같이 왜구의 침탈로 만덕사(백련사)가 화재의 피해를 입어 쇠락하였다. 조선초 문인 윤회는 고려말의 백련사는 '왜적이 날뛰게 되자 바다를 등진 깊숙한 지역까지 폐허가 되어버렸으며, 사찰도 그 성쇠를 같이 하였다'[64]고 하였으므로 백련사의 사세는 매우 침체된 듯하다. 『신증동국여지승람』에 의하면, 왜구의 침탈이 커지자 강진의 수인 산성을 쌓아 '고려말기에 도강·탐진·보성·장흥·영암의 백성이 모두 여기에서 왜구의 난을 피했다.'고 한다.[65] 세종 때에도 왜구가 강진을 침탈하자 이에 대비하기 위해 강진에 진을 구축하고 읍사를 이전하자는 주장까지 대두되었으며,[66] 조선중기 문인 이항복의 소계에서도 왜구의 침탈에 대응한 대비책이 강조되는 등 강진 일대의 왜구로 인한 피해는 자못 컸다.[67]

이렇듯 백련사도 왜구의 침탈로 인해 가람이 화재의 피해를 입었으며, 특히 조선 태종대에는 큰 화재를 입어 사찰 전각이 소실되었다.[68] 그 후에도 백련사의 고승이 피해를 입는 등[69] 여말선초의 백련사의 사세는 퇴락해가고

---

63) 『고려사절요』 권26, 충정왕 3년(1351) 12월, '충혜왕의 서자 釋器의 머리를 깎고 萬德寺에 두었다';『동사강목』 제14상 임진년 恭愍敬孝王 원년 諱는 顓, 古諱는 祺, 몽고명은 伯顔帖木兒. 충혜왕의 同母弟이다.(원 순제 지정 12, 1352년) 춘정월.
64) 尹淮,「萬德山 白蓮社 重創記」,『동문선』 권81, 記 ;『신증동국여지승람』 권37, 강진군 불우 白蓮社.
65) 『신증동국여지승람』 권37, 전라도 강진현 고적 ;『萬機要覽』 군정편 4, 關防 전라도 李恒福所啓.
66) 『세종실록』 권36, 9년(1427년) 5월 11일 (무술), '大護軍李蓁上書曰 … 若移永康築城之力, 營廨舍於舊址, 用力易而成功速.'
67) 李恒福(1556~1618),「康津修因山城」,『白沙集』 卷2, 敍.
68) 『태종실록』에는 '왜적이 耽津을 侵寇하여 萬德寺를 불태웠다'라는 짤막한 기록이 찾아진다. 『태종실록』 권14, 7년(1407) 12월 9일(무자), '倭寇耽津 焚萬德寺.' 이러한 단편적인 기사가 당시 실록에 기재하게 된 것도 백련사(만덕사)의 위상을 엿볼 수 있는 사실이기는 하지만 백련사의 피해가 어느 정도인지 정확히 알 수는 없다. 아마도 만덕사의 전각 대부분이 화재의 피해를 입었을 것이다.
69) 『성종실록』 권35, 4년(1473) 10월 23일(신사).

있었다.

　사실 여말선초 천태종계를 주도하였던 고승은 강진 백련사가 아닌, 근기 지방에서 활동하였던 신조와 요원, 공암 조구, 부암 운묵 등이었으며,70) 그들의 문도라고 추정되는 행호가 조선초 백련사를 중창하여 가람을 일신하였다.

　행호는 조선초 천태종의 중심 사찰인 원주 각림사와 고양 대자암을 중심으로 활동하였다. 원주 각림사는 이성계와의 인연이 있었으며,71) 그의 아들 태종이 잠저시 독서하였던 사찰이다. 태종은 1년여 기간에 걸쳐 각림사를 중창하여 1407년(태종 17) 천태종 고승 행호를 초빙하여 낙성식을 주관케 하였다.72) 행호는 태종의 아들 성녕대군 종(1405~1418)의 분암으로 지어진 대자암의 주지에 재임하였다.73) 대자암은 행호뿐만 아니라 무학 자초의 상수 제자 함허 기화와, 그 계열인 듯한 혜각존자 신미도 주지에 재임하는 등 당시 불교계의 주요 고승들이 주석하였던 사찰이었다.74) 행호는 효령대군, 세종75)과 그의 아들 안평대군과 친밀하였는데, 특히 효령대군은 천태종

---

70) 황인규, 「여말선초 천태종승의 동향」, 『천태학연구』 11, 대한불교 천태종 총무원 원각불교사상 연구원, 2008.
71) 『연려실기술』 권1, 太祖朝 故事本末, 잠룡 때 일.
72) 『태종실록』 권24, 12년(1412) 10월 17일(기사) ; 『태종실록』 권28, 14년(1414) 윤9월 14일(갑인) ; 『태종실록』 권31, 16년(1416) 4월 28일(경인) ; 『태종실록』 권32, 16년(1416) 8월 23일(임오) ; 『태종실록』 권33, 17년(1417) 2월 22일(기묘) ; 『태종실록』 권33, 17년(1417) 3월 5일 (신묘) ; 『태종실록』 권33, 17년(1417) 4월 2일(무오) ; 『태종실록』 권34, 17년(1417) 7월 5일(무오) ; 『태종실록』 권34, 17년(1417) 9월 15일(정묘) ; 卞季良, 「原州 覺林寺 重創 慶讚法華 法席疏」, 『동문선』 권113, 疏 ; 원천석, 「天台演禪者將赴叢林 自覺林寺來過余 觀其語默動靜 甚是不凡 雖當釋苑晩秋 將是以復興其道 臨別需語 洮筆以贐行云」, 『耘谷行錄』 卷5, 詩, '禪門絶名相 聞闥本幽深 祖脈傳台嶺 宗風隔少林 應吹無孔笛 閑弄沒絃琴.'
73) 尹淮(1380~1436), 「萬德山 白蓮社 重創記」, 『동문선』 권81, 記.
74) 황인규, 「세조대의 3화상고-신미와 두 제자 학열과 학조」, 『한국불교학』 26, 2004 ; 황인규, 『고려말·조선전기 불교계와 고승연구』, 혜안, 2005.
75) 즉, 행호는 세종으로 즉위하는 충녕대군과 1418년(태종 18) 5월 대자암 불사에서 조우한 바 있었다. 그 후 세종은 왕위에 오르자 행호를 判天台宗師로 모셨다. 『태종실록』 권35, 18년 5월 11일(경신).

고승 행호를 극진하게 모셨으며,76) 행호의 강진 백련사의 중창을 적극 후원하였다.

    이에 천태 영수 도대선사 호공이 백련사에 구경을 갔다가 그 황폐한 것을 보고서 석장을 멈추었다. 깊이 탄식하여 폐한 것을 일으키고 옛 모양을 회복하며, 임금을 장수하게 하고 나라를 복되게 할 서원을 세웠다. 아울러 그 도제 신심 등에게 부탁하여 여러 선남선녀에 시주를 권유하여 모든 계획을 차리게 하였다. 또한 신심을 보내어 효령대군에게 편지를 올려 대 공덕주가 되어 주기를 청하였고, 이에 대군은 흔연히 허락하고 이것저것을 따지지 않고 동의하여 재정을 시주하고 힘을 불러 주었으므로 사람들이 앞을 다투어 좇아서 멀다 아니하고 모여들었다. 장흥부 사람 전도관 좌랑 조수와 강진현 안일 호장 강습이 가장 앞장을 섰다. 경술년 가을에 시작하여 병진년 봄에 준공하였는데, 불전과 승사는 거의 태평시대의 옛 모습을 회복하였고, 설법하고 축복하는 것도 옛날에 비해서 오히려 나았다.77)

이렇듯 행호는 그 제자 신심과 함께 1430년(세종 12)에 강진 백련사(만덕사)의 중창을 시작하여 1436년(세종 18)에 마무리 하였다. 당시 전각 당우와 회랑 요사가 매우 크고 넓게 되어 거의 옛 모습보다 앞설 정도였다고 한다.78) 『만덕사지』에 의하면 '만덕사는 동서 2원이며, 서원은 동원의 절반인데 모두 행호가 중건한 것이다. 서원은 팔상전(법당), 청운당, 백운당,

---

76) 『세종실록』 권85, 21년(1439) 4월 21일(무술). 대자암은 효령대군의 원찰로 삼았으며, 『법화경』을 인경하기도 하였다. 『한국사찰전서』 대자암, '誠寧大君願堂 其壯麗 與楊州檜巖寺 相甲乙云'; 『妙法蓮華經』(大慈庵 板本) 卷5~7, 發願, '三俯賜證明 道人定庵 書制成達生 判事成槪 施主 … 元敬王太后仙駕生利 誠寧大君昭頃公仙駕生利 上王殿下壽萬歲 主上殿下壽萬歲 恭妃殿下壽齊年 大德主 孝寧大君 三韓國大夫人鄭氏 貞慶宅主柳氏妙晶 三韓國大夫人成氏.'
77) 尹淮, 「萬德山 白蓮寺 重創記」, 『동문선』 卷81.
78) 趙宗著, 「전라도 康津 萬德山 白蓮寺事蹟碑」, 『조선금총람』 하.

망월전, 명원루 등이었다.'고 한다.[79] 이 중창에는 장흥부의 전 도관좌랑 조수와 강진현 안일 호장 강습을 비롯하여 인근 지방민이 대거 참여하였는데, 원묘국사 요세의 백련결사시 지방의 향리층과 독서층이 주도하여 운동에 참여한 사실과 비견된다. 행호가 세종의 총애를 받고 백련사를 중창한 것은 백련결사를 전개하여 불교계를 주도하였던 사세를 만회하기 위한 것이었으며, 이러한 여세를 몰아 선종의 총본산인 도회소 홍천사의 주지에 재임하면서 불교계를 주도하였던 것이다.[80] 하지만 행호는 억불시책을 강화하고자 하였던 유림들의 표적이 되어 제주도에서 순교를 당하고 말았다.[81] 때문에 강진 백련사의 사세는 다소 침체되었을 것이지만, 그러한 가운데 세조 연간 『대장경』이 봉안되고[82] 백련사(만덕사)의 승려로 추정되는 세조대 혜조가 백련사의 만경루를 중수하기도 하였다.[83] 이 『대장경』은 1459년(세조 5) 9월 판선종사 수미와 해인사 주지 죽헌이 대장경 47건을 인쇄하였는데 그 가운데 1질이 백련사에 소장되었던 것이다.[84]

그 후 성종대 승려 혜휴가 백련사에 주석하였다는 사실을 알 수 있다.

---

79) 강진문헌연구회, 『백련사지』(강진문헌 제6집), 1998, 167쪽.
80) 황인규, 「조선전기 천태고승 행호와 불교계」, 『한국불교학』 35, 2003 ; 황인규, 『고려말·조선전기 불교계와 고승 연구』, 혜안, 2005.
81) 黃胤錫, 「有明 朝鮮國 故通政大夫 行司諫院正言 不愚軒 丁公 行狀」, 『不愚軒集』卷首. 이는 후에 허응 보우가 제주에서 참사(장살)를 당한 선례가 된 것이 아닌가 한다. 이처럼 한국 불교사상 승려가 제주에 유배되어 주살당한 경우는 행호와 허응 보우 그리고 조선후기 喚醒 志安(1664~1729)에게서도 찾아진다. 황인규, 「조선전기 불교계의 고승탄압과 순교승」, 『불교사연구』 4·5합, 중앙승가대 불교사학연구소, 2004 ; 황인규, 「조선전기 천태고승 행호와 불교계」, 『한국불교학』 35, 2003.
82) 김두종, 「간경도감의 간행불전 목록」, 『한국 고인쇄 기술사』, 탐구당, 1974, 161~167쪽 ; 천혜봉, 「조선전기불서판본고」, 『서지학보』 5, 한국서지학회, 1991, 22~23쪽 ; 박정숙, 「세조대 간경도감의 설치와 불전 간행」, 『역사와 세계』 20, 부산대 사학회, 1996, 56~58쪽.
83) 강진문헌 연구회, 『백련사지』(강진문헌 제6집), 1998.
84) 본래 이 『대장경』은 간경도감에서 간행한 것으로, 효령대군과 세조의 총애를 받은 자 신미와 두 제자 학열·학조 등이 주도하여 간행된 것이었다. 이규경, 「釋典總說 釋敎·梵書·佛經에 대한 辨證說」, 『五洲衍文長箋散稿』 경사편 3-석전류 1 ; 李德懋, 「海印寺藏經」, 『靑莊館全書』 권55, 盎葉記 2.

문인 점필재 김종직의 문집에 의하면, 혜휴는 김종직과 교유한 사실로 미루어 명성이 사림들에게 널리 알려진 고승이었던 듯하지만,[85] 왜구에게 시해를 당하고 말았다.[86]

그 무렵 행호와 더불어 백련사를 중창했던 효령대군은 성종대에도 백련사에 전답을 시주하였다. 즉, 효령대군은 1482년(성종 13) 강진에 있는 밭과 논 10결을 '조종 영세의 수륙재'를 받들기 위해 시주하였다.[87] 『만덕사지』에 의하면 효령대군은 현재의 오죽전에 있었던 동원 동전에 머물렀으며,[88] 강진 백련사와 능주 쌍봉사에 수륙사를 개최하기도 하였다.[89]

---

85) 김종직, 「謝德方惠僧統送扇 덕방혜 승통이 부채를 보내준 데 대하여 사례하다」, 『佔畢齋集』 권1, 詩 ; 『속동문선』 권9, 칠언절구, '方外神交有惠休 松風舊雨憶曾遊 年年六月炎塵漲 分我龍天一掬秋.' 그 외에 백련사(만덕사)의 승려였을 나월헌 옥명도 찾아지나 확실치 않다. 金宗直, 「儞山明上人 送木瓢來人云 得之萬德社冬柏樹」, 『佔畢齋集』 시집, 권10, 詩.

86) 『성종실록』 권35, 4년(1473) 10월 23일(신사), '全羅道 水軍 節度使 閔孝幹이 계달하기를, '康津 萬德寺의 승려 惠休 등 17인이 배를 타고 順天 內梁浦에 이르자, 도적 10여 사람이 배를 타고 푸른 옷을 입고 倭語를 쓰면서 칼을 뽑아 배 안에 뛰어들어와 혜휴 등 두 사람을 쳐서 죽이고, 재물을 전부 약탈하여 동남쪽 바다를 향하여 갔는데, 그 배는 거의 경상도 배와 비슷하였습니다.' 하므로, 院相에게 의논하도록 명하였다.'

87) 효령대군, 「萬德寺 施僧文」, 『청권집요』 : http://www.hyor.or.kr.

88) 다산 정약용이 지적한 대로 백련사는 효령대군의 원당이었다. 丁若鏞, 「山行雜謳」, 『茶山詩文集』 권5, 詩, '孝寧大君이 萬德寺에 가 논 일이 있어 드디어 그 절을 願堂으로 삼고 紀蹟碑를 세워두었는데 임진왜란 때 그 비가 깨지고 전해지지 않았으며, 또 讓寧大君이 효령에게 말하기를, '나는 살아서는 왕의 형이요, 죽으면 부처의 형이 될 것이다.'라고 하였다.' ; 南九萬, 「孝寧大君의 遺墨帖에 대한 발문」, 『약천집』 권27, 題跋, '호남관찰사로 있는 李公震壽가 그의 선조인 효령대군 靖孝公의 유묵 한 첩을 나에게 보여주며 말하였다. "이는 우리 선조께서 전라도 康津縣에 있는 萬德寺에 토지를 시주하여 先王과 先后의 冥福을 비신 내용입니다."' ; 丁若鏞, 「山行雜謳 二十首」, 『與猶堂全書』 第一集, 詩文集 第五卷 詩集 詩, '孝寧大君嘗游萬德寺 遂以爲願堂 有碑紀蹟 壬辰之難 碑毁不傳.' 행호가 중건한 해(1436)부터 경진(1760)의 화재까지는 그 사이가 325년이다. 『백련사지』(강진문헌 제6집), 173쪽.

89) 『백련사지』(강진문헌 제6집), 고적, 192쪽, '佛法印은 다섯 글자가 새겨진 도장인데 내용은 불법승 3보이며, 이 불법인은 효령대군의 내주 때 새긴 것이다. 대군은 만년에 본사에다 수륙 도량을 개설하였는데 수천이 부족하여 능주의 쌍봉사로 이설하였다. 도장은 문서를 8도로 보낼 때 찍었으며 일이 끝나면 본사로 돌려

이렇듯 강진 백련사는 조선초에 천태종의 고승 행호와 그를 후원하였던 효령대군에 의해서 중창되어 사세가 진작되었다. 이는 여말선초 숭유억불 시책이 강화되어 가는 시기에 있어서 지방 불교의 흥성이었다는 점에서 매우 주목되는 사실이다.

4. 나가는 말

이상에서 살펴본 바와 같이 강진 백련사는 무신집권기 초 원묘국사 요세와 그의 제자 천인과 천책에 의하여 신앙결사 운동이 진작되면서 사세가 크게 진작되었으며, 원 간섭기 초반 정오대 무렵 때까지 결사 정신이 계승되면서 그러한 사세는 지속되었던 듯하다. 특히 요세는 강진 백련사에서 백련결사 운동을 전개하면서 백련사의 사세는 흥성하였으며, 그의 제자 천인과 천책, 정오에 이르기까지 백련사 고승들은 강진 백련사에서 주석하다가 말년에 강진 만덕산 남쪽에 위치한 부속 암자인 용혈암과 괘탑암에서 퇴거하여 강진을 중심으로 사세를 확대시켰다. 강진 백련사의 결사는 분원인 완도의 법화사, 상주의 동 백련사, 제주의 묘련사와 법화사 등으로 전개되었으나 원 간섭기에 이르러 정오가 개경의 묘련사에 진출하였으며, 일부 퇴직 고위 인사들을 중심으로 결성한 개경의 보암사와 법화사 결사도 그 영향을 받았던 듯하다.

이렇듯 고려말에 이르러 강진 백련사 결사 정신의 퇴조와 전국의 사세의 확대를 가져왔지만 정작 강진 백련사의 사세는 이전의 시기보다는 축소되어 갔으며, 특히 왜구의 침탈로 더욱 퇴락하였다. 그런데 여말선초의 고승

보내 보관하였으나 쌍봉사 스님이 돌려주지 않아 송사를 하였으나 이기지 못하여 그 도장은 쌍봉사에 두게 하였다.' 참고로 효령대군은 1429년 강진 월출산 無爲寺의 중창을 指諭하였던 바 있으며, 1454년에는 1447년에 조성한 泰安寺 大鉢을 개조하고 시주를 하였다.

신조와 요원, 공암 조구 등이 천태종계를 주도하게 되는데, 그들의 문도라고 추정되는 행호가 조선초에 불교계에 등장하여 당시 천태종과 불교계를 주도하였다.

행호는 조선초 천태종의 주요 사찰인 원주 각림사와 고양 대자암 일대에서 활동하였다. 행호는 조선왕조의 최고의 호불 대군이라 불린 효령대군의 지지와 후원을 받으면서 강진 백련사를 중창하였다. 이는 고려후기 결사 정신을 다시 되살려 천태종을 중심으로 불교계를 부흥하려고 한 것이다. 이러한 행호의 흥법 노력은 조계종의 무학 자초와 문도 기화의 흥법 노력에 비견되는 일이다. 행호의 순교후 조선의 최고 호불 대군인 효령대군은 강진 백련사를 원당을 삼아 중창하였으며, 고승 혜휴가 왜구에 시해되는 어려움 속에서도 전지를 시납하는 등 사세의 확장을 꾀하였다.

III. 고성 조제암(지)의 역사 복원

1. 들어가는 말

한국의 불교는 1700여 년의 역사 속에 정신문화를 이끌어왔다. 고구려와 백제, 신라 및 가야의 고대 시기를 거쳐 신라와 발해의 남북국 불교, 개경을 중심으로 한 고려시대에는 더욱 흥성하였다.[1] 고려말 이래 숭유억불 운동으로 건국된 조선시기에도 나름대로 흥학 및 포교 등 산중불교를 전개하였다. 일제 강점기를 거쳐 해방 후 한국은 남과 북으로 나뉘어 불교 역시 남북국 불교시기의 형세를 이루다가 민족 상잔의 6.25전쟁은 반도 중부지역 금강산 불교마저 쇠잔케 하였다.

본고에서 다루고자 하는 고성 조제암도 여기에서 비켜가기 힘들어 6.25전쟁 시 폐사되었을 뿐만 아니라 남과 북의 완충 지역인 민통선 안에 위치하여 그 존재 자체도 잘 알려지지 않았다.[2] 남과 북은 고대 이래 삼한일통의

---

1) 이에 대해서는 필자도 관련 연구를 진행한 바 있다. 황인규, 「북한지역 사찰의 불교사적 의의」, 『대각사상』 17, 2012 ; 황인규, 「북한지역 고구려와 발해의 사찰」, 『불교연구』 51, 2019 ; 황인규, 「발해 유민의 불교와 사찰」, 『발해유민사연구』, 동북아역사재단, 2019.
2) 조제암은 해방 후 북한지역으로 편입되었고 6.25전쟁 시 건봉사와 일대가 폐사된 후 1953년 7월 27일에 휴전으로 민통선 이북에 자리한 건봉사가 출입 통제되었다. 이듬해인 1954년 4월에 건봉사와 조제암이 소재한 간성 일대가 수복되었으며 1954년 10월 21일에 수복지구 임시행정조치법에 따라 간성읍 해상리까지 수복하고 건봉사 본토는 민통선 북방에 위치하게 되었다. 1989년 6월에 민통선이 북상됨으로 인해 건봉사 지역의 본토 일부를 수복하였으며, 1997년에 혜내명이 조제암이 새산 회복 능기를 정리하였다. 그 무렵 종단의 일부 스님들이 조제암 주지에 재임하고 건봉사 포교당에 '건봉사 조제암 포교당'이라는 입간판을 세우기도 하였으나 크게 주목받지 못하였다.

역사의식을 계승해 통합되어야 하며 남북 불교도 역시 하나의 불교로 거듭나야 할 것이다.

현재 조제암은 폐사되어 그 흔적만이 남아 있으며, 창건 이래의 역사는 대개의 불교 사찰의 경우처럼 몇 건의 기록만이 그 존재를 뒷받침해주고 있다.

현재로서 조제암의 역사의 전모를 실은 것은 근대기인 1818년 3월 기록된 작자 미상의 『초당집』에 실린 「간성 조제암 중건기」(이하 중건기)3)와 일제강점기인 1928년 만해 한용운(1879~1944)이 편찬한 『건봉사급건봉사말사적』에 실린 「조제암사적」(이하 사적)이다. 그 후 조선후기의 『혼원집』과 『허정집』 등의 불교 문집, 『명암집』과 『순암집』 등 유교 문집과 지리지 및 읍지류에 몇 건의 단편적인 기록이 남아 있을 뿐이다.4)

위의 「중건기」와 「사적」의 두 기문이 조제암의 역사를 대체적으로 가장

---

3) 「조제암 중건기」가 실린 『草堂集』은 최근에 발견되어 『한국불교전서』 11책에 실렸다. 普雲室이라는 인물이 1842년(헌종 8)에 지은 필사본이다. 조선후기 조제암의 사적에 관련 유일한 사실을 싣고 있어서 매우 중요한 자료이다. 이 책에 대한 개략적인 연구는 다음의 논고가 참조된다. 김창숙(효탄), 「『초당집』의 이해와 시대적 배경」, 『선학』 45, 2016.

4) 조제암의 역사적 사실이 종합적으로 정리된 것은 현대에 이르러서다. 1928년 건봉사 주지 이대련과 한용운이 『건봉사지』를 편찬하면서 조제암의 간략한 사적을 정리하였고 현대에 이르러 1979년 권상로가 『한국사찰전서』에 조제암의 간략한 사실을 기술하였으며, 1996년 『한국민족문화대백과사전』에 조제암 항목이 실렸다(http://encykorea.aks.ac.kr/). 그 후 국립문화재연구소가 2000년에 '군사보호구역 문화유적지표조사'를 실시하면서 조제암 터를 조사한 바 있으며 문화유산연구지식 포탈에 소개하고 있다.(https://portal.nrich.go.kr/kor/ ; 국립문화재연구소, 『군사보호구역 문화유적 지표조사 보고서-강원도편』, 2000.) 고성군에서도 2001년 『건봉사급건봉사말사사적』 가운데 건봉사의 사적만을 국역한 『국역 건봉사의 역사적 발자취』를 편찬하여 고성의 역사와 문화 사찰 편에 '조제암(烏啼庵)과 세조(世祖)' 등의 관련 간략 사실을 작성 인터넷 포탈에서 소개하고 있다(http://goseongcul.com/). 최근에 건봉사 승려 이영선이 『건봉사지』 국역본을 내면서 조제암의 사적을 다시 정리하였으며, 대한불교 조계종에서 건봉사 관련 책을 내면서 내용이 다시 실렸으나 말사를 제외하고 본사인 건봉사의 사적만 재정리 집성하여 아쉬움이 크다. 이영선 편, 『금강산 건봉사 사적』, 동산법문, 2003 ; 김광식, 한상길 편, 『건봉사』, 2021.

잘 알려주고 있는 기록이다. 하지만 근대에 작성된 것이기 때문에 고중세의 사실을 액면 그대로 수용하기 어렵다. 「중건기」에 의하면 중창 기문이 있었던 것 같으나 전하지 않고 있으며, 나옹(1320~1376)의 중창과 조선 세조의 중창 그리고 천순(1457, 세조 3~1464, 세조 10)시기와 경영, 성화(1465, 세조 11~1487, 성종 28)시기의 외신, 순치(1644, 인조 22~1661, 현종 2)의 중건, 건륭(1736, 영조 12~1796, 정조 20)시기의 겹회과 중영을 다루었다. 그 후 1816년 이후부터 중건기를 작성한 1818년까지 2년여 기간 중창 사실에 대해서는 비교적 자세하게 언급하였다. 「중건기」가 작성된 지 110년 후에 작성된 「사적」에서는 진표의 창건을 추가하였으며, 운곡대사의 중수, 1896년 기월대사의 중건부터 『건봉사본말사지』 편찬 1년 전인 1927년 대련 덕문(1887~1949)의 경영 사실까지 추가하였다.[5]

일제 강점기의 조제암의 역사는 후술하는 바와 같이 1912년 사찰령에 의하여 조제암이 건봉사 말사가 되어 조제암의 주지를 겸무하였으며, 조제암의 역대 주지가 소개되어 있어서 간략한 연혁이나마 복원을 시도할 수 있다. 이와 같이 조제암의 역사는 「중건기」와 「사적」과 일제 사찰령 아래 주지 임명 기록, 현대의 지표조사, 그리고 후술하는 문집류 등의 기록들에 의하여 조제암의 연혁 정도를 알 수 있을 뿐이다.[6]

본고는 처음으로 고성 조제암 관련 역사의 복원을 시도하고자 한다. 1928년 만해와 함께 건봉사 주지였던 대련 덕문은 앞서 언급한 바와 같이

[5) 일제 강점기인 1940년에 편찬된 『강원도지』에 다음과 같이 기록되어 있다. 즉, '鳥啼菴 縣內 금강산에 있다. 신라 惠恭王 임자년 眞表 律師가 창건하여 觀音이라 칭하였고, 고려 공민왕 戊辰年 懶翁 禪師가 중수하였다. 조선 세조 乙酉年에 임금이 중수를 명령하고 寺山을 하사하였으며, 조제암으로 개칭하였다. 그 후 雲谷 大師가 수리하였으며, 고종 丙申年 機月 大師가 옛터의 서쪽으로 이건하였다.' 강원도, 『강원도지』, 1940.

6) 최근에 강원도의 일련의 현대판 지방지 24권 간행 사업은 매우 고무적이다. 강원도사 편찬위원회, 『강원도사』 1~24, 2010~2010. 특히 후술하는 바와 같이 강원도를 남북으로 인식하여 통합을 희구하여 편찬한 도지는 매우 고무적이라고 하겠다. 강원도 문화유산과, 『북강원도사』 1~2, 2020. 고성군의 지방지 및 건봉사 편찬사업 또한 주목된다. 고성군, 『고성군지』 상·중·하, 별책 1~2, 2018.

조제암의 주지를 겸무하면서 만해와 함께 『건봉사지』를 편찬하였고 사적의 서문에서 다음과 같이 언급한 바 있다. 즉, '조선 사찰은 역사의 불완전이라고 하느니보다 실로 역사가 없는 것이다. 사찰의 역사는 불교 역사의 대부분이 될 것인즉 사찰 역사의 결함은 곧 불교 역사의 결함이다.'[7] 이러한 시작에서 건봉사와 말사에 관련한 역사 기록을 정리하였지만, 조제암의 역사에 대해서는 근대의 기록에 의거하여 매우 간략한 연혁만 정리하여 그 아쉬움이 크다. 이에 본고에서는 조제암의 관련 기록을 집성하여 실증적으로 복원하고자 시도하였다.

조선말 이후 근대인 일제 강점기까지의 기록도 단편적이라서 조제암의 역사의 전모나 사격을 제대로 밝히기 쉽지 않다. 본고에서는 조제암의 역사의 실증적, 종합적 조명을 하고자 한다.

2. 조제암의 전승 기록 검토

1) 진표의 관음암 창건과 금강산 발연수

「사적」에 의하면 772년(신라 혜공왕 8)에 진표율사가 금강산 남쪽 기슭에 절을 창건하고 관음암이라 하였다고 한다. 이러한 사실은 「중건기」나 여타의 다른 문헌에서는 찾을 수 없다.[8]

이미 알려져 있듯이, 진표는 부안의 부사의방과 영산사 등지에서 참회 수행을 한 후 김제 금산사에서 764년부터 766년까지 미륵장륙상을 조성하고 금당 남쪽 벽에 미륵상을 그리는 등 불사를 하였다.[9] 진표의 관련 기록에

---

[7] 『乾鳳寺及乾鳳寺末寺蹟』 서문. 최근에 건봉사의 역사와 만일 염불회, 불사리 적멸보궁, 봉명학교 등의 글들이 단행본으로 정리된 바 있다. 김광식 엮음, 『금강산 건봉사의 역사와 문화』, 인북스, 2011.

[8] 그런 때문인지 지금까지 진표에 관한 연구는 적지 않았지만 조제암과 관련하여 논의한 것은 없다.

의하면, 그 후 강릉과 금강산 일대에 와서 다음과 같이 수행 및 포교하였다.

교화가 이미 널리 미치자 유람을 다니다가 아슬라주에 이르렀다. 섬 사이의 물고기와 자라가 다리를 만들어 물속으로 맞아들이니 불법을 강의하고 [물고기와 자라가] 계를 받았다.[10]

그 후 명주를 향하여 해변으로 서서히 걸어가면서 사홍 서원을 발하여 바다에 살고 있는 어족 중생을 부르니, 한량없는 어별과 인갑의 종류들이 서로 앞을 다투어 해변으로 나와 진표화상을 향하여 꼬리와 머리를 서로 연이어서 마치 육지와 같았다. 그리하여 율사는 고기들의 등을 밟고 바다로 들어가니, 마치 육지를 걸어가는 것과 다름이 없었으며 계법을 염창하여 널리 어족들에게 들려주면서 바다를 건넜다. 명주에서 나와 개골산으로 들어가 산 밑에 바리때처럼 둥근 용연 곁에 절을 짓고 발연수라 이름하고 점찰 법회를 열었으며 이곳에 7년간 머물렀다.

그 당시 명주 지방에 크게 흉년이 들어 사람들이 굶주림에 허덕였으므로 스님에게 찾아와서 배고픈 사정을 고하였다. 율사가 계법을 설하여 그들로 하여금 모두 계행을 잘 지키고 3보를 깊이 믿어 존경하도록 교화하였더니, 곧 고성 해변에 무수한 어별(魚鼈)들이 바닷가로 나왔다. 그리하여 모든 사람들이 이 고기를 잡아 팔아서 식량을 구입하여 백성들이 점차 풍요롭게 되었다.

그리고 율사는 발연수에서 나와 다시 부사의방으로 가서 한층 더 기도하며 정진한 연후,[11] 가읍으로 가서 아버님을 찾아 뵙고 그간 자신이 행하였던

---

9) 채인환, 「신라 진표율사 연구(Ⅰ)-수참의 행적과 계보-」, 『불교학보』 23, 1986, 38쪽.
10) 『삼국유사』 권4, 의해, 眞表傳簡
11) 學坐報,「南行月日記」,『東國李相國集』卷23, 記 ;『동문선』卷66, 記, '律師者 名眞表 碧骨郡大井村人也 年十二 來棲賢戒山不思議巖 賢戒山者 卽此山是已 眞心宴坐 欲見慈 氏地藏 踰日不見 乃投身絶壑 有二靑衣童子以手奉之曰 師法力微小 故二聖不見也 於是

일들을 낱낱이 아뢰었다. 그리고 진문 대덕방으로 찾아가 그곳에 거주하였다.12)

위의 인용한 바와 같이, 진표는 부안 부사의방 등에서 참회 수행을 하고13) 금산사에서 미륵보살상 등 불사를 한 후14) 강릉과 금강산 일대에서 교화하였다. 그 가운데 가장 잘 알려진 바와 같이 770년(혜공왕 6) 금강산 발연수 즉, 발연사를 창건하고 7년간 머물면서 점찰 법회를 여는 등 교화하였다. 이러한 사실은 후대인 조선시대에도 다음과 같이 전승되고 있다.

신라 진표율사가 이곳에 와서 용연 아래에 사원을 창건하려고 했다. 용왕이 꿈에 현몽하여 위치를 알려주어서 여기에 지었다. 발연암 뒤에는 아직도 비석이 남아 있다. 바로 진표율사의 유골을 보관한 비석이다. 고려 때 형잠이 비문을 지었다. 때는 승안 4년 기미년(1199년, 고려 신종 2년) 5월이다. 비석 옆에는 마른 소나무 두 그루가 있다. 진표율사 당시부터 5백년 동안 두 번 시들었다. 그러나 3번 울창했는데, 지금 다시 시들었다. … 고성, 간성, 금성의 세 성이 산 아래에 늘어서 있다. 멀리 바다를 바라보니 하늘과 함께 끝이 없다. 소위 효양은 진표율사가 부모님을 안심암에 모시고

努力益勤 至三七日 巖前樹上 有慈氏地藏現身授戒 慈氏親授占察經二卷 幷與一百九十九栍 以爲導往之具.'; 李奎報,「又題不思議方丈 幷序」,『東國李相國集』卷9, 古律詩, '不思議房者 昔眞表律師寓居修眞 而慈氏地藏顯身授戒之所也.';『신증동국여지승람』 권34, 전라도 부안현 불우, '不思議方丈 新羅僧眞表寓居之所 有木梯高可百尺 緣梯而下 乃得至於方丈 其下皆不測之壑 以鐵索引其屋 釘之於巖 俗傳海龍之所爲.'

12) 「鉢淵藪 眞表律師 眞身骨藏立 石碑銘」,『조선금석총람』상 ; 허흥식 편,『한국금석전문』중세 하, 아세아문화사, 1984 ; 김남윤,「眞表의 傳記 資料 檢討」, 부록,『國史館論叢』78, 1997 ; 지관,『교감역주 역대고승비문』고려편4, 가산문고, 1997.
13) 李奎報,「又題不思議方丈 幷序」,『東國李相國集』卷9, 古律詩 :『동문선』권66, 기, '不思議房者 昔眞表律師寓居修眞 而慈氏地藏顯身授戒之所也.'; 李奎報,「南行月日記」,『東國李相國集』卷23, 기, '眞心宴坐 欲見慈氏地藏 踰日不見 乃投身絶壑 有二靑衣童子 以手奉之曰 師法力微小 故二聖不見也 於是努力益勤 至三七日 巖前樹上 有慈氏地藏現身授戒 慈氏親授占察經二卷 幷與一百九十九栍 以爲導往之具.'
14) 金富軾,「俗離寺 占察會疏」,『동문선』권110, 소, '眞表之勤 終感通於彌勒.'

아침저녁으로 봉양하며 왕래하던 곳이다.15)

위의 인용문 가운데 고려 무신집권기 발연사 주지 형잠이 1199년(신종 2) 5월 「발연수 진표율사 진신 골장 입석 비명」을 지은 것을 보각국사 일연(1206~1289)의 제자인 무극이 『삼국유사』 권4, 의해5에 「관동 풍악 발연수 석기」로 삽입한 것이다.16)

조선초 설잠 김시습(1435~1493)의 친구인 추강 남효온(1454~1492)은 발연 암 승려의 말을 인용하여 '신라시대의 율사가 이 산에 들어오니, 발연의 용왕이 살 만한 땅을 바쳤습니다. 이에 절을 지어 발연암이라 이름하였습니다.'17)라

---

15) 釋法宗(1679~1733), 『虛靜集』 卷下, '新羅時有眞表律師來此 擬創於龍淵下 龍王夢現 可居之地 於此創祠 鉢淵庵後 石碑尙立 乃律師藏骨之碑 高麗僧瑩岑所撰 時承安五年己 未五月也 碑側有枯松二株 自律師後 五百年二枯三榮 而今復枯矣 … 高扞金三城 列置山 底 眺望溟海 與天無際 所謂孝養者 律師安父母於安心庵 朝暮奉供往來所也.'; 李溆, 「東遊錄」, 『弘道遺稿』 卷5, '一名孝養臺 一名孝養高峙 所謂孝養爲名者 昔有高僧眞表栗 師者 置其母於安心地 日日越此峙孝養 故峙因以名云 盖僧道以絶倫紀爲能事 今此僧不 棄倫紀而孝養 秉彛之性 不泯而存 於此亦可見矣.'

16) 『삼국유사』 권4, 의해5, 關東楓岳鉢淵藪石記, '이 記는 寺主 瑩岑이 짓고 承安 4년 己未에 碑를 세웠다. … 진표의 史蹟인 鉢淵石記와 같지가 않다. 그러므로 瑩岑이 기록한 것도 다듬어서 실으니 後賢들은 마땅히 參考할 것이다. 無極이 기록하노라.' ; 김남윤, 「진표의 전기 자료 검토」, 86~87쪽. 조선후기에도 이러한 사실이 전승되 고 있다. 李德壽, 「楓嶽遊記」, 『西堂私載』 권4, 기, '寺之左 有羅僧眞表藏骨骸處'; 宋煥 箕, 「東遊日記」, 『性潭集』 권12, 잡저, '鉢淵之名 得非以此歟 下輿跋臨 意趣殊佳 少頃到 寺 寺後大巖上立新羅眞表律師碑 此寺卽師所刱也 佛宇重建 粗成未完 菴寮亦只一老 屋.'; 洪仁祐, 「關東錄[附]」, 『耻齋遺稿』 권3. '抵鉢淵寺 是日 行約六十餘里 庚子晚朝 住持性空 引余至寺後岩 岩上有碑 乃新羅僧律師藏之碑 高麗僧瑩岑撰 承安五年五月 建 碑側有枯松 一根二株 今見一枝枯 一枝生.'; 具思孟, 「鉢淵寺」, 『八谷集』 권1, 오언율 시, '祠後有新羅律師藏骨之碑 高麗僧瑩岑所撰.'

17) 南孝溫(1454~1492), 「遊金剛山記」, 『秋江集』 卷5, 記, '循川東偏而上行五六里 過鉢淵 又行半里 至鉢淵庵 僧傳云 新羅時有僧律師入此山 鉢淵龍王獻可居之地 於是創社曰鉢 淵庵云.'; 宋煥箕, 「東遊日記」, 『性潭集』 권12, 雜著, '新羅眞表律師碑 此寺卽師所刱也.' ; 尹宣擧, 「巴東紀行 甲辰」, 『魯西遺稿 續』 권3, 雜著, '師卽新羅時有名僧眞表 爲足心 […] […] 終日不輟.' 『조선사찰사료』에서도 '梁武帝天監十四年 眞表律師 創建佛宇(『조선사찰사료』 하, 「江原道淮陽郡長楊面金剛山長安寺來歷」)'라고 하고 권상로도 『한국사찰전서』에서 이러한 사실을 긍정하였다.

고 하였다. 조선후기 농암 김창협(1651~1708)의 문인인 기원 어유봉(1672~1744)도 진표의 발연사 창건 및 수행에 대하여 다음과 같이 기록하고 있다.

> 승려의 말로는 진표율사가 돌아가신 곳이라 했다. 율사는 본래 신라의 승려로 발연사를 창건했으며, 이 바위 위에 앉아서 득도하고 열반에 들었는데 제자들이 시신을 옮기지 않고 공양을 드렸고, 오래되어 흙이 그 위를 덮자 같은 뿌리에 두 그루의 소나무가 자라서 죽었다가 다시 살아나 지금은 그 하나가 있다고 했다.[18]

또한 진표는 발연사를 중심으로 장안사를 중수하였다고 한다. 후대의 기록이기는 하지만 조선후기 산수기에도 진표에 의해 창건되었다고 기록하고 있다.[19] 19세기 승려 송파 금하가 1884년 지은 「강원도 회양부 금강산 장안사 사적」에도 '대력 계축년에 진표율사가 조사의 유적을 이어받아 조정의 도움으로 사찰을 중수하였다.'[20]고 하였다. 그리고 석전 정호(朴漢永, 1870~1948)가 지은 기문에 의하면, 진표는 금강산 원통암 근처에 송림굴을 창건하였다고 한다.[21] 이렇듯 진표가 7년간 발연사에 머무를 때 금강산 사찰들을

---

18) 魚有鳳(1672~1744), 「再遊金剛內外山記」, 『杞園集』 卷20, 記, '僧言是眞表律師化身處也 師本新羅神僧 始創鉢淵寺 坐此石上成道 仍示寂 弟子不動化體而供養 久則土覆其上 有松生焉 雙樹同根 或枯而復生 今只有其一云.'

19) 申楫(1580~1639), 「關東錄 下」, 『河陰集』 卷7, 錄, '到長安 有大雄寶殿 新羅法興王時 有眞表律師者入邊山 寓不思議庵 奉眞性簡子 入此山到鉢淵 龍王獻可居之地 於是創鉢淵庵 又創不思議上中下三庵 復以其簡子 又創此寺 立輪藏以安其簡 律師常住來設法 名長安者 所以爲諸佛之都會也.'; 李時善(1625~1715), 「關東錄」, 『松月齋集』 卷5, 荷華編 雜篇, '入長安獨木橋 狹而甚高 步過心危 夕宿其寺 夢虎化爲凶人 逐我駤駤 我懼避奔忙 旣寤則念山靈逐我入山 止見淡紅夕景 繹思在家占行之玄武ير 疑有所害 私語曰外物不可必 莫如不遊山而天遊也 甲申見本寺事蹟 乃論金剛形勢 寺利創立 以及于佛 辭多神怪 蓋此寺新羅法興王時聖僧眞表律師所開.'; 洪敬謨(1774~1851), 「佛宇記 內山-長安寺」, 『冠巖全書』 冊21, 記 海嶽記[四], '新羅法興王時 僧眞表所刱者也.'; 趙秉鉉(1791~1849), 「金剛觀叙」, 『成齋集』, '刱自羅代 律師眞表所建.'; 李裕元(1814~1888), 「長安寺」, 『林下筆記』 卷37, 蓬萊祕書, '羅代 律師眞表重建.'

20) 錦河, 「江原道 淮陽府 金剛山 長安寺 事蹟」, 『楡岾寺本末寺誌』, 329쪽.

창건하고22) 관동 지역의 화엄사를 창건하였다고 한다.23) 현대에 이르러 만들어진 지방지에서도 이와 같은 사실을 다음과 같이 전승하고 있다.

> 금강산 화엄사 사적기에 의하면 '옛날 진표율사께서 창건하시어 화엄이라 편액하셨다. 화엄이라 한 것은 화엄 대교를 강론하여 인천의 여체를 씻어내셨기 때문이다. 그러므로 제액하셨으니 속세에서는 화암이라 칭하였다. … 율사께서 화엄경으로 신도 100명을 교화하니 대낮에 하늘로 올라간 사람이 31명이요, 그 나머지 69명은 돈오 무상을 얻었다. 그러므로 절 이름을 화엄사라 했다. 진표율사는 금산사와 법주사를 창건하고 금강산에 들어 세 절을 세웠다. 동쪽에는 발연사, 서쪽에는 장안사, 남쪽에는 화암사를 두어 금강산을 미륵부처님의 정토로 삼았다.24)

위의 내용은 아마도 『전통사찰총서』 2(강원도 2) 화암사의 기록을 전재한 듯한데,25) 덧붙여 다음의 내용도 첨부하였다.

> 또 진표율사는 이곳에서 지장보살의 현신을 친견하고 그 친견한 자리에 지장암을 창건하여 화엄사의 부속암자로 삼았다는 기록도 전한다.26)

---

21) 朴漢永, 「金剛山 松林寺 重建記」, 『한국사찰전서』, '新羅法興王甲午而律師眞表爲開祖也.'
22) 사찰문화연구원 편, 『북한사찰연구-Ⅲ. 북한의 주요사찰-장안사』, 한국종단협의회, 1993, 161쪽. 다만 『한국사찰전서』에서는 진표가 창건하였다고 오인하였다. 같은 책, 162쪽.
23) 「禾嚴寺 事蹟」, 『조선사찰사료』 하, '入皆骨山至這-訐城南淸澗之東見海底石氣曰此間必有道場長遠之地因卜築于此敎以華嚴經而寺前有穗嚴故名爲禾嚴寺也.' ; 『한국사찰전서』, 禾嚴寺, '新羅惠恭王五年(乙酉) 眞表律師創建.'
24) 강원도 고성문화원, 「고성의 역사문화 문화재-사찰, 라. 전설과 유래」: http://www.goseongcul.com/gsculture/
25) 사찰문화연구원, 『전통사찰총서 2(강원도 2)-화암사』, 1992, 135~137쪽. 『한국민족문화백과사전』의 화암사조도 그 내용이 대동소이하며(http://encykorea.aks.ac.kr/) 불교계 신문에서도 그대로 따르고 있다.

고 하였다. 조선후기 농암 김창협(1651~1708)의 문인인 기원 어유봉(1672~1744)도 진표의 발연사 창건 및 수행에 대하여 다음과 같이 기록하고 있다.

> 승려의 말로는 진표율사가 돌아가신 곳이라 했다. 율사는 본래 신라의 승려로 발연사를 창건했으며, 이 바위 위에 앉아서 득도하고 열반에 들었는데 제자들이 시신을 옮기지 않고 공양을 드렸고, 오래되어 흙이 그 위를 덮자 같은 뿌리에 두 그루의 소나무가 자라서 죽었다가 다시 살아나 지금은 그 하나가 있다고 했다.[18]

또한 진표는 발연사를 중심으로 장안사를 중수하였다고 한다. 후대의 기록이기는 하지만 조선후기 산수기에도 진표에 의해 창건되었다고 기록하고 있다.[19] 19세기 승려 송파 금하가 1884년 지은 「강원도 회양부 금강산 장안사 사적」에도 '대력 계축년에 진표율사가 조사의 유적을 이어받아 조정의 도움으로 사찰을 중수하였다.'[20]고 하였다. 그리고 석전 정호(朴漢永, 1870~1948)가 지은 기문에 의하면, 진표는 금강산 원통암 근처에 송림굴을 창건하였다고 한다.[21] 이렇듯 진표가 7년간 발연사에 머무를 때 금강산 사찰들을

---

18) 魚有鳳(1672~1744), 「再遊金剛內外山記」, 『杞園集』 卷20, 記, '僧言是眞表律師化身處也 師本新羅神僧 始創鉢淵寺 坐此石上成道 仍示寂 弟子不動化體而供養 久則土覆其上 有松生焉 雙樹同根 或枯而復生 今只有其一云.'

19) 申楫(1580~1639), 「關東錄 下」, 『河陰集』 卷7, 錄, '到長安 有大雄寶殿 新羅法興王時 有眞表律師者入邊山 寓不思議庵 奉眞桂簡子 入此山到鉢淵 龍王獻可居之地 於是創鉢淵庵 又創不思議上中下三庵 復以其簡子 又創此寺 立輪藏以安其簡 律師常往來設法 名長安者 所以爲諸佛之都會也.'; 李時善(1625~1715), 「關東錄」, 『松月齋集』 卷5, 荷華編 雜篇, '入長安獨木橋 狹而甚高 步過其危 夕宿其寺 夢龍化爲凶人 逐我駈駈 我懼避奔忙 既寤則念山靈逐我入山 止見淡紅夕景 繹思在家占行之玄武動 疑有所害 私語曰外物不可必 莫如不遊山而天遊也 甲申見本寺事蹟 乃論金剛形勢 寺刹創立 以及于佛 辭多神怪 蓋此寺新羅法興王時聖僧眞表律師所開.'; 洪敬謨(1774~1851), 「佛宇記 內山-長安寺」, 『冠巖全書』 冊21, 記 海嶽記[四], '新羅法興王時 僧眞表所刱者也.'; 趙秉鉉(1791~1849), 「金剛觀叙」, 『成齋集』, '刱自羅代 律師眞表所建.'; 李裕元(1814~1888), 「長安寺」, 『林下筆記』 卷37, 蓬萊祕書, '羅代 律師眞表重建.'

20) 錦河, 「江原道 淮陽府 金剛山 長安寺 事蹟」, 『楡岾寺本末寺誌』, 329쪽.

창건하고[22] 관동 지역의 화엄사를 창건하였다고 한다.[23] 현대에 이르러 만들어진 지방지에서도 이와 같은 사실을 다음과 같이 전승하고 있다.

> 금강산 화엄사 사적기에 의하면 '옛날 진표율사께서 창건하시어 화엄이라 편액하셨다. 화엄이라 한 것은 화엄 대교를 강론하여 인천의 여체를 씻어내셨기 때문이다. 그러므로 제액하셨으니 속세에서는 화암이라 칭하였다. … 율사께서 화엄경으로 신도 100명을 교화하니 대낮에 하늘로 올라간 사람이 31명이요, 그 나머지 69명은 돈오 무상을 얻었다. 그러므로 절 이름을 화엄사라 했다. 진표율사는 금산사와 법주사를 창건하고 금강산에 들어 세 절을 세웠다. 동쪽에는 발연사, 서쪽에는 장안사, 남쪽에는 화암사를 두어 금강산을 미륵부처님의 정토로 삼았다.[24]

위의 내용은 아마도 『전통사찰총서』 2(강원도 2) 화암사의 기록을 전재한 듯한데,[25] 덧붙여 다음의 내용도 첨부하였다.

> 또 진표율사는 이곳에서 지장보살의 현신을 친견하고 그 친견한 자리에 지장암을 창건하여 화엄사의 부속암자로 삼았다는 기록도 전한다.[26]

---

21) 朴漢永,「金剛山 松林寺 重建記」,『한국사찰전서』, '新羅法興王甲午而律師眞表爲開祖也.'
22) 사찰문화연구원 편,『북한사찰연구-Ⅲ. 북한의 주요사찰-장안사』, 한국종단협의회, 1993, 161쪽. 다만『한국사찰전서』에서는 진표가 창건하였다고 오인하였다. 같은 책, 162쪽.
23) 「禾嚴寺 事蹟」,『조선사찰사료』하, '入皆骨山至[這-訐]城南淸澗之東見海底石氣曰此間必有道場長遠之地因卜築于此敎以華嚴經而寺前有穗嚴故名爲禾嚴寺也.';『한국사찰전서』, 禾嚴寺, '新羅惠恭王五年(乙酉) 眞表律師創建.'
24) 강원도 고성문화원,「고성의 역사문화 문화재·사찰, 라. 전설과 유래」: http://www.goseongcul.com/gsculture/
25) 사찰문화연구원,『전통사찰총서 2(강원도 2)-화암사』, 1992, 135~137쪽.『한국민족문화백과사전』의 화암사조도 그 내용이 대동소이하며(http://encykorea.aks.ac.kr/) 불교계 신문에서도 그대로 따르고 있다.

화암사 사찰 내에는 각타암(익타암)과 안양암의 두 암자가 있다.

지장암이라 불러오다 태종 원년 신사년(1401)때 옛터로 옮기고 익타암이라 하였다.[27]

화암사 남쪽 300m지점에는 수바위라는 왕관 모양의 우람한 바위가 있다. 이 바위에서 화암사 창건자인 진표율사를 비롯한 이 절의 역대 스님들이 수도장으로 사용하여 왔다.[28]

이렇듯 고대의 불교 사적 기록이 근현대에 사실로 간주된 것이다. 근대의 기록인 『건봉사급본말사사적』에 의하면 지장암은 화암사 산내 말사로 조선 태종대 미타암으로 개칭되었다고 한다.

조선중기 4대 문장가 택당 이식(1584~1647)은 고성현감으로 3년간 재직하면서 고성 지역의 읍지인 『수성지』를 지었다. 『수성지』에 의하면 '화암사는 본디 신라의 신승 진표율사가 창건하였다.'고 하였다.

이렇듯 진표는 금강산 발연사를 창건하고 7년간 머물면서 금강산 장안사, 송라암, 화엄사 등을 창건하였다는 점에서 진표가 발연사와 화엄사 사이에 있는 조제암을 창건하였을 개연성은 매우 높다고 하겠다.

2) 나옹의 금강산 불교와 해일암 중수

「사적」에 의하면 '고려 공민왕 7년(1358)에 나옹선사가 중건하다.'고 하였으며, 「중건기」에 의하면 '일찍이 중창 기록을 보니, 조사 나옹이 창설하여

---

26) 사찰문화연구원, 『전통사찰총서 2(강원도 2)-화암사』, 1992, 137쪽.
27) 강원도 고성문화원 지명과 전설 1. 禾巖寺와 秀바위 : http://www.goseongcul.com/
28) 위와 같음.

해일암이라는 편액을 걸었다.'29)고 하였다.

고려말 문인 목은 이색(1328~1396)이 지은 기문에 의하면 '사(師)의 석장이 신광·원적·노골·청평·오대로 옮겨 송광에 머무르고 송광으로부터 회암, 회암에서 서운·길상 등 여러 산을 거친 뒤 다시 회암에 머물러 있었다'30)고 하여 나옹이 금강산 일대를 유력한 사실을 누락하였다. 행장에 의하여 다시 지은 비문에는 '동방으로 돌아올 적에, 가다 쉬다 하면서 중생의 근기에 따라 설법을 해 주었다. 경자년에 오대산에 들어가서 머물렀다. … 용문과 원적 등 여러 산사에 노닐었다. 병오년에 금강산에 들어갔다. 정미년 가을에는 청평사에 머물렀다.'31)고 하여 금강산 유력 사실을 포함시켰다. 「행장」에 의하여 나옹의 강원도 유력 사실을 제시하면 다음과 같다.

> 나옹은 원에서 귀국 후 평양과 동해 등 여러 곳을 인연을 따라 설법하고 경자년(1360) 가을에 오대산에 들어가 상두암에 있었다. … 병오년(1366) 3월에는 금강산에 들어가 정양암에 있었다. … 정미년(1367) 가을에 임금은 교주도 안렴사 정양생에게 명하여 스님에게 청평사에 머물도록 청하였다. … 기유년(1369) 9월에 병으로 물러나 또 오대산에 들어가 영감암에 머물렀다.

위의 행장 기록에 의하면 나옹은 귀국 후 평양과 동해, 오대산, 금강산,

---

29) 「조제암 중건기」, '甞覽重剏之記 祖師懶翁 剏設之日 揭扁海日庵.'
30) 李穡,「負暄堂記」,『牧隱文藁』권6. 기 ;『동문선』권75, 기, '師之卓錫神光 移于圓寂 丁霧骨 丁淸平 丁五臺 而由松廣 白松廣而檜岩 由檜岩而瑞雲 吉祥諸山 然後復仕檜岩也.'
31) 李穡,「普濟尊者 諡禪覺塔銘 幷序」,『牧隱文藁』권14, 비명, '庚子 入臺山居焉 辛丑冬 上遣內詹事方節 迎入京 請說心要 賜滿繡袈裟水精拂子 公主獻瑪瑙拂子 太后親施布施 請住神光寺 因辭 上曰 於法 吾亦退矣 不得已卽行 卜一月 紅賊蹂躪京畿 擧國南徙 僧徒震懼 請避賊 師曰 唯命是保 賊何能爲 數日請益急 是夕 夢一神人面有黑誌 具衣冠 作禮曰 衆散 賊必滅寺 願固師志 明日 至土地神座 視其貌則夢所見也 賊果不至 癸卯 入九月山 遣內侍金仲孫請還 乙巳三月 詣闕乞退 始得夙願 游龍門 元寂諸山 丙午 入金剛山 丁未秋 住清平寺.'

청평산, 오대산 순으로 유력했음을 알 수 있다.(평양 동해→ 1360 가을 오대산 상두암→v 1366.3 금강산 정양암→ 1367 가을 춘천 청평사→ 1369.9 오대산 영감암) 즉, 나옹이 고성일대 또는 금강산을 유력했을 때는 1358년 원에서 귀국 후 평양과 동해 등 여러 곳을 유력하고 1366년 금강산 정양암에 머물렀을 즈음이라고 할 수 있다.

나옹의 오대산과 금강산 일대의 행적에 대하여 좀 더 추적해 보겠다. 우선 오대산 행적을 살펴보기로 한다. 나옹은 1361년(공민왕 10) 무렵 해주 신광사 주지에 재직하면서 오대산에서의 법회 개최 사실을 밝히고 있다. 사육신 취금헌 박팽년(1417~1456)은 '오대산은 나옹이 거처하던 나가요.'라고 하였다.32) 조선후기 문인 억만재 백곡 김득신(1604~1684)은 나옹의 석장가를 지으면서 오대산 등을 유력하였다고 하였다.33)

나옹은 중대에 머물면서 게송을 읊기도 하였으며,34) 오대산 북대 도솔암과 동대 관음암을 중건 보수하였다고 한다.35) 특히 관음암의 중건은 나옹의 제자 지선과 함께 하였다.36) 나옹이 오대산에 있자 그의 문도들이 추종하여 출가하기도 하였다.37) 나옹은 그 후 1369년 9월부터 그해 말까지 청평사

---

32) 朴彭年(1417~1456), 「送雪京遊方序」, 『朴先生遺稿』文, '今於臺山 … 且此山懶翁所居 那迦寮 今猶在焉.' 那迦寮는 부처님이 계신 곳인 부처님 도량이라는 의미로 那迦室 또는 那迦院이라고도 하였다.
33) 金得臣(1604~1684), 「懶翁 錫杖歌」, 『柏谷先祖詩集』冊4, 七言古詩, '于今二百餘年久 當時懶翁携遠行 南北東西不離手 五臺金剛與智異 勝致最冠震朝地 每向諸山飛錫去 放逸誠如脫銜驥.'
34) 懶翁, 「題五臺山 中臺」, 『懶翁和尙 歌頌』, 『한국불교전서』6, 101쪽, '杖優遊上妙峰 聖賢遺跡本非空 天然異境無間隔 萬壑松風日日通.'
35) 이러한 사실은 후대의 기록이지만 오대산 「山中散記」에도 찾아진다. 월정사, 『역주 오대산 사적기』, 55쪽 ; 權近, 「五臺山 觀音庵 重創記」, 『陽村集』卷14, 記類. 지선은 동대 관음암을 중창하고 불상을 제작하여 봉안하고 경문 여러 부를 인출하였는데, 아마도 1383년 나옹의 문도와 함께 불사를 하였다고 생각된다. 李穡, 「神勒寺普濟尊者石鐘碑」, 『조선금석총람』상.
36) 이에 대한 기문을 목은 이색이 지었고, 이색이 죽자 권근에게 부탁하여 이 기문을 1402년에 지었다는 것이다.
37) 李穡, 「送訖上人序」, 『牧隱文藁』권8, 서 : 『동문선』권87, 서, '訖上人 予再遇之驪江之

주지를 지내다가 사퇴하고 오대산 영감암38)에 머물렀다.39)

이렇듯 나옹은 금강산 정양암에서 나와 춘천 청평사에 머물다가 1369년 오대산 영감암40)에 주석하였다. 오대산에 나옹의 의발과 구포41) 등의 유물이 있었다는 사실을 알 수 있다.

나옹의 문도로서 시자였던 부휜당 각운 설악은 무학 자초(1327~1405)와 같이 나옹의 주요 행적을 좇아 오대산에 머물기도 하였다.42) 각운 설악은 1399년 오대산 중대 사자암을 중창하였는데,43) 나옹에 대한 추념 사업의 일환이었다고 생각된다.44)

이렇듯 나옹의 문도 각운 설악이 중대 사자암을, 지선이 동대 관음암을 중건했을 뿐만 아니라, 나옹의 문도 석영 노암이 1376년 상원사(중대 진여원)를, 나암 유공과 목암 영공이 서대 수정암(염불암)을, 비구니 혜명 등이 1490년(성종 1) 영감암을 중창하였다. 이렇듯 나옹이 북대 상두암(미륵암)에 주석한 이후 나옹의 문도들이 나옹의 추념 사업을 전개하면서 상원사(중대 진여원)를 중심으로 서대 수정암·염불암, 중대 사자암, 동대 관음암과 남대 아래의 영감암 등 오대산의 주요 산사가 중창되어 신라 이래의 오대산 불교가 재현되었다.45)

上 蓋仕族也 讀書業文 年卄又一歲 隨鄕僧游金剛山 道聽懶翁在臺山曰 游山雖所願 出家尤難 得懶翁爲尤難 吾且從翁出家 然後游山耳 遂入見懇請 翁爲之落其髮.'

38) 覺宏,「懶翁行狀」,『懶翁和尙 語錄』,'己酉(1369년, 공민왕 19) 九月 以疾辭退 又入臺山 住靈感菴';金守溫,「靈鑑菴重創記」,『拭疣集』 권2, 記類, '其南臺之南 有號靈鑑菴 昔普濟尊者 嗣法平山處林禪師 曁其東還 遂入臺山 寓于是菴.'
39) 『東師列傳』 卷2, 涵虛禪師傳;「涵虛堂 行狀」,『涵虛堂語錄』.
40) 金守溫,「靈鑑庵 重創記」,『式疣集』 권2.
41) 金時習,『梅月堂集』 권4.
42) 李穡,「負暄堂記」,『牧隱文藁』 권6, 기 ;『동문선』 권75, 기, '雪嶽上人 懶翁弟子也 師之卓錫神光 移于圓寂 于露骨于淸平于五臺 而住松廣 自松廣而檜巖 由檜巖而瑞雲 吉祥諸山 然後復住檜巖也 上人 皆從之 朝夕薰炙 頗有所得.'
43) 權近,「五臺山 獅子庵 重創記」,『陽村集』 권13, 기류.
44) 이성계는 工匠을 보내어 1399년 11월 불상을 봉안하고 전각, 승방 문간과 洗閣(2간) 3채의 건물을 지었다. 오대산사를 원찰로 삼았던 이성계는 절이 중창되자 왕림하는 등 깊은 관심을 보였다.

다음으로 나옹의 금강산 행적을 살펴보기로 한다. 연구에 의하면, 나옹은 무술년(1358, 공민왕 7) 원에서 귀국 후 곧바로 개경으로 가지 않고 1361년 해주 신광사에 머물다가 그의 대표적 제자 무학과 함께 금강산으로 향하였다.[46] 이는 당시 태고 보우(1301~1382)와, 그를 이은 신돈(1323~1371)의 불교계의 장악 때문이었다고 할 수도 있지만,[47] 나옹은 스승 지공 선현(1300?~1361)의 유훈을 받들어 그의 행적을 추종하고자 하였기 때문이라고 생각한다. 즉, 지공이 고려에 온 것은 금강산 법기보살을 참배하고자 하였기 때문이다. 『화엄경』에 '동북 해중에 금강산이 있어 담무갈보살이 12000권속을 거느리고 상주한다. 담무갈은 법기보살이라고 하며 중행성의 주재자로서 항상 반야바라밀을 설한다'[48]고 믿었기 때문일 것이다. 따라서 지공은 금강산 유력 후 고려의 여러 곳을 유력하는데, 마침 양주 회암사를 지나다가 자신이 출가한 나란타사와 똑같은 회암사 터를 발견하고 이를 중창하고자 하였으나 이루지 못하고 귀국하였다. 그의 제자인 나옹도 스승 지공의 행적을 추종하고자, 자신의 대표적 제자 무학과 함께 금강산을 유력하였던 것이다.[49]

---

45) 이상의 내용은 필자의 다음 논고에서 언급한 것을 다시 서술 정리한 것이다. 「여말선초 나옹문도의 오대산 중흥불사」,『불교연구』36, 2012 ; 「나옹과 오대산 북대」,『불교학연구』62, 2020 ; 「나옹의 귀국 후 주요 행적과 다비 및 추념-국립중앙도서관본에 추가된 행적을 중심으로」,『한국불교학』93, 2020.

46)「寄懶翁和尙 入金剛山」,『白雲和尙語錄』하 ; 成錫璘,「戱題僧詩 卷二首」,『獨谷集』卷下. 또한 무학이 金剛山에 머물렀다는 것은 無學庵이라는 금강산 사찰 이름에서도 확인된다.(『동국명산기』) 나옹의 행장에 의하면 나옹이 머물렀던 사실이 확인되므로 무학과 나옹은 1366년 3월 이후 1367년 가을 청평사 주지를 하기 전에 금강산에 함께 있었다고 추정된다.

47) 황인규,「편조신돈의 불교계 행적과 활동」,『만해학보』6, 2003 ; 황인규,『고려후기·조선초 불교사연구』, 혜안, 2003.

48) 李穀,「枊置金剛都山寺記」,『稼亭集』권3, 기, '而金剛山之奇絕 又爲之冠 且以佛書有曇無竭菩薩所住之說 世遂謂人間淨土' ; 李穀,「金剛山長安寺重興碑」,『稼亭集』卷6, 碑, '其華嚴所說東北海中有金剛山 曇無竭菩薩與一萬二千菩薩常說般若者是已.'

49) 南孝溫(1454~1492),「新溪戒寺塔」,『秋江集』권3, 시, '彌勒峯前指空洞' ; 南孝溫(1454~1492),「遊金剛山記」,『秋江集』권5, 기, '新戒寺 卽新羅九王所創也 有僧智了改創鳩材矣 寺前有指空百川洞.' ; 李惟樟,「題金剛山圖後」,『孤山集』권1, 시, '毗盧之頂衆香城, 指空深川三日湖.' ; 李宜顯,「遊金剛山記」,『陶谷集』권25, 기, '過三佛巖 前刻無學

나옹의 행장에 의하면, 나옹은 1366년 금강산 일대에서 머물렀는데 그 무렵 금강산 여러 곳을 유력했던 것 같다. 즉, 나옹은 금강산 정양암에서 나와 춘천 청평사에 머물다가 1369년 오대산 영감암50)과 홍천 일대에서 유력하였다.51) 그리고 마침 지공의 유품과 사리가 고려에 도착하면서 지공의 대표적인 제자인 그의 위상이 높아지게 되었다.

조선시대 산수기에 의하면 나옹이 금강산을 유력한 사실을 알 수 있다.52)

> 마하연은 중국말로 대승이다. 마하연의 남쪽은 바로 혈망봉이다. 봉우리 옆에는 돌이 하나 있다. 그런데 근엄하기가 마치 승려가 좌선하고 있는 듯하다. 석 담무갈이라고 한다. 고려 승려 나옹화상이 일찍이 이 암자에 살면서 항상 참배하였다. … 뒤에는 전각이 하나 서 있는데 나옹화상의 진영을 보관하고 있으며, 북쪽 계단 위에는 나옹화상의 부도가 있다. 절문 밖 진헐대 근처에 계수나무 한 그루가 있고, 왼쪽에는 헐석루가 있으며, 1만 2천 봉우리가 행렬하듯이 쭉 벌려 서 있다. … 표훈사에는 나옹화상의 푸른 사리 구슬을 보관하고 있는데 작은 수정 그릇에 담아 금합에 넣어 은으로 된 감실에 담고, 구리 바리때를 상자로 하여 채색 보자기로 백 겹을 둘러쌌다. 가사 세 벌이 있는데, 하나는 비단이고, 둘은 깁과 생사 같았다. … 시냇물을 따라 몇 리를 가서 시냇물을 건너면 거대한 바위가 있다. 한쪽 면에는 3불상을 새겼는데 매우 장대하다. 나옹화상이 조각하였다.53)

懶翁指空三禪眞像 後刻五十三佛像.'
50) 金守溫(1409~1481), 「靈鑑庵 重創記」, 『式疣集』 卷2.
51) 權近(1352~1409), 「達空首座 問答法語 序」, 『陽村集』 卷17, 序類.
52) 정민이 한국 산수기 관련 영인본을 모은 책(정민 편, 『韓國歷代山水遊記聚編』 1~10, 한국 인문과학원, 2010) 가운데 2~4권(강원도1~4)에 금강산 부분이 있으며, 그 후 경상대 한국학분야 토대연구지원사업(2014.9~2017.8)으로 번역 및 역주로 수행, 집성되어 은효진 외, 『금강산 유람록』 1~10, 민속원, 2016으로 출판되었으며 인터넷 아카이브로 소개되고 있다(http://waks.aks.ac.kr/)
53) 申翊聖(1588~1644), 「遊金剛內外山諸記」, 『樂全堂集』 권7, 기, '其下五里許有摩訶衍 華言大乘也 菴之南卽宂望峯 峯傍有一石 儼若坐僧曰石曇無竭 麗僧懶翁嘗住此菴常參拜 … 後起一殿 藏懶翁影眞 北階上有懶翁浮屠 門外眞歇臺畔 有桂一條 左有歇錫樓

3불암을 지났는데, 앞에는 무학, 나옹, 지공 세 선사의 진상이 새겨져 있다. … (정양사) 반야전 뒤에 나옹의 부도가 있었다. … 가마를 타고 표훈사로 들어갔다. 반야전에 이르러 비단 가사, 칡으로 만든 건과 옷, 동으로 만든 바리때를 보았는데, 모두 나옹의 유물이었다.[54]

위의 인용한 기문에 의하면 나옹은 1366년 3월 금강산 정양암[55]과 선주암,[56] 진헐대, 불지암 등지에 머물렀다. 이와 관련 흔적이 다음과 같이 기록으로 남아 있다. 즉, 정양사 나옹 석종 및 부도,[57] 헐성루 나옹 의대,[58] 나옹 옷,[59] 선주암 대,[60] 송라암,[61] 구룡연 동구 나옹 원대,[62] 묘길상 마애불상[63]과

萬二千峯儼列如班拱 … 表訓寺大刹也 … 東上室曰邀月 西上室曰洗心 東僧堂曰寂照 西僧堂曰靜廬 南有小樓懸大鐘 寺中藏懶翁舍利珠靑色者 盛於水精小皿 納之金盒 副以銀盒 匣之以銅鉢 綵袱百襲裏之 有袈裟三領 其一綺 其二似紗綃 … 沿溪下數里渡溪水 有巨巖 一面鏤三佛像甚偉 懶翁所刻.'

54) 李宜顯(1669~1745),「遊金剛山記」,『陶谷集』권5, 기, '過三佛巖 前刻無學 懶翁 指空三禪眞像 … 殿後有懶翁浮圖寮舍凡三區 … 時復輿入表訓寺 至般若殿 出觀錦袈裟葛布衣 銅鉢 皆懶翁舊物也 又有金銀字佛經 書法頗古.'
55) 「나옹화상행장」,『나옹화상어록』,'丙午三月 入金剛山 住正陽菴.'
56) 李穡,「金剛山 潤筆菴記」,『牧隱文藁』권2, 기 ;『동문선』권73, 기, '金剛山善住菴 有屋無人者近三十年 普濟居一夏 果石爲臺 俯視衆峯 人稱之曰懶翁臺.'
57) 「金剛山 正陽寺 三韓 懶翁銘 浮屠」,『韓國金石全文』中世 下, 1298쪽, '三韓繼祖 懶翁之塔.' ; 成俔(1439~1504),「正陽寺」,『虛白堂集』권3 ; 申翊聖,「遊金剛小記」,『樂全堂集』卷7, 記 ; 南孝溫(1454~1492),「遊伽殊窟記」,『秋江集』卷5, 記, '庵前有懶翁勤禪師自照塔.' ; 尹鑴(1617~1680),「楓岳錄」,『白湖全書』卷34, 雜著, '승려를 시켜 懶翁의 眼珠・葛布・珈黎・鐵鉢・瑪瑙・麈尾 등을 내오라고 하여 보았더니, 안주 하나는 색이 파랗고 작은 팥만한데 불가에서 말하는 舍利라는 것으로, 그것을 유리그릇에 담고 금으로 봉합한 다음 비단으로 겹겹이 싸 놓았는데 그곳 중들이 아주 보물로 지킨다는 것이다.'
58) 鄭曄(1563~1625),「金剛錄」,『守夢集』권3, 잡저.
59) 蔡彭胤(1669~1731),「楓岳錄 表訓寺」,『希菴集』권17, 시.
60) 李穡(1328~1396),『金剛山 潤筆庵記』,『동문선』권73.
61) 釋法宗(1670~1733),「遊金剛錄」,『虛靜集』卷下, '入松蘿庵少憩 西看懶翁臺.'
62) 沈錥(1685~1753),「楓嶽錄」,『樗村先生遺稿』권41, 잡저, 日記.
63) 鄭曄(1563~1625),「金剛錄」,『守夢集』卷3, 雜著. 즉 '약사봉 아래 큰 바위에는 불상이 새겨져 있는데 그 모습이 매우 장대하였다. 이는 나옹의 작품이다' ; 南有容

삼불암,64) 사자암 바위 사이의 장륙상,65) 운산도66)와 나옹 산수 목석 8폭67) 등이다.68) 이렇듯 금강산 일대에는 나옹이 머물거나 관련 흔적이 적지 않다. 나옹의 입적 후 나옹의 문도들이 전국의 사찰에 나옹의 비와 부도를 세웠는데 금강산을 맨 앞에 꼽은 것도 그만큼 금강산을 중요하게 간주했기 때문인 듯하다.69) 조선말에 해남 대흥사 승려 범해 각안(1820~1896)은 '금강산 백화암에 수충각을 세우매 지공·나옹·무학 세 화상과 왼편으로

(1698~1773), 「妙吉詳 觀懶翁畵如來石眞」, 『雷淵集』 권7, 시.
64) 李宜顯(1669~1745), 「遊金剛山記」, 『陶谷集』 권25, 기 ; 柳正源(1703~1761), 「遊金剛山錄」, 『三山集』 권5, 잡저 ; 尹鑴(1617~1680), 「楓岳錄」, 『白湖全書』 권34, 잡저 ; 李裕元(1814~1888), 「百川洞, 鳴淵, 白華庵, 三佛巖」, 『林下筆記』 권37, 蓬萊秘書 ; 李象秀(1820~1882), 「楡店寺舊聞記」, 『峿堂集』 권13, 기, '三佛巖者 僧言金同居士奉佛 率妻子 居山中 與懶翁爭法 翁旣刻妙吉祥于佛地庵 居士欲以鐵杖倒之不得 乃刻六十佛于白華之下 旁作自己夫婦像 翁就其面 作三佛以壓之是也.' 백화암 터에서 가까운 곳에 門을 세우듯 양쪽으로 바위가 서있고, 오른쪽 삼각형의 바위에 아미타·석가·미륵불을 새긴 삼불암이 있다. 박영숙·김유경, 「학자이며 선교사, 제임스 게일의 1917년 금강산」, 『서양인이 본 금강산』, 문화일보사, 1998. 이 부처 바위에는 장안사 나옹과 표훈사 金同거사의 다툼에 얽힌 울소(鳴淵) 전설이 전해 내려온다. 法宗은 다음과 같이 기록을 남기고 있다. '남쪽에는 돌을 세워서 매우 위대하게 불상을 새긴 것이 셋이나 있는데 나옹대사가 새긴 것이고 등에 새긴 62불상은 김동이 나옹대사와 재주를 겨룬 것이다.' 釋法宗(1670~1733), 「遊金剛錄」, 『虛靜集』. 그러나 북한에서는 이와 다른 견해를 내놓고 있다. 즉 '삼불암 조각상과 묘길상은 고려말 중이었던 라옹이 1366년 불지암에 살면서 새긴 것이라고 전해오나 이것은 후세에 이곳 중들이 자기네 스승이고 이름이 있던 중이었던 만큼 그를 내세우고 찬양하기 위하여 갖다 붙인 이야기에 지나지 않는다.' 사회과학원 력사연구소, 『금강산의 력사와 문화』, 과학, 백과사전출판사, 1984, 146쪽.
65) 尹鑴(1617~1680), 「楓岳錄」, 『白湖全書』 권34, 잡저.
66) 元天錫(1330~?), 『耘谷行錄』 卷1, 詩.
67) 吳光運(1689~1745), 「家藏書畵記」, 『藥山漫稿』 卷16, 記.
68) 이상의 사실은 다음의 논고에서 자세하게 언급한 바 있다. 황인규, 「懶翁慧勤의 불교계 行蹟과 遺物·遺蹟-諸 紀錄 및 자료의 검토 試攷」, 『대각사상』 11, 2008.
69) 李穡, 「安心寺 指空 懶翁 舍利 石鐘記」, 『韓國金石全文』 中世 下 ; 지관, 『교감 역주 역대고승비문』 고려편4, 가산문고, 1997. '志林은 金剛山에, 勝明은 雉岳山에, 覺明은 小白山에, 覺寬은 四佛山에, 志先은 龍門山에, 勝哲은 九龍山에, 覺淸은 이 妙香山에, 妙覺은 天寶山 檜巖寺에, 覺信은 鳳尾山 神勒寺에 각각 우리 스님의 法服·法器·拂子·柱杖·坐具 등을 나누어 안치하였는데 모두 9개소이다.'

휴정, 오른편으로 사명의 다섯 분 영정이 모셔졌다.'70)고 특기하였다.

이상에서 살펴본 바와 같이 나옹이 금강산 일대를 유력한 기록과 흔적은 찾아지고 있으나, 고성의 조제암에 머물거나 주석하였다는 사실을 뒷받침하는 기록은 찾아지지 않는다. 「사적」에 의하면 나옹은 금강산 유력시 1358년 고성 건봉사에 머물면서 전각을 중수하였다고 한다.71) 조제암의 본산이었을 건봉사도 그 무렵 창건하였다고 하지만, 여타의 기록에서 찾아지지 않는 것도 마찬가지다.

필자는 나옹과 관련한 전국의 유물 유적을 조사해본 적이 있는데, 고성 건봉사와 더불어 서울 학림사, 예산 수덕사 등의 사찰은 사료적 근거가 취약하여 현재로서는 사실로 받아들이기 어렵다. 그렇다고 부정만 하기도 쉽지 않다.

나옹은 위에서 언급한 강원도 사찰 외에도 치악산 상원사, 평강 원적암, 삭녕 관음사72)에서 주석했으리라 생각된다.73) 따라서 현재로서는 유추할 수 있는 방증 사료만 존재하지만, 나옹이 건봉사와 더불어 조제암을 중창하였을 것이라고 유추하고자 한다.

「사적」에서 제시하는 것처럼 1358년에 조제암을 중창하였다고 한다면 그 해 동해를 유력할 때일 것이다. 『나옹화상어록』에도 동해나 고성 일대에서 내린 가송이 전하고 있다. 즉, 「동해의 국도에 제함」, 「동해의 보타굴에 제함」, 「동해의 문수당에 제함」, 「고성 안상서의 운에 화답함(2수)」, 「총석정 운에 회답함」 등이다.74) 동해 국도는 안변 앞 동해 바다의 명승지로 고려시대부터 사대부들이 즐겨 탐방하던 곳이며, 동해 지역의 문수당을 들렀으며

---

70) 梵海, 『東師列傳』 卷2, 泗溟尊者編, 「白華庵 影閣 新建記」; 『楡岾寺本末寺誌』, 479쪽. '金剛山白華菴建酬忠閣 指空懶翁無學三和尙左西山右四溟五幀.'
71) 「鳥啼庵 史蹟」, 『乾鳳寺及乾鳳寺末寺蹟』.
72) 許穆(1595~1682), 「觀音寺記」, 『記言別集』 卷9.
73) 황인규, 「懶翁慧勤의 불교계 行蹟과 遺物·遺蹟-諸 紀錄 및 자료의 검토 試攷」, 『대각사상』 11, 2008.
74) 『나옹화상어록』: https://kabc.dongguk.edu/

「원정국사송」을 읊기도 하였다. 보타굴은 낙산사 홍련암을 지칭한다. 그리고 오대산 중대와 청평사에 머물렀으며[75] 홍천, 원주 일대에 머물기도 하였다.[76] 강원도 일대의 관료들과 교유한 사실도 알 수 있다.[77] 특히 조제암이 위치하고 있는 일대를 암시하는 「고성 안상서의 운에 화답함(2수)」와 강원도 통천 「총석정 운에 회답함」이라는 게송들이 전하고 있다. 그리고 「진헐대」[78]와 「보덕굴 관음에 예배함」이라는 게송은 금강산 진헐대와 보덕굴에 유람했음을 알 수 있게 하며, '잠깐 금강산 꼭대기에 왔다가 청평산 속에서 서로 만났다.'고 한 「회양 이부사가 숲으로 찾아줌을 감사함」도 역시 그렇다.[79]

이러한 나옹의 행적으로 미루어 보아 조제암에 머물면서 중수하고 해일암이라고 편액을 걸었을 개연성이 있다고 보아도 무방하지 않을까 한다.

3) 세조의 오대산 불교와 금강산 조제암

「중건기」에 의하면 '일찍이 중창 기록을 보았는데 성조 세조가 머물러 사액을 내려 조제암이라고 하였다. 길흉이 경우가 있어 흥폐가 무상하다.'[80] 고 하였다. 「사적」에 의하면 '조선 세조 10년(1464)에 세조의 명으로 관음암을 중건하고 조제암이라 개칭하고 사산을 사패하다.'고 하였다.

세조의 강원도 행적에 대해서 살펴보기로 한다. 세조는 금강산, 오대산뿐

---

75) 「오대산 中臺에 題함」, 『懶翁和尙語錄』; 「청평산에 머물면서」, 『懶翁和尙語錄』.
76) 權近, 「達空首座 問答法語序」, 『陽村集』 권17, 서류, '始謁懶翁於洪川 擧一轉話 翁乃可之'; 「令傳寺址 普濟尊者 舍利塔」, 『한국금석전문』 중세 하.
77) (교주도) 「안렴사 정양생에 주는 글」, 「交州 道按部에게 주는 글」, 「原州牧使 金有華에게 주는 글」. 여기에서 안렴사 정양생은 다음과 같은 어록의 행장에 '丁未秋 上命交州道按廉使鄭良生 請伴淸平寺'라는 기록으로 알 수 있다.
78) 懶翁, 『懶翁和尙歌頌』, '眞歇臺中景幾般 群巒皆向此中開 臺前臺後淸風拂 陰薄陰濃永日閑 衲子雙雙來又去 靈禽兩去猶還 幽巖宴坐通無礙 水色山光洗膽寒.'
79) 이상의 전거는 『懶翁和尙歌頌』을 참조하기 바란다.
80) 「중건기」, '嘗覽重刱之記 … 聖王世祖 驛之年賜額 鳥啼庵 休咎有數 興廢無常.'

만 아니라 평안도, 황해도, 충청도 등지도 순행하였다. 즉, 1460년(세조 6) 평양을 시작으로 1462년(세조 8), 1464년(세조 10), 1466년(세조 12), 1468년(세조 14)에 금강산과 오대산 등 강원도 일대를 순행하였다. 그 가운데 1462년 오대산, 1466년 금강산과 오대산 일대를 순행하였는데, 특히 1466년 3월 16일부터 다음 달인 윤3월 27일까지 한 달 남짓 가장 오래 머물렀으며, 이 기간의 사실은 세조가 지은 「어가동순록」과 실록에서 자세하게 일정이 기록되어 있다.

세조의 강원도 행적을 짚고 넘어갈 필요가 있다. 이에 대해서는 실록에 기록되어 있고 세조가 지은 「어가동순록」에 세조 12년(1466) 2월부터 윤3월까지 고성과 금강산을 순행한 사실이 좀 더 구체적으로 기록되었는데 중요 부분을 열거하면 다음과 같다.

2월 20일 구성군 이준과 중추부지사 김개에 명하여 고성에 가서 온정 행궁을 수리하게 하였다.
2월 22일 또 함길도 관찰사에게 다음과 같이 글을 급히 보냈다.
3월 16일 임금이 왕비와 함께 강원도 고성 온정으로 떠났다.
3월 19일 임금의 행차가 김화 궁천에 이르렀다.
3월 21일 임금이 장안사에 행차하였다가 또 정양사에 행차하였으며 표훈사로 돌아와서 간경도감에게 명하여 수륙회를 베풀게 하였다. 호조에 다음과 같이 지시했다. '쌀 3백섬, 찹쌀 10섬, 참깨 20섬을 금강산의 여러 절에 시주하도록 하라.'
3월 22일 사리가 분신한 특이한 현상이 나타났으므로 여러 관원들이 하례를 올렸다. 저녁에 회양 화천에 머물렀다.
3월 23일 날이 밝을 무렵에 임금이 출발했다. 통천에 이르렀다.
3월 24일 임금의 행차가 원천에 이르렀다. 저녁에 고성 온정의 행궁에 머물렀다.
3월 26일 임금이 목욕실에 들어갔다.

3월 29일 이에 앞서 임금이 금강산을 떠날 때 효령대군 이보를 남겨두어 표훈사에서 수륙재를 올리도록 하였었다. 이때에 와서 효령대군이 사람을 보내어 사리를 올리고 따라서 상서로운 구름과 상서로운 기운이 떠돌고 꽃비가 내린 특이한 현상이 나타났다고 보고하였다.

윤3월 6일 유점사에 행차하였다가 길에서 비를 만났으며 밤에 행궁에 돌아왔다.

윤3월 10일 동해신에게 제사를 지내도록 지시하였다

윤3월 11일 행차가 간성 명파역에 머물렀다.

윤3월 12일 저녁에 간성군 토성벌에서 머물렀다.

윤3월 13일 낙산사에 행차하였다.

윤3월 15일 행차가 강릉 구산역에 머물렀다.

상원사에 행차하였다.

임금이 행궁으로 돌아왔다.

윤3월 18일 문과 시험에서 진지 등 18명과 무과 시험에서 이길선 등 37명을 뽑았다. 행차가 강릉의 거화전에서 머물렀다.[81]

위의 기문에 의하면 세조는 1466년(세조 12) 봄, 한 달여의 여정으로 강원도 지역을 순행하였는데 세조 2년 윤3월 오대산에서 과거를 실시하였으며, 1464년(세조 10) 왕실 원당을 짓고자 하였는데, 상원사를 중창하게 하여 1465년(세조 11) 3월부터 1466년(세조 12)까지 공사를 완료하였다.

이러한 내용은 실록의 기록과 거의 일치하고 있다. 금강산과 오대산에서 불사 관련 중요기록을 제시하면 다음과 같다.

(세조 8년 11월) 임금이 상원사에 거둥할 때에 관음보살이 현상하는 이상한 일이 있었다.[82]

---

81) 「어가 동순록」, 김동주 편역, 『금강산 유람기』, 전통문화연구회, 1999.
82) 『세조실록』 권29, 8년 11월 5일(을미).

(세조 12년 3월) 장안사에 거둥하고, 또 정양사에 거둥하였다가 돌아와서 표훈사에 이르렀다.[83]

(세조 12년 윤3월) 유점사에 거둥하다가 길에서 비를 만났다. 밤에 행궁으로 돌아왔다.[84]

(세조 12년 윤3월) 인하여 절을 창건하고 불상을 안치하여 이름을 유점사라고 하였는데, 산 안팎에 가람이 얼마인지는 알지 못하나 유점사가 가장 좋은 곳입니다. 산은 이미 대성이 상주하는 곳이고 절은 또 금 불상이 스스로 머문 곳이니, 복전을 닦고 선근을 심는 자가 여기를 두고 어디로 가겠습니까? 돌아보건대 절을 창건한 것이 이미 오래되었다.[85]

그리고 세조의 순행 후 금강산과 오대산 불사를 하였다.

(세조 13년 2월) 승려 학조를 금강산에 보내어 유점사를 중창하게 하였다.[86]

(세조 14년 1월 2일) 병조에 명하여, 승려 학조에게 역말[驛騎]을 주어 고성의 유점사에 가게 하되, 그가 데리고 가는 장인 15인에게도 또한 역말을 주었다. 그 당시 승려 신미가 그의 무리 학열·학조와 서로 결탁하여 자못 위력 있는 복을 베푸니, 훈척과 사서인이 많이 의지하였다. 학열은 낙산사를 영조하고 학조는 유점사를 수축하였는데, 강원도가 소연하여 감사·수령이 버틸 수 없었으므로, 이에 산업을 경영하였다.[87]

(세조 11년 2월) 승려 신미가 강원도 오대산에 상원사를 구축하니, 승정원에 명하여, 경상도 관찰사에 치서하여 정철 1만 5천 근, 중미 5백 석을 주고, 또 제용감에 명하여 면포 2백 필, 정포 2백 필을 주게 하고, 내수소는

---

83) 『세조실록』 권38, 12년 3월 21일(임술).
84) 『세조실록』 권38, 12년 윤3월 6일(정축).
85) 『세조실록』 권38, 12년 윤3월 28일(기해).
86) 『세조실록』 권41, 13년 2월 17일(계축).
87) 『세조실록』 권45, 14년 1월 23일(갑신).

면포 3백 필, 정포 3백필을 주게 하였다.[88]

위의 실록 기사에 의하면, 1462년(세조 8) 세조가 오대산 상원사에 거둥하였으며, 1465년(세조 11) 2월에 신미가 상원사를 중창하였다.[89] 세조는 그 이듬해에 금강산 장안사와 정양사, 표훈사에 거둥하였음을 알 수 있다.

조선시대 산수기에서도 세조의 금강산 유력 흔적이 찾아진다. 즉, 단발령 위에는 세조가 행차를 쉬었던 단[90]이나 세조가 심은 나무,[91] 세조가 옷을 갈아 입었다는 개복대[92] 등이 있다. 특히 유점사, 진불암 등은 세조가 중창하거나 유숙하였던 사찰이다.

유점사, 아! 이 절은 신라 때 창건되어 지금 천여 년이 지났다. 우리 세조 때 불에 타서 중건을 했다.[93]

---

88) 『세조실록』 권35, 11년 2월 20일(정유).
89) 신미와 제자 학조의 불사에 대해서는 다음의 논고에서 언급하였다. 황인규, 「조선전기 불교계의 3화상고-신미와 두 제자 학열과 학조」, 『한국불교학』 37, 2004 ; 황인규, 「세조대의 3화상 신미와 묘각왕사 수미」, 『한국불교학 결집대회논집』 2(1), 2004.
90) 李萬敷(1644~1732), 「金剛山記」, 『息山集』 卷3, 有光陵駐蹕壇, '嶺上 有光陵駐蹕壇 石砌猶存.' ; 李東標(1644~1700), 「遊金剛山錄」, 『懶隱集』 卷5, 記, '我世祖駕行時 壇壝在云.' ; 洪汝河(1620~1674), 「遊楓嶽記」, 『木齋集』 卷6, 記 '翌曉 登嶺 光廟駕幸時埋壝在焉.' ; 金龜柱(1740~1786), 「東遊記」, 『可庵遺稿』 卷17, 記, '少憩世祖壇.'
91) 吳瑗(1700~1740), 「遊楓嶽日記」, 『月谷集』, '단발령 위에는 돌로 만든 壇이 있는데, 그 단 주변에 세조가 직접 심었다는 회나무가 모두 불타서 죽어버려서 애석할 만하였다' ; 金昌錫(1846~?), 「金剛日錄」, '僧輩言 是世祖大王手植云云.' : http://waks.aks.ac.kr/
92) 梁大樸(1543~1592), 「金剛山 紀行錄」, 『靑溪集』, '慧能追至改服臺以別 臺乃光廟幸此時 住輦改服處 故仍名云.'
93) 鄭曄(1563~1625), 「金剛錄」, 『守夢集』, '寺創於新羅, 今已千餘年. 我世祖朝, 火而重新.' (유점사) 泛鐘樓 아래에 종이 있는데 무게가 천근이다 ; 申揖, 「遊金剛錄」, '세조 때 조성이 되었는데 金守溫이 銘文을 짓고 鄭蘭宗이 글을 썼다' ; 李景奭, 「楓嶽錄」, 『白軒集』 卷10, 詩稿, '庭中有十二層靑石塔 鍾則世祖大王臨幸時 所命鑄者也 金乖崖守溫撰其銘.' ; 安景漸, 「遊金剛錄」, '僧示寺中古物 卽鸚鵡盃 琉璃臺·琥珀盞 而此則光陵內賜物也.' : http://waks.aks.ac.kr/ ; 宋相允, 「遊金剛山日記」, '又示玉甁琉璃盞曰

(한) 승려가 말하기를 '옛날 세조 임금께서 관동 지역을 순수하시면서 유점사에 향을 내려 선사하실 때 가마를 버리고 말을 타신 곳입니다.'라고 하였다.[94]

웅호봉 아래에는 진불암이 있는데 암자의 동쪽에 바위가 서 있는 부처 같다. 이 때문에 이름을 얻었으며 세조의 원찰이다. … 조선조에 들어와 세조 때 건축했는데 매우 웅장하고 볼만했다. 대종기는 정인지가 짓고 정난종이 글을 썼으며, 효령대군 이보와 의정부 등의 관리들이 그 역사를 주관했다.[95]

얼마 후 원통암에 도착했다. 일찍이 세조의 어가가 지나간 곳으로, 붉은 기와와 단청한 난간이 여전히 옛날 모습으로 남아 있었다.[96]

그러면 앞서 언급한 세조의 조제암과 건봉사 중창 사실은 어떻게 이해하여야 할까? 『사적』에 의하면 세조의 건봉사 불사를 다음과 같이 기록하였다.

곰곰이 생각건대, 성화 원년(1465, 세조 10) 4월 11일에 우리 세조대왕이 동쪽으로 행차할 때에 이 절에 이르러 5일 동안 머물러 원당을 정하고 어실각을 세우고 전답을 하사하여 불공작법의 곳으로 하고 어제와 어필로

此世祖大王所頒賜也.'; 尹鑴, 「楓樂錄」, '세조 御室을 구경하였다.' : http://waks.aks.ac.kr/

94) 李黿(?~1504), 「遊金剛錄」, 『再思堂集』 卷1, 雜著, '僧云, '昔世廟巡狩關東, 降香楡岾時, 去輦乘馬處也.'

95) 申翊聖(1588~1644), 「遊金剛內外山諸記」, 『樂全堂集』 卷7, 記, '有眞佛庵 庵之東有石 如立佛 以是得名 光廟願利也. … 入本朝光廟建刱甚宏觀 大鐘記鄭麟趾製 鄭蘭宗書 孝寧大君 俌及議政等官領其役.'; 趙緯經, 「金剛遊山記」, '寺卽新羅南解王元年 盧椿 井所創建 而至我世祖時重建 益宏麗又鑄鍾 金乖厓守溫記其事.'; http://waks.aks.ac.kr/; 魚有鳳, 「再遊金剛內外山記」, 『杞園集』 卷20, 記, '(眞佛庵) 人言庵是世祖朝所創云.'

96) 李夏坤(1677~1724), 「東遊錄」, 『頭陀草』.

동참문에 가로대, '무릇 나와 동계하는 사람들은 이미 정신을 내어 당혹함을 짓지 말지니 망혹이 나는 곳은 다 이 티끌과 인연함이다. 티끌로 인하여 모임이 중탁하여 산을 이루면 필경 장애에 이르러 경청할 날이 없으리니 만일 제하고자 할진대 삼태기와 삽을 아울러 써야 하고, 오히려 큰 바다와 같아 조개와 모기가 함께 마시어 다 충족을 얻으리니 스스로 버림을 하지 말고 뜨고 잠김을 접촉함을 보리와 서약을 맺고자 함은 그 자비심이 있음이다.' 서명하여 가로대, '하늘을 받들고 도의에 따라 문무에 빛나기를 발원하며 조선국왕 어휘 이는 이에 옥새를 찍어 건봉사에 봉안하노라.'고 하고 부역에 동원치 말라 하였다.[97]

『사적』에는 '세조께서 건봉사에 행차 중 명에 따라 중건하려는데 오랫동안 폐사되어 절 터를 찾아 헤메이다가 뭇 새떼의 지저귀는 소리를 따라 절 터를 찾았다고 하여 조제암이라고 명하였다고 전한다.'[98]는 사실을 덧붙였다. 『한국사찰전서』에도 '세조가 동순시 명파리에 이르러 문관음 청조의 소리를 듣고 찾아 이 암자가 있어서 조제암이라고 하였다'[99]고 하였다.

고성에 전하는 '조제암과 세조'라는 전승 사실에 다음과 같이 전하고 있어서 주목되고 있다.

말엽 강풍으로 산화가 일면서 이 절에까지 연소되어 잿더미로 되었다. 이 절은 원래 간궁하였기에 복구할 수 없어서 폐허가 되어 버려진 지 100여 년 후에 후계세대가 고적만을 빙고하여 옛터를 찾으려고 몇해를 두고 수목이 울창한 산중에서 헛수고만 하였다. 하루는 단념하려고 하던 어느 가을 저녁때에 북쪽 양지바른 산기슭 고목나무 위에서 여러 마리 까치

---

97) 「金剛山 乾鳳寺史蹟」, 『乾鳳寺及乾鳳寺本末事蹟』, 52쪽.
98) 『乾鳳寺及乾鳳寺末寺蹟』.
99) 『한국사찰전서』, 鳥啼庵, '世祖東巡時 至明波里 聞觀音靑鳥啼聲 尋之 有是庵 因以鳥啼名之云.'

우는 소리가 육감에 닿으므로 그곳을 찾아가서 보았더니 그 주위에는 과연 옛절의 초석만이 많이 남아 있었기에 천우 불조로 고지(古址)만은 찾았으나 역시 복구에는 막연하였다.
〈1465년(세조 10) 4월 11일 세조〉에 대왕이 건봉사에 거둥하시여 원당을 정하고 어실각을 짓기로 하면서 5일간을 머무르시는 때에 건봉사 책임 선사가 명파리 관음암의 사록을 진달한 바 그 효력으로 조선 세조 어명으로 중건하고 '새가 우는 소리로 절 터를 찾았다.'고 하여 조제암이라 개칭하고 또한 사산(寺山)을 내려주셨다. 1912년 건봉사의 말사로 되었다.(자료제공 草溪里 李白圭)[100]

위의 전승 사실은 고성 초계리 이백규의 진술에 의한 것인데, 1464년(세조 10) 4월 11일 세조가 동행 시 건봉사에 5일간 머물 때 건봉사를 원당으로 삼아 어실각을 지으려는데 건봉사 주지가 명파리 관음암의 사연을 진달하였다고 한다. 그것을 계기로 하여 명을 내려 건봉사를 중건하고 새 우는 소리를 듣고 관음암의 터를 찾아 조제암이라 개칭하고 사산을 사패하였다는 것이다. 전승 사실이지만 대체적인 상황을 엿볼 수 있을 듯하다.

위의 전승 사실에서 건봉사 주지와 명파리의 관음암의 사연이 있었다는 사실은 매우 주목된다. 아마도 관음암, 즉 조제암의 사적인 듯 여겨지기 때문이다. 하지만 현전하지 않아 그 정보에 대해서 전혀 알 수 없어서 매우 아쉽기 그지없다. 혹 『초당집』에 보이는 중창기를 지칭할 수 있지만 역시 자세한 것은 알 수 없다. 택당 이식이 지은 『수성지』에 의하면 세조와 관련 사실을 다음과 같이 적고 있어서 주목된다.

건봉사에는 『수륙보적기』라는 책이 있다. 갑자(1444년, 세종 26)에 요은 차리주의 저술이라고 한다. 열서와 열성 그리고 목조 이하 태종 및 시빈,

---

100) 강원도 고성문화원, 「고성의 역사와 문화」 문화재, 라. 전설과 유래 조제암(鳥啼庵)과 세조(世祖) : http://www.goseongcul.com/

모든 왕자, 부마, 척리의 성명, 또한 이 책에는 세자의 소자 곧 이와 같은 것들이다. … 문묘에 모신 분에는 … 광묘에는 임금의 수결 도장이 찍힌 어보가 있고, 불공자 방명록 끝에는 '相首 某官臣' 신숙주와 '將首 某官臣' 한명회라고 써있다.101)

위의 인용한 기록으로 미루어 세조가 건봉사에 주석하고 원당으로 삼았을 개연성이 매우 크다. 실제 세조가 건봉사에 머문 사실은 『일성록』에 찾아진다.102) 세조가 1464년(세조 10) 건봉사에 들린 것은 원당을 삼고 어실각을 짓게 하고 전답을 내렸으며, 친필로 동참문을 써서 하사한 것은 사실로 간주해도 좋을 듯하다. 이러한 사실로 보아 세조가 강원도 오대산과 금강산을 순행할 때 건봉사에서 머물렀으며, 인근 조제암을 중창하였다고 볼 수 있을 듯하다.

3. 조제암 관련 기록과 고승

1) 조선후기 읍지와 문집에 보이는 조제암

「사적」에 의하면 그 뒤 운곡대사가 중수하였다고 한다. 이러한 사실은 22년 뒤인 일제 강점기에 작성된 지리지인 『강원도지』도 따르고 있다.103) 하지만 「조제암 중건기」에는 이런 사실이 기록되지 않았고 순치(1644, 인조 22~1661, 현종 2)의 중건 사실만 다루고 있지만 더 이상 자세한 것은 알 수 없다. 혹 운곡대사는 청허 휴정(1520~1604)의 문도인 정관 일선의

---

101) 澤堂 李植(1584~1647), 『水城誌』.
102) 『日省錄』, 정조 23년(1799) 8월 23일(기미), '우리 世祖大王께서 본사에 머무르신 적이 있고 睿宗大王께서 전답을 하사하였다.'
103) 『강원도사』 5, 조제암.

제자 운곡 충휘(1613~?)인 듯도 하지만 그의 저서『운곡집』이나 그의 스승인 정관 일선의『정관집』등의 관련 기록에 조제암과의 관련 사실이 찾아지지 않아 현재로서는 단정할 수 없다.

그런데 조선후기 지리지나 불교 문헌에 의하면 조제암은 조선후기에도 건재하였음을 알 수 있다.『여지도서』104)와『관동지』105)『가람고』106)『범우고』에도 간단한 위치정보만 제공해주고 있다.107)『수성지』이후 간성군 읍지 지도에도 조제암이 나와 있다.108)

앞서 언급한 바와 같이 택당 이식은 간성현감으로 3년간 재임하다가 1635년(인조 13) 대사성으로 영전되었는데,109) 49세인 1632년(인조 10)에 건봉사에 묵으면서 조선과 신은, 현오 등의 승려110)와 교유하기도 하였다.111)

---

104)『여지도서』상, 강원도 간성 사찰 '鳥啼寺 在郡北六十五里八間.'
105)『관동지』하, 간성 수성지 사찰, '鳥啼庵, 乾鳳寺北四十里.'
106)『가람고』권16, 간성, '鳥啼寺 郡北六十五里.'
107)『범우고』간성 사찰조, '鳥啼菴 俱在乾鳳寺傍.'
108) 조제암「수성지, 간성지도(규장각)」. 간성군의 지리지는 조선후기 다음과 같이 네 차례 편찬되었다. 1631년(인조 9)-1633년(인조 11)에 간성군 수령으로 재임하였던 澤堂 李植의『水城誌』이후 1748년(영조 24)『관동읍지』(奎12172), 1814년(순조 14)『간성읍지』(奎17513). 고종대 1914년 府郡 통폐합 조치 등 일련의 지방제도 개편의 일환으로 편찬되었다. 위의 지리지 기록 가운데 주목할 기록은『水城誌』이다.『水城誌』는 1632년(인조 10) 간성현감으로 부임한 澤堂 李植(1584~1647)이 1663년 편찬한 杆城의 읍지로, 표제는 迲城邑誌, 內題는 水城誌로 필사 원고본이다. 이 간성읍지는 지방읍지 가운데 내용과 수준이 뛰어난 읍지로 初創되면서『輿地圖書』가 이루어지는 데 공헌했다. http://jsg.aks.ac.kr/
109) 李植(1584~1647),「題信旹比丘軸首」,『澤堂集』卷6, 詩, '爲向居僧道 浮生牛是非 金鷲新命下 西鳳舊緣違 天地風塵滿 關河雨雪霏 遙知方丈室 穩臥擁䵷衣.'; 李植,「題玄悟比丘軸首」,『澤堂集』卷6, 詩, '鳳石叢林舊 蜂房劫火餘 三年東郡吏 一榻半僧居 雪漲初分磵 松涼正滿廚 歸驂虎溪畔 爲爾更躊躇.'
110) 李植(1584~1647),「贈照禪」,『澤堂集』卷6, 詩, '爲語鳳社僧 休譏太守章 須知缺陷界 得失均亡羊 莫如據悟坐 是非輪兩忘';李植,「題信旹比丘軸首」,『澤堂集』卷6, 詩 ; 李植,「題玄悟比丘軸首」,『澤堂集』卷6, 詩.
111) 李植(1584~1647),「宿乾鳳寺聽雨」,『澤堂集』卷5, 詩, '十月空山雨 三更遠客心 早寒侵戶牖 微潤濕衣衾 水碓聲還數 香燈暈欲沈 東溟却眼底 容易較愁深.': 李植,「秋夜宿乾鳳寺. 和太白紫極宮韻」,『澤堂集』卷5, 詩, '矓矓月掛松 摵摵風敲竹 起行視天宇 明河可手掬 祇園夐無人 永夜堪處獨 雖名小縣尉 自依老禪宿 三山卽此境 五畝從玆卜 四十九年非

간성읍지를 편찬하면서 '처음에 불교도들이 모여 예불을 드리고, 불보살의 영묘한 감응과 사적에 대한 기록이 매우 과장되어 있다.'는 점을 특기한 점이 주목된다.

아울러 '건봉사에 딸린 여러 암자의 위치'에서 '승방이 12개 있다.' '조제암 북쪽 40리'에 위치하고 있다고 하면서 조제암은 승방 12개 중의 하나라고 하였다.112) 따라서 조제암이 건봉사의 말사였던 듯하다. 후술하는 바와 같이 일제 강점기 사찰령인 건봉사본말사법에 의하여 조제암이 산외 말사로 산입되고 있는데 그 시기가 정확히 언제부터인지 알 수 없지만 조제암은 이미 건봉사 말사였던 듯하다.

관동 일대에 전승하는 바에 따르면 조제암이 자리하고 있는 일대의 화진포의 8경에 모운 종성이 들어가기도 한다고 한다. 고성현감을 지냈던 택당 이식이나 김삿갓(김병연)에 의해 정의되었다고 전하는 화진포 8경에는 구룡 치수 대신 '모운 종성'―'거진읍 냉천리 건봉사와 현내면 명파리 조제암에서 은은히 울려오는 목탁과 독경소리는 듣는 이로 하여금 심금을 울리며 삼매경에 이르게 하였다'고 한다.113) 이러한 전승 사실은 실증적으로 간주하기 어렵지만 대체적인 정황은 엿볼 수 있을 듯하다.

조제암의 연혁 기록 가운데 비교적 믿을 만한 「중건기」에 의하면 조선후기 조제암의 연혁에 다음과 같은 기록이 있다.

> 천순 연간의 경영, 성화 연간의 잿더미, 건륭 연간의 겁회(劫灰, 전란이 없는 지극히 태평한 시대), 순치 연간의 중건, 건륭 연간의 중영, 건륭 연간의 화재, 터를 이전하고 지은 것이 지금에 다시 이르렀다. 전의 흔적이 별처럼

邦無一日復 身隨隙駒馳 路有前車覆 焉得去蝗螟 丹田看秋熟(是夜 筮解官卜居處 得吉兆 故云 田一作地).'
112) 乾鳳寺(原本 49, 50, 51, 157) 간성군 읍지(수성지)『수성지』, '乾鳳寺에 딸린 여러 庵子의 위치승방(僧房)이 12개 있다. … 조제암(鳥啼庵) 北里쪽 40.'
113) 김광섭, 「화진포의 팔경과 시문학 고찰[3]」, 『강원고성신문』 173호, 2016.7.1 : https://cafe.daum.net/gstalk/

분명히 많이 여러 번 지적할 수 없는데 하물며 이전 사람들의 서술에 이미 상세하다. 오래 전부터 있었던 일을 지금에 와서야 기록을 하게 되었다.114)

위의 인용한 「중건기」에 의하면 순치(1644, 인조 22~1661, 현종 2)의 중건, 건륭(1736, 영조 12~1796, 정조 20)시기의 겁회와 중영을 다룬 후 1816년 이후부터 중건기를 작성한 1818년까지 2년여 간 중창 사실에 대해서는 비교적 자세하게 언급하였다. 건봉사도 대화재나 중건이 수차례 이루어졌지만 시기상 조제암의 연혁과 일치하지 않는다.

조제암에 관련한 사실은 유교 문집에도 두 건 정도가 찾아진다. 즉, 조선후기 문인 정유청의 증손인 명암 정식(1664~1719)은 그의 저서 『명암집』에서 1727년(영조 3) 승려 3인과 종 1인을 데리고 떠난 관동 지역 유람 중에 시들을 지어, 오대산, 설악산, 관동팔경, 금강산 등지의 빼어난 경치를 묘사하였다.115) 그 가운데 금강산 발연사에서 시를 남겼으며116) 고성 조제암에서 아래와 같은 시를 남겼다.

굽은 시내 다하지 않고 푸른 봉우리 낮은데, 수많은 송이 송이 꽃이 피었고 새도 우는구나. 손 이르렀고 스님 돌아오자 산속 해 지는데, 흰구름 서쪽으로 한바탕 종소리 들려오네.117)

---

114) 「조제암 중건기」, '天順(1457~1464)之經營 成化(1465~1487)之燼爐 順治(1644~1661)之重建 乾隆之劫灰 乾隆(1736~1796)重營 乾隆回祿 移基結搆者 至于今再矣 前蹟犖犖星繁 不可屢指 而況前人之迹 既脩之詳乎 遠置諸古 近迷諸今.'
115) 『한국문집총간』명암집 해제 : https://db.itkc.or.kr/ 明庵 鄭栻의 관련한 문학 분야의 두 논고가 있으나 조제암에 대해서는 전혀 언급하지 않았다. 허권수, 「명암 정식의 생애와 시문학에 대한 고찰」, 『남명학연구』 17, 2004 ; 정시열, 「명암 정식의 한시 연구」, 『동양고전연구』 33, 2008.
116) 鄭栻(1664~1719), 「鉢淵寺」, 『明庵集』 卷3, 詩, '山容如玉立嵯峨 幸趁東風此一過 萬壑身登經雨石 千溪足涉落花波 春晴綠杖雲無盡 夜宿何庵月最多 隨去永郎雖未得 願從仙袂老松蘿.'
117) 鄭栻(1664~1719), 「金剛山 鳥啼菴」, 『明庵集』 卷3, 詩, '回溪不盡碧峯低 萬朶花開有鳥啼 客到僧還山日暮 一聲鍾落白雲西.'

위의 시는 1712년 8월 금강산 유람 시에 지은 시들이다.[118] 그로부터 20년 후 간성군수로 재직하였던[119] 김창흡의 문인 순암 이병성(1675~1735)이 1732년(영조 7) 5월 간성군수로서 조제암을 방문하여 다음과 같은 시를 남기고 있다.

   啼鳥元菴號 새 우짖는 것은 원래 암자 이름인데,
   偏聞杜宇聲 두견새 소리만 들리는구나.
   空山如許靜 빈 산이 고요한 듯하더니,
   明月忽然生 밝은 달이 갑자기 떠오르는데,
   石徑誰曾踐 가파른 산길을 뉘라서 밟았던가.
   雲梯自古橫 높은 사다리 예로부터 가로놓였다네
   寥寥半夜坐 한밤중에 고요하고 한가롭게 앉아 있는데,
   吾欲棄簪纓 나는 높은 지위를 버리고자 하네.[120]

18세기 전반 두 유자들의 시를 통해 조선후기 조제암의 모습을 엿볼 수 있다.

2) 조선말기 극암 사성의 문도와 대신의 중수

조선말기인 18세기에서 일제 강점기 전까지 조제암 관련 「중건기」와 「사적」의 기록을 다시 소개하면 다음과 같다.

---

118) 李秉成은 鄭敾과 張應斗와 함께 부친을 모시고 서울을 출발하여 형 李秉淵의 임소인 金化에서 형을 만나 楓嶽에 들렀다가 동해를 따라 족숙 李漢의 임소인 歙谷까지 다녀왔다.『한국문집총간』 순암집 해제 : http://db.itkc.or.kr/
119)『승정원일기』 726책 (탈초본 40책) 영조 7년 7월 6일(정묘), '下直 杆城郡守李秉成.'
120) 李秉成(1675~1735),「鳥啼菴」,『順菴集』卷4, (韓山李秉成子平著) 詩 水城錄 起辛亥 宰杆城時.

2923년(대한 건양 1년 병신, 1896)에 기월대사가 암자를 옛터의 서 5리에 이전하다.

2930년(대한 광무 7년 계묘)에 암자를 옛터로 이전하다.

2937년(대한 융희 4년 경술, 1910)에 선화대사가 중수하다.121)

「사적」에 의하면 1896년 기월대사가 서쪽으로 5리 되는 곳으로 옮겨 중건하였으며, 1903년 다시 옛터로 옮겨지었다. 그런데 기월대사가 조제암에 주석했을 때 팔공산에 있던 승려인 극암 사성(1836~1910)과 문도들이 조제암에 들렸다는 사실이 불교 문집류에 다음과 같이 전하고 있다.

계미년(1883) 9월 초하루에 팔공산 혼원 스님이 풍암군(고성군) 관아를 찾아왔는데 옷에는 푸른 덩굴이, 눈썹 사이에는 한옥의 기운이 서려 있었으니, 연감의 부처님 모습과 똑같았다. … 남쪽으로 10리쯤 내려가니 선주암이 있는데 그곳에는 53불이 타고 온 동배가 아직까지 암자 앞에 있었다. … 그리고 불상이 잠시 쉬었던 곳에는 가운데가 불쑥 튀어나와 바위가 있으니 선주라는 이름은 이로부터 시작된 것이다. 그곳으로부터 40리 떨어진 조제암에 도착하여 그곳에서 하룻밤을 묵었다. 그곳에는 기월 사백이라는 스님이 있었는데 말을 흥미진진하고 맛깔나게 잘하였으니, 말을 하면 할수록 더욱더 기묘하였다. 주제를 금강산에 대한 이야기로 옮겨 말하였다. '금강산은 크게 네 구역으로 나눌 수가 있으니, 신계사 일대는 부처님께서 머무는 곳이고 만폭동으로부터 안문령에 이르는 앞의 중향성 일대는 보살이 항상 머물러 설법하는 곳이며, 영원암은 시왕이 머무는 곳이고 내가 머물고 있는 외원통은 바로 성문이 머문 곳이다. 석굴에 암방을 지어 놓았고 12층 폭포가 있다.'122)

---

121) 「조제암 사적」, 207쪽.
122) 世煥 混元(1853~1889), 「高城使君霞石公 贈以一首詩幷序」, 『混元集』 卷2, 金剛錄, '歲癸未瞻博初吉 公山衲混元 訪余於豊巖郡齋 衣上祿蘿 眉間白玉 十分等蓮龕 … 南到十

혼원이 지은 「금강록」에 의하면 1883년(고종 20)에 스승 극암 사성과 제자 혼경 세영, 법손 석응 달현 등과 함께 8월 15일 예천 용문에서 출발하여 9월 고성 조제암에 이르기까지 사찰을 위주로 금강산을 유람하면서 당시에 지났던 장소와 만났던 사람들의 특징과 일화를 소개하는 한편 당시 작성했던 시문을 기록하였다.[123] 혼원 세환(1853~1889)는 1883년 31세에 예천 용문사에서 용호 해주(?~1887)에게 경교를 물려받았다. 스승 극암 사성(1836~1910) 등과 함께 금강산과 동해바다 등을 유람하고 「금강록」을 남겼다. 건봉사에 가서 화엄종주로 불린 대응 탄종(1830~1894)과 패엽사 큰스님으로 불린 하은 예가(1828~1898)에게 두루 질문하였다. 극암과 문도들은 당연히 극암의 선풍을 지녔을 것이다.

> 달구(대구) 팔공산에 극암 선사가 있다. … 한번 삭발한 후에 위로는 서산과 영파의 의발을 받들고, 아래로는 혼원과 석응의 연원을 계발하여 『화엄경』과 『원각경』에 잠심하였다. 그의 성품은 청아하였고 계행은 탁월하였다.[124]

위의 이들은 청허 휴정의 문손 영파 성규(1728~1812)의 법을 잇고 있다. 성규는 환성 지안(1664~1729)의 법손으로 편양파이다.

나는 계미년(1883) 초여름에 예천 용문사에 올랐다가 중추에 이르러 두서

里許 有船住庵 五十三佛乘來石船 尚在庵前 … 抵四十里鳥啼庵留宿 有機越詞伯 妮妮談屑 愈出愈奇 而語到金剛 曰金剛有四派 神溪寺 世尊峯源來 自萬瀑洞 至鴈門嶺 以前衆香城法起菩薩常住說法也 靈源庵 十王源來 我所居外圓通 卽聲聞源來 而石窟構庵 有十二層瀑布也.'

123) 규장각 한국학연구원 https://kyudb.snu.ac.kr/book/view.do
124) 李華祥(1842~1915), '克庵集序」,『克庵集』序, 達句之八公 有克庵師 … 以聞瞽櫻之族 聰慧之才 見需於世 易若拾芥 然而脫然舍去 逍遙物外 托身於如來法門 何以故 無乃菩薩 後身未盡招提之前緣耶 一自落紺 上承西山影波之衣鉢 下啓混元石應之淵源 潛心於華嚴圓覺之篇 性氣淸雅 戒行卓越.'

너 학도와 함께 사주를 모시고 금강산에 들어갔다. … 다음날 아침 해가 뜨자마자 길을 떠나 10리를 더 가서 간성읍에서 아침을 먹고 출발하여 20리 떨어진 건봉사에 도착하였다.125)

혼원은 건봉사에서 「간성군 금강산 건봉사 보안원 중수 상량문」을, 몽천암에서 「고성군 금강산 몽천암 중수 상량문」을 지었다.126) 혼원은 사주와 두서너 학도들과 함께 금강산을 기행하였는데 다음의 기록에 구체적으로 나타난다.

내가 달성에서 금란[통천]으로 승진하여 간 이듬해 가을에, 달성군 파계사의 혼원 스님이 사제 혼경과 함께 스승이신 극암 화상을 모시고서, 월정사와 금강산의 여러 명승지를 두루 다니고 관동팔경 제일 누각으로 나를 찾아왔다. 스승과 상좌 스님은 문학으로 세상에 이름을 떨친 분들이다.127)

「금강산을 완람하며」 통천의 총석정과 금란굴을 보려 했고, 배를 타면 볼 수 있었는데 고용할 사람이 없어서 안타까웠다. 동릉 이보인128)께서 당시 통천군 수령이셨는데 방문하니 기뻐하고서 즉시 뱃사공에게 배를 띄우라 명하셨다. … 내가 달성에서 금란(통천)으로 옮기고 다음 해 가을에, 달성 파계사의 혼원이 사제 혼경과 함께 스승이신 극암 화상을 모시고 와서, 월정사와 금강산의 여러 명승지를 두루 다니고 관동팔경 제일 누각으로 나를 찾아왔다. 스승과 상좌 스님은 문학으로 세상에 이름을 떨친 분들이다.129)

---

125) 世煥 混元(1853~1889), 「金剛錄」, 『混元集』 卷2.
126) 『混元集』 卷2.
127) 世煥 混元(1853~1889), 「金剛錄」, 『混元集』 卷2, 附元韻, '余自達城 陞移金蘭之越明年秋 達之把溪上人混元 與弟混鏡 陪師克庵和尙 遍歷月精楓岳諸勝 訪余於關東八景第一樓上 蓋其師佐以文學鳴於世也 於其歸 聊贈一律.'
128) 『승정원일기』 2898책(탈초본 133책) 고종 19년 3월 16일(임인), '李輔仁爲通川郡守.'

금강산 기행을 함께 한 승려는 앞서 언급한 바와 같이 극암 사성과 그의 문도 혼원 세환과 혼경 세영, 법손인 석응 달현 등이었으며, 조제암에도 머물렀을 것이다.

고성군 하석공이 다음과 같이 한 수의 시와 서문을 지어 주었다. 때는 계미년(1883, 고종 20) 9월 초하루에 팔공산의 혼원 스님이 풍암군(고성군) 관아에 찾아왔는데, 옷에는 푸른 덩굴(綠蘿)이, 눈썹 사이에는 힌 옥(白玉)의 기운이 서려 있었으니, 연감의 부처님 모습과 똑같았다. 스님의 말씀을 듣고 깨우쳐 나도 모르는 사이에 스님을 애경하고 귀히 여기게 되었다.130)

영·정조시기에 이르러 조제암은 화재로 인하여 중창이 이루어진 듯하지만 잘 알 수 없다. 다행히도 1816년부터 2년간 조제암의 중창 관련 기록에 다음과 같이 전하고 있어서 중창 사실을 좀 더 알 수 있다. 내용이 길지만 전부 옮기면 다음과 같다.

가경 병자년(1816) 대신대사가 이곳과 연관이 있으니 선잠 치경 두 승려들과 같이 힘을 보태고 의논하여 아련야를 옮겨 세웠는데 많은 공을 들여 오래지 않아 이루었다. 『시경』 치효에 이르기를 '하늘이 비를 내리기 전에 미리 저 뽕나무 뿌리껍질에 벗겨다가 둥지의 창과 문을 단단히 얽어매라' 하였다. 대신대사가 둥지를 사랑하는 자여 지저귀는 꾀꼬리가 언덕 기슭에 있네. 대사는 그만두는 자를 능히 알고 있구나.

---

129) 『克庵集』卷1, '玩金剛 而意見通川之叢石金蘭 乘船可見也 無雇直恨矣 洞陵李候輔仁 時宰是郡 訪入欣然 卽命艘工泛舟 壯觀歸 留數日 官供甚厚 道論恢宏 頓忘覊懷 臨別贈詩 並序 扳和以呈 ⋯ 余自達城 陞移金蘭之越明年秋 達之把溪上人混元 與弟混鏡 陪師克庵 和尙 遍歷月精楓岳諸勝 訪余於關東八景第一樓上 蓋其師佐以文學鳴於世也 於其歸 聊贈 甲.'

130) 世煥 混元(1853~1889),「高城使君霞石公 贈以一首詩幷序」,『混元集』卷2, 金剛錄, '歲癸未瞻博初吉 公山衲混元 訪余於豊巖郡齋 衣上祿蘿 眉間白玉 十分等蓮龕 悟師語分 不覺愛重焉.'

(새들은) 깊은 골짜기에서 날아와 높은 나무 위에 옮겨 앉는다. 대사는 그 친구를 구할 수 있는 자여 시경 치효 모시의 면만 시경의 소아편의 벌목 시, 이것을 버리고 어찌 적용하겠는가

대사는 일을 주장하고 선잠은 일을 맡아 하고 치경은 모연하여 셋이서 함께 일하니 서로 응대하고 서로 구한 것이다. 단월들과 함께 그 공을 이루어 알리는 때에 이름을 조제암이라고 하여 옛것을 고치지 않았으니, 그런즉 괜찮은 곳에 도적의 일이겠는가, 성조가 시를 읽고서 또한 이 대사의 일어남을 거꾸로 보겠는가, 수백 번 실은 아득한 인연, 만약 부절이 합당하면 대의 공을 이루어진다. 암의 표제는 어찌 헛된 것이 되겠는가. 염불 일면이 당이고 간경은 이 암자이고 이 주용(廚庸)이 3보의 가피를 입고 4은(恩) 3유(有)가 법계에 함령하여 바라밀을 함께 얻어 살바야(薩婆若, 一切智)를 원만히 이룰 것이다.

그런즉 화주의 인연을 지은 모든 불자들은 가히 고해를 건너는 자비로운 배가 되고 시방의 단월 등은 나루를 찾아 헤매는 보배로운 뗏목이 될 것이니, 전인 후인(前人後人)이 공을 이으면 공덕은 낭비하지 않는다. 마지막에 실제에 돌아오니, 정말 기이하지 않다.

무인년(1818) 3월 시주 화주자의 방함은 왼쪽에 나란히 써서 보인다.[131]

위의 인용한 기문에 의하면 1816년 대신대사가 이곳과 연관이 있으니

---

[131] 「조제암중건기」, '嘉慶丙子(순조 16, 1816)歲 大師大信 有緣於物者也 與同梵行 宣岑 致敬二闍梨 手將口議 役移建阿練若 百工攻之 不日成之 詩云迨天之未陰雨 徹彼桑土 綢繆牖戶 信師能愛巢者耶 綿蠻黃鳥 止于丘隅 師能知止者耶 出自幽谷 遷于喬木 師能求其友者耶 鴟鴞綿蠻伐木詩 舍此奚適耶 大信尸事 宣岑董役 致敬募緣 三人同事 相應相求 與檀越告厥成功 庵號烏啼不敢改之 此亦沙門致嵩極聖祖之意也 然則在不事之地 而致匪躬之故者耶 聖祖讀詩 而亦能逆覩此師之起耶 累百載下 冥冥緣會 若合符節 師之功成 庵之標題 豈徒然哉 若夫念佛也 是堂 看經也 是庵 齋僧也 是廚庸此三寶加被 四恩三有 法界含靈 同得波羅密 圓成薩婆若 則緣化諸佛子 可作苦海慈航 十方檀越等 亦爲迷津寶筏 前人後人 繼之以功 功不浪施 而究竟歸於實際 可不奇偉哉 戊寅(1818) 三月 施化芳銜 列示左耳.'

선잠과 치경 두 승려들과 같이 힘을 보태고 의논하여 아련야를 옮겨 세웠는데 많은 공을 들여 오래지 않아 이루었다. 대신대사는 일을 주장하고 선잠은 일을 맡아 하고 치경은 모연하여 셋이서 함께 일하니 서로 응대하고 서로 구한 것이라고 하였다. 여기에 등장하는 대신을 비롯한 선잠과 치경은 조제암의 승려인 듯하지만 여타의 기록에서 찾아지지 않는다. 그리고 단월들과 함께 그 공을 이루었다고 하며, 이 기록 후미에 '1818년 3월 시주 화주자의 방함은 왼쪽에 나란히 써서 보인다.'고 되어 있으나 시주 화주자의 방함이 전하지 않고 있어서 아쉽다.

「사적」에 의하면 1910년 선화대사가 중수하였다고 한다. 선화는 1924년에 세워진 「건봉사 만화당 음기」에 의하면 문정의 법증손으로 나오며,[132] 1940년에 세워진 「건봉사 만일연회 연기비(萬日緣會 緣起碑)」에 '선화대□'와 동일 인물로 추정된다.

4. 건봉사 주지와 말사 조제암

1) 일제 강점기 건봉사 주지와 조제암

일제 강점기인 1911년 6월 3일 조선총독부는 사찰령을 반포하고 7월 8일 사찰령 시행규칙을 발표하여 9월 1일부터 시행하였다. 이에 따라 건봉사는 30본산에 포함되었다.[133] 이운파 주지시 건봉사는 조선사찰 각 본사연합 사무소 직원에 포함되어 감사원에 소속되었다. 그리고 사찰령이 실시되었지만 일제의 일방적인 입장에서 단행된 것은 아니었다.

---

132) 「건봉사 만화당 음기」, 앞의 책 참조.
133) 조선사찰 삼십본산 연합사무소 직원 이동 1916년 2월 2일, 제1047호(23권, 553쪽), '조선사찰 각 본사 연합사무소 직원 임기가 만료되어 개선의 결과 아래와 같이 취임한 것을 1월 24일부로 계출함. … 감사원 李雲坡 강원도 간성군 乾鳳寺.'

간성군 대본산 주지 이운파 화상이 임기 만료에 의하여 그 후보 투표 선정결과 광주군 이회명 화상이 당선되었다함은 기보한 바 있거니와 해씨는 원래 당사에 승적이 유한 비구승이었으나 그간 평양 영명사 주지로 피선되어 전적하였다가 그 후 또 광주군 봉은사로 전적한 이후 건봉사 주지로 부임하던 동시에 이회명 화상이 당선됨은 사법 위반이오, 겸하여 음모의 사실이 발각되어 해씨의 암담하다고 모 정통은 어(語)하더라.134)

사법에 의하여 주지 임명은 선출하였으며, 해당 사찰 재직 승려 가운데 선출되어 인가를 받았던 듯하다. 결국 이회명(1866~1951)의 건봉사 주지 인가는 총독부의 인가를 받지 못하고 1919년 11월 19일 이대련이 건봉사 주지로 인가되었다.135) 조제암은 건봉사 산외말사로 편입되었는데 사찰령에 다음과 같은 기록으로 알 수 있다.

 제9조 말사는 이를 나누어 산내 말사와 산외 말사의 2종으로 함. 산내 말사는 본사의 지방으로 전임 주지를 두지 않고 본사 주지가 겸섭의 예로 존손하여 이로 바꾸게 함.
 제11조 다음에 열거한 것은 이를 산외 말사로 함.
　강원도 간성군 : 화암사 미타암 안양암 조제암

하지만 「사적」에 '2939년(임자)에 건봉사의 말사가 되므로 이체 암자의 임무를 건봉사 주지가 겸무한다.'136)라는 기록으로 미루어 보아 건봉사 주지가 조제암 주지를 겸무했던 사실을 다음의 기록으로도 알 수 있다.

 주지 취직 인가 1913년 9월 8일 제333호(11권, 763쪽)

---

134) 『매일신보』 1918년 3월 29일, 4쪽.
135) 임해봉, 『친일 승려 108인』, 청년사, 2005, 39~40쪽.
136) 「사적」, 207쪽.

강원도장관은 8월 26일에 아래에 게재한 사찰 주지의 취직을 인가함.
사찰소재지   사찰명   주지씨명
간성군   조제암   주지 겸무 조세고

1915년 8월 23일, 제917호(21권, 256쪽)
주지 이동
주지 이동 아래와 같음.
이동 년월일   이동 사유   사찰소재지   사찰명 주지씨명
1915. 8.10   겸무취직 인가   강원 간성군 현내면   조제암 이운파

위의 인용한 기록에서 보는 바와 같이 조세고와 이운파의 주지 겸무라고 되어 있다. 좀 더 구체적으로 살펴보기 위하여, 일제의 총독부 관보에 의해 건봉사의 역대 주지 취직 인가 관련 기록을 제시하면 다음과 같다.[137]

… 또 강원도 간성군 오대면 본사 금강산 건봉사에서는 이운파를 주지 후보자로 정하는 취직의 건을 신청함으로 9월 17일에 인가함.[138]

그 이후 건봉사 주지는 임기 만료로 1919년 11월 19일에 이대련이 취임하고[139] 그 후 1923년 10월 11일 노제봉,[140] 1919년 11월 19일에 이대련,[141]

---

137) 일제 강점기 사찰령하 불교 정책에 대해서는 다음 자료에서 정리되었다. 대한불교 조계종총무원, 『일제시대 불교정책과 현황(전2권)』, 총무부, 2001.
138) 주지 취직 인가 1914년 9월 21일, 『총독부 관보』 제642호(16권, 887쪽).
139) 본사 주지 취직 인가 1919년 11월 22일 『총독부 관보』 제2185호(42권, 314쪽), '강원도 고성군 오대면 乾鳳寺 주지 李雲坡가 만기 퇴임하기에 그 후임으로 李大蓮 취직의 건을 모두 신청에 의하여 11월 19일에 인가함.'
140) 주지 취직 인가 1923년 10월 16일, 『총독부 관보』 제3354호(59권, 178쪽), '강원도 고성군 乾鳳寺 주지 盧霽峰의 취직의 건을 10월 11일에 인가함.'
141) 1919년 11월 22일 『총독부 관보』 제2185호(42권, 314쪽), '본사 주지 취직 인가 … 乾鳳寺 주지 李雲坡가 만기 퇴임하기에 그 후임으로 李大蓮 취직의 건을 모두

1933년 6월 24일에 김보련,[142] 1936년 9월 3일에 김보련,[143] 1939년 9월 8일에 김재홍,[144] 1943년 1월 30일에 금광 지해(金在弘)가[145] 각기 건봉사 주지로 취임하였다. 이와는 달리 기존의 건봉사 역대주지를 위와 같이 적기한 바 있다. 하지만 후술하는 바와 같이 관보에 의하여 다소 수정되어야 할 것이다.[146]

번호	이름	법호	취임일자	퇴임일자	비고
1	趙世昊	靑隱 世昊	1911.9.	1914.9	
2	李雲坡	雲坡 淨念	1914.9	1919.11	
3	李大蓮	大蓮 德文	1919.11	1923.10	
4	盧霽峯	霽峯 仁昊	1923.10	1926.10	
5	李大蓮	大蓮 德文	1926.10	연임	
6	李大蓮	大蓮 德文	1932.11	1936.4.18	
7	金寶蓮	寶蓮 完順	1936.4.18	1940.3.29	
8	金鏡峯	鏡峯 容國	1940.3.29	연임	
9	金鏡峯	金光 智海(김재홍)	1943.11.1	1945.8.15	
10	楊景雲	聽雨	1954.4	연임	

8대 주지 경봉 김재홍 등 역대 주지 인가 사실은 다음과 같이 수정되어야 할 것 같다.

　　　신청에 의하여 11월 19일에 인가함.'
142) 1933년 6월 29일, 『총독부 관보』 제1940호(98권, 507쪽), '주지 취직인가 … 강원도 고성군 오대면 乾鳳寺 주지로 金寶蓮이 취직하는 건을 신청함으로 1933년 6월 24일에 모두 인가함.'
143) 1936년 9월 7일, 『총독부 관보』 제2897호(111권, 116쪽), '주지 취직 인가 … 강원도 고성군 오대면 乾鳳寺 주지로 金寶蓮 취직의 건을 신청함으로 1936년 9월 3일에 인가함.'
144) 1939년 9월 13일, 『총독부 관보』 제3796호(123권, 842쪽), '주지 취직 인가… 강원도 고성군 오대면 乾鳳寺 주지 金在弘 취직의 건을 신청함에 1939년 9월 8일에 인가함.'
145) 1943년 2월 4일, 『총독부 관보』 제4801호(136권, 459쪽), '주지 취직 인가…강원도 고성군 거진면 乾鳳寺 주지 金光智海 취직의 건을 신청함에 1943년 1월 30일에 인가함.'
146) 여기서 제시한 역대 주지는 실제 주지로 재임한 기간을 의미한다. 예컨대 이회명이 주지로 선출되었으나 무산되었던 것이다. 그리고 건봉사 주지로 임명되었지만 조제암 주지로 겸무한 시기는 반드시 일치하지 않는다.

조세고 1911.11.17.
이운파 1914.9.17.
이대련 1919.11.19.
노제봉 1923.10.11.
이대련 1926.10.13.
김보련 1933.6.24. 1936.9.3.
김재홍 1939.9.8. 1943.1.30.

일제의 총독부 관보에 기록된 조제암 주지 인가 기록을 제시하면 다음과 같다.

주지 취직 인가 1913년 9월 8일 『총독부 관보』 제333호(11권, 763쪽)
강원도장관은 8월 26일에 아래에 게재한 사찰 주지의 취직을 인가함.
사찰 소재지   사찰명   주지씨명
간성군   조제암   주지 겸무 조세고

그 후의 조제암의 주지 인가는 다음과 같다.

1914.8.17. 사직   강원도 간성군 무내면 조제암 조세고[147]
1915.8.10. 겸무취직인가   강원 간성군 현내면 조제암 이운파[148]
1918.8.9.   임기만료   강원도 고성군 현내면 조제암 이운파
1920.3.25. 겸무취직인가   강원도 고성군 현내면 조제암 이대련[149]
1923.11.24. 임기만료   강원도 고성군 오대면 조제암 이대련
1923.11.24. 취직인가   강원도 고성군 오대면 조제암 노재봉[150]

---

147) 주지 이동 1914년 9월 25일, 『총독부 관보』 제645호(16권, 940쪽).
148) 주지 이동 1915년 8월 23일, 『총독부 관보』 제917호(21권, 256쪽).
149) 주지 이동 1920년 4월 5일 『총독부 관보』 제2292호(43권, 853쪽).

1926.11.23. 임기만료	강원도 고성군 현내면 조제암 노재봉
1926.12.17. 취직인가	강원도 고성군 현내면 조제암 이대련[151]
1929.12.16. 임기만료	강원도 고성군 현내면 조제암 이대련
1931.5.6. 재임취직인가	강원도 고성군 현내면 조제암 이대련[152]
1934.6.19. 사직	강원도 고성군 현내면 조제암 이대련
1934.8.16. 취직인가	강원도 고성군 현내면 조제암 김보련[153]
1937.8.15. 임기만료	강원도 고성군 현내면 조제암 김보련
1939.2.4. 재임취직인가	강원도 고성군 현내면 조제암 김보련[154]

조제암의 주지는 건봉사 주지가 조제암의 주지를 겸무하였다. 본사인 건봉사의 역대 주지는 다음과 같다. 역시 관보에 따라 건봉사와 조제암 주지 인가는 다음과 같다.

건봉사	조제암
조세고 1911.11.17.	1913.8.26
이운파 1914.9.17.	1915.8.10
이대련 1919.11.19.	1926.12.17
노제봉 1923.10.11.	1923.3.25
이대련 1926.10.13.	1931.5.6
김보련 1933.6.24. 1936.9.3.	1934.8.16. 1939.2.4
김재홍 1939.9.8. 1943.1.	

---

150) 1924년 2월 2일, 『총독부 관보』 제3439호(60권, 349쪽).
151) 주지 이동 1927년 4월 9일, 『총독부 관보』 제81호(73권, 145~146쪽).
152) 주지 이동 1931년 7월 8일, 『총독부 관보』 제1351호(90권, 468~469쪽).
153) 주지 이동 1934년 12월 22일, 『총독부 관보』 제2386호(104권, 225~227쪽).
154) 주지 이동 1939년 3월 16일, 『총독부 관보』 제3645호(121권, 673~674쪽).

사찰령 하에서 건봉사 주지에 겸무는 하였으나 그 시기는 일치하지 않는다. 아마도 새로 부임한 건봉사 주지가 주도하여 얼마후에 조제암 주지를 선출하여 인가받은 듯하다.

일제 강점기 조제암을 이끌어간 승려는 건봉사 주지가 겸무한 사실 외에는 알려진 바 없다. 1924년에 세워진 「만화당비 음기」에 의하면 건봉사 주지를 하면서 겸무한 조제암 주지 가운데 만해 한용운과 노제봉과 김보련 등은 만화 관준의 문손이었다.[155]

그 외에 경봉과 김보련과 김재홍에 관해서는 비교적 자세하게 언급된 바 있으나 조제암과 관련된 정보는 다루지 않았다.[156] 여타의 관련 기록에도 언급되기는 하였으나 조제암 관련 정보는 역시 없다. 때문에 일제 강점기 조제암의 관련 사실을 알 수 없는 실정이다. 다만 일제 강점기 관련 기록에 조제암의 전각은 대방 12칸의 규모였다는 사실을 알 수 있을 뿐이다.

명칭	개수	품질	형상	현존
관세음보살	1	분상	〃	×
소종	2	유재(鍮)	〃	×
大佛器	5	〃	〃	×
中佛器	4	〃	〃	×
향로	2	〃	〃	×
다기	2	〃	〃	×
촛대	2	〃	〃	×

위의 기록은 1932년 총독부 학무국에서 제작한 「건봉사 본말사 재산대장」에 기록된 조제암의 성보문화재이다.[157]

---

155) 강릉대학교 박물관, 강원도 고성군, 『萬化堂碑 陰記』, 『고성군의 역사와 문화유적』, 1995, 184쪽.
156) 임해봉, 「김보련 중일전쟁초 친일 행적을 남긴 건봉사주지」, 「김재홍 의병 투쟁후 친일로 변절한 건봉사 주지」, 『친일 승려 108인』, 252~255쪽 ; 김광식, 「김경봉」, 『건봉사』, 162~171쪽.
157) 이영선 편, 『금강산 건봉사 사적』, 동산법문 전국 만일회, 2003, 64쪽 ; 조선총독부 학무국 사회육과 종교계, 『건봉사 본말사 재산목록』 1932 : 乾鳳寺 본말 재산 대장 乾鳳寺 본말재산대장 鳥啼庵 : https://www.museum.go.kr/modern-history/

「사적」과 『관보』에 다음과 같이 기록되어 전하고 있다.

    조제암의 건물 : 대방 12칸
    조제암의 토지 : 공계(共計) 22/334평
    사사지 : 165평, 답 6,242평, 전 15,630평, 대(垈) 297평
    조제암의 임야 : 삼임 542정 2295

이러한 기록 다음에 '건봉사 주지 이대련 화상이 개금 불사하고 중종을 권선 기부하고 건봉사 사중 공금으로 논 13마지기를 산다'고 하였으며 총독부 관보에도 다음과 같이 게재되어 있다.

    2954년(정묘)에 건봉사 주지 대련화상이 불상을 개금하고 중종을 근화(權化) 기부하고 건봉사의 재로 답13두락을 매부(買付)하다. 「사적」, 207쪽.

1934년 10월 20일, 제2324호(103권, 703쪽)
사찰 토지 매각허가
강원도 고성군 현내면 명파리 120-2번지 밭 441평 조제암 사찰토지 매각의 건을 1934년 10월 15일 허가함.

1939년 1월 9일, 제3585호(121권, 51쪽)
사유토지 매각 허가 취소
1934년 10월 15일부 사제 241호로 지령한 강원도 고성군 현내면 조제암 사유토지 매각 허가의 건을 제출하기에 1938년 12월 27일에 취소함.

허가 연월일	매각 토지	출원인
1938. 12. 27	강원도 고성군 현내면 명파리 120번지-1 밭 76평 외 1필 계 140평	강원도 고성군 현내면 조제암) 주지 김보련

위의 조제암의 토지 임야의 정보로 보면 조제암의 사세를 짐작케 하며, 조제암의 건재함을 알 수 있다.

2) 해방 후 6.25전쟁과 조제암 폐사

해방 후 조제암은 건재하였으나 6.25전쟁시 폐사되었다. 연구에 의하면 강원 북부 신흥사 본말사 지역은 유엔군의 2차 북진시 작전 수행 과정에서 피해를 입었다. 전선이 고착되고 진지전이 치러진 1951년 6월부터는 9개 사찰 23%가 피해를 보았는데 주로 전투 중에 작전 시설물로 이용되거나 민간인 통제 지역이 됨에 따라 피해를 보았는데[158] 조제암도 전소되었다.

조제암의 터는 건물지 축대가 계단식으로 2단 축조되었음을 확인하였으나 울창한 수풀로 인해 초석과 관련 유물은 수습할 수 없었다. 잔존하고 있는 축대의 규모는 길이 약 9m, 높이 약 1m 정도이고 두 축대간의 거리는 8.6m로 계단식 산지 가람으로 추정되고 있다. 진입로 및 전면에 활엽수가 우거져 있고, 전면에 넓은 평지가 펼쳐져 있다고 한다.

그 후 조제암을 회복하기 위한 노력의 일환으로 1997년에 현내면의 조제암의 재산 회복 등기를 정리한 바 있으며,[159] 건봉사와 더불어 남북 불교 교류의 현장으로서 부상하고 있다.

5. 나가는 말

고성 조제암은 본사인 건봉사와 남북 분단 이후 민통선 지대에 위치하여

---

158) 대한불교총무원, 『한국전쟁 피해 조사 보고서 한국전쟁과 불교문화재 1 강원도편』, 2003, 217쪽.
159) 2018년도 문화재위원회 제4차 사적분과 위원회 회의록 - 문화재청 : www.cha.go.krcmm

관심을 별로 갖지 못하였다. 본사인 건봉사는 일제 강점기 31본산의 큰 사찰로 사명 유정의 진신 사리 봉안과 더불어 현대에 들어와 주목을 받아 복원되었으나 조제암은 그리 주목을 받지 못하였다.

남북 분단 이후 조제암이 위치한 강원도도 남북 강원도로 나뉜 상태이며 통합 강원도가 이루어지기를 희구하고 있다. 최근에 이코모스 한국위원회(ICOMOS-KOREA)에서도 금강산과 설악산을 잇는 세계유산 등재 노력을 하였으나 남북 관계의 기류 문제로 중단되었다. 정신문화를 이끌고 있는 불교계도 남북 불교 교류를 추진해 왔으며『북한 사찰 연구』(종단협의회, 사찰문화연구원)와 같은 성과물이 발행되었다. 북한의 금강산 신계사와 개성 영통사가 복원되었으며, 북한 사찰 문화유산이 조사되는 등 남북 불교 교류의 장을 넓혀 가고 있다.

금번 금강산 순례길 복원 사업도 그중의 일환으로 불교계 문화유산이 집중되어 있는 금강산과 남한 지역 강원도를 연결하는 소통의 길을 여는 것은 매우 값진 것이 아닐 수 없다.

그 계기로 금강산 일대에 있는 고성의 조제암의 역사를 밝히는 것도 그 일환이라고 생각된다. 조제암의 역사에 대해서는 일제 강점기 만해 한용운과 건봉사 주지 대련 덕문이『건봉사지』를 편찬하면서 간략한 연혁이 정리된 것이 거의 전부라고 할 수 있다.

그에 의하여 정리된 조제암의 역사는 매우 후대의 자료이기 때문에 현재로서는 신뢰하기 어려운 실정이다. 이러한 사정은 조제암뿐만 아니라 불교 사찰 대다수의 경우와 마찬가지이며, 그렇다고 고중세의 사찰 역사를 모두 부정하는 것은 반드시 옳다고만 할 수 없다고 생각한다.

예컨대 본고에서 다루고 있는 조제암의 연혁 가운데 신라의 고승 진표의 창건과 고려말 나옹 혜근의 중창, 조선초 세조의 중창 등의 사실이 대표적이다. 비교적 신뢰할 만한 기록이 있는 조선후기의 사실, 즉 조제암의 불사를 주도하였을 운곡이나 기월 등 고승들의 정보조차 거의 알 수 없다.

이에 본고에서는 진표와 나옹, 세조 관련 금강산과 관동 일대의 제기록을 통해 조제암의 근세이전의 역사를 입증하고자 하였다. 그 결과 아직인 논제처럼 '전승 기록'이라고 붙여 보았지만 사실로 인정될 개연성이 매우 높다.

조선후기 이후 조제암의 역사는 제 읍지류와 불교 지리지류, 그리고 『혼원집』의 중건기에 의해 간략하나마 대략적인 역사를 조망할 수 있으며, 특히 청허 휴정의 문손인 극암 사성과 문도(문손)들이 조제암에 주석하였다는 사실을 알 수 있다. 그 외에 몇 건에 지나지 않지만 유자들의 문집류에 단편적인 관련 기록들로 조제암의 당시 일면 사세를 엿볼 수 있다.

근대인 일제 강점기 사찰령 하에 총독부 관보에 조제암의 주지 인가 관련 기록으로 조제암의 주지를 맡은 고승들의 정보를 알 수 있다. 사찰령에 의하면 본사의 주지가 조제암의 주지를 겸무하였으며, 건봉사 주지로 인가 받은 후 조제암 주지가 선정되었던 듯하다. 총독부 관보에 조제암의 전각 규모와 토지 및 임야의 정보가 기록되어 있어서 당시 조제암의 간한 사세를 엿볼 수 있다.

조제암은 해방 후 건재하다가 6.25전쟁으로 폐사되어 오늘에 이르고 있다. 조계종의 조제암 재산 회복과 더불어 문화재 관리국의 조제암 지표조사, 조계종의 불교문화재연구소와 고성군의 사지 지표조사 시작 등으로 조제암의 존재를 부상하고 있어서 다행이 아닐 수 없다.

조계종 민추본의 금강산 순례길 복원 사업의 일환으로 개최된 학술세미나가 계기가 되어 조제암의 역사적·현재적 의의가 부각되었으면 한다. 나아가 조제암이 복원되고 금강산 길이 열리어 강원 남북도와 남북한이 하나가 되는 날이 오기를 기대하는 바이다.

Ⅳ. 창녕 용흥사(지)의 역사 복원

1. 들어가는 말

용흥사는 경남 창녕군 성산면 안심리(대산리) 산 632번지에 있었던 사찰이다. 창녕현의 북쪽 40리의 비슬산 남쪽, 용고개 능선 동쪽의 불암골 상부에 있었다. 『창녕군 읍지』에 의하면 용흥사의 말사로서 심적암, 은적암, 극락암, 각료암, 남암, 북암 등이 있었다[1]고 한다. 그 가운데 각료암이 비슬산 중턱의 창녕군 성산면 대산리 산 42에 자리하고 있다.

용흥사에 관한한 기록은 조선후기 승려 벽암 각성(1575~1660)의 문도 동계 경일(1636~1695)[2]의 『동계집』에 실린 기문 2건, 남유용(1698~1773)의 『뇌연집』에 1건의 기문, 그리고 조선후기의 지리지류 등이 대표적이다. 이러한 문헌기록 외에 금석문인 향완의 명문 1건을 비롯해 3층석탑과 부도 2기와 수신 인면상(獸身 人面像)과 주춧돌 등이 산재해 있다.

국가유산청과 (재)불교유산연구소가 2013년도 『한국의 사지』상(울산 경남)에 용흥사 터에 대한 현황조사보고서를 출간하였다. 최근 국가유산청과 창녕군의 의뢰를 받은 (재)불교유산연구소에서 2021년부터 2022년과 2023년 3차례 발굴조사가 진행된 바 있다. 이렇듯 용흥사의 17세기 중반 이후 중창 사실과 그 이후의 대체적인 사실은 밝혀졌으나 전체적인 역사는 아직 미진하다. 본고는 제 문헌기록과 유물을 취합하여 창건 이래 근현대까

---

1) 1832년에 작성된 『경상도읍지』 권19, 창녕군 불우 龍興寺.
2) 남권희, 「太虛堂 東溪 敬一의 '東溪集'에 관한 변화」, 『한국사상논문선집』 46, 불함문화사, 1998 ; 김승호, 「경일의 문학에 나타난 도선적 경향과 그 의미」, 『어문연구』 34-1, 한국어문교육연구회, 2006 ; 東溪 敬一, 『東溪集』, 동국대학교 출판부, 김승호 역, 2018.

지 용흥사의 역사를 복원하고자 하였다.

2. 신라 용흥사 창건과 고려 요항사

용흥사는 경남 창녕군 성산면 안심리 비슬산 남쪽에 있었다. 비슬산은 소슬산 또는 포산(苞山, 包山)으로 불린다. 비슬산은 산이 높게 솟아 있는 모습에서 '솟을 산', 닭의 벼슬처럼 생긴 형상에서 '벼슬산', 거문고와 비슷한 형태여서 '비슬산(琵瑟山, 枇瑟山)'으로 표기되기도 하였다. 『신증동국여지승람』에 의하면 비슬산의 사찰은 대견사, 소재사, 도성사, 속성사, 정백사와 고적조에 유가사가 있었다. 비슬산 남쪽에 연화사, 산 북쪽에 용연사가 있다고 하였다.[3] 그 외에 밀양 도호부의 용천사,[4] 성주목의 인흥사와 용연사[5] 등도 있었다. 비슬산의 기세 또한 북으로부터 남쪽으로 노니는 용과 같이 날아오르다가 절 뒤편에서 멈추고 머리를 높이 쳐들어 용흥사의 주봉이 되었다. 그 정상에 거석이 용의 뿔과 같은데 관기봉이라 하고 동남쪽에 우뚝 솟은 울타리가 되었다. 이것이 창녕현의 주요 산인 관룡산이다.[6] 결국 비슬산과 관룡산은 남북에서 마주하여 관룡산의 줄기가 일어선 까닭에 용흥사라 이름 짓게 되었다고 한다.[7]

창녕 지역은 화왕산 기슭에서 낙동강 연안의 벌판을 거느리고 있는

---

3) 李萬敷(1664~1732), 「琵瑟」, 『息山先生別集』 卷4, 地行附錄, '琵瑟山 跨玄豐 歸化 昌山 星山之境 一名苞山 … 山西有大見 消災 道成 速成 庭柏 等寺 或存或廢 山南有蓮花寺 山北有龍淵寺 山旣高大深邃 多道場.'

4) 『신증동국여지승람』 권26, 경상도 밀양도호부 불우, '靈井寺在載嶽山 萬魚寺在萬魚山 安水寺在終南山 鳳泉寺在華嶽山 涌泉寺在琵瑟山 靈隱寺在南山.'

5) 『신증동국여지승람』 권28, 경상도 성주목 불우, '龍興寺 在州城北門外 有大藏堂 李仁復爲記 仁興寺在琵瑟山北 高麗恭愍王題額 … 龍淵寺在琵瑟山北 法水寺在伽倻山南.'

6) 창녕현의 주산은 화왕산이다. 『신증동국여지승람』 권27, 경상도 창녕현 산천 ; 盧周學(1761~1838), 「遊火王山錄」, 『道湖集』 권2, 잡저.

7) 東溪 敬一(1636~1695), 「琵瑟山 龍興寺 事蹟記」, 『東溪集』 권3, 기.

옛 가야의 도읍지이다. 고대 가야연맹 중추였던 비화가야가 창녕을 중심으로 일어났고[8] 신라에 병합된 후에도 경주에 버금가는 위상을 지녀 하주라고 했다.[9] 창녕은 경남 문화권의 중심지로 가야의 유적 유물이 많았다. 창녕 지역에 언제 불교가 전래되었는지 알 수 없으나 신라 진흥왕대(540~576) 「진흥왕 척경비」가 건립된 561년 이후인 듯하며,[10] 더욱 흥성하여 제2의 경주 또는 경남의 경주라고 불린다.[11]

창녕군의 사찰은 보림사, 석천사, 옥천사, 용흥사, 일미사, 금곡사, 자련사, 대흥사, 도성암, 법화암, 석불사, 승지사, 연화사, 고령사, 고봉사, 서림사, 적조사, 동암 등과 술정리 사지 등을 비롯한 사명을 알 수 없는 사지 10여 소가 있었다.[12] 이 가운데 옥천사, 보림사, 대흥사, 죽림사, 보광사와 술정리 사지 등 많은 사찰들이 고대에 창건된 사찰이다.[13]

---

8) 창녕은 『삼국사기』에는 比自火 또는 比斯伐로, 「진흥왕 순수비」에는 比子伐로, 그리고 『삼국유사』 紀異篇 1, 五伽耶에는 非火伽倻로 표기하고 있다.
9) 『삼국사기』 권34, 잡지 3 지리 火王郡, '本比自火郡(一云比斯伐) 眞興王十六年置州 名下州.'
10) 非火加耶는 창녕과 고령이라는 두 가지 설이 있으나 『삼국사기』 지리지 화왕군조에 의하면 창녕을 지칭한다. 안라국의 불교 전래나 수용 관련 자료로 추정되는 함안 도항리 8호분 출토의 연화문 장식 금동판이나 다라국 지배층의 불교 인식을 추정하게 하는 합천 옥전 M3호분 출토의 연화문 장식 등의 고고학 자료에서 창녕에 가야불교가 전래되었을 것이나 단정짓기 어렵다. 이영식, 「가야인의 정신세계 : 연구서설과 가야불교」, 『한국 고대사 속의 가야』, 부산대 민족문화연구소, 2001, 121쪽 ; 이영식, 「가야인의 정신세계 : 연구서설과 가야불교」, 『한국 고대사 속의 가야』, 부산대 민족문화연구소, 2001, 492~493쪽 ; 경상남도, 『경남문화재대관』, 1995, 181쪽.
11) 창녕에는 국보 2점, 보물 9점, 사적 5곳을 비롯해 경남도 지정 문화재 16점, 경남도 문화재 자료 16점, 향토 문화재 25점, 일반 동산 문화재 38점, 기타 4점 등 모두 115점이나 흩어져 있다. 술정리 동 삼층석탑과 신라 진흥왕 척경비 등 국보 2점, 관룡사 용선대 석조여래좌상 등 보물 9점 등 국가 지정 문화재 21점과 도 지정 문화재 53점, 향토 문화재 32점에 천연기념물 5점까지 포함하면 전국 230개 지방자치단체 중 10위권에 들고 있다.
12) 문화재청·불교문화재연구소, 『한국의 사지 현황 보고서 울산광역시 경상남도』 상, 2013 ; 창녕군, 『창녕군지』 권상·하, 창녕군지 편찬위원회, 2003에 의함.
13) 문화재청·불교문화재연구소, 위의 책, 2013.

창녕군에서 가장 오래된 사찰은 관룡사와 인양사다. 관룡사는 이웃한 화왕산에서 아홉 마리의 용이 승천하는 광경을 보고 원효가 명명하였다고 한다.14) 관룡사 어귀에는 2m쯤 되는 석장승 2기가 서 있는데 조선의 대표적 석장승으로 창녕을 상징한다. 또한 810년(헌덕왕 2)에 건립되어 보물로 지정된 「인양사 조성비」15)와 '인양사 와초(瓦草)' 명문 기와 등이 발굴되기도 하였다. 그리고 고려말 화엄종 승려 신돈이 태어난 일미사(지)가 옥천 저수지 아래에 있으며 신돈이 출가한 옥천사지16)가 관룡사 입구 도로 우측 편에 있다. 특히 술정리 동·서 3층석탑과 송현동 마애여래좌상, 직교리 당간지주 등 대규모 사찰이었는데 불국사 석가탑과 비교될 만큼 아름다운 국보 술정리 동 3층석탑에서 부처님 진신 사리 용구가 발견되었다는 기록이 있다.17) 석탑과 불상은 대부분 고대에 조성된 것이며, 관룡사 약사전 3층석 탑과 도성암 석탑과 관룡사 석조여래좌상 등은 고려시대에 조성되었다. 그 밖에 송현동 석불좌상과 고암면 감리 마애여래입상도 유명하다.

조선조 이후에 창녕군에서 주목되는 것은 연화사와 옥천사 등의 사찰이 다. 우선 1407년(태종 7)에 전국의 자복사를 지정할 때 조계종의 연화사가 지정되었다. 1469년(예종 1)에 편찬된 『경상도속찬지리지』에 의하면 선종 의 연화사와 교종의 옥천사가 지정되었다.18) 1530년(중종 25)에 증보된 『신증동국여지승람』에 의하면 창녕 지역의 사찰은 창녕현의 관룡사, 자련 사, 승지사, 연화사19) 그리고 영산현의 법화사, 일미사, 석천사20) 등이다.

---

14) 青泉 申維翰(1681~1752), 「관룡사 사적기」 ; 경상남도, 『경남문화재 대관』, 1995.
15) 조선총독부, 『조선금석총람』, 일한인쇄소, 1919 ; 하일식, 「창녕 인양사비문의 연구」, 『한국사연구』 95, 1996 ; 박홍국, 「창녕 인양사비문의 탑 관련기사에 대한 검토」, 『신라문화』 32, 2008.
16) 『신증동국여지승람』 권27, 경상도 창녕현 고적, '玉泉寺 在火王山南 高麗辛旽母 乃此寺婢也 旽誅 寺廢 後改創 未旣 以旽之故 復有論列者 撤去.' ; 황인규, 「편조 신돈의 불교계 행적과 활동」, 『만해학보』 6, 2003.
17) 부처님 사리 장엄구는 1965년 동탑을 해체 복원한 후 38년 만인 2003년 발견되었다.
18) 『경상도 속찬 지리지』 권1, 창녕 僧寺(1469), '火王山玉泉寺 屬教宗 毗瑟山蓮花寺屬禪 宗.'

용흥사의 경우 고대에 창건되었는데 다음의 두 가지 설이 있다.

눈썹이 두터운 노승이 말하였다. '듣기로는 신라 때 지어졌으며 고승인 관기가 이 절을 짓고 편액을 용흥이라 했다.'[21]

그 사찰의 시작에 대해 말하자면 신라의 국사인 도선으로부터 비롯되었다고 한다. 도선은 당 대종(762~779) 연간에 중국으로 도를 찾기 위해 떠났다가 유학을 마치고 동쪽(신라)으로 돌아왔다. 그는 도량을 널리 설하기 위해 명산을 찾아 가르침을 베풀었는데 용흥사도 그중 하나였다.[22]

위의 후자 사료는 조선후기 문인 뇌연·소화 남유용(1698~1773)이 쓴 기문이다.[23] 남유용은 기문에서 도선이 당 유학을 마치고 귀국하여 도량을 지었는데 그 중의 하나가 용흥사였다는 것이다. 도선은 당에 유학한 적이 없으며, 도선을 추념하면서 가탁한 것이다.[24]

전자 사료는 조선후기 고승 벽암 각성(1575~1660)의 문도 동계 경일(1636~1695)[25]이 1681년 용흥사에 와서 주석하고 있는데, 1683년(숙종 9) 여름에

---

19) 『신증동국여지승람』 권27, 경상도 창녕현 불우, '觀龍寺, 紫蓮寺, 勝地寺(俱在火王山) 蓮花寺(在琵瑟山).'
20) 1914년 영산군의 대부분 지역이 창녕군과 합병되었다. 『신증동국여지승람』 권27, 경상도 영산현, '佛宇 寶林寺(在靈鷲山 寺有般若樓 高麗金倫爲合浦萬戶時 爲西域僧指空建此樓 三日而畢 空登之 說般若經 因名焉) 竹林寺 高峯寺 西林寺 寂照寺 法華寺(俱在靈鷲山 絶壁上僅通石徑 人攀緣而上下) 一味寺(在火王山) 石泉寺(在石泉山).'
21) 東溪 敬一(1636~1695), 「毗瑟山 龍興寺 事蹟記」, 『東溪集』 권3, 기.
22) 南有容(1698~1773), 「昌寧縣 龍興寺 碑銘 幷序」, 『雷淵集』 권19, 비명.
23) 남유용은 李縡의 문인이며 영의정 南公轍(1760~1840)이 아들이다. 남유용은 정조가 된 세손을 세살 때 무릎에 앉혀놓고 글을 가르쳐 당대에 문명이 높았다. 안순태, 「雷淵 南有容의 삶과 한시」, 『한국한시 작가연구』 17, 한국한시학회, 2013, 31쪽.
24) 황인규, 「선각국사 도선과 비보 사찰」, 황인규·김상영, 『선각국사 도선』, 영암군, 월출산도선국사연구소, 2007.
25) 동계 경일, 「神魚山 白蓮庵記」, 『동계집』 권2, 기.

사적을 지어달라는 요청으로 지은 것이다.[26] 같은 기문에 '이 사찰 역시 관기와 각료, 지혜 등 세 사람을 만났을 때 지어지고 흥성했으며 영화로웠고 성대하였다.'[27]라고 하여 창건주 관기를 드높였다. 관기의 성스러운 자취를 싣고 있는 지지(地誌)에 의하면 '신라 때 관기·도성 두 고승이 있어 같이 포산의 남과 북에 숨어 지냈는데, 십여 리를 떨어져 지냈지만 서로 자주 만났다.'[28]라고 했다. 아마도 승려 경일이 승려 일연의 『삼국유사』를 인용하였던 듯하며,[29] 이러한 내용은 후세에도 전승되어 기록되었다.[30]

그 후 고려시대 용흥사의 존재는 다음의 사료에서 알 수 있다.

그 후에 병화를 여러 번 거치면서 불타 없어진 지 오래되었다. 그러다가 도인인 각료와 단인 곽항이 다시 일으켜 세우고 이름을 바꾸어 요항사라 했다. 그 두 사람의 이름을 취한 것이며 이름이 알려진 것은 고려시대였다.[31]

승려 지혜가 중창한 시기는 임진왜란 직후이므로 200년 전의 시기다. 사찰을 중창하여 승려 각료와 신도 곽항의 이름을 따서 요항사라고 하였던 것이며, 용흥사의 암자인 각료암은 승려 각료가 창건한 듯하다.

한편 고려 명종대에 용흥사의 존재를 알려주는 유물인 향완이 있다. 일본에 있는 대정 4년명 백월암 향완에 이어 국내에 유존하는 향완으로서는

---

26) 東溪 敬一(1636~1695), 「毖瑟山 龍興寺 事蹟記」, 『東溪集』 권3, 기.
27) 위와 같음.
28) 위와 같음.
29) 『삼국유사』 권5, 피은8, 包山二聖.
30) 『신증동국여지승람』 권27, 경상도 현풍현 고적 포산 ; 金鎭圭(1658~1716), 「毖瑟山 湧泉寺 古蹟記」, 『竹泉集』 卷6, 記 ; 李萬敷(1664~1732), 「琵瑟」, 『息山先生別集』 卷4, 地行附錄 ; 任守幹(1665~1721), 「琵瑟山 龍淵寺記」, 『遯窩遺稿』 卷3, 記 ; 獅巖采永, 『新維袒師』, 「西域 中華 海東佛祖源流」 ; 정약용(1762~1836), 『大東禪敎考』, 『與猶堂全書補遺』.
31) 東溪 敬一(1636~1695), 「琵瑟山 龍興寺 事蹟記」, 『東溪集』 권3 기 ; 南有容(1698~1773), 「昌寧縣 龍興寺 碑銘 幷序」, 『雷淵集』 권19, 비명.

최고의 것이다.

> 대정 17년 정유년(명종 7, 1177) 6월 8일에 법계의 산 자와 죽은 자 모두 보리를 증명할 것을 발원하면서 청동함 은향완 1부를 주조하여 만들었다. 무게가 8근(斤)이 된다. 동량은 도인 효초, 통강주 등이 삼가 지성을 발(하여 특별히 수희자 사문(隨喜者射文)을 지었다.32)

향완의 하대 안쪽 면에는 '창녕 북면 용흥사'라는 명문이 점각되어 있어서 본래 창녕군에 있는 용흥사의 물품이었던 것으로 보인다. 명문에 의하면 1177년(명종 7) 승려 효초, 통강주 등이 발원하여 8근이나 되는 청동함 은향완을 주조하였다. 효초는 다음 기문에 나오는 인물이 아닐까 한다.

> 탑을 세운 것은 도인 효초와 문소 등이다. 그들이 서로 말하기를 '절에 탑이 없을 수 없다.'라고 하고는, 공인을 모으고 재물을 층 탑을 만들어서 대전 앞에 세웠으니, 그때가 바로 태정 28년 무신년33)이었다.34)

고려말에 요항사라는 이름으로 있었는데 임진왜란시 왜구의 병화를 입어 불타버리고 나한전만이 풀섶 아래 파묻힌 채로 황폐하게 홀로 남아 있었던 것으로 추정된다. 1614년(광해군 6) 여름에 승려 지혜가 요항사 터를 보고

---

32) 황수영, 「고려 청동은 입사향완의 연구」, 『불교학보』 제11집, 동국대학교 불교문화연구소, 1963 ; 허흥식, 『한국금석전문』 중세 하, 아세아문화사, 1984. '大定十七年丁酉六月八日 法界生亡空增菩提之願 以鑄成 靑銅含銀香埦 一副重八斤印 棟樑道人孝初 通康柱等 謹發至誠特造隨喜者 敢文底面.' 하지만 표충사 청동 은입사 향완이 언제 어떠한 연유로 창녕 용흥사에서 밀양 표충사로 흘러오게 되었는지에 대해 명확하게 밝혀주는 자료는 없다.
33) 太定 28년 무신년은 연표에 나오지 않는다. 오자가 있는 듯하다. 태정은 金의 연호인 大定이 아닐까 한다.
34) 奇巖 法堅(1552~1634), 「金剛山 楡岾寺 重修塔記」, 『奇巖集』 卷3, '建塔者 道人孝初文素等相謂曰 有寺而不可無塔 於是鳩工聚財 以靑石造十三層塔 立于大殿前 卽太之二十八年戊申歲也.'

개탄하여 중창을 20여 년간 하였는데 오래된 바라(鉢菜)를 절 터에서 발견하였는데 '용흥'이라고 새겨져 있어 이를 보고 비로소 옛 이름인 용흥사를 회복하였다.

조선전기부터 임진난까지 용흥사의 존재 양상에 대해서 크게 알려진 바 없다. 조선초 태종과 그의 아들 세종의 불교 탄압 시책은 역사상 가장 심했다. 여러 고을의 자복사를 정할 때 창녕의 연화사가 선정되고 있을 뿐이다.35)

3. 조선 중·후기 용흥사의 중창

용흥사는 임진왜란 이후 광해군대에 중창되기 시작한다. 1614년(광해군 6) 여름에 이르러 절 터에 초가집을 짓고 승려 지혜를 중심으로 중창을 하기 시작하였다. 마침 용흥사가 새겨진 바라(鉢菜) 한 짝이 발견되어 용흥으로 그 절의 편액을 고치고 나한전 기둥의 구부러진 곳을 고치고 온전한 기와로 바꾸고 빠진 곳을 기우고 16나한을 비호하였다. 지혜가 안선지당(安禪之堂)을 건립하고 승려 선오에게 권하여 모연의 책임자가 되도록 하여 20여 년간 계속하였다. 그리하여 8곳의 당과 6곳의 전, 6곳의 요가와 2곳의 실(室), 2곳의 문과 1곳의 종루가 있으며 5곳의 암자를 지었다. 이어서 목욕간과 곳간 부엌, 마굿간에 종과 북, 그릇과 보물이 갖추어지게 되어 큰 가람의 형세를 이루었다. 그리하여 관기와 각료, 지혜 등 세 사람을 만났을 때 지어지고 흥성했으며 영화로웠고 성대하였다. 대중이 많이 모이고 수백 개의 건물들이 경영되어 사람들이 좋아했다고 한다.36)

---

35) 『태종실록』 권14, 7년 12월 2일(신사), 議政府請以名刹 代諸州資福 從之 ··· 於是 諸州資福寺 皆代以名刹 曹溪宗 ··· 昌寧蓮花寺.'
36) 東溪 敬一(1636~1695), 「琵瑟山 龍興寺 事蹟記」, 『東溪集』 권3, 기 ; 南有容 (1698~1773), 「昌寧縣 龍興寺 碑銘 幷序」, 『雷淵集』 권19, 비명.

그 후 1631년(인조 9)부터 1651년(효종 2)까지 승려 사경, 성오, 신종, 선주, 계훈, 석륜, 옥령, 홍인, 홍연, 도신 등이 대웅전을 비롯해 서상실과 양로당 등을 7차례 이상 중수하였다. 발굴조사에 의하면 용흥사의 터에서 조선시대의 축대 7기, 건물지 7기, 담장지 5기, 적심, 초석, 기단열 등이 발굴되었다. 조선시대의 연화문 수막새편, 당초문 우설형 암막새편, 중호문 기와편, 분청 사기편, 백자편, 상평 통보 등이 출토되었다. 그 가운데 '숭정 8년 을해 4년(1635년, 인조 13)'명 막새편과 분청 사기편 백자편 등이 출토되었는데, 이는 1635년(인조 13) 성오가 대웅전을 지었을 때를 지칭하는 것으로 보인다. 그리고 숙종대 주지 종혜와 엄공37)과 승려 성진 등이 만월당 청운당 극락전과 담장, 불이문과 금강문 등을 중수하였다.

1688년(숙종 14)에 이르러 용흥사는 장랑 네 채(영월·홍하·관세·채운)와 불이문과 금강문이 건축되었고 세간의 도구와 쇠북 등 갖가지가 구비되어 강좌의 총림이 되었던 것이다.38) 그 전인 1681년(숙종 7)에 경일이 용흥사에 와서 머물렀다. 1683년(숙종 9) 여름에 용흥사 승려들의 부탁을 받고 사적을 기록하였고 1691년(숙종 17)에도 낭사를 지으면서 용흥사 주지인 엄공의 요청을 받고 기문을 작성하였다.39)

그 무렵 창녕 출신 문인 윤우갑(1659~1720)이 모친상을 당한 후 벼슬을 버리고 1705년(숙종 31)에 죽림재를 짓고40) 살면서 용흥사 관련 시를 남긴

---

37) 翠微 守初(1590~1668), 「寄嚴師」, 『翠微大師集』 五言古風 ; 동계 경일이 수초에게 올린 시가 전하고 있다. 동계 경일, 「次任承旨有後贈翠微韻」, 『동계집』 권1, 오언율시.
38) 東溪 敬一(1636~1695), 「琵瑟山 龍興寺 事蹟記」, 『東溪集』 권3 기. 수많은 수도승이 속세로 떠나 탁발과 고행을 하고 돌아오는 길에 안심동 입구에서 속세의 먼지와 땀을 拂衣臺 바위에서 깨끗이 씻고 목욕재계했던 넓적한 바위가 있었다. 그곳에 저수지가 만들어져 저수지 못둑앞 길옆에 요요정(樂樂亭) 정자 뜰에 모형 바위로 남아 있다. 현재 요요정은 창녕군과 청도군, 현풍군의 3개군의 유림들이 운영하고 있다. 이 정자는 월곡저수지를 축조하면서 마을 위로 이건하였지만 정자 앞에 위치한 불의대라고 새겨진 큰 바위는 침수되었다. 『경상남도의 민간신앙』, 518~522쪽.
39) 東溪 敬一(1636~1695), 「昌寧縣 龍興寺 創建廊 舍記」, 『東溪集』 권2, 기.
40) 曺兢燮(1873~1933), 「淵谷實紀跋」, 『巖棲集』 卷23, 跋 ; 曺兢燮, 「竹林齋記 甲寅」,

바 있다.[41] 한편 용흥사 터에서 발견된 암각 명문을 살펴보기로 한다.

강희 33년 을해(1694) 2월 (해석 불가) 사심 없이 시주를 점차 크게 쌓으셨다. 가선(대부) 차명룡 부부(가 시주하셨다). 신묘년은 1711(숙종 37) 7월 □일 배움에 임하여 (판독 불가) 왕규 왕보.[42]

위의 명문에서 차명룡 양주는 처사 차명룡과 진사 임재근의 따님 평택 임씨를 가리킨다.[43] 그런 차명룡 부부가 1694년(숙종 20)에 용흥사에 시주하였고 1711년(숙종 37) 경[44]에 용흥사는 건재하였다. '강희 오십이년 계사(1713년, 숙종 39)'명 막새편, 분청사기편, 도가니편, 백자편 등이 출토되었다. 아마 이 무렵 용흥사가 폐사되었다가 바로 중창되었을 것이다. 그런데 항간에는 용흥사가 폐사하여 용흥사 건물의 재목으로 1695년에 이승언과 이장곤, 성안의를 배향한 연암서원을 지었다고 한다.[45] 1868년 흥선대원군의 서원 철폐령시 연암서원이 철폐되었다고 전한다. 창녕박물관의 기단

『巖棲集』권20, 기. 숙종 31년(1705)에 처음 지어졌으나 1914년에 다시 지어졌다.
41) 윤우갑의 본관은 파평이며 파평윤씨 湯佐公의 5세손이다. 그는 창녕 출신으로 字는 任卿, 號는 淵谷이며, 부친은 尹廷坡, 외조부는 順天人 朴宇이다. 1699년(숙종 25) 己卯 식년시에 급제하였으며, 禮佐 丁巳員과 조선 숙종대에 사헌부 감찰을 지냈다. 盧相稷(1855~1931),「通訓大夫 司憲府監察 淵谷尹公墓誌銘 幷序」,『小訥集』卷35, 墓誌銘 ; 尹佑甲(1659~1720),「龍興寺」,『淵谷遺稿』卷1, 詩, '滿山紅葉十分秋 詩興悠然這裏稱 何處細琴聲更切白雲堆下小溪流.' ; 창녕군, 앞의 책, 2004, 317쪽.
42) 암각 명문, '康熙 三十三年 乙亥(1694, 숙종 20) 二月 日 子 築砌 大施主無今將 嘉善車命龍兩主 辛卯(1711, 숙종 37) 七月日 時任學□□ 旺圭 旺步 □□ □□.'
43) 차명룡은 延安車氏 剛烈公派로 아들 車完(1674~1737)은 자가 子仁, 호는 沙村으로 嘉善大夫 龍驤衛 大護軍을 지낸 인물이다.『延安車氏 剛烈公派 世譜』4권, 剛烈公派 外 ;『인연-연안차씨 강렬공파 남산밀 종중』, 화성시·화성문화원, 2013.
44) 車命龍의 아들인 沙村 車完이 1674년에 태어나 1737년(영조 13)에 죽었다. 따라서 신묘년은 1711년(숙종 37)이라고 추정된다.
45) 당산대로 297의 마을회관에 있는 석불 대좌는 성산초등학교(1932~1989) 정문 근처 노인정에 중대석으로 추정되는 석재만 남아 있다. 도난당하기 전에 군청에서 박물관에 옮겨 보관하자고 했는데 마을에서 반대하였고 그 후 도난당했다.

그 후 1631년(인조 9)부터 1651년(효종 2)까지 승려 사경, 성오, 신종, 선주, 계훈, 석륜, 옥령, 홍인, 홍연, 도신 등이 대웅전을 비롯해 서상실과 양로당 등을 7차례 이상 중수하였다. 발굴조사에 의하면 용흥사의 터에서 조선시대의 축대 7기, 건물지 7기, 담장지 5기, 적심, 초석, 기단열 등이 발굴되었다. 조선시대의 연화문 수막새편, 당초문 우설형 암막새편, 중호문 기와편, 분청 사기편, 백자편, 상평 통보 등이 출토되었다. 그 가운데 '숭정 8년 을해 4년(1635년, 인조 13)'명 막새편과 분청 사기편 백자편 등이 출토되었는데, 이는 1635년(인조 13) 성오가 대웅전을 지었을 때를 지칭하는 것으로 보인다. 그리고 숙종대 주지 종혜와 엄공37)과 승려 성진 등이 만월당 청운당 극락전과 담장, 불이문과 금강문 등을 중수하였다.

1688년(숙종 14)에 이르러 용흥사는 장랑 네 채(영월·홍하·관세·채운)와 불이문과 금강문이 건축되었고 세간의 도구와 쇠북 등 갖가지가 구비되어 강좌의 총림이 되었던 것이다.38) 그 전인 1681년(숙종 7)에 경일이 용흥사에 와서 머물렀다. 1683년(숙종 9) 여름에 용흥사 승려들의 부탁을 받고 사적을 기록하였고 1691년(숙종 17)에도 낭사를 지으면서 용흥사 주지인 엄공의 요청을 받고 기문을 작성하였다.39)

그 무렵 창녕 출신 문인 윤우갑(1659~1720)이 모친상을 당한 후 벼슬을 버리고 1705년(숙종 31)에 죽림재를 짓고40) 살면서 용흥사 관련 시를 남긴

---

37) 翠微 守初(1590~1668), 「寄嚴師」, 『翠微大師集』 五言古風 ; 동계 경일이 수초에게 올린 시가 전하고 있다. 동계 경일, 「次任承旨有後贈翠微韻」, 『동계집』 권1, 오언율시.
38) 東溪 敬一(1636~1695), 「琵瑟山 龍興寺 事蹟記」, 『東溪集』 권3 기. 수많은 수도승이 속세로 떠나 탁발과 고행을 하고 돌아오는 길에 안심동 입구에서 속세의 먼지와 땀을 拂衣臺 바위에서 깨끗이 씻고 목욕재계했던 넓적한 바위가 있었다. 그곳에 저수지가 만들어져 저수지 못둑앞 길옆에 요요정(樂樂亭) 정자 뜰에 모형 바위로 남아 있다. 현재 요요정은 창녕군과 청도군, 현풍군의 3개군의 유림들이 운영하고 있다. 이 정자는 월곡저수지를 축조하면서 마을 위로 이건하였지만 정자 앞에 위치한 불의대라고 새겨진 큰 바위는 침수되었다. 『경상남도의 민간신앙』, 518~522쪽.
39) 東溪 敬一(1636~1695), 「昌寧縣 龍興寺 創建廊 舍記」, 『東溪集』 권2, 기.
40) 曺兢燮(1873~1933), 「淵谷實紀跋」, 『巖棲集』 卷23, 跋 ; 曺兢燮, 「竹林齋記 甲寅」,

바 있다.[41] 한편 용흥사 터에서 발견된 암각 명문을 살펴보기로 한다.

강희 33년 을해(1694) 2월 (해석 불가) 사심 없이 시주를 점차 크게 쌓으셨다. 가선(대부) 차명룡 부부(가 시주하셨다). 신묘년은 1711(숙종 37) 7월 □일 배움에 임하여 (판독 불가) 왕규 왕보.[42]

위의 명문에서 차명룡 양주는 처사 차명룡과 진사 임재근의 따님 평택 임씨를 가리킨다.[43] 그런 차명룡 부부가 1694년(숙종 20)에 용흥사에 시주하였고 1711년(숙종 37) 경[44]에 용흥사는 건재하였다. '강희 오십이년 계사(1713년, 숙종 39)'명 막새편, 분청사기편, 도가니편, 백자편 등이 출토되었다. 아마 이 무렵 용흥사가 폐사되었다가 바로 중창되었을 것이다. 그런데 항간에는 용흥사가 폐사하여 용흥사 건물의 재목으로 1695년에 이승언과 이장곤, 성안의를 배향한 연암서원을 지었다고 한다.[45] 1868년 흥선대원군의 서원 철폐령시 연암서원이 철폐되었다고 전한다. 창녕박물관의 기단

『巖棲集』권20, 기. 숙종 31년(1705)에 처음 지어졌으나 1914년에 다시 지어졌다.
41) 윤우갑의 본관은 파평이며 파평윤씨 湯佐公의 5세손이다. 그는 창녕 출신으로 字는 任卿, 號는 淵谷이며, 부친은 尹廷坡, 외조부는 順天人 朴宇이다. 1699년(숙종 25) 己卯 식년시에 급제하였으며, 禮佐 丁巳員과 조선 숙종대에 사헌부 감찰을 지냈다. 盧相稷(1855~1931), 「通訓大夫 司憲府監察 淵谷尹公墓誌銘 並序」, 『小訥集』卷35, 墓誌銘 ; 尹佑甲(1659~1720), 「龍興寺」, 『淵谷遺稿』卷1, 詩, '滿山紅葉十分秋 詩興悠悠這裏稠 何處細琴聲更切白雲堆下小溪流.' ; 창녕군, 앞의 책, 2004, 317쪽.
42) 암각 명문, '康熙 三十三年 乙亥(1694, 숙종 20) 二月 日 子 築砌 大施主無今將 嘉善車命龍兩主 辛卯(1711, 숙종 37) 七月日 時任學□□ 旺圭 旺步 □□ □□.'
43) 차명룡은 延安車氏 剛烈公派로 아들 車完(1674~1737)은 자가 子仁, 호는 沙村으로 嘉善大夫 龍驤衛 大護軍을 지낸 인물이다. 『延安車氏 剛烈公派 世譜』4권, 剛烈公派 外 ; 「인연-연안차씨 강렬공파 남산밑 종중」, 화성시·화성문화원, 2013.
44) 車命龍이 아들인 沙村 車完이 1674년에 태어나 1737년(영조 13)에 죽었다. 따라서 신묘년은 1711년(숙종 37)이라고 추정된다.
45) 당산대로 297의 마을회관에 있는 석불 대좌는 성산초등학교(1932~1989) 정문 근처 노인정에 중대석으로 추정되는 석재만 남아 있다. 도난당하기 전에 군청에서 박물관에 옮겨 보관하자고 했는데 마을에서 반대하였고 그 후 도난당했다.

갑석, 옥개석 2기, 탑신석 1도 용흥사지 석탑 부재로 추정한다. 연암서원이 1780년(정조 4) 복원시나 한국전쟁 후 1955년 복원 때로 추정된다.[46] 또한 창녕 금호재는 금헌 이장곤(1474~1519)을 제향한 건물인데, 1996년에 용흥사의 부속 건물로 금호재를 보수했다고 한다.[47]

실제로 영조대 편찬된 읍지인 『여지도서』 하에 용흥사가 새롭게 추가 기록되고 있다.[48] 여암 신경준(1712~1781)의 『가람고』 경상도 창녕조에 용흥사는 비슬산에 있다고 강조되었다.[49] 18세기에 제작된 「광여도」와 「해동지도」(1724년),[50] 「지승」, 「동여도」, 「창녕군 읍지」 등에 기록이 찾아지고 있다.

뇌연 남유용(1698~1773)의 「창녕현 용흥사비명 병서」에 의하면 1747년(영조 23)에 용흥사의 사적을 기록하였다.[51] 1614년(광해군 6) 경 지혜가 용흥사를 중창한 후 100여 년 지난 시기인 1714년(숙종 40) 무렵에 비슬산 동남쪽 우뚝한 대가람으로 발돋움하였다는 것이다. 그리하여 1747년(영조 23)에 승려 체심과 청흡 등이 비를 세우려고 그의 제자 혜등을 남유용에게 보내 용흥사의 비명을 짓게 하였다. 이에 의하면 1714년(숙종 40) 무렵부터 1747년(영조 23)에 용흥사는 건재하였던 것이다.

---

46) 용흥사 터와 관련된 승탑은 2003년 12월에 현 위치로 옮겨졌다. 승탑 지대석을 자연석으로 두었다고 하나 현재 원형 치석재로 교체되어 있다. 대좌는 후보하였으며 종형 탑신 상부에 연봉형 보주를 올린 조선후기의 부도로 탑신에 왕연당강지대사(旺淵堂 禅智大師) 명문을 새겼다. 본래 위치는 용흥사지로 태풍 매미로 인해 유실된 것을 안심사에 봉안하였다고 한다. 『창녕군지』에 기록되어 있는 부도 1기와 사찰을 수호하는 人面獸身石像 1기, 주춧돌 몇 기를 통도사박물관에서 소장하고 있다.
47) 연화무늬의 공포와 망와에는 "丙午 9월 11일"이라는 명문이 있다. 창녕박물관에 있는 탑신석은 부용정에서 수습된 부재로, 양우주가 모각된 2층 탑신석 부재로 추정된다.
48) 『여지도서』 하, '觀龍寺在縣東二十里火王山南 紫蓮寺 勝地寺俱在火王山而今無 蓮花寺在縣北琵瑟山今無 新增龍興寺在縣北四十里琵瑟山南.'
49) 『가람고』 경상도 창녕, '龍興寺在毗瑟山 縣北四十里.'
50) 『海東地圖』 古大4709-41-v.1-8,
51) 南有容(1698~1773), 「昌寧縣 龍興寺 碑銘 幷序」, 『雷淵集』 권19, 비명.

또한 1728년(영조 4)에 화사 의균이 대구 동화사에서 조성한 「삼장보살도」와 「지장시왕도」 화기에도 용흥사가 찾아진다. 용흥사 화사 의균은 1728년(영조 4) 창녕 용흥사 「아미타설법도」와 동시에 대구 동화사에 조성된 「삼장보살도」와 「지장시왕도」에서는 각각 대시주와 화주로만 참여하고 있다.52)

1728년에 진행된 대구 동화사 불화 조성은 17세기 말부터 동화사를 기반으로 성장한 의균과 팔공산 화파의 불사이다. 동화사 「삼장보살도」는 1728년(영조 4)에 동화사 대웅전의 중단탱으로 조성되었다. 의균과 명찰 등이 불화 제작에 필요한 재원을 마련하고, 쾌민, 체환, 체준, 굉원, 법징, 새정, 지성 등 모두 7명 승려 화원이 제작했다. 1728년에 진행된 불화 조성은 동화사뿐만 아니라 경주 거동사, 신령(현 영천) 수도사와 영지사, 청도 운문사, 창녕 용흥사에 봉안할 18건의 불화를 동시에 제작하는 대규모의 불사였다.53) 또한 의균은 창녕 용흥사 「아미타설법도」도 제작하였다. 대구 동화사 「삼장보살도」와 같은 해인 1728년에 제작된 대구 동화사 「지장시왕도」도 화사 의균과 주변 화승들이 함께 제작한 불화이다.

당시 함께 조성된 「지장시왕도」의 화기에 수화승 쾌민과 보조승으로 체환, 체준 등 7명의 화승이 참여하였다.54) 이 불화에 관한 '창녕 용흥사 조경 극행비구' 기문에 등장하는 용흥사 승려 조경은 관룡사 승려 월하 조안과 도반일 가능성이 있다.55) 승려 극행에 대해서는 충허 지책(1721~

---

52) 문화재청·불교문화재연구소, 앞의 책, 111쪽, '畵記 雍正六年戊申八月日 大丘八公山 桐華寺 大雄殿 靈山會幀 三藏會幀 … 昌寧 龍興寺 彌陀會幀.'
53) 이용윤, 「화승 義均의 불화 조성과 사명 문중의 불사」, 『불교미술사학』 28, 2019, 508쪽.
54) 문화재청·불교문화재연구소, 앞의 책, 2007, 111쪽, '대구 동화사 지장시왕도 畵記」, '雍正六年戊申八月日 冥府會幀 畢功安 八公山桐華寺施主 芳名開列于后 … 昌寧 龍興寺 祖瓊 克行比丘 貫謹 玄風瑜伽寺 雪根比丘.'
55) '관룡사 사적기」에 '己酉(1729년) 大禪師祖安合衆願作靈山殿 畵如來八相造佛象以奉之.' '관룡사 대웅전 지장시왕도」에 '산중대덕 祖安', '月河堂大師祖安塔 乾隆 六年 (1741년) 辛酉 4月 日.'

1785), 「중수중암경편기(重修中菴更扁記)」, 『충허대사집』 권1에 보이는 동일 인물로 추정된다.

한편 밀양 표충사 봄가을 중순에 드는 정(丁)자 날의 제향에 용흥사 승려도 참여하였다.[56]

○ 용흥사의 표충사 제향
(문화재청·불교문화재연구소, 앞의 책, 2007에 의하되, 쪽수를 표기).
1749년(영조 25) 경자 구월 일 시향관 통정 선일(善一)(423쪽)
갑술(1754년, 영조 30) 3월 순행(順行)(488쪽)
기묘(1759년, 영조 35) 3월 수한(守閑)(499쪽)
갑자(1804년, 순조 4) 9월 가선(嘉善) 지연(智演)(517쪽)
경오(1809, 순조 9) 3월 강성(江性)(542쪽)
경오(1810년, 순조 10) 9월 가선(嘉善) 보관(普寬)(544쪽)
임신(1812년, 순조 12) 9월 용파 도주(龍波 道周)(549쪽)
계유(1813, 순조 13) 3월 가선(嘉善) 승통 지연(智演)(551쪽)
계유(1813, 순조 13) 9월 승장(僧將) 두기(斗箕)(552쪽)

서원에서 춘추 제향은 2월과 8월 중정일에 거행했고 밀양 표충사는 유교의 예를 따랐다.[57] 창녕 용흥사 승려인 선일은 『염불보권문』 해인사판 개간 시주질 연판을 민초, 총윤, 총성과 함께한 인물이다.[58] 순행은 1724년(경종 4) 8도도총섭 가선 송암 상능, 상봉 정원의 제자인 낙임 의눌(1666~

---

56) 불교사회연구소, 호국불교사찰 자료집, 『밀양 표충사(表忠祠)』, 2014, 316쪽, '祭享日字 春秋中丁設行爲乎矣.' 여기서의 쪽수는 『밀양 표충사』의 면수를 말한다.
57) 松雲, 『奮忠紓難錄』 附錄 2, 「備局 甘結關」; 이철헌, 「표충사 춘추제향을 통해 본 승려의 직책과 역할-밀양 표충사와 해남 표충사를 중심으로」, 『불교학보』 77, 2016 ; 이철헌, 「표충사 춘추제향의 역사와 설행-밀양 표충사와 해남 표충사를 중심으로-」, 『한국불교학』 76, 2015.
58) 『念佛普勸文』 海印寺板 開刊, 시주질과 간기, 1776년(정조 즉위년) 3월, '鍊板-萬初, 揚允,揚性,善一.'

1737)59)이 총괄한 『자기산보문』에 의하면 전 함질(前啣秩) : 쌀 6말을 시주한 사람(전 승통 가선 순행)과 같은 인물이다.60) 수한은 설암 추붕(1651~1706)의 『설암난고』를 1712년(숙종 38)에 강원도 고달산 보현사에서 간행할 때 불사에 참여한 인물이다.61) 설허 지연(1728~1812)은 연파 아함 혜장(1772~1811)의 손제자이고 화악 지탁(1750~1839)의 6대 법손이다. 지연은 영파 성규(1728~1812), 화운 은철(?~1864)의 제자로서 정허 휴정의 법맥에 속하는 선사이며, 후일 대둔사 무량회를 복원한 청봉 세영(1855~?)에게 구족계를 준 계사로, 조정으로부터 총섭을 제수받았다.62) 보관은 역산 선영(1732~1880)의 『역산집』 권하에 보이는 인물이다.63) 용파 도주는 호암 체정의 법제자이다.64) 도주는 1757년(영조 33) 통도사 문수전을 중창할 때, 1775년(영조 51) 통도사 8상 탱화를 봉안할 때와 만세루를 중창할 때에도 참여하였다. 1768년(영조 44) 창녕 극락암의 원통전을 중수하고 「극락암 원통전 중창기」와 「월하당 영각 겸위답기」의 기문을 지었다.

그 후 용흥사는 영조 이후 정조 및 순조, 고종대의 사지류에도 그 존재가 보이고 있어 건재하였다. 예컨대 1799년(정조 23)에 편찬된 『범우고』에도 보이고 있다.65) 조선후기 억불시책은 강화되어 사원에 대한 침탈이 계속되

---

59) 申維翰(1681~1752), 「洛巖大師碑銘」, 『靑泉集』 卷5, 碑(1752), '受戒于黃岳山慕雲言公 二十八得法于龍門山霜峰源公.'
60) 『仔夔文節次條列』, 施主秩 及 刊記, '校正 前啣秩 六斗米施 前僧統嘉善順行.'
61) 雪巖 秋鵬(1651~1706), 『雪巖禪師亂藁』, 刊記 '歲維康熙五十一壬辰(1712년,숙종 38) 四月 日 江原道伊川高達山刊 同門七卷刊板合實于香山普賢寺 主幹弟子碧虛圓照 … 幹事助緣 … 比丘守閑 比丘.'
62) 梵海 覺岸(1820~1896), 「化運禪師傳」, 『동사열전』 권4 ; 범해 각안, 「淸峯禪伯傳」, 『동사열전』 권6 ; 草衣意恂(1786~1866), 『一枝庵文集』 부록, 「受大乘戒者曰」, 1890.
63) 櫟山 善影(1732~1880), 「釋王寺 泛鍾閣 重修記」, 『역산집』 권하.
64) 사암 채영, 「喚惺法嗣虎巖派」, 『해동불조원류』, '淸虛下第五世 虎巖淨嗣 六世 燕海廣悅 萬化圓悟 楓嶺普印 靑峰巨岸 靈谷永愚 瑞雲時演 雪坡常彥 龍坡道周 蓮潭有一已上 九.' 九鳳 知和, '구봉지화 스님, 용파 도주 스님을 형찬하다.', '喚惺之採 虎巖之十 환성의 법손이요,호암의 법자이니.'
65) 『梵宇攷』 卷1, 慶尙道 昌寧 寺刹, '新增 龍興寺 : 毗瑟山에 있다' ; 『增補文獻備考』 권22, 여지 10 산천, '昌寧龍興寺 洞入洛東江.'

고 있었다. 승려와 사원은 국가 공인의 승역인 지역을 부담하는 외에 지방 관부 및 향촌 세력층에 대하여 잡역을 부담함으로써 한층 피폐해갔다.[66] 견역에 관한 기록을 살펴보면 통도사의 경우 환성 지안의 주도로 1728년(영조 4) 6월에 통도사 부역을 견감하여 쓴 「통도사 견역 복구비 서」가 대표적이며, 이후에도 여러 차례 있었다.[67] 황선(1682~1728)은 경상도 관찰사로 1727년 5월 29일 부임하여 이듬해 4월 의문의 죽음을 맞이하였는데,[68] 박문수(1691~1756)가 경상감사로 부임하여 견감되었다.[69] 이러한 상황 속에 1788년(정조 12) 이후 성균관에 청도의 적천사와 곤양의 다솔사 등은 매년 흰종이 50권을 바치도록 하였다.[70]

4. 나가는 말

용흥사(지)는 창녕 비슬산 지역의 중요 사찰 가운데 하나였으나 현재는 폐사되었다. 용흥사에 관련된 문헌자료는 조선후기 승려 벽암 각성의 문도인 동계 경일(1636~1695)의 기문 2건과 뇌연 남유용(1698~1773)의 기문 등이 전하고 있다. 이 문헌기록에는 간략한 창건 이후, 임진왜란 이후, 특히 숙종과 영·정조대의 중창 및 폐사 사실 등이 기록되어 있을 뿐이다. 하지만 창녕 용흥사의 경우처럼 조선후기의 연혁 사실이 상세하게 전하고

---

66) 蠲役은 군역이나 부역을 가볍게 덜어 주게 되는데, 이에 대한 공문이 자주 찾아진다. 예컨대 「紙役을 폐지해 달라고 올리는 소(癈紙上疏)」(묵암최눌). 여은경, 앞의 글, 1986, 52쪽.
67) 議典, 「德嚴大師 雜役 革罷 有功記」; 義淳, 「德嚴堂 蕙璟 紙役 革罷 有功碑」.
68) 『영조실록』 권11, 3년(1727) 5월 29일(갑신); 『승정원일기』 영조 4년(1728) 4월 17일(정유).
69) 『승정원일기』 영조 4년(1728) 4월 14일(갑오); 『비변사등록』 영조 3년(1727) 10월 22일; 황인규, 「조선후기 순교승 환성지안」, 『선학』 63, 2022, 19~20쪽.
70) 『春官通考』 卷34, 吉禮, 成均館, 成均館折受, '慶尙道淸道磧川寺·昆陽多率寺·昌寧龍興寺 每年白紙五十卷 晉州白泉寺 白紙五十卷 全羅道泰仁靈泉寺白紙五十卷.'

있다는 점에서 한국 사찰의 역사에서 매우 주목된다.

　용흥사의 창건에 대해서는 선각국사 도선의 창건설이 있으나 도선을 추념하면서 가탁한 것이며 신라의 고승 관기에 의하여 창건된 것으로 보아야 할 것이다. 관기는 고려 원 간섭기 고승 보각국사 일연이 비슬산에 머물면서 기록을 남긴 승려이다. 용흥사는 비슬산 불교 문화권에서 창건되어 관룡사와 더불어 창녕 불교의 중심 사찰이었다.

　그 후 고려시대 용흥사의 존재에 대한 기록으로는 밀양 표충사에 남아 있는 향완의 명문, 즉 1177년(명종 7) 승려 효초 등이 발원하여 8근이나 되는 청동함 은향완을 주조하였다는 것이 유일하다. 고려말 도인인 각료와 단사인 곽항이 중창하여 이름을 따 요항사라고 하였다. 조선초 억불시책을 거쳐 임진왜란의 병화를 입어 폐사된 듯하다.

　1614년(광해군 6) 여름에 승려 지혜가 요항사 터를 보고 개탄하여 중창을 20여 년간 하였는데 오래된 바라(鉢菜)를 절 터에서 발견하여 '용흥'이라는 명문을 보고 용흥사로 재창건하였다. 당시 가람의 규모는 8당과 6전, 6요와 2실, 2문과 1루가 있으며 5암자 등을 갖추었다. 그 후 1631년(인조 9)부터 1651년(효종 2)까지 승려 사경, 성오, 신종, 선주, 계훈, 석윤, 옥령, 홍인, 홍연, 도신 등이 대웅전을 비롯해 서상실과 양로당 등을 7차례 이상 중수하였다.

　그리고 숙종대 주지 종혜와 엄공과 승려 성진 등이 만월당과 청운당, 극락전, 불이문과 금강문, 담장 등을 중수하였다. 1688년(숙종 14)에 이르러 장랑 네 채와 불이문과 금강문이 건축되었고 세간의 도구와 쇠북 등 갖가지가 구비되어 낙동강 서편의 총림이 되었다. 그 무렵 문인 윤우갑이 모친상을 당한 후 벼슬을 버리고 1705년(숙종 31)에 죽림재를 짓고 살면서 용흥사에 와서 시를 짓고 남겼다. 용흥사 터에서 발굴된 명문에 의하면 차명룡 부부(兩主)는 1694년(숙종 20)에 용흥사에 시수하였다. 2년 후인 '강희 52년 세사(癸巳, 1713년, 숙종 39)' 명문 막새편 등이 출토되어 그 무렵 용흥사가 폐사되었다가 곧 중창되었던 것 같다. 항간에는 용흥사 건물의 재목으로 연암서원을

1695년(숙종 21)에 지었고 1868년 흥선대원군의 서원 철폐령시 연암서원이 철폐되었다고 전하고 있다. 1780년(정조 4) 연암서원이 복원시(혹은 한국전쟁 후 1955년 복원)로 추정된다. 석불대좌는 성산초등학교 정문 근처 노인정에 중대석으로 추정되는 석재만 남아 있는데 부도로 탑신에 왕연당 강지대사 명문을 남겨 안심사에 소장하고 있다. 『창녕군지』에 기록되어 있는 부도 1기와 사찰을 수호하는 인면 수신석상 1기 등은 통도사 박물관에서 소장하고 있다. 창녕박물관의 기단 갑석, 옥개석 2기 탑신석 1도 용흥사지 석탑 부재로 추정하고 있는데 탑신석은 부용정에서 수습된 부재인 듯하다.

또한 1728년(영조 4)에 화사 의균이 대구 동화사에서 조성한 「3장 보살도」와 「지장 시왕도」에도 용흥사가 찾아진다. 의균은 창녕 용흥사 「아미타 설법도」를 제작하였는데, 같은 해인 1728년 대구 동화사 「3장 보살도」도 제작되었다. 이 불화의 '창녕 용흥사 조경 극행 비구'라는 기문에서 용흥사 승려 조경은 관룡사 승려 월하 조안과 도반일 가능성이 있다. 승려 극행은 충허 지책(1721~1785), 「중수중암경편기」, 『충허대사유집』 권1에 보이는 동일 인물로 추정된다.

용흥사는 조선후기 읍지인 『여지도서』 하에 새롭게 추가 기록되었고 신경준(1712~1781)의 『가람고』 창녕조에서도 그 존재가 확인된다. 그리고 18세기 『광여도』, 『해동지도』(1724), 『지승』, 『동여도』, 『창녕군 읍지』 등에 보인다. 한편 용흥사의 표충사 제향 참사록에 의하면 1749년(영조 25)부터 1813년(순조 13)까지 10여 차례 참여하였다. 창녕 용흥사 승려 선일, 순행, 수한, 설허지연, 보관, 용파도주 등이 밀양 표충사 춘추 제향에 참여하였다. 용흥사는 영조이후 정조 및 순조, 고종대의 지리지류에도 건재하였다. 예컨대 1799년(정조 23)에 편찬된 『범우고』 권1에도 보인다. 의례집 『춘관통고』에 의하면 1788년(정조 12)경 이후 성균관에 매년 흰종이 50권을 바치도록 하였다. 승려 득림은 득찰과 도반으로 인근 용흥사 불사에도 참여하였을 것으로 추정된다. 용흥사는 예조 관문에 의거하여 화령옹주(1753~1821)가 죽은 지 5년 후인 1826년(순조 26년) 영조의 11녀 화령옹주의 방원당으로 삼았다고 한다.

　조선말의 창녕군 읍지류에 의하면 용흥사의 말사로는 심적암, 은적암, 극락암, 각료암, 남암, 북암 등이 있었다. 일제 강점기에 조선총독부「관보」에 주지 임명에 관한 기록이 보이다가 폐사되었다. 용흥사 터는 경남 창녕군 성산면 안심리[대산리] 산 632번지, 창녕현의 북쪽 40리의 비슬산 남쪽에 있다. 용흥사와 부속 암자의 유적유물이 곳곳에 산재되어 있으며 용흥사의 암자인 각료암이 있다. 각료암은 경남 창녕군 성산면 대산리 산42 비슬산에 자리한, 대한불교 조계종 제15교구 본사 통도사의 말사이다. 1909년(융희 3) 창녕군수가 용흥사 주지로 임명한 김전화가 관리하도록 하였으며 사찰 운영은 불향 답 5두를 마을의 목인으로 유지하도록 하였다. 1909년 이래 김전화, 김창섭, 이두권, 박선욱 등이 주지로 취임하였다. 1940년에 중건했다는 현판의 각자(소화 15년)가 남아 있다. 시주 방면판에 의하면 1940년 2월에 중창하였으나 6.25한국전쟁 때 소실되었으며, 1958년 2월에 다시 보수했는데 본전에 산령각을 함축하고 있다.

제3장
북한과 발해의 사찰

Ⅰ. 북한지역 사찰의 역사

1. 들어가는 말

불교가 이 땅에 들어온 이래 우리의 삶은 보다 높은 질적인 향상을 꾀하였으며, 고급 문화를 창조하게 하였다. 고구려를 통해 들어온 불교는 발해로 계승되었으며, 가장 후발 국가로 출발했던 신라는 불교를 국가적으로 공인·수용하여 불교를 중심으로 한 나라를 통합하였으며, 한반도 문화의 원형을 이루게 하였다. 이미 신라 사람들은 아주 오래 전부터 이 땅이 불국토임을 강조하여 7처 가람처 설을 내놓았으며,[1] 그러한 정신의 발현이 바로 현재도 우리가 감히 재현하지 못하는 황룡사 9층 목탑이다.[2] 남한뿐만 아니라 북한도 그러한 정신을 되살려야 한다고 하고 있는 듯하다.[3] 고려

---

1) 『삼국유사』 권3, 흥법3, 阿道基羅 ; 『삼국유사』 권3, 탑상4, 迦葉佛 宴坐石 ; 『신증동국여지승람』 권21, 경상도 경주부 迦葉宴坐石.
2) 『삼국유사』 권3, 탑상4, 皇龍寺 九層塔.
3) 문화보존연구소, 『우리나라 력사유적』, 과학백과사전출판사, 1983, '황룡사 9층탑 복원 모형' 그림을 소개하고 있다.

태조는 수도 개경에 7층 목탑을, 서경에 9층 목탑을 세워 기리고자 하였다. 부처의 이미지를 하고 있는 태조 왕건(상)이 개성 박물관에 보존되어 있고[4] 최근에 남한에 다녀갔다. 동아시아뿐만 아니라 세계의 가장 우수한 문화 유산 가운데 하나인 초조 대장경 경판이 천년 전에 북한 개경 흥왕사에서 제작되어 남한 대구 팔공산 부인사에 보관되었다. 이렇듯 남과 북은 하나였으며, 조상들이 지녔던 '일통 삼한' 의식을 깊이 생각할 때이다.[5]

우리는 북한의 불교 및 사찰에 대하여 얼마나 알고 있는 것일까? 북한의 불교와 사찰에 대하여 무관심연하고 있는 것은 아닌지 자문해야 할 것이다. 고구려 및 발해는 물론이고 고려의 국도인 개경을 중심으로 불교 문화가 전개되었으므로, 북한의 불교 및 사찰 문화는 곧 우리의 역사와 문화이기도 하다. 예컨대 고려의 개경 왕실에서 국가적인 대성인으로 추앙했던 원효와 의상[6]의 화쟁 내지 원융적 정신은 우리 역사의 대표적인 정신이다. 해방 이후 현재까지 남과 북으로 나뉘어 살고 있지만, 남과 북이 하나라는 동체

---

4) 태조 왕건 塑像은 1993년 고려 태조 무덤인 顯陵에서 발굴된 이후 개성 고려박물관 (성균관 건물)에 전시되어 있다고 한다. 951년쯤 조성되어 봉은사 太祖眞殿에 모셔져 있던 왕건상은 고려가 망함에 따라 지금의 숭의전이 있는 고려 태조 왕건의 원찰이었던 경기도 마전군의 仰庵寺로 옮겨졌다. 『태조실록』 권1, 1년 (1392) 8월 13일(임술), '移前朝太祖鑄像于麻田郡.' 다른 고려 국왕 7명과 함께 제사되다가 세종 때 제사 대상이 4명으로 축소되면서 왕건 동상도 주자학적 제례법을 따르려는 세종의 의도에 따라 초상 조각이 나무로 깎은 위패인 木主로 대체되면서 세종 11년에 현릉에 묻혔다. 『세종실록』 권37, 9년(1427) 8월 10일(을축), '有司請高麗太祖影幀三 行兵幀二 六功臣幀六 鑄像一 請埋於太祖陵側 上曰 功臣幀 埋之一處 是無上下之分也 各埋之可也.' ; 『세종실록』 권41, 10년(1428) 8월 1일(경진), '禮曹啓 忠淸道天安郡所藏前朝太祖眞 文義縣太祖眞 文義縣太祖眞及鑄像功臣影子 全羅道羅州惠宗眞及塑像 光州太祖眞 請竝移就留後司 埋於各陵之傍 從之.' ; 『세종실록』 권59, 15년(1433) 2월 12일(병신), '高麗太祖顯陵標石, 以大字特書高麗始祖顯陵 從之.' ; 노명호, 「고려태조 왕건 銅像의 流轉과 문화적 배경」, 『한국사론』 50, 서울대 국사학과, 2004 ; 노명호, 『고려 태조 왕건의 동상』, 지식산업사, 2006.
5) 『삼국사기』 권41, 김유신 열전 상, '삼국을 병합할 마음을 가졌다.'
6) 『고려사』 권11, 숙종세가, 6년(1101) 8월 계사, '元曉와 義湘은 우리나라의 성인이나. 그런데 비문도 시호도 없어서 그 덕이 알려지지 않고 있으므로 나는 심히 유감으로 생각한다. 원효는 大聖和靜國師로, 의상은 大聖圓敎國師로 추증한다. 해당 관청에서는 그들의 살던 곳에 비를 세워 공덕을 새겨 영원히 기념하게 하라.'

대비의 인식이 필요하다.[7)]

하지만 그동안 알려진 북한 사찰의 모습은 진정한 것이라고 보기 힘들다. 현존사찰에 주로 초점이 맞추어져 있으며, 북한의 문화재 정책적 측면에서 불교와 사찰로 간주하였기 때문이다.[8)] 따라서 한국 불교사의 전개라는 측면에서 북한 불교 내지 사찰을 이해하고 연구할 필요가 있다.[9)] 이에 본고는 북한 사찰의 불교사적 의의를 전근대 한국불교사의 전개와 맥락 속에서 각 시대별로 간략히 살펴보고자 한다.[10)]

---

7) 그동안 북한 사찰에 대해서는 일제 강점기 총독부에서 간행한 『조선고적도보』 등의 자료집과 북한에서 펴낸 『불교사찰』, 1989 ; 『불교도들의 참다운 삶』, 2001 ; 『조선의 유적유물도감』, 2001 ; 『조선의 절 안내』, 조선문화보존사, 2003 그리고 남한의 문헌으로는 정태혁, 『북한의 종교』; 한국불교연구원, 『북한의 사찰』, 일지사, 1991 ; 『북한사찰연구』, 한국불교종단협의, 사찰문화연구원, 1993 ; 문화체육부, 『북한지역 종교자료집』, 1994 ; 김상영, 「일제시대 북한지역의 불교실태」, 『승가』 13, 중앙승가대, 1996 ; 신법타, 『북한불교연구』(2000년), 국립문화재연구소, 『북한문화재해설집Ⅱ-사찰건축편』; 『한국사찰』(현대불교미디어센터) 등이 있다. 그리고 최근 조계종 민족공동체 추진본부, 『북한의 전통사찰』, 양사재, 2011(전10권, 타블로이드판 총 2,800여 쪽)등이 간행되었다. 여기서 북한 지역 59개 사찰과 폐사지 6곳 등 65곳을 담았다. 특히 3500여 장의 사진과, 장안사 터, 화장사 터, 마하연 터, 학림사 터, 현화사 터, 신광 터 등 폐사지 모습과 사찰 내부의 불상과 불화를 처음으로 소개하고 있다.
8) 문화체육부, 「제3부 북한의 종교정책과 종교현황」, 『북한지역 종교자료집』, 1994.
9) 남북 간의 불교 교류는 1988년 미국 하와이 대원사의 대원스님 방북이 처음이며, 1989년 당시 동국대 정각원장 법타 스님의 방북이 있었다. 그 후 1999년 진각종 대표단이 방북한 바 있다. 2000년 6.15 남북 정상회담 이후 조계종의 금강산 신계사 복원 불사, 천태종의 개성 영통사 복원 불사 등 불교 교류 협력 사업이 진행된 바 있다.
10) 본고는 대한불교 조계종 민족공동체 추진본부·대한불교 조계종 봉은사 주최가 불기 2555. 9. 22(목), 템플스테이 통합정보센터 3층 문수실에서 개최한 '남북 불교 교류 활성화를 위한 토론회-북한 전통사찰의 어제와 오늘' 학술대회에서 발표한 발제지를 정제한 것이다.

2. 고구려와 발해 사찰

1) 불교의 초전과 고구려 사찰

이미 널리 알려진 바와 같이, 372년(소수림왕 2) 전진(315~394)의 왕 부견(357~385)이 사신과 함께 순도를 보내 불상과 불경을 전한 것이 국가의 공식적인 불교 초전이다.11) 2년 후 374년 창건된 초문사와 이불란사가 한국 사찰의 시초이자 한국 불교의 시작이다. 두 사찰은 고구려의 제2수도인 현재 중국 길림성 남부 집안의 국내성에 있었다.12)

현재 북한 지역뿐만 아니라 한국 최초의 사찰은 불교 전래 초기의 아도화상이 창건하거나 주석했던 도량이다. 평양의 광법사와 영명사가 그 대표적인 사찰이다. 광법사는 '산중에 10여 개의 사찰이 있는데, 그 중 광법사가 가장 크고 오래된 가람이다. 고구려 때 아도화상이 전진의 부견으로부터 와서 불전을 지어 승려가 100을 헤아렸는데 수차 재난을 거치며 열 중에 하나도 남지 않았다.'13)고 한다. 영명사는 「평양부 영명사중건비」에 의하면, '광개토왕 2년 아도화상이 칙령을 받들어 창건했는데 동명성왕 구제궁의 유적지가 있는 까닭에 영명이라 이름을 지었고 성조를 기념했다. 당시의 절은 기린굴 위 지금의 부벽루 서쪽에 있었는데 부벽루는 옛 절의 범종루이다'14)라고 하여 392년 창건되었으며, 아도화상이 머물렀다고 한다. 영명사

---

11) 『삼국유사』 권3, 흥법3, 順道肇麗. 물론 그보다 1세기 이전 불교 초전이 이루어져 1700년 한국 불교 역사가 이어지고 있다.
12) 문명대, 「고구려 초창 불교 사원 '성문사·이불란사'의 고찰」, 『강좌미술사』 10, 한국미술사학회, 1998. 『삼국유사』 고구려 본기나 이를 바탕으로 쓰여진 『해동고승전』에 '초문사가 지금 흥국사이고 이불란사가 흥복사라고 한 것은 착오이다.'고 하였다.
13) 李時桓, 「廣法寺 事蹟 碑銘」, 『조선금석총람』 하, 1116~1118쪽 ; 秋鵬, 「平壤府 大聖山 廣法寺 重修記」, 『雪巖雜著』 권3, 『한국불교전서』, 9-328 상중.
14) 「평양부 영명사 중건비」 ; 『고려사』 권58, 지리지, 북계, '東明王墓 在府東南中和境 龍山 俗號珍珠墓 又仁里坊有祠宇 高麗以時降御押 行祭 朔望亦令其官 行祭 邑人至今有 事輒禱世傳東明聖帝祠 乙密臺 臺在錦繡山頂 臺下層崖之旁 有永明寺 卽東明王九梯宮

의 부속 암자였던 법운암이 현존하고 있다.15)

　고대 최고의 정사인 『삼국사기』에는 375년 소수림왕이 창건한 초문사와 이불란사, 392년(광개토왕 2) 광개토대왕이 창건한 9사16)를 언급하고 있으며, 반룡사17) 등의 기록이 찾아진다. 중흥사는 광개토대왕이 창건한 9사 가운데 하나라고 한다. 반룡사는 보덕화상과 제자들이 주석하며 창건하였던 8소 사찰 가운데 하나였다고 한다. 『삼국유사』에 의하면 요동성과 평양에 영탑사가 있었다고 한다.18) 그리고 연구에 의하면, 국내성 시대에는 국내성 2소, 평양에 9소, 요동성에 1소의 사찰이 있었다고 알려진 바 있다.19)

　현재 북한 지역내 고구려의 사찰은 영탑사, 반룡사, 금동사, 진구사, 대승사, 유마사, 중태사, 개원사, 연구사 등이 있다.20) 그리고 고고학 발굴로

內有麒麟窟.' 최근 북한 사회과학원 역사연구소의 학자들이 평양의 모란봉 청류벽 일대에서 고구려의 시조 동명왕(고주몽)의 기린굴(麒麟窟)을 발견했다고 재일 「조선신보」 평양발 기사에서 보도했다고 한다. 새로 발견된 동명왕의 기린굴은 모란봉의 영명사로부터 200m 거리에 위치한 모란봉 바위 쪽에 있다. '기린굴'이라는 돋우새긴 글자가 있는 장방형의 바위가 놓여있고 그 뒤에 굴이 있었다. 굴은 무너져 형체가 약간 보인다고 한다. 「통일뉴스(http://www.tongilnews.com)」 2011.8.11.

15) 법운암(국보 13호)에 대해서는 다음의 기문이 참고된다.('법운암 불형전답 단월기 적비』) 이러한 고구려 사찰은 후대의 기록이므로, 사실로 받아들이기 어려운 실정이다. 대개의 경우처럼 불교 및 사찰 관련 기록이 영세하기 때문이다. 황해북도 속명사는 528년 4월 아도화상이 처음 절을 세운 후 興寺, 또는 興風寺라고 하였다고 한다. 하지만 그때는 아도화상이 입적한 후이며, 북한의 『조선의 절 안내』에서 지적된 바와 같이 고려시대 창건된 것으로 보아야 할 것이다.

16) 9사가 사찰이 아닐 가능성도 있다는 견해도 있으나(조우현, 「4~5세기 고구려의 불교의 수용과 그 성격」, 『한국고대사 연구』 7, 2001, 71~73쪽) 여기서는 『삼국사기』 권18, 고구려본기6 광개토대왕 2년 8월조의 기록대로 사찰로 보고자 한자.

17) 『삼국사기』 권22, 고구려본기 보장왕 9년(650) 6월, '盤龍寺 普德 和尙以國家奉道不信佛法南移 完山 孤大山.' ; 『삼국유사』 권3, 흥법3, 寶藏奉老 普德移庵.

18) 『삼국유사』 권3, 탑상4, 遼東城育王塔 ; 『삼국유사』 卷3, 탑상4 高麗靈塔寺, 영탑사는 평안남도 평양시 서쪽의 大寶山에 있었던 절이다.

19) 문명대, 위의 글, 38쪽.

20) 양정석, 「고구려의 사원」, 『한국 고대의 Global Pride-고구려』, 통천문화사, 2005, 78~79쪽.

고구려 사원 유적지로 알려진 곳은 대동강 금강사[21]터, 청암리 토성 부근 건물지, 상오리 사지, 평천리 사지, 토성리 사지, 정릉사지,[22] 중흥사지, 영명사지, 낙사지,[23] 원오리 만덕사지(평남 평원) 등이 있다. 북한의 고고학 성과에 의하면, 대왕사[24]와 황해남도 안악군 월정리 쌍계사가 더 있다.

고구려 사찰 가운데 주목되는 것은 영명사와 정릉사이다. 두 사찰은 장수왕이 평양 천도후 건국자 동명성왕 주몽과 관련된 사찰이며, 광개토대왕이 창건한 9사에 속한 절로 알려져 있다. 영명사는 '기 땅의 영명사와 같은 곳은 주몽의 구도였다.'[25]고 하여 주몽의 원찰적 성격을 지니고 있었다. 정릉사는 427년 창건되어 최근 단군릉이 부각될 때까지 동명성왕 왕릉을 수호하는 능침 사찰로서 북한에서 매우 중요하게 간주하였다.[26]

---

21) 『삼국사기』 권19, 고구려본기 7 문자왕 7년(498) 7월, '秋七月創.'
22) 광복 이후 고구려 절로서 가장 규모가 크고 좋은 상태로. 남아있는 절 터가 이 정릉사지라 할 수 있다. 또한 발굴 조사자들의 주장에 따르면 정릉사지가 청암리 廢寺址보다 앞서 창건되었다고 한다. 정릉사지 부근에는 고구려 시대의 고분 및 연못 유적 등이 있어 당시의 고구려인들의 생활상을 밝히는 데도 중요하다. 또한 이곳에는 동명왕릉으로 추정되는 고분이 있어 주목을 끌게 되었고 정릉사와는 불과 120m 정도밖에 떨어져 있지 않다. 국립문화재연구소, 「Ⅱ.북한의 사찰 건축, 1~3 정릉사」, 『北韓文化財解說集Ⅱ-寺刹建築篇』, 1998.
23) 국립문화재연구소, 『북한문화재해설집Ⅱ-사찰건축편』, 1998, 261쪽.
24) 리화선, 『조선건축사』(1), 과학백과사전봉합출판사, 1989, 88쪽 ; 「패엽사, 쌍계사터 조사보고」, 『조선고고연구』 2, 1993, 42~46쪽 ; 양은경, 「북한의 불교사원지 출토 고구려, 발해 불상의 출토지 문제와 계승관계」, 『고구려발해연구』 1, 2008, 201쪽.
25) 『고려사』 권58, 지리지, 북계 ; 張之琬, 「永明寺碑」, 『조선금석총람』 하, 1846년(헌종 12년) 작.
26) 이와 관련하여 현존사찰인 묘향산 보현사와 구월산 월정사, 그리고 구월산 패엽사는 국조 단군과 관련이 깊은 사찰로 조명할 필요가 있다. 그리고 평남 평원의 법흥사는 기자의 원당이었다고 하는데(「법흥산 법흥사 중흥사적 겸불권 전답서」, 『조선사찰사료』 하, 132~146쪽.) 조선후기 箕子신앙의 소산인 듯하다. 법흥사는 조선시대와 일제 강점기를 거치며 평양 영명사와 함께 평안남도 지역을 대표하는 거찰이었다. 임진왜란 때 서산대사가 법흥사를 거점으로 삼아 승군을 일으켜, 명나라 군대와 힘을 합쳐 평양성을 탈환하였던 호국 사찰이다. 6.25전쟁 때 일부 불탔으나 북한이 복구하여 극락전, 장경각, 3화상각, 요사 등이 남아 있다. 장격각은 8만 대장경을 보관하던 주심포식 건물이고, 3화상각은 나옹, 무학, 지공의 세

그리고 평남 평원 법흥사와 평남 평성 안국사(503년 창건설)도 사찰명으로 보아 고구려 시대의 불법과 국가를 진호한 사찰이었던 듯하다. 금강산 4대 사찰로 알려진 장안사, 신계사(519년), 표훈사(670년) 등이 창건되었다. 그 가운데 유점사는 북방 전래시기 보다 매우 앞선 시기에 남방 해양을 통해 불교가 전래되었다는 이야기가 전하고 있다.[27] 즉 원 간섭기 문인 민지(1248~1326)가 유점사의 불교 연기 사실을 언급하면서 '바위 위에 앉아 길을 인도하는 비구니가 있었으니, 그 땅 이름이 니대(尼臺)[28]'라고 하였다. 불교의 한반도 전래 시기보다 무려 수백 년이나 앞선 기원 4년(신라 남해왕 1) 비구니가 유점사에 불교를 전하려고 길을 안내하였다는 것이다. 하지만 조선초 문인 추강 남효온(1454~1492)이 지적한 바와 같이, 현재로서는 신뢰하기 힘든 망설이지만,[29] 우리나라에 일찍부터 금강산 일대에 불교가 유포되었다는 불국토 사상의 표출이라고 하겠다.

그리고 유점사 외에 금강산에 장안사와 정양사[30] 등이 창건되었다고 하지만 장안사는 불교를 공인했던 법흥왕대, 정양사는 660년에 각기 창건되

승려를 봉안한 전각이다.
27) 불교의 북방 전래설은 아육왕탑을 통해서 고증되고 있다. 『석가행적송』, '今此東土 洛陽彭 城扶風蜀郡臨淄 及高麗地 定安金剛山 皆有塔焉 並 有神異又阿育王 敬重三寶 以閻浮提地'; 釋天因, 「天冠山記」, 『동문선』 권68, 기, '남쪽 언덕에 우뚝 서서 두어 길이나 되는 포개진 돌이 있으니, 이것은 西쯔의 阿育王이 聖師의 신통력을 빌려서 8만4천 개의 塔을 세웠는데, 이것이 그 중 하나이다.' 하지만 가야불교(『삼국유사』 권2, 기이, 駕洛國記 ; 『삼국유사』 권4, 金官城婆娑石塔)나 아육왕의 장륙상(『삼국유사』 권3, 탑상4, 皇龍寺丈六) 등의 기록은 남방 해양불교의 전래설을 담고 있다. 유점사의 경우도 다양한 불교문화의 전개라는 측면에서 이해될 필요가 있다.
28) 李穀, 「東遊記」, 『동문선』 제71권 記 ; 『신증동국여지승람』 권45, 강원도 고성군 불우.
29) 남효온, 「遊金剛山記」, 『秋江集』 권5, 記. 그 이전의 시기인 고려후기 문인 최해도 이러한 사실을 지적한 바 있다.崔瀣, 「送僧禪智 遊金剛山序」, 『拙藁千百』 卷1, 「雞林後學崔氏彦明父」 文 ; 『동문선』 권84, 序.
30) 사회과학원 력사연구소, 「Ⅳ. 문화」, 『금강산의 역사와 문화』, 과학백과사전출판사, 1984 ; 고영섭, 「금강산의 불교신앙과 수행전통-표훈사, 유점사, 신계사, 건봉사를 중심으로」, 『보조사상』 34, 2010.

었다.[31] 그리고 금강암(안원왕대), 평남 법흥사, 해주 신광사, 강원도 원산 명적사 등도 창건되었다고 한다.[32]

신라는 최초로 한반도를 통일하여 한국문화의 원형을 이루게 하였는데 불교의 힘이 컸다. 신라의 불교를 공인한 법흥왕 이후 불교식 왕명을 사용하거나 인도 아쇼카왕을 본뜬 진지왕, 진흥왕 등의 전륜성왕 의식이 바로 그것이다.[33] 문무왕이 죽어서도 바다의 용이 될 것이라고[34] 하여 바다에 다비한 이래 많은 왕들이 추종하면서 불교식 의례로 불교의 홍포를 하였다.

그런데 통일 후인 신라 하대 고구려 지역에 창건된 사찰들이 있었다. 즉 함남 고원 양천사(735), 안변 보현사(737), 황남 안악 월정사(846), 황남 패엽사(애장왕 이전) 등이다. 하지만 신라 국경이 대동강~원산만이었으며, 후대의 기록인 점으로 미루어 보아 사실로 받아들여지기 쉽지 않다.

이상에서 살펴보았듯이, 고구려는 한반도 초전 불교지로서 사찰이 세워졌으며, 평양 천도후 건국 시조 동명성왕이나 광개토대왕과 관련하여 창건된 사찰이다. 또한 한국의 명산 금강산 4대 사찰이 창건된 사실도 주목된다. 그리고 6세기경 결사가 최초로 고구려에서 이루어진 사실도 북한 불교뿐만 아니라 한국사에서 매우 중요하다. 즉, 동사(東寺)의 주지 경을 비롯한 승려들과 신도 40인이 (연가 7년명)금동여래상을 조성하였다고 한다. 동사가 어떤 사찰인지 모르지만 최초의 불교 공동체인 결사 정신의 대표적인 본보기로 한국 역사에 계승 전개되었다.[35]

---

31) 이곡, 「金剛山 長安寺 重興碑」, 『稼亭集』 卷6, 碑.
32) 특히 함남 신흥 개심사, 해주 신광사 등을 창건하였다고 하나 역사적 정황으로 보아 사실로 받아들여지기 주저된다.
33) 『삼국사기』 권4, 신라본기 4, 眞智王 1년 8월조 ; 『삼국사기』 卷4, 新羅本紀 4 眞興王. 신라뿐만 아니라 백제(『삼국유사』 권3, 흥법3, 法王禁殺 ; 노중국, 『백제정치사연구』, 일조각, 1988.) 그리고 발해도 역시 그러한 의식을 지니고 있었다. 즉 발해 불교의 발전기인 제3대 문왕의 '大興寶曆孝感金輪聖法大王'이라는 존호에서 文王 스스로 轉輪聖王을 지향하였음을 알 수 있다. 「貞孝公主墓誌」, 국사편산위원회, 『한국고대금석문자료집』Ⅲ, 1995. 여기서도 남북시대 불교문화의 동질성을 찾을 수 있을 것 같다.
34) 『삼국유사』 권2, 기이2, 萬波息笛.

2) 신라 하대 선종 산문과 발해 사찰

　북한에도 신라 하대 선종계 선사들에 의해서 사찰들이 창건되었다. 이미 널리 알려져 있듯이, 신라 하대 선종이 유입되었는데, 불교의 초전이 이방인에 의해 전래되었던 것과는 달리, 우리가 주체적으로 중국을 방문하여 선택적으로 선종을 수용하였다. 선문의 최초 개창자 홍척은 도의의 귀국으로부터 5~6년 뒤에 서당선사의 법을 잇고 흥덕왕 초인 826년경에 귀국하여 지리산에 선문을 개창하였다. 그 무렵 혜철, 혜소, 현욱, 도윤, 범일, 무염 등의 선승들이 마조계의 선법을 받아 줄지어 귀국하여 전국에 9산선문을 개창하여 지방 문화의 중심이 되었다.

　9산선문 가운데 문경 봉림산문의 개창조인 현욱(787~868)이 평북 박천 심원사를 창건하였다고 한다. 특히 고려초 태조의 해동 4무외사(四無畏師)인 이엄(866~932)의 수미산문이 개창되었다.36) 즉 후삼국통일 4년 전인 932년(태조 15) 진철 이엄(870~936)이 제자 처광, 도인 등과 더불어 황해도 해주군 수미산에 광조사를 세움으로서 9산문의 하나가 되었다. 고려의 영토가 대동강에서 영흥만에 그쳤으므로 반도 최북단의 산문이었다. 「묘음사 사적비」(1701년 작)에 의하면, 이엄은 그보다 앞서 923년 묘음사 현암도 창건하였다고 하며, 현존하고 있다. 태조 왕건은 이엄뿐만 아니라 도선(827~898)의 국가비보사찰설을 따라 고려왕조의 불교 시책을 운용 전개했다. 도선이 창건했다는 사찰도 개성 대흥사,37) 개풍 도선사38)와 옥천사,39) 황남 배천

---

35) 「延嘉七年銘 金銅如來 立像」;『역주 한국고대금석문』Ⅰ. 1992, '延嘉七年歲在己未高麗國樂良 東寺主敬弟子僧演師徒人造 賢劫千佛流布第卄九回現 義佛比丘供養.' ; 장충식, 「延嘉七年銘 금동불상 재고」,『동악미술사학』1, 동악미술사학회, 2000.
36) 김두진, 「고려초 사무외사와 수미산문의 개창」,『한국학논총』27, 국민대 한국학연구소, 2005.
37) 任相元, 「天磨山 大興寺記」,『恬軒集』卷28, 記 ;『신증동국여지승람』권4, 개성부 상 산천. 도선은 경기도 개성 천마산 천량봉 아래에 있었던 知足庵에 주석하였다고 한다. 「中京誌-知足庵」,『조선시대 사찬읍지5(경기도)』, 한국인문과학원, 1989.
38) 「中京誌-道詵庵」,『조선시대 사찬읍지5(경기도)』, 한국인문과학원, 1989.

강서사(영은사),40) 황북 봉산 성불사,41) 황북 연탄 심원사, 함남 함흥 개심사 등이 있었다고 한다.42)

고구려가 멸망한 지 30년 후 고구려의 장군 대조영은 고구려 옛 땅(구국)에 발해를 건국하여 이후 남북국시대가 2세기 이상 전개되었다. 발해는 사방 5천리나 되는 영토를 구가하였고 해동성국이라 불릴 만큼 국세가 컸으며,43) 3성 6부 정치체제를 두는 등 황제국 체제를 지향하였다.44) 신라와 마찬가지로 전륜성왕을 자부하는 왕도 출현하여 불교도 흥성했다.45) 하지만 발해의 역사가 그렇듯 불교에 대한 기록도 영세하여 불교 및 사찰의 제 모습을 알기 쉽지 않다.46) 최근 발해 지역의 불상을 비롯한 불교 유물을 통해 신라의 양식과 같은 부류로 밝혀지면서 남과 북의 '남북국 시대'가 전개되었

---

39) 『한국사찰전서』 하, 도선이 만든 도선대가 있으며, 그가 나무를 심은 사찰이라고 전하고 있다. 도선이 풍수학을 펼친 곳이다. 任相元, 「天磨山 大興寺記」, 『恬軒集』 卷28, 記, 西河任相元公輔著.

40) 鄭知益, 「江西寺碑」, 『한국사찰전서』 상. 廣明寺는 도선이 기장을 심은 곳이라고 하며(蔡壽, 「遊松都錄」, 『懶齋集』 권1 ; 『속동문선』 권21), 광제사는 태조 왕건이 도선의 비기에 의해 창건한 사찰이다. 이규보, 「廣濟寺 安宅法席疏」, 『동국이상국전집』 권41.

41) 水月載玄, 「成佛寺 事蹟碑」, 『조선금석총람』 하, 1115~1116쪽.

42) 德壽, 「祝聖閣記」, 『조선사찰사료』 상, 255쪽. 이상의 내용은 황인규, 「도선국사와 비보 사찰」, 『도선국사자료집』, 도갑사, 2007 ; 황인규, 「선각국사 도선의 종풍계승 및 전개」, 『한국선학』 20, 2008 ; 황인규, 『고려시대 불교계와 불교문화』, 국학자료원, 2011.

43) 『구당서』 권219, 北狄 열전 발해.

44) 발해는 3성 6부 등 황제국 정치체제를 우리 역사에서 처음 운용하였다. 고려도 역시 그러했음은 당시 유행했던 고려속요에서 '海東天子 今上陛下 부처님이 돕고 하느님이 도와서 덕화를 펼쳤네.'(『고려사』 권71, 樂志 2 속악.)라는 가사 구절에서 단적으로 알 수 있다.

45) 문왕의 존호가 '大興寶曆孝感 金輪聖法大王'이었다. 송기호, 「발해불교의 전개과정과 몇 가지 특징」, 『가산 이지관스님 화갑기념논총 한국불교문화사상사』 상, 1992.

46) 발해의 승려로는 釋仁貞·釋貞素·薩多羅·載雄과 改心寺 大圓和尙이 알려져 있다. 그들은 모두 9세기 이후에 활동한 인물들이다. 박룡연, 「고고학방면으로부터 본 발해의 불교문화」, 『발해사연구』 4, 방학봉 주, 연변대학출판사, 서울대학교출판부, 1993, 250~252쪽.

다는 사실을 알게 해준다.47)

발해 지역에서 지금까지 40여 사지가 확인되었다.48) 구국(발해 초기 수도 지역) 지역 1, 중경 지역 17, 상경 지역 10, 동경 지역 8, 연해주 지역 5, 남경 지역 2소이다.49) 그 가운데 남경 지역이 북한 지역내에 있었는데, 함경남도 청해토성 내부의 사지, 함경남도 신포시 오매리사지,50) 함경북도 명천군 개심사지 등이 발굴되거나 확인된 바 있다.51)

명천 개심사는 1948년 대웅전 용마루 보수시 발견된 나무함에 '발해 선왕 9년 병오 3월 15일 용강성 석두현 혜성사 금강곡 칠보산 개심사 창건주는 대원화상이다. 목수는 팽가와 석가이다.'52)라는 기문으로, 826년 (발해 선왕 8) 창건되었다는 사실이 입증된 바 있다. 함경북도 현존 사찰 가운데 최대 사찰이다. 그외에도 함남 이원 정광사(운흥암), 평북 태천 양화사도 발해의 사찰이라고 한다. 정광사는 「관성현 대덕산 정광사 사적 실록」에 의하면 '838년(발해 함화 9)에 일신대사가 창건하여 운흥암이라고 하였다'고 한다.53) 또한 양화사는 일명 보국사라고도 하였는데, 「양화사

---

47) 정영호, 「발해의 불교와 불상」, 『고구려 발해연구』 6, 1994.
48) 정영호, 위의 논문, 37쪽.
49) 발해시대의 사지는 대체로 40여 기가 확인되었는데, 첫 도읍지가 있었던 敦化에서는 廟屯寺址 1기, 上京城 안팎에서 10여 기, 中京 일대에서는 高産寺址, 龍海寺址, 仲坪寺址 등 13기, 東京 일대에서는 馬滴達寺址, 新生寺址 등 9기, 南京 일대에서 梧梅里寺址, 開心寺寺址, 그리고 연해주 지역에서도 아브리코스(Abrikos)사지, 코프이토(Kopyto)사지 등 5기가 조사되었다. 그밖에도 西古城과 大城子 고성 등에도 사지가 있었던 것으로 추정된다. 방학봉, 『발해의 불교유적과 유물』, 1998 ; 김지근, 「발해불교의 연구현황」, 『경주사학』 24·25, 2006, 237~238쪽.
50) 함경남도 梧梅里사지는 고구려시대 사원을 그대로 계승한 것이다. 건물 평면은 대체로 長方形을 이루고 좌우에 곁채가 딸린 것이 많다. 方形탑을 두고 3개의 금당을 배치한 1탑 3금당식 평면 배치를 하였다. 김종형, 문일개 역, 「청해토성 및 그 주변의 발해유적」, 『조선고고연구』 1990년 제4기 ; 박룡연, 앞의 논문, 247쪽.
51) 양은경, 앞의 논문, 195쪽 ; 리준걸, 「함경북도 일대 발해유적 유물에 대한 조사보고」, 『조선고고연구』 1986-1, 34쪽.
52) '渤海宣王九年 丙午三月十五日 建用崗城石頭縣海城寺 金剛谷改心寺者 大圓和尙木手 旁錫和釋加' ; 김종형, 위의 논문 ; 박룡연, 위의 논문 ; 임상선, 『발해의 지배세력연구』, 신서원, 1999, 159쪽, 각주 61).

사적기」에 의하면 평안북도 태천군 향적산에 위치하고 있으며, 872년 창건되어 발해의 사찰로 추정되고 있다. 서북 지방에서 묘향산 보현사 다음으로 큰 현존 사찰이다. 양화사 서북쪽 강동면 송북동에는 송림사지가 있고, 동면의 남쪽 장리면 신상동에는 수종사지가 있다.54)

이상에서 살펴본 것처럼 신라하대 선종 선사들이 사찰을 건립하였고 광조사를 중심으로 수미산문이 성립되어 선종이 북한지역까지 확대되었다. 또 신라와 더불어 발해가 남북국 시대의 불교를 전개하였던 것이다.

3. 고려 진전사원과 비보사찰

1) 개경 10대 사찰과 진전사원

태조 왕건은 신라가 9층탑을 세워 삼국을 통일한 정신을 본받아 개성에 7층탑, 평양에 중흥사를 창건하고, 9층탑을 세워 통일의 대업을 이루고자 하였다.55) 고려시대는 개경을 중심으로 하는 전국의 사찰을 비보사찰로 삼아 산문 중심으로 운용하면서 불교문화를 전개해 나갔다. 이는 태조 왕건이 남겼다는 훈요십조에서 밝힌 것에서 알 수 있다. 즉, 태조는 고려왕조가 여러 부처의 힘을 입어 창업되었음을 밝히고, 도선의 설에 따라 산수의

---

53) 「觀城縣 大德山 定光寺 史蹟實錄」, 『조선사찰사료』 하, 331~345쪽. 정광사는 신라 무열왕 때 당나라 승려 明秋가 廣德寺를 창건하였다는 설도 있다. 국립문화재연구소, 「Ⅱ.북한의 사찰 건축, 정릉사」, 『北韓文化財解說集Ⅱ-寺刹建築篇』, 1998, 262쪽.

54) 국립문화재연구소, 「Ⅱ. 북한의 사찰건축 13) 양화사(陽和寺)」, 『북한문화재해설집 Ⅱ-사찰건축편』, 1998, 261쪽.

55) 『고려사』 권92, 최응 열전, '太祖謂凝曰 昔新羅造九層塔 遂成一統之業 今欲開京建七層塔 西京建九層塔 冀借玄功 除群醜 合三韓爲一家.' 중흥사의 위치는 정확히 알려지지 않고 있다. 1010년(현종 1) 11월에 거란병에 의하여 전소되었으며(『고려사』 권4, 현종세가 1년 12월 계축, '丹兵至西京, 焚中興寺塔.') 1051년(문종 5)에 중수하였으나 3월에 공사를 중단하였다.

순역을 추점하여 사찰을 개창하였다고 한다.56) 그리하여 왕건은 철원에서 송악으로 수도를 옮긴 919년(태조 2) 법왕사·왕륜사·자운사·내제석원·사나사·보제사·신흥사·지장사·문수사·□통사의 10대 사찰을 창건하였으며,57) 개경이나 그 주위에 25소의 사찰이 창건되었다.58) 그리고 역대 왕실에서는 궁궐내에 내원당과 정업원을 창건하였고59) 도성 인근에 왕의 위패를 모신 진전사원을 창건 운용하였다.60) 그리하여 개경에는 70여 소의 사찰이 즐비하였다고 한다.61)

그 가운데 법왕사는 연등회와 더불어 국가적인 축전인 팔관회를 주관하였던 사찰이었다. 왕륜사는 태조의 진전사원인 봉은사로 옮겨지기 전까지

---

56) 『고려사』 권2, 태조세가 26년 4월, '其一日 我國家大業 必資諸佛護衛之力 故創禪教寺院 差遣住持焚修 使各治其業.'; 황인규, 「고려 禪補寺社의 設定과 寺莊運營」, 『역사와 교육』 6, 1998 : 황인규, 『고려후기·조선초 불교사연구』, 혜안, 2003.

57) 태조가 창건한 10대 사찰은 『고려사』 권1, 태조세가 2년조에는 법왕사와 王輪寺만이 나오고 있지만, 『삼국유사』 왕력 태조조에는 10사가 모두 기록되어 있다. 광명사·일월사·홍국사·귀산사·개태사는 禪補寺社로 알려져 있다. 이병도, 『고려시대의 연구』, 을유문화사, 1947, 97쪽.

58) 즉, 大興寺(태조 4년), 廣明寺·日月寺(태조 5년), 興國寺·外帝釋院·九曜堂·神衆院(태조 7년), 智妙寺(태조 10년), 龜山寺(태조 12년), 安和禪院(태조 13년), 開國寺(태조 16년), 彌勒寺·賢聖寺·廣興寺·內天王寺·開泰寺(태조 19년) 등이다 ; 김영태, 「고려 개국초의 불교사상」, 『한국사론』 18, 국사편찬위원회, 1988.

59) 내원당과 정업원의 실체에 대해서는 별로 알려진 바 없으나 궁궐내 왕실 불교를 주관하고 불교 시책에 큰 영향을 끼쳤다는 점에서 매우 중요하다. 황인규, 「조선전기 정업원과 비구니」, 『한국불교학』 51, 2008 ; 『조선시대 불교계 고승과 비구니』, 혜안, 2011 ; 황인규, 「고려시대 내원당과 고승-제 기록에 나타난 기사 검토 試攷」, 『보조사상』 37, 2012.

60) 즉, 광종대에 奉恩寺·佛日寺·崇善寺·歸法寺·弘化寺·遊巖寺·三歸寺가, 목종대에 眞觀寺·崇教寺가, 현종대에 重光寺·玄化寺가, 문종대에 大雲寺·大安寺·興王寺가, 선종대에 國淸寺·弘護寺가, 의종대에 重興寺가, 고종대에 興國寺가 각기 창건되었다. 『고려사』 卷83, 兵志3, 圍宿軍, '安和寺眞殿·弘圓寺眞殿·興王寺眞殿·天壽寺眞殿·大雲寺眞殿·重光寺眞殿·弘護寺眞殿·玄化寺眞殿·國淸寺眞殿·崇教寺眞殿·乾元寺眞殿 散職將相各二. 奉恩寺眞殿 散職將相四.'; 허흥식, 『고려 불교사 연구』, 일조각, 1986, 75쪽.

61) 『송사』 권487, 外國列傳 246 高麗, '王城有佛寺七十區' ; 『靑莊館全書』 卷22, 編書雜稿 2, 宋史筌高麗列傳, '王城有佛寺七十區.'

연등회가 열렸으며, 교종의 총관단이 설치된 선시장(選試場)이기도 하였다. 고려말 공민왕 이후 왕비 노국대장공주의 원찰이 되면서 중창되어 대찰이 되었다. 내제석원은 외제석원과 함께 제석신앙을 바탕으로 국토와 경전을 수호하는 국가사찰이었다. 보제사는 후에 연복사로 불렸으며 3대 선우로서 3년마다 담선 법회가 열렸으며, 신흥사는 공신의 원찰로서 매년 하루 동안 무차대회가 열렸다. 영통사는 용흥사, 복흥사와 함께 승려의 관단이 설치된 사찰이다. 봉은사는 태조의 진전사원으로 300여 회의 왕실의 행차가 있을 만큼 고려시대 최대의 대표적인 국찰이었다.[62]

고려시대 주요 종파의 본산 사찰도 중요하다. 즉 신인종의 본산 현성사, 남산종의 본산격인 개국사, 해동종의 본산 왕륜사, 화엄종의 통합 본산인 귀법사, 유가종(법상종)의 본산 현화사, 화엄종의 본산 흥왕사, 천태종의 본산 국청사, 조계종의 본산격 광명사 혹은 보제사 등이다. 그리고 승과가 실시되었던 광명사(선종), 왕륜사(교종), 국청사(천태종)도 중요하며,[63] 안화사(안화선원)는 태조 왕건의 아우인 신의 원당으로, 단청과 구조의 아름다움이 당시 제일이었다고 한다.[64]

흥국사, 귀법사, 흥왕사 등은 대장경의 조판 작업이 이루어졌으며, 특히 흥왕사는 의천의 교장불사(敎藏佛事) 등 최대의 서적 출판소였다. 그리고 개경 인근의 귀산사, 용흥사, 귀법사, 일월사, 안심사 등의 사찰은 하과를 실시하는 등 대표적인 교육도량이었다. 사찰 교육문화의 대표적인 본보기다.[65]

---

62) 이때의 10대 사찰은 『고려사』 권1, 태조세가 2년조에는 법왕사와 王輪寺만이 나오고 있지만, 『삼국유사』 왕력 태조조에는 10사가 모두 기록되어 있다. 김영태, 「고려 개국초의 불교사상」, 『한국사론』 18, 국사편찬위원회, 1988 ; 한기문, 「고려태조의 불교정책-창건사원을 중심으로」, 『대구사학』 22, 1983.

63) 이봉춘, 「1. 불교사상의 전개」, 『신편한국사』 16, 국사편찬위원회, 1994, 97쪽.

64) 『고려사』 권1, 태조세기 13년 8월, '創女和禪院, 爲大匡 王信願堂'

65) 『고려사』 권74, 선거2 과목 私學 ; 황인규, 「고려유생의 하과와 사찰독서」, 『종교교육학연구』 22, 한국종교교육학회, 2006 ; 황인규, 『고려시대 불교계와 불교문화』, 국학자료원, 2011.

고려후기 중요 사찰은 선종계의 3대 선우였던 광명사와 연복사(보제사)와 천태종계의 묘련사였다. 특히 광명사에서는 공민왕대 전국의 승려를 대상으로 공부선이 실시되었으며,(66) 묘련사는 원나라 축성 사찰이기도 하였다.(67)

고려시대에 창건된 개성의 현존 사찰은 관음사, 대흥사, 안화사, 영통사 등이다. 평양 남대문의 문루에는 한국 5대 명종의 하나이며, 역시 보물급 유물인 연복사 종이 걸려 있었다.(68)

이상에서 살펴보았듯이 고려는 신라 불교를 계승 발전시키면서 개경을 중심으로 불교를 재편하였다. 개경의 10대 사찰과 역대 왕실의 진전사원이 바로 그것이다. 또한 4대 종파를 비롯한 개경의 종단의 본산 사찰을 중심으로 종파불교 시대를 열었다.

2) 국가비보사찰

국가의 불교 내지 사원의 운영은 전국에 걸친 국가비보사찰의 설정 및 운용으로 체계적으로 실현되었다. 훈요십조 제1조에 의하면, 전국의 선종과 교종 사원에 파견한 주지는 승과를 거친 승계를 가진 자 가운데 선정되어 수행하게 하고 각 종파를 다스리도록 하였다.(69)

이러한 비보사찰은 개경뿐만 아니라 지방에도 설치되었는데, 고려초 비보사찰로 지정된 사찰은 「상주보기」에 '무릇 사원이라는 것은 나라 조정과 주현의 비보로 설치되지 않은 것이 없다.'(70)라고 하였듯이 전국적인 규모에

---

(66) 李穡,「普濟尊者 諡禪覺 塔銘 幷序」,『동문선』권119, 碑銘 ;『나옹화상어록』.
(67) 『고려사절요』권22, 충렬왕 27년(1301) 1월 ; 李齊賢,「妙蓮寺重興碑」,『益齋亂稿』卷6, 碑 ;『동문선』권118, 碑銘.
(68) 연복사 종은 남쪽 서울의 보신각 종과 같은 역할을 하여 남북 불교문화의 유사성을 읽을 수 있는 부분이다. 수원의 만의사종도 수원의 종으로서의 역할을 하였다.
(69) 『고려사』권2, 태조세가 26년 4월조, '其一曰 我國家大業 必資諸佛護衛之力 故創禪敎寺院 差遣住持焚修 使各治其業.'

달하고 있으며, 대략 사찰이 3,000 내외에 달하였다.[71]

이러한 비보사찰설은 고려왕조 500여 년간 대체로 경계되어 지켜져 왔다.[72] 그것이 바로 산문 중심의 운용이다. 선종뿐만 아니라 모든 종파를 산문 중심으로 운영하였던 것이다.[73]

팔관회가 개경과 서경에 한하여 시행되었지만 연등회는 지방 각 지역에서 행하여졌다. 즉, 중앙은 물론 지방에도 비보사찰이 설치되어 다음과 같이 각종 불교 행사를 하였던 것이다. 국가와 왕실의 사원과 더불어 양경인 개경·서경·4도호·8목인 대읍에서 불교 행사를 하였다.[74] 북한 지역은 서경과 4도호 가운데,[75] 해주·안서도호부(풍주-해주)·안북도호부(영주 : 평북 안주)·안변도호부(등주 : 안변)가 북한 지역이다. 서경인 평양은 중흥사와 보현사[76] 등이 담당했을 것이며, 4도호부의 사찰은 해주의 신광사와 안주 칠불사,[77] 안변의 보현사일 것이다.[78] 그런데 대읍뿐만 아니라 '여러 주부군

---

70) 慧諶,「常住寶記」,『무의자 시집』,『한국불교전서』 6, 65~66쪽, '凡寺院者無非爲國朝 及州縣裨補所置也.'

71) 『성종실록』 권174, 16년 1월 무자, '道詵說三千裨補之說.' 조선초에 寺社의 田民을 정리할 때 유추해 추산해 볼 수 있다.

72) 『고려사』 권7, 문종세가 9년 10월 병신 ; 『고려사』 권129, 최충헌 열전.

73) 황인규,「고려후기 수선사와 사굴산문-고승의 존재양상과 그 동향을 중심으로」,『보조사상』 28, 2007 ; 황인규,『고려시대 불교계와 불교문화』, 국학자료원, 2011. 고려시대 산문에 관한 연구는 다음의 논문을 참조하기 바람. 김상영,「고려 중·후기 선종계의 산문인식」,『한국선학』 9, 2005, 156~162쪽.

74) 『고려사』 권7, 문종 즉위년 11월 병오, '百官詣乾德殿 賀成平節 宴宰樞給舍中丞以上侍 臣于宣政殿 成平節 王生日也 每遇節日 國家設祈詳迎道場於外帝釋院七日 文武百僚於 興國寺 東西兩京 四都護 八牧 各於所在佛寺行之 以爲恒式.'

75) 고려의 군현제는 기능상 京-牧-知事府-知事郡-縣令官 계열의 민정적 군현계통과 都護府-防禦郡-鎭 계열의 군정적 군현계통으로 나눌 수 있다. 8牧과 함께 4도호부·8목(뒤에 12목)이 되어 고려 일대에 걸쳐 실질적인 지방의 최고 행정 기관이 되었다. 처음에는 安東도호부와 安西도호부(海州)·安南도호부(全州)·安北도후부(安州)의 네 곳에 설치되었으나, 얼마 후 전주·경주는 폐지되고 그 대신 安邊도호부(登州)·安南도호부(樹州, 부평)·安東도호부(안동)도호부가 새로 설치되어 5도호부가 되었다. 그리고 8牧은 광주·충주·청주·진주·상주·전주·나주·황주복으로 북인지역 주요 대읍은 해주, 풍주, 안주, 안변 등이었다.

76) 영변군,『名勝之寧邊』, 1930.

현에서는 해마다 성대하게 윤경회를 설하도록 하였다.'[79]고 하여 여러 군현에서도 불교 행사를 하였다.『고려사』에 의하면, 진병 법석같은 행사는 151소 비보사찰에서 행사가 이루어졌다.[80] 비보사찰에 대한 기은도량·별기은설행 도량 법석·국복기은·연종 환원 불사 등의 불사가 있었음을 알 수 있다.[81] 서경의 중흥사는 앞서 언급했듯이 태조가 황룡사 9층탑을 세운 곳이며, 묘향산 보현사는 묘향산 360여 암자를 대표하는 사찰이었다.[82] 조선후기 기문이지만 북한 지역 고려시대 각 읍의 국가 비보적 자복사[83] 설치 및 운용 사찰을 다음의 기록에서 엿볼 수 있다.

허 문정공의『지승』[84]에 다음과 같은 이야기가 실려 있다. … 지점한 곳에 절과 탑을 세우고 청구 세계를 진정시켜 억누르니, 나라는 통일되고

---

77) 『신증동국여지승람』권52, 평안도 安州牧 불우조에 七佛寺, 長樂寺, 僧賢寺, 石泉寺, 華嚴寺, 淨水寺, 彌陀寺, 永川寺, 白鶴寺, 慶雲寺, 圓通寺, 靑龍寺, 文殊寺, 普賢寺, 開法寺, 雲住菴, 金洞寺, 靈華寺, 隱寂寺 등의 사찰이 있다. 그 가운데 안주의 국가비보 사찰은 진산에 있던 자복사였다고 생각된다. 본고에서는 가장 사세가 큰 사찰은 칠불사로 보고자 한다. 이에 대하여 정밀한 고증이 필요하다.
78) 『신증동국여지승람』권49, 함경도 安邊都護府 불우조에는 釋王寺, 養老寺, 迦智寺, 戒淨菴, 廣德寺, 普賢寺, 白雲寺, 石寶寺 등의 사찰이 기록되어 있다.
79) 『고려사』권7, 문종세가 1년 1월 정유, '諸州府郡縣 逐年盛設輪經會.'
80) 『고려사』권135, 우왕 열전 9년 9월, '大設鎭兵法席于中外佛宇 共一百五十一所 供費不可勝計' ;『고려사절요』권32, 신우 9년 9월, '大設鎭兵法席于中外佛寺 共一百五十一所.'
81) 황인규,「고려시대 사찰과 불교문화-비보 사찰과 그 문화를 중심으로」,『역사와 교육』12, 역사와 교육학회, 2011 ; 황인규,『고려시대 불교계와 불교문화』, 국학자료원, 2011.
82) 김창현,「고려 서경의 사원과 불교신앙」,『한국사학보』20, 2005 ; 김창현,「고려 서북면의 사원의 불교신앙-묘향산 일대를 중심으로」,『한국사연구』149, 2010.
83) 자복사는 각 읍의 진산에 설치된 국가비보적 대찰이었다고 생각된다. 한기문, 「고려시대 자복사의 성립과 존재 양상」,『민족문화논총』49, 영남대학교 민족문화연구소, 2011.
84) 許文正公의 地乘은 許穆(1595~1682)의 저서『記言』권35, 原集 외편에 수록된 「東事」이다. 허목,「東事 序」,『記言』권32, 原集 외편 東事. 하지만 이러한 내용이 찾아지지 않으나 역사적 정황은 맞지 않을까 한다.

백성과 산물이 번화하고 융성했다. 도선선사는 귀국한 다음에 가람과 부도를 세워 나라의 맥을 진정시키고 지세를 비보하였다. 대체로 이 구룡사는 바로 처음으로 치악산 중에서 지맥을 비보하고 진정시킨 곳이다. 이처럼 나라의 맥에 도움을 준 곳이 어찌 드물겠는가! 먼저 세운 큰 가람은 월출산 도갑사(영암) ··· 장단 화장사, 구월산 월정사와 흥률 패엽사(문화), ··· 풍악산 장안사와 표훈사(회양)였다. 그리고 유점사(고성), 설봉산 석왕사(안변), 북송산 신광사(해주) ··· 등이다. 이것들은 모두 티끌 세계가 되어 잡목 우거진 자리로 변한 곳에 도솔천을 옮겨 불국토를 만든 것이니 어찌 융성하지 않았으랴![85]

위의 기문에 의하면, 장단의 화장사, 구월산 월정사와 흥률의 패엽사(문화), 풍악산 장안사와 표훈사(회양)였다. 그리고 유점사(고성), 설봉산 석왕사(안변), 북송산 신광사(해주) 등이 국가 비보적 자복사였으며, 대표적인 각 읍의 중요 사찰이었다고 생각된다.

구월산 월정사는 아사달 신앙의 유행과 더불어 주목되었을 것이며,[86] 장단 화장사는 고려말 인도승 지공의 주석 사찰로 알려져 있다. 해주 신광사는 원나라 마지막 황제 순제의 잠저시 인연처로 중창되었으며,[87] 대(對)원 교섭도량이었다. 그리고 고려말 이성계와 관련 사찰은 귀주사(독서당), 불지암(원당), 석왕사(왕조창업) 등이다.

고려의 국도 개경(개성) 외의 고려시대 창건 현존 사찰은 다음과 같다. 955년 창건된 평양의 동금암, 고려초에 창건되었다는 황남 장연 송월암과 황남 신천 자혜사, 평북 향산 보현사(968), 자강 희천 원명사(968?), 평북 구장 보월사(975), 함남 영광 용흥사(성불사, 1048) 그리고 고려후기의 황북 서흥 귀진사(12세기 중엽), 황남 안악 고정사(패엽사 말사, 1258),

---

85) 江山道人 鄭彥時, 「原州 雉岳山 龜龍寺 事蹟」, 『소선사찰시료』 하.
86) 안계현, 『한국 불교사상사 연구』, 동국대학교 출판부, 1983, 58쪽.
87) 「神光寺 事跡碑」, 『조선금석총람』 상 ; 『고려사』 권36, 충혜왕세가 즉위년 7월.

평북 영변 서운사(1345), 함남 영광 불지암(1378), 석왕사, 그리고 황북 서흥 속명사[88] 등이다.

이상에서 살펴보았듯이 고려시대의 불교는 개경을 중심으로 전국의 국가비보사찰을 지정 운용되어 이를 산문 중심으로 전개되었다. 서경의 묘향산 사찰과 해주 안변 등의 도호부를 중심으로 양계 지방의 사찰이 국가비보적 성격이 남한보다 컸을 것이다.

4. 조선 양종 본산제 사찰

1) 선교 양종 본산 사찰

조선왕조의 건국 직후인 1406년(태종 6)에서 1424년(세종 6)에 걸친 20년간에 대 불교 탄압시책이 단행되었다. 특히 1424년에 단행된 선교 양종 본산인 도회소를 중심으로 하는 36사 체제는 조선중기 '무종단 산중불교' 시대가 이루어지기까지 사찰의 운영 또는 통제의 근간이 되었다.

본산 체제의 특징은 불교계 교단의 주체적인 참여에 의하여 이루어진 것이 아니라, 정부의 외적 강제에 의하여 실시되어 중앙집권식 통할 방식을 취한 것이다. 그러한 통할 방식의 장점도 있을 수 있으나, 공의(共議, 公議)[89]나 9산 문도회,[90] 총림 법회[91] 및 담선 법회[92] 등 불교의 고유한 전통적인

---

88) 앞서 언급했지만 續命寺는 아도가 창건했다는 설도 있다. 『조선의 절 안내』에 의하면, 속명사는 고려시기에 창건된 것으로 전하고 있다. 리인철 외, 『조선의 절 안내』, 조선문화보존사, 2003.
89) 강석주·박경훈, 『불교 근세백년』, 중앙신서, 1980. 83~85쪽.
90) 민지, 「군위 인각사 보각국존 정조탑 비문」, 『조선금석총람』 상 ; 이익배, 「승주 불대사 자진원오국사 정조 탑비」, 『조선금석총람』 상 ; 유창, 「태고화상행장」, 『태고화상어록』 권하, 『한국불교전서』 6.
91) 이규보, 「龍潭寺 叢林會牓」, 『동국이상국집』 권25.
92) 이규보, 「용담사 총림회방」, 『동국이상국집』 권25 ; 이규보, 「西普通寺 行同前牓」,

민주방식을 되찾아야 할 것이다.93)

　본산 체제는 1424년(세종 6)부터 1565년(명종 20)까지 142년간 실시되었으나, 그 후 광무 3년(1899) 전국 수사찰제가 시행되기까지 335년간 무종단의 산중불교 시기였다고 할 수 있다.

　1407년(태종 7) 명산 대찰이나 산수 승처의 대찰로 88자복사로 삼았는데,94) 북한 지역 사찰은 황해도의 봉산군 성불사(자은종), 문화현 구업사(천태종), 장연현 하거사(시흥종), 배천군 견불사(중신종), 강음현 천신사(총남종)이고 함경도의 안변도호부의 비사사(화엄종)이었다. 이러한 사찰은 1406년(태종 6) 3월에 비보사찰을 기준으로 하여 다시 조정하여 242사찰만 남기었다. 그 외에도 왕실에서 중요시하였던 북한 지역 사찰은 연경사, 화장사, 신광사, 석왕사, 관음굴, 감로사, 표훈사, 유점사 등이다. 당시 사찰 혁거는 불교계의 의견을 반영한 것이라기보다 국가의 일방적인 시각에서 단행되었으며, 국가의 불교 사원에 대한 파악으로 볼 수 있다.

　1424년(세종 6) 선교 양종 36사 본산제로 교단을 정리 개혁하여 승록사가 폐지되고 도회소 체제로 전환되었다. 본산 사찰은 조선초 왕실 원당 및 능침 사찰과 수륙사가 많았는데, 북한 지역 소재 사찰은 다음과 같다. 즉 왕실 원당으로 선종계 본사는 숭효사, 연복사, 유점사, 석왕사이었으며, 교종계 본산으로 광명사, 신암사, 감로사, 표훈사, 신광사이었다. 능침 사찰로 연경사(태조의 정비 신의왕후 재능, 교종)이며, 수륙사 관음굴(선종)이다.

　36사 외에도 조선조에 이르러 북한 지역에 새로 세워진 태조와 관련이 깊은 석왕사가 존치되었고, 고려시대 이래 중요 사찰인 개경의 숭효사, 연복사, 관음굴, 광명사, 신암사, 감로사, 영통사는 그대로 존치되었다.

　『동국이상국집』 권25.
93) 황인규, 「조선선기 신교양종의 本山과 刹事」, 『한국선학』 12, 한국선학회, 2005 ; 황인규, 『조선시대 불교계 고승과 비구니』, 혜안, 2011.
94) 『태종실록』 권14, 7년(1407) 12월 2일(신사) ; 『세종실록』 권23, 6년(1424) 3월 13일(기축).

I. 북한지역 사찰의 역사 619

이때의 선교 양종 36사 가운데 일부 사찰이 1425년(세종 7) 5월 교체되었다. 즉, 선종의 정곡사(은율) 대신에 정양사(금강사)가 교종에, 흥교사(유후사) 장안사(금강산)가 선종으로 교체되었다. 그 가운데 정양사와 장안사가 북한 지역에 소재하고 있다. 결국 선교 양종 본산 36사는 한성을 중심으로 하면서도 전국적으로 골고루 분포되었는데, 북한 지역 사찰을 표로 만들어 열거하면 다음과 같다.95)

		선종	교종
유후사		★숭효사 ★연복사 (흥교사)	★광명사 ★신암사
경기도	개성 해풍 송림	●관음굴	★감로사 ☆◇연경사 ☆영통사
강원도	고성 회양	★◇유점사	●◇표훈사
금강산(장안사)		(장안사)	(정양사)
황해도	은율 문화 해주	「정곡사」	월정사 ★★신광사
평안도	평양		영명사
함경도	안변	★△석왕사	

세종 7년 5월 교체사찰
「」혁거, ( ) 신입, ★ 왕실원당, ☆ 능침 사찰, ● 수륙사 사찰, ◇ 혁거예외 사찰,
※조선시대 창건 사찰, △ 태조 태종관련 사찰

16세기 초에 간행된『신증동국여지승람』이 편찬될 당시 세종 6년 36사와 태종 7년 자복사 가운데 개성부 숭효사와 신암사 등이 세종 6년 폐사되기도 하였다.『신증동국여지승람』불우조에 의하면, 북한 지방에 소재한 사찰은 경기도 33, 강원도 52, 황해도 210, 평안도 201, 함경도 71 등 모두 571소였다.96)

---

95) 선교 양종만 정리되었다는 것은 36사외의 사찰이 모두 없애 버렸다는 의미가 아니라 국가가 36사만 공인하였다는 것이다.

조선전기에 창건되어 현존하는 사찰은 함남 금야 안불사(1393), 함북 화성 쌍계사(1395), 함북 나선특급시 고원리 청계사(1433) 등이다. 그 가운데 안불사는 이성계 조상인 유릉의 능침 사찰이며, 청계사는 최북단 사찰이다.

이상에서 살펴보았듯이 조선시대는 고려시대와는 달리 개경 중심의 국가비보적 12종파의 산문 중심의 운용에서 1/10규모로 축소된 한성 중심의 선교 양종의 국가가 통제하는 본산을 중심으로 하는 체제로 변화되었다. 북한 지역의 구 국도 유후사나 개성의 사찰들은 그런대로 존재하였지만, 고려시대에 비해 매우 위축된 선종과 교종의 두 종단 체제하 사찰들이다.

2) 산중불교 사찰

불교는 조선후기 산중불교 시대에도 나름대로 전개해나갔다.[97] 특히 청허 휴정과 부휴 선수의 문도를 중심으로 산중불교를 수행과 교육으로 지탱해 나갔다. 조선후기 불교계는 산중불교 시대를 전개하였다.[98] 즉 휴정과 선수와 그들의 문도를 중심으로 묘향산과 금강산 등 산중에서 수행과 교육 및 포교를 전개했다.

그런데 임란시 청허 휴정과 사명 유정을 비롯한 의승군 및 의승 수군의 활동으로 불교계가 부가되는 계기가 되었다. 정조대(1776~1800) 밀양 표충

---

96) 그 가운데 조선전기 북한 불교의 중심의 개경에 설치된 대표적인 사찰이라고 할 王輪寺, 龜山寺, 仙月寺, 金鐘寺, 石房寺, 廣明寺, 演福寺, 安和寺, 佛恩寺, 知足庵, 福靈寺, 甘露寺, 神孝寺 등의 사찰이라고 하겠다. 『신증동국여지승람』 권4, 개성부 상 불우.

97) 본산 체제는 세종 6년부터 명종 20년(1565)까지 142년간 본산 체제가 실시되었으나, 그 후 광무 3년(1899) 전국 首寺利制가 시행되기까지 335년간 무종단의 산중불교 시기였다고 할 수 있다. 황인규, 「조선전기 선교양종의 本山과 判事」, 『한국선학』 12, 한국선학회, 2005 ; 황인규, 『조선시대 불교계 고승과 비구니』, 혜안, 2011.

98) 흔히 조선불교를 산중불교시대라고 간주하여 부정적으로 보는 경향이 적지 않다. 이는 불교사의 전개를 무시하거나 편협한 시각일 뿐이다. 그러니 고려시대보다는 불교가 침체된 것은 틀림없지만 조선후기에도 산중을 중심으로 불교를 전개하였다는 이해가 필요하다.

사(表忠祠), 해남 표충사와 더불어 평안북도 영변의 묘향산에 휴정의 의승 참여를 기리기 위하여 안변 수충사가 건립되었다.99) 당시 석왕사와 유점사가 법주사·해인사 등과 함께 4대사의 주지도 총섭이라고 불리기도 하였지만100) 안변 수충사가 북한 지역 도총섭이었다.101)

조선후기 북한 현존 사찰은 평북 향산 보현사 불영암(1570년), 자강 희천 만수암(17세기 이전), 평북 향산 보현사 하비로암(17세기 이전), 평북 구성 만년사(1682년), 평북 향산 보현사 화장암(1699), 양강 산수 중흥사(1738년), 평북 향산 보현사 축성전(1875년) 등이다.

이상에서 살펴보았듯이 조선후기 무종단의 시대를 맞이하여 청허 휴정과 그의 문도들이 묘향산과 금강산 등 명산을 중심으로 산중 불교를 전개하면서 대중 및 서민 불교를 전개하였다.102) 특히 서산대사 청허 휴정이 머물렀던

---

99) 황인규,「서산대사의 승군활동과 조선후기 추념사업」,『불교사상과 문화』1. 중앙승가대학교 불교학연구원, 2009 ; 황인규,『조선시대 불교계 고승과 비구니』, 혜안, 2011.
100) 이능화,『조선불교통사』, 新文館, 1918. 조선왕조의 역대 실록을 둔 月精寺, 무주 赤裳山城, 봉화 覺華寺, 강화 傳燈寺 등을 왕조실록의 守護寺로 정하여 그 사찰의 주지를 총섭이라 하였고, 실록 수호 총섭제가 실시되었다. 차용걸,「실록, 사관, 사고에 대하여」,『사고지 조사보고서』, 국사편찬위원회, 1986.
101) 도총섭은 남한산성 開元寺, 북한산성 重興寺, 3祠(밀양 表忠祠, 해남 表忠祠, 안변 酬忠祠), 龍珠寺 각 1인이었다. 龍珠寺 도총섭은 8도 사찰 및 승군을 통솔하는 북한산성 도총섭에 윤번 취임하였다. 그리고 숙종 29년(1703)부터 철종 10년(1859)까지 150년간 糾正所시대라고 하는데, 仙巖寺(도승통), 右道 糾正所 ; 금구 金山寺, 右道 糾正所 ; 광양 玉龍寺이었다. 그 후 1790년(정조 14) 용주사 창건을 계기로 5糾正所 제도가 성립되었다. 남한산성은 開元寺, 북한산성 重興寺, 수원 龍珠寺, 奉恩寺, 奉先寺를 관할하였고, 公員所로 城東 興國寺, 城西 奉元寺를 두어 7糾正所를 운영했다. 여기에서는 북한 지역은 제외되었다. 여은경,「조선후기 산성의 승군총섭」,『대구사학』32, 1987.
102) 이는 조선말『동사열전』의 183명의 고승이 조선후기 고승이었다는 사실에서 단적으로 알 수 있다. 그리고 조선후기에 편찬된『여지도서』에 여전히 사찰의 수가 1600여에 달하고 있다. 이러한 사실을 통해 조선후기 무종단의 상황에서 불교계는 산중을 중심으로 주체적으로 전개하였음을 알 수 있다. 필자는 조선후기 불교를 산중불교 시대라고 간주해왔다. 물론 산중불교가 전개되면서 불교가 대중화 및 서민화되고 있었다. 북한 지역도 마찬가지였으며, 남한 지역보다 성리학적 예제가 덜 심화된 듯하다. 아마도 불교계의 산중불교 전개의 영향이었을 것이다.

묘향산 보현사에 건립된 수충사와 금강산 유점사와 석왕사가 총섭 역할을 하였으나 남한 지역에 비해 매우 열세였다.

5. 근대 31본산제 사찰

1) 대·중법산제 사찰

1902년 동대문 인근에 세운 원흥사를 전국의 수사찰인 대법산으로 정하고, 각도의 지역 수사찰 역할을 담당할 대사찰 16곳을 중법산으로 지정하여 2년간 운용되었다.[103] 중법산 16사찰 가운데 8사(수사찰 원흥사 제외)가 조선후기 총섭제 사찰이었다. 이때 지정된 대법산 및 중법산 가운데 북한 지역 사찰은 중법산으로 유점사(고성), 석왕사(안변), 귀주사(함흥), 보현사(영변), 신광사(해주)이었다. 이들 사찰은 일제 강점기 북한의 본산제의 틀이 되었다.

2) 31본산제 사찰

1911년 일제의 조선사찰령으로 30본산제가 실시되고 1924년 11월 20일 사찰령 시행규칙을 개정, 31본산제도로 확립되었다.[104] 31본산 가운데 북한 지역에 8개 본산이 있었다.[105] 즉, 8개의 대본산은 패엽사(황해남도),

---

103) 대법산은 원흥사(서울)이었다. 中法山은 봉은사(광주), 봉선사(양주), 용주사(수원), 마곡사(공주), 속리사(보은), 송광사(순천), 금산사(금구), 해인사(합천), 통도사(양산), 동화사(대구), 월정사(강릉), 유점사(고성), 석왕사(안변), 귀주사(함흥), 보현사(영변), 신광사(해주)이었다.
104) 근대의 30본산제가 일제 불교의 체제만을 수용했다는 외적 요소를 강조하기보다 세종대 선교 양종을 비롯한 본제를 계승했다는 시각도 선양이 필요하다.
105) 참고로 경기도의 奉恩寺·奉先寺·龍珠寺·傳燈寺, 충청북도의 法住寺, 충청남도의 麻谷寺, 경상북도의 桐華寺·銀海寺·孤雲寺·金龍寺·祇林寺, 경상남도의 海印寺·通度

성불사(황해북도), 영명사(평양시), 법흥사(평안남도), 보현사(평안북도), 유점사(강원도), 귀주사(함경남도), 석왕사(강원도)이다.106) 30본산 중 13사가 조선후기 총섭제 사찰이며, 본산하에 403곳의 사찰이 있었다. 오늘날까지 현존하는 사찰들은 성불사, 법흥사, 보현사, 귀주사이고, 패엽사, 영명사, 유점사, 석왕사 등은 한국전쟁을 거치면서 폐사되거나 사찰의 기능을 상실하였다. 1939년 조선총독부 학무국 통계자료에 따르면, 경기도 30, 강원도 56, 황해도 124, 평안도 87, 함경도 106으로 모두 403개소, 1,600여 명의 승려, 38만 명의 신도가 있었다고 한다.

이상에서 살펴보았듯이 20세기 도성 출입금지가 해폐되는 분위기 속에 국가 주도의 본산 시대가 열리게 되는데 금강산과 묘향산, 그리고 국조 단군과 관련이 있는 사찰, 왕실 사찰이 포함되었다. 현재 북한에는 60여 소 사찰107)에 300여 명의 승려(또는 승복을 입은 불교 행정가, 사찰 관리자), 1만 명의 신도만이 존재할 뿐이다.108)

寺·梵魚寺, 전라북도의 威鳳寺·寶石寺, 전라남도의 大興寺·白羊寺·松廣寺·仙巖寺·華嚴寺(1924년 11월 승격), 강원도의 乾鳳寺·楡岾寺·月精寺, 황해도의 貝葉寺·成佛寺, 평안남도의 永明寺·法興寺, 평안북도의 寶賢寺, 함경남도의 釋王寺·歸州寺의 30본산 중 13寺가 조선후기 總攝制 사찰이다.
106) 북한의 본산 사찰이 남한의 본사 사찰과 함께 최초의 근대 불교학교인 동국대 건립에 단월이 되어 적극 나섰던 사실을 기억해야 할 것이다. 만해는 동국대의 최초 동창회인 廣學會 회장으로 활동하였다. 광학회는 고려 정종대 운영했던 불교경제공체이면서 장학재단이라는 뜻의 廣學寶의 정신을 기리기 위해 광학회라고 이름하였다. 동대칠십년사편찬위원회, 『東大七十年史』, 칠십년사편찬위원회, 1976.
107) 제 문헌에 조사된 북한 지역의 사찰 암자는 1,793소에 달하고 있다. 종단협의회, 『북한사찰연구』, 사찰문화연구원, 1993, 33쪽.
108) 1945년 북한이 발행한 『조선중앙연감』에 의하면 분단 직후까지 북한에는 8개의 대본산과 400여 개의 말사가 그대로 있는 것으로 기록되어 있다. 신도수는 37만5천 명, 승려 수는 1,600여 명인 것으로 나타나 있다. 그러나 1950년 『조선중앙연감』에 의하면 신도수는 37만 5천 438명으로 별 변동이 없으나 승려 수는 732명으로 대폭 감소하였다. 이로부터 45여 년이 지난 1990년 현재 북한의 공식 통계자료인 『문화공보연감』 등에 따르면 사찰은 60여 개, 승려 수는 약 300명, 신도 수는 1만여 명인 것으로 발표하고 있다.

6. 나가는 말

　이상으로 전근대 북한의 국가비보사찰을 중심으로 북한 사찰의 존재와 그 의미를 살펴보았다. 현존하고 있는 북한 사찰 60여 소는 한국 불교 1700년사의 내용을 다 여실히 담고 있지 못한 듯하다. 이에 본고는 각 왕조의 불교 사찰 운용이라는 시각에서 주요 사찰을 조망하고자 하였다. 이를 요약 정리하면 다음과 같다.

　북한 지역내 고구려 사찰은 평양 천도 이후의 것이 대부분인데 고구려 건국자 동명성왕과 관련된 광법사, 영명사, 중흥사, 정릉사가 중요하다. 이와 관련하여 국조 단군과 관련되어 나타나는 묘향산 보현사, 구월산 월정사와 패엽사(폐사) 등의 사찰도 주목된다. 그리고 6세기경 결사가 최초로 이루어졌다는 동사의 경우, 불교공동체의 시원을 이룬다고 할 수 있으므로 중요한 사실로 간주해야 할 것이다.

　신라 하대 선종의 유입으로 수미산문의 도량 해주 광조사는 최북단 9산선문 가운데 하나로, 선종의 북한 지역의 확대 포교였다. 북한 지역내 발해 지역의 유일 사찰로 알려진 개심사 외에도 함남 이원 정광사(운흥암), 평북 태천 양화사도 발해의 사찰이며, 남북국 시대의 불교를 이해하는데 중요하다.

　고려시대 국도 개경의 중요 사찰은 태조가 창건한 법왕사·왕륜사 등의 10대 사찰이며, 봉은사·불일사 등도 역대 왕실에서 운용했던 진전사원이다. 한편, 국도 개경을 중심으로 한 12종파의 본산이 산문 중심으로 서경인 평양의 중흥사와 보현사 등과 해주의 신광사, 안주의 칠불사, 안변의 보현사 등을 중심으로 북한 지역에서 불교가 전개되었다. 그리고 국방적 성격이 짙은 양계 지방은 국가비보사찰의 운용이 남한 지역보다 더욱 강화되었을 것이다.

　숭유억불 시대인 조선 선교 양종 36사 가운데 북한 지역 본산 사찰은 유후사의 선종의 숭효사·연복사·흥교사와 교종의 광명사·신암사, 그리고 개성의 관음굴(선종)과 감로사(교종), 해풍의 연경사(교종), 송림의 영통사(교종), 강원도 은율의 정곡사(선종)·문화의 월정사(교종), 해주의 신광사(교종), 평안도 평양의 영명사(교종), 함경도 안변의 석왕사(선종) 등의 사찰들을 각기 두어 운용하였다. 이러한 북한 지역 본산제 사찰은 남한 지역과 마찬가지로 왕실 원당, 개경 국도 중요사찰, 수륙사 등이었다.

조선후기에 이르러 석왕사와 유점사를 중심으로 법주사·해인사 등과 함께 4대사의 주지가 주도하는 총섭(도총섭)제가 실시되었으며, 정조대(1776~1800) 남한 지역의 밀양 표충사, 해남 표충사와 더불어 안변 수충사가 지정 운용되었다. 1902년 대법산·중법산 제도 운용시 북한 지역은 중법산으로 유점사(고성), 석왕사(안변), 귀주사(함흥), 보현사(영변), 신광사(해주) 등이 북한 불교의 본산 역할을 하였는데, 일제 강점기 31본산제의 틀이 되었다.

일제의 조선사찰령으로 31본산제도가 실시되었는데, 북한 지역에는 8개 본산이 있었다. 즉, 8개의 대본산은 패엽사(황해남도), 성불사(황해북도), 영명사(평양시), 법흥사(평안남도), 보현사(평안북도), 유점사(강원도), 귀주사(함경남도), 석왕사(강원도)이다. 대개 금강산과 묘향산, 국조 단군과 왕실 관련 사찰들이었으며, 총 403곳의 사찰을 관할하였다.

II. 고구려와 발해의 사찰

1. 들어가는 말

고구려 불교는 한국 불교가 시작된 지역으로 오늘날 중국과 북한 지역에 걸쳐 존재하였다. 고구려의 역사와 마찬가지로 그 불교의 사실을 제대로 전해주지 못하고 있어서 아쉽기 그지없다.

신라의 불교가 융성했으므로 선진 지역이었던 고구려 불교도 그러했을 것이다. 북한 외의 중국 지역 고구려 불교의 실상이 제대로 알려진 바 없으며, 북한 지역의 경우도 장수왕의 남천 이후 국도 평양을 중심으로 전개되었을 것이나 일부 사찰의 편린을 알 수 있을 뿐이다.[1]

고구려가 멸망한 지 30년 후 건국된 발해의 불교의 실상은 더더욱 알려지지 않고 있다. 고구려와 마찬가지로 발해의 역사와 관련된 문헌 및 기록이 매우 미흡하기 때문이다.[2]

---

1) 고구려 불교사에 관련한 저서는 방학봉, 『고구려의 성과 절 터』, 신성출판사, 2006 ; 정선여, 『고구려 불교사 연구』, 서경문화사, 2007 ; 진관, 『고구려시대의 불교 수용사 연구』, 경서원, 2008 정도가 아닌가 한다. 곧이어 고구려 초기 불교의 주요인물인 승랑 관련 저서가 발간되었다. 김성철, 『동아시아 대승불교 중흥조 승랑-그 생애와 사상의 분석적 탐구-』, 지식산업사, 2011 ; 남무희, 『동아시아 신삼론 사상의 개척자-고구려 승랑 연구』, 서경문화사, 2011. 그리고 고구려 불교에 대한 개별 연구가 불교 수용 시기, 광개토왕대와 보장왕대를 중심으로 이루어졌으며, 최근에 장수왕대 이후 고구려 멸망기인 보장왕대까지 일부 연구가 이루어졌다. 이에 대한 연구성과는 본문 각주에 소개할 것이다.

2) 그간 발해 불교의 주요 연구 성과를 소개하면 다음과 같다. 방학봉, 『발해불교 연구』, 연변대학출판사, 1989 ; 방학봉, 『발해의 불교유적과 유물』, 1998 ; 동북아역사재단, 『발해의 역사와 문화』, 동북아역사재단, 2007 ; 최성은, 『발해의 불교유물과 유적』, 학연문화사, 2016 ; 송기호, 『발해 사회문화사 연구』, 서울대학교 출판문화원, 2011 ; 정영호, 「발해의 불교와 불상」, 『고구려 발해연구』 6, 1994 ; 김지근,

최근 필자는 발해 유민의 사찰을 고찰하면서 그 신행 사찰은 동란국의 1사, 요대의 2사, 금대의 9사 등과 발해의 40여 기 이상의 사지 외에 북한지역의 개심사를 비롯한 3사와, 실증적 가치는 미흡하지만 운흥암(현 정광사)과 양화사 등이 발해의 사찰이었다고 추정한 바 있다.3)

본고는 고구려와 발해의 불교의 정치한 전체적인 모습을 밝히는 것은 향후 과제로 미루고 북한 지역에 존재하였던 고구려와 발해의 사찰의 존재에 대하여 비록 실증적 가치가 떨어질 수 있지만 후대의 제기록도 적극 포함하여 발굴 시도하고자 한다.4) 그런데 북한 지역의 고구려와 발해의 영역, 특히 그 남방 경계선은 시기에 따라 다르고 연구자에 따라 견해차가 있다.5) 필자의 소견으로는, 평양 일대는 고구려의 평양 천도이후 국도로서 불교와 문화의 중심지였으므로 광개토대왕이 창건하였다는 9사

「발해불교의 연구현황」, 『경주사학』 24·25, 2006.
3) 그동안 북한 사찰에 대해서는 일제 강점기 총독부에서 간행한 『조선고적도보』 등의 자료집과 북한에서 펴낸 조선유적유물도감 편찬위원회 편, 『조선의 유적유물도감』 3·4·5·8(1989·1990·1991)과 리기웅 외, 『조선의 절 안내』(조선문화보존사, 2003) 등이 있었다. 그리고 남한의 주요 연구 성과를 소개하면 다음과 같다. 정태혁, 『북한의 절과 불교 -북한의 사찰과 불교기행』, 민족사, 1990 ; 한국불교연구원, 『북한의 사찰』, 일지사, 1991 ; 한국불교종단협의회, 『북한사찰연구』, 사찰문화연구원, 1993 ; 대한불교진흥원, 『북한의 불교와 사찰, 그 과거와 현재』, 대한불교진흥원, 2009 ; 김상영, 「일제시대 북한지역의 불교실태」, 『승가』 13, 중앙승가대, 1996 ; 신법타, 『북한불교연구』, 민족사, 2000 ; 국립문화재연구소, 『북한문화재해설집Ⅱ-사찰건축편』, 1988 ; 대한불교조계종 민족공동체추진본부, 『북한의 전통사찰』, 양사재, 1-10. 2011 등.
4) 필자는 북한 사찰에 관한 종합적인 연구 작업에 참여한 이래(한국불교종단협의회, 위의 책) 북한지역 사찰의 논고(황인규, 「북한지역 사찰의 불교사적 의의」, 『대각사상』 17, 2012)를 발표한 바 있으며, 최근에 발해 유민의 불교 사찰에 관한 천착을 한 바 있다. 황인규, 「6장 발해유민의 불교와 사원」, 임상선 편, 『새롭게 본 발해유민사』, 동북아역사재단, 2019. 본고도 그러한 일련의 연구로 진행되었다. 실증적인 부분은 다소 문제가 될 수 있지만 시론적으로 후대의 사료도 적극적으로 활용하고자 한다.
5) 특히 고구려와 발해의 동남방의 접경지역이 그러하며, 발해의 서남방 접경 지역, 특히 평양을 중심하는 일대가 '無住地' 또는 '緩衝地'였다는 견해도 있다. 즉, 평양 일대는 고구려 멸망 이후 당과 신라의 통치력이 미치지 않았으며, 8세기 중엽 이후 신라의 지배 영역에 속하며 발해의 영역이 아니라는 것이다.

등의 고구려 사찰은 발해의 시기에도 대부분 계승되었으며, 북한 지역의 발해 시기에도 사찰이 적지 않았으리라고 생각된다. 필자는 이러한 사실에 유의하면서 북한 지역 내의 고구려와 발해의 사찰의 존재 실태에 대해서 시론적으로 검토하고자 한다.

2. 고구려 불교와 북한 사찰

고구려의 불교는 관련 문헌기록이 매우 미흡해서인지 그 전모가 제대로 밝혀진 바 없다. 『삼국사기』와 관련된 단편적인 기사들이 찾아지며, 특히 불교문헌인 『해동고승전』에는 고구려의 승려인 순도·의연·현유 등이 실려 있으며,6) 『삼국유사』에도 순도·아도·묵호자·난타·담시·보덕 등의 승려와 요동성탑과 영탑사7) 등의 관련 사실, 그리고 고구려 말기인 5세기에서 7세기 무렵에 활동한 승려 보덕과 그의 제자 등의 승려들과 관련된 기록 등이 찾아진다.8) 그 밖에 중국과 일본 문헌에 수·당이나 일본 등과의 교류 사실과 관련하여 고구려의 불교 승려와 사찰이 실려 있다.9)

이미 알려진 바와 같이 고구려 불교의 한반도 전래는 한국 불교의 그것과 함께 하고 있다. 동진의 고승 지둔 도림(314~366)이 고승 축법심을 찬양한 편지를 고려 도인에게 보낸 사실10)등을 미루어 보건대, 372년 고구려의

---

6) 각훈, 『해동고승전』 유통편의 권1와 권2 ; 백미선, 「『해동고승전』을 통해 본 각훈의 고구려 불교사 인식」, 『한국사학보』 23, 2011 참조.
7) 『삼국유사』 흥법과 탑상편 ; 정호섭, 「『삼국유사』의 고구려 불교사 서술과 그 한계」, 『사학연구』 130, 2018 참조.
8) 『삼국사기』 권20, 고구려 본기9 및 권49 蓋蘇文 열전 ; 『삼국유사』 권3, 흥법3, 寶藏奉老 普德移庵 및 卷3 塔像4, 高麗 靈塔寺. 고구려 사찰에 관한 주요연구는 다음과 같다. 신동하, 「고구려의 사원조성과 그 의미」, 『한국사론』 19, 1988 ; 다나카 토시아키[田中俊明], 「高句麗 寺院의 調査와 現相」, 『천태학연구』 9, 2006 ; 방학봉, 『고구려의 성과 절터』, 신성출판사, 2006.
9) 김영태, 『한국불교사료-해외문헌 초집』, 동국대 불교문화연구소, 1981 ; 김상현, 앞의 논문 참조.

국가 공인 이전에 불교가 전래되었을 것이지만 그 승려가 어느 사찰에 머물렀는지 알 수 없다. 그 후 372년(소수림왕 2) 승려 순도가 고구려에 불상과 불경을 가지고 왔으며, 그로부터 2년 뒤인 374년에 승려 아도가 고구려에 들어왔다. 이들은 375년(소수림왕 5) 당시의 고구려 수도인 국내성에 창건된 초문사와 이불란사에 각기 머물렀다.[11]

『삼국유사』에 의하면 5세기 초 눌지 마립간대에 묵호자가 신라의 일선군[선산 모예]의 집에 와서 포교하였다고 한다. 묵호자는 고구려에서 활동하였을 것이지만 역시 어떤 사찰에 머물렀는지 알 수 없다.

그 후 동진의 승려 담시가 396년 경에 수 십부의 경율을 가지고 요동에 와서 교화하다가 405년 경에 돌아갔다고 한다.[12] 최치원도 「지증대사 비명」에서 이와 같은 담시의 고구려 전래 사실을 기록하고 있으나[13] 북한 지역이 아닌 요동 지역이었다.[14]

이와는 달리 미천왕대(300~331)에 고구려의 후조와의 교류나 낙랑·대방 지역의 편입 등의 사실로 미루어 보아 그 지역에도 불교가 전래되었던 듯하다.[15] 즉, 안악 3호분과 덕흥리 고분에 나타난 불교 흔적은 대동강

---

10) 『梁 高僧傳』 卷4, 竺潛·法深傳 ; 『海東高僧傳』 卷1, 釋亡名傳註 ; 신종원, 「6세기 신라 불교의 남조적 성격」, 『신라초기 불교사 연구』, 민족사, 1992, 182쪽.
11) 『삼국사기』 권18, 고구려본기 6, 소수림왕 2년 6월·4년·5년 2월.
12) 『고승전』 권10 ; 『魏書』 釋老志 卷114 ; 『法苑株林』 권31.
13) 최치원, 「문경 봉암사 鳳巖寺 智證大師 寂照塔 碑銘」, 『조선금석총람』 상, '西晉曇始于貊.'
14) 고구려 불교수용에 관한 주요 연구는 다음과 같다. 이용범, 「북조 전기 불교의 고구려 전래」, 『동국대학교논문집』 12, 1973 ; 김영태, 「고구려 불교 전래의 제문제」, 『불교학보』 23, 1986 ; 이기백, 「삼국시대 불교 수용과 그 사회적 성격」, 『신라불교사상사연구』, 일조각, 1986 ; 지배선, 「고구려 불교 전래의 일고」, 『한성대학논문집』 11-1, 1987 ; 조우현, 「4~5세기 고구려의 불교의 수용과 그 성격」, 『한국고대사연구』 7, 2001 ; 박윤선, 「고구려의 불교 수용」, 『한국고대사연구』 35, 2004 ; 표영관, 「고구려 불교 초전 재고」, 『고구려발해연구』 32, 2008 등이 있다.
15) 모모타니[鄭早苗], 「壁畵古墳からみた高句麗の宗敎」, 『불교학보』 38, 2001, 202~207쪽 ; 전호태, 「5세기 고구려 고분벽화에 나타난 불교적 내세관」, 『한국사론』 21, 서울대 국사학과, 1989, 52~54쪽 ; 김진순, 「5세기 고구려 고분벽화의 불교적 요소

유역인 평양 일대에 불교가 전래되었음을 추정케 하며, 그곳에도 사찰이 창건되었을 개연성이 있어 보인다.

고구려는 『주서』에 '경신불법(敬信佛法)'[16]이라고 했듯이 불교를 공경하고 받들어 믿었다. 『삼국사기』에 의하면 392년(고국양왕 9)에 '불교를 받들고 믿어 복을 구하라.'[17]는 교서가 내려졌으므로, 적지 않은 사찰이 창건되었을 듯하다. 기록에 의하면 북한 지역 내의 고구려 사찰로서 가장 먼저 건립된 것은 393년(광개토왕 2) 광개토대왕이 평양에 창건하였다는 9사인 듯하다.[18] 이 평양 9사는 백제의 사찰로 현재의 서울인 한산에 설치했던 구암사[19]를 연상케 하며,[20] 광법사·금강사·영명사 등이라고 하지만 확실하지 않다.

광법사는 고구려에 불교를 전한 아도화상이 창건한 사찰이라고 하지만 조선후기인 1727년(영조 3)에 세워진 「광법사 사적비」에 나온 기록[21]이므로 그대로 믿기에 주저된다. 하지만 427년(장수왕 15) 평양 천도후 평양시 대성산 기슭에 세워진 안학궁[22] 등으로 미루어 보아 광법사도 고구려시기 사찰이었다. 그리고 금강사는 498년(문자명왕 7) 창건되었다[23]는 기록이나, 고려의 숙종이 평양의 금강사에 가서 고구려의 옛터를 돌아보았다[24]는

    와 그 연원」, 『미술사학연구』 258, 2008, 66~68쪽.
16) 『周書』 卷41. 異域 上 高麗.
17) 『삼국사기』 권18, 고구려본기6, 고국양왕 9년 3월, '下敎 崇信佛法求福.'
18) 『삼국사기』 권18, 고구려본기6, 광개토왕 2년 8월, '創九寺於平壤'. 광개토왕 2년. 9사가 사찰이 아닌 관청이라는 견해도 있으나(조우현, 앞의 논문, 2001, 71~73쪽) 본고에서는 수용하지 않는다.
19) 황인규, 앞의 논문, 2012, 134쪽.
20) 장수왕대 고구려 불교에 대해서는 다음 논고가 참조된다. 남무희, 앞의 논문, 2009.
21) 李時恒, 「有明 朝鮮國箕城 大聖山 廣法寺 事蹟 碑銘 幷序」, 『조선금석총람』 하, '兹山有十數道場而唯廣法寺最大始也阿道和尙自苻秦來作佛殿□僧□ 數百架雖中經劫火十不一存.'
22) 『삼국사기』 권37, 잡지6 시디4 高句麗, '都国内歴四百二十五年, 長壽王十五年, 移都平壤.'; 고고학 및 민속학 연구소, 앞의 책, 1964 ; 민덕식, 앞의 논문, 1992 참조.
23) 『삼국사기』 권19, 고구려본기 문자명왕 7년, '秋七月, 創金剛寺.'

기록을 보아 고구려 사찰이며 대개 청암리사지로 간주되고 있다.[25]

또한 영명사는 후대의 기록이라는 한계가 있지만 「평양부 영명사 중건비」에 의하면, '동명성왕 구제궁의 유적지가 있는 까닭에 영명이라고 이름을 지었고 성조를 기념했다.'[26]는 기문이나 '기(箕) 땅의 영명사와 같은 곳은 주몽의 구도였다.'[27]고 하므로 영명사는 동명성왕의 원찰로 건립된 듯하다.[28] 후대인 1614년 영명사의 부벽루를 중건할 때 고구려 때의 초석들을 사용했던 사실이 밝혀진 바 있으며, 그 주변에 고구려 말기의 기와조각들이 널려 있었다[29]고 하므로 영명사도 고구려시 창건된 사찰이다. 영명사의 부속 암자인 법운암은 현재 평양특별시 만경대구역 용봉리 용악산에 있다. 「법운암 불형 전답 단월 기적비」에 의하면 법운암은 고구려 때에 창건되었다고 한다. 영명사와 마찬가지로 법운암의 주변에 고구려시기의 와편과 성돌들이 있었다고 하므로 법운암 역시 고구려시 사찰일 것이다. 영명사와 더불어 동명성왕과 관련이 깊은 사찰이 정릉사이다. 정릉사는 427년(장수왕 15)에 고구려 건국 시조 무덤으로 추정되는 동명왕릉의 앞쪽에 자리잡고 있어 동명왕릉의 원찰이었던 듯하다.[30]

---

24) 『고려사』 권11, 숙종세가 7년 9월 19일(신축), '幸金剛寺飯僧 逐觀舊塔遺址 仍命太子 巡視川上祭所及通漢橋.'
25) 고이즈미 아키오[小泉顯夫]의 앞의 논문, 1940, 5~19쪽 ; 황세욱, 앞의 논문, 1958, 63~66 ; 리화선, 앞의 책, 1986, 39~41쪽.
26) 張之琬, 「平壤府 永明寺 重建碑」, 조선총독부, 1926, 『조선금석총람』 하, 일한인쇄소, '箕之永明寺朱蒙氏之舊都也居浿江之上游塹壘' ; 『고려사』 권58, 지리지 북계 서경유수관 평양부 연혁, '乙密臺(臺在錦繡山頂 臺下層崖之旁 有永明寺 卽東明王九梯宮).'
27) 『고려사』 권58, 지리지, 북계 ; 張之琬, 「永明寺碑」, 『조선금석총람』 하.
28) 참고로 현존사찰인 묘향산 보현사와 구월산 월정사, 그리고 구월산 패엽사는 국조 단군과 관련이 깊은 사찰이며, 평남 평원의 법흥사는 기자의 원당이었다. 「法弘山 法興寺 重興事蹟 兼佛卷田畓書」, 『조선사찰사료』 하.
29) 세키노 다다시[關野貞], 앞의 논문, 1941, 365~367쪽. 북성내에서는 모란대 가까이 永明寺 부근도 왕궁지[별궁]로 추정된다.
30) 정릉사지에서는 기와, 토기, 벽돌, 금동 장식물 등이 출토되었으며, '定', '定陵', '陵寺', '卍', '衆僧', '高句麗' 등의 글자가 새겨진 토기편들을 통해 정릉사라고 밝혀졌다. 김일성종합대학 편, 앞의 책, 1976, 109~216쪽 ; 김동현, 앞의 논문, 1983,

그 외에 평양의 중흥사와 평성의 안국사 등도 고구려 사찰이었다. 중흥사는 평양시 모란봉구역 인흥 1동의 광법사 조계문 앞에 있는 광법사 당간지주로 미루어 보아 고구려 사찰인 듯하다.[31] 안국사는 평남 평성시 봉린산에 위치하였으며, 한때 '봉린사'라고 불렸다. 후대의 자료이지만 「안국사 사적비」에 의하면, 안국사는 503년(문자왕 12) 고구려 승려 현욱이 창건하였다[32]고 한다.

고구려 사찰 가운데 주목되는 사찰은 동사(東寺)이다. 동사는 한국사에서 최초로 신앙결사가 이루어진 사찰이기 때문이다. 6세기경에 조성된 명문에 의하면 동사의 주지 경을 비롯한 승려들과 신도 40인이 금동여래상을 조성하였다[33]는 것이다. 이 동사의 소재처는 아쉽게도 전혀 알 수 없다. 앞서 언급한 초문사와 이불란사도 평양 천도후 평양에 흥국사와 흥복사로 개명하여 다시 창건되었다는 설이 우세하다.[34]

한편 고구려 출신의 승려들이 중국과 일본 등에 구법 혹은 포교를 하였는데, 국내인 고구려에 머물렀던 사찰들이 있었을 것이다.[35] 이미 선학의 연구에 의하여 밝혀진 바와 같이 요동 출신의 승려 승랑은 480년 무렵 중국에서 3론학의 제일인자[36]로 추앙받았으며, 개황 연간(581~600) 중국에

48~54쪽 ; 김정기, 앞의 논문, 1991, 4~14쪽.
31) 『고려사』 권18, 의종세가 8년 9월 '創西京重興寺.' 중흥사는 1590년에 편찬된 『평양지』에서 고구려 광개토대왕(391~412)때 세웠다고 전하고 있으나, 우리나라 학자들은 고려의 사찰로 추정하고 있다. 조성시기에 대한 보다 정밀한 연구가 필요하다.
32) 「安國寺 事蹟碑」, 『조선사찰사료』 하 ; 呂南喆, 김홍규 譯, 앞의 책, 1985, 104쪽.
33) 「延嘉七年銘 金銅如來 立像」, 황수영, 『한국금석유문』, 1976, '延嘉七年歲在己未高麗國樂良 東寺主敬弟子僧演師徒人造 賢劫千佛流布第卄九回現 義佛比丘供養.'
34) 『고려사』 권13, 예종 4년 4월 ; 신동하, 앞의 논문, 8쪽.
35) 중국과 일본에서 활동한 고구려 승려에 대한 연구는 다음과 같다. 김상현, 「중국문헌소재 고구려 불교사 기록의 검토」, 『고구려의 사상과 문화』, 고구려연구재단총서 4, 2005 ; 고영섭, 「고구려 慧灌이 일본 三論學에 미친 영향」, 『한국불교사연구』 9, 2016 ; 김춘호, 「고구려 慧慈가 일본 法華學에 미친 영향」, 『한국불교사연구』 9, 2016 ; 남무희, 「고구려 승랑이 중국불교에 미친 영향」, 『한국불교사연구』 11, 2017.
36) 『大乘玄論』 卷1 ; 『二諦義』 卷下 : 『法華玄義釋籤』 卷19 ; 『高僧傳』 卷8, 釋法度傳.

서 활동한 실법사와 인법사 등 3론학의 거장들도 중국에서 활동하였다.[37] 천태종의 승려 파약(562~613)은 천태종의 개창자 지자 문하에 수학하여 중국에서 명성을 떨쳤으며,[38] 576년(평원왕 18)경 의연도 역시 북제에서 활동하였다.[39] 그 밖에 선종의 제5조 홍인의 문하에서 수학한 지덕,[40] 설일체유부의 대가인 지황[41] 등은 고구려 승려이므로 중국 구법 이전에 고구려 사찰에 주석하였을 것이나 역시 그 소재처를 알 수 없다. 이렇듯 중국 구법승 가운데는 혜관[42]과 도등처럼 중국에서 활동하다가 일본에 건너가 포교를 펼친 승려도 적지 않았다. 그 가운데 도등은 아래의 사료에서 보듯이 고구려에 머물 때 사찰을 창건하였다고 한다.

> (하쿠치 원년, 650) 2월 도토[道登]법사가 말하였다. '옛날 고구려가 가람을 짓기 위해 살펴보지 않은 땅이 없었는데, 어떤 곳에서 흰 사슴이 천천히 지나갔으므로 마침내 그곳에 절을 세워 백녹원사라 이름을 붙이고 불법이 안정되도록 하였다.'[43]

이렇듯 고구려 승려 도등이 고구려에 머물 때 백녹원사를 창건하였다고 한다. 백녹원사도 고구려의 사찰임이 본고에서 처음으로 확인된 사실이지만 역시 그 소재처를 전혀 알 수 없다. 알려진 바와 같이 도등 외에 고구려 승려들이 도일하여 일본 불교의 성립에 적지 않은 영향을 주었다. 예컨대 고구려 승려 혜편은 584년 일본 귀족인 소가노 우마코[蘇我馬子, 551?~626]의

---

37) 『續 高僧傳』 卷14, 義解篇10, 唐越州弘道寺釋慧持傳 ; 『續高僧傳』 卷15, 義解篇11, 唐錦州隆寂寺釋靈睿傳.
38) 『續 高僧傳』 卷17, 習禪篇2 隋天台山國淸寺釋智越傳.
39) 『歷代 三寶記』 권12 ; 김상현, 앞의 논문, 79~81쪽.
40) 『楞伽師資記』 ; 김상현, 앞의 논문, 79~81쪽.
41) 『續 高僧傳』 卷18, 習禪篇3 隋西京禪定道場釋曇遷傳.
42) 『元亨釋書』 卷1, 傳智 1-1 ; 『三國佛法傳通緣起』 卷中, 三論宗.
43) 『日本書紀』 卷25, 天萬豊日天皇 孝德天皇 '(白雉元年) 二月 … 道登法師曰 昔高麗欲營伽藍 無地不覽 便於一所 白鹿徐行 遂於此地 營造伽藍 名白鹿薗寺 住持佛法.'

스승이며, 젠신[善信]과 젠조[禪藏], 에젠[慧善]을 출가시켜 일본 최초의 비구니가 되게 하였다.[44] 혜자는 595년(영양왕 6) 5월에 도일하여 일본에서 불교 포교를 하다가 615년(영양왕 26)에 고구려에 귀국하였는데,[45] 어느 사찰에 머물렀는지 알 수 없다. 602년(영양왕 13)에 도일한 승륭과 운총, 610년(영양왕 21) 무렵의 담징과 법정[46] 그리고 도현과 도랑 등의 고구려 승려들도 도일하였다. 특히 625년(영류왕 8)에 도일한 혜관은 일본 삼론학의 시조이며, 백제 승려 관륵에 이어 일본의 승정이 되었다.[47] 이들이 본래 머물렀던 곳은 당연히 고구려 사찰이었을 것이다. 특히 주목되는 사실은, 백제의 혜총과 고구려의 혜자를 스승으로 삼은[48] 쇼토쿠[聖德]태자가 바닷가에서 수습한 궤짝에 보살상이 있었는데, 이 보살상이 고구려의 것이었다고 한다.

　　쇼토쿠 태자가 (탄슈 담주) 바닷가에 놀다가 이 궤짝을 보고 그것을 열어보니 여의륜 관자재보살상이 있었다. … 어떤 이는 말했다. '이 보살상이 고구려국 광명사 보살상인데 고구려국 승려 덕윤이 태자로 하여금 그것을 맞게 했다. 높이는 1척 2촌이었다.'[49]

위의 인용한 기록에서 보듯이, 이 보살상이 봉안되어 있었던 광명사도 고구려 사찰이었음을 본고에서 처음으로 확인하였다.

고구려의 불교와 사찰 가운데 특히 주목되는 것은 고구려 말기의 승려 보덕과 그 제자 등이 창건한 반룡사·영탑사·금동사·보덕암 등이다.[50] 반룡

---

44) 『元亨釋書』 卷18, 願雜 10-3 尼女 4 ; 『元亨釋書』 卷20, 自治表1 敏達皇帝.
45) 『元亨釋書』 卷15, 方應 8, 聖德太子傳.
46) 『元亨釋書』 卷16, 方遊 9.
47) 『大日本佛敎全書』 冊111.
48) 『元亨釋書』 卷20, 自治表1 推古皇帝.
49) 『元亨釋書』 卷28, 志? 寺像志 6, '聖德太子適游濱渚 見此篋啓之 有如意輪觀自在像 … 或曰 此像高麗國光明寺像 本國僧德胤令太子迎之 長一尺二寸.'
50) 5~7세기 고구려 불교에 관련한 주요 논고는 정선여, 앞의 책, 2007 ; 방용철, 앞의 논문, 2013 등이 있다.

사는 고구려 용강현 출신 승려 보덕이 고구려로부터 백제 완산주인 고대산으로 옮기기 전에 머물렀던 사찰이며,51) 고구려의 변경인 상원에 있었던 듯하며 고려시대에는 연복사라고 불렸다.52) 영탑사는 평양시 대보산에 있었던 보덕이 창건한 사찰이다. 영탑사는 『삼국유사』에 의하면 요동성과 평양에 각기 있었으며,53) 경내에 8각 7층 석탑이 있었다고 한다.54) 금동사는 보덕의 11명의 제자 가운데 한 인물인 무상의 제자 금취 등이 평안남도 안주군 오도산에 세운 사찰이라고 한다.55) 보덕암은 고구려 안원왕(531~545)대에 보덕이 창건하였다고 한다. 후대의 지리지인 『신증동국여지승람』에 의하면 강원도 회양군 내금강면 장연리 금강산 법기봉 중턱에 있었다고 한다.

그 밖에 현재 북한 지역의 함경남도 신포시 오매리사지의 사찰도 고구려 사찰로 추가되어야 할 것이다. 1988년 6월 오매리사지의 탑터에서 발견된 고구려의 금동판은 546년(양원왕 2) 때에 조성되었다56)고 하므로, 오매리사지의 사찰은 고구려 사찰임이 확실하다. 이와 같이 고구려의 사지는 당연히 고구려 사찰이었을 것인데 현재까지 다음과 같은 사지가 발굴되었다. 즉, 평원군 대성구역의 상오리사지57)와 청호리사사지,58) 평양시 평천구역 평천

---

51) 『삼국유사』 권3, 寶藏奉老 普德移庵, '時普德和尙住盤龍寺 慮左道匹正國祚危矣 屢諫不聽 乃以神力飛方丈 南移于完山州 今全州也.孤大山而居焉 卽永徽元年庚戌六月也'; 『삼국사기』 卷22, 高句麗本紀 10, 寶藏王 9年 6月, '盤龍寺普德和尙 以國家奉道 不信佛法 南移完山孤大山.'
52) 『大覺國師文集』 卷19, '到盤龍山延福寺 禮普德聖師飛房舊址'; 『동문선』 卷66, 「南行月日記」, '普德字智法 嘗居高句麗盤龍山延福寺.'
53) 『삼국유사』 권3, 탑상4, 遼東城育王塔; 『삼국유사』 권3, 탑상4, 高麗靈塔寺.
54) 『삼국유사』 권3, 高麗 靈塔寺, '僧傳云 釋普德字智法 前高麗龍岡縣人也 詳見下本傳 常居平壤城 有山方老僧來請講經 師固辭不免 赴講涅槃經四十餘卷 罷席ToPropsHH城西大寶山嵓穴下禪觀 有神人來請 宜住此地 乃置錫杖於前 指其地曰 此下有八面七級石塔 掘之果然 因立精舍曰靈塔寺 以居之.'
55) 『삼국유사』 권3, 흥법3, 寶藏奉老 普德移庵, '具如國史 餘具載本傳與僧傳 師有高弟十一人 無上和尙與弟子金趣等創金洞寺.'
56) 이도학, 앞의 논문, 1995, 128쪽.
57) 사이토 타다시[齋藤忠], 「휘보 平壤大同郡 林原面 上五里 高麗建築址の調査」, 『考古學雜誌』 30-1, 81~82쪽; 小泉顯夫, 『朝鮮古代遺跡の遍歷發掘調査三十年の回想』, 六興出

리사지,59) 평원군 덕포리 만덕산 부근 원오리(현재 덕포리) 만덕사지,60) 황해도 봉산군 (낙랑구역) 토성리사지,61) 낙사리사지,62) 엄사리사지63) 등이다.64) 그리고 황해도 대왕사사지,65) 평양시 낙랑구역 내의 남현사사지와 장매리사지 등이 있으며,66) 황해남도 안악군 월정리 쌍계사,67) 칠불사, 연등사 등의 사찰도 있었다.

마지막으로 후대의 기록에 나타나고 있는 칠불사·연등사·송림사·수종사 등도 고구려 사찰이었던 듯하다. 칠불사는 평안도 안주군 안주면 칠불산에 위치하며 살수대첩과 관련한 사찰이었다.68) 연등사는 황해도 구월산에 있었으며, 639년(영류왕 22) 중수되었다고 한다.69) 그리고 발해의 사찰로

版, 1986, 344~348쪽.
58) 방학봉, 「X. 고구려 사원유지」, 『고구려의 성과 절터』, 신성, 2005, 258~259쪽.
59) 우메하라 수에지[梅原末治], 「平壤平川里出土の金牛跏思惟像」, 『朝鮮學報』 31, 1964, 53~55쪽 ; 도유호, 「평천리에서 나온 고구려 부처에 대하여」, 『고고민속』 3, 1964, 29~34쪽.
60) 小泉顯夫, 「泥佛出土地元五里廢寺址の調査」, 『昭和十二年度古蹟調査報告』, 朝鮮古蹟研究會, 1938, 63~64쪽 ; 문명대, 「원오리사지 소불상의 연구-고구려 천불상 조성과 관련하여-」, 『고고미술』 150, 1981, 58~68쪽.
61) 남일룡, 「황해북도 봉산군 토성리 고구려 절터에 대하여」, 『조선고고연구』 4, 1987, 8~13쪽.
62) 국립문화재연구소, 『북한문화재해설집Ⅱ-사찰건축편』, 1998, 261쪽.
63) 방학봉, 위의 책, 2005, 244쪽.
64) 寺址로 파악되기도 하는 金剛寺址·定陵寺址·重興寺址 등은 당시에는 존재한 사찰이었기 때문에 여기에서는 생략하였다.
65) 리화선, 『조선선축사』(Ⅰ), 과학백과사전종합출판사, 1989, 88쪽 ; 조선고고연구편집부, 「발굴소식 패엽사, 쌍계사터 조사보고」, 『조선고고연구』 2, 1993, 42~46쪽 ; 양은경, 「북한의 불교사원지 출토 고구려, 발해 불상의 출토지 문제와 계승관계」, 『고구려발해연구』 1, 2008, 201쪽.
66) 방학봉, 위의 책, 2005, 262쪽.
67) 조선고고연구 편집부, 「발굴소식 패엽사, 쌍계사터조사보고」, 『조선고고연구』 2, 1993, 42~46쪽.
68) 『輿地圖書』 上, 平安道 安州 寺刹, '七佛寺在州北城外.'
69) 「燃燈寺 事蹟」, 『조선사찰사료』 하, 黃海道, '厥後 東漢顯宗孝明皇帝永平之十四年 釋迦影像迎入中土國 君臣民奉之 如眞佛焉 于今三千餘載 而至大唐貞觀十二年矣.'

추정되는 양화사의 서북쪽에 위치한 평북 강동면 송북동에는 송림사지가, 동남쪽에 위치한 장리면 신상동에는 수종사지가 있다고 한다.[70] 이러한 수종사와 송림사도 고구려 사찰이었던 듯한데, 후대의 기록으로 문헌적 실증적인 측면이 취약하기는 하지만, 향후 좀 더 실증적인 작업이 이루어져야 할 것이다.

3. 발해 불교와 북한 사찰

고구려가 멸망한 지 30년 후 고구려의 옛 땅[舊國]에 발해를 건국하여 이후 남북국시대가 2세기 이상 전개되었다. 발해 건국 초기인 713년 당에 출사할 때 사찰에 들어가 참배를 요구하였으며,[71] 발해의 전성기인 문왕이 전륜성왕의 뜻을 지닌 금륜성법대왕[72]이라는 불교식 존호를 사용하는 등 발해는 불교적인 국가였다.

이미 선학이 연구한 바와 같이 발해 불교는 당의 불교의 영향을 받기도 하였지만 불상이나 와당 등 고구려 불교를 적잖이 계승하였다. 현재 북한 근기지역인 동경을 중심으로 퍼져 있었던 법화신앙과, 함경남도 동해안 중부 지방의 신포시 오매리사지에서 발견된 금동판에서도 그러한 사실을 알 수 있다.[73]

발해 초기 수도 지역인 구국과 상경 지역은 고구려의 영역 밖으로 말갈족이 거주하였던 지역으로 발해 영토로 편입된 이후 발해 불교가 유입되었으며, 본래 고구려 지역이었던 동경·남경·중경·서경 등의 지역에는 고구려

---

70) 국립문화재연구소, 『북한문화재해설집Ⅱ-사찰건축편』, 1998, 261쪽. 이 사찰들도 향후 실증적인 검토가 이루어져야 할 것이다.
71) 『冊府元龜』 卷971, '開元元年十二月 靺鞨王子來朝 奏曰 臣請就市交易 入寺禮佛 許之.'
72) 「貞惠公主墓誌」, 『역주 한국고대금석문』 3 渤海, 墓誌, '公主者我大興寶曆孝感金輪聖法大王王之第四女也.'
73) 송기호, 앞의 논문, 205~206쪽.

불교가 계승되어 많은 불교 사찰이 세워졌다.[74]

현재 발해 지역에서 지금까지 40여 이상의 사지가 확인되고 있다. 고구려 영역 밖인 구국 지역 돈화에 묘둔사지 1소, 상경성 안팎에서 10여 소가 발굴되었으며, 고구려 지역에서는 29소의 사지가 발굴되었다. 즉, 동경 일대에서는 마적달사지·신생사지 등 9소가, 남경 일대에서 오매리사지와 청해토성 3소가, 중경지역 일대에서 고산사지·용해사지·중평사지 등 13소의 사지가 발굴되었다. 그리고 연해주 지역에서도 아브리코스[Abrikos]사지·코프이토[Kopyto]사지 등 5소의 사지가 발굴되었다.[75] 그밖에 서고성과 대성자고성 등에서도 사지가 발굴되었다.[76]

최근에 필자가 문헌에서 확인한 발해의 사찰은 초화사[77]·대안사[78]·신산사,[79] 그리고 선종의 조사도량으로 유명하였다는 영암사[80] 등이 있지만 북한 밖의 중국 지역에 소재한 사찰이다.[81]

앞서 언급한 바와 같이 다음의 사료에서 보듯이 발해 불교의 뿌리는 고구려에 있었다.[82]

> 석불사는 (영고탑) 성 서남쪽 70리 쯤 되는 동경성에 있다. 성은 금나라 때 세웠다고 전해진다.[83] 이 석불사가 곧 지금의 흥륭사이다.[84]

---

74) 송기호, 앞의 논문, 207, 219쪽.
75) 대한민국 고구려연구회·러시아과학원 시베리아分所 考古民族學硏究所, 『러시아 연해주 발해 절터』, 학연문화사. 1988 ; 문명대·이남석·V.L. Bodin 외, 『거시아 연해주 크라스키노 발해 사원지 발굴보고서』, 고구려연구재단, 2004 ; 리창진, 「로씨야 연해변강일대에서 알려진 발해절터」, 『조선고고연구』, 2015-3, 15~18쪽.
76) 방학봉, 『발해의 불교유적과 유물』, 1998 참조.
77) 『발해국지 장편』 권18, 渤海後志1 文徵, 超化寺.
78) 『발해국지 장편』 권18, 渤海後志1 文徵, 大安寺 試院에서 맞이함.
79) 『발해국지 장편』 권18, 渤海後志1 文徵, 題新山寺.
80) 『泰山志』;『발해국지 장편』 권18, 渤海後志1 文徵, 游靈巖寺記 ; 황인규, 앞의 논문, 2019 참조.
81) 황인규, 앞의 논문, 2019 참조.
82) 송기호, 앞의 논문, 2019, 205쪽.

위의 사료에서 보듯이 헤이룽장성[黑龍江省] 무단장시 닝안[寧安]에 있는 고구려의 영고탑의 근처인 영안시 발해진에 석불사가 있었다. 청대에 흥륭사라고 개명[85]된 석불사의 석등이며, 그 뒤에 자리한 삼성전 앞의 거대한 석불 등은 고구려의 것과 거의 동일하다. 따라서 석불사는 고구려의 사찰이자 발해의 사찰이었다.[86]

이러한 발해의 사찰에 주석하였던 발해 승려도 매우 많았겠지만 알려진 사례는 얼마 되지 않는다. 이미 알려진 바와 같이 일본 승려 레이센[靈仙, ?~827]의 제자로 알려진 승려 정소(?~828)[87]를 비롯하여, 시를 잘 지어 일본의 신하들과 시를 주고받았던 승려 인정(?~815),[88] 그리고 858년 무렵 당의 장안 서명정사에 우거하였던 살다라[89] 등이 찾아진다. 그런데 최근에 정소가 중창하였다는 천추 만고사가 발해의 사찰이며, 곧 중국 길림성인 동북 지역 최고의 명산 의무려산 남쪽 의무려산 청암사라고 알려졌다.[90]

---

83) 『吉林通志』 28 ; 『발해국지 장편』 권20, 발해후지1 餘錄 金石古蹟(寧古塔及東京城).
84) 『盛京志』의 기록에 의하면 金왕조의 慈聖宮太后가 세운 것이라 전해진다. 『발해국지 장편』 권20, 발해후지1 餘錄 金石古蹟(寧古塔及東京城).
85) 흥륭사는 『盛京志』의 기록에 의하면 금왕조의 8대 宣宗의 태후인 慈聖太后 淑妃가 세운 것이라 전해지고 있다.
86) 황인규, 「6장 발해유민의 불교와 사원」, 2019 참조.
87) 圓仁, 『入唐求法巡禮記』 권3 ; 『발해국지 장편』 권11, 발해국지 9 제신 열전 釋貞素.
88) 『本朝通鑑』 20 ; 『발해국지 장편』 권1, 발해국지 전편 2 총략 하 ; 『발해국지 장편』 권10, 발해국지 8 제신 열전 釋仁貞.
89) 『발해국지 장편』 권11, 발해국지 9 土庶列傳 薩多羅.
90) 이러한 사실은 동북아역사재단 임상선 선생님이 제공한 자료에 의한 것이다. 청암사 관련 기록은 후대의 것이기 때문에 실증적 검토를 요하고 있다. 천추만고사는 北魏 때 창건되었으며, 발해시 정소가 중창하였다. 명대에 이르러 지금의 이름인 청암사로 바뀌어 중국에서 최고의 기복 명찰로 알려지고 있다. 사찰 경내 상원에 있는 불상은 『東北古迹軼聞』에도 기록되어 있으며, 세계 유일의 목이 기울어진 불상[老母]으로서 관세음보살 32 화신의 하나라고 한다. 『東北古迹軼聞』, '南海落潮 現一靑石佛像 請至靑岩山云中古洞 群工人移石像及門不能入 有戲之者曰 老佛若一歪脖則可入 言已 佛像之頸卽歪 衆皆駭 從容移入 吃惊老佛顯圣 皆肅然起敬而出 忘請老佛正脖 故至今尙歪.' ; 『錦州府志』 卷4(『遼海叢書』), 「廣寧縣志」 ; 량치차오[梁啓超], 1978 ; 圓通法師, 『錦州古刹』, 『重修靑岩寺碑記』 ; 황인규, 「6장 발해유민의 불교와 사원」, 2019 참조.

현재 북한 지역인 남경 권역에 함경남도 청해토성 내부의 사지, 함경남도 신포시 오매리사지, 함경북도 명천군 개심사 등 3소만이 발굴되거나 확인된 바 있다.[91] 개심사는 826년(발해 선왕 8) 창건되었다는 사실이 입증된 바 있다.[92] 그리고 함경남도 오매리사지는 고구려시대 사찰을 그대로 계승한 것이며,[93] 청해토성 내부 사지의 사찰도 발해의 사찰이었을 것이다.

후대의 기록이라는 한계가 있지만 함남 이원 운흥암(현 정광사), 평북 태천 향적산 양화사도 발해의 사찰이라고 추정된다. 「관성현 대덕산 정광사 사적 실록」에 의하면 함경남도 이원군 원사리에 위치한 정광사는 838년(발해 함화 9)에 화주 일신이 창건하여 운흥암이라고 하였다.'[94]고 한다. 또한 「양화사 사적기」에 의하면 양화사(일명 보국사)는 평안북도 태천군 향적산에 위치하고 있으며, 872년 창건된 발해의 사찰이다.

이러한 사찰에 발해의 승려도 활동하였을 터인데,[95] 1948년 대웅전 용마루 보수시 발견된 개심사의 나무함에 '발해 선왕 9년 병오 3월 15일 용강성 석두현 혜성사 금강곡 칠보산 개심사 창건주는 대원화상이다. 목수는 팽가

---

91) 양은경, 앞의 논문, 195쪽 ; 리준걸, 「함경북도 일대 발해유적 유물에 대한 조사보고」, 『조선고고연구』 1986-1, 34쪽.
92) 리준걸, 「함경남북도 일대의 발해 유적 유물에 대한 조사보고」, 『조선고고연구』 1986-1, 34쪽 ; 송기호, 「개심사 출토 글쪽지」, 한국고대사회연구소 편, 『역주 한국고대금석문』 III, 가락국사적개발연구원, 1992, 481~482쪽.
93) 박룡연, 「고고학방면으로부터 본 발해의 불교문화」, 『발해사연구』 4, 1994, 247쪽 ; 한인호, 「금호지구 오매리 절터에 대하여」, 『조선고고연구』, 1997-1, 13~15쪽 ; 이병건, 「북한의 발해건축 관련 연구와 향후 우리의 과제」, 『고구려발해연구』 61, 2018, 107쪽.
94) 「觀城縣 大德山 定光寺 史蹟 實錄」, 『조선사찰사료』 하. 정광사는 신라 무열왕 때 당나라 승려 明秋가 廣德寺를 창건하였다는 설도 있다. 국립문화재연구소, 「II.북한의 사찰 건축, 정릉사」, 『북한문화재해설집II-사찰건축편』, 1998, 262쪽.
95) 『궐사』 권하 ; 『발해국지 장편』 권1, 발해국지 전편 1 총략 상. 참고로 중국 고승전류에 등장하는 발해인이라고 표기된 僧遠(『高僧傳』 권8)·道儒(『高僧傳』 권13)·法貞(『續高僧傳』 권6)·智梵(『續高僧傳』 권11)·消正(『續高僧傳』 권16)·釋無名(『宋高僧傳』 권17)은 발해의 승려로 비정한 사례도 있으나(최봉익, 1986, 65~69쪽), 발해민에 위치한 발해군과 발해현 출신 중국 승려이며 발해승려는 아니다. 송기호, 앞의 책, 2011, 38쪽.

와 석가이다.'96)라는 기문으로 북한 함경북도 명천군 칠보산 개심사에서 9세기 전반에 활동한 발해 승려 대원이 알려진 바 있다. 그 외에 발해의 승려로 일신과 지원, 재웅 등이 더 찾아지고 있다.

838년(발해 함화 9) 함경남도 이원군 대덕산 운흥암(현 정광사)의 화주 일신도 발해의 승려였다. 또 지원은 그동안 주목하지 못하였던 발해의 승려이다. 『제왕운기』에 의하면 925년(태조 8)에 발해 승려 대덕 지원이 예부경 화균과 사정경 좌우장군 대리저, 장군 신덕 등과 함께 고려에 내투하였다97)고 한다. 그리고 재웅은 그로부터 2년 후인 927년(태조 10)에 고려에 내투한 발해 승려였다.98) 이 두 승려는 고려로 내투한 발해 유민 승려이지만,99) 내투하기 이전에 발해의 사찰에 머물렀을 것이나 북한 지역의 사찰이었는지는 잘 알 수 없다.

이와 더불어 깊이 생각해 볼 것은, 장수왕 남천이후 고구려의 중심 사찰은 국도 평양과 그 일대에 있었던 사찰로 발해시기에도 존속했을 개연성이 적지 않다는 것이다. 이러한 주장이 수용되기 위해서는 평양과 그 일대가 고구려와 발해의 영역이라는 사실이 입증되어야 하고, 고구려 사찰이 폐사되지 않고 발해시기에도 존속하였다는 사실이 입증되어야 할 것이다. 이러한 사실에 대하여 좀 더 구체적으로 살펴보기로 한다.

발해의 남변에 대해서는 『신당서』를 근거로 신라와 접하고 있다는 견해가 일반적이다. 서남쪽 경계는 735년 당이 보낸 칙서의 내용으로 보건대 발해 세력이 패강 이북에 미치고 있었으므로 평안도 일대는 발해의 영토였다.100)

---

96) '渤海宣王九年 丙午三月十五日 建用崗城石頭縣海城寺 金剛谷改心寺者 大圓和尙木手 旁錫和釋加'; 박룡연, 앞의 논문, 1994, 239~242쪽 ; 송기호, 앞의 논문 참조.
97) 李承休, 「前麗舊將 大祚榮」, 『帝王韻紀』 卷下, '至我太祖八乙酉(後唐莊宗同光元年也) 擧國相率朝王京 誰能知變先歸附 禮部卿與司政卿(禮部卿大和鈞 司政卿左右將軍大理著 將軍申德 大德志元等 六百戶來附) 歷二百四十二 其間幾君能守成.'
98) 『고려사』 권1, 태조세가 10년 3월 3일(갑인), '三月 甲寅 渤海工部卿吳興等五十人, 僧載雄等六十人來投.'
99) 발해 유민 승려에 대해서는 졸고를 참조하기 바란다. 황인규, 앞의 논문, 2019.
100) 송기호, 「발해의 성쇠와 강역」, 『백산학보』 47, 1996, 274쪽.

이에 반하여 평양 일대가 발해의 세력 밖이라는 견해도 있지만, 필자는 후술하는 바와 같이 평양은 발해 경내에 포함된다고 생각하며,101) 따라서 평양과 그 일대의 사찰은 발해시기의 사찰이라고 간주하고자 한다.

학계에서 이미 주목한 바와 같이, 이와 관련한 중요 관건이 되는 사료는 다음의 『고려사』 태조 1년 기사이다.

여러 신하들에게 유시하기를, '평양은 옛 도읍으로 황폐한 지 비록 오래되었으나 그 옛터는 그대로 남아 있다. 그러나 가시덤불이 무성한 곳은 번인이 사냥을 그 사이에서 하다가, 이로 인하여 변경 고을을 침략하니 그 피해가 매우 크다. 마땅히 백성을 이주시켜 그곳을 실하게 하여 변방을 튼튼하게 함으로써 백세의 이익이 되도록 해야 한다.'라고 말하였다. 드디어 (평양을) 대도호로 삼고 사촌동생[堂弟] 왕식렴과 광평시랑 열평을 보내어 수비하게 하였다.102)

---

101) 본고에서는 평양과 그 일대가 고구려에 이어 발해시기에도 그 영역내에 있었다는 견해를 따르면서 논지를 전개하고자 한다. 즉, 8세기 중반 이전 시기의 발해 남부 접경지역은 압록강과 두만강 유역 아래로 내려가지 않는다. 나당전쟁의 위기가 초래되었던 732년 이후에나 그럴 개연성이 있다고도 할 수 있다. 앞서 언급한 바와 같이 신라의 경우도 삼국통일기 당의 세력을 축출한 후 압록강 이남과 패강 이북은 당의 세력도 미치지 못하였으며 신라의 영토도 아닌 '緩衝地'나 '無住地'였다고 한다. 즉, 『삼국사기』 지리지 한산주에 누락된 고구려 옛 지명 가운데 12군현을 패강진이라고 간주하고 한산주 북부지역은 패강진의 관할하에 있었으므로 평양은 발해의 영토가 아니라는 견해도 제기되었다. 이렇게 본다면 평양 일대는 무주지였기 때문에 사람이 살지 않는 곳이므로 사찰 역시 폐허가 되었을 것이다. 하지만 이러한 견해는 평양해안=패강구라고 하는 근거가 미흡하여 발해가 평양일대, 즉 현재의 평안남도 일대까지 영역화했다고 보는 것이 타당하다고 생각된다. 예컨대 장상렬은 구체적으로 고구려와 발해의 유적, 특히 평양과 상호 유사성 및 계승이 이루어졌다는 사실을 입증하였다. 장상렬, 「발해의 수도 상경룡천부와 고구려의 수도 평양성의 계승관계에 대하여」, 『조선고고연구』, 1998-4 ; 장상렬, 「발해 상경룡천부터에 표현된 도시계획방법과 그 고구려적 성격」, 『조선고고연구』, 1998-2, 32~37쪽 ; 이병건, 앞의 논문, 2018, 107, 139쪽.

102) 『고려사』 권1, 태조세가 1년 9월 26일(병신), '丙申 諭群臣曰 平壤古都 荒廢雖久 其址尙存 而荊棘滋茂 蕃人遊獵於其間 因而侵掠邊邑 爲害大矣 宜徙民實之 以固藩屛 爲百世之利 遂爲大都護 遣堂弟式廉 廣評侍郞列評守之.'

Ⅱ. 고구려와 발해의 사찰

위의 사료에 의하면 평양 지역은 고구려 멸망 후 발해시기를 거쳐 고려 태조대까지 황폐화되었다는 것이다. 하지만 다음의 사료에 보듯이 당시 호족들은 평양이나 그 일대에서도 활동한 사실을 알 수 있다.

> (천우 2년) 패서 13진을 분치하였다. 평양성주 장군 검용이 항복하고, 증성의 적의·황의의 적과 명귀 등이 와서 항복하였다.[103]

즉, 평양의 성주 장군 검용이나 대동강 이북인 평남 강서군 증성의 적의·황의의 적과 명귀 등도 평양 일대에서 활동하였다.[104] 이외에도 패강진 지역의 출신으로 고려초에 활동했던 인물로는 중화 김씨의 김낙·김철 형제, 염주연안의 윤선·태평, 토산상원의 최웅 등이 있음이 확인된다. 특히 평산 신씨를 비롯하여 황주 황보씨·정주 유씨·평산 유씨·동주 김씨·신천 강씨 등 패강진 지역의 호족은 태조의 6왕후·23부인 가운데 3왕후·8부인을 배출할 정도로 정치적으로 크게 활동하여 진출하였다.[105] 불교계에서도 마찬가지로 이 지역의 출신으로 그 일대에서 활동한 사례를 어렵지 않게 찾을 수 있다. 즉, 고려초에 선종계에서 주목할 만한 활동을 한 선승 순지·도윤·절중 등은 패강진 출신이었다. 그 가운데 순지와 관련된 기록을 예시하면 다음과 같다.

> 대사의 이름은 순지이며 속성은 패강인이다. 조고의 거업은 웅호하였고 대대로 변장으로 충근한 명예가 그 지방에 알려져 있다.[106]

---

103) 『삼국사기』권50, 궁예 열전 天祐 2년, '分定浿西十三鎭 平壤城主將軍黔用降 甑城赤衣 黃衣賊明貴等歸服.'
104) 강경구, 「신라의 평양지방 지배에 관하여」, 『백산학보』 38, 1991. 104~105쪽.
105) 국사편찬위원회, 「2. 호족세력의 대두-2) 군진세력의 대두」, 『신편 한국사』 11, 1996 참조.
106) 『祖堂集』 20, 238 五冠山 瑞雲寺 和尙順之, '五冠山瑞雲寺和尙嗣仰山寂禪師 師諱順之 俗姓朴氏 浿江人也 祖考並家業雄豪 卋爲邊將 忠勤之譽 遺慶在鄉.'

위의 사료에서 보듯이 승려 순지는 패강인 출신이라고 했는데, 여기서 패강107)은 평양과 같은 지명을 의미한다고 봄이 합당할 듯하다.108) 선학이 밝힌 것처럼 순지의 조고는 '세위 변장'하였다고 한 사실로 미루어 패강진의 군관직을 맡은 것을 계기로 호족으로 대두하였던 것 같다. 순지는 오관산 서운사에서 위앙 선풍을 펴고 있었으며 태조 왕건의 선대 세력과 연계되어 활동하였다. 그리고 절중의 아버지도 활쏘기·말타기 등 무예로 이름을 떨쳐서 패강진의 군관직을 맡았으며, 그 지역의 호족으로 성장했다.109)

이와 같이 평양과 그 일대는 고구려에 이어 발해의 영역으로 발해시기까지 계승되었으며, 발해시에도 창건된 사찰이 있었다고 할 수 있다. 참고로 북한 지역의 사찰은 전근대의 시기에 400여 소에 이르고 있으며,110) 현재 60여 소에 이르고 있다. 그 가운데 북한 지역 내의 고려시대와 조선시대에 창건된 사찰은 발해의 사찰에서 당연히 제외되겠지만 고구려의 사찰은 일부 폐사된 사찰 외에 대부분 발해로 계승되었을 것이며 발해시에도 창건되었을 것이다. 특히 북한의 대표적인 불교사찰인 광법사와 발해시 창건된 양화사와 같이, 북한 지역에 고구려 시기에 창건되거나 발해시 창건되어 현존하는 사찰은 고구려 및 발해의 사찰로 간주될 필요가 있지 않을까 한다.

---

107) 浿江鎭에 대해서는 다음의 논문이 참조된다. 국사편찬위원회, 「2. 호족세력의 대두-2) 군진세력의 대두」,『신편 한국사』11, 1996 참조.
108) 조이옥, 「통일신라 북방개척과 패강진」,『백산학보』46, 1996, 194~195쪽.
109) 김두진, 「了悟禪師 順之의 선사상-그의 三遍成佛論을 중심으로-」,『역사학보』65, 1975, 35~51쪽. 패강진 지역의 호족은 왕건의 주요한 세력기반이 되었고, 고려 건국과 후삼국 통일에 크게 기여할 수 있었다. 게다가 발해가 고구려의 유민이 세웠으며 고구려를 계승하였다는 정체성을 지녔을 것이기 때문에 고구려 후반기의 국도였던 평양을 홀시하지 않았을 것이다. 발해가 고구려 국도였던 평양을 5경 등 주요 지역으로 설정하지 않았지만 고구려 후예인 발해가 상징적인 의미에서도 국도 평양을 중요하게 간주하였을 것이다. 따라서 고구려 장수왕 남천 이후 창건된 평양 일대의 사찰은 발해시에도 대부분 계승되었다고 생각된다.
110) 1939년 조선총독부 학무국 통계자료에 따르면, 북한지역에 403개소, 1,600여 명의 승려, 38만 명의 신도가 있었다고 한다. 황인규, 앞의 논문, 2012 참조.

4. 나가는 말

　이상으로 북한 지역 내의 고구려와 발해의 사찰을 발굴 복원 시도하여 보았다. 관련 자료의 미흡으로 그 실상의 전모를 밝히는데 어려움이 있으며, 특히 남아 있는 기문도 후대의 기록이라는 점에서 실증적인 측면은 취약할 수 있으나, 향후 연구의 실마리를 제공하기 위하여 시도한 시론적 천착이다. 향후 좀 더 실증적인 보강 작업이 이루어지기를 기대하면서 검토한 내용을 요약하면 다음과 같다.

　북한 지역의 고구려 사찰로서 가장 먼저 건립된 것은 393년 광개토대왕이 평양에 창건하였다는 9사이다. 9사 가운데 광법사·금강사·영명사 등이 포함된다는 설이 있지만 고구려 사찰임은 확실하다. 영명사와 부속암자인 법원암과 더불어 동명성왕과 관련이 있는 정릉사, 고구려의 당간지주를 남긴 평양의 중흥사, 고구려 승려 현욱이 503년에 창건하였다는 평남 평성의 안국사, 한국 최초의 결사도량인 동사 등도 고구려 사찰이었다. 고구려에 처음으로 불교를 전래한 아도가 머물렀던 초문사와 이불란사도 평양 천도후 평양에 흥국사와 흥복사로 개명하여 다시 창건되었다. 고구려 말기의 승려 보덕과 그 제자가 창건한 반룡사·영탑사·금동사·보덕암 등도 고구려 사찰이었다. 그리고 해외 구법승인 도등이 세웠다는 백록원사, 쇼토쿠 태자가 바닷가에서 수습하였다는 불상의 봉안처인 광명사가 고구려 사찰임을 처음으로 확인하였다.

　그 밖에 고구려 사지로 알려진 평원군 대성구역의 상오리사지와 청호리사사지, 평양시 평천 구역 평천리사지, 평원군 덕포리 만덕산 부근 원오리(현재 덕포리) 만덕사지, 황해도 봉산군(낙랑구역) 토성리사지, 낙사리사지, 엄사리사지, 황해도 대왕사사지, 평양시 낙랑구역 내의 남현사사지와 장매리사지, 후대의 문헌이기는 하지만 고구려 사찰이자 발해의 사찰로 추정되는 양화사의 서북쪽 강동면 송북동에는 송림사지가, 동남쪽의 장리면 신상동에는 수종사지가 있었다고 한다. 그리고 평안도 안주군 칠불산 칠불사와 황해도 구월산 연등사, 황해남도 안악군 월정리 쌍계사 등도 역시 고구려 사찰이었을 것이다. 이러한 사찰은 폐사된 사례도 없지 않겠지만 후대까지 대부분 존재했을 개연성이 크므로 북한 지역의 발해 사찰이었을 것이다.

최근에 알려진 중국 동북 지역 최고의 명산 의무려산 남쪽에 있는 길림성 청암사는 발해의 승려 정소(?~828)가 중창한 발해의 천추만고사라고 한다. 중국 지역에 발해의 사찰도 있었다는 것인데, 초화사·대안사·신산사·선종 조사도량으로 유명했던 영암산의 사찰 등이 바로 그것이다. 헤이룽장 성[黑龍江省] 무단장시 닝안[寧安]에 있는 석불사도 고구려 사찰이었다. 이와 같이 고구려의 사찰이 발해의 사찰로 계승된 것이나 발해에서 창건된 사찰도 적지 않았을 것이다.

현재 북한 지역에는 남경 권역에 함경남도 청해토성 내부의 사지, 함경남도 신포시 오매리사지, 함경북도 명천군 개심사 등 3소만이 발굴되거나 확인된 바 있다. 후대의 문헌이라는 한계가 있지만 함경남도 이원군 대덕산 운흥암(현 정광사)과 평북 태천군 양화사 등은 발해의 사찰이라고 추정된다.

이러한 사찰에 발해의 승려로 북한 지역 함경도 개심사의 대원 외에 후대의 기록이기는 하지만 함남 이원의 운흥암(현 정광사)을 창건한 화주 일신이 찾아진다. 그리고 고려 태조대 내투한 재웅과 현재까지 거의 알려지지 않은 지원도 발해의 승려라고 추정되는데, 이들도 역시 발해의 사찰에 머물렀을 것이다.

마지막으로, 앞서 언급했듯이 향후 실증적인 연구가 이루어져야 하겠지만 북한 지역 내의 고구려 사찰은 일부 폐사된 사찰 외에 대부분 발해로 계승되었을 것이다. 특히 현재 북한의 대표적인 불교 사찰인 광법사와 같이 북한 지역의 고구려시기에 창건되어 현존하는 사찰이나 발해시기 창건된 사찰은 고구려 및 발해의 사찰로 간주될 개연성이 적지 않았을까 한다. 향후 실증적인 모색으로 검토가 면밀히 이루어져 고구려와 발해의 사찰의 전모가 제대로 조명되기를 바라마지 않는다.

III. 발해 유민의 불교와 사찰

1. 들어가는 말

발해는 고구려가 멸망한 지 30년 후 옛 고구려 땅에 건국되어 전성기에 현재의 북한, 중국, 러시아에 걸쳐 229년간 존재했던 왕조이다. 남쪽의 신라와 더불어 남북국시대를 이루었던 역사 속의 한국이다. 옛 고구려 장군 대조영이 건국하고 그 지배층이 고구려계였으므로 발해문화는 고구려계 문화가 주도했다고 하겠다.

발해 멸망후 동란국(東丹國, 926~936), 발해계의 부흥운동인 후발해(928?~938?), 열만화와 오현명의 정안국(938~986), 오소도와 오소경의 올야국(995~996), 대연림의 흥요국(1029~1030), 고영창(?~1116)의 대발해(1116. 1~5) 등으로 맥락이 이어졌으며, 한편으로는 요와 금, 고려 등에 내투가 계속되기도 하였지만 요와 금에 발해 유민들이 가장 많이 살았다.[1]

---

1) 발해 유민에 관련한 대표적 연구는 다음과 같다. 이용범, 「금초의 발해유민」, 『정중환박사 환력기념 논문집』, 1974 ; 김위현, 「금대 발해인의 향방」, 『한민족연구』 7, 2009 ; 劉肅勇, 「遼金兩代的遼陽地方史和民族問題」, 『社會科學動態』 1982-8 ; 「金代遼陽渤海人述略」, 『東北地方史研究』 1986-4 ; 「渤海遺民與金朝的政治關係」, 『北方民族』 1990-1 ; 劉浦江, 「渤海世家與女直皇室的聯姻-兼論金代渤海人的政治地位」, 『大陸雜誌』 1995-1 ; 「金朝的民族政策與民族岐視」, 『歷史研究』 1996-3 ; 王世蓮, 「渤海流民與金之發興」, 『求是學刊』 1983-4 ; 「金代非女眞族后妃芻議」, 『求是學刊』, 1992-2 ; 方衍, 「金朝之民族關系」, 『黑龍江民族叢刊』 1992-2 ; 外山軍治, 『金朝史研究』, 東京, 同朋舍, 1979 ; 三上次男, 『金史研究』 1·2·3, 東京, 中央公論美術出版, 1970~1973 ; 한규철, 「고려 내투·내왕 거란인-발해유민과 관련하여-」, 『한국사연구』 47, 1984 ; 임상선, 「발해 유민의 부흥운동」, 『새롭게 본 발해사』, 고구려연구재단, 2007 ; 이효형, 『발해 유민사 연구』, 혜안, 2007 ; 나영남, 『요·금시대 이민족 지배와 발해인』, 신서원, 2017 ; 박순우, 「10~14세기 '발행인'연구」, 한국학중앙연구원 한국학대학원 박사학위논문, 2017.

발해 유민에 관련한 사서는 중국의 『요사』, 『금사』, 『거란국지』, 『송사』 등과 한국의 『고려사』, 『고려사절요』, 『제왕운기』, 『발해고』 등에 일부 단편적인 기사가 나오고 있을 뿐이다. 고려에 내투한 발해 유민은 10여 만에 달한다[2]는 기록도 있으나 『고려사』나 『고려사절요』에 기재된 발해유민은 10여 명에 불과하며 그 내용도 빈약하기 그지없다.

발해 유민은 고구려 유민처럼 고구려의 정체성을 유지하였을 것이지만, 일부는 요와 금에 귀속하여 동화된 경우도 적지 않았으므로, 발해 유민의 실체를 파악하는 것은 그리 쉽지 않다. 그들의 종교와 사상 등 문화의 정체성 또한 어떠한 모습이었는지 거의 밝혀진 바 없다.

본고는 발해와 발해 유민[3]들에게 있어서 가장 중요한 정신문화는 불교라고 생각되므로, 1차적으로 불교에 대하여 천착한 후, 유교,[4] 도교,[5] 무속[6] 등 민간신앙에 대해서는 별고로 다루기로 한다.[7]

---

2) 유득공, 「渤海考 自序」, 『渤海考』; 『泠齋集』 卷7, 序, '其忽汗城之破也 世子以下奔高麗者十餘萬人'

3) 발해 유민의 불교에 관련한 대표적인 연구는 다음과 같다. 外山軍治, 「金代遼陽の渤海人と佛教」, 『塚本博士頌壽記念佛教史學論集』, 1961 ; 송기호, 「제6장 불교의 전개과정과 몇 가지 특징」, 『발해사회문화사연구』, 서울대학교 출판문화원, 2011 ; 李智裕·苗霖霖, 「遼金時期東京地區渤海遺民佛教信仰初探」, 『東北史地』 33-30, 2014年 1期 ; 李智裕·苗霖霖, 「遼金時時渤海遺民佛教信仰淺談」, 『遼金歷史與考古』, 2014 참조.

4) 발해의 유교에 관련한 대표적인 연구를 소개하면 다음과 같다. 송기호, 「V. 발해의 문화와 발해사 인식의 변천-2. 유학과 한문학」, 『신편한국사』 10, 1996 ; 천인석, 「발해의 유학사상과 통일신라의 유학사상과 비교」, 『동양철학연구』 17, 1997 ; 천인석, 「발해의 유학사상 연구」, 『동양철학연구』 16, 1996 ; 이구의, 「발해시인 楊泰師 詩攷」, 『민족문화논총』 36, 2007.

5) 발해의 도교에 관한 연구는 다음과 같다. 임상선, 「渤海人 李光玄과 그의 道敎書 檢討」, 『한국고대사연구』 20, 2000 ; 임상선, 「『金液還丹百問訣』의 저자 李光玄과 그의 行績」, 『인문학논총』 13-2, 경성대학교 인문과학연구소, 2008 ; 이봉호, 「渤海人 李光玄의 鍊丹理論-『주역참동계』 연단론의 전개」, 『도교문화연구』 32, 2010.

6) 발해의 무속에 관한 대표적인 연구는 다음과 같다. 방학봉, 「발해 샤만교(薩滿敎) 존재여부에 대하여」, 『발해건국 1300주년 기념논총』, 1998.

7) 발해의 불교 외의 종교인 유교와 도교, 무속 등에 대해서는 다루지 않았다. 발해유민의 종교에 관련하여 연구는 제대로 진척되지 않았으나 동양 문화의 공유적인 사상과 종교는 기본적으로 유·불·선 및 민간신앙이므로 발해 유민의 경우도

2. 불교 승려와 신도

발해 사람들은 불교의 전통을 믿고 당 문화의 영향을 받아서 불교가 매우 발달하였다. 발해의 전성기인 문왕의 존호 중 전륜성왕의 뜻을 지닌 금륜성법대왕이었다[8]는 것은 발해가 불교적인 국가였다는 사실을 단적으로 알게 해주고 있다.

이미 널리 알려진 바와 같이 발해 건국 초기인 713년 당에 출사할 때 사찰에 들어가 참배를 요구하거나,[9] 공납물 가운데 정교한 금·은·동제 불상이 있었다[10]는 사실 등등에서 불교가 성행하였음을 알 수 있다.[11] 실제로 발해의 주요 도읍인 상경, 중경, 동경 등의 많은 사찰터에서 불상이 적지않이 발견되었다. 남경과 동경 지역은 고구려 영역이었다가 커다란 변동을 겪지 않고 발해 영역으로 편입되었던 곳이므로, 고구려 불교가 계승되었을 것이다. 동경을 중심으로 퍼져 있었던 법화신앙과 함경남도 동해안 중부지방의 신포시 오매리 절골 유적에서 발견된 금동판에서 그러한 사실을 알 수 있다.[12]

그러하였을 것이다. 본고에서 언급한 바와 같이 발해 유민들도 불교를 중심으로 종교 생활을 하였을 것이며, 그러한 사상을 지녔다. 유학의 경우 과거제와 국학 교육 속에 유교 사상이 교육되고 있었으며, 본고에서 잠깐 언급했듯이 유학을 장려하기도 하고 공자를 숭상하기도 하였다. 노자를 숭상하여 능통한 경우도 있었으며 무속을 배격하고 불교를 장려한 내용이 그 단적인 사례이다. 기획 주제가 발해 유민의 사상과 종교였으나 이러한 사유로 불교 분야만 다루었음을 유의하여 바라마지 않는다.

8) 「貞惠公主 墓誌」, 『역주 한국고대금석문』3 渤海, 墓誌, '公主者我大興寶曆孝感金輪聖法大王王之第四女也.'
9) 『冊府元龜』卷971, '開元元年十二月 靺鞨王子來朝 奏曰 臣請就市交易 入寺禮佛 許之.'
10) 『책부원귀』;『발해국지 장편』권10, 발해국지 전8 제신 열전2, 71쪽, '(高禮進이) 금 불상과 은 불상을 각각 하나씩 가져갔다.'
11) 張利鎭 宮岩, 「遼代遼河流域渤海人的社會狀況」, 『東北史地』2010年 第1期. 팔월 보름에 사찰에서 수제비와 떡 등을 차려놓고 8월 15일 가절을 경축하였다. 『입당구법순례기』2 개성(839) 8월 15일 ; 『발해국지 장편』권2, 발해국지 전편 2 총략 하, 281쪽.

발해가 불교적인 국가로 승려의 규모도 상당했다고 할 수 있지만 발해의 승려로 알려진 사례는 몇 건에 지나지 않는다. 즉, 일본 승려 레이센[靈仙, ?~827]의 제자로 알려진 승려 정소(?~828)나,13) 시를 잘 지어 일본의 신하들과 시를 주고받았던 승려 인정(?~815),14) 858년 무렵 당의 장안 서명정사에 우거하였던 살다라,15) 현 북한 함경북도 명천군 칠보산 개심사 승려로 9세기 전반에 활동하였던 대원화상 등에 지나지 않는다.16)

앞서 언급했듯이 발해 유적과 유물에서 발해의 모습을 알 수 있으나 다음과 같이 승탑에 대한 구체적인 묘사에서 발해 당시의 불교 신행의 모습을 엿볼 수 있다.

푸른 산은 우뚝 서서 항아리를 덮어놓듯 불탑은 동서로 마주보며 높이 섰네. 숲 앞의 아침 해는 겹겹 처마 비추고 황금과 단사가 햇볕에 빛나도다. 중국 땅에 이 탑은 열다섯째 탑이거니 그림으로 전해져 잃지 않고 알았도다. 지혜롭고 은혜롭게 향기 어린 사리가 때때로 한밤중에 신기한 빛 뿌리네. 당시의 아육왕을 만나보고 싶거니 … 탑 앞의 나무 좋아 늙어도 아니 죽고 나무 밑에 흐르는 물 많고도 장해라. 재배하고 감로수 한 홉 처음 맛보고 내게 있는 3생의 번뇌와 장애 씻으리라.17)

---

12) 송기호, 「제 Ⅲ부 발해불교의 전개과정과 몇 가지 특징」, 『발해사회문화사연구』, 서울대학교 출판문화원, 2011, 205~206쪽.
13) 圓仁, 『入唐求法巡禮記』 권3 ; 『발해국지 장편』 권11, 발해국지 9 제신 열전 釋貞素.
14) 『본조통감』 20 ; 『발해국지 장편』 권1, 발해국지 전편 2 총략 하, 276~277쪽 ; 『발해국지 장편』 권10, 발해국지 8 제신 열전 釋仁貞.
15) 『발해국지 장편』 권11, 발해국지 9 사서 열전 薩多羅.
16) 『궐사』 권하 ; 『발해국지 장편』 권1, 발해국지 전편 1 총략 상, 175쪽. 참고로 중국 고승전류에 등장하는 발해인이라고 표기된 僧遠(『高僧傳』 권8), 道儒(『高僧傳』 권13), 法貞(『續 高僧傳』 권6), 智梵(『續 高僧傳』 권11), 道正(『續 高僧傳』 권16), 釋無名(『宋 高僧傳』 권17)은 발해의 승려 비정한 사례도 있으나(최봉익, 『조선철학사개요』, 사회과학출판사, 1986, 65~69쪽), 발해만에 위치한 발해군과 발해현 출신 중국 승려로 발해 승려는 아니다. 송기호, 「제6장 불교의 전개과정과 몇 가지 특징」, 앞의 책, 38쪽.

인도 고대의 대표적인 불교 신행자였던 아쇼카왕(Ásoka, 아육왕)은 아도 세왕이 세운 탑에 봉안되어 있는 사리를 내어 금은, 유리, 파려로 만든 통과 병 8만4천 개에 담아 8만4천 탑을 세웠다고 한다.[18] 중국에 이 탑이 19개 소가 있었다고 하는데[19] 위에서 언급한 탑은 중국에서 15번째 탑이라고 한다. 그 탑 앞에서 감로수 한 홉 처음 맛보고 내게 있는 삼생의 번뇌와 장애를 씻겠다고 하였다. 발해의 사찰인 초화사에서도 '절 안의 맑은 못에 탑 그림자 깊게 드리우네.'라는 시귀를 남기거나[20] 한식날에 대안사에 불공을 드리러 가서 읊은 시[21]나 신산사를 바라보며 '삼천계' 운운 한 시도 찾아진다.[22] 그리고 영암산의 사찰은 선종의 조사의 도량으로 유명하였다고 한다.[23]

이와 같이 대안사, 초화사, 신산사 등의 발해의 사찰에서의 풍광 기록을 통해 발해 불교의 모습을 읽을 수 있다. 특히 발해의 상경용천부인 동경성의 다음과 같은 기록에서도 그러한 모습을 엿볼 수 있다.

> (동경) 성 남쪽에는 사찰이 있고 돌을 다듬은 큰 불상이 있는데, 높이가 16자이며, 비바람에 침식되고 이끼가 얼룩져 있으나 불상은 장엄하여 조각 수법이 매우 정교롭다. 지금은 머리가 떨어진 것을 호사가들이 복원해 놓았다. 앞에는 팔각형의 석제 부도가 있다.[24]

---

17) 『발해국지 장편』 권18, 발해후지1 문징, 舍利塔, 139~140쪽.
18) 『釋譜詳節』 卷24.
19) 僧祐, 『釋迦譜』 卷5, 阿育王造八萬四千塔記 31 ; 李承休, 「看藏寺記」, 『動安居士雜著』 一部 雜著, '옛 阿育王은 八萬四千金으로 裝飾한 塔을 일으켰다(古阿育王起八万四千金粎之塔).'
20) 『발해국지 장편』 권18, 발해후지1 문징, 超化寺, 139쪽.
21) 『발해국지 장편』 권18, 발해후지1 문징, 大安寺 試院에서 맞이함, 135쪽.
22) 『발해국지 장편』 권18, 발해후지1 문징, 題新山寺, 163~164쪽.
23) 『진산지』 ; 『발해국지 장편』 권18, 발해 후지1 문징, 游靈巖寺記, 169~170쪽.
24) 『발해국지 장편』 권20, 발해후지1 여록 東京城, 335쪽 ; 김육불, 『김육불의 동북통사』 하, 권5 제4기 말갈 거란 여진 몽고의 길흥시대(상), 「『요사』 의종전」, 606쪽.

(동경) 사란성(안에는 석탑이 하나 남아 있고 석조 관음상이 하나 있다.[25]
… 궁성 밖에 있는 연꽃 문양을 새긴 돌탑은 약간 동쪽으로 기울어지고
탑의 북쪽에 높이 스무자 남짓한 돌부처가 있다.[26]

이와 같이 발해의 상경용천부인 동경성에 있었던 사원의 불상과 부도는
발해 멸망후 발해 유민에게도 신앙의 대상이 되었을 것이다.
이미 알려진 바와 같이 발해 불교의 뿌리는 고구려에 있었다.[27]

(석불사)는 (영고탑) 성 서남쪽 70리 쯤 되는 동경성에 있다. 성은 금나라
때 세웠다고 전해진다.[28] 이 석불사가 곧 지금의 흥륭사이다.[29]

영고탑은 헤이룽장성(黑龍江省) 무단장시 닝안(寧安)에 있는 고구려의
탑인데 그 근처인 흑룡강성 영안시 발해진에 석불사가 있었다. 청대에
이르러 절이 다시 지어져 흥륭사라고 이름하였다. 흥륭사는 『성경지』의
기록에 의하면 금의 8대 선종의 태후인 자성태후(숙비)가 세운 것이라
전해지고 있다. 석불사의 석등이나 그 뒤에 있는 삼성전(한가운데는 발해
시대의 거대한 석불) 등은 고구려의 것과 거의 동일하다.
따라서 발해 불교는 같은 시대에 주변국으로부터 유입된 것이 아니라
고구려부터 계승된 것이 그 모태를 이루었다. 하지만 시간이 지남에 따라
당으로부터 새로운 요소가 유입되고 자신의 독창적인 요소도 점차 가미되기

---

25) 『유변기략』;『발해국지 장편』 권20, 발해후지1 여록 金石古蹟(寧古塔及東京城),
340쪽.
26) 오조건, 『추기집』;『발해국지 장편』 권20, 발해후지1 여록 金石古蹟(寧古塔及東京城), 340쪽.
27) 송기호, 앞의 논문, 205쪽.
28) 『길림통지』 28 ;『발해국지 장편』 권20, 발해후지1 여록 金石古蹟(寧古塔及東京城),
341~341쪽.
29) 『성경지』의 기록에 의하면 금나라 때 자성태후가 세운 것이라 전해진다. 『발해국지
장편』 권20, 발해후지1 여록 金石古蹟(寧古塔及東京城), 342~343쪽.

시작하였다. 이는 발해 유민의 불교도 마찬가지였을 것이다.

선학이 이미 밝힌 바와 같이 928년에 거란이 발해 유민들을 요동지방으로 강제 이주시키면서 상경성을 불태웠을 때 그곳에 있던 사찰들은 모두 불에 타버렸다. 그리하여 발해 불교는 요동 지방에서 겨우 명맥이 유지되었다.

기존의 연구에 의하면 대부분의 경우 요왕조가 통치하던 시기의 불교 양상은 전해지는 것이 없고, 2백여 년이 지난 금왕조 시기의 것만이 전해지고 있다.[30] 하지만 다음의 사례에서 보듯이 반드시 그렇게 볼 수만은 없을 듯하다. 즉, 발해의 멸망 후 발해 지역에 세워진 동란국에 사찰이 있었던 흔적은 『요동지』 권1의 다음 기록에서도 찾아진다.

> 동란의 왕궁이 요양성 안의 동북 모퉁이에 있었는데 지금은 폐허라고 하였다. 실제로 동란 왕궁이 바로 요궁이다. … 현재 요양성의 동북 모퉁이 … 서남쪽 각루의 옛터는 높이가 약 3자이다. 옛날에 그 위에 관음사를 지었는데 주민들은 그 지역을 금은고라고 부른다.[31]

이와 같이 동란국의 시기에 요양성 모퉁이에 있었던 관음사는 분명 발해 유민의 사찰로 간주된다. 요양을 중심으로 한 요동지방에 옮겨진 발해 유민들 사이에 발해 불교의 맥이 이어지고 있었던 것을 알 수 있다.

요의 불교는 907년 요의 초대 황제 태조 야율아보기(재위 907~926)가 즉위하기 6년 전에 이미 사찰이 존재하였으며, 거란 시조 기수가한(奇首可汗, 奇善可汗)이 살았던 횡허(潢河, 시라무렌[西拉木河]) 남쪽 용화주[32]에 개교사가 건립되었다.[33] 2년 후인 909년에는 같은 지역 용화주 대광사에 전승

---

30) 外山軍治, 「金代遼陽の渤海人と佛教」, 『塚本博士頌壽記念佛教史學論集』, 1961.
31) 김육불, 『김육불의 동북통사』 하, 권5 제4기 말갈 거란 여진 몽고의 길흉시대(상), 『요사』 의종전, 675쪽.
32) 『遼史』 卷37, 志7 地理志, 上京道 龍化州, '龍化州 興國軍 下 節度 本漢北安平縣地 契丹始祖奇首可汗居此 稱龍庭 太祖於此建車樓.'
33) 『遼史』 卷1, 本紀1 太祖 上 序言, '明年秋七月 以兵四十萬伐河東代北 [二]攻下九郡

기념비를 세운 사실34) 등이다. 그 밖에 발해 유민의 승려 관련 기록이 찾아진다. 즉, 『요사』에 의하면 요대 초기인 921년 야율아보기는 발해승인 숭문 등 50여 명을 상경임황부35) 서루에 두고 천웅사에 거주하게 하였다.36) 한편 『거란국지』에는 927년(천찬 6)에 발해를 평정하고 대부락에 사찰을 건립하여 천웅사라고 하였다고 하며, 사찰 경내에는 거란 태조의 초상화를 봉안하였다고 한다.37) 대체로 발해의 멸망 직후 927년 설이 타당하며,38) 발해 유민 승려 숭문 등 50명을 상경임황부 천웅사에 안치시킨 것이다. 그 이듬해인 928년 공자묘와 도관과 함께 절의사(의절사), 안국사, 홍복사 등 사찰을 건립하도록 조서를 내리는 등39) 건국 이래 매우 성행하였다.40)

獲生口九萬五千 駝馬牛羊不可勝紀 九月 城龍化州于潢河之南 始建開敎寺.' 개교사는 서랍목륜하(西拉木倫河) 상류인 내몽고 자치구 옹우특기(翁牛特旗)의 서쪽지방 용화주에 있는 사찰이다. 『遼史』 卷1, 「太祖本紀」, '天復二年 ⋯ 九月 城龍化州于潢河之南 始建開敎寺.'

34) 『遼史』 卷1, 太祖本紀, 태조 3년 4월 을묘, '詔左仆射韓知古建龍化州大廣寺 紀功德.'
35) 원래 한(漢)의 요동군(遼東郡) 서안평(西安平)현의 땅이다.
36) 『遼史』 太祖本紀 太祖 6년 ; 謝重光⋅白文固, 『中國僧官制度史』, 靑海人民出版社, 1990年, 197쪽. 천웅사(天雄寺)는 당시 도성(都城) 서루(西樓), 후에 上京 臨潢府라 칭했는데 지금의 내몽고 자치구 임동(林東)에 건립되었다.
37) 『契丹國志』 卷1, 太祖本紀 7월, '渤海旣平 乃制契丹文字三千余言 于所居大部落置寺 名曰天雄寺(今寺內有契丹太祖遺像).' 天雄寺의 건립시기는 927년이지만 『遼史』는 15년 차이가 있다. 불교사서인 『佛祖歷代通載』 卷27과 『釋氏稽古略』 卷3의 기록은 『契丹國志』의 그것과 일치한다. 내성(內城)의 동남쪽 모퉁이에 천웅사(天雄寺)를 지어서 열고(烈考) 선간황제(宣簡皇帝)의 초상(遺像)을 봉안하였다.(又於內城東南隅建天雄寺, 奉安烈考宣簡皇帝遺像.)
38) 『遼史』 卷37, 地理志 上京道, '上京, 太祖創業之地 (中略) 天顯元年(927)平渤海 ⋯ 又于內城東南隅建天雄寺 奉安烈考宣簡皇帝遺像 是歲太祖崩.'
39) 『遼史』 太祖本紀 神冊 3年(918) 5月 乙亥 ; 『遼史』 卷25 道宗本紀 5, '南曰臨潢府, 其側臨潢縣. 縣西崇孝寺, 承天皇后建. 寺西長泰縣, 又西天長觀. 西南國子監, 監北孔子廟, 廟東節義寺. 又西北安國寺, 太宗所建. 寺東齊天皇后故宅, 宅東有元妃宅, 卽法天皇后所津巾, 其南有聖尼寺, 綾錦院 內省寺 麴院, 瞻國 省司二倉, 皆在大內西南, 八作司 與天雄寺對 ⋯ 西南同文驛, 諸國信使居之. 驛西南臨潢驛, 以待夏國便. 驛西福先寺. 寺西宣化縣.'
40) 野上俊靜, 『遼金の佛敎』, 京都, 平樂寺書店, 1963 ; 怡學 編, 『遼金佛敎硏究』, 金城出版社, 2012 ; 黃夏年 主編, 「金代佛敎略述, 遼代帝王與遼代佛敎的關係, 遼代佛敎及其宗

야율배(재위 926~930)는 918년(신책 1) 봄에 황태자로 책립되었을 때, 그의 아버지가 큰 공덕이 있는 자에게 제사를 지내고자 물었는데 모두 다 부처라고 대답했으나 야율배는 '부처는 중국의 교조가 아니다.'라고 말하면서 '공자는 큰 성인이므로 만세에 높임을 받으니 마땅히 먼저 시행해야 합니다.'41)라고 하였으나,42) 일시적인 것에 불과하고 요대 전 시기에는 불교가 흥성하였다.43) 야율배의 비가 비구니로 출가하였다는 사실이 대표적인 사례이다.44)

발해의 유민 가운데 세가 대족 고모한의 후손인 고택은 어려서부터 부처를 숭상하였다거나45) 요말 동경유수 고씨가 하룻밤에 걸어 영암사에서 운신하였다고 한다.46)

이러한 발해의 유민 불교 신행은 금왕조의 통치자에게도 큰 영향을 끼쳤다. 금은 요 만큼은 아니나 나름대로 불교가 성행하였다. 그 가운데 유명한 기록이 금대의 포로호(종준, ?~1139)에게 죽임을 당한 발해 승려에 관한 기록이다.

(포로호)는 성품이 백성을 사랑했다. … 치소에 이르기 전에 한 승려가

派」, 『遼金元佛敎硏究(第二屆河北禪宗文化論壇論文集)』 上·下, 2012 참조.
41) 『遼史』 卷72, 列傳 2 宗室, '神冊元年 春 立爲皇太子 時太祖問侍臣曰 受命之君 當事天敬神 有大功德者 朕祀之 何先 皆以佛對 太祖曰佛非中國敎 貝曰孔子大聖萬世所尊宜先 太祖大悅 卽建孔子廟 詔皇太子春秋釋奠.'
42) 위와 같음.
43) 金渭顯, 『契丹社會文化史論』, 京仁文化史, 2005, 83쪽 ; 陳曉偉, 「遼以釋廢 : 少數民族社會視野下的佛敎」, 『世界佛敎硏究』, 2010.
44) 야율배는 음양에 능통하였으나 성품이 각박하여 급한 까닭에 죽이기를 좋아하여 비첩들에게 약간 잘못이 있어도 늘 칼로 찌르고 불로 지졌다고 한다. 때문에 부인 하씨가 두려워 머리를 깎고 비구니가 되었다고 한다. 『요사』 종실전 ; 『발해국지 장편』 권1, 발해국지 전편1 총략 상, 149쪽.
45) 向南, 「高澤墓志」, 『遼代石刻文編』, 河北敎育出版社, 1995년, 611쪽.
46) 『鴨江行部志』 '遼季 東京副留守 高其姓者 一夕徒步徑隱于靈岩'; 王寂原著, 賈敬顔疏証 : 『鴨江行部志』 上, 『北方文物』 1989年 第1期 참조.

색령으로 만든 바리를 가지고 길을 막고 바치면서 '이것으로 술을 담을 수 있습니다.' … 길에서 승려 다섯이 한 수레에 탄 것을 보고 불러놓고 '너희들이 무리를 지어 다니는 것부터 법을 어긴 것인데 어찌 감히 내 앞으로 겁 없이 지나간다는 말이냐.'라고 책망하면서 모조리 쏘아 죽이고 말았다.47)

포로호는 원래 술이 과하여 동경유수로 임지에 부임하기 전에 황제로부터 금주령이 내려진 바 있었다. 그런데 도중에 술을 권하는 발해 승려를 만나자마자 죽였으며, 또한 길에서 수레를 타고 가는 승려 5명을 죽였다는 것이다. 이러한 사실을 통하여 발해의 승려들이 활동한 사실을 알 수 있다. 다음의 기록에서도 그러한 내용을 엿볼 수 있다.

조숭덕이라는 자가 연의 도읍에 쌀을 날랐다. 나이 60이 되어서는 그 일을 그만두고 승려가 되었다. 스스로 큰 사원을 짓고 연의 죽림사 혜일에게 주지를 맡아달라고 청하였다. 승려들의 3년 생활 비용을 제공하기로 약속하였다. 죽림은 곧 사명인인데 조씨와 나는 서로 안 지 꽤 오래되었다.48)

위의 기록은 금에서 활동한 발해 유민 조숭덕에 관한 기록이다. 그는 12세기 무렵 금에서 벼슬을 그만둔 뒤 60세에 승려가 되어 요양에 큰 절인 대원을 짓고 연경 죽림사에 있던 사명 혜일을 청하여 주지에 재임하도록 하고 여러 승려들의 3년치 비용을 공양하였다. 오늘날 영파인 사명출신

---

47) 洪皓, 『松漠紀聞』卷上, 蒲路虎 '(蒲路虎) 行未抵治所 有一僧以榛栒癭盂 遮道而獻 木索栒 木名 有文縷 可愛 多用爲碗 曰 可以酌酒 … 又于道遇僧尼五輩 共轝而載 召而責之曰 汝曹群游已冒法 而乃敢顯行吾前邪 皆射殺之.'; 『발해고지 깁편』권1, 빌해고지 전편 1 총략 상, 173~174쪽.

48) 洪皓, 『松漠紀聞』卷上, 渤海國, '國少浮圖氏 有趙崇德者爲燕都運 未六十餘 休致爲僧 自爲大院 請燕竹林寺慧日師住持 約供衆僧三年費 竹林乃四明人 趙與予相識頗久.'; 『발해국지 장편』권1, 발해국지 전편 1 총략 상, 172~173쪽.

승려 혜일을 초빙하여 연경 죽림사에 거주토록 하였다는 것이다. 이러한 기록을 남긴 홍불자 홍호(1088~1155)에 의하면 금대의 수도에는 36개소의 크고 중요한 사원이 있는데 대부분 율종에 속한다고 하였으며, 후에 남방에서 온 몇몇 선승들이 선종 사원을 세웠다[49]고 한다.

특히 동경 발해의 명망있는 집안인 장호(?~1162)의 가족과 해릉왕의 생모 대씨, 세종의 생모 이씨는 발해 유민의 대표적인 불교 신행자였다.

『금사』에 의하면 장호와 장휘는 자주의 승려 법보를 만날 때마다 대신의 지위에도 불구하고 아랫자리에 앉았다고 하여 1155년 3월에 해릉왕으로부터 장 20대의 형벌을 받기도 하였다. 이미 금은 요에 이어 불교에 호의적이었으나,[50] 앞서 언급한 야율배와 해릉왕의 경우는 오히려 예외에 속할 뿐이다.[51]

장호는 요양 출신의 발해인으로 원래의 성은 고구려계의 고씨였다.[52]

> 장호는 자가 호연이고 요양 발해 사람이다. 본래의 성은 고이니 동명왕의 후손이다. 그의 증조는 패이니 요에서 벼슬하고서 장시가 되었다. … 호부·공부·예부의 삼부 시랑을 역임하였으며 예부상서에 올랐다. 평양윤으로 옮겼는데, 평양은 도적이 많아 임분의 남자가 밤에 다른 사람의 아내를 약탈하였는데 부정한 귀신에게 함부로 제사 지내는 사당이 있어 백성들이 자못 그것을 섬겼다. … 장호가 그 사당을 철거하고 그곳의 우상을 물속으로 던졌다. 권문세족과 교활한 아전이 자취를 감추었고 감히 범하는 자가 없었다.[53]

---

49) Kenneth K.S. Chen, 박해당 역, 『중국불교』 상·하, 민족사, 1991·1994, 449쪽.
50) 예컨대 태종은 해마다 1만명 이상의 승려들을 공양하고 희종대는 백만 명 이상의 승려가 득도하였다고 한다. Kenneth K.S. Chen, 박해당 역, 『중국불교』 상·하, 민족사, 1991·1994, 448쪽.
51) Kenneth K.S. Chen, 박해당 역, 앞의 책, 448쪽.
52) 『金史』 卷83, 列傳21, 張浩 ; 外山軍治, 「金代遼陽の張氏と熊岳の王氏について」, 『橋本博士古希記念東洋學論叢』, 1960 ; 방경일, 「금대 묘지명에 실린 발해유민」, 『백산학보』 76, 2006 참조.
53) 『金史』 권83, 장호 열전.

위의 인용한 바와 같이 그는 요양 발해 사람으로 동명왕의 후손으로 고씨인데, 그의 증조인 고패가 요에서 벼슬하고 장씨로 성씨를 바꾸었다. 그는 금의 태조로부터 세종까지 5대에 걸쳐 벼슬을 하였으며, 해릉왕 이후 재상에 재직하면서 요양의 발해 유민으로서는 가장 현달하였던 인물이다.54) 그가 평양윤에 재직시 민간신앙인 무속을 철폐하였는데 아마도 불교를 장려하고자 한 시책이 아닌가 한다. 그는 독실한 불교 신자였으며, 그의 집안도 역시 불교와 관계가 깊었기 때문이다.

두 명의 아들을 낳았고 장자는 스님이 되어 혜휴 원통변정대사가 되어 동경의 모든 승록을 관리하였다. 차자가 호이며 특진 참지정사 우국공이다. 한 명의 딸은 비구니가 되었으니, 곧 즉원사자원혜 대덕이라 한다.55)

위의 묘지명에 의하면 장호는 광록대부 장행원의 차남이며 장행원의 장남이자 장호의 형은 출가하여 혜휴 원통 변정대사가 되어 동경의 모든 승록을 관리하였으며, 그의 딸이자 장호의 누이동생은 출가하여 비구니 즉원사자원혜 대덕이 되었다.

또한 북경 지구에서 출토된 장씨 가족인 「장여유묘지」 가운데 '처음에 태사가 동경 학야현 천정산 보림원에 장사지냈다(初太師葬于東京鶴野縣天井山宝林院)'라는 기록이 전해지고 있다. 장호가 죽은 후 동경 학야현 천정산 보림원에 장사가 치러지고 장호의 부모인 장행원 부부는 천정산의 묘에 안치되었다.56) 보림원은 이름으로 보았을 때 동경 요양의 불교 도량인 듯하다. 이러한 연유로 보아 장행원의 가족은 독실한 불교 신자였음을 알 수 있다.

---

54) 羅福頤, 「光祿大大 張行願墓誌」, 『滿洲 金石志』 卷9
55) 羅福頤, 「光祿大夫 張行願墓誌」, 『滿洲 金石志』 권3 ; 『石刻史料 新編』 1집 23책, 臺北, 新文豊出版公司, 1982.
56) 侯諤遺作, 「金〈張汝猷墓志〉考釋」, 『北京文物与考古』 第2輯, 北京燕山出版社, 1991.

이렇듯 금왕조 시기에 동경의 발해 유민 가운데 대표적인 세가 대족의 사례에서 보듯이 발해 유민 가운데 명문 귀족들은 금의 황실과 혼인 관계를 맺었다.57) 즉, 장현정의 딸은 금의 세종의 원비였고, 장여유의 딸은 후궁인 영인이었으며, 장호의 손녀는 금왕조의 문장가였던 왕정균(1151~1202)58)의 처였다. 그리고 장여유의 전처는 세종의 장인인 이석(정희황후의 동생)의 딸이었다. 장씨 가문과 인척 관계에 있었던 발해유민 왕정균도 역시 다음의 기록에서 보듯이 불교 신행이 도타웠다.

> 창덕에 거주지를 정하고 융여에 있는 땅을 팔고는 황화산의 절에서 글을 읽으면서 황화산을 호로 삼았다.59)

> 산에서 여러 해를 살면서 경서와 사서에 모든 힘을 써 막히는 바가 없었고, 불교와 노자까지 두루 미쳐 학문이 도달한 바가 매우 넓어져 이름이 더욱 존숭되었다.60)

왕정균은 16살에 진사에 합격하여 은주군 판관이 되었는데 정무를 잘 처리한다는 명성을 얻었다. 그 후 명창 1년(1190) 일시 벼슬에서 물러나 임려산의 주봉 동쪽 곁 황화산의 사원 황화사(자명원)에 10년 간 은거하여 황화산주로 스스로 호를 부른 적이 있었다.61)

---

57) 王善軍,「從石刻資料看遼代世家大族與佛敎的關系」, 日本 『東亞文史論叢』 2007年号, 日本東亞歷史文化硏究會出版.
58) 왕정균은 書畵에 뛰어나 역대 조정 대신들의 서화를 모은 『書畵集』 55권과 사대부의 서화를 모은 『溪堂集』 10권을 편찬하였다. 이구의,「王庭筠 시에 나타난 자아와 외물」, 『민족문화논총』 30, 2004, 307쪽.
59) 『金史』 卷126, 文藝 下, 王庭筠, '乃卜居彰德, 買田隆廬, 讀書黃華寺, 因以自号.'
60) 『발해국지 장편』 권13, 발해국지 11, 유예 열전 5, 239쪽.
61) 「王黃華墓碑」;『河南通志續通志』 卷51, '讀書岩 在林縣西黃華山 金王庭筠讀書處 今慈明院有其遺像';『발해국지 장편』 권13, 유예 열전 5 ; 河上洋, 앞의 논문, 72쪽 ;「庭筠在安陽地區的文學活動」; http://www.7kancaibian.com

왕모사당 동쪽에 옛 불당이 있으니 사람들은 수·당 때의 것이라 전하네. 세월 흘러 절은 낡고 스님마저 없고 온 골짜기 서풍 결에 밤나무 잎만 누렇구나.[62]

특히 발해 유민의 세가 대족 가운데 요대의 경우와 마찬가지[63]로, 금대에도 화상, 나한, 노 등 불교 신도의 이름을 사용한 경우가 많으며, 불호인 불, 관음, 보살, 문수, 약 등도 사용한 사례도 적지 않았다. 예컨대 곽약사나 고모한의 가족[64]과 해릉왕의 대씨도 흥국노, 대가노, 은승노 등을 사용하였던 것이다.[65]

특히 금대 초기에는 황실의 후비에 요양 출신의 발해인들이 적지 않았다. 그들 가운데 예종비로 세종의 생모였던 정의왕후 이씨(?~1161)와 현종비인 소성황후 유씨(1139~1163)의 경우가 대표적인 인물이다. 정의황후 이씨에 대해서는 다음과 같은 기록이 전해지고 있다.

정의황후 이씨는 세종의 어머니로 요양 사람이다. … 옛 풍속에 아녀자가 과부가 되면 종족의 사람이 그녀를 받아들이게 되어 있었다. 이에 황후는 머리를 깎고 비구니가 되어 통혜 원명대사라 칭하고 자주색 가사를 하사받았다. 요양으로 돌아가서 청안선사를 창건하였으며 별도로 비구니 선원을 지어 거주하였다. … 황후가 요양에 부도를 세울 때 수경사라고 하였는데 임종하면서 세종에게 말하기를 '고향에 대한 생각은 사람들 마음이 모두 같다. 내가 이미 여기에 부도탑을 두었으나 반드시 합장하지 말라. 내가 죽게 되면 내 말을 잊지 말라.' 세종은 유언을 깊이 생각하고 곧 동경 청안사에 황후의 신위를 받드는 전당을 세우고 유관 부서에 조서를 내려

---

62) 『발해국지 장편』 보유, 423쪽.
63) 예긴대 요의 성종의 사명은 文殊奴, 세종의 둘째 딸과 경종의 첫째 딸 이름은 모두 觀音이었다. Kenneth K.S.Chen, 박해당 역, 앞의 책, 446쪽.
64) 向南, 「高澤墓志」, 『遼代石刻文編』, 河北敎育出版社, 1995年, 611쪽.
65) 金毓黻, 『渤海國志長編』 卷13, 遺裔列傳.

예전 탑을 확충하고 그 탑 앞에 봉자전을 세우도록 하였다. 예부상서 왕경에게 칙서를 내려 탑에 그 의미를 새기도록 하였다. … 한림학사 장경인에게 조서를 내려 청안사 비를 짓도록 하였는데 비문의 내용이 뜻에 맞지 않아 좌승 석거에게 조서를 내려 함께 고치도록 하였다. 13년 (1173) 동경 수경사에 신위를 받드는 전당이 완성되었는데 절 터가 협소하였다. 조서를 내려 인근 백성들의 땅을 사들이도록 하였는데 값을 후하게 주도록 하였다. 팔려고 하지 않은 사람은 관청의 땅과 바꾸도록 하였다. 24년(1184) 세종이 동경에 이르러 청안사와 수경사에 행차하였다.[66]

「통혜 원명대사 탑명」[67]에도 다음과 같이 이러한 사실을 뒷받침해주고 있다.

대사의 이름은 홍원이며 대대로 요양의 대족이며 관찰사 이후의 딸이다. 태조황제(완안아골타, 完顔阿骨打)의 제3자인 허왕 완안종보(完顔宗輔)의 정실이며 숭진 동경유수 정국공의 어머니이다.[68]

이씨는 금 세종의 어머니 정의황후 이홍원이자 이석의 누나였다.[69] 예종이 사망하자 여진의 풍습을 따르지 않고 비구니가 되었다.[70] 그의 출가

---

66) 『金史』 권64, 후비 열전 하 정의황후 ; 김육불, 『김육불의 동북통사』 하, 741~742쪽.
67) 鄒寶庫, 「遼陽市 發現金代 通慧圓明大師 塔銘」, 『考古』, 1984年 第2期, 175~177쪽 ; 張博泉, 「遼陽市 發現金代 通慧圓明大師 塔銘 補證」, 『考古』, 1987年 第1期, 89~90쪽 ; 方殿春, 「金代 慧圓明大師 塔銘 再證」, 『北方文物』 第89期, 2007年 第1期, 北方文物雜誌社, 44~52쪽.
68) 위와 같음.
69) 『금사』 권86, 李石傳, '이석의 자는 子堅이고 요양인인데 貞懿皇后의 동생이다. 선대가 요에 출사하여 재상이 되었다. 고조는 仙壽이고 … 부친은 雛訛只이다. 이석은 인정이 많고 말 수가 적었다. 그리고 도량과 식견이 뛰어났다. 천회 2년 (1124)에 세습모극을 받았다. … 여러 관직을 거쳐 景州刺史에 이르렀다.'
70) 王德明, 「金代貞懿皇后 出家原因新議」, 『遼寧大學學報』(哲學社會科學版), 2014-3 ; 방경일, 「금대 묘지명에 실린 발해유민」, 『백산학보』 76, 2006 참조.

동기에 대해서 다음과 같은 기록이 전하고 있다.

> 하루는 친히 이르시기를 내가 여러 석가에게 들었습니다. [석가는] 하늘이 만물을 덮고 땅이 만물을 받쳐 실으셨고 해와 달이 내리 비추이니 만물의 삶과 죽음이 모두 허무하다고 하셨으니, 부귀가 어찌 나에게 있는 것이겠는가 하고 곧 삭발하여 비구니가 되어 불법에 의지하여 깨달은 대선사에게 구족계를 받았다.[71]

그가 출가하자 황제는 이 사실을 듣고 통혜 원명이란 호와 자의를 내려주었다.[72] 그는 고향인 요양에 돌아와 내부 30여만을 들여 청안선사를 세우고 따로 비구니 원인 수경사를 세워 그곳에 머물렀으며, 이때 탑도 세웠다.[73]

> 정의왕후는 내부의 금전 30여 만으로 동도에 가서 청안사를 세워 명복을 기원하였다. … 애초에 청안사는 태후가 세운 것으로 자금이 거만금이 소용되었다. 시장을 열어 교역을 하게 한 것이 수십 회로 금과 비단이 산처럼 쌓여 있었다.[74]

---

71) 鄒寶庫,「遼陽市發現金代「通慧圓明大師塔銘」」,『考古』, 1984年 第2期, 175~177쪽 ; 張博泉,「遼陽市發現金代「通慧圓明大師塔銘」補證」,『考古』, 1987年 第1期, 89~90쪽 ; 方殿春,「金代「慧圓明大師塔銘」再證」,『北方文物』第89期, 2007年 第1期, 44~52쪽.
72) 위와 같음.
73) 『金史』권64, 정희왕후 ;「東京大淸安禪寺 九代祖英公禪師□□幷序」,『만주금석지』권3, 앞의 책, 17305~17307쪽, '貞懿太后以內府金錢三十餘萬卽東都建淸安寺以祈冥福乃延四方具眼衲僧爲之倡導師其九代祖也師諱善英 字大定興化縣民家子姓趙氏生不茹葷十有九歲謝 父母出家師事鞍山仁智院僧智導○ 不好小桑縛律之學自爾求師問道不見山川寒暑嘗于前北霧靈山參一禪衲 蓋有道而隱者也知師是○器以言叩之曰曾到曹溪否師 應曰曾到衲曰曹溪路極﨑﨟何由得到師曰路既﨑﨟嶮下 大定二十九年二月望日監寺廣惠大德賜紫沙門 了揆 立石 直歲小師比丘道義建塔.' ; 김육불,『김육불의 동북통사』하, 742~743쪽.
74) 楊訥,「東京 大淸安禪寺 九代 祖英公禪師□□幷序」,『滿洲金石志』권3, 39~41쪽.

그가 사망한 뒤에 세종은 이 탑을 증축하게 하였고, 사찰의 규모도 크게 늘렸다고 한다. 이 절이 청대의 광우사(속칭 白塔寺)로서 현재 요양 백탑공원이 되어 있다. 이 백탑은 광우사 보탑이라 불렸었는데 탑신에 흰색을 칠하였으므로 흔히 백탑으로 부른다.75) 현재 요동에서 규모가 가장 크다고 한다.76)

한편 동경 요양에서 활동한 승려의 탑명편이 발굴되었는데 요양에 승엄사를 개창하여 주지했던 승려(1122~1190)는 발해 유민 출신이었다.77)

요양 지구에서 1985년에 발견78)된 「동경승엄사선사탑명」에도 다음과 같은 기록이 찾아진다.

> 선사의 속성은 고씨이다. 동경 요양현 발해인이다. 할아버지는 중직에 있었으며, 승엄사 선사이며 발해 유민이다. 탑명 중에 선사로 기재되어 있다.79)

또 다른 금석문 기록인 「요녕 발현 금대 탑명 각석」80)에 의하면, 요양시

---

75) 『연려실기술』 별집 제5권 事大典故 북경 가는 도로[赴京道路], '백탑은 당나라 장수 울지경덕(尉遲敬德)이 쌓은 것이라고 한다.'
76) 村田治郎, 『滿洲史籍』, 東京, 1944, 452~464쪽 ; 羅哲文, 『中國古塔』, 中國靑年出版社, 1985, 157쪽. 조선후기 연행록에 이에 대한 기록이 적지않이 실려 있다. 예컨대 실학자 박지원이 지은 『열하일기』 渡江錄의 廣祐寺記와 遼東白塔記에 의하면, 박지원은 요양에 도착하여 먼저 관우 사당인 關帝廟를 구경하고, 다음으로 白塔을 보았고, 그 다음으로 백탑과 같은 위치에 있는 廣祐寺터를 보았다고 한다.
77) 鄒寶庫, 「遼寧 發現 金代塔銘刻石」, 『文物』 1995-12.
78) 탑명의 석각 출토 지점은 지금의 요양 노성 남교(南郊)이며, 이곳은 금 동경 요양부의 성 南郊이며, 요 동란국 궁성 소재지이다.
79) 「東京 勝嚴寺禪師 塔銘」, '禪師俗姓高氏東京遼縣渤海人也 祖爲重職 可知勝嚴寺禪師也 是勸海遺民 塔銘中記載禪師' ; 鄒寶庫 : 「遼寧發現金代塔銘刻石」, 『文物』 1995年 第12期.
80) 鄒寶庫, 「遼寧 發現 金代塔銘刻石」, 『文物』, 1995-12, 74~75쪽. 이 탑명은 1985년 10월 遼陽市의 병원 부속건물인 기숙사를 지으면서 발견되었고, 탑비는 현재 요양시박물관에 보관되어 있다. 탑명의 잔존 크기는 높이 63cm, 너비 60cm, 정문 22행으로 해서체로서 총 598자이다. 탑명을 쓴 이는 恕道 승려 禪福書丹이다.

병원이 요동란 왕궁성의 소재지에 있으므로 여기에 세워졌을 것이다, 탑명에는 선사가 동경 요양현의 발해인으로 '속성고씨 생불□훈(俗姓高氏 生不□葷)'이라고 기록되어 있다. 동경인 요양에는 '옛부터 발해도원이 없어 곧 선찰로 바꾸었으며 그 주□(住□)를 구하였다.'고 한다. 고씨는 이후에 승엄사의 승려 중에서 수장이 되었으며, 금의 제6대 장종 완안경(재위 1189~1208) 명창 원년(1190)에 졸하니 69세였다. 이러한 탑명의 기록으로 볼 때 고씨는 21세에 출가하여 50여년 동안 승려로 있었다. 그 가운데 동경 흑산도원에서 8년을 머물렀으며, 죽기 전 15년 동안 승엄사에서 보냈던 운문종 고승이었던 듯하다.

이러한 탑명은 요금 시대의 요양 지구에 발해 유민의 후예들이 많이 살고 있었다는 사실을 알게 해주고 있다.[81] 발해의 유민 밀집 거주지에서 불교와 관련된 유물이 대량으로 발견되었다. 예컨대 요의 구주성 유적에서 불교와 관계된 불상과 경당향이 출토되었는데 경당에는 불경을 각인한 것 외에 낙관이 남아 있다.[82]

그리고 소성황후 유씨는 어려서 불교 서적을 아주 좋아하였다고 한다.

> 소성황후 유씨는 요양 사람이다. … 성품이 총명하고 지혜로워 글자가 눈으로 지나가면 잊지 않았다. 효경을 읽을 때 열흘에 한권씩 마쳤다. 불서를 가장 좋아하였다.[83]

위에서 언급한 바와 같이 금대의 후비 등의 불교 신행은 금의 황실불교 수용시 적지 않은 역할을 하였다.[84] 이와 같이 금의 불교 수용 및 전파에

---

81) 바이건싱, 「고구려·발해 유민관련 유물유적」, 정병준 外, 『중국학계의 북방민족·국가 연구』, 동북아역사재단, 2008, 243~245쪽 참조. 1985년 발견. 스님의 일대기를 기록, 비의 제작은 1190년이다.
82) 馮永謙 姜念思, 「遼代饒州調査記」, 『東北考古與歷史』 1, 1982, 211~219쪽.
83) 『금사』 권64, 후비 열전 하 소성황후 ; 夕卜山軍治, 『金朝史研究』黑龍江朝鮮民族出版社, 1988, 118쪽.

있어서 발해 유민들의 역할이 컸던 것이다.

다음은 고려의 발해 유민에 대해서 살펴보기로 한다.

926년 발해 멸망후 200년이 지난 1117년까지 유민들이 유입되었다. 발해 명망 직전인 925년(태조 8)에 처음 발해 유민들이 내투하기 시작하였다.[85]

실학자 유득공(1748~1807)은 그의 저서 『발해고』에서 고려에 내투한 발해 유민에 대하여 10여 만에 달한다[86]고 하였다. 『고려사』에는 유충정, 대수정, 대금취, 대집성과 그의 딸, 대수장, 대도수, 대회덕, 대공기, 대정, 대씨 부인, 대문, 모대씨 등 13인의 발해 유민의 기사가 게재되어 있다. 대금취와 대집성은 오늘날 태씨의 중시조이다.[87]

> 가을 7월에 발해국의 태자 대광현이 무리 수만 명을 거느리고 내투하거늘 성명을 왕계라 하고 종적에 부적하여 특히 원보를 제수하고 배주를 지키게 하여 그 제사를 받들게 하였다. 요좌에게는 작위를 주고 군사)에게는 전택을 차등이 있게 주었다.[88]

고려는 발해 왕자 대광현에게 왕계라는 이름을 내리고 왕족으로 소속시켰다. 그의 막료와 군사들에게 전택을 하사하였으며, 서북면 전략상 요지인 배주에 거주케 하였다.[89]

---

84) 外山軍治, 앞의 글, 1961, 499~500쪽.
85) 이때 내투한 유민은 거란과의 전투로 인하여 고립되어 본국으로 돌아갈 수 없게 된 인물들이다. 태조 8년 이후에는 발해 멸망이후 요의 지배를 피해서 내투해 온 경우이다.
86) 유득공, 「渤海考 自序」, 『渤海考』; 『영재집(泠齋集)』 卷7 序, '其忽汗城之破也 世子以下奔高麗者十餘萬人'
87) 김취는 몽고침입시 공을 세워 영순군으로 책봉되었고 영순 대씨 일족의 조상이 되었다, 그 후손들이 영순 태씨로 고쳤다. 『발해국지 장편』 권13, 발해국지 11 유예 열전 5 김취.
88) 『고려사』 권2, 태조세가 17년 7월.
89) 『고려사』 권2, 태조세가 15년 9월. 배주는 예성강을 끼고 수륙으로 통할 수 있는 서부의 전략상 요충지였다. 발해유민 대광현과 수만의 유민 가운데 상당수를

다음 『제왕운기』에 의하면 925년(태조 8)에 승려 지원(志元)이 내부한 사실을 알 수 있다.

> 우리 태조 8년(925) 을유년(후당 장종 동광 원년(923)이다)에 온 나라가 연달아 왕경에 내조하였으니, 누가 능히 〈정세가〉 변한 것을 알고 먼저 귀부하였던고, 예부경 대화균과 사정경 좌우장군 대리, 장군 신덕(대덕 지원 등 600호가 내부하였다)이었네. 건국한 지 242년이며, 그 사이에 몇 명의 왕이 능히 수성할 수 있었는가[90]

위의 기록에 의하면 발해의 승려 대덕 지원, 예부경 대화균과 사정경 좌우장군 대리저, 장군 신덕 등 600호가 고려에 내부하였다고 한다. 그로부터 2년 후인 927년(태조 10) 발해 승려 재웅도 고려에 내부하였다.

> 발해의 공부경 오흥 등 50인과 승려 재웅 등 60인이 내투하였다.[91]

이와 같이 발해 유민 가운데에 승려 지원과 재웅 등의 승려들도 내부하였는데, 그들의 기본적인 정보나 고려 내부 이후의 그들의 행적에 대해서는 전혀 남아 있지 않다.

그리고 고려중기 고종대 불교 신자인 듯한 발해 후예 대장군 대집성의 관련 기록이 찾아진다.[92] 대집성은 최충헌부터 최우 집권기에 지배세력,

---

배주에 기거케 하였다. 혹 고구려의 후반기 수도였던 평양과 그 인근에 고구려 사찰이 발해로 계승되었을 것으로 보이므로 발해의 왕자 대광현 등을 배주 근처에 안치시킨 것도 이와 무관해 보이지 않는다. 이에 대하여 그곳이 완충지로 무주지에 해당하여 이를 부정하는 견해도 없지 않지만, 사찰이 발해로 계승되었을 뿐만 아니라 고려에 계승되어 발해유민의 안식처가 되었을 것이다.

90) 李承休, 「前麗舊將 大祚榮」, 『帝王韻紀』 卷下, '至我太祖八乙酉(後唐莊宗同光元年也) 擧國相率朝土泉 誰能知變先歸附 禮部卿與司政卿(禮部卿大和鈞 司政卿左右將軍大里 著 將軍申德 大德志元等 六百戶來附) 歷年二百四十二 其間幾君能守成.'
91) 『고려사』 권1, 태조세가 10년 3월 3일(갑인), '渤海工部卿吳興等五十人 僧載雄等六十人來投.'

특히 불교 신자였던 최우의 외척으로 있으면서[93] 강음현에서 재목을 베어 자혜원을 건립하였을 때 승려의 도움을 들어주는 사실로 미루어 보아 불교 신행자였을 것이다.

3. 불교 사찰과 유적

앞서 살펴본 바와 같이 발해의 사찰로 대안사, 초화사, 신산사 등이 있었으며, 요대의 발해 유민 사찰은 동경성의 석불사, 동란국의 관음사와 영암사 등이 있었으며, 금대의 발해 유민의 사찰로 동경의 천정산 보림원 등이 있었음을 확인하였다.

그 가운데 보림원은 후대까지 존재하여 발해 유민이 불교를 신봉한 사찰이었을 것이다.

> 황화의 불사와 천평의 도궁은 지금 모두 폐허가 되었지만 홍욕의 보암사만이 유독 온전하였다고 한다. 보암사는 북제 천보(550~559) 연간초기에 건립되어 본조 태정(1323~1328) 연간에 이르러 보공이 선승들의 사찰이 되어 천하의 유명사찰이 되었다.[94]

---

92) 『고려사』 권129, 최충헌 열전 부 최이, '有僧將營慈惠院 伐材于江陰縣 監務朴奉時禁之 沒其材 僧托大將軍大集成 貽書以請 奉時不從 集成請怡 移敎定所牒 又不從 集成慚忿 訴怡 乃流奉時于遠地 … 怡聞大集成女新寡而艶 娶以爲後室 時集成爲後軍陣主 雖敗軍 恃怡無恐 大氏欲歸謁父 怡令軍器別監李資敬 索十品銀甁二十 資敬奪五店公私甁 以充之.'

93) 몽고의 침략에 항전하다가 항복을 권유하다가 강화 천도를 주장하였다. 최항의 집권시 유배되어 독살되었다. 대집성의 女는 오씨와 결혼하여 아들 오승적을 낳았다. 그 후 그는 최우의 처가 사망한 1231년 이듬 해에 재혼하였다. 『고려사』 권129, 최충헌 열전 부 崔怡. 그 외에 다음과 같은 기록도 찾아진다. 『고려사』 권28, 충렬왕세가 3년 7월 병진, '內豎梁善大守莊等告 慶昌宮主與其子順安公琮謀 令盲僧終同呪咀 上命中贊金方慶 訊之 不服.'

94) 『하남통지』;『발해국지 장편』 권18, 발해 후지1 문징, 五松亭記 150~151쪽.

이러한 사찰과 더불어 요와 금 시기의 유민 불교신앙과 관계된 사찰건물은 천웅사, 청안선사, 수경사, 정관당, 흑산도원, 숭엄사, 보림원, 서은사, 대명사 등이다.

천웅사는 요 왕조 건국 전후 '천조웅무(天助雄武)'라는 뜻을 갖고 있었다. 거란 귀족이 대외 무력정벌 중 발해의 승려들을 들여와 안치한 것으로, 당시 발해 불교가 이미 거란 상류층의 신앙을 얻었다는 것을 보여주고 있다.[95]

청안선사와 수경사, 정관당은 금대 정의황후와 관련된 것으로 유명하다. 정의황후는 금왕조 황실의 구성원들에게 존중을 받았기 때문에, 요양에 출가한 후 금의 중앙정부에게 높은 예우를 받았다. 앞서 언급한 바와 같이 금의 희종은 내부 30만 전으로 동도에 대청안선사를 건립하였다. 수경사는 정의황후가 요양에 직접 건립하였다. 금의 세종이 즉위한 후 대청안선사의 규모를 지속적으로 증축하여, 경내에 신어전을 건립하고 옛 탑을 증축시켰으며, 탑 앞에도 봉자전을 세웠다.[96] 그리고 전국에서 승려들을 초빙하여 묵게 하였다. 9대째 주지인 선영은 육식을 하지 않고 출가하여 명교사를 두루 찾아다니며 법도를 깊게 배웠는데, 불교에 정통하였다.

대정25년1185) 가을, 황자 조왕은 선영을 대청안선사의 주지로 삼았다. 세종 완안옹이 즉위후 청안사와 수경사의 규모가 계속 확대되었다. 사찰의 재산이 거백만이었으며, 장사치가 10수, 금백이 산 같았으며 근동이 400인이었다. 선영이 부임한 후 규칙을 준수하고 재물을 정돈하여 조사의 선풍을 선양하였다. 그가 재임한 동안 사찰의 규율을 범하여 추방하고 계율을 지키지 못하고 떠난 승려는 사찰 승려의 1/3이나 되었다. 이로써 청안사와 수경사의 두 사찰은 상하가 숙정되고 불법이 청명해졌다.[97]

---

95) 謝重光·白文固,『中國僧官制度史』, 靑海人民出版社, 1990, 197쪽.
96) 王寂原 著, 賈麵疏証,『鶴江行部志』上,『北方文物』1989年 第1期.
97) 羅福頣,『滿洲金石志』卷三,「英公禪師塔銘」,『石刻史料新編』第1 輯第23冊, 台灣新文

위의 흑산도원과 승엄사에 관한 기록은 요양 지역에서 발견된 「금대 명창 원년 동경 승엄성사 선사 탑명」에서 찾아진다. 동경의 옛 발해 도원은 마침내 선찰로 바뀌었는데 그 선찰이 바로 승엄사이다. 탑명의 기록에 의하면 승엄사의 좌선방, 양당, 부엌과 두 개의 회랑 건축물이 중수되었다.

경남(京南) 흑산도원은 동경 발해의 유민, 특히 발해 유민 고씨의 불교도량 이었다. 그리고 보림원은 금대의 중신 장호 가문과 관련이 깊어 규모가 작지 않았을 것이며, 요양지역 발해 유민의 중요 도량이었다. 서운사와 대명사는 금왕조의 저명한 사찰이며, 역시 금의 중신 장호와도 관계가 있다. 앞서 서술한 바와 같이 불교를 숭신한 장호와 당시 유명한 승려 조동종 대표인물인 대명보가 교제하였던 사실 등 비문에 자세히 기록되어 있다.98) 대명보는 1150년(천덕 2) 장호의 요청으로 황실 사찰인 서은사의 주지가 되었다. 후에 대명보의 실책으로 대명보와 장호 등이 해릉왕 장에게 질책을 받은 후, 대명보는 서은사를 떠나 고향에 돌아가 대명사를 지었다. 대명사의 가람구조는 당전, 누각, 대실, 요사 등 수백 칸에 달하는 등 사찰 규모가 큰 것으로 유명하였다.

이러한 사실과 더불어 발해 지역에서 지금까지 40여 사지가 확인되었는데99) 구국 지역 1, 중경 지역 17, 상경 지역 10, 동경 지역 8, 연해주 지역 5, 남경 지역 2소이다. 즉, 첫 도읍지가 있었던 돈화에서는 묘둔 절 터 1기, 상경성 안팎에서 10여 기, 중경 일대에서는 고달사터, 용해사터, 중평사 터 등 13기, 동경 일대에서는 마적달절터, 신생사터 등 9기, 남경 일대에서 오매리절터, 개심사절터 그리고 연해주 지역에서도 아브리코스(Abrikos)사지, 코프이토(Kopyto)사지 등 5기가 조사되었다. 그밖에도 서고성과 대성자 고성 등에도 사지가 있었던 것으로 추정된다.100) 이 사찰들은 발해 멸망후에

 丰出版社, 1982, 17305~17306쪽.
98) 「佳公禪師塔銘」에는 '天德庚午歲 靑州示寂仰山 太師 尙書令 南陽郡王張公浩遣使賫疏 命師住持仰山栖隱禪寺.'라고 기재되어 있다.
99) 정영호, 「발해의 불교와 불상」, 『고구려발해연구』 6, 1994. 37쪽.

도 존속했을 개연성이 적지 않으므로 곧 발해유민의 신행도량이 되었을 것이다. 특히 현재 북한 남경권역에 함경남도 청해토성 내부의 사지, 함경남도 신포시 오매리절터, 함경북도 명천군 개심사터 등이 발굴되거나 확인된 바 있다.[101] 발해 선왕 9년(826)에 축조된 함경북도 명천군 칠보산 보촌리의 개심사는 1948년 대웅전 용마루 보수시 발견된 나무함에 '발해 선왕 9년 병오 3월 15일 용강성 석두현 혜성사 금강곡 칠보산 개심사 창건주는 대원화상이다. 목수는 팽가와 석가이다.'[102]라는 기문으로, 826년 창건되었다는 사실이 입증된 바 있다. 즉, 개심사에서 1980년대에 발견된 글쪽지에는 절을 만든 목수가 팽가와 석가라고 하여 수공업자 중에는 성이 있는 부류도 있었던 것으로 생각된다.[103] 개심사는 함경북도 현존 사찰 가운데 최대 사찰이었으며 발해 유민뿐만 아니라 고려 이후에도 존속했던 사찰이다.[104] 그리고 함경남도 오매리사지는 고구려시대 사원을 그대로 계승한 것이다. 건물 평면은 대체로 장방형을 이루고 좌우에 곁채가 딸린 것이 많다. 방형탑을 두고 3개의 금당을 배치한 1탑 3금당식 평면 배치를 하였다.[105]

그 외에도 발해 지역에 소재한 사찰로 근현대까지 존속하였던 사찰들도 문헌기록에 찾아진다. 이러한 사찰의 사례로는 함남 이원 정광사(또는 운흥암), 평북 태천 향적산 양화사 등을 들 수 있다. 정광사는 「관성현

---

100) 방학봉, 『발해의 불교유적과 유물』, 1998 ; 김지근, 「발해불교의 연구현황」, 『경주사학』 24·25, 2006, 237~238쪽.
101) 양은경, 「북한의 불교사원지 출토 고구려, 발해 불상의 출토지 문제와 계승관계」, 『고구려발해연구』 1, 2008, 195쪽 ; 리준걸, 「함경북도 일대 발해유적 유물에 대한 조사보고」, 『조선고고연구』 1986-1, 34쪽.
102) '渤海宣王九年 丙午三月十五日 建用崗城石頭縣海城寺 金剛谷改心寺者 大圓和尙木手 旁錫和釋加.' ; 박룡연, 앞의 논문, 1994, 239~242쪽 ; 송기호, 앞의 논문 참조.
103) 이에 관해서는 송기호, 「開心寺 出土 글쪽지」, 한국고대사회연구소 편, 『역주 한국고대금석문』 III, 가락국사적개발연구원, 1992, 481~482쪽 참조.
104) 리준걸, 「함경남북도 일대의 발해 유적 유물에 대한 조사 보고」, 『조선고고연구』 1986-1, 34쪽.
105) 김종형, 문일개 역, 「청해토성 및 그 주변의 발해유적」, 『조선고고연구』 1990년 제4기.

대덕산 정광사 사적실록」에 의하면 '838년(발해 함화 9)에 일신대사가 창건하여 운흥암이라고 하였다'고 한다.106) 양화사는 평북 태천군 향적산에 위치하고 있으며, 일명 보국사라고도 불린다.「양화사 사적기」에 의하면 872년 창건되어 발해와 그 유민의 사찰로 추정되고 있으며, 서북 지방에서 묘향산 보현사 다음으로 큰 현존 사찰이다.107) 이들 사찰들은 후대의 기록이라는 점 때문에 실증성이 취약하기는 하지만 발해 유민의 불교도량으로 추정되고 있다.

4. 나가는 말

이상으로 발해 유민의 불교와 사찰이라는 주제로 불교 승려와 신도, 불교 사원과 유적으로 크게 나누어 살펴보았다. 발해 유민의 실태에 대해서는 몇몇 논저가 나오기는 하였으나 유민의 문화라는 측면에서 제대로 밝혀지지 않았다. 이는 관심과 연구의 미흡에서 기인하는 것이라기보다 절대적인 자료와 기록의 부족에 기인하는 바 적지 않다. 특히 발해 유민의 불교와 유교, 도교, 무속 및 민간신앙이라는 차원에서 별반 진척되지 못하고 있는 실정이다.

발해 유민이 가장 많이 거주했었던 요와 금의 관련 정보, 특히 유적은 대부분 금대 이후의 것이 그나마 매우 제한적으로 남아 있고 고려의 경우도 10여 건의 단편적인 기사가 전부다.

발해 유민은 요와 금에서 나름대로 발해 부흥운동을 전개하여 완전한

---

106)「觀城縣 大德山 定光寺 史蹟實錄」,『조선사찰사료』하, 331~345쪽. 정광사는 신라 무열왕 때 당의 승려 明秋가 廣德寺를 창건하였다는 설도 있다. 국립문화재연구소,「Ⅱ. 북한의 사찰 건축, 정릉사」,『北韓文化財解說集Ⅱ-寺利建築篇』, 1998, 262쪽.
107) 국립문화재연구소,「Ⅱ. 북한의 사찰건축 13) 양화사(陽和寺)」,『북한문화재해설집 Ⅱ-사찰건축편』, 1998, 261쪽. 그 외에도 양화사 서북쪽 강동면 송북동에는 송림사지가 있고, 동면의 남쪽 장리면 신상동에는 수종사지가 있었다고 한다.

부흥국을 갖추지 못했지만 점차 동화되어 가면서도 발해 문화의 정체성을 지켜가고자 하였는데 그 대표적인 것이 불교이다. 고구려 불교를 계승하였 듯이 유민들도 발해 불교를 계승하였다. 예컨대 고구려의 사탑인 영고탑 근처에 있었던 석불사는 발해를 거쳐 근현대까지 계승된 사례이다.

본고에서 제시한 대안사, 초화사, 사리탑, 보암사, 신산사 등의 발해의 사찰에서의 풍광을 통해 발해 불교의 모습을 읽을 수 있었으며, 보암사의 경우처럼 후대까지 존속하였으므로 발해 유민의 사찰이었을 것이다. 특히 발해의 상경용천부인 동경성에 있었던 사원의 불상과 부도에서 좀 더 구체적인 사찰의 모습을 알수 있었다. 선학이 밝힌 바와 같이 928년에 거란이 발해 유민들을 요동지방으로 강제 이주시키면서 상경성을 불태웠을 때에 그곳에 있던 사찰들은 모두 불에 타버려 발해 불교는 요동 지방에서 겨우 명맥이 유지되었다고 알려져 있다. 하지만 동란국의 시기에 요양성 모퉁이에 있었던 관음사는 분명 발해 사찰로 간주되는 것이다. 요양을 중심으로 한 요동 지방에 옮겨진 유민들 사이에 불교의 맥이 이어지고 있었던 것이다.

자료의 미흡으로 인하여 매우 제한적이기는 하지만, 발해의 유민 중 요대 초기인 921년에 야율아보기는 발해승인 숭문 등 50여 명을 상경 임황부 서루에 두고 천웅사에 거주하게 하였다. 요말의 세가 대족 고모한의 후손인 고택은 불교 신자였고 영암사에 기거하기도 하였다. 금대 발해 유민의 불교신행 모습은 발해 유민 조숭덕은 요양에 큰 절인 대원을 짓고 연경 죽림사에 있던 사명 혜일(慧日)을 청하여 주지를 하도록 하였다. 홍불자 홍호에 의하면 수도에는 36개소의 크고 중요한 사원이 있는데 대부분 율종에 속한다고 하였으며, 후에 남방에서 온 몇몇 선승들이 선종사원을 세웠다고 한다. 특히 동경 발해 망족인 장호의 가족과 해릉왕의 생모 대씨, 세종의 생모 이씨가 발해 유민의 대표적인 불교 신행자였다. 그는 독실한 불교신자였으며, 그의 집안도 역시 불교와 관계가 깊어서 장호의 누이동생은 출가한 비구니 즉원사자원혜 대덕이었다. 장씨 가문과 인척관계에 있었던 발해 유민 왕정균도 불교와 노자도 두루 능통하였고 벼슬에서 물러나 황화산의 사원에 은거하기도 하였다. 금대 초기에는 황실의 후비에 요양 출신의 발해인들이 적지 않았다. 이들 중에는 예종비로 세종의 생모인 정의황후 이씨(?~1161)와 현종비인 소성황후 유씨(1139~1163)의 경우가 대표적이다. 이씨는 금의 세종 어머니 정의황후 이홍원이자 이석의 누나였다. 예종이 사망하자 여진의 풍습을 따르지 않고 비구니가 되었다. 그는 내부 30여만을 들여 청안선사를 세우고 따로 비구니원인 수경사를 지어 거주하였으며, 이때 탑도 세웠다.

탑비명에 의하면 요양에 승엄사를 개창하여 주지했던 고씨 승려(1122~1190)는 발해 유민 출신이었다. 고씨는 이후에 승엄사의 승려 가운데 수장으로, 동경 흑산도원에서 8년을 머물렀으며 죽기 전 15년을 승엄사에서 보낸 운문종 고승이었다. 그리고 소성황후 유씨는 어려서 불교 서적을 아주 좋아하였다고 한다.

이렇듯 발해 유민의 상층 귀족과 후비 등의 불교 신행은 요와 금의 불교의 수용과 전파에 적지 않은 역할을 하였다. 발해 유민 가운데 중국 상경의 승려 숭문과 고려의 유민 승려 지원과 재웅과 같이 발해 유민의 승려는 소수에 지나지 않는다. 그들은 요금의 문화나 고려 문화에 동화되어 갔을 것이지만 고구려, 발해로 이어지는 문화적 동류성에 기인하는 바가 커서 오히려 기록에조차 나타나지 않은 것이 아닌가 한다.

한편 요대의 발해 유민 사찰은 동경성의 석불사, 동란국의 관음사, 영암사 등이 있었으며, 금대의 발해 유민 사찰로 동경의 천정산 보림원 등이 있었음을 확인하였다. 이러한 사찰과 더불어 요와 금 시기의 유민 불교신앙과 관계된 사찰 건물은 천웅사, 청안선사, 수경사, 정관당, 흑산도원, 승엄사, 보림원, 서은사, 대명사, 영암사 등이다. 발해 지역에서 지금까지 40여 사지가 확인되었는데 이들 사찰은 발해 멸망 후에도 존속했을 개연성이 적지 않으므로 발해 유민의 신행도량이었을 것이다. 특히 현재 북한 남경권역에 함경남도 청해토성 내부의 사지, 함경남도 신포시 오매리절터, 함경북도 명천군 개심사터 등도 발해 유민들의 신행도량 역할을 하였을 것이다. 그 외에도 실증적 가치가 미흡하지만 문헌기록으로 나타나는 발해 사찰로 근현대까지 존속하였던 사찰들도 있다. 함남 이원 정광사, 평북 태천 향적산 양화사 등의 사찰인데 이들 사찰도 발해 유민의 불교도량이었을 것이다.

이렇듯 발해 유민은 불교를 신행하면서 문화적 정체성을 지켜갔다고 할 수 있는데, 요와 금의 중국 지역에서는 선진성을, 고려에서는 동류성을 지녔다고 하겠다. 이는 바로 3국의 문화에 이어 신라와 발해의 남북국시대, 발해 멸망 후조차 문화적 일체성을 지니면서 한국 문화의 고유성을 함께 하였다고 하겠다.

찾아보기

ㄱ

가지사 504
가지산문 298
각림사 94, 95, 114, 115
각상인 415
각운 설악 504, 546
각원 510
각전 507
간화선 259
갈궁사(화장사) 419
강일순 60
개경 보암사 523
개경 7층탑 144
개교사 653
개국사 94, 95, 108, 109, 351, 612
개심사(명천) 609, 670
건봉사 91, 94, 97, 112, 115, 557, 559, 570
『건봉사지』 537
견불사 618
결사도량 325
경관 506
경교 16, 20
경국사 394, 404
「경기귀후서기」 230
경남 355
경정공주 446

경허 성우 457
계근 222
계룡산 179
계은 419, 421, 427
『계초심학인문(誡初心學人文)』 314
계파 성능 354
고려말 4대 종파 202
『고려실록』 339, 356
고봉 법장 305, 335, 358
고산사 239, 243
『고승적요(高僧摘要)』 72
고정사 616
고택 655
고한 희언 360, 451
관룡사 584
관룡산 582
관악사 412, 419, 421, 425, 426
관악산 410
관악산 불교 418
관음굴 618
『관음자림집(觀音慈林集)』 72
관정도량 53
광덕사 100
광명사 183, 612
광법사 602, 630, 644
광우사 663
쾌진 불사 183
쾌탑암 524

굉연 152, 177, 293, 504, 507, 508
구곡 292
구료소 233
구룡연 동구 나옹 원대 549
구성 만년사 621
구업사 618
구월산 연등사 636
구월산 월정사 616
국가비보사상 142, 147, 149, 151, 152, 153, 157, 158, 159, 162, 177
국무당 26
국사 331
국사당 210
국청사 525, 612
귀법사 612
귀주사(함경남도) 623
귀진사 616
귀후소 226, 227
극암 사성 565
극행 592
근기지방 170
금강굴 212
금강록 566
금강사 630
금룬사 210
금산사 101, 103, 108, 342, 366
금장사 526
기독교 16
기로회(耆老會) 49
『기세계경』 51
기월대사 565
김병교 480, 481
김시습 58, 309, 321
김영균 481
김위제 126, 146, 198
김유신 43
김육 168
김윤식 341

ㄴ

나암사 205

나옹 35, 201, 294, 295, 298, 306, 440, 543, 549
나옹의 추념 167
나한당 212
난랑(鸞郎) 19
남경 126, 146, 162, 181, 198
남대 영감암 546
남산사 210, 213
남산종 109
남유용 581, 585
남호 독서당 233
남효온 540
내단학파(內丹學派) 59
내불당 213
농성당 경의 487, 488
『뇌연집』 581
능긍(能兢) 125, 142, 151, 162
능정 413

ㄷ

다보서탑도 520
단속사 284, 285
달공 222
담담정(淡淡亭) 227, 237
담진 255, 265
대가 희옥 332, 333
대국제(大國祭) 26
대금취 665
대련 덕문 536
대명보 669
대신대사 569
대안사 638, 651, 667
대원사(산청) 105
대원화상 640, 650, 670
대집성 665, 666
대청관(大淸觀) 46
대흥사 81, 106
노교 19
도등 633
도리사 91, 94, 104
도·불(道佛)간 대립 41

도·불일원설(道佛一源說) 52
도선 121, 123, 124, 125, 142, 147, 153, 162, 198, 383
도선사 401
『도선전』 152
도성과 성저(城底) 205
도성암 401
도암 510, 511
도윤 643
도회소 617
동가타암 319
동계 경일 581, 585
『동계집』 581
동금암 616
동대 관음암 545, 559
동란국 653
동방제일 도량 280, 302, 334
동사(東寺) 606, 632
『동사열전』 74
동화사 592

_ ㄹ

라마단(Ramadan) 24

_ ㅁ

마곡사 81
마라난타 379
만덕사(백련사) 527
만의사 171, 222
만항 266, 267, 329
망경사 87
매골승 231
명암 정식 563
명찰 592
명통사(明通寺) 27, 56
목헌 구공 352
몽여 327
묘경 255, 272, 290
묘구 330
묘길상 마애불상 549

묘엄 464
묘전 464
묘청 47, 129, 142, 148
무급 414
무상단(無相壇) 60
무속 16, 19, 22
무악 180
무염 515
무외국사 정오 523
『무의자시집』 50
무착사 205, 208
무학 자초 35, 170, 172, 207, 295, 298, 415, 440, 441
묵사 210, 214
문도 중심 273
문수사 86, 401
문해(文偕) 28
미수 391, 392
민지 97

_ ㅂ

박윤묵 486
발연사 541
발연수 540
발연암 540
방현사 87
백련사 189, 398
백련사 8국사 516
백암 성총 361
백양사 289, 293, 497
백화사 504
범일 255
법경 199, 385
법보 승려 657
법보사찰 354, 367
법예 177
법왕사(개경) 611
법운암 631
『법원주림』 66
법주사 94, 109
법화사결사 523

법화신앙 649
법흥사 91, 97, 99
법흥사(평안남도) 623
벽송 지엄 57, 314
벽암 각성 360, 451
보덕 628, 635
보덕암 635
보림원 667
보월사 616
보제사 612
보제원 239
보조선 307
보현도량 517, 518
보현사 94, 112
보현사(안변) 606, 623
복구 266, 268, 286, 288, 289, 290, 297, 330, 501, 502, 503, 509, 500
복세암 211, 213
복암 287, 297
복암 정혜 330, 504
복원관(福源觀) 46
복원궁(福源宮) 46
본지수적설(本地垂迹說) 129
봉녕사 464, 489
봉녕사 상량문 461
봉덕사 464, 470, 474, 477
봉선사 450, 477
봉은사 450
봉은사(개경) 611
봉정암 91, 106, 107
부목 298, 299
북대 도솔암 545
북소 기달산 149
북한산 불교 195
북한산순수비 379
북한산 중흥사 621
『북한지』 406
불보사찰 103, 367
불보송찰 108, 338
불사리 350
불성사 418
「불씨잡변」 306

불암사 398
불일사 180
『불종찰약사』 76
불지암 617
비구니 사찰 216, 218
비보사탑설 123
비사사 618
비슬산 582

— ㅅ

사굴산문 255, 259, 263
4대 관음 기도도량 401
4대 비보사찰 186, 188, 207, 397
4대원 225, 237
사도세자 454
사명 유정 57, 112, 114
4선 45
사순 361
사암 채영 344, 362
사액사우(賜額祠宇) 31
사자상승(師資相承) 326
사자암 187
사찰령 570
산문 중심 273
『산사약초』 341, 367
살다라 639, 650
『삼가귀감』 57
삼각산 162
3로(三老)=3화상 315
삼막사 186, 189, 398, 411, 413
3소 149, 156, 164
삼장보살도 592
삼천사 385
삼한일통(三韓一統) 144
3화상 35, 184
상부 311
상암사 85
상원사 91, 97
상주 동백련사 519, 523
「상주보기(常住寶記)」 123
상총 185, 298, 299, 311, 313

서대 수정암(염불암) 546
서영보 480
서운사 617
석굉 298, 299
석왕사 169, 223, 617, 618, 623
「석왕사기」 167
석적사 104
석초 147
석호 68, 69
『선가종파도』 256
『선문염송』 313, 314
선원사 149, 283, 284, 292, 339, 504
선종의 본산 441
선탄 204
선화대사 570
설두 유형 341
설오 222, 241, 356
설준 310
성민 311
성불사 618, 623
성상 467
성저십리 220, 224
성창사 463, 464
성호 222
성희 452
세심사 87
세염 54
세조 552, 555, 557
소격서 56
소격전 56
소성황후 유씨 660, 664
소헌왕후 444
『속고승전』 66
『속남유록』 102, 342, 366
속명사 617
송광사 278
송광사 16국사 362
송광사 16사주 324
송광사 18주지 363
「송광사사원사적비」 302, 334
송림사 94, 95, 111, 353, 637
송월암 616

송은 학몽 510
수경사 662, 668
수다사 82, 97
수미 315
수미산문 607
수선사(修禪社) 257, 278
수선사 16사주 326
수이 511
수종사 637
수충사(안변) 621
순도 629
순암 의선 437
순지 643, 644
숭문 654
승가굴 389
승가사 398, 399
승랑 632
승련사 291
승보사찰 367
승엄사 664, 669
식영 290, 292
식영암(식영감) 271
신계사 605
신광사 616
신도 179
신돈 132, 157, 201
신륵사 167
신륵사 대장각 165, 202
신미 468, 470, 475, 476, 555
신산사 638, 651, 667
신심 529
신조 171, 172, 222, 528
신채호 129
신혈사 127, 384, 389
신흥사 80, 106, 107
실렬문(失烈門) 23
심수 521
「16국사진영기」 332
16조사 초상화 361
18국사 도량 337, 365
쌍계사 620

ㅇ

아도 629
아사달 신앙 120, 133, 149, 162, 616
안국사 605, 654
안불사 620
안심사 103
안암사 210
안양사 171, 202, 223, 413, 414, 416
안주 칠불사 636
암사 195
야리가온(也里可溫) 23
야율배 655
약운 504
양천사 606
양화사 644
양화사(태천) 609
여철(如哲) 124, 125, 142, 147, 149, 162, 197, 383
연개소문 41
연굴사 211
연등회 614
연복사 27, 613
연복사 탑 175, 177
연복사 탑의 낙성식 178
연암서원 590
연주암 411, 419, 420, 423, 424
「연천옹유산록」 342
연화사 584
염불사 413
영국사 404
영명사 602, 604, 623, 631
영보도량 53
영안 석불사 632, 652
영암사 638, 655
영응대군 445
영탑사 635
영현 147, 389
오대산불교 546
『오대산사적』 67, 71, 75, 83, 97
『오대산사적약록』 75
5대 적멸보궁 93, 94

오매리사지 635, 670
오매사지리 금동판 649
오천축국도 22, 36
『옥룡집』 66
옥천사 584
옥천암 401
와서 226
완도 법화사 519, 523
왕륜사(개경) 611, 612
왕사 331
요세 515, 516, 517
요원 202
요항사 587
용산 보광사 196
용산 원자 203
용산불교 194, 220
용산사 199, 235
용악 혜견 365
용암사 526
용연사 91, 94, 112, 114
용주사 456, 483, 484
용혈암 518, 522, 524
용화향도 43
용흥사 582, 585, 587, 588, 589, 592, 616
우소 백마산 149
운묵 무기 171, 200, 201, 223, 393
운종사 241
원각국사 덕소 469, 470
원각사 207
「원감국사어록중간서」 338, 340, 369
원광 42
원당 453, 455
원명사 616
원완 519
원천석 54
원통암 442, 443, 445
원혜국사 경의 523
뷘한 518
원효 42
월남사 285, 290
월정사 98

월정사(안악) 606
위화도 회군 172, 222
유가종 392
유동보살 51
『유석질의론』 184, 315
유점사 605, 623
윤우갑 589
은곡 458
의균 592
의근 419, 427
의무려산 청암사 639
의상암 415
의선 437
의천 126, 142, 148, 151, 388
이만수 480
이불란사 602, 629
이슬람교 16
이식 561
이암 501, 505
이엄 607
이운파 570
이원 정광사 670
이질 450
이태원 239
이황 319
인양사 584
인왕사 211
인정 639, 650
일승 고암 507
일신 641
일연 64

_ ㅈ

자복사 441, 467, 615
『자장전』 66
자정국사 일린 499, 500
자혜사 616
장안사 541, 605
「장여유묘지」 658
장유 58, 332
장의사 196, 200, 217, 218, 380, 385, 393, 400, 403
장행원 658
장호 657, 658
재웅 641, 666
재조대장경 356, 357
적멸보궁 91, 338
전관원 240
전도(奠都) 119
절간 익륜 289, 506, 507
절의사(의절사) 654
절중 643
정관 일선 560
정관당 668
정광사(운흥암)(이원) 609
정균도 659
정두경 59
정렴 59
정릉사 604, 631
정소 639, 650
정암사 73, 79, 91, 97, 98
정양사 549, 605
정업원 207, 210
정오 151, 524, 525
정의공주 401
정의왕후 이씨 660, 668
정현 199
제1·2차 전장법회 503
제2차 전장법회 503
제3차 전장법회 503
제4차 전장법회 510
제주 묘련사 523
제주 법화사 523
조견 439
조계총림 279
조국공주 203
조대림 442
조륜 204
조명 508
조선사찰령 622
조숭덕 656
조인규 172, 201, 432, 434, 436
조제암 536, 557, 562

졸암 291
종림 171, 223, 228, 414
종휘 255
좌소 134
좌소 백악산 149
좌소 양주 150, 190
주자소 224
죽림재 589
준상인 310
중궁 291
중대 사자암 546
중연 497, 498
중호 510
중흥사 130, 155, 200, 395, 402
중흥사(고구려) 603
지겸 391
지공 선현 35, 68
지눌 256, 257, 306, 326
지둔 도림 628
지원 641
지원(志元) 666
지천사 241, 242, 356
지혜 586
지혜 비구니 42
『직주도덕경』 57
진관사 398, 399
진산 101
진산 사건 34
진표 103, 537, 541

_ ㅊ

차명룡 590
찬영 291
찬유 381
창선사 468
창성사 170, 465, 467
창성사지 468
천고(天固) 23
천신사 618
천영 263, 328
천웅사 654, 668

천인 518, 519, 522
천주교 16
천책 151, 517, 520, 522
천태종계 528
천희 170, 201, 355, 466
철호 조선 201
청계사 170, 172, 201, 418, 431, 437, 440, 441, 448, 454
「청계사사적비」 431, 447
청담사 381, 406
청련사 189, 398
청수 505, 506
청수 조징 289
청악 419, 668
청암사 393
청해토성 내부의 사지 670
『초당집』 559
초문사 602, 629
초화사 638, 651, 667
최당 48
최언위 44
최영 173
최제우 60
최치원 44
추념 불사 77
축법심 628
충감 266, 292
충지 260, 263, 265, 329, 338
『치문숭행록(緇門崇行錄)』 72

_ ㅋ

쿠쉬나메(Kushnameh) 21

_ ㅌ

탄문 382, 383
탄선 232, 233
탄연 255, 284, 390
태고 보우 130, 131, 142, 153, 200, 313, 394
태고암 407

태조 123
태화사 95, 97, 349
태화지 349
통도사 91, 95, 97, 111, 338, 348, 353
통도사 금강계단 353
통혜 원명대사 661

_ ㅍ

팔관회 45, 614
8성당 129
8성 숭배 47
패강진 643
패엽사 606, 622
평성 안국사 632
평양 9사 645
평양 중흥사 632
평양지역 643
포로호 656
표충사 31
표훈사 605

_ ㅎ

하거사 618
하륜 180
학몽 511
학열 477
학조 477
한양 불교 206
한양 중시 171
한양 천도 130, 131
한증소 224
함북 청계사 620
함허 기화 25, 55, 307, 399, 415
해당 444
『해석유고』 102
해선 228
해인사 339, 355
행호 528, 529, 531
향도 325
향산 보현사 616, 621

향산 보현사 축성전 621
향적산 양화사 670
허균 30
허응 보우 426, 450
현륭원 456, 478, 483
현린 173
현성사 612
『현정론』 184
현화사 199, 612
형잠 540
혜각 420, 423
혜거 381
혜겸 223
혜관 634
혜소 정현 387
혜식 256
혜심 50, 64, 259, 278, 284, 326
혜일 519
혜자 634
혜철 121
혜편 633
혜휴 531
호압사 187
혼기 437
혼원 261, 262, 328, 566, 567
홍복사 654
홍제원 239
홍진 330
홍진국사 287
화계사 404
화령옹주 597
화령전(華寧殿) 465, 478, 479, 480
화암사 542
화엄10찰 406
화엄사 106, 107
화엄선(華嚴禪) 321
화왕산 582
화장사 616
환암 혼수 256, 270, 506
활리길사(闊里吉思) 23
활인심방(活人心方) 58
황금 십자가 30

황당선(荒唐船) 33
황룡사 351
황룡사9층 목탑 144, 351
황화사(자명원) 659
회교도 24
회암사 134, 136, 163, 164, 183, 207, 298
회회세자 25
훈요10조 123, 383
흑산도원 664, 669

흥녕사 99
흥덕사 206, 233
흥륭사 652
흥복사 233
흥왕사 612
흥천사 94, 111, 185, 206, 208, 233, 299
희랑 355
희엄 510
희천 만수암 621

출 전

제1부 한국 불교와 주요 사찰

제1장 불교와 적멸보궁
Ⅰ. 해외 종교의 전래와 불교(「전근대 해외종교의 한반도 전래와 불교」, 『불교연구』 55, 한국불교연구원, 2021.)
Ⅱ. 도교의 수용과 도·불 통섭(「한국 전근대 도교의 수용과 도·불 통섭(-거사와 고승 관련기록을 중심으로)」, 『한국사상사학』 50, 2015.)
Ⅲ. 자장의 흥법과 추념 사찰(「자장의 전기류 기록과 진신 사리 봉안 및 추념 사찰」, 『문헌자료집-정암사의 역사와 자장율사』, 2021.)
Ⅳ. 자장의 진신 사리 봉안 및 분장(「자장의 진신 사리 봉안 및 분장」, 『불교와 사회』 13-2, 중앙승가대 불교학연구원, 2021.)

제2장 불교와 국도 한양
Ⅰ. 불교계 고승과 국도 천도(「불교계 고승과 국도 천도-고려 및 조선의 국도를 중심으로」, 『대각사상』 18. 2012.)
Ⅱ. 태고 보우와 한양 천도(「태고 보우와 한양 천도」, 『서울과 역사』 106, 2020.)
Ⅲ. 무학 자초와 한양 전도(「무학대사와 한양 천도」, 호압사 제2회 학술대회, '한양천도와 도시철학-불교사상을 중심으로' 학술대회, 2020.)
Ⅳ. 조선시대 한양과 용산 불교(「조선시대 한양 도성 및 용산의 불교」, 『용산불교의 역사와 문화』, 대한불교조계종, 동국대학교 산학협력단, 2023.)

제3장 결사도량 송광사와 삼보사찰
Ⅰ. 고려후기 수선사와 사굴산문(「고려후기 수선사와 사굴산문-고승의 존재양상과 그 동향을 중심으로」, 『보조사상』 28, 2007.)
Ⅱ. 고려후기 송광사와 불교계(「고려말 송광사의 고승과 불교계」, 『보조사상』 61. 2021.)

Ⅲ. 조선전기 선종계 고승과 보조선(「조선전기 선종계 고승과 보조선」,『보조사상』 44, 2015.)
Ⅳ. 조선후기 수선사 16국사의 위상과 추념(「수선사 16국사의 위상과 추념 : 송광사의 승보종찰 설정과 관련하여 시고함」,『보조사상』 34, 2010.)
Ⅴ. 한국 불교계의 삼보사찰의 성립(「한국 불교계의 3보 사찰의 성립과 지정」,『보조사상』 41, 2014.)

제2부 한국의 주요 지방 사찰

제1장 근기 사찰
Ⅰ. 북한산의 불교와 사찰(「북한산(삼각산)의 사찰과 불교의 전개-고·중세 사찰의 존재양상과 그 의의를 중심으로」,『전법학연구』 2, 불광학술연구원, 2011.)
Ⅱ. 관악산의 불교와 관악사(지)(「관악산의 불교와 관악사-전근대 관악산 불교의 복원시고와 자료집성」,『한국불교학』 69, 2014.)
Ⅲ. 과천 청계사의 역사와 전개(「청계산 의왕시 청계사의 역사와 위상」,『보조사상』 39, 2013.)
Ⅳ. 수원 봉녕사와 화령전 원찰(「전근대 봉녕사의 역사 검토와 화령전 원찰」,『대각사상』 20, 2013.)

제2장 지방 사찰
Ⅰ. 장성 백양사의 역사와 고승(「고려말 조선전기 장성 백양사의 역사와 고승」,『한국사상사학』 65, 2020.)
Ⅱ. 강진 백련사의 고승과 사세(「고려후기 조선초 강진 백련사의 고승과 사세」,『한국사상사학』 46, 2014.)
Ⅲ. 고성 조제암(지)의 역사 복원(「고성 조제암의 역사 복원 시고」,『정토학』 36, 2021.)
Ⅳ. 창녕 용흥사(지)의 역사 복원(「창녕 용흥사(지)의 역사와 의의」,『역사와 교육』 39, 역사와교육학회, 2024.)

제3장 북한과 발해의 사찰
Ⅰ. 북한지역 사찰의 역사(「북한지역 사찰의 불교사적 의의」,『대각사상』 17, 2012.)
Ⅱ. 고구려와 발해의 사찰(「북한지역 고구려와 발해의 사찰」,『불교연구』 51, 2019.)
Ⅲ. 발해 유민의 불교와 사찰(「발해 유민의 불교와 사찰」,『발해유민사연구』, 동북아역사재단. 2019.)

지은이 **황 인 규**

1960년 3월 충남 온양 출생. 동국대 역사교육과를 나온 후 대학원 사학과에서 석·박사학위를 취득하고 2005년 동국대 역사교육과 교수로 부임하였다. 동대90년지 간행위원회 간사와 동대 100년사 편찬위원으로 활약하였다. 역사교과서연구소 개소에 일익을 담당하며 초대 소장을 지냈고, 역사와교육학회 회장을 역임하였다. 대한불교조계종 불교사연구위원, 문화관광부 전통사찰지정 자문위원, 교육부 교육과정 심의회 역사소위원회 위원, 한국교육과정평가원 교과용도서 역사검정심의 위원, 서울시 전통사찰보존협회 위원, 화성시향토문화재위원회 위원, 한국불교학회 이사 및 감사, 대만 중앙연구원 문철연구소 방문연구원, 일본 불교대학 객원연구원으로 활동하는 등 불교사학계와 역사교육학계를 넘나들며 불교역사 교육의 정립을 위하여 노력을 하였다.
저서로는 『무학대사연구-여말선초 불교계의 혁신과 대응』(혜안, 1999), 『고려후기 조선초 불교사 연구』(혜안, 2003), 『고려말 조선전기 불교계와 고승연구』(혜안, 2005), 『고려시대 불교계와 불교문화』(국학자료원, 2011), 『조선시대 불교계 고승과 비구니』(혜안, 2011), 『역사와 선을 접목한 사학자 황의돈』(동국대 출판문화원, 2023) 등이 있다. 공저로는 『조계종사-고중세편』(조계종출판사, 2004), 『선각국사 도선』(영암군, 월출산 도선국사연구소, 2007), 『한국천태종사』(천태종, 2010), 『보각국사 일연』(군위군, 2012) 등이 있다.

한국의 불교와 사찰

황인규 지음

초판 1쇄 발행   2025년 11월 15일

펴낸이   오일주
펴낸곳   도서출판 혜안

등록번호   제22-471호
등록일자   1993년 7월 30일

주소   04052 서울시 마포구 와우산로 35길 3(서교동) 102호
전화   02-3141-3711~2 / **팩스**   02-3141-3710
이메일   hyeanpub@daum.net

ISBN   978-89-8494-758-0   93220

값   45,000 원